MODERN LANGUAGE DICTIONARY

ENGLISH/SPANISH SPANISH/ENGLISH

DICCIONARIO DEL IDIOMA MODERNO

INGLÉS/ESPAÑOL ESPAÑOL/INGLÉS

MODERN LANGUAGE DICTIONARY

ENGLISH/SPANISH **SPANISH/ENGLISH**

by Ferdinando D. Maurino, Ph.D.
University of Tennessee

DICCIONARIO DEL IDIOMA MODERNO

INGLÉS/ESPAÑOL **ESPAÑOL/INGLÉS**

del Dr. Ferdinando D. Maurino
Universidad de Tennessee

SIMON AND SCHUSTER

New York Nueva York

Published by Simon and Schuster
Reference, Technical and Review Book Division
1 West 39th Street
New York, New York 10018

First printing
SBN 671-18725-2
Library of Congress Catalog Card Number: 75-10051

Manufactured in the United States of America

TABLE OF CONTENTS – TABLA DE MATERIAS

FOREWORD

The outstanding features of the present dictionary, which distinguish it from others of a similar nature, are (1) the selection of words and expressions of a truly practical use, (2) the most up-to-date terms generally not found in other dictionaries, and (3) the self-pronouncing guide with its unique phonetic symbols placed *after* the word(s) to be pronounced.

It will be seen that the exact, idiomatic renditions of the entries into the foreign language make this work especially compatible with today's world of travel and communication; the student and the traveler will, therefore, find in it words of high frequency and many neologisms. Words of a definitely uncommon occurrence are excluded, for they only cause delay in the user's thumbing of pages. However, such an exclusion has not been excessive; it is a complete dictionary in every sense.

The phonetic transcriptions in parentheses translate the *sound of the foreign words within* the entry itself, and they *follow* immediately those words or expressions; *this is a most valuable and new device.* Furthermore, they reflect very closely the correct pronunciation because we have adopted symbols easy to follow; they are, in fact, vocal combinations already familiar to the user. Concerning the words themselves, we have given both the Spanish and the Spanish-American meaning whenever it was deemed necessary for better use or comprehension. As for the pronunciation, we chose the Latin-American in preference to the Castilian for obvious reasons: it is used by the *great majority* of the Spanish-speaking peoples, and it is easier to imitate. However, we have not used the dialectal or plebeian peculiarities common to all languages; we have approximated the cultured Spanish-American pronunciation.

No system of phonetics can register an exact, perfect pronunciation, but our particular method and symbols will definitely make the user of this volume pronounce the word or expression in such a manner that he will be easily understood.

We hope, finally, that the present work will help students, travelers, and laymen in general to use Spanish as a living medium in our present, dynamic world at a time when foreign languages are increasingly becoming important, even indispensable.

FERDINANDO D. MAURINO, Ph.D.
Professor of Romance Languages and Literatures

University of Tennessee
Knoxville (U.S.A.)

SPANISH PRONUNCIATION

Since the present is in reality a *phonetic* dictionary it is not necessary to give a long introduction on the pronunciation of Spanish sounds. The phonetic symbols, placed in parentheses are self-explanatory; they reflect sounds from the viewpoint of *an English speaker.* A few general remarks, however, follow:

VOWELS

a = *ah,* as in *father*
e = *eh,* as in *end*
i = *ee,* as in *eat*
o = oh, as in *go, coat* but without the glide of the closed *o* found in English, ex: *bola* (*boh'lah*); like the open *o* in *order* when followed by two consonants: *bomba* (*bohm'bah*); final *o* as in *go,* ex: *caro* (*kah'ro*)
u = *oo,* as in *roof*

SPECIAL DIPHTHONGS

ai = *ah'y,* as in *life*
ia = *yah,* as in *yarn*
ie = *yeh,* as in *yes*
ua = *wah,* as in *wasp*
ue = *weh,* as in *well*
ui = *wee,* as in *weed*
uo = *woh,* as in *woe*
yo = *yoh,* as in *yoke*
yu = *yoo,* as in *yule*

CONSONANTS

In general Spanish consonants do not differ very much from their English equivalents. As a matter of general rule one can say that Spanish consonants are much softer than the English, bearing in mind not to give in Spanish any explosive sounds.

The main differences follow:

b = *b* (which in Spanish approximates *v*)
cc = *ks,* as in *accent*
c+e, c+i = *s* (In Castilian pronunciation it has a *th* sound)
ch = *ch,* as in *church*
g+e, g+i = *h,* as in *history*
gu+e, gu+i = *gh,* as in *ghetto, guild*
h = is silent
j = *h,* as in *history* (but stronger)
ll = ly, as in *million*
ñ = *ny,* as in *canyon*
p = very soft *p*
qu = *k,* as in *keg*
r = trilled lightly
rr = very trilled *r*
t = very soft *t*
v = *v* (which in Spanish approximates *b*)
x = *x* (but in *México* and *mexicano* it acquires an *h* sound)
y = *y,* as in *yes*
z = *s* (In Castilian pronunciation it has a *th* sound)

THE ACCENT

We show the accent or stress mark with an apostrophe (') immediately after the syllable to be stressed, for example: *casa* (*kah'sah*), *árbol* (*ahr'-bohl*), *canción (kahn-syohn')*, *teléfono (tehleh'fohno).*

The rules on accents are as follows:

1. The accents falls on the *penult (next to the last syllable)* in words ending in a vowel or in *n* or *s*. Examples: *casa (kah'sah)*, *tienen (tyeh'nehn)*, *casas (kah'sahs).*

2. Words ending in a consonant (other than *n* or *s*) receive the stress on the *last* syllable: *español (ehspahnyohl'), comer (kohmehr').*

3. All other words not falling under the above rules must have a *written* accent. Examples: *corazón (kohrahsohn'), ilógico (eeloh'heeko).*

BRIEF SPANISH GRAMMAR

THE NOUN:

GENDER. There are two genders in Spanish: masculine which generally ends in *o* and femenine generally ending in *a.* All nouns have a gender; those ending in a consonant must be learned, but male persons and animals are masculine, and female persons and animals are feminine in all cases.

Words ending in a consonant must be learned in order to be sure of their gender. Examples: *el* lápiz, *la* canción, *el* mantel.

However, words ending in *-ión, -dad- tud, -umbre* are generally feminine: *la* lección, *la* calidad, *la* virtud, *la* costumbre.

Some exceptions: la mano, *la* radio, *el* programa, *el* drama, *el* panorama, *el* mapa, *el* día, *el* poeta.

ARTICLES. The definite articles are *el, los* (masc., sing., pl.) and *la, las* (fem., sing., pl.); the indefinite are *un, unos* (masc., sing., pl.) and *una, unas* (fem., sing., pl.).

NUMBER. The plural is formed by adding *s;* in nouns ending in a consonant, by adding *es.* Examples:

SING.	PL.	
el libro	*los libros*	the book(s)
un libro	*unos libros*	a book, some books
la casa	*las casas*	the house(s)
una casa	*unas casas*	a house, some houses
el padre	*los padres*	the father(s), (parents)
un padre	*unos padres*	a father, some fathers
el papel	*los papeles*	the paper(s)
un papel	*unos papeles*	a paper, some papers

THE PRONOUN:

The Spanish personal, subjective pronouns are often omitted in both speaking and writing since the verb inflections clearly show the person and the number. However, they are used especially to show contrast or emphasis.

SUBJECTIVE PRONOUNS:

SING.	PL.
yo — I	*nosotros* — we
tú — you (fam.)	*vosotros* — you (fam.)
usted — you (polite)	*ustedes* — you (polite)
él — he	*ellos* — they (m.)
ella — she	*ellas* — they (f.)

OBJECTIVE PRONOUNS:

SING.	PL.
me — me	*nos* — us
te — you (fam.)	*os* — you (fam.)
le, lo — his; you (polite)	*les, los* — them; you (polite)
la, lo — her, it (m. & f.)	*las, los* — them (f., m.)

POSSESSION:

To show possession in Spanish *de* or a possessive adjective or pronoun is used. Examples:

El libro de Juan — John's book
Es mi libro — It is my book
Es nuestra hermana — It is our sister
Es tuyo (fam.); es de usted (polite) — It is yours
Es mío — It is mine

POSSESSIVE ADJECTIVES:

SING. (m., f.)	PL. (m., f.)	
mi	*mis*	my
tu	*tus*	your (fam.)
su	*sus*	his, her, it; your (polite)
nuestro, a	*nuestros, as*	our
vuestro, a	*vuestros, as*	your (fam.)
su	*sus*	their; your (polite)

POSSESSIVE PRONOUNS:

SING. (m., f.)	PL. (m., f.)	
el mío, la mía	*los míos, las mías*	mine
el tuyo, la tuya	*los tuyos, las tuyas*	yours
el suyo, la suya	*los suyos, las suyas*	his, hers
el nuestro, la nuestra	*los nuestros, las nuestras*	ours
el vuestro, la vuestra	*los vuestros, las vuestras*	yours
el suyo, la suya	*los suyos, las suyas*	theirs

DEMONSTRATIVE ADJECTIVES:

SING. (m., f.)	PL. (m., f.)	
este, esta	*estos, estas*	this, these
ese, esa	*esos, esas*	that, those (near the person spoken to)
aquel, aquella	*aquellos, aquellas*	that, those (away from the speaker)

DEMONSTRATIVE PRONOUNS:

They are the same as the adjective pronouns, except that they bear a written accent. Examples: éste — this one ése — that one.

INTERROGATIVE PRONOUNS:

¿qué? — what?	*¿a quién(es)?* — whom? to whom?
¿cuál(es)? — what? which?	*¿de quién(es)?* — whose? of whom?
¿quién(es)? — who?	*¿cuánto(s)?* — how much? how many?

Ex: ¿Qué quiere Ud.? — What do you want (wish)?

THE ADJECTIVE:

In Spanish adjectives agree in number and gender with the noun they modify. Examples:

el libro italiano — the Italian book
su libro italiano — his (her) Italian book
los libros españoles — the Spanish books
la casa es bella — the house is beautiful
sus casas son bellas — his (her) houses are beautiful
los papeles son blancos — the papers are white

THE ADVERB:

In general, the adverb is formed by adding *-mente* to the feminine singular adjective. Examples:

Adj	**Adv**
hermosa — beautiful	*hermosamente* — beautifully
lenta — slow	*lentamente* — slowly
fácil — easy	*fácilmente* — easily

THE VERB

There are three conjugations: 1st) *-ar, hablar* — to speak; 2nd) *-er, comer* — to eat; 3rd) *-ir, vivir* — to live. These verbs are called infinitives, as in English.

INFINITIVE

hablar — to speak	*comer* — to eat	*vivir* — to live

PRESENT PARTICIPLE

hablando — speaking	*comiendo* — eating	*viviendo* — living

PAST PARTICIPLE

hablado — spoken	*comido* — eaten	*vivido* — lived

Indicative Mood
Present

yo (I)	hablo	como	vivo
tú (you)	hablas	comes	vives
él (he)	habla	come	vive
ella (she)	habla	come	vive
nosotros (we)	hablamos	comemos	vivimos
vosotros (you)	habláis	coméis	vivís
ellos (they)	hablan	comen	viven
ellas (they)	hablan	comen	viven

Imperfect

hablaba	comía	vivía
hablabas	comías	vivías
hablaba	comía	vivía
hablábamos	comíamos	vivíamos
hablabais	comíais	vivíais
hablaban	comían	vivían

Preterit

hablé	comí	viví
hablaste	comiste	viviste
habló	comió	vivió
hablamos	comimos	vivimos
hablasteis	comisteis	vivisteis
hablaron	comieron	vivieron

Future

hablaré	comeré	viviré
hablarás	comerás	vivirás
hablará	comerá	vivirá
hablaremos	comeremos	viviremos
hablaréis	comeréis	viviréis
hablarán	comerán	vivirán

Conditional

hablaría	comería	viviría
hablarías	comerías	vivirías
hablaría	comería	viviría
hablaríamos	comeríamos	viviríamos
hablaríais	comeríais	viviríais
hablarían	comerían	vivirían

Imperative Mood

habla	come	vive
hablad	comed	vivid

Subjunctive Mood

hable	coma	viva
hables	comas	vivas
hable	coma	viva
hablemos	comamos	vivamos
habléis	comáis	viváis
hablen	coman	vivan

Imperfect (-se)

hablase	comiese	viviese
hablases	comieses	vivieses
hablase	comiese	viviese
hablásemos	comiésemos	viviésemos
hablaseis	comieseis	vivieseis
hablasen	comiesen	viviesen

Imperfect (-ra)

hablara	comiera	viviera
hablaras	comieras	vivieras
hablara	comiera	viviera
habláramos	comiéramos	viviéramos
hablarais	comierais	vivierais
hablaran	comieran	vivieran

RADICAL-CHANGING VERBS

Stem vowel *o* becomes *ue*, and stem vowel *e* becomes *ie*, when stressed. All other forms are regular.

contar, to count, to tell

Pres. Ind.	*cuento, cuentas, cuenta,* contamos, contáis, *cuentan*
Pres. Subj.	*cuente, cuentes, cuente,* contemos, contéis, *cuenten*
Imperative	*cuenta,* contad

volver, to return

Pres. Ind.	*vuelvo, vuelves, vuelve,* volvemos, volvéis, *vuelven*
Pres. Subj.	*vuelva, vuelvas, vuelva,* volvamos volváis, *vuelvan*
Imperative	*vuelve,* volved

perder, to lose

Pres. Ind.	*pierdo, pierdes, pierde,* perdemos, perdéis, *pierden*
Pres. Subj.	*pierda, pierdas, pierda,* perdamos, perdáis, *pierdan*
Imperative	*pierde,* perded

IRREGULAR VERBS

andar, to walk, go

Prest. Part.	andando; Past. Part. andado
Pres. Ind.	ando, andas, anda, andamos, andáis, andan
Pres. Subj.	ande, andes, ande, andemos, andéis, anden
Imp. Ind.	andaba, andabas, andaba, andábamos, andabais, andaban
Fut. Ind.	andaré, andarás, andará, andaremos, andaréis, andarán
Condition.	andaría, andarías, andaría, andaríamos, andaríais, andarían
Pret. Ind.	anduve, anduviste, anduvo, anduvimos, anduvisteis, anduvieron
Imp. Subj.	anduviera, anduvieras, anduviera, anduviéramos, anduvierais, anduvieran

dar, to give

Pres. Part.	dando; Past Part. dado
Pres. Ind.	doy, das, da, damos, dais, dan
Pres. Subj.	dé, des, dé, demos, deis, den
Imp. Ind.	daba, dabas, daba, dábamos, dabais, daban
Fut. Ind.	daré, darás, dará, daremos, daréis, darán
Condition.	daría, darías, daría, daríamos, daríais, darían
Pret. Ind.	di, diste, dio, dimos, disteis, dieron
Imp. Subj.	diera, dieras, diera, diéramos, dierais, dieran

decir, to say, tell

Pres. Part.	diciendo; Past. Part. dicho
Pres. Ind.	digo, dices, dice, decimos, decís, dicen
Pres. Subj.	diga, digas, diga, digamos, digáis, digan
Imp. Ind.	decía, decías, decía, decíamos, decíais, decían
Fut. Ind.	diré, dirás, dirá, diremos, diréis, dirán
Condition.	diría, dirías, diría, diríamos, diríais, dirían
Pret. Ind.	dije, dijiste, dijo, dijimos, dijisteis, dijeron
Imp. Subj.	dijera, dijeras, dijera, dijéramos, dijerais, dijeran

estar, to be

Pres. Part.	estando; Past Part. estado
Pres. Ind.	estoy, estás, está, estamos, estáis, están
Pres. Subj.	esté, estés, esté, estemos, estéis, estén
Imp. Ind.	estaba, estabas, estaba, estábamos, estabais, estaban
Fut. Ind.	estaré, estarás, estará, estaremos, estaréis, estarán
Condition.	estaría, estarías, estaría, estaríamos, estaríais, estarían
Pret. Ind.	estuve, estuviste, estuvo, estuvimos, estuvisteis, estuvieron
Imp. Subj.	estuviera, estuvieras, estuviera, estuviéramos, estuvierais, estuvieran

haber, to have

Pres. Part.	habiendo; Past Part. habido
Pres. Ind.	he, has, ha, hemos, habéis, han
Pres. Subj.	haya, hayas, haya, hayamos, hayáis, hayan
Imp. Ind.	había, habías, había, habíamos, habíais, habían
Fut. Ind.	habré, habrás, habrá, habremos, habréis, habrán
Condition.	habría, habrías, habría, habríamos, habríais, habrían
Pret. Ind.	hube, hubiste, hubo, hubimos, hubisteis, hubieron
Imp. Subj.	hubiera, hubieras, hubiera, hubiéramos, hubierais, hubieran

hacer, to do, make

Pres. Part.	haciendo; Past Part. hecho
Pres. Ind.	hago, haces, hace, hacemos, hacéis, hacen
Pres. Subj.	haga, hagas, haga, hagamos, habáis, hagan
Imp. Ind.	hacía, hacías, hacía, hacíamos, hacíais, hacían
Fut. Ind.	haré, harás, hará, haremos, haréis, harán
Condition.	haría, harías, haría, haríamos, haríais, harían
Pret. Ind.	hice, hiciste, hizo, hicimos, hicisteis, hicieron
Imp. Subj.	hiciera, hicieras, hiciera, hiciéramos, hicierais, hicieran

ir, to go

Pres. Part.	yendo; Past Part. ido
Pres. Ind.	voy, vas, va, vamos, vais, van
Pres. Subj.	vaya, vayas, vaya, vayamos, vayáis, vayan
Imp. Ind.	iba, ibas, iba, íbamos, ibais, iban
Fut. Ind.	iré, irás, irá, iremos, iréis, irán
Condition.	iría, irías, iría, iríamos, iríais, irían
Pret. Ind.	fui, fuiste, fue, fuimos, fuisteis, fueron
Imp. Subj.	fuera, fueras, fuera, fuéramos, fuerais, fueran

poder, to be able

Pres. Part.	pudiendo; Past Part. podido
Pres. Ind.	puedo, puedes, puede, podemos, podéis, pueden
Pres. Subj.	pueda, puedas, pueda, podamos, podáis, puedan
Imp. Ind.	podía, podías, podía, podíamos, podíais, podían
Fut. Ind.	podré, podrás, podrá, podremos, podréis, podrán
Condition.	podría, podrías, podría, podríamos, podríais, podrían
Pret. Ind.	pude, pudiste, pudo, pudimos, pudisteis, pudieron
Imp. Subj.	pudiera, pudieras, pudiera, pudiéramos, pudierais, pudieran

querer, to wish, want, to love

Pres. Part.	queriendo; Past. Part. querido
Pres. Ind.	quiero, quieres, quiere, queremos, queréis, quieren
Pres. Subj.	quiera, quieras, quiera, queramos, queráis, quieran
Imp. Ind.	quería, querías, quería, queríamos, queríais, querían
Fut. Ind.	querré, querrás, querrá, querremos, querréis, querrán
Condition.	querría, querrías, querría, querríamos, querríais, querrían
Pret. Ind.	quise, quisiste, quiso, quisimos, quisisteis, quisieron
Imp. Subj.	quisiera, quisieras, quisiera, quisiéramos, quisierais, quisieran

saber, to know, know how

Pres. Part.	sabiendo; Past. Part. sabido
Pres. Ind.	sé, sabes, sabe, sabemos, sabéis, saben
Pres. Subj.	sepa, sepas, sepa, sepamos, sepáis, sepan
Imp. Ind.	sabía, sabías, sabía, sabíamos, sabíais, sabían
Fut. Ind.	sabré, sabrás, sabrá, sabremos, sabréis, sabrán
Condition.	sabría, sabrías, sabría, sabríamos, sabríais, sabrían
Pret. Ind.	supe, supiste, supo, supimos, supisteis, supieron
Imp. Subj.	supiera, supieras, supiera, supiéramos, supierais, supieran

ser, to be

Pres. Part.	siendo; Past. Part. sido
Pres. Ind.	soy, eres, es, somos, sois, son
Pres. Subj.	sea, seas, sea, seamos, seáis, sean
Imp. Ind.	era, eras, era, éramos, erais, eran
Fut. Ind.	seré, serás, será, seremos, seréis, serán
Condition.	sería, serías, sería, seríamos, seríais, serían
Pret. Ind.	fui, fuiste, fue, fuimos, fuisteis, fueron
Imp. Subj.	fuera, fueras, fuera, fuéramos, fuerais, fueron

tener, to have

Pres. Part.	teniendo; Past. Part. tenido
Pres. Ind.	tengo, tienes, tiene, tenemos, tenéis, tienen
Pres. Subj.	tenga, tengas, tenga, tengamos, tengáis, tengan
Imp. Ind.	tenía, tenías, tenía, teníamos, teníais, tenían
Fut. Ind.	tendré, tendrás, tendrá, tendremos, tendréis, tendrán
Condition.	tendría, tendrías, tendría, tendríamos, tendríais, tendrían
Pres. Part.	tuve, tuviste, tuvo, tuvimos, tuvisteis, tuvieron
Imp. Subj.	tuviera, tuvieras, tuviera, tuviéramos, tuvierais, tuvieran

venir, to come

Pres. Past.	viniendo; Past. Part. venido
Pres. Ind.	vengo, vienes, viene, venimos, venís, vienen
Pres. Subj.	venga, vengas, venga, vengamos, vengáis, vengan
Imp. Ind.	venía, venías, venía, veníamos, veníais, venían
Fut. Ind.	vendré, vendrás, vendrá, vendremos, vendréis, vendrán
Condition.	vendría, vendrías, vendría, vendríamos, vendríais, vendrían
Pret. Ind.	vine, viniste, vino, vinimos, vinisteis, vinieron
Imp. Subj.	viniera, vinieras, viniera, viniéramos, vinierais, vinieran

CARDINAL NUMBERS

1 — uno	15 — quince	90 — noventa
2 — dos	16 — diez y seis	100 — ciento
3 — tres	17 — diez y siete	200 — doscientos
4 — cuatro	18 — diez y ocho	300 — trescientos
5 — cinco	19 — diez y nueve	400 — cuatrocientos
6 — seis	20 — veinte	500 — quinientos
7 — siete	21 — veintiuno	600 — seiscientos
8 — ocho	22 — veintidós	700 — setecientos
9 — nueve	30 — treinta	800 — ochocientos
10 — diez	40 — cuarenta	900 — novecientos
11 — once	50 — cincuenta	1000 — mil
12 — doce	60 — sesenta	2000 — dos mil
13 — trece	70 — setenta	1,000,000 — un millón
14 — catorce	80 — ochenta	2,000,000 — dos millones

ORDINAL NUMBERS

1st — primero	5th — quinto	9th — noveno, nono
2nd — segundo	6th — sexto	10th — décimo
3rd — tercero	7th — séptimo	11th — undécimo
4th — cuarto	8th — octavo	12th — duodécimo

ABBREVIATIONS

academem — academic
adj — adjective
adv — adverb
airpl — airplane
Am — (Spanish) American
Arg — Argentine
art — article
auto — automobile
aviat — aviation
C Am — Central American
coll —colloquial
comm — commerce
conj — conjunction
dipl — diplomacy
eccles — ecclesiastical
educ — education
elec — electricity
f — feminine
fig — figurative
fin — financial
Fr — French
gram — grammar
interr — interrogative
interj —interjection
irr — irregular
Ital — Italian
Lat — Latin
lit — literature
m — masculine
math — mathematics
med — medicine
Mex — Mexican
milit — military
mus — music
myth — mythology
n — noun
neol — neologism
ornith — ornithology
photog — photography
pl — plural
poet — poetic
polit — political
poss — possessive
pp — participle
prep — preposition
pron — pronoun
refl — reflexive
relat — relative
relig — religion
s — singular
S Am — South American
theat — theater
t.v. — television
v — verb
zool — zoology

A

a *art* un (*oon*) *m*, una (*oo'nah*) *f*
abandon *v* abandonar (*ahbahndohnahr'*); dejar (*deh-hahr'*)
abbey *n* abadía (*ahbahdee'ah*) *f;* monasterio (*mohnahsteh'ryo*) *m*
abbreviate *v* abreviar (*ahbrehvyahr'*); acortar (*ahkohrtahr'*)
abbreviation *n* abreviación (*ahbrehvyahsyohn'*) *f*
abdicate *v* abdicar (*ahbdeekahr'*)
abdomen *n* abdomen (*ahbdoh'mehn*) *m*, vientre (*vyehn'treh*) *m*
abhor *v* aborrecer (*ahbohrrehsehr'*)
abide *v* permanecer (*pehrmahnehser'*), **to — by** conformarse a (*kohnfohrmahr'seh ah*)
ability *n* habilidad (*ahbeeleedahd'*) *f*
able *adj* hábil (*ah'beel*); **to be —** poder (*pohdehr'*)
abnormal *adj* anormal (*ahnohrmahl'*)
aboard *adv* a bordo (*ah bohr'do*), en el tren (*ehn ehl trehn*); **to go —** embarcarse (*ehmbahrkahr'seh*)
abolish *v* abolir (*ahbohleer'*)
abolition *n* abolición (*ahbohleesyohn'*) *f*
abominable *adj* abominable (*ahbohmeenah'bleh*); aborrecible (*ahbohrrehsee'bleh*)
abortion *n* aborto (*ahbohr'to*) *m*
abound *v* abundar (*ahboondahr'*); **to — with** abundar en (*... ehn*)
about *prep* de (*deh*), acerca de (*ahsehr'kah ...*), alrededor de (*ahlrehdehdor' ...*); *adv* casi (*kah'see*)
above *prep* sobre (*soh'breh*); *adv* arriba (*ahrree'bah*); **—all** sobre todo (... *toh'do*)
abridge *v* abreviar (*ahbrehvyahr'*)
abroad *adv* en el extranjero (*ehn ehl ehxtrahnheh'ro*)
abrupt *adj* rudo (*roo'do*)
absence *n* ausencia (*ahoosehn'sya*) *f*
absent *adj* ausente (*ahoosehn'teh*); **to be —** estar ausente (*ehstahr' ...*)
absolute *adj* absoluto (*ahbsohloo'to*); **—ly** *adv* absolutamente (*ahbsohlootahmehn'teh*)
absolve *v* absolver (*ahbsohlvehr'*)
absorb *v* absorber (*ahbsohrbehr'*); chupar (*choopar'*)
absorption *n* absorción (*ahbsohrsyohn'*) *f*
abstain *v* abstenerse (*ahbstehnehr'seh*)
abstract *adj* abstracto (*ahbstrahk'to*); *v* abstraer (*ahbstrahehr'*)
absurd *adj* absurdo (*ahbsoor'do*)
abundance *n* abundancia (*ahboondahn'syah*) *f;* copia (*koh'pyah*) *f*
abundant *adj* abundante (*ahboondahn'teh*); copioso (*kohpyoh'so*)
abuse *n* abuso (*ahboo'so*) *m; v* abusar (*ahboosahr'*)
abusive *adj* abusivo (*ahboosee'vo*)
academic *adj* académico (*ahkahdeh'meeko*)
academy *n* academia (*ahkahdeh'myah*) *f;* escuela (*ehskweh'lah*) *f*
accelerate *v* acelerar (*ahsehlehrahr'*)
accelerator *n* acelerador (*ahsehlehrahdohr'*) *m*
accent *n* acento (*ahsehn'to*) *m*
accept *v* aceptar (*ahsehptahr'*)
acceptable *adj* aceptable (*ahsehptah'bleh*)
acceptance *n* aceptación (*ahsehptahsyohn'*) *f*
accessory *adj & n* accesorio (*ahksehsoh'ryo*) *m*
accident *n* accidente (*ahkseedehn'teh*) *m;* **by —** por casualidad (*por kahswahleedahd'*); **— insurance** *n* seguro contra accidentes (*sehgoo'ro kohn'trah ...*) *m*
acclaim *n* aclamación (*ahklahmahsyohn'*) *f; v* aclamar (*ahklahmahr'*)
acclimatize *v* aclimatarse (*ahkleemahtahr'seh*)
accommodate *v* acomodar (*ahkohmohdar'*); alojar (*ahloh-har'*)
accommodation *n* favor (*fahvohr'*) *m;* cuarto (*kwahr'to*) *m;* **to make —s** reservar alojamiento (*rehsehrvahr' ahlohhahmyehn'to*)
accompaniment *n* acompañamiento (*ahkohmpahnyahmyehn'to*) *m*
accompany *v* acompañar (*ahkohmpahnyahr'*); ir con (*eer kohn*)
accomplish *v* lograr (*lohgrahr'*), completar (*kohmplehtahr'*)
accomplishment *n* logro (*loh'gro*) *m*
accord *n* acuerdo (*ahkwehr'do*) *m;* **of one's own —** espontáneamente (*ehspohntahnehahmehn'teh*)
accordance *n* acuerdo (*ahkwehr'do*) *m;* **in — with** de acuerdo con (*deh ... kohn*)

according *adj* **— to** según (*sehgoon'*)
account *n* cuenta (*kwehn'tah*) *f;* relato (*rehlah'to*) *m;* **on — of (you)** a causa de (Ud.) (*ah kah'oosah deh*); **joint —** cuenta en común (*...ehn kohmoon'*); **bank —** cuenta de banco (*... deh bahn'ko*); **to keep an —** llevar cuenta (*lyehvahr' ...*)
accredit *v* acreditar (*ahkrehdeetahr'*)
accredited *adj* autorizado (*ahootohreesah'do*)
accumulate *v* acumular (*ahkoomoolahr'*)
accumulator *n* acumulador (*ahkoomoolahdohr'*) *m*
accuracy *n* precisión (*prehseesyohn'*) *f*
accurate *adj* preciso (*prehsee'so*)
accusation *n* acusación (*akoosahsyohn'*) *f;* denuncia (*dehnoon'syah*) *f*
accuse *v* acusar (*ahkoosahr'*)
accustom *v* acostumbrar(se) (*ahkohstoombrahr', seh*)
ache *n* dolor (*dohlohr'*) *m;* **head—** dolor de cabeza (*... deh kahbeh'sah*) *m*
achieve *v* lograr (*lohgrahr'*); alcanzar (*ahlkahnsahr'*)
achievement *n* logro (*loh'gro*) *m*
acid *n* ácido (*ah'seedo*) *m*
acknowledge *v* reconocer (*rehkohnohsehr'*); **to — receipt** acusar recibo (*ahkoosahr' rehsee'bo*)
acquaint *v* informar (*eenfohrmahr'*); **to be —ed with** conocer a (*kohnohsehr' ah*); saber (*sahbehr'*)
acquaintance *n* conocimiento (*kohnohseemyehn'to*) *m;* amigo, a (*ahmee'go, ah*) *m, f*
acquire *v* obtener (*ohbtehnehr'*)
acquisition *n* adquisición (*ahdkeeseesyon'*) *f*
acquit *v* absolver (*ahbsohlvehr'*); librar (*leebrahr'*)
across *prep* por (*pohr*); **— the street** a través de la calle (*ah trahvehs' deh lah kah'lyeh*)
act *n* acto (*ahk'to*) *m; v* hacer el papel (*ahsehr' ehl pahpehl'*) (*theat*)
action *n* acción (*ahksyohn'*) *f*
active *adj* activo (*ahktee'vo*)
actor *n* actor (*ahktor'*) *m*
actress *n* actriz (*ahktrees'*) *f*
actual *adj* real (*rehahl'*); **—ly** *adv* realmente (*rehahlmehn'teh*)
adamant *adj* firme (*feer'meh*)
adapt *v* adaptar (*ahdahptahr'*); **— oneself** adaptarse (*...seh*)
add *v* añadir (*ahnyahdeer'*)
adding machine *n* máquina sumadora (*mah'keenah soomahdoh'rah*) *f*
addition *n* adición (*ahdeesyohn'*) *f;* **in — to** además de (*ahdehmahs' deh*)
additional *adj* adicional (*ahdeesyohnahl'*)
address *n* dirección (*deerehksyohn'*) *f;* señas (*seh'nyahs*) *f, pl;* discurso (*deeskoor'so*) *m; v* hablar (*ahblahr'*)
addressee *n* destinatario (*dehsteenahtah'ryo*) *m*
adequate *adj* suficiente (*soofeesyehn'teh*); bastante (*bahstahn'teh*)
adhere *v* adherir(se) (*ahdehreer', seh*)
adhesive *adj* adhesivo (*ahdehsee'vo*); **— tape** esparadrapo (*ehspahrahdrah'po*) *m*
adjacent *adj* contiguo (*kohntee'gwo*)
adjective *n* adjetivo (*ahd-hehtee'vo*) *m*
adjourn *v* aplazar (*ahplahsahr'*); **to — a meeting** suspender la sesión (*soospehndehr' lah sehsyohn'*)
adjust *v* ajustar (*ah-hoostahr'*), acomodar (*ahkohmohdahr'*)
administration *n* administración (*ahdmeeneestrah'syon*) *f*
administrator *n* administrador (*ahdmeeneestrahdohr'*) *m*
admirable *adj* admirable (*ahdmeerah'bleh*)
admiral *n* almirante (*ahlmeerahn'teh*) *m*
admiration *n* admiración (*ahdmeerahsyohn'*) *f*
admire *v* admirar (*ahdmeerahr'*)
admission *n* admisión (*ahdmeesyohn'*) *f;* entrada (*ehntrah'dah*) *f;* **— ticket** billete (*beelyeh'teh*) de entrada *m;* boleto (*bohleh'to*) *m*
admit *v* admitir (*ahdmeeteer'*); confesar (*kohnfehsahr'*)
adopt *v* adoptar (*ahdohptahr'*)
adoption *n* adopción (*ahdohpsyohn'*) *f*
adoration *n* adoración (*ahdohrahsyon'*) *f*
adore *v* adorar (*ahdohrahr'*)
adorn *v* adornar (*ahdohrnahr'*)
adult *adj & n* adulto (*ahdool'to*) *m*
adulterate *v* adulterar (*ahdooltehrahr'*); alterar (*ahltehrahr'*)
adultery *n* adulterio (*ahdoolteh'ryo*) *m*
advance *v* avanzar (*ahvahnsahr'*); **in —** por adelantado (*pohr ahdehlahntah'do*)
advanced *adj* avanzado (*ahvahnsah'do*)
advancement *n* progreso (*prohgreh'so*) *m*
advantage *n* ventaja (*vehntah'hah*) *f;* **to take — of** aprovecharse de (*ah-prohvehchahr'seh deh*)
advent *n* advenimiento (*ahdvehneemyehn'to*) *m*
adventure *n* aventura (*ahvehntoo'rah*) *f;* riesgo (*ryehs'go*) *m*
adverb *n* adverbio (*ahdvehr'byo*) *m*
adversary *n* adversario (*ahdvehrsah'ryo*) *m*
advertise *v* anunciar (*ahnoonsyahr'*); poner un anuncio (*pohnehr' oon ahnoon'syo*)

advertisement *n* anuncio (*ahnoon'syo*) *m;* aviso (*ahvee'so*) *m*
advice *n* consejo (*kohnseh'ho*) *m;* aviso (*ahvee'so*) *m*
advise *v* aconsejar (*ahkohnseh-har'*); informar (*eenfohrmahr'*)
advisor *n* consejero (*kohnseh-heh'ro*) *m*
aerial *n* antena (*ahnteh'nah*) *f*
aeronautics *n* aeronáutica (*ahehrohnah'ooteekah*) *f*
affable *adj* afable (*ahfah'bleh*)
affair *n* asunto (*ahsoon'to*) *m;* negocio (*nehgoh'syo*) *m;* **social —** tertulia (*tehrtoo'lyah*) *f;* **love —** amorío (*ahmohree'o*) *m*
affectation *n* afectación (*ahfehktahsyon'*) *f*
affection *n* afecto (*ahfeh'kto*) *m,* cariño (*kahree'nyo*) *m*
affirm *v* afirmar (*ahfeermahr'*)
affirmative *adj* afirmativo (*ahfeermahtee'vo*)
affix *v* fijar (*feehahr'*)
afflict *v* afligir (*ahfleeheer'*)
afford *v* proveer (*prohvehehr'*); **I cannot — to do it** no puedo hacerlo (*noh pweh'do ahsehr'lo*)
afloat *adj* flotante (*flohtahn'teh*)
afoot *adj* a pie (*ah pyeh*)
afraid *adj* miedoso (*myehdoh'so*); **to be —** tener miedo (*tehnehr' myeh'do*)
Africa *n* África (*ah'freekah*) *f*
African *adj & n* africano (*ahfreekah'no*) *m;* negro (*neh'gro*) *m*
after *prep* después de (*dehspwehs' deh*); **— all** después de todo (*...toh'do*); **day — tomorrow** pasado mañana (*pahsah'do mahnyah'nah*)
afternoon *n* tarde (*tahr'deh*) *f*
afterward *adv* después (*dehspwehs'*)
again *adv* otra vez (*oh'trah vehs*); **to do** (**something**) **—** volver a (*vohlvehr' ah* + inf); **he spoke —** volvió a hablar (*vohlvyo' ah ahblahr'*)
against *prep* contra (*kohn'trah*); **— the grain** a contrapelo (*ah kohntrahpeh'lo*); contrario (*kohntrah'ryo*)
age *n* edad (*ehdahd*) *f;* siglo (*see'-glo*) *m;* época (*eh'pohkah*) *f*
agency *n* agencia (*ah-hehn'sya*) *f*
agent *n* agente (*ah-hehn'teh*) *m, f;* **travel —** agente de viaje (*... deh vyah'heh*) *m, f*
aggression *n* agresión (*ahgrehsyohn'*) *f*
agile *adj* ágil (*ah'heel*)
agility *n* agilidad (*ah-heeleedahd'*) *f*
agitate *v* agitar (*ah-heetahr'*); alborotar (*ahlbohrohtahr'*)
agitation *n* agitación (*ah-heetahsyohn'*) *f;* alboroto (*ahlbohroh'to*) *m*
ago *adv* **a few days —** hace algunos días (*ah'seh ahlgoo'nohs dee'ahs*); **long —** hace mucho tiempo (*ah'seh moo'cho tyehm'po*)
agony *n* agonía (*ahgohny'ah*) *f*
agree *v* acordar (*ahkohrdahr'*); **I agree** estoy de acuerdo (*ehstoh'y deh ahkwehr'do*)
agreeable *adj* agradable (*ahgrahdah'bleh*); amable (*ahmah'bleh*)
agreement *n* acuerdo (*ahkwehr'do*) *m;* pacto (*pahk'to*) *m*
agriculture *n* agricultura (*ahgreekooltoo'rah*) *f*
ahead *adv* adelante (*ahdehlahn'teh*); **to arrive — of time** llegar adelantado (*lyehgahr' ahdehlahntah'do*); al frente de (*ahl frehn'teh deh*)
aid *v* ayudar (*ahyoodahr'*); *n* ayuda (*ahyoo'dah*) *f*
aim *v* apuntar (*ahpoontahr'*); *n* intento (*eentehn'to*) *m;* mira (*mee'rah*) *f;* fin (*feen*) *m*
air *n* aire (*ah'yreh*) *m;* **in the open —** al aire libre (*ahl ... lee'breh*); **to be on the —** (*radio*) emitir (*ehmeeteer'*); **— brake** freno neumático (*freh'no nehoomah'teeko*) *m;* **— conditioning** aire acondicionado (*ah'yreh ahkohndeesyohnah'do*) *m;* **— line** línea aérea (*lee'nehah aheh'rehah*) *f;* **— mail** correo aéreo (*kohrreh'o aheh'reho*) *m;* **— pocket** (*aer*) bolsa o bache de aire (*bohl'sah o bah'cheh deh ah'yreh*) *f*
air conditioner *n* acondicionador de aire (*ahkohndeesyohnahdohr' deh ah'yreh*) *m*
aircraft *n* avión (*ahvyohn'*) *m;* **— carrier** portaaviones (*pohrtahahvyoh'nehs*) *m*
airplane *n* aeroplano (*ahehrohplah'no*) *m;* avión (*ahvyohn'*) *m*
air pocket *n* bache aéreo (*bah'cheh aheh'reho*) *m*
airport *n* aeropuerto (*ahehrohpwehr'to*) *m*
air raid *n* bombardeo aéreo (*bohmbahrdeh'o aheh'reho*) *m;* **— shelter** refugio contra bombardeo (*rehfoo'hyo kohn'trah ...*) *m*
air-sick *adj* mareado (*mahrehah'do*)
airtight *adj* hermético (*ehrmeh'teeko*)
alarm *n* alarma (*ahlahr'mah*) *f;* **— clock** despertador (*dehspehrtahdohr'*) *m*
alcohol *n* alcohol (*ahlkohohl'*) *m;* **rubbing —** alcohol para fricciones (*... pahrah freeksyoh'nehs*) *m*
alien *n* extranjero (*ehxtrahnheh'ro*) *m; adj* ajeno (*ah-heh'no*)
alight *v* bajar (*bah-hahr'*)
alike *adj* parecido (*pahrehsee'do*)
alive *adj* vivo (*vee'vo*)
all *n & adj* todo (*toh'do*) *m;* **— people** todo el mundo (*... ehl moon'do*); **— at once** de repente (*deh rehpehn'teh*); **— right** bueno (*bweh'no*); **not at —** de ninguna manera (*deh neengoo'nah mahneh'rah*)

allergy *n* alergia (*ahlehr'hyah*) *f*
alley *n* callejón (*kahlyeh-hohn'*) *m*
alliance *n* alianza (*ahlyahn'sah*) *f*
allied *adj* aliado (*ahlyah'do*)
allow *v* permitir (*pehrmeeteer'*)
allowance *n* ración (*rahsyohn'*) *f*; **monthly —** mesada (*mehsah'dah*) *f*
ally *n* aliado (*ahlyah'do*) *m*
almost *adv* casi (*kah'see*)
alms *n* limosna (*leemohs'nah*) *f*; **— box** cepillo para limosna (*sehpee'lyo pah'rah ...*) *m*
alone *adj* solo (*soh'lo*); **all —** a solas (*ah soh'lahs*); **to let —** dejar en paz (*dehhahr' ehn pahs*)
along *prep* al lado de (*ahl lah'do deh*); **all —** todo el tiempo (*toh'do ehl tyehm'po*); **I get —** voy tirando (*voh'y teerahn'do*)
alongside *prep & adv* al lado (*ahl lah'do*)
aloud *adv* alto (*ahl'to*); **speak —** hable en voz alta (*ah'bleh ehn vohs ahl'tah*)
already *adv* ya (*yah*)
also *adv* también (*tahmbyehn'*)
altar *n* altar (*ahltahr'*) *m*
alternative *n* alternativa (*ahltehrnahtee'vah*) *f*
although *conj* aunque (*ah'oonkeh*)
altitude *n* altitud (*alteetood'*) *f*
altogether *adv* en conjunto (*ehn kohnhoon'to*)
aluminum *n* aluminio (*ahloomee'nyo*) *m*
alumnus *n* graduado (de una universidad) (*grahdwah'do, deh oo'nah ooneevehrseedahd'*) *m*
always *adv* siempre (*syehm'preh*)
amateur *n* aficionado (*ahfeesyohnah'do*) *m*; principiante (*preenseepyahn'teh*) *m, f*
amazement *n* asombro (*ahsohm'bro*) *m*
ambassador *n* embajador (*ehmbah-hahdohr'*) *m*
ambiguous *adj* ambiguo (*ahmbee'gwo*)
ambition *n* ambición (*ahmbeesyohn'*) *f*
ambitious *adj* ambicioso (*ahmbeesyoh'so*)
amble *v* vagar (*vahgahr'*)
ambulance *n* ambulancia (*ahmboolahn'syah*) *f*
ambush *n* emboscada (*ehmbohskah'dah*) *f*; *v* emboscar (*ehmbohskahr'*)
amendment *n* enmienda (*ehnmyehn'dah*) *f*
American *adj & n* americano (*ahmehreekah'no*) *m*
ammonia *n* amoníaco (*ahmohnee'ahko*) *m*
ammunition *n* munición (*mooneesyohn'*) *f*
among *prep* entre (*ehn'treh*)
amount *n* cantidad (*kahnteedahd'*) *f*
amuse *v* divertir(se) (*deevehrteer', seh*); distraer (*deestrahehr'*)
amusement *n* diversión (*deevehrsyohn'*) *f*; distracción (*deestrahksyohn'*) *f*
amusing *adj* divertido (*deevehrtee'do*)
an *art* un, uno, una (*oon, ...o, ...ah*)
analogy *n* analogía (*ahnahloh-hee'ah*) *f*
analysis *n* análisis (*ahnah'leesees*) *m*
anatomy *n* anatomía (*ahnahtohmee'ah*) *f*
ancestor(s) *n* antepasados (*antehpahsah'dohs*) *m, pl*
ancestry *n* linaje (*leenah'heh*) *m*
anchovy *n* anchoa (*ahnchoh'ah*) *f*
ancient *adj* antiguo (*ahntee'gwo*)
and *conj* y (*ee*)
Andalusian *adj* andaluz (*ahndahloos'*) *m*
anemia *n* anemia (*ahneh'myah*) *f*
anesthetic *adj & n* anestésico (*ahnehsteh'seeko*) *m*
angel *n* ángel (*ahn'hehl*) *m*
angelic *adj* angélico (*ahnheh'leeko*)
anger *n* enojo (*ehnoh'ho*) *m*; *v* enojar (*ehnoh-har'*)
angry *adj* enojado (*ehnoh-hah'do*)
animal *n* animal (*ahneemahl'*) *m*
animosity *n* animosidad (*ahneemohseedad'*) *f*
ankle *n* tobillo (*tohbee'lyo*) *m*
annexation *n* anexión (*ahnehxsyohn'*) *f*
annihilate *v* aniquilar (*ahneekeelahr'*)
anniversary *adj & n* aniversario (*ahneevehrsah'ryo*) *m*
annotation *n* anotación (*ahnohtahsyohn'*) *f*
announce *v* anunciar (*ahnoonsyahr'*)
announcement *n* anuncio (*ahnoon'syo*) *m*
announcer *n* anunciador (*ahnoonsyahdohr'*) *m*; **radio —** anunciador, locutor (*lohkootohr'*) *m*
annoy *v* molestar (*mohlehstahr'*)
anonymous *adj* anónimo (*ahnoh'neemo*)
another *adj & pron* otro, a (*oh'tro, ah*) *m & f*; **one —** uno a otro (*oo'no ah...*); unos a otros
answer *v* contestar (*kohntehstahr'*); *n* contestación (*kohntehstahsyohn'*) *f*
ant *n* hormiga (*ohrmee'gah*) *f*
antagonism *n* antagonismo (*antahgohnees'mo*) *m*
antenna *n* antena (*ahnteh'nah*) *f*
anthem *n* **(national) —** himno nacional (*eem'no nahsyohnahl'*) *m*
antiaircraft *adj* antiaéreo (*ahntyaheh'reho*) *m*
anticipate *v* anticipar (*ahnteeseepahr'*); prever (*prehvehr'*)
anticipation *n* anticipación (*ahnteeseepahsyohn'*) *f*
antidote *n* antídoto (*ahntee'dohto*) *m*

antique *n* antigualla (*ahnteegwah'lyah*) *f*
antiseptic *adj & n* antiséptico (*ahntee-sehp'teeko*) *m*
anxiety *n* ansiedad (*ahnsyehdahd'*) *f*
anxious *adj* ansioso (*ahnsyoh'so*)
any *pron & adj* cualquier, a (*kwahlkyehr', ah*), alguno, a (*ahlgoo'no, ah*)
anybody *pron* alguien (*ahl'ghyehn*), cualquiera (*kwahlkyeh'rah*)
anyhow *adv* de todos modos (*deh toh'dos moh'dos*)
anything *pron* algo (*ahl'go*) **I don't want —** no quiero nada (*noh kyeh'ro nah'dah*)
anywhere *adv* dondequiera (*dohndeh-kyeh'rah*)
apartment *n* apartamento (*ahpahrtah-mehn'to*) *m*
ape *n* mono (*moh'no*) *m; v* imitar (*eemee-tahr'*)
apiece *adv* cada uno (*kah'dah oo'no*)
apologize *v* excusarse (*ehxkoosahr'seh*), disculparse (*deeskoolpahr'seh*)
apology *n* excusa (*ekxkoo'sah*) *f*
apparatus *n* aparato (*apahrah'to*) *m*
apparel *n* ropa (*roh'pah*) *f*
appeal *n* atracción (*ahtrahksyohn'*) *f;* (*law*) apelación (*ahpehlahsyohn'*) *f;* súplica (*soo'pleekah*) *f; v* apelar (*ah-pehlahr'*)
appear *v* aparecer (*ahpahrehsehr'*)
appearance *n* apariencia (*ahpahryehn'-syah*) *f;* aspecto (*ahspehk'to*) *m*
appeasable *adj* aplacable (*ahplahkah'-bleh*); de paz (*deh pahs'*)
appease *v* aplacar (*ahplahkahr'*)
appeasement *n* (*polit*) apaciguamiento (*ahpahseegwahmyehn'to*) *m*
appendicitis *n* apendicitis (*ahpehndee-see'tees*) *f*
appendix *n* apéndice (*ahpehn'deeseh*) *m*
appetite *n* apetito (*ahpehtee'to*) *m*
appetizer *n* aperitivo (*ahpehreetee'vo*) *m*
appetizing *adj* apetitoso (*ahpehteetoh'so*)
applaud *v* aplaudir (*ahplahoodeer'*)
applause *n* aplauso (*ahplah'ooso*) *m*
apple *n* manzana (*mahnsah'nah*) *f;* **— pie** pastel de manzana (*pahstehl' deh ...*) *m;* **— sauce** puré de manzana (*pooreh' deh ...*) *m*
appliance *n* utensilio (*ootehnsee'lyo*) *m;* instrumento (*eenstroomehn'to*) *m*
applicant *n* solicitante (*sohleeseetahn'-teh*) *m, f*
application *n* solicitud (*sohleeseetood'*) *f;* **— blank** formulario (*fohrmoolah'-ryo*) *m*
apply *v* aplicar (*ahpleekahr'*); **to — for** pedir (*pehdeer'*)
appoint *v* nombrar (*nohmbrahr'*)
appointment *n* nombramiento (*nohm-brahmyehn'to*) *m*
apportion *v* repartir (*rehpahrteer'*)
appraisal *n* valuación (*vahlwahsyohn'*) *f*
appreciate *v* apreciar (*ahprehsyahr'*)
appreciation *n* aprecio (*ahpreh'syo*) *m*
approach *n* acceso (*ahkseh'so*) *m;* camino (*kahmee'no*) *m; v* acercarse (*ahser-kahr'seh*)
appropriate *adj* apropiado (*ahproh-pyah'do*)
approval *n* aprobación (*aprohbah-syohn'*) *f*
approve *v* aprobar (*ahprohbahr'*)
approximate *adj* aproximativo (*ahproh-xeemahtee'vo*); *v* aproximar (*ahproh-xeemahr'*)
April *n* abril (*ahbreel'*) *m*
apron *n* delantal (*dehlahntahl'*) *m*
apropos *adj & adv* a propósito (de) (*ah prohpoh'seeto, deh*)
aptitude *n* aptitud (*ahpteetood'*) *f*
aquarium *n* pecera (*pehseh'rah*) *f;* acuario (*ahkwah'ryo*) *m*
aqueduct *n* acueducto (*ahkwehdook'-to*) *m*
Arab *adj & n* árabe (*ah'rahbeh*) *m, f*
Aragonese *adj & n* aragonés (*ahrahgoh-nehs'*) *m*
arbitrary *adj* arbitrario (*ahrbeetrah'ryo*)
arbitration *n* arbitraje (*ahrbeetrah'-heh*) *m*
arch *n* arco (*ahr'ko*) *m*
archaeology *n* arqueología (*ahrkehohloh-hee'ah*) *f*
archaic *adj* arcaico (*ahrkah'yko*)
archbishop *n* arzobispo (*ahrsohbees'po*) *m* (*ecc*)
architect *n* arquitecto (*ahrkeetehk'to*) *m* (*art*)
area *n* área (*ah'rehah*) *f*
arena *n* arena (*ahreh'nah*) *f;* **bullfight —** plaza de toros (*plah'sah deh toh'-ros*) *f*
Argentine *adj & n* argentino, a (*ahr-hehntee'no, ah*) *m, f*
argue *v* argüir (*ahrgweer'*); reñir (*reh-nyeer'*)
argument *n* controversia (*kohntrohvehr'-syah*) *f*
aria *n* (*music, Ital*) aria (*ah'ryah*) *f*
arid *adj* árido (*ah'reedo*)
arise *v* levantarse (*lehvahntahr'seh*); surgir (*soorheer'*)
aristocracy *n* aristocracia (*ahreestoh-krah'syah*) *f*
arithmetic *n* aritmética (*ahreetmeh'tee-kah*) *f*
arm *n* brazo (*brah'so*) *m;* arma (*ahr'-mah*) *f*
armament *n* armamento (*ahrmahmehn'-to*) *m;* armas (*ahr'mahs*) *f, pl*
armchair *n* sillón (*seelyon'*) *m*

armistice *n* armisticio (*ahrmeestee'syo*) *m*
armored : **— car** *n* auto (carro) blindado (*ah'ooto, kah'rro bleendah'do*) *m*
armory *n* arsenal (*ahrsehnahl'*) *m*
army *n* ejército (*eh-her'seeto*) *m*; **— of occupation** ejército de ocupación (... *deh ohkoopahsyohn'*) *m*
around *adv* alrededor (*alrehdehdohr'*); *prep* cerca de (*sehr'kah deh*); **— there** por allá (*pohr ahlya'*)
arrange *v* arreglar (*ahrrehglahr'*)
arrangement *n* arreglo (*ahrreh'glo*) *m*; orden (*ohr'dehn*) *m*
arrear *n* atraso (*ahtrah'so*) *m*; **in —s** atrasado (*ahtrahsah'do*)
arrest *n* arresto (*ahrrehs'to*) *m*; *v* arrestar (*ahrrehstahr'*), aprehender (*ahprehehndehr'*)
arrival *n* llegada (*lyehgah'dah*) *f*; venida (*vehnee'dah*) *f*
arrive *v* llegar (*lyehgahr'*)
arrogant *adj* arrogante (*ahrrohgahn'teh*)
arsenal *n* arsenal (*ahrsehnahl'*) *m*
art *n* arte (*ahr'teh*) *m*; **fine —s** bellas artes (*beh'lyahs* ...) *f, pl*; **liberal —s** artes liberales (... *leebehrah'lehs*) *f, pl*
artery *n* arteria (*ahrteh'ryah*) *f*
artful *adj* artero (*ahrteh'ro*)
article *n* artículo (*ahrtee'koolo*) *m*; **editorial —** artículo de fondo (... *deh fohn'do*) *m*; **—s of merchandise** mercadería (*mehrkahdehree'ah*) *f*
artificial *adj* artificial (*ahrteefeesyahl'*)
artillery *n* artillería (*ahrteelyehree'ah*) *f*
artist *n* artista (*ahrtees'tah*) *m, f*; cantante (*kahntahn'teh*) *m, f*
as *prep, adv, conj* como (*koh'mo*); mientras (*myehn'trahs*); **— for you** en cuanto a usted (*ehn kwan'to ah oostehd'*); **— beautiful —** tan bello como (*tahn beh'lyo* ...); **— you say** como quiera usted (... *kyeh'rah oostehd'*)
ascribe *v* atribuir (*ahtreebweer'*)
ash *n* ceniza (*sehnee'sah*) *f*; **— tray** cenicero (*sehneeseh'ro*) *m*
ashamed *adj* **to be —** tener vergüenza (*tehnehr' vehrgwehn'sah*)
ashore *adv* a tierra (*ah tyeh'rrah*); **to go —** desembarcar (*dehsehmbahrkahr'*); ir a tierra (*eer ah tyeh'rrah*)
Asia *n* Asia (*ah'syah*) *f*
ask *v* preguntar (*prehgoontahr'*); **to — for (something)** pedir (*pehdeer'*); **to — for (someone)** preguntar por (... *pohr*)
askance *adv* con sospecha (*kohn sohspeh'chah*)
askew *adv* de través (*deh trahvehs'*); al revés (*ahl rehvehs'*)
aslant *adv* oblicuamente (*ohbleekwahmehn'teh*); de oblicuo (*deh ohblee'kwo*)
asleep *adj* **to fall —** dormirse (*dohrmee'rseh*); **he (she) is —** está durmiendo (*estah' doormyehn'do*)
aspect *n* aspecto (*ahspehk'to*) *m*; cara (*kah'rah*) *f*
assassination *n* asesinato (*ahsehseenah'to*) *m*
assault *n* asalto (*ahsahl'to*) *m*, ataque (*ahtah'keh*) *m*; **— and battery** asalto a mano armada (... *ah mah'no ahrmah'dah*) *m*; *v* asaltar (*ahsahltahr'*); (*sex*) violar (*vyohlahr'*)
assemble *v* reunir(se) (*rehooneer', seh*); montar (*mohntahr'*)
assembly *n* asamblea (*ahsahmbleh'ah*) *f*; **— line** montaje de maquinaria (*mohntah'heh deh mahkeenah'ryah*) *m*
assertion *n* afirmación (*ahfeermahsyohn'*) *f*
assessment *n* impuesto (*eempwehs'to*) *m*
asset *n* cualidad superior (*kwahleedahd' soopehryohr'*) *f*; **—s** capital (*kahpeetahl'*) *m*; fondos (*fohn'dos*) *m, pl*; **personal —s** bienes muebles (*byeh'nehs mweh'blehs*) *m, pl*
assiduous *adj* asiduo (*ahsee'dwo*)
assign *v* asignar (*ahseegnahr'*); dar (*dahr*)
assignment *n* asignación (*ahseegnahsyohn'*) *f*; **overseas —** (*milit*) servicio en el extranjero (*sehrvee'syo ehn ehl ehxtrahnheh'ro*) *m*; **school —** tarea (*tahreh'ah*) *f*
assimilation *n* asimilación (*ahseemeelahsyohn'*) *f*
assist *v* asistir (*ahseesteer'*); ayudar (*ahyoodahr'*)
assistance *n* asistencia (*ahseestehn'syah*) *f*
assistant *n* asistente (*ahseestehn'teh*) *m, f*
associate *n* socio (*soh'syo*) *m*; colega (*kohleh'gah*) *m, f*; *v* asociar(se) (*ahsohsyahr', seh*)
association *n* asociación (*ahsohsyahsyohn'*) *f*
assortment *n* variedad (*vahryehdahd'*) *f*
assumption *n* suposición (*soopohseesyohn'*) *f*; **Assumption of Mary** Asunción de la Virgen María (*ahsoonsyohn' deh lah veer'hehn mahree'ah*) *f*
assurance *n* seguridad (*sehgooreedahd'*) *f*
assure *v* asegurar (*ahsehgoorahr'*)
asterisk *n* asterisco (*ahstehrees'ko*) *m*; punto (*poon'to*) *m*
astonish *v* asombrar (*ahsohmbrahr'*); **it is —ing** es sorprendente (*ehs sohrprehndehn'teh*)
astray *adv* **to go —** perder el camino (*pehrdehr' ehl kahmee'no*); extraviarse (*extrahvyar'seh*)
astronaut (*neol*) *n* astronauta (*ahstrohnah'ootah*) *m*; hombre en el espacio (*ohm'breh ehn ehl ehspah'syo*) *m*

astronomy *n* astronomía (*ahstrohnohmee'ah*) *f*
astute *adj* astuto (*ahstoo'to*)
asylum *n* hospicio (*ohspee'syo*) *m;* **insane —** manicomio (*mahneekoh'myo*) *m;* **orphan —** casa de huérfanos (*kah'sah deh wehr'fahnos*) *f;* **to ask for —** (*polit*) pedir refugio (de) (*pehdeer' rehfoo'hyo, de...*)
at *prep* a (*ah*), en (*ehn*); **— once** ahorita (*ahohree'tah*) (*Am*); **— last** por fin (*pohr feen*); **— home** en casa (*ehn kah'sah*); **— work** en el trabajo (*ehn ehl trahbah'ho*)
atelier *n* taller (*tahlyehr'*) *m*
atheism *n* ateísmo (*ahtehees'mo*) *m*
atheist *n* ateo (*ahteh'o*) *m*
athlete *n* atleta (*ahtleh'tah*) *m, f;* jugador (*hoogahdohr'*) *m*
athletics *n, pl* deportes (*dehpohr'tehs*) *m, pl*
Atlantic *adj & n* atlántico (*ahtlahn'teeko*) *m;* **— Ocean** Océano Atlántico (*ohseh'ahno ...*) *m;* **— Charter** Declaración del Atlántico (*dehklahrahsyohn' dehl ...*) *f*
atlas *n* atlas (*aht'lahs*) *m*
atom *n* átomo (*ah'tohmo*) *m;* **— bomb** bomba atómica (*bohm'bah ahtoh'meekah*) *f;* explosión (*ehxplohsyon'*) *f*
atomic *adj* atómico (*ahtoh'meeko*); **— submarine** submarino atómico (*soobmahree'no ...*) *m;* **— energy** energía atómica (*ehnehrhee'ah ... ah*) *f;* **— power** fuerza atómica (*fuehr'sah ...*) *f*
atrocious *adj* atroz (*ahtros'*)
attaché *n* agregado (diplomático) (*ahgrehgah'do, deeplohmah'teeko*) *m*
attachment *n* afecto (*ahfehk'to*) *m;* cariño (*kahree'nyo*) *m*
attack *n* ataque (*ahtah'keh*) *m;* *v* atacar (*ahtahkahr'*)
attain *v* ganar (*gahnahr'*)
attempt *n* tentativa (*tehntahtee'vah*) *f;* atentado (*ahtehntah'do*) *m;* **to make an —** tentar (*tehntahr'*); *v* tentar, tratar de (*trahtahr' deh*)
attend *v* asistir a (*ahseesteer' ah*)
attendance *n* presencia (*prehsehn'syah*) *f;* **to take —** pasar lista (*pahsahr' lees'tah*)
attention *n* atención (*ahtehnsyon'*) *f;* **to pay —** prestar atención (*prehstahr' ...*)
attentive *adj* atento (*atehn'to*); cuidadoso (*kweedahdoh'so*)
attire *n* atavío (*ahtahvee'o*) *m;* *v* ataviar (*ahtahvyahr'*)
attitude *n* actitud (*ahkteetood'*) *f*
attorney *n* abogado (*ahbohgah'do*) *m;* **— general** fiscal (*feeskahl'*) *m;* **district —** fiscal de distrito (*... deh deestree'to*) *m;* procurador (*prohkoorahdohr'*) *m*
attract *v* atraer (*ahtrahehr'*); **to — one's attention** llamar la atención de (*lyahmahr' lah ahtehnsyon' deh*)
attractive *adj* simpático (*seempah'teeko*); atractivo (*ahtrahktee'vo*)
auction *n* venta pública (*vehn'tah poo'bleekah*) *f;* *v* subastar (*soobahstahr'*)
audacious *adj* atrevido (*ahtrehvee'do*)
audible *adj* audible (*ahoodee'bleh*); que se oye (*keh seh oh'yeh*)
audience *n* público (*poo'bleeko*) *m;* gente (*hehn'teh*) *f;* **to have an — with** tener audiencia con (*tehnehr' ahoodyehn'syah kohn*)
audit *n* intervención (*eentehrvehnsyon'*) *f;* *v* intervenir (*eentehrvehneer'*); **to — a class** ser oyente (*sehr ohyehn'teh*)
audition *n* audición (*ahoodeesyohn'*) *f*
auditor *n* oyente (*ohyehn'teh*) *m, f*
auditorium *n* (*theat*) salón (*sahlohn'*) *m*
August *n* agosto (*ahgohs'to*) *m*
aunt *n* tía (*tee'ah*) *f*
Austrian *adj & n* austríaco (*ahoostree'ahko*) *m*
authentic *adj* auténtico (*ahootehn'teeko*)
author *n* autor (*ahootohr', ah*) *m, f;* escritor, a (*ehskreetohr', ah*) *m, f;* novelista (*nohvehlees'tah*) *m, f;* poeta (*poheh'tah*) *m*
authority *n* autoridad (*ahootohreedahd'*) *f*
authorize *v* autorizar (*ahootohreesahr'*); dar permiso (*dahr pehrmee'so*)
auto *n* automóvil (*ahootohmoh'veel*) *m*
automatic *adj* automático (*ahootohmah'teeko*); **—ally** *adv* automáticamente (*... ahmehn'teh*)
automation *n* automatización (*ahootohmahteesahsyohn'*) *f;* automación (*ahootohmahsyohn'*) *f*
automaton *n* autómata (*ahootoh'mahtah*) *m & f;* robot (*roh'boht*) *m*
automobile = auto
autumn *n* otoño (*ohtoh'nyo*) *m*
available *adj* obtenible (*ohbtehnee'bleh*)
avenge *v* vengar(se) (*vehngahr'seh*); vindicar (*veendeekahr'*)
average *n* promedio (*prohmeh'dyo*) *m*
aviation *n* aviación (*ahvyahsyon'*) *f*
aviator *n* aviador (*ahvyahdohr'*) *m*
avoid *v* evitar (*ehveetahr'*)
await *v* esperar (*ehspehrahr'*)
awake *v* despertar(se) (*dehspehrtahr', seh*); *adj* **he is —** está despierto (*ehstah' dehspyehr'to*)
award *n* premio (*preh'myo*) *m;* beca (*beh'kah*) *f;* *v* premiar (*prehmyahr'*)
aware *adj* consciente (*kohnsyehn'teh*); **to be — of** saber (*sahbehr'*)
away *adv* lejos (*leh'hohs*); *adj* **to be —** estar ausente (*ehstahr' ahoosehn'teh*); **far —** muy lejos (*mooy ...*)

awful *adj* horrible (*ohrree'bleh*); tremendo (*trehmehn'do*); **—ly** *adv* terriblemente (*tehrreeblehmehn'teh*); **I am — tired** estoy muy cansado (*ehstoh'y mooy kahnsah'do*)

awhile *adv* un rato (*oon rah'to*); algún tiempo (*ahlgoon' tyehm'po*)

awkward *adj* torpe (*tohr'peh*); incómodo (*eenkoh'mohdo*)

axiom *n* axioma (*ahxyoh'mah*) *m*

axis *n* eje (*eh-heh*) *m*

axle *n* eje (*eh-heh*) *m;* árbol (*ahr'bohl*) *m*

Aztec *adj & n* azteca (*ahsteh'kah*) *m, f*

azure *adj & n* azul (*ahsool'*) *m*

B

babble *n* barboteo (*bahrbohteh'o*) *m; v* parlotear (*pahrlohtehahr'*)
baby *n* niño, a (*nee'nyo, ah*) *m, f;* **— carriage** cochecillo (*kohchehsee'lyo*) *m;* **— sitter** niñera (*neenyeh'rah*) *f;* cuidaniños (*kweedahnee'nyos*) *m, f*
bachelor *n* soltero (*sohlteh'ro*) *m;* **B— of Arts** bachiller en artes (*bahcheelyehr' ehn ahr'tehs*) *m*
back *n* espalda (*ehspahl'dah*) *f;* dorso (*dohr'so*) *m;* **in — of** detrás de (*dehtrahs' deh*); **— pay** sueldo atrasado (*swehl'do ahtrahsah'do*) *m; v* **to — down** hacerse atrás (*ahsehr'seh ahtrahs'*); **to — up** apoyar (*ahpohyahr'*); *adv* **to go —** volver (*vohlvehr'*); **to give —** devolver (*dehvohlvehr'*); **to come —** volver (*vohlvehr'*); **Back up!** ¡Atrás! (...); (*car*) ¡Retroceda! (*rehtrohseh'dah*)
backache *n* dolor de espalda (*dohlohr' deh ehspahl'dah*) *m*
backbone *n* espina dorsal (*ehspee'nah dohrsahl'*) *f*
background *n* fondo (*fohn'do*) *m;* ambiente (*ahmbyehn'teh*) *m*
backward *adj* atrasado (*ahtrahsah'do*); **to be —** ser torpe (*sehr tohr'peh*); estar atrasado (*ehstahr'* ...)
bacon *n* tocino (*tohsee'no*) *m*
bad *adj* malo, a (*mah'lo, ah*); travieso, a (*trahvyeh'so, ah*)
bag *n* saco (*sah'ko*) *m;* **hand—** bolsa (*bohl'sah*) *f*
baggage *n* equipaje (*ehkeepah'heh*) *m;* **— check** talón (*tahlohn'*) *m;* **— room** sala de equipajes (*sah'lah deh ehkeepah'hehs*) *f*
bail *n* fianza (*fyahn'sah*) *f;* **on —** bajo fianza (*bah-ho* ...); *v* **— out** dar fianza (*dahr'* ...)
bake *v* cocer al horno (*kohsehr' ahl ohr'no*)
baker *n* panadero (*pahnahdeh'ro*) *m*
bakery *n* panadería (*pahnahdehree'ah*) *f;* tahona (*tahoh'nah*) *f*
balance *n* balanza (*bahlahn'sah*) *f,* **— of power** equilibrio político (*ehkeelee'bryo pohlee'teeko*) *m; v* balancear (*bahlahnsehahr'*)
balcony *n* balcón (*bahlkohn'*) *m;* (*theat*) galería (*gahlehree'ah*) *f*
bald *adj* calvo (*kahl'vo*)
bale *n* bala (*bah'lah*) *f*
ball *n* pelota (*pehloh'tah*) *f;* (*milit*) bala (*bah'lah*); **winter—** baile de invierno (*bah'yleh deh eenvyehr'no*) *m*
ballad *n* romance (*rohmahn'seh*) *m*
ballot *n* boleta (*bohleh'tah*) *f;* cédula (*seh'doolah*) *f*
ban *n* bando (*bahn'do*) *m; v* prohibir (*proheebeer'*)
banana *n* plátano (*plah'tahno*) *m*
band *n* banda (*bahn'dah*) *f;* faja (*fah'hah*) *f;* grupo (*groo'po*) *m;* **rubber —** liga de goma (*lee'gah deh goh'mah*) *f; v* **— together** juntar (se) (*hoontahr', seh*)
bandage *n* venda (*vehn'dah*) *f; v* vendar (*vehndahr'*)
bang *n* golpe (*gohl'peh*) *m; v* golpear (*gohlpehahr'*)
bank *n* banco (*bahn'ko*) *m;* (*river*) orilla (*ohree'lyah*) *f;* **— account** cuenta de banco (*kwehn'tah deh* ...) *f;* **—book** libreta de banco (*leebreh'tah* ...) *f;* **savings bank** banco de ahorros (...*deh ahoh'rros*) *m*
banker *m* banquero (*bahnkeh'ro*) *m*
baptism *n* bautismo (*bahootees'mo*) *m*
baptize *v* bautizar (*bahooteesahr'*)
bar *n* barra (*bah'rrah*) *f;* cantina (*kahntee'nah*) *f;* (*neol*) café (*kahfeh'*) *m;* **— of chocolate** pastilla, bombón de chocolate (*pahstee'lyah, bohmbohn' deh chohkohlah'teh*) *f, m;* **iron —s** rejas (*reh'-hahs*) *f, pl; v* excluir (*ehxklweer'*)
barbarian *adj* bárbaro (*bahr'bahro*) *m*
barber *n* barbero (*bahrbeh'ro*) *m*
bare *adj* desnudo (*dehsnoo'do*)
bargain *n* pacto (*pah'kto*) *m;* **it is a —** es una ganga (*ehs oo'nah gahn'gah*); *v* regatear (*rehgahtehahr'*); negociar (*nehgohsyahr'*)
baritone *n* barítono (*bahree'tohno*) *m*
barracks *n, pl* cuartel (*kwartehl'*) *m*
base *adj* vil (*veel'*); *n* base (*bah'seh*) *f*
basin *n* pila (*pee'lah*) *f*
basis *n* base (*bah'seh*) *f*
bask *v* estar al sol (*ehstahr' ahl sohl*)
basket *n* cesta (*sehs'tah*) *f;* canasta (*kahnahs'tah*) *f*
bass basso *n* (*mus*) bajo (*bah'hoh*) *m*
bath *n* baño (*bah'nyo*) *m;* **to take a —** tomar un baño (*tohmahr' oon bah'nyo*); **—tub** bañera (*bahnyeh'rah*) *f*
bathe *v* bañar(se) (*bahnyahr', seh*)

bath house *n* caseta de baños (*kahseh'tah deh bah'nyos*) *f*
bathing suit *n* traje de baño (*trah-heh deh bah'nyo*) *m*
bathrobe *n* bata de baño (*bah'tah deh bah'nyo*) *f*
bathroom *n* cuarto de baño (*kwahr'to deh bah'nyo*) *m;* (*coll*) retrete (*rehtreh'teh*) *m*
battery *n* batería (*bahtehree'ah*) *f;* acumulador (*ahkoomoolahdohr'*) *m;* **to charge the —** cargar la batería (*kahrgahr'* . . .)
battle *n* batalla (*bahtah'lyah*) *f; v* combatir (*kohmbahteer'*)
battlefield *n* campo de batalla (*kahm'po deh bahtah'lyah*) *m*
battleship *n* acorazado (*ahkohrahsah'do*) *m*
bawl *n* grito (*gree'to*); *v* gritar (*greetahr'*)
bay *n* bahía (*bahee'ah*) *f;* **to keep at —** tener a raya (*tehnehr' ah rah'yah*)
bayonet *n* bayoneta (*bahyohneh'tah*) *f*
be *v* ser (*sehr*); estar (*ehstahr'*); **to — sick** estar enfermo (*ehstahr' ehnfehr'mo*); **to — warm, cold** tener calor, frío (*tehnehr' kah'ohr', free'o*); **it is warm, cold** hace calor, frío (*hah'seh* ...)
beach *n* playa (*plah'yah*) *f*
beacon *n* faro (*fah'ro*) *m*
beak *n* pico (*pee'ko*) *m*
beam *n* rayo (*rah'yo*); **to —** emitir rayos (*ehmeeteer'* . .); transmitir por radio (*trahnsmeeteer' pohr rah'dyo*)
bean *n* frijol (*free-hol'*) *m;* habichuela (*ahbeechweh'lah*) *f;* **string —** habichuela verde (. . . *vehr'deh*) *f*
bear *n* oso (*oh'so*) *m; v* soportar (*sohpohrtahr'*); **to — in mind** tener en cuenta (*tehnehr' ehn kwehn'tah*)
beard *n* barba (*bahr'bah*) *f*
beast *n* bestia (*behs'tyah*) *f;* **he is a —** es un bruto (*ehs oon broo'to*)
beat *v* golpear (*gohlpehahr'*); batir (*bahteer'*)
beating *n* golpeo (*gohlpeh'o*) *m;* derrota (*dehrroh'tah*) *f;* **to give a —** dar una paliza (*dahr oo'nah pahlee'sah*)
beatnik *m* (*coll*) joven bohemio (*hoh'vehn boheh'myo*) *m*
beautiful *adj* bello (*beh'lyo*); hermoso (*ehrmoho'so*)
beauty *n* belleza (*belyeh'sah*) *f;* hermosura (*ehrmohsoo'rah*) *f*
because *conj* porque (*pohr'keh*); **— of a** causa de (*ah kah'oosah deh*)
become *v* hacerse (*ahsehr'seh*), ponerse (*pohnehr'seh*); **he became rich** se hizo rico (*seh ee'so ree'ko*); **it becomes you** le sienta bien (*leh syehn'tah byehn*)
bed *n* lecho (*leh'cho*) *m;* cama (*kah'mah*) *f;* **to go to —** acostarse (*ahkohstahr'seh*); **—sheet** sábana (*sah'bahnah*) *f;* **—room** alcoba (*ahlkoh'bah*) *f;* (*Mex*) recámara (*rehkah'mahrah*) *f;* **it is —time** es la hora de dormir (*ehs lah oh'rah deh dohrmeer'*)
bee *n* abeja (*ahbeh'hah*) *f*
beechnut *n* hayuco (*ahyoo'ko*) *m*
beef *n* carne de vaca (*kahr'neh deh vah'kah*) *f;* **roast—** rosbif (*rohsbeef'*) *m;* **—steak** bistec (*beestehk'*) *m*
beer *n* cerveza (*sehrveh'sah*) *f*
befit *v* convenir (*kohnvehneer'*)
before *adv* antes (*ahn'tehs*); *prep* antes de (. . . *deh*); *conj* antes de que (. . . *keh*)
beforehand *adv* de antemano (*deh ahntehmah'no*)
beg *v* rogar (*rohgahr'*); **to — for money** mendigar (*mehndeegahr'*)
beggar *n* mendigo (*mehndee'go*) *m*
begin *v* empezar (*ehmpehsahr'*); comenzar (*kohmehnsahr'*)
beginning *n* principio (*preensee'pyo*) *m;* **at the —** al principio (*ahl* . . .)
behalf *n:* **in — of** en nombre de (*ehn nohm'breh deh*)
behave *v* portarse (*pohrtahr'seh*); **he behaves well** se porta bien (*seh pohr'tah byehn*)
behavior *n* comportamiento (*kohmpohrtahmyehn'to*) *m*
behind *adv* detrás (*dehtrahs'*); *prep* detrás de (. . . *deh*); **he is — (in his work)** está atrasado (*ehstah' ahtrahsah'do*)
being *n* ser (*sehr*) *m;* **human —** ser humano (. . . *oomah'no*) *m;* **— so** siendo así (*syehn'do ahsee'*); **for the time —** por el momento (*pohr ehl mohmehn'to*)
Belgium *n* Bélgica (*behl'heekah*) *f*
believe *v* creer (*kreheh'r'*); **I — so** creo que sí (*kreh'o keh see*)
belittle *v* menospreciar (*mehnohsprehsyahr'*)
bell *n* campana (*kahmpah'nah*) *f;* campanilla (*kahmpahnee'lyah*) *f;* **jingle—** cascabel (*kahskahbehl'*) *m;* **to ring the —** tocar el timbre (*tohkahr' ehl teem'breh*)
bellboy *n* botones (*bohtoh'nehs*) *m, s, pl;* mozo (*moh'so*) *m*
belly *n* vientre (*vyehn'treh*) *m;* panza (*pahn'sah*) *f*
belong *v* pertenecer (*pehrtehnehsehr'*); ser de (*sehr deh*)
belongings *n, pl* efectos personales (*ehfehk'tos pehrsohnah'lehs*) *m, pl*
beloved *adj* querido (*kehree'do*); amado (*ahmah'do*) *m*
below *adv, prep,* abajo (*ahbah'ho*); **down —** por abajo (*pohr ahbah'ho*); **— zero** bajo cero (*bah'ho seh'ro*)
belt *n* cinturón (*seentoorohn'*) *m;* cintura (*seentoo'rah*) *f;* **Atlantic —** zona atlántica (*soh'nah ahtlahn'teekah*) *f*

bench *n* banco (*bahn'ko*) *m;* tribunal (*treeboonahl'*) *m*
bend *n* vuelta (*vwehl'tah*) *f;* curva (*koor'-vah*) *f; v* plegar (*plehgahr'*); vencer (*vehnsehr'*)
beneath *prep* debajo de (*dehbah'ho deh*); **it is — you** es indigno de usted (*ehs eendeeg'no deh oostehd'*)
benediction *n* bendición (*behndee-syohn'*) *f*
benefactor *n* benefactor (*behnehfahk-tohr'*) *m*
beneficent *adj* provechoso (*prohveh-choh'so*)
beneficial *adj* benéfico (*behneh'feeko*)
benefit *n* beneficio (*behnehfee'syo*) *m;* **for the — of** a beneficio de (*ah ... deh*); *v* hacer bien a (*ahsehr' byehn ah*); beneficiar (*behnehfeesyahr'*)
benevolence *n* benevolencia (*behnehvoh-lehn'syah*) *f*
benevolent *adj* benévolo (*behneh'vohlo*)
bequeath *v* dejar en testamento (*deh-hahr' ehn tehstahmehn'to*)
beret *n* boina (*boh'eenah*) *f*
berth *n* litera (*leeteh'rah*) *f;* **cabin —** litera de camarote (*... deh kahmah-roh'teh*) *f*
beside *prep* al lado de (*ahl lah'do deh*); **—s** *adv* además (*ahdehmahs'*); aun (*ahoon*)
best *adj & adv* mejor (*meh-hohr'*); *n* **the — I can do** lo mejor que puedo hacer (*loh ... keh pweh'do ahsehr'*); **—man** padrino de boda (*pahdree'no deh boh'-dah*) *m;* **at —** a lo más (*ah loh mahs*)
bestow *v* conferir (*kohnfehreer'*); **— upon** dar (*dahr*), regalar (*rehgah-lahr'*); donar (*dohnahr'*)
bet *n* apuesta (*ahpwehs'tah*) *f; v* apostar (*ahpohstahr'*)
betray *v* hacer traición (*ahsehr' trah-eesyohn'*)
betrayal *n* traición (*traheesyohn'*) *f*
betrothed *n* prometido, a (*prohmehtee'-do, ah*) *m, f*
better *adj & adv* mejor (*meh-hohr'*); **so much the —** tanto mejor (*tahn'to ...*); **to get —** mejorar (*meh-hohrahr'*)
between *prep* entre (*ehn'treh*)
beverage *n* bebida (*behbee'dah*) *f*
beware *v* guardarse de (*gwahrdahr'seh deh*)
beyond *prep & adv* más allá (de) (*mahs ahlyah', deh*); **— my understanding** fuera de mi comprensión (*fweh'rah deh mee kohmprehnsyohn'*)
bias *n* prejuicio (*preh-hwee'syo*) *m*
Bible *n* Biblia (*beeb'lyah*) *f*
bibliography *n* bibliografía (*beeblyoh-grahfee'ah*) *f*
bicarbonate *n* bicarbonato (*beekahrboh-nah'to*) *m;* **— of soda** bicarbonato de soda (*... deh soh'dah*) *m*
bicycle *n* bicicleta (*beeseekleh'tah*) *f*
bid *n* postura (*pohstoo'rah*) *f*
big *adj* grande (*grahn'deh*); **my — brother** mi hermano mayor (*mee hehr-mah'no mahyohr'*) *m*
bigot *n* fanático (*fahnah'teeko*) *m*
bill *n* cuenta (*kwehn'tah*) *f;* (*bird*) pico (*pee'ko*) *m;* (*comm*) anuncio (*ahnoon'-syo*) *m; v* facturar (*fahktoorahr'*)
billfold *n* cartera (*kahrteh'rah*) *f*
billiards *n* billar (*beelyahr'*) *m*
bind *v* unir (*ooneer'*)
biography *n* biografía (*byograhfee'ah*) *f;* vida (*vee'dah*) *f*
biology *n* biología (*byohloh-hee'ah*) *f*
birch *n* abedul (*ahbehdool'*) *m*
bird *n* pájaro (*pah'hahro*) *m*
birth *n* nacimiento (*nahseemyehn'to*) *m;* **date of —** fecha de nacimiento (*feh'-chah deh ...*) *f;* **— certificate** fe de nacimiento (*feh deh ...*) *f;* **— control** control de la natalidad (*kohntrohl' deh lah nahtahleedahd'*) *m;* **— rate** natalidad (*nahtahleedahd'*) *f*
birthday *n* cumpleaños (*koomplehah'-nyos*) *m;* **Happy —** Feliz cumpleaños (*fehlees' ...*)
birthplace *n* lugar de nacimiento (*loo-gahr' deh nahseemyehn'to*) *m;* patria (*pah'tryah*) *f*
biscuit *n* bizcocho (*beeskoh'cho*) *m*
bisect *v* dividir en dos (*deeveedeer' ehn dos*)
bishop *n* obispo (*ohbees'po*) *m*
bison *n* bisonte (*beesohn'teh*) *m*
bit *n* pedacito (*pehdahsee'to*) *m;* **a little —** un poquito (*oon pohkee'to*) *m*
bite *n* mordedura (*mohrdehdoo'rah*) *f;* (*food*) bocado (*bohkah'do*) *m; v* mor-der (*mohrdehr'*); **to have a —** tomar un bocadito (*tohmahr' oon bohkahdee'to*)
bitter *adj* amargo (*ahmahr'go*)
bitterness *n* amargura (*ahmahrgoo'rah*) *f;* rencor (*rehnkohr'*) *m*
black *adj* negro (*neh'gro*); **—out** apa-gón (*ahpahgohn'*) *m;* **in — and white** por escrito (*pohr ehskree'to*)
blackboard *n* pizarra (*peesah'rrah*) *f;* tablero (*tahbleh'ro*) *m*
blackmail *n* extorsión (*extohrsyohn'*) *f; v* extorsionar
blackmarket *n* mercado negro (*mehr-kah'do neh'gro*) *m*
blacksmith *n* herrero (*ehrreh'ro*) *m*
blade *n* hoja (*oh'hah*) *f;* **razor —** hoja de afeitar (*... deh ahfehytahr'*) *f*
blame *n* culpa (*kool'pah*) *f; v* culpar (*koolpahr'*)
bland *adj* blando (*blahn'do*)

blank *adj* en blanco (*ehn blahn'ko*); vacío (*vahsee'o*); **— form** (*Am*) esqueleto (*ehskehleh'to*) *m;* **— verse** verso suelto (*vehr'so swehl'to*) *m;* **application —** formulario (*fohrmoolah'ryo*) *m;* (*Am*) blanco (*blahn'ko*) *m*

blanket *n* cubierta de cama (*koobyehr'tah deh kah'mah*) *f*

blast *n* ráfaga de viento (*rah'fahgah deh vyehn'to*) *f; v* volar (con explosivos) (*vohlahr' kohn ehxplohsee'vohs*)

blaze *n* incendio (*eensehn'dyo*) *m; v* arder (*ahrdehr'*)

bleed *v* sangrar (*sahngrahr'*)

blemish *n* mancha (*mahn'chah*) *f*

blend *n* mezcla (*mehs'klah*) *f; v* mezclar (*mehsklahr'*)

bless *v* bendecir (*behndehseer'*); **God — you** Salud (*sahlood'*); Dios te bendiga (*dyos' teh behndee'gah*)

blessed *adj* bendito (*behndee'to*)

blessing *n* bendición (*behndeesyohn'*) *f*

blind *adj* ciego (*syeh'go*); **— man** ciego *m; n* **Venetian —** persiana (*pehrsyah'nah*) *f; v* **to —** cegar (*sehgahr'*)

blindfold *v* vendar los ojos (*vehndahr' los oh'hos*)

blindness *n* ceguedad (*sehghehdahd'*) *f*

blink *v* guiñar (*gheenyahr'*)

bliss *n* felicidad (*fehleeseedahd'*) *f*

blister *n* ampolla (*ahmpoh'lyah*) *f*

blithe *adj* alegre (*ahleh'greh*)

blitz(krieg) *n* guerra relámpago (*gheh'rrah rehlahm'pahgo*) *f*

blizzard *n* ventisca (*vehntees'kah*) *f;* borrasca de nieve (*bohrrahs'kah deh nyeh'veh*) *f*

block *n* bloque (*bloh'keh*) *m;* **city —** manzana (*mahnsah'nah*) *f;* cuadra (*kwah'drah*) *f; v* bloquear (*blohkehahr'*)

blockade *n* bloqueo (*blohkeh'o*) *m; v* bloquear (*blohkehahr'*)

blockhead *n* tonto, a (*tohn'to, ah*) *m, f;* estúpido (*ehstoo'peedo*); necio (*neh'syo*)

blond *adj* rubio (*roo'byo*); *n* **—e** rubia (*roo'byah*) *f*

blood *n* sangre (*sahn'greh*) *f;* **— pressure** presión de la sangre (*prehsyohn' deh lah . . .*) *f;* **in cold —** a sangre fría . . . *free'ah*)

bloodshed *n* matanza (*mahtahn'sah*) *f*

bloody *adj* sangriento (*sahngryehn'to*)

bloom *n* florecimiento (*flohrehseemyehn'to*) *m; v* florecer (*flohrehsehr'*); florear (*flohrehahr'*)

blossom = **bloom**

blot *n* mancha (*mahn'chah*) *f; v* manchar (*mahnchahr'*)

blotter *n* papel secante (*pahpehl' sehkahn'teh*) *m*

blouse *n* blusa (*bloo'sah*) *f*

blow *n* golpe (*gohl'peh*) *m;* soplo (*soh'plo*) *m; v* soplar (*sohplahr'*); **to — over** pasar (*pahsahr'*); **it is blowing** hace viento (*ah'seh vyehn'to*); **to — up** reventar (*rehvehntahr'*)

blowout *n* (*tire*) reventón (*rehvehntohn'*) *m*

blue *adj & n* azul (*ahsool'*) *m;* **to have the —s** estar triste (*ehstahr' trees'teh*)

bluff *n* engaño (*ehngah'nyo*) *m;* fanfarrón (*fahnfahrrohn'*) *m; v* engañar (*ehngahnyar'*); hacer alarde (*ahser' ahlahr'deh*)

bluffer *n* fanfarrón (*fahnfahrrohn'*) *m*

blunder *n* desatino (*dehsahtee'no*) *m; v* desatinar (*dehsahteenahr'*)

blur *n* mancha (*mahn'chah*) *f; v* nublar (*nooblahr'*)

blurb *n* anuncio llamativo (*ahnoon'syo lyahmahtee'vo*) *m*

blush *v* ponerse colorado (*pohnehr'seh kohlohrah'do*)

board *n* tabla (*tah'blah*) *f;* **— of health** departamento de sanidad (*dehpahrtahmehn'to deh sahneedahd'*) *m;* **bulletin —** noticiero (*nohteesyeh'ro*) *m;* **room and —** pensión completa (*pehnsyohn' kohmpleh'tah*) *f;* **on —** a bordo (*ah bohr'do*); *v* **to — a train** subir al tren (*soobeer' ahl trehn*); **to — with** residir en casa de (*rehseedeer' ehn kah'sah deh*); en pensión (*ehn pehnsyohn'*)

boarding house *n* pensión (*pehnsyohn'*) *f*

boast *n* jactancia (*hahktahn'syah*) *f; v* jactarse (*haktahr'seh*)

boastful *adj* jactancioso (*hahktahnsyoh'so*)

boat *n* barco (*bahr'ko*) *m;* buque (*boo'keh*) *m;* lancha (*lahn'chah*) *f*

body *n* cuerpo (*kwehr'po*) *m;* conjunto de (algo) (*kohnhoon'to deh, ahlgo*) *m;* **any—** cualquiera (*kwahlkyeh'rah*)

bodyguard *n* guardaespaldas (*gwahrdah-ehspahl'dahs*) *m*

boil *v* hervir (*ehrveer'*); cocer (*kohsehr'*); **it all —s down to** todo se reduce a (*toh'do seh rehdoo'seh ah*)

boiler *n* caldera (*kahldeh'rah*) *f*

bold *adj* atrevido (*ahtrehvee'do*)

bolt *n* cerrojo (*sehrroh'ho*) *m; v* **to — (a door)** cerrar con cerrojo (*sehrrahr' kohn . . .*)

bomb *n* bomba (*bohm'bah*) *f;* **atomic —** bomba atómica (*. . . ahtoh'meekah*) *f; v* bombardear (*bohmbahrdehahr'*); **— shelter** refugio contra bombas (*rehfoo'hyo kohn'trah . . .*) *m*

bomber *n* avión de bombardeo (*ahvyohn' deh bohmbahrdeh'o*) *m*

bond *n* vínculo (*veen'koolo*) *m;* (*fin*) **—s** bonos (*boh'nos*) *m, pl*

bone *n* hueso (*weh'so*) *m;* **to make no —s about it** ser muy franco (*sehr mooy frahn'ko*)

bonnet *n* gorra (*goh'rrah*) *f*

book *n* libro (*lee'bro*) *m;* **—store** librería (*leebrehree'ah*) *f;* **note—** cuaderno (*kwahdehr'no*) *m; v* **to — passage** reservar pasaje (*rehsehrvahr' pahsahheh*)

bookcase *n* estante (*ehstahn'teh*) *m*

bookend *n* apoyalibros (*ahpoh'yah-lee'bros*) *m* (*s, pl*)

bookkeeping *n* contabilidad (*kohntahbeeleedahd'*) *f*

bookseller *n* librero (*leebreh'ro*) *m*

boom *n* bonanza (*bohnahn'sah*) *f;* auge económico (*ah'oo-heh ehkohnoh'meeko*) *m; v* prosperar (*prohspehrahr'*)

boost *n* ayuda (*ahyoo'dah*) *f; v* empujar (*ehmpoohahr'*); **to — prices** alzar los precios (*ahlsahr' los preh'syos*)

boot *n* bota (*boh'tah*) *f; v* **to — out** echar a puntapiés (*ehchahr' ah poontahpyehs'*)

bootblack *n* limpiabotas (*leempyahboh'tahs*) *m*

booth *n* casilla (*kahsee'lyah*) *f;* **telephone —** cabina (*kahbee'nah*) *f*

border *n* borde (*bohr'deh*) *m;* frontera (*frohnteh'rah*) *f;* **to — on** confinar (con) (*kohnfeenahr', kohn*)

bore *v* perforar (*pehrfohrahr'*)

bored *adj* aburrido (*ahboorree'do*); **to be —** estar aburrido (*ehstahr' ...*)

boring *adj* aburrido (*ahboorree'do*)

born *adj* nacido (*nahsee'do*); **I was — in** nací en (*nahsee' ehn*); **to be —** nacer (*nahsehr'*)

borrow *v* tomar prestado (*tohmahr' prehstah'do*)

bosom *n* seno (*seh'no*) *m;* pecho (*peh'cho*) *m;* pechera (*pehcheh'rah*) *f*

boss *n* patrón (*pahtrohn'*) *m; v* mandar (*mahndahr'*)

both *adj & pron* ambos(as) (*ahm'bos, ahs*) *m, f*

bother *n* fastidio (*fahstee'dyo*) *m; v* fastidiar (*fahsteedyahr'*)

bothersome *adj* fastidioso (*fahsteedyoh'so*)

bottle *n* botella (*bohteh'lyah*) *f; v* embotellar (*ehmbohtehlyahr'*)

bottom *n* fondo (*fohn'do*) *m;* **to be at the — of** ser el último de (*sehr ehl ool'teemo deh*); **to get at the — of** investigar (*eenvehsteegahr'*)

boudoir *n* tocador (*tokahdohr'*) *m*

boulevard *n* bulevar (*boolehvahr'*) *m;* paseo (*pahseh'o*) *m*

bounce *n* salto (*sahl'to*) *m; v* saltar (*sahltahr'*)

boundary *n* confín (*kohnfeen'*) *m;* frontera (*frohnteh'rah*) *f*

bout *n* combate (*kohmbah'teh*) *m;* **to have a — with** luchar con (*loochahr' kohn*)

bow *n* reverencia (*rehvehrehn'syah*) *f; v* hacer una reverencia (*ahsehr' oo'nah ...*)

bowels *n, pl* intestinos (*eentehstee'nos*) *m, pl*

box *n* caja (*kah'hah*) *f;* **— office** taquilla (*tahkee'lyah*) *f;* **— seat** (*theat*) palco (*pahl'ko*) *m*

boxer *n* púgil (*poo'heel*) *m;* boxeador (*bohxehahdohr'*) *m*

boxing *n* pugilato (*poo-heelah'to*) *m;* boxeo (*bohxeh'o*) *m*

boy *n* muchacho (*moochah'cho*) *m;* mozo (*moh'so*) *m*

boycott *n* boicoteo (*bohykohteh'o*) *m; v* boicotear (*bohykohtehahr'*)

boyhood *n* mocedad (*mohsehdahd'*) *f*

bracelet *n* pulsera (*poolseh'rah*) *f*

brag *v* jactarse (de) (*hahktahr'seh, deh*); *n* jactancia (*hahktahn'syah*) *f*

brain *n* cerebro (*sehreh'bro*) *m;* **he has —s** tiene juicio (*tyeh'neh hwee'syo*); **—storm** confusión (*kohnfoosyohn'*) *f;* brillante idea (*breelyahn'teh eedeh'ah*) *f;* **—washing** lavado de cerebro (*lahvah'do deh ...*) *m; v* (*coll*) **to — (someone)** matar (a) (*mahtahr', ah*)

brake *n* freno (*freh'no*) *m;* **to apply the —** frenar (*frehnahr'*); retrancar (*rehtrahnkahr'*); **to release the —** quitar el freno (*keetahr' ehl ...*)

branch *n* (*tree*) rama (*rah'mah*) *f;* **— office** sucursal (*sookoorsahl'*) *f; v* **to — out** ramificarse (*rahmeefeekahr'seh*)

brand *n* marca (*mahr'kah*) *f;* **it is — new** es nuevecito (*ehs nwehvehsee'to*); *v* marcar (*mahrkahr'*)

brandy *n* aguardiente (*ahgwahrdyehn'teh*) *m;* coñac (*konyahk'*) *m*

brassière *n* corpiño (*kohrpee'nyo*) *m;* sostén (*sohstehn'*) *m*

brave *adj* valiente (*vahlyehn'teh*)

brawl *n* riña (*ree'nyah*) *f; v* reñir (*rehnyeer'*)

bread *n* pan (*pahn*) *m;* **toasted —** pan tostado (*... tohstah'do*) *m*

break *n* rotura (*rohtoo'rah*) *f;* pausa (*pah'oosah*) *f;* **at day—** al amanecer (*ahl ahmahnehsehr'*); (*coll*) **to give a —** dar una oportunidad (*dahr oo'nah ohpohrtooneedahd'*); **to have a good (bad) —** tener buena (mala) suerte (*tehnehr' bweh'na, mah'lah, swehr'teh*); *v* romper(se) (*rohmpehr', seh*); quebrar (*kehbrahr'*)

breakfast *n* desayuno (*dehsahyoo'no*) *m;* **to have —** tomar el desayuno (*tohmahr' ehl ...*)

breast *n* pecho (*peh'cho*) *m;* seno (*seh'no*) *m*

breath *n* aliento (*ahlyehn'to*) *m;* **out of —** jadeante (*hahdehahn'teh*)

breathe *v* respirar (*rehspeerahr'*); **to — hard** resoplar (*rehsohplahr'*)

breathing *n* respiración (*rehspeerahsyohn'*) *f*

breeze *n* brisa (*bree'sah*) *f;* **there is a nice —** hace buena brisa (*hah'seh bweh'nah bree'sah*); vientecillo (*vyehntehsee'lyo*) *m*
bribe *n* cohecho (*koheh'cho*) *m; v* cohechar (*kohehchahr'*)
brick *n* ladrillo (*lahdree'lyo*) *m*
bride *n* novia (*noh'vyah*) *f*
bridegroom *n* novio (*no'vyo*) *m*
bridge *n* puente (*pwehn'teh*) *m; v* **to — together** juntar (*hoontahr'*)
brief *adj* breve (*breh'veh*); **—case** cartera (*kahrteh'rah*) *f;* **—ly** *adv* brevemente (*brehvehmehn'teh*)
bright *adj* claro (*klah'ro*); **to be —** ser listo (*sehr lees'to*); **—ly** *adv* claramente (*klahrahmehn'teh*)
brightness *n* brillo (*bree'lyo*) *m;* lustre (*loos'treh*) *m*
brilliant *adj* brillante (*breelyahn'teh*); **he is —** tiene talento (*tyeh'neh tahlehn'to*)
bring *v* llevar (*lyehvahr'*); **to — out** producir (*prohdooseer'*); **to — up (a child)** criar (*kreehahr'*)
brisk *adj* animado (*ahneemah'do*); vivo (*vee'vo*)
Britain (Great—) *n* Gran Bretaña (*grahn brehtah'nyah*) *f*
British *adj* británico (*breetah'neeko*); inglés (*eenglehs'*)
broad *adj* ancho (*ahn'cho*); **in — daylight** en pleno día (*ehn pleh'no dee'ah*); **to be —-minded** tener amplias miras (*tehnehr' ahm'plyahs mee'rahs*)
broadcast *n* radiodifusión (*rahdyohdeefoosyohn'*) *f;* emisión (*ehmeesyohn'*) *f;* **—ing station** emisora (*ehmeesoh'rah*) *f; v* emitir (*ehmeeteer'*)
broil *v* asar (*ahsahr'*)
broiler *n* parrilla (*pahrree'lyah*) *f*
broke *adj* (*coll*) **to be —** no tener dinero (*noh tehnehr' deeneh'ro*); estar "pelado" (*ehstahr' pehlah'do*)
broker *n* bolsista (*bolsee'stah*) *m, f;* corredor (*kohrrehdohr'*) *m*
bronze *n* bronce (*brohn'seh*) *m*
brook *n* arroyo (*ahrroh'yo*) *m;* (*Am*) quebrada (*kehbrah'dah*) *f*
broom *n* escoba (*ehskoh'bah*) *f*
broth *n* caldo (*kahl'do*) *m*
brothel *n* burdel (*boordehl'*) *m*
brother *n* hermano (*ehrmah'no*) *m;* **—-in-law** cuñado (*koonyah'do*) *m*
brow *n* frente (*frehn'teh*) *f;* **eye—s** cejas (*seh'hahs*) *f, pl*
brown *adj* moreno (*mohreh'no*)
brush *n* cepillo (*sehpee'lyo*) *m;* (*artist*) pincel (*peensehl'*) *m; v* cepillar (*sehpeelyahr'*)
brutal *adj* brutal (*brootahl'*)
brute *adj & n* bruto (*broo'to*) *m*

bubble *n* burbuja (*boorboo'hah*) *f; v* **to — over** rebosar en (*rehbohsahr' ehn*)
buck *n* macho cabrío (*mah'cho kabree'o*); macho (*mah'cho*) *m;* (*coll*) un dólar (*oon doh'lahr*) *m;* **— private** soldado raso (*sohldah'do rah'so*) *m*
budget *n* presupuesto (*prehsoopwehs'to*) *m*
buffet *n* aparador (*ahpahrahdohr'*) *m*
build *v* fabricar (*fahbreekahr'*)
builder *n* constructor (*kohnstrooktohr'*) *m;* arquitecto (*ahrkeetehk'to*) *m*
building *n* edificio (*ehdeefee'syo*) *m*
bulb *n* (*elec*) bombilla (*bohmbee'lyah*) *f;* foco (*foh'ko*) *m*
bulk *n* bulto (*bool'to*) *m;* **the — of** la mayor parte de (*lah mahyohr' pahr'teh deh*) *f*
bull *n* toro (*toh'ro*) *m;* **—fight** corrida de toros (*kohrree'dah deh ...*) *f;* **—fighter** torero (*tohreh'ro*) *m*
bulletin *n* boletín (*bohlehteen'*) *m;* **— board** tablilla (*tahblee'lyah*) *f;* noticiero (*nohteesyeh'ro*) *m;* **special —** última noticia (*ool'teemah nohtee'syah*) *f*
bully *n* matón (*mahtohn'*) *m*
bulwark *n* baluarte (*bahlwahr'teh*) *m;* fuerza (*fwehr'sah*) *f*
bum *n* (*coll*) holgazán (*ohlgahsahn'*) *m;* vagabundo (*vahgahboon'do*) *m*
bump *n* golpe (*gohl'peh*) *m;* (*aut*) choque (*choh'keh*) *m; v* chocar (*chohkahr'*); topar (*tohpahr'*)
bumper *n* parachoques (*pahrahchoh'kehs*) *m, s & pl*
bun *n* bollo (*boh'lyo*) *m;* **(bread) —** bollo de pan (*... deh pahn*) *m*
bunch *n* grupo (*groo'po*) *m; v* **to — together** agrupar(se) (*ahgroopahr', seh*); juntar(se) (*hoontahr',seh*)
bundle *n* lío (*lee'o*) *m;* bulto (*bool'to*) *m; v* hacer un bulto (*hahsehr' oon bool'to*)
bunny *n* conejito (*kohneh-hee'to*) *m*
burden *n* carga (*kahr'gah*) *f; v* cargar (*kahrgahr'*)
burdensome *adj* gravoso (*grahvoh'so*); pesado (*pehsah'do*)
bureau *n* despacho (*dehspah'cho*) *m;* departamento (*dehpahrtahmehn'to*) *m;* cómoda (*koh'mohdah*) *f;* **license —** oficina de licencias (*ohfeesee'nah deh leesehn'syahs*) *f;* **travel —** oficina de turismo (*ohfeesee'nah deh toorees'mo*) *f;* **weather —** oficina de meteorología (*ohfeesee'nah deh mehtehohrohloh-hee'ah*) *f*
burglar *n* ladrón (*lahdrohn'*) *m*
burglary *n* robo (*roh'bo*) *m*
burn *n* quemadura (*kehmahdoo'rah*) *f; v* quemar (*kehmahr'*)
burner *n* quemador (*kehmahdohr'*) *m*
bursar *n* tesorero (*tehsoreh'ro*) *m*

burst *n* reventón (*rehventohn'*) *m;* **— of laughter** carcajada (*kahrkahhah'dah*) *f;* **to — into (tears)** prorrumpir en (lágrimas) (*prohrroompeer' ehn, lah'greemahs*)

bury *v* enterrar (*ehntehrrahr'*); esconder (*ehskohndehr'*)

bus *n* autobús (*ahootohboos'*) *m;* ómnibus (*ohm'neeboos*) *m;* (*Mex*) camión (*kahmyohn'*) *m;* (*Cuba*) guagua (*gwah'gwah*) *f*

bush *n* arbusto (*ahrboos'to*) *m;* matorral (*mahtohrrahl'*) *m;* **to beat around the —** andarse por las ramas (*ahndahr'seh pohr lahs rah'mahs*)

business *n* negocio (*nehgoh'syo*) *m;* empleo (*ehmpleh'o*) *m;* **to do — with** tratar, negociar con (*trahtahr, nehgohsyahr' kohn*); **mind your own —** no se meta usted en eso (*noh seh meh'tah oostehd' ehn eh'so*)

businessman *n* hombre de negocios (*ohm'breh deh nehgoh'syos*) *m;* comerciante (*kohmehrsyahn'teh*) *m*

bust *n* busto (*boos'to*) *m;* pecho (*peh'cho*) *m;* seno (*seh'no*) *m*

bustle *n* confusión (*kohnfoosyohn'*) *f;* *v* trajinar (*trah-heenahr'*)

busy *adj* ocupado (*ohkoopah'do*); **to be —** estar ocupado (*ehstahr'* ...)

but *prep* pero (*peh'ro*); mas (*mahss*)

butcher *n* carnicero (*kahrneeseh'ro*) *m;* **—'s shop** carnicería (*kahrneesehree'ah*) *f;* *v* matar (*mahtahr'*)

butter *n* mantequilla (*mahntehkee'lyah*) *f;* **—milk** *n* suero de mantequilla (*sweh'ro deh* ...) *m*

butterfly *n* mariposa (*mahreepoh'sah*) *f*

button *n* botón (*bohtohn'*) *m;* **—hole** ojal (*oh-hahl'*) *m*

buy *v* comprar (*kohmprahr'*)

buyer *n* comprador (*kohmprahdohr'*) *m*

buzz *n* zumbido (*soombee'do*) *m;* *v* **to — a bell** tocar un timbre (*tohkahr' oon teem'breh*)

buzzard *n* gallinazo (*gahlyeenah'so*) *m*

buzzer *n* zumbador (*soombahdohr'*) *m*

by *prep* por (*pohr*); de (*deh*); **— the way** a propósito (*ah prohpoh'seeto*); **— now** ahora (*ahoh'rah*); ya (*yah*)

bypass *n* desvío (*dehsvee'o*) *m;* *v* desviar (*dehsvyahr'*)

bystander *n* circunstante (*seerkoonstahn'teh*) *m, f*

byword *n* refrán (*rehfrahn'*) *m;* proverbio (*prohvehr'byo*) *m*

C

cab *n* taxi (*tah'xee*) *m;* (*Mex*) libre (*lee'breh*) *m;* — **driver** chófer (*cho'fer*) *m;* cochero (*kohcheh'ro*) *m*

cabaret *n* cabaret (*kahbahreh'*) *m*

cabbage *n* col (*kohl*) *m*

cabin *n* cabaña (*kahbah'nyah*) *f;* choza (*choh'sah*) *f;* (*ship*) camarote (*kahmahroh'teh*) *m;* (*airpl*) cabina (*kahbee'nah*) *f*

cable *n* cable (*kah'bleh*) *m;* **—gram** cablegrama (*...grah'mah*) *m*

cad *n* sinvergüenza (*seenvehrgwehn'sah*) *m, f;* canalla (*kahnah'lyah*) *m*

café *n* café (*kahfeh'*) *m;* restaurante (*rehstahoorahn'teh*) *m;* bar (*bahr'*) *m*

cafeteria *n* restaurante (*rehstahoorahn'teh*) *m;* bar (*bahr*) *m;* café (*kahfeh'*) *m;* cafetería (*kahfehtehry'ah*) *f*

cake *n* torta (*tohr'tah*) *f;* (*Am*) panqué (*pahnkeh'*) *m;* — **of soap** pastilla de jabón (*pahstee'lyah deh hahbohn'*) *f*

calendar *n* calendario (*kahlehndah'ryo*) *m;* almanaque (*ahlmahnah'keh*) *m*

calf *n* ternero (*tehrneh'ro*) *m*

call *n* llamada (*lyahmah'dah*) *f;* **telephone** — llamada telefónica (*... tehlehfoh'neekah*) *f;* **long-distance** — llamada de larga distancia (*... deh lahr'gah deestahn'syah*) *f; v* llamar (*lyahmahr'*); **to — on** hacer una visita a (*ahsehr' oo'nah veesee'tah ah*); **to — the roll** pasar lista (*pahsahr' lees'tah*); **to — together** convocar (*kohnvohkahr'*)

callus *n* callo (*kah'lyo*) *m*

calm *adj* calmo (*kahl'mo*); *n* calma; *v* calmar (*kahlmahr'*)

calorie *n* caloría (*kahlohree'ah*) *f*

camel *n* camello (*kahmeh'lyo*) *m*

camera *n* cámara fotográfica (*kah'mahrah fohtohgrah'feekah*) *f*

camouflage *n* camuflaje (*kahmooflah'heh*) *m;* disfraz (*deesfrahs'*) *m; v* disfrazar (*...ahr'*)

camp *n* campo (*kahm'po*) *m;* **concentration** — campo de concentración (*... deh kohnsehntrahsyohn'*) *m; v* **to — out** acampar (*ahkahmpahr'*)

campaign *n* campaña (*kahmpah'nyah*) *f; v* hacer campaña (*ahsehr' ...*)

campus *n* **college** — terreno de una universidad (*tehrreh'no deh oonah ooneevehrseedahd'*) *m;* campo (*kahm'po*) *m*

can *n* lata (*lah'tah*) *f;* **—ned food** alimento en conserva (*ahleemehn'to ehn kohnsehr'vah*) *m;* — **opener** abrelatas (*ahbrehlah'tahs*) *m; v* poder (*pohdehr'*); **I — come** puedo venir (*pweh'do vehneer'*)

Canadian *adj & n* canadiense (*kahnahdyehn'seh*) *m, f*

canal *n* canal (*kahnahl'*) *m*

cancel *v* cancelar (*kahnsehlahr'*)

cancellation *n* cancelación (*kahnsehlahsyohn'*) *f*

cancer *n* cáncer (*kahn'sehr*) *m*

candid *adj* cándido (*kahn'deedo*)

candidate *n* candidato (*kahndeedah'to*) *m* (*polit*)

candle *n* candela (*kahndeh'lah*) *f;* vela (*veh'lah*) *f;* **—stick** *n* candelero (*kahndehleh'ro*) *m*

candy *n* bombón (*bohmbohn'*) *m;* confite (*kohnfee'teh*) *m;* — **store** confitería (*kohnfeetehree'ah*) *f*

cannon *n* cañón (*kahnyohn'*) *m;* **—ball** bala de cañón (*bah'lah deh ...*) *f*

canoe *n* canoa (*kahnoh'ah*) *f;* (*Am*) lancha (*lahn'chah*) *f;* chalupa (*chahloo'pah*) *f*

cantaloupe *n* melón (*mehlohn'*) *m*

canteen *n* (*milit*) cantina para soldados (*kahntee'nah pah'rah sohldah'dos*) *f*

canvas *n* lienzo (*lyehn'so*) *m*

canvass *v* solicitar votos (*sohleeseetahr' voh'tos*)

cap *n* gorra (*goh'rrah*) *f;* **Basque** — boina (*boh'eenah*) *f; v* tapar (*tahpahr'*); sellar (*sehlyahr'*)

capable *adj* capaz (*kahpahs'*)

capacity *n* capacidad (*kahpahseedahd'*) *f;* — **of (a place)** cabida (*kahbee'dah*) *f*

cape *n* capa (*kah'pah*) *f*

caper *n* cabriola (*kahbryoh'lah*) *f*

capital *adj & n* capital (*kahpeetahl'*) *f;* — **letter** letra mayúscula (*leh'trah mahyoos'koolah*) *f;* — **punishment** pena capital (*peh'nah ...*) *f*

capitalism *n* capitalismo (*kahpeetahlees'mo*) *m*

capitalist *n* capitalista (*kahpeetahlees'tah*) *m, f*

capitalize *v* capitalizar (*kahpeetahleesahr'*); aprovecharse (de) (*ahprohvechahr'seh, deh*)

caprice *n* capricho (*kahpree'cho*) *m*

capsule *n* cápsula (*kahp'soolah*) *f*

captain *n* capitán (*kahpeetahn'*) *m*

captive *adj & n* cautivo (*kahootee'vo*) *m*
capture *n* captura (*kahptoo'rah*) *f; v* capturar (*kahptoorahr'*)
car *n* coche (*koh'cheh*) *m;* automóvil (*ahootohmoh'veel*) *m;* (*Am*) carro (*kah'rro*) *m;* **dining —** coche comedor (*koh'cheh kohmehdohr'*) *m;* **freight —** vagón de carga (*vahgohn' deh kahr'gah*) *m;* **smoking —** coche fumador (*koh'cheh foomahdohr'*) *m*
carbon *n* carbón (*kahrbohn'*) *m;* **— copy** copia al carbón (*koh'pyah ahl* ...) *f;* **— paper** papel carbón (*pahpehl'*...) *m*
carburetor *n* carburador (*kahrboorahdohr'*) *m*
card *n* carta (*kahr'tah*) *f;* **— catalogue** catálogo de fichas (*kahtah'lohgo deh fee'chahs*) *m;* **playing —s** naipes (*nah'ypehs*) *m, pl;* **post—** tarjeta postal (*tahrheh'tah pohstahl'*) *f;* **visiting —** tarjeta de visita (*tahrheh'tah deh veesee'tah*) *f*
cardboard *n* cartón (*kahrtohn'*) *m*
cardinal *adj* cardinal (*kahrdeenahl'*); de gran importancia (*deh grahn eempohrtahn'syah*); (*eccles & ornith*) cardenal (*kahrdehnahl'*) *m*
care *n* cuidado (*kweedah'do*) *m;* **to take — of** cuidar de (*kweedahr' deh*); *v* **to — about (for)** querer (*kehrehr'*); tener interés en (*tehnehr' eentehrehs' ehn*); **I don't —** no me importa (*noh meh eempohr'tah*)
career *n* carrera (*kahrreh'rah*) *f*
carefree *adj* **to be —** no tener cuidado (*noh tehnehr' kweedah'do*); despreocupado (*dehsprehohkoopah'do*)
careful *adj* cuidadoso (*kweedahdoh'so*); **—ly** *adv* cuidadosamente (...*ahmehn'teh*)
careless *adj* descuidado (*dehskweedah'do*)
caress *n* caricia (*kahree'syah*) *f; v* acariciar (*ahkahreesyahr'*); mimar (*meemahr'*)
carfare *n* pasaje de tranvía (*pahsah'heh deh trahnvee'ah*) *m*
carnation *n* clavel (*klahvehl'*) *m*
carnival *n* carnaval (*kahrnahvahl'*) *m;* fiesta (*fyehs'tah*) *f*
carol *n* villancico (*veelyahnsee'ko*) *m;* **Christmas —** villancico de Navidad (... *deh nahveedahd'*) *m;* canción (*kahnsyohn'*) *f*
carpenter *n* carpintero (*kahrpeenteh'ro*) *m*
carpet *n* alfombra (*ahlfohm'brah*) *f*
carriage *n* coche (*koh'cheh*) *m;* **baby —** cochecillo para niños (*kohchehsee'lyo pah'rah nee'nyos*) *m*
carrier portador (*pohrtahdohr'*) *m;* **aircraft —** portaaviones (*pohrtahvyoh'nehs*) *m* (*s, pl*)
carrot *n* zanahoria (*sahnahoh'ryah*) *f*
carry *v* llevar (*lyehvahr'*); (*Am*) cargar (*kahrgahr'*); **to — on** continuar (*kohnteenwahr'*); **to — out** llevar a cabo (... *ah kah'bo*); **to — through** llevar a cabo (...)
carton *n* caja de cartón (*kah'hah deh kahrtohn'*) *f;* **— of cigarettes** cartón de cigarrillos (*kahrtohn' deh seegahrree'lyos*) *m*
cartoon *n* caricatura (animada) (*kahreekahtoo'rah, ahneemah'dah*) *f*
case *n* caso (*kah'so*) *m;* (*wood*) caja (*kah'hah*) *f;* estuche (*ehstoo'cheh*) *m;* **in — that** en caso que (*ehn* ... *keh*); **in that —** en ese caso (*ehn eh'seh* ...); **just in — he comes** por si acaso viene (*pohr see ahkah'so vyeh'neh*); **court —** causa (*kah'oosah*) *f*
cash *n* dinero contante (*deeneh'ro kohntahn'teh*) *m;* **to pay —** pagar al contado (*pahgahr' ahl kohntah'do*); **— register** caja registradora (*kah'ha reh-heestrahdoh'rah*) *f; v* cambiar (*kahmbyahr'*); **to — a check** cobrar un cheque (*kohbrahr' oon cheh'keh*)
cashier *n* cajero, a (*kah-heh'ro, ah*) *m, f*
cask *n* barril (*bahrreel'*) *m;* cuba (*koo'bah*) *f*
casket *n* cajita (*kah-hee'tah*) *f;* ataúd (*ahtahood'*) *m*
casino *n* casino (*kahsee'no*) *m*
cast *n* tiro (*tee'ro*) *m;* **— (of a play)** actores (*ahktoh'rehs*) *m, pl; v* tirar (*teerahr'*); **to — a ballot** votar (*vohtahr'*)
castanets *n, pl* castañuelas (*kahstahnyweh'lahs*) *f, pl*
Castile *n* Castilla (*kahstee'lyah*) *f*
Castilian *adj & n* castellano (*kahstehlyah'no*) *m*
castle *n* castillo (*kahstee'lyo*) *m*
castor oil *n* aceite de ricino (*ahseh'yteh deh reesee'no*) *m*
casualty *n* víctima (*veek'teemah*) *f*
catalogue *n* catálogo (*kahtah'lohgo*) *m; v* catalogar (*kahtahlohgar'*)
catastrophe *n* catástrofe (*kahtahs'trohfeh*) *f*
catch *n* presa (*preh'sah*) *f;* (*fish*) pesca (*pehs'kah*) *f;* (*game*) cogida (*koh-hee'dah*) *f; v* coger (*kohhehr*); **to — a cold** coger un resfriado (...*oon rehsfryah'do*); **to — on** comprender (*kohmprehndehr'*); **to — sight of** avistar (*ahveestahr'*); **to — up with** alcanzar a (*ahlkahnsahr' ah*); ganar (*gahnahr'*)
catcher *n* cogedor (*koh-hehdohr'*) *m*
category *n* categoría (*kahtehgohree'ah*) *f;* clase de (*klah'seh deh*) *f*
cathedral *n* catedral (*kahtehdrahl'*) *f*
Catholic *adj & n* católico (*kahtoh'leeko*) *m* (*eccles*)
catsup *n* salsa de tomate (*sahl'sah deh tohmah'teh*) *f*
cattle *n* ganado (*gahnah'do*) *m*

cauliflower *n* coliflor (*kohleeflohr'*) *f*
cause *n* causa (*kah'oosah*) *f; v* causar (*kahoosahr'*)
caution *n* cautela (*kahooteh'lah*) *f;* cuidado (*kweedah'do*) *m; v* advertir (*ahdvehrteer'*)
cautious *adj* cauto (*kah'ooto*); prudente (*proodehn'teh*)
cave *n* cueva (*kweh'vah*) *f*
cavity *n* cavidad (*kahveedahd'*) *f;* **tooth —** caries dentaria (*kah'ryehs dehntah'ryah*) *f*
cease *v* cesar (*sehsahr'*)
ceiling *n* techo (*teh'cho*) *m;* **— price** precio de control (*preh'syo deh kohntrohl'*) *m;* precio tope (*...toh'peh*) *m*
celebrate *v* celebrar (*sehlehbrahr'*); festejar (*fehsteh-hahr'*)
celebrated *adj* célebre (*seh'lehbreh*)
celery *n* apio (*ah'pyo*) *m*
cellar *n* sótano (*soh'tahno*) *m*
cellophane *n* celofán (*sehlohfahn'*) *m*
celluloid *n* celuloide (*sehlooloh'ydeh*) *m*
cement *n* cemento (*sehmehn'to*) *m; v* cementar (*sehmehntahr'*)
cemetery *n* cementerio (*sehmehnteh'ryo*) *m;* camposanto (*kahmpohsahn'to*) *m;* (*Am*) panteón (*pahntehohn'*) *m*
censorship *n* censura (*sehnsoo'rah*) *f*
cent *n* centavo (*sehntah'vo*) *m;* **per —** por ciento (*pohr syehn'to*)
centaur *n* centauro (*sehntah'ooro*) *m*
centennial *adj & n* centenario (*sehntehnah'ryo*) *m*
center *n* centro (*sehn'tro*) *m;* **(she) is the — of attraction** llama la atención (*lyah'mah lah ahtehnsyohn'*); *v* poner en el centro (*pohnehr' ehn ehl ...*)
central *adj & n* central (*sehntrahl'*) *f;* **— office** (*plant*) la central (*lah ...*) *f*
centralize *v* centralizar (*sehntrahleesahr'*)
century *n* siglo (*see'glo*) *m;* **in our —** en nuestro siglo (*ehn nwehs'tro ...*)
cereal(s) *n* cereal(es) (*sehrehahl',ehs*) *m*
ceremonious *adj* ceremonioso
ceremony *n* ceremonia (*sehrehmoh'nyah*) *f;* celebración (*sehlehbrahsyohn'*) *f;* **without any —** sin hacer ceremonias (*seen ahsehr' ...s*)
certain *adj* cierto (*syehr'to*); **to be —** estar seguro (*ehstahr' sehgoo'ro*); **—ly** *adv* ciertamente (*syehrtahmehn'teh*)
certificate *n* certificado (*sehrteefeekah'do*) *m;* **birth —** partida de nacimiento (*pahrtee'dah deh nahseemyehn'to*) *f;* **death —** partida de defunción (*... deh dehfoonsyohn'*) *f;* **marriage —** partida de matrimonio (*... deh mahtreemoh'nyo*) *f*
certification *n* certificación (*sehrteefeekahsyohn'*) *f;* diploma (*deeploh'mah*) *m*
certify *v* certificar (*sehrteefeekahr'*); declarar (*dehklahrahr'*)
chagrin *n* mortificación (*mohrteefeekahsyohn'*) *f;* pena (*peh'nah*) *f;* dolor (*dohlohr'*) *m*
chain *n* cadena (*kahdeh'nah*) *f; v* encadenar (*ehnkahdehnahr'*)
chair *n* silla (*see'lyah*) *f;* (*college*) cátedra (*kah'tehdrah*) *f;* **arm—** sillón (*see'lyohn'*) *m;* **deck —** silla de cubierta (*... deh koohbyehr'tah*) *f;* **easy —** poltrona (*pohltroh'nah*) *f;* **electric —** silla eléctrica (*... ehlehk'treekah*) *f;* **swivel —** silla giratoria (*... heerahtoh'ryah*) *f*
chairman *n* presidente (*prehseedehn'teh*) *m;* jefe (*heh'feh*) *m*
chalice *n* cáliz (*kah'lees*) *m*
chalk *n* tiza (*tee'sah*) *f*
challenge *n* desafío (*dehsahfee'o*) *m; v* desafiar (*dehsahfyahr'*)
challenger *n* desafiador (*dehsahfyahdohr'*) *m*
chamber *n* cámara (*kah'mahrah*) *f;* **— music** música de cámara (*moo'seekah deh ...*) *f*
chambermaid *n* camarera (*kahmahreh'rah*) *f;* sirvienta (*seervyehn'tah*) *f*
champion *n* campeón (*kahmpehohn'*) *m;* **world —** campeón del mundo (*... dehl moon'do*) *m;* **— of peace** defensor de la paz (*dehfehnsohr' deh lah pahs*) *m; v* defender (*dehfehndehr'*)
championship *n* campeonato (*kahnpehohnah'to*) *m*
chance *n* oportunidad (*ohpohrtooneedad'*) *f;* **to take a —** arriesgar (*ahrryehsgahr'*); **by —** por casualidad (*pohr kahswahleedahd'*); **the — of a lifetime** una gran oportunidad (*oo'nah grahn ...*) *f*
chancellor *n* canciller (*kahnseelyehr'*) *m;* rector (*rehktohr'*) *m*
chandelier *n* araña de luces (*ahrah'nyah deh loo'sehs*) *f*
change *n* cambio (*kahm'byo*) *m;* (*money*) vuelta (*vwehl'tah*) *f;* **I have no —** no tengo menudo (*noh tehn'go mehnoo'do*) *v* cambiar (*kahmbyahr'*); **the weather is changing** el tiempo se descompone (*ehl tyehm'po seh dehskohmpho'neh*)
changeable *adj* mudable (*moodah'bleh*)
channel *n* canal (*kahnahl'*) *m;* **English —** canal de la Mancha (*... deh lah mahn'chah*) *m;* **t.v. —** canal (de televisión) (*..., tehlehveesyohn'*) *m*
chaos *n* caos (*kah'os*) *m*
chapel *n* capilla (*kahpee'lyah*) *f*
chaperon *n* dama de compañía (*dah'mah deh kohmpahnyee'ah*) *f*
chaplain *n* capellán (*kahpehlyahn'*) *m*
chapter *n* capítulo (*kahpee'toolo*) *m*
character *n* carácter (*kahrahk'tehr*) *m;* **—s of a play** personajes (*pehrsohnah'hehs*) *m, pl*

characteristic *adj* característico (*kahrahktehrees'teeko*); *n* rasgo (*rahs'go*) *m*

charcoal *n* carbón (*kahrbohn'*) *m*

charge *n* peso (*peh'so*) *m;* acusación (*ahkoosahsyohn'*) *f;* **in — of** encargado de (*ehnkahrgah'do deh*); **to have a — account** tener cuenta abierta (*tehnehr' kwehn'tah ahbyehr'tah*); *v* cargar (*kahrgahr'*); acusar (*ahkoosahr'*); **to — with** acusar de (... *deh*)

charity *n* caridad (*kahreedad'*) *f*

charm *n* encanto (*ehnkahn'to*) *m; v* encantar (*ehnkahntahr'*)

charming *adj* encantador, a (*ehnkahntahdohr', ah*)

chart *n* mapa (*mah'pah*) *m; v* trazar (*trahsahr'*)

charter *n* constitución de leyes (*kohnsteetoosyohn' deh leh'yehs*) *f;* **Atlantic C—** Carta del Atlántico (*kahr'tah dehl ahtlahn'teeko*) *f; v* **to —** (*a plane, a bus, etc.*) alquilar (*ahlkeelahr'*)

chase *v* perseguir (*pehrsehgheer'*); cazar (*kahsahr'*)

chat *n* charla (*chahr'lah*) *f; v* charlar (*chahrlahr'*); platicar (*plahteekahr'*)

chatter *n* parloteo (*pahrlohteh'o*) *m; v* parlotear (*pahrlohtehahr'*)

chauffeur *n* chófer (*choh'fehr*) *m;* (*Am*) chofer (*chohfehr'*) *m*

cheap *adj* barato (*bahrah'to*); **—ly** *adv* barato: **he is a — person** es cursi (*ehs koor'see*)

cheat *v* defraudar (*dehfrahoodahr'*)

check *n* (*bank*) cheque (*cheh'keh*) *m;* (*baggage*) talón (*tahlohn'*) *m;* (*bill*) cuenta (*kwehn'tah*) *f;* **traveler's —** cheque de viajero (... *deh vyahheh'ro*) *m; v* reprimir (*rehpreemeer'*); examinar (*exahmeenahr'*); **to — out (of)** irse (de) (*eer'seh, deh*)

checkbook *n* libreta de cheques (*leebreh'tah deh cheh'kehs*) *f*

checking account *n* cuenta corriente (*kwehn'tah kohrryehn'teh*) *f*

checkroom *n* vestuario (*vehstwah'ryo*) *m;* consigna (*kohnseeg'nah*) *f*

cheek *n* mejilla (*mehhee'lyah*) *f*

cheer *n* aplauso (*ahplah'ooso*) *m; v* aplaudir (*ahplahoodeer'*); **to — up** (*someone*) dar ánimo a (*dahr ah'neemo ah*)

cheerful *adj* alegre (*ahleh'greh*)

cheerfulness *n* alegría (*ahlehgree'ah*) *f*

cheese *n* queso (*keh'so*) *m;* **cottage —** requesón (*rehkehsohn'*) *m;* **cream —** queso crema (*keh'so kreh'mah*) *m;* **—cake** quesadilla (*kehsahdee'lyah*) *f;* **—cloth** estopilla (*ehstohpee'lyah*) *f*

chemical *adj* químico (*kee'meeko*)

chemist *n* químico (*kee'meeko*) *m*

chemistry *n* química (*kee'meekah*) *f*

cherish *v* acariciar (*ahkahreesyahr'*); abrigar (*ahbreegahr'*)

cherry *n* cereza (*sehreh'sah*) *f;* **— tree** cerezo *m; adj* bermejo (*behrmeh'ho*)

cherub *n* querubín (*kehroobeen'*) *m*

chest *n* pecho (*peh'cho*) *m;* (*furniture*) baúl (*bahool'*) *m;* **— of drawers** cómoda (*koh'mohdah*) *f*

chestnut *adj* castaño (*kahstah'nyo*) (*color*) *n* castaña (*kahstah'nyah*) *f;* **— tree** castaño *m*

chew *v* mascar (*mahskahr'*); rumiar (*roomyahr'*)

chewing *adj* mascando (*mahskahn'do*); **— gum** goma de mascar (*goh'mah deh* ...) *f;* (*Am*) chicle (*chee'kleh*) *m*

chicken *n* pollo (*poh'lyoh*) *m;* **— soup** sopa de pollo (*soh'pah deh* ...) *f*

chick-pea *n* garbanzo (*gahrbahn'so*) *m*

chide *v* regañar (*rehgahnyahr'*); reprobar (*rehprohbahr'*)

chief *n* jefe (*heh'feh*) *m;* **commander in —** comandante en jefe (*kohmahndahn'teh ehn* ...) *m;* **editor in —** director (*deerektohr'*) *m;* (*milit*) **— of staff** jefe de estado mayor (... *deh ehstah'do mahyohr'*) *m; adj* principal (*preenseepahl'*); **— justice** Presidente de la Corte Suprema (*prehseedehn'teh deh lah kohr'teh soopreh'mah*) *m;* **—ly** *adv* principalmente (*preenseepahlmehn'teh*)

child *n* niño, a (*nee'nyo, ah*) *m, f;* **—like** como niño (*koh'mo* ...); **to bear a —** dar a luz (*dahr ah loos*)

childish *adj* pueril (*pwehreel'*); de niño (*deh nee'nyo*)

children *n pl* niños (*nee'nyos*) *m, pl*

Chilean *adj & n* chileno (*cheeleh'no*) *m*

chili *n* chile (*chee'leh*) *m;* ají (*ah-hee'*) *m;* chile con carne (... *kohn kahr'neh*) *m;* **— sauce** salsa de chile, ají (*sahl'sah deh* ...) *f*

chill *n* resfrío (*rehsfree'o*) *m;* **he had a — (fever)** tuvo escalofríos (*too'vo ehskahlohfree'yos*); *v* enfriar (*ehnfryahr'*)

chilly *adj* **: it is —** está muy fresquito (*ehstah' mooy frehskee'to*), fresco (*frehs'ko*)

chime *n* repique (*rehpee'keh*) *m; v* repicar (*rehpeekahr'*)

chimney *n* chimenea (*cheemehneh'ah*) *f*

chin *n* barba (*bahr'bah*) *f*

china(ware) *n* porcelana (*pohrsehlah'nah*) *f*

Chinese *adj & n* chino (*chee'no*) *m*

chip *n* astilla (*ahstee'lyah*) *f*

chisel *n* cincel (*seensehl'*) *m; v* cincelar (*seensehlahr'*)

chivalry *n* caballería (*kahbahlyehree'ah*) *f*

chocolate *n* chocolate (*chohkohlah'teh*) *m;* **—milk** leche con chocolate (*leh'cheh kohn ...*) *f;* **— bar** pastilla de chocolate (*pahstee'lyah deh ...*) *f;* **— cake** torta con chocolate (*tohr'tah kohn ...*) *f*

choice *n* escogimiento (*ehskoh-heemyehn'to*) *m; adj* escogido (*ehskoh-hee'do*)

choir *n* coro (*koh'ro*) *m*

choke *v* sofocar(se) (*sohfohkahr, seh*)

choose *v* escoger (*ehskoh'hehr*)

chop *n* chuleta (*chooleh'tah*) *f;* **lamb —** chuleta de cordero (*... deh kohrdeh'ro*) *f;* **pork —** chuleta de puerco (*... deh pwehr'ko*) *f;* **veal —** chuleta de ternera (*... deh tehrneh'rah*) *f; v* tajar (*tahhahr'*); hacer pedazos (*ahsehr' pehdah'sos*)

choppy *adj* **— sea** mar agitado (*mahr ah-heetah'do*) *m*

chore(s) *n (pl)* quehacer(es) (*kehahsehr', ehs*) *m (pl)*

chorus *n* coro (*koh'ro*) *m*

Christ *n* Cristo (*krees'to*) *m;* Jesucristo (*hehsookreees'to*)

Christian *adj, n* cristiano, a (*kreestyah'no, ah*) *m, f;* **— name** nombre de pila (*nohm'breh deh pee'lah*) *m*

Christianity *n* cristianismo (*kreestyahnees'mo*) *m*

Christmas *n* Navidad (*nahveedahd'*) *f;* Pascua (de Navidad) (*pahs'kwah*) *f;* **— Eve** Nochebuena (*nohchehbweh'nah*) *f;* **— song (carol)** canción de Navidad (*kahnsyohn' deh ...*) *f;* **Merry —** Felices Navidades (Pascuas) (*fehlee'sehs nahveedah'dehs, pahs'kwahs*) *f, pl;* Feliz Navidad (*fehlees' nahveedahd'*) *f*

chromium *n* cromo (*kroh'mo*) *m*

chronology *n* cronología (*krohnolohhee'ah*) *f*

chubby *adj* rechoncho (*rehchohn'cho*); gordito (*gohrdee'to*)

chuckle *n* risita (*reesee'tah*) *f; v* reír con risa ahogada (*reheer' kohn ree'sah ahohgah'dah*)

chum *n* compañero (íntimo) (*kohmpahnyeh'ro, een'teemo*) *m*

chunk *n* trozo (*troh'so*) *m*

church *n* iglesia (*eegleh'syah*) *f*

cider *n* sidra (*see'drah*) *f*

cigar *n* cigarro (*seegah'rro*) *m;* puro (*poo'ro*) *m*

cigarette *n* cigarrillo (*seegaree'lyo*) *m;* (*Am*) cigarro (*seegah'rro*) *m;* **— case** cigarrera (*seegahrreh'rah*) *f;* **— lighter** encendedor (*ehnsehndehdor'*) *m;* **pack of —s** cajetilla de cigarrillos (*kahhehtee'lyah deh ...*) *f*

cinch *n* cincha (*seen'chah*) *f;* **it is a —** es muy fácil (*ehs mooy fah'seel*); ganga (*gahn'gah*) *f;* breva (*breh'vah*) *f*

circle *n* círculo (*seer'koolo*) *m;* ambiente (*ahmbyehn'teh*) *m; v* cercar (*serkahr'*)

circulation *n* circulación (*seerkoolahsyohn'*) *f*

circumference *n* circunferencia (*seerkoonfehrehn'syah*) *f*

circumstance *n* circunstancia (*seerkoonstahn'syah*) *f;* **in my —s** en mis condiciones (*ehn mees kohndeesyoh'nehs*); en mi lugar (*ehn mee loogahr'*)

circus *n* circo (*seer'ko*) *m*

cistern *n* cisterna (*seestehr'nah*) *f*

citation *n* citación (*seetasyohn'*) *f*

citizen *n* ciudadano (*syoodahdah'no*) *m;* **my fellow —s** mis conciudadanos (*mees kohnsyoodahdah'nos*) *m, pl*

citizenship *n* ciudadanía (*syoodahdahnee'ah*) *f;* **— papers** carta de ciudadanía (*kahr'tah deh ...*) *f*

citrate *n* citrato (*seetrah'to*) *m*

citron *n* acitrón (*ahseetrohn'*) *m;* cidra (*see'drah*) *f*

city *n* ciudad (*syoodahd'*) *f;* **— hall** ayuntamiento (*ahyoontahmyehn'to*) *m;* edificio municipal (*ehdeefee'syo mooneeseepahl'*) *m;* **— schools** escuelas de la ciudad (*ehskweh'lahs deh lah ...*) *f, pl*

civic *adj* cívico (*see'veeko*); **— duty** deber cívico (*dehbehr' ...*) *m;* **—s** estudio del gobierno de una ciudad (*ehstoo'dyo dehl gohbyehr'no deh oo'na syoodahd'*) *m*

civil *adj* civil (*seeveel'*); cortés (*kohrtehs'*); **— engineer** ingeniero civil (*eenhehnyeh'ro ...*) *m;* **— rights** derechos civiles (*dehreh'chos ...*) *m, pl;* **— service worker** empleado del gobierno (*ehmplehah'do dehl gohbyehr'no*) *m*

civilian *n* persona no militar (*pehrsoh'nah noh meeleetahr'*) *f*

civility *n* cortesía (*kohrtehsee'ah*) *f;* civilidad (*seeveeleedahd'*) *f*

civilization *n* civilización (*seeveeleesahsyohn'*) *f;* progreso (*prohgreh'so*) *m*

civilize *v* civilizar (*seeveeleesahr'*); hacer civil (*ahsehr' seeveel'*)

civilized *adj* civilizado (*seeveeleesah'do*); cortés (*kohrtehs'*); **a — person** una persona civilizada (*oo'nah pehrsoh'nah ...*) *f*

clad *adj* **to be —** estar vestido (*ehstahr' vehstee'do*)

claim *n* demanda (*dehmahn'dah*) *f;* **to make a —** hacer demanda (*ahsehr' ...*); **to have a — to** tener derecho a (*tehnehr' dehreh'cho ah*); *v* reclamar (*rehklahmahr'*); **to — to be** pretender ser (*prehtehndehr' sehr*)

claimant *n* reclamante (*rehklahmahn'teh*)

clam *n* almeja (*ahlmeh-hah*) *f;* **macaroni with — sauce** macarrones a las almejas (*mahkahrroh'nehs ah las ...*) *m, pl;* **he is as tight as a —** no abre la boca (*noh ah'breh lah boh'kah*)

clamor *n* clamor (*klahmohr'*) *m;* grito (*gree'to*) *m;* *v* gritar (*greetahr'*); hacer ruido (*ahsehr' rwee'do*)
clamorous *adj* clamoroso (*klahmohroh'so*)
clamp *n* grapa (*grah'pah*) *f;* *v* **to — on** sujetar (*soohehtahr'*)
clan *n* tribu (*tree'boo*) *f*
clandestine *adj* clandestino (*klahndehstee'no*)
clang *n* sonido (de campana) (*sohnee'do deh kahmpah'nah*) *m;* *v* sonar (*sohnahr'*)
clap *n* golpe (*gohl'peh*) *m;* **— of thunder** trueno (*trweh'no*) *m;* *v* aplaudir (*ahplahoodeer'*); **to — hands** batir palmas (*bahteer' pahl'mahs*); aplaudir (...)
clapping *n* aplauso (*ahplah'ooso*) *m;* palmada (*pahlmah'dah*) *f*
clarification *n* clarificación (*klahreefeekahsyohn'*) *f*
clarify *v* aclarar (*ahklahrahr'*); explicar (*expleekahr'*)
clarinet *n* clarinete (*klahreeneh'teh*) *m*
clarion *n* clarín (*klahreen'*) *m*
clarity *n* claridad (*klahreedad'*) *f*
clash *n* choque (*choh'keh*) *m;* conflicto (*kohnfleek'to*) *m;* riña (*ree'nyah*) *f;* *v* chocar (*chohkahr'*); (*milit*) encontrarse (*ehnkohntrahr'seh*); combatir (*kohmbahteer'*)
clasp *n* broche (*broh'cheh*) *m;* abrazo (*ahbrah'so*) *m;* *v* abrazar (*ahbrahsahr'*); **to — one's hand** apretar la mano de (*ahprehtahr' lah mah'no deh*)
class *n* clase (*klah'seh*) *f;* categoría (*kahtehgohree'ah*) *f;* *v* clasificar (*klahseefeekahr'*)
classic *adj* clásico (*klah'seeko*); erudito (*ehroodee'to*); **—s** *n, pl* estudios griegos y latinos (*ehstoo'dyos gryeh'gos ee lahtee'nos*) *m, pl*
classical = **classic**
classicism *n* clasicismo (*klahseesees'mo*) *m*
classification *n* clasificación (*klahseefeekahsyohn'*) *f*
classify *v* clasificar (*klahseefeekahr'*); ordenar (*ohrdehnahr'*); (*milit*) hacer secreto (*ahsehr' sehkreh'to*)
classmate *n* compañero de escuela (*kohmpahnyeh'ro deh ehskweh'lah*) *m*
classroom *n* aula (*ah'oolah*) *f;* clase (*klah'seh*) *f*
clatter *n* alboroto (*ahlbohroh'to*) *m;* ruido (*rwee'do*) *m;* *v* hacer ruido (*ahsehr' ...*)
clause *n* cláusula (*klah'oosoolah*) *f;* condición escrita (*kohndeesyohn' ehskree'tah*) *f*
claustrophobia *n* claustrofobia (*klahoostrohfoh'byah*) *f*
clavier *n* teclado (*tehklah'do*) *m*
claw *n* garra (*gah'rrah*) *f;* *v* desgarrar (*dehsgahrrahr'*); arañar (*ahrahnyahr'*); rasgar (*rahsgahr'*)
clay *n* barro (*bah'rro*) *m;* greda (*greh'dah*) *f*
clean *adj* limpio (*leem'pyo*); **— -cut** bien tallado (*byehn tahlyah'do*); *v* limpiar (*leempyahr'*)
cleaner *n* limpiador (*leempyahdohr'*) *m;* **dry —** quitamanchas (*keetahmahnchahs*) *m;* tintorero en seco (*teentohreh'ro ehn seh'ko*) *m*
cleaning *n* limpiadura (*leempyahdoo'rah*) *f;* **dry — store** tintorería en seco (*teentohrehree'ah ehn seh'ko*) *f;* tintorería (...) *f*
cleanliness *n* limpieza (*leempyeh'sah*) *f;* aseo (*ahseh'o*) *m*
cleanly *adj & adv* limpio (*leem'pyo*); con aseo (*kohn ahseh'o*)
cleanse *v* limpiar (*leempyahr'*)
clear *adj* claro (*klah'ro*); obvio (*ohb'vyo*); (*coll*) **he is —** es inocente (*ehs eenohsehn'teh*); *v* hacer claro (*ahsehr' klah'ro*), aclarar (*ahklahrahr'*); **to — someone** librar alguien (*leebrahr' ahl'ghyehn*); **to — the table** levantar la mesa (*lehvahntahr' lah meh'sah*); **to — up** explicar (*expleekahr'*)
clearance *n* espacio (*ehspah'syo*) *m;* **customs —** despacho de aduana (*dehspah'cho deh ahdwah'nah*) *m;* **— sale** saldo (*sahl'do*) *m;* (*Am*) barata (*bahrah'tah*) *f;* ganga (*gahn'gah*) *f*
clearing *n* lugar libre (*loogahr' lee'breh*) *m;* **it is — up** el tiempo se está aclarando (*ehl tyehm'po seh ehstah' ahklahrahn'do*); **— house** oficina bancaria para liquidaciones (*ohfeesee'nah bahnkah'ryah pah'rah leekeedahsyoh'nehs*) *f*
clearness *n* claridad (*klahreedahd'*) *f*
clear-sighted *adj* clarividente (*klahreeveedehn'teh*)
cleavage *n* hendimiento (*ehndeemyehn'to*) *m*
cleave *v* hender (*ehndehr'*); dividir (*deeveedeer'*)
cleaver *n* cuchilla (*koochee'lyah*) *f*
clef *n* clave (*klah'veh*) *f*
cleft *n* hendedura (*ehndehdoo'rah*) *f*
clemency *n* clemencia (*klehmehn'syah*) *f;* perdón (*pehrdohn'*) *m;* generosidad (*hehnehrohseedahd'*) *f*
clement *adj* clemente (*klehmehn'teh*); benigno (*behneeg'no*)
clergy *n* clero (*kleh'ro*) *m*
clergyman *n* eclesiástico (*ehklehsyahs'teeko*) *m;* sacerdote (*sahsehrdoh'teh*) *m;* ministro (*meenees'tro*) *m*
clerical *adj* eclesiástico (*ehklehsyahs'teeko*); **— job** empleo de oficina (*ehmpleh'o deh ohfeesee'nah*) *m*
clerk *n* empleado de oficina (*ehmplehah'do deh ofeesee'nah*) *m;* **court —** escribano de corte (*ehskreebah'no deh kohr'teh*) *m*

clever *adj* listo (*lees'to*); **he is — es** listo (*ehs* ...); **—ly** *adv* hábilmente (*ahbeelmenh'teh*)
cleverness *n* habilidad (*ahbeeleedahd'*) *f*
clew *n* indicio (*eendee'syo*) *m*
cliché *n* cliché (*kleesheh'*) *m*
click *v* sonar, hacer sonar (*sohnahr', ahsehr'* ...)
client *n* cliente (*klyehn'teh*) *m, f*
clientele *n* clientela (*klyehnteh'lah*) *f;* (*Am*) casería (*kahsehree'ah*) *f*
cliff *n* precipicio (*prehseepee'syo*) *m;* risco (*rees'ko*) *m*
climate *n* clima (*klee'mah*) *m;* tiempo (*tyehm'po*) *m*
climax *n* punto culminante (*poon'to koolmeenahn'teh*) *m; v* culminar (*koolmeenahr'*)
climb *n* subida (*soobee'dah*) *f; v* subir (*soobeer'*)
climber *n* trepador (*trehpahdohr'*) *m*
clinch *v* cerrar (*sehrrahr'*); abrazar con fuerza (*ahbrahsahr' kohn fwehr'sah*); *n* abrazo (*ahbrah'so*) *m*
cling *v* pegarse (a) (*pehgahr'seh, ah*)
clinic *n* clínica (*klee'neekah*) *f*
clinical *adj* clínico (*klee'neeko*)
clip *n* broche (*broh'cheh*) *m;* gancho (*gahn'cho*) *m; v* recortar (*rehkohrtahr'*); (*animals*) trasquilar (*trahskeelahr'*)
clipper *n* (*aviat*) clíper (*klee'pehr*) *m;* (*hair*) maquinilla (*mahkeenee'lyah*) *f;* (*hair*) **—s** tijeras (*tee-heh'rahs*) *f pl*
clipping *n* (*newspaper*) recorte (*rehkohr'teh*) *m*
cloak *n* capa (*kah'pah*) *f;* (*men*) capote (*kahpoh'teh*) *m;* **— and dagger** capa y espada (... *ee ehspah'dah*) *f; v* encubrir (*ehnkoobreer'*)
cloakroom *n* guardarropa (*gwahrdahrroh'pah*) *m*
clock *n* reloj (*rehloh-h'*) *m;* **alarm —** despertador (*dehspehrtahdohr'*) *m;* **—like** *adj* exacto (*exahk'to*)
clockdial *n* esfera (*ehsfeh'rah*) *f*
clockmaker *n* relojero (*rehloh-heh'ro*) *m*
clockwork *n* trabajo de reloj (*trahbah'ho deh rehloh-h'*) *m*
clod *n* terrón (*tehrrohn'*) *m*
clog *n* obstrucción (*ohbstrooksyohn'*) *f; v* obstruir (*obstrweer'*); coagular(se) (*kohahgoolahr', seh*)
cloister *n* claustro (*klah'oostro*) *m;* monasterio (*mohnahsteh'ryo*) *m;* convento (*kohnvehn'to*) *m*
close *v* cerrar (*sehrrahr'*); terminar (*tehrmeenahr'*); **to — a contract** concluir o firmar un contrato (*kohnklweer' oh feermahr' oon kohntrah'to*); **to — an account** saldar una cuenta (*sahldahr' oo'nah kwehn'tah*); *adj* cercano (*sehrkah'no*); **— friend** amigo íntimo (*ahmee'go een'teemo*) *m;* **— by** cercano; **— out sale** venta final (*vehn'tah feenahl'*) *f;* saldo final (*sahl'do* ...) *m*
closed *adj* cerrado (*sehrrah'do*)
closeness *n* proximidad (*prohxeemeedahd'*) *f;* espesura (*ehspehsoo'rah*) *f;* amistad (*ahmeestahd'*) *f*
closet *n* armario (*ahrmah'ryo*) *m;* **water —** retrete (*rehtreh'teh*) *m; v* encerrar(se) (*ehnsehrrahr', seh*)
closing *n* cierre (*syeh'rreh*) *m;* **in —** en conclusión (*ehn kohnkloosyohn'*)
clot *n* coagulación (*kohahgoolahsyohn'*) *f; v* coagular(se) (*kohahgoolahr', seh*)
cloth *n* paño (*pah'nyo*) *m;* tela (*teh'lah'*) *f*
clothe *v* vestir (*vehsteer'*); cubrir (*koobreer'*)
clothes *n, pl* ropa (*roh'pah*) *f;* vestidos (*vehstee'dos*) *m, pl;* **— dryer** secadora (de ropa) (*sehkahdoh'rah, deh roh'pah*) *f;* **— hanger** colgador (*kohlgahdohr'*) *m;* **— line** cuerda para tender (*kwehr'dah pah'rah tehndehr'*) *f;* **—pin** gancho (*gahn'cho*) *m;* **sport —** traje de deporte (*trah-heh de dehpohr'teh*) *m;* **Sunday —** vestido(s) mejor(es) (... *s meh-ho'rehs*) *m,* (*pl*); **work —** traje de trabajo (... *deh trahbah'ho*) *m*
clothier *n* vendedor de ropa (*vehndehdohr' deh roh'pah*) *m*
cloud *n* nube (*noo'beh*) *f; v* nublar(se) (*nooblahr', seh*)
cloudburst *n* chaparrón (*chahpahrrohn'*) *m;* aguacero (*ahgwahseh'ro*) *m*
cloudiness *n* nebulosidad (*nehboolohseedahd'*) *f*
cloudless *adj* sin nubes (*seen noo'behs*); claro (*klah'ro*)
cloudy *adj* nublado (*nooblah'do*); **it is —** está nublado (*ehstah'* ...)
clove *n* clavo (*klah'vo*) *m;* **a — of garlic** diente de ajo (*dyehn'teh deh ah-ho*) *m*
cloven *adj* hendido (*hehndee'do*)
clover *n* trébol (*treh'bohl*) *m;* **to live in —** vivir en lujo (*veeveer' ehn loo'ho*); **to find a four-leaf —** tener suerte (*tehnehr' swehr'te*)
clown *n* payaso (*pahyah'so*) *m;* bufón (*boofohn'*) *m; v* hacer el payaso (*ahsehr' ehl* ...)
clownish *adj* bufonesco (*boofohnehs'ko*); cómico (*koh'meeko*)
club *n* círculo (*seer'koolo*) *m;* club (*kloob'*) *m;* casino (*kahsee'no*) *m;* **to — together** formar un club (*fohrmahr' oon* ...); unirse (*ooneer'seh*); *v* apalear (*ahpahlehahr'*)
clubhouse *n* círculo (*seer'koolo*) *m;* casino (*kahsee'no*) *m;* club (*kloob'*) *m;* palacio (*pahlah'syo*) *m*
clue(s) *n,* (*pl*) indicio(s) (*eendee'syo,s*) *m,* (*pl*); pista (*pees'tah*) *f*

clump *n* terrón (*tehrrohn'*) *m;* — **of** grupo de (*groo'po deh*) *m; v* agrupar (*ahgroopahr'*)
clumsy *adj* torpe (*tohr'peh*); tosco (*tohs'ko*)
cluster *n* racimo (*rahsee'mo*) *m*
clutch *n* (*auto*) embrague (*ehmbrah'gheh*) *m;* (*animal*) —**es** garras (*gah'rrahs*) *f, pl;* **to step on the** — pisar el embrague (*peesahr' ehl* ...); **to release the** — soltar el embrague (*sohltahr' ehl* ...); *v* agarrar (*ahgahrrahr'*)
clutter *v* desordenar (*dehsohrdehnahr'*); poner en desorden (*pohnehr' ehn dehsohr'dehn*)
coach *n* coche (*koh'cheh*) *m;* (*sport*) entrenador (*ehntrehnahdohr'*) *m; v* entrenar (*ehntrehnahr'*); **to — a student** dar lecciones particulares (*dahr lehksyoh'nehs pahrteekoolah'rehs*); guiar (*ghyahr'*)
coachman *n* cochero (*kohcheh'ro*) *m*
coagulate *v* coagular(se) (*kohahgoolahr' seh*); cuajar (*kwah-har'*)
coagulation *n* coagulación (*kohahgoolahsyohn'*) *f*
coal *n* carbón (*kahrbohn'*) *m;* —**dealer** carbonero (*kahrbohneh'ro*); *m;* —**mine** mina de carbón (*mee'nah deh* ...) *f;* **soft** — hulla (*oo'lyah*) *f;* —**bin** carbonera (... *ah*) *f*
coalition *n* coalición (*kohahleesyohn'*) *f;* **party** — unión de partidos (*oonyohn' deh pahrtee'dos*) *f*
coarse *adj* tosco (*tohs'ko*); grosero (*grohseh'ro*)
coarseness *n* grosería (*grohsehree'ah*) *f*
coast *n* costa (*kohs'tah*) *f;* — **guard** guardacostas (*gwahrdahkohs'tahs*) *m, pl;* — **line** litoral (*leetohrahl'*) *m; v* costear (*kohstehahr'*) (*car*) **to** — andar cuesta abajo (con el motor muerto) (*ahndahr' kweks'tah abah'ho, kohn ehl mohtohr' mwehr'to*); **to — along** andar despacio (*ahndahr' dehspah'syo*)
coastal *adj* costero (*kohsteh'ro*)
coat *n* chaqueta (*chahkeh'tah*) *f;* (*Am*) saco (*sah'ko*) *m;* **over**— sobretodo (*sohbrehtoh'do*) *m;* — **of paint** capa, mano de pintura (*kah'pah, mah'no deh peentoo'rah*) *f; v* **to — with** cubrir con (*koobreer' kohn*); revestir (*rehvehsteer'*)
coating *n* capa (*kah'pah*) *f*
coatroom *n* guardarropa (*gwahdahrroh'pah*) *m*
coax *v* halagar (*ahlahgahr'*)
cob *n* zuro (*soo'ro*) *m;* (*Am*) olote (*ohloh'teh*) *m*
cobweb *n* telaraña (*tehlahrah'nyah*) *f*
coca see **coke**
cocaine *n* cocaína (*kohkahee'nah*) *f*
cock *n* gallo (*gah'lyo*) *m; v* **to — a gun** amartillar una pistola (*ahmahrteelyahr' oo'nah peestoh'lah*)
cockroach *n* cucaracha (*kookahrah'chah*) *f*
cocktail *n* coctel (*kohktehl'*) *m*
cocky *adj* arrogante (*ahrrohgahn'teh*); orgulloso (*ohrgoolyoh'so*)
cocoa *n* cacao (*kahkah'o*) *m*
coconut *n* coco (*koh'ko*) *m;* — **tree** coco (*koh'ko*) *m*
cod *n* bacalao (*bahkahlah'o*) *m;* — **liver oil** aceite de hígado de bacalao (*ahseh'yteh deh ee'gahdo deh* ...) *m*
coddle *v* acariciar (*ahkahreesyahr'*); mimar (*meemahr'*)
code *n* código (*koh'deego*) *m;* señales (*sehnyah'lehs*) *m, pl;* — **signal** señales (...) *m, pl;* **zip** — número del distrito postal (*noo'mehro dehl deestree'to pohstahl'*) *m*
codfish *n* bacalao (*bahkahlah'o*) *m*
codification *n* codificación (*kohdeefeekahsyohn'*) *f*
codify *v* codificar (*kohdeefeekahr'*)
co-ed *n* alumna universitaria (*ahloo'mnah ooneevehrseetah'ryah*) *f*
coeducational (co-ed) *adj* — **school** escuela para ambos sexos (*ehskweh'lah pah'rah ahm'bos sex'os*) *f*
coerce *v* forzar (*fohrsahr'*)
coercion *n* coerción (*kohehrsyohn'*) *f*
coexist *v* coexistir (*kohexeesteer'*); **vivir** en paz (*veeveer' ehn pahs*)
coexistence *n* (*polit*) coexistencia (*kohexeestehn'syah*) *f;* **peaceful** — coexistencia pacífica (... *pahsee'feekah*) *f*
coffee *n* café (*kahfeh'*) *m;* —**house** (*shop*) café, *m;* **black** — café solo (... *soh'lo*) *m*
coffee pot *n* cafetera (*kahfehteh'rah*) *f;* **electric** — cafetera eléctrica (... *ehlehk'treekah*) *f*
coffin *n* ataúd (*ahtahood'*) *m*
cognac *n* coñac (*kohnyahk'*) *m*
cognition *n* conocimiento (*kohnohseemyehn'to*) *m*
cognizant *adj* enterado (*ehntehrah'do*); enterado de (... *deh*)
coherence *n* coherencia (*koherehn'syah*) *f*
coherent *adj* coherente (*kohehrehn'teh*); conexo (*kohneh'xo*)
cohesion *n* cohesión (*kohehsyohn'*) *f*
coiffure *n* peinado (*peheenah'do*) *m;* tocado (*tohkah'do*) *m*
coil *n* rollo (*roh'lyo*) *m; v* arrollar(se) (*ahrrohlyahr', seh*)
coin *n* moneda (*mohneh'dah*) *f; v* (*money*) acuñar (*ahkoonyahr'*); (*a word*) forjar (*fohrhahr'*)
coinage *n* acuñación (*ahkoonyahsyohn'*) *f*
coincide *v* coincidir (*koheenseedeer'*); — **with** coincidir con (... *kohn*)
coincidence *n* coincidencia (*koheenseedehn'syah*) *f;* **it is a** — es pura casualidad (*ehs poo'rah kahswahleedahd'*) *f;* **by** — por casualidad (*pohr* ...)

coke **coca (cola)** coca (*koh'kah*) *f*
cold *adj* frío (*free'o*); **— cream** crema facial (*kreh'mah fahsyahl'*) *f;* **— cuts** (*meat*) fiambres (*fyahm'brehs*) *m, pl;* **— war** guerra fría (*ghe'rrah free'ah*) *f;* **I am —** tengo frío (*tehn'go ...*); **it is —** hace frío (*ah'seh ...*); **to have a —** tener un resfriado, catarro (*tehnehr' oon rehsfryah'do, kahtah'rro*); **to catch a —** resfriarse (*rehsfryahr'seh*)
coldblooded *adj* **to be —** tener sangre fría (*tehnehr' sahn'greh free'ah*); ser cruel (*sehr' krwehl'*)
coldness *n* frialdad (*fryahldahd'*) *f;* apatía (*ahpahtee'ah*) *f*
coleslaw *n* ensalada de col (*ehnsahlah'dah deh kohl'*) *f*
colic *n* cólico (*koh'leeko*) *m*
coliseum *n* coliseo (*kohleeseh'o*) *m*
collaborate *v* colaborar (*kohlahbohrahr'*); ayudar (*ahyoodahr'*)
collaboration *n* colaboración (*kohlahbohrahsyohn'*) *f*
collaborationist *n* (*polit*) colaborador con el enemigo (*kohlahbohrahdohr' kohn ehl ehnehmee'go*) *m;* traidor (*trahydohr'*) *m*
collapse *n* derrumbe (*dehrroom'beh*) *m; v* derrumbar(se) (*dehrroombahr', seh*)
collar *n* collar (*kohlyahr'*) *m;* (*shirt*) cuello (*kweh'lyo*) *m*
collateral *adj* colateral (*kohlahtehrahl'*); *n* (*finance*) caución (*kahoosyohn'*) *f;* garantía (*gahrahntee'ah*) *f;* ayuda (*ahyoo'dah*) *f*
colleague *n* colega (*kohleh'gah*) *m, f;* socio (*soh'syo*) *m*
collect *v* recoger (*rehkoh-hehr'*); **to — taxes** recaudar impuestos (*rehkahoodahr' eempwehs'tos*); **to — one's thoughts** estar pensativo (*ehstahr' pehnsahtee'vo*)
collection *n* colección (*kohlehksyohn'*) *f;* (*tax*) recaudo (*rehkah'oodo*) *m;* **to make a —** hacer una colecta (*ahsehr' oo'nah kohlehk'tah*); ayudar (*ahyoodahr'*)
collector *n* colector (*kohlehktohr'*) *m;* **tax —** recaudador (de impuestos) (*rehkahoodahdohr', deh eempwehs'tos*) *m*
college *n* colegio (*kohleh'hyo*) *m;* (*U.S.*) universidad (*ooneevehrseedahd'*) *f;* **— of cardinals** colegio de cardenales (*... deh kahrdenah'lehs*) *m;* **to attend —** asistir a la universidad (*ahseesteer' ah lah ...*); **— student** estudiante universitario (*ehstoodyahn'teh ooneevehrseetah'ryo*) *m*
collegiate *adj* colegial (*kohleh-hyahl'*); de colegio (*deh kohleh'hyo*); universitario (*ooneevehrseetah'ryo*)
collide *v* chocar (*chohkahr'*); **their ideas —** sus ideas están en conflicto (*soos eedeh'ahs ehstahn' ehn kohnfleek'to*)
collie (dog) *n* perro de ganado (*peh'rro deh gahnah'do*) *m*
collision *n* colisión (*kohleesyohn'*) *f;* (*car*) choque (*choh'keh*) *m;* **— insurance** seguro contra accidentes (*sehgoo'ro kohn'trah ahkseedehn'tehs*) *m;* póliza (*poh'leesah*) *f*
colloquial *adj* común (*kohmoon'*); **— word** palabra de uso común (*pahlah'brah deh oo'so ...*) *f*
colloquialism *n* expresión común (*exprehsyohn' kohmoon'*) *f*
colon *n* (*intestine*) colon (*koh'lohn*) *m;* (*punctuation*) dos puntos (*dos poon'tos*) *m, pl*
colonel *n* coronel (*kohrohnehl'*) *m*
colonial *adj* colonial (*kohlohnyahl'*)
colonist *n* colono (*kohloh'no*) *m*
colonization *n* colonización (*kohlohneesahsyohn'*) *f*
colonize *v* colonizar (*kohlohneesahr'*); poblar (*pohblahr'*)
colony *n* colonia (*kohloh'nyah*) *f;* **— problem** el problema de las colonias (*ehl prohbleh'mah deh lahs ...*) *m*
color *n* color (*kohlohr'*) *m;* **to call to the —s** llamar al servicio militar (*lyahmahr' ahl sehrvee'syo meeleetahr'*); **in —** en colores (*ehn kohloh'rehs*); *v* colorar (*kohlohrahr'*); (*art*) pintar (*peentahr'*)
coloration *n* coloración (*kohlohrahsyohn'*) *f*
colored *adj* colorado (*kohlohrah'do*); (*art*) pintado (*peentah'do*); **— (black) person** persona negra (*pehrsoh'nah neh'grah*) *f;* **his ideas are —** tiene prejuicio (*tyeh'neh preh-hwee'syo*)
colorful *adj* colorido (*kohlohree'do*); **a — person** una persona pintoresca (*oo'nah pehrsoh'nah peentohrehs'kah*) *f;* vivo (*vee'vo*)
coloring *n* colorido (*kohlohree'do*) *m;* colorante (*kohlohranh'teh*) *m*
colorless *adj* sin color (*seen kohlohr'*); insípido (*eensee'peedo*)
colossal *adj* colosal (*kohlohsahl'*); **grande** (*grahn'deh*)
colt *n* potro (*poh'tro*) *m*
Columbus *n* Colón (*kohlohn'*) *m*
column *n* columna (*kohloom'nah*) *f*
columnist *n* periodista (*pehryohdees'tah*) *m, f*
coma *n* **to be in a —** estar inconsciente, moribundo (*ehstahr' eenkohnsyehn'teh, mohreeboon'do*)
comb *n* peine (*peh'eeneh*) *m; v* peinar(se) (*peheenahr', seh*)
combat *n* combate (*kohmbah'teh*) *m;* lucha (*loo'chah*) *f; v* combatir (*kohmbahteer'*)
combination *n* combinación (*kohmbeenahsyohn'*) *f;* **— lock** cerradura de combinación (*sehrrahdoo'rah deh kohmbeenahsyohn'*) *f;* pareja (*pahreh'hah*) *f*

combine *v* combinar (*kohmbeenahr'*); juntar (*hoontahr'*)

combustible *adj & n* combustible (*kohmboostee'bleh*) *m*

combustion *n* combustión (*kohmboostyohn'*) *f*

come *v* venir (*vehneer'*); **to — again** volver (*vohlvehr'*); **to — back** volver; **where do you — from?** ¿de dónde viene Ud? (*deh dohn'deh vyeh'neh oostehd'*); **the question —s up** la cuestión surge (*lah kwehstyohn' soor'heh*); **to — upon** encontrar(se) (*ehnkohntrahr', seh*); **— now!** ¡no me diga! (*no meh dee'gah*); **how —?** ¿por qué? (*pohr keh*)

comedian *n* cómico (*koh'meeko*) *m;* bufón (*boofohn'*) *m*

comedy *n* comedia (*kohmeh'dyah*) *f*

comely *adj* simpático (*seempah'teeko*); bello (*beh'lyo*)

comet *n* cometa (*kohmeh'tah*) *m*

comfort *n* comodidad (*kohmohdeedahd'*) *f;* bienestar (*byehnehstahr'*) *m; v* confortar (*kohnfohrtahr'*); aliviar (*ahleevyahr'*)

comfortable *adj* cómodo (*koh'mohdo*); **— means** suficientes recursos (*soofeesyehn'tehs rehkoor'sos*) *m, pl;* **comfortably** *adv* cómodamente (*kohmohdahmehn'teh*)

comforter *n* consolador (*kohnsohlahdohr'*) *m*

comforting *adj* consolador (*kohnsohlahdohr'*)

comic *adj* cómico (*koh'meeko*); **to read the —s** leer las tiras cómicas (*lehehr' lahs tee'rahs koh'meekahs*); **—s** *n* caricaturas (*kahreekahtoo'rahs*) *f, pl*

comical *adj* cómico (*koh'meeko*)

coming *n* venida (*vehnee'dah*) *f*

comma *n* coma (*koh'mah*) *f*

command *n* mando (*mahn'do*) *m;* orden (*ohr'dehn*) *f;* **he is in —** es el jefe (*ehs ehl heh'feh*); *v* mandar (*mahndahr'*); ordenar (*ohrdehnahr'*); **he —s respect** se hace respetar (*seh ah'seh rehspehtahr'*)

commander *n* jefe (*heh'feh*) *m;* comandante (*kohmahndahn'teh*) *m;* **— in-chief** comandante en jefe (*... ehn heh'feh*) *m*

commemorate *v* conmemorar (*kohnmehmohrahr'*)

commemoration *n* conmemoración (*kohnmehmohrahsyohn'*) *f*

commence *v* comenzar (*kohmehnsahr'*)

commencement *n* comienzo (*kohmyehn'so*) *m;* **— exercises** distribución de diplomas escolásticos (*deestreeboosyohn' deh deeploh'mahs ehskohlahs'teekos*) *f*

commend *v* alabar (*ahlahbahr'*); elogiar (*ehloh-hyahr'*)

commendation *n* alabanza (*ahlahbahn'sah*) *f*

comment *n* comentario (*kohmehntah'ryo*) *m;* glosa (*gloh'sah*) *f; v* comentar (*kohmehntahr'*); glosar (*glohsahr'*)

commentary *n* comentarios (*kohmehntah'ryos*) *m, pl;* glosas (*gloh'sahs*) *f, pl;* crítica (*kree'teekah*) *f*

commentator *n* comentarista (*kohmehntahrees'tah*) *m;* crítico (*kree'teeko*) *m;* **music (art) —** crítico de música (arte) (*... deh moo'-seekah, ahr'teh*) *m*

commerce *n* comercio (*kohmehr'syo*) *m;* **chamber of —** cámara de comercio (*kah'mahrah deh ...*) *f*

commercial *adj* comercial (*kohmehrsyahl'*); *n* anuncio en la radio o televisión (*ahnoon'syo ehn lah rah'dyo oh tehlehveesyohn'*) *m;* aviso (*ahvee'so*) *m*

commiseration *n* compasión (*kohmpahsyohn'*) *f;* piedad (*pyehdahd'*) *f*

commissary *n* comisario (*kohmeesah'ryo*) *m;* **post —** comisario de comestibles, ropa (*... deh kohmehstee'blehs, roh'pah*) *m*

commission *n* comisión (*kohmeesyohn'*) *f;* sueldo (*swehl'do*) *m;* encargo (*ehnkahr'go*) *m;* **it is out of —** no funciona (*noh foonsyoh'nah*); **to work on —** trabajar por comisión (*trahbah-hahr' pohr ...*); **a — of ten per cent** comisión (sueldo) del diez por ciento (*..., swehl'do, dehl dyehs pohr syehn'to*); *v* comisionar (*kohmeesyohnahr'*); encargar (*ehnkahrgahr'*); nombrar (*nohmbrahr'*)

commissioned officer *n* oficial comisionado (*ohfeesyahl' kohmeesyohnah'do*) *m;* oficial superior (*... soopehryor'*) *m*

commissioner *n* comisario (*kohmeesah'ryo*) *m;* **fire —** jefe de bomberos (*heh'feh deh bohmbeh'ros*) *m;* **police —** comisario de policía (*... deh pohleesee'ah*) *m*

commit *v* cometer (*kohmehtehr'*); **to — to memory** aprender de memoria (*ahprehndehr' deh mehmoh'ryah*)

commitment *n* compromiso (*kohmprohmee'so*) *m*

committee *n* comité (*kohmeeteh'*) *m;* junta (*hoon'tah*) *f*

commodity *n* mercancía (*mehrkahnsee'ah*) *f;* producto(s) (*prohdook'to,s*) *m,* (*pl*); géneros (*heh'nehros*) *m, pl*

common *adj* común (*kohmoon'*); **— law** ley por costumbre (*lehy pohr kohstoom'breh*) *f;* **— sense** sentido común (*sehntee'do ...*) *m;* **—ly** *adv* comúnmente (*kohmoonmehn'teh*)

commonplace *adj* banal (*bahnahl'*); *n* lugar común (*loogahr' kohmoon'*) *m;* banalidad (*bahnahleedahd'*) *f;* trivialidad (*treevyahleedahd'*) *f*

commonwealth *n* estado (*ehstah'do*) *m*

commotion *n* bullicio (*boolyee'syo*) *m;* confusión (*kohnfoosyohn'*) *f*

communicate *v* comunicar (*kohmooneekahr'*); hacer contacto (*ahsehr' kontahk'to*)
communication *n* comunicación (*kohmooneekahsyohn'*) *f;* **to establish —** establecer comunicación o contacto (*ehstablehsehr' ... oh kohntahk'to*)
communion *n* comunión (*kohmoonyohn'*) *f;* **he received his first —** hizo la primera comunión (*ee'so lah preemeh'rah ...*)
communism *n* comunismo (*kohmoonees'mo*) *m*
communist *adj & n* comunista (*kohmoonees'tah*) *m, f;* **the — party** el partido comunista (*ehl pahrtee'do ...*) *m*
community *n* comunidad (*kohmooneedahd'*) *f;* **my —** mi barrio (*mee bah'rryo*) *m;* **— chest** caja de beneficencia (*kah'hah deh behnehfeesehn'syah*) *f*
compact *adj* compacto (*kohmpahk'to*); *n* polvera cosmética (*pohlveh'rah kohsmeh'teekah*) *f;* estuche de afeites (*ehstoo'cheh deh ahfeh'ytehs*) *m*
compactness *n* solidez (*sohleedehs'*) *f*
companion *n* compañero (*kohmpahnyeh'ro*) *m;* amigo (*ahmee'go*) *m*
companionship *n* compañía (*kohmpahnyee'ah*) *f;* amistad (*ahmeestahd'*) *f*
company *n* compañía (*kohmpahnyee'ah*) *f;* **to keep — with** cortejar a (*kohrteh-hahr' ah*); estar prometido (a) (*ehstahr' prohmehtee'do, ah*)
comparable *adj* comparable (*kohmpahrah'bleh*)
comparative *adj* comparativo (*kohmpahrahtee'vo*); **— literature** literatura comparada (*leetehrahtoo'rah ...dah*) *f*
compare *v* comparar (*kohmpahrahr'*); **it is beyond —** no tiene igual (*no tyeh'neh eegwahl'*); es sin igual (*ehs seen ...*)
comparison *n* comparación (*kohmpahrahsyohn'*) *f;* **it is beyond —** es sin igual (*ehs seen eegwahl'*); **in — with** comparado con (*kohmpahrah'do kohn*); **there is no —** no hay comparación (*no ay ...*)
compartment *n* compartimiento (*kohmpahrteemyehn'to*) *m*
compassion *n* compasión (*kohmpahsyohn'*) *f;* lástima (*lahs'teemah*) *f;* piedad (*pyehdahd'*) *f*
compassionate *adj* compasivo (*kohmpahsee'vo*)
compatriot *n* compatriota (*kohmpahtryoh'tah*) *m, f*
compel *v* obligar (*ohbleegahr'*); forzar (*fohrsahr'*)
compensate *v* compensar (*kohmpehnsahr'*); remunerar (*rehmoonehrahr'*)
compensation *v* recompensa (*rehkohmpehnsah*) *f;* (*labor*) remuneración (*rehmoonehrahsyohn'*) *f*
compete *v* competir (*kohmpehteer'*)
competence *n* competencia (*kohmpehtehn'syah*) *f*
competent *adj* competente (*kohmpehtehn'teh*)
competition *n* competencia (*kohmpehtehn'syah*) *f;* certamen (*sehrtah'mehn*) *m;* rivalidad (*reevahleedahd'*) *f*
competitor *n* competidor (*kohmpehteedohr'*) *m;* rival (*reevahl'*) *m, f*
compile *v* compilar (*kohmpeelahr'*)
complacent *adj* complaciente (*kohmplahsyehn'teh*)
complain *v* quejarse (*keh-hahr'seh*); lamentarse (*lahmehntahr'seh*)
complaint *n* queja (*keh'hah*) *f*
complement *n* complemento (*kohmplehmehn'to*) *m;* *v* complementar (*kohmplehmehntahr'*)
complete *adj* completo (*kohmpleh'to*); *v* completar (*kohmplehtahr'*); acabar (*ahkahbahr'*); **—ly** *adv* completamente (*kohmplehtahmehn'teh*)
complex *adj* complejo (*kohmpleh'ho*); difícil (*deefee'seel*); *n* complejo (...) *m*
complexion *n* cutis (*koo'tees*) *m;* aspecto (*ahspehk'to*) *m;* **schoolgirl —** tez fresca, juvenil (*tehs frehs'kah, hoovehneel'*) *f*
complexity *n* complejidad (*kohmplehheedahd'*) *f*
compliance *n* condescendencia (*kohndehsehndehnsyah*) *f;* **in — with** en conformidad con (*ehn kohnfohrmeedahd' kohn*)
complicate *v* complicar (*kohmpleekahr'*); hacer difícil (*ahsehr' deefee'seel*)
complicated *adj* complicado (*kohmpleekah'do*); difícil (*deefee'seel*)
complication *n* complicación (*kohmpleekahsyohn'*) *f;* dificultad (*deefeekooltahd'*) *f*
compliment *n* alabanza (*ahlahbahn'sah*) *f;* requiebro (*rehkyeh'bro*) *m;* **to pay a —** alabar (*ahlahbahr'*); **my —s to** mis saludos a (*mees sahloo'dos ah*); *v* requebrar (*rehkehbrahr'*); echar flores (*ehchahr' floh'res*); adular (*ahdoolahr'*)
comply *v* condescender (*kohndesehndehr'*); **— with** estar conforme con (*ehstahr' kohnfohr'meh kohn*)
compose *v* componer (*kohmpohnehr'*); hacer (*ahsehr'*)
composed *adj* compuesto (*kohmpwehs'to*); **a — person** una persona sosegada (*oo'nah pehrsoh'nah sohsehgah'dah*) *f;* **self-—** sosegado (*sohsehgah'do*)
composer *n* compositor (*kohmpohseetohr'*) *m*
composition *n* composición (*kohmpohseesyohn'*) *f*
composure *n* calma (*kahl'mah*) *f*

compound *adj* compuesto (*kohmpwehs'to*); **— tense** tiempo compuesto (*tyehm'po* ...) *m;* **— interest** interés compuesto (*eentehrehs'* ...) *m; n* compuesto (...) *m;* **a chemical —** un compuesto químico (*oon* ... *kee'meeko*) *m; v* componer (*kohmpohnehr'*)
comprehend *v* comprender (*kohmprehndehr'*); abarcar (*ahbahrkahr'*); contener (*kohntehnehr'*)
comprehensible *adj* comprensible (*kohmprehnsee'bleh*)
comprehension *n* comprensión (*kohmprehnsyohn'*) *f*
comprehensive *adj* comprensivo (*kohmprehnsee'vo*); **a — examination** examen inclusivo (*exah'men eenkloosee'vo*) *m*
compress *v* comprimir (*kohmpreemeer'*)
compression *n* compresión (*kohmprehsyohn'*) *f;* **high —** alta compresión (*ahl'tah* ...) *f*
comprise *v* incluir (*eenklweer'*); contener (*kohntehnehr'*)
compromise *n* compromiso (*kohmpromee'so*) *m;* acuerdo (*ahkwehr'do*) *m; v* llegar a un compromiso (*lyehgahr' ah oon* ...); (*endanger*) comprometer (*kohmprohmehtehr'*)
compulsory *adj* obligatorio (*ohbleegahtoh'ryo*)
computation *n* cálculo (*kahl'koolo*) *m*
compute *v* calcular (*kahlkoolahr'*); computar (*kohmpootahr'*)
computer *n* computadora (*kohmpootahdohr'ah*) *f*
computerize *v* computar (*kohmpootahr'*); calcular por computadora (*kahlkoolahr' pohr kohmpootahdoh'rah*)
comrade *n* camarada (*kahmahrah'dah*) *m, f;* compañero (*kohmpahnyeh'ro*) *m;* amigo (*ahmee'go*) *m*
concave *adj* cóncavo (*kohn'kahvo*)
conceal *v* esconder (*ehskohndehr'*); **to — one's feeling** fingir (*feenheer'*); ocultar (*ohkooltahr'*)
concede *v* conceder (*kohnsehdehr'*)
conceit *n* amor propio (*ahmohr' proh'pyo*) *m;* vanidad (*vahneedahd'*) *f*
conceited *adj* vanidoso (*vahneedoh'so*); presumido (*prehsoomee'do*)
conceivable *adj* concebible (*kohnsehbee'bleh*); probable (*prohbah'bleh*); imaginable (*eemah-heenah'bleh*)
conceive *v* concebir (*kohnsehbeer'*)
concentrate *v* concentrar(se) (*kohnsehntrahr', seh*)
concentration *n* concentración (*kohnsehntrahsyohn'*) *f;* **— camp** campo de concentración (*kahm'po deh* ...) *m;* (*educ.*) **field of —** materia principal (*mahteh'ryah preenseepahl'*) *f*
concept *n* concepto (*kohnsehp'to*) *m;* juicio (*hwee'syo*) *m*
conception *n* concepción (*kohnsehpsyohn'*) *f;* concepto (*kohnsehp'to*) *m;* **my —** mi entendimiento (*mee ehntehndeemyehn'to*) *m;* **Immaculate C—** Inmaculada Concepción (*eenmahkoolah'dah* ...) *f*
concern *n* (*comm*) negocio (*nehgoh'syo*) *m;* **to cause —** causar preocupación (*kahoosahr' prehohkoopahsyohn'*), cuidado (*kweedah'do*); **it is not my —** no es mi asunto (*no ehs mee ahsoon'to*); *v* concernir (*kohnsehrneer'*); importar (*eempohrtahr'*); **it —s you** se trata de usted (*seh trah'tah deh oostehd'*)
concerned *adj* interesado (*eentehrehsah'do*); **to be — with** estar preocupado de (*ehstahr' prehohkoopah'do deh*); tener interés en (*tehnehr' eentehrehs' ehn*); **so far as he is —** en cuanto a él (*ehn kwahn'to ah ehl*)
concerning *prep* tocante a (*tohkahn'teh ah*); en cuanto a (*ehn kwahn'to ah*); acerca de (*ahsehr'kah deh*)
concert *n* concierto (*kohnsyehr'to*) *m;* **open-air —** concierto al aire libre (... *ahl ah'yreh lee'breh*) *m; v* concertar (*kohnsehrtahr'*)
concession *n* concesión (*kohnsehsyohn'*) *f;* (*trade*) **to have a —** tener subvención, privilegio (*tehnehr' soobvehnsyohn', preeveeleh'-hyo*); **to make a —** conceder (*kohnsehdehr'*)
conciliate *v* conciliar (*kohnseelyahr'*)
conciliation *n* conciliación (*kohnseelyahsyohn'*) *f*
conciliator *n* conciliador (*kohnseelyahdohr'*) *m*
concise *adj* conciso (*kohnsee'so*); breve (*breh'veh*)
conciseness *n* concisión (*kohnseesyohn'*) *f;* brevedad (*brehvehdahd'*) *f*
conclave *n* conclave (*kohnklah'veh*) *m*
conclude *v* concluir (*kohnklweer'*); acabar (*ahkahbahr'*)
conclusion *n* conclusión (*kohnkloosyohn'*) *f;* **in —** en conclusión (*ehn* ...); por fin (*pohr feen*)
conclusive *adj* conclusivo (*kohnkloosee'vo*); final (*feenahl'*)
concoction *n* mezcla (*mehs'klah*) *f;* invención (*eenvehnsyohn'*) *f*
concord *n* armonía (*ahrmohnee'ah*) *f*
concourse *n* muchedumbre (*moochehdoom'breh*) *f;* gentío (*hehntee'o*) *m*
concrete *adj* concreto (*kohnkreh'to*); *n* cemento (*sehmehn'to*) *m*
concubine *n* concubina (*kohnkoobee'nah*) *f*
concur *v* convenir (*kohnvehneer'*); tener la misma opinión (*tehnehr' lah mees'mah ohpeenyohn'*)
concussion *n* concusión (*kohnkoosyohn'*) *f*
condemn *v* condenar (*kohndehnahr'*); dar la culpa (*dahr lah kool'pah*)

condemnation *n* condenación (*kohndehnahsyohn'*) *f*
condensation *n* condensación (*kohndehnsahsyohn'*) *f;* vapor (*vahpohr'*) *m;* (*of a book*) resumen (*rehsoo'mehn*) *m*
condense *v* condensar (*kohndenhsahr'*); (*of a book*) hacer un resumen (*ahsehr' oon rehsoo'mehn*)
condenser *n* condensador (*kohndehnsahdohr'*) *m*
condescend *v* condescender (*kohndehsehndehr'*); consentir (*kohnsehnteer'*); convenir (*kohnvehneer'*)
condescending *adj*: **he is a — person** es muy afable (*ehs mooy ahfah'bleh*), amistoso (*ahmeestoh'so*)
condiment *n* condimento (*kohndeemehn'to*) *m;* salsa (*sahl'sah*) *f*
condition *n* condición (*kohndeesyohn'*) *f;* estado (*ehstah'do*) *m;* **he passed on —** fue aprobado bajo condición (*fweh ahprohbah'do bah'ho ...*); **on — that** con tal que (*kohn tahl keh*); *v* acondicionar (*ahkohndeesyohnahr'*)
conditional *adj* condicional (*kohndeesyohnahl'*); **—ly** *adv* condicionalmente (*kohndeesyohnahl'mehnteh*)
conditioned *adj* condicionado (*kohndeesyohnah'do*); **it is air —** tiene aire acondicionado (*tyeh'neh ahy'reh ahkohndeesyonah'do*)
conditioner: air — *n* acondicionador (de aire) (*ahkohndeesyonahdohr', deh ah'yreh*) *m*
condolence *n* condolencia (*kohndohlehn'syah*) *f;* pésame (*peh'sahmeh*) *m*
condone *v* condonar (*kohndohnahr'*); perdonar (*pehrdohnahr'*)
conducive *adj* conducente (*kohndoosehn'teh*); **it is — to** ayuda a (*ahyoo'dah ah*)
conduct *n* conducta (*kohndook'tah*) *f;* *v* conducir (*kohndooseer'*); manejar (*mahneh-hahr'*); **to — an orchestra** dirigir una orquesta (*deereeheer' oo'nah ohrkehs'tah*)
conductor *n* conductor (*kohndooktohr'*) *m;* **orchestra —** director (*deerektohr'*) *m;* maestro (*mahehs'tro*) *m*
cone *n* cono (*koh'no*) *m;* **ice-cream —** barquillo (*bahrkee'lyoh*) *m;* (*Am*) cono de helado (*koh'no deh ehlah'do*) *m;* **pine —** piña (*pee'nyah*) *f*
confectionary *n* confitería (*kohnfeetehree'ah*) *f;* **— store** dulcería (*doolsehree'ah*) *f*
confederate *adj & n* confederado (*kohnfehdehrah'do*) *m*
confederation *n* confederación (*kohnfehdehrahsyohn'*) *f*
confer *v* conferir (*kohnfehreer'*); otorgar (*ohtohrgahr'*)
conference *n* consulta (*kohnsool'tah*) *f;* (*Am*) mitin (*mee'teen*) *m;* reunión (*rehoonyohn'*) *f*
confess *v* confesar(se) (*kohnfehsahr', seh*)
confession *n* confesión (*kohnfehsyohn'*) *f;* **to go to —** confesarse (*kohnfehsahr'seh*)
confessional *n* confesionario (*kohnfehsyohnah'ryo*) *m*
confide *v* confiar (en) (*kohnfyahr', ehn*); fiar (*fyahr'*)
confidence *n* confianza (*kohnfyahn'sah*) *f*
confident *adj* fiado (*fyah'do*); seguro (*sehgoo'ro*)
confidential *adj* confidencial (*kohnfeedehnsyahl'*); **a — person** persona íntima (*pehrsoh'nah een'teemah*) *f;* **—ly** *adv* en confianza (*ehn kohnfyahn'sah*)
confine *n* confín (*kohnfeen'*) *m;* *v* confinar (*kohnfeenahr'*); limitar(se) (*leemeetahr', seh*)
confinement *n* encierro (*ehnsyeh'rro*) *m;* prisión (*preesyohn'*) *f;* **in —** en reclusión (*rehkloosyohn'*)
confirm *v* confirmar (*kohnfeermahr'*); asegurar (*ahsehgoorahr'*)
confirmation *n* confirmación (*kohnfeermahsyohn'*) *f;* (*relig*) **certificate of —** Acta de Confirmación (*ahk'ta deh ...*) *m*
confiscate *v* confiscar (*kohnfeeskahr'*); decomisar (*dehkohmeesahr'*)
confiscation *n* confiscación (*kohnfeeskahsyohn'*) *f*
conflagration *n* conflagración (*kohnflahgrahsyohn'*) *f;* fuego (*fweh'go*) *m;* quemazón (*kehmahsohn'*) *f*
conflict *n* conflicto (*kohnfleek'to*) *m;* lucha (*loo'chah*) *f;* choque (*choh'keh*) *m;* *v* estar en conflicto (*ehstahr ehn ...*); chocar (*chohkahr'*); luchar (*loochahr'*)
conform *v* conformar(se) (*kohnfohrmahr', seh*)
conformity *n* conformidad (*kohnfohrmeedahd'*) *f;* **in — with** de acuerdo con (*deh ahkwehr'do kohn*)
confront *v* confrontar (*kohnfrohntahr'*); **to — a danger** hacer frente al peligro (*ahsehr' frehn'teh ahl pehlee'gro*)
confuse *v* confundir (*kohnfoondeer'*); embrollar (*ehmbrohlyahr'*)
confused *adj* confuso (*kohnfoo'so*); **he is —** está confuso (*ehstah' ...*)
confusing *adj* confuso (*kohnfoo'so*); **that is — to us** eso nos confunde (*eh'so nos kohnfoon'deh*)
confusion *n* confusión (*kohnfoosyohn'*) *f;* desorden (*dehsohr'dehn*) *m*
confute *v* confutar (*kohnfootahr'*)
congeal *v* congelar(se) (*kohnhehlahr', seh*); helar(se) (*ehlahr',seh*); cuajar(se) (*kwah-har', seh*)
congenial *adj* simpático (*seempah'teeko*); agradable (*ahgrahdah'bleh*); amistoso (*ahmeestoh'so*)

congestion *n* congestión (*kohnhestyohn'*) *f*
conglomeration *n* aglomeración (*ahglohmehrahsyohn'*) *f*
congratulate *v* congratular (*kohngrahtoolahr'*)
congratulation(s) *n* congratulación(es) (*kohngrahtoolahsyohn', ehs*) *f*, (*pl*)
congregation *n* congregación (*kohngrehgahsyohn'*) *f*; **— of a church** feligresía (*fehleegrehsee'ah*) *f*; parroquia (*pahrroh'kyah*) *f*
congress *n* congreso (*kohngreh'so*) *m*; reunión (*rehoonyohn'*) *f*
congressman *n* diputado (*deepootah'do*) *m*; representante (*rehprehsehntahn'teh*) *m*
conjecture *n* conjetura (*kohnhehtoo'rah*) *f*; *v* conjeturar (*kohnhehtoorahr'*)
conjugate *v* conjugar (*kohnhoogahr'*)
conjugation *n* conjugación (*kohnhoogahsyohn'*) *f*
conjunction *n* conjunción (*kohnhoonsyohn'*) *f*
connect *v* conectar (*kohnektahr'*); unir (*ooneer'*)
connection *n* conexión (*kohnexyohn'*) *f*; **to make —s** conocer a personas (*kohnohsehr' ah pehrsoh'nahs*); hacer amistades (*ahsehr' ahmeestah'dehs*)
connive *v* conspirar (*kohnspeerahr'*)
connoisseur *n* conocedor (*kohnohsehdohr'*) *m*; perito (*pehree'to*) *m*
conquer *v* conquistar (*kohnkeestahr'*); vencer (*vehnsehr'*)
conqueror *n* conquistador (*kohnkeestahdohr'*) *m*
conquest *n* conquista (*kohnkees'tah*) *f*
conscience *n* conciencia (*kohnsyehn'syah*) *f*; escrúpulo (*ehscroo'poolo*) *m*
conscientious *adj* concienzudo (*kohnsyehnsoo'do*); escrupuloso (*ehskroopooloh'so*); **— objector** objetante de conciencia (que rehusa combatir) (*ohbhehtahn'teh deh kohnsyehn'syah, keh rehoo'sah kohmbahteer'*) *m*
conscious *adj* consciente (*kohnsyehn'teh*); **—ly** *adv* a sabiendas (*ah sahbyehn'dahs*)
consciousness *n* conciencia (*kohnsyehn'syah*) *f*; escrupulosidad (*ehskroopoolohseedahd'*) *f*; **he regained (lost) —** recobró (perdió) el sentido (*rehkohbro', pehrdyo', ehl sehntee'do*)
conscription *n* reclutamiento (*rehklootahmyehn'to*) *m*
consecration *n* consagración (*kohnsahgrahsyohn'*) *f*
consecutive *adj* consecutivo (*kohnsehkootee'vo*)
consensus *n* consenso (*kohnsehn'so*) *m*; **— of opinion** consenso general de opinión (*... hehnehrahl' deh ohpeenyohn'*) *m*
consent *n* consentimiento (*kohnsehnteemyehn'to*) *m*; *v* consentir (*kohnsehnteer'*)
consequence *n* consecuencia (*kohnsehkwehn'syah*) *f*; **as a — of** de resultas (*deh' rehsool'tahs*); **in — of** como resultado de (*koh'mo rehsooltah'do deh*); así que (*ahsee' keh*)
consequent *adj* consiguiente (*kohnseeghyehn'teh*); **—ly** *adv* por consiguiente (*pohr ...*)
conservation *n* conservación (*kohnsehrvahsyohn'*) *f*
conservative *adj* conservativo (*kohnsehrvahtee'vo*); *n* conservador (*kohnsehrvahdohr'*) *m*
conservatory *n* conservatorio (*kohnsehrvahtoh'ryo*) *m*; escuela de música (*ehskweh'lah deh moo'seekah*) *f*
consider *v* considerar (*kohnseedehrahr'*); pensar (*pehnsahr'*); examinar (*exahmeenahr'*)
considerable *adj* considerable (*kohnseedehrah'bleh*); **a — sum** una suma bastante grande (*oo'nah soo'mah bahstahn'teh grahn'deh*) *f*; **—ly** *adv* considerablemente (*kohnseedehrahblehmehn'teh*)
considerate *adj* considerado (*kohnseedehrah'do*); **— person** persona benévola (*pehrsoh'nah behneh'vohlah*), buena (*bweh'nah*) *f*; **—ly** *adv* con consideración
consideration *n* consideración (*kohnseedehrahsyohn'*) *f*; **in his —** en su estimación (*ehn soo ehsteemahsyohn'*); **for your —** para su consideración (*pah'rah soo kohnseedehrahsyohn'*); **in — of** en vista de (*ehn vees'tah deh*); **to take into —** tomar en cuenta (*tohmahr' ehn kwehn'tah*); considerar (*kohnseedehrahr'*)
considering *prep* en vista de (*ehn vees'tah deh*); tomando en cuenta (*tohmahn'do ehn kwen'tah*)
consign *v* consignar (*kohnseegnahr'*); entregar (*ehntrehgahr'*)
consignment *n* partida (*pahrtee'dah*) *f*
consist *v* consistir (en) (*kohnseesteer', ehn*); **to — of** constar de (*kohnstahr' deh*)
consistency *n* consistencia (*kohnseestehn'syah*) *f*; **there is no —** no hay consistencia (*no ahy ...*), acuerdo (*ahkwehr'do*)
consistent *adj* consistente (*kohnseestehn'teh*)
consolation *n* consolación (*kohnsohlahsyohn'*) *f*; consuelo (*kohnsweh'lo*) *m*; confortación (*kohnfohrtahsyohn'*) *f*
console *v* consolar (*kohnsohlahr'*); ayudar (*ahyoodahr'*)
consolidate *v* consolidar (*kohnsohleedahr'*)
consonance *n* consonancia (*kohnsohnahn'syah*) *f*

consonant *adj & n* consonante (*kohnsohnahn'teh*) *m*; **it is — with** es conforme a (*ehs kohnfohr'meh ah*)
conspicuous *adj* conspicuo (*kohnspee'kwo*); **she is —** se destaca (*seh dehstah'kah*), es muy notable (*ehs moo'y nohtah'bleh*)
conspiracy *n* conspiración (*kohnspeerahsyohn'*) *f*
conspirator *n* conspirador (*kohnspeerahdohr'*) *m*
conspire *v* conspirar (*kohnspeerahr'*)
constant *adj* constante (*kohnstahn'teh*); **—ly** *adv* constantemente (*kohnstahntehmehn'teh*); siempre (*syehm'preh*); de continuo (*deh kohntee'nwo*)
constellation *n* constelación (*kohnstehlahsyohn'*) *f*
consternation *n* consternación (*kohnstehrnahsyohn'*) *f*
constipate *v* constipar (*kohnsteepahr'*); estreñir (*ehstrehnyeer'*); **he is —d** tiene estreñimiento (*tyeh'neh ehstrehnyeemyehn'to*) *m*
constipation *n* estreñimiento (*ehstrehnyeemyehn'to*) *m*
constitute *v* constituir (*kohnsteetweer'*); formar (*fohrmahr'*)
constitution *n* constitución (*kohnsteetoosyohn'*) *f*; estado (*ehstah'do*) *m*; **he has a weak —** es persona débil (*ehs pehrsoh'nah deh'beel*)
constitutional *adj* constitucional (*kohnsteetoosyohnahl'*)
construct *v* construir (*kohnstrweer'*); fabricar (*fahbreekahr'*)
construction *n* construcción (*kohnstrooksyohn'*) *f*; forma (*fohr'mah*) *f*; estructura (*ehstrooktoo'rah*) *f*
constructive *adj* constructivo (*kohnstrooktee'vo*); útil (*oo'teel*)
consul *n* cónsul (*kohn'sool*) *m*
consulate *n* consulado (*kohnsoolah'do*) *m* (*dipl*)
consult *v* consultar (*kohnsooltahr'*)
consultation *n* consulta (*kohnsool'tah*) *f*; deliberación (*dehleebehrahsyohn'*) *f*
consume *v* consumir (*kohnsoomeer'*); comer (*kohmehr'*)
consummate *v* consumar (*kohnsoomahr'*); usar (*oosahr'*)
consumption *n* consumo (*kohnsoo'mo*) *m*; (*med*) tisis (*tee'sees*) *f*
contact *n* contacto (*kohntak'to*) *m*; **to make —s** establecer relaciones (*ehstahblehsehr' rehlahsyoh'nehs*); **to make — with** ponerse en contacto con (*pohnehr'seh ehn ... kohn*); *v* ponerse en contacto con alguien (*... ahl'ghyehn*); **— lenses** lentes de contacto (*lehn'tehs deh ...*) *m* (*f*), *pl*
contagion *n* contagio (*kohntah'hyo*) *m*
contagious *adj* contagioso (*kohntahhyoh'so*)
contain *v* contener (*kohntehnehr'*); (*hold back*) refrenar(se) (*rehfrehnahr', seh*)
container *n* envase (*ehnvah'seh*) *m*
contaminate *v* contaminar (*kohntahmeenahr'*)
contamination *n* contaminación (*kohntahmeenahsyohn'*) *f*
contemplate *v* contemplar (*kohntehmplahr'*); planear (*plahnehahr'*); meditar (*mehdeetahr'*)
contemporary *adj & n* contemporáneo (*kohntehmpohrah'neho*) *m*
contempt *n* desdén (*dehsdehn'*) *m*; **to hold in —** desdeñar (*dehsdehnyahr'*); **in — of court** en contumacia (*ehn kohntoomah'syah*)
contemptible *adj* vil (*veel*)
contemptuous *adj* desdeñoso (*dehsdehnyoh'so*)
contend *v* disputar (*deespootahr'*)
content *adj* contento (*kohntehn'to*); **to be —** estar contento (*ehstahr' ...*); *n* contenido (*kohntehnee'do*) *m*; **to one's heart's —** con plena satisfacción (*kohn pleh'nah sahteesfahksyohn'*); *v* contentar (*kohntehntahr'*)
contest *n* concurso (*kohnkoor'so*) *m*; (*lit*) certamen (*sehrtah'mehn*) *m*; **to enter a —** participar en un concurso (*pahrteeseepahr' ehn oon ...*), torneo (*toohrneh'o*) *m*
context *n* contexto (*kohntehx'to*) *m*
continent *n* continente (*kohnteenehn'teh*) *m*
continental *adj* continental (*kohnteenehntahl'*)
contingent *adj & n* contingente (*kohnteenhehn'teh*) *m*
continuation *n* continuación (*kohnteenwahsyohn'*) *f*
continue *v* continuar (*kohnteenwahr'*)
contraband *adj & n* contrabando (*kohntrahbahn'do*) *m*
contract *n* contrato (*kohntrah'to*) *m*; pacto (*pahk'to*) *m*; **to be under —** tener contrato (*tehnehr' ...*); *v* contratar (*kohntrahtahr'*); **to — marriage** casarse (*kahsahr'seh*)
contraction *n* contracción (*kohntrahksyohn'*) *f*
contractor *n* contratista (*kohntrahtees'tah*) *m, f*; constructor (*kohnstrooktohr'*) *m*
contradict *v* contradecir (*kohntrahdehseer'*)
contradiction *n* contradicción (*kohntrahdeeksyohn'*) *f*
contrary *adj & n* contrario (*kohntrah'ryo*) *m*; **on the —** al contrario (*ahl ...*); **— person** persona obstinada (*pehrsoh'nah ohbsteenah'dah*) *f*; testarudo (*tehstaroo'do*) *m*

contrast *n* contraste (*kohntrahs'teh*) *m; v* hacer contraste (*ahsehr'* ...); contrastar (*kohntrahstahr'*); oponer (*ohpohnehr'*)

contribute *v* contribuir (*kohntreebweer'*); regalar (*rehgahlahr'*); donar (*dohnahr'*)

contribution *n* contribución (*kohntreeboosyohn'*) *f;* **to make a —** contribuir (*kohntreebweer'*)

contributor *n* contribuidor (*kohntreebweedohr'*) *m*

contrive *v* maquinar (*mahkeenahr'*); tentar (de) (*tehntahr', deh*)

control *n* control (*kohntrohl'*) *m;* inspección (*eenspehksyohn'*) *f;* manejo (*mahneh'ho*) *m;* **at the —** en control (*ehn* ...); en poder de (*ehn pohdehr' deh*); *v* controlar (*kohntrohlahr'*); manejar (*mahneh-hahr'*)

controversial *adj* disputable (*deespootah'bleh*)

controversy *n* controversia (*kohntrohvehr'syah*) *f*

convenience *n* conveniencia (*kohnvehnyehn'syah*) *f;* **at your —** cuando le convenga a usted (*kwah'ndo leh kohnven'gah ah oostehd'*)

convenient *adj* conveniente (*kohnvehnyehn'teh*); cómodo (*koh'mohdo*); **—ly** *adv* convenientemente (...*mehn'teh*); cómodamente (*kohmohdahmehn'teh*)

convent *n* convento (*kohnvehn'to*) *m*

convention *n* convención (*kohnvehnsyohn'*) *f;* asamblea (*ahsahmbleh'ah*) *f;* reunión (*rehoonyohn'*) *f;* congreso (*kohngreh'so*) *m*

conventional *adj* convencional (*kohnvehnsyohnahl'*)

conversation *n* conversación (*kohnvehrsahsyohn'*) *f;* **to make —** platicar (*plahteekahr'*)

converse *v* conversar (*kohnvehrsahr'*); platicar (*plahteekahr'*)

conversion *n* conversión (*kohnvehrsyohn'*) *f;* cambio (*kahm'byo*) *m*

convert *n* convertido (*kohnvehrtee'do*) *m; v* convertir (*kohnvehrteer'*)

convex *adj* convexo (*kohnvehx'o*)

convey *v* transmitir (*trahnsmeeteer'*); llevar (*lyehvahr'*); **to — an idea** expresar una idea (*exprehsahr' oo'nah eedeh'ah*)

conveyance *n* transmisión (*trahnsmeesyohn'*) *f;* (*means of*) vehículo (*vehee'koolo*) *m*

convict *n* reo, a (*reh'o, ah*) *m, f; v* condenar (*kohndehnahr'*) sentenciar (*sehntehnsyahr'*)

conviction *n* convicción (*kohnveeksyohn'*) *f;* (*of a crime*) condenación (*kohndehnahsyohn'*) *f*

convince *v* convencer (*kohnvehnsehr'*)

convincing *adj* convincente (*kohnveensehn'teh*)

convocation *n* convocación (*kohnvohkahsyohn'*) *f;* **academic —** convocación universitaria (... *ooneevehrseetah'ryah*) *f;* asamblea (*ahsahmbleh'ah*) *f*

convoke *v* convocar (*kohnvohkahr'*); reunir (*rehooneer'*)

convoy *n* convoy (*kohnvoh'y*) *m; v* convoyar (*kohnvohyahr'*)

cook *n* cocinero, a (*kohseeneh'ro, ah*) *m, f; v* cocinar (*kohseenahr'*)

cooking *n* cocina (*kohsee'nah*) *f;* **Spanish —** la cocina española (*lah* ... *ehspahnyoh'lah*) *f;* **— range** estufa eléctrica, de gas (*ehstoo'fah ehlehk'treekah, deh gahs*) *f;* cocina económica (*kohsee'nah ehkohnoh'meekah*) *f;* **— utensils** batería de cocina (*bahtehree'ah deh* ...) *f;* utensilios de cocina (*ooteehnsee'lyos deh* ...) *m, pl*

cooky *n* bollo (*bo'lyo*) *m;* galleta (*gahlyeh'tah*) *f;* pastelito (dulce) (*pahstehlee'to, dool'seh*) *m*

cool *adj* fresco (*frehs'ko*); **it is —** hace fresco (*ah'seh* ...); **he is — to that** es indiferente a eso (*ehs eendeefehrehn'teh ah eh'so*); *v* refrescar (*rehfrehskahr'*)

coolness *n* frescura (*frehskoo'rah*) *f;* indiferencia (*eendeefehrehn'syah*) *f*

cooperate *v* cooperar (*kohohpehrahr'*); ayudar (*ahyoodahr'*)

cooperation *n* cooperación (*kohohpehrahsyohn'*) *f*

cooperative *adj* cooperativo (*kohohpehrahtee'vo*)

coordinate *adj* coordinado (*kohohrdeenah'do*); *v* coordinar (*kohohrdeenahr'*)

coordination *n* coordinación (*kohohrdeenahsyohn'*) *f*

cop (*coll*) *n* policía (*pohleesee'ah*) *m;* polizonte (*pohleesohn'teh*) *m*

copious *adj* copioso (*kohpyoh'so*); abundante (*ahboondahn'teh*); generoso (*hehnehroh'so*)

copper *n* cobre (*koh'breh*) *m*

copy *n* copia (*koh'pyah*) *f;* **carbon —** copia al carbón (... *ahl cahrbohn'*) *f;* **fair —** copia en limpio (... *ehn leem'pyo*) *f;* **rough —** borrador (*bohrrahdohr'*) *m; v* copiar (*kohpyahr'*); imitar (*eemeetahr'*)

copyist *n* copista (*kohpees'tah*) *m, f*

copyright *n* derecho de obra literaria (*dehreh'cho deh oh'brah leetehrah'ryah*) *m;* patente (*pahtehn'teh*) *f; v* registrar (*reh-heestrahr'*); sacar patente (*sahkahr'* ...)

cord *n* cuerda (*kwehr'dah*) *f;* cordel (*kohrdehl'*) *m*

cordial *adj* cordial (*kohrdyahl'*); *n* (*liquor*) cordial (...) *m;* **—ly** *adv* cordialmente (...*mehn'teh*)

core *n* centro de (*sehn'tro deh*) *m;* núcleo (*noo'kleho*) *m*

cork *n* corcho (*kohr'cho*) *m;* (*cap of*) tapón (*tahpohn'*) *m; v* tapar con corcho (*tahpahr' kohn* ...)

corkscrew *n* tirabuzón (*teerahboosohn'*) *m*

corn *n* maíz (*mahees'*) *m;* grano (*grah'no*) *m;* (*foot*) callo (*kah'lyo*) *m;* **—meal** harina de maíz (*ahree'nah deh* ...) *f;* **—meal cake** tortilla (*tohrtee'lyah*) *f;* **—cob** (*Am*) olote (*ohloh'teh*) *m;* **ear of —** mazorca (*mahsohr'kah*) *f;* **—starch** almidón de maíz (*ahlmeedohn' deh* ...) *m*

corned beef *n* carne de vaca salada y seca (*kahr'neh deh vah'kah sahlah'dah ee seh'kah*) *f*

corner *n* rincón (*reenkohn'*) *m;* esquina (*ehskee'nah*) *f*

coronation *n* coronación (*kohrohnahsyohn'*) *f*

corporal *adj* corporal (*kohrpohrahl'*); *n* (*milit*) cabo (*kah'bo*) *m*

corporation *n* corporación (*kohrpohrahsyohn'*) *f*

corps *n* cuerpo (*kwehr'po*) *m;* **air —** cuerpo de aviación (...*deh ahvyahsyohn'*) *m;* **marine —** cuerpo de marina (... *mahree'nah*) *m;* **signal —** cuerpo de comunicaciones (... *kohmooneekahsyoh'nehs*) *m*

corpse *n* cadáver (*kahdah'vehr*) *m*

correct *adj* correcto (*kohrrek'to*); *v* corregir (*kohrreh-heer'*); **—ly** *adv* correctamente (...*ahmehn'teh*); **—ly done** bien hecho (*byehn eh'cho*)

correction *n* corrección (*kohrrehksyohn'*) *f*

correspond *v* corresponder(se) (*kohrrehspohndehr', seh*)

correspondence *n* correspondencia (*kohrrehspohndehn'syah*) *f*

correspondent *adj & n* correspondiente (*kohrrehspohndyehn'teh*) *m;* **newspaper—**corresponsal (de periódico) (*kohrrehspohnsahl', deh pehryoh'deeko*) *m*

corridor *n* corredor (*kohrreh-dohr'*) *m;* pasillo (*pahsee'lyo*) *m*

corroborate *v* corroborar (*kohrrohbohrahr'*)

corrupt *adj* corrompido (*kohrrohmpee'do*); **— person** persona depravada (*pehrsoh'nah dehprahvah'dah*) *f; v* corromper(se) (*kohrrohmpehr', seh*)

corruption *n* corrupción (*kohrroopsyohn'*) *f;* depravación (*dehprahvahsyohn'*) *f*

corset *n* corsé (*kohrseh'*) *m*

cosmetic *adj & n* cosmético (*kohsmeh'teeko*) *m;* **— counter** mostrador de cosméticos (*mohstrahdohr' deh* ...) *m*

cosmopolitan *adj* cosmopolita (*kohsmohpohlee'tah*)

cost *n* costo (*kohs'to*) *m;* precio (*preh'syo*) *m;* **at all —s** a toda costa (*ah toh'dah kohs'tah*); *v* costar (*kohstahr'*); **how much does it —?** ¿cuánto cuesta? (*kwahn'to kwehs'tah*)

costly *adj* costoso (*kohstoh'so*); caro (*kah'ro*)

costume *n* traje (*trah'heh*) *m;* vestido (*vehstee'do*) *m*

cot *n* catre (*kah'treh*) *m*

cottage *n* cabaña (*kahbah'nyah*) *f;* casita (*kahsee'tah*) *f;* **— cheese** requesón (*rehkehsohn'*) *m*

cotton *n* algodón (*ahlgohdohn'*) *m;* **— goods** cotonía (*kohtohnee'ah*) *f*

couch *n* sofá (*sohfah'*) *m;* diván (*deevahn'*) *m;* canapé (*kahnahpeh'*) *m*

cough *n* tos (*tohs'*) *f;* **— drops** pastillas para la tos (*pahstee'lyahs pah'rah lah* ...) *f, pl;* **— medicine** medicina para la tos (*mehdeesee'nah* ...) *f; v* toser (*tohsehr'*)

council *n* concilio (*kohnsee'lyo*) *m;* (*polit*) consejo (*kohnseh'ho*) *m*

councilor *n* concejal (*kohnseh-hahl'*) *m;* consejero (*kohnseh-heh'ro*) *m*

counsel *n* consejo (*kohnseh'ho*) *m;* aviso (*ahvee'so*) *m*

counselor *n* consejero (*kohnseh-heh'ro*) *m;* **— -at-law** abogado de corte (*ahbohgah'do deh kohr'teh*) *m*

count *n* cálculo (*kahl'koolo*) *m;* (*title*) conde (*kohn'deh*) *m; v* contar (*kohntahr'*); **you can — on me** puede contar conmigo (*pweh'deh* ... *kohnmee'go*)

counter *n* contador (*kohntahdohr'*) *m;* mostrador (*mohstrahdohr'*) *m; adj* opuesto (*ohpwehs'to*); **bargain —** baratillo (*bahrahtee'lyo*) *m; v* **to make a —attack** hacer un contraataque (*ahsehr' oon kohntrahahtah'keh*); oponer (*ohpohnehr'*)

counteract *v* neutralizar (*nehootrahleesahr'*)

counterattack *n* contraataque (*kohntrahahtah'keh*) *m; v* contraatacar (*kohntrahahtahkahr'*)

counterfeit *adj* falso (*fahl'so*); falsificado (*fahlseefeekah'do*); *n* falsificación (*fahlseefeekahsyohn'*) *f; v* falsificar (*fahlseefeekahr'*)

counteroffensive *n* contraofensiva (*kohntrahohfehnsee'va*) *f*

counterpart *n* contraparte (*kohntrahpahr'teh*) *f*

countess *n* condesa (*kohndeh'sah*) *f*

countless *adj* sin número (*seen noo'mehro*); innumerable (*eennoomehrah'bleh*); incontable (*eenkohntah'bleh*)

country *adj* campestre (*kahmpehs'treh*); **— club** casino (*kahsee'no*) *m;* **— house** cabaña (*kahbah'nyah*) *f;* casa campestre (*kahsah* ...) *f; n* país (*pahees'*) *m;* patria (*pah'tryah*) *f;* **my native —** mi país natal (*mee* ... *nahtahl'*) *m;* (*field*) campo (*kahm'po*) *m;* **in the —** por el campo (*pohr ehl* ...)

countryman *n* paisano (*pahysah'no*) *m;* (*Am*) ranchero (*rahncheh'ro*) *m*
countryside *n* campiña (*kahmpee'nyah*) *f;* tierras (*tyeh'rrahs*) *f, pl*
county *n* condado (*kohndah'do*) *m*
couple *n* pareja (*pahreh'hah*) *f; v* acoplar (*ahkohplahr'*)
coupon *n* cupón (*koopohn'*) *m;* talón (*tahlohn'*) *m*
courage *n* coraje (*kohrah'heh*) *m;* valor (*vahlohr'*) *m*
courageous *adj* valiente (*vahlyehn'teh*)
course *n* curso (*koor'so*) *m;* (*school*) asignatura (*ahseegnatoo'rah*) *f;* (*eat*) plato (*plah'to*) *m;* rumbo (*room'bo*) *m;* **of —!** ¡claro! (*klah'ro*); ¡por supuesto! (*pohr soopwes'to*)
court *n* corte (*kohr'teh*) *f;* **—yard** patio (*pah'tyo*) *m;* **tennis —** cancha (*kahn'chah*) *f; v* cortejar (*kohrteh'hahr'*)
courteous *adj* cortés (*kohrtehs'*)
courtesy *n* cortesía (*kohrtehsee'ah*) *f;* respeto (*rehspeh'to*) *m*
courthouse *n* tribunal (*treeboonahl'*) *m*
court-martial *n* (*milit*) corte marcial (*kohr'teh mahrsyahl'*) *f;* consejo de guerra (*kohnseh'ho deh gheh'rrah*) *m; v* tener un consejo de guerra (*tehnehr' oon ...*)
courtship *n* cortejo (*kohrteh'ho*) *m*
courtyard *n* patio (*pah'tyo*) *m*
cousin *n* primo, a (*pree'mo, ah*) *m, f*
cover *n* cubierta (*koobyehr'tah*) *f;* **under separate —** por separado (*pohr sehpahrah'do*); aparte (*ahpahr'teh*); *v* cubrir (*koobreer'*); **to — up** ocultar (*ohkooltahr'*); esconder (*ehskohndehr'*)
cow *n* vaca (*vah'kah*) *f*
coward *n* cobarde (*kohbahr'deh*) *m;* **—ly** *adj* cobarde (...); *adv* cobardemente (*kohbahrdehmehn'teh*)
cowboy *n* vaquero (*vahkeh'ro*) *m;* (*Am*) gaucho (*gah'oocho*) *m*
coy *adj* recatado (*rehkahtah'do*); tímido (*tee'meedo*)
cozy *adj* agradable (*ahgrahdah'bleh*); cómodo (*koh'mohdo*)
crab *n* cangrejo (*kahngreh'-ho*) *m*
crabby *adj* (*coll*) áspero (*ahs'pehro*); **a — person** persona antipática (*pehrsoh'nah ahnteepah'teekah*) *f;* molesto (*mohlehs'to*)
crack *n* raja (*rah'hah*) *f;* crujido (*kroohee'do*) *m;* ruido (*rwee'do*) *m; v* rajar(se) (*rah-hahr', seh*); romper (*rohmpehr'*); **to — a smile, a joke** soltar una sonrisa, un chiste (*sohltahr' oo'nah sohnree'sah, oon chees'teh*)
cracked *adj* rajado (*rah-hah'do*); quebrado (*kehbrah'do*); (*coll*) **he is —** está loco (*ehstah' loh'ko*), chiflado (*cheeflah'do*)
cracker *n* galleta salada (*gahlyeh'tah sahlah'dah*) *f*
crackle *n* crujido (*kroohee'do*) *m; v* crujir (*krooheer'*)
cradle *n* cuna (*koo'nah*) *f*
craft *n* arte (*ahr'teh*) *m;* astucia (*ahstoo'syah*); *f;* **—s** artesanía (*ahrtehsahnee'ah*) *f*
crafty *adj* astuto (*ahstoo'to*)
crag *n* peñasco (*pehnyahs'co*) *m*
cramp *n* calambre (*kahlahm'breh*) *m; v* comprimir (*kohmpreemeer'*)
cranberry *n* arándano (*ahrahn'dahno*) *m*
cranium *n* cráneo (*krah'neho*) *m*
crank *n* manija (*mahnee'hah*) *f;* manubrio (*mahnoo'bryo*) *m;* (*coll*) **what a —!** ¡qué maniático! (*keh' mahnyah'teeko*); *v* voltear la manivela (*vohltehar' lah mahneeveh'lah*)
crankcase *n* cárter (*kahr'tehr*) *m;* caja (*kah'hah*) *f*
cranky *adj* maniático (*mahnyah'teeko*); chiflado (*cheeflah'do*)
crash *n* choque (*choh'keh*) *m;* fracaso (*frahkah'so*) *m; v* chocar (*chohkahr'*); estallar (*ehstahlyahr'*)
crate *n* cesta (*sehs'tah*) *f;* caja (*kah'hah*) *f; v* embalar en caja (*ehmbahlahr' ehn kah'hah*)
crater *n* cráter (*krah'tehr*) *m*
crave *v* anhelar (*ahnehlyahr'*); ansiar (*ahnsyahr'*)
crawl *v* arrastrar(se) (*ahrrahstrahr', seh*); *n* paso lento (*pah'so lehn'to*) *m*
crayon *n* lápiz de color (*lah'pees deh kohlohr'*) *m;* (*Am*) creyón (*krehyohn'*) *m*
craze *n* manía (*mahnee'ah*) *f;* locura (*lohkoo'rah*) *f;* **it is the — now** es la moda ahora (*ehs lah moh'dah ahoh'rah*); antojo (*ahntoh'ho*) *m*
crazy *adj* loco (*loh'ko*); **he is — está loco** (*ehstah' ...*); **to go —** enloquecerse (*ehnlohkehsehr'seh*); volverse loco (*vohlvehr'seh ...*)
cream *n* crema (*kreh'mah*) *f;* nata (*nah'tah*) *f;* **cold —** crema facial (*kreh'mah fahsyahl'*) *f;* **ice —** helado (*ehlah'do*) *m;* **whipped —** crema batida (... *bahtee'dah*) *f;* **all purpose —** crema de todo uso (...*toh'do oo'so*) *f*
creamy *adj* cremoso (*krehmoh'so*)
crease *n* pliegue (*plyeh'gheh*) *m; v* plegar (*plehgahr'*)
create *v* crear (*krehahr'*)
creation *n* creación (*krehahsyohn'*) *f;* obra (*oh'brah*) *f*
creative *adj* creativo (*krehahtee'vo*); **— writing** escrito novelístico, poético (*ehskree'to nohvehlees'teeko, poheh'teeko*) *m*
creator *n* creador (*krehahdohr'*) *m*
credence *n* creencia (*krehehn'syah*) *f;* credo (*kreh'do*) *m*

credentials *n, pl* credenciales (*krehdehnsyah'lehs*) *f, pl*
credible *adj* creíble (*krehee'bleh*)
credit *n* crédito (*kreh'deeto*) *m;* reputación (*rehpootahsyohn'*) *f;* — **card** tarjeta de crédito (*tahr'-hehtah deh ...*) *f;* **on** — a crédito (*ah ...*); a plazos (*ah plah'sos*); **it is to his** — eso le hace honor (*eh'so leh ah'seh ohnohr'*); **to give** — fiar (*fyahr'*); **he deserves** — merece alabanza (*mehreh'seh ahlahbahn'sah*)
creditable *adj* loable (*lohah'bleh*); óptimo (*ohp'teemo*)
creditor *n* acreedor (*ahkrehehdohr'*) *m*
credo *n* credo (*kre'do*) *m;* fe (*feh*) *f*
credulous *adj* crédulo (*kreh'doolo*)
creed *n* creencia (*krehehn'syah*) *f;* fe (*feh*) *f;* credo (*kreh'do*) *m*
creek *n* arroyo (*ahrroh'yo*) *m*
creep *n* horror (*ohrrohr'*) *m;* *v* arrastrar(se) (*ahrrahstrahr', seh*); gatear (*gahtehahr'*)
cremation *n* cremación (*krehmahsyohn'*) *f*
crescent *n* (*moon*) creciente (*krehsyehn'teh*) *m; adj* creciente (*...*)
crevice *n* hendedura (*ehndehdoo'rah*) *f;* grieta (*gryeh'tah*) *f*
crew *n* grupo (de obreros, etc.) (*groo'po, deh ohbreh'ros*) *m*
crib *n* (*of child*) cuna (*koo'nah*) *f;* (*Christmas*) pesebre (*pehseh'breh*) *m;* — **notes** apuntes fraudulentos (*ahpoon'tehs frahoodoolehn'tos*) *m, pl*
crime *n* crimen (*kree'mehn*) *m;* delito (*dehlee'to*) *m*
criminal *adj & n* criminal (*kreemeenahl'*) *m*
criminology *n* criminología (*kreemeenohloh-hee'ah*) *f*
crimson *adj & n* carmesí (*kahrmehsee'*) *m;* bermejo (*behrmeh'ho*)
cripple *adj & n* cojo (*koh'ho*) *m;* estropeado (*ehstrohpehah'do*); *v* estropear (*ehstrohpehahr'*); tullir (*toolyeer'*)
crisis *n* crisis (*kree'sees*) *f;* **political** — crisis política (*... pohlee'teekah*) *f*
crisp *adj* crespo (*krehs'po*); fresco (*frehs'ko*); agudo (*ahgoo'do*)
criterion *n* criterio (*kreeteh'ryo*) *m;* juicio (*hwee'syo*) *m*
critic *n* crítico (*kree'teeko*) *m*
critical *adj* crítico (*kree'teeko*)
criticism *n* crítica (*kree'teekah*) *f;* glosa (*gloh'sah*) *f*
criticize *v* criticar (*kreeteekahr'*); decir mal de (*dehseer' mahl deh*)
crockery *n* loza (*loh'sah*) *f*
crocodile *n* cocodrilo (*kohkohdree'lo*) *m*
crook *n* ladrón (*lahdrohn'*) *m;* gancho (*gahn'cho*) *m*
crooked *adj* torcido (*tohrsee'do*); fraudulento (*frahoodoolehn'to*); — **person** ladrón (*lahdrohn'*) *m*
crop *n* cosecha (*kohseh'chah*) *f;* cantidad (*kahnteedahd'*) *f*
cross *adj* enojado (*ehnohhah'do*); mezclado (*mehsklah'do*); — **examination** interrogatorio (*eentehrrohgahtoh'ryo*) *m;* — **reference** referencia comprobada (*rehfehrehn'syah kohmprohbah'dah*) *f; n* cruz (*kroos'*) *f;* **to make the sign of the** — hacer la señal de la cruz (*ahsehr' lah sehnyahl' deh lah ...*); santiguarse (*sahnteegwahr'seh*); *v* cruzar (*kroosahr'*)
crossing *n* cruzamiento (*kroosahmyehn'to*) *m;* **railroad** — cruce (*kroo'seh*) *m;* crucero (*krooseh'ro*) *m;* **street** — cruce (de calle) (*... deh kah'lyeh*) *m*
crossroad *n* cruce de carreteras (*kroo'seh deh kahrrehteh'rahs*) *m*
cross-section *n* corte transversal, diagonal (*kohr'teh trahnsvehrsahl'*) (*dyahgohnahl'*) *f*
crouch *v* agacharse (*ahgahchahr'seh*); bajarse (*bah-hahr'seh*)
crow *n* cuervo (*kwehr'vo*) *m;* **cock's** — canto del gallo (*kahn'to dehl gah'lyo*) *m; v* cantar (*kahntahr'*)
crowbar *n* barra (*bah'rrah*) *f*
crowd *n* muchedumbre (*moochehdoom'breh*) *f;* gentío (*hehntee'o*) *m; v* llenar de (*lyehnahr' deh*)
crowded *adj* lleno de (*lyeh'no deh*); **it is** — está lleno (*ehstah' ...*)
crown *n* corona (*kohroh'nah*) *f; v* coronar (*kohrohnahr'*)
crucifix *n* crucifijo (*krooseefee'ho*) *m;* cruz (*kroos'*) *f*
crucify *v* crucificar (*krooseefeekahr'*); atormentar (*ahtohrmehntahr'*)
crude *adj* crudo (*kroo'do*); — **person** persona tosca (*pehrsoh'nah tohs'kah*) *f;* — **oil** petróleo crudo (*pehtroh'leho ...*) *m*
cruel *adj* cruel (*krwehl'*)
cruelty *n* crueldad (*krwehldahd'*) *f*
cruise *n* travesía (*trahvehsee'ah*) *f;* **sea** — travesía por mar (*... pohr mahr'*) *f; v* hacer una excursión (*ahsehr' oo'nah exkoorsyohn'*); navegar (*nahvehgahr'*)
cruiser *n* buque crucero (*boo'keh krooseh'ro*) *m*
crumb *n* miga (*mee'gah*) *f*
crumble *v* migar (*meegahr'*); despedazar (*dehspehdahsahr'*); hacerse pedazos (*ahsehr'seh pehdah'sos*)
crunch *v* crujir (*krooheer'*); mascullar (*mahskoolyahr'*)
crusade *n* cruzada (*kroosah'dah*) *f; v* **to** — **for** hacer una cruzada para (*ahsehr oo'nah ... pah'rah*)
crusader *n* cruzado (*kroosah'do*) *m*

crush *n* estrujamiento (*ehstroohahmyehn'to*) *m; v* estrujar (*ehstroohar'*); oprimir (*ohpreemeer'*)

crust *n* corteza (*kohrteh'sah*) *f;* costra (*kohs'trah*) *f*

crusty *adj* costroso (*kohstroh'so*)

crutch *n* muleta (*mooleh'tah*) *f*

crux *n* punto difícil (*poon'to deefee'seel*) *m*

cry *n* grito (*gree'to*) *m;* (*tear*) lloro (*lyoh'ro*) *m; v* gritar (*greetahr'*); llorar (*lyohrahr'*)

crystal *n* cristal (*kreestahl'*) *m;* cristalino (*kreestahlee'no*) *m*

crystalline *adj* cristalino (*kreestahlee'no*); claro (*klah'ro*)

crystallize *v* cristalizar(se) (*kreestahleesahr', seh*)

cub *n* cachorro (*kahchoh'rro*) *m*

Cuban *adj & n* cubano (*koobah'no*) *m*

cube *n* cubo (*koo'bo*) *m;* **ice —** cubito de hielo (*koobee'to deh yeh'lo*) *m*

cubic *adj* cúbico (*koo'beeko*)

cuckoo *adj* (*coll*) **he is —** está loco, chiflado (*ehstah' loh'ko, cheeflah'do*); *n* cuco (*koo'ko*) *m*

cucumber *n* pepino (*pehpee'no*) *m*

cuddle *v* abrazar(se) (*ahbrahsahr', seh*); acariciar(se) (*ahkahreesyahr', seh*)

cue *n* indirecta (*eendeerehk'tah*) *f;* señal (*sehnyahl'*) *f;* (*theat*) apunte (*ahpoon'teh*) *m*

cuff *n* (*shirt*) puño (*poo'nyo*) *m;* (*trousers*) doblez (*dohblehs'*) *m;* **— links** gemelos (*hehmeh'los*) *m, pl;* (*Am*) yugos (*yoo'gos*) *m, pl*

cuisine *n* cocina especial (*kohsee'nah ehspehsyahl'*) *f;* **Spanish —** cocina española (*...ehspahnyoh'lah*) *f*

culprit *n* reo (*reh'o*) *m;* culpable (*koolpah'bleh*) *m*

cultivate *v* cultivar (*koolteevahr'*)

cultivated *adj* culto, a (*kool'to, ah*); instruido (*eenstrwee'do*)

culture *n* cultura (*kooltoo'rah*) *f*

cultured *adj* instruido (*eenstrwee'do*); culto (*kool'to*)

cunning *adj* astuto (*ahstoo'to*); listo (*lees'to*)

cup *n* taza (*tah'sah*) *f;* **— of coffee** taza de café (*... deh kahfeh'*) *f*

curb *n* reborde (*rehbohr'de*) *m;* (*street*) encintado (*ehnseentah'do*) *m;* (*Am*) cordón (*kohrdohn'*) *m;* (*price*) **—** restricción (*rehstreeksyohn'*) *f;* freno (*freh'no*) *m; v* frenar (*frehnahr'*)

curdle *v* cuajar(se) (*kwah-hahr', seh*); coagular(se) (*kohahgoolahr', seh*)

cure *n* cura (*koo'rah*) *f; v* curar (*koorahr'*); sanar (*sahnahr'*)

curfew *n* toque de queda (*toh'keh deh keh'dah*) *m*

curiosity *n* curiosidad (*kooryohseedahd'*) *f*

curious *adj* curioso (*kooryoh'so*)

curl *n* rizo (*ree'so*) *m;* bucle (*boo'kleh*) *m; v* rizar (*reesahr'*)

curly *adj* rizado (*reesah'do*); (*Mex*) chino (*chee'no*)

currency *n* moneda (*mohneh'dah*) *f;* dinero (*deeneh'ro*) *m*

current *adj & n* corriente (*kohrryehn'teh*) *f;* **— events** actualidades (*ahktwahleedah'dehs*) *f, pl;* **— exchange** cambio corriente (*kahm'byo ...*) *m*

curse *n* maldición (*mahldeesyohn'*) *f; v* maldecir (*mahldeseer'*)

cursed *adj* maldito (*mahldee'to*)

curt *adj* brusco (*broos'ko*)

curtail *v* acortar (*ahkohrtahr'*); reducir (*rehdooseer'*)

curtain *n* cortina (*kohrtee'nah*) *f;* **iron —** cortina de hierro (*... deh yeh'rro*) *f;* **stage —** telón (*tehlohn'*) *m*

curve *n* curva (*koor'vah*) *f; v* encorvar(se) (*ehnkohrvahr', seh*)

curved *adj* curvo (*koor'vo*); torcido (*tohrsee'do*)

cushion *n* cojín (*koh-heen'*) *m;* almohadón (*ahlmohahdohn'*) *m*

custard *n* flan (*flahn*) *m*

custody *n* custodia (*koostoh'dyah*) *f;* **in — of** en custodia de (*ehn ... deh*); bajo arresto (*bah'-ho ahrrehs'to*)

custom *n* costumbre (*kohstoom'breh*) *f;* usanza (*oosahn'sah*) *f;* **it is the —** se usa así (*seh oo'sah ahsee'*); **— duties** derechos de aduana (*dehrehchos deh ahdwah'nah*) *m, pl;* **— made** hecho a la medida (*eh'cho ah lah mehdee'dah*); **—s** *n, pl* aduana (*ahdwah'nah*) *f;* derechos (*...*) *m, pl*

customarily *adv* ordinariamente (*ohrdeenahryahmehn'teh*); usualmente (*ooswahl ...*)

customary *adj* habitual (*ahbeetwahl'*); de costumbre (*deh kohstoom'breh*); **it is —** es el uso (*ehs ehl oo'so*), usual (*ooswal'*)

customer *n* cliente (*klyehn'teh*) *m, f*

customhouse *n* aduana (*ahdwah'nah*) *f;* **— declaration** declaración de objetos (*dehklahrahsyohn' deh ohbheh'tos*) *f;* **— official** aduanero (*ahdwahneh'ro*) *m;* policía (*pohleesee'ah*) *m*

cut *n* corte (*kohr'teh*) *m;* rebanada (*rehbahnah'dah*) *f;* (*of a suit*) hechura (*ehchoo'rah*) *f;* (*wound*) herida (*ehree'-dah*) *f;* **price —** rebaja de precios (*rehbah'hah deh preh'syos*) *f;* saldo (*sahl'do*) *m;* (*coll*) **he gets a —** recibe favores, dinero (*rehsee'beh fahvoh'rehs, deeneh'ro*); **short —** atajo (*ahtah'ho*) *m; v* cortar (*kohrtahr'*); (*price*) rebajar (*rehbah-hahr'*); **to — cards** alzar los naipes (*ahlsahr' los* *nah'ypehs*); **to — class** hacer novillos (*ahsehr' nohvee'lyos*); **to — out** recortar (*rehkohrtahr'*); **to — short** cortar la palabra (*kohrtahr' lah pahlah'brah*); **he is — out for that** está hecho para eso (*ehstah' eh'cho pah'rah eh'so*); **— it out!** ¡basta ahora! (*bahs'tah ahoh'rah*)

cutaway *n* frac (*frahk*) *m*

cute *adj* mono (*moh'no*); bonito (*bohnee'to*)

cutler *n* cuchillero (*koocheelyeh'ro*) *m*

cutlet *n* chuleta (*chooleh'tah*) *f;* **veal —** chuleta de ternera (... *deh tehrneh'rah*) *f;* **grilled —** chuleta a la parrilla (... *ah lah pahrree'lyah*) *f;* **broiled —** chuleta asada (... *ahsah'dah*) *f*

cutter *n* cortador (*kohrtahdohr'*) *m;* (*boat*) barco (*bahr'ko*) *m*

cutting *adj* cortante (*kohrtahn'teh*); **a — remark** frase mordaz (*frah'seh mohrdahs'*) *f*

cycle *n* ciclo (*see'klo*) *m;* **business —** período de negocios (*pehree'ohdo deh nehgoh'syos*) *m*

cyclone *n* ciclón (*seeklohn'*) *m*

cyclotron *n* ciclotrón (*seeklohtrohn'*) *m*

cylinder *n* cilindro (*seeleen'dro*) *m;* rollo (*roh'lyo*) *m*

cynic *n* cínico (*see'neeko*) *m*

cynical *adj* cínico (*see'neeko*)

cypress *n* ciprés (*seeprehs'*) *m*

cyst *n* lobanillo (*lohbahnee'lyo*) *m*

cytology *n* citología (*seetolohee'ah*) *f*

D

dab *v* golpear ligeramente (*gohlpehahr' leeherahmehn'teh*)
dad *n* papá (*pahpah'*) *m;* **—dy** papacito (*pahpahsee'to*) *m;* (*Am*) taita (*tah'ytah*) *m*
dagger *n* puñal (*poonyahl'*) *m*
daily *adj* diario (*dyah'ryo*); *adv* diariamente (*dyahryahmehn'teh*); *n* (*newspaper*) periódico (*pehryoh'deeko*) *m*
daintiness *n* fineza (*feeneh'sah*) *f*
dainty *adj* fino (*fee'no*); exquisito (*exkeesee'to*); elegante (*ehlehgahn'teh*); fino (*fee'no*)
dairy *n* lechería (*lehchehree'ah*) *f;* vaquería (*vahkehree'ah*) *f;* **— products** alimentos lecheros (*ahleemehn'tos lehcheh'ros*) *m, pl*
daisy *n* margarita (*mahrgahree'tah*) *f;* maya (*mah'yah*) *f*
dale *n* valle (*vah'lyeh*) *m*
dally *v* pasar el tiempo lentamente (*pahsahr' ehl tyehm'po lehntahmehn'teh*); tardar (*tahrdahr'*)
dam *n* (*water*) dique (*dee'keh*) *m;* represa (*rehpreh'sah*) *f;* *v* represar (*rehprehsahr'*); tapar (*tahpahr'*)
damage *n* daño (*da'nyo*) *m;* *v* dañar(se) (*dahnyahr', seh*)
damn *v* condenar (*kohndehnahr'*); maldecir (*mahldehseer'*); **— it!** ¡maldito! (*mahldee'to*)
damnation *n* condenación (*kohndehnahsyohn'*) *f;* **— of souls** perdición de almas (*pehrdeesyohn' deh ahl'mahs*) *f*
damp *adj* húmedo (*oo'mehdo*); mojado (*mohah'do*); *v* abatir (*ahbahteer'*)
dampen *v* mojar (*moh-hahr'*); **to —** (*one's courage*) desanimar (*dehsahneemahr'*); desalentar (*dehsahlehntahr'*)
damper *n* sordina (*sohrdee'nah*) *f*
dampness *n* humedad (*oomehdahd'*) *f*
dance *n* baile (*bahy'leh*) *m;* **— hall** salón, hall de baile (*sahlohn', ahl deh ...*) *m;* *v* bailar (*bahylahr'*); danzar (*dahnsahr'*)
dancer *n* bailador, a (*bahylahdor', ah*) *m, f;* bailarina (*bahylahree'nah*) *f*
dandruff *n* caspa (*kahs'pah*) *f*
danger *n* peligro (*pehlee'gro*) *m*
dangerous *adj* peligroso (*pehleegro'so*); **—ly** *adv* peligrosamente (*pehleegrosahmehn'teh*)
dangle *v* bambolear(se) (*bahmbohlehahr', seh*); colgar (*kohlgahr'*)
dare *n* desafío (*dehsahfee'o*) *m;* *v* desafiar (*dehsahfyahr'*); osar (*ohsahr'*); atrever(se) (*ahtrehvehr' seh*)
daredevil *n* temerario (*tehmehrah'ryo*) *m;* atrevido (*ahtrehvee'do*) *m;* persona valiente (*pehrsoh'nah vahlyehn'teh*) *f;* valeroso (*vahlehroh'so*) *m*
daring *adj* atrevido (*ahtrehvee'do*); **how —!** ¡qué atrevido! (*keh' ...*)
dark *adj* obscuro (*ohbskoo'ro*); moreno (*mohreh'no*); **he is in the —** no sabe nada de eso (*no sah'beh nah'dah deh eh'so*); **in the —** a oscuras (*ah ohskoo'rahs*)
darken *v* obscurecer(se) (*ohbskoorehsehr', seh*); hacer obscuro (*ahsehr'...*)
darkness *n* obscuridad (*ohbskooreedahd'*) *f;* sombra (*sohm'brah*) *f*
darling *adj & n* querido, a (*kehree'do, ah*) *m, f;* **my —** mi vida (*mee vee'dah*)
darn *v* zurcir (*soorseer'*); **— it** ¡caramba! (*kahrahm'bah*); **it is not worth a —** no vale un comino (*no vah'le oon kohmee'no*)
dart *n* flecha (*fleh'chah*) *f;* *v* flechar (*flehchahr'*); lanzar(se) como una flecha (*lahnsahr' seh koh'mo oo'nah ...*)
dash *n* raya (*rah'yah*) *f;* **a — of** un poco de (*oon poh'ko deh*); **—ing person** persona garbosa (*pehrsoh'nah gahrboh'sah*) *f;* *v* echar(se) (*ehchahr', seh*); **to — off** salir de prisa (*sahleer' deh pree'sah*); **to — out** lanzarse con ímpetu (*lahnsahr'seh kohn eem'pehtoo*)
data *n, pl* datos (*dah'tos*) *m, pl;* informes (*eenfohr'mehs*) *m, pl*
date *n* fecha (*feh'chah*) *f;* cita (*see'tah*) *f;* **I have a —** tengo una cita (*tehn'go oonah see'tah*); **out of —** anticuado (*ahnteekwah'do*); **to —** hasta ahora (*ahs'tah ahoh'rah*); **up to —** a la moda (*ah lah moh'dah*); al día (*ahl dee'ah*); **what is today's —?** ¿a cuántos estamos? (*ah kwahn'tos ehstah'mos*); *v* datar (*dahtahr'*); **to — (a person)** tener una cita (*tehnehr' oo'nah see'tah*)
daub *v* untar (*oontahr'*); manchar (*mahnchahr'*)
daughter *n* hija (*ee'hah*) *f;* **—-in-law** nuera (*nweh'rah*) *f*
dauntless *adj* intrépido (*eentreh'peedo*); sin miedo (*seen myeh'do*)
davenport *n* sofá (*sohfah'*) *m;* diván (*deevahn'*) *m*

dawn *n* alba (*ahl'bah*) *f;* amanecer (*ahmahnehsehr'*) *m; v* amanecer; **it just —ed on me** ahora mismo me acuerdo (*ahoh'rah mees'mo meh ahkwehr'do*); me doy cuenta (*meh doy kwehn'tah*)

day *n* día (*dee'ah*) *m;* **by —** de día (*deh ...*); **day after —** día tras día (*dee'ah trahs ...*); **good — (morning)** buenos días (*bweh'nos dee'ahs*); **yester—** ayer (*ahyehr'*) *m*

daybreak *n* alba (*ahl'bah*) *f;* **at —** al amanecer (*ahl ahmahnehsehr'*)

daylight *n* luz del día (*loos dehl dee'ah*) *f;* luz natural (*looz nahtoorahl'*) *f*

daytime *n* tiempo del día (*tyehm'po dehl dee'ah*) *m;* **in the —** durante el día (*doorahn'teh ehl dee'ah*); de día (*deh dee'ah*)

daze *n* aturdimiento (*ahtoordeemyehn'to*) *m;* **he is in a —** está aturdido (*ehstah' ahtoordee'do*); *v* aturdir (*ahtoordeer'*)

dazzle *v* brillar (*breelyahr'*); deslumbrar (*desloombrahr'*)

dazzling *adj* brillante (*breelyahn'teh*); ofuscante (*ohfooskahn'teh*)

deacon *n* diácono (*dyah'kohno*) *m*

dead *adj & n* muerto (*mwehr'to*) *m;* **— end** calle sin salida (*kah'lyeh seen sahlee'dah*) *f;* **— sure** segurísimo (*sehgooree'seemo*); **— tired** muerto de fatiga (*mwehr'to deh fahtee'gah*); **in the — of night** en el corazón de la noche (*ehn ehl kohrahsohn' deh lah noh'cheh*)

deaden *v* amortiguar (*ahmohrteegwahr'*)

deadline *n* límite del plazo (*lee'meeteh dehl plah'so*) *m*

deadlock *n* alto (*ahl'to*) *m;* desacuerdo sin salida (*dehsahkwehr'do seen sahlee'dah*) *m*

deadly *adj* mortal (*mohrtahl'*)

deaf *adj* sordo (*sohr'do*)

deafen *v* ensordecer (*ehnsohrdehsehr'*)

deafness *n* sordera (*sohrdeh'rah*) *f*

deal *n* trato (*trah'to*) *m;* **business —** negocio (*nehgoh'syo*) *m;* **card —** mano (*mah'no*) *f;* **a great — of** mucho (*moo'cho*); *v* distribuir (*deestreebweer'*); **to — a blow** dar un golpe (*dahr oon gohl'peh*); **to — with** tratar con (*trahtahr' kohn*); **it —s with ...** trata de (*trah'tah deh*); se trata de (*seh ...*)

dealer *n* negociante (*nehgohsyahn'teh*) *m;* tallador (*tahlyahdohr'*) *m*

dealing *n* comercio (*kohmehr'syo*) *m*

dean *n* (*college*) decano (*dehkah'no*) *m;* (*relig*) deán (*dehahn'*) *m*

dear *adj* querido (*kehree'do*); amado (*ahmah'do*); (*price*) caro (*kah'ro*); **Dear John** Querido Juan (*... hwahn'*); **—ly** *adv* caramente

dearth *n* escasez (*ehskahsehs'*) *f;* carestía (*kahrehstee'ah*) *f;* falta (de) (*fahl'tah deh*) *f*

death *n* muerte (*mwehr'teh*) *f;* **— penalty** pena de muerte (*peh'nah deh ...*) *f;* **—rate** mortalidad (*mohrtahleedahd'*) *f;* **— certificate** certificado de defunción (*sehrteefeekah'do deh dehfoonsyohn'*) *m*

deathless *adj* inmortal (*eenmohrtahl'*); eterno (*ehtehr'no*)

debase *v* degradar (*dehgrahdahr'*); humillar (*oohmeelyahr'*)

debate *n* debate (*dehbah'teh*) *m;* disputa (*deespoo'tah*) *f; v* discutir (*deeskooteer'*)

debonair *adj* afable (*ahfah'bleh*); agraciado (*ahgrahsyah'do*); simpático (*seempah'teeko*)

debris *n* ruinas (*rwee'nahs*) *f, pl;* escombros (*ehskohm'bros*) *m, pl*

debt *n* deuda (*deh'oodah*) *f;* obligación (*ohbleegahsyohn'*) *f;* **to run into —** endeudarse (*ehndehoodahr'seh*)

debtor *n* deudor (*dehoodohr'*) *m*

debut *n* estreno (*ehstreh'no*) *m*

decade *n* década (*deh'kahdah*) *f*

decadence *n* decadencia (*dehkahdehn'syah*) *f*

decadent *adj* decadente (*dehkahdehn'teh*); caído (*kahee'do*)

decanter *n* ampolla (*ahmpoh'lyah*) *f*

decay *n* decaimiento (*dehkaheemyehn'to*) *m;* (*tooth*) caries (*kah'ryehs*) *f; v* decaer (*dehkahehr'*); pudrir (*poodreer'*); (*tooth*) cariarse (*kahryahr'seh*)

decease *n* muerte (*mwehr'teh*) *f; v* morir (*mohreer'*); fallecer (*fahlyersehr'*)

deceased *adj & n* muerto (*mwehr'to*) *m;* difunto (*deefoon'to*) *m*

deceit *n* engaño (*ehngah'nyo*) *m*

deceitful *adj* engañador (*ehngahnyahdohr'*); engañoso (*ehngahnyoh'so*)

deceive *v* engañar (*ehngahnyahr'*)

December *n* diciembre (*deesyehm'breh*) *m*

decency *n* decencia (*dehsehn'syah*) *f*

decent *adj* decente (*dehsehn'teh*); honesto (*ohnehs'to*)

decide *v* decidir (*dehseedeer'*)

decided *adj* decidido (*dehseedee'do*)

decipher *v* descifrar (*dehseefrahr'*); comprender (*kohmprehndehr'*)

decision *n* decisión (*dehseesyohn'*) *f*

decisive *adj* decisivo (*dehseesee'vo*); final (*feenahl'*)

deck *n* (*ship*) cubierta (*koobyehr'tah*) *f;* puente (*pwehn'teh*) *m;* **— of cards** baraja de naipes (*bahrah'hah deh nahy'pehs*) *f;* **— chair** silla de cubierta (*see'lyah deh ...*) *f; v* cubrir (*koobreer'*)

declaration *n* declaración (*dehklarahsyohn'*) *f*

declare *v* declarar (*dehklahrahr'*)

decline *n* declinación (*dehkleenahsyohn'*) *f;* (*prices*) baja (*bah'hah*) *f; v* declinar (*dehkleenahr'*); rehusar (*rehoosahr'*)

decorate *v* decorar (*dehkohrahr'*); adornar (*ahdohrnahr'*)
decoration *n* decoración (*dehkohrahsyohn'*) *f;* adorno (*ahdohr'no*) *m;* medalla (*mehdah'lyah*) *f*
decorum *n* decoro (*dehkoh'ro*) *m;* orgullo (*ohrgoo'lyo*) *m*
decoy *n* señuelo (*sehnyweh'lo*) *m;* engaño (*ehngah'nyo*) *m;* lazo (*lah'so*) *m; v* engañar (*ehngahnyahr'*)
decrease *n* diminución (*deemeenoosyohn'*) *f; v* diminuir (*deemeenweer'*); achicar (*ahcheekahr'*)
decree *n* decreto (*dehkreh'to*) *m; v* decretar (*dehkrehtahr'*)
dedicate *v* dedicar (*dehdeekahr'*)
dedication *n* dedicación (*dehdeekahsyohn'*) *f*
deduce *v* deducir (*dehdooseer'*)
deduct *v* deducir (*dehdooseer'*), restar (*rehstahr'*)
deduction *n* deducción (*dehdooksyohn'*) *f;* descuento (*dehskwehn'to*) *m*
deed *n* hecho (*eh'cho*) *m;* acto (*ahk'to*) *m;* **great —** hazaña (*ahsah'nyah*) *f*
deem *v* considerar (*kohnseedehrahr'*); creer (*krehehr'*)
deep *adj* hondo (*ohn'do*); profundo (*prohfoon'do*); **—ly** *adv* hondamente (*ohndahmehn'teh*)
deepen *v* ahondar (*ahohndahr'*)
deer *n* ciervo (*syehr'vo*) *m*
deface *v* desfigurar (*dehsfeegoorahr'*)
defamatory *adj* difamatorio (*deefahmahtoh'ryo*)
defame *v* difamar (*deefahmahr'*)
default *n* falta (*fahl'tah*) *f;* **by —** por no presentarse (*pohr no prehsehntahr'seh*); *v* faltar (*fahltahr'*)
defeat *n* derrota (*dehrroh'tah*) *f; v* derrotar (*dehrrohtahr'*)
defect *n* defecto (*dehfehk'to*) *m;* falta (*fahl'tah*) *f; v* desertar (*dehsehrtahr'*)
defective *adj* imperfecto (*eempehrfehk'to*); defectivo (*dehfehktee'vo*)
defend *v* defender (*dehfehndehr'*)
defender *n* defensor (*dehfehnsohr'*) *m;* (*law*) abogado (*ahbohgah'do*) *m*
defense *n* defensa (*dehfehn'sah*) *f;* apoyo (*ahpoh'yoh*) *m*
defensive *adj* defensivo (*dehfehnsee'vo*); **on the —** a la defensiva (*ah lah ...*)
defer *v* diferir (*deefehreer'*); posponer (*pohspohnehr'*)
deference *n* respeto (*rehspeh'to*) *m*
defiance *n* desafío (*dehsahfee'o*) *m;* **in — of that** contra todo eso (*kohn'trah toh'do eh'so*)
deficiency *n* deficiencia (*dehfeesyehn'syah*) *f*
deficient *adj* deficiente (*dehfeesyehn'teh*)
deficit *n* déficit (*deh'feeseet*) *m*
define *v* definir (*dehfeeneer'*); explicar (*expleekahr'*)
definite *adj* definido (*dehfeenee'do*); conclusivo (*kohnkloosee'vo*); **—ly** *adv* definidamente (*dehfeeneedahmehn'teh*)
definition *n* definición (*dehfeeneesyohn'*) *f;* explicación (*expleekahsyohn'*) *f*
deform *v* deformar (*dehfohrmahr'*)
deformed *adj* deforme (*dehfohr'meh*); deformado (*dehfohrmah'do*)
deformity *n* deformidad (*dehfohrmeedahd'*) *f;* deformación (*dehfohrmahsyohn'*) *f*
defrost *v* deshelar (*dehsehlahr'*)
deft *adj* diestro (*dyehs'tro*)
defy *v* desafiar (*dehsahfyahr'*)
degenerate *adj & n* degenerado (*deh-hehnehrah'do*) *m; v* degenerar (*deh-hehnehrahr'*)
degrade *v* degradar (*dehgrahdahr'*)
degree *n* grado (*grah'do*) *m;* **college —** diploma universitario (*deeploh'mah ooneevehrseetah'ryo*) *m*
deity *n* deidad (*deheedahd'*) *f;* divinidad (*deeveeneedahd'*) *f*
deject *v* abatir (*ahbahteer'*)
dejected *adj* abatido (*ahbahtee'do*)
delay *n* tardanza (*tahrdahn'sah*) *f; v* retardar (*rehtahrdahr'*)
delegate *n* delegado (*dehlehgah'do*); *v* delegar (*dehlehgahr'*)
delegation *n* delegación (*dehlehgahsyohn'*) *f*
deliberate *adj* de propósito (*deh prohpoh'seeto*); premeditado (*prehmehdeetah'do*); *v* deliberar (*dehleebehrahr'*)
deliberation *n* deliberación (*dehleebehrahsyohn'*) *f*
delicacy *n* delicadeza (*dehleekahdeh'sah*) *f;* (*food*) golosina (*gohlohsee'nah*) *f*
delicatessen *n* tienda de fiambres (*tyehn'dah deh fyahm'brehs*) *f*
delicious *adj* delicioso (*dehleesyoh'so*); sabroso (*sahbroh'so*)
delight *n* deleite (*dehlehy'teh*) *m; v* deleitar (*dehleyhtahr'*)
delighted *adj* encantado (*ehnkahntah'do*); complacido (*kohmplahsee'do*); **— to meet you** mucho gusto en conocerle (*moo'cho goos'to ehn kohnohsehr'leh*)
delightful *adj* deleitoso (*dehlehytoh'so*); encantador (*ehnkahntahdohr'*); delicioso (*dehleesyoh'so*)
delinquent *adj & n* delincuente (*dehleenkwehn'teh*)
delirium *n* delirio (*dehlee'ryo*) *m;* fiebre (*fyeh'breh*) *f*
deliver *v* entregar (*ehntrehgahr'*); rendir (*rehndeer'*); dar(se) (*dahr'seh*); **to — a speech** hacer un discurso (*ahsehr' oon deeskoor'so*)
deliverer *n* mensajero (*mehnsah-heh'ro*) *m;* libertador (*leebehrtahdohr'*) *m*

delivery *n* entrega (*ehntreh'gah*) *f;* liberación (*leebehrahsyohn'*) *f*
dell *n* valle (*vah'lyeh*) *m;* hondonada (*ohndohnah'dah*) *f*
delude *v* engañar (*ehngahnyahr'*)
deluge *n* diluvio (*deeloo'vyo*) *m*
delusion *n* engaño (*ehngah'nyo*) *m*
demand *n* demanda (*dehmahn'dah*) *f;* *v* demandar (*dehmahndahr'*); exigir (*exee-heer'*)
demented *adj* demente (*dehmehn'teh*)
demobilize *v* demovilizar (*dehmohveeleesahr'*)
democracy *n* democracia (*dehmohkrah'syah*) *f*
democrat *n* demócrata (*dehmoh'krahtah*) *m, f* (*polit*)
democratic *adj* democrático (*dehmokrah'teeko*)
demolish *v* demoler (*dehmohlehr'*); arruinar (*ahrrweenahr'*)
demon *n* demonio (*demoh'nyo*) *m*
demonstrate *v* demostrar (*dehmohstrahr'*); protestar (*prohtehstahr'*)
demonstration *n* demostración (*dehmohstrahsyohn'*) *f;* (*polit*) protesta (*prohteh'stah*) *f*
demoralize *v* desmoralizar (*dehsmohrahleesahr'*)
demure *adj* serio (*seh'ryo*); modesto (*mohdehs'to*)
den *n* cueva (*kwe'vah*) *f*
denial *n* negación (*nehgahsyohn'*) *f*
denomination *n* denominación (*dehnohmeenahsyohn'*) *f;* (*relig*) secta (*sehk'tah*) *f;* nombre (*nohm'breh*) *m*
denote *v* denotar (*dehnohtahr'*)
denounce *v* denunciar (*dehnoonsyahr'*); acusar (*ahkoosahr'*)
dense *adj* denso (*dehn'so*); espeso (*ehspeh'so*)
dental *adj* dental (*dehntahl'*)
dentist *n* dentista (*dehntees'tah*) *m*
denunciation *n* denuncia (*dehnoon'syah*) *f;* acusación (*ahkoosahsyohn'*) *f*
deny *v* negar (*nehgahr'*); **to — oneself** privarse (*preevahr'seh*)
deodorant *adj & n* desodorante (*dehsohdohrahn'teh*) *m*
depart *v* partir (*pahrteer'*); irse (*eer'seh*)
departed *adj* difunto (*deefoon'to*)
department *n* departamento (*dehpahrtahmehn'to*) *m;* **— store** almacén (*ahlmahsehn'*) *m*
departure *n* partida (*pahrtee'dah*) *f;* salida (*sahlee'dah*) *f*
depend *v* depender (*dehpehndehr'*); **— on me!** ¡cuente conmigo! (*kwehn'teh kohnmee'go*)
dependable *adj* confiable (*kohnfyah'bleh*); **he is a — person** es persona de confianza (*ehs pehrsoh'nah deh kohnfyahn'sah*) *f*
dependency *n* dependencia (*dehpehndehn'syah*) *f*
dependent *adj & n* dependiente (*dehpehndyehn'teh*) *m*
depict *v* describir (*dehskreebeer'*)
deplorable *adj* deplorable (*dehplohrah'bleh*)
deplore *v* deplorar (*dehplohrahr'*)
deport *v* deportar (*dehpohrtahr'*); **to — an alien** deportar a un extranjero (*... ah oon extrahnheh'ro*); expulsar (*expoolsahr'*)
depose *v* deponer (*dehpohnehr'*)
deposit *n* depósito (*dehpoh'seeto*) *m;* garantía (*gahrahntee'ah*) *f;* *v* depositar (*dehpohseetahr'*)
depositor *n* depositador (*dehpohseetahdohr'*) *m*
depot *n* depósito (*dehpoh'seeto*) *m;* **bus —** estación de autobús (*ehstahsyohn' deh ahootohboos'*) *f;* **naval —** arsenal (*ahrsehnahl'*) *m*
depreciate *v* depreciar (*dehprehsyahr'*); rebajar el precio de (*rehbah-hahr' ehl preh'syo deh*)
depress *v* abatir(se) (*ahbahteer', seh*); desanimar (*dehsahneemahr'*); bajar (*bah-hahr'*)
depressed *adj* abatido (*ahbahtee'do*)
depression *n* depresión (*dehprehsyohn'*) *f;* (*health*) abatimiento (*ahbahteemyehn'to*) *m;* (*fin*) escasez de trabajo, etc. . . (*ehskahsehs' deh trahbah'ho*) *f*
deprive *v* privar (*preevahr'*); quitar (*keetahr'*)
depth *n* profundidad (*prohfoondeedahd'*) *f;* abismo (*ahbees'mo*) *m*
deputy *n* diputado (*deepootah'do*) *m;* representante (*rehprehsentahn'teh*) *m;* agente (*ah-hehn'teh*) *m*
derail *v* descarrilar (*dehskahrreelahr'*)
derange *v* desordenar (*dehsohrdehnahr'*); alborotar (*albohrohtahr'*); **to be —d** volverse loco (*vohlvehr'seh loh'ko*)
derby *n* sombrero hongo (*sohmbreh'ro ohn'go*) *m*
deride *v* burlarse de (*boorlahr'seh deh*); reírse de (*reheer'seh deh*)
derision *n* burla (*boor'lah*) *f;* chulada (*choolah'dah*) *f*
derivation *n* derivación (*dehreevahsyohn'*) *f*
derive *v* derivar (*dehreevahr'*); **to — profit by** sacar provecho de (*sahkahr' prohveh'cho deh*)
derrick *n* grúa (*groo'ah*) *f*
descend *v* descender (*dehsehndehr'*); bajar de (*bah-hahr' deh*)
descendant *adj & n* descendiente (*dehsehndyehn'teh*) *m, f*

descent *n* descendencia (*dehsehndehn'syah*) *f;* **of Spanish** — de origen español (*deh ohree'hehn ehspahnyohl'*)
describe *v* describir (*dehskreebeer'*)
description *n* descripción (*dehskreepsyohn'*) *f*
descriptive *adj* descriptivo (*dehskreeptee'vo*)
desert *adj & n* desierto (*dehsyehr'to*) *m; v* abandonar (*ahbahndohnahr'*); desertar (*dehsehrtahr'*)
deserter *n* desertor (*dehsehrtohr'*) *m*
desertion *n* deserción (*dehsehrsyohn'*) *f;* abandono (*ahbahndoh'no*) *m;* desamparo (*dehsahmpah'ro*) *m*
deserve *v* merecer (*mehrehsehr'*)
deserving *adj* meritorio (*mehreetoh'ryo*); **to be** — merecer (*mehrehsehr'*)
design *n* diseño (*deeseh'nyo*) *m;* plan (*plahn*) *m;* intención (*eentehnsyohn'*) *f; v* diseñar (*deesehnyahr'*); planear (*plahnehahr'*)
designate *v* designar (*dehseegnahr'*); nombrar (*nohmbrahr'*)
designer *n* diseñador (*deesehnyahdohr'*) *m* (*art*)
desirability *n* conveniencia (*kohnvehnyehn'syah*) *f*
desirable *adj* deseable (*dehsehah'bleh*); conveniente (*kohnvehnyehn'teh*)
desire *n* deseo (*dehseh'o*) *m; v* desear (*dehsehahr'*); querer (*kehrehr'*); anhelar (*ahnehlahr'*)
desist *v* desistir (*dehseesteer'*)
desk *n* escritorio (*ehskreetoh'ryo*) *m;* pupitre (*poopee'treh*) *m*
desolate *adj* desolado (*dehsohlah'do*); solitario (*sohleetah'ryo*); *v* desolar (*dehsohlahr'*)
desolation *n* desolación (*dehsohlahsyohn'*) *f*
despair *n* desesperación (*dehsehspehrahsyohn'*) *f; v* desesperar(se) (*dehsehspehrahr', seh*)
desperate *adj* desesperado (*dehsehspehrah'do*); **—ly** *adv* desesperadamente (... *mehn'teh*)
desperation *n* desesperación (*dehsehspehrahsyohn'*) *f*
despise *v* despreciar (*dehsprehsyahr'*); odiar (*ohdyahr'*)
despite *prep* a despecho de (*ah dehspeh'cho deh*); a pesar de (*ah pehsahr' deh*)
despoil *v* despojar (*dehspoh-hahr'*); quitar (*keetahr'*)
despondent *adj* abatido (*ahbahtee'do*); desanimado (*dehsahneemah'do*)
despot *n* déspota (*dehs'pohtah*) *m*
despotic *adj* despótico (*dehspoh'teeko*)
despotism *n* despotismo (*dehspohtees'mo*) *m* (*polit*)
dessert *n* postre (*pohs'treh*) *m;* dulce (*dool'seh*) *m*
destination *n* destinación (*dehsteenahsyohn'*) *f*
destiny *n* destino (*dehstee'no*) *m;* sino (*see'no*) *m;* fortuna (*fohrtoo'nah*) *f;* suerte (*swehr'teh*) *f;* hado (*ah'do*) *m*
destitute *adj* pobre (*poh'breh*); carente (*kahrehn'teh*)
destroy *v* destruir (*dehstrweer'*)
destroyer *n* destructor (*destrooktohr'*) *m;* (*navy*) cazatorpedero (*kahsahtohrpehdeh'ro*) *m*
destruction *n* destrucción (*dehstrooksyohn'*) *f;* ruina (*rwee'nah*) *f*
destructive *adj* destructivo (*dehstrooktee'vo*)
detach *v* separar (*sehpahrahr'*)
detachment *n* despego (*dehspeh'go*) *m;* **— of soldiers** destacamento de soldados (*dehstahkahmehn'to deh sohldah'dos*) *m*
detail *n* particular (*pahrteecoolahr'*) *m;* detalle (*dehtah'lyeh*) *m; v* detallar (*dehtahlyahr'*); asignar (*ahseegnahr'*)
detain *v* detener (*dehtehnehr'*)
detect *v* descubrir (*dehskoobreer'*)
detective *n* detective (*dehtehktee'veh*) *m;* policía (secreto) (*pohleesee'ah, sehkreh'to*) *m*
detector *n* detector (*dehtehktohr'*) *m*
deteriorate *v* deteriorar (*dehtehryohrahr'*)
determination *n* determinación (*dehtehrmeenahsyohn'*) *f*
determine *v* determinar (*dehtehrmeenahr'*)
determined *adj* determinado (*dehtehrmeenah'do*); **he is —** está decidido (*ehstah' dehseedee'do*)
detest *v* detestar (*dehtehstahr'*)
detestable *adj* detestable (*dehtehstah'bleh*)
detonate *v* detonar (*dehtohnahr'*); **— a bomb** detonar una bomba (... *oonah bohm'bah*)
detour *n* desvío (*dehsvee'oh*) *m; v* dar vuelta (*dahr vwehl'tah*); desviar (*dehsvyahr'*)
detriment *n* daño (*dah'nyo*) *m*
devastate *v* devastar (*dehvahstahr'*); arruinar (*ahrweenahr'*)
devastation *n* devastación (*dehvahstahsyohn'*) *f*
develop *v* desarrollar(se) (*dehsahrrohlyahr', seh*); **to — a film** revelar (*rehvehlahr'*)
development *n* desarrollo (*dehsahrroh'lyo*) *m;* **film —** revelado (*rehvehlah'do*) *m*
deviate *v* desviar (*dehsvyahr'*)
deviation *n* desviación (*dehsvyahsyohn'*) *f;* aberración (*ahbehrrahsyohn'*) *f*
device *n* aparato (*ahpahrah'to*) *m;* manera de hacer (*mahneh'rah deh ahsehr'*) *f;* recurso (*rehkoor'so*) *m*

devil *n* diablo (*dyah'blo*) *m;* demonio (*dehmoh'nyo*) *m*
devilish *adj* diabólico (*dyahboh'leeko*); **— child** niño travieso (*nee'nyo trahvyeh'so*) *m*
devise *v* idear (*eedehahr'*); proyectar (*prohyehktahr'*)
devoid *adj* desprovisto (*dehsprohvees'to*); libre de (*lee'breh deh*); **it is — of** no tiene (*no tyeh'neh*); privado de (*preevah'do deh*)
devote *v* dedicar(se) (*dehdeekahr'seh*); consagrar(se) (*kohnsahgrahr', seh*)
devoted *adj* dedicado a (*dehdeekah'do ah*); **— person** persona leal (*pehrsoh'nah lehahl'*) *f*
devotion *n* devoción (*dehvohsyohn'*) *f;* lealtad (*lehahltahd'*) *f*
devour *v* devorar (*dehvohrahr'*)
dew *n* rocío (*rohsee'o*) *m*
dexterity *n* destreza (*dehstreh'sah*) *f;* habilidad (*ahbeeleedahd'*) *f*
diabetes *n* diabetes (*dyahbeh'tehs*) *f*
diabolic *adj* diabólico (*dyahboh'leeko*); malo (*mah'lo*)
diadem *n* diadema (*dyahdeh'mah*) *f;* corona (*kohroh'nah*) *f*
diagnose *v* diagnosticar (*dyahgnohsteekahr'*)
diagnosis *n* diagnosis (*dyahgnoh'sees*) *f;* diagnóstico (*dyahgnohs'teeko*) *m*
diagram *n* diagrama (*dyahgrah'mah*) *m*
dial *n* esfera (*ehsfeh'rah*) *f;* (*watch*) muestra (*mwehs'trah*) *f;* **radio —** cuadrante (*kwahdrahn'teh*) *m;* **— telephone** teléfono automático (*tehleh'fohno ahootohmah'teeko*) *m; v* (*telephone*) llamar (*lyahmahr'*); (*radio*) sintonizar (*seentohneesahr'*); captar (*kahptahr'*) (*radio, t.v.*)
dialect *n* dialecto (*dyahlehk'to*) *m*
dialogue *n* diálogo (*dyah'lohgo*) *m*
diameter *n* diámetro (*dyah'mehtro*) *m*
diamond *n* diamante (*dyahmahnteh*) *m;* **baseball —** rombal (*rohmbahl'*) *m*
diaper *n* pañal (*pahnyahl'*) *m*
diaphragm *n* diafragma, *m*
diarrhea *n* diarrea (*dyahrreh'ah*) *f;* **— remedy** calmante para diarrea (*kahlmahn'teh pah'rah ...*) *m*
diary *n* diario (*dyah'ryo*) *m*
dice *n, pl* dados (*dah'dos*) *m, pl*
dictaphone *n* dictáfono (*deektah'fohno*) *m*
dictate *v* dictar (*deektahr'*)
dictation *n* dictado (*deektah'do*) *m*
dictator *n* dictador (*deektahdohr'*) *m*
dictatorship *n* dictadura (*deektahdoo'rah*) *f*
diction *n* dicción (*deeksyohn'*) *f;* modo de pronunciar (*moh'do deh prohnoonsyahr'*) *m*
dictionary *n* diccionario (*deeksyohnah'ryo*) *m;* **Spanish —** diccionario español (*... ehspahnyohl'*) *m*
dictum *n* sentencia (*sentehn'syah*) *f*
die *v* morir(se) (*mohreer', seh*); fallecer (*fahlyehser'*)
diet *n* dieta (*dyeh'tah*) *f;* régimen de vida (*reh'heemehn deh vee'dah*) *m;* **to go on a —** estar a dieta (*ehstahr' ah ...*)
differ *v* diferir (*deefehreer'*); no estar de acuerdo con (*no ehstahr' deh ahkwehr'do kohn*)
difference *n* diferencia (*deefehrehn'syah*) *f;* contraste (*kohntrahs'teh*) *m;* **that makes a —** eso es otra cosa (*eh'so ehs ohtrah koh'sah*); eso sí (*eh'so see*); **it makes no —** es igual (*ehs eegwahl'*)
different *adj* diferente (*deefehrehn'teh*); distinto (*deesteen'to*)
difficult *adj* difícil (*deefee'seel*); duro (*doo'ro*)
difficulty *n* dificultad (*deefeekooltahd'*) *f*
diffuse *v* difundir (*deefoondeer'*)
diffusion *n* difusión (*deefoosyohn'*) *f*
dig *v* excavar (*exhkahvahr'*); (*coll*) trabajar duro (*trahbah-har' doo'ro*); *n* pulla (*poo'lyah*) *f*
digest *n* resumen (*rehsoo'mehn*) *m;* compendio (*kohmpehn'dyo*) *m; v* digerir (*dee-hehreer'*)
digestion *n* digestión (*dee-hehstyohn'*) *f*
digestive *adj* digestivo (*dee-hehstee'vo*)
digger *n* cavador (*kahvahdohr'*) *m;* excavador (*exkahvahdohr'*) *m*
dignified *adj* altivo (*ahltee'vo*); grave (*grah'veh*)
dignitary *n* dignatario (*deegnahtah'ryo*) *m*
dignity *n* dignidad (*deegneedahd'*) *f*
digression *n* digresión (*deegrehsyohn'*) *f*
dike *n* dique (*dee'keh*) *m*
dilate *v* dilatar (*deelahtahr'*)
dilemma *n* dilema (*deeleh'mah*) *m*
diligence *n* diligencia (*deeleehehn'syah*) *f*
diligent *adj* diligente (*deeleehehn'teh*)
dilute *v* diluir (*deelweer'*)
dilution *n* dilución (*deeloosyohn'*) *f*
dim *adj* obscuro (*ohbskoo'ro*); nublado (*nooblah'do*); *v* obscurecer (*ohbskoorehsehr'*); anublar (*ahnooblahr'*)
dime *n* diez centavos (*dyehs sehntah'vos*) *m, pl*
diminish *v* disminuir (*deesmeenweer'*); menguar (*mehngwahr'*)
dimple *n* hoyuelo (*ohyweh'lo*) *m*
din *n* ruido (*rwee'do*) *m;* fragor (*frahgohr'*) *m*
dine *v* comer (*kohmehr'*); **to — out** comer en un restaurante (*... ehn oon rehstahoorahn'teh*)

diner *n* comedor (*kohmehdohr'*) *m;* (*dining car*) coche-comedor (*koh'cheh-...*) *m;* (*guest*) convidado (*kohnvee-dah'do*) *m*
dingy *adj* sucio (*soo'syo*)
dining *adj*: **— car** coche-comedor (*koh'-cheh-kohmehdor'*) *m;* **— room** comedor (*kohmehdor'*) *m*
dinner *n* comida (*kohmee'dah*) *f*
diocese *n* diócesis (*dyoh'sehsees*) *f*
dip *n* inmersión (*eenmehrsyohn'*) *f;* **to take a —** ir a nadar (*eer ah nahdahr'*), nadar; *v* sumergir (*soomehrheer'*); mojar (*moh-hahr'*)
diphtheria *n* difteria (*deefteh'ryah*) *f*
diploma *n* diploma (*deeploh'mah*) *m;* certificado (*sehrteefeekah'do*) *m*
diplomacy *n* diplomacia (*deeplohmah'-syah*) *f*
diplomat *n* diplomático (*deeplohmah'tee-ko*) *m*
diplomatic *adj* diplomático (*deeplohmah'-teeco*)
dire *adj* extremo (*extreh'mo*); terrible (*tehrree'bleh*)
direct *adj* directo (*deerehk'to*); **— line** linea directa (*lee'nehah deerehk'tah*) *f;* *v* dirigir (*deeree-heer'*); **—ly** *adv* directamente (*deerehktahmehn'teh*)
direction *n* dirección (*deerehksyohn'*) *f;* rumbo (*room'bo*) *m;* **under the — of** bajo la dirección de (*bah'ho lah ... deh*)
directive *n* orden directa (*ohr'dehn dee-rehk'tah*) *f*
director *n* director (*deerektohr'*) *m;* guía (*ghee'ah*) *m, f;* gerente (*hehrehn'teh*) *m, f*
directory *n* directorio (*deerehktoh'ryo*) *m;* **telephone —** guía telefónica (*ghee'-ah tehlehfoh'neekah*) *f*
dirigible *n* dirigible (*deereehee'bleh*) *m*
dirt *n* tierra (*tyeh'rrah*) *f;* suciedad (*soo-syehdahd'*) *f;* polvo (*pohl'vo*) *m*
dirty *adj* sucio (*soo'syo*); vulgar (*vool-gahr'*)
disable *v* incapacitar (*eenkahpahseetahr'*)
disabled *adj* incapacitado (*eenkahpah-seetah'do*)
disadvantage *n* desventaja (*dehsvehn-tah'hah*) *f*
disagree *v* no estar de acuerdo (*no ehs-tahr' deh ahkwehr'do*)
disagreeable *adj* desagradable (*dehsah-grahdah'bleh*); descortés (*dehskohr-tehs'*); **— person** persona antipática (*pehrsoh'nah ahnteepah'teekah*) *f*
disagreement *n* desacuerdo (*dehsah-kwehr'do*) *m*
disallow *v* negar (*nehgahr'*)
disappear *v* desaparecer (*dehsahpahreh-sehr'*)
disappoint *v* desilusionar (*dehseeloosyoh-nahr'*); contrariar (*kohntrahryahr'*)
disappointing *adj* desilusionante (*deh-seeloosyohnahn'teh*)
disappointment *n* desilusión (*dehseeloo-syohn'*) *f;* desengaño (*dehsehngah'-nyo*) *m;* chasco (*chahs'ko*) *m*
disapproval *n* desaprobación (*dehsah-prohbahsyohn'*) *f*
disapprove *v* desaprobar (*dehsahproh-bahr'*)
disarm *v* desarmar (*dehsahrmahr'*)
disarmament *n* desarme (*dehsahr'meh*) *m;* **world —** desarme mundial (*... moondyahl'*) *m*
disassemble *v* desmontar (*dehsmohn-tahr'*)
disaster *n* desastre (*dehsahs'treh*) *m*
disastrous *adj* desastroso (*dehsahstroh'-so*)
disband *v* desbandar(se) (*dehsbahndahr', seh*)
disbelieve *v* no creer (*no krehehr'*)
disc *n* disco (*dees'ko*) *m*
discard *v* descartar (*dehskahrtahr'*)
discern *v* percibir (*pehrseebeer'*); discernir (*deesehrneer'*)
discernment *n* discernimiento (*deesehr-neemyehn'to*) *m*
discharge *n* descargo (*dehskahr'go*) *m;* desempeño (*dehsehmpeh'nyo*) *m;* **military —** licencia militar (*leesehn'syah meeleetahr'*) *f;* *v* descargar (*dehskar-gahr'*); dejar (*deh-hahr'*); (*milit*) licenciar (*leesehnsyahr'*)
disciple *n* discípulo (*deesee'poolo*) *m;* seguidor (*seh'gheedor'*) *m*
discipline *n* disciplina (*deeseeplee'nah*) *f;* *v* disciplinar (*deeseeplee-nahr'*)
disclaim *v* repudiar (*rehpoodyahr'*)
disclose *v* descubrir (*dehskoobreer'*); revelar (*rehvehlahr'*)
disclosure *n* revelación (*rehvehlah-syohn'*) *f*
discolor *v* descolorar(se) (*dehskohloh-rahr', seh*)
discomfort *n* incomodidad (*eenkohmoh-deedahd'*) *f*
disconcert *v* desconcertar (*dehskohn-sehrtahr'*)
disconnect *v* desconectar (*dehskohnehk-tahr'*)
disconnection *n* desconectación (*dehs-kohnehktahsyohn'*) *f*
discontented *adj* descontento (*dehskohn-tehn'to*)
discontinue *v* descontinuar (*dehskohn-teenwahr'*)
discord *n* discordia (*deeskohr'dyah*) *f;* desacuerdo (*dehsahkwehr'do*) *m;* error (*ehrrohr'*) *m*
discount *n* descuento (*dehskwehn'to*) *m;* rebaja de precio (*rehbah'hah deh preh'-syo*) *f;* **at a —** a precio bajo (*ah preh'-syo bah-ho*)

discourage *v* descorazonar (*dehskohrahsohnahr'*); abatir (*ahbahteer'*); desanimar (*dehsahneemahr'*)
discouragement *n* descorazonamiento (*dehskohrahsohnahmyehn'to*) *m;* abatimiento (*ahbahteemyehn'to*) *m*
discourse *n* discurso (*deehskoor'so*) *m;* conversación (*kohnvehrsahsyohn'*) *f; v* conversar (*kohnvehrsahr'*); disertar (*deesehrtahr'*)
discourteous *adj* descortés (*dehskohrtehs'*)
discourtesy *n* descortesía (*dehskohrtehsee'ah*) *f*
discover *v* descubrir (*dehskoobreer'*); revelar (*rehvehlahr'*); hallar (*ahlyahr'*)
discoverer *n* descubridor (*dehskoobreedohr'*) *m*
discovery *n* descubrimiento (*dehskoobreemyehn'to*) *m;* revelación (*revehlahsyohn'*) *f*
discredit *n* descrédito (*dehskre'deeto*) *m; v* desacreditar (*dehsahkrehdeetahr'*)
discreet *adj* discreto (*deeskreh'to*); prudente (*proodehn'teh*)
discrepancy *n* discrepancia (*deeskrehpahn'syah*) *f;* divergencia (*deevehrhehn'syah*) *f*
discretion *n* discreción (*deeskrehsyohn'*) *f;* prudencia (*proodehn'syah*) *f;* cuidado (*kweedah'do*) *m*
discriminate *v* hacer distinciones (*ahsehr' deesteensyoh'nehs*); **to — against** actuar con prejuicio (*ahktwahr kohn preh-hwee'syo*); *adj* **of — taste** con gusto distinto (*kohn goos'to deesteen'to*)
discuss *v* discutir (*deehskooteer'*); conversar (*kohnvehrsahr'*)
discussion *n* discusión (*deeskoosyohn'*) *f*
disdain *n* desdén (*dehsdehn'*) *m; v* desdeñar (*dehsdenyahr'*)
disdainful *adj* desdeñoso (*dehsdehnyoh'so*)
disease *n* enfermedad (*ehnfehrmehdahd'*) *f;* **contagious —** enfermedad contagiosa (*... kohntah-hyoh'sah*) *f*
disembark *v* desembarcar (*dehsehmbahrkahr'*)
disengage *v* desenredar (*dehsehnrehdahr'*); **to — oneself** libertarse de (*leebehrtahr'seh deh*)
disentanglement *n* desenredo (*dehsehnreh'do*) *m*
disfigure *v* desfigurar (*dehsfeegoorahr'*)
disgrace *n* vergüenza (*vehrgwehn'sah*) *f; v* avergonzar (*ahvehrgohnsahr'*); deshonrar (*dehsohnrahr'*)
disgraceful *adj* vergonzoso (*vehrgohnsoh'so*)
disguise *n* disfraz (*deesfrahs'*) *m; v* disfrazar (*deesfrahsahr'*)
disgust *n* disgusto (*deesgoos'to*) *m; v* disgustar (*deesgoostahr'*); repugnar (*rehpoognahr'*)
disgusted *adj* asqueado (*ahskehah'do*)
disgusting *adj* disgustoso (*deesgoostoh'soh*); repugnante (*rehpoognahn'teh*); asqueroso (*ahskehroh'so*)
dish *n* plato (*plah'to*) *m; v* servir (*sehrveer'*)
dishearten *v* descorazonar (*dehskohrahsohnahr'*)
dishonest *adj* deshonesto (*dehsohnehs'to*); fraudulento (*frahoodoolehn'to*); falso (*fahl'so*)
dishonesty *n* fraude (*frah'oodeh*) *m;* engaño (*ehngah'nyo*) *m*
dishonor *n* deshonra (*deshohn'rah*) *f; v* deshonrar (*desohnrahr'*); violar (*vyohlahr'*)
dishonorable *adj* deshonroso (*dehsohnroh'so*)
dishwasher *n* lavaplatos (*lahvahplah'tos*) *m*
disillusion *n* desilusión (*dehseeloosyohn'*) *f*
disinfect *v* desinfectar (*dehseenfehktahr'*)
disinfectant *n* desinfectante (*dehseenfehktahn'teh*) *m*
disk *n* disco (*dees'ko*) *m*
dislike *n* aversión (*ahvehrsyohn'*) *f; v* no gustar: **I dislike that** eso no me gusta (*eh'so no meh goos'tah*)
disloyal *adj* desleal (*dehslehahl'*)
dismal *adj* lúgubre (*loo'goobreh*); **a — failure** un fracaso completo (*oon frahkah'so kohmpleh'to*) *m*
dismantle *v* desmantelar (*dehsmahntehlahr'*); desmontar (*dehsmohntahr'*) (*machine*)
dismay *n* desánimo (*dehsah'neemo*) *m; v* consternar (*kohnstehrnahr'*)
dismiss *v* despedir (*dehspehdeer'*); echar (*ehchahr'*); terminar (*tehrmeenahr'*); **to — the charges against** absolver de una acusación (*ahbsohlvehr' deh oo'nah ahkoosahsyohn'*)
dismissal *n* despedida (*dehspehdee'dah*) *f;* expulsión (*expoolsyohn'*) *f*
dismount *v* desmontar (*dehsmohntahr'*); descender (*dehsehndehr'*)
disobedience *n* desobediencia (*dehsohbehdyehn'syah*) *f*
disobedient *adj* desobediente (*dehsohbehdyehn'teh*)
disobey *v* desobedecer (*dehsohbehdehsehr'*)
disorder *n* desorden (*dehsohr'dehn*) *m;* **mental —** enfermedad mental (*ehnfehrmehdad' mehntahl'*) *f; v* desordenar (*desohrdehnahr'*); desarreglar (*dehsahrrehglahr'*)

disorderly *adj* desordenado (*dehsorhdehnah'do*); — **conduct** conducta escandalosa (*kohndook'tah ehskahndahloh'sah*) *f*
disown *v* repudiar (*rehpoodyahr'*); negar (*nehgahr'*)
disparage *v* mofar (*mohfahr'*)
dispatch *n* despacho (*dehspah'cho*) *m;* **to send a —** enviar un mensaje (*ehnvyahr' oon mehnsah'heh*); *v* despachar (*dehspahchahr'*); enviar (*ehnvyahr'*)
dispensary *n* dispensario (*deespehnsah'ryo*) *m;* clínica (*klee'neekah*) *f*
dispensation *n* dispensación (*deespehnsahsyohn'*) *f*
dispense *v* dispensar (*deespehnsahr'*); **to — justice** administrar justicia (*ahdmeeneestrahr' hoostee'syah*); **to — with ceremonies** omitir las ceremonias (*ohmeeteer' las sehrehmoh'nyahs*)
disperse *v* esparcir (*ehspahrseer'*); dispersar (*deespehrsahr'*)
displace *v* desplazar (*dehsplahsahr'*); tomar el lugar de (*tohmahr' ehl loogahr' deh*)
display *n* exhibición (*exeebeesyohn'*) *f;* *v* exhibir (*exeebeer'*)
displease *v* desagradar (*dehsahgrahdahr'*); no gustar (*no goostahr'*)
displeasure *n* desagrado (*dehsahgrah'do*) *m;* disgusto (*deesgoos'to*) *m*
disposal *n* disposición (*deespohseesyohn'*) *f;* **— sale** venta final (*vehn'tah feenahl'*) *f*
dispose *v* disponer (*deespohnehr'*); deshacer(se) (*dehsahsehr', seh*); influir (*eenflweer'*); arreglar (*ahrrehglahr'*)
disposition *n* disposición (*deespohseesyohn'*) *f;* índole (*een'dohleh*) *f;* carácter (*kahrahk'tehr*) *m;* genio (*heh'nyo*) *m*
dispossess *v* desalojar (*dehsahlohhar'*); echar afuera (*ehchahr' ahfweh'rah*)
disprove *v* refutar (*rehfootahr'*)
dispute *n* disputa (*deespoo'tah*) *f;* *v* disputar (*deespootahr'*)
disqualify *v* incapacitar (*eenkahpahseetahr'*)
disregard *n* descuido (*dehskwee'do*) *m;* **to have — for** desdeñar (*dehsdehnyahr'*); *v* desatender (*dehsahtehndehr'*)
disrespect *n* descortesía (*dehskohrtehsee'ah*) *f;* grosería (*grohsehree'ah*) *f*
disrespectful *adj* descortés (*dehskohrtehs'*); grosero (*grohseh'ro*)
dissatisfied *adj* descontento (*dehskohntehn'to*)
dissatisfy *v* descontentar (*dehskohntehntahr'*)
dissemble *v* disimular (*deeseemoolahr'*); fingir (*feenheer'*)
dissension *n* disensión (*deesehnsyohn'*) *f;* desacuerdo (*dehsahkwehr'do*) *m*
dissent *n* desacuerdo (*dehsahkwehr'do*) *m;* *v* disentir (*deesehnteer'*)
dissertation *n* disertación (*deesehrtahsyohn'*) *f*
disservice *n* deservicio (*dehsehrvee'syo*) *m*
dissolute *adj* libertino (*leebehrtee'no*); disoluto (*deesohloo'to*)
dissolve *v* disolver (*deesohlvehr'*)
distance *n* distancia (*deestahn'syah*) *f;* **in the —** a lo lejos (*ah lo leh'hos*)
distant *adj* lejano (*leh-hah-no*); **in the — past** en tiempos pasados (*ehn tyehm'pos pahsah'dos*); **it is —** está lejos (*ehstah' leh'hos*); **—ly** *adv* de lejos (*deh. . .*)
distaste *n* disgusto (*deesgoos'to*) *m;* desagrado (*dehsahgrah'do*) *m*
distasteful *adj* desagradable (*desahgrahdah'bleh*)
distinct *adj* distinto (*deesteen'to*); claro (*klah'ro*); **—ly** *adv* distintamente (*deesteentahmehn'teh*); claramente (*klahrahmehn'teh*)
distinction *n* distinción (*deesteensyohn'*) *f;* **man of —** hombre conocido, famoso (*ohm'breh kohnohsee'do, fahmoh'so*) *m*
distinguish *v* distinguir (*deesteengheer'*); diferenciar (*deefehrehnsyahr'*); **— between** diferenciar entre (*. . . ehn'treh*)
distinguished *adj* distinguido (*deesteenghee'do*); elegante (*ehlehgahn'teh*)
distort *v* falsear (*fahlsehahr'*); torcer (*tohrsehr'*)
distract *v* distraer (*deestrahehr'*)
distracted *adj* distraído (*deestrahee'do*)
distraction *n* distracción (*deestrahksyohn'*) *f;* **as a —** por variación (*pohr vahryahsyohn'*)
distress *n* peligro (*pehlee'gro*) *m;* pobreza (*pohbreh'sah*)*f;* dolor (*dohlor'*) *m;* pena (*peh'nah*) *f*
distribute *v* distribuir (*deestreebweer'*); repartir (*rehpahrteer'*)
distribution *n* distribución (*deestreeboosyohn'*) *f*
distributor *n* distribuidor (*deestreebweedohr'*) *m*
district *n* distrito (*deestree'to*) *m;* **— attorney** fiscal de distrito (*feeskahl' deh* ...) *m;* **federal —** distrito federal (*. . . fehdehrahl'*) *m*
distrust *n* desconfianza (*dehskohnfyahn'sah*) *f;* *v* desconfiar (*dehskohnfyahr'*); recelar (*rehsehlahr'*)
distrustful *adj* desconfiado (*dehskohnfyah'do*); receloso (*rehsehloh'so*); sospechoso (*sohspehchoh'so*)
disturb *v* estorbar (*ehstohrbahr'*); molestar (*mohlehstahr'*)

disturbance *n* molestia (*mohlehs'tyah*) *f;* disturbio (*deestoor'byo*) *m;* ruido (*rwee'do*) *m*
disunion *n* discordia (*deeskohr'dyah*) *f*
ditch *n* foso (*foh'so*) *m;* zanja (*sahn'hah*) *f;* (*street*) cuneta (*kooneh'tah*) *f;* *v* abrir zanjas (*ahbreer' sahn'hahs*)
ditto *n* ídem (*ee'dehm*); lo mismo (*loh mees'mo*); *v* duplicar (*doopleekahr'*)
ditty *n* cancioncita (*kahnsyohnsee'tah*) *f;* poema corto (*poheh'mah kohr'to*) *m*
dive *n* zambullida (*samboolyee'dah*) *f;* sumersión (*soomehrsyohn'*) *f;* *v* zambullirse (*sahmboolyeer'seh*); sumergirse (*soomehrheer'seh*)
diver *n* buzo (*boo'zo*) *m;* **skin — buzo** con aparato respiratorio (... *kohn ahpahrah'to rehspeerahtoh'ryo*) *m*
diverge *v* divergir (*deevehrheer'*)
divergence *n* divergencia (*deevehrhen'syah*) *f*
diverse *adj* variado (*vahryah'do*); distinto (*deesteen'to*)
diversion *n* diversión (*deevehrsyohn'*) *f;* distracción (*deestrahksyohn'*) *f*
diversity *n* diversidad (*deevehrseedahd'*) *f;* variedad (*vahryehdahd'*) *f*
divert *v* desviar (*dehsvyahr'*)
divide *v* dividir (*deeveedeer'*); repartir (*rehpahrteer'*)
dividend *n* dividendo (*deeveedehn'do*) *m;* (*fin*) interés (*eentehrehs'*) *m*
divine *adj* divino (*deevee'no*); *v* adivinar (*ahdeeveenahr'*)
divinity *n* divinidad (*deeveeneedahd'*) *f;* deidad (*dehydahd'*) *f*
division *n* división (*deeveesyhon'*) *f* (*math*); desunión (*dehsoonyohn'*) *f*
divorce *n* divorcio (*deehvohr'syo*) *m;* *v* divorciar(se) (*deevohrsyahr', seh*)
divorced *adj* divorciado, a (*deevohrsyah'do, ah*)
divulge *v* divulgar (*deevoolgahr'*); hacer público (*ahsehr' pooblee'ko*)
dizziness *n* desvanecimiento (*dehsvahnehseemyehn'to*) *m;* vértigo (*vehr'teego*) *m*
dizzy *adj* desvanecido (*dehsvahnehsee'do*); vertiginoso (*vehrteehee'nohso*); confuso (*kohnfoo'so*)
do *v* hacer (*ahsehr'*); obrar (*ohbrahr'*); actuar (*ahktwahr'*) **to — away with** deshacerse de (*dehsahsehr'seh deh*); matar (*mahtahr'*); **to — homework** hacer la tarea (... *lah tahreh'ah*); **to — over** hacer de nuevo (... *deh nweh'vo*); **to — well in** hacer bien en (... *byehn ehn*); **to — without** pasarse sin (*pahsahr'seh seen*); **how — you —?** ¿cómo está usted? (*koh'mo ehstah oostehd'*); **I —!** Sí (*see*)
do *n* (*Ital., music*) do (*doh*) *m*
docile *adj* dócil (*doh'seel*); suave (*swah'veh*); dulce (*dool'seh*)
dock *n* muelle (*mwe'lyeh*) *m;* **dry —** carenero (*kahrehneh'ro*) *m;* *v* entrar en muelle (*ehntrahr' ehn* ...)
doctor *n* doctor (*dohktohr'*) *m;* médico (*meh'deeko*) *m;* **D— of Philosophy (Ph.D.)** Doctor en Filosofía (... *ehn feelohsohfee'ah*) *m;* **D— of Medicine (M.D.)** Doctor en Medicina (... *ehn mehdeesee'nah*) *m;* *v* curar (*koorahr'*)
doctoral *adj* doctoral (*dohktohrahl'*)
doctrine *n* doctrina (*dohktree'nah*) *f*
document *n* documento (*dohkoomehn'to*) *m;* *v* documentar (*dohkoomehn'tahr'*)
dodge *n* evasión (*ehvahsyohn'*) *f;* *v* evadir (*ehvahdeer'*); **to — the question** evadir la cuestión, el problema (... *lah kwehstyohn', ehl prohbleh'mah*); bajar (*bah-hahr'*)
doe *n* cierva (*syehr'vah*) *f*
dog *n* perro (*peh'rro*) *m;* **hot —** salchicha a la americana (*sahlchee'chah ah lah ahmehreekah'nah*) *f*
dogma *n* dogma (*dohg'mah*) *m*
dogmatic *adj* dogmático (*dohgmah'teeko*); **— statement** declaración dogmática (*dehklahrahsyohn'* ...) *f*
dole *n* ración (*rahsyohn'*) *f;* limosna (*leemohs'nah*) *f;* *v* repartir (*rehpahrteer'*)
doll *n* muñeca (*moonyeh'kah*) *f;* **what a —** ¡qué bonita! (*keh bohnee'tah*); *v* ataviar (*ahtahvyahr'*); **to — up** ataviarse
dollar *n* dólar (*doh'lahr*) *m;* **— exchange** cambio del dólar (*kahm'byo dehl* ...) *m*
dome *n* cúpula (*koo'poolah*) *f*
domestic *adj* doméstico (*dohmehs'teeko*); *n* criado (*kryah'do*) *m*
dominate *v* dominar (*dohmeenahr'*); ordenar (*ohrdehnahr'*)
domination *n* dominación (*dohmeenahsyohn'*) *f*
domineering *adj* tiránico (*teerah'neeko*); dictatorial (*deektahtohryahl'*)
dominion *n* dominio (*dohmee'nyo*) *m*
donate *v* donar (*dohnahr'*)
donation *n* donación (*dohnahsyohn'*) *f*
done *adj* hecho (*eh'cho*); acabado (*ahkahbah'do*); **meat well —** carne bien cocida (*kahr'neh byehn kohsee'dah*) *f*
donkey *n* burro (*boo'rro*) *m;* asno (*ahs'no*) *m*
donor *n* donador (*dohnahdohr'*) *m*
doom *n* suerte (*swehr'teh*) *f;* **it is his —** es su fin (*ehs soo feen'*); *v* condenar (*kohndehnahr'*)
door *n* puerta (*pwehr'tah*) *f*
doorbell *n* timbre (*teem'breh*) *m;* campanilla (*kahmpahnee'lyah*) *f*
doorknob *n* manija (*mahnee'hah*) *f*
doorway *n* entrada (*ehntrah'dah*) *f;* portal (*pohrtahl'*) *m*

dope *n* opio (*oh'pyo*) *m;* droga (*droh'gah*) *f;* (*coll*) estúpido (*ehstoo'peedo*) *m;* **— addict** adicto a las drogas (*ahdeek'to ah lahs . . . s*) *m;* *v* drogar (*drohgahr'*); usar droga (*oosahr' . . .*)
dormant *adj* durmiente (*doormyehnteh*); latente (*lahtehn'teh*)
dormitory *n* dormitorio (*dohrmeetoh'ryo*) *m*
dose *n* dosis (*doh'sees*) *f*
dot *n* punto (*poon'to*) *m*
dote *v* chochear (*chohchehahr'*)
double *adj* doble (*doh'bleh*); *v* doblar(se) (*dohblahr', seh*); (*coll*) **to —-cross** traicionar (*traheesyohnahr'*)
doubt *n* duda (*doo'dah*) *f;* *v* dudar
doubtful *adj* dudoso (*doodoh'so*); *adv* **—ly** dudosamente (*doodosahmehn'teh*)
doubtless *adj* indudable (*eendoodah'bleh*); *adv* **—ly** sin duda (*seen doo'dah*)
douche *n* lavado vaginal (*lahvah'do vaheenahl'*)
dough *n* pasta (*pahs'tah*) *f;* masa (*mah'sah*) *f*
doughnut *n* bollito (*bohlyee'to*) *m*
dove *n* paloma (*pahloh'mah*) *f*
down *adv* abajo (*ahbah'ho*); **— there** allá abajo (*ahlyah' . . .*); **up and —** arriba y abajo (*ahrre'bah ee . . .*); *v* derribar (*dehrreebahr'*); bajar (*bahhahr'*)
downcast *adj* abatido (*ahbahtee'do*)
downfall *n* caída (*kahee'dah*) *f;* destrucción (*dehstrooksyohn'*) *f;* derrota (*dehrroh'tah*) *f*
downstairs *adv* abajo (*ahbah'ho*)
downtown *adv* en el centro (de la ciudad) (*ehn ehl sehn'tro, deh lah syoodahd'*)
dowry *n* dote (*doh'teh*) *f*
doze *n* siestecita (*syehstehsee'tah*) *f;* *v* dormitar (*dohrmeetahr'*)
dozen *n* docena (*dohseh'nah*) *f*
draft *n* (*air*) corriente (*kohrryehn'teh*) *f;* (*money*) giro de banca (*hee'ro deh bahn'kah*) *m;* (*milit*) leva militar (*le'vah meeleetahr'*) *f;* (*drink*) trago (*trah'go*) *m;* *v* trazar (*trahsahr'*); dibujar (*deeboo-hahr'*); (*milit*) reclutar (*rehklootahr'*); **to — a speech** preparar un discurso (*prehpahrahr' oon deeskoor'so*)
draftsman *n* dibujante (*deeboo-hahn'teh*) *m*
drag *n* rastra (*rahs'trah*) *f;* *v* rastrear (*rahstrehahr'*); **to — oneself** arrastrar(se) (*ahrrahstrahr', seh*); **to — on** prolongar(se) (*prohlohngahr', seh*)
drain *n* agotamiento (*ahgohtahmyehn'to*) *m;* *v* agotar (*ahgohtahr'*); secar (*sehkahr'*)
drainage *n* desagüe (*dehsah'gweh*) *m;* desecamiento (*dehsehkahmyehn'to*) *m*
drama *n* drama (*drah'mah*) *m;* pieza (*pyeh'sah*) *f;* comedia (*komeh'dyah*) *f*
dramatic *adj* dramático (*drahmah'teeko*)
dramatist *n* dramaturgo (*drahmahtoor'go*) *m*
drapery *n* tapicería (*tahpeesehree'ah*) *f;* cortinas (*kohrtee'nahs*) *f, pl*
draw *n* (*sport*) empate (*ehmpah'teh*) *m;* *v* tirar (*teerahr'*); sacar (*sahkahr'*); trazar (*trahsahr'*); **to — aside** apartar(se) (*ahpahrtahr', seh*); **to — near** acercar(se) (*asehrkahr', seh*); **to — up** redactar (*rehdahktahr'*); acercarse (*ahsehrkahr'seh*)
drawback *n* desventaja (*dehsvehntah'hah*) *f;* dificultad (*deefeekooltahd'*) *f*
drawer *n* cajón (*kah-hohn'*) *m*
drawing *n* dibujo (*deeboo'ho*) *m;* **he is the — card** es el personaje más importante (*ehs ehl pehrsohnah'heh mahs eempohrtahn'teh*) *m*
dread *n* miedo (*myeh'do*) *m;* *v* temer (*tehmehr'*)
dreadful *adj* espantoso (*ehspahntoh'so*); horrendo (*ohrrehn'do*)
dream *n* sueño (*sweh'nyo*) *m;* *v* soñar (*sohnyahr'*); **to — of** soñar con; **life is a —** la vida es sueño (*lah vee'dah ehs . . .*)
dreamer *n* soñador (*sohnyahdohr'*) *m*
dreaming *adj* soñador (*sohnyahdohr'*)
dreary *adj* sombrío (*sohmbree'o*); triste (*trees'teh*)
drench *n* mojadura (*moh-hahdoo'rah*) *f;* empapada (*ehmpahpah'dah*) *f;* *v* mojar (*moh-hahr'*); empapar (*ehmpahpahr'*); remojar (*rehmoh-hahr'*)
dress *n* vestido (*vehstee'do*) *m;* traje (*trah'heh*) *m;* *v* vestir(se) (*vehsteer', seh*); **to — a wound** curar una herida (*koorahr' oo'nah ehree'dah*); **to — up** ataviarse (*ahtahvyahr', seh*)
dresser *n* tocador (*tohkahdohr'*) *m;* **good —** persona elegante (*pehrsoh'nah ehlehgahn'teh*) *f*
dressmaker *n* modista (*mohdees'tah*) *f;* costurera (*kohstooreh'rah*) *f*
dressy *adj* elegante (*ehlehgahn'teh*)
dribble *v* gotear (*gohtehahr'*)
drift *n* rumbo (*room'bo*) *m;* deriva (*dehree'vah*) *f;* *v* flotar (*flohtahr'*); **to — along** ir despacio (*eer dehspah'syo*); ir a la deriva (*eer ah lah dehree'vah*)
drill *n* ejercicio (*eh-hehrsee'syo*) *m;* (*Am*) entrenamiento (*ehntrehnahmyehn'to*) *m;* *v* hacer ejercicio (*ahsehr' . . .*); adiestrar (*ahdyehstrahr'*); entrenar (*ehntrehnahr'*); perforar (*pehrfohrahr'*)
drink *n* bebida (*behbee'dah*) *f;* *v* beber (*behbehr'*); **— to one's health** beber a la salud de (*. . . ah lah sahlood' deh*)

drip *n* goteo (*gohteh'o*) *m; v* gotear (*gohtehahr'*); — **dry** *adj* lava y pon (*lah'vah ee pohn*); no se plancha (*no seh plahn'chah*)

drive *n* paseo en coche (*pahseh'o ehn koh'cheh*); **to go for a —** ir de paseo en coche (*eer deh ...*) *v* conducir (*kohndooseer'*); empujar (*empoohahr'*); guiar (*ghyahr'*); **to — mad** volver loco (*vohlvehr' lohko*); **to — at** querer decir (*kehrehr' dehseer'*)

drive-in theater *n* auto-teatro (*ah'ooto tehah'tro*) *m*

driven *adj* conducido (*kohndoosee'do*)

driver *n* chófer (*choh'fehr*) *m;* (*Am*) chofer (*chohfehr'*) *m*

drizzle *n* llovizna (*lyovees'nah*) *f; v* lloviznar (*lyohveesnahr'*)

drone *n* zángano (*sahn'gahno*) *m;* haragán (*ahrahgahn'*) *m; v* zumbar (*soombahr'*); hablar lento (*ahblahr' lehnto*)

droop *v* curvar(se) (*koorvahr', seh*); (*bot*) marchitar(se) (*mahrcheetahr', seh*); **to — one's eyes** bajar los párpados (*bah-hahr' los pahr'pahdos*)

drooping *adj* curvado (*koorvah'do*)

drop *n* gota (*goh'tah*) *f;* pendiente (*pehndyehn'teh*) *m;* **cough —** pastilla (*pahstee'lyah*) *f; v* dejar caer (*deh-hahr' kahehr'*); dejar (*deh-hahr'*); **to — a line** escribir unas palabras (*ehskreebeer' oo'nahs pahlah'brahs*); **to — in** hacer una visita (*ahsehr' oo'nah veesee'tah*); **to — out of** retirarse (*rehteerahr'seh*)

dropper *n* cuentagotas (*kwehn'tah-goh'tahs*) *m, s, pl*

drought *n* sequía (*sehkee'ah*) *f*

drown *v* ahogar(se) (*ahohgahr', seh*); anegar(se) (*ahnehgahr', seh*)

drowsy *adj* soñoliento (*sohnyohlyehn'to*); amodorrado, (*ahmohdohrrah'do*)

drug *n* droga (*droh'gah*) *f;* narcótico (*nahrkoh'teeko*) *m;* — **addict** adicto a las drogas (*ahdeek'to ah las ...s*) *m; v* drogar (*drohgahr'*); narcotizar (*nahrkohteesahr'*)

druggist *n* boticario (*bohteekah'ryo*) *m;* farmacista (*fahrmahsees'tah*) *m, f*

drugstore *n* botica (*bohtee'kah*) *f;* farmacia (*fahrmah'syah*) *f*

drum *n* tambor (*tahmbohr'*) *m*

drunk *adj* borracho (*bohrrah'cho*); emborrachado (*ehmbohrrahchah'do*); **he is —** está borracho (*ehstah' ...*); ebrio (*eh'bryoh*)

drunkard *n* borracho (*bohrrah'cho*) *m*

dry *adj* seco (*seh'ko*); — **person** persona aburrida (*pehrsoh'nah ahboorree'dah*) *f;* — **cleaner** tintorero (*teentohreh'ro*) *m; v* secar (*sehkahr'*); **to — clean** lavar en seco (*lahvahr' ehn seh'ko*)

dryness *n* sequedad (*sehkehdahd'*) *f*

duck *n* pato (*pah'to*) *m;* ánade (*ah'nahdeh*) *m, f; v* agachar(se) (*ahgahchahr', seh*)

due *adj* debido (*dehbee'do*); **in — time** a su tiempo (*ah su tyehm'po*); **it is — now** es debido ahora (*ehs dehbee'do ahoh'rah*); **the train is — at** el tren debe llegar a (*ehl trehn deh'beh lyehgahr' ah*); **to pay —s** pagar impuestos, cuota (*pahgahr' eempwehs'tos, kwoh'tah*)

duel *n* duelo (*dweh'lo*) *m;* combate (*kohmbah'teh*) *m;* desafío (*dehsahfee'o*) *m*

duet *n* dueto (*dweh'to*) *m;* pareja (*pahreh'hah*) *f*

duke *n* duque (*doo'keh*) *m*

dull *adj* aburrido (*ahboorree'do*); mate (*mah'teh*); — **person** persona aburrida (*pehrsoh'nah ...*) *f; v* embotar(se) (*ehmbohtahr', seh*); entontecer (*ehntohntehsehr'*)

dullness *n* aburrimiento (*ahboorreemyehn'to*) *m;* embotamiento (*ehmbohtahmyehn'to*) *m*

dumb *adj* mudo (*moo'do*); torpe (*tohr'peh*); estúpido (*ehstoo'peedo*)

dummy *n* maniquí (*mahneekee'*) *m;* **what a —** qué tonto (*keh tohn'to*); bobo (*boh'bo*)

dump *n* vaciadero (*vahsyahdeh'ro*) *m;* **city —** vaciadero público (*... poo'bleeko*) *m; v* vaciar (*vahsyahr'*); echar (*ehchahr'*)

dunce *n* zoquete (*sohkeh'teh*) *m;* tonto (*tohn'to*) *m*

dungeon *n* calabozo (*kahlahboh'so*) *m*

duplicate *adj & n* duplicado (*doopleekah'do*) *m;* copia exacta (*koh'pyah exahk'tah*) *f; v* duplicar (*doopleekahr'*); copiar (*kohpyahr'*); imitar (*eemeetahr'*)

durable *adj* durable (*doorah'bleh*)

duration *n* duración (*doorahsyohn'*) *f*

during *prep* durante (*doorahn'teh*)

dusk *n* crepúsculo (*krehpoo'skoolo*) *m;* anochecida (*ahnohchehsee'dah*) *f;* **at —** al atardecer (*ahl ahtahrdehsehr'*); sombra (*sohm'brah*) *f*

dust *n* polvo (*pohl'vo*) *m;* — **storm** tormenta de polvo (*tohrmehn'tah deh pohl'vo*) *f; v* quitar el polvo (*keetahr ehl ...*); **to — off** espolvorear (*ehspohlvohrehahr'*)

duster *n* plumero (*ploomeh'ro*) *m*

dusty *adj* lleno de polvo (*lyeh'no deh pohl'vo*)

Dutch *adj & n* holandés (*ohlahndehs'*) *m;* **—man** *n* holandés *m*

duty *n* deber (*dehbehr'*) *m;* **I am — bound** es mi deber (*ehs mee ...*); **to pay — on** pagar impuestos sobre (*pahgahr' eempwehs'tos soh'breh*); **custom duties** impuestos (*...*) *m, pl*

dwarf *adj & n* enano (*ehnah'no*) *m; v* hacer chico (*ahsehr' chee'ko*); menguar (*mehngwahr'*)

dwell *v* habitar (*ahbeetahr'*); **to — on, upon** explicar largamente (*expleekar' lahrgahmehn'teh*)
dwindle *v* menguar (*mehngwahr'*); disminuir(se) (*deesmeenweer', seh*); **to — away** menguar (...)
dye *n* tintura (*teentoo'rah*) *f; v* teñir (*tehnyeer'*)
dyer *n* tintorero (*teentohreh'ro*) *m*
dying *adj* moribundo (*mohreeboon'do*)
dynamic *adj* dinámico (*deenah'meeko*)
dynamite *n* dinamita (*deenahmee'tah*) *f; v* dinamitar (*deenahmeetahr'*)
dynamo *n* dínamo (*dee'nahmo*) *m*
dynasty *n* dinastía (*deenahstee'ah*) *f;* casa real (*kah'sa rehahl'*) *f*
dysentery *n* disentería (*deesehntehree'ah*) *f*

E

each *adj* cada (*kah'dah*); *pron* cada uno (...*oo'no*); — **other** uno al otro (*oo'no ahl oh'tro*); **they see — other** se ven (*seh vehn*)
eager *adj* ansioso (*ahnsyoh'so*); —**ly** *adv* ansiosamente (...*sahmehn'teh*)
eagerness *n* ansia (*ahn'syah*) *f;* ardor (*ahrdohr'*) *m*
eagle *n* águila (*ah'gheelah*) *f*
ear *n* oído (*ohee'do*) *m;* oreja (*ohreh'hah*) *f;* **by** — de oído (*deh oh-ee'do*); — **of corn** mazorca de maíz (*mahsohr'kah deh mahees'*) *f*
early *adj & adv* temprano (*tehmprah'no*); — **bird** madrugador (*mahdroogahdohr'*) *m*
earmuff *n* orejera (*ohreh-heh'rah*) *f*
earn *v* ganar (*gahnahr'*)
earnest *adj* serio (*seh'ryo*); **in** — en serio (*ehn* ...)
earnestness *n* seriedad (*sehryehdahd'*) *f;* celo (*seh'lo*) *m*
earnings *n, pl* ganancias (*gahnahn'syahs*) *f, pl;* salario (*sahlah'ryo*) *m;* sueldo (*swehl'do*) *m*
earphone *n* auricular (*ahooreekoolahr'*) *m;* audífono (*ahoodee'fohno*) *m*
earring *n* pendiente (*pehndyehn'teh*) *m;* arete (*ahreh'teh*) *m*
earth *n* tierra (*tyeh'rrah*) *f*
earthenware *n* loza de barro (*loh'sah deh bah'rro*) f
earthly *adj* terrestre (*tehrrehs'treh*); mundano (*moondah'no*)
earthquake *n* terremoto (*tehrrehmoh'to*) *m;* temblor de tierra (*tehmblohr' deh tyeh'rrah*) *m*
ease *n* calma (*kahl'mah*) *f;* facilidad (*fahseeleedahd'*) *f;* **at** — con desahogo (*kohn, dehsahoh'-go*); **with** — con facilidad (*kohn* ...); *v* aliviar (*ahleevyahr'*)
easel *n* caballete (*kahbahlyeh'teh*) *m*
easily *adv* fácilmente (*fahseelmehn'teh*); con facilidad (*kohn fahseeleedahd'*)
easiness *n* facilidad (*fahseeleedahd'*) *f*
east *n* este (*ehs'teh*) *m;* **Far East** Extremo Oriente (*extreh'mo ohryehn'teh*) *m;* **in the** — al este (*ahl* ...)
Easter *n* Pascua (*pahs'kwah*) *f;* — **Sunday** Domingo de Pascua (*dohmeen'go deh* ...) *m;* **Happy** — ! ¡Felices Pascuas! (*fehlee'sehs* ...*s*)
easy *adj* fácil (*fah'seel*); — **going** acomodadizo (*ahcohmohdahdee'so*); **take it** — tómelo con calma (*toh'mehlo kohn kahl'mah*)
eat *v* comer (*kohmehr'*); roer (*rohehr'*); **to — up** comer (*kohmehr'*); devorar (*dehvohrahr'*)
eaves *n, pl* alero (*ahleh'ro*) *m*
ebb *n* reflujo de agua (*rehfloo'ho deh ah'gwah'*) *m;* — **tide** marea menguante (*mahreh'ah mehngwahn'teh*) *f;* **at low** — abajo (*ahbah'ho*); decaído (*dehkahee'do*)
ebony *n* ébano (*eh'bahno*) *m*
eccentric *adj* excéntrico (*exsehn'treeko*); extraño (*extrah'nyo*)
ecclesiastic *adj & n* eclesiástico (*ehklehsyah'steeko*) *m*
echo *n* eco (*eh'ko*) *m;* *v* hacer eco de (*ahsehr'* ... *deh*)
eclipse *n* eclipse (*ehkleep'seh*) *m;* *v* eclipsar (*ehkleepsahr'*); ofuscar (*ohfooskahr'*)
economic *adj* económico (*ehkohnoh'meeko*); frugal (*froogahl'*)
economics *n* economía (*ehkohnohmee'ah*) *f*
economize *v* economizar (*ehkohnohmeesahr'*); ser frugal (*sehr froogahl'*)
economy *n* economía (*ehkohnohmee'ah*) *f;* frugalidad (*froogahleedahd'*) *f*
ecstasy *n* éxtasis (*eh'xtahsees*) *m*
eddy *n* remolino (*rehmohlee'no*) *m;* reflujo (*rehfloo'ho*) *m*
edge *n* borde (*bohr'deh*) *m;* orilla (*ohree'lyah*) *f;* filo (*fee'lo*) *m;* **on** — nervioso (*nehrvyoh'so*); *v* **to — forward** avanzar lentamente (*ahvahnsahr' lehntahmehn'teh*)
edible *adj & n* comestible (*kohmehstee'bleh*) *m*
edifice *n* edificio (*ehdeefee'syo*) *m;* palacio (*pahlah'syo*) *m*
edit *v* redactar (*rehdahktahr'*)
edition *n* edición (*ehdeesyohn'*) *f;* tirada (*teerah'dah*) *f*
editor *n* redactor (*rehdaktohr'*) *m;* director (*deerehktohr'*) *m;* — **in chief** redactor en jefe (... *ehn heh'feh*) *m*
editorial *adj & n* editorial (*ehdeetohryahl'*) *m;* artículo de fondo (*ahrtee'koolo deh fohn'do*) *m*
educate *v* educar (*ehdookahr'*); enseñar (*ehnsehnyahr'*)

education *n* educación (*ehdookahsyohn'*) *f;* enseñanza (*ehnsehnyahn'sah*) *f;* pedagogía (*pehdahgoh-hee'ah*) *f*

educator *n* educador (*ehdookahdohr'*) *m;* profesor (*prohfehsohr'*) *m;* maestro (*mahehs'tro*) *m*

effect *n* efecto (*ehfehkto*)*m;* **—s** bienes (*byeh'nehs*) *m, pl; v* efectuar (*ehfehktwahr'*); conseguir (*kohnsehgheer'*); lograr (*lohgrahr'*)

effective *adj* eficaz (*ehfeekahs'*); **—ly** *adv* eficazmente (*...mehn'teh*)

effeminate *adj* afeminado (*ahfehmeenahdo*); débil (*deh'beel*)

efficiency *n* eficiencia (*ehfeesyehn'syah*) *f;* eficacia (*ehfeekah'syah*) *f*

efficient *adj* eficiente (*ehfeesyehn'teh*); eficaz (*ehfeekahs'*)

effort *n* esfuerzo (*ehsfwehr'so*) *m;* **without —** fácilmente (*fahseelmehn'teh*); sin esfuerzo (*seen ...*)

egg *n* huevo (*weh'vo*) *m;* **fried —** huevo frito (*... free'to*) *m;* **ham and —s** jamón y huevos (*hahmohn' ee ...s*) *m;* **hard-boiled —** huevo cocido (*... kohsee'do*) *m;* **soft-boiled —** huevo pasado por agua (*... pahsah'do pohr ah'gwah*) *m; v* **to — on** urgir (*oorheer'*)

egghead *n* persona con gran inteligencia (*pehrsoh'nah kohn grahn eentehleehehn'syah*) *f;* profesor (*prohfehsohr'*) *m*

Egypt *n* Egipto (*eh-heep'to*) *m*

Egyptian *adj & n* egipcio (*eh-heep'syo*) *m*

either *adj & pron* cualquiera (*kwalkyeh'rah*); **— this or that** o esto o aquello (*oh ehs'to oh ahkeh'lyo*); **nor will I go —** yo no iré tampoco (*yo no eereh' tahmpoh'ko*)

eject *v* expeler (*expehlehr'*)

elaborate *adj* primoroso (*preemohroh'so*); *v* elaborar (*ehlahbohrahr'*); trabajar (*trahbah-har'*); explicar (*expleekahr'*)

elastic *adj & n* elástico (*ehlahs'teeko*) *m*

elasticity *n* elasticidad (*ehlahsteeseedahd'*) *f*

elate *v* exaltar (*exahltahr'*)

elated *adj* exaltado (*exahltah'do*); feliz (*fehlees'*)

elation *n* júbilo (*hoo'beelo*) *m*

elbow *n* codo (*koh'do*) *m; v* **to — one's way to** empujar con el codo (*ehmpoohahr' kohn ehl koh'do*)

elder *adj & n* mayor (*mahyohr'*) *m;* **—s** antepasados (*ahntehpahsah'dos*) *m, pl*

elect *adj* elegido (*ehleh-hee'do*); *v* elegir (*ehleh-heer'*)

election *n* elección (*ehlehksyohn'*) *f;* **—s** comicios (*kohmee'syos*) *m, pl*

electric *adj* eléctrico (*ehlehk'treeko*); **— chair** silla eléctrica (*see'lyah ...*) *f;* **— current** corriente eléctrica (*kohrryehn'teh ...*) *f;* **— light** luz eléctrica (*loos ...*) *f;* **— switch** conmutador (*kohnmootahdohr'*) *m;* **— wire** hilo eléctrico (*ee'lo ...*) *m*

electrician *n* electricista (*ehlehktreehsees'tah*) *m*

electricity *n* electricidad (*ehlehktreeseedahd'*) *f*

electrify *v* electrizar (*ehlehktreesahr'*); (*figur*) entusiasmar (*ehntoosyahsmahr'*)

electron *n* electrón (*ehlehktrohn'*) *m*

electronic *adj* electrónico (*ehlehktroh'neeko*)

electronics *n* ciencia electrónica (*syehn'syah ehlehktroh'neekah*) *f*

elegance *n* elegancia (*ehlehgahn'syah*) *f;* gracia (*grah'syah*) *f*

elegant *adj* elegante (*ehlehgahn'teh*); gentil (*hehnteel'*)

elegiac *adj* elegíaco (*ehleh-hee'ahko*)

elegy *n* elegía (*ehlehhee'ah*) *f*

element *n* elemento (*ehlehmehn'to*) *m*

elementary *adj* elemental (*ehlehmehntahl'*)

elephant *n* elefante (*ehlehfahn'teh*) *m* (*zool*)

elevate *v* elevar (*ehlehvahr'*); alzar (*ahlsahr'*); promover (*prohmohvehr'*)

elevation *n* elevación (*ehlehvahsyohn'*) *f;* (*of a mountain*) altura (*ahltoo'rah*) *f*

elevator *n* ascensor (*ahsehnsohr'*) *m;* (*Am*) elevador (*ehlehvahdohr'*) *m*

eligible *adj* elegible (*ehleh-hee'bleh*); deseable (*dehsehah'bleh*)

eliminate *v* eliminar (*ehleemeenahr'*)

elimination *n* eliminación (*ehleemeenahsyohn'*) *f;* **by process of —** gradualmente (*grahdwahlmehn'teh*)

elm *n* olmo (*ohl'mo*) *m*

elope *v* escaparse con un(a) muchacho(a) (*ehskahpahr'seh kohn oon,ah moochah'cho,ah*)

eloquence *n* elocuencia (*ehlohkwehn'syah*) *f*

eloquent *adj* elocuente (*ehlohkwehn'teh*); **—ly** *adv* elocuentemente

elsewhere *adv* en otra parte (*ehn oh'trah pahr'teh*)

elucidate *v* elucidar (*ehlooseedahr'*); aclarar (*ahklahrahr'*)

elude *v* eludir (*ehloodeer'*)

emaciated *adj* chupado (*choopah'do*); demacrado (*dehmahkrah'do*)

emanate *v* emanar (*ehmahnahr'*)

emancipate *v* emancipar (*ehmahnseepahr'*)

embalm *v* embalsamar (*ehmbahlsahmahr'*)

embankment *n* dique (*dee'keh*) *m*

embargo *n* embargo (*ehmbahr'go*) *m*
embark *v* embarcar(se) (*ehmbahrkahr', seh*)
embarrass *v* avergonzar (*ahvehrgohnsahr'*); desconcertar (*dehskohnsehrtahr'*)
embarrassing *adj* vergonzoso (*vehrgohnsoh'so*); desconcertante (*dehskohnsehrtahn'teh*)
embassy *n* embajada (*ehmbah-hah'dah*) *f;* **American —** embajada americana (*... ahmehreekah'nah*) *f*
embellish *v* embellecer (*ehmbehlyehsehr'*); adornar (*ahdohrnahr'*)
embezzle *v* desfalcar (*dehsfahlkahr'*)
embitter *v* amargar (*ahmahrgahr'*)
emblem *n* emblema (*ehmbleh'mah*) *m*
embody *v* encarnar (*ehnkahrnahr'*); **it embodies** comprende (*kohmprehn'deh*)
embrace *n* abrazo (*ahbrah'so*) *m; v* abrazar (*ahbrahsahr'*)
embroider *v* recamar (*rehkahmahr'*); bordar (*bohrdahr'*)
embroidery *n* recamo (*rehkah'mo*) *m;* bordado (*bohrdah'do*) *m*
emerald *n* esmeralda (*ehsmehrahl'dah*) *f*
emerge *v* emerger (*ehmehrhehr'*)
emergency *n* emergencia (*ehmehrhehn'syah*) *f;* **— case** caso de urgencia (*kah'so deh oorhehn'syah*) *m*
emigrant *adj & n* emigrante (*ehmeegrahn'teh*) *m*
emigrate *v* emigrar (*ehmeegrahr'*)
emigration *n* emigración (*ehmeegrahsyohn'*) *f*
eminence *n* eminencia (*ehmeenehn'syah*) *f*
eminent *adj* eminente (*ehmeenehn'teh*)
emit *v* emitir (*ehmeeteer'*); echar afuera (*ehchahr' ahfweh'rah*); arrojar (*ahrrohhar'*)
emotion *n* emoción (*ehmohsyohn'*) *f*
emotional *adj* emocional (*ehmohsyohnahl'*)
emperor *n* emperador (*ehmpehrahdohr'*) *m*
emphasis *n* énfasis (*ehn'fahsees*) *m*
emphasize *v* dar énfasis (*dahr ehn'fahsees*); hacer hincapié (*ahsehr' eenkahpyeh'*)
emphatic *adj* enfático (*ehnfah'teeko*)
empire *n* imperio (*eempeh'ryo*) *m*
employ *v* emplear (*emplehahr'*); dar trabajo (*dahr trahbah'-ho*)
employee *n* empleado, a (*ehmplehah'do, ah*) *m, f*
employer *n* amo (*ah'mo*) *m;* patrón (*pahtrohn'*) *m*
employment *n* empleo (*ehmpleh'o*) *m;* trabajo (*trahbah-ho*) *m*
empower *v* autorizar (*ahootoreesahr'*); dar poder a (*dahr pohdehr' ah*)
empress *n* emperatriz (*ehmpehrahtrees*) *f*
emptiness *n* vaciedad (*vahsyehdahd'*) *f;* **— of words** palabras vanas (*pahlah'brahs vah'nahs*) *f, pl*
empty *adj* vacío (*vahsee'o*); vano (*vah'no*)
emulate *v* emular (*ehmoolahr'*); imitar (*eemeetahr'*)
enact *v* decretar (*dehkrehtahr'*)
enamel *n* esmalte (*ehsmahl'teh*) *m*
encamp *v* acampar(se) (*ahkahmpahr', seh*); alojar tropa (*ahloh-hahr' tro'pah*)
enchant *v* encantar (*ehnkahntahr'*); hechizar (*ehcheesahr'*)
enchanting *adj* encantador (*ehnkahntahdohr'*)
enchantment *n* encanto (*ehnkahn'to*) *m;* hechicería (*ehcheesehree'ah*) *f*
encircle *v* circundar (*seerkoondahr'*); rodear (*rohdehahr'*)
enclose *v* encerrar (*ehnsehrrahr'*)
enclosed *adj* encerrado (*ehnsehrrah'do*); **— please find** dentro hallará usted (*dehn'tro ahlyahrah' oostehd'*)
enclosure *n* cercado (*sehrkah'do*) *m;* remesa (*rehmeh'sah*) *f*
encounter *n* encuentro (*ehnkwehn'tro*) *m;* (*milit*) batalla (*bahtah'lyah*) *f; v* encontrar(se) con (*eknkohntrahr', seh kohn*)
encourage *v* alentar (*ahlehntahr'*)
encouragement *n* aliento (*ahlyehn'to*) *m;* ánimo (*ah'neemo*) *m*
encroach *v* usurpar (*oosoorpahr'*)
encyclopedia *n* enciclopedia (*ehnseeklohpeh'dyah*) *f*
encyclopedic *adj* enciclopédico (*ehnseeklohpeh'deeko*)
end *n* fin (*feen*) *m;* punta (*poon'tah*) *f;* término (*tehr'meeno*) *m;* **at the — of** al cabo de (*ahl kah'bo deh*); **in the —** al fin (*ahl feen'*); **to put an —** poner fin a (*pohnehr' feen' ah*); *v* acabar (*ahkahbahr'*); terminar (*tehrmeenahr'*)
endanger *v* poner en peligro (*pohnehr' ehn pehlee'gro*)
endear *v* hacer querer (*ahsehr' kehrehr'*); **to — oneself to** hacerse querer, amar (*ahsehr'seh ..., ahmahr'*)
endearment *n* amor (*ahmohr'*) *m;* cariño (*kahree'nyo*) *m;* afecto (*ahfehk'to*) *m*
endeavor *n* esfuerzo (*ehsfwehr'so*) *m;* labor (*lahbohr'*) *f; v* tentar (*tehntahr'*); tratar de (*trahtahr' deh*); intentar (*eentehntahr'*)
ending *n* conclusión (*kohnkloosyohn'*) *f;* fin (*feen'*) *m*
endive *n* escarola (*ehskahroh'lah*) *f*

endless *adj* sin fin (*seen' feen*); **— motion** moción perpetua (*mohsyohn' pehrpeh'twah*) *f*
endocrine *adj* endocrino (*ehndohkree'no*)
endorse *v* endosar (*ehndohsahr'*); apoyar (*ahpohyahr'*)
endorsement *n* endoso (*ehndoh'so*) *m;* apoyo (*ahpoh'yo*) *m*
endorser *n* endosante (*ehndohsahn'teh*) *m, f;* **— of a draft** cedente de un giro (*sehdehn'teh deh oon hee'ro*) *m*
endow *v* dotar (*dohtahr'*); dar dote (*dahr' doh'teh*)
endowment *n* dotación (*dohtahsyohn'*) *f;* (*marriage*) dote (*doh'teh*) *f*
endurable *adj* soportable (*sohpohrtah'bleh*)
endurance *n* duración (*doorahsyohn'*) *f;* paciencia (*pahsyehn'syah*) *f*
endure *v* soportar (*sohpohrtahr'*); sufrir (*soofreer'*); durar (*doorahr'*); tener paciencia (*tehnehr' pahsyehn'syah*)
enema *n* lavativa (*lahvahtee'vah*) *f*
enemy *n* enemigo, a (*ehnehmee'go, ah*) *m, f*
energetic *adj* enérgico (*ehnehr'heeko*); fuerte (*fuehr'teh*)
energize *v* dar fuerza (*dahr fuehr'sah*)
energy *n* energía (*ehnehrhee'ah*) *f;* **electric —** energía eléctrica (... *ehlehk'treekah*) *f;* **he has —** tiene energía, fuerza (*tyeh'neh ..., fwehr'sah*)
enervate *v* debilitar (*dehbeeleetahr'*); hacer(se) débil (*ahsehr', seh deh'beel*)
enervation *n* enflaquecimiento (*ehnflahkehseemyehn'to*) *m*
enfeeble *v* debilitar (*dehbeeleetahr'*); hacer débil (*ahsehr' deh'beel*)
enfold *v* envolver (*ehnvohlvehr'*); abrazar (*ahbrahsahr'*)
enforce *v* hacer cumplir (*ahsehr' koompleer'*); hacer obedecer (*ahsehr' ohbehdehsehr'*)
enforceable *adj* ejecutable (*eh-hekootah'bleh*)
enforcement *n* cumplimiento de una regla (*koompleemyehn'to deh oo'nah reh'glah*) *m*
engage *v* emplear (*ehmplehahr'*); ocupar (*ohkoopahr'*); **to — in** ocuparse en; **to — in harsh words** reñir (*rehnyeer'*)
engaged *adj* comprometido, a (*kohmprohmehtee'do, ah*); **to be —** estar comprometido (*ehstahr'* ...)
engagement *n* (*marriage*) compromiso (*kohmprohmee'so*) *m;* **battle —** pelea (*pehleh'ah*) *f;* **business —** cita de negocios (*see'tah deh nehgoh'syos*) *f;* **theater —** contrato (*kohntrah'to*) *m;* empeño (*ehmpeh'nyo*) *m*
engaging *adj* atractivo (*ahtraktee'vo*)
engender *v* engendrar (*ehnhehndrahr'*); producir (*prohdooseer'*)
engine *n* máquina (*mah'keenah*) *f;* motor (*mohtohr'*) *m*
engineer *n* ingeniero (*eenhehnyeh'ro*) *m;* **train —** maquinista (*mahkeenees'tah*) *m; v* planear (*plahnehahr'*); dirigir (*deereeheer'*)
engineering *n* ingeniería (*eenhehnyehree'ah*) *f;* planeo (*plahneh'o*) *m*
England *n* Inglaterra (*eenglahteh'rrah*) *f*
English *adj & n* inglés (*eenglehs'*) *m;* **the — language** el idioma inglés (*ehl eedyoh'mah ...*) *m;* **—man** inglés, *m;* **— woman** inglesa, *f*
engorge *v* engullir (*ehngoolyeehr'*)
engrave *v* grabar (*grahbahr'*); esculpir (*ehskoolpeer'*)
engraved *adj* grabado (*grahbah'do*)
engraver *n* grabador (*grahbahdohr'*) *m*
engraving *n* grabado (*grahbah'do*) *m;* lámina (*lah'meenah*) *f*
engross *v* concentrar (*kohnsehntrahr'*)
engrossed *adj* pensativo (*pehnsahtee'vo*)
engulf *v* engolfar (*ehngohlfahr'*); tragar (*trahgahr'*); envolver (*ehnvohlvehr'*)
enhance *v* elevar (*ehlehvahr'*); hacer bello (*ahsehr' beh'lyo*); embellecer (*ehmbehlyehsehr'*)
enigma *n* enigma (*ehneeg'mah*) *m*
enigmatic *adj* enigmático (*ehneegmah'teeko*)
enjoin *v* ordenar (*ohrdehnahr'*); prohibir (*proheebeer'*)
enjoy *v* gozar (*gohsahr'*); **to — oneself** divertirse (*deevehrteer'seh*); gozar de (... *deh*)
enjoyable *adj* agradable (*ahgrahdah'bleh*); gozoso (*gohsoh'so*); divertido (*deevehrtee'do*)
enjoyment *n* goce (*goh'seh*) *m;* placer (*plahsehr'*) *m*
enkindle *v* excitar (*exseetahr'*); inspirar (*eenspeerahr'*)
enlarge *v* ensanchar (*ehnsahnchahr'*); hacer grande (*ahsehr' grahn'deh*); extender (*extehndehr'*)
enlargement *n* ampliación (de foto) (*ahmplyahsyohn', deh foh'to*) *f;* aumento (*ahoomehn'to*) *m*
enlighten *v* alumbrar (*ahloombrahr'*); hacer claro (*ahsehr' klah'ro*)
enlightenment *n* aclaración (*ahklahrahsyohn'*) *f;* ilustración (*eeloostrahsyohn'*) *f*
enlist *v* alistar(se) (*ahleestahr', seh*); reclutar (*rehklootahr'*)
enlistment *n* reclutamiento (de soldados) (*rehklootahmyehn'to, deh sohldah'dos*)
enliven *v* avivar (*ahveevahr'*); dar vida (*dahr' vee'dah*); alegrar (*ahlehgrahr'*)
enmity *n* enemistad (*ehnehmeestahd'*) *f*
ennoble *v* ennoblecer (*ehnnohblehsehr'*); hacer noble (*ahsehr' noh'bleh*); esclarecer (*ehsklahrehsehr'*)

enormity *n* enormidad (*ehnohrmeedahd'*) *f*
enormous *adj* enorme (*ehnohr'meh*)
enough *adj & adv* bastante (*bahstahn'teh*); **that's — !** ¡basta! (*bahs'tah*); **I had —** estoy harto (*ehsto'y ahr'to*); **not — !** ¡no basta!
enrage *v* enrabiar (*ehnrahbyahr'*); irritar (*eerreetahr'*)
enraged *adj* enrabiado (*ehnrahbyah'do*); irritado (*eerreetah'do*)
enrapture *v* extasiar (*extahsyahr'*); encantar (*ehnkahntahr'*); arrebatar (*ahrrehbahtahr'*)
enrich *v* enriquecer (*ehnreekehsehr'*); hacer rico (*ahsehr' ree'ko*)
enrichment *n* (tener) riqueza (*tehnehr, reekeh'sah*) *f*
enroll *v* arrollar(se) (*ahrrohlyahr', seh*); inscribir(se) (*eenskreebeer', seh*); alistar(se) (*ahleestahr', seh*)
enrollment *n* alistamiento (*ahleestahmyehn'to*) *m;* matrícula (*mahtree'koolah*) *f*
ensign *n* alférez (*ahlfeh'rehs*) m; bandera (*bahndeh'rah*) *f*
enslave *v* esclavizar (*ehsklahveesahr'*); hacer esclavo (*ahsehr' ehsklah'vo*)
enslavement *n* esclavitud (*ehsklahveetood'*) *f*
ensnare *v* entrampar (*ehntrahmpahr'*); coger en trampa (*kohhehr' ehn trahm'pah*)
ensue *v* seguir(se) (*sehgheer', seh*); suceder (*soosehdehr'*)
ensure *v* asegurar (*ahsehgoorahr'*)
entail *v* envolver (*ehnvohlvehr'*)
entangle *v* enredar (*ehnrehdahr'*)
entangled *adj* enredado (*ehnrehdah'do*)
enter *v* entrar (en) (*ehntrahr', ehn*); registrar (*reh-heestrahr'*); **to — into an agreement** concluir un pacto (*kohnklweer' oon pahk'to*)
enterprise *n* empresa (*ehmpreh'sah*) *f;* tarea (*tahreh'ah*) *f*
enterprising *adj* emprendedor (*ehmprehndehdohr'*); **an — person** hombre muy activo (*ohm'breh moo'y ahktee'vo*) *m*
entertain *v* divertir (*deevehrteer'*); dar fiesta en casa (*dahr fyehs'-tah ehn kah'sah*); **to — a thought** abrigar un pensamiento (*ahbreegahr' oon pehnsahmyehn'to*)
entertainer *n* (*host*) anfitrión (*ahnfeetryohn'*) *m;* vocalista (*vohkahlees'tah*) *m, f;* artista (*ahrtees'tah*) *m, f;* animador (*ahneemahdohr'*) *m*
entertaining *adj* chistoso (*cheesto'so*); alegre (*ahleh'greh*)
entertainment *n* espectáculo (*ehspehktah'koolo*) *m;* pasatiempo (*pahsahtyehm'po*) *m;* fiesta en casa (*fyehs'tah ehn kah'sa*) *f*
enthrall *v* encantar (*ehnkahntahr'*)
enthusiasm *n* entusiasmo (*ehntoosyahs'mo*) *m*
enthusiast *n* entusiasta (*ehntoosyahs'tah*) *m, f*
enthusiastic *adj* entusiasta (*ehntoosyahs'tah*); entusiástico (*ehntoosyahs'teeko*)
entice *v* seducir (*sehdooseer'*); halagar (*ahlahgahr'*)
enticement *n* seducción (*sehdooksyohn'*) *f*
entire *adj* entero (*ehnteh'ro*); todo (*toh'do*); **—ly** *adv* enteramente (*ehntehrahmehn'teh*)
entirety *n* totalidad (*tohtahleedahd'*) *f;* **in its —** en su totalidad (*ehn soo tohtahleedahd'*)
entitle *v* intitular (*eenteetoolahr'*); **it —s you to** le da derecho a (*leh dah dehreh'-cho ah*)
entity *n* entidad (*ehnteedahd'*) *f*
entomb *v* enterrar (*ehntehrrahr'*)
entrails *n pl* entrañas (*ehntrah'nyahs*) *f, pl*
entrance *n* entrada (*ehntrah'dah*) *f;* ingreso (*eengreh'so*) *m*
entrancing *adj* encantador, a (*ehnkahntahdohr', ah*)
entreat *v* rogar (*rohgahr'*); suplicar (*soopleekahr'*)
entreaty *n* súplica (*soo'pleekah*) *f;* ruego (*rwe'go*) *m*
entrench *v* atrincherar (*ahtreenchehrahr'*)
entrust *v* confiar (*kohnfyahr'*); entregar (*ehntrehgahr'*)
entry *n* entrada (*ehntrah'dah*) *f;* partida (*pahrtee'dah*) *f*
entwine *v* entrelazar (*ehntrehlahsahr'*); torcer (*tohrsehr'*)
enumerate *v* enumerar (*ehnoomehrahr'*); numerar (*noomehrahr'*)
enumeration *n* enumeración (*ehnoomehrahsyohn'*) *f*
enunciate *v* articular (*ahrteekoolahr'*); hablar claramente (*ahblahr' klahrahmehn'teh*)
enunciation *n* enunciación (*ehnoonsyahsyohn'*) *f*
envelop *v* envolver (*ehnvohlvehr'*); abrazar (*ahbrahsahr'*)
envelope *n* sobre (*soh'breh*) *m*
enviable *adj* envidiable (*ehnveedyah'bleh*)
envious *adj* envidioso (*ehnveedyoh'so*); **—ly** *adv* envidiosamente (*ehnveedyohsahmehn'teh*)
environment *n* ambiente (*ahmbyehn'teh*) *m;* medio ambiente (*meh'dyo ...*) *m*
envisage *v* contemplar (*kohntehmplahr'*)
envoy *n* enviado (*ehnvyah'do*) *m;* mensajero (*mehnsah-heh'ro*) *m*

envy *n* envidia (*ehnvee'dyah*) *f; v* envidiar (*ehnveedyahr'*)
enwrap *v* envolver (*ehnvohlvehr'*)
enzyme *n* enzima (*ehnsee'mah*) *f*
ephemeral *adj* efímero (*ehfee'mehro*); pasajero (*pahsah-heh'ro*)
epic *adj* épico (*eh'peeko*); heroico (*ehroh'yko*); *n* epopeya (*ehpohpeh'yah*) *f*
epicurean *adj* epicúreo (*ehpeekoo'reho*); sensual (*sehnswahl'*)
epidemic *adj* epidémico (*ehpeedeh'meeko*); *n* epidemia (*ehpeedeh'myah*) *f*
epidermis *n* epidermis (*ehpeedehr'mees*) *f;* piel (*pyehl*) *f*
epigram *n* epigrama (*ehpeegrah'mah*) *m;* crítica (*kree'teekah*) *f*
epigraph *n* epígrafe (*ehpee'grahfeh*) *m;* inscripción (*eenskreepsyohn'*) *f*
epilogue *n* epílogo (*ehpee'lohgo*) *m;* conclusión (*kohnkloosyohn'*) *f*
Epiphany *n* Epifanía (*ehpeefahnee'ah*) *f*
Episcopalian *adj & n* episcopal (*ehpeeskohpahl'*) *m, f*
episode *n* episodio (*ehpeesoh'dyo*) *m*
epistle *n* epístola (*ehpees'tohlah*) *f;* carta (*kahr'tah*) *f*
epitaph *n* epitafio (*ehpeetah'fyo*) *m*
epithet *n* epíteto (*ehpee'tehto*) *m*
epitomize *v* epitomar (*ehpeetohmahr'*)
epoch *n* época (*eh'pohkah*) *f*
equal *adj & n* igual (*eegwahl'*) *m;* **he is my —** somos iguales (*soh'mos ...ehs*); *v* igualar (*eegwahlahr'*); ser semejante a (*sehr' sehmeh-hahn'teh ah*); **—ly** *adv* igualmente (*eegwahlmehn'teh*); por igual (*pohr ...*)
equality *n* igualdad (*eegwahldahd'*) *f*
equalize *v* igualar (*eegwahlahr'*); hacer igual, semejante (*ahsehr' eegwahl, sehmeh-hahn'teh*)
equation *n* ecuación (*ehkwahsyohn'*) *f*
equator *n* ecuador (*ehkwahdohr'*) *m*
equestrian *adj* ecuestre (*ehkwehs'treh*); *n* jinete (*heeneh'teh*) *m*
equilibrium *n* equilibrio (*ehkeelee'bryo*) *m;* balanza (*bahlahn'sah*) *f*
equip *v* equipar (*ehkeepahr'*); suplir (*soopleer'*)
equipment *n* equipo (*ehkee'po*) *m;* aparatos (*ahpahrah'tos*) *m, pl*
equitable *adj* imparcial (*eempahrsyahl'*); justo (*hoos'to*)
equity *n* justicia (*hoostee'syah*) *f*
equivalent *adj & n* equivalente (*ehkeevahlehn'teh*) *m*
equivocal *adj* equívoco (*ehkee'vohko*); ambiguo (*ahmbee'gwo*)
era *n* era (*eh'rah*) *f;* edad (*ehdahd'*) *f*
eradiate *v* irradiar (*eerrahdyahr'*)
eradicate *v* desarraigar (*dehsahrraheegahr'*)

erase *v* borrar (*bohrrahr'*)
eraser *n* goma (de borrar) (*goh'mah, deh bohrrahr'*) *f;* (*Am*) borrador (*bohrrahdohr'*) *m;* **blackboard —** cepillo (*sehpee'lyo*) *m;* (*Am*) borrador (de pizarra) (*..., deh peesah'rrah*) *m*
erasure *n* borradura (*bohrrahdoo'rah*) *f;* raspadura (*rahspahdoo'rah*) *f*
erect *adj* erguido (*ehrghee'do*); *v* erigir (*ehree-heer*); construir (*kohnstrweer'*)
ermine *n* armiño (*ahrmee'nyo*) *m*
erode *v* roer (*rohehr'*)
erosion *n* erosión (*ehrohsyohn'*) *f*
erotic *adj* erótico (*ehroh'teeko*)
err *v* errar (*ehrrahr'*); equivocarse (*ehkeevohkahr'seh*)
errand *n* encargo (*ehnkahr'go*) *m;* mandado (*mahndah'do*) *m;* recado (*rehkah'do*) *m;* **to run an —** llevar un recado (*lyehvahr' oon ...*)
erroneous *adj* erróneo (*ehrroh'neho*); en error (*ehn ehrrohr'*)
error *n* error (*ehrrohr'*) *m;* falta (*fahl'tah*) *f*
erudition *n* erudición (*ehroodeesyohn'*) *f;* sabiduría (*sabeedooree'ah*) *f*
erupt *v* hacer erupción (*ahsehr' ehroopsyohn'*); erumpir (*ehroompeer'*)
eruption *n* erupción (*ehroopsyohn'*) *f*
escalator *n* escalera (mecánica) (*ehskahleh'rah, mehkah'neekah*) *f*
escapade *n* escapada (*ehskahpah'dah*) *f;* fuga (*foo'gah*) *f;* travesura (*trahvehsoo'rah*) *f*
escape *n* escape (*ehskah'peh*) *m;* escapada (*ehskapah'dah*) *f;* huida (*wee'dah*) *f; v* escaparse (*ehskahpahr'seh*); huir (*weer'*)
escort *n* escolta (*ehskohl'tah*) *f; v* escoltar (*ehskohltahr'*)
especial *adj* especial (*ehspehsyahl'*); **—ly** *adv* especialmente
espionage *n* espionaje (*ehspyohnah'heh*) *m;* espía (*ehspee'ah*) *m, f*
essay *n* ensayo (*ehnsah'yo*) *m; v* ensayar (*ehnsahyahr'*)
essence *n* esencia (*ehsehn'syah*) *f*
essential *adj* esencial (*ehsehnsyahl'*); importante (*eempohrtahn'teh*); preciso (*prehsee'so*)
establish *v* establecer (*ehstahblehsehr'*); fundar (*foondahr'*); **—ed in** fundado en (*foondah'do ehn*)
establishment *n* establecimiento (*ehstahblehseemyehn'to*) *m*
estate *n* estado (*ehstah'do*) *m;* hacienda (*ahsyehn'dah*) *f;* propiedad (*prohpyehdahd'*) *f;* finca (*feen'kah*) *f;* bienes (*byeh'nehs*) *m, pl*
esteem *n* estima (*ehstee'mah*) *f; v* estimar (*ehsteemahr'*)

esteemed *adj* estimado (*ehsteemah'do*); respetado (*rehspehtah'do*); apreciado (*ahprehsyah'do*)
esthetic *adj* estético (*ehsteh'teeko*); **—s** *n* estética, *f*
estimate *n* cálculo (*kahl'koolo*) *m; opi*nión (*ohpeenyohn'*) *f; v* estimar (*ehsteemahr'*); calcular (*kahlkoolahr'*)
estimation *n* estimación (*ehsteemahsyohn'*) *f;* estima (*ehstee'mah*) *f*
etching *n* aguafuerte (*ahgwahfwehr'teh*) *f;* grabado al agua fuerte (*grahbah'do ahl* ...) *m*
eternal *adj* eterno (*ehtehr'no*); inmortal (*eenmohrtahl'*)
eternity *n* eternidad (*ehtehrneedahd'*) *f*
ethereal *adj* etéreo (*ehteh'reho*)
ethical *adj* ético (*eh'teeko*)
ethics *n* ética (*eh'teekah*) *f*
ethnic *adj* étnico (*eht'neeko*)
etiquette *n* etiqueta (*ehteekeh'tah*) *f;* conducta (*kondook'tah*) *f*
etymology *n* etimología (*ehteemohlohhee'ah*) *f*
eulogize *v* elogiar (*ehloh-hyahr'*); alabar (*ahlahbahr'*)
eulogy *n* elogio (*ehloh'-hyo*) *m;* alabanza, *f*
Europe *n* Europa (*ehooroh'pah*) *f*
European *adj & n* europeo (*ehoorohpeh'o*) *m*
evacuate *v* evacuar (*ehvahkwahr'*)
evacuation *n* evacuación (*ehvahkwahsyohn'*) *f*
evade *v* evadir (*ehvahdeer'*); evitar (*ehveetahr'*); **to — the issue** evitar el argumento (... *ehl ahrgoomehn'to*)
evaluate *v* evaluar (*ehvahlwahr'*); estimar (*ehsteemahr'*)
evaluation *n* evaluación (*ehvahlwahsyohn'*) *f*
evanesce *v* disiparse (*deeseepahr'seh*)
evaporate *v* evaporar(se) (*ehvahpohrahr', seh*); hacerse vapor (*ahsehr'seh vahpohr'*)
evaporation *n* evaporación (*ehvahporahsyohn'*) *f*
evasion *n* evasión (*ehvahsyohn'*) *f;* escape (*ehskah'peh*) *m*
evasive *adj* evasivo (*ehvahsee'vo*)
eve *n* víspera (*vees'pehrah*) *f;* **Christmas E—** Nochebuena (*nohchehbweh'nah*) *f*
even *adj* llano (*lyah'no*); liso (*lee'so*); **— number** número par (*noo'mehro pahr'*) *m;* **with — mind** en modo justo (*ehn moh'do hoos'to*); *adv* aun (*ahoon*); hasta (*ahs'tah*); **— so** aun así (... *ahsee'*); **— then** aun entonces (... *ehntohn'sehs*); *v* allanar (*ahlyahnahr'*)
evening *n* tarde (*tahr'deh*) *f;* noche (*noh'cheh*) *f;* **— star** estrella vespertina (*ehstreh'lyah vehspehrtee'nah*) *f;* **— wear** traje, vestido de etiqueta (*trah'heh, vehstee'do deh ehteekeh'tah*) *m;* **in the —** por la noche (*pohr lah noh'cheh*)
evenness *n* igualdad (*eegwahldahd'*) *f*
evensong *n* serenata (*sehrehnah'tah*) *f*
event *n* suceso (*sooseh'so*) *m;* evento (*ehvehn'to*) *m;* **current —s** actualidades (*ahktwahleedah'dehs*) *f, pl;* **in any —** de todos modos (*deh toh'dos moh'dos*)
eventful *adj* memorable (*mehmohrah'bleh*); **an — day** un día importante (*oon dee'ah eempohrtahn'teh*) *m*
eventuality *n* eventualidad (*ehvehntwahleedahd'*) *f*
ever *adj* siempre (*syehm'preh*); *adv* siempre (...); jamás (*hahmahs'*); **— more** para siempre (*pah'rah syehm'preh*); **— since** desde entonces (*dehs'deh ehntohn'sehs*)
evergreen *n* siempreviva (*syehmprehvee'vah*) *f*
everlasting *adj* perpetuo (*pehrpeh'two*); eterno (*ehtehr'no*); inmortal (*eenmohrtahl'*)
every *adj* cada (*kah'dah*); todo (*toh'do*); **— day** todos los días (*toh'dos los dee'ahs*); **— time** cada vez (*kah'dah vehs*)
everybody *pron* todo el mundo (*toh'do ehl moon'do*) *m;* todos (*toh'dos*) *m, pl;* toda la gente (... *hehn'teh*) *f*
everyday *adj* de cada día (*deh kah'dah dee'ah*); **— occurrence** algo común (*ahlgo kohmoon'*) *m*
everyone = **everybody**
everything *n* todo (*toh'do*) *m;* cada cosa (*kah'dah koh'sah*) *f*
everywhere *adv* por todas partes (*pohr toh'dahs pahr'tehs*)
evidence *n* evidencia (*ehveedehn'syah*) *f;* prueba (*prweh'bah*) *f;* **to offer —** dar prueba (*dahr* ...); *v* mostrar (*mohstrahr'*); evidenciar (*ehveedehnsyahr'*)
evident *adj* evidente (*ehveedehn'teh*); claro (*klah'ro*); **—ly** *adv* evidentemente (*ehveedehntehmehn'teh*)
evil *adj* malo (*mah'lo*); **the — eye** mal agüero (*mahl ahgweh'ro*) *m; n* mal (*mahl*) *m;* **to do —** hacer daño, mal (*ahsehr' dah'nyo, mahl*)
evil-minded *adj* maligno (*mahleeg'no*)
evoke *v* evocar (*ehvohkahr'*); recordar (*rehkohrdahr'*)
evolution *n* evolución (*ehvohloosyohn'*) *f*
evolve *v* desenvolver(se) (*dehsehnvohlvehr', seh*); cambiar(se) (*kahmbyarh', seh*)
ewe *n* oveja (*ohveh'hah*) *f*
exact *adj* exacto (*exahk'to*); *v* exigir (*exee-heer'*); **—ly** *adv* exactamente
exacting *adj* exigente (*exee-hehn'teh*); **an — person** persona difícil, severa (*pehrsoh'nah deefee'seel, sehveh'rah*) *f*

exaggerate *v* exagerar (*exah-hehrahr'*); aumentar (*ahoomehntahr'*)
exalt *v* exaltar (*exahltahr'*); alabar (*ahlahbahr'*)
exaltation *n* exaltación (*exahltahsyohn'*) *f*
exalted *adj* sublime (*sooblee'meh*)
examination *n* examen (*exah'mehn*) *m*; **medical —** examen médico (*exah'mehn meh'deeko*) *m*; (*school*) **final —** examen final (... *feenahl'*) *m*
examine *v* examinar (*exahmeenahr'*); revisar (*rehveesahr'*)
example *n* ejemplo (*eh-hehm'plo*) *m*; **for —** por ejemplo (*pohr* ...); por caso (*pohr cah'so*)
exasperate *v* exasperar (*exahspehrahr'*); enojar (*ehnoh-hahr'*)
excavate *v* excavar (*exkahvahr'*)
exceed *v* exceder (*exsehdehr'*)
exceeding *adj* excesivo (*exsehsee'vo*); **—ly** *adv* excesivamente
excel *v* sobresalir en (*sohbrehsahleer' ehn*)
excellence *n* excelencia (*exsehlehn'syah*) *f*
excellent *adj* excelente (*exsehlehn'teh*); óptimo (*ohp'teemo*)
except *prep* excepto (*exsehp'to*); *v* exceptuar (*exsehptwahr'*)
exception *n* excepción (*exsehpsyohn'*) *f*; **with the — of** con excepción de (*kohn* ... *deh*); **to make an —** hacer excepción (*ahsehr'* ...)
exceptional *adj* excepcional (*exsehpsyohnahl'*)
excess *n* exceso (*exseh'so*) *m*; **— baggage** exceso de equipaje (... *deh ehkeepah'heh*) *m*
excessive *adj* excesivo (*exsehsee'vo*); **—ly** *adv* excesivamente (... *vahmehn'teh*); demasiado (*dehmahsyah'do*); en exceso (*ehn exseh'so*)
exchange *n* cambio (*kahm'byo*) *m*; intercambio (*eentehrkahm'byo*) *m*; **dollar —** cambio del dólar (... *dehl doh'lahr*) *m*; **rate of —** cambio; **stock —** bolsa (*bohl'sah*) *f*; *v* cambiar (*kahmbyahr'*); trocar (*trohkahr'*); convertir (*kohnvehrteer'*)
excitable *adj* excitable (*exseetah'bleh*); excitativo (*exseetahtee'vo*)
excite *v* excitar (*exseetahr'*); agitar (*ahheetahr'*)
excited *adj* excitado (*exseetah'do*); agitado (*ah-heetah'do*); **to get —** excitarse (*exseetahr'seh*); agitarse (*ah-heetahr'seh*)
excitement *n* excitación (*exseetahsyohn'*) *f*; agitación (*ah-heetahsyohn'*) *f*; **to cause —** alborotar (*ahlbohrohtahr'*); excitar (*exseetahr'*)
exciting *adj* excitante (*exseetahn'teh*); **it is —** es algo emocionante (*ehs ahl'go ehmohsyohnahn'teh*), estimulante (*ehsteemoolahn'teh*)
exclaim *v* exclamar (*exklahmahr'*); proferir (*prohfehreer'*)
exclamation *n* exclamación (*exklahmahsyohn'*) *f*; **— point** punto de admiración (*poon'to deh ahdmeerahsyohn'*) *m*
exclude *v* excluir (*exklweer'*); apartar (*ahpahrtahr'*)
exclusion *n* exclusión (*exkloosyohn'*) *f*
exclusive *adj* exclusivo (*exkloosee'vo*); **— place** lugar elegante, apartado (*loogahr ehlehgahn'teh, ahpahrtah'do*) *m*
excommunicate *v* excomulgar (*exkohmoolgahr'*)
excommunication *n* excomunión (*exkohmoonyohn'*) *f*
excoriate *v* excoriar (*exkohryahr'*)
excretion *n* excremento (*exkrehmehn'to*) *m*; mierda (*myehr'dah*) *f*
exculpate *v* disculpar
excursion *n* excursión (*exkoorsyohn'*) *f*; **to make an —** hacer una excursión (*ahsehr' oo'nah* ...)
excusable *adj* excusable (*exkoosah'bleh*); disculpable (*deeskoolpah'bleh*)
excuse *n* excusa (*exkoo'sah*) *f*; *v* excusar (*exkoosahr'*); disculpar (*deeskoolpahr'*); **to make —s** excusarse (*exkoosahr, seh*); **— me, please!** ¡dispense usted, por favor! (*deespehn'seh oostehd', pohr fahvohr'*), ¡perdón! (*pehrdohn'*)
execute *v* ejecutar (*eh-hekootahr'*); hacer justicia (*ahsehr' hoostee'syah*); llevar a cabo (*lyehvahr' ah kah'bo*); cumplir (*koompleer'*)
execution *n* ejecución (*eh-hehkoosyohn'*) *f*; desempeño (*dehsehmpeh'nyo*) *m*
executioner *n* verdugo (*vehrdoo'go*) *m*
executive *adj* ejecutivo (*eh'hehkootee'vo*); *n* ejecutivo (. . .) *m*; **chief —** presidente (*prehseedehn'teh*) *m*; el jefe (*ehl heh'feh*) *m*
exemplary *adj* ejemplar (*eh-hehmplahr'*); como ejemplo (*koh'mo eh-hehm'plo*)
exemplify *v* ejemplificar (*ehehmpleefeekahr'*)
exempt *adj* exento (*exehn'to*); **— of tax** sin impuestos (*seen eempwehs'tos*); *v* exentar (*exehntahr'*); ser libre de (*sehr lee'breh deh*)
exemption *n* exención (*exehnsyohn'*) *f*; **tax —** exención de impuestos (. . . *deh eempwehs'tos*)
exercise *n* ejercicio (*eh-hersee'syoh*) *m*; **to do —** hacer gimnasia (*ahsehr' heemnah'syah*); *v* ejercitarse (*eh-hehrseetahr'seh*); hacer ejercicio (. . .)
exert *v* ejercer (*eh-hehrsehr'*); **to — oneself** esforzarse (*ehsfohrsahr'seh*); **to — influence on** influir en (*eenflweer' ehn*)

exertion *n* esfuerzo (*ehsfwehr'so*) *m*
exhale *v* exhalar (*exahlahr'*); soplar (*sohplahr'*)
exhaust *n* escape (*ehskah'peh*) *m*; **— pipe** tubo de escape (*too'bo deh ehskah'peh*) *m*; *v* agotar (*ahgohtahr'*)
exhaustion *n* agotamiento (*ahgohtahmyehn'to*) *m*; cansancio (*kahnsahn'syo*) *m*
exhibit *v* exhibir (*exeebeer'*); mostrar (*mostrahr'*)
exhibition *n* exhibición (*exeebeesyohn'*) *f*; muestra (*muhehs'trah*) *f*
exhort *v* exhortar (*exohrtahr'*); excitar (*exseetahr'*)
exhortation *n* exhortación (*exohrtahsyohn'*) *f*
exigency *n* exigencia (*exee-hehn'syah*) *f*; necesidad (*nehsehseedad'*) *f*; obligación (*ohbleegahsyohn'*) *f*
exile *n* destierro (*dehstyeh'rro*) *m*; **in —** exiliado (*exeelyah'do*); desterrado (*dehstehrrah'do*); *v* desterrar (*dehstehrrahr'*)
exist *v* existir (*exeesteer'*); vivir (*veeveer'*)
existence *n* existencia (*exeestehn'syah*) *f*; vida (*vee'dah*) *f*
existent *adj* existente (*exeestehn'teh*); presente (*prehsehn'teh*)
existing *adj* actual (*ahktwahl'*); **— customs** costumbres actuales (*kohstoom'brehs ...*) *f, pl*
exit *n* salida (*sahlee'dah*) *f*
exodus *n* éxodo (*ex'ohdo*) *m*; salida (*sahlee'dah*) *f*
exonerate *v* exonerar (*exohnehrahr'*)
exorbitant *adj* exorbitante (*exohrbeetahn'teh*); **— price** precio excesivo (*preh'syo exehsee'vo*) *m*
exoteric *adj* exotérico (*exohteh'reeko*)
exotic *adj* exótico (*exoh'teeko*)
expand *v* extender (*extehndehr'*); ensanchar(se) (*ehnsahnchahr', seh*); dilatar (*deelahtahr'*)
expansive *adj* expansivo (*expahnsee'vo*); efusivo (*ehfoosee'vo*)
expatriate *v* expatriar (*expahtryahr'*)
expect *v* esperar (*ehspehrahr'*); **to — much from** esperar mucho de (*... moo'cho deh*); **when one least —s** cuando menos se espera (*kwahn'do meh'nos seh ehspeh'rah*)
expectant *adj* encinta (*ehnseen'tah*)
expectation *n* expectativa (*expehktahtee'vah*) *f*; **my — is** mi esperanza es (*mee ehspehrahn'sah ehs*)
expectorate *v* expectorar (*expehktohrahr'*); escupir (*ehskoopeer'*)
expediency *n* conveniencia (*kohnvehnyehn'syah*) *f*
expedient *adj* conveniente (*kohnvehnyehn'teh*); *n* expediente (*expehdyehn'teh*) *m*; medio (*meh'dyo*) m
expedite *v* acelerar (*ahsehlehrahr'*)
expedition *n* expedición (*expehdeesyohn'*) *f*
expel *v.* expulsar (*expoolsahr'*)
expend *v* gastar (*gahstahr'*)
expenditure *n* gasto (*gahs'to*) *m*; costo (*kohs'toh*) *f*
expense *n* gasto (*gahs'to*) *m*; costo (*kohs'toh*) *f*
expensive *adj* caro (*kah'ro*); costoso (*kohstoh'so*)
experience *n* experiencia (*expehryehn'syah*) *f*; práctica (*prahk'teekah*) *f*; *v* experimentar (*expehreemehntahr'*); **to — (joy)** sentir (gozo) (*sehnteer', goh'so*)
experienced *adj* experto (*expehr'to*); **an — man** hombre con mucha experiencia (*ohm'breh kohn moo'chah expehryehn'syah*) *m*
experiment *n* experimento (*expehreemehn'to*) *m*; prueba (*prweh'bah*) *f*; *v* experimentar (*expehreemehntahr'*)
expert *adj* & *n* experto (*expehr'to*) *m*; perito (*pehree'to*) *m*; **he is an — in** el es un experto en (*ehl ehs oon expehr'toh ehn*)
expiration *n* terminación (*tehrmeerahsyohn'*) *f*; fin (*feen'*) *m* .
expire *v* expirar (*expeerahr'*); morir (*moreer'*)
explain *v* explicar (*expleekahr'*); hacer más claro (*ahsehr' mahs klah'ro*)
explanation *n* explicación (*expleekahsyohn'*) *f*; aclaración (*ahklahrahsyohn'*) *f*
explode *v* estallar (*ehstahlyahr'*); causar explosión (*kahoosahr' explohsyohn'*)
exploit *n* hazaña (*ahsah'nyah*) *f*; *v* explotar (*explohtahr'*); **to — people** abusar de la gente (*ahboosahr' deh lah hehn'teh*)
exploitation *n* explotación (*explohtahsyohn'*) *f*; abuso de (*ahboo'so deh*) *m*
exploration *n* exploración (*explohrahsyohn'*) *f*
explore *v* explorar (*explohrahr'*); investigar (*eenvehsteegahr'*)
explorer *n* explorador (*explohrahdohr'*) *m*
explosion *n* explosión (*explohsyohn'*) *f*; estallido (*eshtahlyee'do*) *m*; ruido grande (*rwee'do grahn'deh*) *m*
explosive *adj* & *n* explosivo (*explohsee'vo*) *m*
export *n* exportación (*expohrtahsyohn'*) *f*; *v* exportar (*expohrtahr'*); extraer (*extrahehr'*)

expose *v* exponer (*expohnehr'*); **to — a crime** mostrar un crimen (*mohstrahr' oon kree'mehn*)
exposition *n* exposición (*expohseesyohn'*) *f;* exhibición (*exeebeesyohn'*) *f*
exposure *n* (*climate, danger, photo*) exposición (*expohseesyohn'*) *f;* revelación (*rehvehlahsyohn'*) *f*
expound *v* exponer (*expohnehr'*)
express *adj* expreso (*expreh'so*); **— company** compañía de expreso (*kohmpahnee'ah deh ...*) *f;* **— train** tren expreso (*trehn ...*) *m; n* expreso *m;* (*train*) **the —** el expreso (*ehl ...*) *m; v* expresar (*exprehsahr'*); enviar (*ehnvyahr'*)
expression *n* expresión (*exprehsyohn'*) *f;* **to give —** expresar (*exprehsahr'*); **idiomatic —** modismo (*mohdees'mo*) *m*
expressive *adj* expresivo (*exprehsee'vo*); sentido (*sehntee'do*)
expulsion *n* expulsión (*expoolsyohn'*) *f*
expulsive *adj* expulsivo (*expoolsee'vo*)
expurgate *v* expurgar (*expoorgahr'*); purificar (*pooreefeekahr'*)
exquisite *adj* exquisito (*exkeesee'to*); delicioso (*dehleesyoh'so*)
extant *adj* existente (*exeestehn'teh*); presente (*prehsehn'teh*)
extend *v* extender (*extehndehr'*); alargar(se) (*ahlahrgahr'seh*); amplificar (*ahmpleefeekahr'*)
extension *n* extensión (*extehnsyohn'*) *f;* **— of time** prórroga de un plazo (*proh'rrohgah deh oon plah'so*) *f;* **— school** escuela anexada a la principal (*ehskweh'lah ahnexah'dah ah lah preenseepahl'*) *f*
extensive *adj* extenso (*extehn'so*); ancho (*ahn'cho*); **— study** estudio amplio (*ehstoo'dyo ahm'plyo*) *m;* **—ly** *adv* extensamente (*extehnsahmehn'teh*); por extenso (*pohr extehn'so*)
extent *n* extensión (*extehnsyohn'*) *f;* **to such an —** a tal grado (*ah tahl grah'do*); **to what —?** ¿hasta qué punto? (*ahs'tah keh poon'to*)
extenuate *v* disminuir (*deesmeenweer'*); atenuar (*ahtehnwahr'*); hacer ligero (*ahsehr' leeheh'ro*)
extenuating *adj* atenuando (*ahtehnwahn'do*); **— circumstances** circunstancias atenuantes (*seerkoonstahn'syahs ahtehnwahn'tehs*) *f, pl*
exterior *adj & n* exterior (*extehryohr'*) *m;* externo (*extehr'no*) *m;* aspecto (*ahspehk'to*) *m*
exterminate *v* exterminar (*extehrmeenahr'*); destruir (*dehstrweer'*)
extermination *n* exterminación (*extehrmeenahsyohn'*) *f;* exterminio (*extehrmee'nyo*) *m*
exterminator *n* exterminador (*extehrmeenahdohr'*) *m;* destructor (*dehstrooktohr'*) *m*
external *adj* externo (*extehr'no*); exterior (*extehryohr'*)
extinct *adj* extinto (*exteen'to*); muerto (*mwehr'to*)
extinguish *v* extinguir (*exteengheer'*); apagar (*ahpahgahr'*)
extinguisher *n* apagador (*ahpahgahdohr'*) *m;* **fire —** apagador de fuego (*... de fweh'go*) *m*
extol *v* alabar (*ahlahbahr';* **— to the sky** alzar al cielo (*ahlsahr' ahl syeh'lo*)
extortion *n* extorsión (*extohrsyohn'*) *f;* daño (*dah'nyo*) *m*
extra *adj* extra (*ex'trah*); además (*ahdehmahs'*); suplementario (*sooplehmehntah'ryo*); **— money** dinero de más (*deeneh'ro deh mahs*) *m;* **— work** trabajo adicional (*trahbah'ho ahdeesyohnahl'*) *m;* **— tire** neumático de recambio (*nehoomah'teeko deh rehkahm'byo*) *m; n* extra (*ex'trah*) *m, f;* suplente (*sooplehn'teh*) *m, f*
extract *n* extracto (*extrahk'to*) *m; v* extraer (*extrahehr'*); **to — from a book** seleccionar (*sehlehksyohnahr'*); escoger (*ehskoh-hehr'*)
extraction *n* extracción (*extrahksyohn'*) *f;* **of foreign —** de descendencia extranjera (*deh dehsehndehn'syah extrahnheh'rah*)
extradition *n* extradición (*extrahdeesyohn'*) *f*
extraordinary *adj* extraordinario (*extrahohrdeenah'ryo*); sobresaliente (*sohbrehsahlyehn'teh*)
extravagance *n* extravagancia (*extrahvahgahn'syah*) *f;* cosa excesiva (*koh'sah exsehsee'vah*) *f;* profusión (*prohfoosyohn'*) *f*
extravagant *adj* extravagante (*extrahvahgahn'teh*); que gasta mucho (*keh gahs'tah moo'cho*)
extreme *adj & n* extremo (*extreh'mo*) *m;* **to take — measures** tomar medidas excesivas (*tohmahr' mehdeedahs exsehsee'vahs*); **to —s** al extremo (*ahl extreh'mo*); **—ly** *adv* extremadamente (*extrehmahdahmeh'nteh*); extremamente (*extrehmahmehn'teh*)
extremity *n* extremidad (*extrehmeedahd'*) *f*
exuberance *n* exuberancia (*exoobehrahn'syah*) *f*
exuberant *adj* exuberante (*exoobehrahn'teh*); excesivo (*exsehsee'vo*); **—ly** *adv* exuberantemente (*... mehn'teh*)
exult *v* alegrarse de (*ahlehgrahr'seh de*)
exultant *adj* feliz (*fehlees'*)
exultation *n* regocijo (*rehgohsee'ho*) *m;* gozo (*goh'so*) *m*

eye *n* ojo (*oh-ho*) *m;* **—brows** cejas (*seh'-hahs*) *f, pl;* **— doctor** oculista (*ohkoo-lees'tah*) *m;* **in the twinkling of an —** en un abrir y cerrar de ojos (*ehn oon ahbreer' ee sehrrahr' deh ...s*) **to keep an — on** vigilar atentamente (*veehee-lahr' ahtehntahmehn'teh*); *v* ojear (*oh-hehahr'*); mirar (*meerahr'*); observar (*ohbsehrvahr'*); ver (*vehr*)
eyeball *n* globo del ojo (*gloh'bo dehl oh-ho*) *m*
eyeglass *n* lente (*lehn'teh*) *m;* **—es** lentes, *m, pl;* anteojos (*ahntehoh'hos*) *m, pl*
eyehole *n* atisbadero (*ahteesbahdeh'ro*) *m*
eyelash *n* pestaña (*pehstah'nyah*) *f*
eyeless *adj* ciego (*syeh'go*)
eyelid *n* párpado (*pahr'pahdo*) *m*
eyeshade *n* visera para el sol (*veeseh'rah pah'rah ehl sohl*) *f*
eyeshadow *n* cosmético para los párpados (*kohsmeh'teeko pah'rah lohs pahr'pah-dos*) *m*
eyesight *n* vista (*vees'tah*) *f*
eyestrain *n* cansancio de los ojos (*kahn-sahn'syo deh los oh-hos*) *m*
eyetooth *n* colmillo (*kolmee'lyo*) *m*
eyewash *n* loción (*lohsyohn'*) *f;* colirio (*kohlee'ryo*) *m*
eyewitness *n* testigo ocular (*tehstee'go ohkoolahr'*) *m*

F

fable *n* fábula (*fah'boolah*) *f;* ficción (*feeksyohn'*) *f*
fabled *adj* célebre (*seh'lehbreh*)
fabric *n* tela (*teh'lah*) *f;* **good —** buen género de tela (*bwehn heh'nehro de ...*) *m*
fabricate *v* fabricar (*fahbreekahr'*); inventar (*eenvehntahr'*)
fabulous *adj* fabuloso (*fahbooloh'so*); grande (*grahn'deh*)
façade *n* fachada (*fahchah'dah*) *f;* frontispicio (*frohnteespee'syo*) *m*
face *n* cara (*kah'rah*) *f;* rostro (*rohs'tro*) *m;* **at — value** a valor nominal (*ah vahlohr' nohmeenahl'*); **baby —** rostro de niño (*rohs'tro deh nee'nyo*) *m;* **to lose —** perder estima (*pehrdehr' ehstee'mah*); **to save —** salvar estima (*salvahr ehstee'mah*); *v* hacer frente a (*ahsehr' frehn'teh ah*); **to — a situation** hacer frente a la situación (*... lah seetwahsyohn'*); **to — the street** dar a la calle (*dahr ah lah kah'lyeh*)
facet *n* faceta (*fahseh'tah*) *f*
facetious *adj* chistoso (*cheestoh'so*); **— remark** frase chistosa (*frah'seh ...ah*) *f*
facial *adj* facial (*fahsyahl'*); *n* masaje (*mahsah'heh*) *m;* facial (*...*) *m*
facilitate *v* facilitar (*fahseeleetahr'*)
facility *n* facilidad (*fahseeleedahd'*) *f;* habilidad ((*ahbeeleedahd'*) *f*
fact *n* hecho (*eh'cho*) *m;* **in —** de hecho (*deh ...*)
faction *n* facción (*fahksyohn'*) *f;* partido (*pahrtee'do*) *m*
factor *n* factor (*fahktohr'*) *m;* agente (*ah-hehn'teh*) *m*
factory *n* fábrica (*fah'breekah*) *f*
factual *adj* verdadero (*vehrdahdeh'ro*) **a — account of** una relación de hechos (*oo'nah rehlahsyohn' deh eh'chos*) *f*
faculty *n* facultad (*fahkooltahd'*) *f;* poder mental (*pohdehr' mehntahl'*) *m;* colegio de profesores (*kohleh'hyo deh prohfehsoh'rehs*) *m;* **a — member** un profesor (*oon prohfehsohr'*) *m;* maestro (*mahehs'tro*) *m*
fad *n* moda (*moh'dah*) *f;* manía (de boga) (*mahnee'ah, deh boh'gah*) *f*
fade *v* desteñirse (*dehstehnyeer'seh*); marchitarse (*mahrcheetahr'seh*); desaparecer (*dehsahpahrehsehr'*); apagarse (*ahpahgahr'seh*)
fail *v* faltar (*fahltahr'*); **he failed in Spanish** fracasó en español (*frahkahso' ehn ehspahnyol'*); **the professor failed John** el profesor reprobó a Juan (*ehl prohfehsohr' rehprohbo' ah hwahn'*); **he failed to come** no vino (*no vee'no*); dejó de venir (*deh-ho' deh vehneer'*); **without —** sin falta (*seen fahl'tah*)
failing *n* defecto (*dehfehk'to*) *m;* falta (*fahl'tah*) *f*
failure *n* fracaso (*frahkah'so*) *m;* falta (*fahl'tah*) *f;* **power —** falta de luz eléctrica (*... deh loos ehlehk'treekah*) *f*
faint *adj* débil (*deh'beel*); **—ly** *adv* débilmente (*...mehn'teh*); *n* desmayo (*dehsmah'yo*) *m;* *v* desmayarse (*dehsmahyahr'seh*)
faintness *n* debilidad (*dehbeeleedahd'*) *f;* desmayo (*dehsmah'yo*) *m;* flaqueza (*flahkeh'sah*) *f*
fair *adj* justo (*hoos'to*); **— hair** pelo rubio (*peh'lo roo'byo*) *m;* (*face*) bello (*beh'lyo*); **— sky** cielo sereno (*syeh'lo sehreh'no*) *m;* **— weather** tiempo agradable (*tyehm'po ahgrahdah'bleh*) *m;* **—ly** *adv* justamente (*hoostahmehn'teh*); **—ly good** bastante bueno (*bahstahn'teh bweh'no*); **—ly well** bastante bien (*... byehn*), regular (*rehgoolahr'*)
fair *n* feria (*feh'ryah*) *f;* **world's —** feria mundial, exposición (*... moondyahl', expohseesyohn'*) *f*
fairly *adv* justamente (*hoostahmehn'teh*)
fairness *n* justicia (*hoostee'syah*) *f;* (*skin*) blancura, hermosura (*blahnkoo'rah, ehrmosoo'rah*) *f*
fairy *adj* de hada (*deh ah'dah*); **— tale** cuento de hadas (*kwehn'to ...s*) *m;* *n* hada (*ah'dah*) *f*
fairyland *n* tierra de hadas (*tyeh'rrah de ah'dahs*) *f*
faith *n* fe (*feh*) *f;* religión (*rehleehyohn'*) *f;* **in good —** de buena fe (*deh bweh'nah ...*); **to have — in** tener confianza en (*tehnehr' kohnfyahn'sah ehn*); confiar en (*kohnfyahr' ehn*)
faithful *adj & n* fiel (*fyehl'*) *m;* **—ly** *adv* fielmente (*fyehlmehn'teh*); **—ly yours** su servidor (*soo sehrveedor'*)
fake *adj* falso (*fahl'so*); insincero (*eenseenseh'ro*); *n* fraude (*frah'oode*) *m;* **what a —!** ¡qué falsedad! (*keh fahlsehdahd'*)

falcon *n* halcón (*ahlkohn'*) *m*

fall *n* caída (*kahee'dah*) *f; (season)* otoño (*ohtoh'nyo*) *m;* **water—** cascada (*kahskah'da*) *f; v* caer(se) (*kahehr', seh*); **to — asleep** dormirse (*dohrmeer' seh*); **to — down** caer (*kahehr'*); **to — in love with** enamorarse de (*ehnahmohrahr'seh deh*); **to — sick** caer enfermo (*...ehnfehr'mo*); **to — through** no realizarse (*no rehahleesahr'seh*); **to — upon** asaltar (*ahsahltahr'*)

fallen *adj* caído (*kahee'do*); **— person** persona arruinada (*pehrsoh'nah ahrrweenah'dah*) *f*

false *adj* falso (*fahl'so*); **— teeth** dientes postizos (*dyehn'tehs pohstee'sos*)*m, pl*

falsehood *n* mentira (*mehntee'rah*) *f;* falsedad (*fahlsehdahd'*) *f*

falseness *n* falsedad (*fahlsehdahd'*) *f*

falsify *v* falsificar (*fahlseefeekahr'*); falsear (*fahlsehahr'*)

falsity *n* falsedad (*fahlsehdahd'*) *f*

falter *v* titubear (*teetoobehahr'*); vacilar (*vahseelahr'*)

fame *n* fama (*fah'mah*) *f;* reputación (*rehpootahsyohn'*) *f*

famed *adj* famoso (*fahmoh'so*); célebre (*seh'lehbreh*)

familiar *adj* familiar (*fahmeelyahr'*); **— with** familiarizado con (*fahmeelyahreesah'do kohn*); versado en (*vehrsah'do ehn*)

familiarity *n* familiaridad (*fahmeelyahreedahd'*) *f*

family *n* familia (*fahmee'lyah*) *f*

famine *n* hambre (*ahm'breh*) *f;* carestía (*kahrehstee'ah*) *f*

famished *adj* hambriento (*ahmbryehn'to*); **he is —** está muriéndose de hambre (*ehstah' mooryehn'dohseh deh ahm'breh*)

famous *adj* famoso (*fahmoh'so*); célebre (*seh'lehbreh*)

fan *n* abanico (*ahbanee'ko*) *m; (room)* ventilador (*vehnteelahdohr'*) *m;* **sport —** aficionado (*ahfeesyohnah'do*) *m; v* abanicar(se) (*ahbahneekahr', seh*); ventilar (*vehnteelahr'*)

fanatic *adj & n* fanático (*fahnah'teeko*) *m;* petulante (*pehtoolahn'teh*)

fanaticism *n* fanatismo (*fahnahtees'mo*) *m*

fanciful *adj* imaginativo (*eemah-heenahtee'vo*); fanático (*fahnah'teeko*); fantástico (*fahntahs'teeko*)

fancy *adj* adornado (*ahdohrnah'do*); **— free** sin cuidados (*seen kweedah'dos*); *n* fantasía (*fahntahsee'ah*) *f;* adorno (*ahdohr'no*) *m;* imaginación (*eemahheenahsyohn'*) *f;* **to take a — to** tener simpatía por (*tehnehr' seempahtee'ah pohr*); *v* imaginar (*eemah-heenahr'*)

fantasia *n (music)* fantasía (*fahntahsee'ah*) *f*

fantastic *adj* fantástico (*fahntah'steeko*); increíble (*eenkrehee'bleh*); imaginativo (*eemah-heenahtee'vo*)

fantasy *n* fantasía (*fahntahsee'ah*) *f;* imaginación (*eemah-heenahsyohn'*) *f;* visión (*veesyohn'*) *f*

far *adj* lejano (*leh-hah'no*); distante (*deestahn'teh*); *adv* lejos (*leh'-hos*); **— away** muy lejos (*mooy ...*); **— off** muy lejos (*...*); **so — as I know** que yo sepa (*keh yoh seh'pah*); **how — is it?** ¿cuánto dista? (*kwahn'to dees'tah*); **so —** hasta ahora (*ahs'tah ahoh'rah*); **thus —** hasta ahora

farce *n* farsa (*fahr'sah*) *f;* comedia (*kohmeh'dyah*) *f*

fare *n* precio de un pasaje (*preh'syo deh oon pahsah'heh*) *m;* pasaje (*pahsah'heh*) *m;* comida (*kohmee'dah*) *f; v* **to — well, ill** pasarla bien, mal (*pahsahr'lah byehn, mahl*)

farewell *n* despedida (*dehspehdee'dah*) *f;* adiós (*ahdyos'*) *m*

farfetched *adj* forzado (*fohrsah'do*); **— idea** idea muy lejana (*eedeh'ah mooy leh-hah'nah*)

farina *n* harina (*ahree'nah*) *f*

farm *n* hacienda (*ahsyehn'dah*) *f;* granja (*grahn'hah*) *f; (Am)* rancho (*rahn'cho*) *m;* **— hand** peón (*pehohn'*) *m; v* labrar (*lahbrahr'*); cultivar (*koolteevahr'*); trabajar (*trahbah-hahr'*)

farmer *n* labrador (*lahbrahdohr'*) *m;* estanciero (*ehstahnsyeh'ro*) *m;* ranchero (*rahncheh'ro*) *m;* campesino (*kahmpehsee'no*) *m*

farmhouse *n* finca (*feen'kah*) *f;* hacienda (*ahsyehn'dah*) *f*

farming *n* agricultura (*ahgreekooltoo'rah*) *f*

farmyard *n* corral (*kohrrahl'*) *m*

far-off *adj* distante (*deestahn'teh*); lejano (*leh-hah'no*); más lejano (*mahs leh-hah'no*)

farsighted *adj* présbite (*prehs'beeteh*); **— idea** idea amplia (*eedeh'ah ahm'plyah*) *f*

farther *adv* más lejos (*mahs leh'hos*)

farthest *adj* más lejano (*mahs leh-hah'no*); *adv* más lejos (*mahs leh'hos*)

fascinate *v* fascinar (*fahseenahr'*); encantar (*ehnkahntahr'*)

fascinated *adj* **he was — by** fue encantado por (*fweh enhkahntah'do pohr*); fascinado por (*fahseenah'do ...*)

fascinating *adj* fascinante (*fahseenahn'teh*)

fascination *n* fascinación (*fahseenahsyohn'*) *f*

fashion *n* moda (*moh'dah*) *f;* boga (*boh'gah*) *f;* **to be in —** seguir la moda (*sehgheer' lah* ...)
fashionable *adj* de moda (*deh moh'dah*); elegante (*ehlehgahn'teh*); al día (*ahl dee'ah*)
fast *adj* rápido (*rah'peedo*); veloz (*vehlohs'*); *adv* de prisa (*deh pree'sah*); aprisa (*ahpree'sah*)
fast *n* **day of —** día de ayuno (*dee'ah deh ahyoo'no*) *m; v* ayunar (*ahyoonahr'*); no comer (*no kohmehr'*)
fasten *v* atar (*ahtahr'*); cerrar (*sehrrahr'*)
fastidious *adj* melindroso (*mehleendroh'so*); quisquilloso (*keeskeelyoh'so*); delicado (*dehleekah'do*)
fat *adj* gordo (*gohr'do*); *n* grasa (*grah'sah*) *f*
fatal *adj* fatal (*fahtahl'*); mortal (*mohrtahl'*)
fatality *n* fatalidad (*fahtahleedahd'*) *f;* muerte (*mwehr'teh*) *f*
fate *n* hado (*ah'do*) *m;* destino (*dehstee'no*) *m*
father *n* padre (*pah'dreh*) *m*
father-in-law *n* suegro (*sweh'gro*) *m*
fatherland *n* patria (*pah'tryah*) *f*
fathom *n* braza (*brah'zah*) *f; v* sondar (*sohndahr'*); penetrar (*pehnehtrahr'*)
fathomless *adj* insondable (*eensohndah'bleh*)
fatigue *n* cansancio (*kahnsahn'syo*) *m; v* cansar(se) (*kahnsahr', seh*)
fatness *n* gordura (*gohrdoo'rah*) *f*
fatten *v* engordar(se) (*ehngohrdahr', seh*)
faucet *n* grifo (*gree'fo*) *m;* **water —** llave (*lyah'veh*) *f;* espita (*ehspee'tah*) *f*
fault *n* falta (*fahl'tah*) *f;* culpa (*kool'pah*) *f;* **to have —s** tener defectos (*tehnehr' dehfehk'tos*); **to find — with** hallar faltas en (*ahlyahr' fahl'tahs ehn*)
faultless *adj* sin falta (*seen fahl'tah*); sin tacha (*seen tah'chah*); perfecto (*pehrfehk'to*)
faulty *adj* defectuoso (*dehfehktwoh'so*)
faun *n* fauno (*fah'oono*) *m*
fauna *n* fauna (*fah'oonah*) *f*
favor *n* favor (*fahvohr'*) *m;* **to do a —** hacer un favor (*ahsehr' oon fahvohr'*); **in his —** en su favor (*ehn soo* ...); *v* favorecer (*fahvohrehsehr'*); preferir (*prehfehreer'*)
favorable *adj* favorable (*fahvohrah'bleh*); **—bly** *adv* favorablemente (*fahvohrahblehmehn'teh*)
favorite *adj* & *n* favorito (*fahvohree'to*) *m;* muy querido (*mooy kehree'do*)
favoritism *n* favoritismo (*fahvohreetees'mo*) *m*
fear *n* miedo (*myeh'do*) *m;* temor (*tehmohr'*); *v* tener miedo (*tehnehr'* ...); temer (*tehmehr'*)
fearful *adj* miedoso (*myehdoh'so*); espantoso (*ehspahntoh'so*); **— accident** accidente terrible (*ahkseedehn'teh tehrree'bleh*) *m*
fearless *adj* sin miedo (*seen myeh'do*); atrevido (*ahtrehvee'do*)
feasible *adj* práctico (*prahk'teeko*); **it is —** se puede hacer (*seh pweh'deh ahsehr'*)
feast *n* fiesta (*fyehs'tah*) *f;* celebración (*sehlehbrahsyohn'*) *f; v* celebrar (*sehlehbrahr'*); festejar (*fehsteh-hahr'*)
feat *n* hazaña (*ahsah'nyah*) *f;* empresa (*ehmpreh'sah*) *f*
feather *n* pluma (*ploo'mah*) *f*
featherweight *n* (*sport*) peso pluma (*peh'so ploo'mah*) *m*
feature *n* rasgo (*rahs'go*) *m;* carácter (*kahrahk'tehr*) *m;* **double —** programa doble (*prohgrah'mah doh'bleh*) *m;* **facial —s** facciones de la cara (*fahksyoh'nehs deh lah kah'rah*) *f, pl; v* mostrar (*mohstrahr'*), exhibir (*exeebeer'*); destacar (*dehstahkahr'*)
February *n* febrero (*fehbreh'ro*) *m*
fed *adj* alimentado (*ahleemehntah'do*); **I am — up with that** estoy harto de eso (*ehstoy' ahr'to deh eh'so*); ¡basta ahora! (*bahs'tah ahoh'rah*)
federal *adj* federal (*fehdehrahl'*)
federation *n* federación (*fehdehrahsyohn'*) *f*
fee *n* honorarios (*ohnohrah'ryos*) *m;* precio (*preh'syo*) *m;* cuota (*kwoh'tah*) *f*
feeble *adj* débil (*deh'beel*); **—ly** *adv* débilmente (*dehbeelmehn'teh*)
feed *v* alimentar (*ahleemehntahr'*); dar de comer a (*dahr deh kohmehr' ah*); **to —** (*animal*) pacer (*pahsehr'*)
feeding *n* alimento (*ahleemehn'to*) *m*
feel *n* sentido (*sehntee'do*) *m;* tacto (*tahkto*) *m;* sentimiento (*senteemyehn'to*) *m; v* sentir (*sehnteer'*); palpar (*pahlpahr'*); **to — fine** sentirse bien (*sehnteer'seh byehn'*)
feeling *n* sentimiento (*sehnteemyehn'to*) *m;* emoción (*ehmosyohn'*) *f;* **with —** con sentimiento, amor (*kohn* ..., *ahmohr'*)
feet *n, pl* pies (*pyehs*) *m, pl*
feign *v* fingir (*feen-heer'*); simular (*seemoolahr'*)
feint *n* finta (*feen'tah*) *f;* simulación (*seemoolahsyohn'*) *f*
felicitate *v* congratular (*kohngrahtoolahr'*)
felicitation *n* felicitación (*fehleeseetahsyohn'*) *f*
fellow *n* compañero (*kohmpahnyeh'ro*) *m;* **— citizen** conciudadano (*kohnsyoodahdah'no*) *m;* **— member** socio (*soh'syo*) *m;* colega (*kohleh'gah*) *m;* **— traveler** compañero de viaje (*kohmpahnyeh'ro deh vyah'-heh*) *m*

fellowship *n* sociedad (*sohsyehdahd'*) *f;* unión de amigos (*oonyohn' deh ahmee'gos*) *f;* (*academ*) beca (*beh'kah*) *f;* premio (*preh'myoh*) *m;* amistad (*ahmeestahd'*) *f*

felony *n* felonía (*fehlohnee'ah*) *f;* crimen (*kree'mehn*) *m*

female *adj* femenino (*fehmehnee'no*); *n* hembra (*ehm'brah*) *f*

feminine *adj* femenino (*fehmehnee'no*); **— gender** género femenino (*heh'nehro* ...) *m*

fence *n* cerca (*sehr'kah*) *f;* *v* rodear con cerca (*rohdehahr' kohn* ...); **to — in** cercar (*sehrkahr'*); (*sport*) esgrimir (*ehsgreemeer'*); preservar (*prehsehrvahr'*)

fencer *n* esgrimidor (*ehsgreemeedohr'*) *m*

fencing *n* esgrima (*ehsgree'mah*) *f*

fender *n* guardabarros (*gwahrdahbah'rros*) *m*

ferment *n* fermento (*fehrmehn'to*) *m;* *v* fermentar (*fehrmehntahr'*)

fermentation *n* fermentación (*fehrmehntahsyohn'*) *f*

fern *n* helecho (*ehleh'cho*) *m*

ferocious *adj* feroz (*fehros'*); fiero (*fyeh'ro*)

ferocity *n* ferocidad (*fehrohseedahd'*) *f*

ferret *v* investigar (*eenvehsteegahr'*); buscar (*booskahr'*)

ferry *n* barca de trasbordo (*bahr'kah deh trahsbohr'do*) *f;* *v* **to — across** transportar en barca (*trahnspohrtahr' ehn bahr'kah*)

fertile *adj* fértil (*feh'rteel*)

fertility *n* fertilidad (*fehrteeleedahd'*) *f*

fertilize *v* fertilizar (*fehrteeleesahr'*); abonar (*ahbohnahr'*)

fertilizer *n* abono (*ahboh'no*) *m*

fervent *adj* ferviente (*fehrvyehn'teh*); fervoroso (*fehrvohroh'so*)

fervor *n* fervor (*fehrvohr'*) *m;* entusiasmo (*ehntoosyahs'mo*) *m*

festival *n* fiesta (*fyehs'tah*) *f;* celebración (*sehlehbrahsyohn'*) *f*

festivity *n* festividad (*fehsteeveedahd'*) *f;* celebración (*sehlehbrahsyohn'*) *f*

fetch *v* buscar (*booskahr'*)

fetter *v* atar (*ahtahr'*); cerrar con cadenas (*sehrrahr' kohn kahdeh'nahs*); encadenar (*ehncahdehnahr'*)

fetters *n, pl* cadenas (*kahdeh'nahs*) *f, pl;* **to be in —** estar encadenado (*ehstahr' ehnkahdehnah'do*)

feud *n* riña (*ree'nyah*) *f;* **to have a — with** reñir con (*rehnyeer' kohn*)

feudal *adj* feudal (*fehoodahl'*)

feudalism *n* feudalismo (*fehoodahlees'mo*) *m*

fever *n* fiebre (*fyeh'breh*) *f;* calentura (*kahlehntoo'rah*) *f;* **hay —** fiebre del heno (*fyeh'breh dehl eh'no*) *f*

feverish *adj* febril (*fehbreel'*); **he is —** tiene calentura (*tyeh'neh* ...)

few *adj & pr* pocos (*poh'kos*); **a — books** unos libros (*oo'nos lee'bros*) *m, pl;* **just a —** unos pocos

fiancé, e *n* novio, a (*noh'vyo, ah*) *m, f;* prometido, a (*prohmehtee'do, ah*) *m, f*

fiasco *n* fiasco (*fyahs'ko*) *m*

fib *n* mentira (*mehntee'rah*) *f;* **what a —** qué bola (*keh boh'lah*); *v* mentir (*mehnteer'*); decir papas (*dehseer' pah'pahs*)

fibber *n* mentiroso (*mehnteeroh'so*) *m;* embustero (*ehmboosteh'ro*) *m*

fiber *n* fibra (*fee'brah*) *f;* **—s** hebras (*eh'brahs*) *f, pl*

fickle *adj* voluble (*vohloo'bleh*); **woman is —** la mujer es mudable (*lah moo-hehr ehs moodah'bleh*)

fiction *n* ficción (*feeksyohn'*) *f;* invención (*eehnvehnsyohn'*) *f*

fictitious *adj* ficticio (*feektee'syo*); no verdadero (*no vehrdahdeh'ro*); falso (*fahl'so*)

fiddle *n* violín (*vyohleen'*) *m;* *v* tocar el violín (*tohkahr' ehl* ...)

fidelity *n* fidelidad (*feedehleedahd'*) *f;* **high —** alta reproducción, fidelidad (*ahl'tah rehprohdooksyohn',* ...) *f*

fidget *v* moverse nerviosamente (*mohvehr'seh nehrvyohsahmehn'teh*)

field *n* campo (*kahm'po*) *m;* **open —** campo abierto (... *ahbyerh'to*) *m;* **special —** campo, materia principal (..., *mahteh'ryah preenseepahl'*) *m, f*

fiend *n* diablo (*dyah'blo*) *m;* monstruo (*mohns'trwo*) *m*

fierce *adj* fiero (*fyeh'ro*); feroz (*fehros'*)

fierceness *n* fiereza (*fyehreh'sah*) *f;* ferocidad (*fehrohseedahd'*) *f*

fiery *adj* fogoso (*fohgoh'so*)

fig *n* higo (*ee'go*) *m;* **— tree** higuera (*eegheh'rah*) *f*

fight *n* combate (*kohmbah'teh*) *m;* pelea (*pehleh'ah*) *f;* riña (*ree'nyah*) *f;* *v* combatir (*kohmbahteer'*); pelear (*pehlehahr'*); reñir (*rehnyeer'*); dar golpes (*dahr' gohl'pehs*); luchar (*loochahr'*)

fighter *n* combatiente (*kohmbahtyehn'teh*) *m;* peleador (*pehlehahdohr'*) *m;* (*sport*) pugilista (*poo-heelees'tah*) *m*

fighting *n* combate (*kohmbah'teh*) *m;* riña (*ree'nyah*) *f;* *adj* combatiente (*kohmbahtyehn'teh*)

figure *n* figura (*feegoo'rah*) *f;* forma (*fohr'mah*) *f;* **to keep one's —** conservar la línea (*kohnsehrvahr' lah lee'nehah*); **nice —** buena figura (*bweh'nah feegoo'rah*) *f;* (*math*) cifra (*see'frah*) *f;* número (*noo'mehro*) *m;* *v* figurar (*feegoorahr'*); imaginar (*eemah-heenahr'*); **to — out** calcular (*kahlkoolahr'*); descifrar (*dehseefrahr'*)

figurehead *n* jefe sólo en nombre (*heh'feh soh'lo ehn nohm'breh*) *m;* símbolo (*seem'bohlo*) *m*
filament *n* filamento (*feelahmehn'to*) *m;* hilo (*ee'lo*) *m*
filbert *n* avellana (*ahvehlyah'nah*) *f*
filch *v* ratear (*rahtehahr'*)
file *n* hilera (*eeleh'rah*) *f;* línea (*lee'nehah*) *f;* fila (*fee'lah*) *f;* **—s** archivo (*ahrchee'vo*) *m;* lima (*lee'mah*) *f; v* archivar (*ahrcheevahr'*); **to — nails** limar las uñas (*leemahr' lahs oo'nyahs*); **to — past** desfilar (*dehsfeelahr'*)
filial *adj* filial (*feelyahl'*)
filing *n* clasificación (*klahseefeekasyohn'*) *f* limadura (*leemahdoo'rah*) *f*
fill *v* llenar(se) (*lyehnahr', seh*); **to — a position** ocupar un puesto, cargo (*ohkoopahr' oon pwehs'to, kahr'go*); **to — a cavity** empastar un diente (*ehmpahstahr' oon dyehn'teh*); **to — out a blank** llenar un blanco, formulario (*lyehnahr' oon blahn'ko, fohrmoolah'ryo*); **to — up** colmar (*kohlmahr'*); llenar (*lyehnahr'*)
fillet *n* filete (*feeleh'teh*) *m;* cinta (*seen'tah*) *f*
filling *n* relleno (*rehlyeh'no*) *m;* (*tooth*) empaste (*ehmpahs'teh*) *m;* **— station** estación, puesto de gasolina (*ehstahsyohn', pwehs'to de gahsohlee'nah*) *f, m*
film *n* película (*pehlee'koolah*) *f;* **color —** película en colores (*... ehn kohloh'rehs*); vapor (*vahpohr'*) *m;* tela (*teh'lah*) *f;* **roll of —** rollo de película (*roh'lyo deh ...*) *m; v* filmar (*feelmahr'*); hacer films, películas (*ahsehr' feel'ms, ...s*)
filter *n* filtro (*feel'tro*) *m; v* filtrar (*feeltrahr'*)
filth *n* suciedad (*soosyehdahd'*) *f;* lodo (*loh'do*) *m*
filthiness *n* suciedad (*soosyehdahd'*) *f;* porquería (*pohrkehree'ah*) *f;* vulgaridad (*voolgahreedahd'*) *f*
filthy *adj* sucio (*soo'syo*); vulgar (*voolgahr'*)
fin *n* (*fish*) aleta (*ahleh'tah*) *f*
final *adj* final (*feenahl'*); definitivo (*dehfeeneetee'vo*); **—ly** *adv* por fin (*pohr feen*); *n* (*exam*) examen final (*exahmehn' ...*) *m*
finale *n* coda (*koh'dah*) *f*
finance *n* finanzas (*feenahn'sahs*) *f, pl;* **—s** fondos (*fohn'dos*) *m, pl; v* financiar (*feenahnsyahr'*); prestar (*prehstahr'*)
financial *adj* financiero (*feenahnsyeh'ro*); monetario (*mohnehtah'ryo*); de finanza (*deh feenahn'sah*)
financier *n* financiero (*feenahnsyeh'ro*) *m;* (*Am*) financista (*feenahnsees'tah*) *m, f*
financing *n* operación bancaria (*ohpehrahsyohn' bahnkah'ryah*) *f;* dinero prestado (*deeneh'ro prehstah'do*) *m*
finch *n* pinzón (*peensohn'*) *m*
find *v* hallar (*ahlyahr'*); encontrar (*ehnkohntrahr'*); **to — oneself** hallarse; **to — out** aprender (*ahprehndehr'*); saber *sahbehr'*), averiguar (*ahvehreegwahr'*)
finder *n* descubridor (*dehskoobreedohr'*) *m;* (*camera*) visor (*veesohr'*) *m*
finding *n* hallazgo (*ahlyahsgo'*) *m;* **—s** datos (*dah'tos*) *m, pl*
fine *adj* fino (*fee'no*); excelente (*exsehlehn'teh*); **— person** persona buena (*pehrsoh'nah bweh'na*) *f;* **the — arts** bellas artes (*behlyahs ahr'tehs*) *f, pl;* **to feel —** sentirse bien (*sehnteer'seh byehn*); *n* multa (*mool'tah*) *f; v* multar (*moolthar'*)
finery *n* galas (*gah'lahs*) *f, pl*
finesse *n* fineza (*feeneh'sah*) *f;* elegancia (*ehlehgahn'syah*) *f*
finger *n* dedo (*deh'do*) *m;* **— prints** impresiones digitales (*eemprehsyoh'nehs dee-heetah'lehs*) *f, pl; v* tocar (*tohkahr'*); manosear (*mahnohsehahr'*)
fingernail *n* uña (*oo'nyah*) *f;* **— polish** esmalte (*ehsmahl'teh*) *m;* barniz (*bahrnees'*) *m*
finical *adj* melindroso (*mehleendroh'so*)
finicky *adj* melindroso (*mehleendroh'so*); afectado (*ahfehktah'do*)
finish *n* fin (*feen*) *m;* término (*tehr'meeno*) *m;* pulimento (*pooleemehn'to*) *m; v* acabar (*ahkahbahr'*); terminar (*tehrmeenahr'*)
finished *adj* acabado (*ahkahbah'do*); terminado (*tehrmeenah'do*); **a — product** algo pulimentado, refinado (*ahl'go pooleemehntah'do, rehfeenah'do*) *m*
fir *n* abeto (*ahbeh'to*) *m;* oyamel (*ohyahmehl'*) *m*
fire *n* fuego (*fweh'go*) *m;* incendio (*eensehn'dyo*) *m;* **— alarm** alarma de incendios (*ahlahr'mah deh eensehn'dyos*) *f;* **— department** cuerpo de bomberos (*kwehr'po deh bohmbeh'ros*) *m;* **— escape** escalera de salvamento (*ehscahleh'rah de sahlvahmehn'to*) *f;* **— extinguisher** apagador de incendios (*ahpahgahdohr' deh eensehn'dyos*) *m;* **— insurance** seguro contra incendios (*sehgoo'ro kohn'trah eensehn'dyos*) *m;* **to set —** incendiar (*eensehndyahr'*); *v* pegar fuego (*pehgahr' fweh'go*); incendiar (*eensehndyahr'*); (*shoot*) disparar (*deespahrahr'*); **he was "fired"** fue despedido de su empleo (*fweh dehspehdee'do deh soo ehmpleh'o*)
firearm *n* arma de fuego (*ahr'mah deh fweh'go*) *f*
fireball *n* granada (*grahnah'dah*) *f;* meteoro (*mehtehoh'ro*) *m*
firebox *n* caja del fogón (*kah'hah dehl fohgohn'*) *f*

firebrand *n* tizón (*teesohn'*) *m;* pavesa (*pahveh'sah*) *f*
firebug *n* incendiario (*eensehndyah'ryo*) *m*
firecracker *n* triquitraque (*treekeetrah'keh*) *m;* petardo (*pehtahr'do*) *m*
firedamp *n* mofeta (*mohfeh'tah*) *f*
firefly *n* luciérnaga (*loosyehr'nahgah*) *f*
fireman *n* bombero (*bohmbeh'ro*) *m*
fireplace *n* chimenea (*cheemehneh'ah*) *f;* hogar (*ohgahr'*) *m*
fireproof *adj* a prueba de fuego (*ah prweh'bah de fweh'go*); *v* aislar contra el fuego (*ahyslahr' kohn'trah ehl fweh'go*)
fireside *n* sitio de hogar (*see'tyo deh ohgahr'*) *m;* **— chat** plática familiar (*plah'teekah fahmeelyahr'*) *f;* conversación (*kohnvehrsahsyohn'*) *f*
firewood *n* leña (*leh'nyah*) *f*
fireworks *n* fuegos artificiales (*fweh'gos ahrteefeesyah'lehs*) *m, pl*
firing *n* descarga (*dehskahr'gah*) *f*
firm *adj* firme (*feer'meh*); *n* casa comercial (*kah'sah kohmehrsyahl'*) *f;* compañía (*kohmpahnyee'ah*) *f*
firmament *n* firmamento (*feermahmehn'to*) *m;* cielo (*syeh'lo*) *m*
firmness *n* firmeza (*feermeh'sah*) *f*
first *adj* primero (*preemeh'ro*); **— aid** primeros auxilios (*preemeh'ros ahooxee'lyohs*) *m, pl; adv* **in the — place** en primer lugar (*ehn preemehr' loogahr'*); **— of all** primero; **at —** al principio (*ahl preensee'pyo*)
first-aid *n* primeros auxilios (*preemeh'ros ahooxee'lyos*) *m, pl;* ayuda (*ahyoo'dah*) *f*
fish *n* pez (*pehs'*) *m;* (*edible*) **I eat —** yo como pescado (*yoh koh'mo pehskah'do*); **— store** pescadería (*pehskahdehree'ah*) *f; v* pescar (*pehskahr'*)
fisherman *n* pescador (*pehskahdohr'*) *m*
fishery *n* pesquería (*pehskehree'ah*) *f*
fishing *n* pesca (*pehs'kah*) *f;* **to go —** pescar (*pehskahr'*); ir de pesca (*eer deh ...*)
fist *n* puño (*poo'nyo*) *m*
fit *adj* capaz (*kahpahs'*); apto (*ahp'to*); **— person** persona de buena salud (*pehrsoh'nah deh bweh'nah sahlood'*) *f; n* (*suit*) talle (*tah'lyeh*) *m;* (*of cough*) ataque de tos (*ahtah'keh, deh tos*) *m; v* acomodar (*ahkohmohdahr'*); (*suit*) entallar (*ehntahlyahr'*); **it does not — me** no me cabe (*no meh kah'beh*); **it fits well** armoniza (*ahrmohnee'sah*)
fitful *adj* colérico (*kohleh'reeko*)
fitness *n* capacidad (*kahpahseedahd'*) *f;* aptitud (*ahpteetood'*) *f*
fitter *n* arreglador (*ahrrehglahdohr'*) *m*
fitting *adj* apropiado (*ahprohpyah'do*); conveniente (*kohnvehnyehn'teh*); **it is — that** es justo que (*ehs hoos'to keh*)
fix *n* apuro (*ahpoo'ro*) *m;* **to be in a —** encontrarse en dificultad (*ehnkohntrahr'seh ehn deefeekooltahd'*); *v* arreglar (*ahrrehglahr'*); ajustar (*ah-hoostahr'*); componer (*kohmpohnehr'*); **to — up** ajustarse (*ah-hoostahr'seh*); **to — someone up** desquitarse con (*dehskeetahr'seh kohn*)
fixation *n* fijación (*feehahsyohn'*) *f*
fixed *adj* fijo (*fee'ho*); compuesto (*kohmpwehs'to*)
fixture *n* instalación (*eenstahlahsyohn'*) *f;* mueble (*mweh'bleh*) *m;* **light —** lámpara eléctrica (*lah'mpahrah ehlehk'treekah*) *f*
flabby *adj* flojo (*floh'ho*); débil (*deh'beel*); lacio (*lah'syo*)
flag *n* bandera (*bahndeh'rah*) *f; v* hacer señas con una bandera (*ahsehr' seh'nyahs kohn oo'nah ...*)
flagging *adj* flojo (*floh'ho*)
flagrant *adj* flagrante (*flahgrahn'teh*); notorio (*nohtoh'ryo*)
flair *n* índole (*een'dohleh*) *f;* disposición (*deespohseesyohn'*) *f;* **he has a — for** tiene natural inclinación para (*tyeh'neh nahtoorahl' eenkleenahsyohn' pah'rah*); afición (*ahfeesyohn'*) *f*
flake *n* copo (*koh'po*) *m;* **corn —** hojuela de maíz (*oh-hweh'lah deh mahees'*) *f;* **snow —** copo de nieve (*koh'po deh nye'veh*) *m;* estrellita (*ehstrehlyee'tah*) *f;* escama (*ehskah'mah*) *f*
flame *n* llama (*lyah'mah*) *f; v* flamear (*flahmehahr'*)
flaming *adj* llameante (*lyahmehahn'teh*); ardiente (*ahrdyehn'teh*)
flamingo *n* flamenco (*flahmehn'ko*) *m*
flange *n* ribete (*reebeh'teh*) *m*
flank *n* flanco (*flahn'ko*) *m;* lado (*lah'do*) *m; v* flanquear (*flahnkehahr'*); ir al flanco de (*eer ahl flahn'ko deh*)
flannel *n* franela (*frahneh'lah*) *f*
flap *n* aleta (*ahleh'tah*) *f;* cubierta (*koobyehr'tah*) *f; v* aletear (*ahlehtehahr'*); **to — wings** sacudir las alas (*sahkoodeer' lahs ah'lahs*); batir fuerte (*bahteer' fuehr'teh*)
flare *n* llama (*lyah'mah*) *f; v* llamear (*lyahmehahr'*); **to — up** encenderse de ira (*ehnsehndehr'seh deh ee'rah*); estar furioso (*ehstahr' fooryoh'so*)
flare-up *n* furia (*foo'ryah*) *f*
flash *n* rayo (*rah'yo*) *m;* luz (*loos*) *f;* (*lightning*) relámpago (*rehlahm'pahgo*) *m;* **like a —** como un relámpago (*koh'mo oon ...*); **news —** noticia de última hora (*nohtee'syah deh ool'teemah oh'rah*) *f; v* brillar (*breelyahr'*); destellar (*dehstehlyahr'*); **to — news** radiar noticias (*rahdyahr' nohtee'syahs*)

flashlight *n* linterna eléctrica (*leenter'nah ehlehk'treekah*) *f*
flashphoto *n* foto instantánea con flash (*foh'to eenstahntah'nehah kohn flahsh*) *f*
flashy *adj* vistoso (*veestoh'so*)
flask *n* frasco (*frahs'ko*) *m*
flat *adj* llano (*lyah'no*); plano (*plah'no*); **— nose** chato, a (*chah'to, ah*) *m, f;* **— tire** llanta reventada (*lyahn'tah rehvehntah'dah*) *f;* (*coll*) **to be — broke** estar pelado (*ehstahr' pehlah'do*); **he sings —** no canta a tono (*no kahn'tah ah toh'no*); **—ly** *adv* llanamente (*lyahnahmehn'teh*)
flatboat *n* buque plano (*boo'keh plah'no*) *m*
flatiron *n* plancha (*plahn'chah*) *f*
flatness *n* llanura (*lyahnoo'rah*) *f;* (*music*) desentono (*dehsehntoh'no*) *m*
flatten *v* aplastar(se) (*ahplahstahr', seh*); allanar (*ahlyahnahr'*); aplanar (*ahplahnahr'*)
flatter *v* lisonjear (*leesohnhehahr'*); echar flores a (*ehchahr' floh'rehs ah*)
flatterer *n* lisonjero (*leesohnheh'ro*) *m;* zalamero (*sahlahmeh'ro*) *m*
flattering *adj* lisonjero (*leesohnheh'ro*); **— remark** lisonja (*leesohn'hah*) *f*
flattery *n* lisonja (*leesohn'hah*) *f;* adulación (*ahdoolahsyohn'*) *f*
flavor *n* sabor (*sahbor'*) *m;* **without —** sin sabor (*seen ...*); insípido (*eensee'peedo*); *v* dar sabor (*dahr ...*); sazonar (*sahsohnahr'*); condimentar (*kohndeemehntahr'*)
flaw *n* tacha (*tah'chah*) *f;* defecto (*dehfehk'to*) *m*
flawless *adj* sin tacha (*seen tah'chah*); perfecto (*pehrfehk'to*)
flax *n* lino (*lee'no*) *m*
flea *n* pulga (*pool'gah*) *f;* **— market** mercado muy barato (*mehrkah'do mooy bahrah'to*) *m*
flee *v* huir (*weer'*); escapar(se) (*ehskahpahr', seh*)
fleece *n* vellón (*vehlyohn'*) *m;* lana (*lah'nah*) *f;* *v* esquilar (*ehskeelahr'*); defraudar (*dehfrahoodahr'*)
fleecy *adj* lanudo (*lahnoo'do*)
fleet *n* flota (*floh'tah*) *f;* **merchant —** flota mercante (*... mehrkahn'teh*) *f;* armada (*ahrmah'dah*) *f*
fleeting *adj* fugaz (*foogahs'*); rápido (*rah'peedo*)
flemish *adj & n* flamenco (*flahmehn'ko*) *m*
flesh *n* carne (*kahr'neh*) *f;* **— colored** *adj* de color de carne (*deh kohlohr' ...*)
fleshy *adj* carnoso (*kahrnoh'so*); gordito (*gohrdee'to*)
flexibility *n* flexibilidad (*flehxeebeeleedahd'*) *f*
flexible *adj* flexible (*flehxee'bleh*); movible (*mohvee'bleh*)
flicker *n* temblor de luz (*tehmblohr' deh loos*) *m;* *v* temblar (*tehmblahr'*); oscilar (*ohseelahr'*)
flier *n* aviador (*ahvyahdohr'*) *m*
flight *n* fuga (*foo'gah*) *f;* (*air*) vuelo (*vweh'lo*) *m;* **non-stop —** vuelo sin escala (*... seen ehskah'lah*) *m,* directo (*deerehk'to*)
flighty *adj* veleidoso (*vehleheedoh'so*)
flimsy *adj* débil (*deh'beel*); **— reason** razón baladí (*rahsohn' bahlahdee'*) *f*
flinch *v* vacilar (*vahseelahr'*); moverse (*mohvehr'seh*)
fling *n* tiro (*tee'ro*) *m;* golpe (*gohl'peh*) *m;* burla (*boor'lah*) *f;* *v* arrojar(se) (*ahrroh-hahr', seh*); echar(se) (*ehchar', seh*)
flint *n* pedernal (*pehdehrnahl'*) *m*
flip *v* lanzar (*lahnsahr'*); arrojar (*ahrrohhahr'*)
flippant *adj* ligero (*lee-heh'ro*); mudable (*moodah'bleh*); frívolo (*free'vohlo*)
flirt *n* coqueta (*kohkeh'tah*) *f;* *v* coquetear (*kohkehtehahr'*)
flirtation *n* coquetería (*kohkehtehree'ah*) *f*
flit *v* volar (*vohlahr'*); aletear (*ahlehtehahr'*)
float *n* algo flotante (*ahl'go flohtan'teh*) *m;* (*parade*) carroza (*kah'rrosah*) *f;* *v* flotar (*flohtahr'*); tener(se) a flote (*tehnehr, seh, ah floh'teh*); no hundirse (*no oondeer'seh*)
floating *adj* flotante (*flohtahn'teh*); **— gardens** jardines flotantes (*hahrdee'nehs ...*) *m, pl*
flock *n* rebaño (*rehbah'nyo*) *m;* (*animals*) manada (*mahnah'dah*) *f;* bandada (*bahndah'dah*) *f;* **— of people** gentío (*hehntee'o*) *m;* *v* estar en grupo (*ehstahr' ehn groo'po*); **to — together** estar juntos (*ehstahr' hoon'tos*); ir juntos (*eer' ...*)
flog *v* azotar (*ahsohtahr'*); dar golpes (*dahr gohl'pehs*)
flood *n* inundación (*eenoondahsyohn'*) *f;* tempestad de agua (*tehmpehstahd' deh ah'gwah*) *f;* *v* inundar (*eenoondahr'*)
flooding *n* inundación (*eenoondahsyohn'*) *f*
floodlight *n* reflector (*rehflehktohr'*) *m;* luz grande (*loos grahn'deh*) *f*
floor *n* suelo (*sweh'lo*) *m;* **on this —** en este piso (*ehn ehs'teh pee'so*); **I have the —** tengo yo la palabra (*tehn'go yo lah pahlah'brah*); *v* echar al suelo (*ehchahr' ahl ...*); derrotar (*dehrrohtahr'*)

flooring *n* suelo (*sweh'lo*) *m;* pavimento (*pahveemehn'to*) *m*

flop *n* caída (*kahee'dah*) *f;* fracaso (*frahkah'so*) *m; v* caer(se) (*kahehr', seh*); fracasar (*frahkahsahr'*)

floral *adj* floral (*flohrahl'*)

florid *adj* florido (*flohree'do*)

florist *n* florero, a (*flohreh'ro, ah*) *m, f;* florista (*flohrees'tah*) *m, f*

floss *n* seda (*seh'dah*) *f;* **dental —** seda para dientes (... *pah'rah dyehn'tehs*) *f*

flossy *adj* sedoso (*sehdoh'so*)

flounder *n* (*fish*) lenguado (*lehngwah'do*) *m; v* patalear (*pahtahlehahr'*); tropezar (*trohpehsahr'*)

flour *n* harina (*ahree'nah*) *f;* **— mill** molino de harina (*mohlee'no deh* ...) *m*

flourish *n* floreo (*flohreh'o*) *m;* adorno (*ahdohr'no*) *m; v* florecer (*flohrehsehr'*); adornar (*ahdohrnahr'*); **to — a knife** blandir un cuchillo (*blahndeer' oon koochee'lyo*); **to — in the air** agitar por el aire (*ah-heetahr' pohr ehl ah'yreh*); blandir (*blahndeer'*)

floury *adj* harinoso (*ahreeno'so*)

flow *n* corriente (*kohrryehn'teh*) *f;* flujo (*floo'ho*) *m;* caudal (*kahoodahl'*) *m; v* correr (*kohrrehr'*); fluir (*flweer'*)

flower *n* flor (*flohr'*) *f;* **— of youth** nata de juventud (*nah'tah deh hoovehntood'*) *f;* **— garden** jardín de flores (*hahrdeen' deh flohrehs'*) *m; v* florecer (*flohrehsehr'*); (*Am*) florear (*flohrehahr'*); crecer flores (*krehsehr' floh'rehs*)

flowerpot *n* maceta (*mahseh'tah*) *f*

flowervase *n* florero (*flohreh'ro*) *m*

flowery *adj* florido (*flohree'do*); adornado (*ahdohrnah'do*)

flowing *adj* corriente (*kohrryehn'teh*); fluente (*flwehn'teh*)

flu *n* gripe (*gree'peh*) *f;* influenza (*eenflwehn'sah*) *f*

fluctuate *v* fluctuar (*flooktwahr'*); oscilar (*ohseelahr'*)

fluctuation *n* fluctuación (*flooktwahsyohn'*) *f*

fluency *n* fluidez (*flweedehs'*) *f;* facilidad (*fahseeleedahd'*) *f*

fluent *adj* fluente (*flwehn'teh*); fácil (*fah'seel*); **he is — in Spanish** habla español con facilidad (*ah'blah ehspahnyohl' kohn fahseeleedahd'*); **—ly** *adv* fluentemente

fluffy *adj* blando (*blahn'do*); muelle (*mweh'lyeh*)

fluid *adj & n* flúido (*flooee'do*) *m;* líquido (*lee'keedo*) *m*

flunk *n* (*test*) reprobación (*rehprohbahsyohn'*) *f;* fracaso (*frahkah'so*) *m; v* fracasar (*frahkahsahr'*); **to — a subject** fracasar en una materia (... *ehn oo'nah mahteh'ryah*); salir mal (*sahleer' mahl*)

flunky *n* lacayo (*lahkah'yo*) *m*

fluorescent *adj* fluorescente (*flwohrehsehn'teh*); **— light** luz fluorescente (*loos* ...) *f*

flurry *n* ráfaga (*rah'fahgah*) *f;* **snow —** nevada ligera (*nehvah'dah leehheh'rah*) *f; v* alarmar (*ahlahrmahr'*)

flush *n* rubor (*roobohr'*) *m;* chapa (*chah'pah*) *f;* flujo (*floo'ho*) *m; v* sonrojar(se) (*sohnroh-hahr', seh*); echar agua (*ehchahr' ah'gwah*); hacer correr el agua (*ahsehr' kohrrehr' ehl ah'gwah*)

flute *n* flauta (*flah'ootah*) *f*

flutist *n* flaustista (*flahootees'tah*) *m, f*

flutter *n* aleteo (*ahlehteh'o*) *m;* **heart —** vuelco (*vwehl'ko*) *m; v* aletear (*ahlehtehahr'*); agitar(se) (*ah-heetahr', seh*); palpitar (*pahlpeetahr'*)

fluvial *adj* fluvial (*floovyahl'*)

flux *n* flujo (*floo'ho*) *m*

fly *n* mosca (*mohs'kah*) *f; v* volar (*vohlahr'*); **to — off the handle** perder la paciencia (*pehrdehr' lah pahsyehn'syah*); **to — up** volar arriba (... *ahrree'bah*)

flying *adj* de vuelo (*deh vweh'lo*); *pp* volando (*vohlahn'do*)

foam *n* espuma (*ehspoo'mah*) *f;* **— rubber** goma pluma (*goh'mah ploo'mah*) *f; v* espumar (*ehspoomahr'*); echar espuma (*ehchahr'* ...)

focal *adj* focal (*fohkahl'*)

focus *n* foco (*foh'ko*) *m;* centro (*sehn'tro*) *m; v* enfocar (*ehnfohkahr'*); **to — attention on** prestar mucha atención en (*prehstahr' moo'chah ahtehnsyohn' ehn*)

fodder *n* forraje (*fohrrah'heh*) *m;* pastura (*pahstoo'rah*) *f*

foe *n* enemigo (*ehnehmee'go*) *m;* rival (*reevahl'*) *m*

fog *n* niebla (*nyeh'blah*) *f; v* anublar (*ahnooblahr'*); hacer oscuro (*ahsehr' ohskoo'ro*)

foggy *adj* nublado (*nooblah'do*); (*photo*) velado (*vehlah'do*); **— idea** idea confusa (*eedeh'ah kohnfoo'sah*) *f;* **his mind is —** tiene la mente confusa (*tyeh'neh lah mehn'teh kohnfoo'sah*)

foible *n* debilidad (*dehbeeleedahd'*) *f;* **human —s** debilidades humanas (... *oomah'nahs*) *f, pl*

foil *n* hojuela (*oh-hweh'lah*) *f;* florete (*flohreh'teh*) *m; v* descubrir (*dehskoobreer'*); frustrar (*froostrahr'*)

foist *v* engañar (*ehngahnyahr'*)

fold *n* doblez (*dohblehs'*) *m;* redil (*rehdeel'*) *m; v* doblar (*dohblahr'*); plegar (*plehgahr'*)

folded *adj* doblado (*dohblah'do*); plegado (*plehgah'do*)

folder *n* plegador (*plehgahdohr'*) *m;* cubierta para papel (*koobyehr'tah pah'rah pahpehl'*) *f*

folding *adj* plegadizo (*plehgahdee'so*); plegable (*plehgah'bleh*); *p.p.* doblando (*dohblahn'do*); **— chair** silla plegadiza, de tijera (*see'lyah ..., deh teeheh'rah*) *f;* **— door** puerta plegadiza (*pwehr'tah plehgahdee'sah*) *f;* puerta plegable (*... plehgah'bleh*) *f*

foliage *n* follaje (*fohlyah'heh*) *m;* frondas (*frohn'dahs*) *f, pl;* ramas (*rah'mahs*) *f, pl;* ramaje (*rahmah'heh*) *m*

foliation *n* foliación (*fohlyahsyohn'*) *f*

folio *n* folio (*foh'lyo*) *m;* infolio (*eenfoh'lyoh*) *m*

folk *adj* popular (*pohpoolahr'*); de gente común (*deh hehn'teh kohmoon'*), **— customs, songs, tales** costumbres, canciones, cuentos populares (tradicionales) (*kohstoom'brehs, kahnsyohnehs, kwehn'tos pohpoolah'rehs, trahdeesyohnah'lehs*) *f, m, pl; n* gente común (*hehn'teh kohmoon'*) *f;* **my —s** mis padres (*mees pah'drehs*) *m, pl;* mis parientes (*mees pahryehn'tehs*) *m, pl*

folklore *n* folklore (*fohlkloh'reh*) *m*

follow *v* seguir (*sehgheer'*); **do you — my idea?** ¿me comprende usted? (*meh kohmprehn'deh oostehd'*)

follower *n* seguidor (*sehgheedor'*) *m;* discípulo (*deesee'poolo*) *m*

following *adj* siguiente (*seeghyehn'teh*); *n* séquito (*seh'keeto*) *m;* gente (*hehn'teh*) *f*

folly *n* locura (*lohkoo'rah*) *f;* desatino (*dehsahtee'no*) *m*

foment *v* fomentar (*fohmehntahr'*); instigar (*eensteegahr'*)

fomentation *n* fomentación (*fohmehn'tahsyohn'*)

fond *adj* aficionado a (*ahfeesyohnah'do ah*) **to be — of** querer a (*kehrehr' ah*); ser aficionado a (*sehr ...*); **I am — of music** me gusta la música (*meh goos'tah lah moo'seekah*); **—ly** *adv* con cariño (*kohn kahree'nyo*); con amor (*kohn ahmohr'*)

fondle *v* mimar (*meemahr'*); acariciar (*ahkahreesyahr'*)

fondness *n* afición (*ahfeesyohn'*) *f;* cariño (*kahree'nyo*) *m*

font *n* pila (bautismal) (*pee'lah, bahooteesmahl'*) *f*

food *n* alimento (*ahleemehn'to*) *m;* comida (*kohmee'dah*) *f;* comestibles (*kohmehstee'blehs*) *m, pl*

foodstuffs *n, pl* alimentos (*ahleemehn'tos*) *m, pl* víveres (*vee'vehrehs*) *m, pl*

fool *n* tonto (*tohn'to*) *m;* payaso (*pahyah'so*) *m;* bufón (*boofohn'*) *m;* **to play the —** hacer el tonto (*ahsehr' ehl ...*)

foolish *adj* tonto (*tohn'to*); necio (*neh'syo*)

foolishness *n* tontería (*tohntehree'ah*) *f;* estupidez (*ehstoopeedehs'*) *f*

foot *n* pie (*pyeh*) *m;* (*animal*) pata (*pah'tah*) *f;* **on —** a pie (*ah pyeh*); **to — the bill** pagar la cuenta para los otros (*pahgahr' lah kwehn'tah pah'rah los oh'tros*)

football *n* fútbol (*foot'bohl*) *m;* balón de fútbol (*bahlohn' deh ...*) *m;* balompié (*bahlohmpyeh'*) *m*

foothold *n* apoyo (*ahpoh'yo*) *m*

footing *n* base (*bah'seh*) *f;* **on the same —** en la misma condición (*ehn lah mees'mah kohndeesyohn'*)

footlights *n; pl* candilejas (*kahndeeleh'hahs*) *f, pl;* teatro (*tehah'tro*) *m;* luces del teatro (*loo'sehs ...*) *f, pl*

footnote *n* nota al pie de (*noh'tah ahl pyeh deh*) *f;* anotación (*ahnohtahsyohn'*) *f;* nota (*noh'tah*) *f*

footpath *n* senda (*sehn'dah*) *f*

footprint *n* huella (*weh'lyah*) *f*

footstep *n* pisada (*peesah'dah*) *f;* **I hear —s** oigo pasos (*oh'ygo pah'sos*); **to follow in the —s of** seguir las huellas de (*sehgheer' lahs weh'lyahs deh*)

footstool *n* escabel (*ehskahbehl'*) *m;* banquillo (*bahnkee'lyo*) *m*

for *prep* para (*pah'rah*); por (*pohr*); **I'll do it — you** lo haré para usted (*lo ahreh' ... oostehd'*); **— the time being** por ahora (*...ahoh'rah*); *conj* porque (*pohr'keh*); **I'll do it, — I like it** lo haré porque me gusta (*... meh goos'tah*)

forage *n* forraje (*fohrrah'heh*) *m; v* forrajear (*fohrrah-hehahr'*)

foray *n* saqueo (*sahkeh'o*) *m; v* saquear (*sahkehahr'*)

forbear *n* antepasado (*antehpahsah'do*) *m; v* soportar con paciencia (*sohpohrtahr' kohn pahsyehn'syah*); tener paciencia (*tehnehr' ...*)

forbearance *n* indulgencia (*eendoolhehnsyah*) *f*

forbid *v* prohibir (*proheebeer'*)

forbidden *adj* prohibido (*proheebee'do*)

forbidding *adj* chocante (*chohkahn'teh*)

force *n* fuerza (*fwehr'sah*) *f; v* forzar (*fohrsahr'*); usar fuerza (*oosahr' ...*); **to — open** abrir con fuerza (*abreer' kohn ...*)

forced *adj* forzado (*fohrsah'do*); **— open** abierto con fuerza (*ahbyehr'to kohn fwehr'sah*)

forceful *adj* poderoso (*pohdehroh'so*); **a — person** persona enérgica (*pehrsoh'nah ehnehr'heekah*) *f*

forceps *n* pinzas (*peen'sahs*) *f, pl;* tenazas (*tehnah'sahs*) *f, pl*

forcible *adj* poderoso (*pohdehroh'so*); **—bly** *adv* con fuerza (*kohn fwehr'sah*)

ford *n* vado (*vah'do*) *m; v* vadear (*vahdehahr'*)

fore *adj* anterior (*antehryohr'*); *adv* delante (*dehlahn'teh*)
forearm *n* antebrazo (*ahntehbrah'so*) *m; v* armar(se) (*ahrmahr', seh*)
forebode *v* presentir (*prehsehnteer'*); tener presentimiento de (*tehner' prehsehnteemyehn'to deh*)
foreboding *n* presentimiento (*prehsehnteemyehn'to*) *m*
forecast *n* pronóstico (*prohnohs'teeko*) *m;* **weather —** previsión del tiempo (*prehveesyohn' dehl tyehm'po*) *f; v* pronosticar (*prohnohsteekahr'*); prever (*prehvehr'*)
forefather *n* antepasado (*ahntehpahsah'do*) *m*
forefinger *n* índice (*een'deeseh*) *m*
forefoot *n* pata delantera (*pah'tah dehlahnteh'rah*) *f*
forego *v* no tomar (*no tohmahr'*); no hacer (*no ahsehr'*)
foregoing *adj* precedente (*prehsehdehn'teh*)
foregone *adj* pasado (*pahsah'do*)
foreground *n* parte delantera (*pahr'teh dehlahnteh'rah*) *f;* **in the —** en la parte de primer plano (*ehn lah pahr'teh deh preemehr' plah'no*); en frente (*ehn frehn'teh*)
forehead *n* frente (*frehn'teh*) *f*
foreign *adj* extranjero (*extrahnheh'ro*); **— exchange** cambio extranjero (*kahm'byo ...*) *m;* **— trade** comercio al extranjero, exterior (*kohmehr'syo ahl ..., extehryohr'*) *m;* **— -born** persona extranjera (*pehrsoh'nah ...*) *f*
foreigner *n* extranjero, a (*extrahnheh'ro, ah*) *m, f;* forastero, a (*fohrahsteh'ro, ah*) *m, f*
foreman *n* capataz (*kahpahtahs'*) *m;* (*Am*) administrador (*admeeneestrahdohr'*) *m;* (*Am*) caporal (*kahpohrahl'*) *m*
foremost *adj* principal (*preenseepahl'*); primero (*preemeh'ro*)
forenoon *n* (la) mañana (*lah, mahnyah'nah*) *f;* **in the —** por la mañana (*pohr ...*)
forensic *adj* forense (*fohrehn'seh*)
forerunner *n* precursor (*prehkoorsohr'*) *m;* prototipo (*prohtohtee'po*) *m;* predecesor (*prehdehsehsohr'*) *m*
foresee *v* prever (*prehvehr'*)
foreseen *adj* previsto (*prehvees'to*)
foreshadow *v* prever (*prehvehr'*); anunciar de antemano (*ahnoonsyahr' deh antehmah'no*)
foresight *n* previsión (*prehveesyohn'*) *f;* **—ed person** persona perspicaz (*pehrsoh'nah pehrspeekahs'*) *f*
forest *n* bosque (*bohs'keh*) *m;* selva (*sehl'vah*) *f*
forestry *n* silvicultura (*seelveekooltoo'rah*) *f*
foretell *v* predecir (*prehdehseer'*); prever (*prehvehr'*); **to — the future** profetizar (*prohfehteesahr'*)
forever *adv* por siempre (*pohr syehm'preh*)
forewarn *v* avisar de antemano (*ahveesahr' deh ahntehmah'no*)
foreword *n* prefacio (*prehfah'syo*) *m*
forfeit *n* multa (*mool'tah*) *f;* prenda perdida (*prehn'dah pehrdee'dah*) *f; v* perder (*pehrdehr'*); pagar una multa (*pahgahr' oonah ...*)
forge *n* forja (*fohr'hah*) *f; v* forjar (*fohrhahr'*); falsear (*fahlsehahr'*); contrahacer (*kohntrahahsehr'*)
forgery *n* falsificación (*fahlseefeekahsyohn'*) *f*
forget *v* olvidar (*olveedahr'*); olvidarse de (*ohlveedahr'seh deh*); **to — (someone)** descuidar (*dehskweedahr'*); no cuidar (*no kweedahr'*)
forgetful *adj* olvidadizo (*ohlveedahdee'so*); descuidado (*dehskweedah'do*); que olvida (*keh ohlvee'dah*)
forgetfulness *n* olvido (*ohlvee'do*) *m;* negligencia (*nehglee-hehn'syah*) *f*
forging *n* forjadura (*fohrhahdoo'rah*) *f*
forgive *v* perdonar (*pehrdohnahr'*)
forgiven *adj & pp* perdonado (*pehrdohnah'do*)
forgiveness *n* perdón (*pehrdohn'*) *m*
forgiving *adj* clemente (*klehmehn'teh*); generoso (*hehnehroh'so*)
forgotten *pp* olvidado (*ohlveedah'do*); omitido (*ohmeetee'do*)
fork *n* tenedor (*tehnehdohr'*) *m;* (*Am*) trinche (*treen'cheh*) *m; v* bifurcarse (*beefoorkahr'seh*)
forlorn *adj* abandonado (*ahbahndohnah'do*); triste (*trees'teh*)
form *n* forma (*fohr'mah*) *f;* línea (*lee'nehah*) *f;* **application —** forma en blanco (*... ehn blahn'ko*) *f;* (*Am*) esqueleto (*ehskehleh'to*) *m; v* formar(se) (*fohrmahr', seh*)
formal *adj* formal (*fohrmahl'*); oficial (*ohfeesyahl'*); **— affair, party** tertulia de etiqueta (*tehrtoo'lyah deh ehteekeh'tah*) *f;* **— clothes** trajes de etiqueta (*trah'hehs ...*) *m, pl;* **—ly** *adv* formalmente (*fohrmahlmehn'teh*); oficialmente (*ohfeesyahlmehn'teh*)
formality *n* formalidad (*fohrmahleedahd'*) *f;* formalismo (*fohrmahlees'mo*) *m;* ceremonia (*sehrehmoh'nyah*) *f;* legalidad (*lehgaleedahd'*) *f*
formation *n* formación (*fohrmahsyohn'*) *f*
formative *adj* formativo (*fohrmahtee'vo*); **— years** años principiantes (*ah'nyos preenseepyahn'tehs*) *m, pl;* importante (*eempohrtahn'teh*)

former *adj* precedente (*prehsehdehn'teh*); anterior (*ahntehryohr'*)
formidable *adj* formidable (*fohrmeedah'bleh*)
formula *n* fórmula (*fohr'moolah*) *f*
formulate *v* formular (*fohrmoolahr'*); hacer fórmulas (*ahsehr' fohr'moolahs*); articular (*ahrteekoolahr'*)
fornicate *v* fornicar (*fohrneekahr'*)
forsake *v* abandonar (*ahbahndohnahr'*); dejar (*deh-hahr'*)
forsaken *adj* abandonado (*ahbahndohnah'do*)
forsooth *adv* en verdad (*ehn vehrdahd'*); ¡cierto! (*syehr'to*)
fort *n* fuerte (*fwehr'teh*) *m; (milit)* fortaleza (*fohrtahleh'sah*) *f*
forth *adv* adelante (*ahdehlahn'teh*); **and so —** etcétera (*ehtseh'tehrah*); **go —** vaya usted adelante (*vah'yah oostehd' ...*)
forthcoming *adj* próximo (*proh'xeemo*); que viene (*keh vyeh'neh*)
forthwith *adv* en seguida (*ehn sehghee'dah*)
fortification *n* fortificación (*fohrteefeekahsyohn'*) *f*
fortify *v* fortificar (*fohrteefeekahr'*); hacer fuerte (*ahsehr' fwehr'teh*); corroborar (*kohrrohbohrahr'*)
fortitude *n* fuerza de carácter (*fwehr'sah deh kahrahk'tehr*) *f*; fortaleza (*fohrtahleh'sah*) *f*
fortnight *n* quince días (*keen'seh dee'ahs*) *m, pl;* dos semanas (*dohs sehmah'nahs*) *f, pl*
fortress *n* fortaleza (*fohrtahleh'sah*) *f;* alcázar (*ahlkah'sahr*) *m*
fortuitous *adj* inesperado (*eenehspehrah'do*); casual (*kahswahl'*)
fortunate *adj* afortunado (*ahfohrtoonah'do*); **—ly** *adv* afortunadamente (*ahfohrtoonahdahmehn'teh*); por fortuna (*pohr fohrtoonah*); menos mal (*meh'nos mahl*)
fortune *n* fortuna (*fohrtoo'nah*) *f;* suerte (*swehr'teh*) *f;* bienes (*byeh'nehs*) *m, pl*
forum *n* foro (*foh'ro*) *m*
forward *adv* delantero (*dehlahnteh'ro*); **a — person** una persona atrevida (*oo'nah pehrsoh'nah ahtrehvee'dah*) *f; adv* adelante (*ahdehlahn'teh*); *v* enviar (*ehnvyahr'*); despachar (*dehspahchahr'*); expedir (*expehdeer'*)
fossil *adj & n* fósil (*foh'seel*) *m*
foster *adj* adoptivo (*ahdohptee'vo*); **— parents** padres adoptivos (*pah'drehs ...s*) *m, pl; v* criar (*kryahr'*); promover (*prohmohvehr'*)
foul *adj* sucio (*soo'syo*); puerco (*pwehr'ko*); **— play** juego sucio (*hweh'go ...*) *m;* mala conducta (*mah'lah kohndook'tah*) *f;* **— weather** mal tiempo (*mahl tyehm'po*) *m; v* ensuciar (*ehnsoosyahr'*); hacer sucio (*ahsehr' soo'syo*)
foul-mouthed *adj* obsceno (*ohbseh'no*); vulgar (*voolgahr'*)
found *v* fundar (*foondahr'*); establecer (*ehstahblehsehr'*)
foundation *n* fundación (*foondahsyohn'*) *f;* primer plano (*preemehr' plah'no*) *m*
founder *n* fundador (*foondahdohr'*) *m*
fountain *n* fuente (*fwehn'teh*) *f;* **— pen** pluma fuente (*ploo'mah ...*) *f;* **soda —** *(Am)* fuente de soda (*... deh soh'dah*) *f*
fourth *adj & n* cuarto (*kwahr'to*) *m*
fowl *n* ave (*ah'veh*) *f*
fox *n* zorro, a (*soh'rro, ah*) *m, f;* **like a —** como una zorra (*koh'mo uhnah ...*)
foxy *adj* zorruno (*sohrroo'no*); astuto (*ahstoo'to*)
fraction *n* fracción (*frahksyohn'*) *f*
fracture *n* fractura (*frahktoo'rah*) *f;* rotura (*rohtoo'rah*) *f; v* romper (*rohmpehr'*); quebrar (*kehbrahr'*)
fragile *adj* frágil (*frah'heel*)
fragment *n* fragmento (*frahgmehn'to*) *m;* trozo (*troh'so*) *m*
fragrance *n* fragancia (*frahgahn'syah*) *f;* olor (*ohlohr'*) *m*
fragrant *adj* fragante (*frahgahn'teh*); oloroso (*ohlohroh'so*)
frail *adj* débil (*deh'beel*)
frailty *n* debilidad (*dehbeeleedahd'*) *f;* delicadeza (*dehleekahdeh'sah*) *f*
frame *n* marco (*mahr'ko*) *m;* armazón (*ahrmahsohn'*) *f; v* poner en marco (*pohnehr' ehn mahr'ko*); formar (*fohrmahr'*); **to — up** acusar deshonestamente (*ahkoosahr' dehsohnehstahmehn'teh*); forjar (*fohrhahr'*)
framework *n* estructura (*ehstrooktoo'rah*) *f*
franc *n* franco (*frahn'ko*) *m;* **French —** franco francés (*... frahnseh's*) *m*
franchise *n* privilegio (*preeveeleh'hyo*) *m;* sufragio (*soofrah'hyo*) *m*
frank *adj* franco (*frahn'ko*); abierto (*ahbyehr'to*); sincero (*seenseh'ro*)
frankfurter *n* salchicha norte-americana (*sahlchee'chah nohr-tehahmehreekah'nah*) *f*
frankness *n* franqueza (*frahnkeh'sah*) *f;* honestidad (*ohnehsteedahd'*) *f*
frantic *adj* frenético (*frehneh'teeko*); desesperado (*dehsehspehrah'do*); **—ally** *adv* frenéticamente (*...mehn'teh*)
fraternal *adj* fraternal (*frahtehrnahl'*); como hermanos (*koh'mo ehrmah'nos*)
fraternity *n* fraternidad (*frahtehrneedahd'*) *f;* **college —** sociedad universitaria (*sohsyehdahd' ooneevehrseetah'ryah*) *f*

fraternize *v* fraternizar (*frahtehrneesahr'*); confraternar (*kohnfrahtehrnahr'*)

fraud *n* fraude (*frah'oodeh*) *m;* engaño (*ehngah'nyo*) *m*

fraudulence *n* fraudulencia (*frahoodoolehn'syah*) *f;* engaño (*ehngah'nyo*) *m;* trampa (*trahm'pah*) *f*

fray *n* riña (*ree'nyah*) *f;* disputa (*deespoo'tah*) *f;* *v* romper (*rohmpehr'*); pelear (*pehlehahr'*)

freak *n* capricho (*kahpree'cho*) *m;* persona o cosa rara (*pehrsoh'nah oh koh'sah rah'rah*) *f;* monstruo (*mohn'strwo*) *m*

freakish *adj* caprichoso (*kahpreechoh'so*); curioso (*kooryoh'so*); extraño (*ehxtrah'nyo*)

freckle *n* peca (*peh'kah*) *f;* **— faced** *adj* pecoso (*pehkoh'so*)

freckled *adj* pecoso (*pehkoh'so*); **to be —** ser, ponerse pecoso (*sehr, pohnehr'seh ...*)

free *adj* libre (*lee'breh*); gratuito (*grahtwee'to*); **to be — of** estar libre de (*ehstahr' ... deh*); **care—** libre de cuidado (*lee'breh deh kweedah'do*); **have a — hand in** tener libertad de acción en (*tehnehr' leebehrtadh' deh ahksyohn' ehn*); **— verse** verso suelto (*vehr'so swehl'to*) *m;* **—ly** *adv* libremente (*leebrehmehn'teh*); con libertad (*kohn leebehrtahd'*)

freedom *n* libertad (*leebehrtahd'*) *f*

freeze *n* helada (*ehlah'dah*) *f;* *v* helar(se) (*ehlahr'seh*)

freezer *n* congelador (*kohnhehlahdohr'*) *m;* (*Am*) heladora (*ehlahdoh'rah*) *f*

freezing *adj* helado (*ehlah'do*); muy frío (*moo'y free'o*); **— point** punto de congelación (*poon'to deh kohnhehlahsyohn'*) *m;* **— weather** tiempo glacial (*tyehm'po glahsyahl'*) *m;* *n* congelación (*kohnhehlahsyohn'*) *f*

freight *n* carga (*kahr'gah*) *f;* flete (*fleh'teh*) *m;* **— train** tren de carga (*trehn' deh ...*) *m*

French *adj* francés (*frahnsehs'*); *n* francés *m;* **— language** idioma francés (*eedyoh'mah ...*) *m*

Frenchman *n* francés (*frahnsehs'*) *m*

frenzy *n* frenesí (*frehnehsee'*) *m;* locura (*lohkoo'rah*) *f*

frequency *n* frecuencia (*frehkwehn'syah*) *f*

frequent *adj* frecuente (*frehkwehn'teh*); **—ly** *adv* frecuentemente

fresco *n* pintura (*peentoo'rah*) *f;* pintura al fresco (*...ahl frehs'ko*) *f*

fresh *adj* fresco (*frehs'ko*); nuevo (*nweh'vo*); reciente (*rehsyehn'teh*); (*coll*) impertinente (*eempehrteenehn'teh*)

freshen *v* refrescar (*rehfrehskahr'*); **— up** refrescarse (*rehfrehskahr'seh*)

freshman *n* novicio (*nohvee'syo*) *m;* estudiante del primer año (*ehstoodyahn'teh dehl preemehr' ah'nyo*) *m;* principiante (*preenceepyahn'teh*) *m, f*

freshness *n* frescura (*frehskoo'rah*) *f;* descaro (*dehskah'ro*) *m*

fret *n* irritación (*eerreetahsyohn'*) *f;* agitación (*ah-heetahsyohn'*) *f;* *v* irritar(se) (*eerreetahr', seh*); agitarse (*ah'heetahr'seh*)

fretful *adj* irritado (*eerreetah'do*); agitado (*ah-heetah'do*); nervioso (*nehrvyoh'so*)

fretfulness *n* mala gana (*mah'lah gah'nah*) *f;* agitación (*ahheetahsyohn'*) *f*

fretting *n* irritación (*eerreetahsyohn'*) *f*

friar *n* fraile (*frah'yleh*) *m*

friction *n* fricción (*freeksyohn'*) *f*

Friday *n* viernes (*vyehr'nehs*) *m*

fried *adj* frito (*free'to*)

friend *n* amigo, a (*ahmee'go, ah*) *m, f;* **a — of mine** un amigo mío (*oon ... mee'o*) *m*

friendless *adj* sin amigos (*seen ahmee'gohs*)

friendliness *n* amistad (*ahmeestahd'*) *f;* bondad (*bohndahd'*) *f*

friendly *adj* amistoso (*ahmeestoh'so*); **— gesture** acción amistosa (*ahksyohn' ...ah*) *f*

frieze *n* friso (*free'so*) *m*

frigate *n* fragata (*fragah'tah*) *f*

fright *n* susto (*soos'to*) *m;* terror (*tehrrohr'*) *m*

frighten *v* asustar (*ahsoostahr'*); espantar (*ehspahntahr'*)

frightened *adj* asustado (*ahsoostah'do*); **to be —** asustarse (*ahsoostahr'seh*); tener susto (*tehnehr' soos'to*), miedo (*myeh'do*)

frightful *adj* espantoso (*ehspahntoh'so*); horrible (*ohrree'bleh*)

frigid *adj* frígido (*free'heedo*); frío (*free'o*)

frill *n* vuelo (*vweh'lo*) *m;* adorno de ropa (*ahdohr'no deh roh'pah*) *m*

fringe *n* orla (*ohr'lah*) *f;* franja (*frahn'hah*) *f;* borde (*bohr'deh*) *m;* **— benefits** beneficios secundarios (*behnehfee'syos sehkoondah'ryos*) *m, pl;* **—s** bordes (*bohr'dehs*) *m, pl*

frisk *v* saltar (*sahltahr'*); brincar (*breenkahr'*); (*coll*) cachear (*kahchehahr'*)

frisky *adj* alegre (*ahleh'greh*)

fritter *n* fritura (*freetoo'rah*) *f;* pedazo (*pehdah'so*) *m;* trozo (*troh'so*) *m;* *v* malgastar (*mahlgahstahr'*); **to — away** desaparecer lentamente (*dehsahpahrehsehr' lehntahmehn'teh*); desvanecer (*dehsvahnehsehr'*)

frivolous *adj* frívolo (*free'vohlo*); petulante (*pehtoolahn'teh*)
frizzle *v* rizar (*reesahr'*)
frock *n* blusa (*bloo'sah*) *f;* vestido (*vehstee'do*) *m;* — **coat** levita (*lehvee'tah*) *f;* levitón (*lehveetohn'*) *m*
frog *n* rana (*rah'nah*) *f*
frolic *n* alegría (*ahlehgree'ah*) *f;* juego (*hweh'go*) *m; v* estar alegre (*ehstahr' ahleh'greh*); retozar (*rehtohsahr'*)
from *prep* de (*deh*); desde (*dehs'deh*); después (*dehspwehs'*)
front *adj* delantero (*dehlahnteh'ro*); *n* frente (*frehn'teh*) *m;* parte delantera (*pahr'teh dehlahnteh'rah*) *f;* **in — of** frente a (*frehn'teh ah*); enfrente de (*ehnfrehn'teh deh*)
frontage *n* parte frontera (*pahr'teh frohnteh'rah*) *f*
frontal *adj & n* frontal (*frohntahl'*) *m*
frontier *adj* fronterizo (*frohntehree'so*); *n* frontera (*frohnteh'rah*) *f*
frost *n* helada (*ehlah'dah*) *f;* escarcha (*ehskahr'chah*); *v* helar (*ehlahr'*); escarchar (*ehskahrchahr'*)
frosting *n* escarcha (*ehskahr'chah*) *f;* (*dessert*) confitura (*kohnfeetoo'rah*) *f*
frosty *adj* escarchado (*ehskahrchah'do*); con hielo (*kohn yeh'lo*)
froth *n* espuma (*ehspoo'mah*) *f; v* hacer espuma (*ahsehr' ...*); echar espuma (*ehchahr' ...*)
frothy *adj* espumoso (*ehspoomoh'so*); vano (*vah'no*)
frown *n* ceño (*seh'nyo*) *m;* enojo (*ehnoh'ho*) *m; v* fruncir el ceño (*froonseer' ehl ...*); **to — upon** no aprobar (*no ahprohbahr'*)
frozen *adj* helado (*ehlah'do*); **— meat** carne congelada (*kahr'neh kohnhehlah'dah*) *f*
frugal *adj* frugal (*froogahl'*); económico (*ehkohnoh'meeko*)
frugality *n* frugalidad (*froogahleedahd'*) *f;* economía (*ehkohnohmee'ah*) *f;* sobriedad (*sobryehdahd'*) *f*
fruit *n* (*of a tree, etc.*) fruto (*froo'to*) *m;* (*edible*) fruta (*froo'tah*) *f;* **plate of —** plato de frutas (*plah'to deh ...s*) *m*
fruitcake *n* torta de frutas (*tohr'tah deh froo'tahs*) *f*
fruitful *adj* fructuoso (*frooktwoh'so*); **— mind** mente productiva (*mehn'teh prohdooktee'vah*) *f*
fruition *n* fruición (*frweesyohn'*) *f*
fruitless *adj* infructuoso (*eenfrooktwoh'so*); **— search** busca sin resultados (*boos'kah seen rehsooltah'dos*) *f*
fruit salad *n* macedonia de frutas (*mahsehdoh'nyah deh froo'tahs*) *f*
fruitstand *n* puesto de frutas (*pwehs'to deh froo'tahs*) *m*
fruitstore *n* frutería (*frootehree'ah*) *f*
frustrate *v* frustrar (*froostrahr'*)
frustration *n* frustración (*froostrahsyohn'*) *f*
fry *n* fritura (*freetoo'rah*) *f;* **fish —** fritura de pescado (*... deh pehskah'do*) *f; v* freír (*freheer'*)
frying pan *n* sartén (*sahrtehn'*) *f*
fudge *n* dulce de chocolate (*dool'seh deh chohkohlah'teh*) *m*
fuel *n* combustible (*kohmboostee'bleh*) *m;* **— oil** aceite combustible (*ahseh'yteh ...*) *m*
fueling *n* combustibles, *m, pl*
fugitive *adj & n* fugaz (*foogahs'*); fugitivo (*fooheetee'vo*) *m;* **— from law** persona que se escapa (*pehrsoh'nah keh seh ehskah'pah*) *f;* prófugo (*proh'foogo*) *m*
fulfill *v* cumplir con (*koompleer' kohn*); **to — a desire** realizar un deseo (*rehahleesahr' oon dehseh'o*); **to — a task** llevar a cabo una tarea (*lyehvahr' ah kah'bo oo'nah tahreh'ah*); completar (*kohmplehtahr'*)
fulfillment *n* cumplimiento (de) *koompleemyehn'to, deh*) *m;* realización (de) (*rehahleesahsyohn', deh*) *f*
full *adj* lleno (*lyeh'no*); harto (*ahr'to*); **— glass** vaso lleno (*vah'so ...*) *m;* **— house** casa llena de gente (*kah'sah lyeh'nah deh hehn'teh*) *f;* **— moon** luna llena (*loo'nah lyeh'nah*) *f;* **— time employee** empleado regular (*ehmplehah'do rehgoolahr'*) *m;* **at — speed** a toda velocidad (*ah toh'dah vehlohseedahd'*); **it is in —swing** está en plena acción (*ehstah' ehn pleh'nah ahksyohn'*); *adv* por completo (*pohr kohmpleh'to*); **— fully** completamente (*kohmplehtahmehn'teh*); por completo (*pohr kohmpleh'to*)
fullness *n* llenura (*lyehnoo'rah*) *f;* **with — of heart** con generosidad (*kohn hehnehrohseedahd'*)
fulsome *adj* ofensivo (*ohfehnsee'vo*)
fumble *v* chapucear (*chahpoosehahr'*); estar incierto (*ehstahr' eensyehr'to*); (*sport*) soltar la pelota (*sohltahr' lah pehloh'tah*)
fume *n* vapor (*vahpohr'*) *m;* humo (*oo'mo*) *m; v* humear (*oomehahr'*); (*fig*) tener cólera (*tehnehr' koh'lehrah*)
fumigate *v* fumigar (*foomeegahr'*)
fun *n* broma (*broh'mah*) *f;* chanza (*chahn'sah*) *f;* (Am) choteo (*chohteh'o*) *m;* **to have —** divertirse (*deevehrteer'seh*); **to make — of** burlarse de (*boorlahr'seh deh*); chotear(se) (*chohtehahr', seh*); tomar el pelo a (*tohmahr' ehl peh'lo ah*)
function *n* función (*foonsyohn'*) *f; v* funcionar (*foonsyohnahr'*); **it does not —** no marcha bien, no funciona (*no mahr'chah byehn, no foonsyoh'nah*)

fund *n* fondo (*fohn'do*) *m;* dinero para fondos (*deeneh'ro pah'rah ...s*) *m;* caudal (*kahoodah'l*) *m; v* colocar fondos (*kohlohkahr' ...*)

fundamental *adj* fundamental (*foondahmehntahl'*); **— point** punto más importante (*poon'to mahs eempohrtahn'teh*) *m*

funeral *adj & n* funeral (*foonehrahl'*) *m; adj* fúnebre (*foo'nehbreh*); **— car** carroza fúnebre (*kahrroh'sah ...*) *f*

funnel *n* embudo (*ehmboo'do*) *m;* chimenea (*cheemehneh'ah*) *f*

funny *adj* cómico (*koh'meeko*); chistoso (*cheestoh'so*); **to read the funnies** leer las tiras cómicas (*lehehr' lahs tee'rahs koh'meekahs*)

fur *n* piel (*pyehl'*) *f;* **— coat** abrigo de piel (*ahbree'go deh ...*) *m;* **— lining** forro de piel (*foh'rroh deh ...*); *v* forrar con pieles (*fohrrahr' kohn pyeh'lehs*)

furious *adj* furioso (*fooryoh'so*); violento (*vyohlehn'to*)

furl *v* arrollar (*ahrrohlyahr'*); plegar (*plehgahr'*)

furlong *n* estadio (*ehstah'dyo*) *m*

furlough *n* licencia militar (*leesehn'syah meeleetahr'*) *f;* permiso (*pehrmee'so*) *m;* **he is on —** tiene licencia (*tyeh'neh ...*)

furnace *n* horno (*ohr'no*) *m;* **oil —** horno de petróleo (*ohr'no deh pehtroh'leho*) *m*

furnish *v* proveer (*prohvehehr'*); equipar (*ehkeepahr'*); amueblar (*ahmwehblahr'*)

furnished *adj* amueblado (*ahmwehblah'do*); **— apartment** apartamento amueblado (*ahpahrtahmehn'to ...*) *m*

furniture *n* muebles (*mweh'blehs*) *m, pl*

furor *n* furor (*foorohr'*) *m;* fama (*fah'mah*) *f;* ruido (*rwee'do*) *m*

furrow *n* surco (*soor'ko*) *m;* arruga (*ahrroo'gah*) *f; v* surcar (*soorkahr'*); arar los campos (*ahrar' los kahm'pos*)

furry *adj* como piel (*koh'mo pyehl*)

further *adj* más lejano (*mahs leh-hah'no*); **a — point** un punto más (*oon poon'to mahs*) *m; adv* más lejos (*mahs leh'hos*); *v* promover (*prohmohvehr'*); **to — a cause** adelantar una causa (*ahdehlahntahr' oo'nah kah'oosah*); ayudar (*ahyoodahr'*)

furthermore *adv* además (*ahdehmahs'*)

further *adj* más lejano (*mahs leh-hah'no*); *hah'no*); *adv* más lejos (*mahs leh'hos*)

furtive *adj* furtivo (*foortee'vo*); secreto (*sehkre'to*)

fury *n* furia (*foo'ryah*) *f;* **in —** furiosamente (*fooryohsahmehn'teh*)

fuse *n* (*elec*) fusible (*foosee'bleh*); *v* fundir (se) con (*foondeer', seh kohn*); amalgamar (*ahmahlgahmahr'*)

fuselage *n* fuselaje (*foosehlah'heh*) *m*

fuss *n* ruido (*rwee'do*) *m;* bulla (*boo'lyah*) *f;* **to make a — over** preocuparse de (*prehohkkoopahr'seh deh*); *v* preocuparse de (...); tener demasiado cuidado (*tehnehr' dehmahsyah'do kweedah'do*)

fussy *adj* exigente (*exee-hehn'teh*); particular (*pahrteekoolahr'*); **— person** persona difícil, melindrosa (*pehrsoh'nah deefee'seel, mehleendroh'sah*) *f*

futile *adj* fútil (*foo'teel*); vano (*vah'no*); inútil (*eenoo'teel*)

futility *n* futilidad (*footeeleedahd'*) *f;* vanidad (*vahneedahd'*) *f*

future *adj & n* futuro (*footoo'ro*) *m; n* porvenir (*pohrvehneer'*) *m*

futurism *n* futurismo (*footoorees'mo*) *m*

futurity *n* futuro (*footoo'ro*) *m;* porvenir (*pohrvehneer'*) *m*

fuzz *n* pelusa (*pehloo'sah*) *f;* vello (*veh'lyo*) *m*

fuzzy *adj* velloso (*vehlyoh'so*); de pelusa (*deh pehloo'sah*); borroso (*bohrroh'so*)

G

gab *n* charla (*chahr'lah*) *f;* **gift of —** facundia de hablar (*fahkoon'dyah deh ahblahr'*) *f; v* charlar (*chahrlahr'*); parlotear (*pahrlohtehahr'*)

gabardine *n* gabardina (*gahbahrdee'-nah*) *f*

gabble *v* charlar (*chahrlahr'*)

gadget *n* chisme (*chees'meh*) *m;* adminículo (*ahdmeenee'koolo*) *m;* artefacto (*ahrtehfahk'to*) *m*

gag *n* mordaza (*mohrdah'sah*) *f;* broma (*broh'mah*) *f;* burla (*boor'lah*) *f;* chiste (*chees'teh*) *m; v* amordazar (*ah-mohrdahsahr'*); basquear (*bahskeh-ahr'*); decir chistes (*dehseer' chees'-tehs*)

gage *n* prenda (*prehn'dah*) *f*

gaiety *n* alegría (*ahlehgree'ah*) *f;* viveza (*veeveh'sah*) *f*

gaily *adv* alegremente (*ahlehgrehmehn'-teh*)

gain *n* ganancia (*gahnahn'syah*) *f;* provecho (*prohveh'cho*) *m; v* ganar (*gah-nahr'*)

gait *n* paso (*pah'so*) *m;* andadura (*ahn-dahdoo'rah*) *f*

gale *n* ventarrón (*vehntahrrohn'*) *m;* **— of laughter** risotada (*reesohtah'dah*) *f;* carcajada (*kahrkah-hah'dah*) *f;* risada (*reesah'dah*) *f*

gall *n* bilis (*bee'lees*) *f;* amargura (*ah-mahrgoo'rah*) *f;* cólera (*koh'lehrah*) *f;* **— bladder** vejiga de la bilis (*veh-hee'-gah deh lah ...*) *f; v* enfadar (*ehnfah-dahr'*); irritar (*eerreetahr'*); molestar (*mohlehstahr'*)

gallant *adj* valiente (*vahleyhn'teh*); noble (*noh'bleh*); cortés (*kohrtehs'*); *n* galán (*gahlahn'*) *m*

gallantry *n* galantería (*gahlahntehree'-ah*) *f;* bravura (*brahvoo'rah*) *f*

gallery *n* galería (*gahlehree'ah*) *f;* **art —** museo (*mooseh'o*) *m*

galley *n* galera (*gahleh'rah*) *f;* **— proof** galerada (*gahlehrah'dah*) *f;* **— ship** buque de galera (*boo'keh deh ...*) *m;* **— slave** galeote (*gahlehoh'teh*) *m*

gallon *n* galón (*gahlohn'*) *m*

gallop *n* galope (*gahloh'peh*) *m; v* galopear (*gahlohpehahr'*); **at a —** a galope (*ah gahloh'peh*)

gallows *n* horca (*ohr'kah*) *f*

galore *adv* en abundancia (*ehn ahboon-dahn'syah*)

galoshes *n, pl* chanclos (*chahn'klos*) *m, pl;* zapatones (*sahpahtoh'nehs*) *m, pl*

gamble *v* jugar (*hoogahr'*); arriesgar (*ahrryehsgahr'*); **to — away** perder en el juego (*pehrdehr' ehn ehl hweh'go*); **to — everything** jugar el todo por el todo (*hoogahr' ehl toh'do pohr ehl toh'-do*); arriesgarlo todo (*ahrryehsgahr'-lo toh'do*); *n* apuesta (*ahpwehs'tah*) *f;* riesgo (*ryehs'go*) *m;* jugada (*hoo-gah'dah*) *f*

game *adj* valiente (*vahlyehn'teh*); atrevido (*ahtrehvee'do*); valeroso (*vahleh-roh'so*); *n* juego (*hweh'go*) *m;* deporte (*dehpohr'teh*) *m;* caza (*kah'sah*) *f;* **to make — of** mofarse de (*mohfahr'seh deh*); burlarse de (*boorlahr'seh deh*)

gang *n* cuadrilla (*kwahdree'lyah*) *f;* pandilla (*pahndee'lyah*) *f;* **to — up (on)** conspirar contra (*kohnspeerahr' kohn-trah*)

gangplank *n* plancha (*plahn'chah*) *f*

gangrene *n* gangrena (*gahngreh'nah*) *f*

gangster *n* bandolero (*bahndohleh'ro*) *m;* bandido (*bahndee'do*) *m;* (*Am, coll*) gángster (*gahns'tehr*) *m*

gangway *n* paso (*pah'so*) *m;* plancha (*plahn'chah*) *f;* portalón (*pohrtah-lohn'*) *m*

gap *n* brecha (*breh'chah*) *f;* hueco (*weh'-ko*) *m;* abertura (*ahbehrtoo'rah*) *f;* **— of time** intervalo (*eentehrvah'lo*) *m*

gape *n* brecha (*breh'chah*) *f; v* boquear (*bohkehahr'*); quedarse con la boca abierta (*kehdahr'seh kohn lah boh'kah ahbyehr'tah*)

garage *n* garaje (*gahrah'heh*) *m;* cochera (*kohcheh'rah*) *f*

garb *n* vestido (*vehstee'do*) *m;* aspecto (*ahspehk'to*) *m; v* vestir(se) (*vehs-teer', seh*); ataviar(se) (*ahtahvyahr', seh*)

garbage *n* basura (*bahsoo'rah*) *f*

garden *n* jardín (*hahrdeen'*) *m;* huerta (*wehr'tah*) *f; v* cultivar un jardín (*koolteevahr' oon ...*)

gardener *n* jardinero, a (*hahrdeeneh'ro, ah*) *m, f;* hortelano, a (*ohrtehlah'no, ah*) *m, f*

gargle *n* gargarismo (*gahrgahrees'mo*) *m;* (*Am*) gárgaras (*gahr'gahrahs*) *f, pl; v* gargarizar (*gahrgahreesahr'*); (*Am*) hacer gárgaras (*ahsehr' ...*)

garland *n* guirnalda (*gheernahl'dah*) *f*

garlic *n* ajo (*ah-ho*) *m*

garment *n* prenda (*prehn'dah*) *f;* vestidura (*vehsteedoo'rah*) *f*
garnish *n* adorno (*ahdohr'no*) *m;* *v* aderezar (*ahdehrehsahr'*); adornar (*ahdohrnahr'*) *f*
garret *n* desván (*dehsvahn'*) *m*
garrison *n* guarnición (*gwahrneesyohn'*) *f;* *v* guarnecer (*gwahrnehsehr'*) (*milit*)
garrulous *adj* locuaz (*lohkwahs'*)
garter *n* jarretera (*hahrrehteh'rah*) *f*
gas *n* gas (*gahs*) *m;* gasolina (*gahsohlee'nah*) *f;* — **burner** mechero (*mehcheh'ro*) *m;* — **stove** cocina de gas (*kohsee'nah deh ...*) *f;* **tear** — gas lacrimógeno (*... lahkreemoh'hehno*) *m;* *v* asfixiar con gas (*ahsfeeksyahr' kohn ...*); **to — up** llenar con gasolina (*lyehnahr' ...*); bencina (*behnsee'nah*)
gaseous *adj* gaseoso (*gahsehoh'so*)
gash *n* cuchillada (*koocheelyah'dah*) *f;* herida (*ehree'dah*) *f*
gasoline *n* gasolina (*gahsohlee'nah*) *f*
gasp *n* boqueada (*bohkehah'dah*) *f;* grito sofocado (*gree'to sohfohkah'do*) *m;* *v* boquear (*bohkehahr'*); jadear (*hahdehahr'*)
gate *n* portón (*pohrtohn'*) *m;* entrada (*ehntrah'dah*) *f*
gateway *n* entrada (*ehntrah'dah*) *f*
gather *v* recoger (*rehkoh-hehr'*); coger (*koh-hehr'*); reunir(se) (*rehooneer', seh*); juntar(se) (*hoontahr', seh*); **to — around** recogerse (*rehkoh-hehr'seh*)
gathering *n* asamblea (*ahsahmbleh'ah*) *f;* reunión (*rehoonyohn'*) *f;* muchedumbre (*moochehdoom'breh*) *f*
gaudy *adj* vistoso (*veestoh'so*); demasiado evidente (*dehmahsyah'do ehveedehn'teh*)
gauge *n* indicador (*eendeekahdohr'*) *m;* instrumento para medir (*eenstroomehn'to pah'rah mehdeer'*) *m;* nivel (*neevehl'*) *m;* *v* medir (*mehdeer'*); calcular (*kahlkoolahr'*)
gaunt *adj* macilento (*mahseelehn'to*); flaco (*flah'ko*)
gauntlet *n* manopla (*mahnoh'plah*) *f;* **to throw down the —** desafiar (*dehsahfyahr'*)
gauze *n* gasa (*gah'sah*) *f*
gay *adj* alegre (*ahleh'greh*); vivo (*vee'vo*); chistoso (*cheestoh'so*)
gaze *n* mirada (*meerah'dah*) *f;* *v* contemplar (*kohntehmplahr'*); mirar atentamente (*meerahr' ahtehntahmehn'teh*); contemplar (*kohntehmplahr'*)
gazette *n* gaceta (*gahseh'tah*) *f*
gear *n* engranaje (*ehngrahnah'-heh*) *m;* herramientas (*ehrrahmyehn'tahs*) *f, pl;* aparejo (*ahpahreh'ho*) *m;* **in low —** en primera velocidad (*ehn preemeh'rah vehlohseedahd'*); **to throw in —** engranar (*ehngrahnahr'*)
gelatin *n* gelatina (*hehlahtee'nah*) *f*
gem *n* gema (*heh'mah*) *f;* piedra preciosa (*pyeh'drah prehsyoh'sah*) *f;* joya (*hoh'yah*) *f*
gender *n* género (*heh'nehro*) *m;* especie (*ehspeh'syeh*) *f*
general *adj & n* general (*hehnehrahl'*) *m;* **in —** por lo general (*pohr loh ...*)
generality *n* generalidad (*hehnehrahleedahd'*) *f*
generalize *v* generalizar (*hehnehrahleesahr'*)
generate *v* engendrar (*ehnhehndrahr'*); producir (*prohdooseer'*)
generation *n* generación (*henehrahsyohn'*) *f*
generosity *n* generosidad (*henehrohseedahd'*) *f;* bondad (*bohndahd'*) *f*
generous *adj* generoso (*hehnehroh'so*); bondadoso (*bohndahdoh'so*)
genial *adj* genial (*hehnyahl'*)
genius *n* genio (*heh'nyo*) *m;* ingenio (*eenheh'nyo*) *m*
genteel *adj* gentil (*hehnteel'*); cortés (*kohrtehs'*)
gentle *adj* gentil (*henteel'*); afable (*ahfah'bleh*); suave (*swah'veh*)
gentleman *n* caballero (*kahbahlyeh'ro*) *m;* señor (*sehnyohr'*) *m*
gentlemanly *adj* caballeroso (*kahbahlyehroh'so*)
gentleness *n* suavidad (*swahveedahd'*) *f;* gentileza (*hehnteeleh'sah*) *f;* dulzura (*doolsoo'rah*) *f*
gently *adv* suavemente (*swahvehmehn'teh*); despacio (*dehspah'syo*)
genuine *adj* genuino (*hehnwee'no*); sincero (*seenseh'ro*)
geographical *adj* geográfico (*hehohgrah'feeko*)
geography *n* geografía (*hehohgrahfee'ah*) *f*
geological *adj* geológico (*hehohloh'heeko*)
geology *n* geología (*hehohloh-hee'ah*) *f*
geometric *adj* geométrico (*hehohmeh'treeko*)
geometry *n* geometría (*hehohmehtree'ah*) *f*
geranium *n* geranio (*hehrah'nyo*) *m*
germ *n* microbio (*meekroh'byo*) *m*
German *adj & n* alemán (*ahlehmahn'*) *m*
germinate *v* germinar (*hehrmeenahr'*)
gesticulate *v* gesticular (*hehsteekoolahr'*); hacer gestos (*ahsehr' hehs'tos*)
gesticulation *n* gesticulación (*hehsteekoolahsyohn'*) *f*
gesture *n* gesto (*hehs'to*) *m;* **a good —** una buena acción (*oo'nah bweh'nah ahksyohn'*) *f;* *v* gesticular (*hehsteekoolahr'*); hacer gestos (*ahsehr' hehs'tos*)

get *v* obtener (*ohbtehnehr'*); adquirir (*ahdkeereer'*); lograr (*lohgrahr'*); recibir (*rehseebeer'*); **to — angry** enojarse (*ehnoh-hahr'seh*); **to — down** bajar de (*bah-hahr' deh*); **to — ill (sick)** enfermarse (*ehnfehrmahr'seh*); **to — married** casarse con (*kahsahr'-seh kohn*); **to — old** envejecerse (*ehn-veh-hehsehr'seh*); **to — on** subir a (*soobeer' ah*); **to — out** salir (*sahleer'*); irse (*eer'seh*); **to — poor** hacerse pobre (*ahsehr'seh poh'breh*); **to — ready** preparar(se) (*prehpahrahr', seh*); **to — rich** hacerse rico (*ahsehr'-seh ree'ko*); **to — up** levantarse (*lehvahntahr'seh*); **do you — it?** ¿comprende? (*kohmprehn'deh*) ¿estamos? (*ehstah'mos*)

ghastly *adj* horrible (*ohrree'bleh*); pálido (*pah'leedo*)

ghetto *n* ghetto (*gheh'to*) *m*

ghost *n* espectro (*ehspehk'tro*) *m;* fantasma (*fahntahs'mah*) *m;* **the Holy Ghost** el Espíritu Santo (*ehl ehspee'-reetoo sahn'to*) *m*

ghostly *adj* de espectros (*deh ehspehk'-tros*)

giant *n* gigante (*heegahn'teh*) *m*

giddy *adj* voluble (*vohloo'bleh*); frívolo (*free'vohlo*)

gift *n* regalo (*rehgah'lo*) *m;* talento (*tahlehn'to*) *m;* prenda (*prehn'dah*) *f;* don (*dohn*) *m*

gifted *adj* talentoso (*tahlehntoh'so*); con genio (*kohn heh'nyo*)

gigantic *adj* gigantesco (*heegahntehs'ko*)

giggle *n* risita (*reesee'tah*) *f;* *v* reír ligeramente (*reheer' leeheh-rahmehn'teh*)

gild *v* dorar (*dohrahr'*)

gill *n* agalla (*ahgah'lyah*) *f*

ginger *n* jengibre (*hehnhee'breh*) *m;* **— ale** cerveza de jengibre (*sehrveh'sah deh ...*) *f*

gingerbread *n* pan de jengibre (*pahn deh hehnhee'breh*) *m*

giraffe *n* jirafa (*heerah'fah*) *f*

gird *v* ceñir (*sehnyeer'*); rodear (*rohdehahr'*)

girdle *n* ceñidor (*sehnyeedohr'*) *m;* faja (*fah'hah*) *f;* cinto (*seen'to*) *m;* *v* ceñir (*sehnyeer'*); fajar (*fah-hahr'*)

girl *n* muchacha (*moochah'chah*) *f;* niña (*nee'nyah*) *f;* chica (*chee'kah*) *f;* moza (*moh'sah*) *f*

girlish *adj* de niña (*deh nee'nyah*)

girth *n* circunferencia (*seerkoonfehrehn'-syah*) *f;* *v* ceñir (*sehnyeer'*); fajar (*fah-hahr'*)

gist *n* substancia (*soobstahn'syah*) *f;* **this is the — of it** ésta es la esencia (*ehs'-tah ehs lah ehsehn'syah*), el sentido (*ehl sehntee'do*) *m*

give *v* dar (*dahr'*); **to — away** regalar (*rehgahlahr'*); **to — back** devolver (*dehvohlvehr'*); **to — birth** dar a luz (*dahr' ah loos*); **to — in** ceder (*sehdehr'*); **to — up** rendir(se) (*rehndeer', seh*); renunciar a (*rehnoonsyahr' ah*)

given *adj* dado (*dah'do*); **to be — to** ser adicto a (*sehr ahdeek'to ah*); estar dispuesto a (*ehstahr' deespwehs'-to ah*); **— name** nombre de bautismo (*nohm'breh de bahootees'mo*) *m;* **— that** dado que (*dah'do keh*)

giver *n* dador (*dahdohr'*) *m;* donador (*dohnahdohr'*) *m;* quien regala (*kyehn rehgah'lah*)

gizzard *n* molleja (*mohlyeh-hah*) *f*

glacial *adj* glacial (*glahsyahl'*)

glacier *n* glaciar (*glahsyahr'*) *m;* helero (*ehleh'ro*) *m*

glad *adj* alegre (*ahleh'greh*); contento (*kohntehn'to*); **to be —** alegrarse de (*ahlehgrahr'seh deh*); estar alegre (*ehstahr' ahleh'greh*); **—ly** *adv* alegremente (*ahlehgrehmehn'teh*); con mucho gusto (*kohn moo'cho goos'to*)

gladden *v* alegrar (*ahlehgrahr'*)

gladness *n* alegría (*ahlehgree'ah*) *f;* gozo (*goh'so*) *m*

glamorous *adj* fascinador (*fahseenahdohr'*); hechicero (*ehcheeseh'ro*)

glamour *n* encanto (*ehnkahn'to*) *m;* **— girl** muchacha encantadora (*moochah'-chah ehnkahntahdoh'rah*) *f;* niña hechicera (*nee'nyah ehcheeseh'rah*) *f;* fascinadora (*fahseenah-doh'rah*) *f*

glance *n* mirada (*meerah'dah*) *f;* vistazo (*veestah'so*) *m;* **to give a —** dar una ojeada (*dahr oo'nah oh-hehahdah'*); echar un vistazo (*ehchahr' oon ...*); *v* ojear (*oh-hehahr'*)

gland *n* glándula (*glahn'doolah*) *f*

glare *n* resplandor (*rehsplahndohr'*) *m;* relumbre (*rehloom'breh*) *m;* *v* resplandecer (*rehsplahndehsehr'*)

glass *n* vidrio (*vee'dryo*) *m;* cristal (*kreestahl'*) *m;* vaso (*vah'so*) *m;* lente (*lehn'teh*) *m, f;* **eye —es** anteojos (*ahntehoh'hohs*) *m, pl;* **sun —es** gafas de sol (*gah'fahs deh sohl*) *f, pl*

glassware *n* vajilla de cristal (*vah-hee'-lyah deh kreestahl'*) *f;* cristalería (*kreestahlehree'ah*) *f*

glaze *n* lustre (*loos'treh*) *m;* *v* lustrar (*loostrahr'*); dar lustre (*dahr' ...*)

glazier *n* vidriero (*veedryeh'ro*) *m*

gleam *n* destello (*dehsteh'lyo*) *m;* *v* destellar (*dehstehlyahr'*)

glean *v* recoger (*rehkoh-hehr'*)

glee *n* regocijo (*rehgohsee'ho*) *m;* **— club** grupo coral (*groo'po kohrahl'*) *m;* orfeón (*ohrfehohn'*) *m*

glib *adj* hablador (*ahblahdohr'*); locuaz (*lohkwahs'*)

glide *n* deslizamiento (*dehsleesahmyehn'-to*) *m;* *v* deslizarse (*dehsleesahr'seh*); resbalarse (*rehsbahlahr'seh*); deslizar (*dehsleesahr'*)

glider *n* deslizador (*dehsleesahdohr'*) *m;* planeador (*plahnehahdohr'*) *m*
glimmer *n* vislumbre (*veesloom'breh*) *m*
glimpse *n* vislumbre (*veesloom'breh*) *m;* vistazo (*veestah'so*) *m;* **to catch a — of** vislumbrar (*veesloombrahr'*); *v* vislumbrar (*veesloombrahr'*); percibir (*pehrseebeer'*)
glisten *v* relucir (*rehlooseer'*); brillar (*breelyahr'*)
glitter *n* lustre (*loos'treh*) *m;* resplandor (*rehsplahndohr'*) *m;* *v* relumbrar (*rehloombrahr'*); brillar (*breelyahr'*); relucir (*rehlooseer'*)
gloat *v* gozarse (en) (*gohsahr'seh, ehn*); tener gozo (*tehnehr' goh'so*)
globe *n* globo (*gloh'bo*) *m;* esfera (*ehsfeh'rah*) *f*
gloom *n* lobreguez (*lohbrehghehs'*) *f;* tristeza (*treesteh'sah*) *f*
gloomy *adj* lóbrego (*loh'brehgo*); triste (*trees'teh*)
glorify *v* glorificar (*glohreefeekahr'*); adular (*ahdoolahr'*); adorar (*ahdohrahr'*)
glorious *adj* glorioso (*glohryoh'so*)
glory *n* gloria (*gloh'ryah*) *f;* *v* gloriarse (en) (*gloryahr'seh, ehn*)
gloss *n* lustre (*loos'treh*) *m;* brillo (*bree'lyo*) *m;* *v* lustrar (*loostrahr'*); hacer brillar (*ahsehr' breelyahr'*)
glossary *n* glosario (*glohsah'ryo*) *m*
glossy *adj* lustroso (*loostroh'so*); brillante (*breelyan'teh*)
glove *n* guante (*gwahn'teh*) *m*
glow *n* brillo (*bree'lyo*) *m;* *v* brillar (*breelyahr'*); arder (*ahrdehr'*)
glowing *adj* brillante (*breelyahn'teh*); ardiente (*ahrdyehn'teh*)
glowworm *n* luciérnaga (*loosyehr'nahgah*) *f*
glue *n* cola (*koh'lah*) *f;* *v* encolar (*ehnkohlahr'*)
glutton *n* glotón (*glohtohn'*) *m;* goloso (*gohloh'so*) *m*
gluttonous *adj* goloso (*gohloh'so*)
gluttony *n* glotonería (*glohtohnehree'ah*) *f*
gnarled *adj* nudoso (*noodoh'so*); torcido (*tohrsee'do*)
gnash *v* crujir (*krooheer'*); **to — teeth** rechinar los dientes (*rehcheenahr' lohs dyehn'tehs*)
gnat *n* jején (*heh-hehn'*) *m*
gnaw *v* roer (*rohehr'*)
go *v* ir(se) (*eer, seh*); andar (*ahndahr'*); marchar (*mahrchahr'*); acudir a (*ahkoodeer' ah*); **to — around** dar vueltas (*dahr' vwehl'tahs*); **to — away** irse (*eer'seh*); **to — down** bajar (*bahhahr'*); **to — into** entrar en (*entrahr' ehn*); **to — off** salir disparado (*sahleer' deespahrah'do*); **to — on** continuar (*kohnteenwahr'*); seguir (*sehgheer'*); **to — out** salir (*sahleer'*); **to — over** repasar (*rehpahsahr'*); **to — to sleep** dormirse (*dohrmeer'seh*); **to — up** subir (*soobeer'*); **to let —** soltar (*sohltahr'*)
goad *n* aguijón (*ahghee-hohn'*) *m;* *v* incitar (*eenseetahr'*)
goal *n* meta (*meh'tah*) *f;* fin (*feen'*) *m*
goat *n* cabra (*kah'brah*) *f*
gobble *v* tragar (*trahgahr'*); engullir (*ehngoolyeer'*); **to — up** engullirse (*ehngoolyeer'seh*)
gobbler *n* pavo (*pah'vo*) *m*
go-between *n* medianero, a (*mehdyahneh'ro, ah*) *m, f;* mujer medianera (*moohehr' ...*) *f;* alcahueta (*ahlkahweh'tah*) *f*
goblet *n* copa (*koh'pah*) *f*
goblin *n* duende (*dwehn'deh*) *m*
God *n* Dios (*dyohs'*) *m;* (*myth*) **god** dios (*dyohs'*) *m;* **— forbid** no quiera Dios (*noh kyeh'rah ...*); **— knows** Dios sabe (*... sah'beh*); **— willing** Dios mediante (*... mehdyahn'teh*)
godchild *n* ahijado, a (*ahee-hah'do, ah*) *m, f*
goddess *n* diosa (*dyoh'sah*) *f*
godfather *n* padrino (*pahdree'no*) *m*
godless *adj* impío (*eempee'o*); ateo (*ahteh'o*)
godmother *n* madrina (*mahdree'nah*) *f*
goggles *n, pl* gafas ahumadas (*gah'fahs ahoomah'dahs*) *f, pl*
goiter *n* bocio (*boh'syo*) *m;* papera (*pahpeh'rah*) *f*
gold *n* oro (*oh'ro*) *m;* **like —** como oro (*koh'mo ...*)
golden *adj* de oro (*deh oh'ro*); dorado (*dohrah'do*)
goldfish *n* carpa dorada (*kahr'pah dohrah'dah*) *f*
goldsmith *n* orfebre (*ohrfeh'breh*) *m*
golf *n* golf (*gohlf*) *m*
gondola *n* góndola (*gohn'dohlah*) *f*
gone *adj & pp* ido (*ee'do*); pasado (*pahsah'do*)
good *adj* bueno (*bweh'no*); **afternoon — day** buenos días (*bweh'nos dee'ahs*); **— evening** buenas noches (*bweh'nahs noh'chehs*); **— morning** buenos días (*bweh'nos dee'ahs*); **— night** buenas noches (*bweh'nahs noh'chehs*); **to have a — time** pasar un buen rato (*pahsahr' oon bwehn rah'to*); divertirse (*deevehrteer'seh*); *n* bien (*byehn'*) *m;* **the — of it** lo bueno de eso (*loh bweh'no deh eh'so*)
good-bye *n & interj* adiós (*ahdyohs'*) *m*
good-looking *adj* guapo (*gwah'po*)
goodly *adj* mucho (*moo'cho*)

good-natured *adj* bueno (*bweh'no*); bonachón (*bohnahchohn'*); afable (*ahfah'bleh*)
goodness *n* bondad (*bohndahd'*) *f;* **my—!** ¡Dios mío! (*dyohs mee'o*)
goody *n* golosina (*gohlohsee'nah*) *f;* dulce (*dool'seh*) *m;* **Oh —!** ¡Qué bueno! (*keh bweh'no*)
goose *n* ganso (*gahn'so*) *m;* (*coll*) bobo (*boh'bo*)*m;* tonto (*tohn'to*) *m*
gore *n* cuajarón de sangre (*kwah-hahrohn' deh sahn'greh*) *m;* cuchillo, a (*koochee'lyo, ah*) *m, f; v* acornear (*ahkohrnehahr'*)
gorge *n* cañada (*kahnyah'dah*) *f; v* engullir(se) (*ehngoolyeer', seh*)
gorgeous *adj* hermosísimo (*ehrmohsee'seemo*); muy bello (*moo'y beh'lyo*)
gorilla *n* gorila (*gohree'lah*) *m*
gory *adj* sangriento (*sahngryehn'to*)
gospel *n* evangelio (*ehvahnheh'lyo*) *m;* **it is the — truth** es la pura verdad (*ehs lah poo'rah vehrdahd'*)
gossip *n* chisme (*chees'meh*) *m;* chismería (*cheesmehree'ah*) *f; v* chismear (*cheesmehahr'*)
Gothic *adj* gótico (*goh'teeko*); *n* gótico (...) *m;* **— style** estilo gótico (*ehstee'lo* ...) *m*
gourd *n* calabaza (*kahlahbah'sah*) *f*
gout *n* gota (*goh'tah*) *f*
govern *v* gobernar (*gohbehrnahr'*)
governess *n* institutriz (*eensteetootrees'*) *f*
government *n* gobierno (*gohbyehr'no*) *m*
governmental *adj* gubernativo (*goobehrnahtee'vo*)
governor *n* gobernador (*gohbehrnahdohr'*) *m*
gown *n* vestido (*vehstee'do*) *m;* bata (*bah'tah*) *f*
grab *n* agarro (*ahgah'rro*) *m; v* agarrar (*ahgahrrahr'*); asir (*ahseer'*)
grace *n* gracia (*grah'syah*) *f;* favor (*fahvohr'*) *m;* elegancia (*ehlehgahn'syah*) *f*
graceful *adj* elegante (*ehlehgahn'teh*); gracioso (*grahsyoh'so*); **—ly** *adv* con elegancia (*kohn ehlegahn'syah*); graciosamente (*grahsyohsahmehn'teh*)
gracefulness *n* gracia (*grah'syah*) *f;* elegancia (*ehlehgahn'syah*) *f*
gracious *adj* afable (*ahfah'bleh*); cortés (*kohrtehs'*)
graciousness *n* gracia (*grah'syah*) *f;* bondad (*bohndahd'*) *f*
gradation *n* gradación (*grahdahsyohn'*)
grade *n* grado (*grah'do*) *m;* nota (*noh'tah*) *f;* calificación (*kahleefeekahsyohn'*) *f;* **— school** escuela primaria (*ehskweh'lah preemah'ryah*) *f; v* dar notas (*dahr noh'tahs*); clasificar (*klahseefeekahr'*)
gradual *adj* gradual (*grahdwahl'*); **—ly** *adv* gradualmente (*grahdwahlmehn'teh*)
graduate *adj & n* graduado (*grahdwah'do*) *m;* diplomado (*deeplohmah'do*) *m;* titulado (*teetoolah'do*) *m*
graduation *n* graduación (*grahdwahsyohn'*) *f*
graft *n* injerto (*eenhehr'to*) *m;* soborno (*sohbohr'no*) *m;* (*Am*) mordida (*mohrdee'dah*) *f; v* injertar (*eenhehrtahr'*); sobornar (*sohbohrnahr'*)
grafter *n* malversador (*mahlvehrsahdohr'*) *m;* sobornador (*sohbohrnahdohr'*) *m;* (*Mex*) mordelón (*mohrdehlohn'*) *m*
grain *n* grano (*grah'no*) *m;* **against the —** a contrapelo (*ah kohntrahpeh'lo*)
gram *n* gramo (*grah'mo*) *m*
grammar *n* gramática (*grahmah'teekah*) *f;* **— school** escuela primaria (*ehskweh'lah preemah'ryah*) *f*
grammatical *adj* gramatical (*grahmahteekahl'*); gramático (*grahmah'teeko*)
granary *n* granero (*grahneh'ro*) *m*
grand *adj* magnífico (*mahgnee'feeko*)
grandchild *n* nieto, a (*nyeh'to, ah*) *m, f*
granddaughter *n* nieta (*nyeh'tah*) *f*
grandeur *n* grandeza (*grahndeh'sah*) *f*
grandfather *n* abuelo (*ahbweh'lo*) *m*
grandiose *adj* grandioso (*grahndyoh'so*)
grandma *n* abuela (*ahbweh'lah*) *f*
grandpa *n* abuelo (*ahbweh'lo*) *m*
grandson *n* nieto (*nyeh'to*) *m*
grandstand *n* andanada (*ahndahnah'dah*) *f*
granite *n* granito (*grahnee'to*) *m*
granny *n* abuelita (*ahbwelee'tah*) *f*
grant *n* concesión (*kohnsehsyohn'*) *f;* (*school*) beca (*beh'kah*) *f; v* conceder, otorgar (*kohnsehdehr', ohtohrgahr'*); **—ed that** admitido que (*ahdmeetee'do keh*)
granulate *v* granular (se) (*grahnoolahr', seh*)
grape *n* uva (*oo'vah*) *f*
grapefruit *n* toronja (*tohrohn'hah*) *f*
grapevine *n* vid (*veed*) *f;* parra (*pah'rrah*) *f*
graph *n* diagrama (*dyahgrah'mah*) *m;* gráfica (*grah'feekah*) *f;* **to plot a —** trazar una gráfica (*trahsahr' oo'nah* ...)
graphic *adj* gráfico (*grah'feeko*)
graphite *n* grafito (*grahfee'to*) *m*
grapple (with) *v* luchar (con) (*loochahr', kohn*); agarrar (*ahgahrrahr'*)
grasp *n* agarro (*ahgah'rro*) *m;* asimiento (*ahseemyehn'to*) *m;* **to have a — of** saber algo de (*sahbehr' ahl'go deh*); saber bien (... *byehn*); *v* agarrar (*ahgahrrahr'*); asir (*ahseer'*); **to — the meaning of** comprender el sentido de (*kohmprehndehr' ehl sehntee'do deh*)

grass *n* hierba (*yehr'bah*) *f;* césped (*seh'spehd*) *m;* (*coll*) mariguana (*mahreegwah'nah*) *f*
grasshopper *n* saltón (*sahltohn'*) *m;* cigarrón (*seegahrrohn'*)*m;* (*Am*) chapulín (*chahpooleen'*) *m*
grassy *adj* herboso (*ehrboh'so*); (*Am*) pastoso (*pahstoh'so*)
grate *n* reja (*reh'hah*) *f;* verja (*vehr'hah*) *f;* parrilla (*pahrree'lyah*) *f; v* enrejar (*ehnreh-hahr'*)
grateful *adj* agradecido (*ahgrahdehsee'do*); grato (*grah'to*)
grater *n* rallador (*rahlyahdohr'*) *m*
gratify *v* complacer (*kohmplahsehr'*); dar gusto (*dahr goos'to*); agradar (*ahgrahdahr'*); satisfacer (*sahteesfahsehr'*); tener gusto (*tehnehr'* ...)
grating *adj* rechinante (*rehcheenahn'teh*); áspero (*ahs'pehro*); *n* reja (*reh'hah*) *f;* verja (*vehr'hah*) *f*
gratis *adv* gratis (*grah'tees*)
gratitude *n* gratitud (*grahteetood'*) *f*
gratuitous *adj* gratuito (*grahtwee'to*); **—remark** nota sin fundamento (*noh'tah seen foondahmehn'to*) *f*
grave *adj* grave (*grah'veh*); serio (*seh'ryo*); austero (*ahoosteh'ro*); *n* tumba (*toom'bah*) *f;* sepulcro (*sehpool'kro*) *m*
gravel *n* grava (*grah'vah*) *f;* guijo (*ghee'ho*) *m; v* cubrir con grava (*koobreer' kohn grah'vah*)
graveyard *n* cementerio (*sehmehnteh'ryo*) *m;* panteón (*pahntehohn'*) *m*
gravity *n* gravedad (*grahvehdad'*) *f*
gravy *n* salsa (*sahl'sah*) *f;* jugo de carne (*hoo'go deh kahr'neh*) *m*
gray *adj* gris (*grees'*); *n* gris (*grees'*) *m;* color gris (*kohlohr' grees'*) *m; v* poner(se) gris (*pohnehr',seh grees'*)
grayish *adj* grisáceo (*greesah'seho*); **— hair** pelo entrecano (*peh'lo ehntrehkah'no*) *m*
grayness *n* grisura (*greesoo'rah*) *f;* calidad de gris (*kahleedahd' deh grees*) *f*
graze *n* roce (*roh'seh*) *m;* raspadura (*rahspahdoo'rah*) *f; v* pacer (*pahsehr'*)
grease *n* grasa (*grah'sah*) *f; v* engrasar (*ehngrahsahr'*); (*car*) lubricar (*loobreekahr'*)
greasy *adj* grasoso (*grahsoh'so*)
great *adj* gran (*grahn*); grande (*grahn'deh*); magnífico (*mahgnee'feeko*); excelente (*exehlehn'teh*); mucho (*moo'cho*); **—ly** *adv* grandemente (*grahndehmehn'teh*); mucho (*moo'cho*); muy (*moo'y*)
greatness *n* grandeza (*grahndeh'sah*) *f*
Grecian *adj* griego (a) (*gryeh'go, ah*)
greed *n* codicia (*kohdee'syah*) *f;* avaricia (*ahvahree'syah*) *f*
greedily *adv* con avaricia (*kohn ahvahree'syah*); con gula (*kohn goo'lah*)
greediness *n* codicia (*kohdee'syah*) *f;* avaricia (*ahvahree'syah*) *f;* gula (*goo'lah*) *f*
greedy *adj* codicioso (*kohdeesyoh'so*); avaro (*ahvah'ro*)
Greek *adj & n* griego (a) (*gryeh'go, ah*) *m, f;* de Grecia (*deh greh'syah*)
green *adj* verde (*vehr'deh*); **he is — in** es inexperto en (*ehs eenexpehr'to ehn*); **to grow —** verdear (*vehrdehahr'*); *n* verde (*vehr'deh*) *m;* **—s** verduras (*vehrdoo'rahs*) *f, pl*
greenhouse *n* invernáculo (*eenvehrnah'koolo*) *m*
greenish *adj* verdoso (*vehrdoh'so*)
greenness *n* verdor (*vehrdohr'*) *m;* verdura (*vehrdoo'rah*) *f;* inexperiencia (*eenexpehryehn'syah*) *f;* sin experiencia (*seen expehryehn'syah*) *f*
greet *v* saludar (*sahloodahr'*); **to — each other** saludarse (*sahloodahr'seh*)
greeting *n* saludo (*sahloo'do*) *m;* salutación (*sahlootahsyohn'*) *f;* **—s** ¡saludos! (*sahloo'dos*) *m, pl*
grenade *n* (*milit*) granada (*grahnah'dah*) *f* bomba pequeña (*bohm'bah pehkeh'nyah*)
greyish *adj* de color gris (*deh kohlohr' grees*)
greyness *n* calidad de gris (*kahleedahd' deh grees*) *f*
greyhound *n* lebrel (*lehbrehl'*) *m;* galgo (*gahl'go*) *m*
griddle *n* tartera (*tahrteh'rah*) *f;* plancha (*plahn'chah*) *f*
grief *n* dolor (*dohlohr'*) *m;* pena (*peh'nah*) *f;* pesar (*pehsahr'*) *m*
grievance *n* queja (*keh'hah*) *f;* lamentación (*lahmehntahsyohn'*) *f;* ofensa (*ohfehn'sah*) *f*
grieve *v* afligir(se) (*ahfleeheer',seh*); lamentarse(se) (*lahmehntahr', seh*)
grievous *adj* doloroso (*dohlohroh'so*); triste (*trees'teh*); penoso (*pehnoh'so*)
grill *n* parrilla (*pahrree'lyah*) *f;* **on the —** en parrillas (*ehn pahrree'lyahs*); *v* asar a la parrilla (*ahsahr' ah lah* ...)
grim *adj* austero (*ahoosteh'ro*); áspero (*ahs'pehro*); ceñudo (*sehnyoo'do*)
grimace *n* mueca (*mweh'kah*) *f; v* hacer muecas (*ahsehr'* ...*s*)
grime *n* mugre (*moo'greh*) *f;* mancha (*mahn'chah*) *f; v* ensuciar (*ehnsoosyahr'*)
grimy *adj* mugriento (*moogryehn'to*); sucio (*soo'syo*); manchado (*mahnchah'do*)
grin *n* sonrisa ligera (*sohnree'sah leeheh'rah*) *f; v* sonreír (*sohnreheer'*)
grind *v* moler (*mohlehr'*); machacar (*mahchakahr'*); afilar (*ahfeelahr'*); **to — one's teeth** rechinar los dientes (*reechenahr' los dyehn'tehs*)
grinder *n* moledor (*mohlehdohr'*) *m;* afilador (*ahfeelahdohr'*) *m*

grip *n* agarro (*ahgah'rro*) *m;* asimiento (*ahseemyehn'to*) *m;* apretón (*ahprehtohn'*) *m; v* agarrar (*ahgahrrahr'*); asir (*ahseer'*); apretar (*ahprehtahr'*)
grippe *n* gripe (*gree'pe*) *f;* influenza (*eenflwehn'sah*) *f*
grit *n* arena (*ahreh'nah*) *f;* firmeza (*feermeh'sah*) *f;* **—s** maíz (*mahees'*) *m; v* rechinar (*rehcheenahr'*); crujir (*krooheer'*)
gritty *adj* arenoso (*ahrehnoh'so*); firme (*feer'meh*); valiente (*vahlyehn'teh*)
grizzly *adj* grisáceo (*greesah'seho*); pardusco (*pahrdoos'ko*); **— bear** oso pardo (*oh'so pahr'do*) *m*
groan *n* gemido (*hehmee'do*); *m;* quejido (*keh-hee'do*) *m; v* gemir (*hehmeer'*); quejarse (*keh-har'seh*)
grocer *n* abacero (*ahbahseh'ro*) *m;* (*Am*) bodeguero (*bohdehgheh'ro*) *m*
grocery *n* abacería (*ahbahsehree'ah*) *f;* (*Am*) tienda de abarrotes (*tyehn'dah deh ahbahrroh'tehs*) *f;* (*Am*) bodega (*bohdeh'gah*) *f;* **groceries** comestibles (*kohmehstee'blehs*) *m, pl*
groom *n* novio (*noh'vyo*) *m;* mozo de caballos (*moh'so deh kahbah'lyos*) *m; v* almohazar (*ahlmohasahr'*); cuidar (*kweedahr'*); limpiar (*leempyahr'*)
groove *n* estría (*ehstree'ah*) *f;* muesca (*mwehs'kah*) *f; v* acanalar (*ahkahnahlahr'*); estriar (*ehstryahr'*)
grope *v* tentalear (*tehntahlehahr'*); tentar (*tehntahr'*); **to — in the dark** buscar a tientas en la obscuridad (*booskahr' ah tyehn'tahs ehn lah ohbskooreedahd'*)
gross *adj* grueso (*grueh'so*); tosco (*tohs'ko*); burdo (*boor'do*); grosero (*grohseh'ro*); **— weight** peso bruto (*peh'so broo'to*) *m*
grotesque *adj & n* grotesco (*grohtehs'ko*) *m;* fantástico (*fahntahs'teeko*)
grotto *n* gruta (*groo'tah*) *f*
grouch *n* mal humor (*mahl oomhor'*) *f;* gruñón (*groonyohn'*) *m; v* gruñir (*groonyeer'*)
grouchy *adj* gruñón (*groonyohn'*); de mal humor (*deh mahl oomohr'*)
ground *n* suelo (*sweh'lo*) *m;* tierra (*tyeh'rrah*) *f;* **on the — that** por razón que (*pohr rahnsohn' keh*); **on the — floor** en el piso bajo (*ehn ehl pee'so bah'ho*)
groundless *adj* infundado (*eenfoondah'do*); sin motivo (*seen mohtee'vo*)
group *n* grupo (*groo'po*) *m; v* agrupar (*ahgroopahr'*)
grove *n* arboleda (*ahrbohleh'dah*) *f;* bosquecillo (*bohskehsee'lyo*) *m*
grow *v* crecer (*krehsehr'*); criar (*kryahr'*); **to — up** volverse adulto (*vohlvehr'seh ahdool'to*); **to — old** ponerse viejo (*pohnehr'seh vyeh'ho*)
growl *n* gruñido (*groonyee'do*) *m; v* gruñir (*groonyeer'*)
growler *n* gruñón (*groonyohn'*) *m*
grown *adj* crecido, a (*krehsee'do, ah*); **— up** crecido, a (...); *n* adulto, a (*ahdool'to, ah*) *m, f*
growth *n* crecimiento (*krehseemyehn'to*) *m;* aumento (*ahoomehn'to*) *m;* desarrollo (*dehsahrroh'lyo*) *m*
grudge *n* rencor (*rehnkohr'*) *m;* mala voluntad (*mah'lah vohloontahd'*) *f; v* tener rencor (*tehnehr' rehnkohr'*); tener envidia (*tehnehr' ehnvee'dyah*)
gruff *adj* áspero (*ahs'pehro*); tosco (*tohs'ko*); rudo (*roo'do*)
grumble *n* gruñido (*groonyee'do*) *m;* queja (*keh'hah*) *f; v* quejarse (*kehhar'seh*); gruñir (*groonyeer'*)
grumbler *n* gruñón (*groonyohn'*) *m*
grumpy *adj* gruñón (*groonyohn'*)
guarantee *n* garantía (*gahrahntee'ah*) *f;* fianza (*fyahn'sah*) *f; v* garantizar (*gahrahnteesahr'*); dar fianza (*dahr' fyahn'sah*)
guaranty *n* garantía (*gahrahntee'ah*) *f;* fianza (*fyahn'sah*) *f*
guard *n* guarda (*gwahr'dah*) *m, f;* guardia (*gwahr'dyah*) *f;* **to be on —** estar en guardia (*ehstahr' ehn gwahr'dyah*); *v* guardar (*gwahrdahr'*); **to — against** guardarse de (*gwahrdahr'seh deh*), vigilar contra (*veegeelahr' kohn'trah*)
guardian *n* custodio (*koostoh'dyo*) *m;* **G— Angel** ángel de la guarda (*ahn'hehl deh lah gwahr'dah*) *m*
guardianship *n* tutela (*tooteh'lah*) *f;* **under —** bajo tutela (*bah'ho* ...)
Guatemalan *adj & n* guatemalteco, a (*gwahtehmahlteh'ko, ah*) *m, f*
guess *n* suposición (*soopohseesyohn'*) *f;* adivinación (*ahdeeveenahsyohn'*) *f; v* adivinar (*ahdeeveenahr'*); suponer (*sooponehr'*); **I—so** creo que sí (*kreh'o keh see*)
guest *n* invitado (*eenveetah'doh*) *m;* huésped (*wehs'pehd*) *m*
guidance *n* guía (*ghee'ah*) *m, f;* **under the — of** bajo la dirección de (*bah'ho lah deerehksyohn' deh*)
guide *n* guía (*ghee'ah*) *m, f*
guidebook *n* guía del viajero (*ghee'ah dehl vyah-heh'ro*) *f*
guild *n* unión (*oonyohn'*) *f;* cofradía (*kohfrahdee'ah*) *f;* asociación (*ahsohsyahsyohn'*) *f*
guile *n* engaño (*ehngah'nyo*) *m*
guilt *n* culpa (*kool'pah*) *f*
guiltless *adj* sin culpa (*seen kool'pah*); inocente (*eenohsehn'teh*)
guilty *adj* culpable (*koolpah'bleh*); reo (*reh'o*)
guise *n* aspecto (*ahspehk'to*) *m;* disfraz (*deesfrahs'*) *m*
guitar *n* guitarra (*gheetah'rrah*) *f*
gulf *n* golfo (*gohl'fo*) *m*

gull *n* gaviota (*gahvyoh'tah*) *f;* **sea —** gaviota *f*
gullet *n* gaznate (*gahsnah'teh*) *m*
gully *n* barranca (*bahrrahn'kah*) *f;* hondonada (*ohndohnah'dah*) *f*
gulp *n* trago (*trah'go*) *m;* **in —s** a tragos (*ah trah'gos*); *v* tragar (*trahgahr'*); **to — it down** tragárselo (*trahgahr'sehlo*)
gum *n* goma (*goh'mah*) *f;* chicle (*cheek'leh*) *m;* **chewing —** goma de mascar (*goh'mah deh mahskahr'*) f
gun *n* revólver (*rehvohl'vehr*) *m;* pistola (*peestoh'lah*) *f*
gunboat *n* lancha cañonera (*lahn'chah kahnyohneh'rah*) *f*
gunner *n* cañonero (*kahnyohneh'ro*) *m*
gunpowder *n* pólvora (*pohl'vohrah*) *f*
gurgle *n* borbollón (*bohrbohlyohn'*) *m; v* borbotar (*bohrbohtahr'*)
gush *n* chorro (*choh'rro*) *m;* efusión (*ehfoosyohn'*) *f; v* **to — forth** borbotar (*bohrbohtahr'*)
gust *n* ráfaga (*rah'fahgah*) *f*
gut *n* intestino (*eentehstee'no*) *m;* **to have —s** tener ánimo, coraje (*tehnehr' ah'neemo, kohrah'heh*)
gutter *n* arroyo (*ahrroh'yo*) *m*
guy *n* sujeto (*soo-heh'to*) *m;* tipo (*tee'po*) *m;* muchacho (*moochah'cho*) *m*
gymnasium *n* gimnasio (*heemnah'syo*) *m*
gymnastics *n, pl* gimnasia (*heemnah'syah*) *f;* ejercicio (*eh-hehrsee'syo*) *m*
gypsy *adj & n* gitano, a (*heetah'no, ah*) *m, f;* errante (*ehrrahn'teh*) *m, f*
gyroscope *n* giroscopio (*heerosko'pyo*) *m*

H

habit *n* hábito (*ah'beeto*) *m;* costumbre (*kohstoom'breh*) *f*

habitual *adj* habitual (*ahbeetwahl'*); acostumbrado (*ahkohstoombrah'do*)

hack *n* tajo (*tah'ho*) *m*

hackneyed *adj* común (*kohmoon'*); banal (*bahnahl'*); trillado (*treelyah'do*)

hag *n* hechicera (*ehcheseeh'rah*) *f;* bruja (*broo'hah*) *f;* mujer vieja (*moohehr' vyeh'hah*) *f*

haggard *adj* macilento (*mahseelehn'to*); flaco (*flah'ko*); cansado (*kahnsah'do*)

haggle *v* regatear (*rehgahtehahr'*)

hail *n* saludo (*sahloo'do*) *m;* granizo (*grahnee'so*) *m; v* saludar (*sahloodahr'*); granizar (*grahneesahr'*); **Hail Mary!** ¡Ave María! (*ah-veh mahree'ah*)

hailstorm *n* granizada (*grahneesah'dah*) *f*

hair *n* pelo (*peh'lo*) *m;* cabello (*kahbeh'lyo*) *m;* — **dryer** secadora de cabello (*sehkahdoh'rah deh* ...) *f;* — **lacquer** laca de cabellos (*lah'kah deh kahbeh'lyos*) *f*

hairbrush *n* cepillo para el cabello (*sehpee'lyo pah'rah ehl kahbeh'lyo*) *m*

haircut *n* corte de pelo (*kohr'teh deh peh'lo*) *m;* **to have a** — hacerse cortar el pelo (*ahsehr'seh kohrtahr' ehl peh'lo*)

hairdo *n* peinado (*pehynah'do*) *m*

hairdresser *n* peluquero, a (*pehlookeh'ro, ah*) *m, f*

hair-dye tinte para el pelo (*teen'teh pah'rah ehl peh'lo*) *m*

hairless *adj* sin pelo (*seen peh'lo*); pelado (*pehlah'do*)

hairpin *n* horquilla (*ohrkee'lyah*) *f;* (*Am*) gancho (*gahn'cho*) *m*

hairy *adj* peludo (*pehloo'do*)

hale *adj* sano (*sah'no*); fuerte (*fwehr'teh*)

half *adj* medio (*meh'dyo*); **it is — past three** son las tres y media (*sohn lahs trehs ee meh'dyah*); *n* mitad (*meetahd'*) *f*

half-breed *adj & n* mestizo, a (*mehstee'so*) *m, f;* mezcla (*mehs'klah*) *f*

half-mast *n* media asta (*meh'dyah ahs'tah*) *f;* **at** — a media asta (*ah* ...)

halfway *adj & n* a medio camino (*ah meh'dyo kahmee'no*); incompleto (*eenkohmpleh'to*); **to do something** — hacer algo a medias (*ahsehr' ahl'go ah meh'dyahs*)

half-witted *adj* imbécil (*eembeh'seel*); estúpido (*ehstoo'peedo*)

halibut *n* mero (*meh'ro*) *m*

hall *n* corredor (*kohrrehdohr'*) *m;* vestíbulo (*vehstee'boolo*) *m;* salón (*sahlohn'*); **town** — ayuntamiento (*ahyoontahmyehn'to*) *m*

hallow *v* santificar (*sahnteefeekahr'*)

halo *n* halo (*ah'lo*) *m;* aureola (*ahooreh-oh'lah*) *f*

halt *n* alto (*ahl'to*) *m; v* pararse (*pahrahr'seh*); detenerse (*dehtehnehr'seh*)

halting *adj* vacilante (*vahseelahn'teh*); **—ly** *adv* con vacilación (*kohn vahseelahsyohn'*)

halve *v* partir en dos (*pahrteer' ehn dos*); dividir por la mitad (*deeveedeer' por lah meetahd'*)

halves *pl* **to go — ir a medias** (*eer ah meh'dyahs*)

ham *n* jamón (*hahmohn'*) *m*

hamburger *n* bocadillo de carne picada (*bohkahdee'lyo deh kahr'neh peekah'dah*) *m;* (*Am*) hamburguesa (*ahmboorgheh'sah*) *f*

hamlet *n* caserío (*kahsehree'o*) *m*

hammer *n* martillo (*mahrtee'lyo*) *m; v* martillar (*mahrteelyahr'*)

hammock *n* hamaca (*ahmah'kah*) *f*

hamper *n* cesta (*sehs'tah*) *f;* canasto (*kahnahs'to*) *m; v* estorbar (*ehstohrbahr'*)

hand *n* mano (*mah'no*); — **made** hecho a a mano (*eh'cho ah* ...); **at** — a la mano; **on the other** — en cambio (*ehn kahm'byo*); por otra parte (*pohr oh'trah pahr'teh*); *v* **to — down** transmitir (*trahnsmeeteer'*) **to — over** entregar (*ehntrehgahr'*); dar (*dahr*)

handbag *n* bolsa (*bohl'sah*) *f;* bolso (*bohl'so*) *m*

handball *n* pelota (*pehloh'tah*) *f;* — **game** juego de pelota (*hweh'go deh* ...) *m*

handcuff *n* manilla (*mahnee'lyah*) *f;* **—s** *n, pl* manillas de hierro (*mahnee'lyahs deh yeh'rro*) *f, pl;* esposas (*ehspoh'sahs*) *f, pl; v* maniatar (*mahnyahtahr'*)

handful *n* manojo (*mahno'ho*) *m;* puñado (*poonyah'do*) *m*

handicap *n* estorbo (*ehstohr'bo*) *m;* impedimento (*eempehdeemehn'to*) *m; v* estorbar (*ehstohrbahr'*)

handiwork *n* labor a mano (*lahbohr' ah mah'no*) *f;* trabajo hecho a mano (*trahbah'ho eh'cho ah mah'no*) *m*

handkerchief *n* pañuelo (*pahnyweh'lo*) *m*

handle *n* mango (*mahn'go*) *m;* tirador (*teerahdohr'*) *m; v* manejar (*mahneh-hahr'*); manipular (*mahneepoolahr'*) **to — with care** manejar con mucho cuidado (*mahneh-hahr' kohn moo'cho kweedah'do*)

handmade *adj* hecho a mano (*eh'cho ah mah'no*); (*fig*) bueno (*bweh'no*)

handsaw *n* serrucho (*sehrroo'cho*) *m*

handshake *n* apretón de manos (*ahprehtohn' deh mah'nos*) *m*

handsome *adj* hermoso (*ehrmoh'so*); guapo (*gwah'po*)

handwriting *n* letra (*leh'trah*) *f;* escritura (*ehskreetoo'rah*) *f*

handy *adj* a la mano (*ah lah mah'no*); **— person** persona muy hábil (*pehrsoh'nah moo'y ah'beel*) *f*

hang *v* colgar (*kohlgahr'*); suspender (*soospehndehr'*); **to — on** colgarse de (*kohlgahr'se deh*); continuar (*kohnteenwahr'*); **I don't give a —** no me importa un bledo (*noh meh eempohr'tah oon bleh'do*)

hanger *n* colgadero (*kohlgahdeh'ro*) *m;* **paper —** empapelador (*ehmpahpehlahdohr'*) *m*

hangman *n* verdugo (*vehrdoo'go*) *m*

hangnail *n* padrastro (*pahdrahs'tro*) *m*

hang-over *n* sobrante (*sohbrahn'teh*) *m;* resto (*rehs'to*) *m;* (*Am*) borrachera (*bohrrahcheh'rah*) *f;* ratón (*rahtohn'*) *m*

haphazard *adj* casual (*kahswahl'*); *adv* al azar (*ahl ahsahr'*); sin orden (*seen ohr'dehn*)

hapless *adj* desventurado (*dehsvehntoorah'do*); infeliz (*eenfehlees'*); desgraciado (*dehsgrahsyah'do*)

happen *v* suceder (*soosehdehr'*); pasar (*pahsahr'*); **what happened?** ¿Qué pasó? (*keh pahso'*)

happening *n* acontecimiento (*ahkohntehseemyehn'to*) *m;* suceso (*sooseh'so*) *m*

happily *adv* felizmente (*fehleesmehn'teh*), afortunadamente (*ahfohrtoonahdahmehn'teh*)

happiness *n* felicidad (*fehleeseedahd'*) *f;* dicha (*dee'chah*) *f*

happy *adv* feliz (*fehless'*) dichoso (*deechoh'so*); alegre (*ahleh'greh*); contento (*kohntehn'to*); **to be —** ser feliz (*sehr' fehlees'*); alegrarse de (*ahlegrahr'seh deh*)

harangue *n* arenga (*ahrehn'gah*) *f;* perorata (*pehrohrah'tah*) *f; v* arengar (*ahrehngahr'*); perorar (*pehrohrahr'*)

harass *v* acosar (*ahkohsahr'*); molestar (*mohlehstahr'*)

harbor *n* puerto (*pwehr'to*) *m;* asilo (*ahsee'lo*) *m;* abrigo (*ahbree'go*) *m; v* abrigar (*ahbreegahr'*); dar refugio a (*dahr rehfoo'hyo ah*)

hard *adj* duro (*doo'ro*); difícil (*deefee'seel*); **he is — working** es muy trabajador (*ehs moo'y trahbah-hahdohr'*)

harden *v* endurecer (se) (*ehndoorehsehr', seh*); hacer duro (*ahsehr' doo'ro*)

hardening *n* endurecimiento (*ehndoorehseemyen'to*) *m*

hard hat *n* yelmo de metal (para operarios) (*yehl'mo deh mehtahl', pah'rah ohpehrah'ryos*) *m*

hardly *adv* apenas (*ahpeh'nahs*); difícilmente (*deefeeseelmehn'teh*); **it is — so** no es probable (*no ehs prohbah'bleh*)

hardness *n* dureza (*dooreh'sah*) *f;* dificultad (*deefeekooltahd'*) *f*

hardship *n* apuro (*ahpoo'ro*) *m;* dificultad (*deefeekooltahd'*) *f;* trabajo duro (*trahbah'ho doo'ro*) *m*

hardware *n* quincalla (*keenkah'lyah*) *f;* **— store** quincallería (*keenkahlyehree'ah*) *f*

hardy *adv* fuerte (*fwehr'teh*); recio (*reh'syo*); **hale and —** sano y fuerte (*sah'no ee . . .*)

hare *n* liebre (*lyeh'breh*) *f*

harlot *n* prostituta (*prohsteetoo'tah*) *f;* mala mujer (*mah'lah moohehr'*) *f*

harm *n* daño (*dah'nyo*) *m;* mal (*mahl'*) *m; v* hacer daño (*ahsehr'...*); hacer mal (*ahsehr' mahl*)

harmful *adj* dañoso (*dahnyoh'so*); malo (*mah'lo*); dañino (*dahnyee'no*)

harmless *adj* innocuo (*eenoh'kwo*); inofensivo (*eenohfehnsee'vo*)

harmonic *adj* armónico (*ahrmoh'neeko*)

harmonious *adj* armonioso (*ahrmohnyoh'so*); concorde (*kohnkohr'deh*)

harmonize *v* armonizar (*ahrmohneesahr'*); concordar (*kohnkohrdahr'*)

harmony *n* armonía (*ahrmohnee'ah*) *f*

harness *n* aparejo (*ahpahreh'ho*) *m;* jaez (*haheh's'*) *m; v* enjaezar (*ehnhahehsahr'*); **to — energy** obtener, utilizar energía (*ohbtehnehr', ooteeleesahr' ehnehrhee'ah*)

harp *n* arpa (*ahr'pah*) *f;* **to play the —** tocar el arpa (*tohkahr' ehl ...*); **they — on it** lo repiten siempre (*lo rehpee'tehn syehm'preh*)

harpoon *n* arpón (*ahrpohn'*) *m; v* pescar con arpón (*pehskahr' kohn ...*)

harrow *n* rastro (*rahs'tro*) *m; v* rastrear (*rahstrehahr'*); horrorizar (*ohrrohreesahr'*)

harrowing *adj* horrendo (*ohrrehn'do*)

harsh *adj* severo (*sehveh'ro*); áspero (*ahs'pehro*); amargo (*ahmahr'go*)

harshness *n* severidad (*sehvehreedahd'*) *f;* aspereza (*ahspehreh'sah*) *f;* amargura (*ahmahrgoo'rah*) *f*

harvest *n* cosecha (*kohseh'chah*) *f;* siega (*syeh'gah*) *f;* *v* cosechar (*kohsehchahr'*); segar (*sehgahr'*)
hash *n* picadillo (*peekahdee'lyo*) *m*
haste *n* prisa (*pree'sah*) *f;* **in —** de prisa (*deh ...*); **to make —** darse prisa (*dahr'seh ...*); apresurarse (*ahprehsoorahr'seh*)
hasten *v* apresurarse (se) (*ahprehsoorahr', seh*); darse prisa (*dahr'seh pree'sah*)
hastily *adv* de prisa (*deh pree'sah*)
hasty *adj* apresurado (*ahprehsoorah'do*)
hat *n* sombrero (*sohmbreh'ro*) *m*
hatch *n* pollada (*pohlyah'dah*) *f;* *v* empollar (*ehmpohlyahr'*)
hatchet *n* hacha (*ah'chah*) *f*
hate *n* odio (*oh'dyo*) *m;* aborrecimiento (*ahborrehseemyehn'to*) *m;* *v* odiar (*ohdyahr'*); aborrecer (*ahbohrrehsehr'*)
hateful *adj* odioso (*ohdyoh'so*); aborrecible (*ahbohrrehsee'bleh*)
hatred *n* odio (*oh'dyo*) *m;* aborrecimiento (*ahbohrrehseemyehn'to*) *m*
haughtiness *n* altanería (*ahltahnehree'ah*) *f;* orgullo (*ohrgoo'lyo*)
haughty *adj* altivo (*ahltee'vo*); orgulloso (*ohrgoolyoh'so*) *m*
haul *v* transportar (*trahnspohrtahr'*); jalar (*hahlahr'*); *n* transporte (*trahnspohr'teh*) *m*
haunch *n* anca (*ahn'kah*) *f*
haunt *v* errar (*ehrrahr'*); vagar (*vahgahr'*); andar por (*ahndahr' pohr*); **—ed place** lugar de espectros (*loogahr' deh ehspehk'tros*) *m*
have *v* tener (*tehnehr'*); haber (*ahbehr'*); poseer (*pohsehehr'*); **to — to** tener que (*... keh*); **I — seen** he visto (*eh vees'to*); **I — it** lo tengo (*lo tehn'go*)
haven *n* asilo (*ahsee'lo*) *m;* abrigo (*ahbree'go*) *m;* refugio (*rehfoo'hyo*) *m*
havoc *n* estrago (*ehstrah'go*) *m;* **to make —** hacer estragos (*ahsehr' ...s*)
hawk *n* halcón (*ahlkohn'*) *m;* *v* pregonar (*prehgohnahr'*)
hawthorn *n* espino (*ehspee'no*) *m*
hay *n* heno (*eh'no*) *m;* paja (*pah'hah*) *f;* **I have — fever** tengo fiebre del heno (*tehn'go fyeh'breh dehl eh'no ...*)
haystack *n* montón de paja (*mohntohn' deh pah'hah*) *m*
hazard *n* riesgo (*ryehs'go*) *m;* peligro (*pehlee'gro*) *m;* *v* arriesgar (*ahrryehsgahr'*); correr peligro (*kohrrehr' pehlee'gro*)
hazardous *adj* peligroso (*pehleegroh'so*)
haze *n* neblina (*nehblee'nah*) *f;* niebla (*nyeh'blah*) *f*
hazel *n* avellano (*ahvehlyah'no*) *m;* **—nut** avellana (*ahvehlyah'nah*) *f;*
hazing *n* novatada (*nohvahtah'dah*) *f*
hazy *adj* nublado (*nooblah'do*); confuso (*kohnfoo'so*); obscuro (*ohbskoo'ro*)
he *pron* él (*ehl*); **— who** el que (*ehl keh*); quien (*kyehn'*) *m*
head *n* cabeza (*kahbeh'sah*) *f;* líder (*lee'dehr*) *m;* jefe (*heh'feh*) *m;* **—ache** jaqueca (*hahkeh'kah*) *f;* **— strong** testarudo (*tehstahroo'do*); **to keep one's —** no perder la cabeza (*no pehrdehr' lah ...*); **it went to his —** se le subió a la cabeza (*seh leh soobyo' ah lah ...*); **to — for (a place)** encaminarse hacia (*ehnkahmeenahr'seh ah'syah*)
headache *n* dolor de cabeza (*dohlohr' deh kahbeh'sah*) *m;* jaqueca (*hahkeh'kah*) *f*
headdress *n* tocado (*tohkah'do*) *m*
headgear *n* sombrero (*sohmbreh'ro*) *m;* tocado (*tohkah'do*) *m*
heading *n* encabezamiento (*ehnkahbehsahmyehn'to*) *m;* título (*tee'toolo*) *m*
headlight *n* faro delantero (*fah'ro dehlahnteh'ro*) *m;* (*car*) fanal (*fahnahl'*) *m*
headline *n* título (*tee'toolo*) *m;* (*newspaper*) cabecera (*kahbehseh'rah*) *f*
headlong *adv* precipitadamente (*prehseepeetahdahmehn'teh*)
headquarters *n* oficina principal (*ohfeesee'nah preenseepahl'*) *f;* cuartel general (*kwahrtehl' hehnehrahl'*) *m*
headstrong *adj* porfiado (*pohrfyah'do*); testarudo (*tehstahroo'do*)
headway *n* progreso (*prohgreh'so*) *m;* avance (*ahvahn'seh*) *m;* **to make —** avanzar (*ahvahnsahr'*); adelantar (*ahdehlahntahr'*)
heal *v* curar (*koorahr'*); sanar (*sahnahr'*)
health *n* salud (*sahlood'*) *f;* sanidad (*sahneedahd'*) *f*
healthful *adj* sano (*sah'no*); salubre *sahloo'breh*)
healthy *adj* sano (*sah'no*); salubre (*sahloo'breh*)
heap *n* montón (*mohntohn'*) *m;* *v* amontonar (*ahmohntohnahr'*)
hear *v* oír (*oheer'*); escuchar (*ehskoochahr'*); **to — about** oír hablar de (*... ahblahr' deh*); **to — from** tener noticias de (*tehnehr' nohtee-syahs' deh*)
hearer *n* oyente (*ohyehn'teh*) *m*
hearing *n* oído (*ohee'do*) *m;* **hard of —** medio sordo (*meh'dyo sohr'do*)
hearsay *n* rumor (*roomohr'*) *m;* **by —** de oídas (*deh ohee'dahs*)
hearse *n* carroza fúnebre (*kahrroh'sah foo'nehbreh*) *f*
heart *n* corazón (*kohrahsohn'*) *m;* ánimo (*ah'neemo*) *m;* **to learn by —** aprender de memoria (*ahprehndehr' deh mehmoh'ryah*); **Sacred Heart** El Sagrado Corazón (*ehl sahgrah'do ...*) *m;* **Don't take it to —** no lo tome en serio (*no lo toh'meh ehn seh'ryo*)

heartache *n* dolor del corazón (*dohlohr' dehl kohrahsohn'*) *m;* congoja (*kohngoh'hah*) *f*

heartbroken *adj* acongojado (*ahkohngohhah'do*); lleno de dolor (*lyeh'no deh dohlohr'*)

hearten *v* animar (*ahneemahr'*)

heartfelt *adj* sentido (*sehntee'do*); sincero (*seenseh'ro*)

hearth *n* hogar (*ohgahr'*) *m;* fogón (*fohgohn'*) *m*

heartily *adv* de corazón (*deh kohrahsohn'*); cordialmente (*kohrdyahlmehn'teh*); de buena gana (*deh bweh'nah gah'nah*); **to eat —** comer mucho, con apetito (*kohmehr' moo'cho, kohn apehtee'to*); comer bien (*kohmehr' byehn*)

heartless *adj* de mal corazón (*deh mahl kohrahsohn'*); cruel (*krwel'*); insensible (*eensehnsee'bleh*)

hearty *adj* sincero (*seenseh'ro*); cordial (*kohrdyahl'*); sano (*sah'no*); fuerte (*fwehr'teh*); **a — laugh** gran carcajada (*grahn kahrkah-hah'dah*) *f;* **— meal** buena comida (*bweh'nah kohmee'dah*)

heat *n* calor (*kahlohr'*) *m;* ardor (*ahrdohr'*) *m;* vehemencia (*vehehmehn'syah*) *f;* celo (*seh'lo*) *m;* calefacción (*kahlehfahksyohn'*) *f;* corrida (*kohrree'dah*) *f;* carrera (*kahrreh'rah*) *f;* *v* calentar(se) (*kahlehntahr',seh*); **to — up** acalorar(se) (*ahkahlorahr', se*); calentar

heater *n* calentador (*kahlehntahdohr'*) *m;* calorífero (*kahlohree'fehro*) *m;* **water —** calentador de agua (*... deh ah'gwah*) *m;* (*Arg.*) calefón (*kahlehfohn'*) *m*

heathen *n* pagano (*pahgah'no*) *m;* gentil (*hehnteel'*) *m, f;* idólatra (*eedoh'lahtrah*) *m, f;* *adj* pagano (*pahgah'no*); irreligioso (*eerrehlee-hyoh'so*)

heating *n* calefacción (*kahlehfahksyohn'*) *f*

heave *v* levantar (*lehvahntahr'*); alzar (*ahlsahr'*); arrojar (*ahrroh-har'*); **to — forth** suspirar (*soospeerahr'*)

heaven *n* cielo (*syeh'lo*) *m*

heavenly *adj* celeste (*sehlehs'teh*); celestial (*sehlehstyahl'*)

heavily *adv* pesadamente (*pehsahdahmehn'teh*)

heaviness *n* pesadez (*pehsahdehs'*) *f;* pesantez (*pehsahntehs'*) *f;* opresión (*ohprehsyohn'*) *f;* abatimiento (*ahbahteemyehn'to*) *m*

heavy *adj* pesado (*pehsah'do*); grueso (*grweh'so*); burdo (*boor'do*); opresivo (*ohprehsee'vo*); **— rain** aguacero recio (*ahgwahseh'ro reh'syo*); **with a — heart** con abatimiento (*kohn ahbahteemyehn'to*)

hectic *adj* febril (*fehbreel'*); inquieto (*eenkyeh'to*)

hedge *n* seto (*seh'to*) *m;* vallado (*vahlyah'do*) *m;* barrera (*bahrreh'rah*) *f;* *v* cercar (*sehrkahr'*); poner seto a (*pohnehr' seh'to ah*)

hedgehog *n* erizo (*ehree'so*) *m*

heed *v* atender (*ahtehndehr'*); hacer caso a (*ahsehr' kah'so ah*); prestar atención (*prehstahr' ahtehnsyohn'*); *n* atención (*ahtehnsyohn'*) *f;* cuidado (*kweedah'do*) *m;* **to pay — to** prestar atención a (*prehstahr' ahtehnsyohn' ah*)

heedless *adj* descuidado (*dehskweedah'do*); desatento (*dehsahtehn'to*)

heel *n* talón (*tahlohn'*) *m;* tacón (*tahkohn'*) *m;* **head over —s** patas arriba (*pah'tahs ahrree'bah*)

heifer *n* novilla (*nohvee'lyah*) *f*

height *n* altura (*ahltoo'rah*) *f;* elevación (*ehlehvahsyohn'*) *f;* **the — of folly** el colmo de la locura (*ehl kohl'mo deh lah lohkoo'rah*) *m*

heighten *v* elevar (*ehlehvahr'*); aumentar (*ahoomehntahr'*)

heinous *adj* aborrecible (*ahbohrrehsee'bleh*); odioso (*ohdyoh'so*); horrible (*ohrree'bleh*)

heir *n* heredero (*ehrehdeh'ro*) *m*

heiress *n* heredera (*ehrehdeh'rah*) *f*

helicopter *n* helicóptero (*ehleekohp'tehro*) *m*

hell *n* infierno (*eenfyehr'no*) *m;* **to —** al infierno (*ahl ...*); al diablo (*ahl dyah'blo*)

hello *interj* hola (*oh'lah*)

helm *n* timón (*teemohn'*) *m*

helmet *n* yelmo (*yehl'mo*) *m;* casco (*kahs'ko*) *m*

help *n* ayuda (*ahyoo'dah*) *f;* auxilio (*ahooxee'lyo*) *m;* *v* ayudar (*ahyoodahr'*); asistir (*ahseesteer'*); dar auxilio (*dahr ...*); **to — oneself** ayudarse; servirse de (*sehrveer'seh deh*); **I can't — doing it** no puedo menos de hacerlo (*no pweh'do meh'nos deh ahsehr'lo*)

helper *n* ayudante (*ahyoodahn'teh*) *m, f;* asistente (*ahseestehn'teh*) *m, f*

helpful *adj* útil (*oo'teel*); que ayuda (*keh ahyoo'dah*); provechoso (*prohvehcho'so*); bueno (*bweh'no*)

helping *adj* ayudador (*ahyoodahdohr'*) *m;* porción (*pohrsyohn'*) *f*

helpless *adj* desamparado (*dehsahmpahrah'do*); inhábil (*eenah'beel*); incapaz (*eenkahpahs'*)

helplessness *n* incapacidad (*eenkahpahseedad'*) *f;* inhabilidad (*eenahbeeleedahd'*) *f;* impotencia (*eempohtehn'syah*) *f*

hem *n* dobladillo (*dohblahdee'lyo*) *m;* bastilla (*bahstee'lyah*) *f;* *v* dobladillar (*dohblahdeelyahr'*) bastillar (*bahsteelyahr'*); **to — in** rodear (*rohdehahr'*); cercar (*sehrkahr'*)

hemisphere *n* hemisferio (*ehmeesfeh'ryo*) *m*

hemlock *n* cicuta (*seekoo'tah*) *f;* abeto (*ahbeh'to*) *m;* veneno (*vehneh'no*) *m*

hen *n* gallina (*gahlyee'nah*) *f*

hence *adv* desde aquí (*dehs'deh ahkee'*); desde ahora (...*ahoh'rah*); por consiguiente (*pohr kohnseeghyehn'teh*)

her *adj* su, sus (*soo, soos*); **— book** su libro (*soo lee'bro*); *pron* la (*lah*); le (*leh*); a ella (*ah eh'lyah*); ella (*eh'lyah*); **I see —** la veo (*lah veh'o*); **I speak to —** le hablo (*leh ah'blo*)

herald *n* heraldo (*ehrahl'do*) *m;* anunciador (*ahnoonsyadohr'*) *m;* precursor (*prehkoorsohr'*) *m; v* anunciar (*ahnoonsyahr'*); proclamar (*prohklahmahr'*); publicar (*poobleekahr'*)

herb *n* hierba (*yehr'bah*) *f*

herd *n* hato (*ah'to*) *m;* rebaño (*rehbah'nyo*) *m;* ganado (*gahnah'do*) *m;* **common —** el populacho (*ehl pohpoolah'cho*) *m;* la plebe (*lah pleh'beh*) *f; v* reunir (*rehooneer'*); juntar (*hoontahr'*); poner juntos (*pohnehr' hoon'tos*)

herdsman *n* vaquero (*vahkeh'ro*) *m;* vaquerizo (*vahkehree'so*) *m*; pastor (*pahstohr'*) *m*

here *adv* aquí (*ahkee'*); acá (*ahkah'*); **— it is** aquí está (... *ehstah'*); aquí lo tiene (*ahkee' lo tyeh'neh*); **— is the money** he aquí el dinero (*eh ahkee' ehl deeneh'ro*)

hereafter *adv* de aquí en adelante (*deh ahkee' ehn ahdehlahn'teh*) en el futuro (*ehn ehl footoo'ro*); **the —** la otra vida (*lah oh'trah vee'dah*); el más allá (*ehl mahs ahlyah'*)

hereby *adv* por este medio (*pohr ehs'teh meh'dyo*); mediante esto (*mehdyahn'teh ehs'to*); con esto (*kohn ehs'to*)

hereditary *adj* hereditario (*ehrehdeetah'ryo*); de herencia (*deh ehrehn'syah*)

heredity *n* herencia (*ehrehn'syah*) *f*

herein *adv* aquí dentro (*ahkee'dehn'tro*); incluso (*eenkloo'so*); en esto (*ehn ehs'to*); dentro (*dehn'tro*)

heresy *n* herejía (*ehreh-hee'ah*) *f*

heretic *n* hereje (*ehreh'heh*) *m*

heretofore *adv* hasta ahora (*ahs'tah ahoh'rah*)

herewith *adv* aquí dentro (*ahkee'dehn'tro*); con esto (*kohn ehs'to*); incluso (*eencloo'so*)

heritage *n* herencia (*ehrehn'syah*) *f*

hermit *n* ermitaño (*ehrmeetah'nyo*) *m*

hernia *n* hernia (*ehr'nyah*) *f;* ruptura (*rooptoo'rah*) *f*

hero *n* héroe (*eh'roheh*) *m*

heroic *adj* heroico (*ehroh'eeko*)

heroine *n* heroína (*ehrohee'nah*) *f*

heroism *n* heroísmo (*ehrohees'mo*) *m*

heron *n* garza (*gahr'sah*) *f*

herring *n* arenque (*ahrehn'keh*) *m*

hers *pron* suyo (*soo'yo*) de ella (*deh eh'lyah*); el suyo (*ehl soo'yo*); **it is —** es (el) suyo (*ehs, ehl,* ...)

herself *pron* ella misma (*eh'lyah mees'mah*) *f;* **by —** por sí misma (*pohr see mees'mah*); **she did it by —** lo hizo ella misma (*loh ee'so* ...);**she talks to —** habla para sí (*ah'blah pah'rah see*); habla consigo misma (...*kohnsee'go mees'mah*)

hesitant *adj* titubeante (*teetoobehahn'teh*)

hesitate *v* titubear (*teetoobehahr'*); vacilar (*vahseelahr'*)

hesitating *adj* titubeante (*teetoobehahn'teh*); indeciso (*eendehsee'so*); vacilante (*vahseelahn'teh*); **—ly** *adv* con vacilación (*kohn vahseelahsyohn'*)

hesitation *n* titubeo (*teetoobeh'o*) *m;* vacilación (*vahseelahsyohn'*) *f*

hew *v* tajar (*tah-hahr*); cortar (*kohrtahr'*); labrar (*lahbrahr'*)

hey *interj* ¡oiga! (*oh'ygah*); ¡oye! (*oh'yeh*)

hiccup *n* hipo (*ee'po*) *m; v* hipar (*eepahr'*); tener hipo (*tehnehr'* ...)

hickory *n* nogal americano (*nohgahl' ahmehreekah'no*) *m*

hidden *adj* escondido (*ehskohndee'do*); secreto (*sehkreh'to*); oculto (*ohkool'to*)

hide *v* esconder(se) (*ehskohndehr', seh*); ocultar (*ohkooltahr'*)

hide *n* cuero (*kweh'ro*) *m;* piel (*pyehl*) *f*

hideous *adj* horrible (*ohrree'bleh*); muy feo (*moo'y feh'o*)

high *adj* alto (*ahl'to*); noble (*noh'bleh*); **— altar** altar mayor (*ahltahr' mahyohr'*) *m;* **—and dry** enjuto (*ehnhoo'to*); **— explosive** explosivo de gran potencia (*explohsee'vo deh grahn pohtehn'syah*) *m;* **— tide** pleamar (*plehahmahr'*) *m;* **on —** arriba (*ahree'bah*); sobre (*soh'breh*); **at — speed** de alta velocidad (*deh ahl'tah vehlohseedahd'*); **it's — time** ya es la hora (*yah ehs lah oh'rah*); **to be in — spirits** estar muy animado (*ehstahr' moo'y ahneemah'do*); **to look — and low** buscar por todas partes (*booskahr' pohr toh'dahs pahr'tehs*); **— society** alta sociedad (*ahl'tah sohsyehdahd'*) *f;* **— fidelity** alta fidelidad (*ahl'tah feedehleedahd'*) *f*

highland *n* montañas (*mohntah'nyahs*) *f, pl*

highly *adv* altamente (*ahltahmehn'teh*); sumamente (*soomahmehn'teh*)

highness *n* altura (*ahltoo'rah*) *f;* elevación (*ehlehvahsyohn'*) *f;* **his (her) —** su alteza (*soo ahlteh'sah*) *f*

highway *n* camino real (*kahmee'no rehahl'*) *m;* carretera (*kahrrehteh'rah*) *f*

highwayman *n* forajido (*fohrah-hee'do*) *m;* bandido (*bahndee'do*) *m*

hike *n* caminata (*kahmeenah'tah*) *f;* paseo largo (*pahseh'o lahr'go*) *m; v* dar una caminata (*dahr oo'nah ...*)
hill *n* colina (*kohlee'nah*) *f;* cerro (*seh'rro*); **ant —** hormiguero (*ohrmeegheh'ro*) *m;* **down —** cuesta abajo (*kwehs'tah ahbah-ho*); **up —** cuesta arriba (*kwehs'tah ahrree'bah*); **over the —** al otro lado de la colina (*ahl oh'tro lah'do deh lah ...*)
hillock *n* collado (*kohlyah'do*) *m;* montecillo (*mohntehsee'lyo*) *m*
hillside *n* ladera (*lahdeh'rah*) *f*
hilltop *n* cumbre (*koom'breh*) *f;* cima (*see'mah*) *f*
hilly *adj* montuoso (*mohntwoh'so*)
hilt *n* empuñadura (*ehmpoonyahdoo'rah*) *f;* puño (*poo'nyo*); **to the —** hasta la cumbre (*ahs'tah lah koom'bre*)
him *pron* le (*leh*); lo (*lo*) *m;* **I see him** le (lo) veo (*leh, lo veh'o*)
himself *pron* él mismo (*ehl mees'mo*) *m;* se (*seh*); **he sees —** se ve (*seh veh*); **he speaks to —** habla a sí mismo (*ah'blah ah see ...*)
hind *adj* trasero (*trahseh'ro*); posterior (*pohstehryohr'*); último (*ool'teemo*)
hinder *v* estorbar (*ehstohrbahr'*); impedir (*eempehdeer'*); molestar (*mohlehstahr'*)
hindrance *n* estorbo (*ehstohr'bo*) *m;* impedimento (*eempehdeemehn'to*) *m;* molestia (*mohlehs'tyah*) *f*
hinge *n* gozne (*gohs'neh*) *m;* bisagra (*beesah'grah*) *f; v* engoznar (*ehngohsnahr'*); **it all hinges on** todo depende de (*toh'do dehpehn'deh deh*)
hint *n* indirecta (*eendeerehk'tah*) *f;* sugestión (*soohehstyohn'*) *f; v* insinuar (*eenseenwahr'*); sugerir (*soohehreer'*)
hip *n* cadera (*kahdeh'rah*) *f*
hippie *n* (*coll*) joven peludo, barbudo (*hoh'vehn pehloo'do, bahrboo'do*) *m;* (*Am*) hippie (*ee'pi*) *m*
hippopotamus *n* hipopótamo (*eepohpoh'tahmo*) *m*
hire *v* emplear (*ehmplehar'*); alquilar (*ahlkeelahr'*); dar empleo a (*dahr ehmpleh'o ah*)
his *adj poss* su (*soo*); de él (*deh ehl*); *pron poss* el suyo (*ehl soo'yo*), el de él (*...*); **it is —** es suyo (*ehs ...*)
hiss *n* chiflido (*cheeflee'do*) *m;* silbido (*seelbee'do*) *m; v* chiflar (*cheeflahr'*); silbar (*seelbahr'*)
historian *n* historiador (*eestohryahdohr'*) *m;* profesor de historia (*prohfehsohr' deh eestoh'ryah*) *m*
historic *adj* histórico (*eestoh'reeko*)
historical *adj* histórico (*eestoh'reeko*)
history *n* historia (*eestoh'ryah*) *f*
hit *n* golpe (*gohl'peh*) *m;* choque (*choh'keh*) *m;* **to make a —** tener un gran éxito (*tehnehr' oon grahn ex'eeto*); *v* golpear (*golpehahr'*); pegar (*pehgahr'*); **to — against** chocar contra (*chohkahr' kohn'trah*); **to — the mark** acertar (*ahsehrtahr'*)
hitch *n* tropiezo (*trohpyeh'so*) *m;* enganche (*ehngahn'cheh*) *m; v* atar (*ahtahr'*); amarrar (*ahmahrrahr'*); enganchar (*ehngahnchahr'*)
hitchhike *v* viajar de gorra (*vyah-hahr' deh goh'rrah*); pedir paseo, viaje gratis en automóvil (*pehdeer' pahseh'o, vyah'heh grah'tees ehn ahootohmoh'veel*)
hither *adv* acá (*ah'kah*); **— and thither** acá y allá (*... ee ahlyah'*)
hitherto *adv* hasta aquí (*ahs'tah ahkee'*); hasta ahora (*... ahoh'rah*)
hive *n* colmena (*kohlmeh'nah*) *f;* **bee —** colmena *f;* **—s** (*med*) urticaria (*oorteekah'ryah*) *f*
hoard *n* dinero, algo escondido (*deeneh'ro, ahlgo ehskohndee'do*) *m; v* guardar (*gwahrdahr'*); acumular secretamente (*ahkoomoolahr' sehkrehtahmehn'teh*)
hoarse *adj* bronco (*brohn'ko*); ronco (*rohn'ko*)
hoarseness *n* ronquera (*rohnkeh'rah*) *f*
hoary *adj* cano (*kah'no*); blanco (*blahn'ko*)
hobble *v* cojear (*koh-hehahr'*); renquear (*rehnkeahr'*); maniatar (*mahnyahtahr'*); impedir (*eempehdeer'*)
hobby *n* afición (*ahfeesyohn'*) *f;* algo hecho por amor (*ahl'go eh'cho pohr ahmohr'*); pasatiempo (*pahsahtyehm'po*) *m*
hobo *n* vagabundo (*vahgahboon'do*) *m;* hombre errante (*ohm'breh ehrrahn'teh*) *m*
hodgepodge *n* mezcolanza (*mehskolahn'sah*) *f*
hoe *n* azada (*ahsah'da*) *f;* azadón (*ahsahdohn'*) *m; v* azadonar (*ahsahdohnahr'*); sachar (*sahchahr'*)
hog *n* puerco (*pwehr'ko*) *m;* cerdo (*sehr'do*) *m;* **to make a — of oneself** comérselo todo (*kohmehr'sehlo toh'do*)
hoist *v* alzar (*ahlsahr'*); **to — the flag** izar la bandera (*eesahr' lah bahndeh'rah*); levantar (*lehvahntahr'*)
hold *v* tener (*tehnehr'*); retener (*rehtehnehr'*); **to — back** detener (*dehtehnehr'*); **to — in place** sujetar (*soohehtahr'*); **to — off** mantener a distancia (*mahntehnehr' ah deestahn'syah*); **to — on** agarrarse a (*ahgahrrahr'seh ah*); **to — out** persistir en (*pehrseesteer' ehn*); durar (*doorahr'*); **to — up** asaltar a mano armada (*ahsahltahr' ah mah'no ahrmah'dah*)
holder *n* tenedor (*tehnehdohr'*) *m;* **cigarette —** boquilla (*bohkee'lyah*) *f*
holdup *n* asalto a mano armada (*ahsahl'to ah mah'no ahrmah'dah*) *m;* atraco (*ahtrah'ko*) *m*

hole *n* agujero (*ahgooheh'ro*) *m;* **he is in a —** está en apuros (*ehstah' ehn ahpoo'ros*)

holiday *n* día de fiesta (*dee'ah deh fyehs'tah*) *m;* fiesta (*fyehs'tah*) *f;* **school —s** vacaciones (*vahkahsyoh'nehs*) *f, pl*

holiness *n* santidad (*sahnteedahd'*) *f;* **His Holiness** Su Santidad (*soo ...*) *f,* el Papa (*ehl pah'pah*) *m*

hollow *adj* hueco (*weh'ko*); vacío (*vahsee'o*); *v* ahuecar (*ahwehkahr'*); hacer hueco (*ahsehr' ...*)

holly *n* agrifolio (*ahgreefoh'lyo*) *m;* acebo (*ahseh'bo*) *m*

holster *n* pistolera (*peestohleh'rah*) *f*

holy *adj* santo (*sahn'to*); san (*sahn*); sagrado (*sahgrah'do*); **— water** agua bendita (*ah'gwah behndee'tah*) *f*

homage *n* homenaje (*ohmehnah'heh*) *m;* respeto (*rehspeh'to*) *m;* **to do (pay) — to** rendir homenaje a (*rehndeer' ... ah*); honrar (*ohnrahr'*)

home *n* hogar (*ohgahr'*) *m;* casa (*kah'sah*) *f;* **— address** dirección particular (*deerehksyohn' pahrteekoolahr'*) *f;* señas (*seh'nyahs*) *f, pl;* **he is at —** está en casa (*ehstah' ehn ...*); **— run** jonrón (*hohnrohn'*) *m;* **to hit —** acertar (*ahsehrtahr'*)

homeland *n* tierra natal (*tyeh'rrah nahtahl'*) *f;* patria (*pah'tryah*) *f*

homeless *adj* sin casa (*seen kah'sah*)

homelike *adj* hogareño (*ohgahreh'nyo*)

homely *adj* feo (*feh'o*); casero (*kahseh'ro*)

homemade *adj* hecho en casa (*eh'cho ehn kah'sah*); del país (*dehl pahees'*)

homesick *adj* nostálgico (*nohstahl'heeko*)

homesickness *n* nostalgia (*nohstahl'hyah*) *f*

homeward *adv* a casa (*ah kah'sah*); **— bound** hacia la casa, la patria (*ah'syah lah ..., lah pah'tryah*)

homework *n* trabajo de casa (*trahbah'ho deh kah'sah*) m; tarea de escuela (*tahreh'ah deh ehskweh'lah*) *f*

homicide *n* homicida (*ohmeesee'dah*) *m, f*

homogeneous *adj* homogéneo (*ohmohheh'neho*); parecido (*pahrehsee'do*)

hone *v* amolar (*ahmohlahr'*); afilar (*ahfeelahr'*)

honest *n* honrado (*ohnrah'do*); genuino (*hehnwee'no*); sincero (*seenseh'ro*); **—ly** *adv* honradamente (*ohnrahdahmehn'teh*)

honesty *n* honradez (*ohnrahdehs'*) *f;* sinceridad (*seensehreedahd'*) *f*

honey *n* miel (*myehl'*) *f;* (*coll*) querido (*kehree'do*) *m;* querida (*kehree'dah*) *f*

honeycomb *n* panal (*pahnahl'*) *m*

honeyed *adj* meloso (*mehloh'so*); dulce (*dool'seh*); con miel (*kohn myehl'*)

honeymoon *n* luna de miel (*loo'nah deh myehl'*) *f;* **— trip** viaje de la luna de miel (*vyah'heh deh ...*); *v* pasar la luna de miel (*pahsahr' lah ... ...*)

honeysuckle *n* madreselva (*mahdrehsehl'vah*) *f*

honk *n* pitazo (*peetah'so*) *m;* **to — the horn** sonar la bocina (*sohnahr' lah bohsee'nah*)

honor *n* honor (*ohnohr'*) *m;* honra (*ohn'rah*) *f;* **on your (his) —** bajo su palabra (*bah'ho soo pahlah'brah*); *v* honrar (*ohnrahr'*)

honorable *adj* honorable (*ohnohrah'bleh*); honrado (*ohnrah'do*)

honorary *adj* honorario (*ohnohrah'ryo*)

hood *n* capucha (*kahpoo'chah*) *f;* caperuza (*kahpehroo'sah*) *f;* cubierta (*koobyehr'ta*) *f;* *v* encapuchar (*ehnkahpoochahr'*)

hoof *n* casco (*kahs'ko*) *m;* pata (*pah'tah*) *f*

hook *n* gancho (*gahn'cho*) *m;* garfio (*gahr'fyo*) *m;* **fishing —** anzuelo (*ahnsweh'lo*) *m;* **by — or by crook** por la buena o por la mala (*pohr lah bweh'nah oh pohr lah mah'lah*); *v* enganchar (*ehngahnchar'*); **to —** robar a (*rohbahr' ah*); **to play hooky** fumarse la clase (*foomahr'ser lah klah'seh*); capear la escuela (*kahpehar' lah ehskwe'lah*); hacer novillos (*ahsehr' nohvee'lyos*)

hoop *n* aro (*ah'ro*) *m;* argolla (*ahrgoh'lyah*) *f*

hoot *v* ulular (*ooloolahr'*); rechiflar (*rehcheeflahr'*); silbar (*seelbahr'*)

hooting *n* chiflido (*cheeflee'do*) *m;* rechifla (*rehchee'flah*) f; silbido (*seelbee'do*) *m*

hop *n* salto (*sahl'to*) *m;* brinco (*breen'ko*) *m;* **dance —** baile (*bah'yleh*) *m;* *v* saltar (*sahltahr'*); brincar (*breenkahr'*)

hope *n* esperanza (*ehspehrahn'sah*) *f;* *v* esperar (*ehspehrahr'*); **I — so** espero que sí (*ehspeh'ro keh see*)

hopeful *adj* lleno de esperanza (*lyeh'no deh ehspehrahn'sah*) esperanzado (*ehspehrahnsah'do*); **—ly** *adv* con esperanza (*kohn ...*)

hopeless *adj* sin esperanza (*seen ehspehrahn'sah*); desesperado (*dehsehspehrah'do*); **it is a — case** ya no tiene remedio (*yah no tyeh'neh rehmeh'dyo*); **—ly** *adv* sin esperanza (*seen ehspehrahn'sah*)

hopelessness *n* desesperanza (*dehsehspehrahn'sah*) *f;* falta de remedio, (*fahl'tah deh rehmeh'dyo*) *f*

horde *n* muchedumbre (*moochehdoom'breh*) *f;* gentío (*hehntee'o*) *m;* populacho (*pohpoolah'cho*) *m*

horizon *n* horizonte (*ohreesohn'teh*) *m*

horizontal *adj* horizontal (*ohreesohntahl'*)

horn *n* cuerno (*kwehr'no*) *m;* bocina (*bohseeh'nah*) *f;* trompa (*trohm'pah*) *f;* **to honk the —** sonar la bocina (*sohnahr' lah* ...)
hornet *n* avispón (*ahveespohn'*) *m*
horrible *adj* horrible (*ohrree'bleh*); **horribly** *adv* horriblemente (*ohreeblehmehn'teh*)
horrid *adj* horrendo (*ohrrehn'do*); horrible (*ohrre'bleh*)
horrify *v* horrorizar (*ohrrohreesahr'*)
horror *n* horror (*ohrrohr'*) *m*
horse *n* caballo (*kahvah'lyo*) *m;* **Trojan —** caballo de Troya (... *deh troh'yah*) *m;* **saddle —** caballo de silla (... *deh see'lyah*) *m;* **— dealer** chalán (*chahlahn'*) *m;* **— race** carrera de caballos (*kahrre'rah deh* ...) *m*
horseback *n* lomo de caballo (*loh'mo deh kahvah'lyo*) *m;* **to go — riding** montar a caballo (*mohntahr' ah* ...); cabalgar (*kahvahlgahr'*)
horsefly *n* tábano (*tah'bahno*)*m;* moscardón (*mohskahrdohn'*) *m*
horselaugh *n* carcajada (*kahrkah-hah'dah*) *f*
horseman *n* jinete (*heeneh'teh*) *m*
horsemanship *n* equitación (*ehkeetahsyohn'*) *f*
horsepower *n* caballo de fuerza (*kahvah'lyo deh fwehr'sah*) *m*
horseradish *n* rábano picante (*rah'bahno peekahn'teh*) *m*
horseshoe *n* herradura (*ehrrahdoo'rah*) *f*
hose *n* medias (*meh'dyahs*) *f, pl;* **(for men)** calcetines (*kahlsehtee'nehs*) *m, pl;* **panty —** media pantalón (*meh'dyah pahntahlohn'*) *f;* **water —** manguera (*mahngheh'rah*) *f*
hosiery *n* medias (*meh'dyahs*) *f, pl;* calcetines (*kahlsehtee'nehs*) *m, pl*
hospitable *adj* hospitalario (*ohspeetahlah'ryo*); amistoso (*ahmeestoh'so*)
hospital *n* hospital (*ohspeetahl'*) *m*
hospitality *n* hospitalidad (*ohspeetahleedahd'*) *f;* amistosidad (*ahmeestohseedahd'*) *f*
host *n* huésped (*wehs'pehd*) *m;* anfitrión (*ahnfeetryohn'*) *m;* **— of people** multitud de gente (*moolteetood' deh hehn'teh*) *f;* **Sacred Host** Hostia Consagrada (*ohs'tyah kohnsahgrah'dah*) *f*
hostage *n* rehén (*rehehn'*) *m*
hostess *n* huéspeda (*whes'pehdah*) *f*
hostile *adj* hostil (*ohsteel'*)
hostility *n* hostilidad (*ohsteeleedahd'*) *f*
hot *adj* caliente (*kahlyehn'teh*); caluroso (*kahlooroh'so*); **— pants** (*coll*) calzoncillos (muy cortos) de mujer (*kahlsohnsee'lyohs moo'y kohr'tos deh mooheh r'*) *m, pl;* **— dog** salchicha americana (*sahlchee'chah ahmehreekah'na*) *f;* **— sauce** salsa picante (*sahl'sah peekahn'teh*) *f;* **— -tempered** furioso (*fooryo'so*), impetuoso (*eempehtwoh'so*); **it is —** hace calor (*ah'seh kahlohr'*)
hotel *n* hotel (*ohtehl'*) *m*
hotel-keeper *n* hotelero (*ohtehleh'ro*) *m*
hotly *adv* calurosamente (*kahloorohsahmehn'teh*)
hot plate *n* hornillo (*ohrnee'lyo*) *m;* calentador (*kahlehntahdor'*) m
hound *n* perro de busca (*peh'rro deh boos'kah*) *m; v* perseguir (*pehrsehgheer'*)
hour *n* hora (*oh'rah*) *f;* **at what — (time) ?** ¿a qué hora? (*ah keh* ...)
hourly *adv* a cada hora (*ah kah'dah oh'rah*); *adj* frecuente (*frehkwehn'teh*)
house *n* casa (*kah-sah*) *f;* **legislative —** asamblea legislativa (*ahsahmbleh'ah lehheeslahtee'vah*) *f;* **country —** casa de campo (*kah'sah deh kahm'po*) *f;* **it is a full —** es un lleno completo (*ehs oon lyeh'no kohmpleh'to*) *m; v* alojar (*ahlohhahr'*); dar alojamiento (*dahr ahlohhahmyehn'to*)
household *n* casa (*kah'sah*) *f;* familia (*fahmee'lyah*) *f; adj* casero (*kahseh'ro*); **— chores** quehaceres de casa (*kehahseh'rehs deh* ...) *m, pl;* **— furnishings** menaje (*mehnah'heh*) *m*
housekeeper *n* casera (*kahseh'rah*) *f;* criada (*kryah'dah*) *f;* sirviente (*seervyehn'teh*) *m, f*
housekeeping *n* trabajo de casa (*trahbah'ho deh kah'sah*) *m;* quehaceres (*kehahseh'rehs*) *m, pl*
housetop *n* techumbre (*tehchoom'breh*) *f;* tejado (*teh-hah'do*) *m*
housewife *n* ama de casa (*ah'mah deh kah'sah*) *f;* esposa (*ehspoh'sah*) *m;* **she is a —** ella es una ama de casa (*eh'lya ehs oonah ah'ma deh kah'sah*)
housework *n* labor de casa (*lahbohr' deh kah'sah*) *f;* quehaceres (*keh-hahseh'rehs*) *m, pl*
hover *v* cernerse (*sehrnehr'seh*); volar alrededor de (*vohlahr' ahlrehdehdohr' deh*); revolotear (*rehvohlohtehahr'*)
how *adv* cómo (*koh'mo*); **— far is it?** ¿cuánto dista? (*kwahn'to dees'tah*); **— long?** ¿cuánto tiempo emplea? (*kwahn'to tyehm'po ehmpleh'ah*); **— much is it?** ¿cuánto es? (*kwahn'to ehs*); ¿a cómo se vende? (*ah* ... *seh vehn'deh*); **— many?** ¿cuántos? (*kwahn'tos*); **— old are you?** ¿cuántos años tiene usted? (*kwahn'tos ah'nyos tyeh'ne oostehd'*); **— do you do that?** ¿cómo se hace eso? (... *seh ahseh eh'so*); **and—!** ¡y como! (*ee koh'mo*)
however *adv & conj* sin embargo (*seen ehmbahr'go*); no obstante (*no obstahn'teh*); de todos modos (*deh toh'dos moh'dos*); **— fine it may be** por bueno que sea (*pohr bweh'no keh seh'ah*)
howl *n* aullido (*ahoolyee'do*) *m;* alarido (*ahlahree'do*) *m;* chillido (*cheelyee'do*) *m;* grito (*gree'to*) *m; v* aullar (*ahoolyahr'*); chillar (*cheelyahr'*)

hub *n* cubo (*koo'bo*) *m;* **it is the — of** es la parte central de (*ehs lah pahr'teh sehntrahl' deh*)

huckster *n* vendedor ambulante (*vehndehdohr' ahmboolahn'teh*) *m*

huddle *n* montón (*mohntohn'*) *m;* ruido (*rwee'do*) *m;* **(football)** grupo (*groo'po*) *m; v* agrupar(se) (*ahgroopahr', seh*); **to get in a —** agruparse

hue *n* tinte (*teen'teh*) *m;* matiz (*mahtees'*) *m*

huff *n* enojo (*ehnoh'ho*) *m;* rabieta (*rahbyeh'tah*) *f*

hug *v* abrazar (*ahbrahsahr'*); **to — the coast** costear (*kohstehahr'*); *n* abrazo tierno (*ahbrah'so tyehr'no*) *m*

huge *adj* enorme (*ehnohr'meh*); inmenso (*eenmehn'so*); **what — mountains!** ¡Qué montañas más grandes! (*keh mohntah'nyahs mahs grahn'dehs*)

hull *n* casco (*kahs'ko*) *m;* armazón (*ahrmahsohn'*) *m; v* mondar (*mohndahr'*)

hum *v* canturrear (*kahntoorrehahr'*); zumbar (*soombahr'*); arrullar (*ahrroolyahr'*); *n* canturreo (*kahntoorreh'o*) *m*

human *adj* humano (*oomah'no*); *n* ser humano (*sehr* ...) *m*

humane *adj* humano (*oohmah'no*); humanitario (*oomahneetah'ryo*)

humanitarian *adj* humanitario (*oomahneetah'ryo*)

humanity *n* humanidad (*oomahneedahd'*) *f;* **humanities** letras humanas (*leh'trahs oomah'nahs*) *f, pl*

humble *adj* humilde (*oomeel'deh*); **humbly** *adv* humildemente (*oomeeldehmehn'teh*); *v* humillar (*oomeelyahr'*)

humbleness *n* humildad (*oomeeldadh'*) *f*

humid *adj* húmedo (*oo'mehdo*)

humidity *n* humedad (*oomehdahd'*) *f*

humiliate *v* humillar (*oomeelyahr'*)

humiliation *n* humillación (*oomeelyahsyohn'*) *f*

humility *n* humildad (*oomeeldahd'*) *f*

hummingbird *n* colibrí (*kohleebree'*) *m;* chupaflor (*choopahflohr'*) *m*

humor *n* humor (*oomohr'*) *m;* humorismo (*oomohrees'mo*) *m;* **in bad —** de mal humor (*deh mahl* ...); **in good —** de buena disposición (*deh bweh'nah deespohseesyohn'*); *v* complacer (*kohmplahsehr'*)

humorous *adj* humorístico (*oomohrees'teeko*); chistoso (*cheestoh'so*); **—ly** *adv* chistosamente (*cheestohsahmehn'teh*)

hump *n* joroba (*hohroh'bah*) *f;* corcova (*kohrkoh'vah*) *f; v* encorvarse (*ehnkohrvahr'seh*)

hunch *n* joroba (*hohroh'bah*) *f;* corcova (*kohrkoh'vah*) *f;* giba (*hee'bah*) *f;* **I have a —** tengo el presentimiento (*tehn'go ehl prehsehnteemyehn'to*); *v* encorvar (*ehnkohrvahr'*)

hunchback *n* joroba (*hohroh'bah*) *f;* (*person*) jorobado (*hohrohbah'do*) *m*

hundred *adj* cien (*syehn*); *n* ciento (*syehn'to*) *m;* **I have one — dollars** tengo cien dólares (*tehn'go syehn do'lahrehs*); **I have two — dollars** tengo doscientos dólares (... *dohsyehn'tos* ...)

hundredth *adj* centésimo (*sehnteh'seemo*)

hunger *n* hambre (*ahm'breh*) *m; v* hambrear (*ahmbrehahr'*); **to — for** desear (*dehsehahr'*); anhelar (*ahnehlahr'*)

hungrily *adv* con hambre (*kohn ahm'breh*); hambrientamente (*ahmbryehntahmehn'teh*)

hungry *adj* hambriento (*ahmbryehn'to*); **to be —** tener hambre (*tehnehr' ahm'breh*); **to be — for** desear (*dehsehahr'*); ansiar (*ahnsyahr'*)

hunk *n* pedazo grande (*pehdah'so grahn'deh*) *m;* mendrugo (*mehndroo'go*) *m*

hunt *n* caza (*kah'sah*) *f;* busca (*boos'kah*) *f; v* cazar (*kahsahr'*); perseguir (*pehrsehgheer'*); buscar (*booskahr'*)

hunter *n* cazador (*kahsahdohr'*) *m;* buscador (*booskahdohr'*) *m;* perro de caza (*peh'rro deh* ...) *m*

huntsman *n* cazador (*kahsahdohr'*) *m*

hurl *v* arrojar (*ahrroh-hahr'*); lanzar (*lahnsahr'*)

hurricane *n* huracán (*oorahkahn'*) *m*

hurried *adj* apresurado (*ahprehsoorah'do*); **—ly** *adv* de prisa (*deh pree'sah*); apresuradamente (*ahprehsoorahdahmehn'teh*)

hurry *v* apresurar(se) (*ahprehsoorahr', seh*); precipitar(se) (*prehseepeetahr', seh*); dar(se) prisa (*dahr', seh pree'sah*); *n* prisa (*pree'sah*) *f;* **to be in a —** tener prisa (*tehnehr' pree'sah*); estar de prisa (*ehstahr' deh pree'sah*)

hurt *v* hacer daño (*ahsher' dah'nyo*); lastimar (*lahsteemahr'*); doler (*dohlehr'*); **my arm hurts me** me duele el brazo (*meh dweh'leh ehl brah'so*); **it —s him (her)** le duele (*leh dweh'leh*)

husband *n* marido (*mahree'do*) *m;* esposo (*ehspo'so*) *m;* hombre (*ohm'breh*) *m*

hush *v* callar (se) (*kahlyahr', seh*); aquietar(se) (*ahkyehtahr',seh*); **hush!** ¡silencio! (*seelehn'syo*); ¡calle! (*kah'lyeh*); *n* silencio (*seelehn'syo*) *m*

husk *n* cáscara (*kahs'kahrah*) *f;* vaina (*vah'ynah*) *f; v* mondar (*mohndahr'*); pelar (*pehlahr'*)

husky *adj* ronco (*rohn'ko*); robusto (*rohboos'to*)

hustle *n* prisa (*pree'sah*) *f;* **— and bustle** vaivén (*vahyvehn'*) *m; v* apresurar(se) (*ahprehsoorahr', seh*); apurarse (*ahpoorahr'seh*)

hut *n* choza (*choh'sah*) *f;* cabaña (*kahbah'nyah*) *f*

hyacinth *n* jacinto (*hahseen'to*) *m*

hybrid *adj* híbrido (*ee'breedo*)
hydrogen *n* hidrógeno (*eedroh'hehno*) *m;* — bomb bomba de hidrógeno (*bohmbah deh ...*) *f*
hydroplane *n* hidroplano (*eedrohplah'-no*) *m*
hygiene *n* higiene (*eehyeh'neh*) *f*
hymn *n* himno (*eem'no*) *m*
hyphen *n* guión (*ghyohn'*) *m*
hypocrisy *n* hipocresía (*eepohkrehsee'-ah*)*f*
hypocrite *n* hipócrita (*eepoh'kreetah*) *m, f*
hypocritical *adj* hipócrita (*eepoh'kree-tah*)
hypothesis *n* hipótesis (*eepoh'tehsees*) *f*
hysterical *adj* histérico (*eesteh'reeko*); neurótico (*nehooroh'teeko*)

I

I *pron* yo (*yo*)

Iberian *adj* ibérico (*eebeh'reeko*); ibero (*eebeh'ro*)

ice *n* hielo (*yeh'lo*) *m;* helado (*ehlah'do*) *m;* sorbete (*sohrbeh'teh*) *m;* **— -cream** helado (...) m; **— -cream parlor** (*Am*) heladería (*ehlahdehree'ah*) *f;* **—cube** cubito de hielo (*koobee'to deh* ...) *m;* **— skates** patines de hielo (*pahtee'nehs de yeh'lo*) *m, pl;* **— water** agua helada (*ah'gwah ehla'dah*) *f; v* helar (*ehlahr'*); poner en el hielo (*pohnehr' ehn ehl yeh'lo*)

iceberg *n* montaña de hielo (*mohntah'nyah deh yeh'lo*) *f*

icebox *n* nevera (*nehveh'rah*) *f;* (*Am*) refrigerador (*rehfreehehrahdohr'*) *m*

iceman *n* vendedor de hielo (*vehndehdohr' deh yeh'lo*) *m*

icicle *n* carámbano (*kahrah'mbahno*) *m*

icy *adj* helado (*ehlah'do*); frío (*free'o*); congelado (*kohnhehlah'do*)

idea *n* idea (*eedeh'ah*) *f;* pensamiento (*pehnsahmyehn'to*) *m*

ideal *adj & n* ideal (*eedehahl'*) *m*

idealism *n* idealismo (*eedehahlees'mo*) *m*

idealist *n* idealista (*eedehahlees'tah*) *m, f*

idealistic *adj* idealista (*eedehahlees'tah*)

identical *adj* idéntico (*eedehn'teeko*)

identify *v* identificar (*eedenteefeekahr'*)

identity *n* identidad (*eedehnteedahd'*) *f*

idiom *n* modismo (*mohdees'mo*) *m;* idiotismo (*eedyotees'mo*) *m*

idiot *n* idiota (*eedyoh'tah*) *m, f*

idiotic *adj* idiota (*eedyoh'tah*)

idle *adj* ocioso (*ohsyoh'so*); perezoso (*pehrehsoh'so*); holgazán (*ohlgahsahn'*); desocupado (*dehsokoopah'do*); *v* no trabajar (*no trahbah-hahr'*); perder el tiempo (*pehrdehr' ehl tyehm'po*); **idly** *adv* perezosamente (... *sahmehn'teh*)

idleness *n* ociosidad (*ohsyoseedahd'*) *f;* ocio (*oh'syo*) *m;* desocupación (*dehsohkoopahsyohn'*) *f;* pereza (*pehreh'sah*) *f*

idler *n* holgazán (*ohlgahsahn'*) *m;* haragán (*ahrahgahn'*) *m*

idol *n* ídolo (*ee'dohlo*) *m*

idolatry *n* idolatría (*eedohlahtree'ah*) *f*

idolize *v* idolatrar (*eedohlahtrahr'*)

idyl *n* idilio (*eedee'lyo*) *m*

if *conj* si (*see*)

ignite *v* encender(se) (*ehnsehndehr', seh*); inflamar(se) (*eenflahmahr', seh*); pegar fuego a (*pehgahr' fweh'go ah*)

ignition *n* ignición (*eegneesyohn'*) *f;* encendido (*ehnsehndee'do*) *m;* **— switch** interruptor de encendido (*eentehrroop-tohr' deh* ...) *m*

ignorance *n* ignorancia (*eegnohrahn'syah*) *f*

ignorant *adj* ignorante (*eegnohrahn'teh*)

ignore *v* no hacer caso de (*no ahsehr' kah'so deh*); no prestar atención a (*no prehstahr' ahtehnsyohn' ah*)

ill *adj* enfermo (*ehnfehr'mo*); malo (*mah'lo*); **— will** mala voluntad (*mah'lah vohloontahd'*) *f;* ojeriza (*oh-hehree'sah*) *f; n* mal (*mahl*) *m;* enfermedad (*ehnfehrmehdahd'*) *f;* **— at ease** inquieto (*een-kyeh'to*); **—-bred** mal criado (*mahl kryah'do*)

illegal *adj* ilegal (*eelehgahl'*); ilícito (*eelee'seeto*)

illegitimate *adj* ilegítimo (*eeleh-hee'teemo*)

illicit *adj* ilícito (*eelee'seeto*)

illiteracy *n* analfabetismo (*ahnahlfahbehtees'mo*) *m*

illiterate *adj & n* analfabeto, a (*ahnahlfahbeh'to, ah*) *m, f*

illness *n* enfermedad (*ehnfehrmehdahd'*) *f*

illuminate *v* iluminar (*eeloomeenahr'*); alumbrar (*ahloombrahr'*)

illumination *n* iluminación (*eeloomeenahsyohn'*) *f;* alumbrado (*ahloombrah'do*) *m*

illusion *n* ilusión (*eeloosyohn'*) *f*

illusory *adj* ilusorio (*eeloosoh'ryo*); engañoso (*ehngahnyoh'so*)

illustrate *v* ilustrar (*eeloostrahr'*); explicar (*expleekahr'*)

illustration *n* ilustración (*eeloostrahsyohn'*) *f;* grabado (*grahbah'do*) *m*

illustrator *n* ilustrador (*eeloostrahdohr'*) *m*

illustrious *adj* ilustre (*eeloos'treh*); eminente (*ehmeenehn'teh*)

imaginary *adj* imaginario (*eemah-heenah'ryo*); ilusorio (*eeloosoh'ryo*)

imagination *n* imaginación (*eemah-heenahsyohn'*) *f;* fantasía (*fahntahsee'ah*) *f*

imaginative *adj* imaginativo (*eemah-heenahtee'vo*)

imagine *v* imaginar(se) (*eemah-heenahr'-seh*); figurarse (*feegoorahr', seh*)

imbecile *adj & n* imbécil (*eembeh'seel*) *m, f*
imbibe *v* embeber (*ehmbehbehr'*); absorber (*ahbsohrbehr'*); beber (*behbehr'*)
imbue *v* imbuir (*eembweer'*); infundir (*eenfoondeer'*)
imitate *v* imitar (*eemeetahr'*); copiar (*kohpyahr'*)
imitation *n* imitación (*eemeetahsyohn'*) *f;* copia (*koh'pyah*) *f*
imitative *adj* imitativo (*eemeetahtee'vo*)
imitator *n* imitador (*eemeetahdohr'*) *m*
immaculate *adj* inmaculado (*eenmahkoolah'do*); virgen (*veer'hehn*)
immaterial *adj* inmaterial (*eenmahtehryahl'*); **it is — to me** me es indiferente (*meh ehs eendeefehrehn'teh*)
immediate *adj* inmediato (*eenmehdyah'to*); próximo (*prohx'eemo*); **—ly** *adv* inmediatamente (*eenmehdyahtahmehn'teh*); en seguida (*ehn sehghee'dah*)
immense *adj* inmenso (*eenmehn'so*); gran(de) (*grahn,deh*)
immensity *n* inmensidad (*eenmehnseedahd'*) *f;* grandeza (*grahndeh'sah*) *f*
immerse *v* sumergir (*soomehrheer'*)
immigrant *adj & n* inmigrante (*eenmeegrahn'teh*) *m, f*
immigrate *v* inmigrar (*eenmeegrahr'*)
immigration *n* inmigración (*eenmeegrahsyohn'*) *f*
imminent *adj* inminente (*eenmeenehn'teh*)
immodest *adj* indecente (*eendehsehn'teh*); impúdico (*eempoo'deeko*)
immoral *adj* inmoral (*eenmohrahl'*); licencioso (*leesehnsyoh'so*)
immorality *n* inmoralidad (*eenmohrahleedahd'*) *f*
immortal *adj* inmortal (*eenmohrtahl'*)
immovable *adj* inmovible (*eenmohvee'bleh*)
immune *adj* inmune (*eenmoo'neh*)
immunity *n* inmunidad (*eenmooneedahd'*) *f*
imp *n* diablillo (*dyahblee'lyo*) *m*
impair *v* dañar (*dahnyahr'*)
impairment *n* daño (*dah'nyo*) *m*
impart *v* impartir (*eempahrteer'*); enseñar (*ehnsehnyahr'*)
impartial *adj* imparcial (*eempahrsyahl'*)
impartiality *n* imparcialidad (*eempahrsyahleedahd'*) *f*
impassioned *adj* apasionado (*ahpahsyohnah'do*); emocionado (*ehmohsyohnah'do*)
impassive *adj* impasible (*eempahsee'bleh*)
impatience *n* impaciencia (*eempahsyehn'syah*) *f*
impatient *adj* impaciente (*eempahsyehn'teh*)
impeach *v* acusar (a un funcionario) (*ahkoosahr', ah oon foonsyohnah'ryo*)
impede *v* impedir (*eempehdeer'*); obstruir (*ohbstrweehr'*)
impediment *n* impedimento (*eempehdeemehn'to*) *m;* obstáculo (*ohbstah'koolo*) *m*
impel *v* impulsar (*eempoolsahr'*)
impending *adj* inminente (*eemeenehn'teh*)
imperative *adj* imperativo (*eempehrahtee'vo*); necesario (*nehsehsah'ryo*); urgente (*oohrhehn'teh*); (*gram*) **— mood** modo imperativo (*moh'do ...*); *n* imperativo (...) *m*
imperceptible *adj* imperceptible (*eempehrsehptee'bleh*)
imperfect *adj* imperfecto (*eempehrfehk'to*); defectuoso (*dehfehktwoh'so*); *n* (*gram*) imperfecto, *m*
imperial *adj* imperial (*eempehryahl'*)
imperil *v* poner en peligro (*pohnehr' ehn pehlee'gro*)
imperious *adj* imperioso (*eempehryoh'so*)
impersonal *adj* impersonal (*eempehrsohnahl'*)
impersonate *v* representar a otra persona (*rehprehsehntahr' ah oh'trah pehrsoh'nah*); imitar a (*eemeetahr' ah*)
impertinence *n* impertinencia (*eempehrteenehn'syah*) *f;* descaro (*dehskah'ro*) *m*
impertinent *adj* impertinente (*eempehrteenehn'teh*); insolente (*eensohlehn'teh*); descarado (*dehskahrah'do*)
impervious *adj* impermeable (*eempehrmehah'bleh*)
impetuous *adj* impetuoso (*eempehtwo'so*); violento (*vyohlehn'to*)
impetus *n* ímpetu (*ee'mpehtoo*) *m;* violencia (*vyolehn'syah*) *f*
implacable *adj* implacable (*eemplahkah'bleh*)
implant *v* implantar (*eemplahntahr'*); infundir (*eenfoondeer'*)
implement *n* herramienta (*ehrrahmyehn'tah*) *f;* **—s** utensilios (*ootehnsee'lyos*) *m, pl;* enseres (*ehnseh'rehs*) *m, pl*
implicate *v* implicar (*eempleekahr'*); enredar (*ehnrehdahr'*)
implore *v* implorar (*eemplohrahr'*)
imply *v* implicar (*eempleekahr'*); significar (*seegneefeekahr'*); insinuar (*eenseenwahr'*)
impolite *adj* descortés (*dehskohrtehs'*)
import *n* significado (*seegneefeekah'do*) *m;* sentido (*sehntee'do*) *m;* importancia (*eempohrtahn'syah*) *f; v* importar (*eempohrtahr'*); **it is —ed** es importado (*ehs eempohrtah'do*)

importance *n* importancia (*eempohrtahn'syah*) *f*
important *adj* importante (*eempohrtahn'teh*)
impose *v* imponer (*eempohnehr'*); **to — upon** abusar de (*ahboosahr' deh*)
imposing *adj* imponente (*eempohnehn'teh*); inmenso (*eenmehn'so*)
imposition *n* imposición (*eemposeesyohn'*) *f;* abuso (*ahboo'so*) *m*
impossibility *n* imposibilidad (*eempohseebeeleedahd'*) *f*
impossible *adj* imposible (*eempohsee'bleh*)
impostor *n* impostor (*eempohstohr'*) *m;* embaucador (*ehmbahookahdohr'*) *m*
imposture *n* impostura (*eempohstoo'rah*) *f;* fraude (*frah'oodeh*) *m*
impotence *n* impotencia (*eempohtehn'syah*) *f*
impotent *adj* impotente (*eempohtehn'teh*)
impoverish *v* empobrecer (*ehmpohbrehsehr'*)
impregnate *v* impregnar (*eemprehgnahr'*)
impress *v* imprimir (*eempreemeer'*); estampar (*ehstahmpahr'*); marcar (*mahrkahr'*); grabar (*grahbahr'*)
impression *n* impresión (*eemprehsyohn'*) *f*
impressive *adj* impresionante (*eemprehsyohnahn'teh*)
imprint *n* impresión (*eemprehsyohn'*) *f;* pie de imprenta (*pyeh deh eemprehn'tah*) *m; v* imprimir (*eempreemeer'*)
imprison *v* aprisionar (*ahpreesyohnahr'*)
imprisonment *n* encarcelación (*ehnkahrsehlahsyohn'*) *f;* encarcelamiento (*ehnkahrsehlamyehn'to*) *m*
improbable *adj* improbable (*eemprohbah'bleh*)
improper *adj* impropio (*eemproh'pyo*); descortés (*dehskohrtehs'*)
improve *v* mejorar(se) (*meh-hohrahr', seh*); hacer mejor (*ahsehr' meh-hohr'*)
improvement *n* mejoramiento (*meh-hohrahmyehn'to*) *m;* progreso (*prohgreh'so*) *m;* adelanto (*ahdehlahn'to*) *m*
improving *adj* **he is —** está mejor (*ehstah' meh-hohr'*)
improvise *v* improvisar (*eemprohveesahr'*)
imprudent *adj* imprudente (*eemproodehn'teh*)
impudence *n* impudencia (*eempoodehn'syah*) *f*
impudent *adj* impudente (*eempoodehn'teh*)
impulse *n* impulso (*eempool'so*) *m*
impulsive *adj* impulsivo (*eempoolsee'vo*); **—ly** *adv* impulsivamente (*eempoolseevahmehn'teh*)
impunity *n* impunidad (*eempooneedahd'*) *f*
impure *adj* impuro (*eempoo'ro*); sucio (*soo'syo*)
impurity *n* impureza (*eempooreh'sah*) *f*
impute *v* imputar (*eempootahr'*)
in *prep* en (*ehn*); dentro de (*dehn'tro deh*); **— a hurry** de prisa (*deh pree'sah*); **— the morning** por la mañana (*pohr lah mahnyah'nah*); **at seven o'clock — the morning** a las siete de la mañana (*ah lahs syeh'teh deh lah mahnyah'nah*); *adv* dentro (*dehn'tro*); adentro (*ahdehn'tro*); **to be — and out** estar entrando y saliendo (*ehstahr' entrahn'do ee sahlyehn'do*); **to be all —** no poder más (*noh pohdehr' mahs*); **to be —** estar en casa (*ehstahr' ehn kah'sah*)
inability *n* inhabilidad (*eenahbeeleedahd'*) *f;* incapacidad (*eenkahpahseedahd'*) *f*
inaccesible *adj* inaccesible (*eenahkksehsee'bleh*)
inaccurate *adj* inexacto (*eenexahk'to*); incorrecto (*eenkohrrehk'to*)
inactive *adj* inactivo (*eenahktee'vo*); inerte (*eenehr'teh*)
inactivity *n* inactividad (*eenahkteeveedahd'*) *f;* inercia (*eenehr'syah*) *f*
inadequate *adj* inadecuado (*eenahdehkwah'do*); insuficiente (*eensoofeesyehn'teh*)
inadvertent *adj* inadvertido (*eenahdvehrtee'do*); descuidado (*dehskweedah'do*); **—ly** *adv* inadvertidamente (*...mehn'teh*)
inanimate *adj* inanimado (*eenahneemah'do*)
inasmuch as *conj* visto que (*vees'to keh*); puesto que (*pwehs'to keh*)
inattentive *adj* desatento (*dehsahtehn'to*)
inaugurate *v* inaugurar (*eenahoogoorahr'*); iniciar (*eeneesyahr'*); abrir (*ahbreehr'*)
inauguration *n* inauguración (*eenahoogoorahsyohn'*) *f*
inborn *adj* innato (*eennah'to*); natural (*nahtoorahl'*)
incandescent *adj* incandescente (*eenkahndehsehn'teh*)
incapable *adj* incapaz (*eenkahpahs'*)
incense *n* incienso (*eensyehn'so*) *m; v* inflamar (*eenflahmahr'*)
incentive *n* incentivo (*eensehntee'vo*) *m;* estímulo (*ehstee'moolo*) *m*
incessant *adj* incesante (*eensehsahn'teh*); continuo (*kohntee'nwo*)
inch *n* pulgada (*poolgah'dah*) *f;* **— by —** poco a poco (*pohko ah ...*); *v* avanzar lentamente (*ahvahnsahr' lehntahmehn'teh*)
incident *n* incidente (*eenseedehn'teh*) *m;* suceso (*sooseh'so*) *m;* acontecimiento (*ahkohntehseemyehn'to*) *m*

incidental *adj* incidental (*eenseedehntahl'*); accidental (*ahkseedehntahl'*); **—ly** *adv* incidentalmente (*...mehn'teh*)
incision *n* incisión (*eenseesyohn'*) *f*
incite *v* incitar (*eenseetahr'*)
inclination *n* inclinación (*eenkleenahsyohn'*) *f*
incline *n* declive (*dehklee'veh*) *m;* cuesta (*kwehs'tah*) *f; v* inclinar(se) (*eenkleenahr', seh*); bajar (*bah-hahr'*)
include *v* incluir (*eenklweer'*); encerrar (*ehnsehrrahr'*); abarcar (*ahbahrkahr'*)
inclusive *adj* inclusivo (*eenkloosee'vo*)
incoherent *adj* incoherente (*eenkohehrehn'teh*); inconexo (*eenkohneh'xo*); ilógico (*eeloh'heeko*)
income *n* renta (*rehn'tah*) *f;* rédito (*reh'deeto*) *m;* **— tax** impuesto sobre la renta (*eempwehs'to soh'breh lah rehn'tah*) *m*
incomparable *adj* incomparable (*eenkohmpahrah'bleh*); único (*oo'neeko*)
incompatible *adj* incompatible (*eenkohmpahtee'bleh*)
incompetent *adj* incompetente (*eenkohmpehtehn'teh*); incapaz (*eenkahpahs'*)
incomplete *adj* incompleto (*eenkohmpleh'to*)
incomprehensible *adj* incomprensible (*eenkohmprehnsee'bleh*)
inconsiderate *adj* inconsiderado (*eenkohnseedehrah'do*); descuidado (*dehskweedah'do*)
inconsistency *n* inconsecuencia (*eenkohnsehkwehn'syah*) *f*
inconsistent *adj* inconsecuente (*eenkohnsehkwehn'teh*); sin uniformidad (*seen ooneefohrmeedahd'*)
inconstancy *n* inconstancia (*eenkohnstahn'syah*) *f;* mudanza (*moodahn'sah*) *f*
inconstant *adj* inconstante (*eenkohnstahn'teh*); mudable (*moodah'bleh*)
inconvenience *n* inconveniencia (*eenkohnvehnyehn'syah*) *f; v* incomodar (*eenkohmohdahr'*)
inconvenient *adj* inconveniente (*eenkohnvehnyehn'teh*)
incorporate *adj* incorporado (*eenkohrpohrah'do*); asociado (*ahsohsyah'do*); *v* incorporar (*eenkohrpohrahr'*); asociar(se) (*ahsohsyahr', seh*)
incorrect *adj* incorrecto (*eenkohrrehk'to*)
increase *n* aumento (*ahoomehn'to*) *m;* crecimiento (*krehseemyehn'to*) *m;* incremento (*eenkrehmehn'to*) *m; v* aumentar (*ahoomehntahr'*); crecer (*krehsehr'*)
increasing *adj* creciente (*krehsyehn'teh*)
incredible *adj* increíble (*eenkrehee'bleh*)
incredulity *n* incredulidad (*eenkrehdooleedahd'*) *f*
incredulous *adj* incrédulo (*eenkreh'doolo*); descreído (*dehskrehee'do*)
inculcate *v* inculcar (*eenkoolkahr'*); infundir (*eenfoondeer'*)
incur *v* incurrir (en) (*eenkoorreer', ehn*)
incurable *adj* incurable (*eenkoorah'bleh*); sin remedio (*seen rehmeh'dyo*)
indebted *adj* adeudado (*ahdehoodah'do*); obligado (*ohbleegah'do*)
indebtedness *n* obligación (*ohbleegahsyohn'*) *f*
indecency *n* indecencia (*eendehsehn'syah*) *f;* vulgaridad (*voolgahreedahd'*) *f*
indecent *adj* indecente (*eendehsehn'teh*); vulgar (*voolgahr'*)
indeed *adv* en verdad (*ehn vehrdahd'*); de veras (*deh veh'rahs*); realmente (*rehahlmehn'teh*)
indefinite *adj* indefinido (*eendehfeenee'do*)
indelible *adj* indeleble (*eendehleh'bleh*)
indemnity *n* indemnización (*eendehmneesahsyohn'*) *f*
indent *v* endentar (*ehndehntahr'*); (*printing*) sangrar (*sahngrahr'*)
independence *n* independencia (*eendehpehndehn'syah*) *f*
independent *adj* independiente (*eendehpehndyehn'teh*)
indescribable *adj* indescriptible (*eendehskreeptee'bleh*)
index *n* índice (*een'deeseh*) *m; v* ordenar alfabéticamente (*ohrdehnahr' ahlfahbehteekahmehn'teh*)
Indian *adj & n* indio (*een'dyo*) *m*
indicate *v* indicar (*eendeekahr'*); mostrar (*mohstrahr'*)
indication *n* indicación (*eendeekahsyohn'*) *f*
indicative *adj & n* indicativo (*eendeekahtee'vo*) *m*
indict *v* procesar (*prohsehsahr'*); formar causa (*fohrmahr' kah'oosah*)
indictment *n* acusación (*ahkoosahsyohn'*) *f;* denuncia (*dehnoon'syah*) *f*
indifference *n* indiferencia (*eendeefehrehn'syah*) *f;* apatía (*ahpahtee'ah*) *f*
indifferent *adj* indiferente (*eendeefehrehn'teh*); apático (*ahpah'teeko*)
indigenous *adj* indígena (*eendee'hehnah*); nativo (*nahtee'vo*)
indigestion *n* indigestión (*eendeehehstyohn'*) *f*
indignant *adj* indignado (*eendeegnah'do*); **—ly** *adv* con indignación (*kohn eendeegnahsyohn'*)
indignation *n* indignación (*eendeegnahsyohn'*) *f*
indignity *n* indignidad (*eendeegneedahd'*) *f;* afrenta (*ahfrehn'tah*) *f*
indigo *n* índigo (*een'deego*) *m;* añil (*ahnyeel'*) *m*

indirect *adj* indirecto (*eendeerehk'to*)
indiscreet *adj* indiscreto (*eendeeskreh'-to*)
indiscretion *n* indiscreción (*eendeeskreh-syohn'*) *f*
indispensable *adj* indispensable (*een-deespehnsah'bleh*)
indispose *v* indisponer (*eendeespohnehr'*)
indisposed *adj* indispuesto (*eendees-pwehs'to*)
indisposition *n* indisposición (*eendees-pohseesyohn'*) *f*
indistinct *adj* indistinto (*eendeesteen'-to*)
individual *adj* individual (*eendeevee-dwahl'*); *n* individuo (*eendeevee'dwo*) *m*
individuality *n* individualidad (*eendee-veedwahleedahd'*) *f;* distinción (*dees-teensyohn'*) *f*
indivisible *adj* indivisible (*eendeevee-see'bleh*)
indoctrinate *v* adoctrinar (*ahdohktree-nahr'*)
indolence *n* indolencia (*eendohlehn'-syah*) *f*
indolent *adj* indolente (*eendohlehn'teh*)
indomitable *adj* indomable (*eendohmah'-bleh*)
indoor *adj* de adentro (*deh ahdehn'tro*); interno (*eenter'no*)
indoors *adv* dentro (*dehn'tro*); adentro (*ahdehn'tro*)
indorse *v* endosar (*ehndohsahr'*)*;* apoyar (*ahpohyahr'*); **to — a check** endosar un cheque (... *oon cheh'keh*)
indorsement *n* endoso (*ehndoh'so*) *m;* apoyo (*ahpoh'yoh*) *m;* firma (*feer'-mah*) *f*
indorser *n* endosante (*endohsahn'teh*) *m;* firmante (*feermahn'teh*) *m*
induce *v* inducir (*eendooseer'*)
inducement *n* aliciente (*ahleesyehn'teh*) *m;* incentivo (*eensehntee'vo*) *m*
induct *v* iniciar (*eeneesyahr'*); instalar (*eenstahlahr'*); (*milit*) quintar (*keen-tahr'*)
induction *n* inducción (*eendooksyohn'*) *f;* instalación (*eenstalahsyohn'*) *f;* (*army*) leva (*leh'vah*) *f;* quinta (*keen'tah*) *f*
indulge *v* complacer (*kohmplahsehr'*); gratificar (*grahteefeekahr'*); mimar (*meemahr'*)
indulgence *n* indulgencia (*eendoolhehn'-syah*) *f;* complacencia (*kohmplahsehn'-syah*) *f*
indulgent *adj* indulgente (*eendoolhehn'-teh*)
industrial *adj* industrial (*eendoostryahl'*)
industrialist *n* industrial (*eendoos-tryahl'*) *m;* fabricante (*fahbreekahn'-teh*) *m, f*
industrious *adj* industrioso (*eendoos-tryoh'so*); diligente (*deeleehehn'teh*)
industry *n* industria (*eendoos'tryah*) *f;* aplicación (*ahpleekahsyohn'*) *f;* diligen-cia (*deeleehehn'syah*) *f*
ineffable *adj* inefable (*eenehfah'bleh*); —ly *adv* inefablemente (...*mehn'teh*)
ineffective *adj* inefectivo (*eenehfehktee'-vo*); sin eficacia (*seen ehfeekah'syah*)
inequality *n* desigualdad (*dehseegwahl-dahd'*) *f*
inert *adj* inerte (*eenehr'teh*); sin vida (*seen vee'dah*)
inertia *n* inercia (*eenehr'syah*) *f;* inacti-vidad (*eenahkteeveedahd'*) *f*
inestimable *adj* inestimable (*eenehstee-mah'bleh*)
inevitable *adj* inevitable (*eenehveetah'-bleh*)
inexhaustible *adj* inagotable (*eenahgoh-tah'bleh*)
inexpensive *adj* barato (*bahrah'to*); mó-dico (*moh'deeko*)
inexperience *n* inexperiencia (*eenexpeh-ryehn'syah*) *f*
inexperienced *adj* inexperto (*eenexpehr'-to*)
inexplicable *adj* inexplicable (*eenexplee-kah'bleh*)
inexpressible *adj* inexpresable (*eenex-prehsah'bleh*); indecible (*eendehsee'-bleh*); inefable (*eenehfah'bleh*)
infallible *adj* infalible (*eenfahlee'bleh*)
infamous *adj* infame (*eenfah'meh*); igno-minioso (*eegnohmeenyoh'so*)
infamy *n* infamia (*eenfah'myah*) *f*
infancy *n* infancia (*eenfahn'syah*) *f*
infant *n* infante (*eenfahn'teh*) *m;* **niño, a** (*nee'nyo, ah*) *m, f*
infantry *n* infantería (*eenfahntehree'-ah*) *f*
infect *v* infectar (*eenfehktahr'*); conta-giar (*kohntah-hyahr'*)
infection *n* infección (*eenfehksyohn'*) *f;* contagio (*kohntah'hyo*) *m*
infer *v* inferir (*eenfehreer'*); deducir (*dehdooseer'*)
inference *n* inferencia (*eenfehrehn'syah*) *f;* deducción (*dehdooksyohn'*) *f*
inferior *adj & n* inferior (*eenfehry-ohr'*) *m*
inferiority *n* inferioridad (*eenfehryohree-dahd'*) *f*
infernal *adj* infernal (*eenfehrnahl'*); dia-bólico (*dyahboh'leeko*)
inferno *n* infierno (*eenfyehr'no*) *m*
infest *v* infestar (*eenfehstahr'*); plagar (*plahgahr'*)
infidel *adj & n* infiel (*eenfyehl'*) *m, f*
infinite *adj & n* infinito (*eenfeenee'to*) *m;* sin límite (*seen lee'meeteh*)
infinitive *adj & n* infinitivo (*eenfeenee-tee'vo*) *m*
infirm *adj* enfermizo (*enfehrmee'so*); achacoso (*ahchahkoh'so*)

infirmary *n* enfermería (*ehnfehrmehree'ah*) *f*
infirmity *n* enfermedad (*ehnfehrmehdahd'*) *f;* achaque (*ahchah'keh*) *m*
inflame *v* inflamar(se) (*eenflahmahr', seh*)
inflammation *n* inflamación (*eenflahmahsyohn'*) *f*
inflate *v* inflar (*eenflahr'*); hinchar (*eenchahr'*)
inflation *n* inflación (*eenflahsyohn'*) *f*
inflection *n* inflexión (*eenflehxyohn'*) *f*
inflict *v* infligir (*eenfleeheer'*); imponer (*eempohnehr'*)
influence *n* influencia (*eenflwehn'syah*) *f;* influjo (*eenfloo'ho*) *m; v* influir en (*eenflweehr' ehn*)
influential *adj* influyente (*eenflooyehn'teh*)
influenza *n* influenza (*eenflwehn'sah*) *n;* gripe (*gree'peh*) *f*
influx *n* influjo (*eenfloo'ho*) *m;* (*people*) afluencia (*ahflwehn'syah*) *f*
infold *v* envolver (*ehnvohlvehr'*); abrazar (*ahbrahsahr'*)
inform *v* informar (*eenfohrmahr'*); enterar (*ehntehrahr'*); avisar (*ahveesahr'*)
informal *adj* informal (*eenfohrmahl'*); no oficial (*no ohfeesyahl'*); **—ly** *adv* informalmente (*eenfohrmahlmehn'teh*)
information *n* información (*eenfohrmahsyohn'*) *f;* informes (*eenfohr'mehs*) *m, pl;* noticias (*nohtee'syahs*) *f, pl*
infringe *v* infringir (*eenfreenheer'*); violar (*vyohlahr'*); **to — upon** violar
infuriate *v* enfurecer (*ehnfoorehsehr'*)
infuse *v* infundir (*eenfoondeer'*); inculcar (*eenkoolkahr'*)
ingenious *adj* ingenioso (*eenhehnyoh'so*)
ingenuity *n* ingeniosidad (*eenhehnyohseedahd'*) *f*
ingratitude *n* ingratitud (*eengrahteetood*) *f*
ingredient *n* ingrediente (*eengrehdyehn'teh*) *m*
inhabit *v* habitar (*ahbeetahr'*); vivir en (*veeveer' ehn*)
inhabitant *n* habitante (*ahbeetahn'teh*) *m*
inhale *v* inhalar (*eenahlahr'*); inspirar (*eenspeerahr'*)
inherent *adj* inherente (*eenehrehn'teh*)
inherit *v* heredar (*ehrehdahr'*)
inheritance *n* herencia (*ehrehn'syah*) *f*
inhibit *v* inhibir (*eeneebeer'*); refrenar (*rehfrehnahr'*); impedir (*eempehdeer'*)
inhibition *n* inhibición (*eeneebeesyohn'*) *f*
inhospitable *adj* inhospitalario (*eenohspeetahlah'ryo*)
inhuman *adj* inhumano (*eenoomah'no*)
inimitable *adj* inimitable (*eeneemeetah'bleh*)
iniquity *n* iniquidad (*eeneekeedahd'*) *f;* maldad (*mahldahd'*) *f*
initial *adj & n* inicial (*eeneesyahl'*) *f; v* firmar con iniciales (*feermahr' kohn ...ehs*)
initiate *v* iniciar (*eeneesyahr'*)
initiation *n* iniciación (*eeneesyahsyohn'*) *f*
initiative *n* iniciativa (*eeneesyahtee'vah*) *f*
inject *v* inyectar (*eenyehktahr'*); introducir (*eentrodooseer'*)
injection *n* inyección (*eenyehksyohn'*) *f*
injunction *n* mandato (*mahndah'to*) *m;* orden (*ohr'dehn*) *f;* entredicho (*ehntrehdee'cho*) *m*
injure *v* lastimar (*lahsteemahr'*); herir (*ehreer'*); dañar (*dahnyahr'*)
injurious *adj* dañoso (*dahnyoh'so*); perjudicial (*pehrhoodeesyahl'*)
injury *n* daño (*dah'nyo*) *m;* herida (*ehree'dah*) *f;* lesión (*lehsyohn'*) *f;* perjuicio (*pehrhwee'syo*) *m*
injustice *n* injusticia (*eenhoostee'syah*) *f*
ink *n* tinta (*teen'tah*) *f*
inkling *n* indicación (*eendeekahsyohn'*) *f;* huella (*weh'lyah*) *f;* idea (*eedeh'ah*) *f*
inkwell *n* tintero (*teenteh'ro*) *m*
inlaid *adj* incrustado (*eenkroostah'do*)
inland *adj & n* interior (*eentehryohr'*) *m;* **to go —** ir al interior, adentro (*eer ahl ..., ahdehn'tro*)
inlay *v* incrustar (*eenkroostahr'*)
inmate *n* residente (*rehseedehn'teh*) *m, f;* hospiciano (*ohspeesyah'no*) *m*
inn *n* posada (*pohsah'dah*) *f*
inner *adj* interior (*eentehryohr'*); íntimo (*een'teemo*); secreto (*sehkreh'to*)
inning *n* cuadro (*kwah'dro*) *m;* (*baseball*) turno (*toor'no*) *m*
innkeeper *n* mesonero, a (*mehsohneh'ro, ah*) *m, f;* posadero, a (*pohsahdeh'ro, ah*) *m, f*
innocence *n* inocencia (*eenohsehn'syah*) *f*
innocent *adj & n* inocente (*eenohsehn'teh*) *m, f;* sin culpa (*seen kool'pah*)
innocuous *adj* innocuo (*eenoh'kwo*); inofensivo (*eenohfehnsee'vo*)
innovation *n* innovación (*eenohvahsyohn'*) *f*
innuendo *n* insinuación (*eenseenwahsyohn'*) *f;* indirecta (*eendeerehk'tah*) *f*
innumerable *adj* innumerable (*eenoomehrah'bleh*)
inoculate *v* inocular (*eenohkoolahr'*); contaminar (*kohntahmeenahr'*)
inoffensive *adj* inofensivo (*eenohfehnsee'vo*)

inopportune *adj* inoportuno (*eenohpohr-too'no*)
inquire *v* inquirir (*eenkeereer'*); indagar (*eendahgahr'*)
inquiry *n* indagación (*eendahgahsyohn'*) *f;* investigación (*eenvehsteegahsy-ohn'*) *f*
inquisition *n* inquisición (*eenkeesee-syohn'*) *f;* indagación (*eendahgah-syohn'*) *f*
inquisitive *adj* inquisitivo (*eenkeesee-tee'vo*); investigador (*eenvehsteegah-dohr'*); curioso (*kooryoh'so*)
inroad *n* invasión (*eenvahsyohn'*) *f;* **— upon** ataque (*ahtah'keh*) *m*
insane *adj* loco (*loh'ko*); **— asylum** manicomio (*mahneekoh'myo*) *m;* casa de locos (*kah'sah deh ...*) *f;* **he is —** está loco (*ehstah' ...*)
insanity *n* locura (*lohkoo'rah*) *f*
insatiable *adj* insaciable (*eensahsyah'-bleh*)
inscribe *v* inscribir (*eenskreebeer'*)
inscription *n* inscripción (*eenskreep-syohn'*) *f;* letrero (*lehtreh'ro*) *m*
insect *n* insecto (*eensek'to*) *m*
insecure *adj* inseguro (*eensehgoo'ro*)
insensible *adj* insensible (*eensehnsee'-bleh*)
insensitive *adj* insensible (*eensehnsee'-bleh*)
inseparable *adj* inseparable (*eensehpah-rah'bleh*)
insert *n* inserción (*eensehrsyohn'*) *f;* intercalación (*eenterkahlahsyohn'*) *f;* hoja (*oh'hah*) *f; v* insertar (*eensehr-tahr'*); intercalar (*eentherkahlahr'*); meter entre (*mehtehr' ehn'treh*)
insertion *n* inserción (*eensehrsyohn'*) *f;* intercalación (*eentehrkahlahsyohn'*) *f*
inside *n* interior (*eentehryohr'*) *m;* **—s** entrañas (*ehntrah'nyahs*) *f, pl; adj* interior (...); **— story** historia secreta (*eestoh'ryah sehkreh'tah*) *f; adv* dentro (*dehn'tro*); *prep* dentro de (*dehn'-tro deh*); en (*ehn*)
insight *n* intuición (*eentweesyohn'*) *f;* discernimiento (*deesehrneemyehn'to*) *m*
insignificant *adj* insignificante (*eensee-gneefeekahn'teh*)
insinuate *v* insinuar (*eenseenwahr'*); decir indirectamente (*dehseer' eendee-rehktahmehn'teh*)
insinuation *n* insinuación (*eenseenwah-syohn'*) *f*
insipid *adj* insípido (*eensee'peedo*)
insist *v* insistir (en) (*eenseesteer', ehn*); empeñarse (en) (*ehmpehnyahr'seh, ehn*)
insistence *n* insistencia (*eenseestehn'-syah*) *f;* empeño (*ehmpeh'nyo*) *m*
insistent *adj* insistente (*eenseestehn'teh*); persistente (*pehrseestehn'teh*)
insolence *n* insolencia (*eensohlehn'-syah*) *f*
insolent *adj* insolente (*eensohlehn'teh*)
inspect *v* inspeccionar (*eenspehksyoh-nahr'*); examinar (*exahmeenahr'*)
inspection *n* inspección (*eenspehksyohn'*) *f;* examen (*exah'mehn*) *m*
inspector *n* inspector (*eenspehktohr'*) *m*
inspiration *n* inspiración (*eenspeerah-syohn'*) *f*
inspire *v* inspirar (*eenspeerahr'*)
install *v* instalar (*eenstahlahr'*)
installation *n* instalación (*eenstahlah-syohn'*) *f*
installment *n* instalación (*eenstahlah-syohn'*) *f;* abono (*ahboh'no*) *m;* **on the — plan** a plazos (*ah plah'sos*)
instance *n* ejemplo (*eh-hehm'plo*) *m;* vez (*vehs'*) *f;* ocasión (*ohkahsyohn'*) *f;* **for —** por ejemplo (*pohr ...*)
instant *adj & n* instante (*eenstahn'teh*) *m;* inmediato (*eenmehdyah'to*); urgente (*oorhehn'teh*); **— coffee** café al instante (*kahfeh' ahl ...*) *m;* **—ly** *adv* en seguida (*ehn sehghee'dah*)
instantaneous *adj* instantáneo (*eens-tahntah'neho*)
instead *adv* en vez (*ehn vehs*); **— of** en lugar de (*ehn loogahr' deh*); en vez de (*ehn vehs deh*)
instep *n* empeine (*ehmpeh'eeneh*) *m*
instigate *v* instigar (*eensteegahr'*)
instill *v* inculcar (*eenkoolkahr'*); infundir (*eenfoondeer'*)
instinct *n* instinto (*eensteen'to*) *m*
instinctive *adj* instintivo (*eensteentee'-vo*)
institute *n* instituto (*eensteetoo'to*) *m; v* instituir (*eensteetweer'*); establecer (*ehstahblehsehr'*)
institution *n* institución (*eensteetoo-syohn'*) *f*
instruct *v* instruir (*eenstrweer'*); educar (*ehdookahr'*); enseñar (*ehnsehnyahr'*)
instruction *n* instrucción (*eenstrook-syohn'*) *f;* enseñanza (*ehnsehnyahn'-sah*) *f;* **to give —s** dar órdenes (*dahr' ohr'dehnehs*), instrucciones (*eenstrook-syoh'nehs*)
instructive *adj* instructivo (*eenstrook-tee'vo*)
instructor *n* instructor (*eenstrook-tohr'*) *m*
instrument *n* instrumento (*eenstroo-mehn'to*) *m*
instrumental *adj* instrumental (*eenstroo-mehntahl'*); **to be —** ayudar a (*ahyoo-dahr' ah*)
insufferable *adj* insufrible (*eensoofree'-bleh*)
insufficiency *n* insuficiencia (*eensoofee-syehn'syah*) *f;* incompetencia (*een-kohmpehtehn'syah*) *f;* **— of** falta de (*fahl'tah deh*) *f*

insufficient *adj* insuficiente (*eensoofeesyehn'teh*); inadecuado (*eenahdehkwah'do*)
insulate *v* aislar (*aheeslahr'*)
insulation *n* aislamiento (*aheeslahmyehn'to*) *m;* aislación (*aheeslahsyohn'*) *f*
insulator *n* aislador (*aheeslahdohr'*) *m*
insulin *n* insulina (*eensoolee'nah*) *f*
insult *n* insulto (*eensool'to*) *m; v* insultar (*eensooltahr'*)
insurance *n* seguro (*sehgoo'ro*) *m;* prima (*pree'mah*) *f;* **— agent** agente de seguros (*ah-hehn'teh deh ...s*) *m;* **— company** compañía de seguros (*kohmpahnyee'ah deh ...s*) *f;* **—policy** póliza de seguro (*poh'leesah deh ...*) *f;* **accident —** seguro contra accidentes (*... kohn'trah ahkseedehn'tehs*) *m;* **car —** seguro sobre el coche (*... soh'breh ehl koh'cheh*) *m;* **fire —** seguro contra incendios (*... kohn'trah eensehn'dyohs*) *m;* **life —** seguro de vida (*... deh vee'dah*) *m*
insure *v* asegurar (*ahsehgoorahr'*)
insurgent *adj & n* insurgente (*eensoorhehn'teh*) *m, f;* insurrecto (*eensoorrehk'to*) *m;* rebelde (*rehbehl'deh*) *m, f*
insurmountable *adj* insuperable (*eensoopehrah'bleh*)
insurrection *n* insurrección (*eensoorrehksyohn'*) *f;* rebelión (*rehbehlyohn'*) *f*
intact *adj* intacto (*eentahk'to*); sano *sah'no*)
integral *adj* integral (*eentehgrahl'*); *n* integral (...) *f*
integrity *n* integridad (*eentehgreedahd'*) *f;* entereza (*ehntehreh'sah*) *f*
intellect *n* intelecto (*eentehlehk'to*) *m;* entendimiento (*ehntehndeemyehn'to*) *m*
intellectual *adj & n* intelectual (*eentehlehktwahl'*) *m*
intelligence *n* inteligencia (*eentehleehehn'syah*) *f;* información (*eenfohrmahsyohn'*) *f;* noticias (*nohtee'syahs*) *f, pl;* (*gov*) policía secreta (*pohleesee'ah sehkreh'tah*) *f*
intelligent *adj* inteligente (*eentehleehehn'teh*)
intemperance *n* intemperancia (*eentempehrahn'syah*) *f*
intend *v* intentar (*eentehntahr'*); pensar (*pehnsahr'*); **to — to** tener la intención de (*tehnehr' lah eentehnsyohn' deh*)
intense *adj* intenso (*eentehn'so*)
intensity *n* intensidad (*eentehseedahd'*) *f*
intensive *adj* intenso (*eentehn'so*); intensivo (*eentehnsee'vo*)
intent *adj* atento (*ahtehn'to*); **to be — on** estar absorto en (*ehstahr' ahbsohr'to ehn*); resuelto a (*rehswehl'to ah*); *n* intento (*eenteh'nto*) *m;* intención (*eentehnsyohn'*) *f;* **my —** mi propósito (*mee prohpoh'seeto*) *m*
intention *n* intención (*eentehnsyohn'*) *f*
intentional *adj* intencional (*eentehnsyohnahl'*); **—ly** *adv* intencionalmente (*eentehnsyohnahlmehn'teh*); de propósito (*deh prohpoh'seeto*)
inter *v* enterrar (*ehntehrrahr'*); sepultar (*sehpooltahr'*)
intercede *v* interceder (*eentehrsehdehr'*); hablar por (*ahblahr' pohr*)
intercept *v* interceptar (*eentehrsehptahr'*)
interception *n* interceptación (*eentehrsehptahsyohn'*) *f*
intercession *n* intercesión (*eentehrsehsyohn'*) *f*
interchange *n* intercambio (*eentehrkahm'byo*) *m;* cambio (*hakm'byo*) *m; v* cambiar (*kahmbyahr'*); trocar (*trohkahr'*); alternar (*ahltehrnahr'*)
intercourse *n* intercambio (*eentehrkahm'byo*) *m;* comercio (*kohmehr'syo*) *m;* trato (*trah'to*) *m;* (*sex*) cópula (*kohh'poolah*) *f*
interest *n* interés (*eentehrehs'*) *m;* **rédito** (*reh'deeto*) *m; v* interesar (*eentehrehsahr'*)
interested *adj* interesado (*eentehrehsah'do*); **to be — in** interesarse en (*eentehrehsahr'seh ehn*)
interesting *adj* interesante (*eentehrehsahn'teh*)
interfere *v* intervenir (*eentehrvehneer'*); interponerse (*eentehrpohnehr'seh*); estorbar (*ehstohrbahr'*)
interference *n* interferencia (*eentehrfehrehn'syah*) *f;* obstáculo (*ohbstah'koolo*) *m*
interior *adj* interior (*eentehryohr'*); interno (*eentehr'no*); *n* interior (...) *m*
interjection *n* interjección (*eentehrhehksyohn'*) *f;* exclamación (*exklahmahsyohn'*) *f*
interlace *v* entrelazar(se) (*ehntrehlahsahr', seh*); enlazar (*ehnlahsahr'*)
interlock *v* entrelazar(se) (*ehntrehlahsahr', seh*); trabar(se) (*trahbahr', seh*)
intermediate *adj* intermedio (*eentehrmeh'dyo*); medio (*meh'dyo*)
interminable *adj* interminable (*eentehrmeenah'bleh*)
intermingle *v* entremezclar (se) (*ehntrehmehsklar',seh*); mezclar(se) (*mehsklahr', seh*)
intermission *n* intermisión (*eentehrmeesyohn'*) *f;* entreacto (*ehntrehahk'to*) *m*
intermittent *adj* intermitente (*eentehrmeetehn'teh*)
intern *n* médico practicante (*meh'deeko prahkteekahn'teh*) *m; v* internar (*eentehrnahr'*); confinar (*kohnfeenahr'*); encerrar (*ehnsehrrahr'*)
internal *adj* interno (*eentehr'no*); interior (*eentehryohr'*)
international *adj* internacional (*eentehrnahsyohnahl'*)

interpose *v* interponer(se) (*eentehrpohnehr', seh*)
interpret *v* interpretar (*eentehrprehtahr'*); explicar (*expleekahr'*)
interpretation *n* interpretación (*eentehrprehtahsyohn'*) *f;* explicación (*expleekahsyohn'*) *f*
interpreter *n* intérprete (*eentehr'prehteh*) *m, f*
interrogate *v* interrogar (*eentehrrohgahr'*)
interrogation *n* interrogación (*eentehrrohgahsyohn'*) *f*
interrupt *v* interrumpir (*eentehrroompeer'*)
interruption *n* interrupción (*eentehrroopsyohn'*) *f*
intersect *v* ir a través (*eer ah trahvehs'*); cruzar (*kroosahr'*); atravesar (*ahtrahvehsahr'*)
intersection *n* intersección (*eentehrsehksyohn'*) *f;* **street —** bocacalle (*bohkahkah'lyeh*) *f*
intersperse *v* esparcir (*ehspahrseer'*)
interval *n* intervalo (*eentehrvah'lo*) *m*
intervene *v* intervenir (*eentehrvehneer'*); interponerse (*eentehrpohnehr'seh*); mediar (*mehdyahr'*)
intervention *n* intervención (*eentehrvehnsyohn'*) *f*
interview *n* entrevista (*ehntrehvees'tah*) *f; v* entrevistar (*ehntrehveestahr'*)
intestine *adj & n* intestino (*eentehstee'no*) *m;* tripa (*tree'pah*) *f*
intimate *adj* íntimo (*een'teemo*); **— friend** amigo íntimo (*ahmee'go* ...) *m; v* insinuar (*eenseenwahr'*); dar a entender (*dahr ah ehntehndehr'*)
intimation *n* insinuación (*eenseenwahsyohn'*) *f*
intimidate *v* intimidar (*eenteemeedahr'*); infundir miedo (*eenfoondeer' myeh'do*)
into *prep* en (*ehn*); dentro de (*dehn'tro deh*)
intolerable *adj* intolerable (*eentohlehrah'bleh*); inaguantable (*eenahgwahntah'bleh*)
intolerance *n* intolerancia (*eentohlehrahn'syah*) *f*
intolerant *adj* intolerante (*eentohlehrahn'teh*)
intonation *n* entonación (*ehntohnahsyohn'*) *f*
intoxicate *v* embriagar (*ehmbryahgahr'*); emborrachar (*ehmbohrrahchahr'*)
intoxication *n* embriaguez (*ehmbryahghehs'*) *f;* intoxicación (*eentohxeekahsyohn'*) *f*
intravenous *adj* intravenoso (*eentrahvehnoh'so*)
intrench *v* atrincherar (*ahtreenchehrahr'*); **to — oneself** atrincherarse (*ahtreenchehrahr'seh*)
intrenched *adj* atrincherado (*ahtreenchehrah'do*)
intrepid *adj* intrépido (*eentreh'peedo*)
intricate *adj* intrincado (*eentreenkah'do*); enredado (*ehnrehdah'do*); difícil (*deefee'seel*)
intrigue *n* intriga (*eentree'gah*) *f;* enredo (*ehnreh'do*) *m;* trama (*trah'mah*) *f;* lío (*lee'o*) *m; v* intrigar (*eentreegahr'*); tramar (*trahmahr'*); maquinar (*mahkeenahr'*)
intriguer *n* intrigante (*eentreegahn'teh*) *m, f*
introduce *v* introducir (*eentrohdooseer'*); presentar (*prehsehntahr'*)
introduction *n* introducción (*eentrohdooksyohn'*) *f;* presentación (*prehsehntahsyohn'*) *f*
intrude *v* entremeterse (*ehntrehmehtehr'seh*); introducir (*eentrohdooseer'*)
intruder *n* intruso (*eentroo'so*) *m;* entremetido (*ehntrehmehtee'do*) *m*
intrusion *n* intrusión (*eentroosyohn'*) *f*
intrusive *adj* intruso (*eentroo'so*)
intrust *v* confiar (*kohnfyahr'*); **to — upon** entregar (*ehntrehgahr'*)
intuition *n* intuición (*eentweesyohn'*) *f*
inundate *v* inundar (*eenoondahr'*)
inure *v* habituar(se) (*ahbeetwahr', seh*); acostumbrar(se) (*ahkohstoombrahr', seh*)
invade *v* invadir (*eenvahdeer'*)
invader *n* invasor (*eenvahsohr'*) *m*
invalid *adj* inválido (*eenvah'leedo*); enfermizo (*ehnfehrmee'so*); *n* inválido (...) *m*
invaluable *adj* inestimable (*eenehsteemah'bleh*); precioso (*prehsyoh'so*); caro (*kah'ro*)
invariable *adj* invariable (*eenvahryah'bleh*)
invariably *adv* invariablemente (*eenvahryahblehmehn'teh*); sin falta (*seen fahl'tah*); sin excepción (*seen exehpsyohn'*)
invasion *n* invasión (*eenvahsyohn'*) *f*
invent *v* inventar (*eenvehntahr'*)
invention *n* invención (*eenvehnsyohn'*) *f*
inventive *adj* inventivo (*eenvehntee'vo*)
inventiveness *n* inventiva (*eenvehntee'vah*) *f*
inventor *n* inventor (*eenvehntohr'*) *m*
inventory *n* inventario (*eenvehntah'ryo*); *v* inventariar (*eenvehntahryahr'*)
inverse *adj* inverso (*eenvehr'so*)
invert *v* invertir (*eenvehrteer'*); poner al revés (*pohnehr' ahl rehvehs'*)
invest *v* colocar ((*kohlohkahr'*); investir (*eenvehsteer'*); (*money*) invertir (*eenvehrteer'*); sitiar (*seetyahr'*)
investigate *v* investigar (*eenvehsteegahr'*); indagar (*eendahgahr'*)

investigation *n* investigación (*eenvehsteegahsyohn'*) *f;* indagación (*eendahgahsyohn'*) *f*
investigator *n* investigador (*eenvehsteegahdohr'*) *m;* indagador (*eendahgahdohr'*) *m*
investment *n* inversión (*eenvehrsyohn'*) *f*
investor *n* negociante de fondos (*nehgohsyahn'teh deh fohn'dos*) *m*
invigorate *v* vigorizar (*veegohreesahr'*); fortalecer (*fohrtahlehsehr'*)
invincible *adj* invencible (*eenvehnsee'bleh*)
invisible *adj* invisible (*eenveesee'bleh*)
invitation *n* invitación (*eenveetahsyohn'*) *f*
invite *v* invitar (*eenveetahr'*); convidar (*kohnveedahr'*)
inviting *adj* invitante (*eenveetahn'teh*); seductivo (*sehdooktee'vo*); tentador (*tehntahdohr'*)
invoice *n* factura (*fahktoo'rah*) *f;* envío (*ehnvee'o*) *m; v* facturar (*fahktoorahr'*)
invoke *v* invocar (*eenvohkahr'*); implorar (*eemplohrahr'*)
involuntary *adj* involuntario (*eenvohloontah'ryo*)
involve *v* envolver (*ehnvohlvehr'*); enredar (*ehnrehdahr'*); **it —s money** se trata de dinero (*seh trah'tah de deeneh'ro*)
involved *adj* complicado (*kohmpleekah'do*)
inward *adj* interior (*eentehryohr'*); interno (*eentehr'no*); secreto (*sehkreh'to*); *adv* hacia adentro (*ah'syah ahdehn'tro*)
iodine *n* yodo (*yoh'do*) *m*
ire *n* ira (*ee'rah*) *f*
Irish *adj* irlandés (*eerlahndehs'*); *n* irlandés (. . .) *m;* (*lenguaje*) el (idioma) irlandés (*ehl, eedyoh'mah, ...*) *m*
irksome *adj* fastidioso (*fahsteedyoh'so*); molesto (*mohlehs'to*)
iron *adj* férreo (*feh'rreho*); de hierro (*deh yeh'rro*); *n* hierro (*yeh'rro*) *m;* plancha (*plahn'chah*) *f; v* planchar (*plahnchahr'*); **no —** no se plancha (*noh seh ...*); **to — out difficulties** allanar dificultades (*ahlyahnahr' deefeekooltah'dehs*)
iron curtain *n* cortina de hierro (*kohrtee'nah deh yeh'rro*) *f*
ironical *adj* irónico (*eeroh'neeko*)
ironing *n* planchado (*plahnchah'do*) *m*
irony *n* ironía (*eerohnee'ah*) *f*
irregular *adj* irregular (*eerrehgoolahr'*)
irrelevant *adj* sin relación a (*seen rehlahsyohn' ah*); inaplicable a (*eenahpleekah'bleh ah*)
irreligious *adj* irreligioso (*eerrehleehyoh'so*); impío (*eempee'o*)
irremediable *adj* irremediable (*eerrehmehdyah'bleh*); incurable (*eenkoorah'bleh*)
irreproachable *adj* irreprochable (*eerrehprohchah'bleh*); intachable (*eentahchah'bleh*)
irresistible *adj* irresistible (*eerrehseestee'bleh*)
irresolute *adj* irresoluto (*eerrehsohloo'to*); indeciso (*eendehsee'so*)
irreverence *n* irreverencia (*eerrehvehrehn'syah*) *f*
irreverent *adj* irreverente (*eerrehvehrehn'teh*)
irrigate *v* regar (*rehgahr'*); irrigar (*eerreegahr'*); bañar (*bahnyahr'*)
irrigation *n* riego (*ryeh'go*) *m;* irrigación (*eerreegahsyohn'*); canal de agua (*kahnahl' deh ah'gwah*) *m*
irritable *adj* irritable (*eerreetah'bleh*); colérico (*kohleh'reeko*)
irritate *v* irritar (*eerreetahr'*)
irritating *adj* irritante (*eerreetahn'teh*)
irritation *n* irritación (*eerreetahsyohn'*) *f;* molestia (*mohlehs'tyah*) *f*
island *n* isla (*ees'lah*) *f*
islander *n* isleño (*eesleh'nyo*) *m*
isle *n* isla (*ees'lah*) *f*
isolate *v* aislar (*ahyslahr'*)
isolation *n* aislamiento (*ahyslahmyehn'to*) *m*
issue *n* tirada (*teerah'dah*) *f;* impresión (*eemprehsyohn'*) *f;* **the — is** el problema es (*ehl probleh'mah ehs*) *m,* el argumento es (*ehl ahrgoomehn'to ...*) *m;* **to take — with** diferir de (*deefehreer' deh*); *v* publicar (*poobleekahr'*); promulgar (*prohmoolgahr'*); dar (*dahr'*); emanar (*ehmahnahr'*); **to — forth** brotar (*brohtahr'*)
isthmus *n* istmo (*ees'tmo*) *m*
it *pron* lo (*lo*); la (*lah*); ello (*eh'lyo*); él (*ehl*); ella (*eh'lyah*); **— is nice** es bello (*ehs beh'lyo*); **— is cold** hace frío (*ah'seh free'o*); **what is —?** ¿qué es? (*keh ehs*)
Italian *adj & n* italiano (*eetahlyah'no*) *m*
italic *adj* itálico (*eetah'leeko*); **—s** *n* letras bastardillas (*leh'trahs bahstahrdee'lyahs*) *f, pl*
itch *n* comezón (*kohmehsohn'*) *f;* picazón (*peekahsohn'*) *f;* sarna (*sahr'nah*) *f; v* picar (*peekahr'*); sentir comezón (*sehnteer' ...*)
itchy *adj* sarnoso (*sahrnoh'so*); (*Am*) sarniento (*sahrnyehn'to*); **to feel —** sentir comezón (*sehnteer' kohmehsohn'*)
item *n* artículo (*ahrtee'koolo*) *m;* detalle (*dehtah'lyeh*) *m*
itemize *v* pormenorizar (*pohrmehnohreesahr'*); detallar (*dehtahlyahr'*); hacer una lista (*ahsehr' oo'nah lees'tah*)

itinerary *n* itinerario (*eeteenehrah'ryo*) *m;* ruta (*roo'tah*) *f;* camino (*kahmee'-no*) *m;* mapa (*mah'pah*) *m*

its *poss* su, sus (*soo, soos*); de él (*deh ehl*); de ella (*deh eh'lyah*); de ello (*deh eh'lyo*)

itself *pron* mismo (*mees'mo*); misma (*mees'mah*); **by —** por sí (*pohr see*); por sí mismo (... *mees'mo*)

ivory *n* marfil (*mahrfeel'*) *m;* **— tower** torre de marfil (*toh'rreh deh* ...) *f*

ivy *n* hiedra (*yeh'drah*) *f;* **poison —** zumaque (*soomah'keh*) *m*

jab *v* picar (*peekahr'*); *n* piquete (*peekeh'teh*) *m*
jack *n* gato (*gah'to*) *m;* sota (*soh'tah*) *f;* macho (*mah'cho*) *m;* **— pot** premio gordo (*preh'myo gohr'do*) *m; v* **to — up** levantar con gato (*lehvahntahr' kohn* ...)
jackass *n* asno (*ahs'no*) *m;* burro (*boo'rro*) *m;* **he is a —** es un estúpido (*ehs oon ehstoopee'do*)
jacket *n* chaqueta (*chahkeh'tah*) *f;* forro (*foh'rro*) *m*
jackknife *n* navaja (*nahvah'hah*) *f*
jagged *adj* serrado (*sehrrah'do*); dentado (*dehntah'do*)
jail *n* cárcel (*kahr'sehl*) *f; v* encarcelar (*ehnkahrsehlahr'*)
jailer *n* carcelero (*kahrsehleh'ro*) *m*
jam *n* apretura (*ahprehtoo'rah*) *f;* (*preserve*) mermelada (*mehrmehlah'dah*); **— on bread** conserva dulce sobre el pan (*kohnsehr'vah dool'seh soh'breh ehl pahn*) *f;* compota (*kohmpoh'tah*) *f;* **traffic —** aglomeración de coches (*ahglohmehrahsyohn' deh koh'chehs*) *f;* **to be in a —** estar en un aprieto (*ehstahr' ehn oon ahpryeh'to*); *v* estrujar (*ehstroohahr'*); apachurrar (*ahpahchoorrahr'*); **to — on one's brakes** forzar los frenos (*fohrsahr' los freh'nos*)
janitor *n* conserje (*kohnsehr'heh*) *m;* portero (*pohrteh'ro*) *m*
January *n* enero (*ehneh'ro*) *m*
Japanese *adj & n* japonés (*hahpohnehs'*) *m*
jar *n* jarra (*hah'rrah*) *f;* jarro (*hah'rro*) *m;* choque (*choh'keh*) *m;* **earthen —** tinaja (*teenah'hah*) *f; v* vibrar (*veebrahr'*); hacer vibrar (*ahsehr' veebrahr'*); menear (*mehnehahr'*)
jargon *n* jerga (*hehr'gah*) *f;* jerigonza (*hehreegohn'sah*) *f*
jasmine *n* jazmín (*hahsmeen'*) *m*
jasper *n* jaspe (*hahs'peh*) *m*
jaunt *n* caminata (*kahmeenah'tah*) *f;* paseo (*pahseh'o*) *m; v* dar un paseo (*dahr' oon pahseh'o*); hacer una caminata (*ahsehr' oo'nah* ...)
jaw *n* quijada (*keehah'dah*) *f;* mandíbula (*mahndee'boolah*) *f;* (*Am*) carretilla (*kahrrehtee'lyah*) *f*
jawbone *n* mandíbula (*mahndee'boolah*) *f;* quijada (*keehah'dah*) *f*
jay *n* grajo (*grah'ho*) *m;* bobo (*boh'bo*) *m;* **blue —** azulejo (*ahsooleh'ho*) *m*
jazz *n* jazz (as in English or *yahs'*) *m; v* **to — up** sincopar (*seenkohpahr'*); animar (*ahneemahr'*)
jealous *adj* celoso (*sehloh'so*); envidioso (*ehnveedyoh'so*); **to be —** tener celos (*tehnehr' seh'los*)
jealousy *n* celos (*seh'los*) *m;* envidia (*ehnvee'dyah*) *f*
jeer *n* mofa (*moh'fah*) *f;* befa (*beh'fah*) *f;* (*Am*) choteo (*chohteh'o*); *v* mofarse (*mohfahr'seh*); befar (*behfahr'*); (*Am*) chotear (*chotehahr'*); **to — at** mofarse de (*mohfahr'seh deh*)
jelly *n* jalea (*hahleh'ah*) *f;* gelatina (*hehlahtee'nah*) *f*
jerk *n* tirón (*teerohn'*) *m;* sacudida (*sahkoodee'dah*) *f; v* sacudir (se) (*sahkoodeer', seh*); dar un tirón (*dahr' oon teerohn'*)
jersey *n* tejido (*teh-hee'do*) *m;* tejido elástico (... *ehlah'steeko*) *m;* (*Am*) jersey (*yehr'see*) *m;* blusa (*bloo'sah*) *f;* camisa (*kahmee'sah*) *f*
jest *n* broma (*broh'mah*) *f;* chanza (*chahn'sah*) *f;* chiste (*chees'teh*) *m; v* bromear (*brohmehahr'*); chancearse (*chahnsehahr'seh*)
jester *n* chancero (*chahnseh'ro*) *m;* bufón (*boofohn'*) *m*
Jesuit *adj & n* jesuita (*hehswee'tah*) *m*
jet *n* chorro (*choh'rro*) *m;* jet (as in English); surtidor (*soorteedohr'*) *m;* **gas —** mechero de gas (*mehcheh'ro deh gahs*) *m;* **a — plane** (*Am*) un jet (*oon jet*) *m;* **— flight** vuelo en jet, en avión reactor (*vweh'lo ehn jet,* ... *ahvyohn' rehahktor'*) *m;* **to take a —** volar en, tomar un jet (*vohlahr' ehn, tohmahr' oon jet*); *v* chorrear (*chohrrehahr'*)
Jew *n* judío, a (*hoodee'o, ah*) *m, f*
jewel *n* joya (*hoh'yah*) *f;* alhaja (*ahlah'hah*) *f;* gema (*heh'mah*) *f;* **— box** estuche para joyas (*ehstoo'cheh pah'rah* ...*s*) *m*
jeweler *n* joyero (*hohyeh'ro*) *m;* **—'s shop** joyería (*hohyehree'ah*) *f*
jewelry *n* joyas (*hoh'yahs*) *f, pl;* alhajas (*ahlah'hahs*) *f, pl;* **— store** joyería (*hohyehree'ah*) *f*
Jewish *adj* judío (*hoodee'o*)
jiffy *n* instante (*eenstahn'teh*) *m;* **in a —** en un instante (*ehn oon* ...); en un decir Jesús (*ehn oon dehseer' hehsoos'*)

jig *n* jiga (*hee'gah*) *f;* **—saw puzzle** rompecabezas (*rohmpehkahbeh'sahs*) *m, pl; v* tocar, bailar una jiga (*tohkahr', baheelahr' oo'nah* ...)

jiggle *v* zangolotear(se) (*sahngohlohtehahr', seh*); menear(se) (*mehnehahr', seh*); *n* zarandeo (*sahrahndeh'o*)*m;* meneo (*mehneh'o*) *m*

jilt *v* dar calabazas (*dah kalahbah'sahs*); dejar plantado (*deh-hahr' plahntah'do*)

jingle *n* retintín (*rehteenteen'*) *m;* poema infantil (*poheh'mah eenfahnteel'*) *m;* **— bells** cascabeles (*kahskahbeh'lehs*) *m, pl; v* hacer retintín (*ahsehr'* . . .)

job *n* trabajo (*trahbah'ho*) *m;* empleo (*ehmpleh'o*) *m;* ocupación (*ohkoopahsyohn'*) *f;* **to be out of a —** estar desocupado (*ehstahr' deshsohkoopah'do*)

jockey *n* jockey (as in English) *m; v* maniobrar (*mahnyohbrahr'*)

join *v* juntar(se) (*hoontahr', seh*); enlazar(se) (*ehnlahsahr',seh*); unirse a (*ooneer'seh ah*); asociarse a (*ahsohsyahr'seh ah*)

joint *adj* **— company** compañía asociada (*kompahnyee'ah ahsosyah'dah*) *f;* **— account** cuenta en común (*kwehn'tah ehn kohmoon'*) *f;* **— action** acción colectiva (*ahksyohn' kohlehktee'vah*) *f;* **— committee** comisión mixta (*kohmeesyohn' meex'tah*) *f;* **— effort** esfuerzo en común (*ehsfwehr'so ehn kohmoon'*) *m;* **— session** sesión plena (*sehsyohn' pleh'nah*) *f; n* juntura (*hoontoo'rah*) *f;* coyuntura (*kohyoontoo'rah*) *f;* conexión (*kohnehxyohn'*) *f;* (*coll*) **it's a —** es un lugar feo, malo (*ehs oon loogahr' feh'o, mah'lo*); **out of —** descoyuntado (*dehskoyoontah'do*); **—ly** *adv* juntamente (*hoontahmehn'teh*); en común (*ehn kohmoon'*)

joke *n* broma (*broh'mah*) *f;* chiste (*chees'teh*) *m; v* bromear (*brohmehahr'*); decir chiste (*dehseer'* ...)

joker *n* bromista (*brohmees'tah*) *m, f;* chancero (*chahnseh'ro*) *m*

jokingly *adv* en broma (*ehn broh'mah*); en chanza (*ehn chahn'sah*)

jolly *adj* jovial (*hohvyahl'*); alegre (*ahleh'greh*); **a — man** un hombre alegre (*oon ohm'breh* ...) *m*

jolt *n* sacudida (*sahkoodee'dah*) *f;* choque (*choh'keh*) *m; v* sacudir (*sahkoodeer'*)

jostle *v* empujar (*ehmpoohahr'*); dar empellones (*dahr ehmpehlyoh'nehs*); *n* empujón (*ehmpoohohn'*) *m;* empellón (*ehmpehlyohn'*) *m*

jot *v* **to — down** tomar apuntes (*tohmahr' ahpoon'tehs*); *n* jota (*hoh'tah*) *f;* apunte (*ahpoon'teh*) *m*

journal *n* diario (*dyah'ryo*) *m;* periódico (*pehryoh'deeko*) *m;* revista (*rehvees'tah*) *f*

journalism *n* periodismo (*pehryohdees'mo*) *m*

journalist *n* periodista (*pehryohdees'tah*) *m, f*

journalistic *adj* periodístico (*pehryohdees'teeko*)

journey *n* viaje (*vyah'heh*) *m;* jornada (*hohrnah'dah*) *f; v* viajar (*vyah-hahr'*)

joy *n* júbilo (*hoo'beelo*) *m;* regocijo (*rehgohsee'ho*) *m;* alegría (*ahlehgree'ah*) *f;* gusto (*goos'to*) *m;* deleite (*dehlehee'teh*) *m;* felicidad (*fehleeseedahd'*) *f*

joyful *adj* jubiloso (*hoobeeloh'so*); alegre (*ahleh'greh*); **—ly** *adv* con regocijo (*kohn rehgohsee'ho*); jubilosamente (*hoobeelohsahmehn'teh*); con júbilo (*kohn hoo'beelo*)

joyous *adj* jubiloso (*hoobeeloh'so*); alegre (*ahleh'greh*); gozoso (*gohsoh'so*)

jubilant *adj* jubiloso (*hoobeeloh'so*); alegre (*ahleh'greh*)

jubilee *n* jubileo (*hoobeeleh'o*) *m;* júbilo (*hoo'beelo*) *m*

judge *n* juez (*hwehs'*) *m; v* juzgar (*hoosgahr'*)

judgment *n* juicio (*hwee'syo*) *m;* sentencia (*sehntehn'syah*) *f;* idea (*eedeh'-ah*) *f;* opinión (*ohpeenyohn'*) *f*

judicial *adj* judicial (*hoodeesyahl'*)

judicious *adj* juicioso (*hweesyoh'so*); cuerdo (*kwehr'do*)

jug *n* cántaro (*kahn'tahro*) *m;* jarro (*hah'rro*) *m;* jarra (*hah'rrah*) *f*

juggle *v* hacer manejos (*ahsehr' mahneh'hos*); hacer suertes (*ahsehr' swehr'tehs*); *n* juego de manos (*hweh'go deh mah'mos*) *m*

juggler *n* prestidigitador (*prehsteedeeheetahdohr'*) *m*

juice *n* jugo (*hoo'go*) *m;* zumo (*soo'mo*) *m*

juiciness *n* jugosidad (*hoogohseedahd'*) *f*

juicy *adj* jugoso (*hoogoh'so*); zumoso (*zoomoh'so*); suculento (*sookoolehn'to*); picante (*peehkahn'teh*)

jukebox tocadiscos a ficha (*tohkahdees'kos ah fee'chah*) *m;* (*Cuba*) traganíquel (*trahgahnee'kehl*) *m*

July *n* julio (*hoo'lyoh*) *m*

jumble *v* revolver (*rehvohlvehr'*); mezclar(se) (*mehsklahr', seh*); *n* mezcla (*mehs'klah*) *f;* confusión (*kohnfoonsyohn'*) *f*

jump *n* salto (*sahl'to*) *m;* brinco (*breen'ko*) *m; v* saltar (*sahltahr'*); brincar (*breenkahr'*); **to — at the chance** asir la oportunidad (*ahseer' lah ohportooneedahd'*); **to — bail** perder la fianza (*pehrdehr' lah fyahn'sah*); **to — over** saltar por encima (*sahltahr' pohr ehnsee'mah*); **to — the track** descarrilarse (*dehskarreelahr'seh*); **to — to conclusions** formar conclusiones sin pensar (*fohrmahr' kohnkloosyoh'nehs seen pehnsahr'*)

jumper *n* saltador (*sahltahdohr'*) *m;* chaquetón (*chahkehtohn'*) *m;* vestido sin mangas (*vehstee'do seen mahn'gahs*) *m*

jumpy *adj* saltón (*sahltohn'*); **— person** persona nerviosa (*pehrsoh'nah nehrvyoh'sah*) *f*

junction *n* unión (*oonyohn'*) *f;* juntura (*hoontoo'rah*) *f;* **railroad —** empalme (*ehmpahl'meh*) *m*

juncture *n* juntura (*hoontoo'rah*) *f;* coyuntura (*kohyoontoo'rah*) *f*

June *n* junio (*hoon'nyo*) *m*

jungle *n* selva (*sehl'vah*) *f;* matorral (*mahtohrrahl'*) *m*

junior *adj* menor (*mehnohr'*); más joven (*mahs hoh'vehn*); (*school*) **—year** tercer año de escuela (*tehrsehr' ah'nyo deh ehskweh'lah*) *m; n* **Mr. Jones, Jr.** el señor Jones, hijo (*ehl sehnyohr' ..., ee'ho*) *m;* estudiante del tercer año (*ehstoodyahn'teh dehl tehrsehr' ah'nyo*) *m*

junk *n* basura (*bahsoo'rah*) *f;* cosas viejas (*koh'sahs vyeh'hahs*) *f, pl; v* desechar (*dehsehchahr'*); echar a la basura (*ehchahr' ah lah bahsoo'rah*)

jurisdiction *n* jurisdicción (*hooreesdeeksyohn'*) *f*

jurisprudence *n* jurisprudencia (*hooreesproondehn'syah*) *f;* derecho (*dehreh'cho*) *m*

juror *n* miembro de un jurado (*myem'bro deh oon hoorah'do*) *m*

jury *n* jurado (*hoorah'do*) *m;* **grand —** jurado de acusación (*...deh ahkoosahsyohn'*) *m*

just *adj* justo (*hoos'to*); recto (*rehk'to*); exacto (*exahk'to*); **—ly** *adv* exactamente (*exahktahmehn'teh*); justamente (*hoostahmehn'teh*); sólo (*soh'lo*); no más (*no mahs*); nada más (*nah'dah mahs*); apenas (*ahpeh'nahs*); **— fine!** ¡muy bien! (*moo'y byehn*); **— right** perfecto (*pehrfehk'to*); **— out** recién hecho (*rehsyehn' eh'cho*); **he has — arrived** acaba de llegar (*ahkah'bah deh lyehgahr'*)

justice *n* justicia (*hoostee'syah*) *f;* juez (*hwehs*) *m;* magistrado (*mah-heestrah'do*) *m*

justification *n* justificación (*hoosteefeekahsyohn'*) *f*

justify *v* justificar (*hoosteefeekahr'*)

justly *adv* justamente (*hoostahmehn'teh*); con justicia (*kohn hoostee'syah*)

jut *v* sobresalir (*sohbrehsahleer'*); proyectarse (*prohyehktahr'seh*); *n* proyección (*prohyehksyohn'*) *f*

juvenile *adj* juvenil (*hoovehneel'*)

K

kangaroo *n* canguro (*kahngoo'ro*) *m*

keel *n* quilla (*kee'lyah*) *f; v* voltear (*vohltehahr'*); **to —over** volcar(se) (*vohlkahr', seh*); zozobrar (*sohsohbrahr'*); desplomarse (*dehsplohmahr'seh*)

keen *adj* agudo (*ahgoo'do*); perspicaz (*pehrspeekahs'*); sensitivo (*sehnseetee' vo*)

keenness *n* agudeza (*ahgoodeh'sah*) *f;* perspicacia (*pehrspeekah'syah*) *f*

keep *v* guardar (*gwahrdahr'*); tener (*tehnehr'*); retener (*rehtehnehr'*); conservar (*kohnsehrvahr'*); preservar(se) (*prehsehrvahr', seh*); **to — at it** persistir (*pehrseesteer'*); **to — away** mantener(se) alejádo (*mahtehner', seh ahlehhah'do*); **to — back** tener a raya (*tehnehr' ah rah'yah*); detener (*dehtehnehr'*); **to — from** impedir (*eempehdeer'*); **to — off** no arrimarse (*no ahrreemahr'seh*); no acercarse (*no ahsehrkahr'seh*); **to — on** continuar (*kohnteenwahr'*); **to — quiet** callar(se) (*kahlyahr', seh*); **to — up with** continuar (*kohnteenwahr'*); seguir (haciendo) (*sehgheer', ahsyehn'do*)

keeper *n* guardián (*gwahrdyahn'*) *m;* custodio (*koostoh'dyo*) *m;* **jail —** carcelero (*kahrsehleh'ro*) *m*

keeping *n* custodia (*koostoh'dyah*) *f;* mantenimiento (*mahntehneemyehn'to*) *m;* preservación (*prehsehrvahsyohn'*) *f;* **in — with** de acuerdo con (*deh ahkwehr'do kohn*)

keepsake *n* prenda (*prehn'dah*) *f;* recuerdo (*rehkwehr'do*) *m*

keg *n* tonel (*tohnehl'*) *m;* barril (*bahreel'*) *m*

kennel *n* perrera (*pehrreh'rah*) *f*

kerchief *n* pañuelo (*pahnyweh'lo*) *m;* pañolón (*pahnyohlohn'*) *m*

kernel *n* grano (*grah'no*) *m;* meollo (*mehoh'lyo*) *m;* núcleo (*noo'kleho*) *m*

kerosene *n* kerosén (*kehrohsehn'*) *m;* petróleo (*pehtroh'leho*) *m*

kettle *n* caldera (*kahldeh'rah*) *f;* **— drum** timbal (*teembahl'*) *m;* **tea —** marmita (*mahrmee'tah*) *f;* tetera (*tehteh'rah*) *f*

key *n* llave (*lyah'veh*)*f;* clave (*klah'veh*) *f;* tecla (*tehk'lah*) *f; v* poner a tono (*pohnehr' ah toh'no*); templar (*tehmplahr'*); **to — up** armonizar (*ahrmohneesahr'*); **to be all —ed up** estar excitado (*ehstahr' exeetah'do*); estar nervioso (*ehstahr' nehrvyoh'so*)

keyboard *n* teclado (*tehklah'do*) *m*

keyhole *n* ojo de la cerradura (*oh'ho deh lah sehrrahdoo'rah*) *m;* hueco (*weh'ko*) *m*

keynote *n* nota tónica (*noh'tah toh'neekah*) *f;* idea principal (*eedeh'ah preenseepahl'*) *f;* pensamiento particular (*pehnsahmyehn'to pahrteekoolahr'*) *m*

keystone *n* clave (*klah'veh*) *f;* fundamento importante (*foondahmehn'to eempohrtahn'teh*) *m;* punto importante (*poon'to ...*) *m*

khaki *adj & n* kaki (*kah'kee*) *m;* caqui (*kah'kee*) *m*

kick *n* patada (*pahtah'dah*) *f;* puntapié (*poontahpyeh'*) *m;* queja (*keh'hah*) *f; v* quejarse (*keh-hahr'seh*); **to — out** echar a patadas (*ehchahr' ah ...*); **to — the bucket** estirar la pata (*ehsteerahr' lah pah'tah*); morir (*mohreer'*)

kicking *n* pateadura (*pahtehahdoo'rah*) *f;* queja (*keh'hah*) *f;* **he is —** está quejándose (*ehstah' keh-hahn'dohseh*)

kid *n* cabrito (*kahbree'to*) *m;* cabritilla (*kahbree'teelyah*) *f;* niño (*nee'nyo*) *m;* niña (*nee'nyah*) *f;* **— gloves** guantes de cabritilla (*gwahn'tehs deh ...*); *v* (*coll*) bromear (*brohmehahr'*); **to — around** embromar (*ehmbrohmahr'*)

kidnap *v* raptar (*rahptahr'*); secuestrar (*sehkwehstrahr'*)

kidnapper *n* raptor (*rahptohr'*) *m;* secuestrador (*sehkwehstrahdohr'*) *m;* ladrón de personas (*lahdrohn' deh pehrsoh'nahs*) *m*

kidnapping *n* rapto (*rahp'to*) *m;* secuestro (*sehkwehs'tro*) *m*

kidney *n* riñón (*reenyohn'*) *m;* **— bean** frijol (*freehohl'*) *m;* **— stones** cálculos (*kahl'koolos*) *m, pl*

kill *v* matar (*mahtahr'*); destruir (*dehstrweer'*); amortiguar (*ahmohrteegwahr'*)

killer *n* matador (*mahtahdohr'*) *m;* asesino (*ahsehsee'no*) *m*

kiln *n* horno (*ohr'no*) *m*

kilogram *n* kilo (*kee'lo*) *m;* kilogramo (*keelohgrah'mo*) *m*

kilometer *n* kilómetro (*keeloh'mehtro*) *m*

kimono *n* quimono (*keemoh'no*) *m;* bata (*bah'tah*) *f*

kin *n* parentela (*pahrehnteh'lah*) *f;* familia (*fahmee'lyah*) *f*

kind *adj* bondadoso (*bohndahdoh'so*); benévolo (*behneh'vohlo*); **with — regards** con saludos muy cordiales (*kohn sahloo'dos moo'y kohrdyah'lehs*); **—hearted** de buen corazón (*deh bwehn kohrahsohn'*); *n* clase (de) (*klah'seh deh*) *f;* especie (*ehspeh'syeh*) *f*

kindergarten *n* escuela de párvulos (*ehskweh'lah deh pahr'voolos*) *f;* escuela infantil (*... eenfahnteel'*) *f*

kindle *v* encender(se) (*ehnsehndehr', seh*); inflamar(se) (*eenflahmahr', seh*); incitar (*eenseetahr'*); prender (*prehndehr'*)

kindling *n* encendimiento (*ehnsehndeemyehn'to*) *m;* leña ligera (*leh'nyah leehheh'rah*) *f*

kindly *adj* bondadoso (*bohndahdoh'so*); benigno (*behneeg'no*); benévolo (*behneh'vohlo*); amable (*ahmah'bleh*); *adv* bondadosamente (*bohndahdohsahmehn'teh*); amablemente (*ahmahblehmehn'teh*); con bondad (*kohn bohndahd'*)

kindness *n* bondad (*bohndahd'*) *f;* amabilidad (*ahmahbeeleedahd'*) *f;* favor (*fahvohr'*) *m*

kindred *adj* emparentado (*ehmpahrehntah'do*); allegado (*ahlyehgah'do*); parecido (*pahrehsee'do*)

king *n* rey (*rehy*) *m;* (*cards*) dama (*dah'mah*) *f*

kingdom *n* reino (*reh'eeno*) *m*

kingly *adj* regio (*reh'hyo*); real (*rehahl'*); majestuoso (*mah-hehstwoh'so*); *adv* regiamente (*reh-hyahmehn'teh*); con majestad (*kohn mah-hehstahd'*)

kinky *adj* crespo (*krehs'po*); **— hair** pelo crespo (*peh'lo ...*) *m;* (*Am*) grifo (*gree'fo*)

kinship *n* parentesco (*pahrehnteh'sko*) *m;* afinidad (*ahfeeneedahd'*) *f;* similaridad (*seemeelahreedahd'*) *f;* semejanza (*sehmeh-hahn'sah*) *f*

kinsman *n* pariente (*pahryehn'teh*) *m, f*

kiss *n* beso (*beh'so*) *m;* *v* besar (*behsahr'*)

kit *n* estuche (*ehstoo'cheh*) *m;* **tool —** caja de herramientas (*kah'hah deh errahmyehn'tahs*) *f;* **traveling —** maletín de viajar (*mahlehteen' deh vyahhahr'*) *m;* **soldier's —** mochila (*mohchee'lah*) *f,* equipo (*ehkee'po*) *m*

kitchen *n* cocina (*kohsee'nah*) *f;* **— ware** trastos de cocina (*trahs'tos deh ...*) *m*

kite *n* cometa (*kohmeh'tah*) *f;* (*Am*) papalote (*pahpahloh'teh*) *m*

kitten *n* gatito (*gahtee'to*) *m*

knack *n* destreza (*dehstreh'sah*) *f;* habilidad (*ahbeeleedahd'*) *f*

knapsack *n* mochila (*mohchee'lah*) *f;* morral (*mohrrahl'*) *m;* alforja (*ahlfohr'hah*) *f*

knave *n* bribón (*breebohn'*) *m;* bellaco (*behlyah'ko*) *m;* pícaro (*pee'kahro*) *m*

knead *v* amasar (*ahmahsahr'*); sobar (*sohbahr'*)

knee *n* rodilla (*rohdee'lyah*) *f;* **to one's —s** hasta las rodillas (*ahs'tah lahs ...s*)

kneel *v* arrodillarse (*ahrrohdeelyahr'seh*); hincarse (*eenkahr'seh*)

knell *n* doble (*doh'bleh*) *m;* toque (*toh'keh*) *m;* *v* doblar (*dohblahr'*); tocar (*tohkahr'*)

knickknack *n* (*coll*) chisme (*chees'meh*) *m;* baratija (*bahrahtee'hah*) *f*

knife *n* cuchillo (*koochee'lyo*) *m;* cuchilla (*koochee'lyah*) *f;* **carving —** trinchante (*treenchahn'teh*) *m;* **pocket —** cortaplumas (*kohrtahploo'mahs*) *m* (*s, pl*); navaja (*nahvah'hah*) *f;* *v* acuchillar (*ahkoocheelyahr'*)

knight *n* caballero (*kahbahlyeh'ro*) *m;* campeón (*kahmpehohn'*) *m*

knighthood *n* caballería (*kahbahlyehree'ah*) *f;* orden de la caballería (*ohr'dehn deh lah ...*) *f*

knit *v* tejer (*teh-hehr'*); hacer mallas (*ahsehr' mah'lyahs*); enlazar (*ehnlahsahr'*)

knitting *n* trabajo de malla, de punto (*trahbah'ho deh mah'lyah, deh poon'to*) *m*

knives *n, pl* cuchillos (*koochee'lyos*) *m, pl*

knob *n* perilla (*pehree'lyah*) *f;* botón (*bohtohn'*) *m;* tirador (*teerahdohr'*) *m*

knock *n* golpe (*gohl'peh*) *m;* golpeteo (*gohlpehteh'o*) *m;* toque (*toh'keh*) *m;* llamada (*lyahmah'dah*) *f;* crítica (*kree'teekah*) *f;* censura (*sehnsoo'rah*) *f;* *v* golpear (*gohlpehahr'*); golpetear (*gohlpehtehahr'*); **to — at the door** llamar a la puerta (*lyahmahr' ah lah pwehr'tah*); **to — (someone) down** abatir (*ahbahteer'*); criticar (*kreeteekahr'*); censurar (*sehnsoorahr'*); **to — off** suspender el trabajo (*soospehndehr' ehl trahbah'ho*); **to — out** (*boxing*) poner fuera de combate (*pohnehr' fweh'rah deh kohmbah'teh*)

knocker *n* llamador (*lyahmahdohr'*) *m;* criticón (*kreeteekohn'*) *m;* murmurador (*moormoorahdohr'*) *m*

knoll *n* colina (*kohlee'nah*) *f;* loma (*loh'mah*) *f;* cerro (*seh'rro*) *m;* collado (*kohlyah'do*) *m*

knot *n* nudo (*noo'do*) *m;* lazo (*lah'so*) *m;* *v* anudar (*ahnoodahr'*)

knotty *adj* nudoso (*noodoh'so*); dificultoso (*deefeekooltoh'so*); duro (*doo'ro*)

know *v* conocer (*kohnohsehr'*); saber (*sahbehr'*); **I — Mary** conozco a María (*kohnoh'sko ah Mahree'ah*); **I — how to swim** sé nadar (*seh nahdahr'*); **to — of** saber de (*sahbehr' deh*); tener noticias de (*tehnehr' nohtee'syahs deh*); estar enterado de (*ehstahr' ehntehrah'do deh*)

knowing *pp* sabiendo (*sahbyehn'do*); conociendo (*kohnohsyehn'do*); **—ly** *adv* a sabiendas (*ah sahbyehn'dahs*)

knowledge *n* conocimiento (*kohnohsee-myehn'to*) *m;* saber (*sahbehr'*) *m;* sabiduría (*sahbeedooree'ah*) *f;* pericia (*peh-ree'syah*) *f;* **(not) to my —** (no) que yo sepa (*no, keh yo seh'pah*)

known *adj and p p* conocido (*kohnohsee'-do*); sabido (*sahbee'do*)

knuckle *n* nudillo (*noodee'lyo*) *m;* coyuntura (*kohyoontoo'rah*) *f; v* **to — down to work** aplicarse al trabajo (*ahplee-kahr'seh ahl trahbah'ho*); trabajar duro (*trahbah-hahr' doo'ro*)

knuckled *adj* nudoso (*noodoh'so*)

kodak *n* kodak (*koh'dahk*) *f*

L

label *n* marbete (*mahrbehteh'*) *m;* etiqueta (*ehteekeh'tah*) *f;* *v* marcar (*mahrkahr'*); apodar (*ahpohdahr'*)

labor *n* trabajo (*trahbah'ho*) *m;* labor (*lahbohr'*) *f;* obra (*oh'brah*) *f;* **— union** sindicato (*seendeekah'to*) *m;* *v* trabajar (*trahbah-hahr'*); afanar(se) (*ahfahnahr', seh*)

laboratory *adj* de laboratorio (*deh lahbohrahtoh'ryo*) *n* laboratorio (*lahbohrahtoh'ryo*) *m*

laborer *n* trabajador (*trahbah-hahdor'*) *m;* obrero (*ohbreh'ro*) *m*

laborious *adj* laborioso (*lahbohryoh'so*); industrioso (*eendoostryoh'so*); diligente (*deeleehehn'teh*)

labyrinth *n* laberinto (*lahbehreen'to*) *m*

lace *n* encaje (*ehnkah'-heh*) *m;* cordón (*kohrdohn'*) *m;* *v* atar con cinta, con encaje (*ahtahr' kohn seen'tah, kohn ...*)

lack *n* falta (*fahl'tah*) *f;* escasez (*ehskahsehs'*) *f;* *v* carecer de (*kahrehsehr' deh*); **he —s money** le falta dinero (*leh ... deeneh'ro*)

lacking *adj* que falta (*keh fahl'tah*); carente (*kahrehn'teh*)

lacquer *n* laca (*lah'kah*) *f;* *v* pintar con laca (*peentahr' kohn ...*); **hair —** laca de cabellos (*... deh kahbeh'lyos*) *f*

lad *n* rapaz (*rahpahs'*) *m;* chico (*chee'ko*) *m*

ladder *n* escalera (de mano) (*ehskahleh'rah, deh mah'no*) *f*

laden *adj* cargado (*kahrgah'do*); agobiado (*ahgohbyah'do*); *v* cargar (*kahrgahr'*); agobiar (*ahgohbyahr'*)

ladle *n* cucharón (*koochahrohn'*) *m;* *v* servir con cucharón (*sehrveer' kohn ...*)

lady *n* señora (*sehnyoh'rah*) *f;* dama (*dah'mah*) *f;* mujer noble (*moohehr' noh'bleh*) *f*

lag *n* retardo (*rehtahr'do*) *m;* retraso (*rehtrah'so*) *m;* *v* rezagarse (*rehsahgahr'seh*); atrasarse (*ahtrahsahr'seh*)

lagoon *n* laguna (*lahgoo'nah*) *f*

laic *n* laico (*lah'yko*) *m*

lair *n* guarida (*gwahree'dah*) *f;* cueva de animales (*kweh'vah deh ahneemah'lehs*) *f*

lake *n* lago (*lah'go*) *m*

lamb *n* cordero (*kohrdeh'ro*) *m*

lame *adj* cojo (*koh'ho*); lisiado (*leesyah'do*); *v* hacer cojo (*ahsehr' ...*); hacer incapaz (*ahsehr' eenkahpahs'*)

lament *n* lamento (*lahmehn'to*) *m;* *v* lamentar(se) (*lahmehntahr', seh*)

lamentable *adj* lamentable (*lahmehntah'bleh*); doloroso (*dohlohroh'so*)

lamentation *n* lamentación (*lahmehntahsyohn'*) *f;* lamento (*lahmehn'to*) *m*

lamp *n* lámpara (*lahm'pahrah*) *f;* **magic —** linterna mágica (*leentehr'nah mah'heekah*) *f;* **— post** farol (*fahrohl'*) *m;* **— shade** pantalla de lámpara (*pahn'tah'lyah deh ...*) *f*

lampoon *n* sátira (*sah'teerah*) *f*

lance *n* lanza (*lahn'sah*) *f;* *v* alancear (*ahlahnsehahr'*); cortar con lanceta (*kohrtahr' kohn lahnseh'tah*)

land *n* tierra (*tyeh'rrah*) *f;* terreno (*tehrreh'no*) *m;* suelo (*sweh'lo*) *m;* *v* desembarcar (*dehsehmbahrkahr'*); aterrizar (*ahtehrresahr'*)

landholder *n* terrateniente (*tehrrahtehnyehn'teh*) *m;* propietario (*prohpyehtah'ryo*) *m*

landing *n* desembarco (*dehsehmbahr'ko*) *m;* aterrizaje (*ahtehrreesah'heh*) *m;* **— field** campo de aterrizaje (*kahm'po deh ...*) *m*

landlady *n* patrona (*pahtroh'nah*) *f;* casera (*kahseh'rah*) *f;* dueña (*dweh'nyah*) *f;* administradora (*ahdmeeneestrahdoh'rah*) *f*

landlord *n* amo (*ah'mo*) *m;* patrón (*pahtrohn'*) *m;* administrador (*ahdmeeneestradohr'*) *m*

landmark *n* hito (*eeh'to*) *m;* señal (*sehnyahl'*) *m;* marca (*mahr'kah*) *f*

landscape *n* paisaje (*paheesah'heh*) *m*

landslide *n* derrumbe (*dehrroom'beh*) *m;* desplome (*dehsploh'meh*) *m*

lane *n* senda (*sehn'dah*) *f;* vereda (*vehreh'dah*) *f;* ruta (*roo'tah*) *f*

language *n* lengua (*lehn'gwah*) *f;* idioma (*eedyoh'mah*) *m;* lenguaje (*lehngwah'heh*) *m*

languid *adj* lánguido (*lahn'gheedo*); triste (*trees'teh*)

languish *v* languidecer (*lahngheedehsehr'*); estar triste (*ehstahr' trees'teh*)

languor *n* languidez (*lahngheedehs'*) *f;* tristeza (*treesteh'sah*) *f*

lank *adj* delgado (*dehlgah'do*); larguirucho (*lahrgheeroo'cho*)

lantern *n* linterna (*leentehr'nah*) *f;* **magic —** linterna mágica (*... mah'heekah*) *f*

lap *n* falda (*fahl'dah*) *f;* regazo (*rehgah'so*) *m;* aleta (*ahleh'tah*) *f;* *v* lamer (*lahmehr'*); **to — over** rebosar (*rehbohsahr'*)

lapel *n* solapa (*sohlah'pah*) *f*

lapse *n* lapso (*lahp'so*) *m;* (*time*) desliz (*dehslees'*) *m;* *v* deslizarse (*dehsleesahr'seh*); transcurrir (*trahnskoorreer'*)

larboard *adj* de babor (*deh bahbohr'*); *n* babor (*bahbohr'*) *m*

larceny *n* latrocinio (*lahtrohsee'nyo*) *m;* hurto (*oor'to*) *m;* ratería (*rahtehree'ah*) *f*

lard *n* lardo (*lahr'do*) *m;* manteca de puerco (*mahnteh'kah deh pwehr'ko*) *f*

large *adj* gran(de) (*grahn', deh*); **he is at —** está libre, lejos (*ehstah' lee'breh, leh'hos*); **by and —** en general (*ehn hehnehrahl'*); **—ly** *adv* grandemente (*grahndehmehn'teh*); en gran parte (*ehn grahn pahr'teh*)

lariat *n* reata (*rehah'tah*) *f*

lark *n* alondra (*ahlohn'drah*) *f;* holgorio (*ohlgoh'ryo*) *m;* jarana (*hahrah'nah*) *f*

larva *n* larva (*lahr'vah*) *f*

larynx *n* laringe (*lahreen'heh*) *f*

lascivious *adj* lascivo (*lahsee'vo*); sensual (*sehnswahl'*)

lash *n* látigo (*lah'teego*) *m;* azote (*ahsoh'teh*) *m;* *v* fustigar (*foosteegahr'*); azotar (*ahsohtahr'*); amarrar (*ahmahrrahr'*)

lass *n* moza (*moh'sah*) *f;* muchacha (*moochah'chah*) *f;* doncella (*dohnseh'lyah*) *f;* señorita (*sehnyohree'tah*) *f;* criada (*kryah'dah*) *f*

lassitude *n* dejadez (*deh-hahdehs'*) *f;* flojedad (*floh-hehdahd'*) *f;* cansancio (*kahnsahn'syo*) *m*

lasso *n* lazo (*lah'so*) *m;* reata (*rehah'tah*) *f;* mangana (*mahngah'nah*) *f;* *v* lazar (*lahsahr'*); arrojar el lazo (*ahrrohhahr' ehl ...*)

last *adj* último (*ool'teemo*); final (*feenahl'*); pasado (*pahsah'do*); **— night** anoche (*ahnoh'cheh*); **— week** la semana pasada (*lah sehmah'nah pahsah'dah*) *f;* **at —** por fin (*pohr feen*); finalmente (*feenahlmehn'teh*); en fin (*ehn feen*); **to arrive —** llegar el último (*lyehgahr' ehl ool'teemo*); *v* durar (*doorahr'*); perdurar (*pehrdoorahr'*)

lasting *adj* duradero (*doorahdeh'ro*); durable (*doorah'bleh*); perdurable (*pehrdoorah'bleh*)

latch *n* pestillo (*pehstee'lyo*) *m;* aldaba (*ahldah'bah*) *f;* *v* cerrar con aldaba (*sehrrahr' kohn ...*)

late *adj* tardío (*tahrdee'o*); tardo (*tahr'do*); reciente (*rehsyehn'teh*); **— comer** recién llegado, a (*rehsyehn' lyehgah'do, ah*); **at a — hour** a una hora avanzada (*ah oo'nah oh'rah ahvahnsah'dah*); *adv* tarde (*tahr'deh*); **it is —** es tarde (*ehs tahr'deh*); **better — than never** mejor tarde que nunca (*meh-hohr' tahr'deh keh noon'kah*); **he (she) is —** llega con retraso (*lyeh'gah kohn rehtrah'so*); **— into the night** a deshoras de la noche (*ah dehsoh'rahs deh lah noh'cheh*); **to be —** llegar con retraso (*lyehgahr' kohn rehtrah'so*); **—ly** *adv* recientemente (*rehsyehntehmehn'teh*)

latent *adj* latente (*lahtehn'teh*)

later *adj & adv* más tarde (*mahs tahr'deh*); después (*dehspwehs'*); luego (*lweh'go*); **— on** después, luego

lateral *adj* lateral (*lahtehrahl'*)

latest *adj & adv* más nuevo (*mahs nweh'vo*); más reciente (*mahs rehsyehn'teh*); **the — fashion** la última moda (*lah ool'teemah moh'dah*) *f;* **the — news** las últimas noticias (*lahs ool'teemahs nohtee'syahs*) *f, pl;* novedades (*nohvehdah'dehs*) *f, pl*

lathe *n* torno (*tohr'no*) *m*

lather *n* jabonadura (*hahbohnahdoo'rah*) *f;* espuma de jabón (*ehspoo'mah deh hahbohn'*) *f;* *v* jabonar (*hahbohnahr'*); espumar (*ehspoomahr'*)

Latin *adj* latino, a (*lahtee'no, ah*); *n* (*language*) el latín (*ehl lahteen'*) *m*

latitude *n* latitud (*lahteetood'*) *f;* espacio (*ehspah'syo*) *m;* amplitud (*ahmpleetood'*) *f*

latter *adj* último (*ool'teemo*); **the —** éste (*ehs'teh*) *m*

lattice *n* celosía (*sehlohsee'ah*) *f;* enrejado (*ehnreh-hah'do*) *m;* reja (*reh'hah*) *f*

laud *v* loar (*lohahr'*); alabar (*ahlahbahr'*); decir bien de (*dehseer' byehn' deh*)

laudable *adj* laudable (*lahoodah'bleh*); loable (*lohah'bleh*)

laugh *v* reír(se) (*reheer', seh*); **to — at** reírse de (*... deh*); **to — aloud** reírse a carcajadas (*... ah kahrkah-hah'dahs*); *n* risa (*ree'sah*) *f;* **loud —** carcajada (*kahrkah-hah'dah*) *f;* risotada (*reesohtah'dah*) *f;* risa fuerte (*... fwehr'teh*) *f*

laughable *adj* risible (*reesee'bleh*); ridículo (*reedee'koolo*)

laughter *n* risa (*ree'sah*) *f;* risotada (*reesohtah'dah*) *f*

launch *v* (*a ship*) echar al agua (*ehchahr' ahl ah'gwah*); lanzar (*lahnsahr'*); **to — forth** lanzarse (*lahnsahr'seh*); (*a battle*) atacar (*ahtahkahr'*)

launder *v* lavar y planchar (*lahvahr' ee plahnchahr'*)

laundress *n* lavandera (*lahvahndeeh'rah*) *f;* mujer que lava (*moohehr' keh lah'vah*) *f*

laundry *n* lavandería (*lahvahndehree'ah*) *f;* (*clothes*) lavado (*lahvah'do*) *m*

laurel *n* laurel (*lahoorehl'*) *m;* gloria poética (*gloh'ryah poheh'teekah*) *f*

lava *n* lava (*lah'vah*) *f*

lavatory *n* lavabo (*lahvah'bo*) *m;* lavatorio (*lahvahtoh'ryo*) *m;* retrete (*rehtreh'teh*) *m*

lavender *n* espliego (*ehsplyeh'go*) *m; adj* lila (*lee'lah*); morado (*mohrah'do*)

lavish *adj* gastador (*gahstahdohr'*); pródigo (*proh'deego*); lujoso (*loo-hoh'so*); *v* prodigar (*prohdeegahr'*); gastar copiosamente (*gahstahr' kohpyohsahmehn'teh*); **to — praise upon** colmar de alabanzas (*kohlmahr' deh ahlahbahn'sahs*); **—ly** *adv* pródigamente (*prohdeegahmehn'teh*); con lujo (*kohn loo'ho*)

law *n* ley (*lehy*) *f;* derecho (*dehreh'cho*) *m;* regla (*reh'glah*) *f;* **—-abiding** observante de la ley (*ohbsehrvahnteh deh lah...*)

lawbreaker *n* infractor (*eenfrahktohr'*) *m;* transgresor (*trahnsgrehsohr'*) *m*

lawful *adj* legal (*lehghal'*); lícito (*lee'seeto*); permitido (*pehrmeetee'do*)

lawless *adj* sin ley (*seen lehy*); ilegal (*eelehgahl'*); rebelde (*rehbehl'deh*)

lawmaker *n* legislador, ra (*leh-heeslahdohr', rah*) *m, f*

lawn *n* césped (*seh'spehd*) *m;* prado (*prah'do*) *m;* **— mower** cortadora de césped (*kohrtahdoh'rah deh ...*) *f*

lawsuit *n* pleito (*pleh'yto*) *m;* litigio (*leetee'hyo*) *m*

lawyer *n* abogado (*ahbohgah'do*) *m*

lax *adj* flojo (*floh'ho*); suelto (*swehl'to*); relajado (*rehlah-hah'do*); **he is —** es bonachón (*ehs bohnahchohn'*), laxo (*lah'xo*)

laxative *adj & n* laxante (*lahxahn'teh*) *m;* purgante (*poorgahn'teh*) *m*

laxity *n* flojedad (*floh-hehdahd'*) *f;* relajamiento (*rehlah'hahmyehn'to*) *m*

lay *adj* lego (*leh'go*); laico (*lah'eeko*); *n* verso (*vehr'so*) *m;* balada (*bahlah'dah*) *f;* situación (*seetwahsyohn'*) *f;* *v* colocar (*kohlohkahr'*); poner (*pohnehr'*) tender (*tehndehr'*); presentar (*prehsehntahr'*); **to — aside** poner a un lado (*pohnehr' ah oon lah'do*); **to — away** guardar (*gwahrdahr'*); ahorrar (*ahohrrahr'*); **to — down** deponer (*dehpohnehr'*); rendir (*rehndeer'*); **to — down arms** cesar (de) combatir (*sehsahr', deh, kohmbahteer'*); **to — hold of** asir (*ahseer'*); **to — off** suspender el trabajo (de) (*soospehndehr' ehl trahbah'ho, deh*); **to — out** exponer (*expohnehr'*); mostrar (*mohstrahr'*); **to — waste** asolar (*ahsohlahr'*)

layer *n* capa (*kah'pah*) *f;* estrato (*ehstrah'to*) *m;* gallina ponedora (*gahlyee'nah pohnehdoh'rah*) *f*

layman *n* lego (*leh'go*) *m;* seglar (*sehglahr'*) *m*

lazily *adv* perezosamente (*pehrehsohsahmehn'teh*)

laziness *n* pereza (*pehreh'sah*) *f*

lazy *adj* perezoso (*pehrehsoh'so*); holgazán (*ohlgahsahn'*); haragán (*ahrahgahn'*)

lead *n* plomo (*ploh'mo*) *m*

lead *n* delantera (*dehlahnteh'rah*) *f;* **— article** ensayo principal (*ehnsah'yo preenseepahl'*) *m;* *v* guiar (*ghyahr'*); dirigir (*deeree-heer'*); conducir (*kohndooseer'*); **to — (an orchestra)** dirigir (una orquesta) (*..., oo'nah ohrkehs'tah*); **to — on** estar a la cabeza (*ehstahr' ah lah kahbeh'sah*); mostrar el camino (*mohstrahr' ehl kahmee'no*)

leaden *adj* plomizo (*plohmee'so*)

leader *n* jefe (*heh'feh*) *m;* caudillo (*kahoodee'lyo*) *m;* líder (*lee'dehr*) *m*

leadership *n* dirección (*deerehksyohn'*) *f;* mando (*mahn'do*) *m*

leading *adj* principal (*preenseepahl'*); delantero (*dehlahnteh'ro*); **— man** primer actor (*preemehr' ahktohr'*) *m;* **— tenor** primer tenor (*preemehr' tehnohr'*) *m*

leaf *n* hoja (*oh-hah*) *f;* *v* echar hojas (*ehchahr' ...s*); **to — through** hojear (*oh-hehahr'*)

leafless *adj* sin hojas (*seen oh-hahs'*); deshojado (*dehsoh-hah'do*)

leaflet *n* folleto (*fohlyeh'to*) *m;* papel volante (*pahpehl' volahn'teh*) *m;* circular (*seerkoolahr'*) *f*

leafy *adj* frondoso (*frohndoh'so*)

league *n* liga (*lee'gah*) *f;* confederación (*kohnfehdehrahsyohn'*) *f;* **— of Nations** Liga de las Naciones (*... deh lahs nahsyoh'nehs*) *f;* *v* ligarse (*leegahrseh'*); **— together** asociarse (*ahsohsyahr'seh*)

leak *n* gotera (*gohteh'rah*) *f;* agujero (*ahgooheh'ro*) *m;* grieta (*gryeh'tah*) *f;* *v* gotear (*gohtehahr'*); salirse (*sahleer'seh*)

lean *adj* magro (*mah'gro*); flaco (*flah'ko*); delgado (*dehlgah'do*); débil (*deh'beel*); *v* inclinar(se) (*eenkleenahr', seh*); recostar(se) (*rehkohstahr', seh*)

leap *v* saltar (*sahltahr'*); brincar (*breenkahr'*); *n* salto (*sahl'to*) *m;* brinco (*breen'ko*) *m;* **— year** año bisiesto (*ah'nyo beesyehs'to*) *m*

learn *v* aprender (*ahprehndehr'*); **I —ed that** supe que (*soo'peh keh*)

learned *adj* erudito (*ehroodee'to*); docto (*dohk'to*)

learner *n* aprendedor (*ahprehndehdohr'*) *m;* alumno, a (*ahloom'no, ah*) *m, f;* estudiante (*ehstoodyahn'teh*) *m*

learning *n* erudición (*ehroodeesyohn'*) *f;* saber (*sahbehr'*) *m;* **Revival of Learning** Renacimiento (*rehnahseemyehn'to*) *m*

lease *v* arrendar (*ahrrehndahr'*); dar en arriendo (*dahr' ehn ahrryehn'do*); *n* arriendo (*ahrryehn'do*) *m;* pacto de arriendo (*pahk'to deh ...*) *m*

least *adj* mínimo (*mee'neemo*); más pequeño (*mahs pehkeh'nyo*); *adv* menos (*meh'nos*); **at —** al menos (*ahl meh'nos*); **the —** el, la, lo menos (*ehl, lah, lo meh'nos*)

leather *adj* de cuero (*deh kweh'ro*); de piel (*deh pyehl'*) *f*; **— belt** correa (*kohrreh'ah*) *f*; *n* cuero (...) *m*; piel (...) *f*

leave *v* dejar (*deh-hahr'*); abandonar (*ahbahndohnahr'*); salir (*sahleer'*); partir (*pahrteer'*); **he left** se fue (*seh fweh'*); *n* permiso (*pehrmee'so*) *m*; licencia (*leesehn'syah*) *f*; **to take — of** despedirse de (*dehspehdeer'seh deh*)

leaven *n* levadura (*lehvahdoo'rah*) *f*; fermento (*fehrmehn'to*) *m*; *v* fermentar (*fehrmehntahr'*)

lecture *n* conferencia (*kohnfehrehn'syah*) *f*; explicación (*expleekahsyohn'*) *f*; reprensión (*rehprehnsyohn'*) *f*; *v* dar una conferencia (*dahr oo'nah ...*); explicar (*expleekahr'*)

lecturer *n* conferenciante (*kohnfehrehnsyahn'teh*) *m, f*; profesor (*prohfehsohr'*) *m*

ledge *n* borde (*bohr'deh*) *m*

ledger *n* libro mayor (*lee'bro mahyohr'*) *m*; losada (*lohsah'dah*) *f*

leech *n* sanguijuela (*sahngheehweh'lah*) *f*

left *adj* izquierdo (*eeskyehr'do*); *n* izquierda (*eeskyehr'dah*) *f*; **at the —** a la izquierda (*ah lah ...*)

left-handed *adj* zurdo (*soor'do*); torpe (*tohr'peh*); **— remark** crítica maliciosa (*kree'teekah mahleesyoh'sah*) *f*

leftist (*polit*) *n* izquierdista (*eeskyehrdees'tah*) *m, f*

leftover *adj* sobrante (*sohbrahn'teh*); **—s** *n, pl* sobras (*soh'brahs*) *f, pl*

leg *n* pierna (*pyehr'nah*) *f*; pata (*pah'tah*) *f*; **— of a journey** etapa (*ehtah'pah*) *f*; trecho (*treh'cho*) *m*

legacy *n* legado (*lehgah'do*) *m*; herencia (*ehrehn'syah*) *f*; historia (*eestoh'ryah*) *f*

legal *adj* legal (*lehgahl'*); lícito (*lee'seeto*)

legality *n* legalidad (*lehgahleedahd'*) *f*; autoridad (*ahootohreedahd'*) *f*

legalize *v* legalizar (*lehgahleesahr'*); sancionar (*sahnsyohnahr'*); dar autoridad (*dahr ahootohreedahd'*)

legate *n* legado (*lehgah'do*) *m*; delegado (*dehlehgah'do*) *m*

legation *n* legación (*lehgahsyohn'*) *f*; embajada (*ehmbah-hah'dah*) *f*

legend *n* leyenda (*lehyehn'dah*) *f*; letrero (*lehtreh'ro*) *m*

legendary *adj* legendario (*leh-hehndah'ryo*)

legion *n* legión (*leh-hyohn'*) *f*

legislate *v* legislar (*leh-heeslahr'*)

legislation *n* legislación (*leh-heeslahsyohn'*) *f*

legislative *adj* legislativo (*leh-heeslahtee'vo*)

legislator *n* legislador, ra (*leh-heeslahdohr', rah*) *m, f*

legislature *n* legislatura (*leh-heeslahtoo'rah*) *f*

legitimate *adj* legítimo (*leh-hee'teemo*)

leisure *n* ocio (*oh'syo*) *m*; **— time** tiempo de ocio (*tyeh'mpo deh ...*) *m*; **to be at —** estar ocioso (*ehstahr' ohsyoh'so*); **at your —** cuando le convenga (*kwahn'do leh kohnvehn'gah*); a sus anchas (*ah soos ahn'chahs*)

leisurely *adj* lento (*lehn'to*); ocioso (*ohsyoh'so*); *adv* sin prisa (*seen pree'sah*); despacio (*dehspah'syo*); con ocio (*kohn oh'syo*)

lemon *n* limón (*leemohn'*) *m*; **— tree** limonero (*leemohneh'ro*) *m*; **— color** cetrino (*sehtree'no*); amarillo ligero (*ahmahree'lyo leeheh'ro*)

lemonade *n* limonada (*leemohnah'dah*) *f*

lend *v* prestar (*prehstahr'*)

lender *n* prestador (*prehstahdohr'*) *m*

length *n* largo (*lahr'go*) *m*; largor (*lahrgohr'*) *m*; duración (*doorahsyohn'*) *f*; **at —** largamente (*lahrgahmehn'teh*); al fin (*ahl feen*); **full — movie** película de largo metraje (*pehlee'koolah deh lahr'goh mehtrah'heh*) *f*

lengthen *v* alargar(se) (*ahlahrgahr', seh*); prolongar(se) (*prohlohngahr', seh*)

lengthwise *adj* longitudinal (*lohnheetoodeenahl'*); largo (*lahr'go*)

lengthy *adj* muy largo (*moo'y lahr'go*); prolongado (*prohlohngah'do*); verboso (*vehrboh'so*)

lenient *adj* indulgente (*eendoolhehn'teh*); ligero (*leeheh'ro*); fácil (*fah'seel*); bondadoso (*bohndahdoh'so*)

lens *n* lente (*lehn'teh*) *m, f*

Lent *n* cuaresma (*kwahrehs'mah*) *f*

leopard *n* leopardo (*lehohpahr'do*) *m*

less *adj* menor (*mehnohr'*); *adv* menos (*meh'nos*)

lessen *v* reducir(se) (*rehdooseer', seh*); mermar (*mehrmahr'*)

lesser *adj* menor (*mehnohr'*); más pequeño (*mahs pehkeh'nyo*)

lesson *n* lección (*lehksyohn'*) *f*

let *v* dejar (*deh-hahr'*); permitir (*pehrmeeteer'*); arrendar (*ahrrehndahr'*); **— us + verb** vamos a + inf; **— us write** vamos a escribir (*vah'mos ah ehskreebeer'*); **let him (them) come** que venga(n) (*keh vehn'gah, n*); **— him alone** déjalo (*deh'hahlo*); **to — down** bajar (*bah-hahr'*); **to — go** soltar (*sohltahr'*); dejar (*dehhahr'*); **to — (someone) know** hacer saber (*ahsehr' sahbehr'*); avisar (*ahveesahr'*); **to — off** soltar (*sohltahr'*); **to — through** dejar pasar (*deh-hahr' pahsahr'*)

lethargy *n* letargo (*lehtahr'go*) *m;* pereza (*pehreh'sah*) *f*

letter *n* letra (*leh'trah*) *f;* carta (*kahr'tah*) *f;* **— box** buzón (*boosohn'*) *m;* **— carrier** cartero (*kahrteh'ro*) *m*

lettuce *n* lechuga (*lehchoo'gah*) *f*

level *adj* llano (*lyah'no*); plano (*plah'no*); *n* nivel (*neevehl'*) *m;* **to be on the —** ser recto, honrado (*sehr rehk'to, ohnrah'do*); *v* nivelar (*neevehlahr'*); allanar (*ahlyahnahr'*); apuntar (*ahpoontahr'*); **to — to the ground** arrasar (*ahrrahsahr'*); **to — up** hacer igual (*ahsehr' eegwahl'*); *adv* a nivel (*ah neevehl'*)

lever *n* palanca (*pahlahn'kah*) *f;* **control —** palanca de mando (*... deh mahn'do*) *f*

levy *n* imposición (*eempohseesyohn'*) *f;* leva (*leh'vah*) *f;* *v* imponer (*eempohnehr'*); recaudar (*rehkahoodahr'*)

lewd *adj* lujurioso (*loohooryoh'so*)

lewdness *n* lascivia (*lahsee'vyah*) *f;* lujuria (*loohoo'ryah*) *f;* vulgaridad (*voolgahreedahd'*) *f*

liability *n* responsabilidad (*rehspohnsahbeeleedahd'*) *f;* obligación (*ohbleegahsyohn'*) *f;* (*fin*) pérdida (*pehr'deedah*) *f*

liable *adj* responsable (*rehspohnsah'bleh*); obligado (*ohbleegah'do*)

liar *n* mentiroso (*mehnteeroh'so*) *m;* embustero (*ehmboosteh'ro*) *m;* jactancioso (*hahktahnsyoh'so*) *m*

libel *n* difamación (*deefahmahsyohn'*) *f;* *v* difamar (*deefahmahr'*)

liberal *adj n* liberal (*leebehrahl'*) *m, f*

liberality *n* liberalidad (*leebehrahleedahd'*) *f;* generosidad (*hehnehrohseedahd'*) *f*

liberate *v* libertar (*leebehrtahr'*); librar (*leebrahr'*); dejar libre (*deh-hahr' lee'breh*)

liberation *n* liberación (*leebehrahsyohn'*) *f;* libertad (*leebehrtahd'*) *f*

liberator *n* libertador (*leebehrtahdohr'*) *m*

libertine *adj & n* libertino (*leebehrtee'no*) *m*

liberty *n* libertad (*leebehrtahd'*) *f;* **to be at — to** estar libre para (*ehstahr' lee'breh pah'rah*)

librarian *n* bibliotecario (*beeblyohtehkah'ryo*) *m*

library *n* biblioteca (*beeblyohteh'kah*) *f*

license *n* licencia (*leesehn'syah*) *f;* permiso (*pehrmee'so*) *m;* **driver's —** licencia de chófer (*... deh choh'fehr*) *f;* **— plate** placa de numeración (*plah'kah deh noomehrahsyohn'*) *f*

licentious *adj* licencioso (*leeshensyoh'so*)

lick *n* lamedura (*lahmehdoo'rah*) *f;* **salt —** lamedero (*lahmehdeh'ro*) *m;* *v* lamer (*lahmehr'*); vencer (*vehnsehr'*); **to — someone's shoes** adular a uno (*ahdoolahr' ah oo'no*)

licking *n* zurra (*soo'rrah*) *f;* tunda (*toon'dah*) *f*

lid *n* tapadera (*tahpahdeh'rah*) *f;* tapa (*tah'pah*) *f;* **eye—** párpado (*pahr'pahdo*) *m*

lie *n* mentira (*mehntee'rah*) *f;* **to give the — to** desmentir (*dehsmehnteer'*); *v* mentir (*mehnteer'*); **to — down** acostarse (*ahkohstahr'seh*); **to — in wait for** acechar (*ahsehchahr'*); espiar (*ehspyahr'*)

lieutenant *n* teniente (*tehnyehn'teh*) *m;* **second —** subteniente (*soobtehnyehn'teh*) *m*

life *n* vida (*vee'dah*) *f;* **still —** naturaleza muerta (*nahtoorahleh'sah mwehr'tah*) *f;* **— boat** bote de salvamento (*boh'teh deh sahlvahmehn'to*) *m;* **— insurance** seguro de vida (*sehgoo'ro deh ...*) *m;* **— like** natural (*nahtoorahl'*); como la vida (*koh'mo lah vee'dah*); **— preserver** salvavidas (*sahlvahvee'dahs*) *m* (*s, pl*)

lifeless *adj* sin vida (*seen vee'dah*); muerto (*mwehr'to*); insensible (*eensehnsee'bleh*)

lifelessness *n* falta de vida (*fahl'tah deh vee'dah*) *f;* inercia (*eenehr'syah*) *f*

lifelike *adj* como la vida (*koh'mo lah vee'dah*); natural (*nahtoorahl'*)

lifelong *adj* perpetuo (*pehrpeh'two*); por toda la vida (*pohr toh'dah lah vee'dah*)

lifesaver *n* salvavidas (*salvahvee'dahs*) *m* (*s, pl*)

lifetime *n* toda la vida (*toh'dah lah vee'dah*) *f;* **in one's —** durante la vida de (*doorahn'teh lah ...deh*)

lift *n* elevación (*ehlehvahsyohn'*) *f;* alzamiento (*ahlsahmyehn'to*) *m;* levantamiento (*lehvahntahmyehn'to*) *m;* elevador (*ehlehvahdohr'*) *m;* *v* levantar (*lehvahntahr'*); alzar (*ahlsahr'*); elevar (*ehlehvahr'*)

light *adj* claro (*klah'ro*); con luz (*kohn loos*); (*weight*) ligero (*leeheh'ro*); leve (*leh'veh*); **— hearted** alegre (*ahleh'greh*); **— opera** opereta (*ohpehreh'tah*) *f;* **to make — of** dar poca importancia a (*dahr poh'kah eempohrtahn'syah ah*); *n* luz (*loos*) *f;* lumbre (*loom'breh*) *f;* *v* encender (*ehnsehndehr'*); iluminar (*eeloomeenahr'*); alumbrar (*ahloombrahr'*)

lighten *v* aligerar (*ahleehehrahr'*); hacer claro (*ahsehr' klah'ro*)

lighter *n* encendedor (*ehnsehndehdohr'*) *m*

lighthouse *n* faro (*fah'ro*) *m*

lighting *n* iluminación (*eeloomeenahsyohn'*) *f*

lightly *adv* ligeramente (*leehehrahmehn'teh*); levemente (*lehvehmehn'teh*)

lightness *n* ligereza (*lehehreh'sah*) *f;* claridad (*klahreedahd'*) *f*

lightning *n* relámpago (*rehlahm'pahgo*) *m;* **— rod** pararrayos (*pahrahrrah'yohs*) *m*

likable *adj* agradable (*ahgrahdah'bleh*); simpático (*seempah'teeko*)

like *adj; adv; prep* como (*koh'mo*); parecido a (*pahrehsee'do ah*); semejante (*sehmeh-hahn'teh*); **he is — me** es como yo (*ehs ... yo*); **to feel —** tener ganas de (*tehnehr' gah'nahs deh*); **to look — someone** parecerse a alguien (*pahrehsehr'seh ah ahl'ghyehn*); **to look —** parecer que (*pahrehsehr' keh*); *v* gustar a (*goostahr' ah*); **I — him (her)** me gusta él (ella) (*meh goos'tah ehl, eh'lyah*); **do you — to come?** ¿le gusta venir? (*leh goos'tah vehneer'*)

likely *adj* probable (*prohbah'bleh*); posible (*pohsee'bleh*); **it is very —** es muy probable (*ehs moo'y ...*); *adv* probablemente (*prohbahblehmehn'teh*)

liken *v* asemejar (*ahsehmeh-hahr'*); comparar (*kohmpahrahr'*)

likeness *n* semejanza (*sehmeh-hahn'sah*) *f*

likewise *adv* igualmente (*eegwahlmehn'teh*); también (*tahmbyehn'*)

liking *n* simpatía (*seempahtee'ah*) *f;* afición (*ahfeesyohn'*) *f;* **it is to my —** me gusta (*meh goo'stah*)

lilac *adj* lila (*lee'lah*); **— color** color de lila (*kohlohr' deh ...*); *n* lila (*lee'lah*) *f*

lily *n* lirio (*lee'ryo*) *m;* azucena (*ahsoo-seh'nah*) *f*

limb *n* rama (*rah'mah*) *f;* pierna (*pyehr'nah*) *f;* miembro (del cuerpo) (*myehm'bro, dehl kwehr'po*) *m*

limber *adj* flexible (*flehxee'bleh*); ágil (*ah'heel*); *v* hacer flexible (*ahsehr' ...*); **to — up** agilizar(se) (*ah-heeleesahr', seh*)

lime *n* cal (*kahl*) *f;* lima (*lee'mah*) *f*

limelight *n* luz central (*loos sehntrahl'*) *f;* proscenio (*prohseh'nyo*) *m;* **in the —** a la vista del público (*ah lah vees'tah dehl poo'bleeko*)

limestone *n* piedra caliza (*pyeh'drah kahlee'sah*) *f*

limit *n* límite (*lee'meeteh*) *m;* fin (*feen'*) *m;* confín (*kohnfeen'*) *m;* *v* limitar (*leemeetahr'*)

limitation *n* limitación (*leemeetahsyohn'*) *f;* fin (*feen'*) *m;* restricción (*rehstreek-syohn'*) *f*

limited *adj* limitado (*leemeetah'do*); restringido (*rehstreenhee'do*)

limitless *adj* sin límite (*seen lee'meeteh*); sin fin (*seen feen'*)

limp *adj* flojo (*floh'ho*); débil (*deh'beel*); *n* cojera (*koh-heh'rah*) *f;* *v* cojear (*koh-hehahr'*); renquear (*rehnkehahr'*)

limpid *adj* límpido (*leem'peedo*); claro (*klah'ro*); evidente (*ehveedehn'teh*)

line *n* línea (*lee'nehah*) *f;* renglón (*rehn-glohn'*) *m;* raya (*rah'yah*) *f;* cuerda (*kwehr'dah*) *f;* **air —s** líneas aéreas (*...s aheh'rehahs*) *f, pl;* **shipping —s** líneas marítimas (*...s mahree'teemahs*) *f, pl;* **pipe—** cañería (*kahnyehree'ah*) *f;* **to — up** alinear (*ahleenehahr'*); **to get in —** meterse en fila (*mehtehr'seh ehn fee'lah*); hacer cola (*ahsehr' koh'lah*); *v* linear (*leenehahr'*)

lineage *n* linaje (*leenah'heh*) *m;* raza (*rah'sah*) *f;* origen (*ohree'hehn*) *m*

linear *adj* lineal (*leenehahl'*)

lined *adj* rayado (*rahyah'do*); forrado (*fohrrah'do*)

linen *n* lino (*lee'no*) *m*

liner *n* vapor (*vahpohr'*) *m;* buque (*boo'keh*) *m;* **air—** avión (*ahvyohn'*) *m;* jet (*jet*) *m*

linger *v* tardar(se) (*tahrdahr', seh*); demorar(se) (*dehmohrahr'seh*); perder tiempo (*pehrdehr' tyehm'po*)

lingerie *n* ropa interior (de mujer) (*roh'pah eenteryohr', deh mooheh r'*) *f*

lining *n* forro (*foh'rro*) *m*

link *n* eslabón (*ehslahbohn'*) *m;* enlace (*ehnlah'seh*) *m;* **cuff —s** gemelos (*heh-meh'los*) *m, pl;* *v* eslabonar(se) (*ehs-lahbohnahr', seh*); enlazar(se) (*ehn-lahsahr', seh*)

linnet *n* jilguero (*heelgweh'ro*) *m*

linoleum *n* linóleo (*leenoh'leho*) *m*

linseed *n* linaza (*leenah'sah*) *f;* **— oil** aceite de linaza (*ahseh'yteh deh ...*) *m*

lint *n* hilas (*ee'lahs*) *f, pl;* hilachas (*ee-lah'chahs*) *f, pl*

lion *n* león (*lehohn'*) *m*

lioness *n* leona (*lehoh'nah*) *f*

lip *n* labio (*lah'byo*) *m;* **—stick** lápiz para los labios (*lah'pees pah'rah los lah'byos*) *m*

liquid *adj* líquido (*lee'keedo*); **— assets** valores líquidos (*vahloh'rehs ...s*) *m, pl;* *n* líquido (*lee'keedo*) *m*

liquidate *v* liquidar (*leekeedahr'*); saldar (*sahldahr'*); terminar (*tehrmeenahr'*)

liquidation *n* liquidación (*leekeedah-syohn'*) *f*

liquor *n* licor (*leekohr'*) *m;* bebida (de ron, etc) (*behbee'dah, deh rohn, etc*) *f*

lisp *n* ceceo (*sehseh'o*) *m;* *v* cecear (*seh-sehahr'*); balbucir (*bahlbooseer'*)

list *n* lista (*lees'tah*) *f;* *v* alistar (*ah-leestahr'*); hacer una lista de (*ahsehr' oo'nah ... deh*)

listen *v* escuchar (*ehskoochahr'*); atender (*ahtehndehr'*); prestar atención (*prehstahr' ahtehnsyohn'*)

listener *n* escuchador (*ehskoochahdohr'*) *m;* oyente (*oyehn'teh*) *m, f*

listless *adj* abstraído (*ahbstrahee'do*); desatento (*dehsahtehn'to*)

listlessness *n* desatención (*dehsahtehn-syohn'*) *f;* abstracción (*ahbstrahk-syohn'*) *f*

lit *adj* alumbrado (*ahloombrah'do*); aclarado (*ahklahrah'do*)

literal *adj* literal (*leetehrahl'*); **—ly** *adv* literalmente (*leetehrahlmehn'teh*)

literary *adj* literario (*leetehrah'ryo*)
literature *n* literatura (*leetehrahtoo'rah*) *f*
litigation *n* litigio (*leetee'hyo*) *m;* pleito (*pleh'yto*) *m*
litter *n* camada (*kahmah'dah*) *f;* litera (*leeteh'rah*) *f;* camilla (*kahmee'lyah*) *f;* desorden (*dehsohr'dehn*) *m; v* dejar en desorden (*deh-hahr' ehn dehsohr'dehn*); desarreglar (*dehsahrrehglahr'*)
little *adj; adv; prep* poco (*poh'ko*); pequeño (*pehkeh'nyo*); **a — water** un poco de agua (*oon ... deh ah'gwah*); poco (*poh'ko*); **— by —** poco a poco (*... ah ...*)
live *v* vivir (*veeveer'*); **to — up to** vivir según, en conformidad con (*... sehgoon', ehn kohnfohrmeedahd' kohn*)
live *adj* vivo (*vee'vo*); enérgico (*ehnehr'heeko*); activo (*ahktee'vo*); **— coal** ascua encendida (*ahs'kwah ehnsehndee'dah*) *f;* **— wire** persona dinámica (*pehrsoh'nah deenah'meekah*) *f*
livelihood *n* vida (*vee'dah*) *f;* **he earns his — by** se gana la vida con (*seh gah'nah lah ... kohn*); subsistencia (*soobseestehn'syah*) *f*
liveliness *n* viveza (*veeveh'sah*) *f;* actividad (*ahkteeveedahd'*) *f;* alegría (*ahlehgree'ah*) *f;* ruido (*rwee'do*) *m*
lively *adj* vivo (*vee'vo*); vivaz (*veevahs'*); activo (*ahktee'vo*); alegre (*ahleh'greh*); ruidoso (*rweedoh'so*); *adv* vivamente (*veevahmehn'teh*)
liver *n* hígado (*ee'gahdo*) *m;* vividor (*veeveedohr'*) *m*
livery n librea (*leebreh'ah*) *f;* caballeriza (*kahbahlyehree'sah*) *f*
livestock *n* ganado (*gahnah'do*) *m;* animales (*ahneemah'lehs*) *m, pl*
livid *adj* lívido (*lee'veedo*); amoratado (*ahmohrahtah'do*); pálido (*pah'leedo*)
living *adj* vivo (*vee'vo*); *n* subsistencia (*soobseestehn'syah*) *f;* pan (*pahn'*) *m;* **to make a —** ganarse el pan (*gahnahr'seh ehl ...*); **— room** sala (de recepción) (*sah'lah, deh rehsehpsyohn'*) *f*
lizard *n* lagarto (*lahgahr'to*) *m*
load *n* carga (*kahr'gah*) *f;* **a — of** carga de (*... deh*) *f;* **—s of** gran cantidad de (*grahn kahnteedahd' deh*); *v* cargar (*kahrgahr'*)
loaded *adj* cargado (*kahrgah'do*)
loaf *n* hogaza de pan (*ohgah'sah deh pahn'*) *f*
loafer *n* holgazán (*ohlgahsahn'*) *m*
loan *n* préstamo (*pres'tahmo*) *m;* **bank —** empréstito (*ehmprehs'teeto*) *m;* **— shark** usurero (*oosooreh'ro*) *m;* **to make a —** prestar (dinero) (*prehstahr', deeneh'ro*); **to take a —** contraer empréstito, préstamo (*kohntrahehr' ...,*)
loath *adj* maldispuesto (*mahldeespwehs'to*); **to be — to** ser repugnante a (*sehr rehpoognahn'teh ah*); repugnarle a (*rehpoognahr'leh ah*)
loathe *v* repugnarle a (*rehpoognahr'leh ah*); abominar (*ahbohmeenahr'*)
loathsome *adj* repugnante (*rehpoognahn'teh*); abominable (*ahbohmeenah'bleh*)
lobby *n* vestíbulo (*vehstee'boolo*) *m;* patio (*pah'tyo*) *m;* salón (*sahlohn'*) *m;* camarilla (*kahmahree'lyah*) *f; v* (*polit*) cabildear (*kabeeldehahr'*)
lobster *n* langosta (*lahngohs'tah*) *f*
local *adj* local (*lohkahl'*); **— train** tren ordinario (*trehn ohrdeenah'ryo*) *m*
locality *n* localidad (*lohkahleedahd'*) *f;* comarca (*kohmahr'kah*) *f;* lugar (*loogahr'*) *m*
localize *v* localizar (*lohkahleesahr'*)
locate *v* situar (*seetwahr'*); establecer (*ehstahblehsehr'*); hallar (*ahlyahr'*)
location *n* situación (*seetwahsyohn'*) *f;* sitio (*see'tyo*) *m;* localidad (*lohkahleedahd'*) *f*
lock *n* cerradura (*sehrrahdoo'rah*) *f;* llave (*lyah'veh*) *f;* bucle (*boo'kleh*) *m;* rizo (*ree'so*) *m; v* cerrar (*sehrrahr'*); **to — in** encerrar (*ehnsehrrahr'*); **to — out** cerrar la puerta a alguien (*... lah pwehr'tah ah ahl'ghyehn*); **to — up** encarcelar (*ehnkahrsehlahr'*)
locket *n* guardapelo (*gwahrdahpeh'lo*) *m;* relicario (*rehleekah'ryo*) *m*
lockout *n* paro (*pah'ro*) *m;* cierre (*syeh'rreh*) *m*
locksmith *n* cerrajero (*sehrrah-heh'ro*) *m*
locomotive *n* locomotora (*lohkohmohtoh'rah*) *f;* **— engineer** maquinista (*mahkeenees'tah*) *m*
locust *n* cigarra (*seegah'rrah*) *f;* saltamontes (*sahltahmohn'tehs*) *m*
lodge *n* logia (*loh'hyah*) *f;* casa (*kah'sah*) *f;* círculo (*seer'koolo*) *m; v* alojar(se) (*ahloh-hahr', seh*); colocar (*kohlohkahr'*); **to — a complaint** quejarse de (*keh-hahr'seh deh*)
lodger *n* huésped (*wehs'pehd*) *m;* inquilino (*eenkeelee'no*) *m*
lodging *n* alojamiento (*ahloh-hahmyehn'to*) *m;* vivienda (*veevyehn'dah*) *f*
loft *n* piso (*pee'so*) *m;* desván (*dehsvahn'*) *m*
lofty *adj* elevado (*ehlehvah'do*); altivo (*ahltee'vo*)
log *n* leño (*leh'nyo*) *m;* diario de navegación, bitácora (*dyah'ryo deh nahvehgahsyohn', beetah'kohrah*) *m;* **— cabin** cabaña de troncos (*kahbah'nyah deh trohn'kos*) *f; v* cortar (*kohrtahr'*); escribir en el diario ... (*ehskreebeer' ehn ehl ...*)
logic *n* lógica (*loh'heekah*) *f*
logical *adj* lógico (*loh'heeko*)
loin *n* ijada (*eehah'dah*) *f;* lomo (*loh'mo*) *m*

loiter *v* holgazanear (*ohlgahsahnehahr'*); vagar (*vahgahr'*)
loll *v* arrellanarse (*ahrrehlyahnahr'seh*)
lone *adj* solo (*soh'lo*)
lonely *adj* solitario (*sohleetah'ryo*); solo (*soh'lo*)
lonesome *adj* solo (*soh'lo*); solitario (*sohleetah'ryo*); nostálgico (*nohstahl'heeko*)
long *adj* largo (*lahr'go*); **a — time** mucho tiempo (*moo'cho tyehm'po*); **five feet —**, cinco pies de largo (*seen'ko pyehs deh ...*); **— ago** hace mucho tiempo (*ah'seh moo'cho tyehm'po*); **as — as** en tanto que (*ehn tahn'to keh*); **how — is it since?** ¿cuánto tiempo hace que? (*kwahn'to tyehm'po ah'seh keh*); **so —!** ¡hasta luego! (*ahstah lweh'go*); *v* **to — for** anhelar (*ahnehlahr'*); desear (*dehsehahr'*); ansiar (*ahnsyahr'*); echar de menos (*ehchahr' deh meh'nos*)
longer *adj* más largo (*mahs lahr'go*); *adv* más (*mahs*); **no —** ya no (*yah no*); no más (*no mahs*)
longevity *n* longevidad (*lohnhehveedahd'*) *f*
longing *n* anhelo (*ahneh'lo*) *m;* nostalgia (*nohstahl'hyah*) *f; adj* anhelante (*ahnehlahn'teh*); nostálgico (*nohstahl'heeko*); **—ly** *adv* con anhelo (*kohn ...*); con nostalgia (*kohn ...*)
longitude *n* longitud (*lohnheetood'*) *f*
longshoreman *n* estibador (*ehsteebahdohr'*) *m;* cargador (*kahrgahdohr'*) *m*
look *v* mirar (*meerahr'*); parecer (*pahrehsehr'*); **she looks like Mary** se parece a María (*seh pahreh'seh ah mahree'ah*); **you — after her** Usted cuide de ella (*oostehd kwee'deh deh eh'lyah*); **to — down upon** despreciar (*dehsprehsyahr'*); **to — for** buscar (*booskahr'*); **to — forward to** anticipar con gusto (*ahnteeseepahr' kohn goos'to*); **to — out of** asomarse a (*ahsohmahr'seh ah*); **to — over** examinar (*exahmeenahr'*); dar un vistazo (*dahr oon veestah'so*); **to — up** mirar arriba (*meerahr' ahrree'bah*); **to — up (a word)** buscar (*booskahr'*); *n* mirada (*meerah'dah*) *f;* vistazo (*veestah'so*) *m;* **—s** aspecto (*ahspehk'to*) *m*
looking glass *n* espejo (*ehspeh'ho*) *m*
lookout *n* vigía (*veehee'ah*) *f;* mirador (*meerahdohr'*) *m;* vista (*vees'tah*) *f;* **to be on the —** estar alerta (*ehstahr' ahlehr'tah*)
loom *n* telar (*tehlahr'*) *m; v* destacarse (*dehstahkahr'seh*); **it —s** se asoma (*seh ahsoh'mah*)
loop *n* lazo (*lah'so*) *m;* gaza (*gah'sah*) *f;* vuelta (*vwehl'tah*) *f; v* hacer una gaza (*ahsehr' oo'nah ...*)
loophole *n* agujero (*ahgooheh'ro*) *m;* abertura (*ahbehrtoo'rah*) *f*
loose *adj* suelto (*swehl'to*); flojo (*floh'ho*); **— change** suelto (...) *m;* **to let —** soltar (*sohltahr'*); **—ly** *adv* sueltamente (*swehltahmehn'teh*); flojamente (*floh-hahmehn'teh*)
loosen *v* soltar(se) (*sohltahr', seh*); aflojar(se) (*ahfloh-hahr', seh*)
looseness *n* soltura (*sohltoo'rah*) *f;* flojedad (*floh-hehdahd'*) *f;* libertad (de) (*leebehrtahd', deh*) *f*
loot *n* botín (*bohteen'*) *m;* pillaje (*peelyah'heh*) *m; v* pillar (*peelyahr'*); robar (*rohbahr'*)
lop *v* tronchar (*trohnchahr'*); desmochar (*dehsmohchahr'*)
loquacious *adj* locuaz (*lohkwahs'*); hablador (*ahblahdohr'*)
lord *n* señor (*sehnyohr'*) *m;* dueño (*dweh'nyo*) *m;* amo (*ah'mo*) *m;* **Lord's Prayer** Padre Nuestro (*pah'dreh nwehs'tro*) *m;* **Our Lord** Nuestro Señor (*nwehs'tro ...*) *m*
lordly *adj* señoril (*sehnyohreel'*); noble (*noh'bleh*)
lordship *n* señoría (*sehnyohree'ah*) *f;* nobleza (*nohbleh'sah*) *f*
lose *v* perder (*pehrdehr'*); **to — sight of** perder de vista (*... deh vees'tah*)
loss *n* pérdida (*pehr'deedah*) *f;* **to be at a —** estar desorientado (*ehstahr' dehsohryehntah'do*)
lost *adj* perdido (*pehrdee'do*); **— in** absorto en (*ahbsohr'to ehn*); **to be —** perderse (*pehrdehr'seh*)
lot *n* lote (*loh'teh*) *m;* porción (*pohrsyohn'*) *f;* destino (*dehstee'no*) *m;* suerte (*swehr'teh*) *f;* **a — of money** mucho dinero (*moo'cho deeneh'ro*); **to fall to one's —** tocarle a uno (*tohkahr'leh ah oo'no*); *adv* mucho (*moo'cho*)
lotion *n* loción (*lohsyohn'*) *f*
lottery *n* lotería (*lohtehree'ah*) *f*
loud *adj* ruidoso (*rweedoh'so*); fuerte (*fwehr'teh*); *adv* ruidosamente (*rweedohsahmehn'teh*); en voz alta (*ehn vohs ahl'tah*); **—ly** en voz alta (...)
loud-speaker *n* altavoz (*ahltahvohs'*) *m;* altoparlante (*ahltopahrlahn'teh*) *m*
lounge *n* salón (*sahlohn'*) *m;* diván (*deevahn'*) *m;* canapé (*kahnahpeh'*) *m; v* arrellanarse (*ahrrehlyahnahr'seh*); sestear (*sehstehahr'*)
louse *n* piojo (*pyoh'ho*) *m*
lousy *adj* piojoso (*pyoh-hoh'so*)
lovable *adj* amable (*ahmah'bleh*)
love *n* amor (*ahmohr'*) *m;* cariño (*kahree'nyo*) *m;* **— affair** amorío (*ahmoree'o*) *m;* **to be in —** estar enamorado (*ehstahr' ehnahmohrah'do*); **to fall in — with** enamorarse de (*ehnahmohrahr'seh deh*); *v* amar (*ahmahr'*); querer (*kehrehr'*); **I — it** me gusta mucho (*meh goos'tah moo'cho*)
loveliness *n* belleza (*behlyeh'sah*) *f;* hermosura (*ehrmohsoo'rah*) *f;* gracia (*grah'syah*) *f*

lovely *adj* amable (*ahmah'bleh*); lindo (*leen'do*); hermoso (*ehrmoh'so*)
lover *n* amante (*ahmahn'teh*) *m*
loving *adj* amante (*ahmahn'teh*); amable (*ahmah'bleh*); cariñoso (*kahreenyoh'so*); **—ly** *adv* cariñosamente (*kahreenyohsahmehn'teh*)
low *adj* bajo (*bah'ho*); vil (*veel*); humilde (*oomeel'deh*); débil (*deh'beel*); deficiente (*dehfeesyehn'teh*); **— gear** primera velocidad (*preemeh'rah vehlohseedah'*) *f*; **— neck dress** vestido escotado (*vehstee'do ehskohtah'do*) *m*, escote (*ehskoh'teh*) *m*; **to be in — spirits** estar abatido (*ehstahr' ahbahtee'do*); *adv* bajo (*bah'ho*); barato (*bahrah'to*); en voz baja (*ehn vohs bah'hah*); *n* mugido (*moohee'do*) *m*; *v* mugir (*mooheer'*)
lower *adj* más bajo (*mahs bah'ho*); inferior (*eenfehryohr'*); **— case letter** letra minúscula (*leh'trah meenoo'skoolah*) *f*; **L— House** cámara de diputados (*kah'mahrah deh deepootah'dos*) *f*; *v* bajar (*bah-hahr'*); humillar (*oomeelyahr'*)
lowland *n* tierra baja (*tyeh'rrah bah'hah*) *f*
lowly *adj* bajo (*bah-ho*); humilde (*oomeel'deh*); inferior (*eenfehryohr'*); *adv* humildemente (*oomeeldehmehn'teh*)
lowness *n* bajeza (*bah-heh'sah*) *f*; humildad (*oomeeldahd'*) *f*; gravedad (*grahvehdahd'*) *f*
loyal *adj* leal (*lehahl'*); fiel (*fyehl'*)
loyalty *n* lealtad (*lehahltahd'*) *f*; fidelidad (*feedehleedahd'*) *f*
lubricant *adj & n* lubricante (*loobreekahn'teh*) *m*
lubricate *v* lubricar (*loobreekahr'*)
lucid *adj* lúcido (*loo'seedo*); claro (*klah'ro*); luciente (*loosyehn'teh*)
luck *n* suerte (*swehr'teh*) *f*; fortuna (*fohrtoo'nah*) *f*; **good —** buena suerte (*bweh'nah ...*) *f*; **bad —** mala suerte (*mah'lah ...*) *f*; **hard —** mala suerte (*...*) *f*
luckily *adv* afortunadamente (*ahfohrtoonahdahmehn'teh*); por fortuna (*pohr fohrtoo'nah*)
lucky *adj* afortunado (*ahfohrtoonah'do*); feliz (*fehlees'*); **to be —** tener suerte (*tehnehr' swehr'teh*)
lucrative *adj* lucrativo (*lookrahtee'vo*)
ludicrous *adj* ridículo (*reedee'koolo*)
lug *v* llevar (*lyehvahr'*); traer (*trahehr'*); cargar (*kahrgahr'*)
luggage *n* equipaje (*ehkeepah'heh*) *m*; maletas (*mahleh'tahs*) *f, pl*
lukewarm *adj* tibio (*tee'byo*); templado (*tehmplah'do*)
lull *v* arrullar (*ahrroolyahr'*); sosegar (*sohsehgahr'*); calmar (*kahlmahr'*); *n* calma (*kahl'mah*) *f*
lullaby *n* arrullo (*ahrroo'lyo*) *m*; canción de niños (*kahnsyohn' deh nee'nyos*) *f*
lumber *n* madera (*mahdeh'rah*) *f*; maderaje (*mahdehrah'heh*) *m*; **— yard** depósito de maderas (*dehpoh'seeto deh ...s*) *m*; *v* cortar madera (*kohrtahr' ...*)
luminous *adj* luminoso (*loomeenoh'so*)
lump *n* terrón (*tehrrohn'*) *m*; bulto (*bool'to*) *m*; protuberancia (*prohtoobehrahn'syah*) *f*; **— of sugar** terrón de azúcar (*tehrrohn' deh ahsoo'kahr*) *m*; *v* amontonar (*ahmohntohnahr'*)
lumpy *adj* aterronado (*ahtehrrohnah'do*)
lunatic *adj & n* lunático (*loonah'teeko*) *m*; casi loco (*kah'see loh'ko*); demente (*dehmehn'teh*) *m, f*
lunch *n* almuerzo (*ahlmwehr'so*) *m*; merienda (*mehryehn'dah*) *f*; **— room** merendero (*mehrehndeh'ro*) *m*; *v* almorzar (*ahlmohrsahr'*); merendar (*mehrehndahr'*)
luncheon *n* almuerzo (*ahlmwehr'so*) *m*
lung *n* pulmón (*poolmohn'*) *m*
lurch *n* sacudida (*sahkoodee'dah*) *f*; **to give a —** tambalearse (*tahmbahlehahr'seh*); **to leave in the —** dejar plantado (*deh-hahr' plahntah'do*); *v* tambalearse
lure *n* aliciente (*ahleesyehn'teh*) *m*; atractivo (*ahtrahktee'vo*) *m*; *v* atraer (*ahtrahehr'*); seducir (*sehdooseer'*)
lurid *adj* sensacional (*sehnsahsyohnahl'*); lívido (*lee'veedo*); violento (*vyohlehn'to*)
lurk *v* espiar (*ehspyahr'*)
luscious *adj* delicioso (*dehleesyoh'so*); sabroso (*sahbroh'so*)
lust *n* lujuria (*loohoo'ryah*) *f*; libídine (*leebee'deeneh*) *f*
luster *n* lustre (*loos'treh*) *m*; brillo (*bree'lyo*) *m*
lustful *adj* lujurioso (*loohooryoh'so*)
lusty *adj* vigoroso (*veegohroh'so*); fuerte (*fwehr'teh*); robusto (*rohboos'to*)
lute *n* laúd (*lahood'*) *m*
luxuriant *adj* lozano (*lohsah'no*); adornado (*ahdohrnah'do*)
luxurious *adj* lujoso (*loohoh'so*); frondoso (*frohndoh'so*)
luxury *n* lujo (*loo'ho*) *m*; exuberancia (*exoobehrahn'syah*) *f*
lye *n* lejía (*leh-hee'ah*) *f*
lying *adj* mentiroso (*mehnteeroh'so*); embustero (*ehmboosteh'ro*)
lynch *v* linchar (*leenchahr'*)
lynx *n* lince (*leen'seh*) *m*
lyre *n* lira (*lee'rah*) *f*
lyric *adj* lírico (*lee'reeko*)
lyrical *adj* lírico (*lee'reeko*)
lysol *n* lisol (*leesohl'*) *m*

M

macabre *adj* macabro (*mahkah'bro*)
macadam *n* macadán (*mahkahdahn'*) *m*
macaroni *n* macarrones (*mahkahrroh'nehs*) *m, pl*
macaroon *n* macarrón (*mahkahrrohn'*) *m;* almendrado (*ahlmehndrah'do*) *m*
machine *n* máquina (*mah'keenah*) *f;* automóvil (*ahootohmoh'veel*) *m;* **— gun** ametralladora (*ahmehtrahlyahdoh'rah*) *f;* **— shop** taller (*tahlyehr'*) *m;* **sewing —** máquina de coser (... *deh kohsehr'*) *f*
machinery *n* maquinaria (*mahkeenah'ryah*) *f*
machinist *n* mecánico (*mehkah'neeko*) *m;* maquinista (*mahkeenees'tah*) *m*
mackerel *n* escombro (*ehskohm'bro*) *m*
mad *adj* loco (*loh'ko*); rabioso (*rahbyoh'so*); furioso (*fooryoh'so*); **to drive —** enloquecer (*ehnlohkehsehr'*); **to get —** enfadarse (*ehnfahdahr'seh*); **to go —** volverse loco (*vohlvehr'seh* ...); **—ly** *adv* locamente (*lohkahmehn'teh*)
madam *n* madama (*mahdah'mah*) *f;* señora (*sehnyoh'rah*) *f*
madcap *n* calavera (*kahlahveh'rah*) *m;* muchacha temeraria (*moochah'chah tehmehrah'ryah*) *f*
madden *v* enloquecer(se) (*ehnlohkehsehr', seh*)
made *adj* hecho (*eh'cho*); **hand —** hecho a mano (... *ah mah'no*); **— to order** hecho a la medida (... *ah lah mehdee'dah*); **— up** fingido (*feenhee'do*)
madhouse *n* casa de locos (*kah'sah deh loh'kos*) *f;* manicomio (*mahneekoh'myo*) *m*
madman *n* loco (*loh'ko*) *m*
madness *n* locura (*lohkoo'rah*) *f*
maestro *n* maestro (*mahehs'tro*) *m*
magazine *n* revista (*rehvees'tah*) *f;* almacén (*ahlmahsehn'*) *m;* depósito (*dehpoh'seeto*) *m*
magic *n* magia (*mah'hyah*) *f; adj* mágico (*mah'heeko*)
magician *n* mago (*mah'go*) *m;* brujo (*broo'ho*) *m*
magistrate *n* magistrado (*mah-heestrah'do*) *m*
magnanimous *adj* magnánimo (*mahgnah'neemo*)
magnet *n* imán (*eemahn'*) *m*
magnetic *adj* magnético (*mahgneh'teeko*) *m*
magnificence *n* magnificencia (*mahgneefeesehn'syah*) *f*
magnificent *adj* magnífico (*mahgnee'feeko*); grande (*grahn'deh*)
magnify *v* hacer grande (*ahsehr' grahndeh*); amplificar (*ahmpleefeekahr'*); exagerar (*exah-hehrahr'*)
magnitude *n* magnitud (*mahgneetood*) *f*
magpie *n* urraca (*oorrah'kah*) *f*
mahogany *n* caoba (*kahoh'bah*) *f*
maid *n* criada (*kryah'dah*) *f;* camarera (*kahmahreh'rah*) *f;* doncella (*dohnseh'lyah*) *f;* **old —** solterona (*sohltehroh'nah*) *f*
maiden *n* doncella (*dohnseh'lyah*) *f;* moza (*moh'sah*) *f;* soltera (*sohlteh'rah*) *f;* (*ship*) **— voyage** primer viaje (de un buque) (*preemehr' vyah'heh, deh oon boo'keh*)
mail *n* correo (*kohrreh'o*) *m;* correspondencia (*kohrrehspohndehn'syah*) *f;* **air —** correo aéreo (... *aheh'reho*); por avión (*pohr ahvyohn'*)
mail bag *n* valija de correo (*vahlee'hah deh kohrreh'o*) *m*
mailbox *n* buzón (*boosohn'*) *m*
mailman *n* cartero (*kahrteh'ro*) *m*
maim *v* mutilar (*mooteelahr'*); estropear (*ehstrohpehahr'*); tullir (*toolyeer'*)
main *adj* principal (*preenseepahl'*); más importante (*mahs eempohrtahn'teh*); *n* mar (*mahr*) *m;* **—ly** *adv* principalmente.
mainland *n* continente (*kohnteenehn'teh*) *m*
maintain *v* mantener (*mahntehnehr'*); sostener (*sohstehnehr'*)
maintenance *n* mantenimiento (*mahntehneemyehn'to*) *m*
maize *n* maíz (*mahees'*) *m*
majestic *adj* majestuoso (*mah-hehstwoh'so*)
majesty *n* majestad (*mah-hehstahd'*) *f*
major *adj* mayor (*mahyohr'*); más importante (*mahs eempohrtahn'teh*); principal (*preenseepahl'*); *n* (*milit*) comandante (*kohmahndahn'teh*) *m;* mayor (*mahyohr'*) *m;* **— subject** materia, estudio principal (*mahteh'ryah, ehstoo'dyo preenseepahl'*) *f, m;* especialización (*ehspehsyahleesahsyohn'*) *f; v* **to — in (Spanish)** especializarse en (español) (*ehspehsyahleesahr'seh ehn, ehspahnyohl'*)
majordomo *n* mayordomo (*mahyohrdoh'mo*) *m*
majority *n* mayoría (*mahyohree'ah*) *f*

make *n* hechura (*ehchoo'rah*) *f;* marca (*mahr'kah*) *f;* *v* hacer (*ahsehr'*); formar (*fohrmahr'*); crear (*krehahr'*); to **— progress** hacer progresos (... *prohgreh'sos*); **to — a turn** dar vuelta (*dahr vwehl'tah*) **to — ready** preparar (*prehpahrahr'*); **to — use of** usar(*oosahr'*); **to — nothing out of** no comprender nada de (*no kohmprehndehr' nah'dah deh*); **to — out** reconocer (*rehkohnohsehr'*); **to — over** rehacer (*rehahsehr'*); **to — sure** asegurarse (*ahsehgoorahr'seh*); **to — up for** compensar por (*kohmpehnsahr' pohr*); **to — up (one's face)** pintarse (la cara) (*peentahr'seh, lah kah'rah*); **to — up (one's mind)** resolverse (*rehsohlvehr'seh*)

maker *n* hacedor (*ahsehdohr'*) *m*

make-up *n* compostura (*kohmpohstoo'rah*) *f;* carácter (*kahrahk'tehr*) *m;* **(face) —** afeite (*ahfeh'yteh*) *m;* cosmético (*kosmeh'teeko*) *m;* maquillaje (*mahkeelyah'heh*) *m;* tocado (*tohkah'do*) *m*

making *adj & p p* haciendo (*ahsyehn'do*); composición (*kohmpohseesyohn'*) *f*

maladjustment *n* mal ajuste (*mahl ahhoos'teh*) *m*

malady *n* mal (*mahl'*) *m;* enfermedad (*ehnfehrmehdahd'*) *f*

malaria *n* malaria (*mahlah'ryah*) *f*

malcontent *adj & n* malcontento (*mahlkohntehn'to*) *m*

male *adj & n* macho (*mah'cho*) *m;* varón (*vahrohn'*) *m*

malice *n* malicia (*mahlee'syah*) *f*

malicious *adj* malicioso (*mahleesyoh'so*); **—ly** *adv* maliciosamente (*mahleesyohsahmehn'teh*)

malign *adj* maligno (*mahleeg'no*); malo (*mah'lo*); *v* calumniar (*kahloomnyahr'*); difamar (*deefahmahr'*)

malignant *adj* maligno (*mahleeg'no*); malo (*mah'lo*); peligroso (*pehleegroh'so*)

mallet *n* mazo (*mah'so*) *m;* maceta (*mahseh'tah*) *f*

malt *n* malta (*mahl'tah*) *f;* **—ed milk** leche malteada (*leh'cheh mahltehah'dah*) *f*

mama *n* mamá (*mahmah'*) *f*

mammal *n* mamífero (*mahmee'fehro*) *m*

man *n* hombre (*ohm'breh*) *m;* varón (*vahrohn'*) *m;* **old —** viejo (*vyeh'ho*) *m;* **young —** joven (*hoh'vehn*) *m*

manacle(s) *n* manilla(s) (*mahnee'lyah, s*) *f* (*pl*); *v* maniatar (*mahnyahtahr'*)

manage *v* manejar (*mahneh-hahr'*); gobernar (*gohbehrnahr'*); administrar (*ahdmeeneestrahr'*)

manageable *adj* manejable (*mahnehhah'bleh*); domable (*dohmah'bleh*); dócil (*doh'seel*)

management *n* manejo (*mahneh'ho*) *m;* administración (*ahdmeeneestrahsyohn'*) *f;* gobierno (*gohbyehr'no*) *m*

manager *n* gerente (*hehrehn'teh*) *m;* director (*deerektohr'*) *m;* administrador (*ahdmeeneestrahdohr'*) *m*

mandate *n* mandato (*mahndah'to*) *m*

mandatory *adj* necesario (*nehsehsah'ryo*)

mandolin *n* mandolín (*mahndohleen'*) *m*

mane *n* melena (*mehleh'nah*) *f;* crin (*kreen'*) *f*

maneuver *n* maniobra (*mahnyoh'brah*) *f;* *v* maniobrar (*mahnyohbrahr'*)

manful *adj* varonil (*vahrohneel'*); viril (*veereel'*)

manganese *n* manganeso (*mahngahneh'so*) *m*

manger *n* pesebre (*pehseh'breh*) *m*

mangle *n* planchadora (*plahnchahdoh'rah*) *f;* *v* magullar (*mahgoolyahr'*); mutilar (*mooteelahr'*)

mangy *adj* sarnoso (*sahrnoh'so*)

manhood *n* virilidad (*veereeleedahd'*) *f*

mania *n* manía (*mahnee'ah*) *f;* locura (*lohkoo'rah*) *f*

manicure *n* manicura (*mahneekoo'rah*) *f;* *v* hacer la manicura (*ahsehr' lah* ...)

manifest *adj* manifiesto (*mahneefyehs'to*); *n* manifiesto (...) *m;* *v* manifestar (*mahneefehstahr'*)

manifestation *n* manifestación (*mahneefehstahsyohn'*) *f*

manifesto *n* manifiesto (*mahneefyehs'to*) *m;* bando (*bahn'do*) *m;* proclama (*prohklah'mah*) *f*

manifold *adj* múltiple (*mool'teepleh*); numeroso (*noomehroh'so*); diverso (*deevehr'so*)

manila *n* abacá (*ahbahkah'*) *m;* **— paper** papel de Manila (*pahpehl' deh mahnee'lah*) *m*

manipulate *v* manipular (*mahneepoolahr'*); manejar (*mahneh-hahr'*)

manipulation *n* manipulación (*mahneepoolahsyohn'*) *f*

mankind *n* humanidad (*oomahneedahd'*) *f;* género humano (*heh'nehro oomah'no*) *m*

manly *adj* varonil (*vahrohneel'*); fuerte (*fwehr'teh*); *adv* varonilmente (*vahrohneelmehn'teh*)

manner *n* manera (*mahneh'rah*) *f;* modo (*moh'do*) *m;* aire (*ah'yreh*) *m;* **—s** maneras (*mahneh'rahs*) *f, pl;* costumbres (*kohstoom'brehs*) *f, pl;* **in the — of a** la manera de (*ah lah mahneh'rah deh*)

mannerly *adj* cortés (*kohrtehs'*)

manor *n* solar (*sohlahr'*) *m;* feudo (*feh'oodo*) *m*

manorial *adj* señorial (*sehnyohryahl'*); feudal (*fehoodahl'*)

manpower *n* fuerza de muchos hombres (*fwehr'sah deh moo'chos ohm'brehs*) *f;* trabajo de muchos hombres (*trahbah'ho* ...) *m*

mansion *n* mansión (*mahnsyohn'*) *f;* palacio (*pahlah'syo*) *m*
manslaughter *n* homicidio (sin querer) impremeditado (*ohmeesee'dyo, seen kehrehr', eemprehmehdeetah'do*) *m*
mantle *n* manto (*mahn'to*) *m;* capa (*kah'pah*) *f*
manual *adj* manual (*mahnwahl'*); **— work** trabajo manual (*trahbah'ho ...*) *m*
manufacture *n* fabricación (*fahbreekahsyohn'*) *f;* manufactura (*mahnoofahktoo'rah*) *f;* *v* fabricar (*fahbreekahr'*)
manufacturer *n* fabricante (*fahbreekahn'teh*) *m*
manure *n* estiércol (*ehstyehr'kohl*) *m;* abono (*ahboh'no*) *m;* *v* estercolar (*ehstehrkohlahr'*); abonar (*ahbohnahr'*)
manuscript *adj & n* manuscrito (*mahnooskree'to*) *m*
many *adj* muchos (*moo'chos*); **a great —** muchísimos (*moochee'seemos*); **as — as** tantos como (*tahn'tos koh'mo*); cuantos (*kwahn'tos*); **how —?** ¿cuántos? (*kwahn'tos*); **too —** demasiados (*dehmahsyah'dos*); **— times** muchas veces (*moo'chahs veh'sehs*)
map *n* mapa (*mah'pah*) *m;* **road —** mapa (de carreteras) (*..., deh kahrrehteh'rahs*) *m;* *v* trazar (un mapa) (*trahsahr', oon ...*); **to — out** proyectar (*prohyehktahr'*); planear (*plahnehahr'*)
maple *n* arce (*ahr'seh*) *m;* **— syrup** jarabe de arce (*hahrah'beh deh ...*) *m*
mar *v* desfigurar (*dehsfeegoorahr'*); dañar (*dahnyahr'*)
marble *adj* de mármol (*deh mahr'mohl*); marmóreo (*mahrmoh'reho*); blanco (*blahn'ko*); *n* mármol (*mahr'mohl*) *m;* canica (*kahnee'kah*) *f;* **to play —s** jugar a las canicas (*hoogahr' ah lahs ... s*)
march *n* marcha (*mahr'chah*) *f;* *v* marchar (*mahrchahr'*)
March *n* marzo (*mahr'so*) *m*
mare *n* yegua (*yeh'gwah*) *f*
margin *n* margen (*mahr'hehn*) *m, f;* orilla (*ohree'lyah*) *f;* borde (*bohr'deh*) *m*
marginal *adj* marginal (*mahrheenahl'*); **— note** nota, escrito marginal (*noh'tah, ehskree'to ...*) *f, m*
marigold *n* caléndula (*kahlehn'doolah*) *f*
marimba *n* marimba (*mahreem'bah*) *f*
marine *adj* marino (*mahree'no*); del mar (*dehl mahr*); **— corps** cuerpo de infantería de marina (*kwehr'po deh eenfahntehree'ah deh mahree'nah*) *m;* *n* soldado de marina (*sohldah'do deh ...*) *m;* marino (*...*) *m*
mariner *n* marinero (*mahreeneh'ro*) *m*
marital *adj* marital (*mahreetahl'*)
maritime *adj* marítimo (*mahree'teemo*); naval (*nahvahl'*)
mark *n* marca (*mahr'kah*) *f;* señal (*sehnyahl'*) *f;* nota (*noh'tah*) *f;* **question —** punto de interrogación (*poon'to de eentehrrohgahsyohn'*) *m;* **to hit the —** dar en el blanco (*dahr ehn ehl blahn'ko*); **to miss the —** fallar (*fahlyahr'*); *v* marcar (*mahrkahr'*); observar (*ohbsehr-vahr'*); **to — down** apuntar (*ahpoontahr'*)
marked *adj* apuntado (*ahpoontah'do*); mirado (*meerah'do*)
marker *n* marcador (*mahrkahdohr'*) *m;* señal (*sehnyahl'*) *f*
market *n* mercado (*mehrkah'do*) *m;* plaza (*plah'sah*) *f;* **— place** mercado (*mehrkah'do*); plaza de mercado (*plah'sah de ...*); *v* vender (*vehndehr'*); vender o comprar (*vehndehr' o kohmprahr'*)
marketable *adj* vendible (*vehndee'bleh*)
marmalade *n* mermelada (*mehrmehlah'dah*) *f*
maroon *adj & n* rojo oscuro (*roh'ho ohskoo'ro*) *m*
marooned *adj* abandonado (*ahbahndohnah'do*)
marquis *n* marqués (*mahrkehs'*) *m*
marquise *n* marquesa (*mahrkeh'sah*) *f*
marquisette *n* tejido (*teh-hee'do*) *m;* malla fina (*mah'lyah fee'nah*) *f*
marriage *n* matrimonio (*mahtreemoh'nyo*) *m;* casamiento (*kahsahmyehn'to*) *m;* boda (*boh'dah*) *f;* **— bureau** oficina de matrimonio (*ohfeesee'nah deh ...*) *f;* **— license** licencia de matrimonio (*leesehn'syah ...*) *f*
married *adj* casado (*kahsah'do*); **— life** vida conyugal (*vee'dah kohnyoogahl'*) *f*
marrow *n* meollo (*mehoh'lyo*) *m;* médula (*meh'doolah*) *f*
marry *v* casar(se) (*kahsahr', seh*); casarse con (*... kohn*)
marsh *n* pantano (*pahntah'no*) *m;* ciénaga (*syeh'nahgah*) *f*
marshal *n* mariscal (*mahreeskahl'*) *m;* alguacil (*ahlgwahseel'*) *m;* jefe de policía (*heh'feh deh pohleesee'ah*) *m;* *v* ordenar (*ohrdehnahr'*)
marshy *adj* pantanoso (*pahntahnoh'so*)
mart *n* mercado (*mehrkah'do*) *m*
martial *adj* marcial (*mahrsyahl'*); **— law** estado de guerra (*ehstah'do deh gheh'rrah*) *m*
martyr *n* mártir (*mahr'teer*) *m, f;* *v* martirizar (*mahrteereesahr'*)
martyrdom *n* martirio (*mahrtee'ryo*) *m*
marvel *n* maravilla (*mahrahvee'lyah*) *f;* *v* maravillarse (*mahrahveelyahr'seh*)
marvelous *adj* maravilloso (*mahrahveelyoh'so*)
marxist *n* marxista (*mahrxees'tah*) *m, f*
Mary *n* María (*mahree'ah*) *f*
mascot *n* mascota (*mahskoh'tah*) *f*
masculine *adj* masculino (*mahskoolee'no*); varonil (*vahrohneel'*)

mash *v* majar (*mah-hahr'*); amasar (*ahmahsahr'*); **—ed potatoes** puré de papas (*pooreh' deh pah'pahs*) *m*

mask *n* máscara (*mahs'kahrah*) *f;* disfraz (*deesfrahs'*) *m; v* disfrazar (*deesfrahsahr'*); enmascarar (*ehnmahskahrahr'*)

mason *n* albañil (*ahlbahnyeel'*) *m;* masón (*mahsohn'*) *m*

masonry *n* albañilería (*ahbahnyeelehree'ah*) *f;* **Masonry** masonería (*mahsohnehree'ah*) *f*

masque *n* máscara (*mahs'kahrah*) *f*

masquerade *n* mascarada (*mahskahrah'dah*) *f;* disfraz (*deesfrahs'*) *m; v* enmascararse (*ehnmahskahrahr'seh*); disfrazarse (*deesfrahsahr'seh*)

mass *n* masa (*mah'sa*) *f;* montón (*mohntohn'*) *m;* gente (*hehn'teh*) *f;* (*relig*) misa (*mee'sah*) *f;* **— meeting** mitin popular (*mee'teen pohpoolahr'*) *m;* **— production** producción en gran escala (*prohdooksyon' ehn grahn ehskah'lah*) *f*

massacre *n* matanza (*mahtahn'sah*) *f;* carnicería (*kahrneesehree'ah*) *f; v* hacer matanza (*ahsehr'* ...)

massage *v* friccionar (*freeksyohnahr'*); dar masaje (*dahr mahsah'heh*); *n* masaje (*mahsha'heh*) *m;* fricción (*freeksyohn*) *f*

massive *adj* sólido (*soh'leedo*); macizo (*mahsee'so*); enorme (*ehnohr'meh*)

mast *n* mástil (*mahs'teel*) *m;* palo (*pah'lo*) *m*

master *n* amo (*ah'mo*) *m;* dueño (*dweh'nyo*) *m;* señor (*sehnyohr'*) *m;* maestro (*mahehs'tro*) *m;* patrón (*pahtrohn'*) *m;* **— of arts degree** Maestría en Artes (*mahehstree'ah ehn ahr'tehs*) *f; v* dominar (*dohmeenahr'*); vencer (*vehnsehr'*); **to — (a subject)** saber bien (una materia) (*sahbehr' byehn, oo'nah mahteh'ryah*)

masterful *adj* magistral (*mah-heestrahl'*)

masterly *adj* magistral (*mah-heestrahl'*); *adv* magistralmente (*mah-heestrahlmehn'teh*); grande (*grahn'deh*)

masterpiece *n* obra maestra (*oh'brah mahehs'trah*) *f*

mastery *n* maestría (*mahehstree'ah*) *f;* destreza (*dehstreh'sah*) *f;* dominio (*dohmee'nyo*) *m*

masthead *n* cabeza (*kahbeh'sah*) *f*

masticate *v* mascar (*mahskahr'*)

mastiff *n* mastín (*mahsteen'*) *m*

mat *n* estera (*ehsteh'rah*) *f;* esterilla (*ehstehree'lyah*) *f;* tapete (*tahpeh'teh*) *m*

match *n* fósforo (*fohs'fohro*) *m;* cerilla (*sehree'lyah*) *f;* juego (*hweh'go*) *m;* pareja (*pahreh'hah*) *f; v* igualar (*eehgwahlahr'*); armonizar (*ahrmohneesahr'*); hacer juego (*ahsehr' hweh'go*); **to — one's wit with** medir agudeza con (*mehdeer' ahgoodeh'sah kohn*)

matchbox *n* cajita de fósforos (*kah-hee'tah deh fohs'fohros*) *f*

matching *n* aparejamiento (*ahpahrehhah-myehn'to*) *m;* **a good —** un buen aparejamiento (*oon bwehn* ...) *m*

matchless *adj* sin par (*seen pahr*); incomparable (*eenkohmpahrah'bleh*)

mate *n* compañero (*kohmpahnyeh'ro*) *m;* consorte (*kohnsohr'teh*) *m; v* poner junto (*pohnehr' hoon'to*); aparear(se) (*ahpahrehahr', seh*)

material *adj* material (*mahtehryahl'*); *n* material (...) *m;* tejido (*teh-hee'do*) *m;* **raw —s** materias primas (*mahteh'ryahs pree'mahs*) *f, pl*

materialism *n* materialismo (*mahtehryahlees'mo*) *m*

maternal *adj* materno (*mahtehr'no*); de la madre (*deh lah mah'dreh*)

maternity *n* maternidad (*mahtehrneedahd'*) *f*

mathematical *adj* matemático (*mahtehmah'teeko*)

mathematician *n* matemático (*mahtehmah'teeko*) *m*

mathematics *n* matemáticas (*mahtehmah'teekahs*) *f, pl*

matinée *n* espectáculo de la tarde (*ehspehktah'koolo deh lah tahr'deh*) *m;* matiné (*mahteeneh'*) *f*

matriculate *v* matricular(se) (*mahtreekoolahr', seh*)

matriculation *n* matriculación (*mahtreekoolahsyohn'*) *f*

matrimony *n* matrimonio (*mahtreemoh'nyo*) *m*

matrix *n* matriz (*mahtrees'*) *f;* molde (*mohl'deh*) *m*

matron *n* matrona (*mahtroh'nah*) *f;* cuidadora de muchachas (en escuelas) (*kweedahdoh'rah deh moochah'chahs, ehn ehskweh'lahs*) *f*

matronly *adj* de matrona (*deh mahtroh'nah*); anciana (*ahnsyah'nah*)

matter *n* materia (*mahteh'ryah*) *f;* material (*mahtehryahl'*) *m;* cuestión (*kwehstyohn'*) *f;* asunto (*ahsoon'to*) *m;* problema (*prohbleh'mah*) *m;* **as a — of fact** de hecho (*deh eh'cho*); **printed —** impresos (*eempreh'sos*) *m, pl;* **serious —** algo serio (*ahl'go seh'ryo*) *m;* **what is the —?** ¿Qué pasa? (*keh pah'sah*); ¿Qué hay? (*keh ahy*); **—-of-fact person** persona sin imaginación (*pehrsoh'nah seen eemah-heenahsyohn'*) *f; v* importar (*eempohrtahr'*); **it does not —!** ¡no importa! (*no eempohr'tah*)

mattings *n, pl* esteras (*ehsteh'rahs*) *f, pl*

mattress *n* colchón (*kohlchohn'*) *m;* **spring —** colchón de muelles (... *deh mweh'lyehs*) *m*

mature *adj* maduro (*mahdoo'ro*); serio (*seh'ryo*); *v* madurar(se) (*mahdoorahr', seh*); hacerse serio (*ahsehr'seh seh'ryo*)

maturity *n* madurez (*mahdoorehs'*) *f;* seriedad (*sehryehdahd'*) *f*

maul *v* magullar (*mahgoolyahr'*); maltratar (*mahltrahtahr'*)

mauve *adj* malva (*mahl'vah*)

maxim *n* máxima (*mah'xeemah*) *f;* sentencia (*sehntehn'syah*) *f*

maximum *adj & n* máximo (*mah'xeemo*) *m*

may *v* (*irr*) puede (*pweh'deh*); **it — be** puede ser (... *sehr'*); **— I come in?** ¿se puede? (*seh* ...); **— I sit down?** ¿puedo sentarme? (*pweh'do sehntahr'meh*); **he — come** es posible que venga (*ehs pohsee'bleh keh vehn'gah*)

May *n* mayo (*mah'yo*) *m*

maybe *adj* quizás (*keesahs'*); tal vez (*tahl vehs'*); acaso (*ahkah'so*)

mayonnaise *n* mayonesa (*mahyohneh'sah*) *f*

mayor *n* alcalde (*ahlkahl'deh*) *m*

mayoralty *n* alcaldía (*ahlkahldee'ah*) *f*

maze *n* laberinto (*lahbehreen'to*) *m;* confusión (*kohnfoosyohn'*) *f*

me *pron* me (*meh*); mí (*mee*); **speak to —** hábleme (*ah'blehmeh*); **for —** para mí (*pah'rah* ...) **come with —** venga conmigo (*vehn'gah kohnmee'go*)

meadow *n* prado (*prah'do*) *m;* pradera (*prahdeh'rah*) *f*

meager *adj* magro (*mah'gro*); poco (*poh'ko*); pobre (*poh'breh*)

meal *n* comida (*kohmee'dah*) *f;* harina (*ahree'nah*) *f;* **corn —** harina de maíz (... *deh mahee's*) *f*

mealy *adj* harinoso (*ahreenoh'so*)

mean *adj* malo (*mah'lo*); bajo (*bah'ho*); vil (*veel*); mediano (*mehdyah'no*); *n* medio (*meh'dyo*) *m;* **—s** medios (*meh'dyos*) *m, pl;* **a person of —s** persona rica (*pehrsoh'nah ree'kah*) *f;* **by all —s** de todos modos (*deh toh'dos moh'dos*); **by no —s** de ningún modo (*deh neengoon' moh'do*); *v* querer decir (*kehrehr' dehseer'*); significar (*seegneefeekahr'*); **what does it —?** ¿qué quiere decir? (*keh kyeh'reh dehseer'*)

meaning *adj* **well —** bien intencionado (*byehn eentehnsyohnah'do*); *n* significado (*seegneefeekah'do*) *m;* sentido (*sehntee'do*) *m*

meaningless *adj* sin sentido (*seen sehntee'do*); insignificante (*eenseegneefeekahn'teh*)

meanness *n* maldad (*mahldahd'*) *f;* vileza (*veeleh'sah*) *f;* bajeza (*bah-heh'sah*) *f;* pobreza (*pohbreh'sah*) *f*

meantime *adv* mientras tanto (*myehn'trahs tahn'to*); entretanto (*ehntrehtahn'to*); **in the —** en el ínterin (*ehn ehl een'tehreen*)

measles *n* sarampión (*sahrahmpyohn'*) *m*

measurable *adj* medible (*mehdee'bleh*); mensurable (*mehnsoorah'bleh*)

measure *n* medida (*mehdee'dah*) *f;* compás (*kohmpahs'*) *m;* ritmo (*reet'mo*) *m;* **in large —** en gran parte (*ehn grahn pahr'teh*); **in some —** un poco (*oon poh'ko*); *v* medir (*mehdeer'*)

measured *adj* medido (*mehdee'do*)

measurement *n* medida (*mehdee'dah*) *f;* tamaño (*tahmah'nyo*) *m*

measurer *n* medidor (*mehdeedohr'*) *m*

meat *n* carne (*kahr'neh*) *f;* sustancia (*soostahn'syah*) *f;* **— ball** albóndiga (*ahlbohn'deegah*) *f;* **— market** carnicería (*kahrneesehree'ah*) *f;* **cold —(s)** fiambre(s) (*fyahm'breh, s*) *m,* (*pl*)

meaty *adj* carnoso (*kahrnoh'so*); sustancioso (*soostahnsyoh'so*)

mechanic *adj & n* mecánico (*mehkah'neeko*) *m*

mechanical *adj* mecánico (*mehkah'neeko*)

mechanism *n* mecanismo (*mehkahnees'mo*) *m*

medal *n* medalla (*mehdah'lyah*) *f*

medallion *n* medallón (*mehdahlyohn'*) *m*

meddle *v* entrometerse (*ehntrohmehtehr'seh*); meterse (*mehtehr'seh*)

meddler *n* entremetido (*ehntrehmehtee'do*) *m*

meddlesome *adj* entremetido (*ehntrehmehtee'do*)

median *adj* mediano (*mehdyah'no*); *n* punto mediano (*poon'to* ...) *m*

mediate *v* mediar (*mehdyahr'*); arbitrar (*ahrbeetrahr'*)

mediation *n* mediación (*mehdyahsyohn'*) *f;* arbitración (*ahrbeetrahsyohn'*) *f*

mediator *n* mediador (*mehdyahdohr'*) *m;* árbitro (*ahr'beetro*) *m*

medical *adj* médico (*meh'deeko*); **— school** escuela de medicina (*ehskweh'lah deh mehdeesee'nah*) *f*

medicine *n* medicina (*mehdeesee'nah*) *f;* **— cabinet** botiquín (*bohteekeen'*) *m;* **— man** curandero (*koorahndeh'ro*) *m*

medieval *adj* medieval (medioeval) (*mehdyehvahl'*)

mediocre *adj* mediocre (*mehdyoh'kreh*)

mediocrity *n* mediocridad (*mehdyohkreedahd'*) *f;* medianía (*mehdyahnee'ah*) *f*

meditate *v* meditar (*mehdeetahr'*); pensar (*pehnsahr'*)

meditation *n* meditación (*mehdeetahsyohn'*) *f;* pensamiento (profundo) (*pehnsahmyehn'to, prohfoon'do*) *m*

meditative *adj* meditativo (*mehdeetahtee'vo*)

Mediterranean *adj & n* Mediterráneo (*mehdeetehrrah'neho*) *m*

medium *adj* mediano (*mehdyah'no*); *n* medio (*meh'dyo*) *m*

medley *n* baturrillo (*bahtooree'lyo*) *m;* mezcla (*mehs'klah*) *f;* (*mus*) popurrí (*pohpoorree'*) *m*

meek *adj* manso (*mahn'so*); dócil (*doh'seel*); humilde (*oomeel'deh*)
meekness *n* mansedumbre (*mahnsehdoom'breh*) *f;* docilidad (*dohseeleedahd'*) *f;* humildad (*oomeeldahd'*) *f*
meet *n* concurso (*kohnkoor'so*) *m;* **track —** corredera (*kohrrehdeh'rah*) *f;* *v* encontrar(se) (*ehnkohntrahr'seh*); reunirse (*rehooneer'seh*); conocer (*kohnosehr'*)
meeting *n* reunión (*rehoonyohn'*) *f;* mitin (*mee'teen*) *m;* encuentro (*ehnkwehn'tro*) *m*
megacycle *n* megaciclo (*mehgahsee'klo*) *m*
megaphone *n* megáfono (*mehgah'fohno*) *m;* portavoz (*pohrtahvos'*) *m*
melancholy *adj* melancólico (*mehlahnkoh'leeko*); *n* melancolía (*mehlahnkohlee'ah*) *f*
mellow *adj* maduro (*mahdoo'ro*); blando (*blahn'do*); *v* madurar(se) (*mahdoorahr', seh*)
mellowness *n* madurez (*mahdoorehs'*) *f*
melodious *adj* melodioso (*mehlohdyoh'so*)
melody *n* melodía (*mehlohdee'ah*) *f*
melon *n* melón (*mehlohn'*) *m*
melt *v* derretir(se) (*dehrrehteer', seh*); fundir(se) (*foondeer'seh*)
member *n* miembro (*myehm'bro*) *m;* socio (*soh'syo*) *m*
membership *n* número de miembros (*noo'mehro de myehm'bros*) *m*
membrane *n* membrana (*mehmbrah'nah*) *f*
memento *n* memento (*mehmehn'to*) *m;* recuerdo (*rehkwehr'do*) *m*
memoir *n* memoria (*mehmoh'ryah*) *f;* relación (*rehlahsyohn'*) *f;* **—s** memorias (*mehmoh'ryahs*) *f, pl;* autobiografía (*ahootohbyohgrahfee'ah*) *f*
memorable *adj* memorable (*mehmohrah'bleh*)
memorandum *n* memorándum (*mehmohrahn'doom*) *m;* **— book** carnet (*kahrneht'*) *m*
memorial *n* monumento (*mohnoomehn'to*) *m*
memorize *v* aprender de memoria (*ahprehndehr' deh mehmoh'ryah*)
memory *n* memoria (*mehmoh'ryah*) *f*
menace *n* amenaza (*ahmehnah'sah*) *f;* *v* amenazar (*ahmehnahsahr'*)
mend *v* remendar (*rehmehndahr'*); reparar (*rehpahrahr'*); enmendar (*ehnmehndahr'*); **to — one's ways** enmendarse (*ehnmehndahr'seh*); corregir(se) (*kohrreh-heer', seh*)
menial *adj* servil (*sehrveel'*)
menstruation *n* menstruación (*mehnstrwahsyohn'*) *f*
mental *adj* mental (*mehntahl'*)
mentality *n* mentalidad (*mehntahleedahd'*) *f;* **high —** ingenio (*eenheh'nyo*) *m*
mention *n* mención (*mehnsyohn'*) *f;* alusión (*ahloosyohn'*) *f;* *v* mencionar (*mehnsyohnahr'*); **don't — it!** ¡no hay de qué! (*no ahy' deh keh'*)
menu *n* menú (*mehnoo'*) *m;* lista de platos (*lees'tah deh plah'tos*) *f*
mercantile *adj* mercantil (*mehrkahnteel'*)
mercenary *adj* mercenario (*mehrsehnah'ryo*)
merchandise *n* mercancía (*mehrkahnsee'ah*) *f*
merchant *adj* mercante (*mehrkahn'teh*); *n* comerciante (*kohmehrsyahn'teh*) *m;* negociante (*nehgohsyahn'teh*) *m*
merchantman *n* buque mercantil (mercante) (*boo'keh mehrkahnteel', mehrkahn'teh*) *m*
merciful *adj* misericordioso (*meesehreekohrdyoh'so*); piadoso (*pyahdoh'so*)
merciless *adj* sin piedad (*seen pyehdahd'*)
mercury *n* mercurio (*mehrkoo'ryo*) *m*
mercy *n* merced (*mehrsehd'*) *f;* gracia (*grah'syah*) *f;* piedad (*pyehdahd'*) *f*
mere *adj* mero (*meh'ro*); simple (*seem'pleh*); puro (*poo'ro*); **a — formality** una pura formalidad (*oo'nah poo'rah fohrmahleedahd'*) *f;* **—ly** *adv* puramente (*poorahmehn'teh*)
merge *v* unir(se) (*ooneer', seh*); fundir (se) (*foondeer', seh*)
meridian *adj & n* meridiano (*mehreedyah'no*) *m*
merit *n* mérito (*meh'reeto*) *m;* *v* merecer (*mehrehsehr'*)
mermaid *n* sirena (*seereh'nah*) *f*
merrily *adv* alegremente (*ahlehgrehmehn'teh*)
merriment *n* regocijo (*rehgohsee'ho*) *m*
merry *adj* alegre (*ahleh'greh*); divertido (*deevehrtee'do*); **Merry Christmas** Felices Navidades (*fehlee'sehs nahveedah'dehs*) *f, pl;* Feliz Navidad (*fehlees' nahveedahd'*) *f*
merry-go-round *n* tío-vivo (*tee'oh-vee'vo*) *m*
merrymaker *n* fiestero (*fyehsteh'ro*) *m*
merrymaking *n* regocijo (*rehgohsee'ho*) *m;* holgorio (*ohlgoh'ryo*) *m*
mesh *n* malla (*mah'lyah*) *f;* red (*rehd*) *f;* *v* enredar (*ehnrehdahr'*)
mess *n* comida (*kohmee'dah*) *f;* lío (*lee'o*) *m;* confusión (*kohnfoosyohn'*) *f;* **to make a — of** ensuciar (*ehnsoosyahr'*); confundir (*kohnfoondeer'*); *v* ensuciar (*ehnsoosyahr'*); confundir (*kohnfoondeer'*); **messy** *adj* sucio (*soo'syo*); en desorden (*ehn dehsohr'dehn*)
message *n* mensaje (*mehnsah'heh*) *m;* comunicación (*kohmooneekahsyohn'*) *f*
messenger *n* mensajero (*mehnsah-heh'ro*) *m*

messroom (hall) *n* comedor para soldados (*kohmehdohr' pahrah sohldah'dos*) *m*
metal *adj* metálico (*mehtah'leeko*); *n* metal (*mehtahl'*) *m*
metallic *adj* metálico (*mehtah'leeko*)
metallurgy *n* metalurgia (*mehtahloohr'hya*) *f*
metaphor *n* metáfora (*mehtah'fohrah*) *f*
meteor *n* meteoro (*mehtehoh'ro*) *m*
meteorological *adj* meteorológico (*mehtehohrohloh'heeko*)
meteorology *n* meteorología (*mehtehohrohloh-hee'ah*) *f*
meter *n* metro (*meh'tro*) *m;* contador (*kohntahdohr'*) *m*
method *n* método (*meh'tohdo*) *m;* técnica (*tehk'neekah*) *f*
methodical *adj* metódico (*mehtoh'deeko*)
metric *adj* métrico (*meh'treeko*)
metropolis *n* metrópoli (*mehtroh'pohlee*) *f*
metropolitan *adj* metropolitano (*mehtrohpohleetah'no*)
mettle *n* brío (*bree'o*) *m;* ánimo (*ah'neemo*) *m*
mew *n* maullido (*mahoolyoo'do*) *m; v* maullar (*mahoolyahr'*)
Mexican *adj & n* mexicano (*meh-heekah'no*) *m*
Mexico *n* México (*meh'heeko*) *m*
mezzanine *n* entresuelo (*ehntrehsweh'lo*) *m*
microbe *n* microbio (*meekroh'byo*) *m*
microfilm *n* microfilm (*meekrohfeelm'*) *m*
microphone *n* micrófono (*meekroh'fohno*) *m*
microscope *n* microscopio (*meekrohskoh'pyo*) *m*
microscopic *adj* microscópico (*meekrohskoh'peeko*)
midday *n* mediodía (*mehdyohdee'ah*) *m*
middle *adj* medio (*meh'dyo*); intermedio (*eentehrmeh'dyo*); **Middle Ages** Edad Media (*ehdahd meh'dyah*) *f; n* medio (*meh'dyo*) *m;* centro (*sehn'tro*) *m;* mitad (*meetahd'*) *f;* **in the — of** en medio de (*ehn ... deh*)
middle-aged *adj* de edad mediana (*deh ehdahd' mehdyah'nah*)
middle class *n* clase media (*klah'seh meh'dyah*) *f*
middleman *n* revendedor (*rehvehndehdohr'*) *m*
middleweight *adj* (*boxing*) peso medio (*peh'so meh'dyo*)
middy *n* guardiamarina (*gwahrdyahmahree'nah*) *f*
midget *n* enano (*ehnah'no*) *m*
midnight *n* medianoche (*mehdyahnoh'cheh*) *f; adj* de la medianoche (*deh lah ...*); **Midnight Mass** Misa del Gallo (*mee'sah dehl gah'lyo*) *f*
midshipman *n* guardiamarina (*gwahrdyahmahree'nah*) *m*
midst *n* medio (*meh'dyo*) *m;* centro (*sehn'tro*) *m*
midstream *n* el medio de la corriente (*ehl meh'dyo deh lah kohrryehn'teh*) *m*
midsummer *n* pleno verano (*pleh'no vehrah'no*) *m;* en pleno verano (*ehn ...*) *m*
midterm *n* medio curso (*meh'dyo koor'so*) *m*
midway *adj* equidistante (*ehkeedeestahn'teh*); *adv* a medio camino (*ah meh'dyo kahmee'no*)
midwife *n* partera (*pahrteh'rah*) *f*
mien *n* facha (*fah'chah*) *f;* aspecto (*ahspehk'to*) *m*
might *n* poder (*pohdehr'*) *m; v* podía (*pohdee'ah*); podría (*pohdree'ah*); pudiera (*poodyeh'rah*)
mighty *adj* poderoso (*pohdehroh'so*); fuerte (*fwehr'teh*); *adv* muy (*moo'y*)
migrate *v* emigrar (*ehmeegrahr'*)
migration *n* emigración (*ehmeegrahsyohn'*) *f*
milch *adj* lechero (*lehcheh'ro*)
mild *adj* suave (*swah'veh*); blando (*blahn'do*)
mildew *n* tizón (*teesohn'*) *m;* roya (*roh'yah*) *f*
mildness *n* suavidad (*swahveedahd'*) *f;* blandura (*blahndoo'rah*) *f;* dulzura (*doolsoo'rah*) *f*
mile *n* milla (*mee'lyah*) *f;* **— stone** piedra miliaria (*pyeh'drah meelyah'ryah*) *f*
mileage *n* millaje (*meelyah'heh*) *m;* recorrido (*rehkorree'do*) *m*
militant *adj* militante (*meeleetahn'teh*)
military *adj* militar (*meeleetahr'*); *n* los militares (*los meeleetah'rehs*) *m, pl*
militia *n* milicia (*meelee'syah*) *f*
milk *n* leche (*leh'cheh*) *f; v* ordeñar (*ohrdehnyahr'*)
milkmaid *n* lechera (*lehcheh'rah*) *f*
milkman *n* lechero (*lehcheh'ro*) *m;* vaquero (*vahkeh'ro*) *m*
milky *adj* lácteo (*lahk'teho*); lechoso (*lehchoh'so*); **Milky Way** Vía Láctea (*vee'ah lahk'tehah*) *f*
mill *n* molino (*mohlee'no*) *m; v* moler (*mohlehr'*); batir (*bahteer'*)
millennium *n* milenio (*meeleh'nyo*) *m;* mil años (*meel ah'nyos*) *m*
miller *n* molinero (*mohleeneh'ro*) *m*
milliner *n* modista de sombreros (*mohdees'tah deh sohmbreh'rohs*) *f*
millinery *n* sombreros de mujer (*sohmbreh'ros deh moohehr'*) *m;* **— shop** sombrerería (*sohmbrehrehree'ah*) *f*
million *n* millón (*meelyohn'*) *m*
millionaire *adj & n* millonario (*meelyohnah'ryo*) *m*

millionth *adj & n* millonésimo (*meelyoh-neh'seemo*) *m*
millstone *n* muela (de molino) (*mweh'-lah, deh mohlee'no*) *f*
mimic *adj* mímico (*mee'meeko*); imitativo (*eemeetahtee'vo*); *v* imitar (*eemee-tahr'*)
mimicry *n* mímica (*mee'meekah*) *f*
mince *v* picar (*peekahr'*); **not to — words** hablar muy francamente (*ah-blahr' moo'y frahnkahmehn'teh*)
mincemeat *n* picadillo (*peekahdee'lyo*) *m*
mind *n* mente (*mehn'teh*) *f;* pensamiento (*pehnsahmyehn'to*) *m;* ánimo (*ah'nee-mo*) *m;* espíritu (*ehspee'reetoo*) *m;* intención (*eentehnsyohn'*) *f;* **to be out of one's —** estar loco (*ehstahr' loh'-ko*); **to change one's —** cambiar de parecer (*kahmbyahr' deh pahrehsehr'*); **to make up one's —** decidirse (*dehsee-deer'seh*); *v* cuidar (*kweedahr'*); importar (*eempohrtahr'*); **do you — it?** ¿tiene inconveniente?; **never —** no importa (*no eempohr'tah*); no se moleste (*no seh mohlehs'teh*)
minded *adj* inclinado (*eenkleenah'do*)
mindful *adj* atento (*ahtehn'to*); cuidadoso (*kweedahdoh'so*)
mindless *adj* negligente (*nehgleehehn'-teh*)
mindreader *n* persona que adivina el pensamiento (*pehrsoh'nah keh ahdee-vee'nah ehl pehnsahmyehn'to*) *f*
mine *pron* mío (*mee'o*); el mío (*ehl mee'o*); mía (*mee'ah*); la mía (*lah ...*), etc.
mine *n* mina (*mee'nah*) *f;* **— field** campo de minas (*kahm'po deh ...s*) *m;* *v* minar (*meenahr'*)
mined *adj* minado (*meenah'do*)
miner *n* minero (*meeneh'ro*) *m*
mineral *adj & n* mineral (*meenehrahl'*) *m*
mineralogy *n* mineralogía (*meenehrah-lohhee'ah*) *f*
mingle *v* mezclar(se) (*mehsklahr', seh*)
miniature *adj* en miniatura (*ehn mee-nyahtoo'rah*); pequeñito (*pehkehnyee'-to*); *n* miniatura (*meenyahtoo'rah*) *f*
minimize *v* empequeñecer (*ehmpehkeh-nyehsehr'*)
minimum *adj & n* mínimo (*mee'nee-mo*) *m*
mining *adj* minero (*meeneh'ro*); minería (*meenehree'ah*) *f*
mini skirt *n* mini-falda (*mee'nee fahl'-dah*) *f;* mini-pollera (*... pohlyeh'rah*) *f*
minister *n* ministro (*meenees'tro*) *m;* pastor (*pahstohr'*) *m;* *v* ministrar (*meeneestrahr'*); atender (*ahtehndehr'*); ayudar (*ahyoodahr'*)
ministerial *adj* ministerial (*meeneesteh-ryahl'*)
ministry *n* ministerio (*meeneesteh'ryo*) *m*
mink *n* visón (*veesohn'*) *m*
minnow *n* pececillo (*pehsehsee'lyo*) *m*
minor *adj* menor (*mehnohr'*); **of — importance** de poca importancia (*deh poh'kah eempohrtahn'syah*); *n* menor de edad (*mehnohr' deh ehdahd'*) *m*
minority *n* minoría (*meenohree'ah*) *f;* parte pequeña (*pahr'teh pehkeh'nyah*) *f*
minstrel *n* trovador (*trohvahdohr'*) *m;* juglar (*hooglahr'*) *m*
mint *n* (*plant*) menta (*mehn'tah*) *f;* (*money*) casa de moneda (*kah'sah deh mohneh'dah*) *f;* *v* acuñar (*ahkoo-nyahr'*)
minuet *n* minué (*meenweh'*) *m*
minus *adj* menos (*meh'nos*); *n* menos (*meh'nos*) *m, f*
minute *n* minuto (*meenoo'to*) *m;* **ten —s ago** hace diez minutos (*ah'seh dyehs' ...s*)
minute *adj* pequeñito (*pehkehnyee'to*); detallado (*dehtahlyah'do*)
minuteness *n* pequeñez (*pehkehnyehs'*) *f*
minutiae *n; pl* minucias (*meenoo'syahs*) *f, pl*
miocene *adj & n* mioceno (*myohseh'-no*) *m*
miracle *n* milagro (*meelah'gro*) *m*
miraculous *adj* milagroso (*meelahgroh'-so*)
mirage *n* espejismo (*espeh-hees'mo*) *m*
mire *n* cieno (*syeh'no*) *m;* fango (*fahn'-go*) *m;* lodo (*loh'do*) *m*
mirror *n* espejo (*ehspeh'ho*) *m;* *v* reflejar (*rehfleh-hahr'*); **it —s my views** refleja mis opiniones (*rehfleh'hah mees oh-peenyoh'nehs*)
mirth *n* júbilo (*hoo'beelo*) *m;* alegría (*ah-lehgree'ah*) *f*
mirthful *adj* jubiloso (*hoobeeloh'so*); gozoso (*gohsoh'so*); alegre (*ahleh'greh*)
miry *adj* cenagoso (*sehnahgoh'so*); fangoso (*fahngoh'so*); con lodo (*kohn loh'-do*)
misbehave *v* portarse mal (*pohrtahr'seh mahl*); obrar mal (*ohbrahr' mahl*)
miscarriage *n* aborto (*ahbohr'to*) *m;* malparto (*mahlpahr'to*) *m*
miscarry *v* abortar (*ahbohrtahr'*); malograrse (*mahlohgrahr'seh*)
miscellaneous *adj* misceláneo (*meeseh-lah'neho*); diverso (*deevehr'so*)
mischief *n* travesura (*trahvehsoo'rah*) *f;* mal (*mahl*) *m;* daño (*dah'nyo*) *m*
mischievous *adj* travieso (*trahvyeh'so*); malicioso (*mahleesyoh'so*)
misconduct *n* mala conducta (*mah'lah kohndook'tah*) *f;* mala administración (*mah'lah ahdmeeneestrahsyohn'*) *f;* *v* maladministrar (*mahlahdmeenees-trahr'*); manejar mal (*mahneh-hahr' mahl*)

misdeed *n* fechoría (*fehchohry'ah*) *f;* mala acción (*mah'lah ahksyohn'*) *f*
misdemeanor *n* mal comportamiento (*mahl kohmpohrtahmyehn'to*) *m;* fechoría (*fehchohry'ah*) *f*
miser *n* avaro (*ahvah'ro*) *m*
miserable *adj* miserable (*meesehrah'bleh*); infeliz (*eenfehlees'*); desdichado (*dehsdeechah'do*)
miserly *adj* avaro (*ahvah'ro*); tacaño (*tahkah'nyo*)
misery *n* miseria (*meeseh'ryah*) *f;* desgracia (*dehsgrah'syah*) *f;* pobreza (*pohbreh'sah*) *f;* dolor (*dohlohr'*) *m*
misfortune *n* infortunio (*eenfohrtoo'nyo*) *m;* desgracia (*dehsgrah'syah*) *f;* desastre (*dehsahs'treh*) *m*
misgiving *n* aprensión (*ahprehnsyohn'*) *f;* temor (*tehmohr'*) *m*
mishap *n* desgracia (*dehsgrah'syah*) *f;* accidente (*ahkseedehn'teh*) *m*
mislay *v* extraviar (*extrahvyahr'*); perder (*pehrdehr'*)
mislead *v* extraviar (*extrahvyahr'*); engañar (*ehngahnyahr'*); descarriar (*dehskahrryahr'*)
misplace *v* extraviar (*extrahvyahr'*); poner fuera de su sitio (*pohnehr' fweh'rah deh soo see'tyo*); no hallar (*no ahlyahr'*)
misprint *n* errata (*ehrrah'tah*) *f;* error de imprenta (*ehrrohr' deh eemprehn'tah*) *m*
misrepresent *v* falsear (*fahlsehahr'*); falsificar (*fahlseefeekahr'*)
miss *n* error (*ehrrohr'*) *m;* falta (*fahl'tah*) *f;* *v* no acertar (*no ahsehrtahr'*); echar de menos (*ehchahr' deh meh'nos*); (*Am*) **he just —ed being hit** por poco lo golpean (*pohr poh'ko loh gohlpeh'ahn*)
Miss *n* señorita (*sehnyohree'tah*) *f*
missile *n* proyectil (*prohyehkteel'*) *m*
missing *adj* ausente (*ahoosehn'teh*); perdido (*pehrdee'do*)
mission *n* misión (*meesyohn'*) *f*
missionary *adj & n* misionero (*meesyohneh'ro*) *m*
misspell *v* deletrear incorrectamente (*dehlehtrehahr' eenkohrrehktahmehn'teh*)
mist *n* neblina (*nehblee'nah*) *f;* *v* lloviznar (*lyohveesnahr'*)
mistake *n* error (*ehrrohr'*) *m;* equivocación (*ehkeevohkahsyohn'*) *f;* **to make a —** *v* equivocarse (*ehkeevohkahr'seh*)
mistaken *adj* equivocado (*ehkeevohkah'do*); **to be —** estar equivocado (*ehstahr'* ...); equivocarse (...)
mister *n* señor (*sehnyohr'*) *m*
mistreat *v* maltratar (*mahltrahtahr'*)
mistress *n* dueña (*dweh'nyah*) *f;* amante (*ahmahn'teh*) *f;* **Mrs. Smith** (la) señora Smith (*lah, sehnyoh'rah* ...)
mistrust *n* desconfianza (*dehskohnfyahn'sah*) *f;* *v* desconfiar de (*dehskohnfyahr' deh*); sospechar (*sohspehchahr'*)
mistrustful *adj* desconfiado (*dehskohnfyah'do*); sospechoso (*sohspehchoh'so*)
misty *adj* nublado (*nooblah'do*); brumoso (*broomoh'so*)
misunderstand *v* no entender bien (*no ehntehndehr' byehn*); comprender mal (*kohmprehndehr' mahl*)
misunderstanding *n* equivocación (*ehkeevohkahsyohn'*) *f;* error (*ehrrohr'*) *m*
misunderstood *adj* erróneo (*ehrroh'neho*)
misusage *n* abuso (*ahboo'so*) *m*
misuse *n* abuso (*ahboo'so*) *m;* *v* abusar de (*ahboosahr' deh*); usar mal (*oosahr' mahl*)
mite *n* óbolo (*oh'bohlo*) *m;* pequeñez (*pehkehnyehs'*) *f;* **— offering** óbolo (...) *m*
miter *n* mitra (*mee'trah*) *f*
mitigate *v* mitigar (*meeteegahr'*)
mitten *n* mitón (*meetohn'*) *m*
mix *n* mezcla (*mehs'klah*) *f;* *v* mezclar(se) (*mehsklahr', seh*); juntar(se) (*hoontahr', seh*); **to — up** confundir (*kohnfoondeer'*)
mixed *adj* mezclado (*mehsklah'do*)
mixture *n* mezcla (*mehs'klah*) *f*
moan *n* gemido (*hehmee'do*) *m;* *v* quejarse (*keh-hahr'seh*); lamentar(se) (*lahmehntahr'seh*)
moat *n* foso (*foh'so*) *m*
mob *n* populacho (*pohpoolah'cho*) *m;* *v* atropellar (*ahtrohpehlyahr'*)
mobile *adj* móvil (*moh'veel*); movible (*mohvee'bleh*)
mobility *n* movilidad (*mohveeleedahd'*) *f*
mobilization *n* movilización (*mohveeleesahsyohn'*) *f*
mobilize *v* movilizar (*mohveeleesahr'*)
moccasin *n* mocasín (*mohkahseen'*) *m*
mock *adj* fingido (*feenhee'do*); *n* mofa (*moh'fah*) *f;* burla (*boor'lah*) *f;* *v* mofar (*mohfahr'*); chiflar (*cheeflahr'*)
mockery *n* burla (*boor'lah*) *f*
mode *n* modo (*moh'do*) *m;* manera (*mahneh'rah*) *f*
model *adj* modelo (*mohdeh'lo*); *n* modelo (*mohdeh'lo*) *m, f;* maniquí (*mahneekee'*) *m;* *v* modelar (*mohdehlahr'*); posar (*pohsahr'*)
moderate *adj* moderado (*mohdehrah'do*); *v* moderar(se) (*mohdehrahr', seh*)
moderation *n* moderación (*mohdehrahsyohn'*) *f*
modern *adj* moderno (*mohdehr'no*)
modernism *n* modernismo (*mohdehrnees'mo*) *m*
modernization *n* modernización (*mohdehrneesahsyohn'*) *f*

modernize *v* modernizar (*mohdehrneesahr'*)
modest *adj* modesto (*mohdehs'to*)
modesty *n* modestia (*mohdehs'tyah*) *f*
modification *n* modificación (*mohdeefeekahsyohn'*) *f*
modify *v* modificar (*mohdeefeekahr'*)
modulate *v* modular (*mohdoolahr'*)
module: lunar module módulo lunar (*moh'doolo loonahr'*) *m*
Mohammedan *adj & n* mahometano (*mahohmehtah'no*) *m*
moist *adj* húmedo (*oo'mehdo*)
moisten *v* humedecer (*oomehdehsehr'*)
moisture *n* humedad (*oomehdahd'*) *f*
molar *adj* molar (*mohlahr'*); *n* muela (*mweh'lah*) *f*
molasses *n* melaza (*mehlah'sah*) *f*
mold *n* molde (*mohl'deh*) *m; v* moldear (*mohldehahr'*); moldar (*mohldahr'*)
molding *n* moldura (*mohldoo'rah*) *f*
moldy *adj* mohoso (*mohoh'so*)
mole *n* mola (*moh'lah*) *f;* topo (*toh'po*) *m*
molecule *n* molécula (*mohleh'koolah*) *f*
molehill *n* topinera (*tohpeeneh'rah*) *f*
molest *v* molestar (*mohlehstahr'*)
molten *adj* derretido (*dehrrehtee'do*)
moment *n* momento (*mohmehn'to*) *m*
momentarily *adv* momentáneamente (*mohmehntahnehahmehn'teh*)
momentary *adj* momentáneo (*mohmehntah'neho*)
momentous *adj* importante (*eempohrtahn'teh*)
momentum *n* ímpetu (*eem'pehtoo*) *m*
monarch *n* monarca (*mohnahr'kah*) *m, f*
monarchy *n* monarquía (*mohnahrkee'ah*) *f*
monastery *n* monasterio (*mohnahsteh'ryo*) *m*
Monday *n* lunes (*loo'nehs*) *m*
monetary *adj* monetario (*mohnehtah'ryo*)
money *n* dinero (*deeneh'ro*) *m;* **— order** giro postal (*hee'ro pohstahl'*) *m;* **— exchange** cambio (*kahm'byo*) *m; adj* **money-making** lucrativo (*lookrahtee'vo*)
monger *n* tratante (*trahtahn'teh*) *m;* **war —** guerreador (*ghehrrehahdohr'*) *m*
monk *n* monje (*mohn'heh*) *m*
monkey *n* mono (*moh'no*) *m;* **— wrench** llave inglesa (*lyah'veh eengleh'sah*) *f; v* juguetear (*hooghehtehahr'*)
monogram *n* monograma (*mohnohgrah'mah*) *m*
monologue *n* monólogo (*mohnoh'lohgo*) *m;* soliloquio (*sohleeloh'kyo*) *m*
monopolize *v* monopolizar (*mohnohpohleesahr'*)
monopoly *n* monopolio (*mohnopoh'lyo*) *m*
monosyllable *n* monosílabo (*mohnohsee'lahbo*) *m*
monotonous *adj* monótono (*mohnoh'tohno*)
monotony *n* monotonía (*mohnohtohnee'ah*) *f*
monster *n* monstruo (*mohns'trwo*) *m*
monstrosity *n* monstruosidad (*mohnstrwohseedahd'*) *f;* barbaridad (*bahrbahreedahd'*) *f*
monstrous *adj* monstruoso (*mohnstrwoh'so*)
month *n* mes (*mehs*) *m*
monthly *adj* mensual (*mehnswahl'*); **— magazine** revista mensual (*rehvees'tah mehnswahl'*) *f*
monument *n* monumento (*mohnoomehn'to*) *m*
monumental *adj* monumental (*mohnoomehntahl'*); colosal (*kohlohsahl'*); enorme (*ehnohr'meh*)
mood *n* humor (*oomohr'*) *m;* **to be in a good —** estar de buen humor (*ehstahr' deh bwehn ...*); **to be in a bad —** estar de mal humor (*ehstahr' deh mahl ...*)
moody *adj* mudable (*moodah'bleh*); melancólico (*mehlahnkoh'leeko*)
moon *n* luna (*loo'nah*) *f;* **— landing** descenso en la luna (*dehsehn'so ehn lah ...*) *m;* **— shot** lanzamiento a la luna (*lahnsahmyehn'to ah lah ...*) *m*
moonlight *n* luz de la luna (*loos' deh lah loo'nah*) *f*
moor *v* amarrar (*ahmahrrahr'*)
Moor *n* moro (*moh'ro*) *m*
Moorish *adj* morisco (*mohrees'ko*); moro (*moh'ro*)
mop *n* (*Am*) trapeador (*trahpehahdohr'*) *m;* **dust —** limpiapolvo (*leempyahpohl'vo*) *m; v* limpiar (*leempyahr'*); (*Am*) trapear (*trahpehahr'*)
moral *adj* moral (*mohrahl'*); (*lesson*) *n* moraleja (*mohrahleh'hah*) *f*
morale *n* moral (*mohrahl'*) *f;* coraje (*kohrah'heh*) *m*
morality *n* moralidad (*mohrahleedahd'*) *f*
moralize *v* moralizar (*mohrahleesahr'*)
morbid *adj* mórbido (*mohr'beedo*); malsano (*mahlsah'no*)
more *adj & adv* más (*mahs*); **— or less** más o menos (*mahs o meh'nos*); **there is no —** no hay más (*no hahy ...*)
moreover *adv* además (*ahdehmahs'*)
morgue *n* necrocomio (*nehkrohkoh'myo*) *m*
morning *n* mañana (*mahnyah'nah*) *f;* **Good —** ¡buenos días! (*bweh'nos dee'ahs*); *adv* **tomorrow —** mañana por la mañana (*... pohr lah ...*)
moron *n* idiota (*eedyoh'tah*) *m, f*
morphine *n* morfina (*mohrfee'nah*) *f*
morphology *n* morfología (*mohrfohlohhee'ah*) *f*
morsel *n* bocado (*bohkah'do*) *m*

mortal *adj & n* mortal (*mohrtahl'*) *m*
mortality *n* mortalidad (*mohrtahlee-dahd'*) *f*
mortar *n* mortero (*mohrteh'ro*) *m*
mortgage *n* hipoteca (*eehpohteh'kah*) *f; v* hipotecar (*eepohtehkahr'*)
mortify *v* mortificar (*mohrteefeekahr'*); avergonzar (*ahvehrgohnsahr'*)
mosaic *adj & n* mosaico (*mohsah'eeko*) *m*
mosquito *n* mosquito (*mohskee'to*) *m*
moss *n* musgo (*moos'go*) *m*
most *adj & adv* más (*mahs*); *n* la mayor parte (*lah mahyohr' pahr'teh*) *f;* **at the —** a lo más (*ah lo mahs'*); **for the — part** por la mayor parte (*pohr lah mahyohr' pahr'teh*); **it is the — (I can do)** es lo más (*ehs lo mahs*)
mostly *adv* por la mayor parte (*pohr lah mahyohr' pahr'teh*); principalmente (*preenseepahlmehn'teh*)
motel *n* parador (*pahrahdohr'*) *m*
moth *n* polilla (*pohlee'lyah*) *f;* **— ball** bola de naftalina (*boh'lah deh nahftahlee'nah*) *f*
mother *adj* de madre (*deh mah'dreh*); materno, a (*mahtehr'no, ah*); *n* madre (*mah'dreh*) *f;* **— country** madre patria (*mah'dreh pah'tryah*) *f;* **— Superior** superiora (*soopehryoh'rah*) *f*
motherhood *n* maternidad (*mahtehrnee-dahd'*) *f*
mother-in-law *n* suegra (*sweh'grah*) *f*
motherly *adj* materno, a (*mahtehr'no, ah*)
motif *n* motivo (*mohtee'vo*) *m;* tema (*teh'mah*) *m;* asunto (*ahsoon'to*) *m*
motion *n* moción (*mohsyohn'*) *f;* seña (*seh'nyah*) *f;* **— picture** cine (*see'neh*) *m; v* hacer una seña (*ahsehr' oo'nah ...*)
motionless *adj* inmóvil (*eenmoh'veel*)
motivate *v* motivar (*mohteevahr'*)
motive *n* motivo (*mohtee'vo*) *m;* tema (*teh'mah*) *m;* razón (*rahsohn'*) *f*
motley *adj* abigarrado (*ahbeegahrrah'do*)
motor *n* motor (*mohtohr'*) *m*
motorboat *n* autobote (*ahootohboh'teh*) *m;* lancha con motor (*lahn'chah kohn mohtohr'*) *f*
motorcar *n* automóvil (*ahootohmoh'veel*) *m*
motorcycle *n* motocicleta (*mohtohsee-kleh'tah*) *f*
motorist *n* motorista (*mohtohrees'tah*) *m, f*
motorman *n* motorista (*mohtohrees'tah*) *m, f*
motorship *n* motonave (*mohtohnah'veh*) *f*
mottled *adj* abigarrado (*ahbeegahrrah'do*); manchado (*mahnchah'do*)
motto *n* mote (*moh'teh*) *m;* lema (*leh'mah*) *f*
mound *n* montecillo (*mohntehsee'lyo*) *m;* montón de tierra (*mohntohn' deh tyeh'rrah'*) *m*
mount *n* monte (*mohn'teh*) *m;* caballería (*kahbahlyeree'ah*) *f; v* montar (*mohntahr'*); montar a caballo (*mohntahr' ah kahbah'lyo*)
mountain *adj* montañés (*mohntahnyehs'*); **— range** cordillera (*kohrdeelyeh'rah*) *f; n* montaña (*mohntah'nyah*) *f*
mountaineer *n* montañés (*mohntahnyehs'*) *m, f*
mountainous *adj* montañoso (*mohntahnyoh'so*)
mourn *v* lamentar (*lahmehntahr'*); **to — for** llevar luto (*lyehvahr' loo'to*)
mourner *n* lamentador, ra (*lahmehntahdohr', rah*) *m, f*
mournful *adj* doloroso (*dohlohroh'so*); lamentable (*lahmehntah'bleh*)
mourning *n* luto (*loo'to*) *m;* lamentación (*lahmehntahsyohn'*) *f;* **to be in —** estar de luto (*ehstahr' deh loo'to*); llevar luto (*lyehvahr' ...*)
mouse *n* ratón (*rahtohn'*) *m;* **— trap** ratonera (*rahtohneh'rah*) *f*
mouth *n* boca (*boh'kah*) *f*
mouthful *n* bocado (*bohkah'do*) *m*
mouthpiece *n* boquilla (*bohkee'lyah*) *f*
movable *adj* movible (*mohvee'bleh*)
move *n* movimiento (*mohveemyehn'to*) *m;* mudanza (*moodahn'sah*) *f; v* mover(se) (*mohvehr', seh*); mudar de casa (*moodahr' deh kah'sah*); (*in a meeting*) presentar una moción (*prehsehntahr' oonah mohsyohn'*); **— away** irse (*eer'seh*); **to — forward** avanzar (*ahvahnsahr'*)
movement *n* movimiento (*mohveemyehn'to*) *m*
movie *n* película (*pehlee'koolah*) *f;* cine (*see'neh*) *m;* **let us go the —s** vamos al cine (*vah'mohs ahl ...*)
moving *adj* emocionante (*ehmohsyohnahn'teh*); **— picture** cine (*see'neh*) *m*
mow *v* segar (*sehgahr'*); cortar (*kohrtahr'*)
mower *n* segador (*sehgahdohr'*) *m*
Mr., Mrs. *n* señor (*sehnyohr'*) *m;* señora (*sehnyoh'rah*) *f*
much *adj, n, & adv* mucho (*moo'cho*) *m;* **as — as** tanto como (*tahn'to koh'mo*); **how —?** ¿cuánto es? (*kwahn'to ehs*); **so — that** tanto que (*tahn'to keh*); **too —** demasiado (*dehmahsyah'do*); **very —** muchísimo (*moochee'seemo*)
mucous *adj* mucoso (*mookoh'so*); **— membrane** membrana mucosa (*mehmbrah'na ...ah*) *f*
mud *n* lodo (*loh'do*) *m;* fango (*fahn'go*) *m*
muddle *n* confusión (*kohnfoosyohn'*) *f;* embrollo (*ehmbroh'lyo*) *m; v* enturbiar (*ehntoorbyahr'*); confundir (*kohnfoondeer'*)

muddy *adj* fangoso (*fahngoh'so*); turbio (*toor'byo*); *v* enlodar (*ehnlohdahr'*); enturbiar (*ehntoorbyahr'*)
muffin *n* bollo (*boh'lyo*) *m;* panecillo (*pahnehsee'lyo*) *m*
muffle *v* embozar (*ehmbohsahr'*); tapar (*tahpahr'*)
muffler *n* bufanda (*boofahn'dah*) *f;* (*auto*) silenciador (*seelehnsyahdohr'*) *m*
muggy *adj* húmedo (*oo'mehdo*)
mulatto *n* mulato (*moolah'to*) *m*
mulberry *n* mora (*moh'rah*) *f;* **— tree** moral (*mohrahl'*) *m*
mule *n* mulo (*moo'lo*) *m*
muleteer *n* mulero (*mooleh'ro*) *m;* arriero (*ahrryeh'ro*) *m*
mull *v* meditar (*mehdeetahr'*); ponderar (*pohndehrahr'*); calentar (*kahlehntahr'*)
multiform *adj* multiforme (*moolteefohr'meh*); diverso (*deevehr'so*)
multiple *adj* múltiple (*mool'teepleh*)
multiplication *n* multiplicación (*moolteepleekahsyohn'*)
multiplicity *n* multiplicidad (*moolteepleeseedahd'*) *f*
multiply *v* multiplicar(se) (*moolteepleekahr', seh*)
multitude *n* multitud (*moolteetood'*) *f;* muchedumbre (*moochehdoom'breh*) *f*
mum *adj* callado (*kahlyah'do*); silencioso (*seelehnsyoh'so*); **to keep —** estarse callado (*estahr'seh ...*)
mumble *n* murmullo (*moormoo'lyo*) *m; v* murmurar (*moormoorahr'*); mascullar (*mahskoolyahr'*)
mummy *n* momia (*moh'myah*) *f*
mumps *n* paperas (*pahpeh'rahs*) *f, pl*
munch *v* mascar (*mahskahr'*); mascullar (*maskoolyahr'*)
municipal *adj* municipal (*mooneeseepahl'*)
municipality *n* municipio (*mooneesee'pyo*) *m*
munition *n* munición (*mooneesyohn'*) *f;* **— depot** arsenal (*ahrsehnahl'*) *m*
mural *adj & n* mural (*moorahl'*) *m;* pintura (*peentoo'rah*) *f*
murder *n* homicidio (*ohmeesee'dyo*) *m; v* asesinar (*ahsehseenahr'*)
murderer *n* asesino (*ahsehsee'no*) *m;* homicida (*ohmeesee'dah*) *m, f*
murderess *n* asesina (*ahsehsee'nah*) *f;* homicida (*ohmeesee'dah*) *f;* matadora (*mahtahdoh'rah*) *f*
murderous *adj* asesino (*ahsehsee'no*); homicida (*ohmeesee'dah*); violento (*vyohlehn'to*)
murmur *n* murmullo (*moormoo'lyo*) *m;* susurro (*soosoo'rro*) *m; v* murmurar (*moormoorahr'*); susurrar (*soosoorahr'*)
muscle *n* músculo (*moos'koolo*) *m*
muscular *adj* muscular (*mooskoolahr'*); musculoso (*mooskooloh'so*)
muse *n* (*poet*) musa (*moo'sah*) *f; v* meditar (*mehdeetahr'*)
museum *n* museo (*mooseh'o*) *m*
mush *n* masa de maíz (*mah'sah deh mahees'*) *f;* papas (*pah'pahs*) *f, pl*
mushroom *n* seta (*seh'tah*) *f;* hongo (*on'go*) *m; v* esparcir rápidamente (*ehspahrseer' rahpeedahmehn'teh*)
music *n* música (*moo'seekah*) *f*
musical *adj* musical (*mooseekahl'*); melodioso (*mehlohdyoh'so*); **— comedy** zarzuela (*sahrsweh'lah*) *f*
musician *n* músico (*moo'seeko*) *m*
musing *n* meditación (*mehdeetahsyohn'*) *f*
muslin *n* muselina (*moosehlee'nah*) *f*
muss *v* manosear (*mahnohsehahr'*); desordenar (*dehsohrdehnahr'*)
must *v* deber de (*dehbehr' deh*); tener que (*tehnehr' keh*); **it — be he** ha de ser él (*ah deh sehr ehl*)
mustache *n* bigote (*beegoh'teh*) *m;* mostacho (*mohstah'cho*) *m*
mustard *n* mostaza (*mohstah'sah*) *f*
muster *v* pasar lista (*pahsahr' lees'tah*); pasar revista (*pahsahr' rehvees'tah*); **to — out** dar de baja a (*dahr deh bah'hah ah*)
musty *adj* mohoso (*mohoh'so*); rancio (*rahn'syo*)
mute *adj* mudo (*moo'do*); *n* mudo (...) *m*
mutilate *v* mutilar (*mooteelahr'*)
mutilation *n* mutilación (*mooteelahsyohn'*) *f*
mutiny *n* motín (*mohteen'*) *m; v* amotinarse (*ahmohteenahr'seh*)
mutter *n* murmullo (*moormoo'lyo*) *m;* murmuración (*moormoorahsyohn'*) *f; v* murmurar (*moormoorahr'*)
mutton *n* carne de carnero (*kahr'neh deh kahrneh'ro*) *f;* carnero (*kahrneh'ro*) *m*
mutual *adj* mutuo (*moo'two*)
muzzle *n* hocico (*ohsee'ko*) *m;* boca (*boh'kah*) *f; v* embozar (*ehmbohsahr'*); hacer callar (*ahsehr' kahlyahr'*)
my *adj* mi (*mee*)
myriad *n* miriada (*meeree'ahdah*) *f;* gran cantidad (*grahn kahnteedahd'*) *f*
myrtle *n* mirto (*meer'to*) *m*
myself *pron;* **I —** yo mismo (*yo mees'mo*); me (*meh*); **by —** yo solo (*yo soh'lo*)
mysterious *adj* misterioso (*meestehryoh'so*); arcano (*ahrkah'no*)
mystery *n* misterio (*meesteh'ryo*) *m*
mystic *adj & n* místico (*mees'teeko*) *m*
mystical *adj* místico (*mees'teeko*)
myth *n* mito (*mee'to*) *m;* fábula (*fah'boolah*) *f*
mythology *n* mitología (*meetohlohhee'ah*) *f;* mitos (*mee'tos*) *m, pl*

N

nab *v* agarrar (*ahgahrrahr'*); coger (*kohhehr'*); arrestar (*ahrrehstahr'*); prender (*prehndehr'*)

nag *n* rocín (*rohseen'*) *m;* caballejo (*kahbahlyeh'ho*) *m; v* irritar (*eerreetahr'*); importunar (*eempohrtoonahr'*)

nail *n* clavo (*klah'vo*) *m;* uña (*oo'nyah*) *f;* **— polish** esmalte (*ehsmahl'teh*) *m;* laca de uñas (*lah'kah deh ...*) *f; v* clavar (*klahvahr'*)

naive *adj* ingenuo (*eenheh'nwo*); muy sincero (*moo'y seenseh'ro*)

naked *adj* desnudo (*dehsnoo'do*)

nakedness *n* desnudez (*dehsnoodehs'*) *f*

name *n* nombre (*nohm'breh*) *m;* **what is your —?** ¿cómo se llama usted? (*koh'mo seh lyah'mah oostehd'*); *v* nombrar (*nohmbrahr'*); llamar (*lyahmahr'*)

nameless *adj* sin nombre (*seen nohm'breh*); anónimo (*ahnoh'neemo*)

namely *adv* a saber (*ah sahbehr'*); es decir (*ehs dehseer'*)

nap *n* siesta (*syehs'tah*) *f;* **to take a —** tomar la siesta (*tohmahr' lah ...*); echar la siesta (*ehchahr' lah ...*); *v* dormitar (*dohrmeetahr'*)

nape *n* nuca (*noo'kah*) *f*

naphtha *n* nafta (*nahf'tah*) *f*

napkin *n* servilleta (*sehrveelyeh'tah*) *f*

narcissus *n* narciso (*nahrsee'so*) *m*

narcotic *adj & n* narcótico (*nahrkoh'teeko*) *m*

narrate *v* narrar (*nahrrahr'*)

narration *n* narración (*nahrrahsyohn'*) *f;* relato (*rehlah'to*) *m*

narrative *adj* narrativo (*nahrrahtee'vo*); *n* narración (*nahrrahsyohn'*) *f;* relato (*rehlah'to*) *m*

narrow *adj* estrecho (*ehstreh'cho*); limitado (*leemeetah'do*); **narrow-minded** fanático (*fahnah'teeko*); intolerante (*eentohlehrahn'teh*); *v* limitar (*leemeetahr'*); estrechar (*ehstrehchahr'*); **—ly** *adv* estrechamente (*ehstrehchahmehn'teh*)

narrowness *n* estrechez (*ehstrehchehs'*) *f;* limitación (*leemeetahsyohn'*) *f*

nasal *adj* nasal (*nahsahl'*)

nastiness *n* suciedad (*soosyedahd'*) *f;* grosería (*grohsehry'ah*) *f;* vulgaridad (*voolgahreedahd'*) *f*

nasty *adj* sucio (*soo'syo*); feo (*feh'o*); grosero (*grohseh'ro*); vulgar (*voolgahr'*)

nation *n* nación (*nahsyohn'*) *f*

national *adj* nacional (*nahsyohnahl'*)

nationality *n* nacionalidad (*nahsyohnahleedahd'*) *f*

native *adj* nativo (*nahtee'vo*); **— country** patria (*pah'tryah*) *f; n* **— of** oriundo de (*ohryoon'do deh*) *m;* nativo (*nahtee'vo*) *m*

nativity *n* nacimiento (*nahseemyehn'to*) *m;* **Nativity** Navidad (*nahveedahd'*) *f*

natural *adj* natural (*nahtoorahl'*); sencillo (*sehnsee'lyo*); **—ly** *adv* naturalmente (*nahtoorahlmehn'teh*)

naturalism *n* naturalismo (*nahtoorahlees'mo*) *m*

naturalist *n* naturalista (*nahtoorahlees'tah*) *m, f*

naturalization *n* naturalización (*nahtoorahleesahsyohn'*) *f*

naturalize *v* naturalizar (*nahtoorahleesahr'*); naturalizarse (*...seh*)

naturalness *n* naturalidad (*nahtoorahleedahd'*) *f*

nature *n* naturaleza (*nahtoorahleh'sah*) *f;* índole (*een'dohleh*) *f*

naught *n* cero (*seh'ro*) *m;* nada (*nah'dah*) *f*

naughty *adj* travieso (*trahvyeh'so*); malicioso (*mahleesyoh'so*); pícaro (*pee'kahro*)

nausea *n* náusea (*nah'oosehah*) *f*

nauseate *v* nausear (*nahoosehahr'*); asquear (*ahskehahr'*); **to be —ed** tener náuseas (*tehnehr' nah'oosehahs*)

nauseating *adj* nauseabundo (*nahoosehhaboon'do*); disgustante (*deesgoostahn'teh*); feo (*feh'o*)

naval *adj* naval (*nahvahl'*); de marina (*deh mahree'nah*)

nave *n* nave (*nah'veh*) *f*

navel *n* ombligo (*ohmblee'go*) *m*

navigable *adj* navegable (*nahvehgah'bleh*)

navigate *n* navegar (*nahvehgahr'*)

navigation *n* navegación (*nahvehgahsyohn'*) *f*

navigator *n* navegador (*nahvehgahdohr'*) *m;* navegante (*nahvehgahn'teh*) *m*

navy *n* marina (*mahree'nah*) *f;* armada (*ahrmah'dah*) *f;* **—yard** astillero (*ahsteelyeh'ro*) *m;* arsenal naval (*ahrsehnahl' nahvahl'*) *m*

nay *n* voto negativo (*voh'to nehgahtee'vo*) *m; adv* no (*no*); y aun (*ee ahoon'*)

near *adj* cercano (*sehrkah'no*); *adv* cerca (*sehr'kah*); casi (*kah'see*); **— sighted** miope (*myoh'peh*); **to draw —** acercarse (*ahsehrkahr'seh*)
near-by *adj* cercano (*sehrkah'no*); *adv* cerca (*sehr'kah*)
nearly *adv* casi (*kah'see*); aproximadamente (*ahprohxeemahdahmehn'teh*)
nearness *n* cercanía (*sehrkahnee'ah*) *f*
neat *adj* limpio (*leem'pyo*); lindo (*leen'do*); diestro (*dyes'tro*); **—ly** *adv* pulidamente (*pooleedahmehn'teh*); ordenadamente (*ohrdehnahdahmehn'teh*)
neatness *n* limpieza (*leempyeh'sah*) *f;* claridad (*klahreedahd'*) *f;* elegancia (*ehlehgahn'syah*) *f*
necessarily *adv* necesariamente (*nehsehsahryahmehn'teh*)
necessary *adj* necesario (*nehsehsah'ryo*); preciso (*prehsee'so*)
necessitate *v* necesitar (*nehsehseetahr'*); precisar (*prehseesahr'*)
necessity *n* necesidad (*nehsehseedahd'*) *f*
neck *n* cuello (*kweh'lyo*) *m;* garganta (*gahrgahn'tah*) *f*
necklace *n* collar (*kohlyahr'*) *m;* gargantilla (*gahrgahntee'lyah*) *f*
necktie *n* corbata (*kohrbah'tah*) *f*
need *n* necesidad (*nehsehseedahd'*) *f;* pobreza (*pohbreh'sah*) *f;* falta (*fahl'tah*) *f;* *v* necesitar (*nehsehseetahr'*); hacer falta (*ahsehr' fahl'tah*); faltar (*fahltahr'*)
needle *n* aguja (*ahgoo'hah*) *f*
needless *adj* superfluo (*soopehr'flwo*); inútil (*eenoo'teel*)
needlework *n* bordado (*bohrdah'do*) *m;* costura (*kohstoo'rah*) *f*
needy *adj* menesteroso (*mehnehstehroh'so*); pobre (*poh'breh*)
nefarious *adj* nefario (*nehfah'ryo*)
negation *n* negación (*nehgahsyohn'*) *f;* negativa (*nehgahtee'vah*) *f*
negative *adj* negativo (*nehgahtee'vo*); *n* negativa (*nehgahtee'vah*) *f*
neglect *n* negligencia (*nehgleehehn'syah*) *f;* descuido (*dehskwee'do*) *m;* *v* descuidar (*dehskweedahr'*); olvidar (*ohlveedahr'*)
negligence *n* negligencia (*nehgleehehn'syah*) *f*
negligent *adj* negligente (*nehgleehehn'teh*); descuidado (*dehskweedah'do*)
negotiate *v* negociar (*nehgohsyahr'*); tratar de negocios (*trahtahr' deh nehgoh'syos*)
negotiation *n* negociación (*nehgohsyahsyohn'*) *f*
negress *n* negra (*neh'grah*) *f*
negro *adj & n* negro (*neh'gro*) *m*
neigh *n* relincho (*rehleen'cho*) *m;* *v* relinchar (*rehleenchahr'*)
neighbor *adj & n* vecino (*vehsee'no*) *m;* prójimo (*proh'heemo*) *m;* **good —s** buenos vecinos (*bweh'nos ...s*) *m, pl*
neighborhood *n* vecindad (*vehseendahd'*) *f*
neighboring *adj* vecino (*vehsee'no*); cercano (*sehrkah'no*)
neither *pron* ninguno (*neengoo'no*); **— ... nor** ni uno ni otro (*nee oo'no nee oh'tro*); **— do I** ni yo tampoco (*nee yo tahmpoh'ko*)
nephew *n* sobrino (*sohbree'no*) *m*
nerve *n* nervio (*nehr'vyo*) *m;* audacia (*ahoodah'syah*) *f*
nervous *adj* nervioso (*nehrvyoh'so*)
nervousness *n* nerviosidad (*nehrvyohseedahd'*) *f;* gran emoción (*grahn ehmohsyohn'*) *f*
neologism *n* neologismo (*nehohloh-hees'mo*) *m*
nest *n* nido (*nee'do*) *m;* ahorros (*ahoh'rros*) *m, pl;* *v* anidar (*ahneedahr'*); ahorrar (*ahohrrahr'*)
nestle *v* acurrucarse (*ahkoorrookahr'seh*); anidar (*ahneedahr'*)
net *adj* de malla (*deh mah'lyah*); *n* red (*rehd*) *f;* malla (*mah'lyah*) *f;* *v* redar (*rehdahr'*); coger (*koh-hehr'*)
net *adj* neto (*neh'to*); **— price** precio neto (*preh'syo neh'to*) *m;* **— profit** ganancia neta (*gahnahn'syah neh'tah*) *f;* *v* ganar con precio neto (*gahnahr' kohn preh'syo ...*)
nettle *n* ortiga (*ohrtee'gah*) *f;* *v* picar (*peekahr'*); irritar (*eerreetahr'*); enfadar (*ehnfahdahr'*)
network *n* red (*rehd*) *f;* (*radio*) red de radio, televisión (*rehd deh rah'dyo, tehlehveesyohn'*) *f*
neuralgia *n* neuralgia (*nehoorahl'hya*) *f*
neuritis *n* neuritis (*nehooree'tees*) *f*
neurology *n* neurología (*nehoorohlohhee'ah*) *f*
neurotic *adj & n* neurótico (*nehooroh'teeko*) *m*
neuter *adj* neutro (*neh'ootro*)
neutral *adj* neutral (*nehootrahl'*); neutro (*neh'ootro*)
neutrality *n* neutralidad (*nehootrahleedahd'*) *f*
neutralize *v* neutralizar (*nehootrahleesahr'*)
never *adv* nunca (*noon'kah*); jamás (*hahmahs'*); **— mind** no importa (*no eempohr'tah*)
nevertheless *adv & conj* sin embargo (*seen ehmbahr'go*)
new *adj* nuevo (*nweh'vo*); moderno (*mohdehr'no*); **what is —?** ¿qué hay de nuevo? (*keh ah'y deh ...*)
newcomer *n* recién llegado (*rehsyehn' lyehgah'do*) *m*

newly *adv* nuevamente (*nwehvahmehn'teh*); recientemente (*rehsyehntehmehn'teh*)

newness *n* novedad (*nohvehdahd'*) *f;* algo nuevo (*ahl'go nweh'vo*) *m*

news *n* noticias (*nohtee'syahs*) *f, pl;* novedad (*nohvehdahd'*) *f;* **latest —** últimas noticias (*ool'teemahs ...*) *f, pl;* **— reel** película noticiera (*pehlee'koolah nohteesye'rah*) *f;* **—stand** puesto de periódicos (*pwehs'to deh pehryoh'deekos*) *m*

newspaper *n* periódico (*pehryoh'deeko*) *m;* **— clipping** recorte de (*rehkohr'teh deh ...*) *m*

next *adj* próximo (*prohx'eemo*); siguiente (*seeghyehn'teh*); **I am —** es mi turno (*ehs mee toor'no*); *adv* después (*dehspwehs'*); luego (*lweh'go*); *prep* **— to** junto a (*hoon'to ah*); al lado de (*ahl lah'do deh*); después de (*dehspwehs' deh*); con (*kohn*)

nibble *n* mordisco (*mohrdees'ko*) *m; v* mordiscar (*mohrdeeskahr'*); picar (*peekahr'*)

nice *adj* simpático (*seempah'teeko*); amable (*ahmah'bleh*); lindo (*leen'do*); guapo (*gwah'po*); bello (*beh'lyo*); **—ly** *adv* amablemente (*ahmahblehmehn'teh*)

nicety *n* esmero (*ehsmeh'ro*) *m;* finura (*feenoo'rah*) *f;* gentileza (*hehnteeleh'sah*) *f;* cortesía (*kohrtehsee'ah*) *f*

niche *n* nicho (*nee'cho*) *m*

nick *n* muesca (*mwehs'kah*) *f;* **in the — of time** en el momento oportuno (*ehn ehl mohmehn'to ohpohrtoo'no*)

nickel *n* níquel (*nee'kehl*) *m;* **nickel-plated** niquelado (*neekehlah'do*)

nickname *n* mote (*moh'teh*) *m;* apodo (*ahpoh'do*) *m; v* apodar (*ahpohdahr'*)

niece *n* sobrina (*sohbree'nah*) *f*

niggardly *adj* mezquino (*mehskee'no*); avaro (*ahvah'ro*); tacaño (*tahkah'nyo*); *adv* avaramente (*ahvahrahmehn'teh*)

night *n* noche (*noh'cheh*) *f;* **good —** ¡buenas noches! (*bweh'nahs noh'chehs*); *adj* de noche (*deh ...*); **— watchman** sereno (*sehreh'no*) *m*

nightfall *n* anochecer (*ahnohchehsehr'*) *m;* caída de la tarde (*kahee'dah deh lah tahr'deh*) *f*

nightgown *n* camisa de dormir (*kahmee'sah deh dohrmeer'*) *f;* (*Am*) camisón (*kahmeesohn'*) *f*

nightingale *n* ruiseñor (*rweesehnyohr'*) *m*

nightly *adj* nocturno (*nohktoor'no*); de noche (*deh noh'cheh*); *adv* cada noche (*kah'-dah noh'cheh*)

nightmare *n* pesadilla (*pehsahdee'lyah*) *f*

nimble *adj* ágil (*ah'heel*); ligero (*leeheh'ro*)

nincompoop *n* tonto (*tohn'to*) *m*

nine *adj & n* nueve (*nweh'veh*) *m*

ninth *adj* nono (*noh'no*); noveno (*nohveh'no*)

nip *n* pellizco (*pehlyees'ko*) *m;* trago (*trah'go*) *m; v* arañar (*ahrahnyahr'*); pellizcar (*pehlyeeskahr'*)

nipple *n* pezón (*pehsohn'*) *m;* pezón artificial (... *ahrteefeesyahl'*) *m*

nitrate *n* nitrato (*neetrah'to*) *m*

nitrogen *n* nitrógeno (*neetroh'hehno*) *m*

nitrous *adj* nitroso (*neetroh'so*)

no *adv* no (*no*); **— longer** ya no (*yah no*); **— more** no más (*no mahs'*); *adj* ningún, ninguno (*neengoon', neengoo'no*)

nobility *n* nobleza (*nohbleh'sah*) *f*

noble *adj & n* noble (*noh'bleh*) *m*

nobleman *n* noble (*noh'bleh*) *m*

nobly *adv* noblemente (*nohblehmehn'teh*)

nod *n* inclinación de la cabeza (*eenkleenahsyohn' deh lah kahbeh'sah*) *f;* asentimiento (*ahsehnteemyehn'to*) *m; v* inclinar la cabeza (*eenkleenahr' lah kahbeh'sah*); asentir (*ahsehnteer'*)

noise *n* ruido (*rwee'do*) *m;* sonido (*sohnee'do*) *m*

noiseless *adj* sin ruido (*seen rwee'do*); quieto (*kyeh'to*); **—ly** *adv* sin ruido (...); silenciosamente (*seelehnsyohsahmehn'teh*)

noisily *adv* ruidosamente (*rweedohsahmehn'teh*)

noisy *adj* ruidoso (*rweedoh'so*)

nominal *adj* nominal (*nohmeenahl'*)

nominate *v* nombrar (*nohmbrahr'*); designar (*dehseegnahr'*)

nomination *n* nombramiento (*nohmbrahmyehn'to*) *m;* nominación (*nohmeenahsyohn'*) *f*

none *pron* ninguno (*neengoo'no*); nadie (*nah'dyeh*) *m;* **— of that** nada de eso (*nah'dah deh eh'so*); *adv* nada (. . .)

nonintervention *n* no intervención (*no eentehrvehnsyohn'*) *f*

nonpartisan *adj* sin afiliación política (*seen ahfeelyahsyohn' pohlee'teekah*)

nonsectarian *adj* no sectario (*no sehktah'ryo*)

nonsense *n* tontería (*tohntehree'ah*) *f;* disparate (*deespahrah'teh*) *m;* desatino (*dehsahtee'no*) *m*

noodle *n* tallarín (*tahlyahreen'*) *m;* pasta (*pahs'tah*) *f*

nook *n* rincón (*reenkohn'*) *m*

noon *n* mediodía (*mehdyodee'ah*) *m*

noonday *adj* meridiano (*mehreedyah'no*); *n* mediodía (*mehdyohdee'ah*) *m*

noontime *n* mediodía (*mehdyodee'ah*) *m*

noose *n* dogal (*dohgahl'*) *m;* lazo (*lah'so*) *m;* (*Am*) gaza (*gah'sah*) *f; v* lazar (*lahsahr'*); coger con lazo (*koh-hehr' kohn...*)

nor *conj* ni (*nee*); **neither ... — ni ...** ni (*nee ... nee*); **neither John nor Mary is here** no está aquí ni Juan ni María (*no ehstah' ahkee' nee hwahn nee mahree'ah*)

norm *n* norma (*nohr'mah*) *f*

normal *adj* normal (*nohrmahl'*)

normality *n* normalidad (*nohrmahlee-dahd'*) *f*

north *adj* norteño (*nohrteh'nyo*); del norte (*dehl nohr'teh*); **— pole** polo norte (*poh'lo ...*) *m;* **North American** norteamericano, a (*nohrtehahmehree-kah'no, ah*) *m, f; n* norte (*nohr'teh*) *m; adv* al norte (*ahl ...*); **—bound** hacia el norte (*ah'syah ehl ...*)

northeast *adj & n* nordeste (*nohrdehs'-teh*) *m; adv* hacia el nordeste (*ah'syah ehl ...*)

northeastern *adj* del nordeste (*dehl nohr-dehs'teh*)

northern *adj* septentrional (*sehptehn-tryohnahl'*); del norte (*dehl nohr'teh*); norteño (*nohrteh'nyo*); **— light** aurora boreal (*ahooroh'rah bohrehahl'*) *f*

northerner *n* habitante del norte (*ahbee-tahn'teh dehl nohr'teh*) *m*

northward *adv* hacia el norte (*ah'syah ehl nohr'teh*)

northwest *adj & n* noroeste (*nohroehs'-teh*) *m; adv* hacia el noroeste (*ah'syah ehl ...*)

Norway *n* Noruega (*nohrweh'gah*) *f*

Norwegian *adj & n* noruego, a (*nohr-weh'go, ah*) *m, f*

nose *n* nariz (*nahrees'*) *f*

nostalgia *n* nostalgia (*nohstah'hyah*) *f*

nostalgic *adj* nostálgico (*nohstahl'heeko*)

nostrils *n, pl* narices (*nahree'sehs*) *f, pl;* ventanas de la nariz (*vehntah'nahs deh lah nahrees'*) *f, pl*

nosy *adj* curioso (*koohryoh'so*)

not *adv* no (*no*); **— at all** de ningún modo (*deh neengoon' moh'do*); **— now** no ahora (*no ahoh'rah*); **— even** ni siquiera (*nee seekyeh'rah*)

notable *adj* notable (*nohtah'bleh*)

notary *n* notario (*nohtah'ryo*) *m;* **— public** notario público (*... poo'bleeko*) *m*

notation *n* notación (*nohtahsyohn'*) *f;* apuntes (*ahpoon'tehs*)*m, pl*

notch *n* muesca (*mwehs'kah*) *f;* ranura (*rahnoo'rah*) *f; v* ranurar (*rahnoo-rahr'*)

note *n* nota (*noh'tah*) *f;* apunte (*ahpoon'-teh*) *m;* **to take —s** tomar apuntes (*tohmahr' ...*); *v* notar (*nohtahr'*); observar (*ohbsehrvahr'*)

notebook *n* libreta (*leebreh'tah*) *f;* cuaderno (*kwahdehr'no*) *m*

noted *adj* notable (*nohtah'bleh*); célebre (*seh'lehbreh*)

noteworthy *adj* notable (*nohtah'bleh*); famoso (*fahmoh'so*)

nothing *n* nada (*nah'dah*) *f;* cero (*seh'-ro*) *m;* **I have —** no tengo nada (*no tehn'go ...*)

notice *n* noticia (*nohtee'syah*) *f;* anuncio (*ahnoon'syo*) *m;* **to take —** prestar atención (*prehstahr' ahtehnsyohn'*); *v* notar (*nohtahr'*); observar (*ohbsehr-vahr'*)

noticeable *adj* notable (*nohtah'bleh*)

notification *n* notificación (*nohteefee-kasyohn'*)

notion *n* noción (*nohsyohn'*) *f;* idea (*ee-deh'ah*) *f*

notorious *adj* notorio (*nohtoh'ryo*); mal estimado (*mahl ehsteemah'do*)

notwithstanding *prep* a pesar de (*ah pehsahr' deh*); *conj* no obstante (*no ohbstahn'teh*); *adv* sin embargo (*seen ehmbahr'go*)

nought *n* nada (*nah'dah*) *f*

noun *n* nombre (*nohm'breh*) *m;* sustantivo (*soostahntee'vo*) *m*

nourish *v* nutrir (*nootreer'*); alimentar (*ahleemehntahr'*)

nourishing *adj* nutritivo (*nootreetee'-vo*); salubre (*sahloo'breh*)

nourishment *n* alimento (*ahleemehn'to*) *m;* sustento (*soostehn'to*) *m;* nutrición (*nootreesyohn'*) *f*

novel *adj* nuevo (*nweh'vo*); original (*oh-reeheenahl'*); *n* novela (*nohveh'lah*) *f*

novelist *n* novelista (*nohvehlees'tah*) *m, f*

novelty *n* novedad (*nohvehdahd'*) *f;* originalidad (*ohreeheenahleedahd'*) *f*

November *n* noviembre (*nohvyehm'-breh*) *m*

novice *n* novicio (*novee'syo*) *m;* principiante (*preenseepyahn'teh*) *m*

now *adv* ahora (*ahoh'rah*); **just —** ahora mismo (*ahoh'rah mees'mo*)

nowadays *adv* hoy día (*ohy dee'ah*)

nowhere *adv* en ninguna parte (*ehn neen-goo'nah pahr'teh*)

noxious *adj* nocivo (*nohsee'vo*)

nucleus *n* núcleo (*nook'leho*) *m*

nude *adj* desnudo (*dehsnoo'do*); en cuero (*ehn kweh'ro*)

nudge *n* codazo (*kohdah'so*) *m; v* codear (*kohdehahr'*)

nuisance *n* molestia (*mohlehs'tyah*) *f*

null *adj* nulo (*noo'lo*); **— and void** nulo y sin valor (*noo'lo ee seen vahlohr'*)

numb *adj* entumecido (*ehntoomehsee'do*); **to become —** entumecerse (*ehntoomeh-sehr'seh*)

number *n* número (*noo'mehro*)*m; v* numerar (*noomehrahr'*)

numberless *adj* innumerable (*eenoomeh-rah'bleh*); sin número (*seen noo'mehro*)

numeral *adj* numeral (*noomehrahl'*); *n* número (*noo'mehro*) *m;* cifra (*see'frah*) *f*

numerical *adj* numérico (*noomeh'reeko*)

numerous *adj* numeroso (*noomehroh'so*); **— books** muchos libros (*moo'chos lee'bros*) *m, pl*

numskull *n* zote (*soh'teh*) *m*

nun *n* monja (*mohn'hah*) *f*

nuptial *adj* nupcial (*noopsyahl'*); **—s** *n, pl* bodas (*boh'dahs*) *f*

nurse *n* enfermera (*ehnfehrmeh'rah*) *f;* niñera (*neenyeh'rah*) *f; v* (*a baby*) lactar (*lahktahr'*); (*a cold*) cuidar (*kweedahr'*); (*a hope*) abrigar (*ahbreegahr'*); criar (*kryahr'*)

nursery *n* cuarto para niños (*kwahr'to pah'rah nee'nyos*) *m*

nurture *n* crianza (*kryahn'sah*) *f;* nutrimento (*nootreemehn'to*) *m; v* criar (*kryahr'*); nutrir (*nootreer'*); cuidar (*kweedahr'*)

nut *n* nuez (*nwehs'*) *f;* (*coll*) **he is a —** está loco (*ehstah' loh'ko*)

nutcracker *n* cascanueces (*kahskahnweh'sehs*) *m, pl*

nutmeg *n* nuez moscada (*nwehs' mohskah'dah*) *f*

nutrition *n* nutrición (*nootreesyohn'*) *f;* nutrimento (*nootreemehn'to*) *m;* alimento (*ahleemehn'to*) *m*

nutritious *adj* nutritivo (*nootreetee'vo*)

nutritive *adj* nutritivo (*nootreetee'vo*)

nutshell *n* cáscara de nuez (*kahs'kahrah deh nwehs'*) *f;* **in a —** en breve (*ehn breh'veh*)

nylon *n* nilón (*neelohn'*) m

nymph *n* ninfa (*neen'fah*) *f;* **sea —** sirena (*seereh'nah*) *f*

O

oak *n* roble (*roh'bleh*) *m;* **— grove** robledo (*rohbleh'do*) *m*
oar *n* remo (*reh'mo*) *m; v* remar (*rehmahr'*); bogar (*bohgahr'*)
oasis *n* oasis (*ohah'sees*)*m*
oat *n* avena (*ahveh'nah*) *f*
oath *n* juramento (*hoorahmehn'to*) *m*
oatmeal *n* harina de avena (*ahree'nah deh ahveh'nah*) *f*
obdurate *adj* duro (*doo'ro*)
obedience *n* obediencia (*ohbehdyehn'syah*) *f*
obedient *adj* obediente (*ohbehdyehn'teh*)
obesity *n* obesidad (*ohbehseedahd'*) *f;* gordura (*gohrdoo'rah*) *f*
obey *v* obedecer (*ohbehdehsehr'*)
object *n* objeto (*ohbheh'to*) *m; v* objetar (*ohbhehtahr'*); oponer(se) (*ohpohnehr', seh*)
objection *n* objeción (*ohbhehsyohn'*) *f;* reparo (*rehpah'ro*) *m*
objective *adj* objetivo (*ohbhehtee'vo*); *n* objetivo (...) *m;* meta (*meh'tah*) *f*
obligate *v* obligar (*ohbleegahr'*); comprometer (*kohmprohmehtehr'*)
obligation *n* obligación (*ohbleegahsyohn'*) *f;* **to be under —** estar obligado (*ehstahr' ohbleegah'do*)
obligatory *adj* obligatorio (*ohbleegahtoh'ryo*)
oblige *v* obligar (*ohbleegahr'*); complacer (*kohmplahsehr'*)
obliging *adj* condescendiente (*kohndehsehndyehn'teh*); cortés (*kohrtehs'*)
oblique *adj* oblicuo (*ohblee'kwo*)
obliterate *v* borrar (*bohrrahr'*); destruir (*dehstrweer'*)
oblivion *n* olvido (*ohlvee'do*) *m*
oblivious *adj* olvidado (*ohlveedah'do*)
obnoxious *adj* ofensivo (*ohfehnsee'vo*); molesto (*mohlehs'to*)
obscene *adj* obsceno (*ohbseh'no*)
obscenity *n* obscenidad (*ohbsehneedahd'*) *f*
obscure *adj* obscuro (*ohbskoo'ro*), oscuro (*ohskoo'ro*); *v* obscurecer (*ohbskoorehsehr'*); oscurecer (*ohskoorehsehr'*)
obscurity *n* obscuridad (*ohbskooreedahd'*) *f;* oscuridad (*ohskooreedahd'*) *f*
obsequies *n* exequias (*exeh'kyahs*) *f, pl*
obsequious *adj* obsequioso (*ohbsehkyoh'so*); servil (*sehrveel'*)
observance *n* observancia (*ohbsehrvahn'syah*) *f;* ceremonia (*sehrehmoh'nyah*) *f;* rito (*ree'to*) *m*
observant *adj* observante (*ohbsehrvahn'teh*)
observation *n* observación (*ohbsehrvahsyohn'*) *f*
observatory *n* observatorio (*ohbsehrvahtoh'ryo*) *m;* mirador (*meerahdohr'*) *m*
observe *v* observar (*ohbsehrvahr'*); notar (*nohtahr'*); **to — a holiday** celebrar (*sehlehbrahr'*)
observer *n* observador (*ohbsehrvahdohr'*) *m*
obsess *v* obsesionar (*ohbsehsyohnahr'*); causar obsesión (*kahoosahr' ohbsehsyohn'*)
obsession *n* obsesión (*ohbsehsyohn'*) *f*
obsolete *adj* anticuado (*ahnteekwah'do*); desusado (*dehsoosah'do*)
obstacle *n* obstáculo (*ohbstah'koolo*) *m*
obstinacy *n* obstinación (*ohbsteenahsyohn'*) *f;* porfía (*pohrfee'ah*) *f*
obstinate *adj* obstinado (*ohbsteenah'do*); terco (*tehr'ko*)
obstruct *v* obstruir (*ohbstrweer'*)
obstruction *n* obstrucción (*ohbstrooksyohn'*) *f*
obtain *v* obtener (*ohbtehnehr'*); conseguir (*kohnsehgheer'*); alcanzar (*ahlkahnsahr'*)
obtainable *adj* obtenible (*ohbtehnee'bleh*)
obviate *v* obviar (*ohbvyahr'*)
obvious *adj* obvio (*ohb'vyo*); evidente (*ehveedehn'teh*)
occasion *n* ocasión (*ohkahsyonh'*) *f;* acontecimiento (*ahkohntehseemyehn'to*) *m*
occasional *adj* ocasional (*ohkahsyohnahl'*); raro (*rah'ro*); **—ly** *adv* raramente (*rahrahmehn'teh*); a veces (*ah veh'sehs*)
occupant *n* ocupante (*ohkoopahn'teh*) *m, f;* ocupador (*ohkoopahdohr'*) *m*
occupation *n* ocupación (*ohkoopahsyohn'*) *f;* trabajo (*trahbah'ho*) *m;* empleo (*ehmpleh'o*) *m*
occupy *v* ocupar (*ohkoopahr'*)
occur *v* ocurrir (*ohkoorrer'*); suceder (*soosehdehr'*)
occurrence *n* ocurrencia (*ohkoorrehn'syah*) *f;* suceso (*sooseh'so*) *m;* evento (*ehvehn'to*)*m;* caso (*kah'so*) *m*
ocean *n* océano (*ohse'ahno*) *m*

o'clock *adv* **it is five —** son las cinco (*sohn lahs seen'ko*)

October *n* octubre (*ohktoo'breh*) *m*

oculist *n* oculista (*ohkoolees'tah*) *m*

odd *adj* extraño (*extrah'nyoh*); curioso (*kooryoh'so*); raro (*rah'ro*)

oddity *n* rareza (*rahreh'sah*) *f*

oddness *n* rareza (*rahreh'sah*) *f*

odds *n, pl* disparidad (*deespahreedahd'*) *f;* ventaja (*vehntah'hah*) *f;* **— and ends** retazos (*rehtah'sos*) *m, pl;* **the — were against it** la suerte fue contraria (*lah swehr'teh fweh kohntrah'ryah*); **to be at — with** estar contra (*ehstahr' kohn'trah*)

ode *n* oda (*oh'dah*) *f*

odious *adj* odioso (*ohdyoh'so*)

odor *n* olor (*ohlohr'*) *m*

odorous *adj* oloroso (*ohlohroh'so*)

of *prep* de (*deh*); **— course** por supuesto (*pohr soopwehs'to*)

off *adj* ausente (*ahoosehn'teh*); distante (*deestahn'teh*); quitado (*keetah'do*); *adv* lejos (*leh'hos*); fuera (*fweh'rah*); **— and on** de vez en cuando (*deh vehs ehn kwahn'do*); (*coll*) **he is — today** no trabaja hoy (*no trahbah'hah oh'y*); (*coll*) **he is —** está loco (*ehstah' loh'ko*)

offcolor *adj* impropio (*eemproh'pyo*)

offend *v* ofender (*ohfehndehr'*)

offender *n* ofensor (*ohfehnsohr'*) *m*

offending *adj* ofensor (*ohfehnsohr'*)

offensive *n* ofensa (*ohfehn'sah*) *f;* agravio (*ahgrah'vyo*) *m*

offensive *adj* ofensivo (*ohfehnsee'vo*)

offer *n* oferta (*ohfehr'tah*) *f;* promesa (*prohmeh'sah*) *f;* *v* ofrecer (*ohfrehsehr'*)

offering *n* ofrenda (*ohfrehn'dah*) *f;* ofrecimiento (*ohfrehseemyehn'to*) *m;* sacrificio (*sahkreefee'syo*) *m*

offertory *n* ofertorio (*ohfehrtoh'ryo*) *m*

offhand *adv* de improviso (*deh eemprohvee'so*); **— I cannot do it** por ahora no puedo hacerlo (*pohr ahoh'rah no pweh'do ahsehr'lo*)

office *n* oficina (*ohfeesee'nah*) *f;* despacho (*dehspah'cho*) *m;* cargo (*kahr'go*) *m;* **— building** edificio de oficinas (*ehdeefee'syo deh ohfeesee'nahs*) *m;* **post —** correo (*kohrreh'o*) *m;* **box —** taquilla (*tahkee'lyah*) *f*

officeholder *n* empleado público (*ehmplehah'do poo'bleeko*) *m*

officer *n* oficial (*ohfeesyahl'*) *m;* policía (*pohleesee'ah*) *m*

official *adj* oficial (*ohfeesyahl'*); *n* autoridad (*ahootohreedahd'*); empleado público (*ehmplehah'do poo'bleeko*) *m*

officialdom *n* círculo de funcionarios (*seer'koolo deh foonsyohnah'ryos*) *m*

officiate *v* oficiar (*ohfeesyahr'*)

officious *adj* oficioso (*ohfeesyoh'so*); intruso (*eentroo'so*); entremetido (*ehntrehmehtee'do*)

offset *v* compensar (*kohmpehnsahr'*)

offspring *n* prole (*proh'leh*) *f;* hijos (*ee'hos*) *m;* descendientes (*dehsehndyehn'tehs*) *m, pl*

often *adv* muchas veces (*moo'chahs veh'sehs*); frecuentemente (*frehkwehntehmehn'teh*)

ogre *n* ogro (*oh'gro*) *m;* monstruo (*mohns'trwo*) *m*

oil *n* aceite (*ahseh'yteh*) *m;* petróleo (*pehtroh'leho*) *m;* **— painting** pintura al óleo (*peentoo'rah ahl oh'leho*); **motor —** aceite de motor (*... deh mohtohr'*) *m;* **olive —** aceite de oliva (*...deh ohlee'vah*) *m;* *v* aceitar (*ahsehytahr'*); lubricar (*loobreekahr'*); poner aceite (*pohnehr' ...*)

oilcloth *n* hule (*oo'leh*) *m;* tela de hule (*teh'lah deh ...*) *f*

oily *adj* aceitoso (*ahsehytoh'so*); oleoso (*ohlehoh'so*)

ointment *n* ungüento (*oongwehn'to*) *m*

O K, Okay *adj & adv* todo bueno (*toh'do bweh'no*); está bien (*ehstah' byehn'*); **to — (something)** aprobar algo (*ahprohbahr' ahl'go*)

old *adj* viejo (*vyeh'ho*); antiguo (*ahntee'gwo*); **how — are you?** ¿cuántos años tiene usted? (*kwahntos ah'nyos tyeh'neh oostehd'*)

older *adj* más viejo (*mahs' vyeh'ho*)

old-fashioned *adj* pasado de moda (*pahsah'do deh moh'dah*); anticuado (*ahnteekwah'do*); no moderno (*no mohdeh'rno*)

old-time *adj* viejo (*vye'ho*); antiguo (*ahntee'gwo*)

old-timer *n* anciano (*ahnsyah'no*) *m;* viejo (*vyeh'ho*) *m*

olive *n* oliva (*ohlee'vah*) *f;* aceituna (*ahsehytoo'nah*) *f;* **— grove** olivar (*ohleevahr'*) *m;* **— oil** aceite de oliva (*ahseh'yteh deh ...*) *m;* **— tree** olivo (*ohlee'vo*) *m*

omelet *n* tortilla de huevos (*tohrtee'lyah deh weh'vos*) *f*

omen *n* agüero (*ahgweh'ro*) *m;* presagio (*prehsah'hyo*) *m*

ominous *adj* de mal agüero (*deh mahl ahgweh'ro*); amenazador (*ahmehnahsahdohr'*); ominoso (*ohmeenoh'so*)

omission *n* omisión (*ohmeesyohn'*) *f*

omit *v* omitir (*ohmeeteer'*); dejar (*dehhahr'*)

omnipotent *adj & n* omnipotente (*ohmneepohtehn'teh*) *m;* todopoderoso (*tohdohpohdehroh'so*)

on *prep* en (*ehn*); a (*ah*); sobre (*soh'breh*); encima de (*ehnsee'mah deh*); **— fire** encendido (*ehnsehndee'do*); **— purpose** a propósito (*ah prohpoh'seeto*); **— time** a tiempo (*ah tyehm'po*); *adv* **go —** adelante (*ahdelahn'teh*)

once *adv* una vez (*oo'nah vehs*); **— and for all** de una vez por todas (*deh oo'nah vehs pohr toh'dahs*); **— in a while** de vez en cuando (*deh vehs ehn kwahn'do*); **at —** ahorita (*ahohree'tah*)
oncoming *adj* cercano (*sehrkah'no*)
one *adj* un (*oon*); uno (*oo'no*); **— hundred** cien(to) (*syehn', to*); **— thousand** mil (*meel*); *n, pron* uno (*oo'no*); **— another** uno a otro (*oo'no ah oh'tro*); **— by —** uno a uno (*oo'no ah ...*)
oneness *n* unidad (*ooneedahd'*) *f*
onerous *adj* oneroso (*ohnehroh'so*); pesado (*pehsah'do*); cargoso (*kahrgoh'so*)
oneself *pron* se (*seh*); **by —** solo (*soh'lo*); **to —** consigo mismo (*kohnsee'go mees'mo*); **with —** consigo (*kohnsee'go*)
onesided *adj* parcial (*pahrsyahl'*); injusto (*eenhoos'to*)
one-way *adj* de un solo sentido (*deh oon soh'lo sehnteedo*); una vía (*oo'nah vee'ah*); **— ticket** boleto (billete) sencillo (*bohleh'to, beelyeh'teh, sehnsee'lyo*) *m*
onion *n* cebolla (*sehboh'lyah*) *f* **—skin** papel de cebolla (*pahpehl' deh sehboh'lyah*) *m*
onlooker *n* espectador, ra (*ehspehktahdohr', rah*) *m, f*
only *adj* solo (*soh'lo*); único (*oo'neeko*); *adv* solamente (*sohlahmehn'teh*); *conj* sólo que (... *keh*)
onset *n* ataque (*ahtah'keh*) *m;* primer ímpetu (*preemehr' eem'pehtoo*)*m*
onto *prep* a (*ah*); sobre (*soh'breh*)
onward *adv* adelante (*ahdehlahn'teh*)
ooze *v* escurrir(se) (*ehskoorreer', seh*); fluir (*flweer'*)
opal *n* ópalo (*oh'pahlo*) *m*
opaque *adj* opaco (*ohpah'ko*); mate (*mah'teh*); obscuro (*ohbskoo'ro*)
open *adj* abierto (*ahbyehr'to*); sincero (*seenseh'ro*); **— air** al aire libre (*ahl ah'yreh lee'breh*); **— minded** receptivo (*rehsehptee'vo*); justo (*hoos'to*); **— mouthed** boquiabierto (*bohkyahbyehr'to*); *v* abrir(se) (*ahbreer', seh*); **to — on** dar a (*dahr ah*)
openhanded *adj* maniabierto (*mahnyahbyehr'to*); liberal (*leebehrahl'*)
opening *n* abertura (*ahbehrtoo'rah*) *f;* empleo (*ehmpleh'o*) *m*
opera *n* ópera (*oh'pehrah*) *f;* **— glasses** gemelos (*hehmeh'los*) *m, pl;* **— house** ópera (...) *f;* teatro de la ópera (*tehah'tro deh lah ...*) *m*
operate *v* operar (*ohpehrahr'*); funcionar (*foonsyohnahr'*); manejar (*mahneh-hahr'*)
operation *n* operación (*ohpehrahsyohn'*) *f;* funcionamiento (*foonsyohnahmyehn'to*) *m;* manejo (*mahneh'ho*) *m;* (*milit*) maniobras (*mahnyoh'brahs*) *f, pl*
operator *n* operador (*ohpehrahdohr'*) *m;* maquinista (*mahkeenees'tah*) *m;* **telephone —** telefonista (*tehlehfohnees'tah*) *m, f*
operetta *n* opereta (*ohpehreh'tah*) *f;* zarzuela (*sahrsweh'lah*) *f*
opine *v* opinar (*ohpeenahr'*)
opinion *n* opinión (*ohpeenyohn'*) *f;* parecer (*pahrehsehr'*) *m*
opium *n* opio (*oh'pyo*) *m*
opponent *n* contrario (*kohntrah'ryo*) *m;* adversario (*ahdvehrsah'ryo*) *m*
opportune *adj* oportuno (*ohpohrtoo'no*); apropiado (*ahprohpyah'do*)
opportunity *n* oportunidad (*ohpohrtooneedahd'*) *f;* ocasión (*ohkahsyohn'*) *f*
oppose *v* oponer(se) a (*ohpohnehr', seh ah*); ir contra (*eer kohn'trah*); no estar de acuerdo con (*no ehstahr' deh ahkwehr'do kohn*)
opposing *adj* opuesto (*ohpwehs'to*); contrario (*kohntrah'ryo*)
opposite *adj* opuesto (*ohpwehs'to*); frente (*frehn'teh*); de enfrente (*deh ehnfrehn'teh*); *prep* frente a (*frehn'teh ah*); en frente de (*ehn ... deh*)
opposition *n* oposición (*ohpohseesyohn'*) *f;* resistencia (*rehseestehn'syah*) *f*
oppress *v* oprimir (*ohpreemeer'*); sofocar (*sohfohkahr'*)
oppression *n* opresión (*ohprehsyohn'*) *m*
oppressive *adj* opresivo (*ohprehsee'vo*); gravoso (*grahvoh'so*); sofocante (*sohfohkahn'teh*)
oppressor *n* opresor (*ohprehsohr'*) *m*
opprobrious *adj* oprobioso (*ohprohbyoh'so*)
optic *adj* óptico (*ohp'teeko*); **—s** *n* óptica (*ohp'teekah*) *f*
optical *adj* óptico (*ohp'teeko*); imaginario (*eemah'heenah'ryo*)
optician *n* óptico (*ohp'teeko*) *m*
optimism *n* optimismo (*ohpteemees'mo*) *m*
optimistic *adj* optimista (*ohpteemees'tah*)
option *n* opción (*ohpsyohn'*) *f*
optional *adj* facultativo (*fahkooltahtee'vo*)
optometrist *n* optómetra (*ohptoh'mehtrah*) *m*
opulence *n* opulencia (*ohpoolehn'syah*) *f;* riqueza (*reekeh'sah*) *f*
opulent *adj* opulento (*ohpoolehn'to*)
or *conj* o (*o*); u (*oo*)
oracle *n* oráculo (*ohrah'koolo*) *m*
oral *adj* oral (*ohrahl'*); vocal (*vohkahl'*)
orange *n* naranja (*nahrahn'hah*) *f;* **— blossom** azahar (*ahsahr'*) *m;* **— juice** jugo de naranja (*hoo'go deh ...*) *m*
orangeade *n* naranjada (*nahrahnhah'dah*) *f*
oration *n* discurso (*deeskoor'so*) *m;* arenga (*ahrehn'gah*) *f*

orator *n* orador (*ohrahdohr'*) *m*
oratory *n* oratoria (*ohrahtoh'ryah*) *f;* elocuencia (*ehlohkwehn'syah*) *f*
orb *n* orbe (*ohr'beh*) *m;* mundo (*moon'do*) *m*
orbit *n* órbita (*ohr'beetah*) *f*
orchard *n* huerto (*wehr'to*) *m*
orchestra *n* orquesta (*ohrkehs'tah*) *f;* **— seat** butaca (*bootah'kah*) *f*
orchid *n* orquídea (*ohrkee'dehah*) *f*
ordain *v* ordenar (*ohrdehnahr'*); proclamar (*prohklahmahr'*)
ordeal *n* prueba de coraje (*prweh'bah deh kohrah'heh*) *f*
order *n* orden (*ohr'dehn*) *m, f;* pedido (*pehdee'do*) *m;* **in —** en orden (*ehn ...*); **in — to see** para ver (*pah'rah vehr*); **it is an —** es una orden (*ehs oo'nah ...*); **made to —** hecho a la medida (*eh'cho ah lah mehdee'dah*); *v* ordenar (*ohrdehnahr'*); mandar (*mahndahr'*); **(to set in order)** arreglar (*ahrrehglahr'*)
orderly *adj* ordenado (*ohrdehnah'do*); arreglado (*ahrrehglah'do*)
ordinance *n* ordenanza (*ohrdehnahn'sah*) *f;* ley (*lehy*) *f*
ordinarily *adv* ordinariamente (*ohrdeenahryahmehn'teh*); en general (*ehn hehnehrahl'*)
ordinary *adj* ordinario (*ohrdeenah'ryo*)
ore *n* mineral (*meenehrahl'*) *m;* mena (*meh'nah*) *f*
organ *n* órgano (*ohr'gahno*) *m*
organdy *n* organdí (*ohrgahndee'*) *m*
organic *adj* orgánico (*ohrgah'neeko*)
organism *n* organismo (*ohrgahnees'mo*) *m*
organist *n* organista (*ohrgahnees'tah*) *m, f*
organization *n* organización (*ohrgahneesahsyohn'*) *f;* compañía (*kohmpahnyee'ah*) *f*
organize *v* organizar(se) (*ohrgahneesahr', seh*)
organizer *n* organizador (*ohrgahneesahdohr'*) *m*
orgy *n* orgía (*ohrhee'ah*) *f*
orient *n* oriente (*ohryehn'teh*) *m; v* orientar (*ohryehntahr'*); guiar (*ghyahr'*)
oriental *adj & n* oriental (*ohryehntahl'*) *m, f*
orientation *n* orientación (*ohryehntahsyohn'*) *f*
orifice *n* orificio (*ohreefee'syo*) *m*
origin *n* origen (*ohree'hehn*) *m*
original *adj & n* original (*ohreeheenahl'*) *m, f;* **—ly** *adv* originalmente (*ohreeheenahlmehn'teh*)
originality *n* originalidad (*ohreeheenahleedahd'*) *f*
originate *v* originar (*ohreeheenahr'*)
oriole *n* oriol (*ohryohl'*) *m*
ornament *n* ornamento (*ohrnahmehn'to*) *m; v* ornamentar (*orhnahmehntahr'*)
ornamental *adj* ornamental (*ohrnahmehntahl'*); pomposo (*pohmpoh'so*)
ornamentation *n* ornamentación (*ohrnahmehntahsyohn'*) *f*
ornate *adj* ornado (*ohrnah'do*); pomposo (*pohmpoh'so*)
ornithology *n* ornitología (*ohrneetolohhee'ah*) *f*
orphan *adj & n* huérfano, a (*wehr'fahno, ah*) *m, f*
orphanage *n* orfanato (*ohrfahnah'to*) *m*
oscillate *v* oscilar (*ohseelahr'*)
ossify *v* osificar(se) (*ohseefeekahr', seh*)
ostensible *adj* ostensible (*ohstehnsee'bleh*)
ostentation *n* ostentación (*ohstehntahsyohn'*) *f*
ostentatious *adj* ostentoso (*ohstehntoh'so*)
ostrich *n* avestruz (*ahvehstroos'*) *m*
other *adj & n* otro (*oh'tro*); **an— book** otro libro (*... lee'bro*) *m*
otherwise *adv* de otra manera (*deh oh'trah mahneh'rah*); en otros respectos (*ehn oh'tros rehspehk'tos*)
otology *n* otología (*ohtohloh-hee'ah*) *f*
ottoman *n* otomana (*ohtohmah'nah*) *f;* sofá (*sohfah'*) *m*
ought *v* deber (*dehbehr'*); **I — to** yo debiera (*yo dehbyeh'rah*), debería (*dehbehree'ah*)
ounce *n* onza (*ohn'sah*) *f*
ours *pron* nuestro (*nwehs'tro*); el nuestro (*ehl ...*)
ourselves *pron* nosotros mismos (*nohsoh'tros mees'mos*); nos (*nos*)
oust *v* echar (*ehchahr'*); expulsar (*expoolsahr'*)
out *adv* fuera (*fweh'rah*); afuera (*ahfweh'rah*); **— of friendship** por amistad (*pohr ahmeestahd'*); **— of turn** sin permiso (*seen pehrmee'so*); **he is —** no está (*no ehstah'*)
outbreak *n* ataque (*ahtah'keh*) *m;* rebelión (*rehbehlyohn'*) *f;* motín (*mohteen'*) *m*
outburst *n* explosión (*explohsyohn'*) *f;* estallido (*ehstahlyee'do*) *m;* erupción (*ehroopsyohn'*) *f*
outcast *adj* excluido (*exklwee'do*); desterrado (*dehstehrrah'do*); *n* desterrado *m*
outcome *n* resultado (*rehsooltah'do*) *m;* fin (*feen*) *m*
outcry *n* grito (*gree'to*) *m*
outdoor *adj* fuera de (*fweh'rah deh*); al aire libre (*ahl ah'yreh lee'breh*)
outdoors *adv* afuera (*afweh'rah*); al aire libre (*ahl ah'yreh lee'breh*)
outer *adj* exterior (*extehryohr'*); externo (*extehr'no*)

outfit *n* equipo (*ehkee'po*) *m; v* equipar (*ehkeepahr'*)
outgoing *adj* saliente (*sahlyehn'teh*)
outgrow *v* sobrecrecer (*sohbrehkreh-sehr'*)
outing *n* excursión (*exkoorsyohn'*) *f;* gira (*hee'rah*) *f*
outlaw *n* ladrón (*lahdrohn'*) *m;* bandido (*bahndee'do*) *m;* fugitivo (*fooheetee'vo*) *m; v* proscribir (*prohskreebeer'*)
outlay *n* gasto (*gahs'to*) *m; v* gastar (*gahstahr'*); poner en comercio (*poh-nehr' ehn kohmehr'syo*)
outlet *n* salida (*sahlee'dah*) *f*
outline *n* esbozo (*ehsboh'so*) *m;* horizonte (*ohreesohn'teh*) *m;* contorno (*kohn-tohr'no*) *m; v* esbozar (*ehsbohsahr'*)
outlive *v* sobrevivir (*sohbrehveeveer'*)
outlook *n* vista (*vees'tah*) *f;* perspectiva (*pehrspehktee'vah*) *f*
outlying *adj* remoto (*rehmoh'to*); exterior (*extehryohr'*); lejano (*leh-hah'no*)
out-of-date *adj* anticuado (*ahnteekwah'-do*); fuera de moda (*fweh'rah deh moh'-dah*)
outpost *n* punto avanzado (*poon'to ah-vahnsah'do*) *m;* (*milit*) avanzada (*...ah*) *f*
output *n* rendimiento (*rehndeemyehn'to*) *m;* producción total (*prohdooksyohn' tohtahl'*) *f*
outrage *n* ultraje (*ooltrah'heh*) *m; v* ul-trajar (*ooltrah-hahr'*)
outrageous *adj* afrentoso (*ahfrehntoh'-so*); atroz (*ahtros'*)
outrun *v* sobrepasar (*sohbrehpahsahr'*); dejar atrás (*deh-hahr' ahtrahs'*)
outset *n* comienzo (*kohmyehn'so*) *m;* **at the —** al principio (*ahl preensee'pyo*)
outshine *v* eclipsar (*ehkleepsahr'*); ser más brillante (*sehr mahs breelyahn'-teh*)
outside *adj* exterior (*extehryohr'*); *n* exterior (. . .) *m;* superficie (*soopehr-fee'syeh*) *f; adv* afuera (*ahfweh'rah*); fuera de (*fweh'rah deh*)
outsider *n* extranjero, ra (*extrahnheh'ro, rah*) *m, f;* extraño (*extrah'nyo*) *m*
outskirts *n; pl* afueras (*ahfweh'rahs*) *f, pl;* cercanías (*sehrkahnee'ahs*) *f, pl*
outspoken *adj* franco (*frahn'ko*)
outstanding *adj* sobresaliente (*sohbreh-sahlyehn'teh*); destacado (*dehstahkah'-do*); brillante (*breelyahn'teh*)
outstretched *adj* extendido (*extehndee'-do*)
outstrip *v* sobrepasar (*sohbrehpahsahr'*)
outtalk *v* hablar más que (*ahblahr' mahs keh*)
outward *adj* exterior (*extehryohr'*); en la superficie (*ehn lah soopehrfee'syeh*); *adv* fuera (*fweh'rah*)
outwear *v* durar más (*doorahr' mahs*)
outweigh *v* sobrepasar en peso (*sohbreh-pahsahr' ehn peh'so*)
oval *adj* oval (*ohvahl'*); *n* óvalo (*oh'vah-lo*) *m;* elipse (*ehleep'seh*) *f*
ovation *n* ovación (*ohvahsyohn'*) *f;* aplau-so (*ahplah'ooso*) *m*
oven *n* horno (*ohr'no*) *m*
over *prep* sobre (*soh'breh*); encima de (*ehnsee'mah deh*); *adv* demás (*deh-mahs'*); más (*mahs*); **— again** otra vez (*oh'trah vehs*); de nuevo (*deh nweh'-vo*); **— and —** muchísimas veces (*moo-chee'seemahs veh'sehs*); **— here** acá (*ahkah'*); **— there** allá (*ahlyah'*); **it is all —** se acabó (*seh ahkahbo'*); ter-minó (*tehrmeeno'*)
overabundant *adj* sobreabundante (*soh-brehahboondahn'teh*)
overboard *adv* al mar (*ahl mahr*); al agua (*ahl ah'gwah*); en el mar (*ehn ehl mahr*)
overcast *adj* nublado (*nooblah'do*); **to become —** nublarse (*nooblahr'seh*); *v* nublar (*nooblahr'*)
overcharge *v* pagar un precio subido (*pahgahr' oon preh'syo soobee'do*)
overcoat *n* sobretodo (*sohbrehtoh'do*) *m;* abrigo (*ahbree'go*) *m*
overcome *adj* vencido (*vehnsee'do*); **to be —** estar rendido (*ehstahr' rehndee'-do*); *v* vencer (*vehnsehr'*); superar (*soopehrahr'*)
overdo *v* hacer demasiado (*ahsehr' deh-mahsyah'do*)
overdue *adj* atrasado (*ahtrahsah'do*)
overeat *v* hartarse (*ahrtahr'seh*)
overexcite *v* sobreexcitar (*sohbrehexee-tahr'*)
overflow *n* derrame (*dehrrah'meh*) *m;* inundación (*eenoondahsyohn'*) *f; v* de-rramarse (*dehrrahmahr'seh*); inundar (*eenoondar'*)
overgrown *adj* demasiado grande (*deh-mahsyah'do grahn'deh*)
overhang *v* colgar fuera de (*kohlgahr' fweh'rah deh*)
overhaul *n* compostura completa (*kohm-pohstoo'rah kohmpleh'tah*) *f; v* compo-ner, reparar por completo (*kohmpoh-nehr', rehpahrahr' pohr kohmpleh'to*)
overhear *v* oír por casualidad (*oheer' pohr kahswahleedahd'*)
overheat *v* calentar demasiado (*kahlehn-tahr' dehmahsyah'do*)
overjoyed *adj* muy gozoso (*moo'y goh-soh'so*)
overland *adj & adv* por tierra (*pohr tyeh'-rrah*)
overload *n* sobrecarga (*sohbrehkahr'gah*) *f; v* sobrecargar (*sohbrehkahrgahr'*)
overlook *v* no mirar bien (*no meerahr' byehn*); omitir (*ohmeeteer'*)
overlord *n* señor (*sehnyohr'*) *m*

overly *adv* excesivamente (*exehseevahmehn'teh*); demasiado (*dehmahsyah'do*)
overnight *adj* de noche (*deh noh'cheh*); nocturno (*nohktoor'no*); *adv* durante la noche (*doorahn'teh lah noh'cheh*)
overnight bag saco de noche (*sah'ko deh noh'cheh*) *m*
overpass *v* sobrepasar (*sohbrehpahsahr'*)
overpower *v* vencer (*vehnsehr'*); arrancar con fuerza (*ahrrahnkahr' kohn fwehr'sah*)
overrun *v* invadir (*eenvahdeer'*); inundar (*eenoondahr'*)
overseas *adv* ultramar (*ooltrahmahr'*); *adj* de ultramar (*deh* ...)
oversee *v* dirigir (*deereeheer'*); vigilar (*veeheelahr'*)
overseer *n* sobrestante (*sohbrehstahn'teh*) *m;* capataz (*kahpahtahs'*) *m;* administrador (*ahdmeeneestrahdohr'*) *m*
overshoe *n* galocha (*gahloh'chah*) *f;* zapato de goma (*zahpah'to deh goh'mah*) *m;* hule (*oo'leh*) *m*
oversight *n* descuido (*dehskwee'do*) *m;* negligencia (*nehglee-hehn'syah*) *f*
overstep *v* sobrepasar un límite (*sohbrehpahsahr' oon lee'meeteh*); traspasar (*trahspahsahr'*)
overstuff *v* rellenar (*rehlyehnahr'*)
overtake *v* alcanzar (*ahlkahnsahr'*)
overtaxation *n* tributos en exceso (*treeboo'tos ehn exeh'so*) *m*
overthrow *n* derrocamiento (*dehrrohkahmyehn'to*) *m;* derrota (*dehrroh'tah*) *f;* ruina (*rwee'nah*) *f;* *v* derrocar (*dehrrohkahr'*); derrotar (*dehrrohtahr'*); arruinar (*ahrrweenahr'*)
overthrown *adj* derrotado (*dehrrohtah'do*)
overtime *n* trabajo en exceso, extra (*trahbah'ho ehn exseh'so, ex'trah*) *m;* horas extra de trabajo (*oh'rahs ex'trah deh* ...) *f, pl*
overture *n* (*music*) obertura (*ohbehrtoo'rah*) *f;* **to make an —** proponer (*prohpohnehr'*)
overturn *v* volcar(se) (*vohlkahr', seh*); trastornar (*trahstohrnahr'*)
overweight *n* peso en exceso (*peh'so ehn exseh'so*) *m*
overwhelm *v* abrumar (*ahbroomahr'*); oprimir (*ohpreemeer'*)
overwhelmed *adj* abrumado (*ahbroomah'do*)
overwhelming *adj* abrumador (*ahbroomahdohr'*); opresivo (*ohprehsee'vo*); muy fuerte (*moo'y fwehr'teh*)
overwork *n* exceso de trabajo (*exseh'so deh trahbah'ho*) *m;* *v* trabajar demasiado (*trahbah-hahr' dehmahsyah'do*)
overwrought *adj* muy excitado (*moo'y exseetah'do*)
ovule *n* óvulo (*oh'voolo*) m
ovum *n* óvulo (*oh'voolo*) *m;* (*Lat*) huevo (*weh'vo*) *m*
owe *v* deber (*dehbehr'*); **I — you** le debo a usted (*leh deh'bo ah oostehd'*)
owing *adj* debido (*dehbee'do*); **— to** debido a (... *ah*); a causa de (*ah kah'oosah deh*)
owl *n* lechuza (*lehchoo'sah*) *f;* buho (*boo'ho*) *m;* mochuelo (*mohchweh'lo*) *m*
owlet *n* lechuza (*lehchoo'sah*) *f*
own *adj* propio (*proh'pyo*); **it is my —** es mío (*ehs my'o*); *v* poseer (*pohsehehr'*); **I — it** es mío (*ehs my'o*)
owner *n* dueño (*dweh'nyo*) *m;* amo (*ah'mo*) *m;* propietario, ria (*prohpyehtah'ryo, ryah*) *m, f*
ownership *n* posesión (*pohsehsyohn'*) *f;* propiedad (*prohpyehdahd'*) *f;* **under new —** bajo nueva gestión (*bah'ho nweh'vah hehstyohn'*)
ox *n* buey (*bweh'y*) *m*
oxidation *n* oxidación (*oxeedahsyohn'*) *f*
oxidize *v* oxidar (*oxeedahr'*)
oxygen *n* oxígeno (*oxee'hehno*) *m*
oyster *n* ostra (*ohs'trah*) *f;* ostión (*ohstyohn'*) *m*
ozone *n* ozona (*ohsoh'nah*) *f;* ozono (*ohsoh'no*) *m;* gas (*gahs*) *m*

P

pace *n* paso (*pah'so*) *m; v* pasear (*pahsehahr'*); marchar (*mahrchahr'*)
pacific *adj* pacífico (*pahsee'feeko*)
pacifist *n* pacifista (*pahseefees'tah*) *m, f*
pacify *v* pacificar (*pahseefeekahr'*); calmar (*kahlmahr'*)
pack *n* fardo (*fahr'do*) *m;* **— of** carga de (*kahr'gah deh*); mucho (*moo'cho*); **— of cigarettes** cajetilla de cigarrillos (*kah-hehtee'lyah deh seegahrree'lyohs*) *f; v* empacar (*ehmpahkahr'*)
package *n* paquete (*pahkeh'teh*) *m;* fardo (*fahr'do*) *m*
packer *n* empacador (*ehmpahkahdohr'*) *m;* embalador (*ehmbahlahdohr'*) *m*
packing *n* embalaje (*ehmbahlah'heh*) *m;* envase (*ehnvah'seh*) *m;* relleno (*rehlyeh'no*) *m*
pact *n* pacto (*pahk'to*) *m*
pad *n* almohadilla (*ahlmohahdee'lyah*) *f;* relleno (*rehlyeh'no*) *m; v* rellenar (*rehlyehnahr'*); poner algodón, paja (*pohnehr' ahlgohdohn', pah'hah*)
padded *adj* rellenado (*rehlyehnah'do*)
padding *n* relleno (*rehlyeh'no*) *m;* guata (*gwah'tah*) *f;* superfluidad (*soopehrflweedahd'*) *f*
paddle *n* pala (*pah'lah*) *f;* remo (*reh'mo*) *m;* **— wheel** rueda de paleta (*rweh'dah deh pahleh'tah*) *f; v* remar con pala (*rehmahr' kohn ...*); chapotear (*chahpohtehahr'*)
padlock *n* candado (*kahndah'do*) *m*
paganism *n* paganismo (*pahgahnees'mo*) *m*
page *n* página (*pah'heenah*) *f;* paje (*pah'heh*) *m;* **— of hotel** botones (*bohtohn'nehs*)*m;* mozo (*moh'so*) *m*
pageant *n* procesión (*prohsehsyohn'*) *f;* desfile (*dehsfee'leh*) *m*
paid *adj* pagado (*pahgah'do*)
pail *n* balde (*bahl'deh*) *m;* cubeta (*koobeh'tah*) *f*
pain *n* dolor (*dohlohr'*) *m;* pena (*peh'nah*) *f;* **on (under) — of** so pena de (*soh ... deh*); **I have a — in** tengo dolor de (*tehn'go ... deh*); *v* doler (*dohlehr'*); dar dolor (*dahr' ...*); afligir (*ahfleeheer'*)
painful *adj* doloroso (*dohlohroh'so*); penoso (*pehnoh'so*)
painless *adj* sin dolor (*seen dohlohr'*)
painstaking *adj* esmerado (*ehsmehrah'do*); cuidadoso (*kweedahdoh'so*)
paint *n* pintura (*peentoo'rah*) *f;* colorete (*kohlohreh'teh*) *m; v* pintar (*peentahr'*); **— one's face** pintarse la cara (*peentahr'seh lah kah'rah*)
paintbrush *n* pincel (*peensehl'*) *m*
painter *n* pintor (*peentohr'*) *m*
painting *n* pintura (*peentoo'rah*) *f*
pair *n* par (*pahr*) *m;* pareja (*pahreh'hah*) *f; v* aparear (*ahpahrehahr'*); **to — off** aparear(se) (*..., seh*)
pajamas *n, pl* pijama (*peehah'mah*) *m*
pal *n* compañero (*kohmpahnyeh'ro*) *m;* gran amigo (*grahn ahmee'go*) *m*
palace *n* palacio (*pahlah'syo*) *m*
palate *n* paladar (*pahlahdahr'*) *m*
pale *adj* pálido (*pah'leedo*); *v* palidecer (*pahleedehsehr'*); ponerse pálido (*pohehr'seh ...*)
paleness *n* palidez (*pahleedehs'*) *f*
palisade *n* palizada (*pahleesah'dah*) *f*
pall *n* paño fúnebre (*pah'nyo foo'nehbreh*) *m; v* evaporar (*ehvahpohrahr'*); aburrir (*ahboorreer'*)
pallid *adj* pálido (*pah'leedo*)
pallor *n* palidez (*pahleedehs'*) *f*
palm *n* palma (*pahl'mah*) *f;* palmera (*pahlmeh'rah*) *f;* **Palm Sunday** Domingo de Ramos (*dohmeehn'go deh rah'mos*) *m;* **— tree** palmera (*pahlmeh'rah*) *f*
palpable *adj* palpable (*pahlpah'bleh*); claro (*klah'ro*); evidente (*ehveedehn'teh*); obvio (*ohb'vyo*)
palpitate *v* palpitar (*pahlpeetahr'*)
palpitation *n* palpitación (*pahlpeetahsyohn'*) *f*
palsy *n* parálisis (*pahrah'leesees*) *f*
paltry *adj* mezquino (*mehskee'no*); miserable (*meesehrah'bleh*)
pamper *v* mimar (*meemahr'*)
pamphlet *n* folleto (*fohlyeh'to*) *m;* panfleto (*pahnfleh'to*) *m;* folletín (*fohlyehteen'*) *m*
pan *n* cazuela (*kahsweh'lah*) *f;* cacerola (*kahsehroh'lah*) *f;* **dish —** cazo para platos (*kah'so pah'rah plah'tos*) *m;* **frying —** sartén (*sahrtehn'*) *f*
panacea *n* panacea (*pahnahseh'ah*) *f*
Pan-American *adj* panamericano (*pahnahmehreekah'no*)
pancake *n* tortilla (de harina) (*tohrtee'lyah, deh ahree'nah*) *f;* panqué (*pahnkeh'*) *m*

pander *n* alcahuete (*ahlkahweh'teh*) *m; v* alcahuetear (*ahlkahwehtehahr'*)
pane *n* vidrio (*vee'dryo*) *m;* **window —** cristal (*kreestahl'*) *m*
panel *n* panel (*pahnehl'*) *m;* tablero (*tahbleh'ro*) *m;* **— discussion** discusión por un grupo (*deeskoosyohn' pohr oon groo'po*) *f*
pang *n* dolor fuerte (*dohlohr' fwehr'teh*) *m;* congoja (*kohngoh'hah*) *f*
panic *adj & n* pánico (*pah'neeko*) *m;* **panic-stricken** lleno de terror (*lyeh'no deh tehrrohr'*)
pansy *n* pensamiento (*pehnsahmyehn'to*) *m*
pant *v* jadear (*hahdehahr'*); palpitar fuerte (*pahlpeetahr' fwehr'teh*)
panther *n* pantera (*pahnteh'rah*) *f*
panties *n, pl* pantaloncillos de mujer (*pahntahlohnsee'lyos deh moo-hehr'*) *m, pl*
panting *adj* jadeante (*hahdehahn'teh*); *n* jadeo (*hahdeh'o*) *m*
pantry *n* despensa (*dehspehn'sah*) *f*
pants *n, pl* pantalones (*pahntahloh'nehs*) *m, pl;* **hot —** (*coll*) pantalones (muy cortos) de mujer (*pahntahloh'nehs moo'y kohrtos, deh moohehr'*) *m, pl*
panty hose *n* media pantalón (*meh'dyah pahntahlohn'*) *f*
papa *n* papá (*pahpah'*) *m*
papal *adj* papal (*pahpahl'*)
paper *n* papel (*pahpehl'*) *m;* periódico (*pehryoh'deeko*) *m;* tema (*teh'mah*) *f;* ensayo (*ehnsah'yo*) *m;* **naturalization —s** carta de naturalización (*kahr'tah deh nahtoorahleesahsyohn'*) *f;* **— work** papeleo (*pahpehle'ho*) *m;* **writing —** papel de escribir (... *deh ehskreebeer'*); *v* empapelar (*ehmpahpehlar'*)
paper back *n* libro en rústica (*lee'bro ehn roos'teekah*) *m*
par *n* paridad (*pahreedahd'*) *f;* **— value** valor a la par (*vahlohr' ah lah pahr*) *m*
par *prep;* (*Fren*) **— excellence** por excelencia (*pohr exehlehn'syah*)
parable *n* parábola (*pahrah'bohlah*) *f*
parachute *n* paracaídas (*pahrahkahee'dahs*) *m*
parade *n* parada (*pahrah'dah*) *f;* desfile (*dehsfee'leh*) *m;* procesión (*prohsehsyohn'*) *f;* paseo (*pahseh'o*) *m; v* desfilar (*dehsfeelahr'*); marchar (*mahrchahr'*)
paradise *n* paraíso (*pahrahee'so*) *m*
paradox *n* paradoja (*pahrahdoh'hah*) *f*
paraffin *n* parafina (*pahrahfee'nah*) *f*
paragraph *n* párrafo (*pah'rrahfo*) *m*
parallel *adj & n* paralelo (*pahrahleh'lo*) *m; v* hacer paralelo (*ahsehr'* ...); comparar (*kohmpahrahr'*)
parallelism *n* paralelismo (*pahrahlehlees'mo*) *n*
paralysis *n* parálisis (*pahrah'leesees*) *f*
paralytic *adj* paralítico (*pahrahlee'teeko*)
paralyze *v* paralizar (*pahrahleesahr'*)
paramount *adj* importantísimo (*eempohrtahntee'seemo*); superior (*soopehryohr'*); altísimo (*ahltee'seemo*)
parapet *n* parapeto (*pahrahpeh'to*) *m*
parasite *n* parásito (*pahrah'seeto*) *m*
parasol *n* parasol (*pahrahsohl'*) *m*
paratrooper *n* paracaidista (*pahrahkaheedees'tah*) *m*
parcel *n* paquete (*pahkeh'teh*) *m;* parcela (*pahrseh'lah*) *f;* porción (*pohrsyohn'*) *f;* **— post** paquete postal (... *pohstahl'*) *m; v* parcelar (*pahrsehlahr'*)
parch *v* resecar (*rehsehkahr'*); tostar (*tohstahr'*)
parchment *n* pergamino (*pehrgahmee'no*) *m*
pardon *n* perdón (*pehrdohn'*) *m;* **pardon me** dispense usted (*deespehn'seh oostehd'*); *v* perdonar (*pehrdohnahr'*); dispensar (*deespehnsahr'*)
pardonable *adj* perdonable (*pehrdohnah'bleh*)
pare *v* mondar (*mohndahr'*); pelar (*pehlahr'*); cortar (*kohrtahr'*)
parentage *n* linaje (*leenah'heh*) *m;* padres (*pah'drehs*) *m, pl*
parenthesis *n* paréntesis (*pahrehn'tehsees*) *m*
parent(s) *n, pl* padre(s) (*pah'dreh,s*) *m (pl)*
paring *adj* cortante (*kohrtahn'teh*)
parish *n* parroquia (*pahrroh'kyah*) *f*
parishioner *n* parroquiano, a (*pahrrohkyah'no, nah*) *m, f*
park *n* parque (*pahr'keh*) *m;* jardín (*hahrdeen'*) *m; v* estacionar (*ehstahsyohnahr'*)
parking *n* estacionamiento (*ehstahsyohnahmyehn'to*) *m;* **— lot** lugar para estacionarse (*loogahr' pah'rah ehstahsyohnahr'seh*)
parkway *n* bulevar (*boolehvahr'*) *m*
parley *n* parlamento (*pahrlahmehn'to*) *m;* discusión (*deeskoosyohn'*) *f*
parliament *n* parlamento (*pahrlahmehn'to*) *m*
parliamentary *adj* parlamentario (*pahrlahmehntah'ryo*)
parlor *n* sala (*sah'lah*) *f;* salón (*sahlohn'*) *m;* **beauty —** salón de belleza (...*deh behlyeh'sah*) *m*
parody *n* parodia (*pahroh'dyah*) *f; v* parodiar (*pahrohdyahr'*)
parole *n* palabra de honor (*pahlah'brah deh ohnohr'*) *f;* **on —** bajo palabra de honor (*bah'-ho* ...)
parque *n* (*theat*) platea (*plahteh'ah*) *f*
parricide *n* parricida (*pahrreesee'dah*) *m, f*

parrot *n* loro (*loh'ro*) *m;* perico (*pehree'-ko*) *m;* papagayo (*pahpahgah'yo*) *m; v* repetir como un loro (*rehpehteer' koh'-mo oon loh'ro*)

parry *v* parar (*pahrahr'*)

parsley *n* perejil (*pehreh-heel'*) *m*

part *n* parte (*pahr'teh*) *f;* (*theat*) papel (*pahpehl'*) *m;* (*hair*) raya (*rah'yah*) *f; v* partir(se) (*pahrteer', seh*); **to — from** separarse de (*sehpahrahr'seh deh*); **to — one's hair** hacerse la raya (*ahsehr'seh lah ...*); **to — with** separarse de (...)

partake *v* tomar parte en (*tohmahr' pahr'teh ehn*); participar (*pahrteesee-pahr'*)

partial *adj* parcial (*pahrsyahl'*); **—ly** *adv* parcialmente (*pahrsyahlmehn'teh*)

partiality *n* parcialidad (*pahrsyahlee-dahd'*) *f*

participant *adj & n* participante (*pahr-teeseepahn'teh*) *m*

participate *v* participar (*pahrteesee-pahr'*)

participation *n* participación (*pahrtee-seepahsyohn'*) *f*

participle *n* participio (*pahrteesee'-pyo*) *m*

particular *adj* particular (*pahrteekoo-lahr'*); peculiar (*pehkoolyahr'*); **he is —** es una persona exacta, exigente (*ehs oo'nah pehrsoh'nah exahk'tah, exee-hehn'teh*) *f; n* particular (. . .) *m;* detalle (*dehtah'lyeh*) *m;* **—ly** *adv* particularmente (*pahrteekoolahrmehn'teh*)

parting *n* despedida (*dehspehdee'dah*) *f;* separación (*sehpahrahsyohn'*) *f;* (*hair*) raya (*rah'yah*) *f*

partisan *adj* partidario (*pahrteedah'ryo*); parcial (*pahrsyahl'*); *n* partidario (...) *m;* miembro de un movimiento (*myehm'-bro deh oon mohveemyehn'to*) *m*

partition *n* división (*deeveesyohn'*) *f;* separación (*sehpahrahsyohn'*) *f;* tabique (*tahbee'keh*) *m; v* partir (*pahrteer'*)

partly *adv* en parte (*ehn pahr'teh*)

partner *n* socio (*soh'syo*) *m;* compañero (*kohmpahnyeh'ro*) *m*

partnership *n* sociedad (*sohsyehdahd'*) *f;* compañía (*kohmpahnyee'ah*) *f*

partridge *n* perdiz (*pehrdees'*) *f*

party *n* tertulia (*tehrtoo'lyah*) *f;* reunión (*rehoonyohn'*) *f;* fiesta (*fyehs'tah*) *f;* grupo (*groo'po*) *m;* **political —** partido político (*pahrtee'do pohlee'teeko*) *m;* **— of** grupo de (*groo'po deh*)

pass *n* paso (*pah'so*) *m;* pase (*pah'seh*) *m;* permiso (*pehrmee'so*) *m; v* pasar (*pahsahr'*); aprobar (*ahprohbahr'*); **to — in an examination** ser aprobado (*sehr ahprohbah'do*); **to — away** morir (*mohreer'*); desaparecer (*dehsahpah-rehsehr'*)

passable *adj* pasable (*pahsah'bleh*); transitable (*trahnseetah'bleh*)

passage *n* pasaje (*pahsah'heh*) *m;* paso (*pah'so*) *m;* tránsito (*trahn'seeto*) *m;* pasillo (*pahsee'lyo*) *m*

passenger *n* pasajero (*pahsah-heh'ro*) *m*

passer-by *n* transeúnte (*trahnsehoon'-teh*) *m, f;* viandante (*vyahndahn'-teh*) *m, f*

passion *n* pasión (*pahsyohn'*) *f;* amor fuerte (*ahmohr' fwehr'teh*) *m*

passionate *adj* apasionado (*ahpahsyoh-nah'do*)

passive *adj* pasivo (*pahsee'vo*)

Passover *n* pascua (de los judíos) (*pahs'-kwah, deh los hoodee'os*) *f*

passport *n* pasaporte (*pahsahpohr'teh*) *m*

password *n* consigna (*kohnseeg'nah*) *f;* contraseña (*kohntrahseh'nyah*) *f;* palabra secreta (*pahlah'brah sehkreh'tah*) *f*

past *adj* pasado (*pahsah'do*); último (*ool'-teemo*); **half — three** las tres y media (*lahs trehs ee meh'dyah*); **— time** el tiempo pasado (*ehl tyehm'po pahsah'do*) *m; n* pasado (*pahsah'do*) *m;* pretérito (*prehteh'reeto*) *m*

paste *n* pasta (*pahs'tah*) *f;* engrudo (*ehn-groo'do*) *m; v* engrudar (*ehngroodahr'*)

pasteboard *n* cartón (*kahrtohn'*) *m;* **— box** caja de cartón (*kah'hah deh ...*) *f*

pasteurize *v* pasteurizar (*pahstehooree-sahr'*)

pastime *n* pasatiempo (*pahsahtyehm'-po*) *m*

pastor *n* pastor (*pahstohr'*) *m;* clérigo (*kleh'reego*) *m;* cura (*koo'rah*) *m*

pastoral *adj* pastoril (*pahstohreel'*); pastoral (*pahstohrahl'*)

pastry *n* pastelería (*pahstehlehree'ah*) *f;* pasteles (*pahsteh'lehs*) *m, pl;* **— shop** pastelería (...) *f*

pasturage *n* pasturaje (*pahstoorah'-heh*) *m*

pasture *n* pastura (*pahstoo'rah*) *f;* pasto (*pahs'to*) *m;* dehesa (*deheh'sah*) *f; v* pacer (*pahsehr'*)

pat *adj* apto (*ahp'to*); oportuno (*ohpohr-too'no*); **to stand —** mantenerse firme (*mahntehnehr'seh feer'meh*); *n* palmadita (*pahlmahdee'tah*) *f;* caricia (*kahree'-syah*) *f;* golpecito (*gohlpehsee'to*) *m; v* dar palmaditas a (*dahr ... ah*); aprobar (*ahprohbahr'*)

patch *n* remiendo (*rehmyehn'do*) *m;* pedazo (*pehdah'so*) *m;* sembrado (*sehm-brah'do*) *m; v* remendar (*rehmehn-dahr'*); **to — up** hacer las paces (*ah-sehr' lahs pah'sehs*)

patcher *n* remendón (*rehmehndohn'*) *m*

patent *adj* patente (*pahtehn'teh*); manifiesto (*mahneefyehs'to*); *n* patente (*pahtehn'teh*) *f; v* patentar (*pahtehn-tahr'*)

paternal *adj* paterno (*pahtehr'no*)

path *n* senda (*sehn'dah*) *f;* vereda (*veh-reh'dah*) *f;* trayectoria (*trahyehktoh'-ryah*) *f*

pathetic *adj* patético (*pahteh'teeko*)

pathos *n* pathos (*pah'tos*) *m;* tristeza (*treesteh'sah*) *f*
pathway *n* senda (*sehn'dah*) *f;* vereda (*vehreh'dah*) *f*
patience *n* paciencia (*pahsyehn'syah*) *f*
patriarch *n* patriarca (*pahtryahr'kah*) *m*
patrimony *n* patrimonio (*pahtreemoh'nyo*) *m*
patriot *n* patriota (*pahtryoh'tah*) *m, f*
patriotic *adj* patriótico (*pahtryoh'teeko*)
patriotism *n* patriotismo (*pahtryohtees'mo*) *m*
patrol *n* patrulla (*pahtroo'lyah*) *f;* ronda (*rohn'dah*) *f; v* patrullar (*pahtroolyahr'*)
patron *n* patrón (*pahtrohn'*) *m;* benefactor (*behnehfahktohr'*) *m;* cliente (*klyehn'teh*) *m, f;* **— saint** santo patrón (*sahn'to ...*) *m*
patronage *n* patrocinio (*pahtrohsee'nyo*) *m;* clientela (*klyehnteh'lah*) *f*
patronize *v* patrocinar (*pahtrohseenahr'*); controlar (*kohntrohlar'*); proteger (*prohteh-hehr'*)
patten *n* galocha (*gahloh'chah*) *f*
patter *v* golpetear (*gohlpehtehahr'*); charlar (*chahrlahr'*); *n* golpeteo (*gohlpehteh'o*) *m;* charla (*chahr'lah*) *f*
pattern *n* modelo (*mohdeh'lo*) *m;* muestra (*mwehs'trah*) *f;* ejemplar (*eh'hehmplahr'*) *m;* molde (*mohl'deh*) *m;* dibujo (*deeboo'ho*) *m; v* modelar (*mohdehlahr'*); **to — after** modelar en imitación de (.... *ehn eemeetahsyohn' deh*)
paunch *n* panza (*pahn'sah*) *f*
pause *n* pausa (*pah'oosah*) *f; v* hacer pausa (*ahsehr ...*)
pave *v* pavimentar (*pahveemehntahr'*); **to — the way** preparar el camino (*prehpahrahr' ehl kahmee'no*)
pavement *n* pavimento (*pahveemehn'to*) *m*
pavilion *n* pabellón (*pahbehlyohn'*) *m*
paw *n* garra (*gah'rrah*) *f;* pata (*pah'tah*) *f; v* manosear (*mahnohsehahr*); arañar (*ahrahnyahr'*)
pawn *n* prenda (*prehn'dah*) *f;* peón (*pehohn'*) *m;* **— broker** prestamista (*prehstahmees'tah*) *m, f;* prendero (*prehndeh'ro*) *m;* **— shop** casa de empeños (*kah'sah deh ehmpeh'nyos*) *f;* montepío (*mohntehpee'o*) *m; v* empeñar (*ehmpehnyahr'*)
pay *n* paga (*pah'gah*) *f;* sueldo (*swehl'do*) *m; v* pagar (*pahgahr'*); **to — attention to** prestar atención a (*prehstahr' ahtehnsyohn' ah*); **to — back** restituir (*rehsteetweer'*); **to — a visit** hacer una visita (*ahsehr' oo'nah veesee'tah*); **it pays to do it** vale la pena hacerlo (*vah'leh lah peh'nah ahsehr'lo*)
payable *adj* pagadero (*pahgahdeh'ro*)
payday *n* día de paga (*dee'ah deh pah'gah*) *m*
paymaster *n* pagador (*pahgahdohr'*) *m*
payment *n* pago (*pah'go*) *m;* paga (*pah'gah*) *f;* **— in advance** anticipo (*ahnteesee'po*) *m*
pea *n* guisante (*gheesahn'teh*) *m;* (*Mex*) chícharo (*chee'chahro*) *m*
peace *n* paz (*pahs'*) *f;* silencio (*seelehn'syo*) *m*
peaceful *adj* pacífico (*pahsee'feeko*); calma (*kahl'ma*); quieto (*kyeh'to*)
peacemaker *n* pacificador (*pahseefeekahdohr'*) *m*
peach *n* melocotón (*mehlohkohtohn'*) *m;* durazno (*doorah'sno*) *m;* **— tree** durazno (*doorahs'no*) *m;* melocotonero (*mehlohkohtohneh'ro*) *m*
peacock *n* pavón (*pahvohn'*) *m;* pavo real (*pah'vo rehahl'*) *m*
peak *n* cumbre (*koom'breh*) *f;* cima (*see'mah*)
peal *n* repique (*rehpee'keh*) *m;* estruendo (*ehstrwehn'do*) *m; v* resonar (*rehsohnahr'*); repicar (*rehpeekahr'*)
peanut *n* cacahuete (*kakahweh'teh*) *m;* (*Am*) maní (*mahnee'*) *m*
pear *n* pera (*peh'rah*) *f;* **— tree** peral (*pehrahl'*) *m*
pearl *n* perla (*pehr'lah*) *f;* **— necklace** collar de perlas (*kohlyahr' deh* ...*s*) *m;* **mother-of-pearl** madreperla (*mah'dreh* ...) *f;* nácar (*nah'kahr*) *m*
pearly *adj* perlino (*pehrlee'no*); nacarado (*nahkahrah'do*)
peasant *adj & n* campesino (*kahmpehsee'no*) *m;* tosco (*tohs'ko*)
pebble *n* guija (*ghee'hah*) *f;* china (*chee'nah*) *f*
pecan *n* pacana (*pahkah'nah*) *f*
peck *v* picar (*peekahr'*); picotear (*peekohtehahr'*); *n* picotazo (*peekohtah'so*) *m*
pectoral *adj* pectoral (*pehktohrahl'*)
peculiar *adj* peculiar (*pehkoolyahr'*); extraño (*extrah'nyo*); **—ly** *adv* peculiarmente (*pehkoolyahrmehn'teh*)
peculiarity *n* peculiaridad (*pehkoolyahreedahd'*) *f;* rareza (*rahreh'sah*) *f*
pedagogue *n* pedagogo (*pehdahgoh'go*) *m;* pedante (*pehdahn'teh*) *m*
pedagogy *n* pedagogía (*pehdahgoh-hee'ah*) *f*
pedal *n* pedal (*pehdahl'*) *m; v* pedalear (*pehdahlehahr'*)
pedant *n* pedante (*pehdahn'teh*) *m*
pedantic *adj* pedante (*pehdahn'teh*); pedantesco (*pehdahntehs'ko*)
pedantry *n* pedantería (*pehdahntehree'ah*) *f*
peddle *v* vender de puerta en puerta (*vehndehr' deh pwehr'tah ehn pwehr'tah*)
peddler *n* vendedor ambulante (*vehndehdohr' ahmboolahn'teh*) *m*

pedestal *n* pedestal (*pehdehstahl'*) *m*
pedestrian *n* peatón (*pehahtohn'*) *m;* transeúnte (*trahnsehoon'teh*) *m, f; adj* pedestre (*pehdehs'treh*)
pedigree *n* linaje (*leenah'heh*) *m*
pediment *n* frontón (*frohntohn'*) *m*
peek *n* atisbo (*ahtees'bo*) *m; v* atisbar (*ahteesbahr'*)
peel *n* corteza (*kohrteh'sah*) *f;* cáscara (*kahs'kahrah*) *f; v* pelar (*pehlahr'*)
peeling *n* peladura (*pehlahdoo'rah*) *f*
peep *n* atisbo (*ahtees'bo*) *m; v* atisbar (*ahteesbahr'*); asomar(se) (*ahsohmahr' seh*)
peephole *n* atisbadero (*ahteesbahdeh'ro*) *m*
peer *n* par (*pahr'*) *m;* igual (*eegwahl'*) *m; v* mirar atentamente (*meerahr' ahtehntahmehn'teh*)
peerless *adj* incomparable (*eenkohmpahrah'bleh*)
peeve *v* irritar (*eerreetahr'*); **to be —d at** irritarse (*...seh*); ponerse de mal humor (*pohnehr'seh deh mahl oomohr'*)
peevish *adj* enojadizo (*ehnoh-hahdee'so*)
peg *n* espiga (*ehspee'gah*) *f;* clavo (*klah'vo*) *m;* clavija (*klahvee'hah*) *f*
pelican *n* pelícano (*pehlee'kahno*) *m*
pellet *n* pelotilla (*pehlohtee'lyah*) *f*
pell-mell *adj* confuso (*kohnfoo'so*); *adv* a trochemoche (*ah trochemoh'cheh*); en confusión (*ehn kohnfoosyohn'*)
pelt *n* zalea (*sahleh'ah*) *f;* cuero (*kweh'ro*) *m; v* golpear (*gohlpehahr'*)
pen *n* pluma (*ploo'mah*) *f;* **ball-point —** bolígrafo (*bohlee'grahfo*) *m;* **— holder** mango de pluma (*mahn'go deh ...*) *m;* **fountain —** pluma fuente (*... fwehn'teh*) *f*
penal *adj* penal (*pehnahl'*)
penalize *v* imponer pena (*eempohnehr' peh'nah*)
penalty *n* pena (*peh'nah*) *f;* multa (*mool'tah*) *f*
penance *n* penitencia (*pehneetehn'syah*) *f*
pencil *n* lápiz (*lah'pees*) *m;* **— sharpener** sacapuntas (*sahkahpoon'tahs*) *m*
pendant *adj & n* pendiente (*pehndyehn'teh*) *f*
pending *adj* pendiente (*pehndyehn'teh*)
pendulum *n* péndulo (*pehn'doolo*) *m*
penetrate *v* penetrar (*pehnehtrahr'*)
penetrating *adj* penetrante (*pehnehtrahn'teh*)
penetration *n* penetración (*pehnehtrahsyohn'*) *f*
penicillin *n* penicilina (*pehneeseelee'nah*) *f*
peninsula *n* península (*pehneen'soolah*) *f*
penitent *adj* arrepentido (*ahrrehpehntee'do*); penitente (*pehneetehn'teh*); *n* penitente (*...*) *m, f*
penknife *n* cortaplumas (*kohrtahploo'mahs*) *m*
penmanship *n* escritura (*ehskreetoo'rah*) *f;* caligrafía (*kahleegrahfee'ah*) *f*
pennant *n* banderola (*bahndehroh'lah*) *f;* gallardete (*gahlyahrdeh'teh*) *m*
penniless *adj* indigente (*eendeehehn'teh*); sin dinero (*seen deeneh'ro*)
penny *n* centavo (*sehntah'vo*) *m*
pennywise *adj* muy económico (*moo'y ehkohnoh'meeko*)
pension *n* pensión (*pehnsyohn'*) *f; v* pensionar (*pehnsyohnahr'*)
pensive *adj* pensativo (*pehnsahtee'vo*)
pent *adj* encerrado (*ehnsehrrah'do*)
pentagon *n* pentágono (*pehntah'gohno*) *m*
pentameter *n* (verso) pentámetro (*vehr'so, pehntah'mehtro*) *m*
people *n* gente (*hehn'teh*) *f;* pueblo (*pweh'blo*) *m; v* poblar (*pohblahr'*)
pepper *n* pimienta (*peemyehn'tah*) *f;* **— shaker** pimentero (*peemehnteh'ro*) *m*
peppermint *n* menta (*mehn'tah*) *f;* pastilla de menta (*pahstee'lyah deh ...*) *f*
per *prep* por (*pohr*); **— cent** por ciento (*pohr syehn'to*); **— month** al mes (*ahl mehs*)
perambulator *n* cochecillo para niños (*kohchehsee'lyo pah'rah nee'nyos*)*m*
percale *n* percal (*pehrkahl'*) *m*
perceive *v* percibir (*pehrseebeer'*)
percentage *n* porcentaje (*pohrsehntah'heh*) *m;* tanto por ciento (*tahn'to pohr syehn'to*)
perceptible *adj* perceptible (*pehrsehptee'bleh*)
perception *n* percepción (*pehrsehpsyohn'*) *f*
perch *n* percha (*pehr'chah*) *f;* (*fish*) perca (*pehr'kah*) *f; v* encaramar(se) (*ehnkahrahmahr', seh*) (*bird*); posar (*pohsahr'*)
perchance *adv* acaso (*ahkah'so*); quizás (*keesahs'*); tal vez (*tahl vehs*)
percolate *v* filtrar (*feeltrahr'*); colar (*kohlahr'*)
perdition *n* perdición (*pehrdeesyohn'*) *f*
perennial *adj* perenne (*pehrehn'neh*)
perfect *adj* perfecto (*pehrfehk'to*); *v* perfeccionar (*pehrfehksyohnahr'*)
perfection *n* perfección (*pehrfehksyohn'*) *f*
perfidious *adj* pérfido (*pehr'feedo*)
perfidy *n* perfidia (*pehrfee'dyah*) *f*
perforate *v* perforar (*pehrfohrahr'*)
perform *v* ejecutar (*eh-hehkootahr'*); hacer (*ahsehr'*); funcionar (*foonsyohnahr'*); hacer un papel (*ahsehr' oon pahpehl'*)

performance *n* ejecución (*eh-hehkoosyohn'*) *f;* función (*foonsyohn'*) *f;* representación (*rehprehsehntahsyohn'*) *f*
performer *n* actor (*ahktohr'*) *m;* ejecutor (*eh-hehkootohr'*) *m;* vocalista (*vohkahlees'tah*) *m, f;* bailarín (*baheelahreehn'*) *m,* músico (*moo'seeko*) *m*
perfume *n* perfume (*pehrfoo'meh*) *m; v* perfumar (*pehrfoomahr'*)
perhaps *adv* acaso (*ahkah'so*); quizás (*keesahs'*); tal vez (*tahl vehs*)
peril *n* peligro (*pehlee'gro*) *m;* riesgo (*ryehs'go*) *m; v* poner en peligro (*pohnehr' ehn* ...)
perilous *adj* peligroso (*pehleegroh'so*)
perimeter *n* perímetro (*pehree'mehtro*) *m*
period *n* período (*pehree'ohdo*) *m;* punto (*poon'to*) *m;* época (*eh'pohkah*) *f*
periodic *adj* periódico (*pehryoh'deeko*)
periodical *adj* periódico (*pehryoh'deeko*) *m; n* revista (*rehvees'tah*) *f*
periphery *n* periferia (*pehreefeh'ryah*) *f*
periscope *n* periscopio (*pehreeskoh'pyo*) *m*
perish *v* perecer (*pehrehsehr'*)
perishable *adj* perecedero (*pehrehsehdeh'ro*)
perjure *v* perjurar (*pehrhoorahr'*)
perjury *n* perjurio (*pehrhoo'ryo*) *m*
permanence *n* permanencia (*pehrmahnehn'syah*) *f*
permanent *adj* permanente (*pehrmahnehn'teh*); perenne (*pehrehn'neh*)
permeate *v* atravesar (*ahtrahvehsahr'*); saturar (*sahtoorahr'*); filtrarse (*feeltrahr'seh*)
permissible *adj* lícito (*lee'seeto*)
permission *n* permiso (*pehrmee'so*) *m*
permit *n* permiso (*pehrmee'so*) *m;* pase (*pah'seh*) *m;* licencia (*leesehn'syah*) *f; v* permitir (*pehrmeeteer'*); dar permiso (*dahr* ...)
pernicious *adj* pernicioso (*pehrneesyoh'so*)
perpendicular *adj & n* perpendicular (*pehrpehndeekoolahr'*) *f*
perpetrate *v* perpetrar (*pehrpehtrahr'*); cometer (*kohmehtehr'*)
perpetual *adj* perpetuo (*pehrpeh'two*)
perpetuate *v* perpetuar (*pehrpehtwahr'*)
perplex *v* confundir (*kohnfoondeer'*); sorprender (*sohrprehndehr'*)
perplexed *adj* perplejo (*pehrpleh'ho*); confuso (*kohnfoo'so*)
perplexity *n* perplejidad (*pehrpleh-heedahd'*) *f*
persecute *v* perseguir (*pehrsehgheer'*)
persecution *n* persecución (*pehrsehkoosyohn'*) *f*
persecutor *n* perseguidor (*pehrsehgheedohr'*) *m*
perseverance *n* perseverancia (*pehrsehvehrahn'syah*) *f*
persevere *v* perseverar (*pehrsehvehrahr'*)
persist *v* persistir (*pehrseesteer'*); porfiar (*pohrfyahr'*)
persistent *adj* persistente (*pehrseestehn'teh*); porfiado (*pohrfyah'do*)
person *n* persona (*pehrsoh'nah*) *f*
personal *adj* personal (*pehrsohnahl'*)
personality *n* personalidad (*pehrsohnahleedahd'*) *f;* personaje (*pehrsohnah'heh*) *m*
personnel *n* personal (*pehrsohnahl'*) *m*
perspective *n* perspectiva (*pehrspehktee'vah*) *f*
perspiration *n* sudor (*soodohr'*) *m*
perspire *v* sudar (*soodahr'*)
persuade *v* persuadir (*pehrswahdeer'*)
persuasion *n* persuasión (*pehrswahsyohn'*) *f;* creencia (*krehehn'syah*) *f*
persuasive *adj* persuasivo (*pehrswahsee'vo*)
pert *adj* insolente (*eensohlehn'teh*); atrevido (*ahtrehvee'do*)
pertain *v* pertenecer (*pehrtehnehsehr'*)
pertinent *adj* pertinente (*pehrteenehn'teh*); relativo al caso (*rehlahtee'vo ahl kah'so*); relativo (*rehlahtee'vo*)
perturb *v* perturbar (*pehrtoorbahr'*)
peruse *v* leer atentamente (*lehehr' ahtehntahmehn'teh*)
Peruvian *adj & n* peruano (*pehrwah'no*) *m*
pervade *v* llenar (*lyehnahr'*); penetrar (*pehnehtrahr'*)
perverse *adj* perverso (*pehrvehr'so*); terco (*tehr'ko*); obstinado (*obsteenah'do*)
pervert *n* perverso (*pehrvehr'so*) *m; v* pervertir (*pehrvehrteer'*); falsear (*fahlsehahr'*)
pessimism *n* pesimismo (*pehseemees'mo*) *m*
pessimist *n* pesimista (*pehseemees'tah*) *m, f*
pest *n* peste (*pehs'teh*) *f;* plaga (*plah'gah*) *f;* pestilencia (*pehsteelehn'syah*) *f*
pester *v* importunar (*eempohrtoonahr'*); molestar (*mohlehstahr'*); fastidiar (*fahsteedyahr'*)
pestilence *n* pestilencia (*pehsteelehn'syah*) *f*
pet *n* alguien favorito (*ahl'ghyehn fahvohree'to*) *m;* favorito (...) *m;* niño, animal favorito, mimado (*nee'nyo, ahneemahl'* ..., *meemah'do*); *v* mimar (*meemahr'*); (*coll*) acariciar (*ahkahreesyahr'*)
petal *n* pétalo (*peh'tahlo*) *m*
petition *n* petición (*pehteesyohn'*) *f;* súplica (*soo'pleekah*) *f; v* pedir (*pehdeer'*); suplicar (*soopleekahr'*); rogar (*rohgahr'*)

petroleum *n* petróleo (*pehtroh'leho*) *m*
petticoat *n* enagua (*ehnah'gwah*) *f*
petty *adj* pequeño (*pehkeh'nyo*); mezquino (*mehskee'no*); — **larceny** ratería (*rahtehree'ah*) *f;* — **officer** oficial inferior (*ohfeesyahl' eenfehryohr'*) *m*
pew *n* banco de iglesia (*bahn'ko deh eegleh'syah*) *m*
phantom *n* fantasma (*fahntahs'mah*) *m*
pharmacist *n* farmacéutico (*fahrmahseh'ooteeko*) *m;* boticario (*bohteekah'ryo*) *m*
pharmacy *n* farmacia (*fahrmah'syah*) *f;* botica (*bohtee'kah*) *f*
phase *n* fase (*fah'seh*) *f*
phenomenon *n* fenómeno (*fehnoh'mehno*) *m*
philosopher *n* filósofo (*feeloh'sohfo*) *m*
philosophical *adj* filosófico (*feelohsoh'feeko*)
philosophy *n* filosofía (*feelohsohfee'ah*) *f*
phone *n* teléfono (*tehleh'fohno*) *m*
phonetics *n* fonética (*fohneh'teekah*) *f*
phonograph *n* fonógrafo (*fohnoh'grahfo*) *m*
phosphate *n* fosfato (*fohsfah'to*) *m*
phosphorus *n* fósforo (*fohs'fohro*) *m*
photo *n* fotografía (*fohtohgrahfee'ah*) *f*
photograph *n* fotografía (*fohtohgrahfee'ah*) *f;* foto (*foh'to*) *f;* retrato (*rehtrah'to*) *m;* **color** — foto en colores (... *ehn cohloh'rehs*); *v* fotografiar (*fohtohgrahfyahr'*)
photographer *n* fotógrafo (*fohtoh'grahfo*) *m*
photography *n* fotografía (*fohtohgrahfee'ah*) *f*
photostat *n* fotostato (*fohtohstah'to*) *m*
phrase *n* frase (*frah'seh*) *f;* locución (*lohkoosyohn'*) *f;* *v* frasear (*frahsehahr'*); expresar (*exprehsahr'*)
physic *n* purga (*poor'gah*) *f;* purgante (*poorgahn'teh*) *m;* *v* purgar (*poorgahr'*)
physical *adj* físico (*fee'seeko*)
physician *n* médico (*meh'deeko*) *m*
physicist *n* físico (*fee'seeko*) *m*
physics *n* física (*fee'seekah*) *f*
physiological *adj* fisiológico (*feesyohloh'heeko*)
physiology *n* fisiología (*feesyohloh-hee'ah*) *f*
physique *n* físico (*fee'seeko*) *m;* forma del cuerpo (*fohr'mah dehl kwehr'po*) *f*
piano *n* piano (*pyah'no*) *m;* **grand** — piano de cola (...*deh koh'lah*) *m;* **upright** — piano vertical (... *vehrteekahl'*) *m*
picaresque *adj* picaresco (*peekahrehs'ko*)
pick *n* pico (*pee'ko*) *m;* lo mejor (*loh meh-hohr'*); *v* escoger (*ehskoh-hehr'*); coger (*koh-hehr'*); **to — out** escoger (...); **to — pockets** ratear (*rahtehahr'*); **to — a quarrel** reñir (*rehnyeer'*); pelear (*pehlehahr'*)
pickaxe *n* pico (*pee'ko*) *m;* zapapico (*sahpahpee'ko*) *m*
picket *n* piquete (*peekeh'teh*) *m;* piquete de soldados, obreros huelguistas (... *deh sohldah'dos, ohbreh'ros wehlghees'tahs*) *m;* *v* estar de guardia (*ehstahr' deh gwahr'dyah*)
picketing *n* piquete de huelga (*peekeh'teh deh wehl'gah*) *m*
pickle *n* encurtido (*ehnkoohrtee'do*) *m;* **to be in a** — hallarse en un aprieto (*ahlyahr'seh ehn oon ahpryeh'to*); *v* escabechar (*ehskahbehchahr'*)
pickpocket *n* ladrón (*lahdrohn'*) *m;* ratero (*rahteh'ro*) *m*
pickup *n* velocidad acelerada (*vehlohseedahd' ahsehlehrah'dah*) *f*
picnic *n* día de campo (*dee'ah deh kahm'po*) *m;* comida campestre (*kohmee'dah kahmpehs'treh*) *f;* fiesta campestre (*fyehs'tah kahmpehs'treh*) *f*
picture *n* cuadro (*kwah'dro*) *m;* fotografía (*fohtohgrahfee'ah*) *f;* **color** — foto en colores (*foh'to ehn kohloh'rehs*) *f;* grabado (*grahbah'do*) *m;* película (*pehlee'koolah*) *f;* — **gallery** museo, galería (*mooseh'o, gahlehree'ah*) *m, f;* — **tube** tubo de televisión (*too'bo deh tehlehveesyohn'*) *m;* *v* pintar (*peentahr'*); imaginar (*eemah-heenahr'*)
picturesque *adj* pintoresco (*peentohrehs'ko*); bello (*beh'lyo*)
pie *n* pastel (*pahstehl'*) *m;* empanada (*ehmpahnah'dah*) *f*
piece *n* pieza (*pyeh'sah*) *f;* pedazo (*pehdah'zo*) *m;* trozo (*troh'so*) *m;* — **by** — pedazo por pedazo (... *pohr* ...); — **meal** en pedazos (*ehn* ...*s*), a pedazos (*ah* ...); *v* remendar (*rehmehndahr'*); **to — together** juntar (*hoontahr'*); pegar (*pehgahr'*)
piecework *n* trabajo por pieza (*trahbahho pohr pyeh'sah*) *m*
pier *n* muelle (*mweh'lyeh*) *m*
pierce *v* atravesar (*ahtrahvehsahr'*); penetrar (*pehnehtrahr'*); perforar (*pehrfohrahr'*)
piety *n* piedad (*pyehdahd'*) *f;* humanidad (*oomahneedahd'*) *f;* devoción (*dehvohsyohn'*) *f*
pig *n* puerco (*pwehr'ko*) *m;* cerdo (*sehr'do*) *m*
pigeon *n* paloma, o (*pahloh'mah, o*) *f, m*
pigeonhole *n* casilla (*kahsee'lyah*) *f;* *v* encasillar (*ehnkahseelyahr'*)
pigment *n* pigmento (*peegmehn'to*) *m;* color (*kohlohr'*) *m*
pike *n* pica (*pee'kah*) *f;* lanza (*lahn'sah*) *f*

pile *n* pila (*pee'lah*) *f;* montón (*mohntohn'*) *m;* **—s** almorranas (*ahlmohrrahnahs*) *f, pl; v* amontonar (*ahmohntohnahr'*); acumular(se) (*ahkoomoolahr', seh*)

pilfer *v* ratear (*rahtehahr'*); hurtar (*oortahr'*)

pilgrim *n* peregrino (*pehrehgree'no*) *m;* romero (*rohmeh'ro*) *m*

pilgrimage *n* peregrinación (*pehrehgreenahsyohn'*) *f;* romería (*rohmehree'ah*) *f*

pill *n* píldora (*peel'dohrah*) *f;* **to swallow the —** tragar la píldora (*trahgahr' lah* ...); **the (contraceptive) pill** la píldora (anticonceptiva) (*lah ..., ahnteekohnsehptee'vah*) *f*

pillage *n* pillaje (*peelyah'heh*) *m; v* pillar (*peelyahr'*); saquear (*sahkehahr'*)

pillar *n* pilar (*peelahr'*) *m;* columna (*kohloom'nah*) *f*

pillow *n* almohada (*ahlmohah'dah*) *f;* cojín (*koh-heen'*) *m*

pillowcase *n* funda de almohada (*foon'dah deh ahlmohah'dah*) *f*

pilot *n* piloto (*peeloh'to*) *m;* guía (*ghee'ah*) *f; v* pilotar (*peelohtahr'*); guiar (*ghyahr'*)

pimple *n* grano (*grah'no*) *m;* barro *bah'rro*) *m*

pin *n* alfiler (*ahlfeelehr'*) *m;* bolo (*boh'lo*) *m;* **safety —** alfiler de seguridad (*ahlfeelehr' deh sehgooreedahd'*) *m; v* prender (*prehndehr'*); clavar (*klahvahr'*)

pinafore *n* delantal (*dehlahntahl'*) *m*

pincer(s) *n, pl* pinza(s) (*peen'sah, s*) *f, pl;* tenaza(s) (*tehnah'sah, s*) *f, pl*

pinch *n* pellizco (*pehlyees'ko*); **a — of** un poco de (*oon poh'ko deh*); *v* pellizcar (*pehlyeeskahr'*); apretar (*ahprehtahr'*); economizar (*ehkohnohmeesahr'*); arrestar (*ahrrehstahr'*)

pine *n* pino (*pee'no*) *m;* **— cone** piña (*pee'nyah*) *f;* **— grove** pinar (*peenahr'*) *m; v* languidecer (*lahngheedehsehr'*); **to — away** consumirse (*kohnsoomeerseh'*)

pineapple *n* piña (*pee'nyah*) *f;* ananá (*ahnahnah'*) *m*

pink *adj* rosado (*rohsah'do*); color de rosa (*kohlohr' deh roh'sah*); *n* clavel (*klahvehl'*) *m*

pinnacle *n* pináculo (*peenah'koolo*) *m;* cima (*see'mah*) *f*

pint *n* pinta (*peen'tah*) *f*

pioneer *n* pionero (*pyohneh'ro*) *m;* explorador (*explohrahdohr'*) *m;* fundador (*foondahdohr'*) *m;* precursor (*prehkoorsohr'*) *m; v* explorar (*explohrahr'*); fundar (*foondahr'*)

pious *adj* pío (*pee'o*); piadoso (*pyahdoh'so*)

pipe *n* pipa (*pee'pah*) *f;* tubo (*too'bo*) *m;* **— line** cañería (*kahnyehree'ah*) *f;* tubería (*toobehree'ah*) *f; v* conducir por cañerías (*kohndooseer' pohr kahnyehree'ahs*)

piper *n* gaitero (*gahyteh'ro*) *m;* flautista (*flahootees'tah*) *m, f*

piping *n* cañería (*kahnyehree'ah*) *f;* tubería (*toobehree'ah*) *f;* chillido (*cheelyee'do*) *m*

pippin *n* camuesa (*kahmweh'sah*) *f*

piquant *adj* picante (*peekahn'teh*)

pique *n* enojo (*ehnoh'ho*) *m; v* picar (*peekahr'*); enojar (*ehnoh-hahr'*); irritar(se) (*eerreetahr', seh*)

piracy *n* piratería (*peerahtehree'ah*) *f*

pirate *n* pirata (*peerah'tah*) *m; v* piratear (*peerahtehahr'*)

pistol *n* pistola (*peestoh'lah*) *f;* revólver (*rehvohl'vehr*) *m*

piston *n* pistón (*peestohn'*) *m;* **— ring** aro de pistón (*ah'ro deh* ...) *m*

pit *n* hoyo (*oh'yo*) *m;* foso (*foh'so*) *m;* hueso (*weh'so*) *m*

pitch *n* tiro (*tee'ro*) *m;* tono (*toh'no*) *m;* calidad de la voz (*kahleedahd' deh lah vos*) *f;* pez (*pehs*) *f; v* tirar (*teerahr'*); arrojar (*ahrroh-hahr'*)

pitch-dark *adj* muy oscuro (*moo'y ohskoo'ro*); negrísimo (*nehgree'seemo*)

pitcher *n* cántaro (*kahn'tahro*) *m;* jarro (*hah'rro*) *m;* lanzador (*lahnsahdohr'*) *m*

pitchfork *n* horca (*ohr'kah*) *f*

pitching *n* cabeceo (*kahbehseh'o*) *m*

piteous *adj* lastimero (*lahsteemeh'ro*); lastimoso (*lashteemoh'so*)

pith *n* meollo (*mehoh'lyo*) *m;* médula (*meh'doolah*) *f*

pitiful *adj* lastimoso (*lahsteemoh'so*); **—ly** *adv* lastimosamente (*lahsteemohsahmehn'teh*)

pitiless *adj* despiadado (*dehspyahdah'do*); sin piedad (*seen pyehdahd'*)

pity *n* piedad (*pyehdahd'*) *f;* lástima (*lahs'teemah*) *f;* compasión (*kohmpahsyohn'*) *f;* **it is a —** es una lástima (*ehs oonah* ....); *v* compadecer (*kohmpahdehsehr'*); tener piedad (*tehnehr'* ...)

placard *n* letrero (*lehtreh'ro*) *m;* cartel (*kahrtehl'*) *m*

place *n* lugar (*loogahr'*) *m;* sitio (*see'tyo*) *m; v* poner (*pohnehr'*); colocar (*kohlohkahr'*)

placement *n* empleo (*ehmpleh'o*) *m*

placer *n* lavadero (*lahvahdeh'ro*) *m*

placid *adj* plácido (*plah'seedo*); sosegado (*sohsehgah'do*)

placidity *n* dulzura (*doolsoo'rah*) *f*

plagiarism *n* plagio (*plah'hyo*) *m*

plague *n* plaga (*plah'gah*) *f;* peste (*pehs'teh*) *f;* pestilencia (*pehsteelehn'syah*) *f; v* plagar (*plahgahr'*)

plaid *adj* a cuadros (*ah kwah'dros*); *n* tela a cuadros (*teh'lah ah kwah'dros*) *f;* manta escocesa (*mahn'tah ehskohseh'sah*) *f*

plain *adj & n* llano (*lyah'no*) *m;* sencillo (*sehnsee'lyo*); claro (*klah'ro*); **in — sight** a plena vista (*ah pleh'nah vees'tah*); **plain-clothes man** detective (*dehtehktee've*) *m;* **—ly** *adv* claramente (*klahrahmehn'teh*)
plainness *n* sencillez (*sehnseelyehs'*) *f*
plaintiff *n* demandador (*dehmahndahdohr'*) *m*
plaintive *adj* lastimoso (*lahsteemoh'so*)
plait *n* pliegue (*plyeh'gheh*) *m*
plan *n* plan (*plahn*) *m;* proyecto (*prohyehk'to*) *m; v* planear (*plahnehahr'*); proyectar (*prohyehktahr'*); idear (*eedehahr'*); pensar (*pehnsahr'*)
plane *n* plano (*plah'no*) *m;* superficie (*soopehrfee'syeh*) *m;* aeroplano (*ahehrohplah'no*) *m; adj* plano (*plah'no*); llano (*lyah'no*)
planer *n* cepillo (*sehpee'lyo*) *m;* aplanador (*ahplahnahdohr'*) *m*
planet *n* planeta (*plahneh'tah*) *m*
planetarium *n* planetario (*plahnehtah'ryo*) *m*
plank *n* tabla (*tah'blah*) *f;* base (*bah'seh*) *f; v* entablar (*ehntahblahr'*)
planned *adj* planeado (*plahnehah'do*)
plant *n* planta (*plahn'tah*) *f;* fábrica (*fah'breekah*) *f;* taller (*tahlyehr'*) *m; v* plantar (*plahntahr'*); establecer (*ehstahblehsehr'*); sembrar (*sehmbrahr'*)
plantation *n* plantación (*plahntahsyohn'*) *f;* sembrado (*sehmbrah'do*) *m;* **coffee —** cafetal (*kahfehtahl'*) *m;* **sugar —** ingenio de azúcar (*eenheh'nyo deh ahsoo'kahr*) *m*
planter *n* plantador (*plahntahdohr'*) *m*
plaque *n* placa (*plah'kah*) *f*
plasma *n* plasma (*plahs'mah*) *m*
plaster *n* yeso (*yeh'so*)*m;* emplasto (*ehmplahs'to*) *m;* **— of Paris** yeso (*yeh'so*) *m; v* enyesar (*ehnyehsahr'*); emplastar (*ehmplahstahr'*)
plastic *adj* plástico (*plahs'teeko*); **— surgery** anaplastia (*ahnahplahs'tyah*) *f;* **—s** *n* plástica (*plahs'teekah*) *f*
plat *n* plano (*plah'no*) *m;* parcela (*pahrseh'lah*) *f*
plate *n* plato (*plah'to*) *m;* plancha (*plahn'chah*) *f;* lámina (*lah'meenah*) *f; v* platear (*plahtehahr'*); niquelar (*neekehlahr'*); planchear (*plahnchehahr'*)
plateau *n* altiplanicie (*ahlteeplahnee'syeh*) *f;* mesa (*meh'sah*) *f;* meseta (*mehseh'tah*) *f*
platform *n* plataforma (*plahtahfohr'mah*) *f;* tarima (*tahree'mah*) *f;* programa político (*prohgrah'mah pohlee'teeko*) *m;* **railway —** andén (*ahndehn'*) m
platinum *n* platino (*plahtee'no*) *m*
platonic *adj* platónico (*plahtoh'neeko*)
platter *n* platón (*plahtohn'*) *m*
play *n* juego (*hweh'go*) *m;* jugada (*hoogah'dah*) *f;* drama (*drah'mah*) *m;* comedia (*kohmeh'dyah*) *f; v* jugar (*hoogahr'*); (*music*) tocar (*tohkahr'*); representar (*rehprehsehntahr'*); **to — a joke** hacer una broma (*ahsehr' oo'nah broh'mah*); **to — cards** jugar a los naipes (*hoogahr' ah los nah'ypehs*)
playbill *n* programa (*prograh'mah*) *m*
player *n* jugador (*hoogahdohr'*) *m;* músico (*moo'seeko*) *m;* actor (*ahktohr'*) *m;* **piano —** pianista (*pyahnees'tah*) *m, f;* **record —** tocadiscos (*tohkahdees'kohs*) *m* (*s, pl*)
playful *adj* juguetón (*hooghehtohn'*); retozón (*rehtohsohn'*); bromista (*brohmees'tah*)
playground *n* patio de recreo (*pah'tyo deh rehkreh'o*) *m*
playmate *n* compañero de juego (*kohmpahnyeh'ro deh hweh'go*) *m*
plaything *n* juguete (*hoogheh'teh*) *m*
playwright *n* dramaturgo (*drahmahtoor'go*) *m*
plea *n* súplica (*soo'pleekah*) *f;* ruego (*rweh'go*) *m*
plead *v* alegar (*ahlehgahr'*); suplicar (*soopleekahr'*); defender (*dehfehndehr'*); abogar (*ahbohgahr'*)
pleasant *adj* grato (*grah'to*); agradable (*ahgrahdah'bleh*)
pleasantry *n* chanza (*chan'sah*) *f;* broma (*broh'mah*) *f*
please *v* gustar (*goostahr'*); dar gusto a (*dahr goos'to ah*); **— tell me** por favor dígame usted (*pohr fahvohr' dee'gahmeh oostehd'*); **if you —** si me hace usted el favor (*see meh ah'seh oostehd' ehl fahvohr'*); **to be —ed with** alegrarse de (*ahlehgrahr'seh deh*)
pleasing *adv* agradable (*ahgrahdah'bleh*)
pleasure *n* placer (*plahsehr'*) *m;* gusto (*goos'to*) *m*
pleat *n* pliegue (*plyeh'geh*) *m;* doblez (*dohblehs'*) *m; v* plegar (*plehgahr'*)
pleated *adj* plegado (*plehgah'do*)
plebeian *adj & n* plebeyo (*plehbeh'yo*) *m*
pledge *n* promesa (*prohmeh'sah*) *f;* prenda (*prehn'dah*) *f; v* prometer (*prohmehtehr'*); dar en prenda (*dahr' ehn ...*)
pledged *adj* prometido (*prohmehtee'do*); empeñado (*ehmpehnyah'do*)
plenipotentiary *adj & n* plenipotenciario (*plehneepohtehnsyah'ryo*) *m*
plentiful *adj* abundante (*ahboondahn'teh*); copioso (*kohpyoh'so*)
plenty *n* abundancia (*aboondahn'syah*) *f;* **there is — of time** hay bastante tiempo (*ah'y bahstahn'teh tyehm'po*)
pliable *adj* flexible (*flehxee'bleh*)
pliant *adj* flexible (*flehxee'bleh*)
pliers *n, pl* tenazas (*tehnah'sahs*) *f, pl*
plight *n* apuro (*ahpoo'ro*) *m;* dificultad (*deefeekooltahd'*) *f*

plod *v* afanarse (*ahfahnahr'seh*); trafagar (*trahfahgahr'*); trabajar mucho (*trahbah-hahr' moo'cho*)
plot *n* trama (*trah'mah*) *f;* enredo (*ehnreh'do*) *m;* argumento (*ahrgoomehn'to*) *m;* plano (*plah'no*) *m; v* tramar (*trahmahr'*); conspirar (*kohnspeerahr'*)
plotter *n* conspirador (*kohnspeerahdohr'*) *m;* tramador (*trahmahdohr'*) *m*
plow *n* arado (*ahrah'do*) *m;* **— share** reja de arado (*reh'hah deh ...*) *f; v* arar (*ahrahr'*); hacer surcos (*ahsehr' soor'kos*)
pluck *v* coger (*koh-hehr'*); desplumar (*dehsploomahr'*)
plug *n* tapón (*tahpohn'*) *m;* tarugo (*tahroo'go*) *m;* **electric —** clavija eléctrica (*klahvee'hah ehlehk'treekah*) *f;* **spark —** bujía (*boohee'ah*) *f; v* tapar (*tahpahr'*)
plum *n* ciruela (*seerweh'lah*) *f;* **— tree** ciruelo (*seerweh'lo*) *m*
plumage *n* plumaje (*ploomah'heh*) *m*
plumb *adj* vertical (*vehrteekahl'*); a plomo (*ah ploh'mo*); *n* plomada (*plohmah'da*) *f;* sonda (*sohn'dah*) *f; adv* a plomo (*ah ploh'mo*); verticalmente (*vehrteekahlmehn'teh*)
plumber *n* plomero (*plohmeh'ro*) *m*
plumbing *n* plomería (*plohmehree'ah*) *f;* trabajo de plomero (*trahbah'ho deh plohmeh'ro*) *m*
plume *n* pluma (*ploo'mah*) *f;* plumaje (*ploomah'heh*)*m; v* adornar con plumas (*ahdohrnahr' kohn ploo'mahs*)
plump *adj* gordito (*gohrdee'to*); *v* caer (*kahehr'*); dejar caer repentinamente (*deh-hahr' kahehr' rehpehnteenahmehn'teh*); *adv* de golpe (*deh gohl'peh*)
plumpness *n* gordura (*gohrdoo'rah*) *f*
plunder *n* pillaje (*peelyah'heh*) *m;* saqueo (*sahkeh'o*) *m; v* pillar (*peelyahr'*); saquear (*sahkehahr'*)
plunge *n* salto (*sahl'to*) *m;* brinco (*breen'ko*) *m; v* lanzar(se) (*lahnsahr', seh*); arrojar(se) en (*ahrroh-hahr', seh, ehn*)
plural *adj & n* plural (*ploorahl'*) *m*
plus *n* más (*mahs*) *m;* **one — two** uno más dos (*oo'no ... dos*); *prep* más (...)
plush *n* felpa (*fehl'pah*) *f*
ply *v* trabajar mucho (*trahbah-hahr' moo'cho*); **to — ahead** aplicarse con ahínco (*ahpleekahr'seh kohn aheen'ko*)
pneumatic *adj* neumático (*nehoomah'teeko*)
pneumonía *n* pulmonía (*poolmohnee'ah*) *f*
pocketbook *n* cartera (*kahrteh'rah*) *f;* portamonedas (*pohrtahmohneh'dahs*) *m;* bolsa (*bohl'sah*) *f*
pocket book *n* bolsilibro (*bohlseelee'bro*) *m;* libro de bolsillo (*lee'bro deh bohlsee'lyo*) *m*
pocketknife *n* navaja (*nahvah'hah*) *f;* cortaplumas (*kohrtahploo'mahs*) *m*
pod *n* vaina (*vah'ynah*) *f* ..
podium *n* podio (*poh'dyo*) *m*
poem *n* poema (*poheh'mah*) *m;* poesía (*pohehsee'ah*) *f*
poet *n* poeta (*poheh'tah*) *m*
poetess *n* poetisa (*pohehtee'sah*) *f*
poetic(al) *adj* poético (*poheh'teeko*); melodioso (*mehlohdyoh'so*); **— license** licencia poética (*leesehn'syah poheh'teekah*) *f*
poetry *n* poesía (*pohehsee'ah*) *f*
point *n* punto (*poon'to*) *m;* punta (*poon'tah*) *f;* **— of view** punto de vista (... *deh vees'tah*) *m;* **to the —** al caso (*ahl kah'so*), al grano (*ahl grah'no*); *v* señalar (*sehnyahlahr'*); indicar (*eendeekahr'*); mostrar (*mohstrahr'*)
pointed *adj* puntiagudo (*poontyahgoo'do*); **— remark** expresión aguda (*exprehsyohn' ahgoo'dah*) *f*
pointer *n* puntero (*poonteh'ro*) *m;* señalador (*sehnyahlahdohr'*) *m;* **to give —s** dar consejos (*dahr kohnseh'hos*)
poise *n* equilibrio (*ehkeelee'bryo*) *m; v* equilibrar(se) (*ehkeeleebrahr', seh*)
poison *n* veneno (*vehneh'no*) *m; v* envenenar (*ehnvehnehnahr'*)
poisonous *adj* venenoso (*vehnehnoh'so*)
poke *n* pinchazo (*peenchah'so*) *m;* empujón (*ehmpoohhohn'*) *m;* golpe (*gohl'peh*) *m; v* atizar (*ahteesahr'*); asomar(se) (*ahsohmahr', seh*); andar lentamente (*ahndahr' lehntahmehn'teh*); **to — fun at** burlarse de (*boorlahr'seh deh*)
poker *n* juego de póker (*hweh'go deh poh'kehr*) *m*
polar *adj* polar (*pohlahr'*); **— bear** oso blanco (*oh'so blahn'ko*) *m*
pole *n* poste (*pohs'teh*) *m;* palo (*pah'lo*) *m;* garrocha (*gahrroh'chah*) *f; n* **north- —** polo norte (*poh'lo nohr'teh*) *m*
police *n* (la) policía (*lah, pohleesee'ah*) *f*
policeman *n* (el) policía (*ehl, pohleesee'ah*) *m;* guardia (*gwahr'dyah*) *m*
policy *n* costumbre (*kohstoom'breh*) *f;* sistema (*seesteh'mah*) *m;* **insurance —** póliza de seguro (*poh'leesah deh sehgoo'ro*) *f*
Polish *adj & n* polaco (*pohlah'ko*) *m;* idioma polaco (*eedyoh'mah pohlah'ko*) *m*
polish *n* pulimento (*pooleemehn'to*) *m;* lustre (*loos'treh*) *m;* **shoe —** betún (*behtoon'*) *m;* bola (*boh'lah*) *f; v* lustrar (*loostrahr'*); pulimentar (*pooleemehntahr'*)
polite *adj* cortés (*kohrtehs'*)
politeness *n* cortesía (*kohrtehsee'ah*) *f*
political *adj* político (*pohlee'teeko*); (*fig*) prudente (*proodehn'teh*)

politician *n* político (*pohlee'teeko*) *m;* politiquero (*pohleeteekeh'ro*) *f*
politics *n* política (*pohlee'teekah*) *f*
poll *n* votación (*vohtahsyohn'*) *f;* **at the —s** en las urnas electorales (*ehn lahs oor'nahs ehlehktohrah'lehs*); *v* registrar los votos (*reh-heestrahr' los voh'tos*); votar (*vohtahr'*)
pollen *n* polen (*poh'lehn*) *m*
pollute *v* inquinar (*eenkeenahr'*); contaminar (*kohntahmeenahr'*)
pollution *n* contaminación (*kohntahmeenahsyohn'*) *f*
pomegranate *n* granada (*grahnah'dah*) *f;* **— tree** granado (*grahnah'do*) *m*
pomp *n* pompa (*pohm'pah*) *f;* esplendor (*ehsplehndohr'*) *m*
pomposity *n* pomposidad (*pohmpohseedahd'*) *f;* esplendor (*ehsplehndohr'*) *m*
pompous *adj* pomposo (*pohmpoh'so*)
pond *n* charca (*char'kah*) *f;* estanque (*ehstahn'keh*) *m*
ponder *v* ponderar (*pohndehrahr'*); considerar (*kohnseedehrahr'*); examinar (*exahmeenahr'*)
ponderous *adj* ponderoso (*pohndehroh'so*)
pontiff *n* pontífice (*pohntee'feeseh*) *m*
pontoon *n* pontón (*pohntohn'*) *m;* chata (*chah'tah*) *f;* **— bridge** pontón (*pohntohn'*) *m*
pony *n* caballito (*kahbahlyee'to*) *m;* jaca (*hah'kah*) *f*
poodle *n* perro de lanas (*peh'rro deh lah'nahs*) *m*
pool *n* charco (*chahr'ko*) *m;* tanque (*tahn'keh*) *m;* **swimming —** piscina (*peesee'nah*) *f;* *v* reunir cosas (*rehooneer' koh'sahs*); combinar fondos (*kohmbeenahr' fohn'dos*)
poor *adj* pobre (*poh'breh*); inferior (*eenfehryohr'*); **—ly** *adv* pobremente
poor *n* : **the —** los pobres (*lohs poh'brehs*) *m, pl;* gente pobre (*hehn'teh* ...) *f*
poorbox *n* caja de limosnas (*kah'hah deh leemohs'nahs*) *f*
poorhouse *n* hospicio (*ohspee'syo*) *m;* casa de pobres (*kah'sah deh poh'brehs*) *f*
pop *n* ruido (*rwee'do*) *m;* estallido (*ehstahlyee'do*) *m;* **soda —** gaseosa (*gahsehoh'sah*) *f;* *v* estallar (*ehstahlyahr'*)
popcorn *n* rosetas (*rohseh'tahs*) *f, pl;* palomitas de maíz (*pahlohmee'tahs deh mahees'*) *f, pl*
Pope *n* Papa (*pah'pah*) *m*
poplar *n* álamo (*ah'lahmo*) *m;* **— grove** alameda (*ahlahmeh'dah*) *f*
poppy *n* amapola (*ahmahpoh'lah*) *f*
popular *adj* popular (*pohpoolahr'*)
popularity *n* popularidad (*pohpoolahreedahd'*) *f*
populate *v* poblar (*pohblahr'*)
population *n* población (*pohblahsyohn'*) *f*
porcelain *n* porcelana (*pohrsehlah'nah*) *f*
porch *n* pórtico (*pohr'teeko*) *m*
porcupine *n* puerco espín (*pwehr'ko ehspeen'*) *m*
pore *n* poro (*poh'ro*) *m*
pork *n* puerco (*pwehr'ko*) *m;* carne de puerco (*kahr'neh deh pwehr'ko*) *f;* **— chop** chuleta de puerco (*chooleh'tah deh* ...) *f;* **— sausage** longaniza (*lohngahnee'sah*) *f*
porous *adj* poroso (*pohroh'so*)
port *n* puerto (*pwehr'to*) *m;* vino de Oporto (*vee'no deh ohpohr'to*) *m*
portable *adj* portátil (*pohrtah'teel*); **— radio** radio portátil (*rah'dyo* ...) *f*
portend *v* augurar (*ahoogoorahr'*)
portent *n* portento (*pohrtehn'to*) *m;* presagio (*prehsah'hyo*) *m*
portentous *adj* portentoso (*pohrtehntoh'so*)
porter *n* mozo de cordel (*moh'so deh kohrdehl'*) *m;* cargador (*kahrgahdohr'*) *m;* portero (*pohrteh'ro*) *m*
portfolio *n* portafolio (*pohrtahfoh'lyo*) *m;* cartera (*kahrteh'rah*) *f*
portion *n* porción (*pohrsyohn'*) *f;* *v* repartir (*rehpahrteer'*)
portrait *n* retrato (*rehtrah'to*) *m*
portray *v* retratar (*rehtrahtahr'*); dibujar (*deeboohahr'*)
portrayal *n* retrato (*rehtrah'to*) *m;* descripción (*dehskreepsyohn'*) *f*
Portuguese *adj & n* portugués (*pohrtoogheh s'*) *m*
pose *n* postura (*pohstoo'rah*) *f;* actitud (*ahkteetood'*) *f;* *v* posar (*pohsahr'*)
poser *n* persona que finge (*pehrsoh'nah keh feen'heh*) *f*
position *n* posición (*pohseesyohn'*) *f;* empleo (*ehmpleh'o*) *m*
positive *adj* positivo (*pohseetee'vo*); cierto (*syehr'to*); seguro (*sehgoo'ro*)
posse *n* grupo armado (*groo'po ahrmah'do*) *m*
possess *v* poseer (*pohsehehr'*)
possession *n* posesión (*pohsehsyohn'*) *f;* bienes (*byeh'nehs*) *m, pl*
possessive *adj & n* posesivo (*pohsehsee'vo*) *m*
possessor *n* poseedor (*pohsehehdohr'*) *m;* dueño (*dweh'nyo*) *m*
possibility *n* posibilidad (*pohseebeeleedahd'*) *f*
possible *adj* posible (*pohsee'bleh*); **possibly** *adv* posiblemente (*pohseeblehmehn'teh*); quizás (*keesahs'*)
post *n* poste (*pohs'teh*) *m;* puesto (*pwehs'to*) *m;* **— card** tarjeta postal (*tahrheh'tah pohstahl'*) *f;* **— office** correo (*kohrreh'o*) *m;* *v* fijar (*feehahr'*); fijar anuncios (*feehahr' ahnoon'syos*)

postage *n* franqueo (*frahnkeh'o*) *m*
postal *adj* postal (*pohstahl'*); **— money order** giro postal (*hee'ro ...*) *m*
posted *adj* : **to be well —** estar bien enterado (*ehstahr' byehn ehntehrah'do*)
poster *n* cartel (*kahrtehl'*) *m;* cartelón (*kahrtehlohn'*) *m*
posterior *adj* posterior (*pohstehryohr'*)
posterity *n* posteridad (*pohstehreedahd'*) *f*
posthumous *adj* póstumo (*pohs'toomo*)
postman *n* cartero (*kahrteh'ro*) *m*
postmark *n* matasellos (*mahtahseh'lyohs*) *m, pl*
postmaster *n* administrador de correos (*ahdmeeneestrahdohr' deh kohrreh'os*) *m*
postpone *v* posponer (*pohspohnehr'*); aplazar (*ahplahsahr'*)
postponement *n* aplazamiento (*ahplahsahmyehn'to*) *m*
postscript *n* posdata (*pohsdah'tah*) *f*
posture *n* postura (*pohstoo'rah*) *f;* posición (*pohseesyohn'*) *f*
posy *n* flor (*flohr'*) *f*
pot *n* olla (*oh'lyah*) *f;* puchero (*poocheh'ro*) *m;* bacín (*bahseen'*) *m;* (*coll*) mariguana (*mahreegwah'nah*) *f*
potable *adj* potable (*pohtah'bleh*)
potassium *n* potasio (*pohtah'syo*) *m*
potato *n* patata (*pahtah'tah*) *f;* papa (*pah'pah*) *f;* **fried —s** papas fritas (*... free'tahs*) *f, pl*
potency *n* potencia (*pohtehn'syah*) *f;* fuerza (*fwehr'sah*) *f*
potent *adj* potente (*pohtehn'teh*); fuerte (*fwehr'teh*)
potential *adj & n* potencial (*pohtehnsyahl'*) *m*
potion *n* poción (*pohsyohn'*) *f*
potpie *n* torta de carne (*tohr'tah deh kahr'neh*) *f*
pottery *n* cerámica (*sehrah'meekah*) *f;* alfarería (*ahlfahrehree'ah*) *f*
pouch *n* bolsa (*bohl'sah*) *f;* bolsillo (*bohlsee'lyo*) *m*
poultice *n* cataplasma (*kahtahplahs'mah*) *f*
poultry *n* aves de corral (*ah'vehs deh kohrrahl'*) *f, pl*
pounce *n* salto (*sahl'to*) *m;* *v* **(on)** saltar (sobre) (*sahltahr', soh'breh*); apomazar (*ahpohmahsahr'*)
pound *n* libra (*lee'brah*) *f;* *v* golpear (*gohlpehahr'*); machacar (*mahchahkahr'*)
pour *v* verter (*vehrtehr'*); fluir (*flweer'*); llover a cántaros (*lyohvehr' ah kahn'tahros*)
pout *n* puchero (*poocheh'ro*) *m;* mueca (*mweh'kah*) *f;* *v* hacer pucheros (*ahsehr' poocheh'ros*)
poverty *n* pobreza (*pohbreh'sah*) *f*
powder *n* polvo (*pohl'vo*) *m;* pólvora (*pohl'vohrah*) *f;* **— compact** polvera (*pohlveh'rah*) *f;* *v* empolvar(se) (*ehmpohlvahr', seh*)
powdered *adj* en polvo (*ehn pohl'vo*)
power *n* poder (*pohdehr'*) *m;* poderío (*pohdehree'o*) *m;* **world —** potencia (*pohtehn'syah*) *f*
powerful *adj* poderoso (*pohdehroh'so*); fuertísimo (*fwehrtee'seemo*)
powerless *adj* impotente (*eempohtehn'teh*)
power mower *n* motosegadora (*mohtohsehgahdoh'rah*) *f*
practicable *adj* practicable (*prahteekah'bleh*)
practical *adj* práctico (*prah'teeko*); **— joke** chasco (*chahs'ko*) *m;* broma (*broh'mah*) *f;* **—ly** *adv* virtualmente (*veertwahlmehn'teh*); prácticamente (*prahteekahmehn'teh*)
practice *n* práctica (*prahk'teekah*) *f;* ejercicio (*eh-hehrsee'syo*) *m;* clientela (*klyehnteh'lah*) *f;* *v* practicar (*prahkteekahr'*)
pragmatism *n* pragmatismo (*prahgmahtees'mo*) *m*
prairie *n* pradera (*prahdeh'rah*) *f;* llanura (*lyahnoo'rah*) *f;* (*Am*) pampa (*pahmpah*) *f*
praise *n* alabanza (*ahlahbahn'sah*) *f;* encomio (*ehnkoh'myo*) *m;* *v* alabar (*ahlahbahr'*); encomiar (*ehnkohmyahr'*)
prance *v* cabriolar (*kahbryohlahr'*); hacer cabriolas (*ahsehr' kahbryoh'lahs*)
prank *n* travesura (*trahvehsoo'rah*) *f;* broma (*broh'mah*) *f*
prattle *n* parlería (*pahrlehree'ah*) *f;* charla (*chahr'lah*) *f;* *v* parlotear (*pahrlohtehahr'*); charlar (*chahrlahr'*)
pray *v* rezar (*rehsahr'*); rogar (*rohgahr'*)
prayer *n* rezo (*reh'so*) *m;* ruego (*rweh'go*) *m;* súplica (*soo'pleekah*) *f;* **the Lord's —** el Padre Nuestro (*ehl pah'dreh nwehs'tro*) *m*
preach *v* predicar (*prehdeekahr'*)
preacher *n* predicador (*prehdeekahdohr'*) *m*
preamble *n* preámbulo (*prehahm'boolo*) *m*
prearrange *v* arreglar de antemano (*ahrrehglahr' deh ahntehmah'no*)
prearranged *adj* ya arreglado (*yah ahrrehglah'do*)
precarious *adj* precario (*prehkah'ryo*)
precariousness *n* incertidumbre (*eensehrteedoom'breh*) *f*
precaution *n* precaución (*prehkahoosyohn'*) *f*
precede *v* preceder (*prehsehdehr'*)
precedence *n* precedencia (*prehsehdehn'syah*) *f*
precept *n* precepto (*prehsehp'to*) *m*

precinct *n* distrito (*deestree'to*) *m*
precious *adj* precioso (*prehsyoh'so*); querido (*kehree'do*); **— stone** piedra preciosa (*pyeh'drah prehsyoh'sah*) *f*
precipice *n* precipicio (*prehseepee'syo*) *m*
precipitate *adj* precipitado (*prehseepeetah'do*); *v* precipitar(se) (*prehseepeetahr', seh*)
precipitation *n* precipitación (*prehseepeetahsyohn'*) *f;* lluvia (*lyoo'vyah*) *f*
précis *n* resumen (*rehsoo'mehn*) *m;* sumario (*soomah'ryo*) *m*
precise *adj* preciso (*prehsee'so*); exacto (*exahk'to*)
precision *n* precisión (*prehseesyohn'*) *f;* perfección (*pehrfehksyohn'*) *f*
preclude *v* excluir (*exklweer'*); impedir (*eempehdeer'*)
precocious *adj* precoz (*prehkohs'*)
preconceive *v* preconcebir (*prehkohnsehbeer'*)
precursor *n* precursor (*prehkoorsohr'*) *m*
predecessor *n* predecesor (*prehdehsehsohr'*) *m*
predicament *n* aprieto (*ahpryeh'to*) *m;* apuro (*ahpoo'ro*) *m*
predict *v* predecir (*prehdehseer'*); profetizar (*prohfehteesahr'*)
prediction *n* predicción (*prehdeeksyohn'*) *f*
predilection *n* predilección (*prehdeelehksyohn'*) *f*
predispose *v* predisponer (*prehdeespohnehr'*)
predominant *adj* predominante (*prehdohmeenahn'teh*)
predominate *v* predominar (*prehdohmeenahr'*)
preface *n* prefacio (*prehfah'syo*) *m;* prólogo (*proh'lohgo*) *m*
prefer *v* preferir (*prehfehreer'*); presentar (*prehsehntahr'*)
preferable *adj* preferible (*prehfehree'bleh*); **—bly** *adv* preferiblemente (*prehfehreeblehmehn'teh*)
preference *n* preferencia (*prehfehrehn'syah*) *f*
preferred *adj* preferido (*prehfehree'do*)
prefix *n* prefijo (*prehfee'ho*) *m; v* prefijar (*prehfeehahr'*)
pregnancy *n* preñez (*prehnyehs'*) *f;* embarazo (*ehmbahrah'so*) *m*
pregnant *adj* preñado, a (*prehnyahdo, ah*); lleno (*lyeh'no*); (*woman*) encinta (*ehnseen'tah*)
prejudice *n* prejuicio (*preh-hwee'syo*) *m;* daño (*dah'nyo*) *m; v* perjudicar (*pehrhoodeekahr'*)
prelate *n* prelado (*prehlah'do*) *m*
preliminary *adj & n* preliminar (*prehleemeenahr'*) *m*
prelude *n* preludio (*prehloo'dyo*) *m*
premature *adj* prematuro (*prehmahtoo'ro*)
premeditated *adj* premeditado (*prehmehdeetah'do*)
premier *n* primer ministro (*preemehr' meenees'tro*) *m*
première *n* estreno (*ehstreh'no*) *m*
premium *n* premio (*preh'myo*) *m;* **at a —** muy raro (*moo'y rah'ro*)
premonition *n* presentimiento (*prehsehnteemyehn'to*); advertencia (*ahdvehrtehn'syah*) *f*
preoccupation *n* preocupación (*prehohkoopahsyohn'*) *f*
preoccupy *v* preocupar (*prehohkoopahr'*)
prepaid *adj* pagado de antemano (*pahgah'do deh ahntehmah'no*); porte pagado (*pohr'teh pahgah'do*)
preparation *n* preparación (*prehpahrahsyohn'*) *f*
prepare *v* preparar(se) (*prehpahrahr', seh*)
preposition *n* preposición (*prehpohseesyohn'*) *f*
preposterous *adj* absurdo (*ahbsoor'do*); sin razón (*seen rahsohn'*)
prerequisite *n* requisito previo (*rehkeesee'to preh'vyo*) *m*
prerogative *n* prerrogativa (*prehrrohgahtee'vah*) *f*
presage *n* presagio (*prehsah'hyo*) *m; v* presagiar (*prehsah-hyahr'*)
prescribe *v* prescribir (*prehskreebeer'*); recetar (*rehsehtahr'*)
prescription *n* receta (*rehseh'tah*) *f*
presence *n* presencia (*prehsehn'syah*) *f;* **— of mind** aplomo (*ahploh'mo*) *m*
present *adj* presente (*prehsehn'teh*); **to be —** estar presente (*ehstahr' ...*); *v* presentar (*prehsehntahr'*); ofrecer (*ohfrehsehr'*); *n* presente (*prehsehn'teh*) *m;* regalo (*rehgah'lo*) *m;* **at —** al presente (*ahl ...*); ahora (*ahoh'rah*); **for the —** por ahora (*pohr ...*)
presentation *n* presentación (*prehsehntahsyohn'*) *f*
presentiment *n* presentimiento (*prehsehnteemyehn'to*) *m*
presently *adv* al presente (*ahl prehsehn'teh*); pronto (*prohn'to*)
preserve *v* preservar (*prehsehrvahr'*); conservar (*kohnsehrvahr'*)
preside *v* presidir (*prehseedeer'*); **to — over** dirigir (*deereeheer'*)
presidency *n* presidencia (*prehseedehn'syah*) *f*
press *n* prensa (*prehn'sah*) *f;* imprenta (*eemprehn'tah*) *f; v* planchar (*plahnchahr'*); apretar (*ahprehtahr'*); empujar (*ehmpoohahr'*); **to — on** avanzar (*avahnsahr'*)
pressing *adj* urgente (*oorhehn'teh*)

pressure *n* presión (*prehsyohn'*) *f;* urgencia (*oorhehn'syah*) *f;* **to exert —** urgir (*oorheer'*); *v* ejercer presión (*ehhehrsehr'* ...)

prestige *n* prestigio (*prehstee'hyo*) *m*

presume *v* presumir (*prehsoomeer'*); suponer (*soopohnehr'*)

presumption *n* presunción (*prehsoonsyohn'*) *f;* pretensión (*prehtehnsyohn'*) *f*

presumptuous *adj* presuntuoso (*prehsoontwoh'so*); presumido (*prehsoomee'do*)

presuppose *v* presuponer (*prehsoopohnehr'*)

pretend *v* pretender (*prehtehndehr'*); fingir (*feenheer'*)

pretense *n* pretexto (*prehtex'to*) *m*

pretension *n* pretensión (*prehtehnsyohn'*) *f;* pretexto (*prehtex'to*) *m*

pretext *n* pretexto (*prehtex'to*) *m*

prettiness *n* lindeza (*leendeh'sah*) *f;* belleza (*behlyeh'sah*) *f*

pretty *adj* lindo (*leen'do*); bello (*beh'lyo*); *adv* bastante (*bahstahn'teh*); un poco (*oon poh'ko*); **— good, well** bastante bueno, bien (... *bweh'no, byehn'*)

prevail *v* prevalecer (*prehvahlehsehr'*); **to — upon** persuadir (*pehrswahdeer'*)

prevailing *adj* dominante (*dohmeenahn'teh*); al día (*ahl dee'ah*)

prevalent *adj* prevaleciente (*prehvahlehsyehn'teh*); común (*kohmoon'*); corriente (*kohrryehn'teh*)

prevent *v* prevenir (*prehvehneer'*); evitar (*ehveetahr'*); impedir (*eempehdeer'*)

prevention *n* prevención (*prehvehnsyohn'*) *f;* precaución (*prehkahoosyohn'*) *f*

previous *adj* previo (*preh'vyo*); **—ly** *adv* previamente (*prehvyahmehn'teh*)

prewar *adj* antes de la guerra (*ahn'tehs deh lah gheh'rrah*)

prey *n* presa (*preh'sah*) *f;* víctima (*veek'teemah*) *f;* *v* pillar (*peelyahr'*); robar (*rohbahr'*)

price *n* precio (*preh'syo*) *m;* valor (*vahlohr'*) *m;* **ceiling price** precio tope (*preh'syo toh'peh*) *m;* **— control** control de precios (*kohntrohl' deh* ...*s*); *v* valuar (*vahlwahr'*)

priceless *adj* sin precio (*seen preh'syo*); inapreciable (*eenahprehsyah'bleh*)

prick *n* picadura (*peekahdoo'rah*) *f;* pinchazo (*peenchah'so*) *m;* *v* picar (*peekahr'*); pinchar (*peenchahr'*)

prickly *adj* espinoso (*ehspeenoh'so*); lleno de espinas (*lyeh'no deh ehspee'nahs*); **— pear** tuna (*too'nah*) *f*

pride *n* orgullo (*ohrgoo'lyo*) *m;* **to take — in** enorgullecerse de (*ehnohrgoolyehsehr'seh deh*); *v* preciarse de (*prehsyahr'seh deh*)

priest *n* sacerdote (*sahsehrdoh'teh*) *m;* cura (*koo'rah*) *m*

priesthood *n* sacerdocio (*sahsehrdoh'syo*) *m*

prim *adj* remilgado (*rehmeelgah'do*)

primarily *adv* primariamente (*preemahryahmehn'teh*); principalmente (*preenseepahlmehn'teh*)

primary *adj* primario (*preemah'ryo*); importante (*eempohrtahn'teh*)

prime *adj* principal (*preenseepahl'*); primario (*preemah'ryo*); **— minister** primer ministro (*preemehr' meenees'tro*) *m;* *n* plenitud (*plehneetood'*) *f;* **he is in his —** está en la flor de su edad (*ehstah' ehn' lah flohr deh soo ehdahd'*)

primer *n* abecedario (*ahbehsehdah'ryo*) *m;* cartilla (*kahrtee'lyah*) *f*

primitive *adj* primitivo (*preemeetee'vo*)

primness *n* remilgo (*rehmeel'go*) *m;* afectación (*ahfehktahsyohn'*) *f*

primordial *adj* primordial (*preemohrdyahl'*)

primp *v* adornar(se) (*ahdohrnahr', seh*); arreglar(se) (*ahrrehglahr', seh*)

primrose *n* primavera (*preemahveh'rah*) *f;* amarillo pálido (*ahmahree'lyo pah'leedo*) *m*

prince *n* príncipe (*preen'seepeh*) *m*

princely *adj* principesco (*preenseepehs'ko*); elegante (*ehlehgahn'teh*)

princess *n* princesa (*preenseh'sah*) *f*

principal *adj* principal (*preenseepahl'*); *n* principal (...) *m;* capital (*kahpeetahl'*) *m;* **school —** director (*deerehktohr'*) *m*

principle *n* principio (*preensee'pyo*) *m;* regla (*reh'glah*) *f;* base (*bah'seh*) *f*

print *n* tipo (*tee'po*) *m;* letra de molde (*leh'trah deh mohl'deh*) *f;* lámina (*lah'meenah*) *f;* grabado (*grahbah'do*) *m;* **out of —** agotado (*ahgohtah'do*); *v* imprimir (*eempreemeer'*); estampar (*ehstahmpahr'*)

printed *adj* impreso (*eempreh'so*); **— matter** impresos (*eempreh'sos*) *m, pl*

printer *n* impresor (*eemprehsohr'*) *m*

printing *n* tipografía (*teepohgrahfee'ah*) *f;* **— office** imprenta (*eemprehn'tah*) *f;* **— press** prensa (*prehn'sah*) *f*

prior *adj* previo (*preh'vyo*); anterior (*ahntehryohr'*); (*relig*) *n* prior (*pryohr'*) *m*

priority *n* prioridad (*pryohreedahd'*) *f;* precedencia (*prehsehdehn'syah*) *f*

prism *n* prisma (*prees'mah*) *f*

prison *n* prisión (*preesyohn'*) *f;* cárcel (*kahr'sehl*) *f*

prisoner *n* prisionero (*preesyohneh'ro*) *m*

privacy *n* intimidad (*eenteemeedahd'*) *f*

private *adj* privado (*preevah'do*); personal (*pehrsohnahl'*); particular (*pahrteekoolahr'*); secreto (*sehkreh'to*); **— school** escuela particular (*ehskweh'lah pahrteekoolahr'*) *f;* **buck —** *n* soldado raso (*sohldah'do rah'so*) *m*

privation *n* privación (*preevahsyohn'*) *f*
privilege *n* privilegio (*preeveeleh'hyo*) *m*
privileged *adj* privilegiado (*preeveeleh-hyah'do*)
prize *n* premio (*preh'myo*) *m;* presa (*preh'sah*) *f;* — **fight** boxeo (*bohxeh'o*) *m;* pugilato (*pooheelah'to*) *m;* — **fighter** boxeador (*bohxehahdohr'*) *m;* pugilista (*pooheelees'tah*) *m; v* apreciar (*ahprehsyahr'*)
probability *n* probabilidad (*prohbahbee-leedahd'*) *f*
probable *adj* probable (*prohbah'bleh*);
probably *adv* probablemente (*prohbah-blehmehn'teh*)
probation *n* probación (*prohbahsyohn'*) *f;* **on** — bajo condición (*bah'ho kohn-deesyohn'*)
probe *n* tienta (*tyehn'tah*) *f;* indagación (*eendahgahsyohn'*) *f; v* tentar (*tehn-tahr'*); sondear (*sohndehahr'*); indagar (*eendahgahr'*)
problem *n* problema (*prohbleh'mah*) *m*
procedure *n* procedimiento (*prohsehdee-myehn'to*) *m;* proceder (*prohsehdehr'*) *m*
proceed *v* proceder (*prohsehdehr'*); seguir (*sehgheer'*)
proceeding *n* procedimiento (*prohseh-deemyehn'to*) *m;* —**s** transacciones (*trahnsahksyoh'nehs*) *f, pl*
proceeds *n, pl* producto (*prohdook'to*) *m;* lo recibido (*lo rehseebee'do*)
process *n* proceso (*prohseh'so*) *m;* método (*meh'tohdo*) *m; v* preparar (*preh-pahrahr'*); fabricar (*fahbreekahr'*)
procession *n* procesión (*prohsehsyohn'*) *f;* desfile (*dehsfee'leh*) *m*
proclaim *v* proclamar (*prohklahmahr'*); promulgar (*prohmoolgahr'*)
proclamation *n* proclamación (*proh-klahmahsyohn'*) *f*
procure *v* procurar (*prohkoorahr'*); obtener (*ohbtehnehr'*)
prodigious *adj* prodigioso (*prohdeehyoh'-so*)
prodigy *n* prodigio (*prohdee'hyo*) *m*
produce *n* producto (*prohdook'to*) *m; v* producir (*prohdooseer'*)
product *n* producto (*prohdook'to*) *m*
production *n* producción (*prohdook-syohn'*) *f;* obra (*oh'brah*) *f;* **theatrical** — representación teatral (*rehprehsehn-tahsyohn' tehahtrahl'*) *f*
productive *adj* productivo (*prohdook-tee'vo*)
profane *adj* profano (*prohfah'no*); *v* profanar (*prohfahnahr'*)
profession *n* profesión (*prohfehsyohn'*) *f*
professional *adj* profesional (*prohfeh-syohnahl'*)
professor *n* profesor (*prohfehsohr'*) *m;* catedrático (*kahtehdrah'teeko*) *m*
proficiency *n* pericia (*pehree'syah*) *f;* destreza (*dehstreh'sah*) *f*
proficient *adj* perito (*pehree'to*) *m;* experto (*expehr'to*)
profile *n* perfil (*pehrfeel'*) *m;* contorno (*kohntohr'no*) *m*
profit *n* provecho (*prohveh'cho*) *m;* ganancia (*gahnahn'syah*) *f; v* aprovechar (*ahprohvehchahr'*); ganar (*gahnahr'*)
profitable *adj* provechoso (*prohvehchoh'-so*); lucrativo (*lookrahtee'vo*)
profound *adj* profundo (*prohfoon'do*)
profuse *adj* profuso (*prohfoo'so*); abundante (*ahboondahn'teh*)
progeny *n* prole (*proh'leh*) *f*
program *n* programa (*prohgrah'mah*) *m; v* programar (*prohgrahmahr'*)
progress *n* progreso (*prohgreh'so*) *m; v* progresar (*prohgrehsahr'*)
progressive *adj* progresivo (*prohgreh-see'vo*)
prohibit *v* prohibir (*proheebeer'*); vedar (*vehdahr'*)
prohibition *n* prohibición (*proheebee-syohn'*) *f*
project *n* proyecto (*prohyek'to*) *m;* plan (*plahn*) *m*
projectile *n* proyectil (*prohyekteel'*) *m*
projection *n* proyección (*prohyeksyohn'*) *f;* saliente (*sahlyen'teh*) *m*
proletarian *adj & n* proletario (*prohleh-tah'ryo*) *m*
proletariat *n* proletariado (*prohlehtah-ryah'do*) *m*
prologue *n* prólogo (*proh'lohgo*) *m*
prolong *v* prolongar (*phohlohngahr'*)
promenade *n* paseo (*pahseh'o*) *m; v* pasearse (*pahsehahr'seh*)
prominent *adj* prominente (*prohmee-nehn'teh*); notable (*nohtah'bleh*)
promiscuous *adj* promiscuo (*prohmees'-kwo*)
promise *n* promesa (*prohmeh'sah*) *f; v* prometer (*prohmehtehr'*)
promissory *adj* promisorio (*prohmee-soh'ryo*); — **note** pagaré (*pahgahreh'*) *m*
promontory *n* promontorio (*prohmohn-toh'ryo*) *m*
promote *v* promover (*prohmohvehr'*)
promoter *n* promotor (*prohmohtohr'*) *m;* promovedor (*prohmohvehdohr'*) *m*
promotion *n* promoción (*prohmohsyohn'*) *f;* ascenso (*ahsehn'so*) *m*
prompt *adj* puntual (*poontwahl'*); *v* sugerir (*soohehreer'*)
promptly *adv* pronto (*prohn'to*); presto (*prehs'to*)
promptness *n* presteza (*prehsteh'sah*) *f;* puntualidad (*poontwahleedahd'*) *f*
promulgate *v* promulgar (*prohmool-gahr'*)

prone *adj* inclinado (*eenkleenah'do*); propenso (*prohpehn'so*); postrado (*pohstrah'do*)
prong *n* púa (*poo'ah*) *f;* punta (*poon'tah*) *f*
pronoun *n* pronombre (*prohnohm'breh*) *m*
pronounce *v* pronunciar (*prohnoonsyahr'*); declarar (*dehklahrahr'*)
pronounced *adj* marcado (*mahrkah'do*)
pronunciation *n* pronunciación (*prohnoonsyahsyohn'*) *f*
proof *n* prueba (*prweh'bah*) *f;* **— against** a prueba de (*ah ... deh*); **galley —** galerada (*gahlehrah'dah*) *f;* **fire—** a prueba de incendios (*ah ... deh eensehn'dyos*); **water—** impermeable (*eempehrmehah'bleh*)
prop *n* puntal (*poontahl'*) *m;* sostén (*sohstehn'*) *m; v* apuntalar (*ahpoontahlahr'*); sostener (*sohstehnehr'*)
propaganda *n* propaganda (*prohpahgahn'dah*) *f*
propagate *v* propagar(se) (*prohpahgahr', seh*)
propel *v* propulsar (*prohpoolsahr'*); impeler (*eempehlehr'*)
propeller *n* hélice (*eh'leeseh*) *f*
proper *adj* propio (*proh'pyo*); justo (*hoos'toh*); **— noun** nombre propio (*nohm'breh ...*) *m*
property *n* propiedad (*prohpyehdahd'*) *f;* bienes (*byeh'nehs*) *m, pl*
prophecy *n* profecía (*prohfehsee'ah*) *f*
prophesy *v* pronosticar (*prohnohsteekahr'*)
prophet *n* profeta (*prohfeh'tah*) *m*
propitious *adj* propicio (*prohpee'syo*)
proportion *n* proporción (*prohpohrsyohn'*) *f;* **out of —** desproporcionado (*dehsprohpohrsyonah'do*); *v* proporcionar (*prohpohrsyonahr'*)
proposal *n* propuesta (*prohpwes'tah*) *f;* proposición (*prohpohseesyohn'*) *f*
propose *v* proponer (*prohpohnehr'*); declararse (*dehklahrahr'seh*)
proposition *n* proposición (*prohpohseesyohn'*) *f;* propuesta (*prohpwes'tah*) *f;* asunto (*ahsoon'to*) *m*
proprietor *n* propietario (*prohpyehtah'ryo*) *m;* dueño (*dweh'nyo*) *m*
propriety *n* propiedad (*prohpyehdahd'*) *f;* decoro (*dehkoh'ro*) *m*
prosaic *adj* prosaico (*prohsah'eeko*)
prose *n* prosa (*proh'sah*) *f*
prosecute *v* procesar (*prohsehsahr'*)
prosecution *n* prosecución (*prohsehkoosyohn'*) *f*
prosecutor *n* fiscal (*feeskahl'*) *m;* acusador (*ahkoosahdohr'*)*m*
prospect *n* perspectiva (*pehrspehktee'vah*) *f;* cliente probable (*klyehn'teh prohbah'bleh*) *m & f*
prospective *adj* probable (*prohbah'bleh*)
prospectus *n* prospecto (*prohspehk'to*) *m*
prosper *v* prosperar (*prohspehrahr'*)
prosperity *n* prosperidad (*prohspehreedahd'*) *f*
prosperous *adj* próspero (*prohs'pehro*)
prostitute *n* prostituta (*prohsteetoo'tah*) *f; v* prostituir (*prohsteetweer'*)
prostrate *adj* postrado (*pohstrah'do*); *v* abatir (*ahbahteer'*)
protect *v* proteger (*prohtehhehr'*)
protection *n* protección (*prohtehksyohn'*) *f;* amparo (*ahmpah'ro*) *m*
protective *adj* protector (*prohtektohr'*)
protector *n* protector (*prohtektohr'*) *m*
protégé *n* protegido (*prohteh'heedo*) *m*
protein *n* proteína (*prohtehee'nah*) *f*
protest *n* protestación (*prohtehstahsyohn'*) *f; v* protestar (*prohtehstahr'*)
protestant *adj & n* protestante (*prohtehstahn'teh*) *m*
protestation *n* protestación (*prohtehstahsyohn'*) *f;* protesta (*prohtehs'tah*) *f*
protoplasm *n* protoplasma (*prohtohplahs'ma*) *m*
protrude *v* proyectar(se) (*prohyehktahr', seh*); resaltar (*rehsahltahr'*)
protuberance *n* protuberancia (*prohtoobehrahn'syah*) *f*
proud *adj* orgulloso (*ohrgoolyoh'so*); soberbio (*sohbehr'byo*)
prove *v* probar (*prohbahr'*); demostrar (*dehmohstrahr'*); comprobar (*kohmprohbahr'*)
proverb *n* proverbio (*prohvehr'byo*) *m*
provide *v* proveer (*prohvehehr'*); procurar (*prokoorahr'*)
provided *conj* con tal que (*kohn tahl' keh*); a condición que (*ah kohndeesyohn' keh*)
providence *n* providencia (*prohveedehnsyah*) *f*
providential *adj* providencial (*prohveedehnsyahl'*)
provider *n* proveedor (*prohvehehdohr'*) *m*
province *n* provincia (*prohveen'syah*) *f*
provincial *adj* provincial (*prohveensyahl'*)
provision *n* provisión (*prohveesyohn'*) *f;* estipulación (*ehsteepoolahsyohn'*) *f*
proviso *n* condición (*kohndeesyohn'*) *f;* estipulación (*ehsteepoolahsyohn'*) *f*
provocation *n* provocación (*prohvohkahsyohn'*) *f*
provoke *v* provocar (*prohvohkahr'*); enfadar (*ehnfahdahr'*)
prowess *n* valor (*vahlohr'*) *m;* proeza (*proheh'sah*) *f*
proximity *n* proximidad (*prohxeemeedahd'*) *f*

proxy *n* apoderado (*ahpohdehrah'do*) *m;* **by —** por poder (*pohr pohdehr'*)
prudence *n* prudencia (*proodehn'syah*) *f*
prudent *adj* prudente (*proodehn'teh*)
prune *n* ciruela (*seerweh'lah*); *v* podar (*pohdahr'*)
pry *v* espiar (*ehspyahr'*); **to — apart** separar (*sehpahrahr'*); **to — open** abrir (*ahbreer'*)
psalm *n* salmo (*sahl'mo*) *m*
pseudonym *n* seudónimo (*sehoodoh'neemo*) *m*
psychiatrist *n* psiquiatra (*seekya'trah*) *m*
psychiatry *n* psiquiatría (*seekyatree'ah*) *f*
psychological *adj* psicológico (*seekohloh'heeko*)
psychologist *n* psicólogo (*seekoh'lohgo*) *m*
psychology *n* psicología (*seekohloh-hee'ah*) *f*
public *adj* público (*poo'bleeko*); *n* público (*poo'bleeko*) *m*
publication *n* publicación (*poobleekahsyohn'*) *f*
publicity *n* publicidad (*poobleeseedahd'*) *f*
publish *v* publicar (*poobleekahr'*); editar (*ehdeetahr'*)
publisher *n* editor (*ehdeetohr'*) *m*
puddle *n* charco (*chahr'ko*) *m*
puff *n* resoplido (*rehsohplee'do*) *m;* soplo (*soh'plo*) *m;* borla (*bohr'lah*) *f;* *v* resoplar (*rehsohplahr'*); jadear (*hahdehahr'*)
pull *n* tirón (*teerohn'*) *m;* **he has —** tiene influencia (*tyeh'neh eenflwehn'syah*); *v* tirar de (*teerahr' deh*); arrancar (*ahrrahnkahr'*); **to — apart** desgarrar (*dehsgahrrahr'*); **to — down** bajar (*bah-hahr'*); **to — oneself together** componerse (*kohmpohnehr'seh*)
pulley *n* polea (*pohleh'ah*) *f*
pulp *n* pulpa (*pool'pah*) *f*
pulpit *n* púlpito (*pool'peeto*) *m*
pulse *n* pulso (*pool'so*) *m;* pulsación (*poolsahsyohn'*) *f*
pulverize *v* pulverizar (*poolvehreesahr'*)
pumice *n* piedra pómez (*pyeh'drah poh'mehs*) *f*
pump *n* bomba (*bohm'bah*) *f;* *v* manejar la bomba (*mahneh-hahr' lah ...*); bombear (*bohmbehahr'*)
pumpkin *n* calabaza (*kahlahbah'sah*) *f*
pun *n* juego de palabras (*hwe'go deh pahlah'brahs*) *m*
punch *n* puñetazo (*poonyetah'so*) *m;* (*drink*) ponche (*pohn'cheh*) *m;* punzón (*poonsohn'*) *m;* *v* dar una puñada (*dahr oo'nah poonyah'dah*); punzar (*poonsahr'*); perforar (*pehrfohrahr'*)
punctual *adj* puntual (*poontwahl'*)
punctuality *n* puntualidad (*poontwahleedahd'*) *f*
punctuate *v* puntuar (*poontwahr'*)
punctuation *n* puntuación (*poontwahsyohn'*) *f*
puncture *n* picadura (*peekahdoo'rah*) *f;* perforación (*pehrfohrahsyohn'*) *f;* *v* punzar (*poonsahr'*); perforar (*pehrfohrahr'*)
punish *v* castigar (*kasteegahr'*)
punishment *n* castigo (*kahstee'go*) *m*
puny *adj* débil (*deh'beel*); flaco (*flah'ko*); pequeñito (*pehkehnyee'to*)
pupil *n* discípulo (*dees-see'poolo*) *m;* **— of the eye** pupila (*poopee'lah*) *f*
puppet *n* títere (*tee'tehreh*) *m;* muñeco (*moonyeh'ko*) *m;* marioneta (*mahryohneh'tah*) *f*
puppy *n* cachorrito (*kahchohrree'to*) *m*
purchase *n* compra (*koh'mprah*) *f;* *v* comprar (*kohmprahr'*)
purchaser *n* comprador (*kohmprahdohr'*) *m*
pure *adj* puro (*poo'ro*); **—ly** *adv* puramente (*poorahmehn'teh*)
purée *n* puré (*pooreh'*) *m*
purgative *adj* purgante (*poorgahn'teh*); *n* purga (*poor'gah*) *f*
purgatory *n* purgatorio (*poorgahtoh'ryo*) *m*
purifier *n* purificador (*pooreefeekahdohr'*) *m;* **water —** purificador de agua (*... deh ah'gwah*) *m*
purify *v* purificar(se) (*pooreefeekahr', seh*)
purity *n* pureza (*pooreh'sah*) *f*
purple *n* púrpura (*poor'poorah*) *f;* *adj* purpúreo (*poorpoo'rehoh*)
purpose *n* propósito (*prohpoh'seeto*) *m;* intención (*eentehnsyohn'*) *f;* **on —** a propósito (*ah prohpoh'seeto*)
purse *n* bolsa (*bohl'sah*) *f;* **— snatcher** carterista (*kahrtehrees'tah*) *m, f*
pursue *v* perseguir (*pehrsehgheer'*); dedicarse a (*dehdeekahr'seh ah*)
pursuer *n* perseguidor (*pehrsehgeedohr'*) *m*
pursuit *n* perseguimiento (*pehrsehgeemyehn'to*) *m;* busca (*boos'kah*) *f;* en busca de (*ehn boos'kah deh*)
pus *n* pus (*poos*) *m*
push *n* empujón (*ehmpoohohn'*) *m;* **— button** botón automático (*bohtohn' ahootohmah'teeko*) *m;* *v* empujar (*ehmpooh-hahr'*); apartar (*ahpahrtahr'*); **to — forward** empujar (*ehmpoohahr'*); **to — through** encajar (*ehnkah-hahr'*)
push-button *adj* accionado por botón, pulsador (*ahksyohnah'do pohr bohtohn', poolsahdohr'*); **— control** mando por botón, pulsador (*mahn'do ...*) *m*
pushcart *n* carretilla de mano (*kahrrehtee'lya deh mah'no*) *f;* pulsador (*poolsahdohr'*) *m*

put *v* poner (*pohnehr'*); colocar (*kohloh-kahr'*); **to — away** apartar (*ahpahr-tahr'*); **to — off** aplazar (*ahplahsahr'*); **to — on** ponerse (*pohnehr'seh*); **to — on airs** darse importancia (*dahr'seh eempohrtahn'syah*); **to — on weight** engordar (*ehngohrdahr'*); **to — out** apagar (*ahpahgahr*)

putrid *adj* putrefacto (*pootrehfahk'to*)

putty *n* masilla (*mahsee'lyah*) *f; v* tapar con masilla (*tahpahr' kohn ...*)

puzzle *n* rompecabezas (*rohmpehkahbeh'-sahs*) *m;* enigma (*ehneeg'mah*) *m; v* embrollar (*ehmbrohlyahr'*); confundir (*kohnfoondeer'*)

pyramid *n* pirámide (*peerah'meedeh*) *f*

Q

quack *n* graznido (*grahsnee'do*) *m;* charlatán (*chahrlahtahn'*) *m*
quagmire *n* pantano (*pahntah'no*) *m;* tremedal (*trehmehdahl'*) *m*
quail *n* codorniz (*kohdohrnees'*) *f*
quaint *adj* raro (*rah'ro*); extraño (*extrah'nyo*)
quake *n* temblor (*tehmblohr'*) *m;* terremoto (*tehrremoh'to*) *m;* *v* temblar (*tehmblahr'*)
qualification *n* requisito (*rehkeesee'to*) *m;* calidad (*kahleedahd'*) *f*
quality *n* calidad (*kahleedahd'*) *f*
qualm *n* escrúpulo (*eskroo'poolo*) *m*
quantity *n* cantidad (*kahnteedahd'*) *f*
quarantine *n* cuarentena (*kwahrehnteh'nah*) *f;* *v* poner en cuarentena (*pohnehr' ehn* ...)
quarrel *n* riña (*ree'nya*) *f;* *v* reñir (*rehnyeer'*)
quarrelsome *adj* reñidor (*rehnyeedohr'*)
quarry *n* cantera (*kahnteh'rah*) *f*
quart *n* cuarto de galón (*kwahr'to deh gahlohn'*) *m*
quarter *adj* cuarto (*kwahr'to*); *n* cuarto (*kwahr'to*) *m;* cuarta parte (*kwahr'tah pahr'teh*) *f;* *v* cuartear (*kwahrtehahr'*)
quarterly *adj* trimestral (*treemehstrahl'*); *n* publicación trimestral (*poobleekasyohn' treemestrahl'*) *f*
quartet *n* cuarteto (*kwahrteh'to*) *m*
quartz *n* cuarzo (*kwahr'so*) *m*
quaver *n* trémolo (*treh'mohlo*) *m;* *v* temblar (*tehmblahr'*)
quay *n* muelle (*mweh'lyeh*) *m*
queen *n* reina (*rehy'nah*) *f*
queer *adj* extraño (*extrah'nyo*); singular (*seengoolahr'*)
quell *v* reprimir (*rehpreemeer'*); sofocar (*sohfohkahr'*)
quench *v* apagar (*ahpahgahr'*); reprimir (*rehpreemeer'*)
quencher *n* apagador (*ahpahgahdohr'*) *m*
quest *n* busca (*boos'kah*) *f*
question *n* pregunta (*prehgoon'tah*) *f;* cuestión (*kwehstyohn'*) *f;* **— mark** punto de interrogación (*poon'to deh eentehrrohgahsyohn'*) *m;* *v* preguntar (*prehgoontahr'*); interrogar (*eentehrrohgahr'*); discutir (*deeskooteer'*); **to ask a —** hacer una pregunta (*ahsehr' oo'nah* ...); preguntar (*prehgoontahr'*); **I — that** lo pongo en duda (*lo pohn'go ehn doo'dah*); **the — is** la cuestión, el problema es (*lah kwehstyohn', ehl problehmah ehs*)
questionable *adj* dudoso (*doodoh'so*); discutible (*deeskootee'bleh*); cuestionable (*kwehstyohnah'bleh*)
questioner *n* interrogador (*eentehrrohgahdohr'*) *m;* preguntador (*prehgoontahdohr'*) *m*
questionnaire *n* cuestionario (*kwehstyonah'ryo*) *m*
quibble *v* discutir con sutilezas (*deeskooteer' kohn sooteeleh'sahs*)
quick *adj* veloz (*vehlohs'*); presto (*prehs'to*); listo (*lees'to*); rápido (*rah'peedo*); **— wit** mente aguda (*mehn'teh ahgoodah*) *f*
quicken *v* acelerar(se) (*ahsehlehrahr', seh*); avivar(se) (*ahveevahr', seh*)
quickly *adv* velozmente (*vehlohsmehnteh*); presto (*prehs'to*); de prisa (*deh pree'sah*); rápidamente (*rah'peedahmehn'teh*)
quickness *n* rapidez (*rahpeedehs'*) *f;* presteza (*prehsteh'sah*) *f*
quicksand *n* arena movediza (*ahreh'nah mohvehdee'sah*) *f*
quicksilver *n* mercurio (*mehrkoo'ryo*) *m*
quiet *adj* quieto (*kyeh'to*); callado (*kahlyah'do*); *n* quietud (*kyehtood'*) *f;* silencio (*seelehn'syo*) *m;* *v* aquietar (*ahkyehtahr'*); calmar (*kahlmahr'*); **to — down** calmar(se) (*kahlmahr', seh*); **—ly** *adv* quietamente (*keytahmehn'teh*)
quietness *n* quietud (*kyehtood'*) *f;* calma (*kahl'ma*) *f;* silencio (*seelehn'syo*) *m*
quill *n* pluma (*ploo'mah*) *f*
quilt *n* colcha (*kohl'chah*) *f;* *v* acolchar (*ahkohlchahr'*)
quince *n* membrillo (*mehmbree'lyo*) *m*
quinine *n* quinina (*keenee'nah*) *f*
quip *n* agudeza (*ahgoodeh'sah*) *f;* *v* decir agudezas (*dehseer' ahgoodeh'sahs*)
quit *v* dejar (*deh'hahr'*); abandonar (*ahbahndohnahr'*); irse (*eer'seh*)
quite *adv* bastante (*bahstahn'teh*); **it is — good** es muy bueno (*ehs moo'y bweh'no*)
quiver *n* temblor (*tehmblohr'*) *m;* *v* temblar (*tehmblahr'*)
quiz *n* examen (*ehxsah'mehn*) *m;* *v* examinar (*ehxsahmeenahr'*)
quota *n* cuota (*kwoh'tah*) *f*

quotation *n* cita (*see'tah*) *f*; **— marks** comillas (*kohmee'lyas*) *f, pl*
quote *n* cita (*see'tah*) *f*; **—s** citaciones (*seetahsyoh'nehs*) *f, pl;* comillas (*koh-mee'lyahs*) *f, pl; v* citar (*seetahr'*)
quoter *n* citador (*seetahdohr'*) *m;* cotizador, -ora (*kohteesahdohr', oh'rah*) *m, f*
quotidian *adj* diario (*dyah'ryo*); de cada día (*deh kah'dah dee'ah*); calentura diaria (*kahlehntoo'rah ...ah*) *f*
quotient *n:* **intelligence — (I.Q.)** cociente de inteligencia (*kohsyehn'teh ...*) *m*

R

rabbi *n* rabino (*rahbee'no*) *m*
rabbit *n* conejo (*kohneh'ho*) *m*
rabble *n* populacho (*pohpoolah'cho*) *m;* gente baja (*hehn'teh bah'hah*) *f*
rabies *n* rabia (*rah'byah*) *f;* hidrofobia (*eedrohfoh'byah*) *f*
raccoon *n* (*Am*) mapache (*mahpah'cheh*) *m*
race *n* raza (*rah'sah*) *f;* (*contest*) carrera (*kahrreh'rah*) *f;* **— track** pista de carreras (*pees'tah deh kahrreh'rahs*) *f; v* correr (*kohrrehr'*) **to — with** competir con (*kohmpehteer' kohn*)
racer *n* corredor (*kohrrehdohr'*) *m*
racial *adj* racial (*rahsyahl'*)
rack *n* percha (*pehr'chah*) *f;* colgadero (*kohlgahdeh'ro*) *m;* **towel —** toallero (*tohahlyeh'ro*) *m; v* quebrar (*kehbrahr'*); romper (*rohmpehr'*)
racket *n* raqueta (*rahkeh'tah*) *f*
radiance *n* resplandor (*rehsplahndohr'*) *m;* brillo (*bree'lyo*) *m*
radiant *adj* radiante (*rahdyahn'teh*); brillante (*breelyahn'teh*)
radiate *v* irradiar (*eerrahdyahr'*); radiar (*rahdyahr'*)
radiator *n* radiador (*rahdyahdohr'*) *m*
radical *adj & n* radical (*rahdeekahl'*) *m*
radio *n* radio (*rah'dyo*) *f;* **— program** programa radiofónico (*prohgrah'mah rahdyofoh'neeko*) *m; v* transmitir (por radio) (*trahnsmeeteer', pohr ...*)
radish *n* rábano (*rah'bahno*) *m*
radium *n* radio (*rah'dyo*) *m*
radius *n* radio (*rah'dyo*) *m*
raffle *n* rifa (*ree'fah*) *f; v* **to — off** rifar (*reefahr'*)
raft *n* balsa (*bahl'sah*) *f*
rafter *n* viga (*vee'gah*) *f*
rag *n* trapo (*trah'po*) *m;* **—s** trapos viejos (*...s vyeh'hos*) *m, pl*
rage *n* rabia (*rah'byah*) *f;* furor (*foorohr'*) *m;* ira (*ee'rah*) *f; v* estar enfurecido (*ehstahr' ehnfoorehsee'do*)
ragged *adj* andrajoso (*ahndrah-hoh'so*); haraposo (*ahrahpoh'so*)
raid *n* incursión (*eenkoorsyohn'*) *f;* **air —** ataque aéreo (*ahtah'keh aheh'ro*) *m; v* hacer una incursión (*ahsehr' oonah eenkoorsyohn'*)
rail *n* riel (*ryehl*) *m;* (ferro)carril (*fehrroh, kahrreel'*) *m;* **— road** ferrocarril (...) *m*
railing *n* baranda (*bahrahn'dah*) *f;* balaustrada (*bahlahoostrah'dah*) *f*
railroad *n* ferrocarril (*fehrrohkahrreel'*) *m*
railway *adj* ferroviario (*fehrrohvyah'ryo*); *n* ferrocarril (*fehrrohkahrreel'*) *m;* **— crossing** crucero (*krooseh'ro*) *m;* **— station** estación de ferrocarril (*ehstahsyohn' deh ...*) *f*
rain *n* lluvia (*lyoo'vyah*) *f;* **— fall** lluvia (grande) (*..., grahn'deh*) *f; v* llover (*lyohvehr'*)
rainbow *n* arco iris (*ahr'koh ee'rees*) *m*
raincoat *n* impermeable (*eempehrmehah'bleh*) *m;* (*Am*) capa de agua (*kah'pah deh ahgwah*) *f*
raindrop *n* gota de agua (*goh'tah deh ah'gwah*) *f*
rainfall *n* lluvia (*lyoo'vyah*) *f;* chaparrón (*chahpahrrohn'*) *m*
rainproof *adj* impermeable (*eempehrmehah'bleh*)
rainy *adj* lluvioso (*lyoovyoh'so*)
raise *v* levantar (*lehvahntahr'*); alzar (*ahlsahr'*)
raisin *n* pasa (*pahsah*) *f;* uva seca (*oo'vah seh'kah*) *f*
rake *n* rastro (*rahs'tro*) *m; v* rastrear (la tierra) (*rahstrehahr', lah tyeh'rrah*); raspar (*rahspahr'*)
rally *v* acudir a (*ahkoodeer' ah*); ayudar a (*ahyoodahr' ah*); *n* junta popular (*hoon'tah pohpoolahr'*) *f;* reunión (*rehoonyohn'*) *f*
ram *n* carnero (*kahrneh'ro*) *m;* **battering —** ariete (*ahryeh'teh*) *m; v* apisonar (*ahpeesohnahr'*); chocar con (*chohkahr' kohn*)
rampart *n* baluarte (*bahlwahr'teh*) *m;* muralla (*moorahl'yah*) *f*
ranch *n* hacienda (*ahsyehn'dah*) *f;* (*Am*) rancho (*rahn'cho*) *m*
rancid *adj* rancio (*rahn'syo*)
rancor *n* rencor (*rehnkohr'*) *m*
random *adj* impensado (*eempehnsah'do*); **at —** al azar (*ahl ahsahr'*)
range poner en fila (*pohnehr' ehn fee'lah*); *n* hilera (*eeleh'rah*) *f;* espacio entre (*ehspahsyo ehn'treh*) *m;* **gas —** cocina de gas (*kohsee'nah deh gahs*) *f;* **— of mountains** cordillera (*kohrdeelyeh'rah*) *f;* cadena de montañas (*kahdeh'nah deh mohntah'nyahs*) *f; v* colocar (*kohlohkahr'*)

rank *n* rango (*rahn'go*) *m;* orden (*ohr'-dehn*) *m;* fila (*fee'lah*) *f;* **the — and file** la gente (*lah hehn'teh*) *f;* la tropa (*lah troh'pah*) *f;* *v* ordenar (*ohrdeh-nahr'*); clasificar (*klahseefeekahr'*); poner en fila (*pohnehr' ehn fee'lah*); **to — high in** tener un alto sitio en (*teh-nehr' oon ahl'to see'tyo ehn*); **he —s high in** sobresale en (*sohbrehsah'leh ehn*)

ransack *v* escudriñar (*ehskoodreenyahr'*); saquear (*sahkehahr'*)

rant *v* desvariar (*dehsvahryahr'*)

rap *v* golpear (*gohlpehahr'*); dar un golpe (*dahr oon gohl'peh*); *n* golpe (*gohl'-peh*) *m;* **to take a — at** golpear, insultar (*gohlpehahr', eensooltahr'*)

rapacious *adj* rapaz (*rahpahs'*)

rape *n* estupro (*ehstoo'pro*) *m;* violación (*vyohlahsyohn'*) *f;* *v* forzar (*fohr-sahr'*); estuprar (*ehstooprahr'*); violar (*vyohlahr'*)

rapid *adj* rápido (*rah'peedo*); **—ly** *adv* rápidamente (*rahpeedahmehn'teh*)

rapidity *n* rapidez (*rahpeedehs'*) *f;* velocidad (*vehlohseedahd'*) *f*

rapt *adj* extasiado (*extahsyah'do*); absorto (*ahbsohr'to*); encantado (*ehnkahn-tah'do*)

rapture *n* éxtasis (*ex'tahsees*) *m;* rapto (*rahp'to*) *m;* encanto (*ehnkahn'to*) *m*

rare *adj* raro (*rah'ro*); extraordinario (*extrahohrdeenah'ryo*); **—ly** *adv* raramente (*rahrahmehn'teh*)

rarity *n* rareza (*rahreh'sah*) *f*

rascal *n* bribón (*breebohn'*) *m;* pícaro (*pee'kahro*) *m*

rash *n* roncha (*rohn'chah*) *f*

rash *adj* temerario (*tehmehrah'ryo*); atrevido (*ahtrehvee'do*); *n* salpullido (*sahl-poolyee'do*) *m*

rashness *n* temeridad (*tehmehreedahd'*) *f*

rasp *v* chirriar (*cheerryahr'*); raspar (*rahspahr'*); *n* chirrido (*cheerree'do*) *m*

raspberry *n* frambuesa (*frahmbweh'-sah*) *f*

rat *n* rata (*rah'tah*) *f;* (*coll*) **he is a —** es un canalla (*ehs oon kahnah'lyah*)

rate *n* proporción (*prohpohrsyohn'*) *f;* valor (*vahlohr'*) *m;* tipo (*tee'po*) *m;* **— of interest** porcentaje (*pohrsehn-tah'heh*) *m;* **— of exchange** cambio (*kahm'byo*) *m;* **at any —** en todo caso (*ehn toh'do kah'so*); *v* calificar (*kah-leefeekahr'*); clasificar (*klahseefee-kahr'*); calcular (*kahlkoolahr'*); dar cierto valor a (*dahr syehr'to vahlohr' ah*)

ratify *v* ratificar (*rahteefeekahr'*)

rating *n* clasificación (*klahseefeekah-syohn'*) *f;* valor (*vahlohr'*) *m;* clase (*klah'seh*) *f*

ratio *n* razón (*rahsohn'*) *m;* proporción (*prohpohrsyohn'*) *f;* **in — to** en relación a (*ehn rehlahsyohn' ah*)

ration *n* ración (*rahsyohn'*) *f;* *v* racionar (*rahsyohnahr'*)

rational *adj* racional (*rahsyohnahl'*)

rationing *n* racionamiento (*rahsyohnah-myehn'to*) *m*

rattle *n* traqueteo (*trahkehteh'o*) *m;* ruido (*rwee'do*) *m;* *v* traquetear (*trah-kehtehahr'*); hacer ruido (*ahsehr' rwee'do*)

rattlesnake *n* culebra de cascabel (*koo-leh'brah deh kahskahbehl'*) *f*

raucous *adj* ronco (*rohn'ko*)

ravage *n* saqueo (*sahkeh'o*) *m;* pillaje (*peelyah'heh*) *m;* asolar (*ahsohlahr'*); pillar (*peelyahr'*); saquear (*sahkehahr'*)

rave *v* delirar (*dehleerahr'*); **to — about** elogiar (*ehloh-hyahr'*)

raven *n* cuervo (*kwehr'vo*) *m*

ravenous *adj* voraz (*vohrahs'*)

ravine *n* quebrada (*kehbrah'dah*) *f;* hondonada (*hohndohnah'dah*) *f*

ravish *v* encantar (*ehnkahntahr'*); violar (a una mujer) (*vyohlahr' ah oo'nah moohehr'*)

raw *adj* crudo (*kroo'do*); áspero (*ahs'-pehro*); **— material** materia prima (*mahteh'ryah pree'mah*) *f*

ray *n* raya (*rah'yah*) *f;* rayo (*rah'yo*) *m*

rayon *n* rayón (*rahyohn'*) *m;* seda artificial (*seh'dah ahrteefeesyahl'*) *f*

raze *v* arrasar (*ahrrahsahr'*); borrar (*bohrrahr'*)

razor *n* navaja de afeitar (*nahvah'hah deh ahfehytahr'*) *f;* **— blade** hoja de afeitar (*oh'hah deh ahfehytahr'*) *f*

reach *v* alcanzar (*ahlkahnsahr'*); extenderse (*extehndehr'seh*); **to — for** tratar de coger (*trahtahr' deh koh-hehr'*); **to — in** penetrar en (*pehnehtrahr' ehn*)

react *v* reaccionar (*rehahksyohnahr'*)

reaction *n* reacción (*rehahksyohn'*) *f*

reactionary *adj & n* reaccionario (*reh-ahksyohnah'ryo*) *m*

read *v* leer (*lehehr'*)

reader *n* lector (*lehktohr'*) *m;* libro de lectura (*lee'bro deh lehktoo'rah*) *m*

readily *adv* pronto (*prohn'to*); con facilidad (*kohn fahseeleedahd'*)

readiness *n* prontitud (*prohnteetood'*) *f;* presteza (*prehsteh s'ah*) *f*

reading *n* lectura (*lehktoo'rah*) *f;* **— room** sala de lectura (*sah'lah deh ...*) *f*

readjust *v* reajustar (*rehah-hoostahr'*); readaptar (*rehahdahptahr'*)

readjustment *n* reajuste (*rehah-hoos'-teh*) *m*

ready *adj* pronto (*prohn'to*); listo (*lees'-to*); **he is —** está listo (*ehstah' ...*)

ready-made *adj* ya hecho (*yah eh'cho*)

real *adj* real (*rehahl'*); verdadero (*vehrdahdehr'o*); **—ly** *adv* realmente (*rehahlmehn'teh*)
realism *n* realismo (*rehahlees'mo*) *m*
realist *n* realista (*rehahlees'tah*) *m, f*
realistic *adj* realista (*rehahlees'tah*)
reality *n* realidad (*rehahleedahd'*) *f*
realization *n* realización (*rehahleesahsyohn'*) *f*
realize *v* darse cuenta de (*dahr'seh kwehn'tah deh*); realizar (*rehahleesahr'*)
realm *n* reino (*reh'yno*) *m;* dominio (*dohmeen'yo*) *m*
reap *v* segar (*sehgahr'*); cosechar (*kohsehchahr'*); recoger (*rehkoh-hehr'*)
reaper *n* segador (*sehgahdohr'*) *m*
reappear *v* reaparecer (*rehahpahrehsehr'*)
rear *adj* trasero (*trahseh'ro*); de atrás (*deh ahtrahs'*); *n* parte de atrás (*pahr'teh deh ahtrahs'*) *f; v* criar (*kryahr'*); educar (*ehdookahr'*); levantar (*lehvahntahr'*)
reason *n* razón (*rahsohn'*) *m;* causa (*kah'oosah*) *f; v* razonar (*rahsohnahr'*)
reasonable *adj* razonable (*rahsohnah'bleh*); justo (*hoos'to*); **reasonably** *adv* con razón (*kohn rahsohn'*)
reasoning *n* razonamiento (*rahsohnahmyehn'to*) *m;* raciocinio (*rahsyosee'nyo*) *m*
reassure *v* tranquilizar (*trahnkeeleesahr'*); asegurar nuevamente (*ahsehgoorahr' nwehvahmehn'teh*)
rebate *n* rebaja (*rehbah'hah*) *f; v* rebajar (*rehbah-hahr'*)
rebel *adj & n* rebelde (*rehbehl'deh*) *m; v* rebelarse (*rehbehlahr'seh*)
rebellion *n* rebelión (*rehbehlyohn'*) *f*
rebellious *adj* rebelde (*rehbehl'deh*)
rebirth *n* renacimiento (*rehnahseemyehn'to*) *m*
rebound *n* rebote (*rehboh'teh*) *m; v* rebotar (*rehbohtahr'*)
rebuff *n* desaire (*dehsah'yreh*) *m; v* desairar (*dehsahyrahr'*); rechazar (*rehchahsahr'*)
rebuild *v* reconstruir (*rehkohnstrweer'*)
rebuke *n* reprensión (*rehprehnsyohn'*) *f;* regaño (*rehgah'nyo*) *m;* reprimenda (*rehpreemehn'dah*) *f; v* reprender (*rehprehndehr'*); regañar (*rehgahnyahr'*)
recall *n* llamada (*lyahmah'dah*) *f;* aviso (*ahvee'so*) *m;* retirada (*rehteerah'dah*) *f; v* recordar (*rehkohrdahr'*); retirar (*rehteerahr'*)
recant *v* retractar(se) (*rehtrahktahr', seh*)
recapture *v* recobrar (*rehkohbrahr'*)
recede *v* retroceder (*rehtrohsehdehr'*)
receipt *n* recibo (*rehsee'bo*) *m;* **—s** entradas (*ehntrah'dahs*) *f, pl*
receive *v* recibir (*rehseebeer'*)
receiver *n* receptor (*rehsehptohr'*) *m;* recibidor (*rehseebeedohr'*) *m*
recent *adj* reciente (*rehsyehn'teh*); **—ly** *adv* recientemente (*...mehn'teh*)
receptacle *n* receptáculo (*rehsehptah'koolo*) *m*
reception *n* recepción (*rehsehpsyohn'*) *f*
recess *n* nicho (*nee'cho*) *m;* hueco (*hweh'ko*) *m;* vacaciones (*vahkahsyoh'nehs*) *f, pl; v* suspender el trabajo (*soospehndehr' ehl trahbah'ho*)
recipe *n* receta (*rehseh'tah*) *f*
recipient *n* recibidor (*rehseebeedohr'*) *m*
reciprocal *adj* recíproco (*rehsee'prohko*)
reciprocate *v* corresponder (*kohrrehspohndehr'*)
recital *n* recitación (*rehseetahsyohn'*) *f;* (*mus*) concierto (*kohnsyehr'to*) *m*
recitation *n* recitación (*rehseetahsyohn'*) *f*
recite *v* recitar (*rehseetahr'*); relatar (*rehlahtahr'*)
reckless *adj* audaz (*ahoodahs'*); atrevido (*ahtrehvee'do*)
recklessness *n* audacia (*ahoodah'syah*) *f;* descuido (*dehskwee'do*) *m*
reckon *v* contar (*kohntahr'*); calcular (*kahlkoolahr'*)
reckoning *n* cuenta (*kwehn'tah*) *f;* cálculo (*kahl'koolo*) *m*
reclaim *v* recobrar (*rehkohbrahr'*); aprovechar (*ahprohvehchahr'*)
recline *v* reclinar(se) (*rehkleenahr', seh*)
recluse *adj* recluso (*rehkloo'so*); retirado (*rehteerah'do*); solitario (*sohleetah'ryo*); *n* recluso (*rehkloo'so*) *m*
recognition *n* reconocimiento (*rehkohnohseemyehn'to*) *m*
recognize *v* reconocer (*rehkohnohsehr'*)
recoil *v* recular (*rehkoolahr'*); retroceder (*rehtrohsehdehr'*)
recollect *v* recordar (*rehkohrdahr'*)
recollection *n* recuerdo (*rehkwehr'do*) *m*
recommend *v* recomendar (*rehkohmehndahr'*)
recommendation *n* recomendación (*rehkohmehndahsyohn'*) *f*
recompense *n* recompensa (*rehkohmpehn'sah*) *f; v* recompensar (*rehkohmpehnsahr'*)
reconcile *v* reconciliar (*rehkohnseelyahr'*); **he is —d** se ha resignado (*seh ha rehseegnah'do*)
reconciliation *n* reconciliación (*rehkohnseelyahsyohn'*) *f*
reconnoiter *v* reconocer (*rehkohnohsehr'*)
reconsider *v* reconsiderar (*rehkohnseedehrahr'*)
reconstruct *v* reconstruir (*rehkohnstrweer'*)
reconstruction *n* reconstrucción (*rehkohnstrooksyohn'*) *f*

record *n* registro (*reh-hees'tro*) *m;* **the world's —** el record mundial (*ehl reh-kohrd' moondyahl'*) *m;* (*music*) disco (*dees'ko*) *m; v* registrar (*reh-hees-trahr'*); apuntar (*ahpoontahr'*); grabar en disco fonográfico (*grahbahr' ehn dees'ko fohnograh'feeko*)
recorder *n* registrador (*reh-heestrah-dohr'*) *m;* **tape —** grabadora (de cinta) (*grahbahdoh'rah, deh seen'tah*) *f*
recount *n* recuento (*rehkwehn'to*) *m; v* recontar (*rehkohntahr'*)
recourse *n* recurso (*rehkoor'so*) *m*
recover *v* recobrar(se) (*rehkohbrahr', seh*); recuperar(se) (*rehkoopehrahr', seh*)
recovery *n* recobro (*rehkoh'bro*) *m;* recuperación (*rehkoopehrahsyohn'*) *f*
recreation *n* recreación (*rehkrehah-syohn'*) *f;* recreo (*rehkreh'o*) *m*
recruit *n* recluta (*rehkloo'tah*) *m, f; v* reclutar (*rehklootahr'*)
rectangle *n* rectángulo (*rehktahn'goolo*) *m*
rectify *v* rectificar (*rehkteefeekahr'*)
rector *n* rector (*rehktohr'*) *m*
rectum *n* recto (*rehk'to*) *m*
recuperate *v* recuperar (*rehkoopehrahr'*); recobrar (*rehkohbrahr'*)
recur *v* repetirse (*rehpehteer'seh*)
red *adj* rojo (*roh'ho*); colorado (*kohloho-rah'do*); **— tape** papeleo (*pahpehleh'o*) *m;* **— wine** vino tinto (*vee'no teen'to*) *m; n* color rojo (*kohlohr' roh'ho*) *m;* (*polit*) comunista (*kohmoonees'tah*) *m, f*
redden *v* enrojecer(se) (*ehnroh-hehsehr', seh*); ponerse rojo (*pohnehr'seh roh'-ho*)
reddish *adj* rojizo (*roh-hee'so*)
redeem *v* redimir (*rehdeemeer'*); desempeñar (*dehsehmpehnyahr'*)
redeemer *n* salvador (*sahlvahdohr'*) *m;* **the Redeemer** el Redentor (*ehl reh-dehntohr'*) *m*
redemption *n* redención (*rehdehn-syohn'*) *f*
redness *n* rojura (*roh-hoo'rah*) *f;* rojez (*roh-hehs'*) *f*
redouble *v* redoblar (*rehdohblahr'*)
redress *n* reparación (*rehpahrahsyohn'*) *f;* enmienda (*ehnmyehn'dah*) *f; v* enmendar (*ehnmehndahr'*)
reduce *v* reducir (*rehdooseer'*); mermar (*mehrmahr'*)
reduction *n* reducción (*rehdooksyohn'*) *f;* merma (*mehr'mah*) *f*
redwood *n* pino (*pee'no*) *m;* secoya (*seh-koh'yah*) *f*
reed *n* caña (*kah'nyah*) *f;* junco (*hoon'-ko*) *m*
reef *n* arrecife (*ahrrehsee'feh*) *m*
reek *n* vapor (*vahpohr'*) *m; v* exhalar (*exahlahr'*); vahar (*vahahr'*)
reel *n* carrete (*kahrreh'teh*) *m;* (*movie*) cinta (*seen'tah*) *f; v* aspar (*ahspahr'*); **to — back** retroceder (*rehtrohsehdehr'*)
reelect *v* reelegir (*rehehleh-heer'*)
reelection *n* reelección (*rehehlehksyohn'*) *f*
re-enter *v* volver a entrar (*vohlvehr' ah ehntrahr'*)
re-establish *v* restablecer (*rehstahbleh-sehr'*)
refer *v* referir(a) (*rehfehreer', ah*); referirse(a) (*rehfehreer'seh,ah*); aludir a (*ahloodeer', ah*)
referee *n* árbitro (*ahr'beetro*) *m; v* arbitrar (*ahrbeetrahr'*)
reference *n* referencia (*rehfehrehn'syah*) *f;* mención (*mehnsyohn'*) *f;* recomendación (*rehkohmehndahsyohn'*) *f*
refill *v* rellenar (*rehlyehnahr'*)
refine *v* refinar (*rehfeenahr'*); purificar (*pooreefeekahr'*)
refined *adj* refinado (*rehfeenah'do*); pulido (*poolee'do*); fino (*fee'no*)
refinement *n* refinamiento (*rehfeenah-myehn'to*) *m;* finura (*feenoo'rah*) *f;* gran elegancia (*grahn ehlehgahn'-syah*) *f*
refinery *n* refinería (*rehfeenehree'ah*) *f*
reflect *v* reflejar (*rehfleh-hahr'*); meditar (*mehdeetahr'*)
reflection *n* reflexión (*rehflehxyohn'*) *f;* reflejo (*rehfleh'ho*) *m*
reflex *adj* reflejo (*rehfleh'ho*); *n* reflejo (...) *m;* **— action** acción refleja (*ahk-syohn' rehfleh'hah*) *f*
reflexive *adj* reflexivo (*rehflehksee'vo*)
reform *n* reforma (*rehfohr'mah*) *f; v* rofermar(se) (*rehfohrmahr',seh*)
reformation *n* reforma (*rehfohr'mah*) *f*
reformer *n* reformador (*rehfohrmah-dohr'*) *m*
refraction *n* refracción (*rehfrahksyohn'*) *f*
refractory *adj* refractario (*rehfrahktah'-ryo*); terco (*tehr'ko*)
refrain *n* estribillo (*ehstreebee'lyo*) *m; v* refrenarse (*rehfrehnahr'seh*); abstenerse (*ahbstehnehr'seh*)
refresh *v* refrescar(se) (*rehfrehskahr', seh*); descansar (*dehskahnsahr'*)
refreshing *adj* refrescante (*rehfrehs-kahn'teh*); fresco (*frehs'ko*)
refreshment *n* refresco (*rehfrehs'ko*) *m*
refrigerator *n* nevera (*nehveh'ra*) *f;* (*Am*) refrigerador (*rehfreehehrah-dohr'*) *m*
refuge *n* refugio (*rehfoo'hyo*) *m;* asilo (*ahsee'lo*) *m*
refugee *n* refugiado (*rehfoohyah'do*) *m*
refund *n* reembolso (*rehehmbohl'so*) *m; v* reembolsar (*rehehmbohlsahr'*); restituir (*rehsteetweer'*)
refusal *n* negativa (*nehgahtee'vah*) *f;* desaire (*dehsahy'reh*) *m*

refuse *n* basura (*bahsoo'rah*) *f; v* rehusar (*rehoosahr'*); negar (*nehgahr'*)
refute *v* refutar (*rehfootahr'*)
regain *v* recobrar (*rehkohbrahr'*)
regal *adj* regio (*reh'hyo*); real (*rehahl'*)
regale *v* regalar (*rehgahlahr'*); festejar(se) (*fehsteh-hahr', seh*)
regalia *n pl* galas (*gah'lahs*) *f, pl*
regard *n* miramiento (*meerahmyehn'to*) *m;* consideración (*kohnseedehrahsyohn'*) *f;* **my —s** mis saludos (*mees sahloo'dos*) *m, pl;* mis recuerdos (*mees rehkwehr'dohs*) *m, pl;* **in (with) — to** con respecto a (*kohn rehspehk'to ah*); *v* mirar (*meerahr'*); considerar (*kohnseedehrahr'*)
regarding *prep* tocante a (*tohkahn'teh ah*); con respecto a (*kohn rehspehk'to ah*)
regardless *adj* indiferente (*eendeefehrehn'teh*); **— of** a pesar de (*ah pehsahr' deh*)
regent *n* regente (*reh-hehn'teh*) *m*
regime *n* régimen (*reh'heemehn*) *m*
regiment *n* regimiento (*reh-heemyehn'to*) *m*
region *n* región (*reh-hyon'*) *f*
register *n* registro (*reh-hees'tro*) *m;* lista (*lees'tah*) *f;* contador (*kohntahdohr'*) *m;* **cash —** caja registradora (*kah'hah reh-heestrahdoh'rah*) *f; v* registrar (*reh-heestrahr'*); (*school*) matricular (se) (*mahtreekoolahr', seh*); inscribir (se) (*eenskreebeer', seh*)
registrar *n* registrador (*reh-heestrahdohr'*) *m*
registration *n* registro (*reh-hees'tro*) *m;* matrícula (*mahtree'koolah*) *f*
regret *n* pesadumbre (*pehsahdoom'breh*) *f;* dolor (*dohlohr'*) *m; v* sentir (*sehnteer'*); lamentar (*lahmehntahr'*)
regrettable *adj* lamentable (*lahmehntah'bleh*); lastimoso (*lahsteemoh'so*)
regular *adj* regular (*rehgoolahr'*); sistemático (*seestehmah'teeko*)
regularity *n* regularidad (*rehgoolahreedahd'*) *f*
regulate *v* regular (*rehgoolahr'*); regularizar (*rehgoolahreesahr'*)
regulation *n* regulación (*rehgoolahsyohn'*) *f;* regla (*reh'glah*) *f*
regulator *n* regulador (*rehgoolahdohr'*) *m*
regurgitate *v* regurgitar (*rehgoorheetahr'*); arrojar (*ahrroh-hahr'*)
rehabilitate *v* rehabilitar (*rehahbeeleetahr'*)
rehabilitation *n* rehabilitación (*rehahbeeleetahsyohn'*) *f*
rehearsal *n* ensayo (*ehnsah'yo*) *m;* enumeración (*ehnoomehrahsyohn'*) *f*
rehearse *v* ensayar (*ehnsahyahr'*); repasar (*rehpahsahr'*)
reign *n* reino (*rehyn'o*) *m; v* reinar (*rehynahr'*)
reimburse *v* reembolsar (*rehehmbohlsahr'*)
reimbursement *n* reembolso (*rehehmbohl'so*) *m;* reintegro (*reheenteh'gro*) *m*
rein *n* rienda (*ryehn'dah*) *f; v* guiar (*ghyahr'*); refrenar (*rehfrehnahr'*)
reindeer *n* reno (*reh'no*) *m*
reinforce *v* reforzar (*rehfohrsahr'*)
reinforcement *n* refuerzo (*rehfwehr'so*) *m*
reiterate *v* reiterar (*reheetehrahr'*)
reject *v* rechazar (*rehchahsahr'*)
rejoice *v* regocijar(se) (*rehgohseehahr', seh*); alegrarse (*ahlehgrahr'seh*)
rejoicing *n* regocijo (*rehgohsee'ho*) *m*
rejoin *v* reunirse con (*rehooneer'seh kohn*)
rejuvenate *v* rejuvenecer (*reh-hoovehnehsehr'*)
relapse *n* recaída (*rehkahee'dah*) *f; v* recaer (*rehkahehr'*)
relate *v* relatar (*rehlahtahr'*); relacionarse con (*rehlahsyohnahr'seh kohn*)
related *adj* relatado (*rehlahtah'do*); emparentado (*ehmpahrehntah'do*)
relation *n* relación (*rehlahsyohn'*) *f;* pariente (*pahryehn'teh*) *m, f;* **in — to (with)** con relación a (*kohn rehlahsyohn' ah*); **— s** parientes (*pahryehn'tehs*) *m, pl*
relationship *n* relación (*rehlahsyohn'*) *f;* parentesco (*pahrehntehs'ko*) *m*
relative *adj* relativo (*rehlahtee'vo*); *n* relativo (*rehlahtee'vo*) *m;* pariente (*pahryehn'teh*) *m, f;* **— to** relativo a (*rehlahtee'vo ah*)
relax *v* relajar (*rehlah-hahr'*); descansar (*dehskahnsahr'*); recrearse (*rehkrehahr'seh*)
relaxation *n* descanso (*dehskahn'so*) *m;* solaz (*sohlahs'*) *m;* recreo (*rehkreh'o*) *m*
relay *n* relevo (*rehleh'vo*) *m;* carrera (*kahrreh'rah*) *f;* **— race** corrida de relevos (*kohrre'dah deh ...s*) *f; v* transmitir (*trahnsmeeteer'*); enviar (*ehnvyahr'*); **to — news** reemitir noticias (*rehehmeeteer' nohtee'syahs*)
release *n* liberación (*leebehrahsyohn'*) *f;* soltura (*sohltoo'rah*) *f;* (*news*) transmisión (de noticias) (*trahnsmeesyohn', deh nohtee'syahs*) *f; v* soltar (*sohltahr'*); poner en libertad (*pohnehr' ehn leebehrtahd'*); **to — news** transmitir noticias (*trahnsmeeteer' nohtee'syahs*)
relegate *v* relegar (*rehlehgahr'*)
relegation *n* relegación (*rehlehgahsyohn'*) *f*
relent *v* aplacar(se) (*ahplahkahr', seh*); relentecer (*rehlehntehsehr'*)
relentless *adj* implacable (*eemplahkah'bleh*); inflexible (*eenflehxee'bleh*)
relevant *adj* pertinente (*pehrteenehn'teh*); semejante (*sehmehhahn'teh*)

reliability *n* fiabilidad (*fyahbeeleedahd'*) *f;* *n* puntualidad (*poontwahleedahd'*) *f*
reliable *adj* confiable (*kohnfyah'bleh*); responsable (*rehspohnsah'bleh*); puntual (*poontwahl'*)
reliance *n* confianza (*kohnfyahn'sah*) *f*
relic *n* reliquia (*rehlee'kyah*) *f*
relief *n* alivio (*ahlee'vyo*) *m;* descanso (*dehskahn'so*) *m;* socorro (*sohkoh'rro*) *m*
relieve *v* relevar (*rehlehvahr'*); ayudar (*ahyoodahr'*); aliviar (*ahleevyahr'*); (*milit*) relevar (*rehlehvahr'*)
religion *n* religión (*rehleehyohn'*) *f*
religious *adj & n* religioso (*rehlee-hyoh'so*) *m;* austero (*ahoosteh'ro*)
relinquish *v* abandonar (*ahbahndohnahr'*); dejar (*deh-hahr'*)
relish *n* sabor (*sahbohr'*) *m;* gusto (*goos'to*) *m;* condimento (*kohndeemehn'to*) *m;* *v* saborear (*sahbohrehahr'*); agradar (*ahgrahdahr'*)
reluctance *n* renuencia (*rehnwehn'syah*) *f;* aversión (*ahvehrsyohn'*) *f*
reluctant *adj* renuente (*rehnwehn'teh*); **—ly** *adv* renuentemente (*rehnwehntehmehn'teh*); con oposición (*kohn ohpohseesyohn'*)
rely *v* confiar en (*kohnfyahr' ehn*); **to — on** contar con (*kohntahr' kohn*)
remain *v* quedar(se) (*kehdahr', seh*); permanecer (*pehrmahnehser'*)
remainder *n* resto (*rehs'to*) *m;* (lo) restante (*lo, rehstahn'teh*) *m*
remains *n pl* restos (*rehs'tohs*) *m;* reliquias (*rehlee'kyahs*) *f;* sobras (*soh'brahs*) *f, pl*
remake *v* rehacer (*rehahsehr'*); hacer de nuevo (*ahsehr' deh nweh'vo*)
remark *n* observación (*ohbsehrvahsyohn'*) *f;* nota (*noh'tah*) *f;* *v* notar (*nohtahr'*); observar (*ohbsehrvahr'*); comentar (*kohmehntahr'*)
remarkable *adj* notable (*nohtah'bleh*); **remarkably** *adv* notablemente (*nohtahblehmehn'teh*)
remedy *n* remedio (*rehmeh'dyo*) *m;* *v* remediar (*rehmehdyahr'*)
remember *v* recordar (*rehkohrdahr'*); acordarse (*ahkohrdahr'seh*); **to — someone** acordarse de alguien (*ahkohrdahr'seh deh ahl'ghyehn*)
remembrance *n* recuerdo (*rehkwehr'do*) *m;* memoria (*mehmoh'ryah*) *f*
remind *v* recordar (*rehkohrdahr'*)
reminder *n* recordatorio (*rehkohrdahtoh'ryo*) *m;* nota (*noh'tah*) *f*
reminisce *v* recordar (*rehkohrdahr'*); acordarse de (*ahkohrdahr'seh deh*)
reminiscence *n* reminiscencia (*rehmeeneesehn'syah*) *f;* recuerdo (*rehkwehr'do*) *m*
remiss *adj* descuidado (*dehskweedah'do*); negligente (*nehgleehehn'teh*)
remission *n* remisión (*rehmeesyohn'*) *f;* perdón (*pehrdohn'*) *m*
remit *v* remitir (*rehmeeteer'*); perdonar (*pehrdohnahr'*)
remittance *n* remisión (*rehmeesyohn'*) *f;* envío (*ehnvee'o*) *m;* **money —** remesa de dinero (*rehmeh'sah deh deeneh'ro*) *f*
remnant *n* resto (*rehs'to*) *m;* residuo (*rehsee'dwo*) *m*
remodel *v* renovar (*rehnohvahr'*); reconstruir (*rehkohnstrweer'*); restaurar (*rehstahoorahr'*)
remorse *n* remordimiento (*rehmohrdeemyehn'to*) *m*
remote *adj* remoto (*rehmoh'to*); lejano (*leh-hah'no*); distante (*deestahn'teh*); **—ly** *adv* remotamente (*rehmohtahmehn'teh*)
removal *n* traslado (*trahslah'do*) *m;* remoción (*rehmohsyohn'*) *f*
remove *v* remover (*rehmohvehr'*); trasladar(se) (*trahslahdahr', seh*); quitar (*keetahr'*)
removed *adj* remoto (*rehmoh'to*); lejano (*leh-hah'no*)
renaissance *n* renacimiento (*rehnahseemyehn'to*) *m;* **Italian —** Renacimiento italiano (... *eetahlyah'no*) *m*
rend *v* desgarrar (*dehsgahrrahr'*); rasgar (*rahsgahr'*)
render *v* dar (*dahr*); entregar (*ehntrehgahr'*); devolver (*dehvohlvehr'*); rendir (*rehndeer'*)
renew *v* renovar (*rehnohvahr'*); restaurar (*rehstahoorahr'*); rehacer (*rehahsehr'*)
renewal *n* renovación (*rehnohvahsyohn'*) *f*
renounce *v* renunciar (*rehnoonsyahr'*)
renovate *v* renovar (*rehnohvahr'*); rehacer (*rehahsehr'*)
renown *n* renombre (*rehnohm'breh*) *m;* fama (*fah'mah*) *f*
renowned *adj* renombrado (*rehnohmbrah'do*); célebre (*seh'lehbreh*)
rent *n* alquiler (*ahlkeelehr'*) *m;* renta (*rehn'tah*) *f;* *v* alquilar (*ahlkeelahr'*)
rental *n* renta (*rehn'tah*) *f*
reopen *v* reabrir(se) (*rehahbreer', seh*)
repair *v* reparar (*rehpahrahr'*); ajustar (*ah-hoostahr'*); acomodar (*ahkohmohdahr'*); *n* reparo (*rehpah'ro*) *m;* reparación (*rehpahrahsyohn'*) *f*
repaired *adj* remendado (*rehmehndah'do*); ajustado (*ah-hoostah'do*)
reparation *n* reparación (*rehpahrahsyohn'*) *f*
repay *v* resarcir (*rehsahrseer'*); compensar (*kohmpehnsahr'*)
repayment *n* pago (*pah'go*) *m;* compensación (*kohmpehnsahsyohn'*) *f;* restitución (*rehsteetoosyohn'*) *f*

repeal *v* abrogar (*ahbrohgahr'*); revocar (*rehvohkahr'*); *n* abrogación (*ahbrohgahsyohn'*) *f;* revocación (*rehvohkahsyohn'*) *f*
repeat *v* repetir (*rehpehteer'*)
repeated *adj* repetido (*rehpehtee'do*); **—ly** *adv* repetidamente (*rehpehteedahmehn'teh*)
repel *v* rechazar (*rehchahsahr'*)
repellent *adj* repelente (*rehpehlehn'teh*); **water —** impermeable (*eempehrmehah'bleh*)
repent *v* arrepentirse (de) (*ahrrehpehnteer'seh, deh*)
repentance *n* arrepentimiento (*ahrrehpehnteemyehn'to*) *m*
repentant *adj* arrepentido (*ahrrehpehntee'do*); penitente (*pehneetehn'teh*)
repetition *n* repetición (*rehpehteesyohn'*) *f*
replace *v* reemplazar (*rehehmplahsahr'*); restituir (*rehsteetweer'*)
replaceable *adj* reemplazable (*rehehmplahsah'bleh*); substituible (*soobsteetwee'bleh*)
replacement *n* reemplazo (*rehehmplah'so*) *m;* restitución (*rehsteetoosyohn'*) *f*
replant *v* plantar de nuevo (*plahntahr' deh nweh'vo*)
replenish *v* rellenar (*rehlyehnahr'*); llenar (*lyehnahr'*)
replete *adj* repleto (*rehpleh'to*); lleno (*lyeh'no*)
replica *n* reproducción (*rehprohdooksyohn'*) *f;* réplica (*reh'pleekah*) *f;* copia (*koh'pyah*) *f*
reply *v* replicar (*rehpleekahr'*); contestar (*kohntehstahr'*); responder (*rehspohndehr'*); *n* contestación (*kohntehstahsyohn'*) *f;* respuesta (*rehspwehs'tah*) *f*
report *n* noticia (*nohtee'syah*) *f;* informe (*eenfohr'meh*) *m;* (*Am*) reporte (*rehpohr'teh*) *m;* *v* dar cuenta de (*dahr kwehn'tah deh*); dar noticia de (*dahr nohtee'syah deh*); informar (*eenfohrmahr'*); (*Am*) reportar (*rehpohrtahr'*); decir que (*dehseer' keh*)
reporter *n* reportero (*rehpohrteh'ro*) *m;* (*Am*) repórter (*rehpohr'tehr*) *m;* **t. v. —** reportero de la televisión (... *deh lah tehlehveesyohn'*) *m*
repose *v* reposar (*rehpohsahr'*); descansar (*dehskahnsahr'*); *n* reposo (*rehpoh'so*) *m;* descanso (*dehskahn'so*) *m*
repossess *v* recuperar (*rehkoopehrahr'*)
reprehension *n* reprensión (*rehprehnsyohn'*) *f*
represent *v* representar (*rehprehsehntahr'*); figurar (*feegoorahr'*)
representation *n* representación (*rehprehsehntahsyohn'*) *f;* figuración (*feegoorahsyohn'*) *f*
representative *adj* representativo (*rehprehsehntahtee'vo*); típico (*tee'peeko*); *n* representante (*rehprehsehntahn'teh*) *m, f*
repress *v* reprimir (*rehpreemeer'*); refrenar (*rehfrehnahr'*)
repression *n* represión (*rehprehsyohn'*) *f*
reprimand *v* reprender (*rehprehndehr'*); regañar (*rehgahnyahr'*); *n* reprimenda (*rehpreemehn'dah*) *f;* reproche (*rehproh'cheh*) *m*
reprisal *n* represalia (*rehprehsahl'yah*) *f*
reproach *n* reproche (*rehproh'cheh*) *m;* reprimenda (*rehpreemehn'dah*) *f;* *v* reprochar (*rehprohchahr'*)
reproachable *adj* reprochable (*rehprohchah'bleh*); reprimendable (*rehpreemehndah'bleh*)
reproduce *v* reproducir (*rehprohdooseer'*)
reproduction *n* reproducción (*rehprohdooksyohn'*) *f*
reproof *n* reprensión (*rehprehnsyohn'*) *f*
reprove *v* reprobar (*rehprohbahr'*); reprender (*rehprehndehr'*); regañar (*rehgahnyahr'*)
reptile *n* reptil (*rehpteel'*) *m*
republic *n* república (*rehpoo'bleekah*) *f*
republican *adj & n* republicano (*rehpoobleekah'no*) *m*
repudiate *v* repudiar (*rehpoodyahr'*)
repugnance *n* repugnancia (*rehpoognahn'syah*) *f;* aversión (*ahvehrsyohn'*) *f*
repugnant *adj* repugnante (*rehpoognahn'teh*)
repulse *n* repulsa (*rehpool'sah*) *f;* *v* repulsar (*rehpoolsahr'*)
repulsive *adj* repulsivo (*rehpoolsee'vo*)
reputable *adj* confiable (*kohnfyah'bleh*); **a — person** persona de confianza (*pehrsoh'nah deh kohnfyahn'sah*) *f*
reputation *n* reputación (*rehpootahsyohn'*) *f;* renombre (*rehnohm'breh*) *m*
repute *n* reputación (*rehpootahsyohn'*) *f;* renombre (*rehnohm'breh*) *m;* honor (*ohnohr'*) *m;* *v* reputar (*rehpootahr'*); estimar (*ehsteemahr'*)
request *n* solicitud (*sohleeseetood'*) *f;* petición (*pehteesyohn'*) *f;* **at your —** bajo su petición (*bah'ho soo* ...); *v* solicitar (*sohleeseetahr'*); pedir (*pehdeer'*)
require *v* requerir (*rehkehreer'*)
requirement *n* requisito (*rehkeesee'to*) *m;* exigencia (*exeehehn'syah*) *f*
requisite *adj* requerido (*rehkehree'do*); *n* requisito (*rehkeesee'to*) *m*
requisition *n* requisición (*rehkeeseesyohn'*) *f;* demanda (*dehmahn'dah*) *f;* *v* pedir (*pehdeer'*); requerir (*rehkehreer'*)
rescue *n* rescate (*rehskah'teh*) *m;* *v* rescatar (*rehskahtahr'*); salvar (*sahlvahr'*)
research *n* investigación (*eenvehsteegahsyohn'*) *f;* *v* investigar (*eenvehsteegahr'*)

resemblance *n* semejanza (*sehmehhahn'sah*) *f*
resemble *v* parecerse a (*pahrehsehr'seh ah*)
resent *v* resentir(se) de (*rehsehnteer', seh, deh*); ofenderse (*ohfehndehr'seh*)
resentful *adj* resentido (*rehsehntee'do*); ofendido (*ohfehndee'do*)
resentment *n* resentimiento (*rehsehnteemyehn'to*) *m;* ofensa (*ohfehn'sah*) *f*
reservation *n* reservación (*rehsehrvahsyohn'*) *f;* reserva (*rehsehr'vah*) *f*
reserve *n* reserva (*rehsehr'vah*) *f; v* reservar (*rehsehrvahr'*)
reserved *adj* reservado (*rehsehrvah'do*)
reservoir *n* depósito (*dehpoh'seeto*) *m*
reside *v* residir (*rehseedeer'*); vivir (*veeveer'*)
residence *n* residencia (*rehseedehn'syah*) *f;* domicilio (*dohmeeseel'yo*) *m*
resident *adj & n* residente (*rehseedehn'teh*) *m, f*
residue *n* residuo (*rehsee'dwo*) *m;* resto (*rehs'to*) *m*
resign *v* renunciar (*rehnoonsyahr'*); resignar (*rehseeg-nahr'*); **— from a job** dejar un empleo (*deh-hahr' oon ehmpleh'o*); **to — oneself** resignarse (*rehseegnahr'seh*)
resignation *n* dimisión (*deemeesyon'*) *f;* resignación (*rehseegnahsyohn'*) *f*
resin *n* resina (*rehsee'nah*) *f*
resist *v* resistir (*rehseesteer'*); oponerse a (*ohpohnehr'seh ah*)
resistance *n* resistencia (*rehseestehn'sya*) *f;* oposición (*ohpohseesyohn'*) *f*
resistant *adj* resistente (*rehseestehn'teh*); fuerte (*fwehr'teh*)
resolute *adj* resuelto (*rehswehl'to*)
resolution *n* resolución (*rehsohloosyohn'*) *f;* propuesta (*prohpwehs'tah*) *f*
resolve *v* resolver(se) (*rehsohlvehr', seh*); hacer una propuesta (*ahsehr' oo'nah ...*)
resort *n* lugar de vacaciones (*loogahr' deh vahkahsyoh'nehs*) *m;* **as a last —** como último recurso (*koh'mo ool'teemo rehkoor'so*); *v* recurrir (*rehkoorreer'*); recurrir a (*rehkoorreer' ah*)
resound *v* resonar (*rehsohnahr'*)
resource *n* recurso (*rehkoor'so*) *m;* fuerza (*fwehr'sah*) *f*
respect *n* respecto (*rehspehk'to*) *m;* **my —s to** mis recuerdos a (*mees rehkwehr'dos ah*); **with — to** respecto a (*rehspeh'kto ah*); *v* respetar (*rehspehtahr'*)
respectable *adj* respetable (*rehspehtah'bleh*)
respectful *adj* respetuoso (*rehspehtwoh'so*)
respecting *prep* con respecto a (*kohn rehspehk'to ah*)
respective *adj* respectivo (*rehspehktee'vo*)
respiration *n* respiración (*rehspeerahsyohn'*) *f;* respiro (*rehspee'ro*) *m*
respite *n* tregua (*treh'gwah*) *f;* descanso (*dehskahn'so*) *m*
resplendent *adj* resplandeciente (*rehsplahndehsyehn'teh*)
respond *v* responder (*rehspohndehr'*)
response *n* respuesta (*rehspwehs'tah*) *f*
responsibility *n* responsabilidad (*rehspohnsahbeeleedahd'*) *f*
responsible *adj* responsable (*rehspohnsah'bleh*); digno de confianza (*deeg'no deh kohnfyahn'sah*); confiable (*kohnfyah'bleh*)
rest *n* descanso (*dehskahn'so*) *m;* reposo (*rehpoh'so*) *m;* **— room** tocador (*tohkahdohr'*) *m;* retrete (*rehtreh'teh*) *m; v* descansar (*dehskahnsahr'*); reposar (*rehpohsahr'*)
restaurant *n* restaurante (*rehstahoorahn'teh*) *m;* (*Am*) restorán (*rehstohrahn'*) *m*
restful *adj* tranquilo (*trahnkee'lo*); quieto (*kyeh'to*)
restitution *n* restitución (*rehsteetoosyohn'*) *f*
restless *adj* inquieto (*eenkyeh'to*); intranquilo (*eentrahnkee'lo*)
restlessness *n* inquietud (*eenkyehtood'*) *f*
restoration *n* restauración (*rehstahoorahsyohn'*) *f;* renovación (*rehnohvahsyohn'*) *f*
restore *v* restaurar (*rehstahoorahr'*); renovar (*rehnohvahr'*); remodelar (*rehmohdehlahr'*)
restrain *v* refrenar (*rehfrehnahr'*); contener(se) (*kohntehnehr', seh*)
restraint *n* restricción (*rehstreeksyohn'*) *f;* moderación (*mohdehrahsyohn'*) *f*
restrict *v* restringir (*rehstreenheer'*); limitar (*leemeetahr'*)
restriction *n* restricción (*rehstreeksyohn'*) *f;* limitación (*leemeetahsyohn'*) *f*
result *n* resultado (*rehsooltah'do*) *m; v* resultar (*rehsooltahr'*)
resume *v* continuar (*kohnteenwahr'*); recomenzar (*rehkohmehnsahr'*)
résumé *n* resumen (*rehsoo'mehn*) *m;* sumario (*soomah'ryo*) *m*
resuscitate *v* resucitar (*rehsooseetahr'*)
retail *n* venta al por menor (*vehn'tah ahl pohr mehnohr'*) *f;* **— price** precio al por menor (*preh'syo ahl pohr meh'nohr*) *m; v* vender al por menor (*vehndehr' ahl pohr mehnohr'*)
retailer *n* detallista (*dehtahlyee'stah*) *m, f;* revendedor (*rehvehndehdohr'*) *m*
retain *v* retener (*rehtehnehr'*)
retake *v* volver a tomar (*vohlvehr' ah tohmahr'*)
retaliate *v* vengarse (de) (*vehngahr'seh, deh*)
retaliation *n* represalia (*rehprehsah'lyah*) *f;* venganza (*vehngahn'sah*) *f*

retard *v* retardar (*rehtahrdahr'*); retrasar (*rehtrahsahr'*)
retina *n* retina (*rehtee'nah*) *f*
retinue *n* comitiva (*kohmeetee'vah*) *f*
retire *v* retirar(se) (*rehteerahr', seh*); apartarse (*ahpahrtahr'seh*)
retirement *n* retiro (*rehtee'ro*) *m*
retort *n* réplica (*reh'pleekah*) *f; v* replicar (*rehpleekahr'*)
retouch *v* retocar (*rehtohkahr'*)
retrace *v* repasar (*rehpahsahr'*); trazar (*trahsahr'*); **to — one's steps** volver sobre sus pasos (*vohlvehr' soh'breh soos pah'sohs*)
retract *v* retractar (*rehtrahktahr'*)
retreat *n* retiro (*rehtee'ro*) *m;* refugio (*rehfoo'hyo*) *m; v* retirarse (*rehteerahr'se*)
retrench *v* cercenar (*sehrsehnahr'*)
retrieve *v* recuperar (*rehkoopehrahr'*); recobrar (*rehkohbrahr'*)
return *n* vuelta (*vwehl'tah*) *f;* retorno (*rehtohr'no*) *m;* recompensa (*rehkohmpehn'sah*) *f;* **— ticket** billete, boleto de vuelta (*beelyeh'teh, bohleh'toh deh vwehl'tah*) *m;* **in — for** a cambio de (*ah kahm'byo deh*); **income tax —** declaración de rentas (*dehklahrahsyohn' deh rehn'tahs*) *f; v* volver (*vohlvehr'*); regresar (*rehgrehsahr'*); retornar (*rehtohrnahr'*); **they — (here)** vuelven (aquí) (*vwehl'vehn, ahkee'*); **they — the book** devuelven el libro (*dehvwehl'vehn ehl lee'bro*)
reunion *n* reunión (*rehoonyohn'*) *f;* (*Am*) mitin (*mee'teen*) *m*
reunite *v* reunir(se) (*rehooneer', seh*); reconciliar(se) (*rehkohnseelyahr', seh*)
reveal *v* revelar (*rehvehlahr'*)
revel *v* deleitarse (*dehleytahr'seh*)
revelation *n* revelación (*rehvehlahsyohn'*) *f*
revelry *n* jaleo (*hahleh'o*) *m;* jarana (*hahrah'nah*) *f;* gozo (*goh'so*) *m*
revenge *n* venganza (*vehngahn'sah*) *f; v* vengar (*vehngahr'*)
revengeful *adj* vengativo (*vehngahtee'vo*)
revenue *n* renta (*rehn'tah*) *f;* rentas (*rehn'tahs*) *f, pl*
reverberate *v* reverberar (*rehvehrbehrahr'*)
reverberation *n* reverberación (*rehvehrbehrahsyohn'*) *f*
revere *v* venerar (*vehnehrahr'*)
reverence *n* veneración (*vehnehrahsyohn'*) *f;* adoración (*ahdohrahsyohn'*) *f*
reverend *adj* reverendo (*rehvehrehn'do*); venerable (*vehnehrah'bleh*); *n* clérigo (*kleh'reego*) *m*
reverent *adj* reverente (*rehvehrehn'teh*)
reverie *n* ensueño (*ehnsweh'nyo*) *m*
reverse *adj* inverso (*eenvehr'so*); invertido (*eenvehrtee'do*); *n* revés (*rehvehs'*) *m;* reverso (*rehvehr'so*) *m; v* invertir (*eenvehrteer'*); cambiar (*kahmbyahr'*)
revert *v* revertir (*rehvehrteer'*); volver atrás (*vohlvehr' ahtrahs'*)
review *n* revista (*rehvees'tah*) *f;* repaso (*rehpah'so*) *m; v* repasar (*rehpahsahr'*)
revile *v* vituperar (*veetoopehrahr'*)
revise *v* revisar (*rehveesahr'*); cambiar (*kahmbyahr'*); corregir (*kohrreh-heer'*)
reviser *n* revisor (*rehveesohr'*) *m*
revising *adj* revisor (*rehveesohr'*); *n* revisión (*rehveesyohn'*) *f*
revision *n* revisión (*rehveesyohn'*) *f;* enmienda (*ehnmyehn'dah*) *f*
revival *n* renovación (*rehnohvahsyohn'*) *f;* **R— of Learning** Renacimiento (*rehnahseemyehn'to*) *m*
revive *v* revivir (*rehveeveer'*); avivar (*ahveevahr'*)
revoke *v* revocar (*rehvohkahr'*); abrogar (*ahbrohgahr'*)
revolt *n* rebelión (*rehbehlyohn'*) *f; v* rebelarse (*rehbehlahr'seh*)
revolution *n* revolución (*rehvohloosyohn'*) *f;* gran revuelta (*grahn rehvwehl'tah*) *f*
revolutionary *adj & n* revolucionario (*rehvohloosyohnah'ryo*) *m*
revolve *v* dar vueltas (*dahr vwehl'tahs*); rodear (*rohdehahr'*); voltear (*vohltehahr'*); revolver (*rehvohlvehr'*)
revolving *adj* **— door** puerta giratoria (*pwehr'tah heerahtoh'ryah*) *f*
revue *n* revista teatral (*rehveestah tehahtrahl'*) *f*
revolver *n* revólver (*rehvohl'vehr*) *m*
reward *n* premio (*preh'myo*) *m;* recompensa (*rehkohmpehn'sah*) *f;* regalo (*rehgah'lo*) *m; v* premiar (*prehmyahr'*); recompensar (*rehkohmpehnsahr'*)
rhetoric *n* retórica (*rehtohr'eekah*) *f*
rheumatism *n* reumatismo (*rehoomahtees'mo*) *m*
rhyme *n* rima (*ree'mah*) *f;* **without — or reason** sin ninguna razón (*seen neergoo'nah rahsohn'*); *v* rimar (*reemahr'*)
rhythm *n* ritmo (*reet'mo*) *m*
rhythmical *adj* rítmico (*reet'meeko*)
rib *n* costilla (*kohstee'lyah*) *f*
ribbon *n* cinta (*seen'tah*) *f;* listón (*leestohn'*) *m;* banda (*bahn'dah*) *f*
rice *n* arroz (*ahrrohs'*) *m*
rich *adj* rico (*ree'ko*); grandioso (*grahndyoh'so*); caro (*kah'ro*)
riches *n, pl* riqueza (*reekeh'sah*) *f*
rickety *adj* raquítico (*rahkee'teeko*)

rid *v* librar (*leebrahr'*); desembarazar (*dehsehmbahrahsahr'*); **to get — of** librarse de (*leebrahr'seh deh*); **to — oneself of** librarse de (...)
riddle *n* enigma (*ehneeg'mah*) *m; v* acribillar (*ahkreebeelyahr'*); **to — with** perforar con (*pehrfohrahr' kohn*)
ride *n* paseo en coche (*pahseh'o ehn koh'cheh*) *m; v* cabalgar (*kahbahlgahr'*); montar (*mohntahr'*); **to — a bicycle** montar en bicicleta (... *ehn beeseekleh'tah*); **to — a horse** ir a caballo (*eer ah kahbahl'yo*)
rider *n* jinete (*heeneh'teh*) *m;* pasajero (*pahsah-hehr'o*) *m;* caballero (*kahbahlyeh'ro*) *m*
ridge *n* espinazo (*ehspeenah'so*) *m;* lomo (*loh'mo*) *m;* cordillera (*kohrdeelyehr'ah*) *f*
ridicule *n* ridículo (*reedee'koolo*) *m;* mofa (*moh'fah*) *f; v* ridiculizar (*reedeekooleesahr'*); mofar (*mohfahr'*)
ridiculous *adj* ridículo (*reedee'koolo*)
rifle *n* rifle (*reef'leh*) *m; v* pillar (*peelyahr'*); robar (*rohbahr'*)
rig *n* aparejo (*ahpahreh'ho*) *m;* equipo (*ehkee'po*) *m; v* ataviar (*ahtahvyahr'*); aparejar (*ahpahreh-hahr'*)
rigging *n* jarcia (*hahr'syah*) *f;* aparejo (*ahpahreh'ho*) *m*
right *adj* derecho (*dehreh'cho*); justo (*hoos'to*); honesto (*ohnehs'to*); correcto (*kohrrehk'to*); **— angle** ángulo recto (*ahn'goolo rehk'to*) *m;* **at the —** a la derecha (*ah lah ...ah*); **that's —!** ¡correcto! (...); **to be —** tener razón (*tehnehr' rahsohn'*); *n* derecho (*dehreh'cho*) *m;* privilegio (*preeveeleh'hyo*) *m;* **— of way** derecho de vía (*dehreh'cho deh vee'ah*); **copy—** derechos de autor (... *deh ahootohr'*) *m, pl;* **it's the — side** es el lado derecho, correcto (*ehs ehl lah'do ..., kohrrehk'to*) *m; v* enderezar (*ehndehrehsahr'*); corregir (*kohrreh-heer'*); *adv* derecho (*dehreh'cho*); justamente (*hoostahmehn'teh*); correctamente (*kohrrehktahmehn'teh*); **— away** ahora mismo (*ahoh'rah mees'mo*)
righteous *adj* recto (*rehk'to*); justo (*hoos'to*)
righteousness *n* rectitud (*rehkteetood'*) *f;* honradez (*ohnrahdehs'*) *f*
rightful *adj* justo (*hoos'to*); legítimo (*leh-heet'eemo*)
rightist *n* derechista (*dehrehchees'tah*) (*polit*) *m, f*
rightly *adv* con razón (*kohn rahsohn'*); justamente (*hoostahmehn'teh*)
rigid *adj* rígido (*ree'heedo*)
rigidity *n* rigidez (*reeheedehs'*) *f*
rigor *n* rigor (*reegohr'*) *m;* severidad (*sehvehreedahd'*) *f*
rigorous *adj* riguroso (*reegooroh'so*); severo (*sehveh'ro*)
rim *n* borde (*bohr'deh*) *m;* orilla (*ohree'lyah*) *f;* margen (*mahr'hehn*) *m*
rind *n* corteza (*kohrteh'sah*) *f*
ring *n* anillo (*ahneel'yo*) *m;* círculo (*seer'koolo*) *m;* (*sport*) arena (*ahreh'nah*) *f;* (*bell*) toque (*toh'keh*) *m; v* tocar (*tohkahr'*); sonar (*sohnahr'*); telefonear (*tehlehfohnehahr'*)
ringer *n* campanero (*kahmpahneh'ro*) *m*
ringing *adj* resonante (*rehsohnahn'teh*)
ringleader *n* cabecilla (*kahbehsee'lyah*) *m*
ringlet *n* rizo (*ree'so*) *m;* bucle (*boo'kleh*) *m*
rink *n* patinadero (*pahteenahdeh'ro*) *m*
rinse *n* enjuague (*ehnhwah'gheh*) *m; v* enjuagar (*ehnhwahgahr'*); limpiar (*leempyahr'*); aclarar (*ahklahrahr'*)
riot *n* motín (*mohteen'*) *m;* tumulto (*toomool'to*) *m;* (*Am*) bola (*boh'lah*) *f;* alboroto (*ahlbohroh'to*) *m; v* amotinarse (*ahmohteenahr'seh*); alborotar (*ahlbohrohtahr'*)
rioter *n* amotinador (*ahmohteenahdohr'*) *m*
riotous *adj* bullicioso (*boolyeesyoh'so*)
rip *n* rasgadura (*rahsgahdoo'rah*) *f; v* rasgar(se) (*rahsgahr', seh*); **it ripped off** se descosió (*seh dehskohsyo'*); **to — out** descoser (*dehskohsehr'*)
ripe *adj* maduro (*mahdoo'ro*); sazonado (*sahsohnah'do*); **— for** maduro para (*mahdoo'ro pah'rah*); sazonado para (... *pah'rah*)
ripen *v* madurar(se) (*mahdoorahr', seh*); sazonar(se) (*sahsohnahr', seh*)
ripeness *n* madurez (*mahdoorehs'*) *f;* sazón (*sahsohn'*) *f*
ripple *n* onda (*ohn'dah*) *f;* temblor (*tehmblohr'*) *m; v* agitar(se) (*ah-heetahr', seh*); murmurar (*moormoorahr'*)
rise *n* subida (*soobee'dah*) *f;* elevación (*ehlehvahsyohn'*) *f; v* subir (*soobeer'*); levantarse (*lehvahntahr'seh*)
risk *n* riesgo (*ryehs'go*) *m;* **to run the —** correr el peligro (*kohrrehr ehl pehlee'gro*); *v* arriesgar (*ahrryehsgahr'*)
risky *adj* arriesgado (*ahrryehsgah'do*); aventurado (*ahvehntoorah'do*)
rite *n* rito (*ree'to*) *m;* ceremonia (*sehrehmoh'nyah*) *f*
ritual *adj & n* ritual (*reetwahl'*) *m;* ceremonial (*sehrehmohnyahl'*) *m*
rival *n* rival (*reevahl'*) *m, f; adj & n* competidor (*kohmpehteedohr'*) *m; v* rivalizar (*reevahleesahr'*)
rivalry *n* rivalidad (*reevahleedahd'*) *f*
river *n* río (*ree'o*) *m*
rivulet *n* arroyuelo (*ahrroyweh'lo*) *m*
road *n* camino (*kahmee'no*) *m;* carretera (*kahrrehteh'rah*) *f;* **—side** borde (*bohr'deh*) *m*
roadway *n* camino (*kahmee'no*) *m;* carretera (*kahrrehteh'rah*) *f*
roam *v* vagar (*vahgahr'*); andar (*ahndahr'*)

roar *n* rugido (*roohee'do*) *m;* bramido (*brahmee'do*) *m;* carcajada (*kahrkahhah'dah*) *f;* *v* rugir (*rooheer'*); bramar (*brahmahr'*); **to — with laughter** reír a carcajadas (*reheer' ah ...s*)

roast *v* asar(se) (*ahsahr', seh*); *n* asado (*ahsah'do*) *m;* *adj* asado (...); **— beef** rosbif (*rohsbeef'*) *m*

rob *v* robar (*rohbahr'*); hurtar (*oortahr'*)

robber *n* ladrón (*lahdrohn'*) *m;* **highway —** bandolero (*bahndohleh'ro*) *m*

robbery *n* robo (*roh'bo*) *m;* hurto (*oor'to*) *m*

robe *n* manto (*mahn'to*) *m;* bata (*bah'tah*) *f*

robin *n* petirrojo (*pehteerroh'ho*) *m*

robot *n* robot (*roh'boht*) *m;* autómata (*ahootoh'mahtah*) *m, f*

robust *adj* robusto (*rohboos'to*); fuerte (*fwehr'teh*); **— voice** voz alta (*vohs ahl'tah*) *f*

rock *n* roca (*roh'kah*) *f;* peña (*peh'nyah*) *f;* **— salt** sal de piedra (*sahl deh peeeh'drah*) *f;* *v* mecer(se) (*mehsehr', seh*); **to — to sleep** adormecer (*ahdohrmehsehr'*)

rock 'n' rool *n* el rock-n-roll (*ehl rokehn-rol'*) *m;* (*music*) música popular ruidosa (*moo'seekah pohpoolahr' rweedoh'sah*) *f*

rocker *n* mecedora (*mehsehdoh'rah*) *f*

rocket *n* cohete (*koheh'teh*) *m*

rocking *adj* oscilante (*ohseelahn'teh*); **— chair** silla mecedora (*see'lyah mehsehdoh'rah*) *f*

rocky *adj* peñascoso (*pehnyahskoh'soh*)

rod *n* vara (*vah'rah*) *f;* varilla (*vahree'lyah*) *f*

rogue *n* pícaro (*pee'kahro*) *m;* bribón (*breebohn'*) *m*

roguish *adj* picaresco (*peekahrehs'ko*); travieso (*trahvyeh'soh*)

role *n* papel (*pahpehl'*) *m;* parte (*pahr'teh*) *f*

roll *n* lista (*lees'tah*) *f;* panecillo (*pahnehsee'lyo*) *m;* **to call the —** pasar lista (*pahsahr' lees'tah*); (*film*) rollo (de película) (*roh'lyo, deh pehlee'koolah*) *m;* **— of color film** rollo de película en colores (*... ehn kohloh'rehs*) *m;* *v* rodar (*rohdahr'*); ondular (*ohndoolahr'*); **to — up** arrollar (*ahrrohlyahr'*)

roller *n* rodillo (*rohdee'lyo*) *m;* **— skate** patín de ruedas (*pahteen' deh roo-ehdahs*) *m*

Roman *adj & n* romano (*rohmah'no*) *m;* de Roma (*deh roh'mah*)

romance *adj* románico (*rohmah'neeko*); *n* romance (*rohmahn'seh*); **R— language** lengua romance (*lehn'gwah ...*) *f;* *n* romance (*rohmahn'seh*) *m;* aventura (*ahvehntoo'rah*) *f*

romantic *adj* romántico (*rohmahn'teekoh*)

romanticism *n* romanticismo (*rohmahnteesees'mo*) *m*

romanticist *n* romántico (*rohmahn'teeko*) *m;* escritor romántico (*ehskreetohr' ...*) *m*

romp *v* juguetear (*hooghehtehahr'*)

roof *n* techo (*teh'cho*) *m;* **— of the mouth** paladar (*pahlahdahr'*) *m*

room *n* cuarto (*kwahr'to*) *m;* sala (*sah'lah*) *f;* habitación (*ahbeetahsyohn'*) *f;* **to make —** hacer lugar (*ahsehr' loogahr'*); **—mate** compañero de cuarto (*kohmpahnyeh'ro deh kwahr'to*) *m;* *v* **to — with** vivir con (*veeveer' kohn*)

roomer *n* inquilino (*eenkeelee'no*) *m*

roominess *n* holgura (*hohlgoo'rah*) *f*

roomy *adj* espacioso (*ehspahsyoh'so*)

roost *n* gallinero (*gahlyeeneh'ro*) *m;* *v* acurrucarse (*ahkoorrokahr'seh*)

rooster *n* gallo (*gah'lyo*) *m*

root *n* raíz (*rahees'*) *f*

rope *n* soga (*soh'gah*) *f;* cuerda (*kwehr'dah*) *f;* *v* amarrar (*ahmahrrahr'*); **to — off** acordelar (*ahkohrdehlahr'*)

rosary *n* rosario (*rohsah'ryo*) *m*

rose *n* rosa (*roh'sah*) *f;* **— bush** rosal (*rohsahl'*) *m*

rosebud *n* capullo de rosa (*kahpoo'lyo deh roh'sah*) *m*

rosette *n* roseta (*rohseh'tah*) *f;* rosetón (*rohsehtohn'*) *m*

rostrum *n* tribuna (*treeboo'nah*) *f*

rosy *adj* rosado (*rohsah'do*)

rot *n* putrefacción (*pootrehfaksyohn'*) *f;* *v* pudrir(se) (*poodreer', seh*)

rotary *adj* rotatorio (*rohtahtoh'ryo*); giratorio (*heerahtoh'ryo*)

rotate *v* girar (*heerahr'*); dar vueltas (*dahr' vwehl'tahs*)

rotation *n* rotación (*rohtahsyohn'*) *f;* vuelta (*vwel'tah*) *f*

rote *n* rutina (*rootee'nah*) *f*

rotten *adj* podrido (*pohdree'do*); corrupto (*kohrroop'to*)

rouge *n* arrebol (*ahrrehbohl'*) *m;* colorete (*kohlohreh'teh*) *m;* *v* poner(se) colorete (*pohnehr', seh ...*)

rough *adj* áspero (*ahs'pehro*); borrascoso (*bohrrahskoh'so*); **— ground** terreno escabroso (*tehrreh'no ehskahbroh'so*) *m;* **— sea** mar picado (*mahr peekah'do*) *m*

roughen *v* hacer áspero (*ahsehr' ahs'pehro*); rascar (*rahskahr'*)

roughly *adv* ásperamente (*ahspehrahmehn'teh*); **to estimate —** tantear (*tahntehahr'*)

roughness *n* aspereza (*ahspehreh'sah*) *f*

round *adj* redondo (*rehdohn'do*); circular (*seerkoolahr'*); **— trip ticket** boleto de ida y vuelta (*bohleh'to deh ee'dah ee vwel'tah*) *m; n* vuelta (*vwehl'tah*) *f;* rotación (*rohtahsyohn'*) *f;* **to make the —s** rondar (*rohndahr'*); *v* redondear (*rehdohndehahr'*); **to — a corner** doblar una esquina (*dohblahr' oo'nah ehskee'nah*)
roundabout *adj* indirecto (*eendeerehk'to*)
roundup *n* rodeo (*rohdeh'o*) *m*
rouse *v* despertar(se) (*dehspehrtahr', seh*); levantar (*lehvahntahr'*)
rout *n* derrota (*dehrroh'tah*) *f;* **to — out** echar (*ehchahr'*)
route *n* ruta (*roo'tah*) *f;* itinerario (*eeteenehrah'ryo*) *m*
routine *n* rutina (*rootee'nah*) *f*
rove *v* vagar (*vahgahr'*); errar (*errahr'*)
rover *n* vagabundo (*vahgahboon'do*) *m*
row *n* riña (*ree'nyah*) *f; v* reñir (*rehnyeer'*)
row *n* fila (*fee'lah*) *f; v* remar (*rehmahr'*); bogar (*bohgahr'*)
rowboat *n* bote de remos (*boh'teh deh reh'mos*) *m;* lancha (*lahn'chah*) *f*
rower *n* remero (*rehmeh'ro*) *m*
royal *adj* real (*rehahl'*)
royalist *n* realista (*rehahlees'tah*) *m, f*
royalty *n* realeza (*rehahleh'sah*) *f*
rub *n* fricción (*freeksyohn'*) *f; v* restregar (*rehstrehgahr'*); **to — out** borrar (*bohrrahr'*)
rubber *adj* de caucho (*deh kah'oocho*); *n* caucho (*kah'oocho*) *m;* **—s** chanclos (*chahn'klos*) *m*
rubbish *n* basura (*bahsoo'rah*) *f;* tonterías (*tohntehree'ahs*) *f*
rubble *n* escombros (*ehskohm'brohs*) *m*
ruby *n* rubí (*roobee'*) *m*
rudder *n* timón (*teemohn'*) *m*
ruddy *adj* rojo (*roh'ho*); rojizo (*roh-hee'so*)
rude *adj* rudo (*roo'do*); grosero (*grohseh'ro*); áspero (*ahs'pehro*)
rudeness *n* rudeza (*roodeh'sah*); grosería (*grohsehree'ah*) *f*
ruffian *n* rufián (*roofyahn'*) *m*
ruffle *n* volante (*vohlahn'teh*) *m;* frunce (*froon'seh*) *m; v* fruncir (*froonseer'*); molestar (*mohlehstahr'*)
rug *n* alfombra (*ahlfohm'brah*) *f;* tapete (*tahpeh'teh*) *m*
rugged *adj* fragoso (*frahgoh'so*); borrascoso (*bohrrahskoh'so*)
ruin *n* ruina (*rwee'nah*) *f; v* arruinar (*ahrrweenahr'*); estropear (*ehstrohpehahr'*)
ruinous *adj* ruinoso (*rweenoh'so*); desastroso (*dehsahstroh'so*)
rule *n* regla (*reh'glah*) *f;* precepto (*prehsehp'to*) *m;* **as a —** por regla general (*pohr reh'glah hehnehrahl'*); *v* gobernar (*gohbehrnahr'*); dirigir (*deereeheer'*); **to — out** excluir (*exklooeer'*); **to — over** regir (*reh-heer'*)
ruler *n* soberano (*sohbehrah'no*) *m;* rey (*rehy*) *m*
ruling *adj* predominante (*prehdohmeenahn'teh*); *n* fallo (*fah'lyo*) *m;* decisión (*dehseesyohn'*) *f*
rum *n* ron (*rohn'*) *m*
rumble *n* retumbo (*rehtoom'bo*) *m; v* retumbar (*rehtoombahr'*)
ruminate *v* rumiar (*roomyahr'*); reflexionar (*rehflehxyonahr'*); meditar (*mehdeetahr'*)
rummage *v* escudriñar (*ehskoodreenyahr'*); **— sale** venta de prendas usadas (*vehn'tah deh prehn'dahs oosah'dahs*) *f*
rumor *n* rumor (*roomohr'*) *m; v* murmurar (*moormoorahr'*); **it is —ed that** corre la voz que (*kohrreh lah vohs keh*)
rumple *v* estrujar (*ehstroohahr'*); ajar (*ah-hahr'*); arrugar (*ahrroogahr'*)
rumpus *n* barullo (*bahroo'lyo*) *m*
run *n* carrera (*kahrreh'rah*) *f;* serie (*seh'ryeh*) *f;* clase (*klah'seh*) *f; v* correr (*kohrrehr'*); dirigir (*deereeheer'*); manejar (*mahneh-hahr'*); **to — away** huir (*weer'*); escaparse (*ehskahpahr'seh*); **to — dry** secarse (*sehkahr'seh*); **to — into** encontrarse con (*ehnkohntrahr'seh kohn*)
runaway *adj* fugitivo (*fooheetee'vo*); que se va (*keh seh vah*); *n* fugitivo (...) *m*
rung *n* barrote (*bahrroh'teh*) *m*
runner *n* corredor (*kohrrehdohr'*) *m;* tapete (*tahpeh'teh*) *m*
running *adj* corriente (*kohrryehn'teh*); **— water** agua corriente (*ahgwah* ...) *m, f; n* corrida (*kohrre'dah*) *f*
runway *n* senda (*sehn'dah*) *f;* vía (*vee'ah*) *f*
rupture *n* ruptura (*rooptoo'rah*) *f;* hernia (*ehr'nyah*) *f; v* romper(se) (*rohmpehr', seh*)
rural *adj* rural (*roorahl'*); campestre (*kahmpehs'treh*)
rush *n* prisa (*pree'sah*) *f;* (*bot*) junco (*hoon'ko*) *m;* **— order** pedido urgente (*pehdee'do oorhehn'teh*) *m;* **—hour** hora de tropel, punta (*oh'rah deh trohpeh'l, poon'tah*) *f; v* apresurar(se) (*ahprehsoorahr', seh*); **to — out** salir a todo correr (*sahleer' ah toh'do kohrrehr'*)
Russian *adj & n* ruso (*roo'so*) *m*
rust *n* moho (*moh'ho*) *m;* orín (*ohreen'*) *m; v* enmohecer(se) (*ehnmoh-hehsehr', seh*)
rustic *adj & n* rústico (*roos'teeko*) *m*
rustle *v* susurrar (*soosoorrahr'*); mover(se) (*mohvehr', seh*); *n* susurro (*soosoo'rro*) *m;* movimiento (*mohveemyehn'to*) *m*

rusty *adj* mohoso (*moh-hoh'so*); oxidado (*ohxeedah'do*)
rut *n* rodada (*rohdah'dah*) *f;* rutina (*rootee'nah*) *f;* **to be in a —** no moverse (*no mohvehr'seh*)
ruthless *adj* despiadado (*dehspyahdah'do*); cruel (*krwehl'*); sin piedad (*seen pyehdahd'*)
ruthlessness *n* fiereza (*fyehreh'sah*) *f;* crueldad (*krwehldahd'*) *f*
rye *n* centeno (*sehnteh'no*) *m;* **— bread** pan de centeno (*pahn deh* ...) *m*

S

saber *n* sable (*sah'bleh*) *m*
sabotage *n* sabotaje (*sahbohtah'heh*) *m;* *v* sabotear (*sahbohtehahr'*)
sack *n* saco (*sah'ko*) *m;* pillaje (*peelyah'heh*) *m;* *v* saquear (*sahkwehahr'*); pillar (*peelyahr'*)
sacrament *n* sacramento (*sahkrahmehn'to*) *m*
sacred *adj* sagrado (*sahgrah'do*); sacro (*sah'kro*)
sacredness *n* santidad (*sahnteedahd'*) *f*
sacrifice *n* sacrificio (*sahkreefee'syo*) *m;*
sacrilege *n* sacrilegio (*sahkreeleh'hyo*) *m*
sacrilegious *adj* sacrílego (*sahkree'lehgo*)
sacristan *n* sacristán (*sahkreestahn'*) *m*
sad *adj* triste (*trees'teh*)
sadden *v* entristecer(se) (*ehntreestehsehr', seh*)
saddle *n* silla de montar (*see'lyah deh mohntahr'*) *f;* **— bag** alforja (*ahlfohr'hah*) *f;* *v* ensillar (*ehnseelyahr'*)
sadism *n* sadismo (*sahdees'mo*) *m*
sadistic *adj* sádico (*sah'deeko*); cruel (*krwehl'*)
sadness *n* tristeza (*treesteh'sah*) *f*
safe *adj* seguro (*sehgoo'ro*); salvo (*sahl'vo*); **— and sound** sano y salvo (*sah'no ee sahl'vo*); *n* caja fuerte (*kah'hah fwehr'teh*) *f*
safeguard *n* salvaguardia (*sahlvahgwahr'dyah*) *m;* defensa (*dehfehn'sah*) *f;* *v* proteger (*prohteh'hehr'*)
safety *n* seguridad (*sehgooreedahd'*) *f;* protección (*prohtehksyohn'*) *f;* **— pin** imperdible (*eempehrdee'bleh*) *m*
saffron *adj* azafranado (*ahsahfrahnah'do*); *n* azafrán (*ahsahfrahn'*) *m*
sag *n* pandeo (*pahndeh'o*) *m;* concavidad (*kohnkahveedahd'*) *f;* *v* hundirse (*oondeer'seh*); encorvarse (*ehnkohrvahr'seh*)
sagacious *adj* sagaz (*sahgahs'*); astuto (*ahstoo'to*)
sagacity *n* sagacidad (*sahgahseedahd'*) *f;* astucia (*ahstoo'syah*) *f*
sage *adj* sabio (*sah'byo*); *n* sabio (...) *m*
sail *n* vela (*veh'lah*) *f;* *v* navegar (*nahvehgahr'*); **to — away** deslizarse (*dehsleesahr'seh*)
sailboat *n* bote de vela (*boh'teh deh veh'lah*) *m*
sailor *n* marinero (*mahreeneh'ro*) *m;* marino (*mahree'no*) *m*
saint *adj* santo (*sahn'to*); san (*sahn*); *n* santo (*sahn'to*) *m*
saintly *adj* santo (*sahn'to*); devoto (*dehvoh'to*); bueno (*bweh'no*)
sake *n* razón (*rahsohn'*) *f;* amor (*ahmohr'*) *m;* **for the — of** por amor a (*pohr ahmohr' ah*); **for my —** por mi causa (*pohr mee kah'oosah*); **for God's —** por el amor de Dios (... *ehl* ... *deh dyohs'*)
salad *n* ensalada (*ehnsahlah'dah*) *f;* **— dressing** aderezo (*ahdehreh'so*) *m*
salary *n* salario (*sahlah'ryo*) *m;* sueldo (*swehl'do*) *m;* paga (*pah'gah*) *f*
sale *n* venta (*vehn'tah*) *f;* saldo (*sahl'do*) *m;* **auction —** almoneda (*ahlmohneh'dah*) *f;* remate (*rehmah'teh*) *m;* **bargain (fire) —** quemazón (*kehmahsohn'*) *f;* **for —** de venta (*deh vehn'tah*)
salesman *n* vendedor (*vehndehdohr'*) *m;* **traveling —** agente viajero (*ah-hehn'teh vyah-hehro'*) *m*
saleswoman *n* dependienta (*dehpehndyehn'teh*) *f*
salient *adj* saliente (*sahlyehn'teh*); prominente (*prohmeenehn'teh*)
saliva *n* saliva (*sahlee'vah*) *f*
sallow *adj* pálido (*pah'leedo*)
sally *n* salida (*sahlee'dah*) *f;* chiste (*chees'teh*) *m;* *v* salir (*sahleer'*)
salmon *n* salmón (*sahlmohn'*) *m*
saloon *n* salón (*sahlohn'*) *m;* taberna (*tahbehr'nah*) *f*
salt *n* sal (*sahl*) *f;* **smelling —s** sales aromáticas (*sah'lehs ahromah'teekas*) *f, pl;* *v* salar (*sahlahr'*); **— shaker** salero (*sahleh'ro*) *m*
saltpeter *n* salitre (*sahlee'treh*) *m;* nitro (*nee'tro*) *m*
salty *adj* salado (*sahlah'do*)
salutation *n* salutación (*sahlootahsyohn'*) *f*
salute *n* saludo (*sahloo'do*) *m;* *v* saludar (*sahloodahr'*)
salvation *n* salvación (*sahlvahsyohn'*) *f*
salve *n* alivio (*ahlee'vyo*) *m;* ungüento (*oongwehn'to*) *m;* *v* aliviar (*ahleevyahr'*)
same *adj* mismo (*mees'mo*); igual (*eegwahl'*); idéntico (*eedehn'teeko*); **it is all the —** es igual (*ehs eegwahl'*); es lo mismo (*ehs lo mees'mo*)
sample *n* muestra (*mwehs'trah*) *f;* prueba (*prweh'bah*) *f;* *v* probar (*prohbahr'*)

sanctify *v* santificar (*sahnteefeekahr'*)
sanction *n* sanción (*sahnsyohn'*) *f; v* sancionar (*sahnsyohnahr'*); aprobar (*ahprohbahr'*)
sanctity *n* santidad (*sahnteedahd'*) *f*
sanctuary *n* santuario (*sahntwah'ryo*) *m;* asilo (*ahsee'lo*) *m;* refugio (*rehfoo'hyo*) *m*
sand *n* arena (*ahreh'nah*) *f*
sandal *n* sandalia (*sahndah'lyah*) *f*
sandpaper *n* papel de lija (*pahpehl' deh lee'hah*) *m; v* lijar (*leehahr'*)
sandstone *n* piedra arenisca (*pyeh'drah ahrehnees'kah*) *f*
sandwich *n* bocadillo (*bohkahdee'lyo*) *m;* (*Am*) sandwich (*sahnd'wich*) *m;* emparedado (*ehmpahrehdah'do*) *m*
sandy *adj* arenoso (*ahrehnoh'so*)
sane *adj* cuerdo (*kwehr'do*), sensato (*sehnsah'to*); sano (*sah'no*)
sanitarium *n* sanatorio (*sahnahtoh'ryo*) *m*
sanitary *adj* sanitario (*sahneetah'ryo*)
sanitation *n* saneamiento (*sahnehahmyehn'to*) *m*
sanity *n* cordura (*kohrdoo'rah*) *f*
sap *n* savia (*sah'vyah*) *f;* tonto (*tohn'to*) *m; v* agotar (*ahgohtahr'*); debilitar (*dehbeeleetahr'*); zapar (*sahpahr'*)
sapling *n* vástago (*vahs'tahgo*) *m;* arbolillo (*ahrbohlee'lyo*) *m*
sapphire *n* zafiro (*sahfee'ro*) *m*
sarcasm *n* sarcasmo (*sahrkahs'mo*) *m*
sarcastic *adj* sarcástico (*sahrkahs'teeko*)
sardine *n* sardina (*sahrdee'nah*) *f*
sash *n* faja (*fah'hah*) *f;* cinta (*seen'tah*) *f*
satchel *n* maletín (*mahlehteen'*) *m;* saco (*sah'ko*) *m*
sate *v* saciar (*sahsyahr'*)
sateen *n* satén (*sahtehn'*) *m*
satellite *n* satélite (*sahteh'leeteh*) *m*
satiate *v* saciar (*sahsyahr'*)
satin *n* raso (*rah'so*) *m*
satire *n* sátira (*sah'teerah*) *f*
satirical *adj* satírico (*sahtee'reeko*)
satirize *v* satirizar (*sahteereesahr'*)
satisfaction *n* satisfacción (*sahteesfaksyohn'*) *f*
satisfactorily *adv* satisfactoriamente (*sahteesfahktohryahmehn'teh*)
satisfactory *adj* satisfactorio (*sahteesfahktoh'ryo*)
satisfied *adj* satisfecho (*sahteesfeh'cho*)
satisfy *v* satisfacer (*sahteesfahsehr'*)
saturate *v* saturar (*sahtoorahr'*); llenar (*lyehnahr'*)
Saturday *n* sábado (*sah'bahdo*) *m*
sauce *n* salsa (*sahl'sah*) *f*
saucepan *n* cacerola (*kahsehroh'lah*) *f*
saucer *n* platillo (*plahtee'lyo*) *m*
sauciness *n* descaro (*dehskah'ro*) *m;* insolencia (*eensohlehn'syah*) *f*
saucy *adj* descarado (*dehskahrah'do*); malcriado (*mahlkryah'do*)
saunter *v* pasearse (*pahsehahr' seh*); vagar (*vahgahr'*)
sausage *n* salchicha (*sahlchee'chah*) *f;* longaniza (*lohngahnee'sah*) *f*
savage *adj* salvaje (*sahlvah'heh*); bárbaro (*bahr'bahro*); *n* salvaje (...) *m;* bárbaro (...) *m*
savagery *n* crueldad (*krwehldahd'*) *f;* fiereza (*fyehreh'sah*) *f;* salvajismo (*sahlvah-hees'mo*) *m*
savant *n* sabio (*sah'byo*) *m*
save *v* salvar (*sahlvahr'*); ahorrar (*ahohrrahr'*); *prep* excepto (*exsehp'to*)
saver *n* salvador (*sahlvahdohr'*) *m;* libertador (*leebehrtahdohr'*); ahorrador (*ahohrrahdohr'*) *m;* **life —** salvavidas (*sahlvahvee'dahs*) *m*
saving *adj* salvador (*sahlvahdohr'*); económico (*ehkohnoh'meeko*); *n* ahorro (*ahoh'rro*) *m;* economía (*ehkohnohmee'ah*) *f;* **—s** ahorros (...*s*) *m, pl;* **—s bank** banco de ahorros (*bahn'ko deh* ...) *m*
savior *n* salvador (*sahlvahdohr'*) *m*
savor *n* sabor (*sahbohr'*) *m; v* saborear (*sahbohrehahr'*); sazonar (*sahsohnahr'*)
savory *adj* sabroso (*sahbroh'soh*); delicioso (*dehleesyoh'so*)
saw *n* sierra (*syeh'rrah*) *f; v* serrar (*sehrrahr'*)
sawdust *n* aserrín (*ahsehrreen'*) *m;* serrín (*sehrreen'*) *m*
sawmill *n* aserradero (*ahsehrrahdeh'ro*) *m*
Saxon *adj & n* sajón (*sah-hohn'*) *m*
saxophone *n* saxófono (*sahxoh'fohno*) *m*
say *v* decir (*dehseer'*); **say there!** ¡oiga usted! (*oh'ygah oostehd'*); **that is to —** es decir (*ehs dehseer'*)
saying *n* dicho (*dee'cho*) *m;* refrán (*rehfrahn'*) *m*
scab *n* costra (*kohs'trah*) *f; v* encostrarse (*ehnkohstrahr'seh*)
scabbard *n* vaina (*vah'ynah*) *f*
scabby *adj* costroso (*kohstroh'so*)
scabies *n* sarna (*sahr'nah*) *f*
scabrous *adj* escabroso (*ehskahbroh'so*)
scaffold *n* andamio (*ahndah'myo*) *m;* tablado (*tahblah'do*) *m*
scaffolding *n* andamiaje (*ahndahmyah'heh*) *m*
scald *n* escaldadura (*ehskahldahdoo'rah*) *f;* quemadura (*kehmahdoo'rah*) *f; v* escaldar (*ehskahldahr'*)
scale *n* escala (*ehskah'lah*) *f;* balanza (*bahlahn'sah*) *f; v* escalar (*ehskahlahr'*); subir (*soobeer'*)

scallop *n* venera (*vehneh'rah*) *f;* **—s** festón (*fehstohn'*) *m; v* festonear (*fehstohnehahr'*)
scalp *n* cuero cabelludo (*kweh'ro kahbehlyoo'do*) *m; v* cortar el pelo muy corto (*kohrtahr' ehl peh'lo moo'y kohr'to*)
scaly *adj* escamoso (*ehskahmoh'so*)
scamp *n* pícaro (*pee'kahro*) *m;* bribón (*breebohn'*) *m*
scamper *v* correr (*kohrrehr'*) escaparse (*ehskahpahr'seh*)
scan *v* escudriñar (*ehskoodreenyahr'*); examinar (*ehxahmeenahr'*)
scandal *n* escándalo (*ehskahn'dahlo*) *m*
scandalize *v* escandalizar (*ehskahndahleesahr'*); dar escándalo (*dahr ehskahn'dahlo*)
scandalous *adj* escandaloso (*ehskahndahloh'so*)
scant *adj* escaso (*ehskah'so*); insuficiente (*eensoofeesyehn'teh*); poco (*poh'ko*)
scar *n* cicatriz (*seekahtrees'*) *f;* marca (*mahr'kah*) *f; v* marcar (*mahrkahr'*)
scarce *adj* escaso (*ehskah'so*); raro (*rah'ro*)
scarcity *n* escasez (*ehskahsehs'*) *f;* carestía (*kahrehstee'ah*) *f*
scare *n* susto (*soos'to*) *m; v* espantar (*ehspahntahr'*); asustar (*ahsoostahr'*)
scarf *n* bufanda (*boofahn'dah*) *f*
scarlet *adj* escarlata (*ehskahrlah'tah*) *f;* **— fever** escarlatina (*ehskahrlahtee'nah*) *f*
scary *adj* espantadizo (*ehspahntahdee'so*); miedoso (*myehdoh'so*)
scatter *v* esparcir(se) (*ehspahrseer', seh*); derramar(se) (*dehrrahmahr', seh*)
scene *n* escena (*ehsseh'nah*) *f;* vista (*vees'tah*) *f*
scenery *n* paisaje (*pahysah'heh*) *m;* vista (*vees'tah*) *f*
scent *n* olor (*ohlohr'*) *m;* perfume (*pehrfoo'meh*) *m; v* oler (*ohlehr'*); olfatear (*ohlfahtehahr'*)
scepter *n* cetro (*seh'tro*) *m*
sceptic *adj & n* escéptico (*ehsehp'teeko*) *m*
scepticism *n* escepticismo (*ehsehpteesees'mo*) *m*
schedule *n* horario (*hohrah'ryo*) *m;* itinerario (*eeteenehrah'ryo*) *m*
scheme *n* esquema (*ehskeh'mah*) *m;* proyecto (*prohyehk'to*) *m; v* proyectar (*prohyehktahr'*); planear (*plahnehahr'*)
scheming *adj* intrigante (*eentreegahn'teh*)
scholar *n* escolar (*ehskohlahr'*) *m;* erudito (*ehroodee'to*) *m;* docto (*dohk'to*) *m*
scholarly *adj* sabio (*sah'byo*); docto (*dohk'to*); erudito (*ehroodee'to*)
scholarship *n* erudición (*ehroodeesyohn'*) *f;* beca (*beh'kah*) *f*
scholastic *adj* escolástico (*ehskohlahs'teeko*); escolar (*ehskohlahr'*)
school *adj* de escuela (*deh ehskweh'lah*); *n* escuela (*ehskweh'lah*) *f; v* enseñar (*ehnsehnyahr'*); educar (*ehdookahr'*)
schoolboy *n* alumno de escuela (*ahloom'no deh ehskweh'lah*) *m;* escolar (*ehskohlahr'*) *m*
schoolgirl *n* alumna de escuela (*ahloom'nah deh ehskweh'lah*) *f;* colegiala (*kohleh-hyah'lah*) *f*
schoolhouse *n* escuela (*ehskweh'lah*) *f*
schooling *n* enseñanza (*ehnsehnyahn'sah*) *f;* educación (*ehdookahsyohn'*) *f*
schoolmate *n* compañero de escuela (*kohmpahny'ro deh ehskweh'lah*) *m*
schoolroom *n* sala de clase (*sah'lah deh klah'seh*) *f;* aula (*ahoo'lah*) *f*
schoolteacher *n* maestro de escuela (*mahehs'tro deh ehskweh'lah*) *m*
schooner *n* goleta (*gohleh'tah*) *f*
science *n* ciencia (*syehn'syah*) *f*
scientific *adj* científico (*syehntee'feeko*); *adv* científicamente (*syehnteefeekahmehn'teh*)
scientist *n* científico (*syehntee'feeko*) *m;* hombre de ciencia (*ohm'breh deh syehn'syah*) *m*
scion *n* vástago (*vahs'tahgo*) *m*
scissors *n, pl* tijeras (*teeheh'rahs*) *f, pl*
scoff *n* burla (*boor'lah*) *f; v* escarnecer (*ehskahrnehsehr'*); **to — at** mofarse de (*mohfahr'seh deh*)
scold *n* regañón (*rehgahnyohn'*) *m; v* reprender (*rehprehndehr'*); regañar (*rehgahnyahr'*)
scolding *adj* regañón (*rehgahnyohn'*); *n* regaño (*rehgah'nyo*) *m;* reprensión (*rehprehnsyohn'*) *f*
scoop *n* pala (*pah'lah*) *f;* cucharón (*koochahrohn'*) *m; v* excavar (*exkahvahr'*)
scoot *v* escaparse (*ehskahpahr'seh*); correr (*kohrrehr'*)
scope *n* alcance (*ahlkahn'seh*) *m;* extensión (*extehnsyohn'*) *f;* esfera (*ehsfeh'rah*) *f*
scorch *n* chamusquina (*chamooskee'nah*) *f; v* chamuscar (*chahmooskahr'*)
score *n* cuenta (*kwehn'tah*) *f;* **musical —** partitura (*pahrteetoo'rah*) *f;* raya (*rah'yah*) *f; v* calificar (*kahleefeekahr'*); **to under —** subrayar (*soobrahyahr'*)
scorn *n* desdén (*dehsdehn'*) *m; v* desdeñar (*dehsdehnyahr'*)
scornful *adj* desdeñoso (*dehsdehnyoh'so*)
scorpion *n* escorpión (*ehskohrpyohn'*) *m;* alacrán (*ahlahkrahn'*) *m*
Scotch *adj* escocés (*ehskohsehs'*); **— tape** cinta adhesiva (*seen'tah ahdehsee'vah*) *f;* **— whisky** el whisky (Scotch) (*ehl wees'kee, skohch*) *m*

scoundrel *n* bellaco (*behlyah'ko*) *m;* pícaro (*pee'kahro*) *m*
scourge *n* azote (*ahsoh'teh*) *m; v* azotar (*ahsohtahr'*)
scout *n* explorador (*ehxplohrahdohr'*) *m; v* explorar (*ehxplohrahr'*); investigar (*eenvehsteegahr'*)
scowl *n* ceño (*seh'nyo*) *m; v* fruncir el ceño (*froonseer' ehl ...*)
scramble *v* revolver (*rehvohlvehr'*); **—d eggs** huevos revueltos (*hweh'vohs rehvwehl'tohs*) *m, pl*
scrap *n* migaja (*meegah'hah*) *f;* **—s** sobras (*soh'brahs*) *f, pl;* **— paper** papel de desecho (*pahpehl' deh dehseh'cho*) *m; v* desechar (*dehsehchahr'*); descartar (*dehskahrtahr'*)
scrape *n* raspadura (*rahspahdoo'rah*) *f; v* raspar (*rahspahr'*); rascar (*rahskahr'*)
scraper *n* raspador (*rahspahdohr'*) *m*
scratch *n* arañazo (*ahrahnyah'so*) *m; v* arañar (*ahrahnyahr'*); rascar (*rahskahr'*); **to — out** borrar (*bohrrahr'*)
scrawl *n* garabato (*gahrahbah'to*) *m; v* hacer garabatos (*hahsehr' ...*)
scrawny *adj* huesudo (*hwehsoo'do*); flaco (*flah'ko*)
scream *n* chillido (*cheelyee'do*) *m;* alarido (*ahlahree'do*) *m;* grito (*gree'to*) *m; v* chillar (*cheelyahr'*); gritar (*greetahr'*)
screech *n* chillido (*cheelyee'do*) *m; v* chillar (*cheelyahr'*); gritar (*greetahr'*)
screen *n* pantalla (*pahntah'lyah*) *f;* **on the —** en la pantalla (*ehn lah ...*); **— star** estrella de cine (*ehstreh'lyah deh see'neh*) *f; v* tapar (*tahpahr'*); separar (*sehpahrahr'*)
screw *n* tornillo (*tohrnee'lyo*) *m;* **— nut** tuerca (*twehr'kah*) *f; v* atornillar (*ahtohrneelyahr'*); torcer (*tohrsehr'*)
screwdriver *n* destornillador (*dehstohrneelyahdohr'*) *m*
scribble *n* garabato (*gahrahbah'to*) *m; v* garrapatear (*gahrrahpahtehahr'*); escribir como un niño (*ehskreebeer' koh'mo oon nee'nyo*)
script *n* escritura (*ehskreetoo'rah*) *f;* manuscrito (*mahnooskree'to*) *m*
scripture *n* escritura sagrada (*ehskreetoo'rah sahgrah'dah*) *f;* la Biblia (*lah bee'blyah*) *f*
scroll *n* rollo de papel (*roh'lyo deh pahpehl'*) *m*
scrub *n* fregado (*frehgah'do*) *m;* **— woman** fregona (*frehgoh'nah*) *f; v* fregar (*fregahr'*) restregar (*rehstrehgahr'*)
scruple *n* escrúpulo (*ehskroo'poolo*) *m*
scrupulous *adj* escrupuloso (*ehskroopooloh'so*); exacto (*exahk'to*)
scrutinize *v* escudriñar (*ehskoodreenyahr'*); escrutar (*ehskrootahr'*); investigar (*eenvehsteegahr'*)
scrutiny *n* escrutinio (*ehskrootee'nyo*) *m*
scuff *v* raspar (*rahspahr'*)
scuffle *n* riña (*ree'nyah*) *f;* pelea (*pehleh'ah*) *f; v* luchar (*loochahr'*); pelear (*pehlehahr'*)
sculptor *n* escultor (*ehskooltohr'*) *m*
sculpture *n* escultura (*ehskooltoo'rah*) *f; v* esculpir (*ehskoolpeer'*)
scum *n* espuma (*ehspoo'mah*) *f;* canalla (*kahnah'lyah*) *f; v* espumar (*ehspoomahr'*)
scurry *v* apresurarse (*ahprehsoorahr'seh*); corrida (*kohrree'dah*) *f*
scuttle *n* escotilla (*ehskohtee'lyah*) *f; v* echar a correr (*ehchahr' ah cohrrehr'*)
scythe *n* guadaña (*gwahdah'nyah*) *f*
sea *adj* marino (*mahree'no*); marítimo (*mahree'teemo*); **— gull** gaviota (*gahvyoh'tah*) *f;* **— level** nivel del mar (*neevehl' dehl mahr*) *m;* **— going** por mar (*pohr ...*); *n* mar (*mahr*) *m*
seaboard *adj* costanero (*kohstahneh'ro*); litoral (*leetohrahl'*); *n* costa (*kohs'tah*) *f;* litoral (*leetohrahl'*) *m;* borde del mar (*bohr'deh dehl mahr'*) *m*
seacoast *n* costa (*kohs'tah*) *f;* litoral (*leetohrahl'*) *m;* borde del mar (*bohr'deh dehl mahr'*) *m*
sea-food mariscos (*mahrees'kos*) *m, pl*
seal *n* sello (*seh'lyo*) *m;* **to — in** encerrar (*ehnsehrrahr'*); cerrar (*sehrrahr'*)
sealing wax *n* lacre (*lah'kreh*) *m*
seam *n* costura (*kohstoo'rah*) *f; v* echar una costura (*ehchahr' oo'nah kohstoo'rah*); coser (*kohsehr'*)
seaman *n* marino (*mahree'no*) *m;* marinero (*mahreeneh'ro*) *m*
seamstress *n* costurera (*kohstooreh'rah*) *f*
seaplane *n* hidroavión (*eedroh-ahvyohn'*) *m*
seaport *n* puerto de mar (*pwehr'to deh ohn'*) *m*
sear *v* chamuscar(se) (*chahmooskahr', seh*); tostar(se) (*tohstahr', seh*)
search *n* busca (*boos'kah*) *f;* investigación (*eenvehsteegahsyohn'*) *f; v* buscar (*booskahr'*); investigar (*eenvehsteegahr'*); examinar (*exahmeenahr'*); **to —** buscar (*booskahr'*)
seashore *n* costa (*kohs'tah*) *f;* playa (*plah'yah*) *f;* orilla del mar (*ohree'lyah dehl mar*) *f*
seasick *adj* mareado (*mahrehah'do*); **to get —** marearse (*mahrehahr'seh*)
seasickness *n* mareo (*mahreh'o*) *m*
seaside *n* costa (*kohs'tah*) *f;* playa (*plah'yah*) *f;* borde (*bohr'deh*) *m*
season *n* estación (*ehstahsyohn'*) *f;* temporada (*tehmpohrah'dah*) *f;* jornada (*hohrnah'dah*) *f;* sazón (*sahsohn'*) *f*

seasoning *n* condimento (*kohndeemehn'to*) *m*
seat *n* asiento (*ahsyehn'to*) *m;* silla (*see'lyah*) *f;* fondillos (*fohndee'lyos*) *m, pl; v* sentar (*sehntahr'*)
sea belt *n* cinturón (de seguridad) (*seentoorohn', deh sehgooreedah'*) *m*
seaweed *n* alga marina (*ahl'gah mahree'nah*) *f*
secede *v* separarse (*sehpahrahr'seh*)
seclude *v* apartar (*ahpahrtahr'*); aislar (*ahyslahr'*)
secluded *adj* apartado (*ahpahrtah'do*); aislado (*ahyslah'do*)
seclusion *n* apartamiento (*ahpahrtahmyehn'to*) *m;* aislamiento (*ahyslahmyehn'to*) *m*
second *adj & n* segundo (*sehgoon'do*) *m;* **just a —!** ¡un momento! (*oon mohmehn'to*); *v* secundar (*sehkoondahr'*); apoyar (*ahpohyahr'*); ayudar (*ahyoodahr'*)
secondary *adj* secundario (*sehkoondah'ryo*); de poca importancia (*deh poh'kah eempohrtahn'syah*); **— school** escuela secundaria (*ehskweh'lah ...*) *f*
second-hand *adj* de segunda mano (*deh sehgoon'dah mah'no*); usado (*oosah'do*)
secondly *adj* en segundo lugar (*ehn sehgoon'do loogahr'*)
secrecy *n* secreto (*sehkreh'to*) *m*
secret *adj & n* secreto (*sehkreh'to*) *m;* escondido (*ehskohndee'do*); oculto (*ohkool'to*); **—ly** *adv* secretamente (*sehkrehtahmehn'teh*)
secretary *n* secretario, a (*sehkrehtah'ryo, ah*) *m, f;* **desk —** escritorio (*ehskreetoh'ryo*) *m*
secrete *v* secretar (*sehkrehtahr'*); esconder (*ehskohndehr'*); ocultar (*ohkooltahr'*)
secretion *n* secreción (*sehkrehsyohn'*) *f*
secretive *adj* secreto (*sehkreh'to*); callado (*kahlyah'do*)
sect *n* secta (*sehk'tah*) *f*
section *n* sección (*sehksyohn'*) *f;* trozo (*troh'so*) *m; v* seccionar (*sehksyohnahr'*); **to — out** separar en secciones (*sehpahrahr' ehn sehksyoh'nehs*)
secular *adj & n* secular (*sehkoolahr'*) *m*
secure *adj* seguro (*sehgoo'ro*); firme (*feer'meh*); *v* asegurar (*ahsehgoorahr'*); obtener (*ohbtehnehr'*); **—ly** *adv* con seguridad (*kohn sehgooreedahd'*)
security *n* seguridad (*sehgooreedahd'*) *f;* garantía (*gahrahnty'ah*) *f;* **social —** seguridad social (*... sohsyahl'*) *f;* **securities** bonos (*boh'nohs*) *m, pl;* obligaciones (*ohbleegahsyo'nehs*) *f, pl*
sedan *n* sedán (*sehdahn'*) *m*
sedate *adj* sosegado (*sohsehgah'do*); tranquilo (*trahnkee'lo*)
sedative *adj & n* calmante (*kahlmahn'teh*) *m;* sedativo (*sehdahtee'vo*) *m*
sedentary *adj* sedentario (*sehdehntah'ryo*); inactivo (*eenahktee'vo*)
sediment *n* sedimento (*sehdeemehn'to*) *m;* residuo (*rehsee'dwo*) *m*
sedition *n* sedición (*sehdeesyohn'*) *f*
seditious *adj* sedicioso (*sehdeesyoh'so*)
seduce *v* seducir (*sehdooseer'*)
seduction *n* seducción (*sehdooksyohn'*) *f*
see *n* sede (*seh'deh*) *f;* **Holy See** Santa Sede (*sahn'tah ...*) *f; v* ver (*vehr*)
seed *n* semilla (*sehmee'lyah*) *f;* pepita (*pehpee'tah*) *f; v* sembrar (*sehmbrahr'*)
seeder *n* sembradora (*sehmbrahdoh'rah*) *f*
seeding *n* siembra (*syehm'brah*) *f*
seedy *adj* semilloso (*sehmeelyoh'so*); raído (*rahee'do*)
seek *v* buscar (*booskahr'*); pedir (*pehdeer'*); pretender (*prehtehndehr'*)
seem *v* parecer (*pahrehsehr'*); **it —s to me** me parece (*meh pahreh'seh*)
seep *v* escurrirse (*ehskoorreer'seh*); filtrarse (*feeltrahr'seh*)
segregate *v* separar (*sehpahrahr'*)
seize *v* asir (*ahseer'*); coger (*koh-hehr'*); agarrar (*ahgahrrahr'*)
seizure *n* toma (*toh'mah*) *f;* captura (*kahptoo'rah*) *f*
seldom *adj* raramente (*rahrahmehn'teh*)
select *adj* selecto (*sehlehk'to*); *v* escoger (*ehskoh-hehr'*); seleccionar (*sehlehksyohnahr'*)
selection *n* selección (*sehleksyohn'*) *f*
selectivity *n* selectividad (*sehlehkteeveedahd'*) *f*
self-control *n* control de sí mismo (*kohntrohl' deh see mees'mo*) *m*
self-defense : in — en defensa propia (*ehn dehfehn'sah proh'pyah*)
selfish *adj* egoísta (*ehgohees'tah*)
selfishness *n* egoísmo (*ehgohees'mo*) *m*
self-made *adj* hecho por sí mismo (*eh'cho pohr see mees'mo*)
self-service *adj* de autoservicio (*deh ah'ooto sehrvee'syo*); *n* autoservicio (...) *m*
sell *v* vender(se) (*vehndehr', seh*)
seller *n* vendedor (*vehndehdohr'*) *m*
senate *n* senado (*sehnah'do*) *m*
senator *n* senador (*sehnahdohr'*) *m*
send *v* enviar (*ehnvyahr'*); despachar (*dehspahchahr'*)
sender *n* remitente (*rehmeetehn'teh*) *m, f*
senility *n* senectud (*sehnehktood'*) *f;* vejez (*veh-hehs'*) *f*
senior *adj* mayor (*mahyohr'*); **— year** el cuarto año (*ehl kwar'to ah'nyo*) *m; n* **he is a —** es estudiante del cuarto año (*ehs ehstoodyahn'teh ...*)
sensation *n* sensación (*sehnsahsyohn'*) *f*
sensational *adj* sensacional (*sehnsahsyohnal'*); extravagante (*extrahvahgahn'teh*)

sense *n* sentido (*sehntee'do*) *m;* **it does not make —** no tiene sentido (*no tyeh'neh ...*); **common —** sentido común (*sehntee'do kohmoon'*) *m; v* percibir (*pehrseebeer'*); sentir (*sehnteer'*)

senseless *adj* sin sentido (*seen sehntee'do*); insensato (*eensehnsah'to*); estúpido (*ehstoo'peedo*)

sensible *adj* sensible (*sehnsee'bleh*); lógico (*loh'heeko*); **sensibly** *adv* sensiblemente (*sehnseeblehmehn'teh*); con inteligencia (*kohn eentehleehehn'syah*)

sensitive *adj* sensitivo (*sehnseetee'vo*); sensible (*sehnsee'bleh*)

sensual *adj* sensual (*sehnswahl'*); carnal (*kahrnahl'*)

sensuality *n* sensualidad (*sehnswahlee-dahd'*) *f*

sentence *n* sentencia (*sehntehn'syah*) *f;* frase (*frah'seh*) *f;* oración (*ohrah-syohn'*) *f; v* sentenciar (*sehntehnsy-ahr'*); condenar (*kohndehnahr'*)

sentiment *n* sentimiento (*sehnteemyehn'to*) *m;* **popular —** opinión pública (*oh-peenyohn' poo'bleekah*) *f*

sentinel *n* centinela (*sehnteeneh'lah*) *m, f*

separate *adj* separado (*sehpahrah'do*); apartado (*ahpahrtah'do*); *v* separar (se) (*sehpahrahr', seh*); dividir(se) (*deeveedeer', seh*)

separation *n* separación (*sehpahrah-syohn'*) *f*

September *n* septiembre (*sehptyehm'-breh*) *m*

serenade *n* serenata (*sehrehnah'tah*) *f*

serene *adj* sereno (*sehreh'no*); tranquilo (*trahnkee'lo*)

sergeant *n* sargento (*sahrhehn'to*) *m*

serial *n* serie (de) (*seh'ryeh, deh*) *f;* continuación (*kohnteenwahsyohn'*) *f*

series *n* serie (*seh'ryeh*) *f*

serious *adj* serio (*seh'ryo*); **—ly** *adv* seriamente (*sehryahmehn'teh*)

sermon *n* sermón (*sehrmohn'*) *m*

serpent *n* serpiente (*sehrpyehn'teh*) *f*

servant *n* sirviente (*seervyehn'teh*) *m, f;* criado (*kryah'do*) *m;* servidor (*sehr-veedohr'*) *m*

serve *v* servir (*sehrveer'*); asistir (*ah-seesteer'*); **it —s as** sirve de (*seer'veh deh*)

service *n* servicio (*sehrvee'syo*) *m;* **at your —** a sus órdenes (*ah soos ohr'deh-nehs*); *v* reparar (*rehpahrahr'*); ajustar (*ah-hoostahr'*)

servility *n* bajeza (*ba-heh'sah*) *f*

servitude *n* servidumbre (*sehrveedoom'-breh*) *f*

session *n* sesión (*sehsyohn'*) *f;* jornada (*hohrnah'dah*) *f*

set *adj* puesto (*pwehs'to*); establecido (*ehstahblehsee'do*); *n* servicio (*sehr-vee'syo*) *m;* **radio —** radio (*rah'dyo*) *f;* **color televisión (t. v.) —** televisor en colores (*tehlehveesohr' ehn kohloh'-rehs*) *m; v* poner (*pohnehr'*); fijar *feehahr'*); **to — right** ajustar (*ah-hoos-tahr'*); **to — an example** dar ejemplo (*dahr eh-hehm'plo*); **to — aside** poner a un lado (*pohnehr' ah oon lah'do*)

setback *n* revés (*rehvehs'*) *m;* derrota (*dehrroh'tah*) *f*

setting *n* montadura (*mohntahdoo'rah*) *f;* escenario (*ehsehnah'ryo*) *m;* **— of the sun** puesta del sol (*pwehs'tah dehl sol*) *f*

settle *v* colonizar (*kohlohneesahr'*); ordenar (*ohrdehnahr'*)

settlement *n* colonia (*kohloh'nyah*) *f;* pacto (*pahk'to*) *m;* arreglo (*ahrreh'-glo*) *m*

settler *n* colono (*kohloh'no*) *m*

setup *n* arreglo (*ahrreh'glo*) *m*

seven *n* siete (*syeh'teh*) *m*

several *adj* varios (*vah'ryos*); diversos (*deevehr'sohs*)

severe *adj* severo (*sehveh'ro*)

sew *v* coser (*kohsehr'*)

sewing *n* costura (*kohstoo'rah*) *f;* **— machine** máquina de coser (*mah'keenah deh kohsehr'*) *f*

sex *n* sexo (*sehk'so*) *m*

shabby *adj* andrajoso (*ahndrah-hoh'so*); vil (*veel*); **shabbily dressed** mal vestido (*mahl vehstee'do*)

shack *n* cabaña (*cahbah'nyah*) *f*

shackle *n, pl* **—s** cadenas (*kahdeh'nahs*) *f, pl;* grillos (*gree'lyohs*) *m, pl; v* encadenar (*ehnkahdehnahr'*)

shade *n* sombra (*sohm'brah*) *f;* **window —** cortinilla (*kohrteenee'lyah*) *f;* **lamp —** pantalla (*pahntah'lyah*) *f; v* dar sombra (*dahr sohm'brah*)

shadow *n* sombra (*sohm'brah*) *f*

shady *adj* sombrío (*sohmbree'o*); oscuro (*ohskoo'ro*); umbrío (*oombree'o*)

shaft *n* pozo (*poh'so*) *m;* fuste (*foos'-teh*) *m*

shake *n* sacudida (*sahkoodee'dah*) *f; v* temblar (*tehmblahr'*); sacudir (*sahkoo-deer'*)

shaky *adj* tembloroso (*tehmblohroh'so*)

shallow *adj* superficial (*soopehrfeesy-ahl'*); ligero (*leeheh'ro*)

shallowness *n* superficialidad (*soopehr-feesyahleedahd'*) *f;* ligereza (*leeheh-reh'sah*) *f*

sham *n* fingimiento (*feenheemyehn'to*) *m;* simulación (*seemoolahsyohn'*) *f; v* fingir (*feenheer'*); simular (*seemoo-lahr'*)

shambles *n, pl* carnicería (*kahrneeseh-ree'ah*) *f*

shame *n* vergüenza (*vehrgwehn'sah*) *f;* deshonra (*dehsohn'rah*) *f; v* avergonzar (*ahvehrgohnsahr'*)

shameful *adj* vergonzoso (*vehrgohnsoh'-so*)

shampoo *n* champú (*chahmpoo'*) *m; v* lavarse el pelo (*lahvahr'seh ehl peh'lo*)
shanty *n* choza (*choh'sah*) *f;* cabaña (*kahbah'nya*) *f*
shape *n* forma (*fohr'mah*) *f;* figura (*feegoo'rah*) *f;* línea (*lee'nehah*) *f*
shapeless *adj* sin forma (*seen fohr'mah*); feo (*feh'o*)
share *n* porción (*pohrsyohn'*) *f; v* compartir (*kohmpahrteer'*); repartir (*rehpahrteer'*)
shark *n* tiburón (*teeboorohn'*) *m*
sharp *adj* agudo (*ahgoo'do*); punzante (*poonsahn'teh*); **he is —** es astuto (*ehs ahstoo'to*)
sharpen *v* afilar(se) (*ahfeelahr', seh*); amolar (*ahmohlahr'*)
sharpener *n* afilador (*ahfeelahdohr'*) *m;* **pencil —** cortalápiz (*kohrtahlah'pees*) *m;* sacapuntas (*sahkahpoon'tahs*) *m* (*s & pl*)
shatter *n* pedazo (*pehdah'so*) *m; v* estrellar (*ehstrehlyahr'*); romper(se) *rohmpehr', seh*)
shave *n* afeitada (*ahfehytah'dah*) *f;* rasura (*rahsoo'rah*) *f; v* afeitar(se) (*ahfehytahr',seh*)
shaver *n* **electric —** máquina de afeitar (*mah'keenah deh ahfehytahr'*) *f*
shaving *adj & n* afeitada (*ahfehytah'dah*) *f;* **— soap** jabón de afeitar (*hahbohn' deh ahfeytahr'*) *m*
shawl *n* chal (*chahl'*) *m*
shear *v* tundir (*toondeer'*); cortar (*kohrtahr'*)
shears *n pl* tijeras grandes (*teeheh'rahs grahn'dehs*) *f, pl*
sheath *n* estuche (*ehstooh'cheh*) *m;* vaina (*vah'eenah*) *f*
shed *n* tejadillo (*teh-hahdee'lyo*) *m;* cabaña (*kahbah'nyah*) *f; v* derramar (*dehrrahmahr'*); **to — tears** llorar (*lyohrahr'*)
sheep *n* oveja (*ohveh'hah*) *f;* carnero (*kahrneh'ro*) *m*
sheer *adj* fino (*fee'no*); puro (*poo'ro*); completo (*kohmpleh'to*); **it is — nonsense** es completamente absurdo (*ehs kohmplehtahmehn'teh absoor'do*)
sheet *n* sábana (*sah'bahnah*) *f;* (*paper*) hoja (*oh'hah*) *f;* pliego (*plyeh'go*) *m*
shelf *n* estante (*ehstahn'teh*) *m*
shell *n* concha (*kohn'chah*) *f;* cáscara (*kahs'kahrah*) *f;* granada (*grahnah'dah*) *f; v* bombardear (*bohmbahrdehahr'*)
shelter *n* refugio (*rehfoo'hyo*) *m;* asilo (*ahsee'lo*) *m;* abrigo (*ahbree'go*) *m; v* abrigar (*ahbreegahr'*); proteger (*proh-teh-hehr'*); **fall out —** refugio contra lluvia atómica (*... kohn'trah lyoo'vyah ahtoh'meekah*) *m*
shelve *v* poner a un lado (*pohnehr' ah oon lah'do*); arrinconar (*ahrreenkohnahr'*)
shepherd *n* pastor (*pahstohr'*) *m*
sherbet *n* sorbete (*sohrbeh'teh*) *m*
sherry *n* jerez (*hehrehs'*) *m*
shield *n* escudo (*ehskoo'do*) *m; v* escudar (*ehskoodahr'*); defender(se) (*dehfehndehr', seh*)
shift *n* cambio (*kahm'byo*) *m;* variación (*vahryahsyohn'*) *f;* (*auto*) cambio de marcha (*kahm'byo deh mahr'chah*) *m; v* cambiar (*kahmbyahr'*)
shine *n* brillo (*bree'lyo*) *m;* lustre (*loos'treh*) *m;* **shoe—** lustre de zapato (*loos'treh deh sahpah'to*) *m; v* brillar (*breelyahr'*); lucir (*looseer'*)
shingle *n* ripia (*ree'pyah*) *f*
shining *adj* brillante (*breelyahn'teh*)
ship *n* buque (*boo'keh*) *m;* barco (*bahr'ko*) *m;* navío (*nahvee'o*) *m;* **air —** avión (*ahvyohn'*) *m;* **navy—** buque, navío (*boo'keh, nahvee'o*) *m;* **— -yard** arsenal naval (*ahrsehnahl' nahvahl'*) *m;* astillero (*ahsteelyeh'ro*) *m;* **on —** a bordo (*ah bohr'do*); *v* despachar (*dehspahchahr'*)
shipping *n* expedición (*expehdeesyohn'*) *f;* **— charges** gastos de expedición (*gahs'tos deh ...*) *m, pl;* **— company** compañía de navegación (*kohmpahnyee'ah deh nahvehgahsyohn'*) *f*
shipwreck *n* naufragio (*nahoofrah'hyo*) *m; v* naufragar (*nahoofrahghahr'*)
shirt *n* camisa (*kahmee'sah*) *f;* **— collar** cuello de camisa (*kweh'lyo deh ...*) *m;* **— sleeves** mangas de camisa (*mahn'gahs deh ...*) *f, pl*
shiver *n* temblor (*tehmblohr'*) *m;* estremecimiento (*ehstrehmehseemyehn'to*) *m;* frío (*free'o*) *m; v* temblar (*tehmblahr'*); tiritar (*teereetahr'*)
shock *n* choque (*choh'keh*) *m;* sacudida (*sahkoodee'dah*) *f; v* asombrar (*ahsohmbrahr'*); escandalizar (*ehskahndahleesahr'*)
shocking *adj* chocante (*chohkahn'teh*); escandaloso (*ehskahndahloh'so*)
shoe *n* zapato (*sahpah'to*) *m;* **— polish** betún (*behtoon'*) *m;* **— shop (store)** zapatería (*sahpahtehree'ah*) *f;* **rubber —s** zapatos de goma (*... deh goh'mah*) *m, pl*
shoehorn *n* calzador (*kahlsahdohr'*) *m*
shoelace *n* lazo (*lah'so*) *m;* cordón de zapato (*kohrdohn' deh sahpah'to*) *m*
shoemaker *n* zapatero (*sahpahteh'ro*) *m*
shoot *n* tiro (*tee'ro*) *m;* brote (*broh'teh*) *m; v* tirar (*teerahr'*); **— a film** filmar (*feelmahr'*); (*flower*) brotar (*brohtahr'*)
shooter *n* tirador (*teerahdohr'*) *m;* **sharp-—** tirador preciso (*... prehsee'so*) *m*
shooting *n* tiroteo (*teerohteh'o*) *m*

shop *n* tienda (*tyehn'dah*) *f;* taller (*tahlyehr'*) *m;* — **window** escaparate (*ehskahpahrah'teh*) *m;* **barber** — barbería (*bahrbehree'ah*) *f;* **beauty** — salón de belleza (*sahlohn' deh behlyeh'sah*) *m; v* hacer compras (*ahser' kohm'prahs*); ir de tiendas (*eer' deh tyehn'dahs*)

shopkeeper *n* tendero (*tehndeh'ro*) *m*

shopwindow *n* vidriera (*veedryeh'rah*) *f*

shore *n* costa (*kohs'tah*) *f;* ribera (*reebeh'rah*) *f;* **to go to the** — ir al mar (*eer ahl mahr'*)

short *adj* corto (*kohr'to*); bajo (*bah'ho*); **to be — of money** no tener bastante dinero (*no tehnehr' bahstahn'teh deeneh'ro*); — **wave** onda corta (*ohn'dah kohr'tah*) *f;* **shorts** (*for men*) calzoncillos (*kahlsohnsee'lyos*) *m, pl;* (*for women*) pantalones cortos para mujer (*pahntahloh'nehs kohr'tos pah'rah moohehr'*) *m, pl;* —**ly** *adv* pronto (*prohn'to*); en poco tiempo (*ehn poh'ko tyehm'po*)

shortage *n* escasez (*ehskahsehs'*) *f*

shorten *v* acortar(se) (*ahkohrtahr', seh*); abreviar (*ahbrehvyahr'*)

shortsighted *adj* miope (*myoh'peh*); corto de vista (*kohr'to deh vees'tah*); obtuso (*ohbtoo'so*)

shot *n* tiro (*tee'ro*) *m;* balazo (*bahlah'so*) *m;* inyección (*eenyehksyohn'*) *f*

shoulder *n* hombro (*ohm'bro*) *m;* lomo (*loh'mo*) *m;* —**s** espaldas (*ehspahl'dahs*) *f, pl; v* cargar (*kahrgahr'*); asumir la responsabilidad (*ahsoomeer' lah rehspohnsahbeeleedahd'*)

shout *n* grito (*gree'to*) *m;* **to give a** — gritar (*greetahr'*); *v* gritar (*greetahr'*)

shove *n* empujón (*ehmpoohohn'*) *m; v* empujar (*ehmpoohahr'*)

shovel *n* pala (*pah'lah*) *f;* paleta (*pahleh'tah*) *f*

show *n* muestra (*mwehs'trah*) *f;* ostentación (*ohstehntahsyohn'*) *f;* (*theater*) función (*foonsyohn'*) *f;* **a nice** — un buen espectáculo (*oon bwehn ehspehktah'koolo*) *m; v* mostrar (*mohstrahr'*); enseñar (*ehnsehnyahr'*); indicar (*eendeekahr'*); **to — off** jactarse (*hahktahr'seh*); **to — up** aparecer (*ahpahrehsehr'*)

shower *n* aguacero (*ahgwahseh'ro*) *m;* chubasco (*choobahs'ko*) *m;* (*bath*) ducha (*doo'chah*) *f;* **to take a** — tomar una ducha (*tohmahr' oo'nah ...*); *v* llover (*lyohvehr'*); **to — with** dar generosamente (*dahr hehnehrohsahmehn'teh*); dar mucho (*... moo'cho*)

shred *n* andrajo (*ahndrah'ho*); **to tear to —s** hacer trizas (*ahsehr' tree'sahs*); *v* hacer pedazos (*... pehdah'sos*)

shrewd *adj* astuto (*ahstoo'to*); sagaz (*sahgahs'*)

shriek *n* chillido (*cheelyee'do*) *m; v* chillar (*cheelyahr'*)

shrill *adj* agudo (*ahgoo'do*); *v* chillar (*cheelyahr'*)

shrimp *n* camarón (*kahmahrohn'*) *m*

shrine *v* santuario (*sahntwah'ryo*) *m*

shrink *v* encoger(se) (*ehnkoh-hehr', seh*); hacerse pequeño (*ahsehr'seh pehkeh'nyo*)

shrinkage *n* encogimiento (*ehnkoh-heemyehn'to*) *m;* pérdida (*pehr'deedah*) *f*

shrivel *v* encoger(se) (*ehnkoh-hehr', seh*); disminuir(se) (*deesmeenweer', seh*); arrugar (*ahrroogahr'*)

shrub *n* arbusto (*ahrboos'to*) *m*

shrubbery *n* arbustos (*ahrboos'tohs*) *m, pl*

shrug *n* encogimiento de hombros (*ehnkoh-heemyehn'to deh ohm'bros*) *m; v* encogerse de hombros (*ehnkoh-hehr'seh deh ohm'brohs*); **to — off one's responsibility** rehusar la responsabilidad (*rehoosahr' lah rehspohnsahbeeleedahd'*)

shudder *n* temblor (*tehmblohr'*) *m;* estremecimiento (*ehstrehmehseemyehn'to*) *m;* miedo (*myeh'do*) *m; v* temblar (*tehmblahr'*); estremecerse (*ehstrehmehsehr'seh*); **to — at** temer (*tehmehr'*)

shuffle *n* mezcla (*mehs'klah*) *f; v* mezclar (*mehsklahr'*); **to — along** arrastrar los pies (*ahrrahstrahr' lohs pyehs'*)

shun *v* esquivar (*ehskeevahr'*); evitar (*ehveetahr'*)

shut *adj* cerrado (*sehrrah'do*); *v* cerrar(se) (*sehrrahr', seh*); **to — in** encerrar (*ehnsehrrahr'*); **to — off** aislar completamente (*ahyslahr' kohmplehtahmehn'teh*); **to — up** callar(se) (*kahlyahr', seh*)

shutter *n* persiana (*pehrsyah'nah*) *f*

shuttle *n* lanzadera (*lahnsahdeh'rah*) *f; v* **to — back and forth** ir y venir (*eer ee vehneer'*)

shy *adj* tímido (*tee'meedo*); vergonzoso (*vehrgohnsoh'so*); **I am — of one dollar** me falta un dólar (*meh fahl'tah oon doh'lahr*); *v* **to — away** hacerse a un lado (*ahsehr'seh ah oon lah'do*); apartarse (*ahpahrtahr'seh*)

shyster *n* leguleyo (*lehgooleh'yo*) *m;* abogadillo (*ahbohgahdee'lyo*) *m*

sibyl *n* sibila (*seebee'lah*) *f*

sick *adj* enfermo (*ehnfehr'mo*); **to be** — estar enfermo (*ehstahr' ...*); **to be — of** estar harto de (*ehstahr' ahr'to deh*); **to make** — enfermar (*ehnfehrmahr'*); nausear (*nahoosehahr'*); **I am — and tired of it** estoy harto de eso (*ehstoh'y ahr'to deh eh'so*)

sickening *adj* nauseabundo (*nawsehahboon'do*); lastimoso (*lahsteemoh'so*); **it is** — es disgustante (*ehs deesgoostahn'teh*)

sickle *n* hoz (*ohs*) *f*

sickly *adj* enfermizo (*ehnfehrmee'so*)
sickness *n* enfermedad (*ehnfehrmehdahd'*) *f*
side *n* lado (*lah'do*) *m;* partido (*pahrtee'do*) *m;* facción (*fahksyohn'*) *f;* **— by side** lado a lado (*lah'do ah lah'do*); **at the — of** al lado de (*ahl lah'do deh*); **on the right (left) —** al lado derecho (izquierdo) (*ahl lah'do dehreh'cho, eeskyehr'do*); **to take the — of** ser partidario de (*sehr pahrteedah'ryo deh*); *v* **to — with** ser partidario de (...)
sidetrack *v* desviar (*dehsvyahr'*)
sidewalk *n* acera (*ahseh'rah*) *f*
siege *n* asedio (*ahseh'dyo*) *m; v* **to lay — to** sitiar (*seetyahr'*)
sift *v* cerner (*sehrnehr'*)
sigh *n* suspiro (*soospee'ro*) *m;* suspirar (*soospeerahr'*)
sight *n* vista (*vees'tah*) *f;* mira (*mee'rah*) *f;* **at first —** a primera vista (*ah preemeh'rah* ...); **in — of** a vista de (*ah vees'tah deh*); **on —** a la vista (*ah lah* ...); **she is a —** está hecha una facha (*ehstah' eh'chah oo'nah fah'chah*); *v* ver (*vehr*); avistar (*ahveestahr'*)
sightseeing *n* turismo (*toorees'mo*) *m;* **— tour** excursión (*exkoorsyohn'*) *f;* paseo en autobús para turistas (*pahseh'o ehn ahootohboos' pah'rah toorees'tahs*) *m*
sign *n* señal (*sehnyahl'*) *f;* letrero (*lehtreh'ro*) *m; v* firmar (*feermahr'*); **to — up for (a contract)** firmar (un contrato) para (*feermahr', oon kohntrah'to, pah'rah*)
signal *n* señal (*sehnyahl'*) *f; v* señalar (*sehnyahlahr'*)
signature *n* firma (*feer'mah*) *f*
signer *n* firmante (*feermahn'teh*) *m, f;* **co—** persona que firma con otra (*pehrsoh'nah keh feer'mah kohn oh'trah*) *f;* fiador (*fyahdohr'*) *m*
significant *adj* significativo (*seegneefeekahtee'vo*)
silence *n* silencio (*seelehn'syo*) *m; v* acallar (*ahkahlyahr'*)
silent *adj* silencioso (*seelehnsyoh'so*); callado (*kahlyah'do*)
silk *adj* hecho de seda (*eh'cho deh seh'dah*); *n* seda (*seh'dah*) *f*
silkworm *n* gusano de seda (*goosah'no deh seh'dah*) *m*
silly *adj* necio (*neh'syo*); bobo (*boh'bo*)
silver *adj* de plata (*deh plah'tah*); plateado (*plahtehah'do*); *n* plata (*plah'tah*) *f*
silverware *n* vajilla de plata (*vah-hee'lyah deh plah'tah*) *f*
similar *adj* semejante (*sehmeh-hahn'teh*); **—ly** *adv* semejantemente (*sehmeh'hahntehmehn'teh*)
similarity *n* semejanza (*sehmeh-hahn'sah*) *f;* parecido (*pahrehsee'do*) *m*
simmer *v* hervir lentamente (*ehrveer' lehntahmehn'teh*)
simple *adj* sencillo (*sehnsee'lyo*); llano (*lyah'no*)
simplicity *n* sencillez (*sehnseelyehs'*) *f;* simplicidad (*seempleeseedahd'*) *f*
simplify *v* simplificar (*seempleefeekahr'*)
simply *adv* sencillamente (*sehnseelyahmehn'teh*)
simultaneous *adj* simultáneo (*seemooltah'neho*)
sin *n* pecado (*pehkah'do*) *m; v* pecar (*pehkahr'*)
since *conj* desde que (*dehs'deh keh*); *prep* desde (*dehs'deh*); después de (*dehspwehs' deh*); *adv* desde entonces (*dehs'deh ehntohn'sehs*)
sincere *adj* sincero (*seenseh'ro*)
sincerity *n* sinceridad (*seensehreedahd'*) *f*
sing *v* cantar (*kahntahr'*)
singer *n* cantante (*kahntahn'teh*) *m, f*
single *adj* solo (*soh'lo*); soltero (*sohlteh'ro*); **— room** cuarto para uno (*kwahr'to pah'rah oo'no*) *m;* **not a — word** ni una sola palabra (*nee oo'nah soh'lah pahlah'brah*); *v* **to — out** singularizar (*seengoolahreesahr'*)
singlehanded *adj* solo (*soh'lo*)
singular *adj* singular (*seengoolahr'*); raro (*rah'ro*); extraordinario (*extrahohrdeenah'ryo*); *n* singular (*seengoolahr'*) *m*
sinister *adj* siniestro (*seenyehs'tro*)
sink *n* sumidero (*soomeedeh'ro*) *m;* fregadero (*frehgahdeh'ro*) *m; v* hundirse (*oondeer'seh*); sumirse (*soomeer'seh*); **to — into one's mind** grabarse en la memoria (*grahbahr'seh ehn lah mehmohr'yah*)
sinner *n* pecador (*pehkahdohr'*) *m*
sip *n* sorbo (*sohr'bo*) *m; v* chupar (*choopahr'*)
siren *n* sirena (*seereh'nah*) *f*
sirup *n* jarabe (*hahrah'beh*) *m*
sister *n* hermana (*ehrmah'nah*) *f*
sister-in-law *n* cuñada (*koonyah'dah*) *f*
sit *v* sentarse (*sehntahr'seh*); asentar (*ahsehntahr'*); apoyarse (*ahpohyahr'seh*); **to — down** sentarse (*sehntahr'seh*); **to — up** incorporarse (*eenkohrpohrahr'seh*)
site *n* sitio (*see'tyo*) *m;* local (*lohkahl'*) *m*
sitting *adj* sentado (*sehntah'do*); **— room** sala de espera (*sah'lah deh ehspeh'rah*) *f; n* sesión (*sehsyohn'*) *f*
situated *adj* situado (*seetwah'do*); colocado (*kohlohkah'do*)
situation *n* situación (*seetwahsyohn'*) *f;* empleo (*ehmpleh'o*) *m*
size *n* tamaño (*tahmah'nyo*) *m;* medida (*mehdee'dah*) *f; v* **to — up** tantear (*tahntehahr'*); figurar (*feegoorahr'*)
skate *n* patín (*pahteen'*) *m;* **ice —** patín de hielo (*pahteen' deh yeh'lo*) *m;* **roller —** patín de ruedas (*pahteen' deh rweh'dahs*) *m; v* patinar (*pahteenahr'*)

skeleton *n* esqueleto (*ehskehleh'to*) *m*
sketch *n* boceto (*bohseh'toh*) *m;* diseño (*deeseh'nyo*) *m; v* bosquejar (*bohskeh-hahr'*); dibujar (*deeboohahr'*)
ski *n* esquí (*ehskee'*) *m; v* esquiar (*ehs-keyahr'*)
skid *v* resbalar(se) (*rehsbahlahr', seh*); deslizarse (*dehsleesahr'seh*)
skill *n* habilidad (*ahbeeleedahd'*) *f*
skillful *adj* hábil (*ah'beel*); perito (*peh-ree'to*)
skim *v* espumar (*ehspoomahr'*); **to — over** rozar ligeramente (*rohsahr' leehehrah-mehn'teh*)
skimp *v* ser tacaño (*sehr tahkah'nyo*)
skimpy *adj* escaso (*ehskah'so*); tacaño (*tahkah'nyo*)
skin *n* piel (*pyehl'*) *f;* cuero (*kweh'ro*) *m; v* desollar (*dehsohlyahr'*); pelar (*pehlahr'*)
skinny *adj* flaco (*flah'ko*)
skip *v* saltar (*sahltahr'*); brincar (*breen-kahr'*); omitir (*ohmeeteer'*)
skipper *n* capitán (*kahpeetahn'*) *m;* saltador (*sahltahdohr'*) *m*
skirmish *n* escaramuza (*ehskahrahmoo'-sah*) *f; v* escaramuzar (*ehskahrahmoo-sahr'*)
skirt *n* falda (*fahl'dah*) *f;* pollera (*poh-lyeh'rah*) *f;* borde (*bohr'deh*) *m;* **mini—** *n* mini-falda (*mee'nee-fahl'dah*) *f; v* bordear (*bohrdehahr'*)
skit *n* boceto cómico (*bohseh'to koh'mee-ko*) *m;* comedia (*kohmeh'dyah*) *f*
skull *n* cráneo (*krah'neho*) *m;* calavera (*kahlahveh'rah*) *f*
skunk *n* (*Am*) zorrillo (*sohree'lyo*) *m*
sky *n* cielo (*syeh'lo*) *m*
skaylab(oratory) *n* laboratorio espacial (*lahbohrahtoh'ryo ehspahsyahl'*) *m*
skylark *n* alondra (*ahlohn'drah*) *f;* calandria (*kahlahn'dryah*) *f*
skyscraper *n* rascacielos (*rahskahsyeh'-lohs*) *m*
slack *adj* tardo (*tahr'doh*); lento (*lehn'-to*); *n* flojedad (*floh-hehdahd'*) *f;* lentitud (*lehnteetood'*) *f*
slacken *v* retardar(se) (*rehtahrdahr', seh*)
slam *n* golpazo (*gohlpah'so*) *m; v* cerrar de golpe (*sehrrahr' deh gohl'peh*); **to — the door** dar un portazo (*dahr oon pohrtah'so*)
slander *n* calumnia (*kahloom'nyah*) *f; v* calumniar (*kahloomnyahr'*)
slang *n* jerigonza (*hehreegohn'sah*) *f;* jerga (*hehr'gah*) *f*
slant *adj* inclinado (*eenkleenah'do*); *n* inclinación (*eenkleenahsyohn'*) *f; v* inclinarse (*eenkleenahr'seh*)
slap *n* palmada (*pahlmah'dah*) *f;* insulto (*eensool'to*) *m; v* dar una palmada (*dahr oo'nah pahlmah'dah*)
slash *n* cuchillada (*koocheelyah'dah*) *f;* tajada (*tah-hah'dah*) *f; v* acuchillar (*ahkoocheelyahr'*); tajar (*tah-hahr'*)
slaughter *n* carnicería (*kahrneesehree'-ah*) *f;* matanza (*mahtahn'sah*) *f;* **—house** matadero (*mahtahdeh'ro*) *m; v* matar (*mahtahr'*); (*Am*) carnear (*kahrnehahr'*)
slave *n* esclavo (*ehsklah'vo*) *m*
slavery *n* esclavitud (*ehsklahveetood'*) *f*
slay *v* matar (*mahtahr'*)
sled *n* trineo (*treeneh'o*) *m;* rastra (*rahs'-trah*) *f*
sleek *adj* liso (*lee'so*); pulido (*poolee'do*); suave (*swah'veh*)
sleep *n* sueño (*sweh'nyo*) *m; v* dormir (*dohrmeer'*)
sleeper *n* (*train*) coche-cama (*koh'cheh kah'mah*) *f*
sleeping *adj* durmiente (*doormyehn'teh*); **— pill** píldora para dormir (*peel'doh-rah pah'rah dohrmeer'*) *f*
sleepy *adj* soñoliento (*sohnyohlyehn'to*); **to be —** tener sueño (*tehnehr' sweh'nyo*)
sleet *n* cellisca (*sehlyees'kah*) *f; v* cellisquear (*sehlyeeskehahr'*)
sleeve *n* manga (*mahn'gah*) *f*
sleigh *n* trineo (*treeneh'o*) *m;* **— bell** cascabel (*kahskahbehl'*) *m; v* andar en trineo (*ahndahr' ehn treeneh'o*)
slender *adj* delgado (*dehlgah'do*)
slick *adj* liso (*lee'so*); suave (*swah'veh*); astuto (*ahstoo'to*); *v* alisar (*ahleesahr'*)
slide *n* resbalón (*rehsbahlohn'*) *m; v* resbalarse (*rehsbahlahr'seh*); deslizarse (*dehsleesahr'seh*)
slight *adj* delicado (*dehleekah'do*); de poca importancia (*deh poh'kah eem-pohrtahn'syah*); pequeño (*pehkeh'-nyo*); *n* desaire (*dehsahy'reh*) *m;* desdén (*dehsdehn'*) *m; v* desairar (*dehsah-yrahr'*)
slim *adj* delgado (*dehlgah'do*); escaso (*ehskah'so*)
slimy *adj* viscoso (*veeskoh'so*); fangoso (*fahngoh'so*)
sling *n* honda (*ohn'dah*) *f; v* arrojar (*ahrroh-hahr'*)
slip *n* error (*ehrrohr'*) *m;* desliz (*dehs-lees'*) *m;* **a — of paper** un pedazo de papel (*oon pehdah'so deh pahpehl'*) *m; v* deslizarse (*dehsleesahr'seh*); hacer un error (*ahsehr' oon ehrrohr'*); equivocarse (*ehkeevohkahr'seh*); **to — away** escaparse (*ehskahpahr'seh*); **to — out** escaparse (*ehskahpahr'seh*); **I made a —** cometí un desliz (*kohmeh-tee' oon dehslees'*); **it slipped his mind** se le olvidó (*seh leh ohlveedo'*)
slipper *n* zapatilla (*sahpahtee'lyah*) *f;* pantufla (*pahntoo'flah*) *f*
slippery *adj* resbaloso (*rehsbahloh'so*)
slogan *n* mote (*moh'teh*) *m;* lema (*leh'-mah*) *f*

slope *n* inclinación (*eenkleenahsyohn'*) *f;* *v* inclinarse (*eenkleenahr'seh*)
sloppy *adj* descuidado (*dehskweedah'do*); cochino (*kohchee'no*); sucio (*soo'syo*)
slot *n* abertura (*ahbehrtoo'rah*) *f;* hendedura (*ehndehdoo'rah*) *f*
slouch *n* persona perezosa (*pehrsoh'nah pehrehsoh'sah*) *f;* *v* caminar agachado (*kahmeenahr' ahgahchah'do*); ir jorobado (*eer hohrohbah'do*); agacharse (*ahgahchahr'seh*)
slovenliness *n* desaseo (*dehsahseh'o*) *m;* suciedad (*soosyehdahd'*) *f;* descuido (*dehskwee'do*) *m*
slovenly *adj* desaseado (*dehsahsehah'do*); desaliñado (*dehsahleenyah'do*); descuidado (*dehskweedah'do*)
slow *adj* lento (*lehn'to*); (*clock*) atrasado (*ahtrahsah'do*); *v* **to — down** ir más despacio (*eer mahs dehspah'syo*); **—ly** *adv* lentamente (*lehntahmehn'teh*); despacio (*dehspah'syo*)
slowness *n* lentitud (*lehntee'tood*) *f*
slug *n* bala (*bah'lah*) *f;* puñetazo (*poonyehtah'so*) *m;* *v* abofetear (*ahbohfehtehar'*); dar puñetazos (*dahr poonyehtah'sos*)
sluggish *adj* tardo (*tahr'do*)
slum *n* barrio bajo (*bah'rryo bah'ho*) *m*
slumber *n* sueño (*sweh'nyo*) *m;* *v* dormitar (*dohrmeetahr'*)
slump *v* desplomarse (*dehsplohmahr'seh*); *n* desplome (*dehsploh'meh*) *m*
slush *n* nieve con agua (*nyeh'veh kohn ah'gwah*) *f*
sly *adj* astuto (*ahstoo'to*); zorro (*soh'rro*); **on the —** a hurtadillas (*ah oortahdee'lyahs*)
smack *n* palmada (*pahlmah'dah*); sabor (*sahbohr'*) *m;* *v* dar un beso sonoro (*dahr oon beh'so sohnoh'ro*); **to — one's lips** saborearse (*sahbohrehahr'seh*)
small *adj* pequeño (*pehkeh'nyo*); chico (*chee'ko*)
smallpox *n* viruelas (*veerweh'lahs*) *f, pl*
smart *adj* listo (*lees'to*); inteligente (*eentehleehehn'teh*); elegante (*ehlehgahn'teh*); *v* picar (*peekahr'*)
smash *n* choque (*choh'keh*) *m;* quiebra (*kyeh'brah*) *f;* *v* aplastar (*ahplahstahr'*); quebrantar (*kehbrahntahr'*); romper (*rohmpehr'*); derrotar (*dehrrohtahr'*); chocar con (*chohkahr' kohn*)
smear *n* mancha (*mahn'chah*) *f;* *v* embarrar (*ehmbahrrahr'*); manchar (*mahnchahr'*)
smell *n* olor (*ohlohr'*) *m;* *v* oler (*ohlehr'*)
smelly *adj* oloroso (*ohlohroh'so*)
smile *n* sonrisa (*sohnree'sah*) *f;* *v* sonreír(se) (*sohnreheer', seh*)
smiling *adj* sonriente (*sohnryehn'teh*); **—ly** *adv* sonriendo (*sohnryehn'do*)
smith *n* forjador (*fohrhahdohr'*) *m*
smock *n* bata corta (*bah'tah kohr'tah*) *f;* batín (*bahteen'*) *m*
smog *n* humo con niebla (*oo'mo kohn nyeh'blah*) *m;* (*Am*) "smog" (*smohg*) *m*
smoke *n* humo (*oo'mo*) *m;* *v* fumar (*foomahr'*); humear (*oomehahr'*)
smoker *n* fumador (*foomahdohr'*) *m*
smokestack *n* chimenea (*cheemehneh'ah*) *f*
smoking *adj* humeante (*oomehahn'teh*); **— room** fumadero (*foomahdeh'ro*) *m*
smoky *adj* lleno de humo (*lyeh'no deh oo'mo*)
smooth *adj* liso (*lee'so*); astuto (*ahstoo'to*); llano (*lyah'no*); suave (*swah'veh*); *v* alisar (*ahleesahr'*); pulir (*poo'leer*); **—ly** *adv* lisamente (*leesahmehn'teh*); suavemente (*swahvehmehn'teh*)
smoothness *n* lisura (*leesoo'rah*) *f*
smother *v* ahogar(se) (*ahohgahr', seh*); sofocar(se) (*sohfohkahr', seh*)
smudge *n* tiznón (*teesnohn'*) *m;* *v* tiznar (*teesnahr'*)
smuggler *n* contrabandista (*kohntrahbahndees'tah*) *m*
snack *n* bocadillo (*bohkahdee'lyo*) *m;* merienda ligera (*mehryehn'dah leeheh'rah*) *f;* **to have a —** tomar un bocadillo (*tohmahr' oon* ...)
snag *n* tropiezo (*trohpyeh'so*) *m;* obstáculo (*ohbstah'koolo*) *m;* *v* obstacular (*ohbstahkoolahr'*); tropezar (*trohpehsahr'*)
snail *n* caracol (*karahkohl'*) *m*
snake *n* culebra (*kooleh'brah*) *f;* serpiente (*sehrpyehn'teh*) *f*
snap *n* chasquido (*chahskee'do*) *m;* mordida (*mohrdee'dah*) *f;* **it is a —** es algo fácil (*ehs ahl'go fah'seel*); muy fácil (*moo'y* ...); *v* chasquear (*chahskehahr'*); quebrarse (*kehbrahr'seh*); **to — at** morder (*mohrdehr'*); **to — back** contestar pronto (*kohntestahr' prohn'to*)
snappy *adj* mordedor (*mohrdehdohr'*); violento (*vyohlehn'to*); vivo (*vee'vo*)
snapshot *n* instantánea (*eenstahntah'nehah*) *f*
snare *n* trampa (*trahm'pah*) *f;* red (*rehd*) *f;* *v* enredar (*ehnrehdahr'*); atrapar (*ahtrahpahr'*)
snatch *n* arrebatamiento (*ahrrehbahtahmyehn'to*) *m;* *v* agarrar (*ahgahrrahr'*)
sneak *v* ir furtivamente (*eer foorteevahmehn'teh*); **to — in** andar a escondidas (*ahndahr' ah ehskohndee'dahs*); **to — out** salirse a hurtadillas (*sahleer'seh ah oortahdee'lyahs*)
sneer *n* mofa (*moh'fah*) *f;* *v* sonreír con desdén (*sohnreheer' kohn dehsdehn'*); **to — at** mofarse de (*mohfahr'seh deh*)
sneeze *n* estornudo (*ehstohrnoo'do*) *m;* *v* estornudar (*ehstohrnoodahr'*)

sniff *n* husmeo (*oosmeh'o*) *m;* olfateo (*ohlfahteh'o*) *m; v* husmear (*oosmehahr'*); olfatear (*ohlfahtehahr'*)

snipe *v* disparar desde un escondite (*deespahrahr' dehs'deh oon ehskohndee'teh*)

sniper *n* tirador emboscado (*teerahdohr' ehmbohskah'do*) *m*

snitch *v* ratear (*rahtehahr'*)

snooze *n* siestecita (*syehstehsee'tah*) *f; v* dormitar (*dohrmeetahr'*)

snore *v* roncar (*rohnkahr'*); *n* ronquido (*rohnkee'do*) *m*

snow *n* nieve (*nyeh'veh*) *f; v* nevar (*nehvahr'*)

snowball *n* bola de nieve (*boh'lah deh nyeh'veh*) *f*

snowfall *n* nevada (*nehvah'dah*) *f*

snowstorm *n* tempestad de nieve (*tehmpehstahd' deh nyeh'veh*) *f*

snub *n* desaire (*dehsay'reh*) *m; v* desairar (*dehsahyhrahr'*)

so *adv* así (*ahsee'*); tan(to) (*tahn', to*); hasta (*ahs'tah*); **—many** tantos (*tahn'tohs*); **— much** tanto (*tahn'to*); **— that** de modo que (*deh moh'do keh*); a fin de que (*ah feen deh keh*); **and —?** ¿y así? (*ee ahsee'*)

soak *v* remojarse (*rehmoh-hahr'seh*)

soap *n* jabón (*hah-bohn'*) *m; v* enjabonar (*ehnhahbohnahr'*)

soar *v* remontar(se) (*rehmohntahr', seh*); subir alto (*soobeer' ahl'to*)

sob *n* sollozo (*sohlyoh'so*) *m; v* sollozar (*sohlyohsahr'*)

sober *adj* sobrio (*soh'bryo*); moderado (*mohdehrah'do*); **to be —** tener la mente clara (*tehnehr' lah mehn'teh klah'rah*); *v* **to — up** desembriagarse (*dehsehmbryahgahr'seh*)

soberness *n* sobriedad (*sohbryehdahd'*) *f;* seriedad (*sehryehdahd'*) *f;* sensatez (*sehnsahtehs'*) *f*

sociable *adj* social (*sohsyahl'*)

social *adj* social (*sohsyahl'*); sociable (*sohsyah'bleh*); **— security (number)** (número del) seguro social (*noo'mehro dehl, sehgooro ...*) *m*

socialism *n* socialismo (*sohsyahlees'mo*) *m*

socialist *adj & n* socialista (*sohsyahlees'tah*) *m, f*

society *n* sociedad (*sohsyehdahd'*) *f*

sociology *n* sociología (*sohsyohloh-hee'ah*) *f*

sock *n* calcetín (*kahlsehteen'*) *m;* golpe (*gohl'peh*) *m; v* pegar (*pehgahr'*); golpear (*gohlpehahr'*)

soda *n* soda (*soh'dah*) *f;* sosa (*soh'sah*) *f;* **— fountain** (*Am*) fuente de soda (*fwehn'teh deh soh'dah*) *f;* **— water** gaseosa (*gasehoh'sah*) *f*

sodium *n* sodio (*soh'dyoh*) *m*

sofa *n* sofá (*sohfah'*) *m*

soft *adj* blando (*blahn'do*); muelle (*mwehlyeh*); tierno (*tyehr'no*)

soften *v* ablandar(se) (*ahblahndahr', seh*); enternecer(se) (*ehntehrnehsehr', seh*); hacer tierno (*ahsehr' tyehr'no*)

softly *adv* blandamente (*blahndahmehn'teh*)

softness *n* blandura (*blahndoo'rah*) *f;* suavidad (*swahveedahd'*) *f;* ternura (*tehrnoo'rah*) *f*

soil *n* suelo (*sweh'lo*) *m; v* ensuciar(se) (*ehnsoosyahr', seh*)

soldier *n* soldado (*sohldah'do*) *m*

sole *adj* solo (*soh'lo*); *n* (*shoe*) suela (*sweh'lah*) *f*

solemn *adj* solemne (*sohlehm'neh*)

solicitude *n* solicitud (*sohleeseetood'*) *f;* cuidado (*kweedah'do*) *m*

solid *adj* sólido (*soh'leedo*); fuerte (*fwehr'teh*); compacto (*kohmpahk'to*); *n* sólido (...)

solidity *n* solidez (*sohleedehs'*) *f*

soliloquy *n* soliloquio (*sohleeloh'kyo*) *m*

solitary *adj* solitario (*sohleetah'ryo*)

solitude *n* soledad (*sohlehdahd'*) *f*

solution *n* solución (*sohloosyohn'*) *f*

solve *v* resolver (*rehsohlvehr'*); aclarar (*ahklahrahr'*)

some *adj* algún(*ahlgoon'*); alguno (*ahlgoo'no*)

somebody *pron* alguien (*ahl'ghyehn*)

somehow *adv* de algún modo (*deh ahlgoon' moh'do*)

someone *pron* alguien (*ahl'ghyehn*)

something *n* algo (*ahl'go*) *m*

sometime *adv* alguna vez (*ahlgoo'nah vehs*); **—s** a veces (*ah veh'sehs*)

somewhat *adv* algo (*ahl'go*); un poco (*oon poh'ko*)

somewhere *adv* en alguna parte (*ehn ahlgoo'nah pahr'teh*)

son *n* hijo (*ee'hoh*) *m*

song *n* canción (*kahnsyohn'*) *f*

son-in-law *n* yerno (*yehr'no*) *m*

soon *adv* pronto (*prohn'to*); presto (*preh'sto*); **as — as** tan pronto como (*tahn prohn'to koh'mo*)

soot *n* tizne (*tees'neh*) *m*

soothe *v* calmar (*kahlmahr'*)

sop *v* empapar (*ehmpahpahr'*); absorber (*ahbsohrbehr'*)

sophomore *n* estudiante del segundo año (*ehstoodyahn'teh dehl sehgoo'ndo ah'nyo*) *m, f*

soprano *n* soprano (*sohprah'no*) *m,* (*f*)

sorcerer *n* brujo (*broo'ho*) *m;* hechicero (*ehcheeseh'ro*) *m*

sordid *adj* sórdido (*sohr'deedo*)

sore *adj* dolorido (*dohlohree'do*); *n* llaga (*lyah'gah*) *f*

sorrow *n* dolor (*dohlohr'*) *m;* pena (*peh'nah*) *f*
sorry *adj* doloroso (*dohlohroh'so*); afligido (*ahfleehee'do*); lastimoso (*lahsteemoh'so*); **I am very —** lo siento mucho (*lo syehn'to moo'cho*)
sort *n* especie (*ehspeh'syeh*) *f;* tipo (*tee'po*); suerte (*swehr'teh*) *f; v* **to — out** separar (*sehpahrahr'*)
soul *n* alma (*ahl'mah*) *f*
sound *adj* sano (*sah'no*); cuerdo (*kwehr'do*); **safe and —** sano y salvo (*sah'no ee sahl'vo*); *n* sonido (*sohnee'do*) *m;* tono (*toh'no*) *m; v* sonar (*sohnahr'*)
soup *n* sopa (*soh'pah*) *f*
sour *adj* agrio (*ah'gryo*); rancio (*rahn'syo*)
source *n* origen (*ohree'hehn*) *m;* fuente (*fwehn'teh*) *f*
sourness *n* agrura (*ahgroo'rah*) *f*
south *adj* meridional (*mehreedyohnahl'*); *n* sur (*soor*) *m;* sud (*sood*) *m*
southern *adj* del sur (*dehl soor*); meridional (*mehreedyohnahl'*)
souvenir *n* recuerdo (*rehkwehr'do*) *m*
sovereignty *n* soberanía (*sohbehrahnee'ah*) *f*
Soviet *adj* soviético (*sohvyeh'teeko*)
sow *v* sembrar (*sehmbrahr'*)
space *n* espacio (*ehspah'syo*) *m; v* espaciar (*ehspahsyahr'*)
space center *n* centro espacial (*sehn'tro ehspahsyahl'*) *m*
spacecraft *n* nave espacial (*nah'beh ehspahsyahl'*) *f*
spaceship = spacecraft
spacious *adj* espacioso (*ehspahsyoh'so*); grande (*grahn'deh*)
spade *n* pala (*pah'lah*) *f*
span *n* espacio (*ehspah'syo*) *m;* tramo (*trah'mo*) *m; v* medir (*mehdeer'*); abarcar (*ahbahrkahr'*)
Spaniard *n* español (*ehspahnyohl'*) *m*
Spanish *adj* español (*ehspahnyohl'*)
spank *v* zurrar (*soorrahr'*); dar palmadas (*dahr pahlmah'dahs*)
spanking *n* zurra (*soo'rrah*) *f;* palmada (*pahlmah'dah*) *f*
spare *adj* frugal (*froogahl'*); mezquino (*mehskee'no*); sobrante (*sohbrahn'teh*); **— time** tiempo libre (*tyeh'mpo lee'breh*) *m;* **— tire** neumático de repuesto (*nehoomah'teeko deh rehpwehs'to*) *m; v* ahorrar (*ahohrrahr'*); salvar (*sahlvahr'*)
spark *n* chispa (*chees'pah*) *f;* **— plug** bujía (*boohee'ah*) *f; v* chispear (*cheespehahr'*)
sparkle *n* chispa (*chees'pah*) *f;* centelleo (*sehntehlyeh'o*) *m; v* centellear (*sehntehlyehahr'*); chispear (*cheespehahr'*)
sparkling *adj* chispeante (*cheespehahn'teh*)
sparrow *n* gorrión (*gohrryohn'*) *m*
sparse *adj* escaso (*ehskah'so*); esparcido (*ehspahrsee'do*)
spasm *n* espasmo (*ehspahs'mo*) *m*
spat *n* riña (*ree'nyah*) *f; v* reñir (*rehnyeer'*)
spatial *adj* espacial (*ehspahsyahl'*)
speak *v* hablar (*ahblahr'*); decir (*dehseer'*); **to — out** hablar franco (*ahblahr' frahn'ko*); hablar sin miedo (*... seen myeh'do*)
speaker *n* orador (*ohrahdohr'*) *m;* conferenciante (*kohnfehrehnsyahn'teh*) *m, f;* **— of the House** presidente de la cámara de representantes (*prehseedehn'teh deh lah kah'mahrah deh rehprehsehntahn'tehs*) *m*
spear *n* lanza (*lahn'sah*) *f*
spearmint *n* menta (*mehn'tah*) *f*
special *adj* especial (*ehspehsyahl'*); particular (*pahrteekoolahr'*); **—ly** *adv* especialmente (*ehspehsyahlmehn'teh*)
specialist *n* especialista (*ehspehsyahlees'tah*) *m, f*
specialize *v* especializarse (*ehspehsyahleesahr'seh*)
specialty *n* especialidad (*ehspehsyahleedahd'*) *f*
specific *adj* específico (*ehspehsee'feeko*); **—ally** *adv* específicamente (*ehspehsee'feekahmehnteh*)
specify *v* especificar (*ehspehseefeekahr'*)
specimen *n* espécimen (*ehspeh'seemehn*) *m;* ejemplar (*eh-hehmplahr'*) *m*
speck *n* mota (*moh'tah*) *f*
speckle *n* mota (*moh'tah*) *f; v* motear (*mohtehahr'*); manchar (*mahnchahr'*)
speckled *adj* moteado (*mohtehah'do*)
spectacle *n* espectáculo (*ehspehktah'koolo*) *m;* vista (*vees'tah*) *f*
spectacular *adj* espectacular (*ehspehktahkoolahr'*)
spectator *n* espectador (*ehspehktahdohr'*) *m*
specter *n* espectro (*ehspehk'tro*) *m;* fantasma (*fahntahs'mah*) *m*
spectrum *n* espectro (*ehspehk'tro*) *m*
speculate *v* especular (*ehspehkoolahr'*)
speculation *n* especulación (*ehspehkoolahsyohn'*) *f*
speech *n* idioma (*eedyoh'mah*) *m;* discurso (*deeskoor'so*) *m;* **to make a —** pronunciar un discurso (*prohnoonsyahr' oon deeskoor'so*)
speechless *adj* mudo (*moo'do*)
speed *n* velocidad (*vehlohseedahd'*) *f;* prontitud (*prohnteetood'*) *f;* **at full —** a toda velocidad (*ah toh'dah vehlohseedahd'*); *v* acelerar (*ahsehlehrahr'*); darse prisa (*dahr'seh pree'sah*)
speedily *adj* velozmente (*vehlohsmehn'teh*)

speedometer *n* velocímetro (*vehlohsee'mehtro*) *m*
speedy *adj* veloz (*vehlohs'*)
spell *n* encanto (*ehnkahn'to*) *m;* período (de tiempo) (*pehree'ohdo, deh tyem'po*) *m;* **to put under a —** encantar (*ehnkahntahr'*); *v* deletrear (*dehlehtrehahr'*); **how is it —ed?** ¿cómo se deletrea? (*koh'mo seh dehlehtreh'ah*)
speller n silabario (*seelahbah'ryo*) *m*
spelling *n* ortografía (*ohrtohgrahfee'ah*) *f*
spend *v* gastar (*gahstahr'*); usar (*oosahr'*)
sphere *n* esfera (*ehsfeh'rah*) *f;* globo (*gloh'bo*) *m*
spice *n* especia (*ehspeh'syah*) *f; v* condimentar (*kohndeemehntahr'*)
spicy *adj* picante (*peekahn'teh*)
spider *n* araña (*ahrah'nyah*) *f;* **— web** telaraña (*tehlahrah'nyah*) *f*
spigot *n* espita (*ehspee'tah*) *f;* grifo (*gree'fo*) *m*
spill *n* derrame (*dehrrah'meh*) *m;* caída (*kahee'dah*) *f; v* verter (*vehrtehr'*); derramarse (*dehrrahmahr'seh*)
spin *n* vuelta (*vwehl'tah*) *f; v* dar vueltas (*dahr vwehl'tahs*); rodar (*rohdahr'*)
spinach *n* espinaca (*ehspeenah'kah*) *f*
spinal *adj* espinal (*ehspeenahl'*)
spindle *n* huso (*oo'so*) *m*
spine *n* espinazo (*ehspeenah'so*) *m;* espina dorsal (*ehspee'nah dohrsahl'*) *f*
spinning *n* hilandería (*eelahndehree'ah*) *f*
spinster *n* solterona (*sohltehroh'nah*) *f*
spiral *adj* espiral (*ehspeerahl'*); **— staircase** escalera caracol (*ehskahleh'rah kahrahkohl'*) *f*
spire *n* aguja (*ahgoo'hah*) *f*
spirit *n* espíritu (*ehspee'reetoo*) *m;* ánimo (*ah'neemo*) *m;* **he is in good —s** está de buen humor (*ehstah' deh bwehn oohmohr'*); **he is in poor —s** está abatido (*ehstah' ahbahtee'do*)
spirited *adj* brioso (*bryoh'so*); agudo (*ahgoo'do*)
spiritual *adj* espiritual (*ehspeereetwahl'*)
spit *n* esputo (*ehspoo'to*) *m;* saliva (*sahlee'vah*) *f;* **roasting —** asador (*ahsahdohr'*) *m; v* escupir (*ehskoopeer'*)
spite *n* despecho (*dehspeh'cho*) *m;* **in — of** a despecho de (*ah dehspeh'cho deh*); *v* picar (*peekahr'*) (*fig*)
spiteful *adj* rencoroso (*rehnkohroh'so*)
splash *v* salpicar (*sahlpeekahr'*); *n* salpicadura (*sahlpeekahdoo'rah*) *f*
splashdown *n* acuatizaje (*ahkwahteesah'heh*) *m*
spleen *n* rencor (*rehnkohr'*) *m;* despecho (*dehspeh'cho*) *m*
splendid *adj* espléndido (*ehsplehn'deedo*)
splendor *n* esplendor (*ehsplehndohr'*) *m*
splice *n* junta (*hoon'tah*) *f; v* juntar (*hoontahr'*)
split *adj* hendido (*ehndee'do*); *n* hendedura (*ehndehdoo'rah*) *f;* **— personality** personalidad desdoblada (*pehrsohnahleedahd' dehsdohblah'dah*) *f; v* henderse (*ehndehr'seh*); partirse (*pahrteer'seh*)
spoil *v* echarse a perder (*ehchahr'seh ah pehrdehr'*); mimar (*meemahr'*)
spoke *n* rayo (*rah'yo*) *m*
spokesman *n* portavoz (*pohrtahvohs'*) *m*
sponge *n* esponja (*ehspohn'hah*) *f; v* lavar con esponja (*lahvahr' kohn ehspohn'hah*)
spongy *adj* esponjoso (*ehspohnhoh'so*)
sponsor *n* padrino (*pahdree'no*) *m;* promovedor (*prohmohvehdohr'*) *m; v* promover (*prohmohvehr'*); patrocinar (*pahtrohseenahr'*)
spontaneity *n* espontaneidad (*ehspohntahnehydahd'*) *f*
spontaneous *adj* espontáneo (*ehspohntah'neho*)
spook *n* fantasma (*fahntahs'mah*) *m*
spoon *n* cuchara (*koochah'rah*) *f; v* cucharear (*koocharehahr'*)
spoonful *n* cucharada (*koochahrah'dah*) *f*
sport *n* deporte (*dehpohr'teh*) *m; v* jugar (*hoogahr'*); bromear (*brohmehahr'*)
sportsman *n* deportista (*dehpohrtees'tah*) *m*
spot *n* mancha (*mahn'chah*) *f;* mota (*moh'tah*) *f; v* manchar (*mahnchahr'*); motear (*mohtehahr'*)
spotless *adj* sin mancha (*seen mahn'chah*)
spotted *adj* manchado (*mahnchah'do*); moteado (*mohtehah'do*)
spouse *n* esposo, a (*ehspoh'so, ah*) *m, f*
spout *n* espita (*ehspee'tah*) *f; v* chorrear (*chohrrehahr'*); brotar (*brohtahr'*)
sprain *v* torcer (*tohrsehr'*); *n* torsión (*tohrsyohn'*) *f*
sprawl *v* despatarrarse (*dehspahtahrrahr'seh*); tenderse (*tehndehr'seh*)
spray *n* rocío (*rohsee'o*) *m; v* rociar (*rohsyahr'*); pulverizar (*poolvehreesahr'*)
sprayer *n* pulverizador (*poolvehreesahdohr'*) *m*
spread *n* extensión (*extehnsyohn'*) *f;* cubierta (*koobyehr'tah*) *f; v* extender(se) (*extehndehr', seh*); esparcir(se) (*ehspahrseer',seh*)
sprightly *adj* brioso (*bryoh'so*); alegre (*ahleh'greh*)
spring *n* primavera (*preemahveh'rah*) *f;* muelle (*mweh'lyeh*) *m;* salto (*sahl'to*) *m;* fuente (*fwehn'teh*) *f; v* saltar (*sahltahr'*); brincar (*breenkahr'*); brotar (*brohtahr'*); **— up** surgir (*soorheer'*)
springtime *n* primavera (*preemahveh'rah*) *f*

sprinkle *n* rociada (*rohsyah'dah*) *f;* pizca (*pees'kah*) *f;* *v* rociar (*rohsyahr'*); salpicar (*sahlpeekahr'*)

sprout *v* brotar (*brohtahr'*)

spruce *adj* aseado (*ahsehah'do*); *v* **to — up** asearse (*ahsehahr'seh*)

spur *n* espuela (*ehspweh'lah*) *f;* estímulo (*ehstee'moolo*) *m;* *v* espolear (*ehspohlehahr'*); estimular (*ehsteemoolahr'*)

spurn *v* rechazar (*rehchahsahr'*); menospreciar (*mehnohsprehsyahr'*)

spurt *n* chorro rápido (*cho'rro rah'peedo*) *m;* *v* chorrear (*chohrrehahr'*)

spy *n* espía (*ehspee'ah*) *m, f;* *v* espiar (*ehspeeahr'*); **to — on** atisbar (*ahteesbahr'*)

spyglass *n* anteojo de larga vista (*ahntehoh'ho deh lahr'gah vees'tah*) *m*

squabble *n* reyerta (*rehyehr'tah*) *f;* *v* reñir (*rehnyeer'*)

squad *n* escuadra (*ehskwah'drah*) *f;* partida (*pahrtee'dah*) *f*

squadron *n* escuadrón (*ehskwahdrohn'*) *m*

squalid *adj* escuálido (*ehskwah'leedo*)

squall *n* chubasco (*choobahs'ko*) *m*

squander *v* malgastar (*mahlgahstahr'*)

square *adj* cuadrado (*kwahdrah'do*); cuadro (*kwah'dro*); *n* plaza (*plah'sah*) *f;* manzana (*mahnsah'nah*) *f;* *v* cuadrar (*kwahdrahr'*); **to — up** arreglar (*ahrrehglahr'*); saldar (*sahldahr'*)

squash *n* calabaza (*kahlahbah'sah*) *f;* *v* aplastar (*ahplahstahr'*)

squat *adj* agazapado (*ahgahsahpah'do*); agachado (*ahgahchah'do*); *v* agazaparse (*ahgahsahpahr'seh*); agacharse (*ahgahchahr'seh*)

squawk *n* queja (*keh'hah*) *f;* *v* quejarse (*keh-hahr'seh*); chillar (*cheelyahr'*)

squeal *n* chillido (*cheelyee'do*) *m;* soplo (*soh'plo*) *m;* *v* chillar (*cheelyahr'*); soplar (*sohplahr'*)

squeeze *n* estrujón (*ehstroohohn'*) *m;* apretón (*ahprehtohn'*) *m;* *v* estrujar (*ehstroohahr'*); apretar (*ahprehtahr'*)

squelch *v* aplastar (*ahplahstahr'*); sofocar (*sohfohkahr'*)

squid *n* calamar (*kahlahmahr'*) *m*

squint *n* mirada bizca (*meerah'dah bees'kah*) *f;* *v* achicar los ojos (*ahcheekahr' los oh'hos*); bisquear (*beeskehahr'*)

squire *n* escudero (*ehskoodeh'ro*) *m*

squirrel *n* ardilla (*ahrdee'lyah*) *f*

squirm *v* retorcerse (*rehtohrsehr'seh*)

squirt *n* jeringazo (*hehreengah'so*) *m;* *v* jeringar (*hehreengahr'*)

stab *n* puñalada (*poonyahlah'dah*) *f;* cuchillada (*koocheelyah'dah*) *f;* *v* dar una puñalada (*dahr oo'nah poonyahlah'dah*); acuchillar (*ahkoocheelyahr'*)

stability *n* estabilidad (*ehstahbeeleedahd'*) *f*

stable *adj* estable (*ehstah'bleh*); *n* establo (*ehstah'blo*) *m*

stack *n* montón (*mohntohn'*) *m;* chimenea (*cheemehneh'ah*) *f;* **book —** estante (*ehstahn'teh*) *m;* *v* amontonar (*ahmohntohnahr'*)

stadium *n* estadio (*ehstah'dyoh*) *m*

staff *n* vara (*vah'rah*) *f;* asta (*ahs'tah*) *f;* (*people*) cuerpo (*kwehr'po*) *m;* grupo de empleados (*groo'po deh emplehah'dos*) *m;* *v* **to — with** proveer de (*prohvehehr' deh*); emplear (*ehmplehahr'*)

stag *n* ciervo (*syehr'vo*) *m*

stage *n* escenario (*ehsehnahry'o*) *m;* escena (*ehseh'nah*) *f;* etapa (*ehtah'pah*) *f;* *v* representar (*rehprehsehntahr'*)

stagger *n* bamboleo (*bahmbohleh'o*) *m;* *v* bambolearse (*bahmbohlehahr'seh*); tenderse (*tehndehr'seh*); tambalear (*tahmbahlehahr'*); asombrar (*ahsohmbrahr'*)

staggering *adj* asombroso (*ahsohmbroh'so*)

stagnant *adj* estancado (*ehstahnkah'do*); sin vida (*seen vee'dah*)

stain *n* mancha (*mahn'chah*) *f;* *v* manchar (*mahnchar'*)

stained *adj* manchado (*mahnchah'do*)

stainless *adj* sin mancha (*seen mahn'chah*); inmaculado (*eenmahkoolah'do*)

stair *n* escalera (*ehskahleh'rah*) *f;* **— case** escalera (...) *f;* **— way** escalera (...) *f*

stake *n* apuesta (*ahpweh'stah*) *f;* **to be at —** estar en riesgo (*ehstahr' ehn ryehs'go*); *v* arriesgar (*ahrryehsgahr'*); apostar (*ahpohstahr'*); poner en peligro (*pohnehr' ehn pehlee'gro*)

stale *adj* rancio (*rahn'syo*) *m;* gastado (*gahstah'do*)

stalk *n* tallo (*tah'lyo*) *m*

stall *n* casilla (*kahsee'lyah*) *f;* *v* meter en casilla (*mehtehr' ehn kahsee'lyah*); **the car —s** el coche se para (*ehl koh'cheh seh pah'rah*)

stallion *n* potro (*poh'tro*) *m*

stammer *v* balbucear (*bahlboosehahr'*)

stammering *n* balbuceo (*bahlbooseh'o*) *m*

stamp *n* sello (*seh'lyo*) *m;* timbre (*teem'breh*) *m;* impresión (*eemprehsyohn'*) *f;* *v* timbrar (*teembrahr'*); imprimir (*eempreemeer'*)

stampede *n* tropel (*trohpehl'*) *m;* *v* ir en tropel (*eer ehn trohpehl'*)

stanch *adj* firme (*feer'meh*); constante (*kohnstahn'teh*)

stand *n* posición (*pohseesyohn'*) *f;* actitud (*ahkteetood'*) *f;* **to take a —** tomar partido (*tohmahr' pahrtee'do*); *v* ponerse de pie (*pohnehr'seh deh py'eh*); tolerar (*tohlehrahr'*); **to — aside** apartarse (*ahpahrtahr'seh*); **to — for** significar (*seegneefeekahr'*); **to — up** levantarse (*lehvahntahr'seh*)

standard *adj* normal (*nohrmahl'*); *n* norma (*nohr'mah*) *f;* criterio (*kreeteh'ryo*) *m;* **gold —** patrón oro (*pahtrohn' oh'ro*) *m;* **living —** nivel de vida (*neeveh'l deh vee'dah*) *m*

standardization *n* uniformación (*ooneefohrmahsyohn'*) *f*

standardize *v* uniformar (*ooneefohrmahr'*); (*Am*) estandardizar (*ehstahndahrdeesahr'*)

standing *adj* derecho (*dehreh'cho*); de pie (*deh py'eh*); *n* (*car*) parada (*pahrahdah*) *f*

standpoint *n* punto de vista (*poon'toh de vees'tah*) *m;* posición (*pohseesyohn'*) *f*

standstill *n* alto (*ahl'to*) *m;* **to come to a —** hacer alto (*ahsehr' ahl'to*)

stanza *n* estrofa (*ehstroh'fah*) *f;* versos (*vehr'sos*) *m, pl*

star *n* estrella (*ehstreh'lyah*) *f;* *v* estrellar (*ehstrehlyahr'*); **to — in** ser el protagonista (*sehr ehl prohtahgohnees'tah*)

starch *n* almidón (*ahlmeedohn'*) *m;* *v* almidonar (*ahlmeedohnahr'*)

stare *n* mirada fija (*meerah'dah fee'hah*) *f;* *v* mirar fijamente (*meerahr' feehahmehn'teh*)

starfish *n* estrella de mar (*ehstreh'lyah deh mahr*) *f*

stark *adj* tieso (*tyeh'so*); **— naked** completamente desnudo (*kohmplehtahmehn'teh dehsnoo'do*)

starry *adj* estrellado (*ehstrehlyah'do*)

start *n* comienzo (*kohmyehn'so*) *m;* principio (*preensee'pyo*) *m;* *v* empezar (*ehmpehsahr'*); principiar (*preenseepyahr'*); **to — the car** arrancar el coche (*ahrrahnkahr' ehl koh'cheh*)

starter *n* arranque (*ahrrahn'keh*) *m;* arrancador (*ahrrahnkahdohr'*) *m*

startle *v* asustar(se) (*ahsoostahr', seh*); espantar(se) (*ehspahntahr', seh*)

startling *adj* asombroso (*ahsohmbroh'so*)

starvation *n* hambre (*ahm'breh*) *f*

starve *v* morirse de hambre (*mohreer'seh deh ahm'breh*)

state *adj* del estado (*dehl ehstah'do*); estatal (*ehstahtahl'*); *n* estado (*ehstah'do*) *m;* condición (*kohndeesyohn'*) *f;* *v* declarar (*dehklahrahr'*); expresar (*ehxprehsahr'*)

stately *adj* majestuoso (*mah-hestwoh'so*)

statement *n* declaración (*dehklahrahsyohn'*) *f*

stateroom *n* camarote (*kahmahroh'teh*) *m*

statesman *n* estadista (*ehstahdees'tah*) *m*

static *adj* estático (*ehstah'teeko*)

station *n* estación (*ehstahsyohn'*) *f;* paradero (*pahrahdeh'ro*) *m;* **broadcasting —** emisora (*ehmeesoh'rah*) *f;* *v* estacionar (*ehstahsyohnahr'*)

stationary *adj* estacionario (*ehstahsyohnahr'yo*); parado (*pahrah'do*)

stationery *n* papelería (*pahpelehree'ah*) *f*

statistics *n* estadística (*ehstahdees'teekah*) *f*

statue *n* estatua (*ehstah'twah*) *f*

stature *n* estatura (*ehstahtoo'rah*) *f;* reputación (*rehpootahsyohn'*) *f*

status *n* estado (*ehstah'do*) *m;* posición social (*pohseesyohn' sohsyahl'*) *f*

statute *n* estatuto (*ehstahtoo'to*) *m;* ordenanza (*ohrdehnahn'sah*) *f*

stay *n* permanencia (*pehrmahnehn'syah*) *f;* suspensión (*soospehnsyohn'*) *f;* *v* quedarse (*kehdahr'seh*); permanecer (*pehrmahnehsehr'*)

stead: in — of en lugar de (*ehn loogahr' deh*); en vez de (*ehn vehs deh*)

steadfast *adj* firme (*feer'meh*); leal (*lehahl'*)

steadily *adv* de continuo (*deh kohtee'nwo*)

steadiness *n* firmeza (*feermeh'sah*) *f;* constancia (*kohnstahn'syah*) *f*

steady *adj* firme (*feer'meh*); constante (*kohnstahn'teh*); *v* calmar(se) (*kahlmahr', seh*); estar firme (*ehstahr' feer'meh*)

steak *n* biftec (*beef'tehk*) *m*

steal *n* robo (*roh'bo*) *m;* hurto (*oor'to*) *m;* *v* robar (*rohbahr'*); hurtar (*oortahr'*)

stealthy *adj* furtivo (*foortee'vo*)

steam *adj* de vapor (*deh vahpohr'*); **—boat** vapor (...) *m;* buque (*boo'keh*) *m;* *n* vapor (*vahpohr'*) *m;* **—er** vapor (...) *m;* **—ship** vapor (...) *m;* *v* cocer al vapor (*kohsehr' ahl vahpohr'*)

steed *n* corcel (*kohrsehl'*) *m*

steel *adj* de acero (*deh ahseh'ro*); duro (*doo'ro*); *n* acero (*ahseh'ro*) *m*

steep *adj* empinado (*ehmpeenah'do*); muy alto (*mooy ahl'to*); caro (*kah'ro*); *v* **to — in** saturar (*sahtoorahr'*)

steeple *n* aguja (*ahgoo'hah*) *f;* chapitel (*chahpeetehl'*) *m*

steepness *n* empinamiento (*ehmpeenahmyehn'to*) *m;* altura (*ahltoo'rah*) *f*

steer *n* novillo (*nohvee'lyo*) *m;* *v* guiar (*ghyahr'*); manejar (*mahneh-hahr'*)

stem *n* tallo (*tah'lyo*) *m;* tronco (*trohn'ko*) *m;* *v* **to — from** venir de (*vehneer' deh*); originar (*ohreeheenahr'*)

stenographer *n* estenógrafo, a (*ehstehnoh'grahfoh, ah*) *m, f;* taquígrafo, a (*tahkee'grahfoh, ah*) *m, f*

step *n* pisada (*peesah'dah*) *f;* grado (*grah'doh*) *m;* (*stair*) grada (*grah'dah*) *f;* **— by —** paso a paso (*pah'so ah pah'so*); *v* andar (*ahndahr'*); **to — back** dar un paso atrás (*dahr oon pah'so ahtrahs'*); **to — on** pisar (*peesahr'*)

stepfather *n* padrastro (*pahdrah'stro*) *m*

stepmother *n* madrastra (*mahdrah'strah*) *f*

sterile *adj* estéril (*ehsteh'reel*)
sterilize *v* esterilizar (*ehstehreeleesahr'*)
stern *adj* austero (*ahusteh'ro*); *n* popa (*poh'pah*) *f*
sternness *n* austeridad (*ahustehreedahd'*) *f*
stew *n* guisado (*gheesah'do*) *m; v* estofar (*ehstohfahr'*)
steward *n* camarero (*kahmahreh'ro*) *m*
stewardess *n* camarera (*kahmahreh'rah*) *f;* azafata (*ahsahfah'tah*) *f*
stick *n* palo (*pah'lo*) *m;* varita (*vahree'tah*) *f;* bastón (*bahstohn'*) *m; v* picar (*peekahr'*); pinchar (*peenchahr'*)
sticky *adj* pegajoso (*pehgah-hoh'so*); viscoso (*veeskoh'so*)
stiff *adj* tieso (*tyeh'so*); rígido (*ree'heedo*)
stiffen *v* entumirse (*ehntoomeer'seh*); endurecerse (*ehndoorehsehr'seh*)
stiffness *n* rigidez (*reegeedehs'*) *f;* dureza (*dooreh'sah*) *f*
stifle *v* ahogar(se) (*ahohgahr', seh*); sofocar(se) (*sohfohkahr', seh*)
still *adj* quieto (*kyeh'to*); tranquilo (*trahnkee'lo*); inmóvil (*eenmoh'veel*); *v* aquietar (*ahkyehtahr'*); acallar (*ahkahlyahr'*); *conj* sin embargo (*seen ehmbahr'go*); *adv* todavía (*tohdahvee'ah*)
stillness *n* quietud (*kyehtood'*) *f;* silencio (*seelehn'syo*) *m*
stilted *adj* afectado (*ahfehktah'do*); pomposo (*pohmpoh'so*)
stimulate *v* estimular (*ehsteemoolahr'*)
stimulation *n* estimulación (*ehsteemoolahsyohn'*) *f;* estímulo (*ehstee'moolo*) *m*
stimulus *n* estímulo (*ehstee'moolo*) *m*
sting *n* picadura (*peekahdoo'rah*) *f; v* picar (*peekahr'*)
stinginess *n* tacañería (*tahkahnyehree'ah*) *f;* avaricia (*ahvahree'syah*) *f*
stingy *adj* avaro (*ahvah'ro*); tacaño (*tahkah'nyo*)
stink *n* mal olor (*mahl ohlohr'*) *m;* hedor (*ehdor'*) *m; v* oler mal (*ohlehr' mahl*)
stinky *adj* (*coll*) que huele mal (*keh wehleh mahl*)
stint *v* escatimar (*ehskahteemahr'*); ser avaro (*sehr ahvah'ro*)
stipulate *v* estipular (*ehsteepoolahr'*)
stipulation *n* estipulación (*ehsteepoolahsyohn'*) *f*
stir *n* movimiento (*mohveemyehn'to*) *m; v* moverse (*mohvehr'seh*); incitar (*eenseetahr'*); conmover (*kohnmohvehr'*)
stirring *adj* conmovedor (*kohnmohvehdohr'*); emocionante (*ehmohsyohnahn'teh*)
stirrup *n* estribo (*ehstree'bo*) *m*
stitch *n* puntada (*poontah'dah*) *f; v* coser (*kohsehr'*)
stock *n* provisión (*prohveesyohn'*) *f;* ganado (*gahnah'do*) *m;* origen (*ohree'hehn*) *m;* (*market*) acción (*ahksyohn'*) *f;* **— exchange** bolsa (*bohl'sah*) *f;* **out of —** agotado (*ahgohtah'do*); *v* surtir (*soorteer'*); acumular (*ahkoomoolahr'*)
stockbroker *n* bolsista (*bohlsees'tah*) *m*
stockholder *n* accionista (*ahksyohnees'tah*) *m, f*
stocking *n* media (*meh'dyah*) *f;* **silk —s** medias de seda (*...s deh seh'dah*) *f, pl*
stoic *adj & n* estoico (*ehstoh'yko*) *m*
stoke *v* atizar (*ahteesahr'*)
stolid *adj* estólido (*ehstoh'leedo*); insensible (*eensehnsee'bleh*)
stomach *n* estómago (*ehstoh'mahgo*) *m; v* tolerar (*tohlehrahr'*)
stone *n* piedra (*pyeh'drah*) *f*
stony *adj* de piedra (*deh pyeh'drah*); duro (*doo'ro*)
stool *n* taburete (*tahbooreh'teh*) *m*
stoop *v* agacharse (*ahgahchahr'seh*); encorvarse (*ehnkohrvahr'seh*); hacer bajar (*ahsehr' bah-har'*)
stop *n* parada (*pahrah'da*) *f;* escala (*ehskah'lah*) *f;* pausa (*pahoo'sah*) *f; v* pararse (*pahrahr'seh*); detenerse (*dehtehnehr'seh*); dejar de (*deh-hahr' deh*); **to — at** pararse en (*pahrahr'seh ehn*); **to — over at** hacer escala en (*ahsehr' ehskah'lah ehn*); **to — short** pararse repentinamente (*pahrahr'seh rehpehnteenahmehn'teh*)
stopover *n* escala (*ehskah'lah*) *f;* parada (*pahrah'dah*) *f;* **to make a — in** hacer escala en (*ahsehr' ehskah'lah ehn*)
stopper *n* tapón (*tahpohn'*) *m*
storage *n* almacenaje (*ahlmahsehnah'heh*) *m*
store *n* tienda (*tyehn'dah*) *f;* almacén (*ahlmahsehn'*) *m;* bodega (*bohdeh'gah*) *f;* **department —** almacén (...) *m;* **grocery —** abacería (*ahbahsehree'ah*) *f; v* almacenar (*ahlmahsehnahr'*)
storehouse *n* almacén (*ahlmahsehn'*) *m*
storekeeper *n* almacenista (*ahlmahsehnees'tah*) *m, f*
storm *n* tormenta (*tohrmehn'tah*) *f;* tempestad (*tehmpehstahd'*) *f*
stormy *adj* tempestuoso (*tehmpehstwoh'so*)
story *n* cuento (*kwehn'to*) *m;* (*floor*) piso (*pee'so*) *m*
stout *adj* gordo (*gohr'do*); firme (*feer'meh*)
stove *n* estufa (*ehstoo'fah*) *f*
stow *v* guardar (*gwahrdahr'*); **to — away** embarcarse clandestinamente (*ehmbahrkahr'seh klahndehsteenahmehn'teh*)
straight *adj* derecho (*dehreh'cho*); directo (*deerehk'to*); en orden (*ehn ohr'dehn*); **to set a person —** dar consejo a una persona (*dahr kohnseh'ho ah oo'nah pehrsoh'nah*); *adv* derecho (*dehreh'cho*); derechamente (*...ahmehn'teh*)

straighten *v* arreglar (*ahrrehglahr'*); poner en orden (*pohnehr' ehn ohr'dehn*)
straightforward *adj* derecho (*dehreh'cho*); honrado (*ohnrah'do*); *adv* directamente (*deerehktahmehn'teh*)
strain *n* tensión (*tehnsyohn'*) *f; v* forzar (*fohrsahr'*)
strainer *n* colador (*kohlahdohr*) *m;* cedazo (*sehdah'so*) *m*
strait *n* estrecho (*ehstreh'cho*) *m*
strange *adj* extraño (*extrahn'yo*)
stranger *n* extraño (*extrah'nyo*) *m;* forastero (*fohrahsteh'ro*) *m*
strangle *v* estrangular(se) (*ehstrahngoolahr', seh*)
strap *n* correa (*kohrreh'ah*) *f;* correón (*kohrrehohn'*) *m; v* azotar (*ahsohtahr'*)
strategic *adj* estratégico (*ehstrahteh'heeko*)
strategy *n* estrategia (*ehstrahteh'hyah*) *f*
straw *adj* de paja; *n* paja (*pah'hah*) *f*
strawberry *n* fresa (*freh'sah*) *f*
stray *adj* extraviado (*extrahvyah'do*); perdido (*pehrdee'do*); *v* extraviarse (*extrahvyahr'seh*); perderse (*pehrdehr'seh*)
streak *n* raya (*rahy'ah*) *f;* línea (*lee'nehah*) *f; v* rayar (*rahyahr'*)
stream *n* corriente (*kohrryehn'teh*) *f;* chorro (*choh'rro*) *m;* río (*ree'o*) *m; v* fluir (*flweer'*); salir (*sahleer'*)
street *n* calle (*kahl'yeh*) *f*
streetcar *n* tranvía (*trahnvee'ah*) *m*
strength *n* fuerza (*fwehr'sah*) *f;* potencia (*pohtehn'syah*) *f*
strengthen *v* reforzar(se) (*rehfohrsahr', seh*); dar fuerza (*dahr fwehr'sah*)
strenuous *adj* enérgico (*ehnehr'heeko*); vigoroso (*veegohroh'so*)
stress *n* esfuerzo (*ehsfwehr'so*) *m;* tensión (*tehnsyohn'*) *f; v* acentuar (*ahsehntwahr'*)
stretch *n* extensión (*extehnsyohn'*) *f;* período de tiempo (*pehree'ohdo deh tyehm'po*) *m; v* estirar(se) (*ehsteerahr', seh*); tirar (*teerahr'*)
strew *v* esparcir (*ehspahrseer'*)
strict *adj* estricto (*ehstreek'to*); severo (*sehveh'ro*)
strife *n* contienda (*kohntyehn'dah*) *f;* pleito (*pleh'yto*) *m*
strike huelga (*wehlgah*) *f; v* golpear (*gohlpehahr'*); pegar (*pehgahr'*)
striker *n* huelguista (*wehlghees'tah*) *m;* golpeador (*gohlpehahdohr'*) *m*
striking *adj* notable (*nohtah'bleh*); extraordinario (*extrahohrdeenah'ryoh*)
string *n* cuerda (*kwehr'dah*) *f;* cordón (*kohrdohn'*) *m;* — **bean** habichuela verde (*ahbeechweh'lah vehr'deh*) *f; v* ensartar (*ehnsahrtahr'*)
strip *n* listón (*leestohn'*) *m;* — **of** faja de (*fah'hah deh*) *f; v* despojar (*dehspoh-hahr'*); desnudar(se) (*dehsnoodahr', seh*)
stripe *n* franja (*frahn'hah*) *f;* raya (*rah'yah*) *f; v* rayar (*rahyahr'*)
striped *adj* listado (*leestah'do*); rayado (*rahyah'do*)
strive *v* esforzarse (*ehsfohrsahr'seh*); luchar (*loochahr'*)
stroke *n* golpe (*gohl'peh*) *m;* ataque (*ahtah'keh*) *m; v* frotar (*frohtahr'*); acariciar (*ahkahreesyahr'*)
stroll *n* paseo (*pahseh'o*) *m; v* dar un paseo (*dahr oon pahseh'o*); pasearse (*pahsehahr'seh*)
stroller *n* cochecillo para niños (*kohchehsee'lyo pah'rah nee'nyos*) *m*
strong *adj* fuerte (*fwehr'teh*)
stronghold *n* fuerte (*fwehr'teh*) *m*
structure *n* estructura (*ehstrooktoo'rah*) *f;* edificio (*ehdeefee'syoh*) *m*
struggle *n* esfuerzo (*ehsfwehr'so*) *m; v* luchar (*loochahr'*)
strut *v* pavonearse (*pahvohnehahr'seh*)
stub *n* trozo (*troh'so*) *m;* talón (*tahlohn'*) *m*
stubborn *adj* terco (*tehr'ko*); testarudo (*tehstahroo'do*)
stubbornness *n* terquedad (*tehrkehdahd'*) *f;* testarudez (*tehstahroodehs'*) *f*
stucco *n* estuco (*ehstoo'ko*) *m*
stuck *adj* pegado (*pehgah'do*); atorado (*ahtohrah'do*); — **up** tieso (*tyeh'so*)
student *n* estudiante (*ehstoodyahn'teh*) *m, f*
studio *n* estudio (*ehstoo'dyo*) *m;* taller (*tahlyehr'*) *m*
studious *adj* estudioso (*ehstoodyoh'so*)
study *n* estudio (*ehstoo'dyo*) *m; v* estudiar (*ehstoodyahr'*)
stuff *n* material (*mahtehryahl'*) *m; v* rellenar (*rehlyehnahr'*)
stuffing *n* relleno (*rehlyehn'o*) *m*
stumble *n* tropiezo (*trohpyeh'so*) *m; v* tropezar (*trohpehsahr'*); **to — upon** tropezar con (*trohpehsahr' kohn*)
stun *v* aturdir (*ahtoordeer'*)
stunning *adj* aplastante (*ahplahstahn'teh*); maravilloso (*mahrahveelyoh'so*)
stunt *n* atrofia (*ahtroh'fyah*) *f;* hazaña (*ahsah'nyah*) *f; v* achicar (*ahcheekahr'*)
stupefy *v* atontar (*ahtohntahr'*)
stupendous *adj* estupendo (*ehstoopehn'do*)
stupid *adj* estúpido (*ehstoo'peedo*)
stupidity *n* estupidez (*ehstoopeedehs'*) *f*
sturdy *adj* firme (*feer'meh*); fuerte (*fwehr'teh*); durable (*doorah'bleh*)
stutter *n* tartamudeo (*tahrtahmoodeh'o*) *m; v* tartamudear (*tahrtahmoo-deh'ahr'*)

stutterer *n* tartamudo (*tahrtahmoo'do*) *m*
style *n* estilo (*ehstee'lo*) *m;* moda (*moh'dah*) *f;* **to be in —** estar de moda (*ehstahr' deh moh'dah*)
stylish *adj* elegante (*ehlehgahn'teh*); a la moda (*ah lah moh'dah*); al día (*ahl dee'ah*)
subdivision *n* subdivisión (*soobdeeveesyohn'*) *f*
subdue *v* subyugar (*soobyoogahr'*); dominar (*dohmeenahr'*); someter (*sohmehtehr'*)
subdued *adj* sumiso (*soomee'so*)
subject *n* súbdito (*soob'deeto*) *m;* sujeto (*sooheh'toh*) *m;* materia (*mahteh'ryah*) *f; v* sujetar (*soohehtahr'*); someter (*sohmehtehr'*)
subjugate *v* subyugar (*soobyoogahr'*)
sublime *adj* sublime (*sooblee'meh*); alto *ahl'to*); noble (*noh'bleh*)
submarine *adj & n* submarino (*soobmahreen'o*) *m*
submerge *v* sumergir(se) (*soomehrheer', seh*)
submission *n* sumisión (*soomeesyohn'*) *f*
submit *v* someter (*sohmehtehr'*)
subordinate *adj & n* subordinado (*soobohrdeenah'do*) *m; v* subordinar (*soobohrdeenahr'*)
subscribe *v* subscribir(se) (*soobskreebeer', seh*)
subscriber *n* abonado (*ahbohnah'do*) *m;* subscriptor (*soobskreeptohr'*) *m*
subscription *n* abono (*ahboh'no*) *m;* suscripción (*soobskreepsyohn'*) *f*
subsequent *adj* subsiguiente (*soobseeghyehn'teh*)
subside *v* disminuir (*deesmeenweer'*); calmarse (*kahlmahr'seh*)
subsidize *v* subvencionar (*soobvehnsyohnahr'*)
subsidy *n* subvención (*soobvehnsyohn'*) *f*
substance *n* substancia (*soobstahn'syah*) *f*
substantial *adj* substancial (*soobstahnsyahl'*); importante (*eempohrtahn'teh*)
substantive *adj & n* sustantivo (*soostahntee'vo*) *m*
substitute *n* sustituto (*soosteetoo'to*) *m; v* sustituir (*soosteetweer'*)
substitution *n* sustitución (*soosteetoosyohn'*) *f*
subterranean *adj* subterráneo (*soobtehrahn'eho*)
subtle *adj* sutil (*sooteel'*)
subtlety *n* sutileza (*sooteeleh'sah*) *f*
subtract *v* sustraer (*soostrahehr'*)
subtraction *n* sustracción (*soostrahksyohn'*) *f*
suburb *n* suburbio (*sooboor'byo*) *m*
suburban *adj & n* suburbano (*sooboorbah'no*) *m*
subversive *adj* subversivo (*soobvehrsee'vo*)
subway *n* subterráneo (*soobtehrah'neho*) *m*
succeed *v* suceder a (*soosehdehr' ah*); tener éxito (*tehnehr' ex'eeto*)
success *n* éxito (*ex'eeto*) *m*
successful *adj* que sale bien (*keh sah'leh byehn'*); **to be —** tener buen éxito (*tehnehr' bwehn ex'eeto*); **—ly** *adv* con buen éxito (*kohn bwehn ex'eeto*)
successor *n* sucesor (*soosehsohr'*) *m;* heredero (*ehrehdeh'ro*) *m*
succumb *v* sucumbir (*sookoombeer'*)
such *adj* tal (*tahl*); semejante (*sehmehhahn'teh*); **— a** tal (*tahl'*)
suck *n* succión (*sooksyohn'*) *f;* mamada (*mahmah'dah*) *f; v* chupar (*choopahr'*)
suction *n* chupada (*choopah'dah*) *f*
sudden *adj* repentino, a (*rehpehntee'no, ah*); **all of a —** de repente (*deh rehpehn'teh*); **—ly** *adv* de repente (...)
sud(s) *n* espuma (*ehspoom'ah*) *f*
sue *v* demandar (*dehmahndahr'*); **to — for damages** demandar por daños (*dehmahndahr' pohr dah'nyohs*); citar (*seetahr'*)
suffer *v* sufrir (*soofreer'*); padecer (*pahdehsehr'*)
suffering *n* sufrimiento (*soofreemyeyn'to*) *m;* padecimiento (*pahdehseemyehn'to*) *m*
suffice *v* bastar (*bahstahr'*)
sufficient *adj* suficiente (*soofeesyehn'teh*); bastante (*bahstahn'teh*); **—ly** *adv* suficientemente (*soofeesyehntehmehn'teh*)
suffocate *v* sofocar(se) (*sohfohkahr', seh*)
suffocation *n* sofocación (*sohfohkahsyohn'*) *f*
suffrage *n* sufragio (*soofrah'hyo*) *m*
sugar *n* azúcar (*ahsoo'kahr*) *m;* **— bowl** azucarera (*ahsookahrehr'ah*) *f*
suggest *v* sugerir (*soohehreer'*)
suggestion *n* sugestión (*soohehstyohn'*) *f*
suggestive *adj* sugestivo (*soohehstee'vo*)
suicide *n* suicidio (*sweesee'dyo*) *m;* (*person*) suicida (*sweesee'dah*) *m, f; v* **to commit —** suicidarse (*sweeseedahr'seh*); matarse (*mahtahr'seh*)
suit *n* traje (*trah'heh*) *m;* (*law*) petición (*pehteesyohn'*) *f; v* acomodar (*ahkohmohdahr'*); convenir (*kohnvehneer'*); **it —s me fine** me conviene (*meh kohnvyeh'neh*)
suitable *adj* conveniente (*kohnvehnyehn'teh*); agradable (*ahgrahdah'bleh*); **—ly** *adv* agradablemente (...*mehn'teh*)
suitcase *n* maleta (*mahleh'tah*) *f;* valija (*vahlee'hah*) *f*
suite *n* serie (*sehr'yeh*) *f;* muchedumbre (*moochehdoom'breh*) *f;* **— of rooms** apartamento (*ahpahrtahmehn'to*) *m*

suitor *n* pretendiente (*prehtehndyehn'teh*) *m*
sulk *n* murria (*moo'rryah*) *f; v* estar hosco (*ehstahr' ohs'ko*); (*coll*) tener murria (*tehnehr' moorr'yah*)
sulky *adj* de malhumor (*deh mahloomohr'*); hosco (*ohs'ko*)
sullen *adj* hosco (*ohs'ko*); sombrío (*sohmbree'o*)
sully *v* manchar (*mahnchahr'*)
sulphate *n* sulfato (*soolfah'to*) *m*
sulphur *n* azufre (*ahsoo'freh*) *m*
sultan *n* sultán (*sooltahn'*) *m*
sultry *adj* sofocante (*sohfohkahn'teh*); **— heat** calor sofocante (*kahlohr' sohfohkahn'teh*) *m*
sum *n* suma (*soom'ah*) *f;* cantidad (*kahnteedahd'*) *f; v* sumar (*soomahr'*); **to — up** resumir (*rehsoomeer'*)
summarize *v* resumir (*rehsoomeer'*)
summary *adj* sumario (*soomah'ryo*); *n* sumario (*soomah'ryo*) *m;* resumen (*rehsoo'mehn*) *m*
summer *adj* de verano (*deh vehrah'no*); **— resort** balneario (*bahlnehah'ryo*) *m; n* verano (*vehrah'no*) *m;* estío (*ehstee'o*) *m*
summit *n* cima (*seem'ah*) *f;* cumbre (*koom'breh*) *f*
summon *v* citar (*seetahr'*); **to — together** convocar (*kohnvohkahr'*); **—s** *n* notificación (*nohteefeekahsyohn'*) *f;* citación (*seetahsyohn'*) *f*
sumptuous *adj* suntuoso (*soontwoh'so*)
sun *n* sol (*sohl*) *m*
sunbeam *n* rayo de sol (*rah'yo deh sohl*) *m*
sunburn *n* quemadura de sol (*kehmahdoo'rah deh sohl*) *f; v* asolear(se) (*ahsohlehahr', seh*)
Sunday *n* domingo (*dohmeen'go*) *m*
sundial *n* cuadrante solar (*kwahdrahn'teh sohlahr'*) *m*
sunflower *n* girasol (*heerahsohl'*) *m*
sunglasses *n* gafas de sol (*gah'fahs deh sohl*) *f, pl*
sunlight *n* luz del sol (*loos dehl sohl*) *f*
sunny *adj* soleado (*sohlehah'do*); risueño (*reesweh'nyo*)
sunrise *n* salida del sol (*sahlee'dah dehl sohl*) *f;* amanecer (*ahmahnehsehr'*) *m;*
sunset *n* puesta del sol (*pwehs'tah dehl sohl*) *f*
sunshine *n* solana (*sohlah'nah*) *f*
sunstroke *n* insolación (*eensohlahsyohn'*) *f*
sup *v* cenar (*sehnahr'*)
superb *adj* soberbio (*sohbehr'byo*); excelente (*exehlehn'teh*)
superficial *adj* superficial (*soopehrfeesyahl'*)
superfluous *adj* superfluo (*soopehr'flwo*)
superhuman *adj* sobrehumano (*sohbrehoomah'no*)
superior *adj & n* superior (*soopehryohr'*) *m*
superiority *n* superioridad (*soopehryohreedahd'*) *f*
superlative *adj & n* superlativo (*soopehrlahtee'vo*) *m*
supernatural *adj* sobrenatural (*sohbrehnahtoorahl'*)
superstition *n* superstición (*soopehrsteesyohn'*) *f*
superstitious *adj* supersticioso (*soopehrsteesyoh'so*)
supervise *v* dirigir (*deereeheer'*); vigilar (*veeheelahr'*)
supervisor *n* inspector (*eenspehktohr'*) *m*
supper *n* cena (*seh'nah*) *f; v* cenar
supple *adj* flexible (*flehxee'bleh*)
supplement *n* suplemento (*sooplehmehn'to*) *m; v* suplementar (*sooplehmehntahr'*)
supplication *n* súplica (*soo'pleekah*) *f*
supply *n* provisiones (*prohveesyoh'nehs*) *f, pl; v* proveer (*prohvehehr'*)
support *n* sostén (*sohstehn'*) *m;* apoyo (*ahpoh'yo*) *m; v* sostener (*sohstehnehr'*); apoyar (*ahpohyahr'*)
suppose *v* suponer (*soopohnehr'*)
supposition *n* suposición (*soopohseesyohn'*) *f*
suppress *v* suprimir (*soopreemeer'*); reprimir (*rehpreemeer'*)
suppression *n* supresión (*sooprehsyohn'*) *f;* represión (*rehprehsyohn'*) *f*
supremacy *n* supremacía (*sooprehmahsee'ah*) *f*
supreme *adj* supremo (*soopreh'mo*)
sure *adj* seguro (*sehgoor'o*); cierto (*syehr'to*); **to be —** estar seguro
surface *n* superficie (*soopehrfee'syeh*) *f*
surge *n* oleada (*ohlehah'dah*) *f*
surgeon *n* cirujano (*seeroohah'no*) *m*
surgery *n* cirugía (*seeroohee'ah*) *f*
surmise *n* conjetura (*kohnhehtoo'rah*) *f; v* conjeturar (*kohnhehtoorahr'*)
surmount *v* superar (*soopehrahr'*); conquistar (*kohnkeestahr'*)
surname *n* apellido (*ahpehlyee'do*) *m*
surpass *v* sobrepasar (*sohbrehpahsahr'*); superar (*soopehrahr'*)
surprise *n* sorpresa (*sohrprehs'ah*) *f; v* sorprender (*sohrprehndehr'*)
surprising *adj* sorprendente (*sohrprehndehn'teh*)
surrender *v* rendir(se) (*rehndeer', seh*); entregar(se) (*ehntrehgahr', seh*); *n* entrega (*ehntreh'gah*) *f;* rendición (*rehndeesyohn'*)
surround *v* rodear (*rohdehahr'*); circundar (*seerkoondahr'*)
surroundings *n, pl* alrededores (*ahlrehdehdoh'rehs*) *m, pl;* ambiente (*ahmbyehn'teh*) *m*

survey *n* encuesta (*ehnkooehs'tah*) *f;* inspección (*eenspeksyohn'*) *f;* panorama (*pahnohrah'mah*) *m;* *v* inspeccionar (*eenspeksyohnahr'*)
survival *n* supervivencia (*soopehrveevehn'syah*) *f*
survive *v* sobrevivir (*sohbrehveeveer'*)
survivor *n* sobreviviente (*sohbrehveevyehn'teh*) *m, f*
suspect *n* sospechoso (*sohspehchoh'so*) *m;* *v* sospechar (*sohspehchahr'*)
suspend *v* suspender (*soospehndehr'*)
suspenders *n* tirantes (*teerahn'tehs*) *m, pl*
suspense *n* ansiedad (*ahnsyehdahd'*) *f*
suspension *n* suspensión (*soospehnsyohn'*) *f*
suspicion *n* sospecha (*sohspeh'chah*) *f*
sustain *v* sostener (*sohstehnehr'*); mantener (*mahntehnehr'*); insistir (*eenseesteer'*)
swallow *n* (*bird*) golondrina (*gohlohndree'nah*) *f;* trago (*trah'go*) *m;* *v* tragar (*trahgahr'*)
swamp *n* pantano (*pahntah'no*) *m;* *v* abrumar (*ahbroomahr'*)
swampy *adj* pantanoso (*pahntahnoh'so*)
swan *n* cisne (*sees'neh*) *m*
swarm *n* enjambre (*ehnhahm'breh*) *m;* *v* pulular (*pooloolahr'*)
swarthy *adj* moreno (*mohreh'no*)
swat *v* pegar (*pehgahr'*); aplastar (*ahplahstahr'*)
sway *n* vaivén (*vahyvehn'*) *m;* **— over** influencia (*eenflwehn'syah*) *f;* *v* mecer(se) (*mehsehr', seh*); balancear(se) (*bahlahnsehahr', seh*)
swear *v* jurar (*hoorahr'*)
sweat *n* sudor (*soodohr'*) *m;* *v* sudar (*soodahr'*)
sweater *n* (*Am*) suéter (*sweh'tehr*) *m*
Swedish *adj & n* sueco (*sweh'ko*) *m*
sweep *n* barrida (*bahrree'dah*) *f;* extensión (*extehnsyohn'*) *f;* *v* barrer (*bahrrehr'*); extenderse (*extehndehr'seh*)
sweeper *n* barrendero (*bahrrehndeh'ro*) *m;* escoba (*ehskoh'bah*) *f*
sweeping *n* barrido (*bahrree'do*) *m*
sweet *adj & n* dulce (*dool'seh*) *m;* **— water** agua fresca (*ah'gwah frehs'kah*) *f*
sweetheart *n* querido, a (*kehree'do, ah*) *m, f;* novio, a (*noh'vyo, ah*) *m, f*
sweetness *n* dulzura (*doolsoor'ah*) *f*
swell *adj* excelente (*exsehlehn'teh*); *v* hinchar(se) (*eenchahr', seh*)
swelling *n* hinchazón (*eenchahsohn'*) *f*
swerve *n* desvío (*dehsvee'o*) *m;* *v* desviar(se) (*dehsvyahr', seh*); torcer (*tohrsehr'*)
swift *adj* veloz (*vehlohs'*); rápido (*rah'peedo*)
swiftness *n* velocidad (*vehlohseedahd'*) *f;* rapidez (*rahpeedehs'*) *f*
swim *v* nadar (*nahdahr'*); **— suit** traje de baño (*trah'heh deh bah'nyo*) *m*
swimmer *n* nadador (*nahdahdohr'*) *m*
swindle *n* estafa (*ehstah'fah*) *f;* robo (*roh'bo*) *m;* *v* estafar (*ehstahfahr'*)
swine *n* puerco (*pwehr'ko*) *m*
swing *n* columpio (*kohloom'pyo*) *m;* balanceo (*bahlahnseh'o*) *m;* *v* columpiar(se) (*kohloompyahr', seh*); **to — back and forth** balancear(se) (*bahlahnsehahr', seh*); **to — at** golpear (*gohlpehahr'*)
swipe *n* bofetada (*bohfehtah'dah*) *f;* golpe (*gohl'peh*) *m;* *v* abofetear (*ahbohfehtehahr'*); (*coll*) hurtar (*oortahr'*)
swirl *v* remolino (*rehmohleen'o*)
Swiss *adj & n* suizo (*swees'o*) *m*
switch *n* látigo (*lah'teego*) *m;* azote (*ahsoh'teh*) *m;* **burglar alarm —** botón de la alarma (*bohtohn' deh lah ahlahr'mah*) *m;* **electric —** interruptor (*eentehrrooptohr'*) *m;* *v* azotar (*ahsohtahr'*); cambiar(se) (*kahmbyahr', seh*)
swoon *n* desmayo (*dehsmah'yo*) *m;* *v* desmayarse (*dehsmahyahr'seh*)
sword *n* espada (*ehspah'dah*) *f*
syllable *n* sílaba (*see'lahbah*) *f*
symbol *n* símbolo (*seem'bohlo*) *m*
symbolic *adj* simbólico (*seemboh'leeko*)
symmetry *n* simetría (*seemehtree'ah*) *f*
sympathetic *adj* compasivo (*kohmpahsee'vo*); simpatizante (*seempahteesahn'teh*)
sympathize *v* simpatizar (*seempahteesahr'*); compadecerse (*kohmpahdehsehr'seh*)
sympathy *n* compasión (*kohmpahsyohn'*) *f*
symphony *n* sinfonía (*seenfohnee'ah*) *f*
symptom *n* síntoma (*seen'tohmah*) *m*
synonym *n* sinónimo (*seenoh'neemo*) *m*
synonymous *adj* sinónimo (*seenoh'neemo*)
synthesis *n* síntesis (*seen'tehsees*) *f*
synthetic *adj* sintético (*seenteh'teeko*)
syrup *n* jarabe (*hahrah'beh*) *m*
system *n* sistema (*seesteh'mah*) *m*
systematic *adj* sistemático (*seestehmah'teeko*)

T

table *n* mesa (*meh'sa*) *f*
tablecloth *n* mantel (*mahntehl'*) *m*
tablespoon *n* cuchara de sopa (*koochah'-rah deh soh'pa*) *f*
tablet *n* tableta (*tahbleh'tah*) *f*
tack *n* tachuela (*tahchweh'lah*) *f; v* clavar con tachuela (*klahvahr' kohn ...*)
tackle *v* agarrar (*ahgahrrahr'*)
tact *n* tacto (*tahk'to*) *m;* prudencia (*proodehn'syah*) *f*
tactful *adj* cauto (*kah'ooto*); prudente (*proodehn'teh*)
tag *n* etiqueta (*ehteekeh'tah*) *f; v* poner una etiqueta (*pohnehr' oo'nah ...*)
tail *n* cola (*koh'lah*) *f;* rabo (*rah'bo*) *m*
tailor *n* sastre (*sahs'treh*) *m*
take *v* tomar (*tohmahr'*); conducir (*kohn-dooseer'*); **to — a look at** mirar a (*mee-rahr' ah*); **to — along** llevar consigo (*lyehvahr' kohnsee'go*); **to — care of** cuidar (*kweedahr'*); **to — off** quitar (se) (*keetahr' seh*); **to — out** sacar (*sahkahr'*); **to — place** tener lugar (*tehnehr' loogahr'*)
talcum *n* **(powder)** talco en polvo (*tahl'-ko ehn pohl'vo*) *m*
tale *n* relato (*rehlah'to*) *m*
talent *n* talento (*tahlehn'to*) *m*
talk *n* conversación (*kohnvehrsahsyohn'*) *f;* **to give a —** hacer un discurso (*ahsehr' oon deeskoor'so*); *v* hablar (*ahblahr'*); conversar (*kohnvehrsahr'*)
talkative *adj* hablador (*ahblahdohr'*)
tall *adj* alto (*ahl'to*)
tally *n* cuenta (*kwehn'tah*) *f; v* tarjar (*tahrjahr'*)
tame *adj* manso (*mahn'so*); dócil (*doh'-seel*); *v* domar (*dohmahr'*)
tan *adj & n* color moreno ligero (*kohlohr' mohreh'no leeheh'ro*) *m*
tangent *adj & n* tangente (*tahnhehn'teh*) *f*
tangerine *n* naranja mandarina (*nah-rahn'hah mahndahree'nah*) *f*
tangible *adj* tangible (*tahnhee'bleh*)
tangle *n* enredo (*ehnreh'do*) *m; v* enredar(se) (*ehnrehdahr', seh*)
tank *n* tanque (*tahn'keh*) *m*
tannery *n* curtiduría (*koorteedooree'-ah*) *f;* tenería (*tehnehree'ah*) *f*
tantrum *n* berrinche (*behrreen'cheh*) *m*
tap *n* golpecito (*gohlpehsee'to*) *m;* grifo (*gree'fo*) *m; v* dar golpecitos (*dahr gohlpehsee'tos*)
tape *n* cinta (*seen'tah*) *f;* **adhesive —** tela adhesiva (*teh'lah ahdehsee'vah*) *f;* esparadrapo (*ehspahrahdrah'po*) *m; v* medir con cinta (*mehdeer' kohn' ...*); (*record*) grabar (*grahbahr'*)
tape recorder *n* grabadora (de cinta) (*grahbahdoh'rah, deh seen'tah*) *f*
tapestry *n* tapiz (*tahpees'*) *m*
tar *n* alquitrán (*alkeetrahn'*) *m*
target *n* blanco (*blahn'ko*) *m*
tariff *n* tarifa (*tahree'fah*) *f;* impuesto (*eempwehs'to*) *m;* arancel (*ahrahn-sehl'*) *m*
tarnish *v* empañar(se) (*ehmpahnyahr', seh*); perder el brillo (*pehrdehr' ehl bree'lyo*), lustre (*loos'treh*)
tarry *v* tardar (*tahrdahr'*)
tart *adj* acre (*ah'kreh*); amargo (*ah-mahr'go*); *n* torta (*tohr'tah*) *f*
task *n* tarea (*tahreh'ah*) *f;* quehacer (*kehahsehr'*) *m*
taste *n* gusto (*goos'to*) *m;* sabor (*sah-bohr'*) *m; v* gustar (*goostahr'*); probar (*prohbahr'*)
tasteless *adj* insípido (*eensee'peedo*)
tasty *adj* gustoso (*goostoh'so*)
tatter *n* harapo (*ahrah'po*) *m*
tattle *v* chismear (*cheesmehahr'*)
taunt *n* mofa (*moh'fah*) *f; v* mofarse (*mohfahr'seh*)
tavern *n* taberna (*tahbehr'nah*) *f*
tax *n* impuesto (*eempwehs'to*) *m; v* gravar (*grahvahr'*); exigir impuesto (*exee-heer' ...*)
taxation *n* impuestos (*eempwes'tohs*) *m, pl*
taxi *n* taxi (*tah'xee*) *m;* (*Mex*) libre (*lee'breh*) *m*
tea *n* té (*teh*) *m*
teach *v* enseñar (*ehnsehnyahr'*)
teacher *n* maestro, a (*mahehs'tro, ah*) *m, f*
teaching *n* enseñanza (*ehnsehnyahn'sah*) *f;* instrucción (*eenstrooksyohn'*) *f*
team *n* equipo (*ehkeep'o*) *m;* partido (*pahrtee'do*) *m; v* agrupar (*ahgroo-pahr'*); unir (*ooneer'*)
tear *n* lágrima (*lah'greemah*) *f*
tear *v* rasgar (*rahsgahr'*); **to — down** demoler (*dehmohlehr'*); **to — up** desgarrar (*dehsgahrrahr'*)
tearful *adj* lloroso (*lyohroh'so*)
tease *v* embromar (*ehmbrohmahr'*); molestar (*mohlehstahr'*)

teaspoon *n* cucharita (*koochahree'tah*) *f*
teat *n* teta (*teh'tah*) *f*
technical *adj* técnico (*tehk'neeko*)
technician *n* técnico (*tehk'neeko*) *m*
tedious *adj* aburrido (*ahbooree'do*); monótono (*mohnoh'tohno*)
tediousness *n* tedio (*teh'dyo*) *m*
teeming *adj* lleno (*lyeh'no*)
telegram *n* telegrama (*tehlehgrah'mah*) *m*
telegraph *n* telégrafo (*tehleh'grahfo*) *m; v* telegrafiar (*tehlehgrahfyahr'*)
telegraphic *adj* telegráfico (*tehlehgrah'feeko*)
telephone *n* teléfono (*tehleh'fohno*) *m;* **dial —** teléfono automático (... *ahootohmah'teeko*) *m; v* telefonear (*tehlehfohnehahr'*)
telescope *n* telescopio (*tehlehskoh'pyo*) *m*
television *n* televisión (*tehlehveesyohn'*) *f;* **color —** televisión en colores (... *ehn kohloh'rehs*) *f*
television set *n* televisor (*tehlehveesohr'*) *m;* **color (t.v.) —** televisor en colores (... *ehn kohloh'rehs*) *m*
tell *v* decir (*dehseer'*); expresar (*exprehsahr'*); **one can — that ...** se puede ver que (*seh pweh'deh vehr' keh*)
teller *n* narrador (*nahrrahdohr'*) *m;* **bank —** cajero (*kah-heh'ro*) *m;* pagador (*pahgahdohr'*) *m*
temerity *n* temeridad (*tehmehreedahd'*) *f*
temper *n* humor (*oomohr'*) *m;* irritación (*eerreetahsyohn'*) *f;* **to keep one's —** contenerse (*kohntehnehr'seh*); **to loose one's —** perder la calma (*pehrdehr' lah kahl'mah*)
temperament *n* temperamento (*tehmpehrahmehn'to*) *m;* disposición (*deespohseesyohn'*) *f*
temperate *adj* templado (*tehmplah'do*); moderado (*mohdehrah'do*)
temperature *n* temperatura (*tehmpehrahtoo'rah*) *f;* **to run a —** tener fiebre, calentura (*tehnehr' fyeh'breh, kahlehntoo'rah*)
tempest *n* tempestad (*tehmpehstahd'*) *f*
temple *n* (*eccles*) templo (*tehm'plo*) *m;* (*forehead*) sien (*syehn*) *f*
temporary *adj* temporal (*tehmpohrahl'*); provisorio (*prohveesoh'ryo*)
tempt *v* tentar (*tehntahr'*)
temptation *n* tentación (*tehntahsyohn'*) *f*
tempting *adj* tentador (*tehntahdohr'*); **it — is** es atractivo, provocante (*ehs ahtrahktee'vo, prohvohkahn'teh*)
tenacious *adj* tenaz (*tehnahs'*); aferrado (*ahfehrrah'do*)
tenant *n* inquilino (*eenkeelee'no*) *m*
tendency *n* tendencia (*tehndehn'syah*) *f;* propensión (*prohpehnsyohn'*) *f*
tender *adj* tierno (*tyehr'no*); delicado (*dehleekah'do*); *v* ofrecer (*ohfrehsehr'*)
tenderloin *n* filete (*feeleh'teh*) *m*
tenderness *n* ternura (*tehrnoor'ah*) *f;* delicadeza (*dehleekahdeh'sah*) *f*
tennis *n* tenis (*teh'nees*) *m;* **— court** cancha de tenis (*kahn'cha deh* ...) *f;* **to play —** jugar al tenis (*hoogahr' ahl* ...)
tenor *n* tenor (*tehnohr'*) *m*
tense *adj* tenso (*tehn'so*); nervioso (*nehrvyoh'so*)
tension *n* tensión (*tehnsyohn'*) *f*
tent *n* tienda de campaña (*tyehn'dah deh kahmpah'nyah*) *f;* **to pitch —** acampar (*ahkahmpahr'*)
tentative *adj* tentativo (*tehntahtee'vo*)
term *n* término (*tehr'meeno*) *m;* período de tiempo (*pehree'ohdo deh tyehm'po*) *m; v* llamar (*lyahmahr'*); definir (*dehfeeneer'*)
terminate *v* terminar (*tehrmeenahr'*); acabar (*ahkahbahr'*)
termination *n* terminación (*tehrmeenahsyohn'*) *f;* fin (*feen*) *m*
terrace *n* terraza (*tehrrah'sah*) *f*
terrible *adj* terrible (*tehrree'bleh*)
terrific *adj* terrífico (*tehrree'feeko*); (*coll*) **it is —!** ¡es estupendo! (*ehs ehstoopehn'do*)
terrify *v* aterrorizar (*ahtehrrohreesahr'*); espantar (*ehspahntahr'*)
territory *n* territorio (*tehrreetoh'ryo*) *m*
terror *n* terror (*tehrrohr'*) *m;* espanto (*ehspahn'to*) *m*
test *n* examen (*exah'mehn*) *m;* prueba (*prweh'bah*) *f; v* examinar (*exahmeenahr'*); probar (*prohbahr'*)
testament *n* testamento (*tehstahmehn'to*) *m*
testify *v* atestar (*ahtehstahr'*)
testimony *n* testimonio (*tehsteemoh'nyo*) *m;* testigo (*tehstee'go*) *m*
text *n* texto (*tex'to*) *m;* libro (*lee'bro*) *m*
texture *n* textura (*textoo'rah*) *f;* tejido (*teh-hee'do*) *m*
than *conj* que (*keh*)
thank *v* dar gracias (*dahr grah'syahs*); agradecer (*ahgrahdehsehr'*); **— God!** ¡gracias a Dios! (*grah'syahs ah dyos'*); **— you very much** muchas gracias (*moo'chahs* ...)
thankful *adj* agradecido (*ahgrahdehsee'do*)
thankless *adj* ingrato (*eengrah'to*)
thanksgiving *n* agradecimiento (*ahgrahdehseemyehn'to*) *m;* **— Day** día de acción de gracias (*dee'ah deh ahksyohn' deh grah'syahs*) *m*
that *adj* ese (*eh'seh*); esa (*eh'sah*); aquel (*ahkehl'*); aquella (*ahkehl'yah*); *pron* ése (*eh'seh*) *m;* ésa (*eh'sah*) *f;* eso (*eh'so*); aquél (*ahkehl'*) *m;* aquélla (*ahkehl'yah*) *f;* aquello (*ahkehl'yo*) *m; conj* que (*keh*); **so —** para que (*pah'rah keh*)

thatch *n* paja (*pah'hah*) *f*
thaw *n* deshielo (*dehsyeh'lo*) *m; v* deshelar(se) (*dehsehlahr', seh*)
the *art.* el (*ehl*); la (*lah*); lo (*lo*); los (*lohs*); las (*lahs*)
theater *n* teatro (*tehah'tro*) *m*
theft *n* hurto (*oor'to*) *m;* robo (*roh'bo*) *m*
their *adj* su, sus (*soo, soos*)
theirs *poss pron* suyo, suya, suyos, suyas (*soo'yo, soo'yah, ...*)
them *pron* los (*lohs*); las (*lahs*); les (*lehs*)
theme *n* tema (*teh'mah*) *m*
themselves *pron* ellos mismos (*ehl'yohs mees'mohs*) *m, pl;* ellas mismas (*ehl'yahs mees'mahs*) *f, pl;* se (*seh*)
then *adv* entonces (*ehntohn'sehs*); después (*dehspwehs'*)
theological *adj* teológico (*tehohloh'heeko*)
theology *n* teología (*tehohloh-hee'ah*) *f*
theoretical *adj* teórico (*tehoh'reeko*)
theory *n* teoría (*tehohree'ah*) *f*
there *adv* allí (*ahlyee'*); allá (*ahlyah'*); ahí (*ahee'*); **— is (are)** hay (*ahy*)
thereafter *adv* de allí en adelante (*deh ahlyee' ehn ahdehlahn'teh*)
thereby *adv* así (*ahsee'*); de ese modo (*deh eh'seh moh'do*)
therefore *adv* por consiguiente (*pohr kohnseeghyehn'teh*)
thereupon *adv* sobre eso (*soh'breh eh'so*); después (*dehspwehs'*); luego (*lweh'go*)
thermometer *n* termómetro (*tehrmoh'mehtro*) *m*
these *adj pl,* estos (*ehs'tohs*); estas (*ehs'tahs*); *pron pl* éstos (*ehs'tohs*) *m;* éstas (*ehs'tahs*) *f*
thesis *n* tesis (*teh'sees*) *f*
they *pron, pl* ellos (*ehl'yohs*) *m;* ellas (*ehl'yahs*) *f*
thick *adj* espeso (*ehspeh'so*); denso (*dehn'so*); **— headed** cabezudo (*kahbehsoo'do*); estúpido (*ehstoo'peedo*)
thicket *n* espesura (*ehspehsoo'rah*) *f;* matorral (*mahtohrrahl'*) *m*
thickly *adv* espesamente (*ehspehsahmehn'teh*)
thickness *n* espesura (*ehspehsoo'rah*) *f*
thief *n* ladrón (*lahdrohn'*) *m*
thigh *n* muslo (*moos'lo*) *m*
thimble *n* dedal (*dehdahl'*) *m*
thin *adj* delgado (*dehlgah'do*); flaco (*flah'ko*)
thing *n* cosa (*koh'sah*) *f*
think *v* pensar (*pehnsahr'*); creer (*krehehr'*); **to — of** pensar en (*pehnsahr' ehn*)
thinker *n* pensador (*pehnsahdohr'*) *m*
third *adj* tercero (*tehrsehr'o*)
thirst *n* sed (*sehd*) *f;* ansia (*ahn'syah*) *f; v* **to — for** tener sed de, anhelar (*tehnehr' sehd deh, ahnehlahr'*)
thirsty *adj* sediento (*sehdyehn'to*); **to be —** tener sed (*tehnehr' sehd'*)
this *adj* este (*ehs'teh*); esta (*ehs'tah*); *pron* éste (*ehs'teh*) *m;* ésta (*ehs'tah*) *f;* esto (*ehs'to*)
thorn *n* espina (*ehspee'nah*) *f*
thorny *adj* espinoso (*ehspeenoh'so*); **it is a — problem** es algo difícil (*ehs ahl'go deefee'seel*)
thorough *adj* entero (*ehnteh'ro*); cumplido (*koomplee'do*)
thoroughfare *n* carretera (*kahrrehteh'rah*) *f;* calle, camino principal (*kah'lyeh, kahmee'no preenseepahl'*) *f, m*
thoroughly *adv* enteramente (*ehntehrahmehn'teh*); a fondo (*ah fohn'do*)
those *adj* esos (*eh'sohs*); esas (*eh'sahs*); aquellos (*ahkehl'yohs*); aquellas (*ahkeh'lyahs*); *pron* ésos (*eh'sohs*) *m;* ésas (*eh'sahs*) *f;* aquéllos (*ahkeh'lyohs*) *m;* aquéllas (*ahkeh'lyahs*) *f*
though *conj* aunque (*ah'oonkeh*)
thought *n* pensamiento (*pehnsahmyehn'to*) *m;* **to give a — to** pensar en (*pehnsahr' ehn*)
thoughtful *adj* pensativo (*pehnsahtee'vo*); cuidadoso (*kweedahdoh'so*)
thoughtfulness *n* consideración (*kohnseedehrahsyohn'*) *f;* cuidado (*kweedah'do*) *m*
thoughtless *adj* descuidado (*dehskweedah'do*)
thrash *v* azotar (*ahsohtahr'*); revolcar (*rehvohlkahr'*)
thread *n* hilo (*ee'lo*) *m;* hebra (*eh'brah*) *f; v* ensartar (*ehnsahrtahr'*)
threat *n* amenaza (*ahmehnah'sah*) *f*
threaten *v* amenazar (*ahmehnahsahr'*)
threshold *n* umbral (*oombrahl'*) *m*
thrift *n* economía (*ehkohnohmee'ah*) *f*
thrifty *adj* económico (*ehkohnoh'meeko*)
thrill *n* estremecimiento (*ehstrehmehseemyehn'to*) *m;* emoción (*ehmohsyohn'*) *f; v* estremecerse de (amor, emoción) (*ehstrehmehser'seh de, ahmohr', ehmohsyohn'*)
thrive *v* prosperar (*prohspehrahr'*)
throat *n* garganta (*gahrgahn'tah*) *f*
throb *n* latido (*lahtee'do*) *m; v* latir (*lahteer'*); pulsar (*poolsahr'*)
throe *n* agonía (*ahgohnee'ah*) *f;* congoja (*kohngoh'hah*) *f*
throne *n* trono (*troh'no*) *m*
throng *n* muchedumbre (*moochehdoom'breh*) *f*
throttle *n* válvula (*vahl'voolah*) *f;* palanca (*pahlahn'kah*) *f*
through *adj* continuo (*kohntee'nwo*); **— way** camino directo (*kahmee'no deerehk'to*) *m; prep* por (*pohr*); a través de (*ah trahvehs' deh*); a través de (*ah trahvehs'*)

throughout *prep & adv* por todas partes (*pohr toh'dahs pahr'tehs*)
throw *n* tiro (*tee'ro*) *m; v* arrojar (*ahrroh-hahr'*); echar (*ehchahr'*); **to — away** arrojar (*ahrroh-hahr'*); **to — out** echar fuera (*ehchahr' fweh'rah*); **to — up** vomitar (*vohmeetahr'*); (*Am*) arrojar (*ahrroh-hahr'*)
thrust *n* empuje (*ehmpoo'heh*) *m;* golpe (*gohl'peh*) *m;* **knife —** cuchillada (*koocheelyah'dah*) *f; v* meter (*mehtehr'*); encajar (*ehnkah-hahr'*); empujar (*ehmpoohahr'*)
thug *n* ladrón (*lahdrohn'*) *m*
thumb *n* pulgar (*poolgahr'*) *m;* **—tack** chinche (*cheen'cheh*) *m; v* hojear (*ohhehahr'*)
thump *n* ruido sordo (*rwee'do sohr'do*) *m;* golpe (*gohl'peh*) *m; v* dar porrazos (*dahr' pohrrah'sohs*), golpear (*gohlpehahr'*)
thunder *n* trueno (*trweh'no*) *m; v* tronar (*trohnahr'*)
thunderbolt *n* rayo (*rah'yo*) *m*
thundering *adj* atronador (*ahtrohnahdohr'*)
thunderstorm *n* tempestad de truenos (*tehmpehstahd' deh trweh'nohs*) *f*
Thursday *n* jueves (*hweh'vehs*) *m*
thus *adv* así (*ahsee'*)
thwart *v* frustrar (*froostrahr'*)
thyme *n* tomillo (*tohmee'lyo*) *m*
tick *n* tic tac (*teek tahk*) *m*
ticket *n* billete (*beelyeh'teh*) *m;* boleto (*bohleh'to*) *m;* **— office** taquilla (*tahkee'lyah*) *f;* despacho (*dehspah'cho*) *m;* **round trip —** boleto de ida y vuelta (... *deh ee'dah ee vwehl'tah*) *m*
tickle *n* cosquilla (*kohskee'lyah*) *m; v* cosquillear (*kohskeelyehahr'*)
ticklish *adj* cosquilloso (*kohskeelyoh'so*); **a — point** un punto difícil (*oon poon'to deefee'seel*) *m*
tidbit *n* golosina (*gohlohsee'nah*) *f*
tide *n* marea (*mahreh'ah*) *f;* **high —** marea alta (... *ahl'tah*) *f;* **low —** marea baja (... *bah'ha*) *f*
tidings *n pl* noticias (*nohtee'syahs*) *f, pl*
tidy *adj* ordenado (*ohrdehnah'do*); *v* asear (*ahsehahr'*); poner en orden (*pohnehr' ehn ohr'dehn*)
tie *n* atadura (*ahtahdoo'rah*) *f;* vínculo (*veen'koolo*) *m;* **neck—** corbata (*kohrbah'tah*) *f; v* atar (*ahtahr'*)
tiger *n* tigre (*tee'greh*) *m*
tight *adj* apretado (*ahprehtah'do*); estrecho (*ehstreh'cho*); (*coll*) avaro (*ahvah'ro*)
tighten *v* apretar (*ahprehtahr'*); cerrar (*sehrrahr'*)
tightness *n* estrechez (*ehstrehchehs'*) *f;* (*money*) tacañería (*tahkahnyehree'ah*) *f;* aprieto (*ahpryeh'to*) *m*
tile *n* teja (*teh'hah*) *f*
till *prep* hasta (*ahs'tah*); *conj* hasta que (*ahs'tah keh*); *v* (*soil*) cultivar (*koolteevahr'*)
tilt *n* inclinación (*eenkleenahsyohn'*) *f*
timber *n* madera (*mahdeh'rah*) *f*
time *n* tiempo (*tyehm'po*) *m;* **what — is it?** ¿qué hora es? (*keh oh'rah ehs*); **this —** esta vez (*ehs'tah vehs*); **— marches on** el tiempo pasa (*ehl ... pah'sah*); **at —s** a veces (*ah veh'sehs*); **in (on) —** a tiempo (*ah* ...); *v* medir el tiempo (*mehdeer' ehl* ...); **(to pay) on —** (pagar) a plazos (*pahgar' ah plah'sohs*)
timely *adj* oportuno (*ohpohrtoo'no*)
timetable *n* horario (*ohrah'ryo*) *m*
timid *adj* tímido (*tee'meedo*)
tin *n* lata (*lah'tah*) *f;* estaño (*ehstah'nyo*) *m*
tincture *n* tintura (*teentoo'rah*) *f*
tint *n* tinte (*teen'teh*) *m; v* teñir (*tehneer'*)
tiny *adj* chiquitín (*cheekeeteen'*); pequeñito (*pehkehnyee'to*)
tip *n* punta (*poon'tah*) *f;* **to give a —** dar propina (*dahr prohpee'nah*); *v* **to — over** volcar(se) (*vohlkahr', seh*)
tipsy *adj* borracho (*bohrrah'cho*)
tiptoe *n* punta del pie (*poon'tah dehl pyeh*) *f;* **on —** de puntillas (*deh poontee'lyahs*); *v* andar de puntillas (*ahndahr' deh poontee'lyahs*)
tire *n* llanta (*lyahn'tah*) *f;* neumático (*nehoomah'teeko*) *m;* **flat —** llanta reventada (*lyahn'tah rehvehntah'dah*) *f*
tire *v* fatigar(se) (*fahteegahr', seh*); **to be —d** estar cansado (*ehstahr' kahnsah'do*)
tireless *adj* incansable (*eenkahnsah'bleh*)
tiresome *adj* cansado (*kahnsah'do*); aburrido (*ahboorree'do*)
tissue *n* tejido (*teh-hee'do*) *m*
title *n* título (*tee'toolo*) *m*
to *prep* a (*ah*); hasta (*ahs'tah*); hacia (*ah'syah*); para (*pah'rah*)
toast *n* (*bread*) tostada (*tohstah'dah*) *f;* (*drink*) brindis (*breen'dees*) *m; v* tostar(se) (*tohstahr', seh*); brindar (*breendahr'*)
toaster *n* tostador (*tohstahdohr'*) *m*
tobacco *n* tabaco (*tahbah'ko*) *m*
today *n & adv* hoy (*ohy*)
toe *n* dedo del pie (*deh'do dehl pyeh'*) *m;* punta del pie (*poon'tah* ...) *f*
together *adj* juntamente (*hoontahmehn'teh*); **— with** junto con (*hoon'to kohn*); juntos (*hoon'tohs*)
toil *n* trabajo duro (*trahbah'ho doo'ro*) *m;* fatiga (*fahtee'gah*) *f; v* trabajar fuerte (*trahbah-hahr' fwehr'teh*)
toilet *n* retrete (*rehtreh'teh*) *m;* excusado (*exkoosah'do*) *m;* **— paper** papel higiénico (*pahpehl' ee-hyeh'neeko*) *m*

token *n* señal (*sehnyahl'*) *f;* prenda (*prehn'dah*) *f;* muestra (*mwehs'trah*) *f*
tolerant *adj* tolerante (*tohlehrahn'teh*)
tolerate *v* tolerar (*tohlehrahr'*)
toll *n* (*bell*) doble (*doh'bleh*) *m;* (*fee*) peaje (*pehah'heh*) *m;* — **gate** barrera de peaje (*bahrreh'rah deh pehah'heh*) *f;* *v* (*bell*) doblar (*dohblahr'*)
tomato *n* tomate (*tohmah'teh*) *m;* — **juice** jugo de tomate (*hoo'go deh* ...) *m*
tomb *n* tumba (*toom'bah*) *f;* —**stone** lápida (*lah'peedah*) *f*
tomorrow *adv* mañana (*mahnyah'nah*); — **morning** mañana por la mañana (... *pohr* ...); — **noon** mañana al mediodía (... *ahl mehdyodee'ah*)
ton *n* tonelada (*tohnehlah'dah*) *f*
tone *n* tono (*toh'no*) *m;* timbre (*teem'breh*) *m*
tongue *n* lengua (*lehn'gwah*) *f;* (*language*) idioma (*eedyoh'mah*) *m*
tonic *adj* & *n* tónico (*toh'neeko*) *m*
tonight *adv* esta noche (*ehs'tah noh'cheh*)
tonnage *n* tonelaje (*tohnehlah'heh*) *m*
tonsil *n* amígdala (*ahmeeg'dahlah*) *f*
too *adv* también (*tahmbyehn'*); — **much** demasiado (*dehmahsyah'do*); **it is — bad!** ¡es una lástima! (*ehs oon'a lahs'teemah*)
tool *n* instrumento (*eenstroomehn'to*) *m;* herramienta (*ehrrahmyehn'tah*) *f*
toot *n* toque (*toh'keh*) *m;* sonido, *m;* *v* tocar (*tohkahr'*); **to — the horn** tocar la bocina (... *lah bohsee'nah*)
tooth *n* diente (*dyehn'teh*) *m;* —**ache** dolor de dientes (*dohlohr' deh* ...*s*) *m;* — **brush** cepillo de dientes (*sehpee'lyo* ...) *m;* — **paste** pasta dentífrica (*pahs'tah dehntee'freekah*) *f*
top *adj* sobresaliente (*sohbrehsahlyehn'teh*); *v* sobresalir (*sohbrehsahleer'*); *n* cumbre (*koom'breh*) *f;* cabeza (*kahbeh'sah*) *f;* (*toy*) trompo (*trohm'po*) *m;* **on — of** encima de (*ehnsee'mah deh*)
topic *n* sujeto (*sooheh'to*) *m;* asunto (*ahsoon'to*) *m*
topple *v* derribar (*dehrreebahr'*); **to — over** volcar (*vohlkahr'*)
torch *n* antorcha (*ahntohr'chah*) *f*
torment *n* tormento (*tohrmehn'to*) *m;* *v* atormentar (*ahtohrmehntahr'*)
torn *adj* roto (*roh'to*)
tornado *n* tornado (*tohrnah'do*) *m*
torpedo *n* torpedo (*tohrpeh'do*) *m;* — **boat** torpedero (*tohrpehdeh'ro*) *m;* *v* torpedear (*tohrpehdehahr'*)
torrent *n* torrente (*tohrrehn'teh*) *m*
torture *n* tortura (*tohrtoo'rah*) *f;* *v* torturar (*tohrtoorahr'*)
toss *n* tiro (*tee'ro*) *m;* lance (*lahn'seh*) *m;* *v* echar (*ehchahr'*); lanzar (*lahnsahr'*)
tot *n* chiquitín (*cheekeeteen'*) *m*
total *adj* & *n* total (*tohtahl'*) *m*
totalitarian *adj* totalitario (*tohtahleetah'ryo*)
totter *v* tambalearse (*tahmbahlehahr'seh*)
touch *n* toque (*toh'keh*) *m;* tacto (*tahk'to*) *m;* *v* tocar (*tohkahr'*); conmover (*kohnmohvehr'*); **to — upon a subject** tratar de (*trahtahr' deh*)
touching *adj* conmovedor (*kohnmohvehdohr'*); *prep* — **upon** tratando de (*trahtahn'do deh*); tocante a (*tohkahn'teh ah*)
touchy *adj* susceptible (*soosehptee'bleh*); sensible (*sehnsee'bleh*)
tough *adj* firme (*feer'meh*); duro (*doo'ro*); difícil (*deefee'seel*); tenaz (*tehnahs'*)
toughen *v* endurecer (*ehndoorehsehr'*)
toughness *n* dureza (*dooreh'sah*) *f;* dificultad (*deefeekooltahd'*) *f*
tour *n* viaje (*vyah'heh*) *m;* excursión (*exkoorsyohn'*) *f;* *v* viajar por (*vyah-hahr' pohr*)
tourist *n* turista (*toorees'tah*) *m, f*
tournament *n* torneo (*tohrneh'oh*) *m;* concurso (*kohnkoor'so*) *m*
tow *v* remolcar (*rehmohlkahr'*); — **truck** remolcador (*rehmohlkahdohr'*) *m*
toward *prep* hacia (*ah'syah*); rumbo a (*room'boh ah*)
towel *n* toalla (*tohah'lyah*) *f;* — **rack** toallero (*tohahlyeh'ro*) *m*
tower *n* torre (*toh'rreh*) *f;* **bell —** campanario (*kahmpahnahr'yo*) *m*
town *n* población (*pohblahsyohn'*) *f;* pueblo (*pweh'blo*) *m;* — **hall** ayuntamiento (*ahyoontahmyehn'to*) *m*
toy *n* juguete (*hoogheh'teh*) *m;* *v* jugar (*hoogahr'*)
trace *n* señal (*sehnyahl'*) *f;* indicio (*eendee'syo*) *m;* *v* trazar (*trahsahr'*)
track *n* pista (*pees'tah*) *f;* senda (*sehn'dah*) *f;* **railroad —** rieles (*ryehl'ehs*) *m, pl;* *v* rastrear (*rahstrehahr'*); **to — down** rastrear y capturar (... *ee kahptoorahr*)
tract *n* área (*ah'rehah*) *f;* terreno (*tehrreh'no*) *m*
tractor *n* tractor (*trahktohr'*) *m*
trade *n* comercio (*kohmehr'syo*) *m;* negocio (*nehgoh'syo*) *m;* cambio (*kahm'byo*) *m;* *v* comerciar (*kohmehrsyahr'*); negociar (*nehgohsyahr'*); cambiar (*kahmbyahr'*)
tradition *n* tradición (*trahdeesyohn'*) *f*
traditional *adj* tradicional (*trahdeesyohnahl'*); antiguo (*ahntee'gwo*)
traffic *n* tráfico (*trah'feeko*) *m;* tránsito (*trahn'seeto*) *m;* *v* traficar (*trahfeekahr'*); negociar (*nehgohsyahr'*)

tragedy *n* tragedia (*trah-heh'dyah*) *f*
tragic *adj* trágico (*trah'heeko*)
trail *n* rastro (*rahs'tro*) *m;* senda (*sehn'dah*) *f; v* rastrear (*rahstrehahr'*)
train *n* tren (*trehn*) *m; v* ejercitar (*ehhehrseetahr'*); preparar (*prehpahrahr'*)
trainer *n* amaestrador (*ahmahehstrahdohr'*) *m;* entrenador (*ehntrehnahdohr'*) *m*
training *n* preparación (*prehpahrahsyohn'*) *f;* educación (*ehdookahsyohn'*) *f;* entrenamiento (*ehntrehnahmyehn'to*) *m*
trait *n* rasgo (*rahs'go*) *m;* cualidad (*kwahleedahd'*) *f*
traitor *n* traidor (*trahydohr'*) *m*
tramp *n* vagabundo (*vahgahboon'do*) *m; v* pisotear (*peesohtehahr'*)
trample *v* pisar (*peesahr'*)
trance *n* éxtasis (*ex'tahsees*) *m;* **to be in a —** estar arrobado (*ehstahr' ahrrohbah'do*); ser feliz (*sehr fehlees'*)
tranquil *adj* tranquilo (*trahnkee'lo*)
tranquilizer *n* tranquilizante (*trahnkeeleesahn'teh*) *m*
transact *v* tramitar (*trahmeetahr'*); negociar (*nehgohsyahr'*)
transaction *n* transacción (*trahnsahksyohn'*) *f;* negocio (*nehgoh'syo*) *m*
transatlantic *adj & n* transatlántico (*trahnsahtlahn'teeko*) *m*
transcend *v* trascender (*trahsehndehr'*)
transcontinental *adj* transcontinental (*trahskohnteenehntahl'*)
transcribe *v* transcribir (*trahnskreebeer'*)
transcript *n* transcripción (*trahnskreepsyohn'*) *f;* copia (*koh'pyah*) *f*
transfer *n* traslado (*trahslah'do*) *m; v* transferir (*trahnsfehreer'*)
transform *v* transformar (*trahnsfohrmahr'*)
transformation *n* transformación (*trahnsfohrmahsyohn'*) *f*
transgression *n* transgresión (*trahnsgrehsyohn'*) *f;* violación (*vyohlahsyohn'*) *f*
transient *adj & n* transeúnte (*trahnsehoon'teh*) *m;* temporáneo (*tehmpohrah'neho*); pasajero (*pahsah-heh'ro*)
transistor *n* transistor (*trahnseestohr'*) *m;* **— radio** radio portátil a transistores (*rah'dyo pohrtah'teel ah trahnseestoh'rehs*) *f,* (*coll & Am*) un transistor (*oon ...*) *m*
transit *n* tránsito (*trahn'seeto*) *m*
transition *n* transición (*trahnseesyohn'*) *f*
translate *v* traducir (*trahdooseer'*)
translation *n* traducción (*trahdooksyohn'*) *f*
translator *n* traductor (*trahdooktohr'*) *m*
translucent *adj* translúcido (*trahnsloo'seedo*)
transmission *n* transmisión (*trahnsmeesyohn'*) *f*
transmit *v* transmitir (*trahnsmeeteer'*); emitir (*ehmeeteer'*)
transmitter *n* transmisor (*trahnsmeesohr'*) *m;* **— station** emisora (*ehmeesoh'rah*) *f*
transparent *adj* transparente (*trahnspahrehn'teh*)
transport *v* transportar (*trahnspohrtahr'*)
transportation *n* transportación (*trahnspohrtahsyohn'*) *f*
transpose *v* transponer (*trahnspohnehr'*)
trap *n* trampa (*trahm'pah*) *f;* red (*rehd*) *f;* **mouse—** ratonera (*rahtohneh'rah*) *f; v* entrampar (*ehntrahmpahr'*)
trash *n* basura (*bahsoo'rah*) *f*
travel *n* viaje (*vyah'heh*) *m; v* viajar (*vyah-hahr'*)
traveler *n* viajero (*vyah-heh'ro*) *m*
traveling *adj* de viaje (*deh vyah'heh*)
travesty *n* parodia (*pahroh'dyah*) *f; v* parodiar (*pahrohdyahr'*)
tray *n* bandeja (*bahndeh'hah*) *f;* **ash—** cenicero (*sehneeseh'ro*) *m*
treacherous *adj* traicionero (*trahysyohneh'ro*)
treachery *n* traición (*trahysyohn'*) *f*
tread *n* pisada (*peesah'dah*) *f; v* pisar (*peesahr'*)
treason *n* traición (*trahysyohn'*) *f*
treasonable *adj* traicionero (*trahysyohneh'ro*)
treasure *n* tesoro (*tehsoh'ro*) *m; v* atesorar (*ahtehsohrahr'*)
treasurer *n* tesorero (*tehsohreh'ro*) *m*
treasury *n* tesoro (*tehsoh'ro*) *m*
treat *n* obsequio (*obseh'kyo*) *m;* convidada (*kohnveedah'dah*) *f;* **that's a —** es un deleite, encanto (*ehs oon dehleh'eeteh, ehnkahn'to*); *v* tratar (*trahtahr'*); **it — of poetry** trata de poesía (*trah'tah deh pohehsee'ah*); **I'll — you to a coffee** le convido a, le ofrezco un café (*leh kohnvee'do ah, leh ohfreh'sko oon kahfeh'*)
treatise *n* tratado (*trahtah'do*) *m*
treatment *n* trato (*trah'to*) *m*
treaty *n* tratado (*trahtah'do*) *m;* pacto (*pahk'to*) *m*
tree *n* árbol (*ahr'bohl*) *m*
tremble *v* temblar (*tehmblahr'*); estremecerse (*ehstrehmehsehr'seh*)
tremendous *adj* tremendo (*trehmehn'do*)
tremor *n* temblor (*tehmblohr'*) *m*
trench *n* trinchera (*treencheh'rah*) *f*
trend *n* tendencia (*tehndehn'syah*) *f*
trespass *v* invadir (*eenvahdeer'*); violar (*vyohlahr'*)
trespassing *n* violación (*vyohlahsyohn'*) *f*
tress *n* trenza (*trehn'sah*) *f*

trial *n* proceso (*prohseh'so*) *m;* prueba (*prweh'bah*) *f*
triangle *n* triángulo (*tryahn'goolo*) *m*
triangular *adj* triangular (*tryahngoolahr'*)
tribe *n* tribu (*tree'boo*) *f*
tribulation *n* tribulación (*treeboolahsyohn'*) *f*
tribute *n* tributo (*treeboo'to*) *m*
trick *n* maña (*mah'nyah*) *f;* juego (*hweh'go*) *m; v* trampear (*trahmpehahr'*)
trickery *n* engaño (*ehngah'nyoh*) *m*
trickle *n* goteo (*gohteh'o*) *m; v* gotear (*gohtehahr'*)
tricky *adj* engañoso (*ehngahnyoh'so*)
trifle *n* bagatela (*bahgahteh'lah*) *f; v* chancear(se) (*chahnsehahr', seh*)
trigger *n* gatillo (*gahtee'lyo*) *m*
trim *adj* limpio (*leem'pyo*); *n* adorno (*ahdohr'no*) *m; v* adornar (*ahdohrnahr'*)
trimming *n* adorno (*ahdohr'no*) *m;* **—s** accesorios (*ahksehsohr'yohs*) *m, pl*
trip *n* viaje (*vyah'heh*) *m;* tropezón (*trohpehsohn'*) *m; v* tropezar (*trohpehsahr'*)
triple *adj & n* triple (*tree'pleh*) *m*
trite *adj* (*fig*) banal (*bahnahl'*) trivial (*treevyahl'*)
triumph *n* triunfo (*tryoon'fo*) *m*
trivial *adj* trivial (*treevyahl'*); insignificante (*eenseegneefeekahn'teh*); banal (*bahnahl'*)
troop *n* tropa (*troh'pah*) *f*
trophy *n* trofeo (*trohfeh'o*) *m*
tropic *n* trópico (*troh'peeko*) *m*
tropical *adj* tropical (*trohpeekahl'*)
trot *n* trote (*troh'teh*) *m; v* trotar (*trohtahr'*)
trouble *n* molestia (*mohlehs'tyah*) *f;* **he is —d** está turbado (*ehstah' toorbah'do*); **it is no —** no es molestia (*no ehs* ...); **it is not worth the —** no vale la pena (*no vah'leh lah peh'nah*); *v* turbar (*toorbahr'*); molestar (*mohlehstahr'*)
troublemaker *n* agitador (*ah-heetahdohr'*) *m*
troublesome *adj* molesto (*mohlehs'to*)
trousers *n pl* pantalones (*pahntahloh'nehs*) *m, pl*
trousseau *n* ajuar de novia (*ah-hwahr' deh noh'vyah*) *f*
trout *n* trucha (*troo'chah*) *f*
truce *n* tregua (*treh'gwah*) *f*
truck *n* camión (*kahmyohn'*) *f*
true *adj* verdadero (*vehrdahdeh'ro*)
truly *adv* verdaderamente (*vehrdahdehrahmehn'teh*); **very — yours** su seguro servidor (*soo sehgoo'ro sehrveedohr'*)
trumpet *n* trompeta (*trohmpeh'tah*) *f; v* trompetear (*trohmpehtehahr'*)
trunk *n* (*tree*) tronco (*trohn'ko*) *m;* baúl (*bahool'*) *m*
trust *n* confianza (*kohnfyahn'sah*) *f;* **in —** en custodia (*ehn koostoh'dyah*); *v* confiar (*kohnfyahr'*)
trustee *n* depositario (*dehpohseetah'ryo*) *m;* **board of —s** patronato (*pahtrohnah'to*) *m;* regencia (*reh-hehn'syah*) *f*
trustworthy *adj* confiable (*kohnfyah'bleh*)
truth *n* verdad (*vehrdahd'*) *f*
truthful *adj* verdadero (*vehrdahdeh'ro*)
truthfulness *n* veracidad (*vehrahseedahd'*) *f;* verdad (*vehrdahd'*) *f*
try *n* prueba (*prweh'bah*) *f; v* probar (*prohbahr'*); ensayar (*ehnsahyahr'*); tratar (de) (*trahtahr', deh*)
tub *n* tina (*tee'nah*) *f;* bañera (*bahnyeh'rah*) *f* (*Am*) bañadera (*bahnyahdeh'rah*) *f*
tube *n* tubo (*too'bo*) *m*
tuberculosis *n* tuberculosis (*toobehrkooloh'sees*) *f*
tuck *n* doblez (*dohblehs'*) *m; v* meter (en) (*mehtehr', ehn*); **to — in bed** arropar (*ahrrohpahr'*)
Tuesday *n* martes (*mahr'tehs*) *m*
tuft *n* penacho (*pehnah'cho*) *m*
tug *v* remolcar (*rehmohlkahr'*); **— boat** remolcador (*rehmohlkahdohr'*)*m*
tuition (fees) *n, pl* derechos (universitarios) de enseñanza (*dehreh'chohs, ooneevehrseetah'ryos, deh ehnsehnyahn'sah*) *m, pl*
tulip *n* tulipán (*tooleepahn'*) *m*
tumble *v* tumbar (*toombahr'*); *n* tumbo (*toom'bo*) *m;* caída (*kahee'dah*) *f*
tumor *n* tumor (*toomohr'*) *m*
tumult *n* tumulto (*toomool'to*) *m*
tuna *n* atún (*ahtoon'*) *m*
tune *n* tono (*toh'no*) *m; v* **to — up** poner a tono (*pohnehr'* ...); (*radio*) **— in** sintonizar (*seentohneesahr'*)
tunic *n* túnica (*too'neekah*) *f*
tunnel *n* túnel (*too'nehl*) *m*
turbulent *adj* turbulento (*toorboolehn'to*)
turf *n* césped (*seh'spehd*) *f*
turkey *n* pavo (*pah'vo*) *m*
Turkish *adj & n* turco (*toor'ko*) *m*
turmoil *n* alboroto (*ahlbohroh'to*) *m*
turn *n* vuelta (*vwehl'tah*) *f;* **no —s** no doblar (*no dohblahr'*); *v* volver(se) (*vohlvehr', seh*); voltear (*vohltehahr'*); **to — off** apagar (*ahpahgahr'*); cortar (*kohrtahr'*); **to — on** (*light*) encender (*ehnsehndehr'*); **to — the corner** doblar la esquina (*dohblahr' lah ehskee'nah*); **to — up** aparecer (*ahpahrehsehr'*)
turnip *n* nabo (*nah'bo*) *m*
turpentine *n* trementina (*trehmehntee'nah*) *f*

turpitude *n* torpeza (*torhpeh'sah*) *f*
turquoise *n* turquesa (*toorkeh'sah*) *f*
turtle *n* tortuga (*tohrtoo'gah*) *f*
tutor *n* tutor (*tootohr'*) *m; v* enseñar (*ehnsehnyahr'*)
tuxedo *n* esmoquin (*ehsmoh'keen*) *m*
tweezers *n pl* pinzas (*peen'sahs*) *f, pl*
twice *adv* dos veces (*dohs veh'sehs*)
twig *n* varita (*vahree'tah*) *f*
twilight *n* crepúsculo (*krehpoos'koolo*) *m*
twin *adj & n* gemelo (*hehmeh'lo*) *m*
twine *n* cordel (*kohrdehl'*) *m*
twinkle *n* centelleo (*sehntehlyeh-o*); titilación (*teeteelahsyohn'*) *f;* **in the — of an eye** en un abrir y cerrar de ojos (*ehn oon ahbreer' ee sehrrahr' deh oh'hohs*); *v* centellear (*sehntehlyehahr'*); titilar (*teeteelahr'*)
twirl *n* vuelta (*vwehl'tah*) *f; v* dar vueltas (*dahr vwehl'tahs*)
twist *n* torsión (*tohrsyohn'*) *f;* torcedura (*tohrsehdoo'rah*) *f;* (*a dance*) el twist (*ehl tweest*) *m;* baile con torsiones (*bah'yleh kohn tohrsyoh'nehs*) *m; v* torcerse (*tohrsehr'seh*)
twitch *n* temblor (*tehmblohr'*) *m;* tirón (*teerohn'*) *m; v* temblar (*tehmblahr'*)
twofold *adj* doble (*doh'bleh*)
type *n* tipo (*tee'po*) *m; v* escribir a máquina (*ehskreebeer' ah mah'keenah*)
typesetter *n* tipógrafo (*teepoh'grahfo*) *m;* cajista (*kah-hees'tah*) *m, f*
typewrite *v* escribir a máquina (*ehskreebeer' ah mah'keenah*)
typewriter *n* máquina de escribir (*mah'keenah deh ehskreebeer'*) *f*
typewritten *adj* escrito a máquina (*ehskree'to ah mah'keenah*)
typhoid *n* (*fever*) fiebre tifoidea (*fyeh'breh teefohydeh'ah*) *f*
typhus *n* tifo (*tee'fo*) *m*
typical *adj* típico (*tee'peeko*)
typist *n* mecanógrafo, a (*mehkahnoh'grafoh, ah*) *m, f*
tyrannical *adj* tiránico (*teerah'neeko*)
tyranny *n* tiranía (*teerahnee'ah*) *f*
tyrant *n* tirano (*teerah'no*) *m;* déspota (*dehs'pohtah*) *m, f*

U

udder *n* ubre (*oo'breh*) *f*
ugliness *n* fealdad (*fehahldahd'*) *f*
ugly *adj* feo (*feh'o*)
ulcer *n* úlcera (*ool'sehrah*) *f*
ulterior *adj* ulterior (*ooltehryohr'*)
ultimate *adj* último (*ool'teemo*)
umbrella *n* paraguas (*pahrah'gwahs*) *m*
umpire *n* árbitro (*ahr'beetro*) *m; v* arbitrar (*ahrbeetrahr'*)
unable *adj* incapaz (*eenkahpahs'*); inhábil (*eenah'beel*)
unaccustomed *adj* inusitado (*eenooseetah'do*)
unaffected *adj* inafectado (*eenahfehktah'do*); sincero (*seenseh'ro*)
unalterable *adj* inalterable (*eenahltehrah'bleh*)
unanimity *n* unanimidad (*oonahneemeedahd'*) *f*
unanimous *adj* unánime (*oonah'neemeh*)
unarmed *adj* desarmado (*dehsahrmah'do*)
unavoidable *adj* inevitable (*eenehveetah'bleh*)
unaware *adj* inadvertido (*eenahdvehrtee'do*)
unbalanced *adj* desequilibrado (*dehsehkeeleebrah'do*)
unbearable *adj* insoportable (*eensohpohrtah'bleh*)
unbecoming *adj* impropio (*eemproh'pyo*); indigno (*eendeeg'no*)
unbelievable *adj* increíble (*eenkrehee'bleh*)
unbelieving *adj* incrédulo (*eenkreh'doolo*)
unbending *adj* inflexible (*eenflehksee'bleh*)
unbiased *adj* imparcial (*eempahrsyahl'*)
unbound *adj* suelto (*swehl'to*); desatado (*dehsahtah'do*); libre (*lee'breh*)
unbroken *adj* intacto (*eentahk'to*)
unbutton *v* desabotonar (*dehsahbohtohnahr'*)
uncap *v* destapar (*dehstahpahr'*)
unceasing *adj* incesante (*eensehsahn'teh*)
uncertain *adj* incierto (*eensyehr'to*)
uncertainty *n* incertidumbre (*eensehrteedoom'breh*) *f*
unchangeable *adj* inmutable (*eenmootah'bleh*); inalterable (*eenahltehrah'bleh*)
unchanged *adj* inalterado (*eenahltehrah'do*)
uncharitable *adj* duro (*doo'ro*); sin caridad (*seen kahreedahd'*)
uncle *n* tío (*tee'o*) *m*
unclean *adj* sucio (*soo'syo*)
uncomfortable *adj* incómodo (*eenkoh'mohdo*); molesto (*mohlehs'to*)
uncommon *adj* raro (*rah'ro*)
unconditional *adj* incondicional (*eenkohndeesyohnahl'*); — **surrender** rendición incondicional (*rehndeesyohn' ...*) *f*
unconquerable *adj* invencible (*eenvehnsee'bleh*)
unconscious *adj* inconsciente (*eenkohnsyehn'teh*)
unconsciousness *n* inconciencia (*eenkohnsyehn'syah*) *f*
uncontrollable *adj* irrefrenable (*eerrehfrehnah'bleh*)
uncouth *adj* tosco (*tohs'ko*)
uncover *v* descubrir(se) (*dehskoobreer', seh*); revelar (*rehvehlahr'*)
unction *n* unción (*oonsyohn'*) *f;* **Extreme Unction** Extremaunción (*ehxtrehmahoonsyohn'*) *f*
uncultured *adj* inculto (*eenkool'to*); tosco (*tohs'ko*)
undecided *adj* indeciso (*eendehsee'so*)
undeniable *adj* innegable (*eennehgah'bleh*)
under *prep* bajo (*bah'ho*); debajo de (*dehbah'ho deh*); *adv* debajo (*dehbah'ho*)
underclothes *n, pl* ropa interior (*roh'pah eentehryohr'*) *f*
underestimate *v* menospreciar (*mehnohsprehsyahr'*)
undergo *v* sufrir (*soofreer'*)
undergraduate *n* estudiante de licenciatura (*ehstoodyahn'teh deh leesehnsyahtoo'rah*) *m, f*
underground *adj & n* subterráneo (*soobtehrrah'neho*) *m;* **to go** — actuar secretamente (*ahktwahr' sehkrehtahmehn'teh*); (*polit*) — **movement** movimiento de resistencia (*mohveemyehn'to deh rehseestehn'syah*) *m*
underhanded *adj* (en) secreto (*ehn, sehkreh'to*)
underline *v* subrayar (*soobrahyahr'*)
underlying *adj* fundamental (*foondahmehntahl'*)
underneath *prep* bajo (*bah'ho*); *adv* debajo (*dehbah'ho*)

undershirt *n* camiseta (*kahmeeseh'tah*) *f*
undersigned *n* firmante (*feermahn'teh*) *m, f*
understand *v* entender (*ehntehndehr'*); comprender (*kohmprehndehr'*)
understandable *adj* comprensible (*kohmprehnsee'bleh*)
understanding *n* entendimiento (*ehntehndeemyehn'to*) *m;* acuerdo (*ahkwehr'do*) *m*
understood *adj* entendido (*ehntehndee'do*)
undertake *v* emprender (*ehmprehndehr'*)
undertaker *n* director de funeraria (*deerehktohr' deh foonehrah'ryah*) *m*
undertaking *n* empresa (*ehmpreh'sah*) *f;* tarea (*tahreh'ah*) *f*
underwear *n* ropa interior (*roh'pah eentehryohr'*) *f*
underworld *n* infierno (*eenfyehr'no*) *m;* **the —** gente criminal (*hehn'teh kreemeenahl'*) *f,* hampa (*ahm'pah*) *f*
undesirable *adj* indeseable (*eendehsehah'bleh*)
undisturbed *adj* impasible (*eempahsee'bleh*)
undo *v* deshacer (*dehshahsehr'*)
undone *adj* inacabado (*eenahkahbah'do*)
undoubtedly *adv* sin duda (*seen doo'dah*)
undress *v* desnudar(se) (*dehsnoodahr', seh*)
undue *adj* impropio (*eemproh'pyo*)
undying *adj* inmortal (*eenmohrtahl'*)
uneasy *adj* inquieto (*eenkyeh'to*)
uneducated *adj* inculto (*eenkool'to*)
unemployed *adj* desocupado (*dehsohkoopah'do*)
unemployment *n* desocupación (*dehsohkoopahsyohn'*) *f;* **— insurance** seguro de desempleo (*sehgoo'ro deh dehsehmpleh'o*) *m*
unending *adj* interminable (*eentehrmeenah'bleh*); sin fin (*seen feen*)
unequal *adj* desigual (*dehseegwahl'*)
unevenness *n* desigualdad (*dehseegwahldahd'*) *f*
unexpected *adj* inesperado (*eenehspehrah'do*); **—ly** *adv* inesperadamente (*eenehspehrahdahmehn'teh*)
unfailing *adj* constante (*kohnstahn'teh*)
unfair *adj* injusto (*eenhoos'to*)
unfaithful *adj* infiel (*eenfyehl'*)
unfamiliar *adj* poco familiar (*poh'ko fahmeelyahr'*)
unfasten *v* desatar (*dehsahtahr'*)
unfavorable *adj* desfavorable (*dehsfahvohrah'bleh*)
unfinished *adj* inacabado (*eenahkahbah'do*)
unfit *adj* inepto (*eenehp'to*); inservible *eensehrvee'bleh*)
unfold *v* desenvolver(se) (*dehsehnvohlvehr', seh*); revelar (*rehvehlahr'*)
unforeseen *adj* imprevisto (*eemprehvee'sto*)
unforgettable *adj* inolvidable (*eenohlveedah'bleh*)
unfortunate *adj* desgraciado (*dehsgrahsyah'do*); **—ly** *adv* desgraciadamente (*dehsgrahsyahdahmehn'teh*)
unfriendly *adj* hostil (*ohsteel'*)
unfurl *v* desplegar (*dehsplehgahr'*)
unfurnished *adj* desamueblado (*dehsahmwehblah'do*)
ungrateful *adj* ingrato (*eengrah'to*)
unhappy *adj* infeliz (*eenfehlees'*)
unharmed *adj* ileso (*eeleh'so*)
unhealthy *adj* enfermizo (*ehnfehrmee'so*)
unhook *v* desenganchar (*dehsehngahnchahr'*)
unhurt *adj* ileso (*eeleh'so*)
uniform *adj & n* uniforme (*ooneefohr'meh*) *m*
uniformity *n* uniformidad (*ooneefohrmeedahd'*) *f*
unify *v* unificar (*ooneefeekahr'*); juntar (*hoontahr'*)
union *n* unión (*oonyohn'*) *f*
unique *adj* único (*oo'neeko*); raro (*rah'ro*)
unison *n* **in —** al unísono (*ahl oonee'sohno*) *m*
unit *n* unidad (*ooneedahd'*) *f*
unite *v* unir(se) (*ooneer', seh*)
unity *n* unidad (*ooneedahd'*) *f;* armonía (*ahrmohnee'ah*) *f*
universal *adj* universal (*ooneevehrsahl'*)
universe *n* universo (*ooneevehr'so*) *m*
university *n* universidad (*ooneevehrseedahd'*) *f*
unjust *adj* injusto (*eenhoo'sto*)
unjustifiable *adj* injustificable (*eenhoosteefeekah'bleh*)
unkind *adj* severo (*sehveh'ro*); duro (*doo'ro*); descortés (*dehskohrtehs'*)
unknown *adj* desconocido (*dehskohnohsee'do*); ignoto (*eegnoh'to*)
unlawful *adj* ilegal (*eelehgahl'*)
unless *conj* a menos que (*ah meh'nohs keh*)
unlike *adj* diferente (*deefehrehn'teh*); **—ly** improbable (*eemprohbah'bleh*); *adv* improbablemente (*... mehn'teh*)
unlimited *adj* ilimitado (*eeleemeetah'do*)
unload *v* descargar (*dehskahrgahr'*)
unlock *v* abrir (*ahbreer'*); mostrar (*mohstrahr'*)
unlucky *adj* desdichado (*dehsdeechah'do*)
unmarried *adj* soltero (*sohlteh'ro*)
unmerciful *adj* inclemente (*eenklehmehn'teh*)

unmistakable *adj* inconfundible (*eenkohnfoondee'bleh*)
unmoved *adj* impasible (*eempahsee'bleh*); severo (*sehveh'ro*)
unnecessary *adj* innecesario (*eennehsehsah'ryo*)
unnoticed *adj* inadvertido (*eenahdvehrtee'do*)
unobserved *adj* inadvertido (*eenahdvehrtee'do*)
unobtainable *adj* inobtenible (*eenohbtehnee'bleh*)
unoccupied *adj* vacío (*vahsee'o*)
unpack *v* desempacar (*dehsehmpahkahr'*)
unpleasant *adj* desagradable (*dehsahgrahdah'bleh*)
unprecedented *adj* inaudito (*eenahoodee'to*)
unprepared *adj* no preparado (*no prehpahrah'do*)
unpublished *adj* inédito (*eeneh'deeto*)
unquestionable *adj* indisputable (*eendeespootah'bleh*)
unravel *v* desenredar (*dehsehnrehdahr'*); revelar (*rehvehlahr'*)
unreal *adj* irreal (*eerrehahl'*); falso (*fahl'so*)
unreasonable *adj* irracional (*eerrahsyohnahl'*); injusto (*eenhoos'to*)
unrecognizable *adj* irreconocible (*eerrehkohnohsee'bleh*)
unrefined *adj* grosero (*grohseh'ro*); tosco (*tohs'ko*); (*coll*) cursi (*koor'see*)
unrest *n* desasosiego (*dehsahsohsyeh'go*) *m*
unroll *v* desenrollar(se) (*dehsehnrohlyahr', seh*); revelar (*rehvehlahr'*)
unsafe *adj* peligroso (*pehleegroh'so*)
unsatisfactory *adj* insatisfactorio (*eensahteesfahktoh'ryo*)
unseen *adj* no visto (*no vees'to*)
unselfish *adj* desinteresado (*dehseentehrehsah'do*)
unsettled *adj* desordenado (*dehsohrdehnah'do*); **the problem is —** el problema no está resuelto (*ehl prohbleh'mah no ehstah' rehswehl'to*)
unshaken *adj* inmóvil (*eenmoh'veel*)
unsightly *adj* feo (*feh'o*)
unskilled *adj* inexperto (*eenehxpehr'to*)
unsociable *adj* insociable (*eensohsyah'bleh*); no amistoso (*no ahmeestoh'so*)
unspeakable *adj* indecible (*eendehsee'bleh*)
unsteady *adj* inseguro (*eensehgoo'ro*)
unsuccessful *adj* sin éxito (*seen ex'eeto*); **to be —** no tener éxito (*no tehnehr' ...*); no salir bien (*no sahleer' byehn*)
unsuitable *adj* impropio (*eemproh'pyo*)
untidy *adj* desordenado (*dehsohrdehnah'do*); desaseado (*dehsahsehah'do*)
untie *v* desatar (*dehsahtahr'*)
until *prep* hasta (*ahs'tah*); *conj* hasta que (*ahs'tah keh*)
untimely *adj* prematuro (*prehmahtoo'ro*)
untouched *adj* intacto (*eentahk'to*); íntegro (*een'tehgro*)
untrained *adj* no amaestrado (*no ahmaehstrah'do*); indisciplinado (*eendeeseepleenah'do*)
untried *adj* no probado (*no prohbah'do*); inexperto (*eenexpehr'to*)
untroubled *adj* sosegado (*sohsehgah'do*)
untrue *adj* mentiroso (*mehnteeroh'so*)
untruth *n* falsedad (*fahlsehdahd'*) *f*; mentira (*mehntee'rah*) *f*
unused *adj* no usado (*no oosah'do*); desacostumbrado (*dehsahkohstoombrah'do*)
unusual *adj* insólito (*eensoh'leeto*); raro (*rah'ro*)
unveil *v* revelar (*rehvehlahr'*)
unwelcome *adj* indeseable (*eendehsehah'bleh*); no querido (*no kehree'do*)
unwholesome *adj* malsano (*mahlsah'no*)
unwilling *adj* renuente (*rehnwehn'teh*); **he is — to** no tiene ganas de (*no tyeh'neh gah'nahs deh*); **—ly** *adv* de mala gana (*deh mah'lah gah'nah*)
unwise *adj* indiscreto (*eendeeskreh'to*)
unworthy *adj* indigno (*eendeeg'no*)
unwrap *v* desenvolver (*dehsehnvohlvehr'*)
up *adv* arriba (*ahrree'bah*); **— to now** hasta ahora (*ahs'tah ah-hoh'rah*)
upbraid *v* regañar (*rehgahnyahr'*)
uphill *adv* cuesta arriba (*kwehs'tah ahrree'bah*)
uphold *v* sostener (*sohstehnehr'*)
upholstery *n* tapicería (*tahpeesehree'ah*) *f*
upkeep *n* manutención (*mahnootehnsyohn'*) *f*
upland *n* altiplanicie (*ahlteeplahnee'syeh*) *f*
upon *prep* en (*ehn*); sobre (*soh'breh*); encima de (*ehnsee'mah deh*)
upper *adj* superior (*soopehryohr'*)
upright *adj* recto (*rehk'to*); honrado (*ohnrah'do*); *n* poste (*pohs'teh*) *m*
uprising *n* levantamiento (*lehvahntahmyehn'to*) *m*; alboroto (*ahlbohroh'to*) *m*
uproar *n* tumulto (*toomool'to*) *m*
uproarious *adj* tumultuoso (*toomooltwoh'so*)
uproot *v* desarraigar (*dehsahrraheegahr'*)
upset *adj* turbado (*toorbah'do*); *n* vuelco (*vwehl'ko*) *m*; *v* volcar (*vohlkahr'*); turbar (*toorbahr'*)
upshot *n* resultado (*rehsooltah'do*) *m*
upstairs *adv* arriba (*ahrree'bah*)
upstart *n* advenedizo (*ahdvehnehdee'so*) *m*

up-to-date *adj* moderno (*mohdehr'no*); actual (*ahktwahl'*)
urban *adj* urbano (*oorbah'no*)
urchin *n* granuja (*grahnoo'hah*) *f*
urge *n* impulso (*eempool'so*) *m;* gran deseo (*grahn dehseh'o*) *m; v* exhortar (*exohrtahr'*)
urgency *n* urgencia (*oorhehn'syah*) *f*
urgent *adj* urgente (*oorhehn'teh*)
urinate *v* orinar (*ohreenahr'*)
urine *n* orina (*ohree'nah*) *f*
urn *n* urna (*oor'nah*) *f*
us *pron* nos (*nohs*); nosotros (*nohsoh'trohs*)
usage *n* usanza (*oosahn'sah*) *f*
use *n* uso (*oo'so*) *m;* empleo (*ehmpleh'o*) *m; v* usar (*oosahr'*); emplear (*ehmplehahr'*)
useful *adj* útil (*oo'teel*)
usefulness *n* utilidad (*ooteeleedahd'*) *f*
useless *adj* inútil (*eenoo'teel*)
usher *n* acomodador (*ahkohmohdahdohr'*) *m*
usual *adj* usual (*ooswahl'*); **—ly** *adv* usualmente (*ooswahlmehn'teh*)
usurer *n* usurero (*oosooreh'ro*) *m*
usurp *v* usurpar (*oosoorpahr'*)
usury *n* usura (*oosoo'rah*) *f*
utensil *n* utensilio (*ootehnsee'lyo*) *m*
uterus *n* útero (*oo'tehro*) *m*
utility *n* utilidad (*ooteeleedahd'*) *f*
utilize *v* utilizar (*ooteeleesahr'*)
utmost *adj* máximo (*mahx'eemo*); *n* (lo) mayor posible (*lo, mahyohr' pohsee'bleh*); **I shall do my — haré todo lo** posible (*ahreh' toh'do lo ...*)
utter *adj* completo (*kohmpleh'to*); *v* proferir (*prohfehreer'*)

V

vacancy *n* puesto vacío (*pwehs'to vahsee'o*) *m;* empleo vacante (*ehmpleh'o vahkahn'teh*) *m*
vacant *adj* vacío (*vahsee'o*)
vacate *v* dejar vacío (*deh-hahr' vahsee'o*)
vacation *n* vacaciones (*vahkahsyoh'nehs*) *f, pl;* feria (*feh'ryah*) *f*
vaccinate *v* vacunar (*vahkoonahr'*)
vaccination *n* vacunación (*vahkoonahsyohn'*) *f*
vacillate *v* vacilar (*vahseelahr'*)
vacuum *n* vacío (*vahsee'o*) *m*
vagabond *adj & n* vagabundo (*vahgahboon'do*) *m*
vagrant *adj* errante (*ehrrahn'teh*)
vague *adj* vago (*vah'go*)
vain *adj* vanidoso (*vahneedoh'so*)
vainglory *n* vanagloria (*vahnahgloh'ryah*) *f*
valet *n* criado (*kryah'do*) *m*
valiant *adj* valiente (*vahlyehn'teh*)
valid *adj* válido (*vah'leedo*)
validity *n* validez (*vahleedehs'*) *f*
valise *n* valija (*vahlee'hah*) *f*
valley *n* valle (*vah'lyeh*) *m*
valor *n* valor (*vahlohr'*) *m*
valorous *adj* valiente (*vahlyehn'teh*)
valuable *adj* valioso (*vahleeh-oh'so*); precioso (*prehsyoh'so*)
valuation *n* valuación (*vahlwahsyohn'*) *f*
value *n* valor (*vahlohr'*) *m;* mérito (*meh'reeto*) *m; v* estimar (*ehsteemahr'*)
valve *n* válvula (*vahl'voolah*) *f*
van *n* camión (*kahmyohn'*) *m*
vane *n* veleta (*vehleh'tah*) *f*
vanilla *n* vainilla (*vahynee'lyah*) *f*
vanish *v* desvanecerse (*dehsvahnehsehr'seh*)
vanity *n* vanidad (*vahneedahd'*) *f*
vanquish *v* vencer (*vehnsehr'*)
vantage *n* ventaja (*vehntah'hah*) *f*
vapor *n* vapor (*vahpohr'*) *m*
variable *adj* variable (*vahryah'bleh*)
variation *n* variación (*vahryahsyohn'*) *f*
varied *adj* variado (*vahryah'do*)
variety *n* variedad (*vahryehdahd'*) *f*
varnish *n* barniz (*bahrnees'*) *m*
vary *v* variar (*vahryahr'*); cambiar (*kahmbyahr'*)
vase *n* vaso (*vah'so*) *m;* florero (*flohreh'ro*) *m*
vast *adj* vasto (*vah'sto*)
vastness *n* inmensidad (*eenmehnseedahd'*) *f*
vat *n* tina (*tee'nah*) *f*
vaudeville *n* vodevil (*vohdehveel'*) *m*
vault *n* bóveda (*boh'vehdah*) *f;* tumba (*toom'bah*) *f;* **bank —** caja fuerte (*kah'-hah fwehr'teh*) *f*
vaunt *v* jactarse (*hahktahr'seh*)
veal *n* carne de ternera (*kahr'neh deh tehrneh'rah*) *f;* **— cutlet** chuleta de ternera (*chooleh'tah deh tehrneh'rah*) *f*
veer *v* virar (*veerahr'*)
vegetable *adj & n* vegetal (*veh-hehtahl'*) *m;* **—s** legumbres (*lehgoom'brehs*) *f, pl*
vegetation *n* vegetación (*veh-hehtahsyohn'*) *f*
vehemence *n* vehemencia (*veh-hehmehn'syah*) *f*
vehement *adj* vehemente (*veh-hehmehn'teh*)
vehicle *n* vehículo (*veh-hee'kooloh*) *m*
veil *n* velo (*veh'lo*) *m; v* velar (*vehlahr'*); esconder (*ehskohndehr'*)
vein *n* vena (*veh'nah*) *f*
velocity *n* velocidad (*vehlohseedahd'*) *f*
velvet *n* terciopelo (*tehrsyohpeh'lo*) *m*
vendor *n* vendedor (*vehndehdohr'*) *m*
venerable *adj* venerable (*vehnehrah'bleh*)
veneration *n* veneración (*vehnehrahsyohn'*) *f*
vengeance *n* venganza (*vehngahn'sah*) *f*
venison *n* venado (*vehnah'do*) *m*
venom *n* veneno (*vehneh'no*) *m*
venomous *adj* venenoso (*vehnehnoh'so*)
vent *n* desahogo (*dehsah-hoh'go*) *m;* (*mech*) abertura (*ahbehrtoo'rah*) *f*
ventilate *v* ventilar (*vehnteelahr'*)
ventilation *n* ventilación (*vehnteelahsyohn'*) *f*
ventilator *n* ventilador (*vehnteelahdohr'*) *m*
venture *n* ventura (*vehntoo'rah*) *f; v* aventurar (*ahvehntoorahr'*)
verb *n* verbo (*vehr'bo*) *m*
verbal *adj* verbal (*vehrbahl'*); oral (*ohrahl'*)
verbose *adj* verboso (*vehrboh'so*)
verdict *n* sentencia (*sehntehn'syah*) *f*
verdure *n* verdura (*vehrdoo'rah*) *f*

verge *n* borde (*bohr'deh*) *m; v* **to — on** rayar en (*rahyahr' ehn*); acercarse a (*ahsehrkahr'seh ah*)
verify *v* verificar (*vehreefeekahr'*); comprobar (*kohmprohbahr'*)
verily *adv* en verdad (*ehn vehrdahd'*)
verse *n* verso (*vehr'so*) *m*
versed *adj* versado (*vehrsah'do*); instruido (*eenstroohee'do*)
version *n* versión (*vehrsyohn'*) *f*
vertical *adj* vertical (*vehrteekahl'*)
very *adj* mismo (*mees'mo*); **that — day** ese mismo día (*eh'se ... dee'ah*); *adv* muy (*moo'y*)
vespers *n pl* vísperas (*vees'pehrahs*) *f, pl*
vessel *n* vasija (*vahsee'hah*) *f;* barco (*bahr'ko*) *m;* (*blood*) **—** vaso (*vah'so*) *m*
vest *n* chaleco (*chahleh'ko*) *m; v* **to — with** investir de (*eenvehsteer' deh*); **— in** conferir (*kohnfehreer'*), ofrecer (*ohfrehsehr'*)
vestibule *n* vestíbulo (*vehstee'boolo*) *m*
vestige *n* vestigio (*vehstee'hyo*) *m*
veteran *adj & n* veterano (*vehtehrah'no*) *m*
veterinary *adj & n* veterinario (*vehtehreenah'ryo*) *m*
veto *n* veto (*veh'to*) *m;* (*Am*) *v* vetar (*vehtahr'*)
vex *v* molestar (*mohlehstahr'*); irritar (*eerreetahr'*)
vexation *n* molestia (*mohleh'styah*) *f;* irritación (*eerreetahsyohn'*) *f*
viaduct *n* viaducto (*vyahdook'to*) *m*
vial *n* frasco (*frahs'ko*) *m*
viands *n pl* vianda (*vyahn'dah*) *f*
vibrate *v* vibrar (*veebrahr'*)
vibration *n* vibración (*veebrahsyohn'*) *f*
vice *n* vicio (*vee'syo*) *m; prep* **— president** vice-presidente (*vee'seh-prehseedehn'teh*) *m;* **—versa** viceversa (*veesehvehr'sah*)
vicinity *n* vecindad (*vehseendahd'*) *f;* cercanía (*sehrkahnee'ah*) *f*
vicious *adj* vicioso (*veesyoh'so*); maligno (*maleeg'no*)
vicissitude *n* vicisitud (*veeseeseetood'*) *f*
victim *n* víctima (*veek'teemah*) *f*
victor *n* vencedor (*vehnsehdohr'*) *m*
victorious *adj* victorioso (*veektohryoh'so*)
victory *n* victoria (*veektoh'ryah*) *f*
victuals *n, pl* víveres (*vee'vehrehs*) *m, pl*
vie *v* competir (*kohmpehteer'*)
view *n* vista (*vees'tah*) *f;* panorama (*pahnohrah'mah*) *m;* opinión (*ohpeenyohn'*) *f; v* mirar (*meerahr'*)
viewpoint *n* punto de vista (*poon'to deh vees'tah*) *m*
vigil *n* vigilia (*veehee'lyah*) *f*
vigilance *n* vigilancia (*veeheelahn'syah*) *f*
vigilant *adj* vigilante (*veeheelahn'teh*)
vigor *n* vigor (*veegohr'*) *m*
vigorous *adj* vigoroso (*veegohroh'so*)
vile *adj* vil (*veel*); bajo (*bah'ho*)
village *n* aldea (*ahldeh'ah*) *f*
villain *n* villano (*veelyah'no*) *m*
villainy *n* villanía (*veelyahnee'ah*) *f*
vim *n* vigor (*veegohr'*) *m*
vindicate *v* vengar(se) (*vehngahr', seh*)
vindictive *adj* vengativo (*vehngahtee'vo*)
vine *n* vid (*veed*) *f;* parra (*pah'rrah*) *f*
vinegar *n* vinagre (*veenah'greh*) *m*
vineyard *n* viña (*veen'yah*) *f*
violate *v* violar (*vyohlahr'*)
violation *n* violación (*vyohlahsyohn'*) *f*
violence *n* violencia (*vyohlehn'syah*) *f*
violent *adj* violento (*vyohlehn'to*)
violet *adj* violado (*vyohlah'doh*); *n* violeta (*vyohleh'tah*) *f*
violin *n* violín (*vyohleen'*) *m*
violinist *n* violinista (*vyohleenees'tah*) *m, f*
viper *n* víbora (*vee'bohrah*) *f*
virgin *adj & n* virgen (*veer'hehn*) *f*
virtual *adj* virtual (*veertwahl'*); **—ly** *adv* virtualmente (*veertwahlmehn'teh*)
virtue *n* virtud (*veertood'*) *f*
virtuous *adj* virtuoso (*veertwoh'so*)
visa *n* visa (*vee'sah*) *f; v* visar (*veesahr'*)
vise *n* tornillo (*tohrnee'lyo*) *m*
visible *adj* visible (*veesee'bleh*)
vision *n* visión (*veesyohn'*) *f;* vista (*vees'tah*) *f*
visionary *adj* visionario (*veesyohnah'ryo*)
visit *n* visita (*veesee'tah*) *f; v* visitar (*veeseetahr'*)
visitation *n* visitación (*veeseetahsyohn'*) *f*
visitor *n* visita (*veesee'tah*) *f;* visitador (*veeseetahdohr'*) *m*
visor *n* visera (*veeseh'rah*) *f*
vista *n* vista (*vees'tah*) *f;* paisaje (*pahysah'heh*) *m*
vital *adj* vital (*veetahl'*)
vitality *n* vitalidad (*veetahleedahd'*) *f*
vitamin *n* vitamina (*veetahmee'nah*) *f*
vivacious *adj* vivaz (*veevahs'*); animado (*ahneemah'do*)
vivacity *n* vivacidad (*veevahseedahd'*) *f*
vivid *adj* vívido (*vee'veedo*)
vocabulary *n* vocabulario (*vohkahboolah'ryo*) *m*
vocal *adj* vocal (*vohkahl'*); oral (*ohrahl'*)
vocation *n* vocación (*vohkahsyohn'*) *f*
vogue *n* boga (*boh'gah*) *f;* moda (*moh'dah*) *f*

voice *n* voz (*vohs*) *f; v* expresar (*expreh-sahr'*)
voiceless *adj* sin voz (*seen vohs*); mudo (*moo'do*)
void *adj & n* vacío (*vahsee'o*) *m;* inválido (*eenvah'leedo*)
volatile *adj* volátil (*vohlah'teel*); mudable (*moodah'bleh*)
volcanic *adj* volcánico (*vohlkah'neeko*)
volcano *n* volcán (*vohlkahn'*) *m*
volition *n* volición (*vohleesyohn'*) *f*
volley *n* descarga (*dehskahr'gah*) *f*
voltage *n* voltaje (*vohltah'heh*) *m*
volume *n* volumen (*vohloo'mehn*) *m;* tomo (*toh'mo*) *m;* cantidad (*kahntee-dahd'*) *f*
voluminous *adj* voluminoso (*vohloomee-noh'so*)
voluntary *adj* voluntario (*vohloontah'-ryo*)
volunteer *adj & n* voluntario (*vohloon-tah'ryo*) *m; v* ofrecer (*ohfrehsehr'*); dar (*dahr'*)
voluptuous *adj* voluptuoso (*vohloop-twoh'so*)
vomit *n* vómito (*voh'meeto*) *m; v* vomitar (*vohmeetahr'*); (*Am*) arrojar (*ahrroh-hahr'*)
voracious *adj* voraz (*vohrahs'*)
vote *n* voto (*voh'to*) *m;* votación (*vohtah-syohn'*) *f;* **— of confidence** voto de confianza (*... deh kohnfyahn'sah*) *m; v* votar (*vohtahr'*)
voter *n* votante (*vohtahn'teh*) *m, f*
votive *adj* votivo (*vohtee'vo*); **—mass** misa votiva (*mee'sah ...ah*) *f*
vouch *v* garantizar (*gahrahnteesahr'*)
voucher *n* fiador (*fyahdohr'*) *m*
vouchsafe *v* otorgar (*ohtohrgahr'*)
vow *n* voto (*voh'to*) *m;* juramento (*hoo-rahmehn'to*) *m; v* votar (*vohtahr'*); jurar (*hoorahr'*); hacer voto (*ahsehr' ...*)
vowel *n* vocal (*vohkahl'*) *f*
voyage *n* viaje (*vyah'heh*) *m;* viajar (*vyah-hahr'*)
vulgar *adj* vulgar (*voolgahr'*)
vulture *n* buitre (*bwee'treh*) *m;* (*Am*) cóndor (*kohn'dohr*) *m*

W

wabble (wobble) *n* tambaleo (*tahmbahleh'o*) *m;* *v* tambalear(se) (*tahmbahlehahr', seh*); vacilar (*vahseelahr'*)
waddle *n* anadeo (*ahnahdeh'o*) *m;* *v* anadear (*ahnahdehahr'*)
wade *v* vadear (*vahdehahr'*)
wafer *n* hostia (*ohs'tyah*) *f*
waft *n* ráfaga de aire (*rah'fahgah deh ayh'reh*) *f*
wag *v* sacudir (*sahkoodeer'*)
wage *n* paga (*pah'gah*) *f;* **— earner** jornalero (*hohrnahleh'ro*) *m*
wager *n* apuesta (*ahpweh'stah*) *f;* *v* apostar (*ahpohstahr'*)
wagon *n* carro (*kah'rro*) *m*
wail *n* gemido (*hehmee'do*) *m;* *v* gemir (*hehmeer'*)
waist *n* cintura (*seentoo'rah*) *f;* talle (*tah'lyeh*) *m;* **— line** cintura (...) *f*
wait *v* esperar (*ehspehrahr'*); **to — on** servir (*sehrveer'*)
waiter *n* camarero (*kahmahreh'ro*) *m;* sirviente (*seervyehn'teh*) *m*
waiting *n* espera (*ehspeh'rah*) *f;* **— room** sala de espera (*sah'lah deh ...*) *f*
waitress *n* camarera (*kahmahreh'rah*) *f;* sirvienta (*seervyehn'tah*) *f*
waive *v* renunciar (*rehnoonsyahr'*)
wake *n* velatorio (*vehlahtoh'ryo*) *m;* velorio (*vehloh'ryo*) *m;* *v* **— (up)** despertar(se) (*dehspehrtahr', seh*)
waken *v* despertar(se) (*dehspehrtahr', seh*)
walk *n* paseo (*pahseh'o*) *m;* senda (*sehn'dah*) *f;* **side—** acera (*ahseh'rah*) *f;* *v* caminar (*kahmeenahr'*); ir a pie (*eer ah pyeh*); pasear (*pahsehahr'*); **to — away** irse (*eer'seh*); **to — off (the job)** dejar (el trabajo) (*deh-hahr', ehl trahbah'ho*); **to — in** entrar (*ehntrahr'*); **to — out** irse (*eer'seh*)
wall *n* pared (*pahrehd'*) *f;* muro (*moo'ro*) *m*
wallet *n* cartera (*kahrteh'rah*) *f*
wallop *n* bofetón (*bohfehtohn'*) *m;* *v* pegar (*pehgahr'*); golpear (*gohlpehahr'*)
walnut *n* nuez de nogal (*nwehs' deh nohgahl'*) *f;* nogal (*nohgahl'*) *m*
waltz *n* vals (*vahls*) *m;* *v* valsar (*vahlsahr'*); bailar el vals (*bahylahr' ehl ...*)
wan *adj* pálido (*pah'leedo*)
wand *n* vara (*vah'rah*) *f;* **magic —** varita de virtud (*vahree'tah deh veertood'*) *f*
wander *v* vagar (*vahgahr'*); errar (*ehrrahr'*)
wane *n* mengua (*mehn'gwah*) *f;* **he is on the —** está decayendo (*ehstah' dehkahyehn'do*); *v* menguar (*mehngwahr'*)
want *n* falta de (*fahl'tah deh*) *f;* carencia (*kahrehn'syah*) *f;* *v* querer (*kehrehr'*); desear (*dehsehahr'*)
wanton *adj* desenfrenado (*dehsehnfrehnah'do*); licencioso (*leesehnsyoh'so*)
war *n* guerra (*gheh'rrah*) *f;* *v* hacer guerra contra (*ahsehr' ... kohn'tra*)
warble *n* trino (*tree'no*) *m;* canto (*kahn'to*) *m;* *v* trinar (*treenahr'*)
ward *v* **to — off** evitar (*ehveetahr'*); parar (*pahrahr'*)
warden *n* guardián (*gwahrdyahn'*) *m;* **prison —** alcaide de una prisión (*ahlkah'ydeh deh oo'nah preesee'ohn*) *m*
wardrobe *n* guardarropa (*gwahrdahrroh'pah*) *m*
warehouse *n* almacén (*ahlmahsehn'*) *m;* depósito (*dehpoh'seeto*) *m*
wares *n, pl* mercaderías (*mehrkahdehree'ahs*) *f, pl*
warfare *n* guerra (*gheh'rrah*) *f*
warily *adv* prudentemente (*proodehntehmeh'nteh*)
wariness *n* prudencia (*proodehn'syah*) *f*
warlike *adj* guerrero (*gherreh'ro*); belicoso (*behleekoh'so*)
warm *adj* caliente (*kalyehn'teh*); amistoso (*ahmeestoh'so*); **it is —** hace calor (*ah'seh kahlohr'*); *v* **to — up** calentarse(se) (*kahlehntahr', seh*)
warmth *n* calor (*kahlohr'*) *m;* cordialidad (*kohrdyahleedahd'*) *f;* amistad (*ahmeestahd'*) *f*
warn *v* avisar (*ahveesahr'*); amonestar (*ahmohnehstahr'*)
warning *n* aviso (*ahvee'so*) *m;* advertencia (*ahdvehrtehn'syah*) *f*
warp *v* torcer (*tohrsehr'*); *n* torcedura (*tohrsehdoo'rah*) *f*
warrant *n* garantía (*gahrahntee'ah*) *f;* mandato (*mahndah'to*) *m;* *v* garantizar (*gahrahnteesahr'*)
warrior *n* guerrero (*ghehrreh'ro*) *m*
warship *n* buque de guerra (*boo'keh deh gheh'rrah*) *m*
wary *adj* cauto (*kah'ooto*); prevenido (*prehvehnee'do*)

wash *n* lavado (*lahvah'do*) *f;* — **room** lavabo (*lahvah'bo*) *m;* retrete (*rehtreh'teh*) *m; v* lavar(se) (*lahvahr', seh*); — **and wear shirt** camisa de no planchar (*kahmee'sah deh no plahnchahr'*)

washable *adj* lavable (*lahvah'bleh*)

washer *n* lavador (*lahvahdohr'*) *m;* — **woman** lavandera (*lahvahndeh'rah*) *f;* **automatic** — lavadora automática (... *ah ahootohmah'teekah*) *f*

washing *n* lavado (*lahvah'do*) *m;* **ropa** lavada (*roh'pah lahvah'dah*) *f;* — **machine** lavadora (*lahvahdoh'rah*) *f*

waste *n* gasto (*gahs'to*) *m;* desgaste (*dehsgahs'teh*) *m;* — **of time** pérdida de tiempo (*pehr'deedah deh tyehm'po*) *f;* **to go to** — perderse (*pehrdehr'seh*); **to lay** — asolar (*ahsohlahr'*); destruir (*dehstrweer'*); *v* gastar (*gahstahr'*); malgastar (*mahlgahstahr'*)

wasteful *adj* ruinoso (*rweenoh'so*); gastador (*gahstahdohr'*)

watch *n* reloj (*rehloh'*) *m;* guardia (*gwahr'dyah*) *f;* centinela (*sehnteeneh'lah*) *m;* — **band** pulsera (*poolseh'rah*) *f;* **wrist** — reloj de pulsera (*rehloh' deh poolseh'rah*) *m; v* mirar (*meerahr'*); — **out!** ¡cuidado! (*kweedah'doh*); **to** — **over** cuidar (*kweedahr'*); vigilar (*veeheelahr'*); **to keep** — **over** cuidar (*kweedahr'*)

watchful *adj* vigilante (*veeheelahn'teh*); cuidadoso (*kweedahdoh'so*)

watchman *n* velador (*vehlahdohr'*) *m;* guardia (*gwahr'dyah*) *m;* sereno (*sehreh'no*)

water *n* agua (*ah'gwah*) *f;* — **power** fuerza hidráulica (*fwehr'sah heedrah'ooleekah*); *v* regar (*rehgahr'*); aguar (*ah'gwahr*); rociar (*rohsyahr'*)

waterfall *n* cascada (*kahskah'dah*) *f*

watermelon *n* sandía (*sahndee'ah*) *f*

waterproof *adj & n* impermeable (*eempehrmehah'bleh*) *m; v* hacer impermeable (*ahsehr' eempehrmehah'bleh*)

watery *adj* aguado (*ahgwah'do*); mojado (*mohhah'do*); húmedo (*hoo'mehdo*); con agua (*kohn ah'gwah*)

wave *n* ola (*oh'lah*) *f;* ondulación (*ohndoolahsyohn'*) *f;* **hair** — ondulación del pelo (... *dehl peh'lo*) *f; v* ondular (*ohndoolahr'*); **to** — **(hand)** hacer ademán con la mano (*ahsehr' ahdehmahn' kohn lah mah'no*); **to** — **one's hair** ondular el pelo (*ohndoolahr' ehl peh'lo*)

waver *n* vacilación (*vahseelahsyohn'*) *f; v* oscilar (*ohseelahr'*); vacilar (*vahseelahr'*)

wavy *adj* ondulado (*ohndoolah'do*); — **hair** pelo ondulado (*peh'lo* ...) *m*

wax *n* cera (*seh'rah*) *f;* — **paper** papel encerado (*pahpehl' ehnsehrah'do*) *m; v* encerar (*ehnsehrahr'*)

way *n* camino (*kahmee'no*) *m;* ruta (*roo'tah*) *f;* manera (*mahneh'rah*) *f;* **by the** — a propósito (*ah prohpoh'seeto*); **in no** — de ningún modo (*deh neengoon' moh'do*); **on the** — **to** rumbo a (*room'bo ah*); **that is the** —! ¡eso es! (*eh'so ehs*); **this** — por acá (*pohr ahkah'*); **that** — por allá (*pohr ahlyah'*); **which** — ? ¿por dónde? (*pohr dohn'deh*); **to make** — abrir paso (*abreer' pah'so*); **one** — una vía (*oo'nah vee'ah*) *f*

wayside *n* borde (*bohr'deh*) *m;* orilla (*ohree'lyah*) *f*

we *pron* nosotros (*nohsoh'tros*) *m;* nosotras (*nohsoh'trahs*) *f*

weak *adj* débil (*deh'beel*); flaco (*flah'ko*); —**ly** *adv* débilmente (... *mehn'teh*)

weaken *v* debilitar(se) (*dehbeeleetahr', seh*); ser flaco (*sehr flah'ko*)

weakness *n* debilidad (*dehbeeleedahd'*) *f;* flaqueza (*flahkeh'sah*) *f*

wealth *n* riqueza (*reekeh'sah*) *f;* bienes (*byeh'nehs*) *m, pl*

wealthy *adj* rico (*ree'ko*)

weapon *n* arma (*ahr'mah*) *f*

wear *v* llevar (*lyehvahr'*); tener puesto (*tehnehr' pwehs'to*); **to** — **out** gastar (se) (*ghastahr', seh*); usar (*oosahr'*); cansar (*kahnsahr'*); *n* uso (*oo'so*) *m;* gasto (*gahs'to*) *m;* — **and tear** uso y desgaste (*oo'so ee dehsgahs'teh*) *m;* **men's** — ropa para hombres (*roh'pah pah'rah ohm'brehs*) *f;* **women's** — ropa para mujeres (*roh'pah pah'rah mooheh'rehs*) *f*

weariness *n* cansancio (*kahnsahn'syo*) *m;* fatiga (*fahtee'gah*) *f*

weary *adj* cansado (*kahnsah'do*)

weasel *n* comadreja (*kohmahdreh'hah*) *f*

weather *n* tiempo (*tyehm'po*) *m;* — **bureau** oficina meteorológica (*ohfeesee'nah mehtehohrohlo'heekah*) *f;* — **conditions** condiciones atmosféricas (*kohndeesyoh'nehs ahtmohsfeh'reekahs*) *f, pl;* **how is the** —? ¿qué tiempo hace? (*keh ... ah'seh*); **it is nice** — hace buen tiempo (*ah'seh bwehn ...*)

weave *n* tejido (*teh-hee'do*) *m;* trama (*trah'mah*) *f;* entrelazo (*ehntrehlah'so*) *m; v* tejer (*teh-hehr'*); tramar (*trahmahr'*)

weaver *n* tejedor (*teh-hehdohr'*) *m*

web *n* tela (*teh'lah*) *f;* **spider's** — telaraña (*tehlahrah'nyah*) *f*

wed *v* casar(se) (*kahsahr', seh*)

wedded *adj* casado (*kahsah'do*)

wedding *n* boda (*boh'dah*) *f;* casamiento (*kahsahmyehn'to*) *m*

wedge *n* cuña (*koo'nyah*) *f; v* acuñar (*ahkoonyahr'*); **to** — **in** encajar (*ehnkahhar'*); apretar (*ahprehtahr'*)

Wednesday *n* miércoles (*myehr'kohlehs*) *m*

weed *n* cizaña (*seesah'nyah*) *f; v* desherbar (*dehshehrbahr'*); eliminar (*ehleemeenahr'*); **— out** arrancar (*ahrrahnkahr'*)

week *n* semana (*sehmah'nah*) *f;* **—end** fin de semana (*feen deh sehmah'nah*) *m;* **a — from today** en una semana (*ehn oo'nah sehmah'nah*); **a — ago** hace una semana (*ah'seh oo'nah* ...)

weekly *adj* semanal (*sehmahnahl'*); *n* revista semanal (*rehvees'tah* ...) *f*

weep *v* llorar (*lyohrahr'*)

weeping *adj* lloroso (*lyohroh'so*); *n* llanto (*lyahn'to*) *m*

weigh *v* pesar (*pehsahr'*); ponderar (*pohndehrahr'*)

weight *n* peso (*peh'so*) *m;* poder (*pohdehr'*) *m*

weighty *adj* ponderoso (*pohndehroh'so*); importante (*eempohrtahn'teh*)

weird *adj* fantástico (*fahntahs'teeko*); grotesco (*grohtehs'ko*)

welcome *adj* agradable (*ahgrahdah'bleh*); **Welcome!** ¡Bienvenido! (*byehnvehnee'do*); **you are —** no hay de qué (*no ahy deh keh*); de nada (*deh nah'dah*); *v* recibir bien (*rehseebeer' byehn*); *n* bienvenida (*byenvehnee'dah*) *f*

weld *n* soldadura (*sohldahdoo'rah*) *f; v* soldar(se) (*sohldahr', seh*)

welfare *n* bienestar (*byehnehstahr'*) *m;* **(people's) —** labor social (*lahbohr sohsyahl'*) *f*

well *adj* bien (*byehn*); **he is —** está bien (*ehstah'* ...); **Well!** ¡Pues! (*pwehs*) ¡Bien! (...)*;* **—being** bienestar (*byehnehstahr'*) *m*

well *n* pozo (*poh'so*) *m;* cisterna (*seestehr'nah*) *f*

west *adj* del oeste (*dehl ohehs'teh*); *n* oeste (*ohehs'teh*) *m;* occidente (*ohkseedehn'teh*) *m;* occidental (*okseedehntahl'*)

western *adj* del oeste (*dehl ohehs'teh*)

westerner *n* habitante del oeste (*ahbeetahn'teh dehl ohehs'teh*) *m*

westward *adv* hacia el oeste (*ah'syah ehl ohehs'teh*)

wet *adj* mojado (*moh-hah'do*); *v* mojar (*mohhahr'*); orinar (*ohreenahr'*)

whack *n* bofetada (*bohfehtah'dah*) *f; v* dar una bofetada (*dahr oo'nah* ...)

whale *n* ballena (*bahlyeh'nah*) *f*

wharf *n* muelle (*mweh'lyeh*) *m*

what *adj* qué (*keh*); *pron* (*interr*) qué (*keh*); qué cosa (*keh koh'sah*); cuál (*kwahl*); (*relat*) lo que (*lo keh*)

whatever *adj* cualquier(a) (*kwahlkeeehr', ah*); *pron* cualquier cosa que (*kwahlkee-ehr' koh'sah keh*); todo lo que (*toh'do lo keh*)

wheat *n* trigo (*tree'go*) *m*

wheel *n* rueda (*rweh'dah*) *f;* **— chair** silla de ruedas (*see'lyah deh rweh'dahs*) *f;* **steering —** volante (*vohlahn'teh*) *m; v* girar (*heerahr'*); manejar (*mahnehhahr'*)

when *conj* cuando (*kwahn'do*); *adv* cuándo (...)

whence *adv* de donde (*deh dohn'deh*)

whenever *conj & adv* cuando (*kwahn'do*); siempre que (*syehm'preh keh*)

where *conj* donde (*dohn'deh*); adonde (*ahdohn'deh*); *adv* ¿dónde? (*dohn'deh*); ¿adónde? (*ahdohn'deh*)

whereabouts *n* paradero (*pahrahdeh'ro*) *m*

whereas *conj* mientras que (*myehn'trahs keh*)

whereby *adv* por donde (*pohr dohn'deh*); por lo cual (*pohr lo kwahl*)

wherein *adv* en qué (*ehn keh*)

whereupon *adv* así que (*ahsee' keh*); entonces (*ehntohn'sehs*)

whet *v* amolar (*ahmohlahr'*); **to — one's appetite** estimular el apetito (*ehsteemoolahr' ehl ahpehtee'to*)

whether *conj* si (*see*); sea que (*seh'ah keh*); **— or not** si ... o no (...)

which *adj* ¿qué? (*keh*); ¿cuál de ...? (...) (*relat*) el (la) que, etc. ...; *pron* (*relat*) que (*keh*); el cual (*ehl kwahl*); (*interr*) ¿cuál, cuáles? (*kwahl', ehs*)

whichever *adj & pron* cualquiera (*kwahlkyehr'ah*); cualesquiera (*kwahlehskyeh'rah*) *pl*

while *n* rato (*rah'to*) *m;* temporada (*tehmpohrah'dah*) *f;* **a short — ago** hace poco (*ah'seh poh'ko*); **that is worth —** vale la pena (*vah'leh lah peh'nah*); *conj* mientras(que) (*myehn'trahs, keh*)

whim *n* capricho (*kahpree'cho*) *m*

whimper *n* lloriqueo (*lyohreekeh'o*) *m; v* lloriquear (*lyohreekehahr'*)

whimsical *adj* caprichoso (*kahpreechoh'so*)

whine *v* lloriquear (*lyohreekehahr'*)

whip *n* azote (*ahsoh'teh*) *m; v* azotar (*ahsohtahr'*)

whipping *n* paliza (*pahlee'sah*) *f*

whirl *v* dar vueltas (*dahr vwehl'tahs*); **my head —s** siento vértigo (*syehn'to vehr'teego*); *n* vuelta (*vwehl'tah*) *f;* vértigo (*vehr'teego*) *m*

whirlpool *n* remolino (*rehmohlee'no*) *m;* vórtice (*vohr'teeseh*) *m*

whirlwind *n* remolino (*rehmohlee'no*) *m*

whisk *v* barrer (*bahrrehr'*)

whisker *n* barba (*bahr'bah*) *f*

whiskey *n* whisky (*wees'kee*) *m*

whisper *n* cuchicheo (*koocheecheh'o*) *m;* susurro (*soosoo'rro*) *m; v* cuchichear (*koocheechehahr'*); susurrar (*soosoorrahr'*)

whistle *v* silbar (*seelbahr'*); chiflar (*cheeflahr'*); *n* silbido (*seelbee'do*) *m;* chiflido (*cheeflee'do*) *m*
white *adj & n* blanco (*blahn'ko*) *m;* **— lie** mentirilla (*mehnteeree'lyah*) *f;* **— wine** vino blanco (*vee'no blahn'ko*) *m; n* blanco (*blahn'ko*) *m*
whiten *v* blanquear (*blahnkehahr'*)
whiteness *n* blancura (*blahnkoo'rah*) *f*
whitewash *n* blanquear (*blahnkehahr'*)
whittle *v* mondar (*mohndahr'*)
who *pron* (*relat*) quien (*kyehn'*); quienes (*kyeh'nehs*); que (*keh*); el que (*ehl ...*); (*interr*) ¿quién? (*kyehn'*); ¿quiénes? (*kyeh'nehs*)
whoever *pron* cualquiera que (*kwahlkeeeh'rah keh*); el que (*ehl ...*)
whole *adj* entero (*ehnteh'ro*); todo (*toh'do*); *n* todo, *m;* **as a —** en conjunto (*ehn kohnhoon'to*)
wholesale *adj* al por mayor (*ahl pohr mahyohr'*); *n* venta al por mayor (*vehn'tah ahl pohr mahyohr'*) *f*
wholesome *adj* salubre (*sahloo'breh*)
wholly *adv* enteramente (*ehntehrahmehn'teh*)
whom *pron* que (*keh*); a quien (*ah kyehn'*); a quienes (*ah kyeh'nehs*)
whore *n* puta (*poo'tah*) *f*
whose *pron* (*relat*) cuyo, a (*koo'yo, ah*); de quien (*deh kyehn*); (*interr*) ¿de quién? (*deh kyehn'*); ¿de quiénes? (*deh kyeh'nehs*); **whose ticket is it?** ¿de quién es este billete? (*... ehs ehs'teh beelyeh'teh*)
why *adv* ¿por qué? (*pohr keh*); **that is —** por eso (*pohr eh'so*); **the reason —** la razón por la cual (*lah rahsohn' pohr lah kwahl*); **— not?** ¿por qué no? (...)
wick *n* mecha (*meh'chah*) *f*
wicked *adj* malo (*mah'lo*); malicioso (*mahleesyoh'so*)
wickedness *n* maldad (*mahldahd'*) *f;* malicia (*mahlee'syah*) *f*
wide *adj* ancho (*ahn'cho*); **— open** muy abierto (*moo'y ahbyehr'to*); **—ly** *adv* muy, mucho (*moo'y, moo'cho*)
widen *v* ensanchar(se) (*ehnsahnchahr', seh*)
widespread *adj* muy difuso (*moo'y deefoo'so*); muy conocido (*moo'y kohnohsee'do*)
widow *n* viuda (*vyoo'dah*) *f*
widower *n* viudo (*vyoo'do*) *m*
width *n* ancho (*ahn'cho*) *m;* anchura (*ahnchoo'rah*) *f*
wield *v* manejar (*mahneh-hahr'*)
wife *n* esposa (*ehspoh'sah*) *f;* mujer (*moohehr'*) *f*
wig *n* peluca (*pehloo'kah*) *f*
wild *adj* salvaje (*sahlvah'heh*); feroz (*fehrohs'*); **he is —** es una persona violenta (*ehs oo'nah pehrsoh'nah vyohlehn'tah*), feroz (*fehrohs'*)
wildcat *n* gato montés (*gah'to mohntehs'*) *m*
wilderness *n* selva (*sehl'vah*) *f*
wile *n* astucia (*ahstoo'syah*) *f*
wilful *adj* intencional (*eentehnsyohnahl'*); **—ly** *adv* con intención (*kohn eentehnsyohn'*)
will *n* voluntad (*vohloontahd'*) *f;* testamento (*tehstahmehn'to*) *m*
willing *adj* dispuesto (*deespwehs'to*); deseoso (*dehsehoh'so*); **—ly** *adv* de buena gana (*deh bweh'nah gah'nah*)
willingness *n* buena gana (*bweh'nah gah'nah*) *f;* voluntad (*vohloontahd'*) *f*
willow *n* sauce (*sah'ooseh*) *m;* **weeping —** sauce llorón (*... lyohrohn'*) *m*
wily *adj* astuto (*ahstoo'to*)
win *v* ganar (*gahnahr'*); obtener (*ohbtehnehr'*); vencer (*vehnsehr'*)
winch *n* malacate (*mahlahkah'teh*) *m*
wind *n* viento (*vyehn'to*) *m;* **to get — of** saber (*sahbehr'*); descubrir (*dehskoobreer'*)
wind *v* **to — around** ovillar (*ohveelyahr'*); **to —** (*a watch*) dar cuerda a (*dahr kwehr'dah ah*)
windfall *n* golpe de fortuna (*gohl'peh deh fohrtoo'nah*) *f*
winding *adj* tortuoso (*tohrtwoh'so*)
windmill *n* molino de viento (*mohlee'noh deh vyehn'to*) *m*
window *n* ventana (*vehntah'nah*) *f;* **show —** escaparate (*ehskahpahrah'teh*) *m;* vitrina (*veetree'nah*) *f;* **— shade** cortinilla (*kohrteenee'lyah*) *f;* **—sill** antepecho (*ahntehpeh'cho*) *m;* **—pane** vidriera (*veedryeh'rah*) *f*
windshield *n* parabrisas (*pahrahbree'sahs*) *m,* (*s, pl*)
windy *adj* ventoso (*vehntoh'so*); **it is —** hace mucho viento (*ah'seh moo'cho vyehn'to*)
wine *n* vino (*vee'no*) *m*
wing *n* ala (*ah'lah*) *f*
wink *n* guiño (*ghee'nyo*) *m;* siesta (*syehs'tah*) *f; v* guiñar (*gheenyahr'*)
winner *n* ganador (*gahnahdohr'*) *m;* vencedor (*vehnsehdohr'*) *m*
winsome *adj* simpático (*seempah'teeko*); encantador (*ehnkahntahdohr'*)
winter *n* invierno (*eenvyehr'no*) *m;* **— season** temporada de invierno (*tehmpohrahdah deh ...*) *f*
wintry *adj* de invierno (*deh eenvyehr'no*); invernal (*eenvehrnahl'*)
wipe *v* limpiar (*leempeeahr'*); **to — off** borrar (*bohrrahr'*); **to — out** destruir (*dehstrweer'*)
wire *n* alambre (*ahlahm'breh*) *m;* hilo (*ee'lo*) *m;* **to send a —** telegrafiar (*tehlehgrahfyahr'*); **electric —** alambrado eléctrico (*ahlahmbrah'do ehlehk'treeko*); **—less** radio (*rah'dyo*) *f; v* telegrafiar (...); poner hilos (*pohnehr' ee'los*)

wiry *adj* de alambre (*deh ahlahm'breh*); fuerte (*fwehr'teh*)
wisdom *n* sabiduría (*sahbeedooree'ah*) *f;* juicio elevado (*hwee'syo ehlehvah'do*) m
wise *adj* sabio (*sah'byo*); juicioso (*hwee-syoh'so*)
wisecrack *n* frase aguda (*frah'seh ah-goo'dah*) *f*
wish *n* deseo (*dehseh'o*) *m;* esperanza (*ehspehrahn'sah*) *f; v* querer (*keh-rehr'*); desear (*dehsehahr'*)
wistful *adj* deseoso (*dehsehoh'so*); triste (*trees'teh*)
wit *n* agudeza (*ahgoodeh'sah*) *f;* ingenio (*eenheh'nyo*) *m;* **to use one's —s** valerse de su ingenio (*vahlehr'se deh soo* ...)
witch *n* hechicera (*ehcheeseh'rah*) *f;* bruja (*broo'hah*) *f*
witchcraft *n* hechicería (*ehcheesehree'-ah*) *f;* brujería (*broohehree'ah*) *f*
with *prep* con (*kohn*)
withdraw *v* retirar(se) (*rehteerahr', seh*)
withdrawal *n* retirada (*rehteerah'dah*) *f*
wither *v* secarse (*sehkahr'seh*)
withhold *v* retener (*rehtehnehr'*); detener (*dehtehnehr'*)
within *prep* dentro de (*dehn'tro deh*); *adv* dentro (*dehn'tro*); adentro (*ahdehn'-tro*)
without *prep* sin (*seen*)
withstand *v* resistir (*rehseesteer'*)
witness *n* testigo (*tehstee'go*) *m; v* ver (*vehr'*); estar presente (*ehstahr' preh-sehn'teh*)
witticism *n* agudeza (*ahgoodeh'sah*) *f*
witty *adj* agudo (*ahgoo'do*)
wizard *n* genio (*heh'nyo*) *m*
wobble = wabble
woe *n* dolor (*dohlohr'*) *m;* pena (*peh'-nah*) *f*
wolf *n* lobo (*loh'bo*) *m*
woman *n* mujer (*moohehr'*) *f*
womanly *adj* femenil (*fehmehneel'*); mujeril (*moohehreel'*)
womb *n* vientre (*vyehn'treh*) *m;* útero (*oo'tehro*) *m*
wonder *n* maravilla (*mahrahvee'lyah*) *f; v* maravillarse (*mahrahveelyahr'seh*)
wonderful *adj* maravilloso (*mahrahvee-lyoh'so*); **—ly** *adv* maravillosamente (*mahrahveelyohsahmehn'teh*)
wont *adj* acostumbrado (*ahkohstoom-brah'do*); **to be — to** soler (*sohlehr'*)
woo *v* cortejar (*kohrteh-hahr'*)
wood *n* madera (*mahdeh'rah*) *f;* **fire—** leña (*ley'nyah*) *f;* **—s** bosque (*bohs'-keh*) *m;* selva (*sehl'vah*) *f*
woodcutter *n* leñador (*lehnyahdohr'*) *m*
wooded *adj* arbolado (*ahrbohlah'do*)
wooden *adj* de madera (*deh mahdeh'rah*)
woodwork *n* maderaje (*mahdehrah'heh*)
woody *adj* leñoso (*lehnyoh'so*)
woof *n* trama (*trah'mah*) *f*
wool *n* lana (*lah'nah*) *f*
woolly *adj* lanudo (*lahnoo'do*); **de lana** (*deh lah'nah*)
word *n* palabra (*pahlah'brah*) *f;* **to give one's —** dar uno su palabra (*dahr oo'no soo* ...); **to take one's —** creer (*kreh-ehr'*)
wordy *adj* verboso (*vehrboh'so*)
work *n* trabajo (*trahbah'ho*) *m;* escrito (*ehskree'to*) *m;* obra (*oh'brah*) *f;* empleo (*ehmpleh'o*) *m;* **house —** quehaceres domésticos (*kehahseh'rehs doh-mehs'teekos*) *m, pl; v* trabajar (*trah-bahhahr'*); hacer (*ahsehr'*)
worker *n* obrero (*ohbreh'ro*) *m;* trabajador (*trahbah-hahdohr'*) *m*
working *adj* obrero (*ohbreh'ro*); trabajador (*trahbah-hahdohr'*)
workingman *n* obrero (*ohbreh'ro*) *m;* empleado (*ehmplehah'do*) *m*
workmanship *n* mano de obra (*mah'no deh oh'brah*) *f;* arte (*ahr'teh*) *m*
workshop *n* taller (*tahlyehr'*) *m*
world *n* mundo (*moon'do*) *m*
worldly *adj* mundano (*moondah'no*); terreno (*tehrreh'no*)
worm *n* gusano (*goosah'no*) *m*
worry *n* inquietud (*eenkyehtood'*) *f;* preocupación (*prehohkoopahsyohn'*) *f;* **to have worries** estar preocupado (*eh-stahr' prehohkoopah'do*); *v* preocuparse (*prehohkoopahrseh*); **don't —** ¡no tenga cuidado! (*no tehn'gah kwee-dah'do*)
worse *adj* peor (*pehohr'*); *adv* peor (...)
worship *n* culto (*kool'to*) *m; v* adorar (*ahdohrahr'*)
worst *adj* peor (*pehohr'*); *adv* peor (. . .); **the — in the world** el peor del mundo (*ehl ... dehl moo'ndo*)
worth *n* valor (*vahlohr'*) *m;* precio (*preh'-syo*) *m;* **what is it — ?** ¿cuánto vale? (*kwahn'to vah'leh*); **it is not — while** no vale la pena (*no vah'leh lah peh'-nah*); **to be —** valer (*vahlehr'*)
worthless *adj* sin valor (*seen vahlohr'*); **it is —** no vale nada (*no vah'leh nah'-dah*); inútil (*eenoo'teel*)
worthy *adj* digno (*deeg'no*); que merece (*keh mehreh'seh*)
wound *n* herida (*ehree'dah*); *v* herir (*eh-reer'*)
wrangle *n* riña (*ree'nyah*) *f; v* reñir (*rehnyeer'*); disputar (*deespootahr'*)
wrap *n* manto (*mahn'to*) *m;* **fur —** manto de pieles (... *deh pyeh'lehs*) *m; v* envolver (*ehnvohlvehr'*)
wrapper *n* cubierta (*koobyehr'tah*) *f*
wrapping *n* envoltura (*ehnvohltoo'rah*) *f;* **— paper** papel para envolver (*pah-pehl pah'rah ehnvohlvehr'*) *m*

wrath *n* ira (*ee'rah*) *f;* cólera (*koh'leh-rah*) *f*
wrathful *adj* iracundo (*eerahkoon'do*)
wreath *n* guirnalda (*gweernahl'dah*) *f*
wreathe *v* adornar con guirnaldas (*ah-dohrnahr kohn gweernahl'dahs*)
wreck *n* ruina (*rwee'nah*) *f,* desastre (*dehsahs'treh*) *m;* accidente (*ahksee-dehn'teh*); *v* destruir (*dehstrweer'*)
wrench *n* torcedura (*tohrsehdoo'rah*) *f;* **monkey —** llave inglesa (*lyah'veh een-gleh'sah*) *f; v* torcer (*tohrsehr'*)
wrest *v* arrancar (*ahrrahnkahr'*)
wrestle *v* luchar (*loochahr'*)
wrestler *n* luchador (*loochahdohr'*) *m*
wretch *n* miserable (*meesehrah'bleh*) *m, f;* **—ed** *adj* miserable (..)
wriggle *v* serpear (*sehrpehahr'*)
wring *n* torsión (*tohrsyohn'*) *f; v* torcer (*tohrsehr'*)
wrinkle *n* arruga (*ahrroo'gah*) *f; v* arrugar (*ahrroogahr'*)
wrist *n* muñeca (*moonyeh'kah*) *f;* **— watch** reloj de pulsera (*rehloh' deh poolseh'rah*) *m;* **(watch) — band** brazalete de reloj (*brahsahleh'teh deh* ...) *m*
writ *n* mandato de corte (*mahndah'to deh kohr'teh*) *m*
write *v* escribir (*ehskreebeer'*); **write it down!** ¡tome apuntes! ¡escríbalo! (*toh'-meh ahpoon'tehs, ehskree'bahlo*)
writer *n* escritor, a (*ehskreetohr', ah*) *m, f*
writhe *v* torcerse (*tohrsehr'seh*)
writing *n* escrito (*ehskree'to*) *m;* composición literaria (*kohmpohseesyohn' lee-tehrah'ryah*) *f;* **hand—** caligrafía (*kahleegrahfee'ah*) *f;* **— paper** papel de escribir (*pahpehl' deh ehskreebeer'*) *m;* **put it in —** póngalo por escrito (*pohn'-gahlo pohr* ...)
written *adj* escrito (*ehskree'to*); **this is to be —** hagan esto por escrito (*ah'-gahn ehs'to pohr* ...)
wrong *adj* erróneo (*ehrroh'neho*); incorrecto (*eenkohrrehk'to*); **he is —** no tiene razón (*no tyeh'neh rahsohn'*); **it is — to do so** es injusto hacerlo (*ehs eenhoos'to ahsehr'lo*); es malo (*ehs mah'lo*); *n* mal (*mahl'*) *m;* daño (*dah'nyo*) *m;* **to do —** obrar mal (*oh-brahr' mahl*); **to do — to** hacer mal a (*ahsehr' mahl ah*); *adv* mal, incorrectamente (..., *eenkohrrehktamehn'teh*)
wrought *adj* forjado (*fohrhah'do*)

X

Xerox *n* (copia) xerox (*koh'pyah, kseh'-rox*) *f; v* hacer copia(s) xerox (*ah-sehr'* ...)
Xmas *n* Navidad (*nahveedahd'*) *f*
X-ray *n* rayos X (*rah'yos eh'kees*) *m; v* radiografiar (*rahdyohgrahfyahr'*)
xylophone *n* xilófono (*kseeloh'fohno*) *m*

Y

yacht *n* yate (*yah'teh*) *m*
Yankee *adj & n* yanqui (*yahn'kee*) *m*
yard *n* yarda (*yahr'dah*) *f;* **back—** corral (*kohrrahl'*) *m;* **navy —** arsenal (*ahrsehnahl'*) *m*
yardstick *n* yarda (*yahr'dah*) *f;* regla (*reh'glah*) *f;* norma (*nohr'mah*) *f*
yarn *n* estambre (*ehstahm'breh*) *m;* hilado (*eelah'do*) *m*
yawn *n* bostezo (*bohsteh'so*) *m; v* bostezar (*bohstehsahr'*)
year *n* año (*ah'nyo*) *m*
yearly *adj* anual (*ahnwahl'*); *adv* anualmente (*ahnwahlmehn'teh*)
yearn *v* anhelar (*ahnehlahr'*)
yearning *n* anhelo (*ahneh'lo*) *m*
yeast *n* levadura (*lehvahdoo'rah*) *f*
yell *n* grito (*gree'to*) *m; v* gritar (*greetahr'*)
yellow *adj & n* amarillo (*ahmahree'lyo*) *m;* (*coll*) **he is —** es medroso, cobarde (*ehs mehdroh'so, kohbahr'deh*)
yellowish *adj* amarillento (*ahmahreelyehn'to*)
yes *adv* sí (*see*)
yesterday *n & adv* ayer (*ahyehr'*) *m;* **day before —** anteayer (*ahn'tehahyehr'*)
yet *conj* todavía (*tohdahvee'ah*); sin embargo (*seen ehmbahr'go*); **not —!** ¡todavía no! (... *no*)
yield *n* rendimiento (*rehndeemyehn'to*) *m; v* ceder (*sehdehr'*); rendir(se) (*rehndeer', seh*); **it —s enough** da bastante (*dah bahstahn'teh*)
yoke *n* yugo (*yoo'go*) *m; v* uncir (*oonseer'*)
yolk *n* yema (*yeh'mah*) *f*
you *pron* tú (*too*); usted (*oostehd'*); vosotros (*vohsoh'trohs*); ustedes (...*ehs*); le, la, les (*leh, lah, lehs*)
young *adj* joven (*hoh'vehn*)
youngster *n* jovencito (*hohvehnsee'to*) *m;* muchacho (*moochah'cho*) *m;* mozo (*moh'so*) *m*
your *adj* tu (*too*); su (*soo*); vuestro (*vwehs'tro*)
yours *pron* tuyo (*too'yo*); suyo (*soo'yo*); vuestro (*vwehs'tro*); **it is —** es (el) tuyo, (el) suyo; **sincerely —** su servidor (*soo sehrveedohr'*) *n*
yourself *pron* te (*teh*); se (*seh*) **you did it —** lo hizo usted mismo (*lo ee'so oostehd' mees'mo*)
youth *n* juventud (*hoovehntood'*) *f*
youthful *adj* juvenil (*hoovehneel'*)
Yuletide *n* Pascua de Navidad (*pahs'kwah deh nahveedahd'*) *f*

Z

zeal *n* celo (*seh'lo*) *m;* amor (*ahmohr'*) *m*
zealot *n* fanático (*fahnah'teeko*) *m*
zealous *adj* celoso (*sehloh'so*)
zenith *n* cenit (*sehneet'*) *m*
zephyr *n* céfiro (*seh'feero*) *m*
zero *n* cero (*seh'ro*) *m*
zest *n* entusiasmo (*ehntoosyahs'mo*) *m;* ardor (*ahrdohr'*) *m*
zig-zag *adj, n & adv* zigzag (*see'gue-sah'gue*) *m; v* zigzaguear (*seegue-sah-guehahr'*)
zinc *n* cinc (*seenk'*) *m*
zip *n* (*coll*) silbido (*seelbee'do*) *m;* energía (*ehnehrhee'ah*) *f;* — **code** número del distrito postal (*noo'mehro dehl deestree'to ...*) *m; v* — **up** cerrar con cremallera (*sehrrahr' kohn krehma-hlyeh'rah*)
zipper *n* cierre relámpago (*sye'rreh reh-lahm'pahgo*) *m;* cremallera (*krehmah-lyeh'rah*) *f*
zodiac *n* zoodíaco (*sohdee'ahko*) *m*
zone *n* zona (*soh'nah*) *f*
zoo *n* jardín zoológico (*hahrdeen' sohoh-loh'heeko*) *m*
zoological *adj* zoológico (*sohohloh'heeko*)
zoology *n* zoología (*soholoh-hee'ah*) *f*
zoom *n* zumbido (*soombee'do*) *m; v* zumbar (*soombahr'*)
zoophyte *n* zoófito (*sohoh'feeto*) *m*
zoophytic *adj* zoofítico (*sohohfee'teeko*)
zootic *adj* zoótico (*sohoh'teeko*)
zootomy *n* zootomía (*sohohtohmee'ah*) *f*
zouave *n* suavo (*swah'vo*) *m*
zygote *n* zigote (*seegoh'teh*) *m*
zurlite *n* piedra volcánica (*pyeh'drah vohlkah'neekah*) *f*
zygoma *n* cigoma (*seegoh'mah*) *f*
zygomatic *adj* cigomático (*seegohmah'-teeko*)
zymase *n* zimasa (*seemah'sah*) *f*
zyme *n* germen cimológico (*hehr'mehn seemohloh'heeko*) *m*
zymology *n* cimología (*seemohloh-hee'-ah*) *f*
zymoscope *n* zimoscopio (*seemohskoh'-pyo*) *m*
zymosis *n* fermentación (morbífica) (*fehrmehntahsyohn', mohrbee'feekah*) *f*
zymotic *adj* cimótico (*seemoh'teeko*)

PROLOGO

Este diccionario tiene tres notables características que lo distinguen entre otros de su tipo: (1) la selección cuidadosa de los vocablos y expresiones de verdadero uso práctico, (2) la terminología más reciente que generalmente no se encuentra en obras similares y (3) la guía de autopronunciación con sus propios símbolos fonéticos que *siguen* a las palabras a pronunciar.

Se notará que las exactas traducciones idiomáticas de las voces extranjeras imparten a esta obra un valor exclusivo dentro del mundo comercial y turístico del momento. Así el estudiante y el turista encontrarán muchos neologismos y las palabras de uso más corriente hoy en día. Los vocablos no muy usados se han excluido, ya que tienden a retardar el aprendizaje. Sin embargo dicha exclusión no ha sido excesiva: es éste un diccionario completo en todo sentido.

Las transcripciones fonéticas entre paréntesis reproducen *el sonido de las palabras extranjeras y siguen* inmediatamente a estas palabras o expresiones; *éste es un recurso muy valioso y nuevo.* Agregaremos que estas transcripciones reflejan certeramente la pronunciación correcta porque hemos adoptado símbolos sencillos que son precisamente combinaciones de sílabas ya conocidas por el interesado. Respecto a las voces en sí, hemos creído conveniente dar el significado español y al mismo tiempo hispanoamericano siempre que fuese necesario para facilitar el uso o la comprensión. En cuanto a la pronunciación, hemos escogido la de Latinoamérica en preferencia a la española por razones evidentes: es la pronunciación usada por la mayoría del mundo hispano y la más fácil de imitar. No obstante, no hemos usado las particularidades dialectales o familiares que son comunes a cualquier idioma; nos hemos acercado a la pronunciación culta de Latinoamérica.

Ningún sistema fonético puede dar una pronunciación perfecta de tal o cual vocablo; pero nuestro sistema particular ayudará a quien use este diccionario a pronunciar de tal manera que no tendrá ninguna dificultad en ser comprendido.

Por último confiamos en que esta novísima obra ha de ayudar al estudiante, al turista y al público en general a usar el idioma inglés como un medio viviente en este mundo dinámico de hoy en que los idiomas son cada día más importantes, aun indispensables.

FERDINANDO D. MAURINO, Ph.D.
Profesor de Lenguas y Letras Romances

Universidad de Tennessee
Knoxville (E.U.A.)

PRONUNCIACION INGLESA

Hemos dado en todas las voces la pronunciación del inglés como se habla en los Estados Unidos de América y paralelamente hemos usado la ortografía norteamericana. Al mismo tiempo nos ha parecido justo dar voces y modismos peculiares o más comunes en los países de la América latina de hoy. La razón de este énfasis es tan evidente que no necesita explicación o defensa.

Los símbolos fonéticos que usamos, claro, no dan una pronunciación exacta de la lengua inglesa que es una de las más difíciles del mundo en cuanto a la pronunciación. Sin embargo no cabe duda que estos símbolos darán una buena pronunciación y ayudarán inmensamente a una mutua comprensión entre las personas de habla española e inglesa.

El estudiante o turista de habla española debe pronunciar las transcripciones fonéticas entre paréntesis como si fueran sonidos españoles. Con la práctica se dará cuenta que tendrá que pronunciarlas con un acento más inglés.

EL ACENTO

El signo del acento (') se encuentra después de la sílaba que recibe el el acento prosódico; por consiguiente, no corresponde siempre a las normas del inglés. Hemos interpretado este acento desde el punto de vista vocal, es decir al modo que lo pronunciaría un español o latinoamericano. Por ejemplo: *fleeting* (flii'tiŋ), *history* (ji'stəri), *retired* (ritai'rəd), *typist* (tai'pəst).

LAS VOCALES

Las vocales inglesas presentan cierta dificultad porque cada una tiene dos o más sonidos y no hay ninguna regla para aprenderlos: sólo la práctica facilitará el problema. Sin embargo, una explicación de los sonidos de las vocales ayudará mucho al estudiante o turista de habla española.

Signos fonéticos y explicación de las vocales

La *a* es muy parecida a la *a* española en *amar*. Ejemplos *farm* (farm), *car* (kar); *mouth* (mauth). Se aproxima a la *a* española pero tendiendo al sonido gutural como en *rob* (rab), *stop* (stap), *dart* (dart), etc...

La æ se parece a la *a* en *casa*, pero al mismo tiempo tira al sonido de *e*. Por ejemplo: *at* (æt), *bad* (bæd), *fat* (fæt), *last* (læst).

La *e* tiene aproximadamente el sonido abierto de la *e* española: *bed* (bed), *correct* (kərekt'), *instead* (insted'), *invest* (invest'). Cuando es muda o se pronuncia apenas se parece a la *e* casi silenciosa francesa y lleva ə como símbolo fonético. Ejemplos: *eleven* (əle'vən), *grocer* (gro'sər), *item* (aitəm), *fur* (fər), *mirth* (mərth).

La *i* puede tener tres sonidos:

1. *ai*=*light* (lait), *bite* (bait).
2. *i* (como en *débil*)=*it* (it), *cliff* (klif), *dim* (dim).
3. *ii* (como en *Lolita*)=*eat* (iit), *feet* (fiit), *clean* (kliin).

La *o* tiene dos sonidos: (1) cerrado (o), como en *otro*. Por ejemplo: *bold* (bold), *low* (lo), *foam* (fom), *most* (most). (2) abierto (ɔ) como en *corto*. Ejemplos: *bald* (bɔld), *cost* (kɔst), *force* (fɔrs), *floor* (flɔr), *toy* (tɔi), *boy* (bɔi).

La *u* equivale a la *u* española en *uva*=*fool* (ful), *noon* (nun), *room* (rum). Además suena como *iu* en *use* (ius), *abuse* (əbius'), *fuse* (fius). A veces da un sonido completamente extranjero al español: se aproxima entonces a la *eu* francesa de *peu* y lo representamos con el signo ʌ. Ejemplos: *button* (bʌ'tən), *dull* (dʌl), *flood* (flʌd), *mother* (mʌ'thər), *mud* (mʌd).

No explicaremos algunos otros diptongos y otras variaciones de pronunciación porque el lector los comprenderá más fácilmente con las transcripciones fonéticas que seguirán a cada palabra inglesa entre paréntesis.

LAS CONSONANTES

En general se puede decir brevemente que las consonantes se pronuncian muy fuerte en inglés y con *aire explosivo* especialmente cuando inician la palabra: *care* (ker), *door* (dɔr), *people* (pii'pəl), *tall* (tɔl), *voice* (vɔis).

La *g* delante de *e*, *i*, así como la *j*, presentan dificultad porque no tenemos un sonido correspondiente en el idioma castellano; sin embargo se parece a la pronunciación de la *y* en la Argentina o al italiano *giorno*. Hemos representado este sonido con el signo de *dch* teniendo cuidado de pronunciarlo *de prisa*. Ejemplos: *gist* (dchist), *germ* (dchərm), *just* (dchʌst).

La *h* se pronuncia como si fuera una *j*, pero muy suave y sin larga aspiración. Se acerca a la *g* o *j* de Colombia más que a la de España.

La *ng* no tiene equivalente en español, más se parece a la *n* de *lengua*. Su símbolo es ŋ. Ejemplos: *sing* (siŋ), *song* (sɔŋ), *feeling* (fii'liŋ), *hang* (jæŋ).

La *r* nunca tiene el sonido doble de la *r* española; se pronuncia con sonido liso y llano.

La *s* es muy sonora, a veces vibrada, en inglés, especialmente en el plural: *rose* (roz), *is* (iz), *cause* (kɔz); *shoes* (shuz), *buns* (bʌnz), *crafts* (kæftz). A veces es una *s* suave como en *sano, sábado*. Ejemplos: *books* (buəks), *center* (sen'tər), *face* (feis), *send* (send). El sonido palatal de *sh* no existe en español. Se puede reproducirlo imitando el francés *chapeau;* por ejemplo: *short* (shɔrt), *shoot* (shut); *sure* (shur); *motion* (mo'shən).

La *v* es siempre *v* como en el castellano antiguo pero un poco más fuerte y vibrante. No equivale nunca a la *b* del español actual.

La *th* se aproxima a la *z* de Castilla. Hay dos modos de pronunciarla: dulce como en *the* (dhə), *that* (dhæt) y con más voz como en *thin* (thin), *thought* (thɔt). No hay reglas para explicar esta variación, pero nuestra transcripción fonética la muestra con los símbolos apropiados.

La *w* (que se pronuncia do'bliu) equivale al sonido que tiene la *u* en un diptongo, como en *ruido* o *lengua*. Por ejemplo: *want* (uant), *will* (uil), *well* (uel), *war* (uɔr).

La *x* tiene dos sonidos en inglés, pero para hacer más fácil la comprensión de los signos (la diferencia es casi imperceptible) hemos usado siempre *x* como en la primera parte de este diccionario. Ejemplos: *explain* (explein'), *exist* (ixist' por igzist'), *context* (kan'text). La *y* inglesa suena como la *i* o la *y* en *hierro* o *yo*. Por ejemplo: *yet* (iet), *yoke* (iok), *yes* (ies).

La *z* no tiene verdadero equivalente en español; se acerca a la *s* sonora pronunciada con mucha fuerza y vibración: *zero* (zii'ro), *zeal* (ziil), *brazen* (brei'zən).

BREVE GRAMATICA INGLESA

EL SUSTANTIVO

GENERO — En inglés las cosas no tienen género: *the table*—la mesa; *the river*—el río. Pero los nombres de persona o animal son masculino o femeninos según el sexo. Entonces: *the boy*—el muchacho; *the girl*—la muchacha; *the rooster*—el gallo; *the hen*—la gallina.

ARTICULO — Se usa el artículo definido *the* (dhə) para cualquier nombre femenino o masculino, singular o plural: *the table* (sing.), *the tables* (pl.); *the woman* (sing.), *the women* (pl.).

Se usa el artículo indefinido *a* (ei) del mismo modo que del *the;* por ejemplo: *a book*—un libro; *a table*—una mesa.

Pero delante de una palabra que empieza en vocal se escribe *an* (æn): *an apple*—una manzana.

El plural de *a, an* es *some* (sʌm). Por ejemplo: *some books*—algunos libros; *some apples*—algunas manzanas.

NUMERO — En general se añade una *s* para formar el plural: *book—books*. Pero hay muchas excepciones y formaciones irregulares y las reglas gramaticales no ayudarán mucho, más sí la práctica. He aquí una lista de los plurales irregulares de palabras más comunes:

Singular	**Plural**	**Singular**	**Plural**
box (caja)	boxes	hero (héroe)	heroes
child (niño)	children	kiss (beso)	kisses
church (iglesia)	churches	knife (cuchillo)	knives
city (ciudad)	cities	leaf (hoja)	leaves
crisis (crisis)	crises	life (vida)	lives
dish (plato)	dishes	lily (lirio)	lilies
fly (mosca)	flies	man (hombre)	men
foot (pie)	feet	mouse (ratón)	mice
ox (buey)	oxen	tooth (dient)	teeth
sky cielo)	skies	woman (mujer)	women

PRONOMBRES — sujetos:

I	yo	we	nosotros
you (sing.)	tú, usted	you (pl.)	vosotros, ustedes
he	él	they (m.)	ellos
she	ella	they (f.)	ellas

Ejemplo: *I speak* — (yo) hablo (En inglés, al contrario del español, se usan siempre los pronombres.)

PRONOMBRES — objetos:

me	me	us	nos
you (sing.)	te	you (pl.)	os
him, you	le, lo	them, you	les, los
her, it, you (f.m.)	la, lo	them, you (f.m.)	las, los

POSESION — En inglés se puede usar *of=de* como en español:

The cities of the United States are good — Las ciudades de los Estados Unidos son buenas. Pero más frecuentemente se usa el apóstrofo (') y *s* para formar posesión: (sing.) *The boy's books — Los libros del muchacho.*

Si la palabra ya lleva *s* el signo (') viene después de la *s:* (plural) *The boys' books — Los libros de los muchachos.*

ADJETIVOS POSESIVOS — *Ejemplos*

It is *my* book—Es mi libro
They are *my* books—Son mis libros
Our sister—nuestra hermana
Our brother—nuestro hermano

M., F.; S.		M., F.; Pl.	
my	mi, mis	our	nuestro, a; nuestros, as
your	tu, tus	your	vuestro, a; vuestros, as
his, her, your, its	su, sus	their your	su, sus

PRONOMBRES POSESIVOS — *Ejemplos*

It is *mine.* Es mío. It is *ours.* Es nuestro.

M., F.; S., Pl.	
mine	el mío, la mía; los míos, las mías
yours	el tuyo, etc...
his, hers, yours	el suyo, etc....
ours	el nuestro, etc....
yours	el vuestro, etc....
their, yours	el suyo, etc....

ADJETIVOS DEMOSTRATIVOS — *Ejemplos*

this book—este libro   these books—estos libros

that pen—aquella (esa) pluma

M., F., S.		M., F., Pl.	
this	este, esta	these	estos, estas
that	ese, esa	those	esos, esas
that	aquel, aquella	those	aquellos, aquellas

PRONOMBRES DEMOSTRATIVOS

En inglés los pronombres y los adjetivos demostrativos son los mismos. Pero se añade generalmente *one* al pronombre:

I like that one — Me gusta ése.

This (one) is good — Este es bueno.

EL ADJETIVO

El adjetivo inglés no cambia y viene casi siempre delante del nombre: *a good book*—un buen libro; *a red book*—un libro rojo; *the Spanish girls*—las muchachas españolas.

La comparación — Hay adjetivos regulares con —, **er, est:**

Positivo	Comparativo	Superlativo
wide — ancho	wid*er*—más ancho	the wid*est*—el más ancho
clear — claro	clear*er*—más claro	the clear*est*—el más claro

Hay adjetivos con —, *more, the most:*

intelligent—inteligente; *more* intelligent—más inteligente;
the most intelligent—el más inteligente
careful—cuidadoso; *more* careful—más cuidadoso;
the most careful—el más cuidadoso.

Los siguientes adjetivos tienen formas irregulares:

Positivo	Comparativo	Superlativo
good, well (bueno)	better	best
bad, ill (malo)	worse	worst
little (poco)	less, lesser	least
much, many (mucho)	more	most
far (lejano)	farther	farthest

El superlativo absoluto — Se antepone *very* o a veces *most* al adjetivo. Ejemplo: very (most) beautiful—hermosísimo, muy bello.

EL ADVERBIO

La mayor parte de los adverbios ingleses se forma añadiendo *ly* al adjetivo:

beautiful — beautifully	easy — easily
(hermoso — hermosamente)	(fácil — fácilmente)
true — truly	quick — quickly
(verdadero — verdaderamente)	(veloz — velozmente)

Se puede ver en estos ejemplos que hay algunas irregularidades en la formación de unos adverbios antes de añadir *ly*.

La comparación

En general los adverbios forman la comparación como los adjetivos:

fast (veloz)	fast*er*	fast*est*
late (tarde)	lat*er*	last*est*
soon (pronto)	soon*er*	soon*est*

También con —, *more, most:*

Positivo	**Comparativo**	**Superlativo**
beautifully	*more,* beautifully	*most* beautifully
happily	*more,* happily	*most* happily
fortunately	*more,* fortunately	*most* fortunately

Los siguientes adverbios tienen formas irregulares:

well (bien)	better	best
badly, ill (mal)	worse	worst
little (poco)	less	least
much (mucho)	more	most
far (lejos)	farther	farthest

VERBOS

Los verbos auxiliares y tiempos de indicativo:

INFINITIVO

to be — ser

to have — haber; tener

GERUNDIO

being — siendo

having — habiendo; teniendo

PARTICIPIO PASADO

been — sido

had — habido; tenido

Presente Indicativo

I am (soy)	I have (he, tengo)
you are	you have
he, she, it is	he, she, it has
we are	we have
you are	you have
they are	they have

Pasado

I was (era, fui)	I had (había, hube; tenía, tuve)
you were	you had
he, she, it was	he, she, it had
we were	we had
you were	you had
they were	they had

Futuro

I shall be (seré)	I shall have (habré; tendré)
you will be	you will have
he, she, it will be	he, she, it will have
we shall be	we shall have
you will be	you will have
they will be	they will have

Imperativo

be—sé, sed; sea, sean
have—ten, tened; tenga, tengan

VERBOS IRREGULARES

Presente	Pretérito	Participio Pasado
am	was	been
arise	arose	arisen
beat	beat	beaten
become	became	become
begin	began	begun
bet	bet	bet
break	broke	broken
buy	bought	bought
come	came	come
do	did	done
drive	drove	driven
eat	ate	eaten
fly	flew	flown
get	got	got (gotten)
give	gave	given
go	went	gone
know	knew	known
leave	left	left
lose	lost	lost
make	made	made
pay	paid	paid
read	read	read
say	said	said
see	saw	seen
speak	spoke	spoken
take	took	taken
teach	taught	taught
tell	told	told
wear	wore	worn
write	wrote	written

NÚMEROS

Cardinales

1 — one
2 — two
3 — three
4 — four
5 — five
6 — six
7 — seven
8 — eight
9 — nine
10 — ten
11 — eleven
12 — twelve
13 — thirteen
14 — fourteen
15 — fifteen
16 — sixteen
17 — seventeen
18 — eighteen
19 — nineteen
20 — twenty
21 — twenty-one
22 — twenty-two
23 — twenty-three
24 — twenty-four
25 — twenty-five
26 — twenty-six
27 — twenty-seven
28 — twenty-eight
29 — twenty-nine
30 — thirty
100 — one hundred
200 — two hundred
300 — three hundred
400 — four hundred
500 — five hundred
600 — six hundred
700 — seven hundred
800 — eight hundred
900 — nine hundred
1.000 — one thousand
2.000 — two thousand
1.000.000 — one million

Ordinales

1o. — first
2o. — second
3o. — third
4o. — fourth
5o. — fifth
6o. — sixth
7o. — seventh
8o. — eighth
9o. — ninth
10o. — tenth
11o. — eleventh
12o. — twelfth

ABREVIATURAS

adj — adjetivo
adv — adverbio
aer — aeroplano
Am — latinoamericano
Arg — argentino
art — artículo
auto — automóvil
C Am — centroamericano
col — coloquial
com — comercio
conj — conjunción
dipl — diplomacia
ecles — eclesiástico
educ — educación
elec — electricidad
f — femenino
fig — figurado
fin — finanzas
foto — fotografía
Fr — francés
gram — gramática
int — interrogativo
interj — interjección
irr — irregular
Ital — italiano
Lat — latín
lit — literatura
m — masculino
mat — matemáticas
med — medicina
Mex — mexicano
milit — militar
mitol — mitología
mús — música
n — nombre
neol — neologismo
orn — ornitología
pl — plural
poét — poético
polít — política
pos — posesivo
prep — preposición
pron — pronombre
refl — reflexivo
rel — relativo
relig — religión
s — singular
S Am — sudamericano
teat — teatro
v — verbo

A

a *prep* to [tu]; on [an] by [bai]; in [in]
abacería *f* grocery [gro'səri]; grocery store [...stor]
abacero *m* grocer [gro'sər]
abad *m* abbot [æ'bət]
abadía *f* abbey [æ'bi]
abajarse *v* to lower oneself [tu lo'uər uanself']
abajo *adv* down [daun]; downstairs [da'unsters]
abandonar *v* to abandon [tu əbæn'dən]
abandono *m* abandon [əbæn'dən]
abanico *m* fan [fæn]
abaratar *v* to cheapen [tu chii'pən], lower the price [lo'uər dhə prais']
abarcar *v* to embrace [tu əmbreis'], include [inklud']
abarrotes *m, pl* packages [pæ'kədchəz]; (*Méx*) groceries [gro'səriiz]
abastecimiento *m* provision [prəvi'zhən]
abatido *adj* depressed [dipre'st]; **estar —** to be discouraged [tu bii diskə'rədchəd]
abdicación *f* abdication [æbdike'shən]
abdicar *v* to abdicate [tu æb'dikeit]
abdomen *m* abdomen [æbdo'mən]; stomach [stʌ'mək]
abeja *f* bee [bii]
abertura *f* opening [o'pəniŋ]
abierto *adj* open [o'pən]; sincere [sinsiir']
abismo *m* abyss [əbis']; chasm [kæ'zm]
abofetear *v* to slap [tu slæp]; to box the ears [tu bax dhə iirz]
abogado *m* lawyer [lɔ'iər]
abolición *f* abolition [æbəli'shən]
abolir *v* to abolish [tu əba'lish]
abominable *adj* abominable [əba'minəbəl]
abonado *m* subscriber [sʌbskrai'bər]
abonarse *v* to subscribe [tu sʌbskraib']
abordar *v* to board a ship [tu bord ə ship]
aborrecer *v* to abhor [tu əbjor'], hate [jeit]
aborto *m* abortion [əbor'shən]; miscarriage [miske'riədch]
abotonar *v* to button up [tu bʌt'ən ʌp]
abrasar *v* to burn [tu bərn]; **—se** to be burned [to bii bərnəd]
abrazar *v* to embrace [tu embreis']
abrazo *m* embrace [embrei's]
abreviación *f* abbreviation [əbrivie'shən]
abreviar *v* to abbreviate [tu ebri'vieit]
abrigar(se) *v* to shelter [tu shel'tər], take shelter [teik ...]
abrigo *m* shelter [shel'tər]; protection [protek'shən]; top coat [tap kot]
abril *m* April [ei'prəl]
abrir *v* to open [tu o'pən]
abrupto *adj* abrupt [əbrʌpt']
absolución *f* absolution [æbsəlu'shən]
absoluto *adj* absolute [æ'bsəlut]
absolver *v* to absolve [tu əbsalv'], pardon [par'dən]
absorbente *adj* absorbent [əbsɔr'bənt]; **— higiénico** *m* sanitary napkin [sæ'niteri næp'kin]
abstenerse *v* to abstain from [tu əbstein' frʌm]
abstinencia *f* abstinence [æb'stinəns], fasting [fæ'stiŋ]
abstracto *adj* abstract [æb'strækt]
absuelto *adj* absolved [əbsal'vəd], acquitted [əkui'təd]
absurdo *adj* absurd [əbsərd']
abuela *f* grandmother [græn'mʌ'dhər]
abuelo *m* grandfather [græn'fa'dhər]; **—s** *m, pl* ancestors [æn'sestərz]
abundancia *f* abundance [əbʌn'dəns], great quantity [greit kuan'titi]
abundante *adj* abundant [abʌn'dənt], much [mʌch]
aburrido *adj* bored [bɔrd]
aburrir(se) *v* to bore [tu bɔr], be bored [bii bɔrd]
abusar *v* to abuse [tu əbiuz']
abuso *m* abuse [əbius']
acá *adv* here [jiir]
acabado *adj* finished [fi'nishd]
acabamiento *m* end [end]; (*Am*) tiredness [tairəd'nəs]
acabar *v* to finish [tu fi'nish]; **acabo de hablar** I have just spoken [ai jæv dchʌst spo'kən]
academia *f* academy [əkæ'dəmi]
académico *adj* academic [ækəde'mik]

acalenturarse *v* to have fever [tu jæv fii'vər]
acalorar(se) *v* to heat up [tu jiit ʌp]; to get excited [guet exai'təd]
acampar *v* to camp [tu kæmp]
acaparar *v* to monopolize [tu məna'pə-laiz]
acariciar *v* to caress [tu kəres'], cherish [che'rish]
acaso *adv* perhaps [pərjæps']
acatarrarse *v* to catch a cold [tu kæch ə kold]; to have a chill [tu jæv ə chil]
accesorio *adj, m* accessory [ækse'səri]
accidental *adj* accidental [æksiden'təl]
accidente *m* accident [æk'sidənt]
acción *f* action [æ'kshən]; stock [stak]
aceitar *v* to oil [tu ɔil], grease [griis']
aceite *m* oil [ɔil]
aceituna *f* olive [a'liv]
aceleración *f* acceleration [ækselərei'-shən]
acelerador *m* accelerator [ækselərei'tər]
acelerar *v* to accelerate [tu ækse'ləreit], speed up [spiid ʌp]
acento *m* accent [æ'ksənt]
aceptar *v* to accept [tu ækse'pt]
acera *f* sidewalk [sai'dəuɔk]
acerbo *adj* bitter [bi'tər]
acerca (de) *prep* about [əba'ut]
acercarse *v* to go near [tu go niir]
acero *m* steel [stiil]; **de —** made of steel [meid ʌv ...]; strong [strɔŋ]
acertar *v* to guess [tu gues], aim correctly [eim kəre'ktli]
ácido *adj, m* acid [æ'sid]; sour [sa'ur]
acierto *m* correct guess [kəre'kt gues]
aclamación *f* acclamation [ækləme'shən]
aclamar *v* to acclaim [tu əklei'm]
aclaración *f* explanation [explənæ'shən]
aclarar *v* to clarify [tu klæ'rifai], make clear [meik kliir]
aclimatar *v* to acclimatize [əklai'mətaiz]
acoger *v* to receive [tu risiiv']; to shelter [tu shel'tər]
acogida *f* welcome [uel'kəm]
acólito *m* acolyte [æ'kolait], altar boy [ɔ'ltər bɔi]
acomodador *m* usher [ʌ'shər]
acomodar *v* to accommodate [tu əka'-mədeit], lodge [ladch]; **—se** to make oneself comfortable [tu meik wanself' kʌm'fərtəbəl]
acompañador *m* accompanist [əkʌm'pə-nist]
acompañamiento *m* accompaniment [əkʌm'pənimənt]
acompañante *m* companion [kəmpæ'-nion]
acompañar *v* to accompany [tu əkam'pə-ni]
acondicionado *adj* conditioned [kənd'-shənd]; **aire —** air-conditioned [er ...]; (*Am*) adequate [æ'dəkuət]
acondicionador *m* conditioner [kəndi'-shənər]; **— de aire** air conditioner [er ...]
acondicionar *v* to condition [tu kəndi'-shən], prepare [priper']; **—se** to become conditioned [tu bika'm kəndi'-shənd]
acongojar *v* to grieve [tu griiv]; **—se** to be grieved [tu bii grii'vəd]
aconsejar *v* to advise [tu ædvaiz']
acontecer *v* to happen [tu jæ'pən]
acontecimiento *m* event [ivent'], happening [jæp'niŋ]
acoplamiento *m* connection [kənek'-shən]; joint [dchɔint]
acoplar *v* to connect [tu kənekt'], join [dchɔin]; to mate [tu meit]
acorazado *m* battleship [bæ'təlship]
acordar *v* to agree [tu əgrii']; to decide [disaid']; (*Am*) to grant [grænt]; **—se de** to remember [remem'bər]
acorde *m* (*mús*) chord [kɔrd]; *adv* in harmony [in jar'mʌni]
acordelar *v* to rope off [tu rop ɔf]
acortamiento *m* shortening [short'niŋ]
acortar *v* to shorten [tu short'n], diminish [dimin'ish]; **—se** to shrink [tu shrink]
acosar *v* to pursue [tu pərsiu']
acostado *adj* reclining [riklai'niŋ]; tilted [til'təd]
acostar *v* to put to bed [tu put tu bed]; **—se** to lie down [tu lai daun], go to bed
acostumbrado *adj* accustomed [əkʌ's-təmd]; usual [iush'uəl]; used (to) [iuzəd, tu]
acostumbrar *v* to accustom [tu əkʌ's-təm]; to be accustomed to [tu bii əkʌs'təməd tu]; **—se** to become accustomed to [tu bikʌm' əkʌ'stəməd tu], be used to [bii iuzəd tu]
acre, *adj* sour [saur]; harsh [jarsh]; *m* acre [ei'kər]
acrecentar *v* to increase [tu inkriiz']; to promote [tu prəmot']
acreditar *v* to credit [tu kre'dit]
acreedor *m* creditor [kre'ditər]
acribillar *v* to perforate [tu pər'fəreit]
acróbata *m, f* acrobat [æ'krəbæt]

acta *f* document [dak'iumənt]; **levantar —** to write the minutes [tu rait dhə mi'nəz]
actitud *f* attitude [æ'titiud]; posture [pas'chər]
activar *v* to make active [tu meik æk'-tiv]; to hasten [jei'sin]
actividad *f* activity [ækti'viti]; energy [en'ərdchi]
activo *adj* lively [laiv'li]; *m* assets [æ'setz]
acto *m* act [ækt]; action [æk'shən]; **en el —** immediately [imi'diətli]
actor *m* actor [æk'tər]
actriz *f* actress [æk'trəs]
actual *adj* present [pre'zənt]; **—mente** *adv* at present [æt ...]; nowadays [na'-uədeis]
actualidad *f* present time [pre'zənt taim]; **—es** latest news, events, etc. [lei'təst niuz, iventz']
actuar *v* to act [tu aekt]; to set in motion [set in mo'shən]
acuarela *f* water color [uɔ'tər ka'lər]
acuario *m* aquarium [əquær'ium]
acuático *adj* aquatic [əquæ'tik]
acuatizaje *m* **(vehículo espacial)** splash-down [splæsh'daun]
acuchillar *v* to knife [tu naif]; to stab [tu stæb]
acudir *v* to run to [tu rʌn tu]; to attend to [tu ətend' tu]
acueducto *m* aqueduct [æ'quədʌkt]
acuerdo *m* agreement [əgrii'mənt]; re-membrance [rimem'brəns]; **estar de —** to agree with [tu əgrii' uith]; **tomar un —** to make a decision [tu meik ei disi'shən]
acumulación *f* accumulation [əkiumiu-lei'shən]
acumulador *m* battery [bæ'təri]
acumular *v* to accumulate [tu əkiu'miu-leit], gather [gæ'dhər]
acuñar *v* to coin [tu kɔin], mint [mint]
acuoso *adj* watery [uɔ'təri]
acurrucarse *v* to cuddle up [tu kʌ'dəl ʌp]
acusación *f* accusation [əkiuze'shən]
acusado *adj* accused [əkiu'zəd]; *m* de-fendant [difen'dənt]
acusar *v* to accuse [tu əkiuz']
acústica *f* acoustics [əku'stikz]
achacoso *adj* sickly [sik'li]
achaparrado *adj* scrub [skrʌb]
achaque *m* illness [il'nəs]; pretext [prii'text]
achicar *v* to shorten [tu shɔr'tən]; to humiliate [jiumi'liet] **—se** to shrink [tu shriink]

adagio *m* adage [æ'dədch]; (*Ital*) adagio [ədæ'dchio]
adaptar to adapt [tu ədæpt]; to fit [tu fit]
adecuado *adj* adequate [æ'dəkuit]; suit-able [su'təbəl]
adecuar *v* to fit [tu fit]; to adapt [tu ədæ'pt]
adelantado *adj* anticipated [ænti'sipei-təd]; **por —** in advance [in ædvæns']
adelantamiento *m* advancement [æd-væns'mənt]
adelantar *v* to advance [tu ædvæns']; **—se** to be ahead (of) [tu bii əjed', ʌv]
adelante *adv* forward [fɔr'uərd]; **de aquí en —** from now on [fram nau an]
adelgazar *v* to thin out [tu thin aut]
ademán *m* gesture [dches'chur]; atti-tude [æ'titiud]
además *adv* moreover [mɔro'vər]; be-sides [bisaiz]; *prep* **— de** in addition to [in ədi'shən tu]
adentro *adv* within [uithin']; **hablar para sus —s** to talk to oneself [tu tɔk tu uanself']
aderezar *v* to adorn [tu ədɔrn']; to starch [starch]
aderezo *m* adornment [ədorn'mənt]; starch [stardch]
adestrado *adj* trained [treinəd]; **skilled** [skiləd]
adestrar *v* to train [tu trein]
adeudado *adj* indebted [inde'təd]
adeudar(se) *v* to owe [tu o]; to have debts [tu jæv detz]
adeudo *m* debt [det]; duty [diu'ti]
adherencia *f* adherence [adji'rəns]
adherer *v* to adhere [tu adjir']
adhesión *v* to adhesion [ædji'shən]
adhesivo *adj* adhesive [ædhi'ziv]; **tela —a** adhesive tape [... teip]
adicto *adj* addicted [ədik'təd]; *m* addict [æ'dikt]
adiestramiento *m* training [trei'niŋ]; drill [dril]
adinerado *adj* wealthy [uel'thi]
adiós *interj* good-bye [guəd-bai]
aditamento *m* addition [ədi'shən]; annex [æ'nex]
adivinación *f* prediction [pridik'shən]; guess [gues]
adivinanza *f* riddle [ri'dəl]
adivinar *v* to guess [tu gues]
adivino *m* fortuneteller [for'dchənte'lər]
adjetivo *m* adjective [æ'dchəktiv]
adjunto *adj* adjoining [ədchɔi'niŋ]; at-tached [ətæ'dchəd]

administración *f* administration [ədmi-nəstrei'shən]; management [mæ'nədch-mənt]
administrador *m* manager [mæ'nəd-chər]
administrar *v* to administer [tu ədmi-nəstər]; to manage [tu mæ'nədch]
administrativo *adj* administrative [əd-mi'nistreitiv]
admirable *adj* wonderful [uan'dərfʌl]
admiración *f* admiration [ædməre'-shən]; wonder [uan'dər]; **punto de —** exclamation point [eklləmæ'shən pɔint]
admirador *m* admirer [ædmai'rər]
admirar *v* to admire [tu ædmair']; **—se** to be astonished [tu bii əstan'-ishəd]
admisión *f* admission [ædmi'shən]; ac-ceptance [əksəp'təns]; acknowledgment [əkna'lidchmənt]
admitir *v* to admit [tu ædmit']; to ac-cept [tu askept']
adobar *v* to fix [tu fix]; to prepare [tu priper']
adoctrinamiento *m* indoctrination [in-daktrinei'shən]; instruction [instrʌk'-shən]
adoctrinar *v* to indoctrinate [tu indak'-trineit]; to teach [tiich]
adolecer *v* to suffer [tu sʌ'fər]
adolescencia *f* adolescence [ædole'səns]
adolescente *adj; m, f* adolescent [ædo-le'sənt]
adonde *adv* where [juer]; **¿adónde?** where (to)? [... tu]
adoptar *v* to adopt [tu ədapt']; to accept [tu əksept']
adoptivo *adj* adopted [ədap'təd]
adoración *f* adoration [ædorei'shən]; worship [uər'ship]
adorar *v* to adore [tu ədor']; to worship
adormecer *v* to lull to sleep [tu lʌl tu sliip]; **—se** to be sleepy [tu bii slii'pi]
adormilado *adj* drowsy [drau'zi]
adornar *v* to adorn [tu ədɔrn'], decorate [de'kəreit]
adornista *m, f* decorator [de'koretər]
adorno *m* ornament [ɔr'nəmənt]; decora-tion [dekore'shən]
adquirir *v* to acquire [tu əkuair']; to gain [tu guein]
adquisición *f* acquisition [ækuizi'shən]; gain [guein]
adrede *adj* intentionally [intən'shənəli]
aduana *f* customhouse [kʌ'stʌmjaus]
aduanero *m* customhouse officer [kʌs'-tʌmjaus ɔ'fisər]
aducir *v* to cite [tu sait], to allege [tu ələdch']
adueñarse *v* to take possession of [tu teik pəse'shən ʌv]
adulación *f* flattery [flæ'təri]
adulador m flatterer [flæ'tərər]
adular *v* to flatter [tu flæ'tər]
adulterar *v* to adulterate [tu ədʌl'tərəit]
adulterio *m* adultery [ədʌl'təri]
adúltero *m* adulterer [ədʌl'tərər]
adulto *adj, m* adult [ædʌlt']
adusto *adj* stern [stərn]; austere [ɔs-tiir']
advenedizo *m* newcomer [niu'kamər]; upstart [ʌp'start]
advenimiento *m* advent [æd'vənt], arri-val [ərai'vəl]; event [ivent']
adverbio *m* adverb [æd'vərb]
adversario *m* opponent [əpo'nənt]; foe [fo]
adversidad *f* adversity [ædvər'siti]; ca-lamity [kəlæ'miti]
adverso *adj* adverse [ædvərs']; unfavor-able [ʌnfei'vɔrəbəl]
advertencia *f* notice [no'tis]; warning [uɔr'niŋ]
advertir *v* to serve notice [tu sərv no'-tis]; to warn [tu uɔrn]
adyacente *adj* adjacent [ædchei'sənt]
aéreo *adj* aerial [ei'riel]; **correo —** air mail [eir meil]; **anti—** antiaircraft [æn'ti-er'kræft]
aeródromo *m* airport [eir'pɔrt]
aeronave *f* airship [eir'ship]
aeropista *f* landing strip [læn'diŋ strip]
aeroplano *m* airplane [eir'plein]
aeropuerto *m* airport [eir'pɔrt]
afabilidad *f* friendliness [frend'linəs]; pleasantness [ple'zəntnəs]
afable *adj* friendly [frend'li]; pleasant [ple'zənt]
afamado *adj* famous [fei'məs]
afán *m* eagerness [ii'guərnəs]
afanarse *v* to be eager [tu bii ii'guər]
afear *v* to make ugly [tu meik ʌ'gli]
afección *f* affection [əfek'shən]
afectado *adj* affected [əfek'təd]; *(Am)* hurt [jərt]; **estar — de** to be sick with [tu bii sik uith]
afectar *v* to affect [tu əfekt']; to pretend [tu pritend']
afecto *adj* fond of [fand ʌv]; *m* affection [afek'shən]
afectuoso *adj* affectionate [əfek'shənət]
afeitada *f* shave [sheiv]

afeitar *v* to shave [tu sheiv]; **—se** to shave oneself [tu sheiv uansəlf']; **máquina de —** electric shaver [ilek'trik shei'vər]
afeite *m* cosmetics [kazme'tiks]
afeminado *adj* effeminate [əfe'mənət]
aferrado *adj* stubborn [stʌ'bərn]
aferrar *v* to seize [tu siiz]; **—se** to take hold of [tu teik jold ʌv]; to cling [tu kliŋ]; **—se a** to cling to [tu kliŋ tu]
afianzar *v* to secure [tu sekiur']
afición *f* fondness [fand'nəs]
aficionado *adj* fond (of) [fand, ʌv]; *m* (*sport*) fan [fæn]
aficionarse *v* to become fond of [tu biikʌm' fand ʌv]
afilador *m* grinder [grain'dər]; sharpener [shar'pənər]
afilar *v* to sharpen [tu sharpən]; to grind [tu graind]
afín *adj* kindred [kin'drəd]; related [rilei'təd]
afinar *v* to refine [tu rifain']
afinidad *f* affinity [əfin'iti]; relationship [riilei'shənship]
afirmación *f* affirmation [æfərmei'shən]; assertion [əsər'shən]
afirmar *v* to affirm [tu əfərm']
afirmativa *f* affirmative [əfər'mətiv]
afirmativo *adj* affirmative [əfər'mətiv]
aflicción *f* affliction [əflik''shən]
afligir *v* to afflict [tu əflikt']; **—se** to worry [tu uɔ'ri]
aflojar *v* to slacken [tu slæ'kən]; (*Am*) to pay up [tu pei ʌp]
afluente *adj* abundant [abʌn'dənt]; *m* tributary [tri'biuteri]
afluir *v* to flow [tu flo]
afortunado *adj* lucky [lʌ'ki]
afrenta *n* insult [in'sʌlt]; offense [əfens']
afrentar *v* to insult [tu insʌlt'], offend [əfend']
afrentoso *adj* outrageous [autrei'dchʌs] shameful [sheim'fəl]
africano *adj, m* African [æ'frikən]
afrontar *v* to face [tu feis]; to confront [tu kənfrant']
afuera *adv* out [aut]; outside [autsaid']; **—s** *f* outskirts [aut'skərtz]
agacharse *v* to crouch [tu kraudch], bend down [bend daun]; (*Am*) to squat [tu skuat]
agalla *f* gill [guil]; tonsil [tan'səl]; **tener —s** to have courage [tu jæv kʌr'ədch]
agarrar *v* to seize [tu siiz]; to grasp [tu græsp]; **—se** to cling [tu kliŋ]
agarro *m* grasp [græsp]
agasajar *v* to entertain [tu entərtein']; to flatter [tu flæ'tər]
agasajo *m* entertainment [entərtein'mənt]
agazapar *v* to nab [tu næb]; **—se** to crouch [tu kraudch]
agencia *f* agency [ei'dchənsi]; (*Am*) pawnshop [pɔn'shap]
agenciar *v* to negotiate [tu nəgo'shieit]; to promote [tu prəmot']
agente *m* agent [ei'dchənt]; (*Am*) police officer [pəlis' ɔf'isər]
ágil *adj* agile [æ'dchil]; quick [kuik]
agilidad *f* agility [ædchi'liti]; movability [muvəbi'liti]
agitación *f* agitation [ædchitei'shən]; excitement [exait'mənt]
agitador *m* agitator [æ'dchiteitər]
agitar *v* to agitate [tu æ'dchiteit]; to excite [tu exsait']; to incite [tu insait']
aglomeración *f* conglomeration [kənglamərei'shən]
aglomerar(se) *v* to gather together [tu gæthər tugue'thər]
agobiar *v* to oppress [tu opres']; to overwhelm [ovərjuelm']
agonía *f* agony [æ'guəni]
agonizante *adj* in agony [in æ'guəni]; dying [dai'iŋ]
agonizar *v* to be in agony [tu bii in æ'guəni]; to be dying [tu bii da'iŋ]
agorero *adj* ominous [a'mənəs]; *m* prophet [pra'fət]
agosto *m* August [ɔ'gʌst]
agotado *adj* exhausted [exjɔ'stəd]; out of print [aut ʌv print]
agotamiento *m* exhaustion [exjɔ'sdchən]
agotar *v* to exhaust [tu exjɔst]; to drain off [tu drein ɔf]; **—se** to be exhausted [tu bii exjɔ'stəd]
agraciado *adj* graceful [greis'fəl]
agraciar *v* to adorn [tu ədɔrn']
agradable *adj* agreeable [əgrii'əbəl] pleasant [ple'zənt]
agradar *v* to please [tu pliiz], make pleasant [meik ple'zənt]
agradecer *v* to appreciate [tu əpri'shieit]; to be grateful for [tu bii greit'fəl fɔr]
agradecido *adj* grateful [greit'fəl]
agradecimiento *m* gratitude [græ'titiud]
agrado *m* agreeableness [agrii'əbəlnəs]; pleasure [plə'shur]
agrandar *v* to enlarge [tu enlardch']
agravar *v* to aggravate [tu æ'graveit]; to oppress [tu oprəs']; **—se** to get worse [tu guet uərs]

agraviar *v* to offend [tu əfend']
agravio *m* offense [əfens']
agredir *v* to attack [tu ətæk']
agregado *m* attaché [ætæshei']; addition [ədi'shən]
agregar *v* to add [tu æd]; to join [tu dchɔin]
agresivo *adj* aggressive [agre'siv]
agresor *m* aggressor [əgre'sər]
agreste *adj* rustic [rʌ'stik]; wild [uaild]
agriar *v* to make sour [tu meik saur]; **—se** to become sour [tu bikʌm' ...]
agrícola *adj* agricultural [ægrikʌl'chərəl]
agricultor *m* farmer [far'mər]
agricultura *f* agriculture [ægrikʌl'chər]
agridulce *adj* bittersweet [bi'tərsuiit]
agrietarse *v* to crack [tu kræk]; to chap [chæp]
agrimensura *f* land survey [lænd sər'vei]
agrio *adj* sour [saur]; disagreeable [disagrii'əbəl]
agrupación *f* group [grup], gathering gæ'thəriŋ]
agrupar *v* to group together [tu grup tugue'thər]
agrura *f* sourness [sa'urnəs]
agua *f* water [uɔ'tər]; **— abajo** downstream [daun'striim]; **— arriba** upstream [ʌp'striim]
aguacate *m* (*Am*) avocado [avoka'do]
aguacero *m* shower [sha'uər]
aguada *f* water supply [uɔ'tər sʌplai']
aguadero *m* watering place [uɔ'təriŋ pleis]
aguado *adj* watery [uɔ'təri]; (*Am*) weak [uiik]; no-good [no-gud], dull [dʌl]
aguantar *v* to resist [tu rizist']; **—se** to restrain oneself [tu riistrein' uanself']
aguante *m* resistance [rizi'stəns]
aguar *v* to water [tu uɔ'tər]; **—se** to become diluted [tu bikəm' dailu'təd]; to spoil [tu spɔil]
aguardar *v* to wait for [tu ueit fɔr]
aguardentoso *adj* alcoholic [ælkoja'lik]; hoarse [jɔrs]
aguardiente *m* brandy [bræn'di]
aguarrás *m* turpentine [tər'pəntain]
aguazal *m* marsh [marsh]
agudeza *f* sharpness [sharp'nəs]; wit [uit]
agudo *adj* sharp [sharp]; acute [əkiut']; witty [ui'ti]
agüero *m* augury [ɔ'guiuri]; sign [sain], omen [o'mən]
aguijar *v* to prick [tu prik]; to goad [tu god]
aguijón *m* prick [prik]; goad [god]
aguijonear *v* to prick [tu prik]; to goad [tu god]
águila *f* eagle [ii'guəl]; **es un —** he is a shark [jii iz ei shark]
aguileño *adj* aquiline [æ'kuilain]
aguinaldo *m* Christmas gift [kri'sməs guift]
aguja *f* needle [nii'dəl]; spire [spair]
agujerear *v* to pierce [tu piirs]
agujero *m* hole [jol]
aguzar *v* to sharpen [tu shar'pən]; to prick up [tu prik ʌp]
ahí *adv* there [dher]; **por —** over there [o'vər dher]
ahijado *m* godchild [gad'chaild]
ahínco *m* effort [e'fərt]; zeal [ziil]
ahogar *v* to drown [tu draun]; to choke [tu chok]
ahogo *m* strangulation [stræŋguiulei'shən]; anguish [æŋ'guish]
ahondar *v* to deepen [tu dii'pən]; to penetrate [tu pe'nətreit]
ahora *adv* now [nau]; **— mismo** right now [rait nau]; **de — en adelante** from now on [frʌm ... an]; **por —** for the present [fɔr dhə prə'zənt]
ahorcar *v* to hang [tu jæŋ]
ahorita *adv* right now [rait nau]
ahorrar *v* to save [tu seiv]
ahorro *m* saving [sei'viŋ]; economy [ika'nəmi]; **caja de —s** savings bank [se'viŋz bænk]
ahuecar *v* to make hollow [tu meik ja'lo]; **— la voz** to speak in a hollow voice [tu spiik in ei ja'lo vɔis]
ahumado *adj* smoked [smo'kəd]; **está — aquí** it is smoky here [it is smo'ki jiir]
ahumar *v* to smoke [tu smok]
ahuyentar *v* to drive away [tu draiv əuei']; **—se** to flee [tu flii]
airar *v* to irritate [tu i'ritet]; **—se** to get angry [tu guet æŋ'gri]
aire *m* air [er]; conceit [kənsiit']; **al — libre** open air [o'pən ...]
airear *v* to air [tu er]
airoso *adj* airy [e'ri]; graceful [greis'fʌl]; spirited [spi'rətəd]
aislador *adj* insulating [in'sʌleitiŋ]; *m* insulator [in'sʌleitər]
aislar *v* to isolate [tu ai'soleit]
ajar *v* to crumple [tu krʌm'pəl]
ajedrez *m* chess [chəs]
ajeno *adj* alien [ei'liən]; foreign [fa'rən]

ajetrearse *v* to hustle and bustle [tu jʌ'səl ænd bʌ'səl]
ajetreo *m* bustle [bʌ'səl]
ají *m* (*Am*) chile pepper or sauce [chi'li pe'pər or sɔs]
ajo *m* garlic [gar'lik]
ajuar *m* trousseau [tru'so]; dowry [dau'ri]
ajustado *adj* tight [tait]; adjusted [ædchʌ'stəd]
ajustamiento *m* adjustment [ədchʌst'mənt]
ajustar *v* to adjust [tu ədchʌst']; to make tight [tu meik tait]; **— el precio** to agree on a price [tu əgrii' an ei prais]; **—se** to come to a settlement [tu kam tu ei set'ləmənt]
ajuste *m* adjustment [ədchʌst'mənt]; agreement ([əgrii'mənt]
ajusticiar *v* to execute [tu ex'ikiut]
ala *f* wing [uiŋ]
alabanza *f* praise [preiz]
alabar *v* to praise [tu preiz]
alacena *f* cupboard [kʌ'bərd]
alado *adj* winged [uiŋ'guəd]
alambicado *adj* distilled [distiləd']
alambique *m* still [stil]; distillery [distil'əri]
alambrado *m* wire fence [uair fens]
alambre *m* wire [uair]
alameda *f* poplar grove [pap'lər grov]; park [park]
álamo *m* poplar [pap'lər]
alancear *v* to lance [tu læns]
alarde *m* boast [bost]
alardear *v* to boast [tu bost]
alargar *v* to lengthen [tu leŋ'thən], extend [extend']
alarido *m* shout [shaut]; howl [jaul]
alarma *f* alarm [əlarm']; warning [uɔr'niŋ]
alarmar *v* to alarm [tu əlarm']
alba *f* dawn [dɔn]
albañal *m* sewer [su'ər]
albañil *m* mason [mei'sən]
albaricoque *m* apricot [æ'prikət]
albear *v* to turn white [tu tərn juait]
albedrío *m* free will [frii uil]; fancy [fæn'si]; **libre —** free will [...]
alberca *f* water reservoir [uɔ'tər re'servuar]
albergar *v* to house [tu jaus]; to give refuge [tu giv re'fiudch]
albergue *m* lodge [la'dch]; **— de carretera** motel [motel']
albóndiga *f* meat ball [miit bɔl]; fish ball
albor *m* early light [er'li lait]; daybreak [dei'brek]; **—es** childhood [chaild'jud]; beginning [bigui'niŋ]
alborada *f* dawn [dɔn]; daybreak [dei'brek]; morning [mɔr'niŋ]
alborear *v* to dawn [tu dɔn]
alborotador *m* agitator [æ'dchiteitər]
alborotar *v* to disturb [tu distərb']; (*Am*) excite [əxsait']; **—se** to riot [tu rai'ət]
alboroto *m* uproar [ʌp'rɔr]; (*Am*) excitement [əxsait'mənt]; riot [rai'ət]
alborozado *adj* elated [ilei'təd]
alborozar *v* to gladden [tu glæ'dən]; **—se** to rejoice [tu ridchɔis']; be elated [bii ilei'təd]
alborozo *m* joy [dchɔi]
alcachofa *f* artichoke [ar'tichok]
alcahueta *f* go-between [go-bituiin']; matchmaker [mædch'meikər]
alcaide *m* warden [uɔr'dən]
alcalde *m* mayor [me'yər]
alcance *m* reach [riich]; capacity [kəpæ'siti]; **al — de** within reach of [uithin' ... ʌv]; **dar — a** to catch up with [tu kædch ʌp uith]; **fuera de —** out of reach [aut ʌv ...]
alcancía *f* money box [mʌ'ni bax]; piggy bank [pi'gui bænk]
alcanzado *adj* needy [nii'di]
alcanzar *v* to reach [tu riich]; to put within reach [tu pʌt uithin' ...]
alcayata *f* wall hook [uɔl juk]
alcázar *m* castle [kæ'səl]; fortress [fɔr'trəs]
alcoba *f* bedroom [bed'rum]
alcohol *m* alcohol [æl'kojɔl]
alcohólico *adj* alcoholic [ælkəja'lik]
alcor *m* hill [jil]
aldaba *f* knocker [na'kər]; latch [læch]; bolt [bolt]
aldabón *m* (iron) knocker [ai'ərn, na'kər]
aldea *f* village [vi'lədch], hamlet [jæm'lət]
aldeano *adj* rustic [rʌ'stik]; *m* peasant [pe'sənt]
aleación *f* alloy [æ'lɔi]
alear *v* to alloy [tu ælɔi'], mix [mix]; to flutter [tu flʌ'tər]
aleccionar *v* to coach [tu koch]; to instruct [tu instrʌkt']
aledaños *m, pl* borders [bɔr'dərz]
alegar *v* to allege [tu əledch']; (*Am*) to argue [tu ar'guiu]
alegato *m* allegation [æləguei'shən]
alegoría *f* allegory [æ'ləgɔri]

alegrar *v* to cheer up [tu chiir ʌp]; **—se** to be glad [tu bii glæd]; **me alegro de eso** I am glad of that [ai æm ... ʌv thæt]
alegre *adj* merry [me'ri]
alegría *f* joy [dchɔi]
alejamiento *m* withdrawal [uithdrɔl']; aloofness [əluf'nəs]
alejar *v* to remove [tu rimuv']; **—se** to move away [tu muv əuei']
alelado *adj* stupefied [stiu'pəfaid]
alemán *adj, m* German [dcher'mən]
alentar *v* to breathe [tu briith]; to encourage [tu enkə'rədch]; **—se** to muster up courage [tu mʌ'stər ʌp kə'rədch]; (*Am*) to recover [tu rikʌ'vər]
alergia *f* allergy [æ'lərdchi]
alero *m* eaves [ii'vəz]
alerta *adj* alert [ələrt']; **¡alerta!** attention! [əten'shən]; **estar alerta** to be on the alert [tu bii an dhə ...]
aleta *f* small wing [smɔl uiŋ]; fin [fin]
aletargado *adj* drowsy [drau'zi]; numb [nʌm]
aletargarse *v* to be lethargic [tu bii ləthar'dchik]
aletazo *m* flap [flæp]
aletear *v* to flap [tu flæp]
aleteo *m* flapping [flæ'piŋ]
aleve *adj* treacherous [tre'chərəs]
alevosía *f* treachery [tre'chəri]
alevoso *adj* treacherous [tre'chərəs]
alfabeto *m* alphabet [æl'fəbət]
alfarería *f* pottery [pa'təri]
alfeñicar *v* to use sugar frosting [tu iuz shu'guər frɔ'stiŋ]; **—se** to get thin [tu guet thin]
alfeñique *m* sugar paste [shu'guər peist]; delicate person [de'likət per'sən]
alférez *m* ensign [en'sən]; second lieutenant [se'kənd liute'nənt]
alfiler *m* pin [pin]; **—es** pin money [pin mʌ'ni]; **ponerse de veinticinco —es** to dress up [tu dres ʌp], doll up [dal ʌp]
alfombra *f* carpet [kar'pit]
alforja *f* saddlebag [sæ'dəl bæguə]
algarabía *f* jargon [dchar'guən]; chatter [chæ'tər]
algarrobo *m* locust tree [lo'kʌst trii]
algazara *f* clamor [klæ'mər]
álgebra *f* algebra [æl'dchibrə]
algo *pron* something [sam'thiŋ]; *adj* somewhat [sam'juat]
algodón *m* cotton [ka'tən]
alguacil *m* policeman [pʌlii'smən]
alguien *pron* someone [sam'uan]
algún *adj* some [sʌm]; any [e'ni]
alhaja *f* jewel [dchiu'əl]
aliado *adj* allied [ælaid']
alianza *f* alliance [əlains']; (*Am*) wedding band [ue'diŋ bænd]
aliar *v* to ally [tu əlai']; **—se** to unite [tu iunait]
alicaído *adj* discouraged [diskʌ'rədchəd]
alicates *m, pl* pliers [plai'ərz]
aliciente *m* incentive [insen'tiv]
aliento *m* breath [bræth]; encouragement [enkʌ'rədchəmənt]
aligerar *v* to lighten [tu lai'tən]
alimentación *f* nourishment [na'rishmənt]; food [fud]
alimentar *v* to feed [tu fiid]
alimenticio *adj* nutritious [nutri'shəs]
alimento *m* food [fud]; **— congelado** frozen food [fro'zən ...]
alinear *v* to arrange [tu əreindch']; set up [set ʌp]; **—se** to fall into line [tu fɔl in'tu lain]
aliño *m* ornament [ɔr'nəmənt]; neatness [niit'nəs]
alisar *v* to smooth [tu smuth], polish [pa'lish]
alistamiento *m* enrollment [ənrol'mənt]
alistar *v* to enlist [tu enli'st], make ready [meik re'di]; **—se** to enlist [tu enli'st]; to get ready [tu guet red'i]
aliviar *v* to lighten [tu lai'tən]; to soothe [tu suth]; **—se** to recover [tu rikʌ'vər]
alivio *m* relief [riliif']
aljibe *m* reservoir [rə'sərvuar]; tank [tænk]; well [wel]
alma *f* soul [sol]
almacén *m* warehouse [uer'jaus]; store [stɔr]
almacenaje *m* storage [stɔr'ədch]
almacenar *v* to store [tu stɔr]
almacenista *m, f* warehouse worker [uer'jaus uər'kər]
almanaque *m* almanac [ɔl'mənæk]; calendar [kæ'ləndər]
almeja *f* clam [klæm]; **salsa con —s** clam sauce [... sɔs]
almendra *f* almond [a'mənd]
almidón *m* starch [starch]
almidonar *v* to starch [tu starch]; to iron with starch [tu ai'rən with ...]
almirante *m* admiral [æd'mərəl]
almohada *f* pillow [pi'lou]
almoneda *f* auction [ɔ'kshən]
almorzar *v* to have lunch [tu jæv lʌnch]
almuerzo *m* lunch [lʌnch]
alojamiento *m* lodging [la'dchiŋ]

alojar *v* to lodge [tu ladch], quarter [kuɔr'tər]; **—se** to lodge [tu ladch]
alondra *f* lark [lark]
alpargata *f* sandal [sæn'dəl]
alquería *f* farmhouse [farm'jaus]
alquilar *v* to rent [tu rent], hire [jair]; **—se** to hire out [tu jai'er aut]
alquiler *m* rent [rent]; rental [ren'təl]; **de —** for rent [fɔr rent]
alquitrán *m* tar [tar]
alrededor *adv* about [əba'ut]; around [əra'und]; **— de** *prep* around [...]; **—es** *m, pl* environs [en'vərənz]
altanería *f* haughtiness [jɔ'tinəs]
altanero *adj* haughty [jɔ'ti]; proud [praud]
altar *m* altar [ɔl'tər]; **— mayor** high (main) altar [jai, mein ...]
altavoz *m* loudspeaker [laud'spiikər]
alteración *f* alteration [ɔltərei'shən]; disturbance [distər'bəns]
alterar *v* to alter [tu ɔl'tər]; to disturb [tu dis'tərb]
altercar *v* to argue [tu ar'guiu]
alternar *v* to alternate [tu ɔl'tərneit]; **— con** to be friendly with [tu bii fren'dli uith]
alternativa *f* alternative [ɔltər'nətiv]
alternativo *adj* alternating [ɔltərne'tiŋ]
alterno *adj* alternate [ɔl'tərnit]
alteza *f* highness [jai'nəs]; **su —** His — [jiz ...]
altiplanicie *f* upland [ʌp'lænd]
altiplano *m* (*Am*) high plateau [jai plæto']
altisonante *adj* high-sounding [jai saundiŋ]; bombastic [bambæ'stik]
altitud *f* altitude [æl'titiud]
altivez *f* haughtiness [jɔ'tinəs]
altivo *adj* haughty [jɔ'ti]
alto *adj* high [jai], tall [tɔl]; loud [laud]; *m* height [jait]; **hacer —** to halt [tu jɔlt]; **pasar por —** to omit [tu omit']; **¡alto!** stop! [stap]
altoparlante *m* loudspeaker [laud'spii-kər]
altura *f* height [jait]; altitude [æl'titiud]
alud *m* avalanche [æ'vələnch]
aludir *v* to allude [tu aliud']
alumbrado *adj* lighted [lai'tid]; *m* lighting [lai'tŋ]
alumbramiento *m* childbirth [chaild-bərth]; lighting [lai'tiŋ]
alumbrar *v* to light [tu lait]; to give birth [tu giv bərth]; (*Am*) **—se** to get tipsy [tu guet tip'si]
aluminio *m* aluminum [əlu'minəm]
alumno *m* pupil [piu'pəl]; student [stiu'dənt]
alusión *f* allusion [əlu'shən]
alzamiento *m* raising [rei'ziŋ]; insurrection [insʌrek'shən]
alzar *v* to lift [tu lift]; **—se** to rebel [tu rəbəl']; **—se con algo** to steal something [tu stiil sʌm'thiŋ]
allá *adv* there [ther]; **más —** farther [far'thər]
allanar *v* to flatten [tu flæ'tən]; to level [tu le'vəl]; to invade [tu inveid']; to search [tu sərdch]
allegado *adj* near [niir], related [rilei'-təd]
allegar *v* to accumulate [tu akiu'miuleit]
allende *adv* beyond [biyand']; **— el mar** overseas [ovər'siiz]
allí *adv* there [ther]; **por —** that way [thæt wei]
ama *f* owner [o'nər]; **— de leche** wet nurse [uet nərs]; **— de casa** housekeeper [jaus-kii'pər]
amabilidad *f* kindness [kaind'nəs]; courtesy [kʌr'təsi]
amable *adj* kind [kaind]; amiable [æ'mi-əbəl]
amador *m* lover [lʌ'vər]; sweetheart [suiit'jart]
amaestrar *v* to teach [tu tiich]; to train [tu trein]
amagar *v* to threaten [tu thre'tən]
amago *m* threat [thret]; indication [in-dikei'shən]
amalgamar *v* to combine [tu kəmbain']
amamantar *v* to nurse [tu nərs]
amanecer *v* to dawn [tu dɔn]
amanecida *f* dawn [daun], sunrise [sʌn'rais]
amansar *v* to tame [tu teim]; to subdue [tu sʌbdiu']
amante *m* lover [lʌ'vər]; **es — de** he is fond of [jii iz fand ʌv]
amapola *f* poppy [pa'pi]
amar *v* to love [tu lʌv]
amargar *v* to embitter [tu əmbi'tər]
amargo *adj* bitter [bi'tər]
amargura *f* bitterness [bi'tərnəs]; grief [griif]
amarillear *v* to become yellowish [tu bikʌm' ie'loish]
amarillo *adj* yellow [ie'lo]
amarra *f* cable [kei'bəl]; rope [rop]
amarrar *v* to tie [tu tai]
amasar *v* to knead [tu niid]; (*Am*) to amass [tu əmaes']

ambages *m, pl* circumlocutions [sirkʌmlokiu'shənz]; **hablar sin —** to speak clearly [to spiik kliir'li]
ámbar *m* amber [æm'bər]
ambarino *adj* amber-like [æm'bər-laik]
ambición *f* ambition [æmbi'shən], aspiration [asperei'shən]
ambicionar *v* to seek [tu siik]
ambicioso *adj* ambitious [æmbi'shəs]; greedy [grii'di]
ambiente *m* atmosphere [æt'mosfir]; environment [envai'ronmənt]
ambigüedad *f* ambiguity [æmbiguiu'əti]
ambiguo *adj* ambiguous [æmbi'guiuəs]
ámbito *m* circle [sər'kəl]; enclosure [enklo'shər]
ambos *adj, pron* both [both]
ambulancia *f* ambulance [æm'biuləns]
ambulante *adj* walking [uɔ'kiŋ]
amedrentar *v* to scare [tu skær]
amenaza *f* threat [thræt]
amenazador *adj* threatening [thret'ənniŋ]
amenazar *v* to threaten [tu thre'tən]
amenguar *v* to lessen [tu le'sən]; to dishonor [tu disa'nər]
amenidad *f* pleasantness [ple'zəntnəs]
amenizar *v* to make pleasant [tu meik ple'zənt]
ameno *adj* pleasant [ple'zənt]
americano *adj, m* American [əme'rikən]
ametrallador *m* gunner [gʌ'nər]
ametralladora *f* machine gun [məshiin' gʌn]
amiga *f* friend [frend]; (woman) lover [uu'mən, lʌ'vər]
amigable *adj* friendly [fren'dli]
amígdala *f* tonsil [tan'sil]
amigo *m* friend [frend]; **— de** lover of [lʌ'vər ʌv]
aminorar *v* to lessen [tu le'sən]
amistad *f* friendship [fren'dship]
amistoso *adj* friendly [fren'dli]
amo *m* master [mæ'stər], owner [o'nər]
amodorrar *v* to make drowsy [tu meik dra'uzi]; **—se** to become drowsy [tu bikʌm' dra'uzi]
amolador *m* grinder [grain'dər]
amolar *v* to sharpen [tu shar'pən]; to annoy [tu ənɔi']
amoldar *v* to mold [tu mold], adapt [ədæpt']
amonestación *f* admonition [ædməni'shən]; **—es** marriage bans [mæ'riədch bænz]
amonestar *v* to admonish [tu ædma'nish]
amoníaco *m* ammonia [əmo'niə]
amontonamiento *m* accumulation [əkiumiulei'shən]
amontonar *v* to heap up [tu jiip ʌp]
amor *m* love [lʌv]; **— propio** self-esteem [self estiim']
amoratado *adj* livid [li'vid]; bluish [blu'əsh]
amordazar *v* to gag up [tu gæg ʌp]
amorío *m* love affair [lʌv əfer']
amoroso *adj* loving [lʌ'viŋ]
amortajar *v* to shroud [tu shraud]
amortiguador *m* shock absorber [shak əbsɔr'bər]; muffler [mʌ'flər]
amortiguar *v* to muffle [tu mʌ'fəl], deaden [de'dən]
amortizar *v* to pay a debt [tu pei ə det]
amoscarse *v* to be annoyed [tu bii ənɔid']; (*Am*) to be embarrassed [tu bii embæ'rəsəd]
amostazar *v* to anger [tu æn'guər]; **—se** to get angry [tu guet æn'gri]
amotinar *v* to incite to rebellion [tu insait' tu ribe'liən]
amparar *v* to protect [tu protekt']
amparo *m* protection [prote'kshən]
ampliación *f* enlargement [enlar'dchmənt]
ampliar *v* to enlarge [tu enlar'dch]
amplificar *v* to amplify [tu æm'plifai]
amplio *adj* ample [æm'pəl]
amplitud *f* extent [extənt']
ampolla *f* cruet [kru'ət]; blister [bli'stər]
ampollar *v* to blister [tu bli'stər]
ampuloso *adj* inflated [inflei'təd]; pompous [pam'pəs]
amputar *v* to amputate [tu æm'piuteit]
amueblar *v* to furnish [tu fər'nish]
ánade *m* duck [dʌk]
anadear *v* to waddle [tu uæ'dəl]
anales *m, pl* annals [æ'nəlz]
analfabeto *adj, m* illiterate [ili'tərit]
análisis *m* analysis [anæ'ləsis]
analizar *v* to analyze [tu æ'nəlaiz]
analogía *f* analogy [ənæ'lədchi]; similarity [similæ'riti]
análogo *adj* analogous [ənæ'ləguəs]
ananá(s) *f* pineapple [pai'næpəl]
anaquel *m* shelf [shelf]
anaranjado *adj* orange-colored [a'rəndchka'lərəd]
anarquía *f* anarchy [æ'nərki]
anatomía *f* anatomy [ənæ'təmi]
ancianidad *f* old age [old eidch]

anciano *adj* old [old]; aged [ei'dchəd]; *m* old man [... mæn]
ancla *f* anchor [æn'kər]
ancho *adj* wide [uaid]; loose [lus]
anchoa *f* anchovy [æ'nchovi]
anchura *f* width [uidth]; comfort [kam'-fərt]
anchuroso *adj* vast [væst]; wide [uaid]
andadura *f* gait [gueit]; step [step]
andaluz *adj* Andalusian [ændəlu'shən]
andamio *m* scaffold [skæ'fold]
andanada *f* grandstand [grænd'stænd]
andante *adj* walking [uɔk'iŋ]
andanzas *f, pl* rambles [ræm'bəlz]
andar *v* to walk [tu uɔk]
andariego *adj* fond of walking [fand ʌv uɔ'kiŋ]; vagabond [væ'guəband]
andas *f, pl* portable platform [pɔ'rtəbəl plæt'fɔrm]; stretcher [stre'chər]
andén *m* station platform [stai'shən plæt'fɔrm]
andrajo *m* rag [ræg]; **—s** old clothes [old kloz], rags [rægz]
andrajoso *adj* ragged [ræ'guəd]
anécdota *f* anecdote [æ'nikdot]; story [stɔ'ri]
anegar *v* to drown [tu draun]
anejo *adj* annexed [əne'xəd]
anestésico *adj, m* anesthetic [ænəsthe'-tik]
anexar *v* to annex [tu ənex']
anexo *m* annex [æ'nex]
anfiteatro *m* amphitheater [æmfithiə'tər]
anfitrión *m* generous host [dch'nərəs jost]
ángel *m* angel [ein'dchəl]
angélico *adj* angelic [ændchə'lik]
angina *f* throat inflammation [throt in-fləmei'shən]; angina [əndchai'nə]
anglosajón *adj, m* Anglo-Saxon [æn'glo-sæx'ən]
angostar *v* to narrow [tu næ'ro]
angosto *adj* narrow [næ'ro]; tight [tait]
angostura *f* narrowness [næ'ronəs]
anguila *f* eel [iil]
angular *adj* angular [æn'guiulər]; **piedra —** cornerstone [kɔr'nərston]
ángulo *m* angle [æ'nguəl]
anguloso *adj* angular [æn'guiular]
angustia *f* anguish [æn'guish]
angustiar *v* to distress [tu distres']
angustioso *adj* distressing [distre'siŋ]
anhelante *adj* panting [pæn'tiŋ]; long-ing [lɔŋ'iŋ], yearning [ier'niŋ]
anhelar *v* to pant [tu pænt]; to long for [tu lɔŋ fɔr], yearn [iern]
anhelo *m* longing for [lɔŋ'iŋ fɔr], crav-ing for [krei'viŋ fɔr]
anidar *v* to nest [tu nest], dwell [duel]
anillo *m* ring [riŋ]
ánima *f* soul [sol]; spirit [spi'rit]
animación *f* animation [ænimei'shən]
animal *m* animal [æ'niməl]
animar *v* to animate [tu æ'nimet]
ánimo *m* spirit [spi'rit]; courage [kʌ'-rədch]; mind [maind]
animosidad *f* animosity [ænima'siti]; courage [kʌ'redch]
animoso *adj* spirited [spi'ritəd]; coura-geous [kərei'dchəs]
aniñado *adj* boyish [bɔish]
aniquilar *v* to annihilate [tu ənai'jileit]
aniversario *m* anniversary [ænivər'səri]
anoche *adv* last night [læst nait]
anochecer *v* to grow dark [tu gro dark]; *m* nightfall [nait'fɔl]
anochecida *f* nightfall [nai'tfɔl]
anonadar *v* to annihilate [tu ənai'ji-leit]; to humiliate [tu jiumi'liet]
anónimo *adj* anonymous [əna'nəməs]
anormal *adj* abnormal [æbnɔr'məl]
anotación *f* note [not], memorandum [memɔræn'dəm]
anotar *v* to annotate [tu æ'noteit]
anquilosarse *v* to become stiff [tu bi-kʌm' stif]; to be hard [tu bii jard]
ansia *f* anxiety [ænxai'ti]
ansiedad *f* anxiety [ænxai'ti]
ansioso *adj* anxious [æn'xshəs]
antagonismo *m* antagonism [əntæ'go-nizm]
antagonista *m, f* antagonist [əntæ'go-nist]
antaño *adv* formerly [fɔr'mərli]; ancient [ein'shənt], old [old]
ante *prep* before [bifɔr']; **— todo** above all [əbʌv' ɔl]
anteanoche *adv* the night before last [dhe nait bifɔr' læst]
anteayer *adv* the day before yesterday [dhe dei bifɔr' ie'stərdei]
antebrazo *m* forearm [fɔr'arm]
antecámara *f* antechamber [æn'ticheim-bər]
antecedente *m* antecedent [æn'tisiidənt]
antecesor *m* ancestor [ænse'stər]
antedicho *adj* aforesaid [əfɔr'sed]
antemano *adv* **de —** beforehand [bifɔr'-hænd]; first [fərst]
antena *f* antenna [ænte'nə]
anteojera *f* blinder [blain'dər]
anteojo(s) *m, pl* eyeglasses [ai'glæsəz]
antepasado *adj* passed [pæ'səd]; **los —s** forefathers [fɔrfa'dhərz]
antepecho *m* sill [sil]

anteponer *v* to prefer [tu prifər']
anterior *adj* in front [in frant]; previous [pri'viəs]; **el día —** the day before [dhə dei bifɔr']
antes *adv* before [bifɔr']; **— de** *prep* before [...]; **— (de) que** *conj* before [...]
antesala *f* waiting room [uei'tiŋ rum]
antiaéreo *adj, m* antiaircraft [æntier'kræft]; **refugio —** antiaircraft (air raid) shelter [..., er reid, shel'tər]
anticipación *f* anticipation [æn'tisipei'shən]; **con —** in advance [in ædvæ'ns]
anticipado *adj* early [ər'li]; **por —** in advance [in ædvæns']
anticipo *m* advance [ædvæns']
anticlericalismo *m* anticlericalism [æn'tikle'rikəlizm]
anticuado *adj* antiquated [æn'tikuetəd]
antídoto *m* antidote [æn'tidot]
antigualla *f* antique [æntiik']
antigüedad *f* antiquity [ænti'kuiti]; **—es** antiques [æntiiks']
antiguo *adj* ancient [ein'shənt]
antílope *m* antelope [æn'tilop]
antiparras *f, pl* spectacles [spek'təkəlz]
antipatía *f* antipathy [ænti'pəthi]
antipático *adj* disagreeable [disəgrii'əbəl]; unpleasant [ʌnplæ'zənt]; not congenial [nat kəndchi'niəl]
antiséptico *adj, m* antiseptic [æntisep'tik]
antojadizo *adj* fanciful [fæn'sifəl]
antojarse *v* to take a fancy to [tu teik ei fæn'si tu]; to like [tu laik]
antojo *m* whim [juim]; notion [no'shən]
antorcha *f* torch [tɔrch]
antracita *f* anthracite [æn'thrəsait]
anual *adj* annual [æ'niuəl], yearly [yiir'li]
anuario *m* annual [æ'niuəl]; yearbook [yiir'buk]; yearly report [yiir'li ripɔrt']
anublar *v* to cloud [tu klaud]; to dim [tu dim]; to get cloudy [tu guet kla'udi]
anulación *f* voiding [vɔi'diŋ]
anular *v* to annul [tu ənʌl'], cancel [kæn'səl]; to make void [tu meik vɔid]
anunciador *m* announcer [əna'unsər]; **— de radio** radio announcer [re'dio ...]
anunciar *v* to announce [tu ənauns']; to advertise [tu æd'vərtaiz]
anuncio *m* announcement [ənauns'ment]; advertisement [ədvər'tzəmənt]
anzuelo *m* fishhook [fish'juək]
añadidura *f* addition [ædi'shən]
añadir *v* to add [tu æd]
añejado *adj* aged (food) [ei'dchəd, fud]
añejo *adj* stale [steil]; old [old]
añicos *m, pl* bits [bitz]; **hacer(se) —** to break in pieces [tu breik in pii'səz]
año *m* year [yiir]; **— bisiesto** leap year [liip ...]; **el — pasado** last year [læst ...]; **tiene 5 —s** he is 5 years old [jii iz faiv ... old]
añoranza *f* nostalgia [nəstæl'dchə]
añorar *v* to long for [tu lɔŋ fɔr], yearn [yərn], desire [disair]
añoso *adj* old [old]
aojar *v* to bewitch [tu biiuitch'], charm [charm]
aojo *m* fascination [fæsine'shən], charm [charm]
apabullar *v* to crush [tu krʌsh]
apacentar *v* to graze [tu greiz]
apacibilidad *f* gentleness [dchen'tlnəs]
apaciguamiento *m* appeasement [əpiiz'mənt]
apaciguar *v* to pacify [tu pæ'sifai]
apachurrar *v* to crush [tu crʌsh]
apadrinar *v* to sponsor [tu span'sər]
apagar *v* to put out [tu pʌt aut], extinguish [extin'guish]
apalear *v* to beat up [tu biit ʌp], thresh [thresh]; to give blows [tu guiv bloz]
aparador *m* sideboard [sai'dbɔrd]; showcase [sho'keis]
aparato *m* apparatus [æpəræ'təs]; set [set]
aparatoso *adj* pompous [pam'pəs]
aparcero *m* co-owner [ko-o'nər]
aparear *v* to match [tu mætch]; to mate [tu meit]; to go with [tu go uith]
aparecer *v* to appear [tu əpiir']
aparecido *m* ghost [gost]; phantom [fæn'təm]
aparejar *v* to prepare [tu priiper']; to harness [tu jar'nəs]; to set [tu set]
aparentar *v* to seem to be [tu siim tu bii]; to feign [tu fein]
aparente *adj* apparent [əpæ'rənt]
aparición *f* appearance [əpii'rəns]; visión [vi'zhən]
apariencia *f* appearance [əpii'rəns]
apartado *m* compartment [kəmpar'tmənt]; letter box [le'tər bax]
apartamento *m* apartment [əpar'tmənt]
apartamiento *m* separation [seperei'shən]; (*Am*) apartment [əpar'tmənt]
apartar *v* to separate [tu se'pəreit]; **—se** to keep off, away [tu kiip ɔf, əueil']
aparte *adv* apart [əpart']; aside [əsaid']; separately [se'pərətli]

apasionado *adj* affectionate [əfek'shənət]; fond of [fand ʌv]
apasionar *v* to arouse fondness [tu arauz' fand'nəs]; **—se** to love fondly [tu lʌv fan'dli]
apatía *f* apathy [æ'pəthi]; disinterest [disin'tərəst]; boredom [bɔr'dəm]
apático *adj* apathetic [æpəthe'tik]; disinterested [disin'tərəstəd]
apear(se) *v* to dismount [tu dismaunt']
apechugar *v* to push ahead [tu pʌsh əjed']
apedrear *v* to stone [tu ston]; to throw stones at [tu thro ...z æt]
apegado *adj* devoted [divo'təd]
apegarse *v* to become fond of [tu bikʌm' fand ʌv]; to love [tu lʌv]
apego *m* attachment [ətæch'mənt]
apelación *f* appeal [əpiil']
apelar *v* to appeal [tu əpiil']; to call upon [tu kɔl ʌpan']
apelotonar *v* to put together [tu pʌt tugue'thər]
apellido *m* surname [sʌr'neim]; last name [læst ...]
apenar *v* to grieve [tu griiv]
apenas *adv* hardly [jar'dli]; scarcely [skær'sli]; *conj* as soon as [æz sun æz]
apéndice *m* appendix [əpen'dix]
apercibir *v* to perceive [pərsiiv']
aperitivo *m* apéritif [əpe'ritif]; cocktail [kak'teil]
aperlado *adj* pearly [per'li]; grayish [greish]
apertura *f* opening [o'pənəŋ]
apestar *v* to infect [tu infe'kt]; to smell bad [tu smel bæd]
apestoso *adj* putrid [piu'trid]
apetecer *v* to desire [tu disair']
apetecible *adj* desirable [disai'rəbəl]
apetencia *f* hunger [jʌŋ'guər]; desire [disair']
apetito *m* appetite [æ'pətait], hunger [jʌn'guər]
apetitoso *adj* appetizing [æ'pətaiziŋ]
apiadarse *v* to pity [tu pi'ti]; to have pity [tu jæv ...]
ápice m apex [ei'pex], acme [æk'mi]
apilar *v* to pile up [tu pail ʌp]
apiñado *adj* crowded [krau'dəd]
apiñamiento *m* crowd [kraud]
apiñar *v* to crowd [tu kraud]
apio *m* celery [se'ləri]
apisonar *v* to pack down [tu pæk daun]
aplacar *v* to appease [tu əpiiz']; to placate [tu plæ'keit]
aplanamiento *m* flattening [flæ'təniŋ]; dejection [didche'kshən]
aplanar *v* to level off [tu le'vəl ɔf]; to smoothen [tu smu'thən]
aplastar *v* to squash [tu skuash]; to tire out [tu tair aut]
aplaudir *v* to applaud [tu əplɔd']; to approve [tu əpruv']
aplauso *m* applause [əplɔs']; approval [əpru'vəl]
aplazamiento *m* postponement [postpon'mənt]
aplazar *v* to postpone [tu postpon']
aplicable *adj* applicable [æ'plikəbəl]
aplicación *f* application [æplikei'shən]
aplicado *adj* industrious [indʌ'striəs], diligent [di'lidchənt]
aplicar *v* to apply [tu əplai']; **—se** to apply oneself [tu ... uanself']
aplomado *adj* gray [grei]; lead-colored [ledkʌ'lərd]; calm [kalm]
aplomo *m* assurance [əshu'rəns]; calmness [kal'mnəs]; **con —** with assurance [uith ...]; **estar —** to be vertical [tu bii vər'tikəl]
apocado *adj* cowardly [ka'uərdli]
apocamiento *m* cowardice [ka'uərdis]
apocar *v* to belittle [tu bili'təl]; **—se** to humble oneself [tu jʌm'bəl uanself']
apodar *v* to nickname [tu nik'neim]
apoderado *adj* empowered [empa'uərəd]; *m* attorney [ətər'ni]
apoderar *v* to authorize [tu ɔ'thəraiz]; to empower [tu empa'uər]; **—se de** to seize [tu siiz], take possession of [teik pose'shən ʌv]
apodo *m* nickname [nik'neim]
apogeo *m* apogee [æ'pədchii]; top [tap]
apología *f* apology [æpa'lədchi]
apoplejía *f* apoplexy [æ'pəplexi]; stroke [strok], attack [ətæk']
aporrear *v* to beat [tu biit], hit [jit]
aportación *f* contribution [kantribiu'shən]
aportar *v* to contribute [tu kəntri'biut]
aporte *m* contribution [kantribiu'shən]
aposento *m* lodging [la'dchiŋ]; inn [in]
apostar *v* to bet [tu bet]; to post [tu post]
apóstol *m* apostle [əpa'səl]
apostólico *adj* apostolic [æpəsta'lik]
apóstrofo *m* apostrophe [əpa'strəfi]
apoyar *v* to support [tu səpɔrt']; **—se** to lean on [tu liin an]
apoyo *m* support [səpɔrt']; aid [eid]
apreciable *adj* appreciable [əpri'shiəbəl]; valuable [væ'liuəbəl]

apreciación *f* appreciation [əprishiei'shən]; gratitude [græ'titiud]
apreciar *v* to appreciate [tu apri'shieit]; to be grateful for [tu bii grei'tfəl fɔr]
aprecio *m* esteem [estiim']; consideration [kansidərə'shən]
aprehender *v* to apprehend [tu æ'prijend]
aprehensión *f* apprehension [æprijen'shən]; prejudice [pre'dchiudis]
apremiante *adj* pressing [pre'siŋ]; urgent [ər'dchənt]
apremiar *v* to press [tu pres]; to urge [tu ər'dch]
apremio *m* pressure [pre'shur]; urgency [ər'dchənsi]
aprender *v* to learn [tu lərn]; **— de memoria** to learn by heart [tu ... bai jart]
aprendiz *m* apprentice [əpren'tis]
aprendizaje *m* apprenticeship [əpren'tisship]
aprensión *f* apprehension [æprijen'shən]; fear [fiir]
apresar *v* to seize [tu siiz], capture [kæp'chur]
aprestar(se) *v* to prepare [tu priper']; to get ready [tu guet re'di]
apresto *m* preparation [prepəre'shən]
apresurado *adj* hasty [jei'sti]
apresurar *v* to hurry [tu jʌ'ri]; to rush [tu rʌsh]
apretado *adj* tight [tait]; stingy [stin'dchi]
apretar *v* to press [tu pres]; to shake [tu sheik]; to squeeze [tu skuiiz]; **los zapatos me aprietan** my shoes pinch me, are tight [mai shuz pinch mii, ar tait]
apretón *m* squeeze [skuiiz]; **— de manos** handshake [jænd'sheik]
apretura *f* tight squeeze [tait skuiiz]; difficulty [di'fikʌlti]
aprieto *m* difficulty [di'fikʌlti]; tight spot [tait spat]; **hallarse en un aprieto** to be in a fix [tu bii in ə fix], be broke [bii brok]
aprisa *adv* quickly [kui'kli]
aprisco *m* sheepfold [shiip'fold]
aprisionar *v* to imprison [tu impri'zən]
aprobación *f* approval [əpru'vəl], acclaim [əkleim']
aprobado *adj* approved [əpru'vəd]; **salir —** to pass a test [tu pæs ə test]
aprobar *v* to approve [tu əpruv']; to pass (a test) [tu pæs, ə test]
aprontar *v* to expedite [tu ex'pədait]; to make ready [tu meik re'di]
apropiación *f* appropriation [əpro'priei'shən]; confiscation (of) [kanfiskei'shən, ʌv]
apropiado *adj* appropriate [əpro'prieit]; correct [kərrekt']; proper [pra'pər]
apropiar *v* to appropriate [tu əpro'prieit]; to adopt [tu ədapt']; **—se** to confiscate [tu kan'fiskeit]; to take possession of [tu teik pose'shən ʌv]
aprovechable *adj* usable [iu'zəbəl]
aprovechado *adj* diligent [di'lidchənt]; industrious [indʌ'striəs]
aprovechamiento *m* use [ius], utilization [iutilizei'shən]; exploitation [exploitei'shən]; profit [pra'fit], benefit [be'nəfit]; progress [pra'grəs]
aprovechar *v* to profit [tu pra'fit], be profitable [bii pra'fitəbəl]; to progress [tu progres'], get ahead [guet əhed']; **—se de** to take advantage of [tu teik ædvæn'tədch ʌv]; **¡que le aproveche!** may you enjoy it [mei iu endchəi' it]
aproximado *adj* approximate [əprax'əmət], near [niir], nearly correct [niir'li kərekt']
aproximar *v* to bring near [tu briŋ niir], approximate [əprax'əmeit]; **—se** to approach [tu əproch']
aproximativo *adj* approximate [əpra'ximət]
aptitud *f* aptitude [æp'titiud], capacity [kəpæ'siti], ability [əbi'liti]
apto *adj* apt [æpt], competent [kam'pətənt]
apuesta *f* bet [bet], wager [wæ'dchər]
apuesto *adj* smart [smart], stylish [stai'lish], good-looking [guəd-luə'kiŋ]
apuntación *f* note [not], memorandum [meməræn'dəm]; musical notation [miu'zikəl notei'shən]
apuntalar *v* to prop [tu prap]; to shove up [tu shuv ʌp]
apuntar *v* to point [tu pɔint], aim [eim]; to write down [tu wrait dəun]; to prompt [tu pram'pt]; to sharpen [tu shar'pən]; to stitch [tu stich], mend [mend]; **— el día** to dawn [tu dɔn]
apunte *m* note [not]; memorandum [meməræn'dəm]
apuñalar *v* to stab [tu stæb]
apuración *f* worry [uɔ'ri], trouble [trʌ'bəl]
apurado *adj* worried [uɔ'rid]; needy [nii'di]; difficult [di'fəkʌlt]; dangerous [dein'dchərəs]; in a hurry [in ə jʌ'ri]
apurar *v* to drain [tu drein], exhaust [exɔ'st]; to press [tu pres], hurry [jʌ'ri]; to worry [tu uɔ'ri], annoy [anɔi']; **—se** to be worried [tu bii uɔ'rid]; to hurry up [tu jʌ'ri ʌp]

apuro *m* need [niid]; worry [uɔ'ri]; predicament [pridi'kəmənt]; (*Am*) rush [rʌsh]

aquejar *v* to grieve [tu griiv], afflict [əflikt']

aquel aquella *adj* that [dhæt]; **aquellos, —as** those [dhoz]; **aquél, —la** *pron* that one [dhæt uan]; the former [dhe fɔr'mər], **aquello** that (thing) [dhæt, thiŋ]; **aquéllos, —as** those [dhoz] the former (ones) [dhə fɔr'-emər, uanz]

aquí *adv* here [jiir]; **por —** this way [dhis uei], through here [thru jiir], around here [araund' jiir]; **— estoy** here I am [... ai æm]

aquietar *v* to quiet [tu kuai'ət], calm down [kalm daun]; to hush [tu jʌsh]

aquilón *m* north wind [nɔrth uind]

ara *f* (*poét*) altar [ɔl'tər]

árabe *adj, m* Arab [æ'rəb]; Arabic [æ're-bik]

arado *m* plow [plau]; (*Am*) tilled land [tild lænd]; plot [plat]

aragonés *adj, m* Aragonese [æraguə-niiz']

arancel *m* tariff [tæ'rif]; **— de aduanas** customs duties [kʌs'təmz diu'tiiz]

araña *f* spider [spai'dər]; chandelier [shændəliir']; **telaraña** cobweb [kab'-ueb]

arañar *v* to scratch [tu skræch]

arañazo *m* big scratch [biguə skraech]

araño *m* scratch [skræch]

arar *v* to plow [tu plau]; to make furrows [tu meik fʌ'roz]

arbitración *f* arbitration [arbətrei'shən]

arbitrador *m* arbitrator [arbətrei'tər]; referee [re'fərii]; umpire [ʌm'pair]

arbitraje *m* arbitration [arbətrei'shən]

arbitrar *v* to arbitrate [tu ar'bətreit]; to mediate [tu mii'diet]

arbitrario *adj* arbitrary [ar'bətreri]

arbitrio *m* free will [frii uil]; scheme [skiim]; means [miinz]

árbitro *m* arbitrator [arbətrei'ter], judge [dchʌdch]; umpire [ʌm'pair]

árbol *m* tree [trii], mast [mæst]

arbolado *adj* wooded [uu'dəd]; *m* grove [grov]

arboleda *f* grove [grov]

arbolete *m* tree branch [trii brænch]

arbusto *m* shrub [shrʌb]; twig [tuiguə]

arca *f* ark [ark]; chest [chest]

arcade *f* arcade [arkeid']; archway [arch'uei]

arcaico *adj* archaic [arkei'k]; out of use [aut ʌv ius]; ancient [ein'shənt]

arcano *adj* hidden [ji'dən]; *m* secret [si'krət]; mystery [mis'təri]

arce *m* maple [mei'pəl]; maple tree [mei'pəl trii]

arcilla *f* clay [klei]

arco *m* arc [ark]; arch [arch]; bow [bo] violin bow [vai'olin bo]; **— iris** rainbow [rein'bo]

arcón *m* bin [bin], chest [chest]

archipiélago *m* archipelago [arkəpe'-ləgo]

archisabido *adj* well-known [uel-non]

archivero *m* clerk [klerk]

archivo *m* archives [ar'kaivz]; file fail]; public records [pʌ'blik re'-kərdz]

arder *v* to burn [tu bərn]; **— de amor** to burn with love [... uith lʌv]

ardid *m* trick [trik], scheme [skiim]

ardiente *adj* ardent [ar'dənt], burning [bər'niŋ]; aflame [afleim']

ardilla *f* squirrel [skui'rəl]

ardite *m* bit [bit], trifle [trai'fəl]; **no vale un —** it is not worth a fig [it iz nat uərth ə figuə]

ardor *m* ardor [ar'dər]; passion [pæ'-shən]; fervor [fər'vər]; eagerness [ii'-guərnəs]

arduo *adj* arduous [ar'dchuəs]; **hard** [jard], difficult [di'fəkəlt]

área *f* area [æ'riə]

arena *f* sand [sænd]; arena [ərii'nə]

arenal *m* sand pit [sænd pit]

arenga *f* fiery address [fai'ri ədres']

arenoso *adj* sandy [sæn'di]; gritty [gri'ti]

arenque *m* herring (fish) [jæriŋ, fish]

arete(s) *m, pl* earring(s) [ii'riŋ,z]

argentar *v* to silverplate [tu sil'vərpleit]; to polish [tu pa'lish]

argentino *adj* silvery [sil'vəri]; **voz —a** a clear voice [ə kliir vɔis]; *m* Argentine [ar'dchəntiin]

argolla *f* large iron ring [lardch ai'ən riŋ]; (*Am*) engagement ring [enguei'-dchmənt ...]

argucia *f* cunning [kʌ'niŋ]; scheme [skiim]

argüir *v* to argue [tu ar'guiu]; to infer [tu infər']; to perceive [tu pərsiiv']

argumento *m* plot (of a story) [plat, ʌv a stɔ'ri]; reasoning [rii'zəniŋ]; subject matter [sʌb'dchekt mæ'tər]; argument [ar'guiumənt]

aridez *f* aridity [əri'diti]; barrenness [bæ'rənəs]; dryness [drai'nəs]

árido *adj* arid [æ'rid]; stale [steil]; barren [bæ'rən]

ariete *m* ram [ræm]
arisco *adj* gruff [grʌf], harsh [jarsh]; unsociable [ʌnso'shəbəl]; (*Am*) shy [shai], distrustful [distrʌ'stfəl]
arista *f* sharp edge [sharp edch]; ridge [ridch]
aristocracia *f* aristocracy [ærista'krəsi]
aristócrata *m, f* aristocrat [ari'stəkræt]
aristocrático *adj* aristocratic [əristə-kræ'tik]; elegant [e'ləguənt]
aritmética *f* arithmetic [ərith'mətik]
arma *f* arm [arm]; weapon [ue'pən]; **—s** armed forces [ar'məd fɔr'səz]
armada *f* fleet [fliit]
armador *m* shipbuilder [ship'bildər]
armadura *f* armor [ar'mor]
armamento *m* armament [ar'məmənt]; equipment [ikuip'mənt]
armar *v* to arm [tu arm]; to set up [tu set ʌp], assemble [əsem'bəl], rig up [riguə ʌp]; to give arms to [tu giv armz tu]
armario *m* wardrobe [uɔrd'rob]
armazón *f* framework [freim'uərk]; skeleton [ske'lətən]; *m* shelf [shelf]
armella *f* staple [stei'pəl]
armiño *m* ermine [ər'min]
armisticio *m* armistice [ar'məstis]
armonía *f* harmony [jar'məni]
armónico *adj* harmonic [jarma'nik], harmonious [jarmo'niəs]
armonizar *v* to harmonize [tu jar'mə-naiz]; to agree [tu agrii']
arnés *m* harness [jar'nəs]; coat of mail [kot ʌv meil]; **—es** harness [jar'nəs], equipment [ikuip'mənt], outfit [aut'-fit]
aro *m* hoop [jup], rim [rim]; (*Am*) earring [iir'iŋ]
aroma *f* aroma [əro'mə], scent [sent]; perfume [pər'fium]
aromático *adj* aromatic [æromæ'tik]; spicy [spai'si]; **sales —as** smelling salts [sme'liŋ sɔltz]; **yerba —a** aromatic herb [... erb]
arpa *f* harp [jarp]
arpía *f* shrew [shru]
arpón *m* harpoon [jarpun'], spear [spiir]
arquitecto *m* architect [ar'kətekt]
arquitectónico *adj* architectural [arkə-tek'chərəl]
arquitectura *f* architecture [ar'kətek-chər]
arrabal *m* district [di'strikt]; **—es** suburbs [sʌ'bərbz]
arracada *f* earing [ii'riŋ]; **—s** drop earrings [drop ...]
arraigar *v* to root [tu rut], take root [teik rut], **—se** to be rooted to [tu bii ru'təd tu]
arrancar *v* to uproot [tu ʌprut'], pull out [pəl aut]; to start [tu start]; to flee [tu flii]
arranque *m* pull [pəl]; uprooting [ʌpru'-tiŋ]; automobile starter [ɔ'təmobiil star'tər]; outburst (of emotion) [aut'-bərst, ʌv imo'shən]
arras *f, pl* dowry [dau'ri]
arrasar *v* to tear down [tu ter daun]; to raze [tu reiz]; **—se** to clear up [tu kliir ʌp]
arrastrado *adj* poor [pɔr], destitute [de'stitiut]; wretched [re'chəd]
arrastrar *v* to drag [tu dræguə]; to creep [tu kriip]; **—se** to drag along [tu dræguə əlɔŋ'], crawl [krɔl]; **arrastra la vida** he leads a miserable life [jii liidz ə mi'sərəbəl laif]
arrayán *m* myrtle [mər'təl]
arrear *v* to drive (animals) [tu draiv, æ'nəməls]
arrebanar *v* to scrape together [tu skreip tuguə'thər]
arrebatamiento *m* snatch [snæch]; ecstasy [ek'stəsi], rage [reidch]
arrebatar *v* to snatch away [tu snæch əuei']; **—se de cólera** to have a fit of anger [tu jæv ə fit ʌv æŋ'guər]
arrebatiña *f* grab [græb], snatch [snæch]; scramble [skræm'bəl]
arrebato *m* rage [reidch]; rapture [ræp'-dchər], ecstasy [ek'stəsi]
arrebol *m* red color of the sky [red kʌl'er ʌv dhə skai]; rouge [rudch]; **—es** red clouds [red klaudz]
arrebolar *v* to paint red [tu peint red]
arreciar *v* to increase in intensity [tu inkriis' in inten'səti], get stronger [guet strɔŋ'guər]
arrecife *m* reef [riif]
arredrar *v* to frighten [tu frai'tən]; intimidate [inti'mədeit]; **—se** to be scared [tu bii skærd]; to get scared [tu guet ...]
arreglado *adj* arranged [əræn'dchəd]; set out [set aut]; **todo está —** all has been taken care of [ɔl jæz biin tei'kən kær ʌv]
arreglar *v* to arrange [tu əræn dch']; to regulate [tu re'guiuleit], fix [fix], adjust [ədchʌst'] **— una cuenta** to settle an account [tu se'təl æn əkaunt']; **—se** to doll up [tu dal ʌp]; to come to an agreement [tu kʌm tu ən əgrii'-mənt], negotiate [nigo'shieit]

arreglo *m* arrangement [əreindch'mənt]; adjustment [ədchʌst'mənt]; settlement [se'təlmənt]; agreement [əgrii'mənt]; **con — a** according to [əkɔr'diŋ tu]
arrellanarse *v* to sprawl [tu sprɔl], lounge [laundch]; to be satisfied [tu bii sæ'təsfaid]
arremangado *adj* turned up [tərnd ʌp]; **nariz —a** turned-up nose [...-ʌp noz]
arremangar *v* to tuck up [tu tʌk ʌp], turn up [tərn ʌp], roll up [rol ʌp]; **—se** to roll up one's sleeves [tu rol ʌp uanz sliivz]
arremango *m* tucking up [tʌ'kiŋ ʌp]
arremeter *v* to attack [tu ətæk'], assail [əseil']
arremetida *f* assault [əsɔlt']; attack [ətæk']
arremolinarse *v* to whirl [tu juirl], swirl [suirl]; to mill around [tu mil əraund']
arremolino *m* swirl [suirl]; eddy [e'di]
arrendamiento *m* renting [ren'tiŋ]; lease [liis]; rent [rent]; **contrato de —** lease contract [... kan'trækt]
arrendar *v* to rent [tu rent], lease [liis], let [let]; to tie (a horse) [tu tai, ə jɔrs]
arrendatario *m* renter [ren'tər], tenant [te'nənt]
arreo *m* ornament [ɔr'nəmənt]; driving of horses [drai'viŋ ʌv jɔr'səz]; **—s** trappings [træ'piŋz]; equipment [ikui'pmənt]
arrepentido *adj* repentant [ripen'tənt]
arrepentimiento *m* repentance [ripen'təns]; deep regret [diip rigret']
arrepentirse *v* to repent [tu ripent'], regret [rigret']
arrestado *adj* daring [dæ'riŋ], bold [bold], rash [raesh]; arrested [əre'stəd]
arrestar *v* to arrest [tu ərest']; to reprimand [tu re'prəmænd]; **—se** to be daring [tu bii dæ'riŋ]
arresto *m* boldness [bold'nəs], rashness [ræsh'nəs]; arrest [ərest'], imprisonment [impri'zenmənt]
arriar *v* to haul down [tu hɔl daun], lower (the sails) [lo'ər, dhə seilz]
arriba *adv* above [əbʌv']; upstairs [ʌp-sterz']; **de — abajo** from top to bottom [fram tap tu ba'təm]; **río —** upstream [ʌp'striim]; **para —** upward [ʌp'uərd]; **¡arriba!** long live! [lɔŋ liv]
arribada *f* arrival [ərai'vəl]; **¡qué —!** what an answer [juat ən æn'zər]
arribar *v* to arrive [tu əraiv']; to put into port [tu put in'tu pɔrt]
arribo *m* arrival [ərai'vəl]
arriero *m* muleteer [miulətiir']
arriesgado *adj* risky [ri'ski], daring [dæ'riŋ], bold [bold]
arriesgar *v* to risk [tu risk]; **—se** to risk one's neck [tu ... uanz nek]
arrimadillo *m* paneling [pænə'liŋ]
arrimar *v* to draw near [tu drɔ niir]; to lay aside [tu lei əsaid']; **—se** to lean on [tu liin an]; **se arrimó a ...** he joined ... [jii dchɔind]
arrinconar *v* to put in a corner [tu put in ə kɔr'nər]; to lay aside [tu lei əsai'd]; **—se** to retire to a corner [tu ritair' to ei ...]; to lead a lonely life [tu liid ei lɔn'li laif]
arriscado *adj* bold [bold], daring [dæ'riŋ]; craggy [kræ'gui], rugged [rʌ'gued]
arriscador *m* olive gleaner [a'liv glii'nər]
arriscar *v* to risk [tu risk], venture [ven'chər]; curl up [kərl ʌp]; to coil [tu kɔil]; (*Am*) **—se** to get mad [tu guet mæd]; to dress up [tu dres ʌp], make up [meik ...]
arrobamiento *m* trance [træns], rapture [ræ'pchər], delight [dilait']
arrobarse *v* to be in a trance [tu bii in ə træns], be enraptured [be enræ'pchərd]
arrodillarse *v* to kneel [tu niil]; to beg someone for a favor [tu beguə sam'uan fɔr ə fei'vər]
arrogancia *f* arrogance [æ'rəguəns], haughtiness [jɔ'tines], pride [praid]
arrogante *adj* arrogant [æ'rəguənt], haughty [jɔ'ti], proud [praud]
arrogarse *v* to appropriate [tu apro'prieit]; usurp [iuzərp']
arrojadizo *adj* missile [mi'səl]; **arma —a** *f* missile [...], rocket [ra'kət], flying weapon [fla'iŋ ue'pən]
arrojado *adj* cast [kæst]; daring [dæ'riŋ], bold [bold], fearless [fiir'ləs], intrepid [intre'pid]
arrojar *v* to cast [tu kæst], throw [thro], hurl [jərl]; expel [expel']; (*Am*) to throw up [tu ... ʌp]; **—se** to hurl oneself [tu jərl uanself']; to dare to [tu dær tu]; to spring upon [tu spriŋ ʌpan']
arrojo *m* boldness [bol'dnəs], daring [dæ'riŋ]
arrollador *adj* sweeping [swii'piŋ], overwhelming [ovərjuəl'miŋ]; violent [vai'ələnt]
arrollamiento *m* winding [uain'diŋ]

arrollar *v* to wind [tu uaind]; to roll up [tu rol ʌp], sweep off [suiip ɔf]; to defeat [tu diifiit']

arropar *v* to wrap up [tu ræp ʌp]; to cover up [tu kʌ'vər ʌp]; **—se** to wrap oneself up [tu ræp uanself' ʌp], cover up [kʌ'vər ʌp]

arrostrar *v* to face [tu feis], defy [difai']; **—se** to dare [tu dær], to face up to [tu ... ʌp tu]

arroyada *f* gully [gʌ'li]; stream bed [striim bed]; flood [flʌd]

arroyo *m* brook [bruk], stream [striim], rivulet [ri'vələt]

arroyuelo *m* rivulet [ri'vələt]

arroz *m* rice [rais]

arrozal *m* rice field [rais fiild]

arruga *f* wrinkle [rin'kəl]

arrugado *adj* wrinkled [rin'kəld]

arrugar *v* to wrinkle [tu rin'kəl]; **— el ceño** to frown [tu fraun]

arruinar *v* to ruin [tu ru'ən], destroy [distrɔi']; **—se** to be ruined [tu bii ru'ənd]; to go "broke" [tu go brok]; lose one's wealth [luz uenz uelth]

arrullar *v* to lull [tu lʌl]; to sing to sleep [tu siŋ tu sliip]

arrullo *m* lullaby [lʌ'ləbai]; cooing [ku'iŋ]

arrumbar *v* to set aside [tu set əsaid'], discard [diskard'], dismiss [dismis']; **—se** to steer correctly [tu stiir kərek'-tli]

arsenal *m* arsenal [ar'sənəl]; navy yard [nei'vi iard]

arsénico *m* arsenic [ar'sənik]

arte *m & f* art [art]; ability [əbi'ləti]; cunning [kʌ'niŋ]; **bellas —s** fine arts [fain artz]

artefacto *m* device [diivais']; **— lunar** lunar module [loo'nər ma'dchul]

arteria *f* artery [ar'təri]

artero *adj* crafty [kræ'fti], wily [uai'li]

artesa *f* trough [trɔf]

artesanía *f* arts and crafts [artz ænd kræftz]

artesano *m* artisan [ar'tizən], craftsman [kræftz'mən]

artesón *m* paneled ceiling [pæ'nəld sii'-liŋ]

artesonado *m* paneled ceiling [pæn'əld sii'liŋ]

ártico *adj* arctic [ar'tik]

articulación *f* articulation [artikiulei'-shən]; pronunciation [pronʌnsie'shən]

articular *v* to articulate [tu arti'kiuleit]

artículo *m* article [ar'tikəl]; **— de fondo** editorial [edito'riəl]; **—s de arte** art objects [art ab'dchektz]

artífice *m* artisan [ar'tizən], craftsman [kræftz'mən]; artist [ar'tist]

artificial *adj* artificial [artifi'shəl]

artificio *m* artifice [ar'tifis], cleverness [kle'vərnəs]; craft [kræft], skill [skil]

artificioso *adj* cunning [kʌ'niŋ], astute [əstiut'], deceitful [disiit'fəl]; skillful [skil'fəl]; ornate [ɔr'neit]

artillería *f* artillery [arti'ləri], gunnery [gʌ'nəri]; **— de plaza** heavy artillery [je'vi ...]; **— de montaña** light mountain artillery [lait maun'tən ...]

artillero *m* artilleryman [arti'lərimən], gunner [gʌ'nər]

artimaña *f* trick [trik]

artista *m, f* artist [ar'tist]

artístico *adj* artistic [arti'stik]

arzobispo *m* archbishop [arch'bishʌp]

arzón *m* saddletree [sæ'dəltrii]

as *m* ace [eis]

asa *f* handle [jæn'dəl]

asado *adj* roasted [ro'stəd]; **bien —** well done [uel dʌn]; *m* roast [rost]

asador *m* roasting spit [ro'stiŋ spit]

asaltador *m* assailant [əseil'ənt], highway robber [jai' uei ra'bər]; thief [thiif]

asaltar *v* to assault [tu əsəl't], attack [ətæ'k]

asalto *m* assault [əsol't], attack [ətæ'k]; (*Am*) surprise party [sərprəiz' par'ti]

asamblea *f* assembly [əsem'bli], legislature [le'dchisleichər], meeting [mii'-tiŋ]

asar *v* to roast [tu rost]; **—se** to feel hot [tu fiil jat]

asaz *adv* enough [ənʌf'], very [ve'ri]

asbesto *m* asbestos [æsbe'stəs]

ascendencia *f* ancestry [æn'səstri]; origin [ɔ'rədchin]

ascendente *adj* ascendent [əsen'dənt], ascending [əsen'diŋ], upward [ʌ'puərd] rising [rai'ziŋ]

ascender *v* to ascend [tu əsend'], climb [kləim]; to promote [tu prəmot']; to amount to [tu əmaunt' tu]

ascendiente *m* ancestor [æn'sestər]; influence [in'fluəns]

ascensión *f* ascension [əsen'shən]; ascent [əsent']; (*relig*) **la A—** the Ascension [dhə ...]

ascenso *m* ascent [əsent'], rise [raiz]; promotion [prəmo'shən]

ascensor *m* elevator [e'ləveitər]

ascético *adj* ascetic [əse'tik]
asco *m* disgust [disgʌst'], loathing [lo'thiŋ]; **dar — a** to disgust [tu ...], nauseate [nɔ'shieit]
ascua *f* ember [em'bər]
aseado *adj* clean [kliin], neat [niit]; dressed up [drest ʌp]
asear *v* to make clean [tu meik kliin], to make neat [tu meik niit]; **—se** to clean oneself up [tu kliin uanself' ʌp]
asediar *v* to besiege [tu bisii'dch]
asedio *m* siege [sii'dch]
asegundar *v* to repeat [tu ripiit']
asegurable *adj* insurable [inshu'rəbəl]
aseguración *f* insurance [inshu'rəns]
asegurado *adj, m* insured [inshu'rəd]
asegurar *v* to assure [tu əshur']; to secure [tu sikiur']; to insure [tu inshur']; **—se de** to make sure of [tu meik shur ʌv]; to take out insurance [tu teik aut inshu'rəns]
asemejar *v* to liken [tu ləi'kən], compare [kampær']; **—se a** to resemble [tu rizem'bəl]
asentaderas *f, pl* buttocks [bʌ'tʌks]
asentador *m* razor strap [rei'zər stræp]
asentar *v* to set [tu set]; to affirm [tu əfərm']; to iron out [tu ai'ərn aut]; **—se** to settle [tu se'təl]
asentimiento *m* assent [əsent']; affirmation [æfərmei'shən]; agreement [əgrii'mənt]
asentir *v* to assent [tu əsent'], agree [əgrii']
aseo *m* neatness [nii'tnəs], cleanliness [klen'linəs]
aserción *f* assertion [əsər'shən], affirmation [æfərmei'shən]
aserradero *m* sawmill [sɔ'mil]
aserrar *v* to saw [tu sɔ]
aserrín *m* sawdust [sɔ'dʌst]
asesar *v* to be careful [tu bii ker'fəl]
asesinar *v* to assassinate [tu əsæ'sineit], murder [mər'dər]
asesinato *m* assassination [əsæsinei'shən], murder [mər'dər]
asesino *m* assassin [əsæ'sin], murderer [mər'dərer]
asesor *m* assessor [əse'sər]
asestar *v* to point [tu pɔint], aim [ei'm]; **— un golpe a** to deal a blow to [tu diil ei blo tu]; **asestó bien** he aimed right [jii ei'məd rait]
aseverar *v* to assert [tu əsərt'], affirm [əfər'm]
asexual *adj* asexual [eise'xiuəl]
asfalto *m* asphalt [æ'zfɔlt]
asfixia *f* asphyxiation [æsfixiei'shən]
asfixiante *adj* asphyxiating [æsfixiei'tiŋ]
asfixiar *v* to asphyxiate [tu æsfixiei't], suffocate [sʌfə'keit]
así *adv* so [so], thus [dhʌs], **— es** that is it [dhæt iz it]; **¡así así!** so-so [so-so]; **— que** so that [so dhæt]; **— que** *conj* as soon as [æz sun æz]; **¡— es la vida!** that is life [dhæt iz laif]
asiático *adj, m* Asiatic [ei'zhiætik]
asidero *m* handle [jæn'dəl]
asiduo *adj* assiduous [əsi'dchuəs], diligent [di'lidchənt]
asiento *m* seat [siit]; location [lokei'shən]; (*cuerpo*) bottom [ba'təm], (*comercio*) entry [en'tri]
asignación *f* assignment [əsain'mənt]; allotment [əlat'mənt]
asignar *v* to assign [tu əsain'], allot [əlat']; to appoint [tu əpɔin't]
asignatura *f* school subject [skul sʌb'dchekt], course [kɔrs]
asilado *m* inmate [in'meit]
asilar *v* to shelter [tu shel'tər]; to put in an asylum [tu put in ən əsai'ləm]
asilo *m* asylum [əsai'ləm], shelter [shel'tər]; protection [protek'shən]
asimilar *v* to assimilate [tu əsi'məleit], digest [daidchest']
asimismo *adv* likewise [laik'uaiz]; also [ɔl'so]
asir *v* to seize [tu siiz], take hold of [teik jold ʌv]; to capture [tu kæp'chur]
asistencia *f* assistance [əsi'stəns]; attendance [əten'dəns]; **— social** social security [so'shəl sikiu'riti]
asistente *m* assistant [əsi'stənt]; helper [jel'pər]; (*Am*) servant [sər'vənt]; **—s** participants [parti'sipəntz], attendants [əten'dəntz]
asistir *v* to attend [tu ətənd'], be present at [bii pre'sənt æt]; to help [tu jelp]
asno *m* ass [æs], donkey [daŋ'ki]
asociación *f* association [əsosiei'shən]; club [klʌb]
asociado *m* associate [əso'shiət]; club member [klʌb mem'bər]
asociar *v* to associate [tu əso'shieit]; to join [tu dchɔin]
asolamiento *m* devastation [devəstei'shən], destruction [distrʌk'shən]
asolar *v* to raze [tu reiz], lay waste [lei ueist]; **—se** to dry up [tu drai ʌp]; to be parched [tu bii par'chəd]
asoleado *adj* sunny [sʌ'ni]; (*Am*) dumb [dʌm]

asolear *v* to place in the sun [tu pleis in dhə sʌn]; **—se** to bask in the sun [tu bæsk ...]; to get sunburned [tu guet sʌn'bərnd]

asomar *v* to show [tu sho'], appear [əpiir']; **—se** to look out of [tu luk aut ʌv]; (*Am*) to draw near [tu drɔ niir]; **se asomó a la ventana** he (she) looked out of the window [jii, shii lukd aut ʌv dhə uin'do]

asombrar *v* to astonish [tu əsta'nish]; to frighten [tu frai'tən]; to darken [tu dar'kən]; **—se** to be astonished [tu bii əstan'ishəd]; to be frightened [tu bii frai'tənd]

asombro *m* astonishment [əsta'nish-mənt]; fright [frait]

asombroso *adj* astonishing [əsta'ni-shiŋ], amazing [əmei'ziŋ]

asomo *m* sign [sain], indication [ində-kəi'shən]; conjecture [kəndchek'-tchər]; suspicion [səspi'shən]; **ni por —** by no means [bai no miinz], not at all [nat æt ɔl]

aspa *f* blade [bleid]; wing of a windmill [uiŋ ʌv ei uind'mil]; reel [riil]

aspar *v* to reel [tu riil]; to vex [tu vex]

aspecto *m* aspect [æ'spekt]; look [luk], mien [miin], appearance [əpii'rəns]

aspereza *f* roughness [rʌf'nəs]; harsh-ness [jar'shnəs], severity [səve'riti]

áspero *adj* rough [rʌf]; harsh [jarsh]

asperón *m* grindstone [graind'ston]

aspersión *f* (*ecl*) aspersion (of holy water) [esper'shən, ʌv jo'li uɔ'tər]; sprinkling [spriŋ'kliŋ]

aspersorio *m* (holy) water sprinkler [jo'li, uɔ'tər spriŋ'klər]

aspiración *f* aspiration [æspərei'shən] ambition [æmbi'shən]; breathing in [brii'dhiŋ in]

aspirante *m, f* applicant [æ'pləkənt]; candidate [kæn'dideit]

aspirar *v* to aspire [tu əspair']; to seek [tu siik]; to breathe in [tu briidh in]; (*gram*) to aspirate [tu æ'spireit]

asquear *v* to disgust [tu disgʌst'], nau-seate [nɔ'shi-eit]

asqueroso *adj* nauseating [nɔ'shi-eitiŋ]; disgusting [disgʌ'stiŋ]; filthy [fil'-thi]

asta *f* horn [jɔrn]; mast [mæst], pole [pol], staff [stæf]; **a media —** at half mast [æt jæf mæst]

asterisco *m* asterisk [æ'stərisk]

astilla *f* chip [chip], splinter [splin'tər]

astillar *v* to chip [tu chip]

astillero *m* dry dock [drai dak]; shipyard [ship'iard]; lumberyard [lʌm'bər-iard]

astro *m* star [star], planet [plæ'nit]

astronauta *m, f* astronaut [æ'stronɔt]

astronomía *f* astronomy [əstra'nəmi]

astrónomo *m* astronomer [əstra'nəmər]

astucia *f* shrewdness [shrud'nəs], cun-ning [kʌ'niŋ]

astuto *adj* astute [əstiut']; foxy [fa'xi], wily [uai'li], crafty [kræf'ti]

asueto *m* vacation [veikei'shən]; **día de —** holiday [ja'lədei], day off [dei ɔf]

asumir *v* to assume [tu əsum']; to take on, upon [tu teik an, ʌpan']

asunto *m* subject matter [sʌb'dchekt mæ'tər]; business [biz'nis]; affair [əfær']; **no es su —** it is not your business [it iz nat iɔr ...]

asustado *adj* scared [skerd]; **está —** he is scared [jii iz ...]

asustar *v* to frighten [tu frai'tən], scare [sker]; **—se** to be frightened [tu bii frai'tənd], be scared [bii skerd]

atacante *adj* attacking [ətæ'kiŋ]; *m* attacker [ətæ'kər]

atacar *v* to attack [tu ətæ'k]; to tighten [tu tai'tən], fasten [fæs'n]

atado *adj* tied [taid]; *m* bundle [bʌn'dəl]

atadura *f* tie [tai], knot [nat]; fasten-ing [fæ'sniŋ]

atajar *v* to interrupt [tu intərʌpt'], cut-off [kʌt'ɔf]; to take a short cut [tu teik ei shɔrt kʌt]; to cross out [tu krɔs aut]

atajo *m* short cut [shɔrt kʌt]; intercep-tion [intərse'pshən]

atalaya *f* lookout [luk'aut], watchtower [uatch'tauer]; *m* watchman [uatch'-mən]

ataque *m* attack [ətæk']; **— de tos** a coughing attack [ei kɔ'fing ətæk']

atar *v* to tie [tu tai], fasten [fæ'sən]; **—se** to get tied up [tu guet taid ʌp]

atareado *adj* busy [bi'zi]; overworked [o'vəruər'kd]

atarear *v* to overwork [tu o'vəruərk]; to assign work to [tu əsain' uərk tu]

atascadero *m* muddy place [mʌ'di pleis]; obstruction [əbstrʌk'shən]

atascarse *v* to get stuck [tu guet stʌk]; to stick [tu stik]; to jam [tu dchæm]; to be bogged [tu bii ba'guəd]

ataúd *m* coffin [kʌ'fin]

ataviar *v* to attire [tu ətair']; to deck [tu dek], **—se** to dress up [tu dres' ʌp], doll up [dal ʌp]

atavío *m* attire [ətair']; fine dress [fain dres]; costume [ka'stium]; ornaments [ɔr'naments]; finery [fai'nəri]

atediar *v* to bore [tu bɔr]
ateísmo *m* atheism [æ'thəizm]
atemorizar *v* to frighten [tu frai'tən], scare [sker], terrify [te'rifai]
atención *f* attention [əten'shən], care [ker]; **en — a** considering [kansi'dəriŋ]; **prestar —** to pay attention [tu pei ...]
atender *v* to heed [tu jiid], pay attention [pei əten'shən], attend to [ətend' tu], take care of [taik ker ʌv]
atendido *adj* (*Am*) attentive [əten'tiv]; courteous [kər'tiəs]
atenerse (a) *v* to rely (on) [tu rii'lai, an], comply [kəmplai']
atentado *m* offense [əfen's], violation [vaiolei'shən]; attempt (to kill) [ətem'pt, tu kil]
atentar *v* to attempt (at someone's life) [tu ətem'pt, æt sʌm'uans laif]
atento *adj* attentive [əten'tiv], courteous [kər'tiəs], polite [pəlait']; mindful [maind'fʌl], careful [ker'fʌl]
atenuar *v* to attenuate [tu əte'nueit]; diminish [dimi'nish]; to tone down [tu ton daun]; to dim [tu dim]; to lessen [tu le'sən]
ateo *adj* atheistic [eithiə'stik]; *m* atheist [ei'thiəst]
aterciopelado *adj* velvety [vel'vəti]
aterido *adj* stiff [stif], numb from cold [nʌm fram kold]; frozen [fro'zən]
aterirse *v* to become numb with cold [tu biikʌm nʌm uith kold]; to freeze [tu friiz]
aterrador *adj* terrifying [te'rifaiŋ]
aterrar *v* to terrify [tu te'rifai], frighten [frai'tən]
aterrizaje *m* landing (of a plane) [læn'diŋ, ʌv ə plein]; **pista de —** landing strip [læn'diŋ strip]; **— a ciegas** blind landing [blaind ...]
aterrizar *v* to land (a plane) [tu lænd, ei plein]
aterronar *v* to clot [tu klat]
aterrorizar to terrify [tu te'rifai], frighten [frai'tən]
atesorar *v* to treasure [tu trei'shər], hoard [hɔrd]; to cherish [tu che'rish]; to accumulate [tu əkiu'miuleit]
atestado *adj* crowded [krau'ded], jammed [dchæm'd]; *m* certificate [sərti'fikət]
atestar *v* to attest [tu ətest'], witness [uit'nəs]; to crowd [tu kraud]; **—se** to overstuff [tu ovərstʌf']
atestiguar *v* to testify [tu te'stəfai], witness [uit'nes], attest to [ətest' tu]
atiborrar *v* to stuff [tu stʌf]; **—se** to stuff oneself [tu stʌf uanselif']
atiesar *v* to stiffen [tu sti'fən]
atildado *adj* neat [niit]; clean [kliin]; well dressed [uel dre'səd]
atildar *v* to dress neatly [tu dres nii'tli]
atinar *v* to hit the mark [tu jit dhə mark]; to guess right [tu gues rait]
atisbar *v* to spy [tu spai], watch [uatch], pry [prai]; to peek [tu piik]
atisbo *m* glimpse [glim'ps], insight [in'sait]; peek [piik]; spying [spaiŋ]
atizar *v* to stir up fire [tu stər ʌp fair]; to poke [tu pok], stir [stər]
atlántico *adj, m* Atlantic [ætlæn'tik]
atlas *m* atlas [æ'tləs]
atleta *m, f* athlete [æth'liit]
atlético *adj* athletic [æthle'tik]
atletismo *m* athletics [æthle'tiks]
atmósfera *f* atmosphere [æt'məsfir]
atmosférico *adj* atmospheric [ætməsfe'rik]
atolondrado *adj* confused [kənfiu'zd]; blurred [blʌr'əd]; stunned [stʌnd]; thoughtless [thɔ'tləs]
atolondramiento *m* confusion [kənfiu'shən]; thoughtlessness [thɔt'ləsnəs]
atolondrar *v* to confuse [tu kənfiuz'], muddle [mʌ'dəl]; to blur [tu blʌr]; **—se** to be confused [tu bii kənfiu'zd], stunned [stʌnd]
atómico *adj* atomic [əta'mik]; **bomba —a** atomic bomb [... bam]; **detonación —a** atomic blast [... blæst]; **energía —a** atomic energy [... en'ərdchi]; **peso —** atomic weight [... ueit]
átomo *m* atom [æ'təm]; small particle [smɔl par'tikəl]
atónito *adj* astonished [əsta'nishəd], amazed [əmei'zəd]
atontado *adj* stupefied [stu'pəfaid]; stunned [stʌnd]; confused [kənfiu'zd]
atontar *v* to stupefy [tu stiu'pəfi], stun [stʌn]; confuse [kənfiuz']
atorar *v* to jam [tu dchæm], clog [klaguə]; **—se** to be bogged down [tu bii ba'guəd daun], get clogged [guet kla'guəd]
atormentar *v* to torment [tu tɔrment'], afflict [əflikt']; to bother [tu ba'thər], trouble [trʌ'bəl], vex [vex]
atornillar *v* to screw [tu skru']; (*Am*) to bother [tu ba'thər], trouble [trʌ'bəl]
atorrante *m, f* vagabond [væ'guəband]; hobo [jo'bo], tramp [træmp]
atrabancar *v* to run over [tu rʌn o'vər]; **—se** to rush headlong [tu rʌsh jed'lɔŋ], fall in [fɔl in]

atracadero *m* landing spot [læn'diŋ spat]
atracar *v* to hold up [tu jold ʌp]; (*buque*) to dock [tu dak], moor [mur]; (*Am*) to thrash [tu thræsh], beat [biit]
atracción *f* attraction [ətræk'shən]
atraco *m* holdup [jold'ʌp]
atracón *m* stuffing [stʌ'fin]; (*Am*) quarrel [kuɔ'rəl]; **darse un — de comida** to stuff oneself [tu stʌf uanself'], overeat [ovəriit']
atractivo *adj* attractive [ətræk'tiv]; *m* attractiveness [ətræk'tivnəs]; charm [charm]; appeal [əpiil]
atraer *v* to attract [tu ətrækt']; to appeal to [tu əpiil' tu], be appealing to [bii əpii'lŋ tu]
atragantarse *v* to choke [tu chok]; (*hablando*) to stumble (while talking) [tu stʌm'bəl, jua'il tɔ'kiŋ]
atrampar *v* to trap [tu træp]
atrancar *v* to bolt [tu bolt], fasten [fæ'sən]; **—se** to get crammed up [tu guet kræmd' ʌp]; (*Am*) to be stubborn [tu bii stʌ'bərn]; to overeat [tu ovəriit']
atrapar *v* to trap [tu træp], ensnare [ənsner']; to take [tu teik], seize [siiz]
atrás *adv* back [bæk], behind [bijaind'], past [pæst], backward [bæk'uərd]; **¡Atrás!** back! [...]; ago [əgo']; **echarse —** to go back [tu go bæk], not to keep one's word [nat tu kiip uans uərd]; **hacia —** backwards [...]; **para —** toward the back [tɔrd dhə ...]
atrasado *adj* late [leit], behind [bijaind']; backward [bæk'uərd]; **está —** he is behind (in his work) [jii iz ..., in jiz uərk]; **el reloj está —** the watch is slow [dhə uach iz slo]
atrasar *v* to hold back [tu jold bæk]; to delay [tu dilei']; to be slow [tu bii slo]; **el reloj se atrasa 10 minutos** the watch is ten minutes slow [dhə uach iz ten mi'nətz slo]
atraso *m* backwardness [bæk'uərdnəs]; delay [dilei']; setback [set'bæk]; arrears [əriirs']
atravesar *v* to cross [tu krɔs]; to pierce [tu piirs]
atreverse *v* to dare [tu der'], risk [risk]; to be bold [tu bii bold], be insolent [bii in'sələnt]
atrevido *adj* bold [bold], daring [de'riŋ]
atrevimiento *m* boldness [bol'dnəs], audacity [ɔdæ'siti]
atribución *f* attribution [ætribiu'shən]; imputation [impiutei'shən]
atribuir *v* to attribute [tu ætri'biut]; **—se** to assume [tu əsium']
atribular *v* to distress [tu distres']
atributivo *adj* characteristic [kærəktəris'tik]
atributo *m* attribute [æ'tribiut]
atrición *f* contrition [kəntri'shən]
atrincheramiento *m* entrenchment [entren'chmənt]
atrincherar *v* to entrench [tu entrench'], fortify [fɔr'tifai]
atrio *m* porch [pɔrch], portico [por'tiko]
atrito *adj* contrite [kəntrait'], penitent [pe'nitənt]
atrocidad *m* atrocity [ətra'səti]
atrochar *v* to take bypaths [tu teik bai'pæthz]
atrofia *f* atrophy [æ'trɔfi]
atronado *adj* ill-advised [il'ədvaizd]; thoughtless [dhɔt'ləs]
atronar *v* to deafen [tu de'fən]; **—se** to be thunderstruck [tu bii thʌn'dərstrʌk]
atropado *adj* grouped [grupt'], clumped [klʌm'pt]
atropar *v* to assemble in groups [tu əsem'bəl in grups]
atropellado *adj* hasty [jei'sti]; *m* person who has been run over [pər'sən ju jæz bin rʌn o'vər]
atropellar *v* to run over [tu rʌn o'vər]; **—se** to hurry [tu jə'ri]
atropello *m* trampling [træm'pliŋ]; outrage [aut'reidch]
atroz *adj* atrocious [ətro'shəs]
atuendo *m* attire [ətair'], pomp [pamp]
atufar *v* to vex [tu vex]; to plague [tu pleiguə]
aturdido *adj* astonished [əsta'nishəd]; rattled [ræ'təld]
aturdimiento *m* astonishment [əsta'nishmənt]; dullness [dʌl'nəs], surprise [sərpraiz']
aturdir *v* to bewilder [tu biuil'dər], to confuse [tu kənfiuz']; to stupefy [tu stiu'pəfai]
atusar *v* to cut the hair [tu kʌt dhə jer]; to trim [tu trim]; to shear [tu shiir]; **—se el bigote** to twist the mustache [tu tuist dhə mʌ'stæsh]
auca *f* goose [gus]
audacia *f* audacity [ɔdæ'səti]
audaz *adj* audacious [ɔdei'shəs]
audibilidad *f* audibility [ɔdəbi'ləti]
audible *adj* audible [ɔ'dəbəl]
audición *f* audition [ɔdi'shən]; **broadcasting** [brod'kæstiŋ]

audiencia *f* audience [ɔ'diəns]; hearing [jii'riŋ]; audience chamber [ɔ'diəns cheim'bər], high court [jai kɔrt]
audífono *m* earphone [iir'fon]
audiofrecuencia *f* audiofrequency [ɔdio-frii'kuənsi]
audiómetro *m* audiometer [ɔdia'mitər]
auditivo *adj* auditory [ɔ'ditori]
auditorio *m* assembly [əsem'bli], audience [ɔ'diəns]
auge *m* summit [sʌ'mit]; apogee [æ'pə-dchii]
augurar *v* to augur [tu ɔ'guər]; to wish (someone) [tu uish, sʌm'uan]
augusto *adj* majestic [mədche'stik], lofty [lɔf'ti]
aula *f* lecture room [lek'chər rum]; classroom [klæs'rum]
aullar *v* to howl [tu jaul], shout [shaut]
aullido *m* howling [ja'uliŋ], shouting shau'tiŋ]
aumentar *v* to augment [tu ɔgment']; to increase [tu inkriis']
aumentativo *adj* increasing [inkrii'siŋ], enlarging [enlar'dchiŋ]
aumento *m* augmentation [ɔgmentei'-shən], increase [in'kriis]
aun (aún) *adv* yet [iet], as yet [æz iet], still [stil], even [ii'vən]; **— cuando** even though [... dho]
aunar *v* to unite [tu iunait']; to assemble [tu əsem'bəl]
aunque *conj* though [dho]
aura *f* gentle breeze [dchen'təl briiz]; **— popular** popularity [papiulæ'riti]
áureo *adj* golden [gol'dən], gilded [guil'-dəd]
aureola *f* glory [glo'ri], nimbus [nim'-bəs], halo [jei'lo]
aurícula *f* auricle [ɔ'rikəl]
aurífero *adj* containing gold [kəntei'niŋ gold]; golden [gol'dən]
aurora *f* dawn [dɔn]; **— boreal** northern light [north'ərn lait]
ausencia *f* absence [æb'səns]
ausentarse *v* to absent oneself [tu æb-sənt' uanself']
ausente *adj* absent [æb'sənt]
auspicio *m* auspice [ɔ'spis], prediction [pridik'shən], protection [protek'shən]
austeridad *f* rigor [ri'gor], austerity [ɔste'riti]
austero *adj* austere [ɔstiir']
austral *adj* austral [ɔ'strəl], southern [sʌ'thern]
australiano *adj, m* Australian [ɔstrei'-liən]
austríaco *adj, m* Austrian [ɔ'striən]
austro *m* south wind [sauth uind]
autenticar *v* to authenticate [tu ɔthen'-təkeit]
autenticidad *f* authenticity [ɔthenti'səti]
auténtico *adj* authentic [ɔthen'tik], true [tru]; real [riil]
autillo *m* owl [aul]
auto *m* car [kar]; automobile [ɔ'təmo-bil']; **— sacramental** religious play [rili'dchəs plei]; **dar un paseo en —** to take a ride [tu teik ə raid]
autobiografía *f* autobiography [ɔtobaia'-grafi]
autobomba *m* fire engine [fair en'dchən]
autobús *m* motor bus [mo'tər bʌs]; **bus** [...]
autocamino *m* motor road [mo'tər rod]
autocamión *m* auto truck [ɔ'to trʌk]; truck [trʌk]
autocarril *m* rail car [reil' kar]
autoclave *m* sterilizer [sterilai'zər]; pressure cooker [pre'shər ku'kər]
autocracia *f* autocracy [ɔta'krəsi]
autócrata *m, f* autocrat [ɔ'tokræt]
autódromo *m* speedway [spiid'uei]
autoinflamación *f* spontaneous combustion [spontei'niəs kəmbʌ'stiən]
autómata *m, f* automaton [ɔta'mətən]; robot [ro'bət]
automático *adj* automatic [ɔtomæ'tək]
automatización *f* automation [ɔtomæ'-shən]
automotriz *adj* automotive [ɔtomo'tiv]; self-driven [self-dri'vən]
automóvil *m* car [kar]; automobile [ɔtomobil']; **— blindado** armored car [ar'mərd kar]; **— de plaza** taxicab [tæx'i kæb]; **— de turismo** touring car [tu'riŋ kar]; **paseo en — car ride** [kar raid]
automovilista *m, f* motorist [mo'tə-rist]; driver [drai'vər]
autonomía *f* autonomy [ɔta'nəmi]
autónomo *adj* autonomous [ɔta'nəməs]
autopiano *m* player piano [plei'ər pia'-no]
autopsia *f* autopsy [ɔ'tapsi]
autor *m* author [ɔ'thər]; **—a** *f* woman writer [uo'mən rai'tər]
autoridad *f* authority [ɔthɔ'rəti]; power [pa'uer]; command [kəmænd']
autoritarista *m, f* authoritarian [ɔthɔrə-tei'riən]; dictatorial [diktətɔ'riəl]
autoritativo *adj* authoritative [ɔthɔ'rə-teitiv]; genuine [dche'niuin]
autorización *f* authorization [ɔthɔrəzei'-shən]

autorizado *adj* competent [kam'pətənt], authorized [ɔ'thəraizd]
autorizar *v* to authorize [tu ɔ'thəraiz]
autorretrato *m* self-portrait [self-por'-trət]
autorzuelo *m* scribbler [skri'blər]
autosugestión *f* autosuggestion [ɔtosə-dche'stiən]
auto-teatro *m* drive-in theater [draiv-in thii'ətər]
autumnal *adj* autumnal [ɔtʌm'nəl]
auxiliar *v* to aid [tu eid], help [jelp]; *adj* auxiliary [ɔxi'liəri], helping [jel'-piŋ]
auxilio *m* aid [eid], help [jelp]; **dar —** to help [tu jelp]; **primeros —s** first aid [fərst eid]
aval *m* endorsement [endɔrs'mənt]; protection [protek'shən]
avalentado *adj* bragging [bræ'guiŋ]
avalorar *v* to estimate [tu e'stəmeit]
avaluar *v* to estimate [tu e'stəmeit]; to set a price on [tu set ə prais an]
avalúo *m* estimating [e'stəmeitiŋ]; appraisal [əprei'səl]
avance *m* advance [ædvæns'], attack [ətæk']
avanzada *f* vanguard [væn'gard]; advance [ædvæns']
avanzar *v* to advance [tu ædvæns']
avanzo *m* balance sheet [bæ'ləns shiit]
avaricia *f* avarice [æ'vəris]; greed [griid]
avariento *adj* avaricious [ævəri'shəs], covetous [ka'vətəs]
avaro *adj* avaricious [ævəri'shəs], miserly [mai'zərli]; *m* miser [mai'zər]
avasallar *v* to make a vassal of [tu meik ə væ'səl ʌv]; to subdue [tu sʌbdu']; to enslave [tu ensleiv']
ave *f* bird [bərd]; **— silvestre** wild bird [uaild ...]
avecilla *f* fledgling [fle'dchliŋ]
avecindar(se) *v* to become a resident of [tu bikʌm' ə re'sidənt ʌv]; to settle [tu se'təl]
avechucho *m* sparrow hawk [spæ'ro jɔk]; ragamuffin [ræ'guəmʌfin]
avejigar *v* to blister [tu bli'stər]
avellana *f* filbert [fil'bərt], hazelnut [jei'zəlnʌt]
avellanar *m* plantation of hazels [plæn-tei'shən ɔf jei'zəlz]
avellanarse *v* to shrivel [tu shri'vəl]; to grow as dry as a nut [tu gro æz drai æz ə nʌt]
avellano *m* hazelnut tree (shrub) [jei'-zəluʌt trii, shrʌb]
Avemaría *f* Ave Maria [a've marii'a], Hail Mary [jeil me'ri]
avena *f* oats [otz]
avenamiento *m* drainage [drei'nədch]
avenar *v* to drain off water [tu drein ɔf uɔ'tər]
avenencia *f* agreement [agrii'mənt]; bargain [bar'guən]; accord [əkɔrd']
avenida *f* avenue [æ'vəniu]; flood [flʌd]
avenir *v* to reconcile [tu re'kənsail]; to accommodate [tu aka'mədeit]; **—se** to be reconciled [tu bii re'kənsaild]; to get along [tu guet əlɔŋ']
aventador *m* winnower [ui'nə'uər], fan [fæn]
aventadura *f* wind gale [uind'gueil]
aventajado *adj* advantageous [ædvæn-tei'dchəs], superior [supi'riər]
aventajar *v* to excel [tu exsel']; to have the advantage [tu jæv dhə ædvæn'-tədch]; to progress [tu progres']
aventar *v* to fan [tu fæn]; to expel [tu expel]; to attack [tu ətæk']; to scatter [tu skæ'tər]; **—se** to be puffed up [tu bii pʌft ʌp]
aventura *f* adventure [ədven'chər], event [əvent']; **por —** by chance [bai chæns]
aventurar *v* to venture [tu ven'chər], to risk [tu risk], to take a chance [tu teik ə chæns]
aventurero *adj* adventurous [ædven'chə-rəs]; *m* adventurer [ædven'chərər], free lance [frii læns]
avergonzado *adj* embarrassed [embæ'-rəst]; ashamed [əshei'md]
avergonzar *v* to shame [tu sheim], to abash [tu əbæsh]; **—se** to be ashamed of [tu bii əshei'md ʌv]
avería *f* average [æv'ərədch], damage [dæ'mədch]; **— repentina** breakdown [breik'daun]; misfortune [misfɔr'-chiun]
averiado *adj* damaged [dæ'mədchd]
averiar(se) *v* to be damaged [tu bii dæ'məchd]; to spoil [tu spɔil]
averiguación *f* investigation [investi-guei'shən]
averiguar *v* to investigate [tu inve'sti-gueit]; to verify [tu ve'rifai]; to check [tu chek]
averío *m* flock of birds [flɔk ʌv bərdz]
aversión *f* aversion [əvər'shən], dislike [dislaik'], distaste [disteist']
avestruz *m* ostrich [a'strich]
avezado *adj* accustomed (to) [əkʌ'stəmd, tu]

avezar *v* to accustom [tu əkʌ'stəm]; to habituate [tu jæbi'chuet]; **—se** to be accustomed to [tu bii əkʌ'stəmd tu]
aviación *f* aviation [eiviei'shən]; air force [er fɔrs]
aviador *m* aviator [ei'vieitər]
aviar *v* to provision [tu prɔvi'zhən]; to equip [tu əkuip']; **—se** to get ready [tu guet re'di]; to get started [tu guet star'təd]
avidez *f* covetousness [ka'vətəsnəs]; greed [griid]
ávido *adj* greedy [grii'di]; eager [ii'-guər]
aviejarse *v* to grow old [tu gro old]
aviento *m* pitchfork [pitch'fɔrk]
avieso *adj* irregular [ire'guiulər]; mischievous [mis'chivəs]
avigorar *v* to give vigor [tu guiv vi'-guər]
avilantez *f* boldness [bold'nəs]
avillanado *adj* boorish [bu'rish]; low [lou]; vile [vail]
avillanar *v* to debase [tu dibeis']
avinagrado *adj* sour [saur]; harsh [jarsh], crabbed [kræbd]; peevish [pii'vish]; bad-tempered [bæd-tem'-pərd]
avinagrar *v* to become sour [tu bikʌm' saur]
avío *m* preparation [prepərei'shən]; provision [prɔvi'zhən]
avión *m* airplane [eir'plein]; **— de bombardeo** bomber [ba'mər]; **— de combate** combat plane [kam'bæt plein]; **por —** air mail [eir meil]; **en —** by plane [bai ...]; **volar en — reactor** to fly jet [tu fla'i dchet]
avisado *adj* forewarned [fɔruɔr'nəd]; cautious [kɔ'shəs]; **mal —** ill advised [il ədvai'zd]
avisar *v* to inform [tu infɔrm']; to warn [tu uɔrn]; to advertise [tu æd'vərtaiz]
aviso *m* notice [notis], advertisement [ædvərtai'zmənt], warning [uɔr'niŋ]; advice [ədvais']; **falta de —** without advice [uithaut ...]
avispa *f* wasp [uasp]
avispado *adj* clever [kle'vər], sharp [sharp]
avispar *v* to spur [tu spər]; **—se** to be peevish [tu bii pii'vish]
avispón *m* hornet [jɔr'nət]
avistar *v* to glimpse [tu glimps]; to have an interview [tu jæv æn in'tərviu]
avivar *v* to enliven [tu enlai'vən]; to encourage [tu enkʌ'rədch]
avizor *adj* alert [əlert']
avizorar *v* to spy [tu spai]
avocar *v* to appeal [tu əpiil']
axioma *m* axiom [æ'xiəm]; maxim [mæ'xəm]
axiomático *adj* axiomatic [æxiomæ'tik]
aya *f* governess [gʌ'vərnəs]
ayer *adv* yesterday [ie'stərdei]; **— mismo** only yesterday [on'li ...]; **— por la mañana** yesterday morning [... mɔrn'-iŋ]; **— por la tarde** yesterday afternoon [... æftərnun']; **— por la noche** yesterday evening [... ii'vəniŋ]
ayo *m* tutor [tiu'tər]
ayote *m* (*Am*) pumpkin [pʌm'pkin]
ayuda *f* help [jelp], aid [eid]; support [səpɔrt']; *m* assistant [asi'stənt]; **— de cámara** valet [væ'lət]
ayudante *m* helper [jel'pər]; apprentice [əpren'tis]
ayudar *v* to help [tu jelp], aid [eid]
ayunar *v* to fast [tu fæst]; not to eat [nat tu iit]
ayunas *adv* **en —** fasting [fæ'stiŋ], without food [uithaut' fud]; without knowledge of [uithaut' na'lədch ʌv]
ayuno *m* fast [fæst]; **— de** ignorant of [ig'nərənt ʌv]
ayunque *m* anvil [æn'vil]
ayuntamiento *m* town council [taun kaun'sil], city hall [si'ti jɔl], town hall [taun jɔl]
azabachado *adj* jet-black [dchet-blæk]
azabache *m* jet [dchet]
azacán *m* water carrier [ua'tər kæ'riər]
azacaya *f* waterpipe [ua'tər paip]
azada *f* spade [speid], hoe [jo]
azadón *m* pickax [pik'æks], hoe [jo]
azadonar *v* to hoe [tu jo]
azafata *f* queen's waiting woman [kuiinz uei'tiŋ uu'mən]; (air) hostess [er, jo'stəs], stewardess [stu'uərdəs]
azafrán *m* saffron [sæ'frən]
azafranar *v* to dye with saffron [tu dai uith sæ'frən]
azagador *m* cattle path [kæ'təl pæth]
azagaya *f* spear [spiir]
azahar *m* orange blossom [ɔ'rəndch bla'-səm]
azainadamente *adv* perfidiously [pərfi'-diəsli], viciously [vi'shəsli]
azalea *f* azalea [azei'liə]
azar *m* unforeseen disaster [ʌnfɔrsiin' dizæ'stər]; accident [æk'sidənt]; **al —** at random [æt ræn'dəm]
azaria *f* silk reel [silk riil]
azaroso *adj* unlucky [ʌnlʌ'ki]; ominous [a'minəs]

ázoe *m* nitrogen [nai'trədchən]
azogar *v* to cover with quicksilver [tu kʌ'vər uith kuik'silvər]
azogue *m* quicksilver [kuik'silvər]; mercury [mər'kiuri]
azolvar *v* to clog up [tu klaguə ʌp]
azorar(se) *v* to frighten [tu frai'tən]; to be agitated [tu bii æ'dchiteitəd]
azotacalles *m* loafer [lo'fər]
azotaina *f* sound beating [saund bii'tiŋ]
azotar *v* to whip [tu juip], beat up [biit ʌp], lash [læsh]
azote *m* whip [juip], lash [læsh]; calamity [kəlæ'məti]
azotea *f* platform [plæt'fɔrm]; flat roof [flæt ruf]
azótico *adj* nitric [nai'trək]
azteca *adj, m* Aztec [æz'tek]
azúcar *m & f* sugar [shu'guər]; — **blanca** refined sugar [rifai'nəd ...]; — **granulada** granulated sugar [græ'niuleitəd ...]
azucarado *adj* sugar coated [shu'guər ko'təd]; sugary [shu'guəri]
azucarar *v* to sugar with [tu shu'guər uith], sweeten [suii'tən]
azucarera *f* sugar bowl [shu'guər boul]
azucarero *m* confectioner [kɔnfek'shənər], sugar dealer [shu'guər dii'lər]
azucena *f* white lily [juait li'li]
azuda *f* water works [uɔ'tər uɔrks]; irrigation canal [irriguei'shən kənal']
azufrado *adj* sulphurous [sʌl'fərəs]
azufrar *v* to fumigate with sulphur [tu fu'migueit uith sʌl'fər]
azufre *m* sulphur [sʌl'fər]
azufroso *adj* sulphurous [sʌl'fərəs]
azul *adj* blue [blu]
azulado *adj* bluish [blu'ish], azure [æ'zhər]
azular *v* to dye blue [tu dai blu]
azulear *v* to give a bluish tint [tu guiv ə blu'ish tint]
azulejo *m* glazed tile [gleizd tail]; blue bird [blu bərd]
azulenco *adj* bluish [blu'ish]
azumar *v* to dye (hair) [tu dai, jer]
azur *adj* blue [blu]
azuzador *m* instigator [in'stigueitər]
azuzar *v* to sic (a dog) [tu sik, ə dɔguə]; to instigate [tu in'stigueit]

B

baba *f* drivel [dri'vəl]; saliva [səlai'və]; drool [drul]
babaza *f* slime [slaim], foam [fom]
babear *v* to drivel [tu dri'vəl]
babel *m* babel [bei'bəl]; confusion [kən-fiu'zhən]; **torre de —** tower of Babel [ta'uer ʌv ...]
babero *m* bib [bib]
babieca *m, f* ignorant [ig'nərənt]; idiot [i'diət]; dolt [dolt]
babor *m* portside (of a ship) [pɔrt'said, ʌv ə ship]
babosa *f* slug [slʌguə]; snail [sneil]
babosear *v* to drool [tu drul]
baboso *adj* driveling [dri'vəliŋ]; *m* idiot [i'diət]
babucha *f* slipper [sli'pər]
bacalao *m* dry salted codfish [drai sɔl'-təd kad'fish]
bacía *f* basin [bei'sən]; washbasin [uash'bei'sən]
bacilo *m* bacillus [bəsi'ləs]
bacín *m* bedroom pot [bed'rum pat]
bacteria *f* bacterium [bækti'riəm]
bacteriólogo *m* bacteriologist [bækti-ria'lədchist]
báculo *m* walking stick [uɔ'kiŋ stik]
bachiller *m* (*grado*) bachelor [bæ'ch-lər], college graduate [ka'lədch græ'-dchuit]; babbler [bæ'blər]
bachillerato *m* bachelor's degree [bæ'-chlərz dəgrii']
bachillerear *v* to babble [tu bæ'bəl], prattle [præ'təl]
badajo *m* clapper of a bell [klæpər ʌv ə bəl]; idle talker [ai'dəl tɔ'kər]
badana *f* sheepskin [shiip'skin]
badil *m* fire shovel [fair sha'vəl]
bagaje *m* pack animal [pæk æ'niməl]
bagajero *m* driver of pack animals [drai'-vər ʌv pæk æ'niməlz]
bagatela *f* bagatelle [bæguətel'], trifle [trai'fəl]; nonsense [nan'sens]
bahía *f* bay [bei], harbor [jar'bər]
bailadero *m* dance hall [dæns jɔl]
bailador(a) *m, f* dancer [dæn'sər]
bailar *v* to dance [tu dæns]
bailarina *f* (girl) dancer [guərl, dæn'sər]
baile *m* dance [dæns], ball [bɔl]; **— de etiqueta** formal dance [fɔrməl dæns]
baja *f* drop [drap]; fall (in prices) [fɔl, in prai'səz]
bajada *f* descent [disent'], slope [slop]
bajamar *f* low tide [lo taid], ebb [eb]
bajar *v* to lower [tu lo'ər]; to decrease [tu dikriis']; **—se** to crouch [tu krauch]
bajel *m* vessel [ve'səl], ship [ship]
bajelero *m* shipowner [ship'onər]
bajeza *f* meanness [mii'nəs]
bajío *m* shoal [shol]; sand bank [sænd bænk]; (*Am*) plain [plein]
bajo *adj* low [lo]; under [ʌn'dər]; soft [sɔft]; short [shɔrt]; mean [miin]; **piso —** first (ground) floor [first, gra'-und flor]; *m* (*mús*) bass [beis]
bajorrelieve *m* bas-relief [ba-rəliif']
bala *f* bale [beil]; bullet [bʌ'lət], shot [shɔt], bale of paper [beil ɔf pei'pər]
balacear *v* to shoot at random [tu shut æt ræn'dem]
balada *f* ballad [bæ'ləd]
baladí *adj* mean [miin]; unimportant [ʌnimpɔr'tənt]
baladrón *m* boaster [bo'stər]; bully [bu'li]
baladronada *f* boast [bost], brag [bræ-guə]
bálago *m* straw [strɔ]; grain stalk [grein stɔk]
balance *m* balance [bæ'ləns]; rolling of a ship [ro'liŋ ɔf ə ship]; balance sheet [bæ'ləns shiit]
balancear *v* to balance [tu bæ'ləns] (*buque*) to roll [tu rol]; **—se** to rock [tu rak]
balanceo *m* rocking [ra'kiŋ]; rolling [ro'liŋ]
balandrán *m* cassock [kæ'sək]
balanza *f* scale [skeil], comparative estimate [kampæ'rətiv e'stimət], pair of scales [peir ɔf skeils]; balance [bæ'-ləns]
balanzario *m* balancer [bæ'lənsər]
balar *v* to bleat [tu bliit]
balasto *m* ballast [bæ'ləst]
balaustrada *f* balustrade [bæ'ləstreid], railing [rei'liŋ]
balazo *m* shot [shɔt], bullet wound [bʌ'-lət uund]

balbucear *v* to stammer [tu stæ'mər], stutter [stʌ'tər]
balbuciente *adj* stammering [stæ'mər-iŋ], stuttering [stʌ'təriŋ]
balbucir *v* to stammer [tu stæ'mər], stutter [stʌ'tər], babble [bæ'bəl]
balcón *m* balcony [bæl'kəni]; open porch [o'pən pɔrch]
balconaje *m* row of balconies [ro ʌv bæl'-kaniiz]
baldar *v* to cripple [tu kri'pəl]
balde *m* bucket [bʌk'ət], pail [peil]; **de** — gratis, for nothing [græ'tis, fɔr nʌ'thiŋ]; **en** — in vain [in vein], without success [withaut' sʌkses']
baldear *v* to wash the decks [tu uash dhə deks]; to wash floors [tu uash florz]
baldés *m* dressed skin [drest skin]
baldío *adj* untilled [ʌntild'], barren [bæ'-rən], rough [rʌf]; wasteful [ueist'-fəl]
baldón *m* reproach [riproch'], insult [in'sʌlt]; disgrace [disgreis']
baldosa *f* paving [pei'viŋ], flagstone [flæg'ston], tile [tail]
balduque *m* narrow red tape [næ'ro red teip]
balería *f* heap of bullets [jiip ʌv bʌ'lətz]
balido *m* bleating [blii'tiŋ], bleat [bliit]
balín *m* buckshot [bʌk'shat]
balística *f* ballistics [bəli'stiks]
balístico *adj* ballistic [bəli'stik]
baliza *f* buoy [bɔi]
balneario *adj* of (for) medicinal baths [ʌv, fɔr medi'sinəl bæthz]; *m* bathing resort [bei'dhiŋ rizɔrt']
balompié *m* football (soccer) [fət'bɔl, sa'kər]
balón *m* large ball [lardch bɔl]; bale of goods [beil ʌv guədz]; **juego de** — basketball [bæs'kətbɔl]; — **de fútbol** football [fət'bɔl]
baloncesto *m* basketball [bæs'kətbɔl]
balota *f* ballot [bæ'lət]
balsa *f* pool [pul]; pond [pand]; raft ræft]; ferry [fe'ri]
bálsamo *m* balsam [bɔl'səm], balm [bam]
balsear *v* to cross rivers on rafts [tu krɔs ri'vərz an ræftz]; to ferry [tu fe'ri]
balsero *m* ferryman [fe'rimən]
baluarte *m* bulwark [bʌl'uɔrk], rampart [ræm'part]
balumbo *m* bulky thing [bɔl'ki thiŋ]; heap [jiip], pile [pail]
ballena *f* whale [jueil]; whale bone [jueil bon]
ballenato *m* cub (of a whale) [kʌb, ʌv ə jueil]
ballenero *m* whaler [juei'lər]
ballesta *f* crossbow [krɔs'bo]
ballestear *v* to shoot with a crossbow [tu shut uith ə krɔs'bo]
ballestera *f* loophole [lup'jol]
ballestería *f* archery [ar'chəri]; crossbows [krɔs'boz]
ballestero *m* crossbowman [krɔs'bomən]; maker of crossbows [mei'kər ʌv krɔs'-boz]
bambolear *v* to reel [tu riil], to sway [tu suei]
bamboleo *m* reeling [rii'liŋ], staggering [stæ'guəriŋ]
bambolla *f* ostentation [astentei'shən]
bambú *m* bamboo [bæm'bu]
bambuco *m* Colombian dance [kəlʌm'-biən dæns]
banal *adj* trite [trait], commonplace [kʌ'mənpleis]
banana *f* banana [bənæ'nə]
bananero *m* banana dealer [bənæ'nə dii'lər]; banana plant [bənæ'nə plænt]
banano *m* banana plant [bənæ'nə plænt]
banasta *f* large basket [lardch bæ'skət]
banastero *m* basket maker [bæ'skət mei'kər]
banca *f* bench [bench], banking [bæŋ'-kiŋ]; **casa de** — banking house [bæŋ'-kiŋ jaus]
bancal *m* garden plot [gar'dən plat]; bench cover [bench kʌ'vər]
bancario *adj* banking [bæŋ'kiŋ]
bancarrota *f* bankruptcy [bæŋk'rʌptsi]; **tribunal de** — bankruptcy court [bæŋk'rʌptsi kɔrt]
banco *m* bench [bench]; bank [bæŋk]; **cheque de** — bank check [... chek]
banda *f* sash [sæsh], ribbon [ri'bən]; (*mús*) band [bænd]; gang [gæŋ]
bandada *f* flock of birds [flak ʌv bərdz]; — **de personas** gang [gæŋ], group [grup]
bandear *v* to sway [tu suei]; —**se** to manage [tu mæ'nədchə]
bandeja *f* tray [trei]
bandera *f* banner [bæ'nər], flag [flæ-guə]; — **desplegada** flying colors [flaiŋ' ka'lərz]; **la** — **americana** the American flag [dhə əme'rikən flæ-guə]
banderilla *f* small dart [smɔl dart]
banderillear *v* to plant banderillas in a bull's neck [tu plænt bændəri'ləz in ə bul'z nek]
banderillero *m* bullfighter with banderillas [bʌl'fai'tər uith bændəri'ləz]

banderín *m* small flag [smɔl flægua]
banderola *f* streamer [strii'mər], pennant [pen'ənt]
bandido *m* bandit [bæn'dit]; robber [ra'bər], knave [neiv]; highway robber [jai'uei ra'bər]
bando *m* faction [fæk'shən]; party [par'ti]; proclamation [prokləmei'shən]
bandolero *m* highwayman [jai'ueimən]; robber [ra'bər]
banjo *m* banjo [bæn'dcho]
banquear *v* to bank [tu bænk]; to deposit [tu dipa'sit]
banquero *m* banker [bæŋ'kər]
banqueta *f* bench [bench]; (*Méx*) sidewalk [said'uɔk]; **— del piano** piano stool [pia'no stul]
banquete *m* banquet [bæŋ'kuət], feast [fiist]
baña *f* pool [pul], puddle [pʌ'dəl], bathing place [bei'dhiŋ pleis]
bañar *v* to bathe [tu beidh], to water [tu uɔ'tər]; to dip [tu dip]; **—se** to take a bath [tu teik ə bæth]
bañera *f* bathtub [bæth'tʌb]
bañero *m* bathkeeper [bæth'kiipər]
baño *m* bath [bæth]; bathtub [bæth'tʌb]; **cuarto de —** bathroom [bæth'rum]; **traje de —** bathing suit [bei-dhiŋ sut]; **— de ducha** shower bath [sha'ur ...]; **— de sol** sun bath [sʌn bæth]
baqueta *f* rod [rad]; baton [bæ'tən]; drumstick [drʌm'stik]
baquetazo *m* blow with a rod [blo uith ə rad]
bar *m* bar [bar]
baraja *f* playing card [pleiŋ kard]; game of cards [gueim ʌv kardz]
barajar *v* to shuffle (cards) [tu shʌ'fəl, kardz]; to mix [tu mix]
baranda *f* banister [bæ'nistər]; railing [rei'liŋ]
barandal *m* railing [rei'liŋ]; banister [bæ'nistər]
barata *f* (*Méx*) bargain [bar'guən]; big sale [bigua seil]
baratear *v* to make cheap [tu meik chiip]; to bargain [tu bar'guən]
baratero *m* one who sells cheap [uan ju selz chiip]
baratijas *f* trifles [trai'fəlz]; toys [tɔiz]
baratillero *m* peddler [pe'dlər]
baratillo *m* secondhand shop [se'kənd-jænd shɔp]; bargain store [bar'guən stɔr]
barato *adj* cheap [chiip]; **de —** free [frii]; *m* cheapness [chiip'nəs], bargain [bar'guən]
baraúnda *f* noise [nɔis], din [din], confusion [kɔnfiu'zhən]
barba *f* chin [chin]; beard [biird]
barbacoa *f* barbecue [bar'bəkiu]
barbada *f* jaw of a horse [dchɔ ʌv ə jɔrs]
barbado *adj* bearded [biir'dəd]
barbar *v* to grow a beard [tu gro ə biird]
barbaridad *f* barbarity [barbæ'riti]; rudeness [ru'dnəs]; **una — de** an awful lot of [æn ɔ'fʌl lɔt ʌv]; **¡qué —!** how terrible [jau te'ribəl]
barbarie *f* barbarism [bar'bərizm], savagery [sæ vədchəri]; **es una —** it is an atrocity [it iz æn ətra'siti]
barbarismo *m* barbarism [bar'bərizm]
bárbaro *adj* barbarous [bar'bərəs], savage [sæ'vədch], rash [ræsh], bold [bold]
barbechar *v* to plow [tu plau]; to furrow [tu fər'o]
barbecho *m* plowing [plau'iŋ]; fallowland [fæ'lolænd]
barbería *f* barbershop [bar'bərshap]
barbero *m* barber [bar'ber]
barbicano *adj* gray-bearded [greibiir'dəd]
barbihecho *adj* fresh-shaved [fresh-sheivd]; clean-shaved [kliin ...]
barbilampiño *adj* thin-bearded [thin-biir'dəd]
barbilla *f* point of the chin [pɔint ʌv dhə chin]
barbinegro *adj* black-bearded [blækbiir'dəd]
barbón *m* bearded man [biir'dəd mæn]
barbudo *adj* bearded [biir'dəd]
barbulla *f* confused noise [kənfiu'zd nɔiz]
barbullar *v* to talk confusedly [tu tɔk kənfiu'zədli]; to confuse matters [tu kənfiu'z mæ'tərz]
barca *f* boat [bot], barge [bardch]; **— de trasbordo** ferry [fe'ri]
barcada *f* boatload [bot'lod]
barcaje *m* fare [fer]
barcaza *f* barge [bardch], lighter [lai'tər]
barco *m* boat [bot], ship [ship]; **— de guerra** warship [uɔr'ship]
barda *f* horse armor [jɔrs ar'mər]; thatch [thæch]; reed [riid]
bardal *m* mud wall [mʌd uɔl]
bardar *v* to cover with straw [tu kʌ'vər uith strɔ]
bardo *m* bard [bard], poet [po'ət]

bario *m* barium [bæ'riəm]
barítono *m* baritone [bæ'riton]
barjuleta *f* knapsack [næp'sæk]
barlovento *m* windward [uind'uərd]
barnacla *f* barnacle [bar'nəkəl]
barniz *m* varnish [var'nish]
barnizar *v* to varnish [tu var'nish]
barómetro *m* barometer [bara'mətər]
barón *m* baron [bæ'rən]
baronera *f* baroness [bæ'rənəs]
barquear *v* to cross in a boat [tu krɔs in ə bot]
barquero *m* boatman [bot'mən]
barquillero *m* wafer baker [uei'fər bei'kər]
barquillo *m* cone-shaped wafer [kon-sheipəd uei'fər]
barquín *m* large bellows [lardch be'loz]
barquinazo *m* tumble [tʌm'bəl]; thud [thʌd]; fall [fɔl]
barra *f* crowbar [kro'bar], lever [lii'vər], ingot of metal [in'guət ʌv me'təl]; rock [rak], sand bank [sænd'bænk]; bar [bar]
barrabasada *f* trick [trik]; trap [træp]; plot [plat]
barraca *f* cabin [kæ'bin]; hut [jʌt]; tent [tent]; shed [shed]
barranca *f* cliff [klif], gorge [gɔr'dch]
barranco *m* ravine [rəviin'], gorge [gɔrdch]; obstacle [ab'stəkəl]
barrancoso *adj* full of precipices [fʌl ʌv pre'səpəsəz]; difficult [də'fəkʌlt]
barrar *v* to barricade [tu bæ'rəkeid]; to fortify [tu fɔr'tifai]; to smear [tu smiir]
barrear *v* to bar [tu bar]
barredero *adj* dragging [dræ'guiŋ]; sweeping [suii'piŋ]; *m* (baker's) mop [bei'kərz, map]
barredor *m* sweeper [suii pər]; **—a eléctrica** vacuum cleaner [væ'kium klii'nər]; **— de alfombra** carpet sweeper [kar'pət suii'pər]
barreduras *f* sweepings [suii'piŋz]; remains [rimeinz']; residue [re'zidiu]
barreminas *m* (*milit*) mine sweeper [main suii'pər]
barrena *f* borer [bɔ'rər], gimlet [guim'lət]
barrenar *v* to bore [tu bor]; **to frustrate** one's designs [tu frə'strəit uanz disain'z]
barrendero *m* sweeper [suii'pər]; dustman [dʌst'mən]
barreno *m* large borer [lardch bɔ'rər]
barreño *m* earthen pan [ər'thən pæn]; tub [tʌb]
barrer *v* to sweep [tu suiip]; **to carry off** [tu kæ'ri of]
barrera *f* clay pit [klei pit]; bar [bar]; barrier [bæ'riər], turnpike [tərn'paik]; **— antiaérea** flak [flæk]
barrero *m* potter [pa'tər], clay pit [klei pit]
barretear *v* to bar [tu bar]
barretero *m* wedge [uedch], pick [pik]
barriada *f* precinct [pri'siŋkt]; quarter, ward of a city [kuɔr'ter, uɔrd ʌv ə si'ti]
barrica *f* keg [keguə]; hogshead [jɔgs'jed]
barricada *f* barricade [bæ'rikeid]
barrido *m* sweep [suiip]
barriga *f* abdomen [æb'dəmən], belly [be'li]; pregnancy [preg'nənsi]
barrigón *m* (*Cuba*) small child [smɔl chaild]
barril *m* barrel [bæ'rəl], cask [kæsk], jug [dchʌguə]
barrilamen *m* number of barrels [nʌm'bər ʌv bæ'rəlz], barrel stock [... stak]
barrilete *m* (*náut*) mouse [maus]; keg [ke'guə]; clamp [klæmp]
barrilla *f* saltwort [sɔlt'uərt]
barrio *m* district, section of a town [di'strikt, sek'shən ʌv ə taun], quarter [kuɔr'tər], ward [uɔrd]; **—s bajos** slums [slʌmz]
barrizal *m* clay pit [klei pit]
barro *m* clay [klei], mud [mʌd], **vajilla de —** earthenware [ər'thənuer]; terra cotta [te'rə ka'tə]; baked clay [beikd klei]
barroco *m* baroque [bərok']
barroso *adj* muddy [mʌ'di]; reddish [re'dish]; pimpled [pim'pəld]
barrote *m* ironwork of doors [airn'wərk ʌv doorz]; ledge of timber [ledch ʌv tim'bər]
barruntador *m* conjecturer [kəndchek'dchərər]
barruntamiento *m* conjecturing [kəndchek'dchəriŋ]; foreboding [fɔrbo'diŋ]
barruntar *v* to foresee [tu fɔrsii']; to conjecture [tu kəndchek'dchər]; to suspect [tu sʌspekt']
barrunto *m* conjecture [kəndchek'dchər]; foreboding [fɔrbo'diŋ]
bártulos *m* household goods [jaus'jold guədz]; tools [tulz]
barzón *m* stroll [strol]
barzonear *v* to stroll [tu strol]; to loiter about [tu lɔi'tər əbaut']
basa *f* basis [bei'sis], base [beis]; pedestal [pe'dəstəl]

basada *f* crane [krein], derrick [də'rik]
basado *adj* based [beisd]
basalto *m* basalt [bəsɔlt']; rock [rak]
basamento *m* pedestal [pe'dəstəl]; base of a column [beis ʌv ə ka'ləm]
basar *v* to base [tu beis]; to found [tu faund]; to fix [tu fix]
basca *f* squeamishness [skuii'mishnəs], nausea [nɔ'shə]
báscula *f* platform scale [plæt'fɔrm skeil]
base *f* base [beis]; basis [bei'sis]
básico *adj* basic [bei'sik], fundamental [fʌndəmen'təl]; important [impɔr'tənt]
basílica *f* basilica [bəzi'likə]
basilisco *m* basilisk [bæ'silisk]
basketbol *m* basketball [bæ'skətbəl]
basketbolista *m* basketball player [bæ'skətbɔl plei'ər]
basquear *v* to be squeamish [tu bii skuii'mish]
basquiña *f* petticoat [pe'tikot]; slip [slip]
basta *f* basting [bei'stiŋ]; *interj* **¡— ahora!** enough now! [ənʌf' nau]
bastante *adj* sufficient [sʌfi'shənt], quite [kuait], adequate [æd'əkuət]; **— bien** quite good [kuait guəd]; *adv* enough [ənʌf'], moderately [ma'dərətli]
bastar *v* to suffice [tu səfais'], be enough [bii ənʌf']
bastardear *v* to degenerate [tu didche'nəreit]
bastardía *f* bastardy [bæ'stərdi]; meanness [mii'nəs]
bastardilla *f* italics [itæ'liks]
bastardo *adj, m* bastard [bæ'stərd], spurious [spiu'riəs]
bastear *v* to stitch loosely [tu stich lus'li]
bastero *m* maker of pack saddles [mei'kər ʌv pack sæ'dəls]
bastidor *m* frame [freim], embroidery frame [embrɔi'dəri ...], trestle [tre'səl], panel [pæ'nəl]; **—es** stage scenery [steidch see'nəri], wings [uiŋz]; **detrás de —es** back stage [back steidch]; **— de ventana** window sash [win'do sæsh]; **— de pintor** easel [ii'zəl]
bastilla *f* hem [jem], seam [siim]
bastimentar *v* to supply with provisions [tu sʌp'lai uith prəvi'zhənz]
bastimento *m* supply of provisions [sʌp'lai ʌv prəvi'zhənz]; vessel [ve'səl]
bastión *m* bastion [bæ'stiən]
basto *adj* coarse [kors], rough [rʌf]; *m* packsaddle [pæk'sæd'əl]
bastón *m* cane [kein], stick [stik]
bastoncillo *m* small cane [smɔl kein]; narrow lace [næ'ro leis]
bastonear *v* to beat with a cane [tu biit uith ə kein]
bastonero *m* cane maker [kein mei'kər]
basura *f* sweepings [suii'piŋz], refuse [re'fius], garbage [gar'bədch]; **es una —** it is trash [it iz træsh]
basurero *m* dustpan [dʌst'pæn]; sweeper [suii'pər]; dunghill [dʌŋ'jil]
basurita *f* (*Cuba*) gratuity [grətu'iti], a tip [ə tip]
bata *f* dressing gown [dre'siŋ gaun] **— de casa** house robe [jaus rob], smock [smak]
batacazo *m* noise [nɔiz]; failure [fei'liər]
batahola *f* noise [nɔiz]; racket [ræ'kət]
batalla *f* battle [bæ'təl], combat [kam'bæt]; agitation of the mind [ædchətei'shən ʌv dhə maind]; **— campal** pitched battle [picht bæ'təl]; **orden de — bat**tle array [... ərei']
batallador *adj* warlike [uɔr'laik], battling [bæ'tliŋ]; *m* combatant [kəmbæ'tənt], warrior [uɔ'riər]
batallar *v* to fight [tu fait]; to fence with foils [tu fens uith fɔilz]; to dispute [tu dispiut']
batallón *m* battalion [bətæ'liən]
batanar *v* to full (cloth) [tu fuəl, kloth]
batanear *v* to beat [tu biit]; to handle roughly [tu jæn'dəl rʌ'fli]
batanero *m* cloth fuller [klɔth fuə'lər]
batata *f* sweet potato [suiit pətei'to]
batea *f* washtub [uash'tʌb]; washing trough [ua'shiŋ trɔf]
batear *v* to bat [tu bæt]
batel *m* small boat [smɔl bot]
bateo *m* baptism [bæp'tizm]
batería *f* battery [bæ'təri]; **— cargada** charged battery [char'dchəd ...]; **— de acumuladores** storage battery [stɔ'rədch ...]; **— de cocina** kitchen utensils [kit'chən iuten'səlz]; **— descargada** discharged battery [dischar'dchəd ...]; **— de teatro** stage lights [steidch laitz]
batero *m* ladies tailor [lei'diiz tei'lər]; dressmaker [dres'meiker]
batida *f* hunting party [jʌn'tiŋ pa'rti]
batidera *f* beater [bii'tər]
batido *adj* variegated [ve'riəgueitəd]; beaten [bii'tən]; *m* batter [bæ'tər]
batidor *m* beater [bii'tər]; ranger [rein'dchər]
batiente *m* post of a door [post ʌv ə dɔr]
batihojo *m* gold beater [gold bii'tər]; maker of sheet metal [mei'kər ʌv shiit me'təl]; warp of cloth [uɔrp ʌv klɔth]

batín *m* smoking jacket [smo'kiŋ dchæ'kət]
batir *v* to beat [tu biit]; to clash [tu klæsh]; to demolish [tu dima'lish]; to strike [tu straik]; **— banderas** to salute with colors [tu səlut' uith kʌ'lərz]; **— palmas** to clap hands [tu klæp jændz]; **—se a muerte** to fight to the death [tu fait tu dhə deth]
batista *f* batiste [bətii'st]
bato *m* simpleton [sim'pəltən]
batón *m* large, loose gown [lardch, lus gaun]; robe [rob]
baturrillo *m* hodgepodge [jadch'padch]; medley [me'dli]
batuta *f* (*mús*) baton [bətan']; **llevar la —** to lead [tu liid]; to preside [tu prizaid']
baúl *m* trunk [trʌŋk]; **— ropero** wardrobe trunk [uɔrd'rob trʌŋk]
bausán *m* fool [ful], idiot [i'diət]
bautismal *adj* baptismal [bæpti'zməl]
bautismo *m* baptism [bæp'tizm]
bautisterio *m* baptistery [bæp'tistri]
bautizar *v* to baptize [tu bæp'taiz]
bautizo *m* baptism [bæp'tizm], christening [kris'əniŋ]
baya *f* berry [bə'ri]
bayetón *m* cloth for making coats [klɔth fɔr mei'kiŋ kotz]
bayo *adj* bay [bei]; brownish [brau'nish]
bayoneta *f* bayonet [bei'net]
bayonetazo *m* thrust with a bayonet [thrʌst uith ə bei'net]; bayonet blow [... blo]
baza *f* card trick [kard trik]
bazar *m* bazaar [bəzar']; department store [dipart'mənt stɔr]
bazo *m* spleen [spliin]
bazofia *f* refuse [re'fius], swill [suil], garbage [gar'bədch]
bazucar *v* to stir by shaking [tu stər bai shei'kiŋ]; to shake [tu sheik]
beatería *f* bigotry [bi'guətri]
beaterio *m* house of pious women [haus ʌv pai'əs uu'mən]
beatificación *f* beatification [biætəfəkei'shən], sanctity [sæn'ktəti]
beatificar *v* to beatify [tu biæ'təfai]; to hallow [tu jæ'lo], sanctify [sæn'ktəfai]
beatilla *f* fine linen [fain li'nən]
beatísimo *adj* most holy [most jo'li]
beatitud *f* beatitude [biæ'titiud], blessedness [ble'sədnəs]
beato *adj* happy [jæ'pi]; blessed [ble'səd]; *m* pious person [pai'əs pər'sən]
bebedero *m* drinking trough [drink'iŋ trɔf]; birdbath [bərd'bæth]
bebedizo *adj* drinkable [drink'əbəl]
bebedizo *m* love potion [lʌv po'shən]; poisonous drink [pɔi'zənəs drink]
bebedor *m* drunkard [drʌnk'ərd]
beber *v* to drink [tu drink]
bebible *adj* drinkable [drink'əbəl]; pleasant to drink [ple'zənt tu drink]
bebida *f* drink [drink]; **— alcohólica** intoxicant [inta'xəkənt]; liquor [li'kər]
bebistrajo *m* bad drink [bæd drink]
beborrotear *v* to sip often [tu sip ɔ'fən]
beca *f* fellowship [fe'loship]; allowance [elau'əns]; scholarship [ska'lərship]; (academ) sash [sæsh]; **—s** *pl* strips of velvet[strips ʌv vəl'vət]
becada *f* (*ornit*) woodcock [uud'kak]
becardón *m* snipe [snaip]
becerra *f* female calf [fii'meil kæf]; snapdragon [snæp'drægən]
becerril *adj* pertaining to a calf [pərtei'niŋ tu ə kæf]
becerrillo *m* calf [kæf]
becerro *m* yearling calf [yiir'liŋ kæf]; calfskin [kæf'skin]
bedel *m* beadle [bii'dəl]; warden [uɔr'dən]; janitor [dchæ'nitər]
bedelía *f* beadleship [bii'dəlship], wardenship [uɔr'dənship]
beduino *m* uncivil man [ʌnsi'vəl mæn]
befa *f* jeer [dchiir], scoff [skɔf], mock [mak], jest [dchest]
befar *v* to mock [tu mak], ridicule [ri'dəkiul], make fun of [meik fʌn ʌv]
befo *adj* blubber-lipped [blʌ'bər-li'pəd]
behaviorismo *m* behaviorism [bijei'viərizm]
bejucal *m* reed bank [riid bænk]
bejuco *m* tropical plant [trap'ikəl plænt], liana [liə'nə]
bejuquillo *m* small gold chain [smɔl gold chein]; small reed [smɔl riid]
beldad *f* beauty [biu'ti]
bélico *adj* warlike [uɔr'laik], martial [mar'shəl]
belicoso *adj* martial [mar'shəl], aggressive [əgre'siv]
beligerancia *f* belligerency [bəli'dchərənsi]
beligerante *m* belligerent [bəli'dchərənt]
belitre *adj* vile [vail], mean [miin]
bellacada *f* deceit [diisiit]
bellacamente *adv* knavishly [nei'vishli]
bellaco *adj* cunning [kʌ'niŋ]; *m* knave [neiv]

bellaquear *v* to cheat [tu chiit]
bellaquería *f* knavery [nei'vəri], roguery [ro'guəri]; slyness [slai'nəs]
belleza *f* beauty [biu'ti]
bello *adj* beautiful [biu'tifəl], handsome [jæn'dzəm], fair [fer]; **las —as artes** the fine arts [dhə fain artz]
bellota *f* acorn [ei'kɔrn]; bottle of perfume [ba'təl ʌv pər'fium]
bellote *m* large nail [lardch neil]
bellotear *v* to feed on acorns [tu fiid an ei'kɔrnz]
bemol *m* flat [flæt]
bencina *f* benzine [benziin']
bendecir *v* to bless [tu bles]; to praise [tu preiz], exalt [exɔ'lt]
bendición *f* blessing [ble'siŋ]; benediction [benədik'shən]
bendito *adj* saintly [sein'tli]; **dormir como un —** to sleep like a log [tu sliip laik ə la'guə]
benedictino *m* Benedictine [benədik'tin]
benefactor *m* benefactor [benəfæk'tər]
beneficencia *f* beneficence [bəne'fəsens], charity [chæ'rəti]
beneficiado *m* receiver of benefice [risii'vər ʌv be'nəfis]; beneficiary [benəfi'shieri]
beneficiar *v* to benefit [tu be'nəfit]; **—se con** to profit by [tu pra'fət bai]
beneficiario *m* beneficiary [benəfi'shieri]
beneficio *m* benefit [be'nəfit], favor [fei'vər], kindness [kaind'nəs]
benéfico *adj* beneficial [benəfi'shəl]
benemérito *adj* worthy [uər'thi]
benevolencia *f* benevolence [bəne'vələns], kindness [kaind'nəs], charity [chæ'rəti]
benévolo *adj* benevolent [bəne'vələnt], favorable [fei'vərəbəl], kind [kaind]
benigno *adj* kind [kaind], mild [maild]
benzol *m* benzol [ben'zɔl]
beodez *f* intoxication [intaxəkei'shən]
beodo *adj* drunk [drʌnk], drunken [drʌn'kən]
bérbero *m* barberry [bar'beri]
bercería *f* orchard [ɔr'chərd]; vegetable garden [ve'dchtəbəl gar'dən]
bercero *m* green grocer [griin gro'sər]
berenjena *f* eggplant [eguə'plænt]
berenjenal *m* eggplant garden [eguə'plænt gar'dən]; (*Am*) **se metió en un —** he is in a mess [jii iz in ə mes]; **es un —** it's a mess [itz ə ...]
bergamote *m* bergamot tree [bər'guəmat trii]
bergante *m* villain [vi'lən], ruffian [rʌ'fiən]
bergantín *m* brigantine [bri'guəntiin]; bug [bʌg]
berlina *f* berlin, carriage [bərlin', kæ'ridch]
berlinés *m* of Berlin [ʌv bərlin']
bermejizo *adj* reddish [re'dish]
bermejo *adj* reddish [re'dish], crimson [krim'sən], red [red]
bermejura *f* reddishness [re'dishnəs]
bermellón *m* vermilion [vermi'liən], very red [ve'ri red]
berrear *v* to scream [tu skriim]; to bellow [tu be'lo]
berrido *m* scream [skriim]; bellowing [be'loiŋ]
berrín *m* irascible person [iræ'səbəl pər'sən]
berrinche *m* anger [æn'guər], fit [fit]; bad humor [bæd jiu'mər]
berrizal *m* place full of watercress [pleis fʌl ʌv uɔ'tər kres]
berroguño *adj* granite [græ'nət]; **piedra —ña** very hard granite [ve'ri jard ...]
berza *f* cabbage [kæ'bədch]
besamanos *m* reception [riise'pshən]
besar *v* to kiss [tu kis]; **—se** to kiss one another [tu kis uan ənʌ'thər]
beso *m* kiss [kis]
bestia *f* beast [biist], animal [æ'nəməl]; dunce [dʌns], idiot [i'diət]
bestiaje *m* herd of beasts [jərd ʌv biistz]
bestial *adj* bestial [bes'tiəl], brutal [bru'təl]
bestialidad *f* bestiality [beschæ'ləti]
besugo *m* sea bream [sii briim]
besuquear *v* to keep on kissing [tu kiip an ki'siŋ]; to neck [tu nek]
besuqueo *m* kissing [ki'siŋ]
betabel *f* beet [biit]
betarraga *f* beet [biit]
betún *m* shoe polish [shu pa'lish]
bey *m* bey [bei], Turkish honorary title [tər'kish a'nəreri tai'təl]
bezo *m* blubber lip [blʌ'bər lip]
biazas *f, pl* leather saddlebags [le'dhər sæd'əlbægz]
biberón *m* nursing bottle [nər'siŋ ba'təl], nipple [ni'pəl]
Biblia *f* Bible [bai'bəl]
bíblico *adj* Biblical [bi'blikəl]
bibliófilo *m* book lover [buək lʌvər], bibliophile [bi'bliofail]
bibliografía *f* bibliography [biblia'grəfi]
bibliográfico *adj* bibliographical [bibliəgræ'fikəl]

bibliógrafo *m* bibliographer [biblia'grəfər]
bibliomanía *f* bibliomania [bibliomei'niə]
bibliómano *adj* bibliomaniac [bibliomei'niæk]
biblioteca *f* library [lai'breri]
bibliotecario *m* librarian [laibre'riən]
bicarbonato *m* bicarbonate [baikar'bənit]; **— de soda** baking soda [bei'kiŋ so'də]
bíceps *m* biceps [bai'seps]
bicicleta *f* bicycle [bai'sikəl], (*col*) bike [baik]; **montar en —** to ride a bicycle [tu raid ə bai'sikəl]
bicloruro *m* bichloride [baiklɔ'raid]
bicoca *f* small fort [smɔl fɔrt]; trifle [traifəl]
bicúspide *adj* bicuspid [baikʌ'spid]
bicho *m* insect [in'sekt]
biela *f* connecting rod [kəne'ktiŋ rad]
bielda *f* pitchfork [pich'fɔrk]
bieldar *v* to winnow grain [tu ui'no grein]
bieldo *m* winnowing fork [ui'noiŋ fɔrk]
bien *m* good [guəd]; **—es** *pl* property [pra'pərti]; wealth [uelth]; *adv* well [uel], right [rait], fine [fain]; **está —** fine [...], O.K. [okei]; **estoy —** I am fine [ai æm ...], I feel well [ai fiil ...]
bienal *adj* biennial [baie'niəl]
bienandante *adj* happy [jæ'pi], fortunate [fɔr'chənət]
bienandanza *f* prosperity [praspe'rəti], success [sʌkses']
bienaventurado *adj* blessed [ble'səd], happy [jæ'pi], simple [sim'pəl]
bienaventuranza *f* beatitude [biæ'titiud]
bienestar *m* well-being [uel-biiŋ], welfare [uel'fær], comfort [kʌm'fərt]
bienhablado *adj* well-said [uel-sed]
bienhadado *adj* lucky [lʌ'ki], happy [jæ'pi]
bienhecho *adj* well-done [uel-dʌn]; well-formed [uel'fɔrmd]
bienhechor *adj* humane [jiumein']; *m* benefactor [bənəfæk'tər]
bienquerencia *f* good will [guəd uil], affection [əfe'kshən]
bienquerer *v* to hold in esteem [tu jold in əstiim']; to like [tu laik]
bienquistar *v* to reconcile [tu re'kənsail]
bienvenida *f* welcome [uel'kəm]
bienvivir *v* to live in comfort [tu liv in kam'fɔrt]; to live honestly [tu liv an'əstli]; to live well [tu liv uel]
bifocal *adj* bifocal [baifo'kəl]
bifurcación *f* junction [dchʌnk'shən]; crossroad [krɔs'rod]
bigamia *f* bigamy [bi'guəmi]
bígamo *m* bigamist [bi'guəmist]
bigardía *f* dissoluteness [disəlut'nəs]; trick [trik]
bigardo *m* bum [bʌm], tramp [træmp]
bigornia *f* anvil [æn'vil]
bigote *m* mustache [mʌ'stæsh]; dash rule [dæsh rul]; **tener —s** to be severe [tu bii siviir']
bilateral *adj* bilateral [bailæt'ərəl]
bilingüe *adj* bilingual [bailiŋ'güəl]
bilioso *adj* bilious [bi'liəz]
bilis *f* bile [bail]; gall [gɔl]
billar *m* billiards [bi'liərdz]
billarista *m, f* billiard player [bi'liərd plei'ər]
billete *m* ticket [ti'kət], label [lei'bəl], note [not], short letter [shɔrt le'tər]; banknote bill [bænk'not bil]; **— de ida y vuelta** round trip ticket [raund trip ti'kət]
billetera *f* billfold [bilfold]
billón *m* billion [bil'iən]
billonario *m* billionaire [bil'iənær]; rich man [rich mæn]
bimestral *adj* bimonthly [baimʌnth'li]
bimetalismo *m* bimetalism [baime'təlizm]
bimotor *adj* two-motored [tu-mo'tərd]; *m* twinmotor plane (or engine) [tuin mo'tər plein, ɔr en'dchən]
binario *adj* binary [bai'nəri]
binazón *f* plowing a second time [plau'iŋ ə se'kənd taim]
binóculo *m* opera glasses [a'pərə glæ'səz], binoculars [baina'kiulərz]
biofísica *f* biophysics [baiofi'siks]
binomio *adj* binomial [baino'miəl]
biogénesis *f* biogenesis [baiodche'nəsis]
biografía *f* biography [baia'grəfi]
biógrafo *m* biographer [baia'grəfər]
biología *f* biology [baia'lədchi]
biombo *m* screen [skriin]
bioquímica *f* biochemistry [baioke'mistri]
bióxide *m* dioxide [daiax'aid]
bipartido *adj* bipartite [baipar'tait]
biplano *m* biplane [bai'plein]
birimbao *m* jew's harp [dchuz jarp]
birla *f* bowling pin [bo'liŋ pin]
birlocha *f* paper kite [pei'pər kait]
birreta *f* cardinal's red cap [kar'dinəlz red kæp], biretta [bire'tə]

bisabuela *f* great-grandmother [greit græn'mʌdhər]
bisabuelo *m* great-grandfather [greit græn'fadhər]
bisagra *f* hinge [jindch]; polisher [pa'li-shər]
bisecar *v* to bisect [tu bai'sekt]
bisección *f* bisection [baisek'shən]
bisectriz *f* bisector [bai'sektər]
bisel *m* bevel [be'vəl]
biselar *v* to bevel [tu be'vəl]
bisemanal *adj* semi-weekly [se'mai-uii'kli]
bisiesto *adj* bissextile [bisex'til]; **año —** leap year [liip yiir]
bismuto *m* bismuth [biz'məth]
bisojo *adj* squint-eyed [skuint-aid']; cross-eyed [krɔs-aid']
bisonte *m* bison [bai'sən]
bisoño *adj* raw [rɔ]; tyro [tairo], inexperienced [inexspii'riənsəd]
bistec *m* beefsteak [biif'steik]
bisulfato *m* bisulphate [baisʌl'feit]
bisutería *f* cheap jewelry [chiip dchuəl'-ri]
bitor *m* rail [reil]
bituminoso *adj* bituminous [baitu'minəs]
bivalvo *adj* bivalve [bai'vælv]
bizarramente *adj* courageously [kərei'-dchəsli]; gallantly [gæ'ləntli]
bizarría *f* gallantry [gæl'entri]; valor [væ'lər]; generosity [dchenəra'siti]
bizarro *adj* gallant [gæ'lənt]; generous [dche'nərəs]; courageous [kɔre'dchəs]
bizco *adj* squint-eyed [skuint-aid'], cross-eyed [krɔs-aid']
bizcocho *m* biscuit [bis'kət]: cookie [kuə'ki]
biznieto *m* great-grandson [greit græn'-sən]
bizquear *v* to squint [tu skuint]
blanco *adj* white [juait]; *m* blank [blænk]; blank application [... æpli-kei'shən]
blancura *f* whiteness [juait'nəs]; hoariness [jɔ'rinəs]
blancuzco *adj* whitish [juai'tish]
blandear *v* to soften [tu sɔ'fən]; to make smooth [tu meik smuth]; to yield [tu yiild]; **—se** to sway [tu suei]
blandir *v* to flourish [tu flʌ'rəsh]; **—se** to quiver [tu kui'vər]
blando *adj* soft [sɔft]; bland [blænd]; smooth [smuth]; mellow [me'lo]
blandón *m* wax taper [uæx tei'pər]; candlestick [kæn'dəlstik]
blanducho *adj* flabby [flæ'bi], loose [lus]
blandura *f* softness [sɔft'nəs]; smoothness [smuth'nəs]; blandness [blænd'-nəs]; gentleness [dchen'təlnəs]
blanqueadura *f* bleaching [blii'chiŋ]
blanquear *v* to bleach [tu bliich]; to whiten [tu juai'tən], become white [biikʌm' juait]
blanquecer *v to* whiten [tu juai'tən], make white [meik juait]
blanquecino *adj* whitish [juai'tish]
blanqueo *m* whitening [juai'təniŋ], whitewash [juait'uash]; bleaching [blii'chiŋ]
blanquete *m* whitening cosmetic [juai'-təniŋ kazme'tik]
blanquimiento *m* bleaching liquid [blii'-chiŋ li'kuid]
blasfemador *m* blasphemer [blæsfii'-mər]
blasfemar *v* to blaspheme [blæsfiim'], curse [kərs]
blasfemia *f* blasphemy [blæ'sfəmi], curse [kərs]; oath [oth]
blasfemo *adj* blasphemous [blæ'sfəməs]
blasón *m* heraldry [jæ'rəldri]; boast [bost]; honor [a'nər]; glory [glo'ri]
blasonador *m* boaster [bo'stər], braggart [bræ'guərt]
blasonar *v* to blazon [tu blei'zən]; to boast [tu bost], brag [brægua]
blindado *adj* armored [ar'mərd]; **carro —** armored car [... kar]; tank [tænk]; **camión —** armored truck [... trʌk]
blindaje *m* armoring [ar'məriŋ]; armor plating [ar'mər plei'tiŋ]
blindar *v* to armor [tu ar'mər], plate with armor [pleit uith ...]
bloc *m* block [blak]; (*Am*) political group [poli'tikəl grup]; paper pad [pei'pər pæd]
blondo *adj* light-haired [lait jæ'rəd], blond [bland], fair [fer]
bloque *m* block [blak]; (*Am*) tablet [tæ'blət], pad [pæd]
bloquear *v* to blockade [tu bla'keid]
bloqueo *m* blockade [bla'keid]
blusa *f* blouse [blaus]
boa *f* boa [bo'ə]
boato *m* ostentation [astentei'shən], pompous show [pam'pəs sho]
bobada *f* folly [fa'li], foolishness [fu'-lishnəs]
bobático *adj* silly [si'li]; stupid [stiu'-pid]
bobear *v* to fool around [tu ful araund']
bobería *f* folly [fa'li], foolishness [fu'-lishnəs]
bobina *f* bobbin [ba'bin]; spool [spul]

bobo *adj* foolish [fu'lish], stupid [stiu'pid]; *m* dunce [dʌns], fool [ful]
boca *f* mouth [mauth]; entrance [en'trəns]; river mouth [ri'vər mauth]
bocacalle *f* street intersection [striit intərsek'shən], crossing [krɔ'siŋ]
bocadillo *m* lunch [lʌnch], sandwich [sæn'duich]
bocado *m* morsel [mɔr'səl]; mouthful [mauth'fəl]
bocal *m* pitcher [pit'chər]; mouthpiece [mauth'piis]
bocamina *f* entrance to a mine [en'træns tu ə main]
bocanada *f* mouthful of liquid [mauth'fəl ʌv li'kuid]; puff [pʌf]; **— de gente** crowd [kraud]
bocatejas *f, pl* ridge tiles [ridch tailz]
boceto *m* sketch [skech]
bocina *f* bugle horn [biu'guəl jɔrn]; (*auto*) horn [jɔrn]
bocinar *v* to blow the horn [tu blo dhə jɔrn], honk [jɔnk]
bocinazo *m* honking [jɔn'kiŋ]
bocio *m* goiter [gɔi'tər]
bocón *m* braggart [bræ'guərt]
bocudo *adj* large-mouthed [lardch mau'thəd]
bochinche *m* tumult [tu'mʌlt]; confusion [kənfiu'zhən]
bochorno *m* sultry weather [sʌl'tri ue'dhər]; blush [blʌsh]; shame [sheim], embarrassment [embæ'rəsmənt]
bochornoso *adj* sultry [sʌl'tri], shameful [sheim'fəl], embarrassing [embæ'rəsiŋ]
boda *f* wedding [ue'diŋ]
bodega *f* wine cellar [uain se'lər]; warehouse [uer'jaus]; grocery store [gro'səri stɔr]
bodegón *m* cheap restaurant [chiip re'stərənt]; still-life painting [stil laif pein'tiŋ]
bodeguero *m* grocer [gro'sər]
bodoque *m* swelling [sue'liŋ]; stupid person [stiu'pid per'sən]; idiot [i'diət]
bodorrio *m* quiet wedding [kuai'ət ue'diŋ]
bodrio *m* hodgepodge [jadch'padch]
bofe *m* lung [lʌŋ]; **—s** lungs [...z]; **es un —** he is ugly [jii iz ʌ'gli]
bofetada *f* slap [slæp], blow [blo]
bofetón *m* box on the ear [bax an dhə iir]; big slap [biguə slæp]; blow on the face [blo an dhə feis]
boga *f* fashion [fæ'shən], vogue [voguə]; **es la —** it is the style [it iz dhə stail]
bogada *f* stroke [strok], paddle [pæ'dəl]
bogador *m* rower [ro'ər], paddler [pæ'dlər]
bogar *v* to row [tu ro], paddle [pæ'dəl]
bohío *m* Indian hut [in'diən jʌt]; hovel [jʌ'vəl], cabin [kæ'bin]
boicotear *v* to boycott [tu bɔi'kat]
boicoteo *m* boycott [bɔi'kat]
boina *f* beret [bərei'], cap [kæp]
bola *f* ball [bɔl]
boleta *f* ticket [ti'kət]
boletín *m* bulletin [bʌ'lətin]
boleto *m* ticket [ti'kət]; **— de ida y vuelta** round-trip ticket [raund' trip ...]
bolígrafo *m* ball point pen [bɔl pɔint pen]
bolo *m* stupid person [stiu'pid pər'sən]
bolsa *f* purse [pərs], money [mʌ'ni]; stock exchange [stak exdchei'ndch]
bolsilibro *m* pocket book [pa'kət buək]
bolsillo *m* pocket [pa'kət]; purse [pərs]; **libro de —** pocket book [... buək]
bomba *f* pump [pʌmp]; bomb [bam], **— atómica** atomic bomb [əta'mik ...]; **refugio a prueba de —s** air raid shelter [er reid shel'tər]
bombardear *v* to bomb [tu bam]
bombardeo *m* bombardment [bambard'mənt]
bombero *m* fireman [fair'mən]
bonachón *m* good-natured person [guəd nei'chərəd pər'sən]; simpleton [sim'pəltən]
bonanza *f* calm weather [kalm ue'thər]; prosperity [praspe'riti]
bondad *f* goodness [guəd'nəs], kindness [kaind'nəs]
bondadoso *adj* kind [kaind], generous [dche'nərəs]
bonete *m* bonnet [ba'nət], cap [kæp]
bonificar *v* to grant bonus [tu grænt bo'nʌs]; to improve [tu impruv']
bonito *adj* pretty [pri'ti]
bono *m* bond [band]; **— del Tesoro** Treasury bond [tre'shəri ...]
boquear *v* to gasp [tu gæsp], die [dai]
boquete *m* gap [gæp], narrow entrance [næ'ro en'trens]
boquiabierto *adj* with open mouth [uidh o'pən mauth]; *m* silly person [si'li pər'sən]
boquirroto *adj* loquacious [lokuei'shəs]
bórax *m* borax [bo'ræx]
borceguí *m* buskin [bʌ'skin]; laced high shoe [leisəd jai shu]
bordado *m* embroidery [embrɔi'dəri]
bordaje *m* planks on a ship [plæn'kz an ə ship]

borde *m* border [bɔr'dər], edge [edch]
bordear *v* to hug the shore [tu jʌg dhə shor]
bordo *m* board [bɔrd]; **a —** on board [an bɔrd]
bordón *m* staff [stæf]
boreal *adj* boreal [bɔ'riəl], northern [nɔr'dhərn]
borla *f* tassel [tæ'səl], tuft [tʌft]
borra *f* yearling ewe [yiirliŋ iu]; floss silk [flɔs silk]; flock wool [flak uul]
borrachera *f* drunkenness [drʌŋk'ənəs]
borracho *adj* drunk [drʌŋk], intoxicated [intax'ikeitəd]; *m* drunkard [drʌŋ'-kərd]
borrador *m* draft of a document [dræft ʌv ə dak'iumənt]; eraser [iirei'sər]
borrajear *v* to scribble [tu skri'bəl]
borrar *v* to blot [tu blat], delete [dii-liit'], erase [əreis']
borrasca *f* storm [stɔrm], tempest [tem'-pəst]
borrascoso *adj* stormy [stɔr'mi]
borrego *m* simpleton [sim'pltən]
borrico *m* ass [æs]; fool [ful]
borrón *m* inkblot [ink'blat]; stain [stein]
borroso *adj* blotted [bla'təd]; obscure [abskiur']
boruca *f* noise [nɔiz]
bosque *m* woods [uudz], forest [fa'rəst]
bosquejar *v* to sketch [tu sketch]
bosquejo *m* sketch [sketch]; vague idea of a thing [veiguə aidii'ə ʌv ə thiŋ]
bostezar *v* to yawn [tu iɔn]; to gape [tu gueip]
bostezo *m* yawn [iɔn]
bota *f* boot [but]; leather winebag [le'-dhər uain'bæguə]
botadura *f* launching of a ship [lɔn'chiŋ ʌv ə ship]
botánica *f* botany [ba'təni]
botánico *adj* botanic [bətæ'nik]; *m* bota-nist [ba'tənist]
botar *v* to cast [tu kæst], throw [thro], launch [lɔnch]
bote *m* boat [bot]; thrust [thrʌst]
botella *f* bottle [ba'təl]
botica *f* drug store [drʌguə stɔr]; apo-thecary's shop [əpa'thəkæriz shap]
boticario *m* chemist [ke'mist]
botija *f* earthen jar [ərth'ən dchar]
botín *m* boot [but]; booty [bu'ti]
botiquín *m* medicine chest [me'dəsin chest]
boto *adj* blunt [blʌnt], dull [dʌl]; stupid [stiu'pid]
botón *m* button [bʌ'tən]; bud [bʌd]; sprout [spraut]
bóveda *f* arched roof [ar'chəd ruf]; vault [vɔlt]
bovino *adj* bovine [bo'vain]; belonging to cattle [bilɔŋ'iŋ tu kæ'təl]
boya *f* buoy [bɔi]
boyante *adj* buoyant [bɔi'iənt]; pros-perous [pras'pərəs]
boyero *m* ox-driver [ax-drai'vər]; ox-herd [ax-jərd]
boyol *m* muzzle [mʌ'zəl]
bozo *m* down [daun]; thin hair [thin jer]
bracero *m* day laborer [dei lei'bərər]
braga *f* breeches [brii'chəz]
bragazas *f, pl* wide breeches [uaid brii'-chəz]
bramante *adj* roaring [rɔ'riŋ]; *m* hemp twine [jemp tuain]; linen [li'nən]
bramar *v* to roar [tu rɔr]; to bellow [tu be'lo]; to groan [tu gron]
branquias *f, pl* gills [guilz]
brasa *f* live coal [laiv kol]
brasero *m* brazier [brei'zhiir]; fire-pan [fair'pæn]
braveta *f* boast [bost]; threat [thret]
braveza *f* bravery [brei'vəri], boldness [bold'nəs], courage [kə'rədch]
bravío *adj* bold [bold], savage [sæ'-vədch]
bravo *adj* brave [breiv], bold [bold], courageous [kərei'dchəs]; **¡bravo!** Bravo! [bra'vo]
braza *f* fathom [fæ'dhəm]
brazada *f* armful [arm'fəl]; embrace [embreis']
brazalete *m* bracelet [breis'lət]
brazo *m* arm [arm], branch of a tree [brænch ʌv ə trii]
brea *f* pitch [pitch], tar [tar]
brecha *f* breach [briich]; opening [o'-pəniŋ]
brega *f* struggle [strʌ'guəl]; race [reis]; contest [kan'test]
bregar *v* to struggle [tu strʌ'guəl], con-test [kəntest'], contend [kəntend']
breñal *m* place of brambles [pleis ʌv bræm'bəlz]
breva *f* early fig [ər'li figuə]; early acorn [ər'li ei'kɔrn]
breve *adj* brief [briif]; **en —** soon [sun], shortly [shɔr'tli]
brevedad *f* brevity [bre'viti], briefness [briif'nəs], conciseness [kansais'nəs]
brevemente *adv* briefly [brii'fli]
breviario *m* breviary [bri'viəri]
brezo *m* heath [jiith]; heather [je'dhər]

bribón *m* scoundrel [skaun'drəl], rascal [ræ'skəl]; vagrant [vei'grənt], hobo [jo'bo]
bribonear *v* to be a vagabond [tu bii ə væ'guəband], be a hobo [bii ə jo'bo]
brida *f* bridle [brai'dəl], rein [rein]
brigada *f* brigade [brigueid']
brigadier *m* brigadier [bri'guədiir']
brillante *adj* brilliant [bri'liənt], bright [brait]; *m* diamond [dai'mənd]
brillantez *f* brilliancy [bri'liənsi], brightness [brait'nəs]
brillar *v* to shine [tu shain], glitter [gli'tər]
brillo *m* shine [shain]; brilliancy [bri'liənsi], splendor [splen'dər]
brincar *v* to jump [tu dchʌmp], leap [liip]
brinco *m* jump [dchʌmp], bounce [bauns], leap [liip], hop [jap]
brindar *v* to toast [tu tost]; to offer [tu ɔ'fər]
brindis *m* toast [tost]; wish [uish]
brío *m* strength [streŋth]; fire [fair]; nerve [nərv]
brioso *adj* fiery [fai'ri], vigorous [vi'guərəs]
brisa *f* breeze [briiz], soft wind [sɔft uind]
británico *adj* British [bri'tish]
brizna *f* particle [par'tikəl], chip [chip], fragment [fræ'gmənt], bit [bit]
brocado *m* brocade [brokeid']
brocal *m* curbstone [kərbston]; curb [kərb]
brocha *f* painter's brush [pein'tərz brʌsh]
brochazo *m* brush stroke [brʌsh strok]
broche *m* clasp [klæsp]
broma *f* joke [dchok], jest [dchest]; **de (en) —** for fun [fɔr fʌn]
bromear *v* to jest [tu dchest]
bromista *m, f* jester [dche'stər]
bromo *m* bromine [bro'main]
bronca *f* argument [ar'guiumənt], quarrel [kuɔ'rəl]; rumpus [rʌm'pəs], noise [nɔiz]
bronce *m* bronze [branz], brass [bræs]
bronceado *adj* brazen [brei'zən], bronzed [bran'zd]; sun-tanned [sʌn'tænd]
broncear *v* to bronze [tu branz]
bronco *adj* hoarse [jɔrs]; rough [rʌf]
bronquial *adj* bronchial [bran'kiəl]
bronquitis *f* bronchitis [brankai'tis]
broquel *m* buckler [bʌk'lər]
brotar *v* to shoot [tu shut], sprout [spraut], bud [bʌd]
brote *m* bud [bʌd], shoot [shut]
broza *f* thicket [thik'ət]; trash [træsh]; idle talk [ai'dəl tɔk]
bruces : de — face downward [feis daun'uərd], down [daun]
bruja *f* witch [uitch], hag [jæguə], sorceress [sɔr'sərəs]; charmer [char'mər]
brujería *f* witchcraft [uitch'kræft], charm [charm]
brújula *f* mariner's compass [mæ'rinərz kam'pəs]
brulote *m* fireship [fair-ship]
bruma *f* mist [mist], fog [faguə], haze [jeiz]
brumoso *adj* misty [mi'sti], hazy [jei'zi]
bruñido *adj* polished [pa'lished]; *m* polih [pa'lish]
bruñir *v* to polish [tu pa'lish], shine [shain]
brusco *adj* rude [rud], rough [rʌf]
brutal *adj* brutal [bru'təl], cruel [kru'əl], savage [sæ'vədch]
brutalidad *f* brutality [brutæ'liti]
bruto *adj* brutal [bru'təl]; stupid [stiu'pid]; *m* brute [brut], beast [biist], ignorant person [ig'nərənt pər'sən]; idiot [i'diət]
bucanero *m* buccaneer [bʌkəniir']
bucear *v* to dive [tu daiv], plunge [plʌn'dch]
buceo *m* diving [dai'viŋ], plunge [plʌn'dch]
bucle *m* curl [kərl]; lock of hair [lak ʌv jer]
buenamente *adv* spontaneously [spantei'niəsli]; easily [ii'zəli]
buenaventura *f* good luck [guəd lʌk], fortune [fɔr'dchən]
bueno (a) *adj* good [guəd], fine [fain]; **buenos días** good morning [guəd mɔr'niŋ]
buey *m* ox [ax]
búfalo *m* buffalo [bʌ'fəlo]
bufanda *f* scarf [skarf], muffler [mʌf'lər]
bufar *v* to snort [tu snɔrt]
bufete *m* desk [desk]; writing table [rai'tiŋ tei'bəl]
bufido *m* snorting [snɔr'tiŋ]; noise [nɔiz]
bufo *adj* comical [ka'mikəl]; grotesque [grotesk']
bufón *m* buffoon [bəfun'], clown [klaun]
bufonear *v* to clown [tu klaun]
búho *m* owl [aul]
buhonero *m* hawker [jɔ'kər]; peddler [pe'dlər]

buitre *m* vulture [vʌl'chər]
buitrón *m* furnace [fər'nəs]
bujía *f* candle [kæn'dəl]; (*auto*) spark plug [spark plʌguə]
bula *f* papal bull [pei'pəl bʌl], seal [siil]
bulto *m* bulk [bʌlk], bundle [bʌn'del], bale [beil]; **de —** important [impɔr'-tənt]
bulla *f* noise [nɔiz]
bullicio *m* noise [nɔiz]
bullicioso *adj* noisy [noi'zi]; lively [lai'vli]
bullir *v* to boil [tu bɔil]; bustle [bʌ'səl]
buñolero *m* maker (seller) of buns [mei'ker, se'lər ʌv bʌnz]
buñuelo *m* bun [bʌn], doughnut [do'nʌt]
buque *m* ship [ship]; tonnage [ta'-nədch]; **— de guerra** warship [uɔr'-ship]; **— de vapor** steamer [stii'mər]
burbuja *f* bubble [bʌ'bəl]
burdel *m* brothel [brɔ'thəl]
burdo *adj* coarse [kɔrs]; rough [rʌf]
burilar *v* to engrave [tu engreiv']
burla *f* mockery [ma'kəri], scoff [skɔf]; jest [dchest]
burlador *m* jester [dche'stər]; joker [dcho'kər]
burlar *v* to make fun of [tu meik fʌn ʌv], mock [mak]; **—se de** to ridicule [tu ri'dikiul], make fun of [...]
burlesco *m* burlesque [bərlesk']
burlón *m* jester [dche'stər]; scoffer [skɔ'fər]
burro *m* jackass [dchæ'kæs], donkey [dan'ki]
busca *f* search [sərch]; **en — de** in search of [in ... ʌv]; **ganar las —s** to receive graft [tu risiiv' græft]
buscar *v* to look for [tu luk fɔr], seek [siik], search [sərch]
buscón *m* cheat [chiit]; thief [thiif]
busto *m* bust [bʌst], chest [chest]
butaca *f* armchair [arm'cher], easy chair [ii'zi cher]
buzo *m* diver [dai'vər]
buzón *m* mailbox [meil'bax]

C

cabal *adj* just [dchʌst]; complete [kəm-pliit']; exact [exækt']
cábala *f* cabal [kəbal']; intrigue [in-triiguə'], clique [kliik]
cabalgada *f* cavalcade [kæ'vəlkeid]
cabalgadura *f* riding horse [rai'diŋ hɔrs]; beast of burden [biist ʌv bər'-dən]
cabalgar *v* to go on horseback [tu go an jɔrs'bæk]; to parade while riding [tu pəreid' juail rai'diŋ]
caballa *f* horse mackerel [jɔrs mæ'kərəl]
caballejo *m* nag [nægua]
caballeresco *adj* chivalrous [shi'vəlrəs], knightly [nait'li]
caballería *f* cavalry [kæ'vəlri]; chivalry [shi'vəlri]; knighthood [nait'jud]
caballeriza *f* stable of horses [stei'bəl ʌv jɔr'səz]
caballerizo *m* stableman [stei'bəlmən]
caballero *m* gentleman [dchen'təlmən]; knight [nait]; **es un —** he is a fine man [jii iz ə fain mæn]; **Para —s** Men's Room [menz rum]
caballeroso *adj* generous [dche'nərʌs]; gentlemanlike [dchen'təlmən'laik]
caballete *m* painter's easel [pain'tərz ii'zəl]
caballo *f* horse [jɔrs]; **ir a —** to go on horseback [tu go an jɔrs'bæk]
cabaña *f* cabin [kæ'bən], hut [jʌt]
cabaret *m* cabaret [kæ'bərei]
cabecear *v* to nod [tu nad]
cabeceo *m* nod of the head [nad ʌv dhə jed]
cabecera *f* bolster [bol'stər]; pillow [pi'lo]
cabecilla *m* ringleader [riŋ'lii'dər]; party leader [par'ti ...]
cabellera *f* set of hair [set ʌv jer]
cabello *m* hair [jer]
cabelludo *adj* hairy [je'ri]
caber *v* to be contained in [tu bii kən-tein'əd in]; to fit [tu fit]; **no cabe más** no more room [no mɔr rum]
cabestro *m* halter [jɔl'tər]
cabeza *f* head [jed]; chief [chiif], leader [lii'dər]
cabezada *f* blow with the head [blo uidh dhə jed]; halter [jɔl'tər]
cabezón *m* stubborn [stʌ'bərn]
cabezudo *adj* hard-headed [jard'jedəd], stubborn [stʌ'bərn], obstinate [ab'-stinət]
cabida *f* content [kan'tent]; capacity [kəpæ'siti]
cabildo *m* chapter of a cathedral [chæ'-ptər ʌv ə kəthii'drəl]; council hall [kaun'sil jɔl]; town hall [taun jɔl]
cabizbajo *adj* crestfallen [krest'fɔ'lən]
cable *m* cable [kei'bəl]; **— metálico** wire cable [uair kei'bəl]; **— submarino** submarine cable [sʌbməriin' ...]
cablegrama *m* cablegram [kei'bəlgræm]
cabo *m* end [end]; handle [jæn'dəl]; corporal [kor'pərəl]; **llevar a —** to complete [tu kəmpliit']
cabra *f* goat [got]
cabrero *m* goatherd [got'jərd]
cabriola *f* caper [kei'pər]; leap [liip]
cabritilla *f* kid-skin [kid-skin]
cabrito *m* kid [kid]
cabrón *m* buck [bʌk], he-goat [ji'got]
cacahuete *m* peanut [pii'nʌt]
cacao *m* cocoa tree [ko'ko trii]
cacaotal *m* cocoa plantation [ko'ko plæn-tei'shən]
cacarear *v* to cackle [tu kæ'kəl]; to boast [tu bost]
cacareo *m* cackling [kæ'kliŋ]; boast [bost]
cacerola *f* saucepan [sɔs'pæn], frying pan [frai'iŋ pæn]
cacique *m* Indian chief [in'diən chiif]; (*Am*) tyrant [tai'rənt]; political boss [poli'tikəl bɔs]
caco *m* thief [thiif]; (*Am*) pickpocket [pik'pa'kət]
cacto *m* cactus [kæk'təs]
cacumen *m* acumen [əkiu'mən], talent [tæ'lənt]; insight [in'sait], wit [uit]
cacharro *m* earthen pot [ər'dhən pat]; (*Am*) cheap thing [chiip thiŋ]
cachaza *f* tardiness [tar'dinəs]; slowness [slo'nəs]; coolness [kul'nəs]
cachete *m* cheek [chiik]; slap [slæp]
cachetina *f* fight [fait]

cachorro *m* puppy [pʌ'pi]; cub [kʌb]
cachucha *f* bonnet [ba'nət]; (*Am*) slap [slæp]
cada *adj* each [iich]; every [e'vəri]; — **uno** each one [iich uan]
cadáver *m* corpse [kɔrps], body [ba'di]
cadavérico *adj* cadaverous [kədæ'vərəs]
cadena *f* chain [chein]
cadencia *f* cadence [kei'dəns]
cadera *f* hip [jip]
cadete *m* cadet [kə'det]
caducar *v* to dote [tu dot], lapse [læps]
caduco *adj* senile [sii'nail]; fallen [fɔ'lən]; decrepit [dikre'pit]; lapsed [læp'st]
caer *v* to fall [tu fɔl], fall off [fɔl ɔf]; **— en la cuenta** to catch on [tu kædch an]; **— bien** to fit [tu fit], suit fine [sut fain]; **ese muchacho me cae en gracia** that boy pleases me [thæt bɔi plii'zəz mii]
café *m* coffee [kɔ'fii]; coffeehouse [kɔ'fiijaus]
cafetal *m* coffee plantation [kɔ'fii plæntei'shən]
cafetería (*col*) *f* cafeteria [kæfəti'riə]
cafetero *m* coffee seller [kɔ'fii se'lər]
cafre *m* savage [sæ'vədch]
caída *f* fall [fɔl]; **— del sol** sunset [sʌn'set]
caimán *m* alligator [æ'ləguei'tər]
caimiento *m* decay [di'kei]; fall [fɔl]
caja *f* box [bax]; **— de ahorros** savings bank [sei'viŋz bænk]; **— del seguro** insurance company [inshu'rəns kam'pəni]; **— fuerte** (bank) vault [bænk, vɔlt]
cajero *m* cashier [kæshiir']; (bank) teller [bænk te'lər]
cajista *m* (*imprenta*) compositor [kəmpa'sətər]
cajón *m* chest [chest]; drawer [drɔ'ər]
cal *f* lime [laim]
calabacera *f* gourd plant [gord' plænt]
calabaza *f* pumpkin [pʌmp'kin]; gourd [gord]; **dar —s** to jilt [tu dchilt]; to flunk [tu flʌnk]
calabozo *m* dungeon [dʌn'dchən]
calado *m* drawn work [drɔn uərk]; draft [dræft]; open work in metal [o'pən uərk in me'təl]
calafatear *v* to caulk [tu kɔk]
calamar *m* squid [skuid]
calambre *f* cramp [kræmp]; contraction of muscles [kantræk'shən ʌv mʌsə'lz]
calamidad *f* calamity [kəlæ'miti]
calamina *f* calamine [kæ'ləmain]
calamita *f* lodestone [lod'ston]; magnet [mæguə'nət]; attraction [ətræk'shən]
calamitoso *adj* calamitous [kəlæ'mitəs]
calandria *f* lark [lark]
calar *v* to penetrate [tu penə'treit]; to wet through [tu uet thru]
calavera *f* skull [skʌl]; m madcap [mæd'kæp]
calcañar *m* heel [hiil]
calcar *v* to trace [tu treis]; to copy [tu ka'pi]
calce *m* tire [tair]; wedge [uedch]
calceta *f* stocking [sta'kiŋ], hose [joz]
calcetería *f* hosiery store [jo'shəri stɔr]
calcetín *m* sock [sak]
calcina *f* mortar [mɔr'tər], cement [səment']
calcinación *f* calcination [kælsinei'shən]
calcio *m* calcium [kæl'siəm]
calco *m* counter drawing [kaun'tər drɔ'iŋ]; tracing [trei'siŋ]
calcular *v* to calculate [tu kæl'kiuleit]; to estimate [tu e'stimeit]
cálculo *m* calculation [kælkiulei'shən], computation [kampiutei'shən]
caldear *v* to heat [tu jiit]; to weld [tu ueld]; (*Am*) **—se** to get excited [tu guet exai'təd]
caldera *f* boiler [bɔi'lər], kettle [ke'təl]
calderón *m* large kettle [lar'dch ke'təl]
caldo *m* broth [brɔth], gravy [grei'vi]
calefón *m* (*Arg*) water heater [wɔ'tər jii'tər]
calendario *m* calendar [kæ'ləndər], almanac [æl'mənæk]
caléndula *f* marigold [mæ'rigold]
calentador *m* heater [jii'tər]; water heater [wɔ'tər ...]
calentar *v* to warm [tu uɔrm], heat [jiit]; (*Am*) **—se** to get excited [tu guet exai'təd]
calentito *adj* nice and warm [nais ænd uɔrm]
calentura *f* fever [fii'vər]; bad temper [bæd tem'pər]
calenturiento *adj* feverish [fii'vərish]
calesa *f* Spanish chaise [spæ'nish sheiz]
caleta *f* inlet [in'lət]; bay [bei]
caletre *m* understanding [ʌndərstæn'diŋ]; wit [uit]
calibrar *v* to gauge [tu gueidch]; to measure [tu me'shər]
calibre *m* caliber [kæ'libər]; gauge [gueidch]; diameter [daia'mətər]
calidad *f* quality [kua'ləti]; condition [kəndi'shən]
cálido *adj* hot [jat], warm [uɔrm]

calientaplatos *m, s, & pl* hot plate [jat pleit]
caliente *adj* hot [jat], warm [uɔrm]
calientito *adj* nice and warm [nais ænd uɔrm]; cozy [ko'zi]
calificación *f* qualification [kualəfəkəi'shən]; (school) mark [skul, mark]
calificar *v* to qualify [tu kua'ləfai], authorize [ɔ'thəraiz]; to give a mark [tu guiv ə mark]
caligrafía *f* penmanship [pen'mənship]
calina *f* mist [mist], haze [jeiz]
cáliz *m* chalice [chæ'lis]
calma *f* calm [kam]; ease of mind [iiz ʌv maind]; dullness [dʌl'nəs]
calmante *adj* soothing [su'dhiŋ]; *m* sedative [se'dətiv]
calmar *v* to calm [tu kam], soothe [su'dh]; to appease [tu əpiiz']
calmoso *adj* tranquil [træn'kuil], calm [kam]
calofrío *m* shiver [shi'vər]; chill [chil]
calor *m* heat [jiit]; **hace —** it is hot [it iz jat]
calorífero *m* heater [jii'tər], radiator [redie'tər]
calumnia *f* calumny [kæ'ləmni], slander [slæn'dər]
calumniador *m* slanderer [slæn'dərər]
calumnioso *adj* slanderous [slæn'dərəs]
caluroso *adj* warm [uɔrm]; eager [ii'guər]; friendly [fren'dli]
calvario *m* cavalry [kæl'vəri]
calvicie *f* baldness [bɔld'nəs]
calvo *adj* bald [bɔld]
calza *f* stocking [sta'kiŋ]; wedge [uedch]; **—s** breeches [brii'chəz]
calzador *m* shoehorn [shu'jɔrn]
calzón *m* breeches [brii'chəz]; **—es** trousers [trau'zərz]
calzoncillos *m, pl* men's shorts [menz shɔrtz]
callado *adj* silent [sai'lənt]
callar(se) *v* to be silent [tu bii sai'lənt]; not to mention [nat tu men'shən]
calle *f* street [striit]
calleja *f* narrow street [næ'ro striit]; alley [æ'li]
callejón *m* narrow street [næ'ro striit]; **— sin salida** blind alley [blaind æ'li], dead end [ded end]
callo *m* foot corn [fuət kɔrn]
calloso *adj* callous [kæ'ləs]; hard [jard]
cama *f* bed [bed]; couch [kauch]; **guardar —** to be sick [tu bii sik]
camafeo *m* cameo [kæ'mio]
camaleón *m* chameleon [kəmii'liən]
cámara *f* hall [jɔl]; chamber [cheim'bər]; (*foto*) camera [kæ'mərə]; **— de la televisión** t.v. camera [ti vi ...]
camarada *m, f* comrade [kam'ræd]
camarera *f* waitress [uei'trəs]; maid [meid]
camarero *m* waiter [uei'tər]
camarilla *f* group [grup]; lobby [la'bi]
camarote *m* berth [bər'th]; cabin [kæ'bin]
camastrón *m* sly person [slai pər'sən]
cambiable *adj* exchangeable [exchein'dchəbəl]
cambiar *v* to change [tu cheindch], exchange [exchein'dch]
cambiavía *m* switch [suitch]
cambio *m* change [chein'dch]; rate of exchange [reit ʌv exchein'dch]
cambista *m* broker [bro'kər]; banker [bæn'kər]
camelia *f* camellia [kəmii'liə]
camello *m* camel [kæ'məl]
camilla *f* stretcher [stre'chər], cot [kat]
caminante *m, f* traveler [træ'vələr]; walker [uɔ'kər]
caminar *v* to go [tu go], walk [wɔk]
caminata *f* march [march], walk [wɔk]
camino *m* road [rod]; way [uei]; (*Am*) **— real** highway [jai'uei]
camión *m* truck [trʌk]; (*Méx*) bus [bʌs]
camioneta *f* station wagon [stei'shən uæ'guən]
camisa *f* shirt [shərt]
camiseta *f* undershirt [ʌn'dərshərt]
camisola *f* laced shirt [lei'səd shərt]; slip [slip]
camisón *m* long shirt [lɔŋ shərt]; nightgown [nait'gaun]; (*Am*) gown [gaun]
camorra *f* quarrel [kuɔ'rəl], dispute [dispiut']
camorrista *m, f* noisy person [nɔi'zi pər'sən]; quarrelsome person [kuɔr'əlsʌm pər'sən]
campamento *m* camp [kæmp]; encampment [enkæm'pəmənt]
campana *f* bell [bel]
campanada *f* stroke of a bell [strok ʌv ə ...], tolling [to'liŋ]
campanario *m* belfry [bel'fri]
campaneo *m* ringing of bells [riŋ'iŋ ʌv belz]
campanilla *f* small bell [smɔl bel], school bell [skul ...]
campanillazo *m* violent ringing [vai'ələnt riŋ'iŋ]
campaña *f* campaign [kæm'pein]; **— electoral** political campaign [poli'tikəl ...]; field [fiild]; plain [plein]

campar *v* to excel [tu exel']
campear *v* to pasture [tu pæs'chər], graze [greiz]
campechano *adj* frank [frænk]; liberal [lib'ərəl]; open [o'pən]
campeón *m* champion [chæm'piən]
campesino *adj* rural [ru'rəl]; *m* peasant [pe'zənt]
campestre *adj* rustic [rʌ'stik]
campiña *f* flat land [flæt lænd]; countryside [kʌn'trisaid]
campo *m* country [kʌn'tri], field [fiild]
camposanto *m* cemetery [se'məteri]
camuflaje *m* camouflage [kæ'mufladch]
can *m* dog [dɔguə]; trigger [tri'guər]
cana *f* gray hair [grei jer]
canal *m* channel [chæ'nəl]; canal [kənæl']; **— de la Mancha** English Channel [in'glish chæ'nəl]; (*Am*) **— de televisión** T.V. channel [tii vii ...]
canalete *m* paddle [pæ'dəl]; small oar [smɔl or]
canalón *m* gutter [gʌ'tər]; eaves [ii'vz]
canalla *f* rabble [ræ'bəl]; *m* scoundrel [skaun'drel]
canapé *m* couch [kauch]; sofa [so'fə]
canario *m* canary bird [kənæ'ri bərd]
canasta *f* basket [bæ'skət], hamper [jæm'pər]
canasto *m* large basket [lar'dch bæ'skət]
cancelación *f* cancellation [kænsəlei'shən]
cancelar *v* to cancel [tu kæn'səl], annul [ənʌl'], erase [ireis']
cáncer *m* cancer [kæn'sər]
canciller *m* chancellor [chæn'sələr]
canción *f* song [sɔŋ]
cancha *f* tennis court [te'nis kɔrt]
candado *m* padlock [pæd'lak]
candar *v* to lock [tu lak]
cande *m* candy [kæn'di], sugar candy [shu'guər ...]
candeal *adj* very white [very juait]; **trigo —** white wheat [juait juiit]
candela *f* candle [kæn'dəl]; fire [fair]
candelabro *m* candlestick [kæn'dəlstik]
candelero *m* candlestick [kæn'dəlstik]
candente *adj* incandescent [inkænde'sənt]; very hot [ve'ri jat]
candidato *m* candidate [kæn'dədeit]
candidatura *f* candidacy [kæn'didəsi]
candidez *f* candor [kæn'dər]
cándido *adj* candid [kæn'did]; simple [simpəl']; white [juait]
candil *m* lamp [læmp]; oil lamp [ɔil ...]
candor *m* candor [kæn'dɔr]
canela *f* cinnamon [si'nəmən]; **es una —** she is a "peach" [shii iz ə piich]
cangrejo *m* crabfish [kræb'fish]; (*Am*) idiot [i'diət]
canguro *m* kangaroo [kæn'guəru]
caníbal *m* cannibal [kæ'nəbəl]
canino *adj* canine [kei'nain]
canje *m* exchange [exchein'dch]
canjear *v* to exchange [tu exchein'dch]
cano *adj* gray-haired [grei-jeird]; hoary [jɔ'ri]
canoa *f* canoe [kənu']
canon *m* rule [rul]; precept [prii'sept]; canon [kæ'nən]
canónico *adj* canonical [kəna'nikəl]; *m* (*relig*) canon [kæ'nən]
canonización *f* canonization [kæ'nənizei'shən]
canonizar *v* to canonize [tu kæ'nənaiz]
canoro *m* musical [miu'zikəl]
cansado *adj* tired [tai'rəd]; **estoy — I** am tired [ai æm ...]
cansancio *adj* weariness [uiir'inəs]
cansar *v* to tire [tu tair]; **—se** to get tired [tu guet tai'rəd]
cantante *m, f* singer [siŋ'ər]
cantar *v* to sing [tu siŋ]
cántara *f* large pitcher [lar'dch pi'chər]
cántaro *m* pitcher [pi'chər]; **llueve a —s** it rains hard [it reinz jard]
cantatriz *f* (female) singer [fii'meil, siŋ'ər]
cantera *f* quarry [kua'ri]
cantero *m* stonecutter [ston'kʌtər]
cántico *m* canticle [kæn'təkəl]; song [sɔŋ]
cantidad *f* quantity [kuan'təti]; amount [əmaunt']
cantilena *f* monotony [məna'təni], singsong [siŋ'soŋ]
cantina *f* wine cellar [uain se'lər]; canteen [kæntiin']; bar [bar]
cantinero *m* canteen keeper [kæn'tiin kii'pər], bartender [bar'tendər]
canto *m* song [sɔŋ]; poem [po'əm]
cantón *m* corner [kɔr'nər]
cantor *m* singer [siŋ'ər]
caña *f* cane [kein]; reed [riid]; **— de azúcar** sugar cane [shu'guər kein]
cañada *f* glen [glen]; narrow valley [næ'ro væ'li]
cañamiel *f* sugar cane [shu'guər kein]
cañamón *m* hemp seed [jemp siid]
cañaveral *m* reed plantation [riid plæntei'shən]
cañería *f* water main [uɔ'tər mein]; pipe [paip]

cañiza *f* coarse linen [kɔrs li'nən]
caño *m* sewer [su'ər]; pipe [paip]; narrow channel [næ'ro chæ'nəl]
cañón *m* cannon [kæ'nən], gun [gʌn]; tube [tiub]; pipe [paip]
cañonazo *m* cannon shot [kæ'nən-shat]
cañonear *v* to bombard [tu bambard']
cañoneo *m* bombardment [bambard'-mənt], shelling [she'liŋ]
cañonero *adj* having guns on board [jæ'viŋ gʌnz an bɔrd]; *m* gunboat [gʌnbot]
caoba *f* mahogany [məja'guəni]
caos *m* chaos [kei'as]; confusion [kənfiu'shən], disorder [disɔr'dər]
caótico *adj* chaotic [kei-a'tik]
capa *f* cloak [klok], cape [keip]
capacidad *f* capacity [kəpæ'siti]
capataz *m* overseer [ovərsiir']; chief [chiif]
capaz *adj* capable [kei'pəbəl], able [ei'bəl]; roomy [ru'mi]
capellán *m* chaplain [chæ'plən]
caperuza *f* hood [juəd]
capilar *adj* capillary [kæ'pələri]
capilla *f* chapel [chæ'pəl]; hood [juəd]
capillo *m* cap for infants [kæp fɔr in'-fənts]
capitación *f* polltax [pol'tæx]
capital *adj* principal [prin'səpəl]; *m* (*dinero*) capital [kæ'pitəl]; fortune [fɔr'shən]; *f* (*ciudad*) capital city [... si'ti]
capitalista *m, f* capitalist [kæ'pətəlist]
capitalizar *v* to capitalize [tu kæ'pitalaiz]
capitán *m* captain [kæp'tən]
capitanear *v* to head [tu jed], lead [liid]
capitel *m* (*arte*) capital of a column [kæ'pitəl ʌv ə ka'lʌm]
capitolio *m* capitol (dome) [kæ'pitəl, dom]
capitulación *f* capitulation [kæpitəlei'-shən]
capitular *v* to capitulate [tu kæpi'tiuleit]
capítulo *m* chapter [chæp'tər]
caporal *m* boss [bɔs]; head [jed]
capote *m* short cloak [shɔrt klok]; mantle [mæn'təl]; **decir para su —** to say to oneself [tu sei tu uan'sel]
capricho *m* whim [juim]
caprichoso *adj* capricious [kəpri'shəs], whimsical [juim'sikəl]
cápsula *f* capsule [kæp'səl]; cartridge [kar'tridch]; shell [shel]; (*botella*) cap [kæp]

captar *v* to attract (attention) [tu ətrækt, aten'shən]; to obtain [tu obtein']; (*radio*) to tune in [tu tiun in]
captura *f* capture [kæp'chər]
capturar *v* to capture [tu kæp'chər]
capucha *f* hood [judə]
capuchino (*adj*) *m*, Franciscan friar [frænsis'kən frair]; hood [judə]
capullo *m* bud [bʌd]; cocoon [kəkun']
cara *f* face [feis]; appearance [əpii'-rəns]; **de —** in front [in frʌnt]
carabela *f* caravel [kæ'rəvel]
carabina *f* carbine [kar'bain]; rifle [rai'fəl]
caracol *m* snail [sneil]; spiral stairway [spai'rəl ster'uei]
carácter *m* character [kæ'rəktər]; disposition [disposi'shən]
característica *f* characteristic [kæriktəri'stik]; typical trait [ti'pikəl treit]
característico *adj* characteristic [kæriktəri'stik], typical of [ti'pikəl ʌv]
caracterizar *v* to characterize [tu kæ'riktəraiz]; to tipify [tu ti'pifai]
caramba *interj* goodness! [guəd'nəs], my! [mai], great Jove! [greit dchov]
carámbano *m* icicle [ai'sikəl]
caramelo *m* caramel [kæ'rəməl]
carátula *f* mask [mæsk]; title page [tai'təl peidch]
caravana *f* caravan [kæ'rəvæn]
carbón *m* charcoal [char'kol]; carbon [kar'bən]; coal [kol]; **copia en — carbon** copy [... ka'pi]; **papel —** carbon paper [... pei'pər]
carbonato *m* carbonate [kar'bənət]
carbonero *m* coal miner [kol mai'nər]; coal dealer [... dii'lər]
carbónico *adj* carbonic [karba'nik]
carbonizar *v* to carbonize [tu kar'bənaiz]
carbunclo *m* carbuncle [kar'bʌnkəl]; anthrax [æn'thræx]
carburador *m* carburator [kar'bəreitər]
carcajada *f* burst of laughter [bərst ʌv læf'tər]; **reírse a —s** to laugh aloud [tu læf əlaud']
cárcel *f* prison [pri'sən], jail [dcheil]
carcelero *m* jailer [dchei'lər]
carcoma *f* dry rot [drai rat]; insect [in'sekt]
carcomer *v* to gnaw [tu nɔ], corrode [kərod']
carcomido *adj* worm-eaten [uərm-ii'-tən]; decayed [diikeid'], corroded [kəro'dəd]
cardadura *f* carding wool [kar'diŋ uul]

cardar *v* to card wool [tu kard uul], comb [kom]
cardenal *m* (*ecles*) cardinal [kard'ənəl]; red bird [red bərd]
cardencha *f* teasel [tii'səl]; thistle [thi'səl]
cárdeno *adj* livid [li'vid], purple [pʌr'pəl]
cardinal *adj* cardinal [kar'dənəl], important [impɔr'tənt]; **puntos —es** cardinal points [... pɔintz]
cardo *m* thistle [thi'səl]
carear *v* to confront [tu kənfrʌnt']; to compare [tu kəmper']
carecer *v* to lack [tu læk]; to be in need of [tu bii in niid ʌv]
carena *f* careening [karii'niŋ]
carenar *v* to careen a ship [tu kariin' ə ship]
carencia f lack [læk]; need [niid]; dearth [dərth], want [uant]
careo *m* confrontation [kanfrʌntei'shən]
carestía *f* scarcity [sker'səti], want [uant], dearth [dərth]
carga *f* load [lod], burden [bər'dən]
cargado *adj* loaded [lo'dəd]; heavy [je'vi]; strong [stroŋ]
cargador *m* freighter [frei'tər]; loader [lo'dər]; dock worker [dak uər'kər]
cargamento *m* cargo [kar'go]; freight of a ship [freit ʌv ei ship]
cargar *v* to load [tu lod]; to charge [tu chardch]
cargo *m* load [lod], burden [bərdən]; charge [chardch]; task [tæsk]
cariarse *v* to become decayed [tu bikʌm' dikei'əd]
caricatura *f* caricature [kæ'rikəchur]; cartoon [kartun']
caricia *f* caress [kəres'], hug [jʌguə]; **—s** petting [pe'tiŋ]
caridad *f* charity [chæ'rəti], alms [amz]
caries *f* tooth cavity [tuth kæ'viti]; decaying of a bone [diike'iŋ ʌv ə bon]
cariño *m* affection [əfek'shən], love [lʌv], tenderness [ten'dərnəs]
cariñoso *adj* affectionate [əfek'shənət]; loving [lʌ'viŋ], tender [ten'dər]
caritativo *adj* charitable [chæ'ritəbəl], benevolent [bəne'vələnt]
carmesí *adj* crimson [krim'sən]
carnada *f* bait [beit]; allurement [əlur'mənt]; charm [charm]
carnal *adj* carnal [kar'nəl]
carnaval *m* carnival [kar'nivəl]
carne *f* flesh [flesh]; meat [miit]
carnear *v* (*Am*) to slaughter [tu slɔ'tər]
carnero *m* sheep [shiip]; mutton [mʌ'tən]
carnicería *f* butcher shop [buə'chər shap]; slaughter house [slɔ'tər jaus]
carnicero *adj* carnivorous [karni'vərəs]; *m* butcher [buə'chər]
carnívoro *adj* carnivorous [karni'vərəs]
carnoso *adj* fleshy [fle'shi], meaty [mii'ti]
caro *adj* dear [diir]; beloved [belʌ'vəd]; expensive [expen'siv]
carpeta *f* table cover [tei'bəl kʌ'vər]
carpintería *f* carpentry [kar'pəntri]; carpenter shop [kar'pəntər shap]
carpintero *m* carpenter [kar'pəntər]
carraca *f* ship of burden [ship ʌv bər'dən]
carraspera *f* hoarseness [jɔrs'nəs]
carrera *f* race [reis]; road [rod]; course [kɔrs]; career [kəriir']
carreta *f* cart [kart]
carretear *v* drive a cart [draiv ə kart]
carretel *m* spool [spul]; reel [riil]; bobbin [ba'bin]
carretera *f* main road [mein rod]; highway [jai-uei]
carretero *m* cart driver [kart drai'vər]
carretilla *f* small cart [smɔl kart]; wheelbarrow [juiil'bæro]; go-cart [go-kart]
carricoche *m* covered cart [kʌ'vərəd kart], covered wagon [... ue'guən]
carril *m* rail [reil]; track [træk]; **ferro—** railroad [reil'rod]
carrillo *m* cheek [chiik]
carrizal *m* reed-grass field [riid-græs fiild]
carrizo *m* reedgrass [riid'græs]
carro *m* cart [kart]; two-wheeled vehicle [tu uii'ləd vi'ikəl]; (*Am*) car [kar]
carroza *f* coach [koch], carriage [kæ'riədch]
carruaje *m* carriage [kæ'riədch]
carta *f* letter [le'tər]; note [not]; dispatch [dis'pæch]; **— de sanidad** bill of health [bil ʌv jelth]
cartearse *v* to correspond [tu karispand'], write [rait]
cartel *m* poster [po'stər]; placard [plæ'kərd]
cartera *f* portfolio [pɔrt'folio]; pocketbook [pa'kitbuək]
cartero *m* postman [post'mən]
cartón *m* pasteboard [peist'bɔrd]; (*Am*) carton [kar'tən]
cartuchera *f* cartridge box, belt [kar'tridchbax, belt]
cartucho *m* cartridge [kar'tridch]

cartulario *m* archives [ar'kaivz]; archivist [arkai'vist]
casa *f* house [jaus], home [jom]; firm [fərm]; **— de huéspedes** lodging house [la'dchiŋ jaus]; **en su —** at his (her) house [æt jiiz, jər ...]; **en la — de** at the house of [æt dhə ... ʌv]; **está en —** he (she) is at home [jii, shii iz æt ...]
casaca *f* dress coat [dres kot]
casadero *m* marriageable [mæ'riədchəbəl]
casamentero *m* matchmaker [mæch'meikər]
casamiento *m* marriage [mæ'riədch]
casar *v* to marry [tu mæ'ri]; **—se** to get married [tu guet mæ'rid], wed [ued]
cascabel *m* jingle bell [dchiŋ'guəl bel]
cascada *f* cascade [kæs'keid], waterfall [uɔ'tərfɔl]
cascajo *m* gravel [græ'vəl]
cascanueces *m* nutcracker [nʌt'krækər]
cascar *v* to crack [tu kræk], burst [bərst]
cáscara *f* peel [piil], husk [jʌsk], rind [raind]; shed [shed]
cascarón *m* eggshell [eguə'shəl]
casco *m* skull [skʌl]; broken pottery [bro'kən pa'təri]; helmet [jel'mit]
cascote *m* trash [træsh], refuse [re'fiuz]
caserío *m* hamlet [jæm'lit], village [vi'lədch]
casero *adj* domestic [dəme'stik]; **pan —** home-baked bread [jom'beikd bred]
casi *adv* almost [ɔl'most], nearly [niir'li]
casilla *f* ticket box [ti'kit bax]; box-office [baxɔ'fis]; **— postal** post office box [post ɔ'fis bax]
casino *m* club [klʌb], clubhouse [klʌb'jaus]
caso *m* case [keis], event [ivent']; **en este —** in this case [in dhəs ...]; **en todo —** at any rate [æt æ'ni reit]
casquete *m* helmet [jəl'mit]; cap [kæp]
casta *f* lineage [li'niədch]; descent [diisent']
castaña *f* chestnut [ches'nʌt]; bun [bʌn], hairdo [jer'du]
castañeta *f* castanet [kæstənet']
castañetear *v* to rattle [tu ræ'təl]
castaño *adj* brown [braun]; *m* chestnut tree [chəs'nʌt trii]
castellano *adj* Castilian [kæsti'liən]; *m* master of a castle [mæ'stər ʌv ə kæ'səl]
castidad *f* chastity [chæ'stiti]
castillo *m* castle [kæ'səl]; fort [fɔrt]
castizo *adj* original [ori'dchənəl]; pure [piur]; genuine [dche'nuin]
casto *adj* chaste [cheist], pure [piur]
castor *m* beaver [bii'vər]
castración *f* castration [kæstrei'shən]
castrar *v* to castrate [kæ'streit]
casual *adj* casual [kæ'shuəl]; fortuitous [fɔrtu'itəs], accidental [æk'sidentəl]
casualidad *f* accident [æk'sidənt], hazard [jæ'zərd]; **por —** by chance [bai chæns]
casualmente *adv* by chance [bai chæns]; accidentally [aksidən'təli]
cata *f* trial [trai'əl]; proof [pruf]
catacumbas *f, pl* catacombs [kæ'təkomz]
catador *m* taster [tei'stər]; one who tastes wines [uan ju teistz uainz]
catadura *f* tasting [tei'stiŋ], proof [pruf]; appearance [əpii'rəns], attire [ətair']
catalejo *m* telescope [teləskop]
catálogo *m* catalogue [kæ'təlaguə]; list [list]
cataplasma *f* cataplasm [kæ'təplæzm]
catar *v* to taste [tu teist]; try [trai]; to keep in mind [tu kiip in maind], see [sii]
catarata *f* cataract [kæ'tərækt]
catarro *m* catarrh [kətar']; cold [kold]; **tengo un —** I have a cold [ai jæv ə ...]
catástrofe *f* catastrophe [kətæ'strəfi]
cataviento *m* weathercock [ue'thərkak]
catecismo *m* catechism [kæ'təkizm]
cátedra *f* chair of a professor [cheir ʌv ə profe'sər], professorship [profe'sərship]
catedral *f* cathedral [kəthi'drəl]
catedrático *m* professor [profə'sər]
categoría *f* category [kæ'tigəri]
categórico *adj* categorical [kætiga'rikəl]
caterva *f* multitude [mʌl'titiud]; great number [greit nʌm'bər], crowd [crɔud], swarm [suɔrm]
catolicismo *m* Catholicism [kətha'lisizm]
católico *adj* Catholic [kæ'thəlik]
catre *m* small bed [smɔl bed], cot [kat]
cauce *m* bed of a river [bed ʌv ə ri'vər]; course [kɔrs]; drain [drein]
caución *f* precaution [prikɔ'shən]; bail [beil]; security [sikiu'riti]; **bajo —** under bail [ʌn'dər ...]
caucionar *v* to give security [tu giv sikiu'riti]; to put under bail [tu pʌt ʌn'dər beil]; to bail out [tu beil aut]
caucho *m* rubber [rʌ'bər]
caudal *adj* abundant [əbʌn'dənt], large [lardch]; *m* property [pra'pərti]; riches [ri'chiz]
caudaloso *adj* having much water [jæ'viŋ mʌch uɔ'tər]; opulent [a'piulənt]

caudillo *m* head [jed], chief [chiif]; leader [lii'dər]
causa *f* cause [kɔz]; motive [mo'tiv]; trial [trai'əl]
causar *v* to cause [tu kɔz]; to bring about [tu briŋ əba'ut]
cáustico *adj, m* caustic [kɔ'stik]
cautela *f* care [ker], heed [jiid], prudence [pru'dəns]
cauteloso *adj* cautious [kɔ'shəs], careful [ker'fəl]
cauterizar *v* to cauterize [tu kɔ'təraiz]
cautivar *v* to imprison [tu impri'zən]; to captivate [tu kæp'tiveit]
cautiverio *m* captivity [kæpti'viti]
cautivo *m* captive [kæp'tiv], prisoner [pri'sənər]
cauto *adj* prudent [pru'dənt], careful [ker'fəl]; cautious [kɔ'shəs]
cavar *v* to dig [tu diguə]; excavate [ex'kəveit]; meditate [me'diteit]
caverna *f* cave [keiv], den [den]
cavidad *f* cavity [kæ'viti]; hollowness [ja'lonəs]; excavation [exkavei'shən]
cavilación *f* caviling [kæ'viliŋ], quibbling [kui'bliŋ]; quibble [kui'bəl]
caviloso *adj* captious [kæ'pshəs], quibbling [kui'bliŋ]
cayado *m* shepherd's hook [she'pərdz juək]; bishop's crozier [bi'shʌpz kro'shər]
cayo *m* little island [li'təl ai'lənd]; shoal [shol]
caza *f* chase [cheis]; hunting [jʌn'tiŋ]; game [gueim]; **partida de —** hunting party [jʌn'tiŋ par'ti]
cazador *m* hunter [jʌn'tər]; chaser [chei'sər]
cazar *v* to hunt [tu jʌnt], chase [cheis]
cazo *m* saucepan [sɔs'pæn]; ladle [lei'dəl]
cazuela *f* earthen pan [er'thən pæn]
cazurro *adj* sulky [sʌl'ki]; harmful [jarm'fəl]
cebada *f* barley [bar'li]
cebadal *m* barley field [bar'li fiild]
cebar *v* to feed animals [tu fiid æ'niməlz], graze [greiz]
cebo *m* animal food [æ'niməl fud]; bait [beit]; allurement [əlur'mənt]
cebolla *f* onion [ɔ'niɔn]; **pan y —** bread and onion [bred ænd ...]
cebra *f* zebra [zii'brə]
cecear *v* to lisp [tu lisp]
ceceo *m* lisping [li'spiŋ]
ceder *v* to give in [tu guiv in], yield [yiild], give way to [guiv uei tu]
cedro *m* cedar [si'dər]; cedar chest [... chest]
cédula *f* form [form]; blank [blænk]; certificate [sərti'fikət]; warrant [ua'rənt]
cefálico *adj* cephalic [se'phəlik]
céfiro *m* zephyr [ze'phər]; breeze [briiz]
cegar *v* to blind [tu blaind], grow blind [gro ...]
ceguedad *f* blindness [blaind'nəs]; unreasonableness [unrii'sʌnəbəlnəs]; narrowness of mind [næ'ronəs ʌv maind]
ceguera *f* blindness [blaind'nəs]
ceja *f* eyebrow [ai'brau]
cejar *v* to yield [tu yiild]; give way to [guiv uei tu]
celada *f* helmet [jel'mət]; ambush [æm'buəsh], trap [træp]
celador *m* curator [kiu'reitər]; warden [uɔr'dən]
celar *v* to watch [tu uach]; to be careful [tu bii ker'fəl]
celda *f* cell [səl] (in convent, prison) [in kan'vənt, pri'zən]
celebración *f* celebration [selibrei'shən], feast [fiist]
celebrante *m* officiating priest [ofi'shieitiŋ priist]; officer in charge [ʌ'fəsər in chardch]
celebrar *v* celebrate [se'ləbreit]
célebre *adj* celebrated [se'ləbreitəd], famous [fei'məs]
celebridad *f* celebrity [səle'briti]; **es una —** he is a big shot [jii iz ə big shat]
celemín *m* bushel [bu'shəl]
celeridad *f* celerity [səle'riti], speed [spiid], velocity [vəla'siti]
celeste *adj* celestial [səles'chəl], heavenly [je'vənli]; blue [blu]
celestial *adj* celestial [səles'chəl], heavenly [je'vənli]; bluish [blu'ish]
celibato *m* celibacy [sə'libasi]
célibe *adj* bachelor [bæ'chlər], single person [siŋ'guəl pər'sən]
celo *m* zeal [ziil], interest [in'tərəst]; **—s** *m, pl* jealousy [dche'ləsi]; **tener —s** to be jealous [tu bii dche'ləs]
celosía *f* blind of a window [blaind ʌv ə uin'do]
celoso *adj* jealous [dche'ləs]; zealous [ze'ləs], careful [ker'fəl]
célula *f* cell [sel]; cellule [se'liul]
celular *adj* cellular [se'liulər]
celuloide *m* celluloid [se'liulɔid]
celulosa *f* cellulose [se'liulos]
cementar *v* to cement [tu siment']; to reinforce [tu riin'fɔrs]

cementerio *m* cemetery [se'məteri], graveyard [greiv'iard]
cemento *m* cement [siment']; mortar [mɔr'tər]; **— armado** reinforced concrete [rin'fɔrsd kan'kriit]
cena *f* supper [sʌ'pər]
cenáculo *m* evening meeting [ii'vəniŋ mii'tiŋ]
cenador *m* bower [bau'ər]; grotto [gra'-to]
cenar *v* to have supper [tu jæv sʌ'pər]
cenceño *adj* slender [slen'dər], thin [thin]
cendal *m* light cloth [lait clɔth]
cenefa *f* fringe [frindch]
cenicero *m* ashtray [æsh'trei]
cenit *m* zenith [zii'nith], acme [æk'mi]
ceniza *f* ashes [æ'shəz]
cenizoso *adj* ash-colored [æsh'kʌlərd]
cenojil *m* garter [gar'tər]
censo *m* census [sen'səs]
censor *m* censor [sen'sər]; examiner [exæ'minər]
censura *f* censure [sen'shur], blame [bleim]; examination [exæminei'-shən]
censurable *adj* censurable [sen'shurə-bəl]; with blame [uith bleim]
censurar *v* to censure [tu sen'shər], blame [bleim]; to examine [tu exæ'-min]
centauro *m* centaur [sen'tɔr]
centavo *m* cent [sent]
centella *f* lightning [lai'tniŋ]; flash [flæsh]; spark [spark]
centellear *v* to sparkle [tu spar'kəl]
centelleo *m* scintillation [sintilei'shən], sparkling [spar'kliŋ]
centenar *m* hundred [jʌn'drəd]
centenario *adj* centennial [sente'niəl]; *m* centenary [sen'təneri]
centeno *m* common rye [ka'mən rai]
centésimo *m* hundredth part of [jʌndrəth part ʌv]
centígrado *adj* centigrade [sen'tigreid]
centímetro *m* centimeter [sen'timiitər]
centinela *m* sentry [sen'tri], sentinel [sen'tinəl], guard [gard]
central *adj* central [sen'trəl]
centralización *f* centralization [sentrə-lizei'shən]; central system [sen'trəl si'stəm]
centralizar *v* to centralize [sen'trəlaiz]
centrífuga *f* centrifugal machine [sentri'-fiəguəl mashiin']
centrífugo *adj* centrifugal [sentri'-fiəguəl]
centro *m* center [sen'tər]; middle point [mi'dəl point]; club [klʌb]; **— Cultural** Cultural Club [kʌl'chərəl ...]; **— espacial** space center [speis ...]
centroamericano *adj, m* Central American [sen'trəl əme'rikən]
centuplicar *v* to centuplicate [tu sentu'-plikeit]
ceñidor *m* belt [belt]; girdle [guir'dəl]
ceñir *v* to gird [tu guərd], clasp [klæsp], surround [səraund']
ceño *m* frown [fraun]
cepa *f* stub [stʌb]; stock [stak]
cepillo *m* brush [brʌsh]; **— de dientes** toothbrush [tuth'brʌsh]; **— de ropa** clothesbrush [cloz'brʌsh]
cepo *m* (*árbol*) branch [brænch]
cera *f* wax [uæx]; candle [kæn'dəl]
cerámica *f* ceramics [səræ'miks]
cerca *f* fence [fəns]; *adv* near [niir]; **— de** *prp* near [..]
cercado *m* garden [gar'dən]; orchard [ɔr'chərd], enclosure [enklo'shər]
cercanía *f* proximity [praxi'miti]
cercano *adj* near [niir], neighboring [nei'bəriŋ]
cercar *v* to fence in [tu fəns in], enclose [enkloz'], encircle [ensər'kəl]
cercenar *v* to lessen [tu le'sən], curtail [kərteil']
cerciorar(se) *v* to ascertain [tu æsər-tein'], make sure [meik shur], insure [inshur']
cerco *m* enclosure [enclo'shur]; blockade [blɔkeid']
cerda *f* bristle [bri'səl]
cerdo *m* hog [jaguə], pig [piguə]
cerdoso *adj* bristly [bri'sli]
cereal *adj, m* cereal [si'riəl]; **—es** cereals [si'riəlz]
cerebro *m* brain [brein], mind [maind]
ceremonia *f* ceremony [se'rimoni], formality [fɔrmæ'liti]
ceremonial *adj, m* ceremonial [serə-mo'niəl]; formal service [fɔr'məl ser'-vis]
ceremonioso *adj* ceremonious [serimo'-niəs], formal [fɔr'məl]
cereza *f* cherry [che'ri]; **pastel de —s** cherry pie [... pai]
cerezo *m* cherry tree [che'ri trii]
cerilla *f* wax taper [uæx tei'pər]; match [mæch]
cerillo *m* (*Am*) match [mæch]
cerner *v* to sift [tu sift]; to separate [tu se'pəreit]; to screen [tu skriin]

cernido *adj* sifted [sif'təd], screened [skriind]; *m* sifting [sif'tiŋ]; sifted flour [sif'təd flaur]
cero *m* zero [zi'ro], naught [nɔt]
cerquillo *m* tonsure [tan'shər]
cerrado *adj* obscure [abskiur']; hermetic [jerme'tik]; concealed [kʌnsii'ld]
cerradura *f* lock [lak]
cerrajería *f* locksmith shop [lak'smith shap]
cerrajero *m* locksmith [lak'smith]
cerrar *v* to close [tu cloz]; to lock up [tu lak up]; to seal [tu siil]
cerrero *adj* wild [uaild], savage [sæ'vədch]
cerril *adj* wild [uaild]; rough [rʌf]; hilly [ji'li]
cerro *m* hill [jil]
cerrojo *m* bolt [bolt], latch [læch], lock [lak]
certamen *m* literary contest [li'təreri kan'test]; contest [...]
certero *adj* sure [shur]; certain [ser'tən]
certeza *f* certitude [ser'titiud], assurance [əshu'rəns]; **con —** with certainty [with sər'tənti]
certidumbre *f* certainty [ser'tənti]
certificación *f* affidavit [æfidei'vit]; certification [sertifikei'shən]
certificado *m* certificate [sərti'fikət]; diploma [diplo'mə]
certificar *v* to certify [tu sər'tifai]; attest [ətest']
cerúleo *adj* bluish [blu'ish]
cervatillo *m* young deer [iɔŋ diir]
cervecería *f* brewery [bru'əri]; alehouse [eil'jaus]
cervecero *m* brewer [bru'ər]; beer-seller [biir'se'lər]
cerveza *f* beer [biir], ale [eil]
cerviz *f* cervix [sər'vix], nape [neip]
cesación *f* cessation [sesei'shən], stoppage [sta'pədch]
cesante *adj* ceasing [sii'siŋ], stopping [sta'piŋ]
cesantía *f* unemployment [ʌnemplɔi'mənt]
cesar *v* to cease [tu siis], stop [stap]
cesionario *m* grantee [græn'ti]
césped *m* sod [sad], grass [græs]
cesta *f* basket [bæ'skət]
cesura *f* caesura [sezhu'rə]
cetrino *adj* lemon-colored [le'mən-kʌ'lərd]
cetro *m* scepter [sep'tər]
cianuro *m* cyanide [sai ənaid]; **— de potasio** potassium cyanide [potæ'siəm ...]
ciar *v* to give way [tu guiv uei]
ciática *f* sciatica [saiæ'tikə]
cicatería *f* stinginess [stin'dchinəs], avarice [æ'vərəs]
cicatero *adj* stingy [stin'dchi]
cicatriz *f* scar [skar]
cíclico *adj* cyclical [sai'klikəl]
ciclón *m* hurricane [jʌ'rəkein], cyclone [sai'klon]
cicuta *f* hemlock [jem'lak]
ciego *adj, m* blind (man) [blaind, mæn]
cielo *m* heaven [je'vən], paradise [pæ'rədais]; sky [skai]; ceiling [sii'liŋ]
ciempiés *m* centipede [sen'təpiid]; poor literary work [pur li'təreri uerk]
ciénaga *f* marsh [marsh], miry place [mai'ri pleis], pond [pand]
ciencia *f* science [sai'əns]; knowledge [na'lidch]
cieno *m* mud [mʌd], slime [slaim]
científico *adj* scientific [saiənti'fik]
ciento *m* one hundred [uan jʌn'drəd]; **por —** per cent [per sent]
cierre *m* a closing [ə klo'ziŋ]
ciertamente *adv* certainly [sər'tənli]
cierto *adj* sure [shur], true [tru]; certain [sər'tən]
ciervo *m* deer [diir], stag [stæguə]
cierzo *m* chilly wind [chi'li uind]
cifra *f* figure [fi'guiur]; cipher [sai'fər]; number [nʌm'bər]
cigarra *f* cicada [sikei'də], harvest fly [jar'vəst flai]
cigarrera *f* cigarcase [sigar'keis]
cigarrería *f* cigar factory [sigar' fæk'təri]
cigarrero *m* cigar-seller [sigar'-se'lər]
cigarrillo *m* cigarette [siguəret']
cigarro *m* cigar [sigar']; cigarette [siguəret']
cigüeña *f* white stork [juait stɔrk]; crane [krein]; crank [krænk]
cilindrar *v* to roll [tu rol]
cilíndrico *adj* cylindrical [silin'drikəl]
cilindro *m* cylinder [si'lindər]; roller [ro'lər]; tube [tiub]
cilla *f* granary [gre'nəri]; tithe [taidh]
cima *f* summit [sʌ'mit], height [jait], top [tap]; completion [kəmplii'shən]; **dar —** to complete [tu kəmpliit']
cimarrón *adj* wild [uaild], rough [rʌf]; *m* maroon [mərun]
címbalo *m* cymbal [sim'bəl]
cimbrar *v* to vibrate [tu vai'breit], shake [sheik]; to brandish [tu bræn'dish]
cimbreo *v* vibrating [vaibrei'tiŋ]; brandishing [bræn'dishiŋ]

cimentar *v* to found [tu faund], establish [estæ'blish]; to strengthen [tu streŋ'thən]
cimiento *m* foundation [faundei'shən], base [beis]
cinc *m* zinc [zink]
cincel *m* chisel [chi'zəl]
cincelar *v* to engrave [tu engreiv'], chisel [chi'zəl]
cincha *f* cinch [sinch]; belt [belt]
cinchar *v* to encircle [tu ensər'kəl]; girdle [guər'dəl]
cine (cinema) *m* movies [mu'viis], cinema [si'nəmə]
cinematógrafo *m* cinema [si'nəmə], movie theater [mu'vii thi'ətər]
cíngulo *m* girdle [guər'dəl]
cínico *adj* cynical [si'nikəl]; *m* cynic [si'nik]
cínife *m* mosquito [məski'to]
cinismo *m* cynicism [sin'isizm]
cinta *f* ribbon [ri'bən], tape [teip], sash [sæsh]; **grabar una —** to make a tape [tu meik ə ...]; **— magnética** recording tape [rikɔr'diŋ ...]
cintajo *m* ribbon ornament [ri'bən ɔr'nəmənt]
cintilla *f* narrow tape [næ'ro teip]
cintillo *m* hat band [jæt bænd]
cinto *f* waist [ueist]; belt [belt]
cintura *f* waistline [ueist'lain]
cinturón *m* belt [belt]; seat belt [siit belt]
ciprés *m* cypress tree [sai'prəs trii]
circo *m* circus [sər'kʌs]; amphitheater [æm'fithiiətər]
circuir *v* to surround [tu sʌraund']
circuito *m* circuit [sər'kit]; circumference [sərkʌm'fərəns]; **corto —** short circuit [shɔrt ...]
circulación *f* circulation [sərkiulei'shən]; traffic [træ'fik]; money currency [mʌ'ni kə'rənsi]
circulante *adj* circulating [sər'kiuleitiŋ]
circular *adj* circular [sər'kiulər]; circulating [sər'kiuleitiŋ]; *f* letter [le'tər]; *v* to move on [tu muv ɔn]
círculo *m* circle [sər'kəl]; club [klʌb]
circuncidar *v* to circumcise [tu sərkʌmsaiz]
circuncisión *f* circumcision [sərkʌmsi'shən]
circunciso *adj* circumcised [sər'kʌmsaizd]
circundar *v* to surround [tu səraund']
circunferencia *f* circumference [sərkʌm'fərəns]
circunflejo *adj* circumflex [sər'kəmflex]
circunscribir *v* to encircle [tu ensər'kəl], circumscribe [sərkəmskraib']
circunscripción *f* circumscription [sərkəmskrip'shən]
circunspección *f* circumspection [sərkəmspek'shən], cautiousness [kɔ'shəsnəs]
circunspecto *adj* circumspect [sərkəmspekt'], cautious [kɔ'shəs]
circunstancia *f* circumstance [sər'kəmstæns]
circunstante *m* bystander [bai'stæn'dər]
circunvecino *adj* neighboring [nei'bəriŋ]
cirio *m* huge candle [jiudch kæn'dəl]
ciruela *f* plum [plʌm], prune [prun]
ciruelo *m* plum tree [plʌm trii]; silly person [si'li pər'sən]
cirugía *f* surgery [sər'dchri]
cirujano *m* surgeon [sər'dchən]
cisco *m* coal dust [kol dʌst]; noise [nɔiz]
cisma *m* schism [sizm]; discord [dis'kɔrd]
cismático *adj* schismatic [sizmæ'tik]
cisne *m* swan [suan]
cisterna *f* cistern [si'stərn]; well [uel]; water tank [uɔ'tər tænk]
cisura *f* incision [insi'zhən]
cita *f* appointment [apɔint'mənt], date [deit]; summons [sʌ'mənz], fine [fain]; quotation [kuotei'shən]
citación *f* summons [sʌ'məns], fine [fain]
citar *v* to quote [tu kuot]; to summon [tu sʌ'mən]; to give a summons [tu guiv ə ...z]
citrato *m* citrate [sai'treit]
cítrico *adj* citric [si'trik]
ciudad *f* city [si'ti]
ciudadanía *f* citizenship [si'tizənship]; **tener carta de —** to have citizenship papers [tu jæv ... pei'pərz]
ciudadano *adj* belonging to a city [bilɔŋ'iŋ tu ə si'ti]; *m* citizen [si'tizən]
ciudadela *f* citadel [si'tadel], fortress [fɔr'trəs]
cívico *adj* civic [si'vik], municipal [miuni'sipəl]
civil *adj* polite [pəlait']; civil [si'vəl]
civilidad *f* civility [sivi'liti], politeness [pəlait'nəs]
civilización *f* civilization [sivilizei'shən], culture [kʌl'chər]
civilizar *v* to civilize [tu si'vilaiz]
civismo *m* patriotism [pei'triətizm]

cizaña *f* discord [di'skɔrd]; vice [vais]; **sembrar —** to cause trouble [tu kɔz trʌ'bəl]
cizañero *m* troublemaker [trʌ'bəl-mei'-kər]
clamar *v* to call [tu kɔl]; to clamor [tu klæ'mər]
clamor *m* clamor [klæ'mər], noise [nɔiz], outcry [aut'krai]
clamorear *v* implore [implɔr']
clamoreo *m* insistent clamor [insi'stənt klæ'mər]
clamoroso *adj* noisy [nɔi'zi], loud [laud]
clandestinidad *f* secrecy [si'krəsi]
clandestino *adj* clandestine [klænde'-stin]
clara *f* white of the egg [juait ʌv dhə eguə]; **hablar a las —s** to speak frankly [tu spiik fræn'kli]
claraboya *f* bull's-eye [buəl'zai]; skylight [skai'lait]
claramente *adv* clearly [kliir'li]
clarear *v* to make lighter (in color) [tu meik lai'tər, in kʌ'lər]; to dawn [tu dɔn]
clarete *m* claret wine [klæ'rət uain]
claridad *f* clearness [kliir'nəs], brightness [brait'nəs]; splendor [splen'dər]
clarificación *f* clarification [klærifikei'-shən]
clarificar *v* to clarify [tu klæ'rifai]
clarín *m* bugle [biu'guəl]; clarion [klær'-iən]
clarinero *m* bugler [biu'glər]
clarinete *m* clarinet [[klæ'rinet]
claro *adj* clear [kliir], light [lait]; evident [e'vidənt]; *adv* **—amente** clearly [kliir'li]; *m* gap [gæp]; light spot [lait spɔt]; skylight [skai'lait]; **poner en —** to make clear, explain [tu meik kliir, explein']
clase *f* class [klæs]; kind [kaind]; order [ɔr'dər]; category [kæ'təgori]; classroom [... rum]; **¿de qué—?** what kind (class)? [juat ...]; **de primera (clase)** first class [fərst ...]
clásico *adj* classic [klæ'sik], classical [klæ'sikəl]
clasificación *f* classification [klæsifi-kei'shən]
clasificar *v* to classify [tu klæ'sifai]
claustro *m* cloister [klɔi'stər]; faculty in a university [fæ'kəlti in ə iuni-vər'siti]
cláusula *f* clause [klɔz], period [pi'riəd]
clausura *f* closure [klo'zhər]; adjournment [ædchərn'mənt]
clava *f* stick [stik], club [klʌb], cudgel [kʌ'dchəl]
clavador *m* nail-driver [neil drai'vər]
clavar *v* to nail [tu neil], drive in [draiv in], pierce [piirs]
clave *f* key [kii]; code [kod]
clavel *m* carnation [karnei'shən]
clavero *m* clove tree [klov trii]
clavicordio *m* clavichord [klæ'vikɔrd]
clavícula *f* collarbone [ka'lər-bon]
clavija *f* peg [peguə]
clavo *m* nail [neil], spike [spaik]; clove [klov]
clemencia *f* clemency [kle'mənsi]
clemente *adj* clement [kle'mənt], merciful [mər'sifʌl]
clerical *adj* clerical [kle'rikəl]
clérigo *m* clergyman [klər'dchimən], priest [priist]
clero *m* clergy [klər'dchi]
cliente *m, f* client [klai'ənt]
clientela *f* patronage [pei'trənədch], clientele [klaiəntel']
clima *m* climate [klai'mət]; atmosphere [æt'məsfir]
clíper *m* clipper [kli'pər]
cloaca *f* sewer [su'ər]; gutter [gʌ'tər]
cloquear *v* to cluck [tu klʌk], cackle [kæ'kəl]
cloral *m* chloral [klo'rəl]
clórico *adj* chloric [klɔ'rik]
cloroformo *m* chloroform [klɔ'rəfɔrm]
clorosis *f* chlorosis [klɔro'sis], greensickness [griin-sik'nəs]
cloruro *m* chloride [klɔ'raid]
club *m* club [klʌb]
clueca *f* brooding hen [bru'diŋ jen]
coacción *f* compulsion [kʌmpəl'shən]
coactivo *adj* coercive [koer'siv]
coadjutor *m* coadjutor [koæ'dchʌtər], assistant [asis'tənt]
coadyuvante *m, f* helper [jel'pər]; cooperator [ko'apərei'tər], assistant [asi'-stənt]
coadyuvar *v* to help [tu jelp], cooperate [ko-a'pəreit]
coágulo *m* clot [klat]; coagulated blood [koæ'guiuleited blʌd]
coalición *f* coalition [koəli'shən]
coartación *f* limitation [limitei'shən], restriction [ristri'kshən]
coartar *v* to limit [tu li'mit], restrict [ristrikt']
cobarde *adj* cowardly [ka'uərdli], timid [timid]; *m* coward [ka'uərd]
cobardía *f* cowardice [ka'uərdis]
cobertura *f* covering [kʌ'vəriŋ], blanket [blæn'kət]; wrapper [ræ'pər]

cobijar *v* to cover [tu kʌ'vər], protect [protekt']
cobrador *m* collector of bills [kəlek'tər ʌv bilz]
cobranza *f* collection [kəlek'shən]; payment [pei'mənt]
cobrar *v* to collect [tu kəlekt']; recuperate [riku'pəreit]
cobre *m* copper [ka'pər], brass [bræs]; **de —** copper-like [... laik]
cobrizo *adj* copper-like [ka'pər-laik]
cobro *m* collection of bills [kəlek'shən ʌv bilz]
coca *f* (*Am*) coca [ko'kə], coca leaves [ko'kə liivz]
cocaína *f* cocaine [kokein']
cocear *v* to kick [tu kik], resist [rizist']
cocer *v* to cook [tu kuək], boil [bɔil]; to bake [tu beik]
cocido *adj, m* stew [stiu]
cociente *m* quotient [kuo'shənt]; **— de inteligencia** intelligence quotient (I.Q.) [inte'lidchəns ..., ai kiu]
cocimiento *m* cooking [kuə'kiŋ]
cocina *f* kitchen [ki'tchen]; **la — española, italiana, francesa** Spanish, Italian, French cuisine [spæ'nish, itæ'liən, french kuiziin']; **— económica** cooking range [kuə'kiŋ reindch]
cocinar *v* to cook [tu kuək]
cocinero *m* cook [kuək], chef [shef]
coco *m* coconut tree [ko'kənʌt trii]
cocuyo *m* glow beetle [glo bii'təl]
coche *m* coach [koch]; car [kar]; **— cama** sleeping car [slii'piŋ ...]
cochecillo *m* stroller [stro'lər]; **— para niño** baby carriage [bei'bi kæ'ridch]
cochero *m* coachman [koch'mən]
cochina *f* sow [so]
cochinada *f* filth [filth]; mean or base action [miin ɔr beis æk'shən]
cochino *adj* dirty [dər'ti]; *m* pig [piguə], swine [suain], hog [jaguə]
codear *v* to elbow [tu el'bo]
codelicuente *m* accomplice [əkam'plis]
códice *m* codex [ko'dex]
codicia *f* greediness [grii'dinəs]
codiciable *adj* covetable [kʌ'vətəbəl]
codiciar *v* to covet [tu kʌ'vət]; to be greedy [tu bii grii'di]
codicioso *adj* covetous [kʌ'vətəs], greedy [grii'di]
código *m* code of laws [kod ʌv lɔz]; digest [dai'dchest]
codo *m* elbow [el'bo]; angle [æn'guəl]
codorniz *f* quail [kueil]
coeficiente *m* coefficient [koəfi'shənt]
coerción *f* coercion [koər'shən], restraint [ristreint']
coercitivo *adj* coercive [koer'siv]
coetáneo *adj* contemporary [kəntem'pəreri]
coexistencia *f* coexistence [koexi'stəns]
coexistir *v* to coexist [tu koexist']
cofrade *m* member of a fraternity [mem'bər ʌv ə frəter'niti]
cofradía *f* confraternity [kanfrəter'niti], brotherhood [brʌ'thərjuədə]
cofre *m* trunk for clothes [trʌnk fɔr kloz]; coffer [kʌ'fər]; chest [chest]
coger *v* to take [tu teik], catch [kætch], gather [guæ'dhər]
cogida *f* gathering [guæ'dhəriŋ], harvesting [jar'vəstiŋ]
cogitación *f* cogitation [kadchitei'shən], meditation [meditei'shən]
cognado *adj* cognate [ka'gneit]; related [rilei'təd]
cogote *m* back of the neck [bæk ʌv dhə nek], nape [neip]
cogulla *f* cowl [kau'əl]
cohabitar *v* to cohabit [kojæ'bit], live together [liv tugue'dhər]
cohechar *v* to bribe [tu braib], corrupt [kərʌpt']
cohecho *m* bribery [brai'bəri], bribe [braib]
coheredero *m* coheir [ko'er], joint heir [dchɔint er]
coherente *adj* coherent [kojii'rənt], consistent [kənsi'stənt]
cohesión *f* cohesion [kojii'zhən]
cohete *m* rocket [ra'kət]; **— volador** flying rocket [flaiŋ ...]; **sky rocket** [skai ...]
cohibición *f* restraint [ristreint']
cohibir *v* to restrain [tu ristrein']
cohombro *m* cucumber [kiu'kʌmbər]
cohorte *f* cohort [ko'jɔrt]; crowd [kraud]
coincidencia *f* coincidence [koin'sidəns]
coincidir *v* to coincide [tu ko'insaid]
cojear *v* to limp [tu limp], halt [jɔlt]
cojera *f* lameness [leim'nəs]
cojín *m* cushion [kuə'shən], pillow [pi'lo]
cojinete *m* small cushion [smɔl kuə'shən]; **— de bolas** ball bearings [bɔl bær'iŋz]
cojo *m* lame person [leim pər'sən]
col *f* cabbage [kæ'bədch]
cola *f* tail [teil]; extremity [extre'miti]
colaboración *f* collaboration [kəlæbərei'shən]

colaborador *m* collaborator [kəlæbərei'tər], contributor [kəntri'biutər]
colaborar *v* to collaborate [tu kəlæ'bəreit], contribute [kəntri'biut]
colación *f* collation [kəlei'shən]; slight repast [slait ripæst']
colacionar *v* to collate [tu ka'leit]
coladera *f* kitchen strainer [ki'chən strei'nər]
colador *m* strainer [strei'nər], colander [ka'ləndər]
colar *v* to strain [tu strein], filter [fil'tər]; to drip [tu drip]
colateral *adj* collateral [kəlæ'tərəl]
colcha *f* quilt [kuilt]
colchón *m* mattress [mæ'trəs]; **— de muelles** spring mattress [spriŋ mæ'trəs]; **— doble** double mattress [dʌ'bəl ...]
colear *v* to wag the tail [tu uæguə dhə teil]
colección *f* collection [kəlek'shən]
colecta *f* collection [kəlek'shən]
colectar *v* to collect [tu kəlekt']
colectividad *f* collectivity [kəlekti'viti]
colectivo *adj* collective [kəlek'tiv]
colector *m* collector [kəlek'tər]; tax collector [tæx kəlek'tər]
colega *m, f* colleague [ka'liiguə]
colegial *m* collegian [kali'dchiən], college student [ka'lədch stiudənt]
colegio *m* (EUA) college [ka'lədch]; school [skul]; seminary [se'mineri]
colegir *v* to infer [tu infər'], draw conclusions [drɔ kənklu'zhionz]
cólera *f* anger [æn'guər]; *m* cholera [ka'lərə]
colérico *adj* angry [æŋ'gri]; choleric [kalə'ric]
coleto *m* buff jacket [bʌf dchæ'kət]; the body of a man [dhə bɔ'di ʌv ə mæn]; **dijo para su —** he said to himself [jii sed tu jimself']
colgadura *f* hanging [jæŋ'iŋ], tapestry [tæ'pestri]
colgante *adj* hanging [jæŋ'iŋ]
colgar *v* to hang [tu jæŋ]; hoist [jɔist]; (*Am*) to flunk [tu flʌnk]
colibrí *m* hummingbird [jʌ'miŋbərd]
cólico *m* colic [ka'lik], griping [gri'piŋ]
coliflor *f* cauliflower [kɔliflau'ər]
coligarse *v* to go together [tu go tugue'dhər]
colilla *f* cigarette butt [sigaret' bʌt]
colina *f* hill [jil]
colinabo *m* turnip [tər'nip]
colindar *v* to be contiguous [tu bii kəntiguəs], be adjacent [bii ədchei'sənt]
coliseo *m* theater [thi'ətər]
colmar *v* to fill up [tu fil ʌp]; **—se** to fulfill [tu fuəlfil']
colmena *f* beehive [bii'jaiv]
colmo *m* heap [jiip], fill [fil]; limit [li'mit]; height [jait]
colocación *f* employment [emplɔi'mənt], allocation [ælokei'shən]
colocar *v* to arrange [tu ərein'dch], to employ [tu emplɔi']
colon *m* colon [ko'lən]
Colón *m* Columbus [kolʌm'bəs]
colón *m* monetary unit (Costa Rica) [man'əteri iu'nit]
colonia *f* colony [ka'ləni]; plantation [plæntei'shən]
colonial *adj* colonial [kəlo'niəl]
colonizar *v* to colonize [tu ka'lənaiz]
color *m* color [kʌ'lər]; pretext [prii'text]
colorado *adj* red [red], ruddy [rʌ'di]
colorear *v* to color [tu kʌ'lər]; to excuse [tu exkiuz']; to grow red [tu gro red]
colorete *m* rouge [rudch]
colorido *m* coloring [kʌ'ləriŋ]
colorín *m* linnet [li'nət]; vivid color [vi'vid kʌ'lər]; (*Am*) red-headed person [red je'dəd pər'sən], red [...]
colosal *adj* great [greit], colossal [kəla'səl]
coloso *m* colossus [kəla'səs]
columna *f* column [ka'lʌm]
columpio *m* swing [suiŋ], seesaw [sii'sɔ]
collar *m* necklace [nek'ləs]
coma *f* (*gram*) comma [ka'mə]; (*med*) coma [ko'mə]
comadre *f* midwife [mid'uaif]; woman friend [uu'mən frend]
comadrona *f* midwife [mid'uaif]
comandante *m* commander [kəmæn'dər]; major [mei'dchər]
comarca *f* territory [te'ritori]
combate *m* combat [kam'bæt]
combatiente *m* combatant [kam'bətənt]; soldier [sol'dchər]
combatir *v* to combat [tu kam'bæt]
combinación *f* combination [kambinei'shən]
combinar *v* to combine [tu kəmbain'], join [dchɔin]
combustible *adj* combustible [kəmbʌ'stəbəl]; *m* fuel [fiul]
comedia *f* comedy [ka'mədii], play [plei]
comediante *m, f* actor [æk'tər], comedian [kəmii'diən]

comedido *adj* polite [pəlait']
comedor *m* dining room [dai'niŋ rum]
comején *m* termite [tər'mait]
comentador *m* commentator [ka'mən-teitər]
comentar *v* to comment [tu ka'mənt]
comentario *m* comment [ka'mənt]
comenzar *v* to begin [tu biiguin']
comer *v* to eat [tu iit]
comercial *adj* commercial [kəmər'shəl]
comerciante *m* merchant [mər'chənt]
comerciar *v* to trade [tu treid]; to deal in [tu diil in]
comercio *m* business [biz'nəs]; commerce [ka'mərs]
comestible *adj* edible [e'dəbəl]; **—s** *m* groceries [gro'səriiz]
cometa *m* comet [ka'mət]; (*Am*) *f* kite [kait]
cometer *v* to commit [tu kəmit'], do [du]
cometido *m* mission [mi'shən]
comezón *f* itch [ich]
comicios *m* elections [iilek'shənz]
cómico *adj* comical [ka'mikəl]; *m* actor [æk'tər]
comida *f* dinner [di'nər]
comienzo *m* beginning [bigui'niŋ]
comilón *adj, m* glutton [glʌ'tən]
comillas *f* quotation marks [kuotei'shən marks]
comino *m* cumin seed [kʌ'min siid]; **no vale un —** it is not worth a fig [it iz nat uərth ə figuə]
comisario *m* deputy [de'piuti]
comisión *f* commission [kəmi'shən]
comisionado *m* commissioner [kəmi'-shənər]
comisionar *v* to commission [tu kəmi'-shən]
comité *m* committee [kəmi'ti]
comitiva *f* retinue [re'tinu], group of people [grup ʌv pii'pəl]
como *adv, conj* as [æz], like [laik], since [sins]; *adv* **¿cómo?** how? [jau]; **¿a — estamos?** what is the date? [juat iz dhə deit]; **¿— está usted?** how are you? [jau ar iu]; **¡— no!** of course! ʌf kɔrs]
cómoda *f* chest of drawers [chest ʌv drɔ'ərz]
comodidad *f* comfort [kʌm'fərt]; convenience [kənvii'niəns]
cómodo *adj* convenient [kənvii'niənt]; comfortable [kʌm'fərtəbəl]
compacto *adj* compact [kam'pækt]
compadecer *v* to pity [tu pi'ti]
compadre *m* godfather [gad'fa'thər]; friend [frend]
compañero *m* companion [kəmpæ'niən], friend [frend]; **— de cuarto** roommate [rum'meit]
compañía *f* company [kʌm'pəni]; society [sosai'ti]; companionship [kəmpæ'-niənship]
comparación *f* comparison [kəmpæ'ri-sən]
comparar *v* to compare [tu kəmpær']
compartir *v* to share [tu shær]
compás *m* compass [kam'pəs]
compasión *f* compassion [kəmpæ'shən]
compasivo *adj* compassionate [kəmpæ'-shənət]
compatible *adj* compatible [kəmpæ'ti-bəl]
compatriota *m, f* countryman [kan'tri-mən]; fellow citizen [fe'lo si'tizən]
compendiar *v* to abridge [tu əbridch]
compendio *m* summary [sʌ'məri]
compensación *f* compensation [kam'-pənsei'shən]
compensar *v* to compensate [tu kam'-pənseit]
competencia *f* competence [kam'pətəns]
competente *adj* competent [kam'pətənt]
competidor *m* competitor [kəmpe'titər]
competir *v* to compete [tu kəmpiit']
compilar *v* to compile [tu kəmpail']
complacer *v* to please [tu pliiz]; **—se** to be pleased with [tu bii pliizd uith]
complejo *adj, m* complex [kam'plex]; **— de inferioridad** inferiority complex [in-fəria'riti ...]
complementario *adj* complementary [kampləmen'təri]
complemento *m* complement [kam'plə-mənt]
completar *v* to complete [tu kəmpliit']
completo *adj* complete [kəmpliit']; **¡—!** filled! [fild]
complexión *f* physical appearance [fi'-zikəl əpii'rəns]; physique [fiziik']
complicación *f* complication [kampli-kei'shən]
complicar *v* to complicate [tu kam'pli-keit]
cómplice *m, f* accomplice [əkam'plis]
complot *m* conspiracy [kənspi'rəsi]
componer *v* to compose [tu kəmpoz']; to repair [tu riper']; to settle an argument [tu se'təl ən ar'guiumənt]; **—se** to make up [tu meik ʌp]
comportarse *v* to behave oneself [tu biijeiv' uanself']

composición *f* composition [kampozi'shən]
compositor *m* composer [kəmpo'zər]
compostura *f* repair [riper]; composition [kampozi'shən]; mending [men'diŋ]; personal bearing [pər'sənəl be'riŋ]
compra *f* purchase [pər'chəs]; **ir de —s** to go shopping [tu go sha'piŋ]
comprar *v* to purchase [tu pər'chəs], buy [bai]
comprender *v* to include [tu inklud']; to understand [tu ʌn'dərstænd']; **¿comprende?** get it? [guet it]
comprensible *adj* understandable [ʌn'dərstæn'dəbəl]
comprensión *f* understanding [ʌn'dərstæn'diŋ]; comprehension [kamprijen'shən]
compresión *f* compression [kəmpre'shən]
compresor *m* compressor [kəmpre'sər]
comprimir *v* to compress [tu kəmpres']; to repress [tu ripres']
comprobación *f* proof [pruf], confirmation [kanfirmei'shən]
comprobante *m* voucher [vau'chər]
comprobar *v* to confirm [tu kənfərm']
comprometer *v* to compromise [tu kam'prəmaiz]; to put in danger [tu put in dein'dchər]; **—se** to become engaged [tu bikʌm' enguei'dchəd]
compromiso *m* compromise [kam'prəmaiz]; engagement [enguei'dchmənt]
compuesto *adj* composed [kəmpo'zəd]; *m* compound [kam'paund]
compulsorio *adj* compulsory [kəmpʌl'səri]
computadora *f* computer [kəmpiu'tər]
computadorizar *v* to computerize [tu kəmpiu'təraiz]
computar *v* to compute [tu kəmpiut'], calculate [kæl'kiuleit]
cómputo *m* computation [kampiutei'shən]
comulgar *v* to take communion [tu teik kəmiu'niən]
común *adj* common [ka'mən]; *m* water-closet [ua'tər-kla'zət]; **por lo —** in general [in dche'nərəl]
comunicación *f* communication [kəmiunikei'shən]
comunicar *v* to communicate [tu kəmiu'nikeit]
comunidad *f* community [kəmiu'niti]
comunión *f* communion [kəmiu'niən]; (*relig*) **la primera Comunión** First Communion [fərst ...]
comunismo *m* communism [ka'miunizm]
comunista *adj, m, f* communist [ka'miunist]
con *prep* with [uith]; by [bai]
conato *m* endeavor [ende'vər], attempt [ətempt']
cóncavo *adj* concave [kankeiv']
concebir *v* to conceive [tu kənsiiv']
conceder *v* to concede [tu kənsiid'], yield [yiild], grant [grænt]
concejal *m* councilman [kaun'silmən]
concejo *m* town hall [taun jɔl]
concentración *f* concentration [kansəntrei'shən]
concentrar *v* to concentrate [tu kan'səntreit]
concepción *f* conception [kənsep'shən]; (*relig*) **Inmaculada Concepción** Immaculate Conception [imæ'kiulət ...]
concepto *m* conception [kənsep'shən]; idea [aidii'ə]; opinion [opin'iən]
concerniente *adj* concerning [kənsər'niŋ]
concernir *v* to concern [tu kənsərn], pertain to [pərtein' tu]
concertar *v* to plan [tu plæn]; to settle [tu se'təl]; to agree [tu agrii']
concertista *m, f* concert performer [kan'sərt pərfɔr'mər]
concesión *f* concession [kənse'shən]
conciencia *f* conscience [kan'shəns]
concienzudo *adj* conscientious [kanshien'shəs]
concierto *m* (*mús*) concert [kan'sərt]
conciliación *f* conciliation [kənsiliiei'shən]
conciliar *v* to reconcile [tu re'kənsail]
concilio *m* council [kaun'sil]
conciso *adj* brief [briif]
conciudadano *m* fellow citizen [fe'lo si'tizen]
concluir *v* to conclude [tu kənklud']; to complete [tu kəmpliit']; to infer [tu infər']
conclusión *f* conclusion [kənklu'shən]; **en —** finally [fai'nəli]
concluyente *adj* conclusive [kənklu'siv]
concordancia *f* concord [kan'kord], harmony [jar'məni]
concordar *v* to agree [tu agrii']
concordia *f* agreement [agrii'mənt]; conformity [kənfɔr'məti]
concretar *v* to unite [tu iunai't]; to limit [tu limit]; to sum up [tu sʌm ʌp]
concreto *adj* concrete [kənkriit']
concubina *f* concubine [kan'kiubain]
concurrencia *f* audience [ɔ'diens]; competition [kampəti'shən]

concurrido *adj* crowded [krau'dəd]; well-attended [uel-əten'dəd]
concurrir *v* to agree [tu əgrii'], concur [kənkər']; to attend [tu ətend']
concurso *m* contest [kan'test]
concusión *f* concussion [kənkʌ'shən]
concha *f* shell [shel]
condado *m* county [kaun'ti]
conde *m* count [kaunt]
condena *f* prison sentence [pri'sən sen'təns]; punishment [pʌ'nishmənt]
condenar *v* to condemn [tu kəndem']; to punish [tu pʌ'nish]
condensación *f* condensation [kandənsei'shən]; digest [dai'dchest]
condensar *v* to condense [tu kəndens']
condesa *f* countess [kaun'tes]
condescendencia *f* condescension [kandəsen'shən]
condescender *v* to condescend [tu kandisend']
condición *f* condition [kəndə'shən]; stipulation [stipiulei'shən]
condicional *adj* conditional [kəndi'shənəl]
condimentar *v* to season [tu sii'zən]
condimento *m* condiment [kan'dimənt], seasoning [sii'səniŋ]
condolerse *v* to sympathize [tu sim'pəthaiz]
condonar *v* to pardon [tu par'dən]
cóndor *m* condor [kan'dər], vulture [vʌl'chur]
conducente *adj* conducive [kəndiu'siv]
conducir *v* to convey [tu kənvei']; to lead [tu liid]; **— un automóvil** to drive an automobile [tu draiv æn ɔ'tomobil]; **—se** to behave oneself [tu bijeiv' uanself']
conducta *f* conduct [kan'dʌkt], behavior [bijei'viər]
conducto *m* channel [chæ'nəl]
conductor *m* conductor [kəndʌk'tər], guide [gaid]
conectar *v* to connect [tu kənekt']
conejillo *m* small rabbit [smɔl ræ'bit]; **— de Indias** guinea pig [gui'nii piguə]
conejo *m* rabbit [ræ'bit]
conexión *f* connection [kənek'shən]
confección *f* making [mei'kiŋ]
confeccionar *v* to make [tu meik]
confederación *f* confederation [kənfedərei'shən]
confederado *adj, m* confederate [kən'fe'dərət]
conferencia *f* conference [kan'fərəns]; lecture [lek'chur]
conferenciante *m, f* lecturer [lek'churər]
conferenciar *v* to hold a conference [tu jold ə kan'fərəns]
conferir *v* to confer [tu kənfər']; to grant [tu grænt]
confesar *v* to confess [tu kənfes']
confesión *f* confession [kənfe'shən]
confesor *m* confessor [kənfe'sər]
confiado *adj* confident [kan'fidənt]; arrogant [æ'rəguənt], presumptuous [prisʌm'pchuəs]
confianza *f* confidence [kan'fidəns]; intimacy [in'timəci]; **es digno de —** he is reliable [jii iz rilai'bəl]; **tener — en** to have faith in [tu jæv feith in]
confiar *v* to confide [tu kənfaid']
confidencia *f* confidence [kan'fədəns], trust [trʌst]
confidencial *adj* confidential [kanfəden'shəl]
confidente *adj* faithful [feith'fəl]; *m* confidant [kan'fidænt]
confín *m* boundary [baun'dəri]
confinar *v* to limit [tu li'mit]; to border upon [tu bɔr'dər əpan']
confirmación *f* confirmation [kanfərmei'shən]
confirmar *v* to confirm [tu kənfərm']
confiscar *v* to confiscate [tu kan'fəskeit]
confite *m* candy [kæn'di]
conflicto *m* conflict [kan'flikt]
conformar *v* to conform [tu kənfɔrm']; to fit [tu fit]; **—se** to resign oneself [tu rizain' uanself']
conforme *adj* in agreement [in əgrii'mənt]; **estar —** to agree [tu agrii']; **— a** according to [əkɔr'diŋ tu]
conformidad *f* conformity [kənfɔr'məti]; patience [pei'shəns]
confort *m* comfort [kʌm'fərt]
confortante *adj* comforting [kʌm'fərtiŋ]; sedative [se'dətiv]
confortar *v* to comfort [tu kʌm'fərt]
confrontar *v* to compare [tu kʌmper']
confundir *v* to confuse [tu kənfiuz']
confusión *f* confusion [kənfiu'zhən]
confuso *adj* confused [kənfiuz'əd]; **estoy —** I am confused [ai æm ...]
congelación *f* freezing [frii'ziŋ]; **punto de —** freezing point [... pɔint]
congelador *m* freezer [frii'zər]
congeladora *f* deep freezer [diip frii'zər]
congelar *v* to freeze [tu friiz]; **carne congelada** frozen meat [fro'zən miit]
congénito *adj* congenital [kəndche'nətəl]
congestión *f* congestion [kəndches'chən]

conglomeración *f* conglomeration [kənglamerei'shən]
congoja *f* grief [griif], pain [pein]
congratular *v* to congratulate [tu kəngræ'chiuleit]
congregar *v* to assemble [tu əsem'bəl]
congreso *m* congress [kan'grəs]; **— de profesores** meeting of professors [mii'tiŋ ʌv profe'sərz]
congruencia *f* congruency [kəngru'ənsi]
cónico *adj* conical [ka'nikəl]
conjetura *f* conjecture [kəndchek'chər]
conjeturar *v* to conjecture [tu kəndchek'chər]
conjugación *f* conjugation [kəndchuguei'shən]
conjugar *v* to conjugate [tu kan'dchugueit]
conjunción *f* conjunction [kəndchʌnk'shən]
conjunto *adj* united [iunai'təd]; *m* total [to'təl], whole [jol]; **en —** in summation [in sʌmei'shən]
conjurar *v* to conspire [tu kənspair']
conmemoración *f* commemoration [kəmemərei'shən], celebration [seləbrei'shən]
conmemorar *v* to commemorate [tu kəme'məreit], celebrate [seləbreit']
conmiseración *f* pity [pi'ti]
conmoción *f* commotion [kəmo'shən]
conmovedor *adj* affecting [əfek'tiŋ], touching [tʌ'chiŋ], moving [mu'viŋ]
conmover *v* to move [tu muv], touch [tʌch]
conmutador *m* electric switch [iilek'trik suich]
cono *m* cone [kon]
conocedor, a *m, f* expert [ex'pərt], connoisseur [kanəsər']
conocer *v* to know [tu no]; to understand [tu ʌn'dərstænd']
conocimiento *m* knowledge [na'lədch]
conque *conj* so then [so then]
conquista *f* conquest [kan'kuest]
conquistador *m* conqueror [kan'kərər]
conquistar *v* to conquer [tu kan'kər], win [uin]
consagrar *v* to dedicate [tu de'dəkeit]
consciente *adj* conscious [kan'shʌs]
consecuencia *f* consequence [kan'sikuens]; result [risʌlt]; **por —** therefore [ther'fɔr]
consecuente *adj* logical [ladch'əkəl]
consecutivo *adj* consecutive [kənse'kiutiv]
conseguir *v* to attain [tu ətein'], obtain [ʌbtein'], reach [riich]
consejero *m* counselor [kaun'sələr]
consejo *m* advice [ædvais']; council [kaun'sil]
consenso *m* consensus [kənsen'səs]
consentido *adj* pampered [pæm'pərd]
consentimiento *m* consent [kənsent']
consentir *v* to consent [tu kənsent']; to pamper [tu pæm'pər]
conserje *m* janitor [dchæ'nətər]
conserva *f* preserve [prizərv']; **—s** canned foods [kænd fudz]
conservador *adj* conservative [kənsər'vətiv]
conservar *v* to conserve [tu kənsərv'], maintain [meintein'], keep [kiip]
conservatorio *m* conservatory [kənsər'vətɔri]
considerable *adj* considerable [kənsi'dərəbəl]
consideración *f* consideration [kənsidərei'shən]; esteem [əstiim'], respect [rispekt']
considerado *adj* considerate [kənsi'dərət], prudent [pru'dənt]; esteemed [estii'md]
considerando *conj* whereas [jueræz']
considerar *v* to consider [tu kənsi'dər]; to respect [tu rispekt']
consigna *f* (*Am*) checkroom [chek'rum]
consignación *f* consignment [kənsain'mənt]
consignar *v* to consign [tu kənsain']; (*Am*) to check baggage [tu chek bæ'guədch]
consiguiente *adj* consecutive [kənse'kiutiv]; *m* consequence [kan'sikuens]; **por —** consequently [kan'sikuentli], therefore [dher'fɔr]
consistente *adj* consistent [kənsi'stənt]; firm [fərm]
consistir *v* to consist [tu kənsist'], constitute [kan'stitiut]; **consiste en** it is about [it iz əbaut']
consocio *m* partner [part'nər]
consolación *f* consolation [kansəlei'shən]
consolar *v* to console [tu kənsol'], comfort [kəm'fɔrt]
consolidar *v* to strengthen [tu streŋ'thən]
consonante *adj* harmonious [jarmo'niəs]; *m* rhyme [rai'm]; (*gram*) *f* consonant [kan'sənənt]
consorte *m, f* consort [kan'sɔrt]
conspicuo *adj* conspicuous [kənspi'kiuəs]
conspiración *f* conspiracy [kənspi'rəsi]

conspirar *v* to conspire [tu kənspair']
constancia *f* constancy [kan'stənsi]
constante *adj* constant [kan'stənt], firm [fərm]
constar *v* to be certain [tu bii sər'tən]; to consist of [tu kənsist' ʌv]; **hacer —** to call to the attention of [tu kɔl tu dhə ətenʹshən ʌv]
constelación *f* constellation [kanstəlei'shən]
consternar *v* to dismay [tu dismei']
constipación *f* cold [kold]; constipation [kanstipei'shən]
constipado *adj*: **estar —** to have a cold [tu jæv ə kold]; *m* cold (in the head) [..., in dhə jed]
constitución *f* constitution [kanstitu'shən]
constitucional *adj* constitutional [kanstitu'shənəl]
constituir *v* to constitute [tu kan'stitiut]
constituyente *adj, m* constituent [kansti'tiuənt]
construcción *f* construction [kənstrʌk'shən], building [bil'diŋ]
constructor *m* builder [bil'dər]
construir *v* to build [tu bild]
consuelo *m* consolation [kansolei'shən]; relief [riliif']
cónsul *m* consul [kan'səl]
consulado *m* consulate [kan'sʌlət]
consulta *f* consultation [kansʌltei'shən]; **libro de —** reference book [re'fərəns buk]
consultar *v* to consult [tu kənsʌlt']; to get reference [tu guet re'fərəns]
consultivo *adj* advisory [ædvai'zəri]; referring (to) [rife'riŋ, tu]
consultor *adj* advisory [ædvai'zəri]; *m* adviser [ædvaiz'ər]
consultorio *m* doctor's office [dak'tərz ɔ'fəs]
consumar *v* to consummate [tu kan'səmeit]
consumidor *adj* consuming [kənsu'miŋ]; *m* consumer [kənsu'mər]
consumir *v* to consume [tu kənsum'], use up [iuz ʌp]; **—se** to languish [tu læn'guish], waste [ueist]
consumo *m* consumption [kənsʌmp'shən], use [ius]
consunción *f* (*med*) consumption [kənsump'shən]
contabilidad *f* accounting [əkaun'tiŋ]
contacto *m* contact [kan'tækt]
contado *adj* scarce [skers]; **al —** in ready cash [in re'di kæsh]
contador *m* accountant [əkaun'tənt]; counter [kaun'tər]; **— Geiger** Geiger counter [gai'guər kaun'tər]; **— eléctrico** electric meter [ilek'trik mii'tər]
contagiar *v* to infect [tu infekt']
contagioso *adj* contagious [kəntei'dchəs], infecting [infek'tiŋ]
contaminar *v* to contaminate [tu kəntæ'mineit]; (*aire*) to pollute [tu pəlut']
contante: dinero — ready cash [re'di kæsh]
contar *v* to count [tu kaunt]; to relate [tu rileit']
contemplación *f* contemplation [kantemplei'shən]
contemplar *v* to contemplate [tu kan'templeit], meditate [me'diteit]
contemporáneo *adj, m,* contemporary [kəntem'pərerі]
contender *v* to contend [tu kəntend']
contendiente *m, f* competitor [kəmpe'titər]
contener *v* to contain [tu kəntein']; **—se** to refrain from [tu rifrein' frʌm]
contenido *m* contents [kan'tentz]
contentar *v* to content [tu kəntent'], please [pliiz']; **—se** to be satisfied [tu bii sæ'tisfaid]
contento *adj* glad [glæd]; **estoy — I am** glad [ai æm ...]; *m* contentment [kəntent'mənt], happiness [jæ'pinəs]
contera *f* tip of [tip ʌv]; (*canción*) refrain (in a song) [rifrein', in ə sɔŋ]
contestación *f* answer [æn'sər], reply [riplai']
contestar *v* to answer [tu æn'sər], reply [riplai']
contienda *f* contest [kan'test]; race [reis]; argument [ar'guiumənt], fight [fait]
contigo *pron* with you (*sing*) [uith yu]; **— pan y cebolla** with you through thick and thin [... thru thik ænd thin]
contiguo *adj* contiguous [kənti'gui-uəs], adjacent [ədchei'sənt]
continental *adj* continental [kan'tinen'təl]
continente *m* continent [kan'tinənt]
continuación *f* continuation [kəntiniuei'shən]; continuity [kantiniu'iti]
continuamente *adv* continually [kənti'niuəli]
continuar *v* to continue [tu kənti'niu]; **¡continúe leyendo!** keep on reading! [kiip an rii'diŋ]
continuidad *f* continuity [kantiniu'iti]
continuo *adj* continuous [kənti'niuəs]

contorno *m* environs [envai'rənz]; outline [aut'lain]
contra *prep* against [əguenst']; **el pro y el —** the pro and con [dhə pro ænd kan]; (*Am*) **estar —** to oppose [tu əpoz']
contrabandista *m, f* smuggler [smʌ'glər]
contrabando *m* contraband [kan'trəbænd], smuggling [smʌ'gliŋ]
contracción *f* contraction [kəntræk'shən]
contradecir *v* to contradict [tu kantrədikt']
contradicción *f* contradiction [kantrədik'shən]
contradictorio *adj* contradictory [kantrədik'təri]
contradicho *adj* contradicted [kantrədik'təd]
contraer *v* to contract [tu kantrækt']; to reduce [tu ridus']; **—se** to shrink [tu shrink]
contrahacer *v* to forge [tu fɔrdch]
contrahecho *adj* deformed [difɔr'məd]; forged [fɔr'dchd]
contraorden *f* change of order [cheindch ʌv ɔr'dər]
contrapelo *m* countergrain [kaun'tərgrein]; **a —** against the grain [əguenst' dhə ...]
contrapeso *m* counterweight [kaun'tərueit]
contrapunto *m* (*mús*) counterpoint [kaun'tər-point]
contrariar *v* to contradict [tu kantrədikt']; to vex [tu veks]
contrariedad *f* opposition [a'pozi'shən]; disappointment [disəpɔint'mənt]
contrario *adj, m* opposite [a'posit]; opponent [əpo'nənt]; contrary [kan'treri]; hostile [ja'stəl]; **al —** on the contrary [an dhə kan'treri]
contraseña *f* countersign [kaun'tərsain]; password [pæs'uərd]; baggage-check [bæ'guədch-chek]
contrastar *v* to contrast [tu kəntræst']; to go against [tu go əguenst']
contraste *m* contrast [kan'træst]
contrata *f* stipulation [stipiulei'shən]
contratar *v* to engage [tu engueidch']; to stipulate [tu sti'piuleit], contract [kəntrækt']
contratiempo *m* disappointment [disəpɔint'mənt]; accident [æk'sidənt]
contratista *m* contractor [kan'træktər]
contrato *m* contract [kan'trækt]
contraveneno *m* antidote [æn'tidot]
contribución *f* contribution [kantribiu'shən]; tax [tæx]
contribuir *v* to contribute [tu kəntri'biut]
contribuyente *m, f* contributor [kəntri'biutər]; taxpayer [tæx'peiər]
contrito *adj* contrite [kəntrait']
control *m* control [kəntrol']
controversia *f* controversy [kan'trəvərsi]
contumacia *f* stubbornness [stʌ'bərnəs], contempt [kəntem'pt]
contusión *f* contusion [kəntu'shən], bruise [bruz]
convalecencia *f* convalescence [kanvəle'səns]
convalecer *v* to convalesce [tu kanvəles']
convencer *v* to convince [tu kənvins']
convencimiento *m* conviction [kənvik'shən]
convención *f* convention [kənven'shən]
convencional *adj* conventional [kənven'shənəl]
convenido *adj* agreed [əgriid']; **¡—!** fine! [fain]; **está —** it is agreed [it iz ...]
conveniencia *f* utility [iuti'ləti]; convenience [kənvii'niəns]
conveniente *adj* convenient [kənvi'niənt]; desirable [dəzai'rəbəl]
convenio *m* pact [pækt]
convenir *v* to agree [tu əgrii']; to fit [tu fit]; **no me conviene** it does not suit me [it doz nat sut mii]
convento *m* convent [kan'vənt]
conversación *f* conversation [kanvərsei'shən]
conversar *v* to converse [tu kənvərs']
convertir *v* to transform [tu trənzfɔrm']
convexo *adj* convex [kanvex']
convicción *f* conviction [kənvik'shən]
convicto *adj* guilty [guil'ti]
convidado *adj* invited [invai'təd]; *m* guest [guest]
convidar *v* to invite [tu invait']
convincente *adj* convincing [kənvin'siŋ]
convite *m* invitation [invitei'shən]; party [par'ti]
convocar *v* to assemble [tu əsem'bəl]
convoy *m* convoy [kan'vɔi]
convoyar *v* to convoy [tu kənvoi']
convulsión *f* convulsion [kanvʌl'shən]
cónyuges *m, pl* married couple [mæ'riid kʌ'pəl]
cooperación *f* cooperation [ko-apərei'shən]
cooperar *v* to cooperate [tu ko-a'pəreit]

cooperativa *f* co-op store [ko-ap stɔr]
cooperativo *adj* cooperative [ko-a'pərətiv]
coordinación *f* coordination [ko-ɔrdinei'shən]
coordinar *v* to coordinate [tu ko-ɔr'dineit]
copa *f* cup [kʌp]; top of a tree [tap ʌv ə trii]; crown of a hat [kraun ʌv ə jæt]; (*naipes*) **—s** hearts (at cards) [jartz, æt kardz]
copete *m* top [tap]; hair tuft [jer tʌft]
copia *f* copy [ka'pi]; imitation [imətei'shən]
copiar *v* to copy [tu ka'pi]
copioso *adj* abundant [əbʌn'dənt]
copla *f* (*poét*) couplet [kʌp'let]; stanza [stæn'zə]; popular ballad [pa'piulər bæ'ləd]
copo *m* snowflake [sno'fleik]
coqueta *f* flirt [flərt]
coquetería *f* flirtation [flərtei'shən]
coraje *m* courage [kə'rədch]; anger [æn'guər]
corajudo *adj* ill-tempered [ill-tem'pərəd]
coral *adj* choral [ko'rəl]; *m* coral [ka'rəl]
coraza *f* armor plate [ar'mər pleit]; shell of a turtle [shel ʌv ə tər'təl]
corazón *m* heart [jart]; benevolence [bene'vələns]; center [sen'tər]
corazonada *f* presentiment [prizen'təmənt], feeling [fii'liŋ]; sudden inspiration [sʌ'dən inspərei'shən]
corbata *f* necktie [nek'tai]
corcel *m* steed [stiid]
corcovado *adj* crooked [kru'kəd], hunched [jʌn'chd]; *m* hunchback [jʌnch'bæk]
corcho *m* cork [kɔrk]
cordel *m* rope [rop]
cordero *m* lamb [læm]; gentle person [dchen'təl pər'sən]
cordial *adj* cordial [kɔr'dchəl], affectionate [əfek'shənət]
cordialidad *f* cordiality [kɔrdchi-æ'liti]
cordillera *f* mountain range [maun'tən reindch]
cordón *m* cord [kɔrd]; (*Arg*) curb [kərb]
cordura *f* sanity [sæ'nəti], wisdom [uiz'dəm]
corista *m, f* chorister [kɔ'rəstər]; *f* chorus girl [kɔ'rəs guerl]
cornada *f* thrust with horns [thrʌst uidh jɔrnz]
corneta *f* cornet [kɔrnet']; bugle [biu'guəl]; *m* bugler [biu'glər]
cornisa *f* cornice [kɔr'nis]
coro *m* choir [kua'iər]
corona *f* crown [kraun]; wreath [riith]; (*relig*) Rosary [ro'zəri]
coronación *f* coronation [kɔrənei'shən]
coronar *v* to crown [tu kraun]; to accomplish [tu əkam'plish]
coronel *m* colonel [kər'nəl]
coronilla *f* crown of the head [kraun ʌv dhə hed]; **estoy hasta la — I am fed up** [ai æm fed ʌp]
corporación *f* corporation [kɔrpərei'shən]
corporal *adj* corporal [kɔr'pərəl]; bodily [ba'dili]
corpóreo *adj* corporeal [kɔrpɔ'riiəl]; bodily [ba'dili]
corpulento *adj* corpulent [kɔr'piulənt]; fat [fæt]
corral *m* yard [iard]; corral [kəræl']; **aves de —** poultry [pol'tri]; (*Am*) lumberyard [lʌm'bər ...]
correa *f* leather strap [le'dhər stræp]; belt [bəlt]
corrección *f* correction [kərek'shən]
correcto *adj* correct [kərekt']
corredor *m* runner [rʌ'nər]
corregidor *m* Spanish magistrate [spæn'əsh mæ'dchəstreit]
corregir *v* to correct [tu kərekt']; **— a un niño** to punish a child [tu pʌ'nish ə chaild]
correo *m* mail [meil]; mailman [meil'mən]; post office [post ɔf'is]; **— aéreo** air mail [er ...]
correoso *adj* leathery [le'dhəri]
correr *v* to run [tu rʌn]; to flow [tu flo]; to pass time away [tu pæs taim əuei']
correría *f* excursion [exkər'zhən]; raid [reid]
correspondencia *f* correspondence [kɔrəspan'dəns]
corresponder *v* to correspond [tu kɔrəspand']; to agree [tu əgrii']
correspondiente *adj* corresponding [kɔrəspan'diŋ]; suitable [su'təbəl]
corresponsal *m* correspondent [kɔrəspan'dənt]; reporter [ripɔr'tər]
corrida *f* course [kɔrs]; **— de toros** bullfight [buəl'fait]
corriente *adj* running [rʌ'niŋ]; *f* current [kə'rənt]; **estar al —** to be up-to-date [tu bii up-tu-deit]; **tener al —** to keep informed [tu kiip infɔr'məd]; **— de agua** water current [uɔ'tər ...]
corroborar *v* to corroborate [tu kəra'bəreit]

corroer *v* to corrode [tu kərod']
corromper *v* to corrupt [tu kərʌpt']
corrosión *f* corrosion [kəro'zhən]
corrupción *f* corruption [kɔrʌp'shən]
corrupto *adj* corrupted [kərʌ'ptəd]
corsé *m* corset [kɔr'sit]
cortada *f* (*Am*) cut [kʌt]
cortador *m* cutter [kʌ'tər]
cortaplumas *m* penknife [pen'naif]
cortar *v* to cut [tu cʌt]; to separate [tu se'pəreit]; to interrupt [tu intərʌpt']; **—se** to be ashamed [tu bii əshei'məd]
corte *m* cut [kʌt]; felling of trees [fəl'iŋ ʌv triiz]; *f* royal court [rɔi'iəl kɔrt]; flattery [flæ'təri]; **hacer la —** to woo [tu uu]
cortejar *v* to court [tu kɔrt]
cortejo *m* procession [prose'shən]
cortés *adj* polite [pəlait']
cortesano *m* courtier [kɔr'tiər]
cortesía *f* courtesy [kər'təsi]
corteza *f* bark [bark]; crust [krʌst]
cortina *f* curtain [kʌr'tən]; **— de bambú** bamboo curtain [bæm'bu ...]; **— de hierro** iron curtain [ai'ərn ...]
cortisona *f* (*med*) cortisone [kɔr'təzon]
corto *adj* short [shɔrt]; shy [shai]
cortocircuito *m* short circuit [shɔrt sər'-kit]
cosa *f* thing [thiŋ]; matter [mæ'tər]; subject [sʌb'dchekt]
cosecha *f* harvest [jar'vəst]
cosechar *v* to reap [tu riip]
coser *v* to sew [tu so]; **máquina de —** sewing machine [so'iŋ məshiin']
cosmético *m* cosmetic [kasme'tik]
cosmopolita *adj*, *m* cosmopolite [kas-ma'pəlait], cosmopolitan [kasmopa'li-tən]
cosquillas *f* tickling [tik'liŋ]; **hacer —** to tickle [tu ti'kəl]
costa *f* cost [kɔst]; coast [kost]
costado *m* side [said], flank [flænk]
costal *m* sack [sæk]
costar *v* to cost [tu kɔst]; **me cuesta mucho trabajo** it is very hard for me [it iz ve'ri jard fɔr mii]
coste *m* expense [expens']
costear *v* to pay [tu pei]; to sail along the coast [tu seil əlɔŋ' dhə kost], hug the coast [jʌguə dhə ...]
costero *adj* coastal [ko'stəl]
costilla *f* rib [rib]
costo *m* price [prais]
costoso *adj* costly [kɔ'stli], dear [diir]
costra *f* crust [krʌst]
costumbre *f* custom [kʌ'stəm]
costura *f* seam [siim]; sewing [so'iŋ]
costurera *f* seamstress [siim'strəs]
cotidiano *adj* daily [dei'li]
cotizar *v* to quote (a price) [tu kuot, ə prais]
coto *m* landmark [lænd'mark]
cotorra *f* magpie [mæguə'pai]; chatter-box [chæ'tərbax]
coyote *m* coyote [kaio'ti]
coyuntura *f* articulation [artikiulei'-shən]; joint [dchɔ'int]
cráneo *m* skull [skʌl]
cráter *m* crater [krei'tər]
creación *f* creation [kriei'shən]
Creador *m* the Creator [dhə kriei'tər]
creador *adj* creative [kriei'təv]; original [əri'dchənəl]
crear *v* to create [tu krieit']; to make [tu meik]; to originate [tu əri'dchi-neit]
crecer *v* to grow [tu gro]; to increase [tu inkriis']
crecida *f* flood [flʌd], flood tide [... taid], swell [suel]
crecido *adj* grown [gron]
creciente *adj* growing [gro'iŋ]; *m* cres-cent (of the moon) [kre'sənt ʌv dhə mun]; *f* swell [suel], flood tide [flʌd taid]
crecimiento *m* growth [groth]
credencial *f* credential [krəden'shəl]
crédito *m* credit [kre'dit]; reputation [repiutei'shən]; **tarjeta de —** credit card [... kard]
credo *m* creed [kriid]
crédulo *adj* credulous [kre'dchələs]
creencia *f* belief [biliif']
creer *v* to believe [tu bi'liiv]; to think [tu think]; **creo que sí** I think so [ai ... so]; **creo que no** I think not [... nat] **¡ya lo creo!** of course [ʌv kɔrs]
crema *f* cream [kriim]; custard [kʌ'-stərd]; **café con —** coffee with cream [kɔ'fii uith ...]; **— para el rostro** face (cold) cream [feis, kold ...]
crepuscular *adj* twilight [tuai'lait]; dim [dim]
crepúsculo *m* twilight [tuai'lait]
crespo *adj* crisp [krisp]; **pelo —** curly hair [kər'li jer]
crespón *m* crepe [kreip]
cresta *f* crest of birds [krest ʌv bərdz]; summit of a mountain [sʌ'mit ʌv ə maun'tən]
creyente *m*, *f* believer [bilii'vər]
cría *f* breed of animals [briid ʌv æ'nə-məlz]

criada *f* maid [meid]
criado *m* servant [sər'vənt]
criador *m* breeder [brii'dər]
crianza *f* education [edchukei'shən]; manners [mæ'nərz]
criar *v* to breed [tu briid], rear [riir]; to nurse [tu nərs]
criatura *f* child [chaild], baby [bei'bi]
criba *f* sieve [siv]
crimen *m* crime [kraim]
criminal *adj, m, f* criminal [kri'mənəl]
crin *f* mane [mein], horsehair [jɔrs'jer]
criollo *adj, m* native [nei'tiv]; (*Am*) domestic [dome'stik]; Creole [kri-ol']
crisantemo *m* chrysanthemum [krisæn'-thəməm]
crisis *f* crisis [krai'sis]
crisol *m* crucible [kru'səbəl]
crispar *v* to become stiff [tu bikʌm' stif]
cristal *m* crystal [kri'stəl]; **— tallado** cut crystal [kʌt ...]
cristalería *f* glassware [glæs'uer]; china closet [chainə kla'sət]
cristalino *adj* crystalline [kri'stəlin], clear [kliir]
cristalizar *v* to crystallize [tu kri'stəlaiz]
cristianismo *m* Christianism [kris'chə-nizm]
cristiano *adj, m* Christian [kris'chən]; person [pər'sən]
Cristo *m* Christ [kraist]
criterio *m* criterion [kraiti'riən]
crítica *f* criticism [kri'təsizm], comment [ka'ment]
criticar *v* to criticize [tu kri'təsaiz], comment [ka'ment]
crítico *adj* critical [kri'təkəl]; *m* critic [kri'tik]
croar *v* to croak [tu krok]
cromo *m* chromium [kro'miəm], chrome [krom]; polish [pa'lish]
crónica *f* chronicle [kra'nəkəl], account [əkaunt']
crónico *adj* chronic [kra'nik]
cronista *m, f* chronicler [kra'nəklər]; reporter [ripɔr'tər]
cronológico *adj* chronological [kranəla'-dchəkəl]
cruce *m* crossing [krɔ'siŋ]; crossroads [krɔs'rodz]
crucificar *v* to crucify [tu kru'səfai]; to torment [tu tɔrment']
crucifijo *m* crucifix [kru'səfix]
crucigrama *m* crossword puzzle [krɔs'-uərd pʌ'zəl]
crudo *adj* raw [rɔ]; green [griin]
cruel *adj* cruel [kruəl]
crueldad *f* cruelty [kru'əlti]
crujido *m* crack [kræk], creaking [krii'-kiŋ], grinding [grain'diŋ]
crujir *v* to crackle [tu kræ'kəl]; **— los dientes** to grind the teeth [tu graind dhə tiith]
cruz *f* cross [krɔs]
cruzada *f* crusade [kruseid']
cruzado *adj* crossed (breed) [krɔst, briid]; *m* crusader [krusei'dər]
cruzar *v* to cross [tu krɔs]
cuaderno *m* notebook [not'buək]
cuadra *f* hall [jɔl]; (*Am*) block of houses [blak ʌv jau'ziz]
cuadrado *adj, m* square [skuer]
cuadrángulo *m* quadrangle [kua'dræn-guəl]
cuadrilátero *adj* quadrilateral [kuadrə-læ'tərəl]
cuadrilla *f* gang [gæŋ]; matador and assistants [mat'ədɔr ænd əsis'təntz]; (*baile*) square dance [skuer dæns]
cuadro *m* square [skuer]; picture [pik'-chər]
cuadrúpedo *adj* quadruped [kua'druped]
cuajar *v* to coagulate [tu koæ'guiuleit]
cual *adj, pron* which [juich]; such as [sʌch æz]; *adv* as [æz]; how [jau]; **¿cuál?** (*interj*) which (one)? [juich, uan]
cualidad *f* quality [kua'liti]
cualquier *adj* any [æ'ni]
cualquier, a *pron* any [æ'ni]; anyone [æ'ni uan]
cuando *adv* when [juen]; in case that [in keis dhæt]; if [if]; although [ɔltho']; sometimes [sam'taimz]
cuanto *adj* as many as [æz me'ni æz]; **¿cuánto?** how much? [jau mʌch]; **¿cuántos?** how many [jau me'ni]; *adv* as [æz]; **— antes** at once [æt uans]; **en — a** with regard to [uith rigard' tu]
cuarenta *adj* forty [fɔr'ti]
cuarentena *f* quarantine [kuɔ'rəntiin]
cuaresma *f* Lent [lent]
cuartel *m* barracks [bæ'rəks]; (general) headquarters [dche'nərəl, jed'kuɔr-tərz]
cuarteto *m* quartet [kuɔrtet']
cuarto *adj* fourth [fɔrth]; *m* room [rum]; **compañero de —** roommate [rum'meit]
cuate *adj, m* (*Méx*) twin [tuin]
cuatro *adj* four [fɔr]; (*mús*) quartet [kuɔrtet']
cubano *adj, n* Cuban [kiu'bən]

cúbico *adj* cubic [kiu'bik]
cubierta *f* cover [kʌ'vər]; envelope [en'vəlop]; deck [dek]
cubierto *m* cover (dinner) [kʌ'vər, di'-nər]
cubito; **— de hielo** ice cube [ais kiub]
cubo *m* cube [kiub]; pail [peil]
cubrir *v* to cover [tu kʌ'vər], cover up [... ʌp]; to disguise [tu disgaiz']; **—se** to put on one's hat [tu pʌt an uanz jæt]
cucaracha *f* cockroach [kak'roch]
cucurucho *m* paper cone [pei'pər kon]
cuchara *f* spoon [spun]
cucharada *f* spoonful [spun'fəl]
cucharita *f* teaspoon [tii'spun]
cucharón *m* ladle [lei'dəl], dipper [di'-pər]
cuchicheo *m* whispering [jui'spəriŋ]
cuchillada *f* blow with a knife [blo uith ə naif]; gash [gæsh]
cuchillo *m* knife [naif]
cuello *m* neck [nek]; collar of a garment [kal'ər ʌv ə gar'mənt]
cuenca *f* valley [væ'li]; eye socket [ai sa'ket]
cuenta *f* (restaurant) check [re'stərənt, chek]; bill[bil]; computation[kam'piu-tei'shʌn]; rosary bead [ro'səri biid]; **darse —** to realize [tu rii'əlaiz]; **te-ner en —** to bear in mind [tu bər in maind]
cuentagotas *m* dropper [dra'pər]
cuento *m* story [sto'ri]; short story [shɔrt ...]; **— de hadas** fairy tale [fə'ri teil]; **— de Navidad** Christmas story [kris'məs ...]
cuerda *f* cord [kɔrd]; watchspring [uach'spriŋ]
cuerdo *adj* prudent [pru'dənt]; wise [uaiz]; in his senses [in jiz sen'səz]
cuerno *m* horn [jɔrn]
cuero *m* hide [jaid]; skin [skin]; leather [le'dhər]
cuerpo *m* body [ba'di]; staff [stæf]
cuervo *m* crow [kro]
cuesta *f* hill [jil]; **— abajo** downhill [daun'jil]; **— arriba** uphill [ʌp'jil]
cuestión *f* question [kues'chən], problem [pra'blem]
cuestionario *m* questionnaire [kueschə-ner']; set of questions [set ʌv kues'-chənz]
cueva *f* cave [keiv]
cuidado *m* care [ker]; anxiety [ænxai'-iti]; accuracy [æ'kiurəsi]; **tener —** to be careful [tu bii ker'fəl]
cuidadoso *adj* careful [ker'fəl]
cuidar *v* to care [tu ker]; **—se bien** to be careful of one's health [tu bii ker'fəl ʌv uanz jelth]
culata *f* butt of a gun [bʌt ʌv ə gʌn]
culebra *f* snake [sneik]
culminación *f* culmination [kʌlminei'-shən]
culminar *v* to culminate [tu kʌl'mineit]
culo *m* (*vulg*) rear [riir], anus [æ'nʌs]
culpa *f* fault [fɔlt]; guilt [guilt]; **tiene la —** he is to blame [jii iz tu bleim]
culpable *adj* guilty [guil'ti]; **ser —** to be at fault [tu bii æt fɔlt]
cultivar *v* to cultivate [tu kʌl'tiveit]
cultivo *m* cultivation [kʌltivei'shʌn]; culture (of bacteria) [kʌl'chər, ʌv bækti'riə]
culto *adj* cultured [kʌl'chərd]; civilized [si'vilaizd]; *m* cult [kʌlt]
cultura *f* culture [kʌl'chər]
cumbre *f* top [tɔp], acme [æk'mi]
cumpleaños *m* birthday [bərth'dei]
cumplido *adj* polished [pa'lishd], ele-gant [e'ləguənt]; *m* compliment [kam'-plimənt]
cumplimiento *m* compliment [kam'pli-mənt]; fulfillment [fəlfil'mənt]
cumplir *v* to execute [tu ex'ikiut]; **— años** to have a birthday [tu jæv ə bərth'dei]
cúmulo *m* heap [jiip]
cuna *f* cradle [krei'dəl]; native country [nei'tiv kʌn'tri]; lineage [li'niədch]
cuña *f* wedge [uedch]
cuñado, a *m, f* brother-in-law (sister-in-law) [brʌ'thər-in-lɔ, si'stər-in-...]
cuota *f* quota [kuo'tə]; fee [fii]
cupón *m* coupon [ku'pan]
cúpula *f* cupola [ku'pələ], dome [dom]
cura *m* priest [priist], parson [par'sən]; *f* (*med*) cure [kiur], remedy [re'mədi]
curandero *m* quack [kuæk]
curar *v* to cure [tu kiur]
curiosidad *f* curiosity [kuria'siti]; neat-ness [niit'nəs]; rarity [ræ'riti]
curioso *adj* curious [kiu'riəs]; neat [niit]
cursar *v* to study [tu stʌ'di]; to take a course [tu teik ə kɔrs]
cursi *adj* pretentious [priten'shəs]; ordi-nary [ɔr'dineri]; corny [kɔr'ni]; cheap [chiip]
curso *m* (*escuela*) course [kɔrs]; direc-tion [direk'shən]
curtir *v* to tan [tu tæn]; **—se** to get tan, sunburned [tu guet ..., sʌn'bərnd]

curva *f* curve [kərv]; — **cerrada** sharp bend [sharp bend]
curvo *adj* curved [kər'vd]
cúspide *f* peak [piik], top [tap]
custodia *f* custody [ku'stədi]
custodiar *v* to guard [tu gard]
cutícula *f* cuticle [kiu'tikəl]
cutis *m* skin [skin]; complexion [kəmple'kshən]
cuyo, ya *pron* of which [ʌv juich], of whom [ʌv jum], whose [juz]
czar *m* czar [zar]

CH

chabacano *adj* coarse [kɔrs], rough [rʌf]; (*Méx*) apricot [æ'prikat]
chacra *f* small farm [smɔl farm]
chal *m* shawl [shɔl]
chalán *m* huckster [jʌk'stər]
chaleco *m* vest [vest]
chalina *f* scarf [skarf]
chalupa *f* small canoe [smɔl kənu']
chamaco *m* (*Méx*) small boy [smɔl bɔi]
chamarra *f* wool sweater [uul sue'tər]
chambón *adj* awkward [ɔk'uərd]; *m* bungler [bʌŋ'glər]
champaña *m* champagne [shampein']
champú *m* shampoo [shæmpu']
chamuscar *v* to scorch [tu skɔrch]
chancear *v* to joke [tu dchok]
chancla *f* old shoe [old shu]
chanza *f* joke [dchok]
chapa *f* thin metal [thin metəl]; veneer [vəniir']
chaparro *adj* small [smɔl], short [shɔrt], squatty [skua'ti]
chaparrón *m* downpour [daun'pɔr]
chapoteo *m* splash [splæsh]
chapulín *m* (*Am*) grasshopper [græs'-japər]
chapuzar *v* to duck [tu dʌk]
chaqueta *f* jacket [dchæ'kət], coat [kot]
charada *f* charade [shəreid']
charca *f* pond [pand]
charco *m* pool [pul]
charla *f* prattle [præ'təl], talk [tɔk]
charlar *v* to chatter [tu chæ'tər]
charlatán *m* idle talker [ai'dəl tɔ'kər]
charol *m* varnish [var'nish]; patent leather [pæ'tən le'thər]
charro *adj* gaudy [gɔ'di], ornate [ɔr'-neit]; *m* Mexican cowboy [mex'ikən kau'bɔi]
chascarrillo *m* joke [dchok]
chasco *m* joke [dchok]; disappointment [disəpɔint'mənt]; **llevarse a un —** to be disappointed [tu bii disəpɔin'təd]
chasis *m* chassis [chæ'si]
chata *f* (*Am*) (girl) "honey" [guərl, jʌ'ni]
chatita *f* (*Am*) "cutie" [kiu'ti]
chato *adj* flat [flæt], flat-nosed [...-nozd]
chaveta *f* pin [pin]; **perder la —** to become rattled [tu bikʌm' ræ'tləd]
cheque *m* check [chek]
chica *f* girl [guərl]
chicle *m* chiclet [chi'klət]; chewing gum [chu'iŋ gʌm]
chico *adj* little [li'təl]; *m* little boy [li'təl bɔi]; youngster [iʌŋ'stər]
chicotear *v* to lash [tu læsh], whip [juip]; (*Am*) to argue [tu ar'guiu]
chícharo *m* pea [pii]
chicharrón *m* crackling [kræk'liŋ], crisp meat [krisp miit]
chichón *m* lump [lʌmp]; bump [bʌmp]
chichona *adj* (*Guat*) large-breasted (girl) [lardch-bre'stəd, guərl]
chiflado *adj* "cracked" [kræ'kt]; "off" [ɔf], crazy [krei'zi]
chiflar *v* to whistle [tu jui'səl]; **—se** to become unbalanced [tu bikʌm' ʌn-bæ'lənst]
chile *m* red pepper [red pe'pər]
chileno *adj, m* Chilean [chili'ən]
chillar *v* to scream [tu skriim], yell [iel]
chillido *m* shriek [shriik]
chillón *adj* screechy [skrii'chi]; loud [laud]
chimenea *f* chimney [chim'ni]; funnel [fʌ'nəl]
chimpancé *m* chimpanzee [chimpæn'zii]
china *f* porcelain [por'sələn]; pebble [pe'bel]; **C—** China [chai'nə]
chinche *f* bedbug [bed'bʌguə]; thumbtack [thʌm'tæk]
chinchilla *f* chinchilla [chinchi'lə]
chino *adj* Chinese [chainiiz']; *m* Chinese language [chainiiz' laŋ'güədch]
chiquillo *m* youngster [iʌŋ'stər]
chiquitín *m* tot [tat], little child [li'təl chaild]
chiquito *adj* little [li'təl], small [smɔl]; *m* little boy [li'təl bɔi]
chiripa *f* chance [chæns]; luck [lʌk]; fortune [fɔr'chən]
chirrido *m* creaking [krii'kiŋ]
chisme *m* gossip [ga'səp]

chismear *v* to gossip [tu ga'səp]
chispa *f* spark [spark]; small diamond [smɔl dai'mənd]; **echar —** to boast [tu bost]; (*Am*) **ponerse —** to be "plastered" [tu bii plæ'stərəd]
chiste *m* joke [dchok]
chistoso *adj* comical [ka'mikəl]
chivo *m* goat [got]
chocante *adj* repugnant [ripʌg'nənt]
chocar *v* to clash [tu klæsh]; to conflict [tu kənflikt']; to displease [tu dis-pliiz']; to collide [tu kəlaid']
chocolate *m* chocolate [chɔk'lət]
chochear *v* to dote [tu dot]
chofer, chófer *m* chauffeur [shofər']
choque *m* shock [shak]; clash [klæsh], collision [koli'zhʌn]
chorizo *m* pork sausage [pork sɔ'sedch]
chorrear *v* to drip [tu drip]; to gush [tu gʌsh]
chorro *m* gush [gʌsh]; jet [dchet]; **a —s** abundantly [əbʌn'dəntli]
chotear *v* to tease [tu tiiz], poke fun at [pok fʌn æt]
choza *f* hut [jʌt]
chuleta *f* chop [chap]; blow [blo]; **— de puerco** pork chop [pork chap]
chulo *m* clown [klaun]; *adj* pretty [pri'-ti], effeminate [efə'minət]; pimp [pimp]
chupada *f* suction [sʌk'shən]; suck [sʌk]; puff [pʌf]
chupar *v* to suck [tu sʌk]; (*Am*) to smoke [tu smok]
chusco *adj* pleasant [ple'zənt]
chuzo *m* spear [spiir]; **llover a —s** to rain heavily [tu rein je'vəli]

D

dactilógrafa *f* typist [tai'pist]
dactilografía *f* typewriting [taip'raitiŋ]
dádiva *f* gift [guift]
dado *m* die [dai]; **—s** dice [dais]
daga *f* dagger [dæ'guər]
dalia *f* dahlia [da'liə]
dama *f* lady [lei'di]; king (in checkers) [kiŋ, in chek'ərz]
danés *adj, m* Danish [dei'nish]
Danubio *m* Danube [dæ'niub]
danza *f* dance [dæns]
danzar *v* to dance [tu dæns]
dañar *v* to damage [tu dæ'mədch]
dañino *adj* harmful [jarm'fəl]
daño *m* damage [dæ'mədch]
dañoso *adj* harmful [jarm'fəl]
dar *v* to give [tu guiv]; to hit [tu jit]; to supply [tu sʌplai']; **— con** to meet [tu miit]; **— en** to come upon [tu kʌm ʌpan']; **eso da lo mismo** that is all the same [thæt iz ɔl dhə seim]
dardo *m* arrow [æ'ro], dart [dart]
datar *v* to date [tu deit]
dato *m* datum [dei'təm]; **—s** data [dei'tə]
de *prep* of [ʌv]; about [əbaut']; from [frʌm]; **— nada** don't mention it [dont men'shən it]; **¿— qué?** about what? [... juat]
debajo *adv* under [ʌn'dər]
debate *m* contest [kan'test]
debe *m* debit [de'bit]
debelar *v* to disarm [tu dizarm']; to defeat [tu difiit']
deber *m* duty [diu'ti]; *v* to owe [tu o]; to be obliged [tu bii əblai'dchəd]; **debemos vivir bien** we have to live well [uii jæf tu liv uel]
debido *adj* proper [pra'pər]
débil *adj* weak [uiik]
debilidad *f* weakness [uiik'nəs]
débito *m* debt [det]
debutar *v* to make one's debut [tu meik uanz de'biu]
década *f* decade [de'keid]
decadencia *f* decadence [dikei'dəns]
decaer *v* to decay [tu dikei']; to decline [tu diklain']
decaído *adj* crestfallen [krest'fɔlən]
decano *m* senior [sii'niər]; (*universidad*) dean [diin]
decapitar *v* to behead [tu bijed']
decencia *f* decency [di'sənsi]
decente *adj* decent [dii'sənt]
decepción *f* disappointment [disəpɔint'mənt]
decepcionar *v* to disappoint [tu disəpɔint']
decidido *adj* decided [disai'dəd]; **está —** it has been set [it jæz bin set]
decidir *v* to decide [tu disaid']; **—se** to resolve [tu risalv']
decimal *adj* decimal [de'siməl]
décimo *adj* tenth [tenth]
decir *v* to say [tu sei]; to tell [tu tel]; **¿cómo se dice?** how do you say? [jau du iu sei]; **¿qué quiere —?** what does it mean? [juat doz it miin]
decisión *f* decision [disi'zhən]
decisivo *adj* decisive [disai'siv]; firm [fərm]
declamar *v* to harangue [tu jəræŋ']; to recite [tu riisait']
declaración *f* declaration [deklərei'shən]; deposition [depozi'shən]
declarar *v* to declare [tu dikler']; to depose [tu dipoz']; **—se** to declare one's opinion [tu dikler' uanz opi'niən]
declinación *f* decline [diklain']; declension [diklen'shən]
declinar *v* to decline [tu diklain']
declive *m* slope [slop]
decomisar *v* to confiscate [tu kan'fiskeit]
decoración *f* ornament [or'nəmənt]; decoration [dekərei'shən]
decorar *v* to decorate [tu de'kəreit]; to illustrate [tu i'lʌstreit]
decorativo *adj* decorative [de'kərətiv]
decoro *m* honor [a'nər]; honesty [a'nəsti]
decrépito *adj* decrepit [dikre'pit]
decretar *v* to decree [tu dikrii']; to determine [tu diter'min]
decreto *m* decree [dikrii']
dedal *m* thimble [thim'bəl]
dedicación *f* dedication [dedikei'shən]

dedicado *adj* dedicated [de'dikeitəd]
dedicar(se) *v* to dedicate [tu de'dikeit]
dedicatoria *f* dedication [dedikei'shən]
dedillo *m* little finger [li'təl fiŋ'guər]
dedo *m* finger [fiŋ'guər], toe [to]; — **meñique** little finger [li'təl fiŋ'guər]; — **pulgar** thumb [thʌm]; — **del corazón** middle finger [mi'dəl fiŋ'guər]; — **anular** ring finger [riŋ fiŋ'guər]; — **índice** index finger [index fiŋ'guər]
deducción *f* deduction [didʌk'shən]
deducir *v* to deduce [tu didius']
defectivo *adj* defective [difek'tiv]
defecto *m* defect [di'fekt]
defectuoso *adj* defective [difek'tiv]
defender *v* to defend [tu difend']
defensa *f* defense [difens']
defensiva *f* defensive [difen'siv]
defensor *m* defender [difen'dər]; lawyer [lɔ'iər]
deferencia *f* deference [de'fərəns]
deficiencia *f* deficiency [difi'shənsi]
deficiente *adj* deficient [difi'shənt]
déficit *m* deficit [de'fisit]
definición *f* definition [defini'shən]
definido *adj* definite [de'finit]
definir *v* to define [tu difain']
definitivo *adj* final [fai'nəl]; **en —a** in short [in shɔrt]
deformado *adj* deformed [difɔrmd']
deformar *v* to deform [tu difɔrm']
deforme *adj* ugly [ʌ'gli]
deformidad *f* deformity [difɔr'miti]
defraudar *v* to defraud [tu difrɔd']
defunción *f* death [deth]
degenerar *v* to degenerate [tu didche'nəreit]
degollar *v* to behead [tu bijed']
degradar *v* to degrade [tu digreid']
deidad *f* deity [dii'əti]
dejado *adj* indolent [in'dələnt]
dejar *v* to leave [tu liiv]; to let [tu let]; to omit [tu omit']; to permit [tu pərmit']; **¡déjame!** leave me alone [liiv mii əlon']; **—se** to abandon oneself [tu əbæn'dən uanself']
delantal *m* apron [ei'prən]
delante *adv* ahead [əjed']; — **de** *prep* in front of [in frʌnt ʌv]
delantero *adj* foremost [fɔr'most]; **—ra** *f* forepart [fɔr'part]; advantage [ædvæn'tədch]; **tomar la —a** to take the lead [tu teik dhə liid]
delatar *v* to accuse [tu əkiuz']
delegación *f* delegation [deləguei'shən]
delegado *m* delegate [de'ləguət]
delegar *v* to delegate [tu de'ləgueit]
deleitar *v* to delight [tu dilait']
deleite *m* pleasure [ple'shər]
deletrear *v* to spell [tu spel]
delgado *adj* thin [thin]
deliberación *f* deliberation [diliberei'shən]
deliberar *v* to deliberate [tu dili'bereit]
delicadeza *f* delicacy [de'likəsi]
delicado *adj* delicate [de'likət]
delicia *f* delight [dilait']
delicioso *adj* delicious [dili'shəs]
delincuencia *f* delinquency [diliŋ'kuənsi]
delincuente *m, f* delinquent [diliŋ'kuənt]
delirante *adj* delirious [diliə'riəs]
delirar *v* to be delirious [tu bii dilii'riəs]
delirio *m* delirium [dili'riəm]; nonsense [nan'sens]; madness [mæd'nəs]
delito *m* crime [kraim]
demacrado *adj* emaciated [imei'sieitəd]
demanda *f* demand [dimænd']; lawsuit [lɔ'sut]; **oferta y —** supply and demand [sʌpli' ænd ...]
demandar *v* to demand [tu dimænd']
demás *adj* other [ʌ'dhər]; **los —** the rest [dhə rest]; the others [thə ʌ'dhərz]; *adv* besides [bisaidz']; **y —** and so on [ænd so an]; **por —** in vain [in vein]
demasía *f* excess [exses']; insult [in'sʌlt]
demasiado *adj* excessive [exse'siv]; *adv* too much [tu mʌch]
demente *adj* insane [insein']
democracia *f* democracy [dəma'krəsi]
demócrata *m, f* democrat [de'məkræt]
democrático *adj* democratic [deməkræ'tik]
demoler *v* to demolish [tu dima'lish]
demonio *m* devil [de'vil]
demora *f* delay [dilei']
demorar *v* to delay [tu dilei']
demostración *f* demonstration [demənstrei'shən]
demostrar *v* to demonstrate [tu de'mənstreit]
denigrar *v* to denigrate [tu de'nigreit]
denominación *f* denomination [dinaməˑnei'shən]
denominar *v* to name [tu neim], entitle [entai'təl]
denotar *v* to denote [tu dinot'], indicate [in'dikeit], express [expres']
densidad *f* density [den'siti]
denso *adj* dense [dens']
dentadura *f* set (of teeth) [set, ʌv tiith]

dentar *v* to indent [tu indent']; to cut teeth [tu kʌt tiith]
dentellada *f* bite [bait]; tooth mark [tuth mark]
dentífrico *m* dentifrice [den'tifris]; **pasta —a** tooth paste [tuth peist]
dentista *m* dentist [den'tist]
dentro *adv* inside [in'said], within [uidhin']; **— de** *prep* inside of [insaid' ʌv]; **por —** on the inside of [an dhə ... ʌv]
denuedo *m* boldness [bold'nəs], courage [kʌ'rədch]
denuesto *m* insult [in'sʌlt]
denuncia *f* denunciation [dinʌnsiei'shən], accusation [ækiuzei'shən]; claim [kleim]
denunciar *v* to denounce [tu dinauns'], accuse [əkiuz']; proclaim [prokleim']
deparar *v* to furnish [tu fər'nish], offer [ɔ'fər], supply [sʌplai']
departamento *m* department [dipart'mənt]; compartment [kəmpart'mənt]
dependencia *f* dependence [dipen'dəns]; branch office [brænch ɔf'is]
depender *v* to depend [tu dipend'], rely [rilai']
dependiente *adj* dependent [dipen'dənt]; *m* clerk [klərk]; subordinate [səbɔr'dinət]
deplorable *adj* deplorable [diplo'rəbəl], regrettable [rigre'təbəl]
deplorar *v* to deplore [tu diplor'], regret [rigret']
deponer *v* to set aside [tu set əsaid']; remove [rimuv']; to testify [tu te'stifai]; (*Méx*) to throw up [tu thro ʌp]
deportar *v* to deport [tu dipɔrt'], banish [bæ'nish]
deporte *m* sport [spɔrt]; pastime [pæs'taim], recreation [rekriei'shən]
deportista *m* sportsman [spɔrtz'mən]; *f* sportswoman [spɔrtz'uumən]
deportivo *adj* sport [spɔrt]
deposición *f* declaration [deklərei'shən]; assertion [əser'shən]; dismissal [dismi'səl]
depositar *v* to deposit [tu dipa'zit]; to deliver [tu dili'vər], entrust [əntrʌst']
depositario *m* receiver [risii'vər], trustee [trʌstii']
depósito *m* deposit [dipa'zit]; storage [stɔ'rədch]; warehouse [uer'jaus]; **— de agua** reservoir [rə'zərvuar]
depravar *v* to corrupt [tu kərʌpt'], pervert [pərvərt']
deprecar *v* to implore [tu implor']
depreciar *v* to depreciate [tu diprii'shieit]
depresión *f* depression [dipre'shən]; sag [sæguə], fall [fɔl]
deprimir *v* to depress [tu dipres']; to humiliate [tu jiumi'lieit], lower [lo'ər]
depurar *v* to purify [tu piu'rəfai]
derecha *f* right hand [rait jænd]; **a la —** to the right [tu dhə ...]
derecho *adj* right [rait]; straight [streit]; **—** *m* law [lɔ]; **—s** custom duties [kʌ'stəm diu'tiiz]; **todo —** straight ahead [streit əjed]
deriva *f* drift [drift]; **irse a la —** to drift away [tu ... əuei']
derivación *f* derivation [derivei'shən]
derivar *v* to derive [tu diraiv']; to come from [tu kʌm frʌm]
derivativo *adj* derivative [dəri'vətiv]
derramamiento *m* overflow [o'vərflo] waste [ueist]
derramar *v* to spil [tu spil]; to waste [tu ueist]
derrame *m* spill [spil]
derredor *m* circuit [sər'kit]; **al —** around [əraund']
derrengar *v* to dislocate [tu di'slokeit]
derretimiento *m* thaw [thɔ], melting [mel'tiŋ]
derretir *v* to thaw [tu thɔ], melt [melt], dissolve [disalv']; **—se** to melt away [tu melt əuei']
derribar *v* to demolish [tu dima'lish]; **—se** to lie down [tu lai daun]
derrocamiento *m* overthrow [o'vərthro]
derrocar *v* to fling down [tu fliŋ daun]; to overthrow [tu o'vərthro]
derrochador *m* squanderer [skuan'dərər]
derrochar *v* to waste [tu ueist]
derroche *m* waste [ueist]; lavish spending [læ'vish spen'diŋ]
derrota *f* rout [raut], defeat [difii't]
derrotar *v* to defeat [tu difii't]
derrumbadero *m* precipice [pre'səpəs]
derrumbamiento *m* landslide [lænd'slaid]; collapse [kəlæ'ps]
derrumbar *v* to fling down [tu fliŋ daun], demolish [dima'lish]; to knock down [tu nak daun]; **—se** to topple [tu ta'pəl]
derrumbe *m* landslide [lænd'slaid]; collapse [kəlæ'ps]
desabotonar *v* to unbutton [tu ʌnbʌ'tən]
desabrido *adj* tasteless [teist'ləs]; harsh [jarsh]; sour [sa'ər]
desabrigar *v* to uncover [tu ʌnkʌ'vər]; **—se** to uncover oneself [tu ... uanself']

desabrimiento *m* tastelessness [teist'ləsnəs]; sourness [sa'ərnəs]
desabrir *v* to anger [tu æŋ'guər]
desabrochar *v* to unfasten [tu ʌnfæ'sən]; **—se** to unfasten one's clothes [tu ʌnfæ'sən uans klodhz]
desacato *m* irreverence [ire'vərəns], disrespect [disrispe'kt]; profanation [prafənei'shən]
desacierto *m* mistake [misteik']
desacorde *m* discordance [diskɔr'dəns]
desacostumbrado *adj* unaccustomed [ʌnəkʌ'stəməd], unusual [ʌniu'shuəl]
desacostumbrar *v* to disaccustom [tu disəkv'stəm]; **—se** to become unaccustomed [tu bikʌm' ʌnəkʌ'stəməd]
desacreditar *v* to discredit [tu diskre'dət], disgrace [disgreis']
desacuerdo *m* disagreement [disəgrii'mənt]
desafiar *v* to challenge [tu chæ'ləndch], defy [difai']
desafinar *v* to be out of tune [tu bii aut ʌv tun]; **—se** to get out of tune [tu guet aut ʌv ...], be "flat" [bii flæt]
desafío *m* challenge [chæ'ləndch]; duel [du'əl]
desafortunado *adj* unlucky [ʌnlʌ'ki], unfortunate [ʌnfɔr'chənət]
desagradable *adj* disagreeable [disəgrii'əbəl]
desagradar *v* to displease [tu displiiz']
desagradecido *adj* ungrateful [ʌngrei'tfəl]
desagrado *m* displeasure [disple'shər]
desagraviar *v* to make amends [tu meik əmen'dz], apologize [əpa'lədchaiz]
desagravio *m* reparation [repərei'shən]
desaguadero *m* drain [drein]
desaguar *v* to drain [tu drein]; **—se** to drain [tu drein]
desagüe *m* outlet [aut'let]; drainage [drei'nədch]; flow [flo]
desaguisado *m* outrage [aut'reidch]; violence [vai'ələns]; wrong [rɔŋ]
desahogado *adj* relieved [rilii'vəd]; roomy [ru'mi]; **estar —** to be "well-off" [tu bii uel-ɔf]; to be without cares [tu bii uithaut' kerz]
desahogar *v* to relieve from [tu riliiv' fram]; **—se** to be relieved [tu bii rilii'vd]
desahogo *m* relief [riliif']; comfort [kʌm'fərt]; ease [iiz]; vent [vent]
desairado *adj* snubbed [snʌ'bəd]
desairar *v* to slight [tu slait'], snub [snʌb]; disappoint [disəpɔint']; neglect [nəgle'kt]
desaire *m* rebuff [ribʌf']; snub [snʌb]
desalentar *v* to discourage [tu diskʌ'rədch]; **—se** to get discouraged [tu guet diskʌ'rədchəd]
desaliento *m* discouragement [diskʌ'rədchmənt], dejection [didchek'shən]
desaliñado *adj* disheveled [dishe'vəld], slovenly [slʌ'vənli]
desaliño *m* slovenliness [slʌ'vənlinəs]; neglect [nəgle'kt]; disorder [disɔr'dər]
desalojar *v* to dislodge [tu disla'dch]; to evict [tu ivi'kt]
desamarrar *v* to untie [tu ʌntai']
desamparar *v* to abandon [tu əbæn'dən], leave [liiv]
desamparo *m* desertion [dizər'shən]; abandonment [əbæn'dənmənt]
desamueblado *adj* unfurnished [ʌnfər'nishəd]
desangrar *v* to bleed [tu bliid]; **—se** to lose blood [tu luz blʌd]
desanimado *adj* discouraged [diskʌ'rədchəd]; dull [dʌl]; lifeless [laif'ləs]
desanimar *v* to dishearten [tu disjar'tən], discourage [diskʌ'rədch]
desaparecer *v* to disappear [tu disəpiir']; hide [jaid]; **—se** vanish [væ'nish]
desaparición *f* disappearance [dis-əpii'rəns]
desapasionado *adj* dispassionate [dispæ'shənət], calm [kam]
desapego *m* aloofness [əluf'nəs]
desaprobación *f* disapproval [disəpru'vəl]
desaprobar *v* to disapprove [tu disəpruv']
desarmar *v* to disarm [tu disarm']
desarme *m* disarmament [disar'məmənt]; **— general** general disarmament [dche'nərəl ...]
desarraigar *v* to root out [tu rut aut], uproot [ʌprut']
desarreglado *adj* disordered [disor'dərd]
desarreglar *v* to disarrange [tu disəreindch'], upset [ʌpset']
desarreglo *m* disorder [disɔr'dər], confusion [kənfiu'shən]
desarrollar *v* to develop [tu dive'ləp]; to unfold [tu ʌnfold']; **—se** to develop into [tu dive'ləp intu]
desarrollo *m* development [dive'ləpmənt]
desaseado *adj* untidy [ʌntai'di]
desasear *v* to put in disorder [tu pʌt in disɔr'dər]

desaseo *m* slovenliness [sla'vənlinəs]
desasir *v* to loosen [tu lu'sən], unfasten [ʌnfæ'sən]; **—se** to get loose from [tu guet lus frʌm]
desasosiego *m* unrest [ʌnrest']
desastrado *adj* soiled [sɔ'iləd]; ragged [ræ'guəd]
desastre *m* disaster [disæ'stər]
desastroso *adj* disastrous [disæs'trəs]
desatar *v* to untie [tu ʌntai'], loosen [lu'sən]; to let loose [tu let lus]
desatención *f* discourtesy [diskər'təsi]
desatender *v* to disregard [tu disrigard']; to neglect [tu nəglekt']
desatento *adj* inattentive [inəten'tiv]; discourteous [diskər'tiəs]
desatinado *adj* senseless [sens'ləs]; reckless [rek'ləs]; mad [mæd]
desatinar *v* to act foolishly [tu ækt fu'lishli]; to rave [tu reiv]
desatino *m* madness [mæd'nəs]; blunder [blʌn'dər]; nonsense [nan'sens]
desavenencia *f* disagreement [disəgrii'mənt]; misunderstanding [misʌndərstæn'diŋ]
desayunarse *v* to have breakfast [tu jæv brek'fəst]
desayuno *m* breakfast [brek'fəst]
desazón *f* uneasiness [ʌnii'zinəs]; tastelessness [tei'stlesnəs]
desazonar(se) *v* to be tasteless [tu bii teist'ləs]
desbandarse *v* to disband [tu disbænd'], scatter [skæ'tər]
desbocado *adj* runaway [rʌn'əuei]; vulgar [vʌl'guər], abusive [əbiu'siv]
desbordamiento *m* flood [flʌd]
desbordante *adj* overflowing [ovərflo'iŋ]
desbordar *v* to flood [tu flʌd], overflow [ovərflo']; **—se** to go over [tu go o'vər]
desbrozo *m* cleaning up [klii'niŋ ʌp]
descabezado *adj* headless [jed'ləs]; thoughtless [thɔt'ləs]
descabezar *v* to behead [tu bijed']; to chop off [tu chap ɔf]; **— el sueño** to take a nap [tu teik ə næp]; **—se** to rack one's brain [tu ræk uanz brein]
descaecido *adj* feeble [fii'bəl], weak [uiik]; **— de ánimo** depressed [dipre'səd]
descaecimiento *m* languor [læn'guər]; dejection [didchek'shən]
descalabradura *f* wound on the head [uund an dhə jed]
descalabrar *v* to wound on the head [tu uund an dhə jed]; to hit [tu jit]; to hurt [tu jərt]
descalabro *m* loss [lɔs], misfortune [misfɔr'chən]
descalzar(se) *v* to take off one's shoes [tu teik ɔf uanz shuz]
descalzo *adj* barefoot [bær'fut]; shoeless [shu'ləs]
descaminar *v* to mislead [tu misliid']; **—se** to go astray [tu go əstrei']
descamisado *adj* shirtless [shərt'ləs]; in rags [in rægz]; *m* ragamuffin [ræ'guəmʌ'fən]
descansado *adj* rested [re'stəd]
descansar *v* to rest [tu rest]
descanso *m* rest [rest]; staircase landing [ster'keis læn'diŋ]
descarado *adj* shameless [sheim'ləs], brazen [brei'zən]
descarga *f* discharge [dischar'dch]; unloading [ʌnlo'diŋ]
descargar *v* to discharge [tu dischar'dch]; unload [ʌnlod']
descargo *m* discharge [dischar'dch]; relief [riliif']
descariño *m* lack of affection [læk ʌv əfek'shən]
descarnado *adj* scrawny [skrɔ'ni], "skinny" [ski'ni]
descarnar *v* to corrode [tu kərod'], eat away [iit əuei']; **—se** to become thin [tu bikʌm' thin]
descaro *m* effrontery [əfrʌn'təri], impudence [im'piudəns]
descarriar *v* to mislead [tu misliid']; **—se** to go astray [tu go əstrei']
descartar *v* to discard [tu diskard'], put aside [put əsaid']
descendencia *f* descent [disent']
descendente *adj* descending [disen'diŋ]
descender *v* to descend [tu disend'], originate [əri'dchineit]
descendiente *m, f* descendant [disen'dənt]; *adj* descending [disen'diŋ]
descendimiento *m* descent [disent']
descentralizar *v* to decentralize [tu disen'trəlaiz]
descifrar *v* to decipher [tu disai'fər], figure out [fi'guiur aut]
descolgar *v* to take down [tu teik daun]; **—se** to climb down [tu klaim daun]
descolorar *v* to discolor [tu diskʌ'lər]; **—se** to fade [tu feid]
descolorido *adj* pale [peil]; faded [fei'dəd]
descollar *v* to excel [tu exsel']; to tower [tu ta'uər]

descomedido *adj* rude [rud]
descompletar *v* to make incomplete [tu meik inkʌmpliit']
descomponer *v* to upset [tu ʌpset'], disturb [distər'b]; **—se** to decompose [tu dikʌmpoz']
descomposición *f* decay [dikei']
descompuesto *adj* out of order [aut ʌv ɔr'dər]; broken [bro'kən]
desconcertante *adj* disconcerting [dis'-kʌnsər'tiŋ], embarrassing [embæ'rə-siŋ]
desconcertar *v* to disconcert [tu dis-kʌnsərt']; **—se** to be confused [tu bii kʌnfiu'zəd]
desconcierto *m* disorder [disɔr'dər]
desconchadura *f* peel [piil]; chip [chip]
desconchar *v* to scrape off [tu skreip ɔf]; **—se** to peel off [tu piil ɔf]
desconectar *v* to disconnect [tu dis'-kʌnekt]
desconfiado *adj* distrustful [distrʌst'fəl]
desconfianza *f* mistrust [mistrʌst']
desconfiar *v* to distrust [tu distrʌst']
desconocer *v* to disregard [tu di'sri-gard]; not to know [nat tu no]
desconocido *adj* unknown [ʌnon']; *m* stranger [strein'dchər]
desconocimiento *m* disregard [di'sre-gard]; ignorance [ig'nərəns]
desconsolado *adj* forlorn [fɔrlɔrn']
desconsolador *adj* disheartening [dis-jar'təniŋ]
desconsolar *v* to sadden [tu sæ'dən]; **—se** to become disheartened [tu bikʌm' disjar'tənəd]
desconsuelo *m* sadness [sæd'nəs]
descontar *v* to discount [tu diskaunt']; allow for [əlau' fɔr]
descontentadizo *adj* discontented [dis-kənten'təd]; squeamish [skuii'mish]
descontentar *v* to displease [tu displiiz']
descontento *adj* displeased [displii'zəd]; *m* displeasure [disple'zhər]
descorazonado *adj* discouraged [diskʌ'-rədchd]
descorazonar *v* to discourage [tu dis-kʌ'rədch]
descorchar *v* to uncork [tu ʌnkɔrk']; to break open [tu breik o'pən]
descordar *v* to be out of tune [tu bii aut ʌv tiun]
descortés *adj* rude [rud], impolite [im'-pəlait]
descortesía *f* discourtesy [diskər'təsi]
descortezar *v* to peel [tu piil], strip the bark off [strip dhə bark ɔf]
descoser *v* to unsew [tu ʌnso'], rip [rip]; **—se** to talk against [tu tɔk əguenst']
descosido *m* rip [rip]
descote *m* low neck-line [lo nek-lain]
descoyuntado *adj* dislocated [dis'lo-keitəd]
descoyuntar *v* to dislocate [tu dis'lo-keit]; **—se** to get out of joint [tu guet aut ʌv dchɔint]
descrédito *m* discredit [diskre'dit]
descreído *adj* incredulous [inkre'diuləs]; *m* unbeliever [ʌnbilii'vər]
describir *v* to describe [tu diskraib']
descripción *f* description [diskrip'shən]
descriptivo *adj* descriptive [diskrip'tiv]
descubierto *adj* uncovered [ʌnkʌ'vərəd]; al — openly [o'pənli]
descubridor *m* discoverer [diskʌ'vərər]
descubrimiento *m* discovery [diskʌ'-vəri]
descubrir *v* to discover [tu diskʌ'vər]; **—se** to uncover oneself [tu ʌnkʌ'vər uanself'], lay bare [lei ber]
descuello *m* haughtiness [jɔ'tinəs]
descuento *m* discount [di'skaunt]
descuidado *adj* careless [ker'ləs]
descuidar *v* to neglect [tu nəglekt']; **—se** to be careless [tu bii ker'ləs]
descuido *m* carelessness [ker'ləsnəs]
desde *prep* from [frʌm]; **¡— luego!** of course! [ʌf kɔrs]
desdecir *v* to be out of harmony with [tu bii aut ʌv jar'məni uith]; **—se** to re-tract [tu ritrækt']
desdén *m* disdain [disdein'], scorn [skɔrn]
desdentado *adj* toothless [tuth'ləs]
desdeñar *v* to disdain [tu disdein']
desdeñoso *adj* disdainful [disdein'fəl]
desdicha *f* misfortune [misfor'chən]
desdichado *adj* unfortunate [ʌnfor'-chənət]; *m* wretch [rech]
desdoblar *v* to unfold [tu ʌnfold']; to spread [tu spred]
desdoro *m* dishonor [disa'nər]
deseable *adj* desirable [dizai'rəbəl]
desear *v* to desire [tu dizair'], wish [uish]
desecamiento *m* drainage [drei'nədch]
desecar *v* to drain [tu drein], dry [drai]
desechar *v* to discard [tu diskard'], reject [ridchekt']
desecho *m* residue [re'zidiu], remainder [rimein'dər], refuse [re'fiuz]
desembalar *v* to unpack [tu ʌnpæk']
desembarazar(se) *v* to get rid of [tu guet rid ʌv]; to clear [tu kliir]

desembarazo *m* ease [iiz]; freedom [frii'dəm]; (*Am*) childbirth [chaild'-bərth]
desembarcadero *m* dock [dak], pier [piir]
desembarcar *v* to disembark [tu disem-bark'], land [lænd]; to unload [tu ʌnlod']
desembarco *m* landing [læn'diŋ]; un-loading [ʌnlo'diŋ]
desembocar *v* to flow [tu flo]; **la calle desemboca en** the street leads to [dhə striit liids tu]
desembolsar *v* to pay out [tu pei aut]
desembolso *m* outlay [aut'lei]; disburse-ment [disbər'smənt]
desembrollar *v* to disentangle [tu dizən-tæŋ'guəl]
desemejante *adj* unlike [ʌnlaik']
desempacar *v* to unpack [tu ʌnpæk']
desempañar *v* to clean (glass) [tu kliin, glæs]; to make clear [tu meik kliir]
desempeñar *v* to fulfill [tu fʌlfil'], dis-charge [dischar'dch]; **— un papel** to play a role [tu plei ə rol]; **—se** to ful-fill an obligation [tu fʌlfil' ən abli-guei'shən]
desempeño *m* fulfillment [fʌlfil'mənt], discharge of a duty [dischar'dch ʌv ə diu'ti]
desempleado *adj* unemployed [ʌnem-plɔid']
desempleo *m* unemployment [ʌnemplɔi'-mənt]
desempolvar *v* to dust off [tu dʌst ɔf]
desencadenar *v* to unchain [tu ʌn-chein']; **—se** to break loose [tu breik lus]
desencajado *adj* disjointed [disdchɔi'-ntəd]; sunken [sʌn'kən]
desencantar *v* to disenchant [tu dis-inchænt'], disillusion [disilu'shən]
desencanto *m* disenchantment [disen-chænt'mənt]; disappointment [disə-pɔint'mənt]
desenfrenado *adj* unbridled [ʌnbrai'-dəld]; reckless [rek'ləs]
desenganchar *v* to unhitch [tu ʌnjich']
desengañar *v* to disappoint [tu disə-pɔint']
desengaño *m* disillusion [disilu'shən]
desengranar *v* to disengage [tu disən-guei'dch]; to throw out of gear [tu thro aut ʌv guir]
desenlace *m* outcome [aut'kʌm]
desenmascarar *v* to unmask [tu ʌn-mæsk']
desenojar *v* to appease [tu əpiiz']
desenredar *v* to disentangle [tu disen-tæn'guəl], unravel [ʌnræ'vəl]
desenrollar *v* to unroll [tu ʌnrol']
desensartar *v* to unstring [tu ʌnstriŋ']
desentenderse *v* to neglect [tu nəgle'kt]
desentendido *adj* unmindful [ʌnmain'-dfəl]; **hacerse el —** to pretend not to notice [tu pritend' nat tu no'tis]
desenterrar *v* to unearth [tu ʌnər'th]
desentonado *adj* out of tune [aut ʌv tiun]
desentonar *v* to be out of tune [tu bii aut ʌv tiun], be "flat" [bii flæt]
desenvainar *v* to draw (sword) [tu drɔ, sɔrd]
desenvoltura *f* ease [iiz]; boldness [bold'nəs]
desenvolver *v* to unroll [tu ʌnrol'], unwrap [ʌnræp']
desenvolvimiento *m* development [dive'-ləpmənt], unfolding [ʌnfol'diŋ]
desenvuelto *adj* free [frii], easy [ii'zi]
deseo *m* desire [dizair'], wish [uish]
deseoso *adj* eager [ii'guər]
desequilibrado *adj* unbalanced [ʌnbæ'-lənst]; "cracked" [kræ'kt]
desequilibrar *v* to unbalance [tu ʌn-bæ'ləns]
desequilibrio *m* unbalance [ʌnbæ'ləns], mental disorder [men'təl disɔr'dər]
deserción *f* desertion [dizər'shən]
desertar *v* to desert [tu dizərt']; **— de** to desert [...]
desertor *m* deserter [dizər'tər]
desesperación *f* despair [disper']
desesperado *adj* desperate [de'spərət]
desesperanzar *v* to discourage [tu dis-kʌ'rədch]; **—se** to be discouraged [tu bii diskʌ'rədchəd]
desesperar *v* to despair [tu disper']; **—se** to be desperate [tu bii des'pərət]
desestimar *v* to disregard [tu disrəgard']
desfajar *v* to ungird [tu ʌnguird']
desfalcar *v* to embezzle [tu embe'zəl]
desfalco *m* embezzlement [embe'zəlment]
desfallecer *v* to grow weak [tu gro uiik]; to faint [tu feint]
desfallecimiento *m* faintness [feint'nəs]
desfavorable *adj* unfavorable [ʌnfei'-vərəbəl]
desfigurado *adj* deformed [difɔr'md]
desfigurar *v* to disfigure [tu disfi'guiər]
desfilar *v* to march [tu march], parade [pəreid']
desfile *m* parade [pəreid']

desflorar *v* to deflower [tu difla'uər]
desfogarse *v* to give vent [tu guiv vent]
desgarrado *adj* shameless [shei'mləs]
desgarrar *v* to tear [tu ter]; to cough up [tu kɔf ʌp]; **—se** to separate oneself from [tu se'pəreit uanself' frʌm]
desgastar *v* to waste [tu ueist]; **—se** to waste away [tu ueist əuei']
desgaste *m* waste [ueist]; wear and tear [uer ænd ter]
desgracia *f* misfortune [misfɔr'chən]; **por —** unfortunately [ʌnfɔr'chənətli]
desgraciado *adj, m* unfortunate [ʌnfɔr'chənət]
desgranar *v* to thrash [tu thræsh]; to scatter around [tu skæ'tər əraund']
desgreñado *adj* disheveled [dishe'vəld]
deshabitado *adj* uninhabited [ʌninjæ'bətəd]; empty [emp'ti]; vacant [vei'kənt]
deshacer *v* to undo [tu ʌndu']; **—se** to dissolve [disalv']; **—se de** to get rid of [tu guet rid ʌv]
desharrapado *adj* ragged [ræ'guəd]
deshecha *f* pretense [pritens']; **hacer la —** to pretend [tu pritend']
deshecho *adj* undone [ʌndan']; ruined [ru'ind]
deshelar *v* to melt [tu melt]; **—se** to thaw [tu thɔ]
deshielo *m* thaw [thɔ]
deshierbe *m* weeding [uii'diŋ]
deshilar *v* to unravel [tu ʌnræ'vəl]; **—se** to bray [tu brei]
deshojar *v* to strip off [tu strip ɔf]; **—se** to lose leaves [tu luz liivz]; to peel off [tu piil ɔf]
deshollejar *v* to husk [tu jʌsk], peel [piil]
deshonesto *adj* immodest [imma'dəst]; lewd [liud]
deshonra *f* dishonor [disa'nər]
deshonrar *v* to dishonor [tu disa'nər]
deshonroso *adj* dishonorable [disan'ərəbəl]
deshora *f* inopportune time [ina'pərtiun taim]; **a —** unexpectedly [ʌnexpek'tədli]; **comer a —** to eat between meals [tu iit bituiin' miilz]
desidia *f* indolence [in'dələns]
desierto *adj* deserted [dizer'təd]; *m* desert [de'zərt]
designación *f* designation [dezignei'shən]; appointment [əpɔint'mənt]
designar *v* to designate [tu dezigneit']; to plan [tu plæn]
designio *m* design [dəzain']; plan [plæn]
desigual *adj* unequal [ʌni'kuəl]; uneven [ʌni'vən]
desigualdad *f* inequality [inikua'liti]
desilusión *f* disillusion [disilu'zhən]
desilusionar *v* to disillusion [tu disilu'zhən]; **—se** to be disappointed [tu bii disəpɔin'təd]
desinencia *f* termination [tərminei'shən]
desinfectante *adj* disinfecting [disinfek'tiŋ]; *m* disinfectant [disinfek'tənt]
desinfectar *v* to disinfect [tu disinfekt']
desinflado *adj* deflated [diflei'təd]; flat [flæt]
desinterés *m* disinterestedness [disintəre'stednəs]; unselfishness [ʌnsel'fishnəs]
desinteresado *adj* disinterested [disin'tərəstəd]
desistir *v* to desist [tu disist'], stop [stap]
deslavado *adj* half-washed [jæf-ua'sht]; pale [peil]
deslavar *v* to wash away [tu uash əuei']
desleal *adj* disloyal [dislɔ'iəl]
desleír *v* to dissolve [tu disalv']; to dilute [tu dailiut']; **—se** to become diluted [tu bikʌm dailiu'təd]
deslindar *v* to mark off [tu mark ɔf]
desliz *m* slip [slip]; glide [glaid]; error [er'ər]
deslizador *m* glider [glai'dər]
deslizar *v* to slip [tu slip], slide [slaid]; **—se** to skid [tu skid]; glide [glaid]
deslucido *adj* tarnished [tar'nishəd]
deslucir *v* to tarnish [tu tar'nish], become dull [bikʌm' dʌl]
deslumbrador *adj* dazzling [dæ'zliŋ]
deslumbramiento *m* dazzle [dæ'zəl], glare [gler]; brightness [brait'nəs]
deslumbrar *v* to dazzle [tu dæ'zəl]
deslustrado *adj* tarnished [tar'nishəd]
deslustrar *v* to tarnish [tu tar'nish]; to soil [tu sɔil]
deslustre *m* tarnish [tar'nish]; dullness [dʌl'nəs]; disgrace [disgreis']
desmadejado *adj* exhausted [exɔ'stəd]; depressed [diprest']
desmadejar *v* to weaken [tu uii'kən]
desmalazado *adj* dejected [didchek'təd]
desmán *m* misconduct [miskan'dʌkt]; disaster [disæ'stər]
desmantelar *v* to dismantle [tu dismæn'təl]
desmañado *adj* awkdard [ɔk'uərd]
desmayar *v* to dismay [tu dismei']; **—se** to faint [tu feint]
desmayo *m* faint [feint], swoon [suun]

desmejorar *v* to impair [tu imper']; **—se** to grow worse [tu gro uərs]
desmentida *f* contradiction [kantradik'shən]
desmentir *v* to contradict [tu kantradikt']; **—se** to contradict oneself [tu kantradikt' uanself']
desmenuzar *v* to crumble [tu krʌm'bəl]; **—se** to fall to pieces [tu fɔl tu pii'səz], disintegrate [disin'təgreit]
desmerecer *v* to deteriorate [tu diti'rioreit]
desmochar *v* to cut off [tu kʌt ɔf]; to mutilate [tu miu'tileit]
desmontar *v* to dismount [tu dismaunt'], take apart [teik əpart']; **—se** alight [əlait'], descend [disend']
desmoralizar *v* to demoralize [tu dəma'rəlaiz]
desmoronar *v* to crumble [tu krʌm'bəl]; **—se** to fall gradually to pieces [tu fɔl græ'diuəli tu pii'səz]
desnatar *v* to skim milk [tu skim milk]
desnaturalizado *adj* denaturalized [diinæ'chərəlaizd]
desnegar(se) *v* to deny [tu dinai']; to retract [tu ritrækt'], recant [rikænt']
desnudar(se) *v* to undress [tu ʌndres']
desnudez *f* nakedness [nei'kədnəs]
desnudo *adj* naked [nei'kəd], bare [ber]
desobedecer *v* to disobey [tu disobei']
desobediencia *f* disobedience [disobi'diəns]
desobediente *adj* disobedient [disobi'diənt]
desocupación *f* unemployment [ʌnemplɔi'mənt]; idleness [ai'dəlnəs]
desocupado *adj* unoccupied [ʌna'kiupaid]; unemployed [ʌnemplɔid']
desocupar *v* to empty [tu emp'ti]; **—se de** not to pay attention to [nat tu pei əten'shən tu]; to quit [tu kuit]; to get rid of [tu guet rid ʌv]
desodorante *m* deodorant [dio'dərənt]
desoír *v* not to heed [nat tu jiid]
desolación *f* desolation [desolei'shən]; ruin [ru'ən]
desolado *adj* desolate [de'sələt]
desolar *v* to ruin [tu ru'ən]; **—se** to be in anguish [tu bii in æn'guish]
desollar *v* to skin [tu skin]
desorden *m* disorder [disɔr'dər]
desordenado *adj* disorderly [disɔr'dərli]
desordenar *v* to disturb [tu distərb'], confuse [kənfiuz']
desorientar *v* to lead astray [tu liid əstrei']; **—se** to get lost [tu guet lɔst]
despabilado *adj* wakeful [ueik'fəl], watchful [uach'fəl]
despabilar *v* to snuff [tu snʌf]; **—se** to wake up [tu ueik ʌp]
despacio *adv* slowly [slo'li]
despachar *v* to dispatch [tu dispæch']
despacho *m* dispatch [dis'pæch]; office [ɔ'fis]; official note [ofi'shəl not]
despachurrar *v* to crush [tu krʌsh]
desparejo *adj* unequal [ʌni'kuəl], uneven [ʌni'vən]
desparpajar *v* to upset [tu ʌpset']; to rant [tu rænt]
desparpajo *m* ease [iiz]; pertness [pərt'nəs]
desparramar *v* to scatter [tu skæ'tər]; to squander [tu skuan'dər]
desparramo *m* scattering [skæ'təriŋ]; (*Chile*) disorder [disɔr'dər]
despatarrarse *v* to sprawl [tu sprɔl]
despecho *m* spite [spait']; **a — de** in spite of [in ... ʌv]
despedazar *v* to break [tu breik]; to cut to pieces [tu kʌt tu pii'səz]
despedida *f* farewell [feruel']; departure [dipar'chər]; **dar la —** to take leave [tu teik liiv]
despedir *v* to discharge [tu dischardch']; **—se** to say good-bye [tu sei guəd-bai']
despegado *adj* indifferent [indi'fərənt]
despegar *v* to detach [tu dətæch']; **no — los labios** not to say a word [nat tu sei ə uərd]
despego *m* coolness [kul'nəs]
despegue *m* (*air*) take-off [teik-ɔf]
despeinado *adj* uncombed [ʌnkom'bəd], untidy [ʌntai'di]
despejado *adj* clear[kliir]; smart[smart]
despejar *v* to clear [tu kliir]; **—se** to clear up [tu kliir ʌp]
despellejar *v* to skin [tu skin]; to flay [tu flei]
despensa *f* pantry [pæn'tri]; storeroom [stɔ'rum]; utility room [iuti'liti ...]
despensero *m* butler [bʌ'tlər]; steward [stu'uərd]
despeñadero *m* cliff [klif]
despeñar *v* to fling down a precipice [tu fliŋ daun ə pre'səpis]; **—se** to fall down a precipice [tu fɔl daun ə pre'səpis]
desperdiciado *adj* wasted [uei'stəd]
desperdiciar *v* to squander [tu skuan'dər], waste [ueist]
desperdicio *m* waste [ueist]; **—s** leftovers [left'ovərz]
desperdigar *v* to disperse [tu dispərs'], scatter [skæ'tər]

desperezarse *v* to stretch oneself [tu strech uanself']
desperfecto *m* damage [dæ'mədch]
despernado *adj* tired [taird]
despertador *m* alarm clock [əlarm' klak]
despertar *v* to awaken [tu əuei'kən]; **—se** to wake up [tu ueik ʌp]
despiadado *adj* pitiless [pi'tiləs], cruel [kru'əl]
despierto *adj* awake [əueik']; bright [brait]
despilfarrado *adj* wasteful [ueist'fəl]
despilfarrar *v* to waste [tu ueist]
despilfarro *m* extravagance [extræ'vəguəns]; waste [ueist]
desplante *m* arrogance [æ'rəguəns]
desplazar *v* to displace [tu displeis']
desplegar *v* to unfold [tu ʌnfold']; to explain [tu explein']; to show [tu sho]
desplomar(se) *v* to slump [tu slʌmp]
desplome *m* collapse [kəlæps']; landslide [lænd'slaid]
desplomo *m* jutting out [dchʌ'tiŋ aut]
desplumar *v* to pluck [tu plʌk]; **—se** to lose feathers [tu luz fe'thərz]; to despoil oneself [tu dispɔil' uanself']
despoblado *adj* uninhabited [ʌninjæ'bitəd]; **— de** devoid of [divɔid' ʌv]
despoblar(se) *v* to lose people [tu luz pii'pəl], depopulate [dipa'piuleit]
despojar *v* to despoil [tu dispɔil']; **—se de la ropa** to undress [tu ʌndres']
despojo *m* robbery [ra'bəri]; booty [bu'ti]; **—s** remains [rimeinz']
desportillar *v* to chip [tu chip]
desposar *v* to marry [tu mæ'ri]; **—se** to become engaged [tu bikʌm' enguei'dchəd]; to get married [tu guet mæ'riəd]
déspota *m, f* despot [de'spət], tyrant [tai'rənt]
despótico *adj* despotic [dispa'tic], tyrannical [tiræ'nikəl]
despotismo *m* despotism [de'spətizm], tyranny [ti'rəni]
despreciable *adj* contemptible [kəntemp'təbəl]; worthless [uərth'ləs]
despreciar *v* to despise [tu dəspaiz'], scorn [skɔrn]
desprecio *m* scorn [skɔrn], contempt [kəntempt']
desprender *v* to unfasten [tu ʌnfæ'sən]; **—se** to get loose [tu guet lus]
desprendimiento *m* detachment [ditæch'mənt]; generosity [dchenəra'siti]
despreocupado *adj* unbiased [ʌnbaist']; liberal [li'bərəl]; (*Am*) careless [ker'ləs]
desprestigiar *v* to discredit [tu diskre'dit]; **—se** to lose one's prestige [tu luz uanz prestii'dch]
desprestigio *m* discredit [diskre'dit]
desprevenido *adj* unprepared [ʌnpripeird']
despropósito *m* absurdity [æbsər'diti]
desprovisto *adj* devoid [divɔid'], without [uithaut']
después *adv* after [æf'tər]; then [dhen]; **— de** *prep* after [...]; **— de usted** after you [... iu]; **— de que** *conj* after [...]
despuntado *adj* blunt [blʌnt], dull [dʌl]
despuntar *v* to blunt [tu blʌnt], cut off [kʌt ɔf]
desquiciar *v* to put in disorder [tu pʌt in dizɔr'dər], upset [ʌpset']
desquitar *v* to retrieve [tu ritriiv']; **—se** to get even [tu guet ii'vən]
desquite *m* retaliation [ritæliei'shən], revenge [rivendch']
desrazonable *adj* unreasonable [ʌnrii'zənəbəl]
destacado *adj* outstanding [aut'stæn'diŋ]
destacamento *m* military detachment [mi'literi ditæch'mənt]
destacar *v* to detach [tu dətæch']; **hacer —** to emphasize [tu em'fəsaiz]; **—se** to stand out [tu stænd aut]
destapar *v* to uncover [tu ʌnkʌ'vər]; **—se** to get uncovered [tu guet ʌnkʌ'vərəd]
destartalado *adj* shabby [shæ'bi]; in disorder [in disɔr'dər]
destechado *adj* roofless [ruf'ləs]
destellar *v* to flash [tu flæsh]; to sparkle [tu spar'kəl]
destello *m* flash [flæsh], sparkle [spar'kəl]
destemplado *adj* out of tune [aut ʌv tun]; "flat" [flæt]; **sentirse —** to feel sick [tu fiil sik]
destemple *m* disorder [disɔr'dər]
desteñir(se) *v* to discolor [tu diska'lər]
desterrado *adj* exiled [ex'ailəd]; *m* exile [ex'ail]; outcast [aut'kæst]
desterrar *v* to exile [tu exail'], banish [bæ'nish]
destetar *v* to wean [tu uiin]
destierro *m* exile [ex'ail]
destilación *f* distillation [distilei'shən]
destiladera *f* still [stil]
destilar *v* to distill [tu distil']
destilería *f* distillery [disti'ləri]

destinación *f* destination [destinei'shən]
destinar *v* to destine [tu de'stin], intend for [intend' fɔr]; to employ [tu emplɔi']
destinatario *m* addressee [ədre'sii]
destino *m* destiny [de'stini], fate [feit]; job [dchab]
destituido *adj* destitute [de'stitiut], poor [pur]; deprived [dipraivd']
destituir *v* to deprive [tu dipraiv']
destorcer *v* to arrange [tu əreindch'], set in order [set in ɔr'dər]
destornillador *m* screwdriver [skru'-drai'vər]
destornillar *v* to unscrew [tu ʌnskru']
destrabar *v* to unlock [tu ʌnlak'], untie [ʌntai']
destreza *f* dexterity [dexte'riti], skill [skil], ability [əbi'liti]
destronar *v* to dethrone [tu dithron']
destrozar *v* to shatter [tu shæ'tər]; to destroy [tu dəstrɔi']
destrozo *m* destruction [distrʌk'shən]
destrucción *f* destruction [distrʌk'shən]
destructible *adj* destructible [distrʌk'-tibəl]
destructivo *adj* destructive [distrʌk'tiv]
destructor *adj* destructive [distrʌk'tiv]; *m* destroyer [distrɔ'iər]; destructive person [... pər'sən]
destruir *v* to destroy [tu distrɔi'], ruin [ru'in]
desunión *f* separation [sepərei'shən]; discord [dis'kɔrd]
desunir *v* to divide [tu dəvaid'], separate [se'pəreit]
desusado *adj* unusual [ʌniu'zhuəl]; obsolete [ab'soliit]
desuso *m* disuse [disius']; obsoleteness [absoliit'nəs]
desvaído *adj* lanky [læn'ki]
desvainar *v* to shell [tu shel]; to peel [tu piil]
desvalido *adj* abandoned [abæn'dənəd]; poor [pur]; helpless [jelp'ləs]
desvalijar *v* to rob [tu rab]
desván *m* garret [gæ'rət], attic [æ'tik]
desvanecer *v* to fade away [tu feid əuei']; **—se** to evaporate [tu ivæ'-poreit], disappear [disəpiir']
desvanecido *adj* dizzy [di'zi], fainted [fein'təd]
desvanecimiento *m* dizziness [di'zinəs], faintness [feint'nəs]
desvarío *m* raving [rei'viŋ]; madness [mæd'nəs]; delirium [dəli'riəm]
desvelado *adj* awake [əueik']; alert [ələrt']
desvelar *v* to keep awake [tu kiip əueik']; **—se** to have insomnia [tu jæv insam'niə]
desvelo *m* lack of sleep [læk ʌv sliip]; worry [uɔ'ri]
desvencijado *adj* tottering [ta'təriŋ], shaky [shei'ki]
desventaja *f* disadvantage [disædvæn'-tədch]
desventura *f* misfortune [misfɔr'chən], unhappiness [ʌnjæp'inəs]
desventurado *adj* unfortunate [ʌnfɔr'-chənit], unhappy [ʌnjæ'pi]
desvergonzado *adj* shameless [sheim'-ləs]
desvergüenza *f* shamelessness [sheim'-ləsnəs]; disgrace [disgreis']
desvestir *v* to undress [tu ʌndres']; **—se** to undress [...]
desviación *f* deviation [diviei'shən]; detour [di'tur]
desviar *v* to deviate [tu di'vieit]; **—se** to shift course [tu shift kɔrs]
desvío *m* deviation [diviei'shən]; indifference [indi'fərəns]
desvirar *v* to trim [tu trim]; to cut around [tu kʌt əraund']
desvirtuar *v* to adulterate [tu ədʌl'tə-reit]
desvivirse (*por*) *v* to long for [tu lɔŋ fɔr]; to be eager [tu bii ii'guər]
detallar *v* to detail [tu diteil']; to give a full account [tu guiv ə fʌl əkaunt']
detalle *m* detail [diteil'], item [ai'təm]
detallista *m, f* retailer [ritei'lər]
detective *m, f* detective [diitek'tiv]
detención *f* detention [diten'shən], arrest [ərest']; delay [dilei']
detener *v* to stop [tu stap]; **—se** to halt [tu jɔlt]; to stop [...]
detenido *adj* arrested [əre'stəd]
detenimiento *m* detention [diten'shən]; delay [dilei']
deteriorar *v* to deteriorate [tu diti'-riəreit]; **—se** to become damaged [tu bikʌm' dæ'mədchd]; to spoil [tu spɔil]
deterioro *m* deterioration [ditiriərei'-shən]
determinación *f* determination [ditər-minei'shən], resolution [rezəliu'shən]
determinado *adj* determinate [ditər'-minət], resolute [re'zəlut]
determinar *v* to determine [tu ditər'-min]; decide [disaid']; **—se** to resolve [tu rəzalv']

detestable *adj* detestable [dite'stəbəl]
detestar *v* to detest [tu ditest']
detonación *f* detonation [detonei'shən]; blast [blæst]
detonar *v* to detonate [tu de'toneit]; to blast [tu blæst]
detrás *adv* behind [bijaind']; **— de** *prep* behind [...]; **por —** from behind [frʌm ...]
detrimento *m* loss [lɔs]
deuda *f* debt [det]
deudor *m* debtor [de'tər]; *adj* indebted [inde'təd], obligated [ab'ligueitəd]
devanar *v* to wind [tu uaind]; to reel [tu riil]; to wrap up [tu ræp ʌp]
devaneo *m* frenzy [fren'zi]; wandering [uan'dəriŋ]
devastar *v* to devastate [tu de'vəsteit]
devenir *v* to befall [tu bifɔl']
devoción *f* devotion [divo'shən]; piety [pai'əti]
devolución *f* return [ritərn']; replacement [ripleis'mənt]
devolver *v* to return [tu ritərn'], give back [guiv bæk]: **María lo devuelve** Mary returns it [me'ri ...z it]
devorador *adj* devouring [divau'riŋ]; absorbing [əbsɔr'biŋ]
devorar *v* to devour [tu divaur']
devoto *adj* devout [divaut'], pious [pai'-əs]
día *m* day [dei]; **buenos —s** good morning [guəd mɔr'niŋ]; **hoy —** nowadays [nau'ədeiz]
diabetes *f* diabetes [daiəbi'tis]
diabético *adj* diabetic [daiəbe'tik]
diablazo *m* devilish person [de'vilish pər'sən]
diablo *m* devil [de'vil], demon [di'mən]
diablura *f* devilishness [de'vilishnəs], mischief [mis'chif]
diabólico *adj* diabolic [daiəba'lic]; very cunning [ve'ri kʌ'niŋ]
diácono *m* deacon [dii'kən]
diadema *f* diadem [dai'ədem], crown [kraun]; halo [jei'lo]
diáfano *adj* clear [kliir]; transparent [trænspæ'rənt]
diagnosticar *v* to diagnose [tu dai'-əgnoz]
diagrama *m* diagram [dai'əgræm]
dialecto *m* dialect [dai'əlekt]
dialogar *v* to dialogue [tu dai'əlaguə]
diálogo *m* dialogue [dai'əlaguə]
diamante *m* diamond [dai'mənd]
diámetro *m* diameter [daiæ'mətər]
diantre *m* devil [de'vil]
diapasón *m* pitch [pich], fork [fɔrk]
diario *adj* daily [dei'li]; *m* newspaper [nooz'pei'pər]; diary [dai'əri]
diarrea *f* diarrhea [daieri'ə]
dibujante *m, f* draftsman [drəftz'mən]; designer [diizai'nər]
dibujar *v* to draw [tu drɔ], sketch [skech]; **—se** to show up [tu sho ʌp]
dibujo *m* drawing [drɔ'iŋ], sketch [sketch]
dicción *f* diction [dik'shən]; expression [expre'shən]
diccionario *m* dictionary [dik'shənæ'ri]
diciembre *m* December [disem'bər]
dictado *m* dictation [diktei'shən]
dictador *m* dictator [dik'teitər]
dictadura *f* dictatorship [diktei'tərship]
dictáfono *m* dictaphone [dik'təphon]
dictamen *m* opinion [əpi'niən], judgment [dchʌ'dchmənt]
dictar *v* to dictate [tu dikteit']
dicha *f* happiness [jæ'pinəs], good fortune [guəd fɔr'chən]
dicharacho *m* slang expression [slæŋ expre'shən]
dicho *adj* said [sed]; **— y hecho** no sooner said than done [no su'nər sed dhæn dʌn]; *m* saying [sei'iŋ], proverb [pra'vərb]
dichoso *adj* happy [jæ'pi], lucky [lʌ'ki]
diente *m* tooth [tuth]
diestra *f* right hand [rait jænd]
diestro *adj* skillful [skil'fəl]; right [rait]; *m* matador [mæ'tədɔr]
dieta *f* diet [dai'ət]
diezmo *m* tithe [tai'dh]
difamación *f* libel [lai'bəl]; slander [slæn'der]
difamador *m* slanderer [slæn'dərər]
difamar *v* to defame [tu difeim'], slander [slæn'dər]
difamatorio *adj* scandalous [skæn'dələs]
diferencia *f* difference [di'fərəns]
diferenciar *v* to differentiate [tu difər-en'shieit]
diferente *adj* different [di'fərənt]
diferir *v* to defer [tu difər']
difícil *adj* difficult [di'fikʌlt]
dificultad *f* difficulty [di'fikʌlti]
dificultar *v* to make difficult [tu meik di'fikʌlt]
dificultoso *adj* difficult [di'fikʌlt]; hard to please [jard tu pliiz]
difteria *f* diphtheria [difthi'riə]
difundir *v* to diffuse [tu difiuz']
difunto *adj* deceased [disiisd']; *m* deceased person [... pər'sən]

difusión *f* diffusion [difiu'shən]
digerible *adj* digestible [daidche'stibəl]
digerir *v* to digest [tu daidchest']
dignarse *v* to deign [tu dein]
dignatario *m* dignitary [dig'niteri]
dignidad *f* dignity [dig'niti]
digno *adj* worthy [uər'thi]
digresión *f* digression [daigre'shən]
dilación *f* delay [dilei']
dilatado *adj* dilated [dailei'təd]; vast [væst], large [lardch]
dilatar *v* to dilate [tu daileit'], widen [uai'dən]; **—se** to expand [tu expænd']
diligencia *f* diligence [di'lidchəns]; stagecoach [stei'dchkoch]
diligente *adj* diligent [di'lidchənt]
diluir *v* to dilute [tu dailu't]
diluvio *m* flood [flʌd]
dimensión *f* dimension [dimən'shən]
diminutivo *adj* small [smɔl], tiny [tai'ni]; *m* diminutive [dimi'niutiv]
dimisión *f* resignation [resignei'shən]
dimitir *v* to resign [tu risain']; **dimitió su puesto** he resigned from his position [jii risaind' frʌm jiz pəzi'shən]
dinámica *f* dynamics [dainæ'miks]
dinámico *adj* dynamic [dainæ'mik]
dinamismo *m* vigor [vi'guər]
dinamita *f* dynamite [dai'nimait]
dínamo *f, m* dynamo [dai'nəmo]
dinastía *f* dynasty [dai'nəsti]
dineral *m* much money [mʌch mʌ'ni]
dinero *m* money [mʌ'ni]
Dios *m* God [gad]
diosa *f* goddess [ga'dəs]
diploma *m* diploma [diplo'mə]
diplomacia *f* diplomacy [diplo'məsi]
diplomarse *v* to graduate from [tu græ'diueit frʌm]
diplomático *adj* diplomatic [diplomæ'tik]; *m* diplomat [di'plomæt]
diptongo *m* diphthong [difthɔŋ']
diputado *m* deputy [də'piuti]; representative [rəprizən'titiv]
diputar *v* to delegate [tu de'ligueit]
dique *m* dike [daik]; **—s de arena** dry docks [drai dakz]
dirección *f* direction [daire'kshən]; sense [sens]; way [uei]
directo *adj* direct [daire'kt]
director *m* director [daire'ktər]; (*mús*) conductor [kəndʌk'tər]
directorio *m* directory [daire'ktəri]
dirigente *adj* directing [daire'ktiŋ]; *m* leader [lii'dər]
dirigir *v* to direct [tu daire'kt]; to conduct [tu kəndʌkt']; **—se a** to address [tu ədres']
discernimiento *m* insight [in'sait]
discernir *v* to discern [tu disern']
disciplina *f* discipline [di'siplin]
disciplinar *v* to discipline [tu di'siplin]
discípulo *m* disciple [disai'pəl]; pupil [piu'pil]
disco *m* disk [disk]; (*mús*) record [re'kərd]; **grabar en —** to make a record [tu meik ə ...]; to record [tu rəkɔrd']; **tocadiscos** record player [... ple'iər]; **tocar un —** to play a record [tu plei ə ...]; **— de larga duración** long playing record [lɔŋ ple'iŋ ...]
discordancia *f* (*mús*) discord [di'skɔrd]
discordante *adj* discordant [diskɔr'dənt]
discordia *f* discord [di'skɔrd]
discreción *f* discretion [diskre'shən]
discrepancia *f* discrepancy [diskre'pənsi]
discreto *adj* discreet [diskriit']
disculpa *f* excuse [exkius']
disculpable *adj* excusable [əxkiu'zəbəl]
disculpar *v* to excuse [tu exkiuz']; **—se** to apologize [tu əpa'lədchaiz]
discurrir *v* to ramble about [tu ræm'bəl əbaut']
discursear *v* to make speeches [tu meik spii'chəz]
discurso *m* discourse [dis'kɔrs]; speech [spiich]
discusión *f* discussion [diskʌ'shən]
discutible *adj* debatable [dibei'təbəl]
discutir *v* to discuss [tu diskʌs']; to argue [tu ar'guiu]
disecar *v* to dissect [tu daisekt']
diseminación *f* dissemination [diseminei'shən]
diseminar *v* to scatter [tu skæ'tər]
disensión *f* dissent [disent']
disentería *f* dysentery [di'sənteri]
disentir *v* to dissent [tu disent']
diseñador *m* designer [dizai'nər]
diseñar *v* to design [tu dizain']
diseño *m* design [dizain']; sketch [skech]
disertar *v* to discuss [tu diskʌs']
disforme *adj* deformed [difɔrmd']
disfraz *m* disguise [disgaiz']
disfrazar *v* to disguise [tu disgaiz']; **—se** to disguise oneself [tu ... uanself']
disfrutar *v* to enjoy [tu əndchɔi']
disfrute *m* enjoyment [əndchɔi'mənt]
disgustar *v* to displease [tu displiiz] to get angry [tu guet æŋ'gri]

disgusto *m* displeasure [disple'zhʌr]
disimulado *adj* sly [slai]
disimular *v* to feign [tu fein]
disimulo *m* slyness [slai'nəs]
disipación *f* dissipation [disəpei'shən]
disipar *v* to dissipate [tu disəpeit']; **—se** to vanish [tu væ'nish]
dislocar *v* to dislocate [tu di'slokeit]; **—se** to become dislocated [tu bikʌm' ...əd]
disminuir *v* to decrease [tu dikriis']
disociación *f* dissociation [disosiei'shən]
disociar *v* to dissociate [tu diso'sieit]
disolución *f* dissolution [disolu'shən]
disoluto *adj* dissolute [di'solut]
disolver *v* to dissolve [tu dizalv']
disonancia *f* discord [di'skɔrd]
disonante *adj* discordant [diskɔr'dənt]
disparada *f* rush [rʌsh]; run [rʌn]
disparar *v* to shoot [tu shu't]; **—se** to run away [tu rʌn əuai']
disparatado *adj* absurd [əbsərd']; extravagant [extræ'vəguənt]
disparatar *v* to blunder [tu blʌn'dər]; to become absurd [tu bikʌm' əbsərd']
disparate *m* nonsense [nan'səns], foolishness [fu'lishnəs]
disparidad *f* inequality [inikua'liti]
disparo *m* shooting [shu'tiŋ]
dispensa *f* dispensation [dispənsei'shən]
dispensar *v* to excuse [tu exkiuz']
dispensario *m* dispensary [dispen'səri]
dispersar *v* to disperse [tu dispərs'], scatter [skæ'tər]
dispersión *f* dispersion [dispər'shən]
displicente *adj* unpleasant [ʌnple'sənt]
disponer *v* to dispose [tu dispoz']; **—se** to get ready [tu guet re'di]
disponible *adj* available [əvei'ləbəl]
disposición *f* disposition [dispozi'shən]
dispuesto *adj* disposed [dispozd']; ready [re'di]
disputa *f* dispute [dispiut']
disputar *v* to argue [tu ar'guiu], dispute [dispiut']
distancia *f* distance [di'stəns]; **llamada de larga —** long distance call [lɔŋ ... kɔl]
distante *adj* distant [di'stənt]
distar *v* to be distant [tu bii di'stənt]
distender *v* to extend [tu extend']; to stretch [tu stretch]; **—se** to expand [tu expænd']
distinción *f* distinction [distink'shən]
distinguido *adj* distinguished [distiŋ'güisht], illustrious [ilʌ'striəs]
distinguir *v* to distinguish [tu distiŋ'güish]; **—se** to excel [tu exel']
distintivo *adj* distinctive [distink'tiv]; *m* mark [mark]; (*club*) pin [pin], medal [me'dəl]
distinto *adj* distinct [distinkt']
distracción *f* distraction [distræk'shən]
distraer *v* to distract [tu distrækt']; **—se** to have a good time [tu jæv ə guəd taim]
distraído *adj* distracted [distræk'təd]; **el profesor —** the absent-minded professor [dhə æb'sənt-main'dəd profe'sər]
distribución *f* distribution [distribiu'shən]
distribuidor *adj* distributing [distri'biutiŋ]; *m* distributor [distri'biutər]
distribuir *v* to distribute [tu distri'biut]
distrito *m* district [dis'trikt]; region [ri'dchən]; **(No. del) — postal zip** code [zip kod]
disturbio *m* disturbance [distər'bəns]
divagación *f* digression [daigre'shən]
divagar *v* to ramble [tu ræm'bəl]
diván *m* sofa [so'fə]
divergencia *f* difference [di'fərəns]
divergir *v* to differ [tu di'fər]
diversidad *f* variety [vərai'əti]
diversión *f* amusement [əmiu'zmənt]
diverso *adj* diverse [daivərs']; **—s** several [se'vərəl]
divertido *adj* amusing [əmiu'ziŋ]; funny [fʌ'ni]
divertimiento *m* a good time [ə guəd taim]
divertir *v* to amuse [tu əmiuz']; **—se** to have a good time [tu jæv ə guəd taim]
dividendo *m* dividend [di'vidend]
dividir *v* to divide [tu divaid']
divinidad *f* divinity [divi'niti]
divino *adj* divine [divain']
divisa *f* device [devais']; motto [ma'to]
divisible *adj* divisible [divi'zibəl]
división *f* division [divi'zhən]
divorciar *v* to divorce [tu divɔrs']; **—se** to be divorced [tu bii ...d]
divorcio *m* divorce [divɔrs']
divulgar *v* to divulge [daivʌldch']; to disclose [tu diskloz']
dobladillo *m* hem [jem]
doblado *adj* folded [fol'dəd]
dobladura *f* fold [fold]
doblar *v* to bend [tu bend], fold [fold]; **— la esquina** to turn the corner [tu tərn dhə kɔr'nər]; **¡no —!** no turns [no tər'nz]

doble *adj* double [dʌ'bəl]; *m* fold [fold]
doblegar *v* to bend [tu bend]; **—se** to yield [yiild]
doblez *m* fold [fold]
docena *f* dozen [dʌ'zən]
docente *adj* educational [ediukei'shənəl]
dócil *adj* docile [da'sil]
docilidad *f* obedience [obi'diəns]
docto *adj* learned [lər'nd]
doctor *m* doctor [dak'tər]; teacher [tii'chər], professor [profe'sər]
doctorar *v* to grant a doctor's degree [tu grænt ə dak'tərz digrii]; **—se** to earn a doctor's degree [tu ərn ...]
doctrina *f* doctrine [dak'trin]
documentar *v* to document [tu da'kiu'mənt]
documento *m* document [da'kiumənt]
dogma *m* dogma [dɔg'mə]
dogmático *adj* dogmatic [dɔgmæ'tik]
dolencia *f* ailment [eil'mənt]
doler *v* to ache [tu eik]; to hurt [tu jərt]; **me duele la cabeza** I have a headache [ai jæv ə jed'eik]
dolor *m* pain [pein], ache [eik]
dolorido *adj* sore [sɔr], hurt [jərt]
doloroso *adj* painful [pein'fəl]
domador *m* tamer [tei'mər]
domar *v* to tame [tu teim]
domeñar *v* to tame [tu teim]
domesticar *v* to domesticate [tu domes'tikeit]
doméstico *adj* domestic [dəmes'tik]; *m* house servant [jaus sər'vənt]
domiciliar *v* to lodge [tu ladch]; **—se** to settle down [tu se'təl daun]
domicilio *m* home [jom]
dominación *f* domination [daminei'shən]
dominador *adj* dominant [da'minənt]; *m* dominator [da'mineitər]
dominante *adj* dominant [da'minənt]
dominar *v* to dominate [tu da'mineit]; to rule over [tu rul o'vər]; **—se** to refrain from [tu rifrein' frʌm]
domingo *m* Sunday [sʌn'dei]; **D— de Ramos** Palm Sunday [palm ...]
dominio *m* domain [domein']
dominó *m* domino [da'mino]
don *m* gift [gift]; (*título*) Don [dan]: **Don Pedro**
donación *f* donation [donei'shən]
donador *m* donor [do'nər]
donaire *m* grace [greis], elegance [e'ləguəns]
donairoso *adj* elegant [e'ləguənt], graceful [greis'fəl]
donar *v* to donate [tu do'neit]
doncella *f* virgin [vər'dchin]; maidservant [meidsər'vənt]
donde *adv* where [juer]; **¿dónde?** where? [...]; **no sé donde vive** I don't know where he lives [ai dont no ... jii livz]; **¿dónde está?** where is he (it)? [... iz jii, it]; **¿por dónde vamos?** which way do we take? [juich uei du uui teik]
dondequiera *adj* wherever [juere'vər]
donoso *adj* elegant [e'ləguənt]
doña *f* lady [lei'di]; (*título*) **Doña Bárbara**
dorado *adj* gilded [guil'dəd]; golden [gol'dən]
dorar *v* to gild [tu guild]
dórico *adj* doric [dɔ'rik]
dormir *v* to sleep [tu sliip]; **—se** to go to sleep [tu go tu sliip]
dormitar *v* to doze [tu doz]
dormitorio *m* dormitory [dɔr'mitɔri]
dorsal *adj* dorsal [dɔr'səl]; **espina —** backbone [bæk'bon]
dorso *m* back [bæk]
dosel *m* canopy [kæ'nəpi]
dosis *f* dose [dos]
dotación *f* endowment [endau'mənt]
dotar *v* to endow [tu endau']
dote *m, f* dowry [dau'ri]
dragado *m* dredging [dre'dchiŋ]
dragaminas *m* minesweeper [main'suii'pər]
dragar *v* to dredge [tu dredch]
dragón *m* dragon [dræ'gən]
drama *m* drama [dra'mə], play [pleii]
dramático *adj* dramatic [drəmæ'tik]
dramatizar *v* to dramatize [tu dræ'mətaiz]
dramaturgo *m* playwright [plei'rait], dramatist [dræ'mitist]
drástico *adj* drastic [dræ'stik]
drenaje *m* drainage [drei'neidch]
drenar *v* to drain [tu drein]
dril *m* (cloth) drill [dril]; linen [li'nən]
droga *f* drug [drʌguə]
droguería *f* drugstore [drʌguə'stɔr]
droguero *m* druggist [drʌ'guist]
droguista *m, f* druggist [drʌ'guist]; cheat [chiit]
ducha *f* shower (bath) [shəu'ər, bæth]; douche [dush];**tomar una —** to take a shower [tu teik ə ...]
ducho *adj* skilled (in) [ski'ld, in]; capable of [kei'pəbəl ʌv]
duda *f* doubt [daut], misgiving [misgui'viŋ]; **no lo pongo en —** I don't doubt it [ai dont daut it]

dudar *v* to doubt [tu daut]
dudoso *adj* doubtful [daut'fəl], uncertain [ʌnsər'tən]
duelo *m* sorrow [sa'ro], affliction [əflik'-shən], mourning [mɔr'niŋ]; duel [du'əl]
dueño *m* owner [o'nər], proprietor [prə-prai'ətər], master [mæ'stər], landlord [lænd'lɔrd]
dulce *adj* sweet [suiit], mild [maild]; *m* candy [kæn'di]; sugar [shu'guər]
dulzura *f* sweetness [suiit'nəs]
duna *f* dune [dun]
duplicar *v* to duplicate [tu du'pləkeit], double [dʌ'bəl]
duplicidad *f* duplicity [dupli'siti], double-dealing [dʌ'bəl-dii'liŋ]
duque *m* duke [diuk]
duquesa *f* duchess [dʌ'chəs]
duración *f* duration [durei'shən], continuance [kənti'niuəns]
duradero *adj* lasting [læ'stiŋ]
durante *p* during [diu'riŋ]
durar *v* to last [tu læst], endure [endiur']
durazno *m* peachtree [piichtrii], peach [piich]
dureza *f* hardness [jard'nəs], toughness [tʌf'nəs], harshness [jarsh'nəs]
durmiente *adj* sleeping [slii'piŋ]; *m* sleeper [slii'pər]
duro *adj* hard [jard], harsh [jarsh], solid [sa'lid]; *m* dollar [da'lər]

E

e *conj* (antes de *i* o *hi*) and [ænd]
ebanista *m* cabinet maker [kæ'bənət mei'kər]
ébano *m* ebony [e'bəni]
ebrio *adj* inebriated [ini'brieitəd], intoxicated [intax'əkeitəd]
eclesiástico *adj* ecclesiastic [iklisiæ'stik]
eclipse *m* eclipse [iiklip'sə]
écloga *f* eclogue [i'klaguə]
eco *m* echo [e'ko], repetition [repəti'shən]
economía *f* economy [əka'nəmi], avarice [æ'vəris]; **hacer —** to save [tu seiv]; to economize [tu əka'nəmaiz]
económico *adj* economical [ikəna'məkəl]
economizar *v* to save [tu seiv]
ecuación *f* equation [ikuei'shən]
ecuador *m* equator [ikuei'tər]
ecuestre *adj* equestrian [ikue'striən]
echada *f* cast [kæst], throw [thro]
echar *v* to cast [tu kæst], throw [thro], expel [expel']; **— de menos** to miss [tu mis]; **—a pique** to sink [tu siŋk]; **— en cara** to reproach [tu riprich']; **— un vistazo** to glance [tu glæns]
edad *f* age [eidch]; **la E— media** the Middle Ages [thə mi'dəl ei'dchəz]
edición *f* edition [ədi'shən], issue [i'shiu]
edificación *f* building [bil'diŋ], construction [kənstrʌk'shən]
edificar *v* to build [tu bild], to edify [tu e'dəfai]
edificio *m* building [bil'diŋ], structure [strʌk'shər]
editar *v* to publish [tu pʌ'blish]; to issue [tu i'shiu]
editor *m* editor [e'ditər], publisher [pʌ'blishər]; **casa —a** publishing company [pʌ'blishiŋ kam'pəni]
editorial *adj* editorial [edətər'iəl]; **casa —** publishing house [pʌ'blishiŋ jaus]
educación *f* education [e'dchukei'shən], politeness [pəlait'nəs]
educar *v* to educate [tu e'dchukeit], instruct [instrʌkt'], bring up [briŋ ʌp]
efectivamente *adv* really [rii'li], actually [æk'chuəli]
efectivo *adj* effective [əfek'tiv]; *m* cash money [kæsh mʌ'ni]
efecto *m* effect [efekt'], consequence [kan'səkuens]; **en —** in fact [in fækt]
efectuar *v* to effect [tu ifekt'], bring about [briŋ əbaut'], accomplish [əkam'plish], achieve [əchiiv']
efervescente *adj* effervescent [efərve'sənt]
eficacia *f* efficacy [e'fəkəsi]
eficaz *adj* efficacious [efəkei'shəs]
efímero *adj* ephemeral [ife'mərəl], short-lived [shɔrt-livd], passing [pæ'siŋ]
efusión *f* effusion [ifiu'zhən]
egoísmo *m* egoism [ii'goizm], selfishness [sel'fishnəs]
egoísta *adj* selfish [sel'fish], egoistic [iigoii'stik]; *m, f* egoist [ii'goiist]
ejecución *f* performance [pərfɔr'məns], fulfillment [fʌfil'mənt]; execution [exəkiu'shən]
ejecutar *v* to perform [tu pərfɔrm'], fulfill [fʌlfil'], execute [ex'əkiut]
ejecutivo *adj* executive [egze'kiutiv]
ejemplar *adj* exemplary [igzem'pləri]; *m* copy [ka'pi]
ejemplo *m* example [egzæm'pəl], instance [in'stəns]; **por —** for example [fɔr ...]
ejercer *v* to exercise [ex'ərsaiz], exert [egzərt'], practice [præk'tis]
ejercicio *m* exercise [ex'ərsaiz], training [trei'niŋ], practice [præk'tis]; **—s** drilling [dri'liŋ]
ejercitar *v* to exercise [tu ex'ərsaiz], train [trein]
ejército *m* army [ar'mi]
el *art, m* the [dhə]
él *pron* he [jii]
elaborar *v* to work out [tu uərk aut]
elasticidad *f* elasticity [əlæsti'səti]
elástico *adj* elastic [əlæ'stik]
elección *f* election [ilek'shən]
electoral *adj* electoral [ilek'tərəl]
electricidad *f* electricity [ilektri'səti]
eléctrico *adj* electric [ilek'trik]
electrizar *v* to electrify [tu ilek'trəfai]; to enthuse [tu enthuz']; to thrill [tu thril]; to enliven [tu enlai'vən]
electromotor *m* electromotor [ilektromo'tər]

electrónico *adj* electronic [ilektra'nik]
elefante *m* elephant [e'ləfənt]
elegancia *f* elegance [e'ləguəns]
elegante *adj* elegant [e'ləguənt], graceful [grei'sfəl]
elegibilidad *f* eligibility [elədchəbi'ləti]
elegir *v* to elect [tu ilekt'], choose [chuz]
elemental *adj* elementary [eləmen'təri]; fundamental [fʌndəmen'təl]; **escuela —** elementary school [... skul]
elemento *m* element [e'ləmənt]
elevación *f* elevation [eləvei'shən], height [jait]
elevado *adj* high [jai], lofty [lɔ'fti]
elevador *m* (*Am*) elevator [eləvei'tər]
elevar *v* to raise [reiz], arise [əraiz']
eliminación *f* elimination [iliməneі'shən]
elocución *f* elocution [elokiu'shən]
elocuencia *f* eloquence [e'ləkuəns]
ella *pron* she [shii]
emanar *v* to emanate [tu e'məneit], send out [send aut]
emancipar *v* to emancipate [tu imæn'səpeit]
embajada *f* embassy [em'bəsi]; message [me'sədch]
embajador *m* ambassador [æmbæ'sədər]
embalar *v* to pack [tu pæk]; to bundle up [tu bʌn'dəl ʌp]
embalsamar *v* to embalm [tu embam']
embarazada *adj* pregnant [preg'nənt]
embarazar *v* to obstruct [tu əbstrʌkt']; to make pregnant [tu meik preg'nənt]
embarazo *m* hindrance [jin'drəns]; pregnancy [preg'nənsi]
embarcación *f* boat [bot], ship [ship]
embarcadero *m* wharf [uɔrf]; pier [piir], quay [kii]
embarcador *m* shipper [shi'pər], loader [lo'dər]
embarcar *v* to ship [tu ship]; to go on board [tu go an bɔrd]
embargo *m* embargo [embar'go]; **sin —** nevertheless [ne'vər-dhə-les]
embarque *m* shipment [ship'mənt]
embarrar *v* to plaster [tu plæs'tər]; to smear [tu smiir']
embate *m* push [push]; attack [ətæk']
embaular *v* to pack (in a trunk) [tu pæk, in ə trʌŋk]
embeber *v* to imbibe [tu imbaib']; to contain [tu kəntein']
embeleco *m* fraud [frɔd], deceit [dəsiit']
embeleso *m* delight [dilait']
embellecer *v* to embellish [tu embe'lish], beautify [biu'təfai]
embestir *v* to assail [tu əseil'], attack [ətæk']
emblema *m* emblem [em'bləm]
emblemático *adj* emblematic [embləmæ'tik]
émbolo *m* piston [pi'stən], plunger [plʌn'dchər]
embolsar *v* to put into a purse [tu put in'tu ə pərs]
emborrachar *v* to intoxicate [tu intax'əkeit]; to get drunk [tu guet drʌŋk]
emboscada *f* ambush [æm'bush]
emboscar *v* to lie in ambush [tu lai in æm'bush], trap [træp]
embotar *v* to blunt [tu blʌnt], dull [dʌl]
embotellar *v* to bottle [tu ba'təl]
embozado *adj* covered [kʌ'vərd], wrapped [ræpd]
embozo *m* muffler [mʌ'flər]
embragar *v* (*auto*) to engage the clutch [tu engueidch' dhə klʌch]
embrague *m* clutch [klʌch]
embravecer *v* to enrage [tu enreidch']; to make mad [tu meik mæd]
embrazar *v* to clasp [tu klæsp], grasp [græsp], hold [jold]
embriagado *adj* intoxicated [intax'əkeitəd], drunk [drʌŋk]
embriagar *v* to intoxicate [tu intax'əkeit]
embriaguez *f* intoxication [intaxəkei'shən], drunkenness [drʌŋk'ənəs]
embrión *m* embryo [em'brio]
embrollar *v* to embroil [tu embrɔil']; to entangle [tu entæŋ'guəl], confuse [kənfiuz'], involve [invalv']
embrollo *m* entanglement [entæŋ'guəlmənt]
embromar *v* to make fun of [tu meik fʌn ʌv]; to annoy [tu ənɔi']
embrujar *v* to bewitch [tu bi-uich']
embrutecer *v* to stupefy [tu stiu'pəfai]; to grow stupid [tu gro stiu'pid]
embrutecimiento *m* stupefying [stiu'pəfaiŋ]
embudo *m* funnel [fʌ'nəl]
embuste *m* deceit [disiit'], trick [trik]
embustero *m* liar [lai'ər], impostor [impas'tər]
embutir *v* to inlay [tu in'lei]
emergencia *f* emergency [imər'dchənsi], unexpected happening or event [ʌnexpek'təd jæ'pəniŋ ɔr ivent']
emigración *f* emigration [eməgrei'shən]
emigrar *v* to emigrate [tu e'məgreit]
eminencia *f* eminence [e'mənəns]
eminente *adj* eminent [e'mənənt]; distinguished [distiŋ'guishəd]

emisario *m* emissary [e'məseri]
emisión *f* emission [imi'shən], issue [i'shiu]; (*radio*) broadcast [brɔd'-kæst]
emisora *f* broadcasting station [brɔd'-kæstiŋ stei'shən]
emitir *v* to issue [tu i'shiu]; to emit [tu imit']; (*radio*) to broadcast [tu brɔd'-kæst]
emoción *f* emotion [imo'shən]
empacar *v* to pack [tu pæk]
empajar *v* to thatch [tu thæch]
empalizada *f* stockade [stakeid']
empalmar *v* to couple [tu kʌ'pəl]; to join [tu dchɔin]
empanada *f* meat-pie [miit-pai]
empantanar *v* to swamp [tu suamp]
empañar *v* to tarnish [tu tar'nish]
empapar *v* to imbibe [imbaib']; to soak [tu sok]; to saturate [tu sæ'chureit]
empapelar *v* to paper [tu pei'pər]
empaque *m* packing [pæ'kiŋ]
empaquetar *v* to pack [tu pæk]
emparejar *v* to level [tu le'vəl]; to match [tu mætch]
empastar *v* to bind [tu baind]; to paste [tu peist]
empatar *v* to tie [tu tai]; to equal [tu i'kuəl]
empate *m* tie [tai]; (*deporte*) **es un —** it is a tie [it iz ə ...]
empedernir *v* to harden [tu jar'dən]
empedrado *m* pavement [peiv'mənt]
empedrar *v* to pave [tu peiv]; to use stone [tu iuz ston]
empeine *m* groin [grɔin]; instep [in'-step]
empellón *m* shove [shʌv], hard push [jard push]; **a —es** by pushing [bai ...iŋ]
empeñar *v* to pawn [tu pɔn], pledge [pledch]; to engage oneself [tu en-gueidch' uanself']
empeño *m* obligation [abliguei'shən]; promise [pra'mis]; pawn [pɔn], pledge [pledch]; insistence [insi'stəns]
empeorar *v* to spoil [tu spɔil]; to impair [tu impeir']; to grow worse [tu gro uərs]
empequeñecer *v* to belittle [tu bili'təl]
emperador *m* emperor [em'pərər]
empero *conj* yet [iet], however [jaue'vər]
empezar *v* to begin [tu biguin']
empinado *adj* steep [stiip]; high [jai]
empinar *v* to raise [tu reiz]; **—se** to stand on tiptoe [tu stænd an tip'to]
empírico *adj* empiric [empi'rik]; empirical [empi'rikəl]
emplastar *v* to plaster [tu plæ'stər]
emplasto *m* plaster [plæ'stər]
emplazamiento *m* summons [sʌ'məns]
emplazar *m* to summon [tu sʌ'mən]
empleado *m* employee [emplɔ'ii], clerk [klərk]; worker [uər'kər]
emplear *v* to employ [tu emplɔi']; to use [tu iuz']
empleo *m* office [ɔ'fis]; employment [emplɔi'mənt], use [ius]
emplumar *v* to feather [tu fe'dhər]
empobrecer *v* to impoverish [tu impa'-vərish], grow poor [gro pur]
empobrecimiento *m* impoverishment [impa'vərishmənt]
empolvado *adj* dusty [dʌ'sti]
empolvar *v* to become dusty [tu bikʌm' dʌ'sti]; **—se** to get dusty [tu guet ...]
empollar *v* to hatch [tu jæch]
emponzoñar *v* to poison [tu poi'zən]
emprender *v* to undertake [tu ʌn'dər-teik], to take on [tu teik an]
empreñar *v* to make pregnant [tu meik preg'nənt]
empresa *f* enterprise [en'tərpraiz]; venture [ven'chər]
empréstito *m* loan [lon]
empujar *v* to push [tu puəsh]; **¡empuje!** push! [...]
empujón *m* push [puəsh], shove [shov]
empuñadura *f* hilt of a sword [jilt ʌv ə sɔrd]
empuñar *v* to grasp [tu græsp], clutch [klʌch]
emulación *f* emulation [emiulei'shən]; rivalry [rai'vəlri]
emular *v* to rival [tu rai'vəl]; to be a competitor [tu bii ə kəmpe'titər]
émulo *m* rival [rai'vəl]
en *prep* in [in], into [in'tu], for [fɔr]; at [æt]; **— cuanto a eso** as for that [æz fɔr thæt]
enagua(s) *f, pl* skirt [skirt], petticoat [pe'tikot]; underskirt [ʌn'dərskərt]
enajenación *f* alienation [eiliənei'shən]
enajenar *v* to alienate [tu ei'liəneit]
enaltecer *v* to praise [tu preiz]
enamorado *adj* in love [in lʌv]
enamorarse *v* to fall in love [tu fɔl in lʌv]
enano *m* dwarf [duarf]
enarbolar *v* to hoist [tu jɔist]
enardecer *v* to become impassioned [tu bikʌm' impæ'shənd]
enardecimiento *m* ardor [ar'dər]

encabezamiento *m* heading [je'diŋ], letter head [le'tər jed]; tax-roll [tæx-rol]
encabezar *v* to put a heading [tu puət ə je'diŋ]
encadenamiento *m* linking [liŋ'kiŋ]; connection [kənek'shən]
encadenar *v* to chain [tu chein], link [liŋk]
encajar *v* to fit in [tu fit in]
encaje *m* lace [leis]; inlaid work [inleid' uərk]
encalar *v* to whitewash [tu juait'uash]
encalvecer *v* to become bald [tu bikʌm' bɔld]
encallar *v* to run aground [tu rʌn əgraund']; to fail [tu feil]
encallecerse *v* to become callous [tu bikʌm' kæ'ləs]; to harden [tu jar'dən]
encaminar(se) *v* to be on the way [tu bii an dhə uei]
encandilar *v* to dazzle [tu dæ'zəl]; to daze [tu deiz]
encantado *adj* charmed [char'məd]; **(estoy) —** (I am) pleased [ai æm, pliizd]; **— en conocerle** pleased to meet you [... tu miit iu]
encantador *m* enchanter [enchæn'tər]; charmer [char'mər]; *adj* charming [char'miŋ]
encantar *v* to enchant [tu enchænt']; charm [charm], bewitch [bi-uich']
encanto *m* enchantment [enchænt'mənt]; spell [spel]; to charm [tu charm]
encapotar *v* to cover [tu kʌ'vər]; to muffle [tu mʌ'fəl]; to become cloudy [tu bikʌm' klau'di]
encapricharse *v* to be infatuated [tu bii infæ'tiueitəd]; to become obstinate [tu bikʌm' ab'stənət]
encaramar *v* to raise [tu reiz]; to ascend [tu əsend']; to climb [tu klaim]
encarar *v* to face [tu feis], to aim [tu eim]
encarcelar *v* to incarcerate [tu inkar'səreit]
encarecer *v* to entreat [tu entriit']; to raise the price [tu reiz dhə prais]
encargar *v* to commission [tu kəmi'shən]; to recommend [tu rekəmend']
encargo *m* commission [kəmi'shən], office [ʌf'is]; order [ɔr'dər]
encariñarse *v* to be fond [tu bii fand]
encarnación *f* incarnation [inkarnei'shən]
encarnado *adj* carnation-colored [karnei'shən-kʌ'lərd]; flesh-colored [fleh-...]
encarnar *v* to incarnate [tu inkar'neit], to embody [tu emba'di]
encarnizarse *v* to become cruel [tu bikʌm' kruəl]
encartar *v* to vanish [tu væ'nish]
encastillar *v* to fortify with castles [tu fɔr'təfai uith kæ'səls]
encastre *m* groove [gruv]; socket [sa'kət]
encausar *v* to prosecute [tu pra'səkiut]
encella *f* cheese mold [chiiz mold]
encenagarse *v* to wallow in mire, vice [tu ua'lo in mair, vais]
encender *v* to light [tu lait]; to set fire to [tu set faiər tu]
encendido *adj* lighted [lai'təd]; inflamed [inflei'məd]
encerado *m* oilcloth [ɔil'klɔth]; **papel —** wax paper [uæx pei'pər]
encerar *v* to wax [tu uæx]
encerrar *v* to shut up [tu shʌt ʌp]; to lock up [tu lak ʌp]; to contain [tu kəntein']
enciclopedia *f* encyclopedia [ensaikləpi'diə]
encierro *m* seclusion [səklu'zhən], confinement [kənfain'mənt]; prison [pri'zən]
encima *adv* above [əbʌv'], over [o'vər]; **— de** on top of [an tap ʌv]; upon [ʌpan']
encina *f* oak [ok], oak tree [ok trii]
encinta *adj* pregnant [preg'nənt]
enclavar *v* to nail [tu neil]
encoger *v* to shrink [tu shrink], contract [kan'trækt]
encogido *adj* bashful [bæsh'fəl], timid [ti'mid]
encogimiento *m* contraction [kəntræk'shən]; bashfulness [bæsh'fəlnəs], timidity [timi'diti]
encojar *v* to cripple [tu kri'pəl], make lame [meik leim], grow lame [gro leim]
encolar *v* to glue [tu glu], paste [peist]
encolerizar *v* to provoke [tu prəvok']; to irritate [tu i'rəteit], make angry [meik æŋ'gri]
encomendar *v* to entrust [tu əntrʌst']
encomiar *v* to praise [tu preiz]
encomienda *f* commission [kəmi'shən]; **— postal** parcel post [par'səl post]
encomio *m* praise [preiz]
enconar *v* to inflame [tu infleim']; to cause irritation [tu kɔz irətei'shən]; to be angry [tu bii æn'gri]
encono *m* rancor [ræn'kər]

encontrar *v* to find [tu faind]; to meet [tu miit]; **—se con** to meet (on the way) [tu miit, an dhə uei]
encorvadura *f* bend [bend]
encorvar *v* to bend [tu bend]
encrespar *v* to crisp [tu krisp], curl [kərl]; to get rough [tu guet rʌf]
encrucijada *f* cross-roads [krɔs-rodz]
encrudecer *v* to vex [tu vex], anger [æn'guər], hurt [jert]
encuadernador *m* book-binder [buək-bain'dər]
encuadernar *v* to bind (a book) [tu baind, ə buək]
encubrir *v* to conceal [tu kənsiil'], hide [jaid], cover [kʌ'ver]
encuentro *m* collision [kəli'zhən]; (*gente*) meeting [mii'tiŋ]
encumbrado *adj* high [jai], lofty [lɔf'ti]
encumbrar *v* to raise [tu reiz]; to be raised [tu bii reizd]
encurtido *m* pickle [pik'əl]
enchuecar *v* (*Am*) to twist [tu tuist]
enchufar *v* to plug into [tu plʌguə in'-tu]
endeble *adj* weak [uiik], frail [freil]
endecha *f* melancholy song [me'lənkali sɔŋ], dirge [dərdch]
endechar *v* to grieve [tu griiv]
endemoniado *adj* fiendish [fiin'dish]
endentar *v* to gear [tu guiir]
enderezar *v* to straighten out [tu strei'-tən aut]; to set right [tu set rait]; to erect [tu irekt']
endeudarse *v* to contract debts [tu kʌn-trækt' dets]
endiablado *adj* devilish [de'vəlish]
endibia *f* endive [en'daiv]
endiosar *v* to deify [di'əfai]
endosar *v* to endorse [tu endɔrs']; to shift [tu shift]
endoso *m* endorsement [endɔrs'mənt]
endrogarse *v* to take drugs [tu teik drʌgz]
endulzar *v* to sweeten [tu suii'tən]
endurecer *v* to harden [tu jar'den]
endurecimiento *m* hardening [jar'deniŋ]
enebro *m* juniper [dchu'nəpər]
enemigo *adj* inimical [ini'məkəl]; *m* enemy [e'nəmi]; foe [fo]
enemistad *f* enmity [en'miti]
enemistar *v* to make enemies [tu meik e'nəmiiz]
energía *f* energy [e'nərdchi]
enérgico *adj* energetic [enerdche'tik]; **es —** he is a live wire [jii iz ə laiv uair]
enero *m* January [dchæ'nueri]
enfadado *adj* angry [æŋ'gri]; **está —** he is angry [jii iz ...]
enfadar *v* to vex [tu vex], anger [æŋ'-guər]; **—se** to get angry [tu guet æŋ'gri]
enfado *m* anger [æŋ'guər], vexation [vexei'shən], disgust [disgʌst']
enfardar *v* to pack [tu pæk], bale [beil]
énfasis *m* emphasis [em'fəsis]
enfático *adj* emphatic [emfæ'tik]
enfermar(se) *v* to fall ill [tu fɔl il]
enfermedad *f* illness [il'nəs]
enfermera *f* nurse [nərs]
enfermería *f* infirmary [infir'məri]
enfermo *adj* sick [sik]; **está —** he is sick [jii iz ...]; *m* patient [pei'shənt]
enflaquecer *v* to grow thin [tu gro thin]
enfrascar *v* to bottle [tu ba'təl]; **—se** to entangle oneself [tu entæn'guəl uanself']
enfrenar *v* to bridle [tu brai'dəl], restrain [riistrein'], curb [kʌrb]
enfrentar *v* to encounter [tu enkaun'tər]
enfrente *adv* opposite [a'pəsit]
enfriamiento *m* cooling [ku'liŋ]
enfriar *v* to cool off [tu kul ɔf], refresh [rifresh']; **—se** to cool down [tu kul daun]
enfurecer *v* to anger [tu æŋ'guər]; **—se** to become angry [tu bikʌm' æŋ'gri]
engalanar *v* to adorn [tu ədɔrn]
enganchar *v* to harness [tu jar'nəs]; to clasp [tu klæsp]; to engage [tu en-gueidch']; (*milit*) to enlist [tu en-list']
enganche *m* hooking [ju'kiŋ]; enlisting [enlis'tiŋ]; (*milit*) draft [dræft]
engañar *v* to deceive [tu diisiiv'], cheat [chiit]
engaño *m* deceit [disiit'], cheating [chii'-tiŋ]
engañoso *adj* deceitful [disiit'fəl]
engarce *m* connection [kənek'shən], linkage [lin'kədch]
engarzar *v* to connect [tu kənekt'], link [liŋk], chain together [chein tugue'-thər]
engastar *v* (*joya*) to set in [tu set in]
engatar *v* to cheat [tu chiit]
engendrar *v* to engender [tu endchen'-dər], to beget [tu biguet']; to produce [tu prodius']
engolfarse *v* to plunge in [tu plʌndch in]
engolosinar *v* to allure [tu əliur']
engomar *v* to glue [tu glu], stick [stik]

engordar *v* to fatten [tu fæ'tən]
engorroso *adj* cumbersome [kʌm'bərsəm]
engranaje *m* gear [guiir]; gearing [guii'riŋ]
engranar *v* to gear [tu guiir]
engrandecer *v* to aggrandize [tu æ'grəndaiz]
engrasar *v* to grease [tu griis], oil [ɔil]; (*Am*) to lubricate [tu lu'brikeit]
engreírse *v* to become vain [tu bikʌm' vein], be conceited [bii kʌnsii'təd]
engrosar *v* to increase [tu inkriis']
engrudo *m* (starch) paste [starch, peist]
enguantarse *v* to put on gloves [tu put an glʌvz]
engullir *v* to swallow [tu sua'lo], gulp down [gʌlp daun]
enhebrar *v* to thread (a needle) [tu thred, ə nii'dəl]
enhiesto *adj* erect [ərekt'], upright [ʌp'-rait]
enhorabuena *f* congratulation [kəngrætiulei'shən]; *adv* well and good [uel ænd guəd]; fine [fain]
enigma *m* enigma [enig'mə], riddle [ri'-dəl]
enjabonar *v* to soap [tu sop]; to reproach [tu ripro'ch]
enjalma *f* pack-saddle [pæk-sæ'dəl]
enjambre *m* swarm [suɔrm]
enjaular *v* to cage [tu keidch], put in a cage [puət in ə ...]
enjuagar *v* to rinse [tu rins]
enjugar *v* to wipe [tu uaip]; to dry [tu drai]; **—se** to dry oneself [... uanself']
enjuiciar *v* to indict [tu indait']
enjuto *adj* thin [thin]; lean [liin]; dried [draid]; bony [bo'ni]
enlace *m* bond [band], ties [taiz], connections [kənnek'shənz]; wedding [ue'diŋ]
enladrillado *adj* paved [pei'vd]; *m* brick pavement [brik peiv'ment]
enlazar *v* to tie [tu tai]; **—se** to marry [tu mæ'ri]
enlodar *v* to cover with mud [tu kʌv'ər uith mʌd]; to stain [tu stein]; to soil [tu sɔil]
enloquecer *v* to drive mad [tu draiv mæd]; to become insane [tu bikʌm' insein']
enlosar *v* to flag [tu flæguə]; to pave with flags [tu peiv uith flæguəz]
enlutar *v* to sadden [tu sæ'dən]; to dress in mourning [tu dres in mɔr'niŋ]
enmaderar *v* to roof with timber [tu ruf uith tim'bər]; to use wood [tu iuz uud]
enmarañar *v* to entangle [tu entæŋ'guəl]
enmascarar *v* to mask [tu mæsk]
enmendar *v* to amend [tu əmend']; to repair [tu riper']; to mend [tu mend]
enmienda *f* amendment [əmend'mənt]
enmohecerse *v* to get moldy [tu guet mol'di]
enmudecer *v* to become dumb [tu bikʌm' dʌm]
ennegrecer *v* to blacken [tu blæ'kin]
ennoblecer *v* to ennoble [tu eno'bəl]
enojado *adj* angry [æŋ'gri]; **está —** he is angry [jii iz ...]
enojar *v* to annoy [tu ənɔi'], displease [displiiz']; to become angry [tu bikʌm' æŋ'gri]
enojo *m* vexation [vexsei'shən]; trouble [trʌ'bəl]; anger [æŋ'guər]
enojoso *adj* troublesome [trʌ'bəlsəm]
enorgullecerse *v* to be proud [tu bii praud]
enorme *adj* enormous [inɔr'məs], huge [jiudch], big [biguə]
enormidad *f* enormity [inɔr'miti]
enramada *f* bower [ba'uər]
enranciarse *v* to become stale [tu bikʌm' steil]; to spoil (food) [tu spɔil, fud]
enrarecer *v* to be thin [tu bii thin]; to be sparse [... spar's]
enredadera *f* vine [vain]
enredar *v* to tangle [tu tæŋ'guəl], ensnare [ensner']
enredo *m* tangle [tæŋ'guəl], entanglement [entæŋ'guəlment]; plot [plat]
enrejado *m* railing [rei'liŋ]
enrejar *v* to fence with railing [tu fens uith rei'liŋ]; to grate [tu greit]
enrevesado *adj* rebellious [ribe'liəs]
enriquecer *v* to enrich [tu enrəch']; to become rich [tu bikʌm' rəch]
enrojecer *v* to redden [tu re'dən]; to blush [tu blʌsh]
enrollar *v* to roll [tu rol]
enronquecerse *v* to be hoarse [tu bii jɔrs]
enrosear *v* to twine [tu tuain], wind [uaind]
ensalada *f* salad [sæ'ləd]
ensaladera *f* salad bowl [sæ'ləd bol]
ensalmo *m* charm [charm], spell [spel]
ensalzar *v* to praise [tu preiz]
ensamblar *v* to join [tu dchɔin]; to dovetail [tu dʌv'teil]
ensanchamiento *m* enlargement [enlar'-dchmənt], expansion [expæn'shən]
ensanchar *v* to widen [tu uai'dən]
ensanche *m* widening [uaid'niŋ]

ensangrentado *adj* covered with blood [kʌ'vərd uith blʌd]
ensangrentar *v* to stain with blood [tu stein uith blʌd]; **—se** to be covered with blood [tu bii kʌ'vərd ...]
ensartar *v* to string [tu striŋ]
ensayar *v* to try [tu trai]; to prove [tu pruv]; to rehearse [tu rijərs']
ensayo *m* examination [exæminei'shən]; trial [trail]; essay [e'sei]; rehearsal [rijər'səl]
enseña *f* ensign [en'sin], standard [stæn'dərd], mark [mark]
enseñanza *f* teaching [tii'chiŋ]
enseñar *v* to teach [tu tiich], show [sho]
enseres *m* house utensils [jaus iuten'silz]
ensillar *v* to saddle [tu sæ'dəl]
ensoberbecerse *v* to become proud [tu bikʌm' praud], be arrogant [bii æ'rəguənt]
ensordecer *v* to deafen [tu de'fən]; to stun [tu stʌn]
ensuciar *v* to soil [tu sɔil], defile [difail']
ensueño *m* dream [driim]; illusion [ilu'zhən] daydream [dei'driim]
entablado *m* floor with boards [flɔr uith bɔrdz]
entablar *v* to cover with boards [tu kʌv'ər uith bɔrdz]; to initiate [tu ini'shieit]; **— una conversación con** to begin a conversation with [tu bəguin' ə kanvərsei'shən uith], discuss [diskʌs']
entallar *v* to chisel (wood) [tu chi'zəl, uud]; to make intaglios [tu meik inta'glioz], carve [karv]
entarimar *v* to floor with boards [tu flɔr uith bɔrdz]
ente *m* being [bii'iŋ]; (*col*) guy [gai]
entender *v* to understand [tu ʌndərstænd']
entendido *adj* understood [ʌndərstud']; learned [lər'nd], wise [uaiz]
entendimiento *m* intellect [in'təlekt]; understanding [ʌn'dərstæn'diŋ]
enteramente *adv* entirely [entair'li]
enterar *v* to inform [tu infɔrm']; **—se** to find out [tu faind aut], learn [lərn]
entereza *f* integrity [inte'griti], fortitude [fɔr'titud], uprightness [ʌprait'nəs]
enternecer *v* to make tender [tu meik ten'dər]; to be moved [tu bii mu'vd]
entero *adj* entire [entair'], whole [jol], complete [kʌmpliit'], robust [robʌst']
enterrar *v* to bury [tu bə'ri]
entibiar *v* to make lukewarm [tu meik lukuɔrm'], tepid [te'pid]
entidad *f* entity [en'titi]; being [bii'iŋ]
entierro *m* burial [ber'iəl]
entonación *f* intonation [intonei'shən], tonality [tonæ'liti]
entonar *v* to sing [tu siŋ]; to chant [tu chænt]
entonces *v* then [dhen], at that time [æt dhæt taim]; therefore [dher'fɔr]
entontecer(se) *v* to become stupid [tu bikʌm' stiu'pid]
entorpecer *v* to stupefy [tu stiu'pifai]; to obstruct [tu əbstrʌkt']
entorpecimiento *m* torpor [tɔr'pər], stupefaction [stupifæk'shən]
entrada *f* entrance [en'trəns], door [dɔr], entry [en'tri]; ticket [ti'kət]; **derechos de —** import duties [im'pɔrt diu'tiiz]
entrambos *adj* both [both]
entrante *adj* incoming [in'kʌmiŋ]; **el mes —** next month [next mʌnth]
entraña *f* entrail [en'treil]
entrañable *adj* affectionate [əfek'shʌnət]
entrañar *v* to bring with [tu briŋ uith]; to go to the bottom of [tu go tu dhə ba'təm ʌv]
entrar *v* to enter [tu en'tər], go in [go in]
entre *prep* between [bituiin'], among [emʌŋ']; **entre usted y yo** between you and me [... iu ænd mii]
entrecejo *m* frowning [frau'niŋ]; space between the eyebrows [speis bituiin' dhə ai'brauz]
entrega *f* delivery [dili'vəri]; surrender [səren'dər]
entregado *adj* given to [gui'vən tu]
entregar *v* to deliver [tu dili'vər], hand [jænd]; to give up [tu guiv ʌp]; to surrender [tu səren'dər]
entremés *m* one-act play [uan-ækt plei]
entremeterse *to* intrude [tu intrud'], meddle [me'dəl], interfere [intərfir']; to intervene [tu interviin']
entremetido *m* intruder [intru'dər]; meddler [med'lər]
entremezclar *v* to intermingle [tu intərmiŋ'guəl]
entrenar *v* to train [tu trein], drill [dril]
entresacar *v* to sift [tu sift], select [silekt'], choose [chuz]
entresuelo *m* mezzanine [me'zəniin]
entretanto *adv* meanwhile [miin'juail]
entretejer *v* to interweave [tu intəruiiv']
entretener *v* to entertain [tu entərtein'], amuse [əmiuz']; to maintain [tu meintein']

entretenido *adj* amusing [əmiu'ziŋ]
entretenimiento *m* amusement [əmiuz'-mənt], entertainment [entərtein'mənt]
entrever *v* to catch a glimpse of [tu kæch ə glimps ʌv]
entrevista *f* interview [in'tərviu], conference [kan'fərəns]
entristecer *v* to sadden [tu sæ'dən], cause affliction [kɔz əflik'shən]; **—se** to be sad [tu bii sæd]
entronizar *v* to exalt [tu exɔlt']
entullecer *v* to hinder [tu jin'dər]; to cripple [tu kri'pəl]
entumecimiento *m* swelling [sue'liŋ]
enturbiar *v* to make muddy [tu meik mʌ'di]; to confuse [tu kənfiuz']
entusiasmar *v* to enrapture [tu enræp'-cher], captivate [kæp'tiveit]; to be enthusiastic [tu bii enthuziæs'tik]
entusiasmo *m* enthusiasm [enthu'ziæzm]
enumeración *f* enumeration [inumərei'-shən]
enumerar *v* to enumerate [tu inu'məreit]
enunciación *f* utterance [ʌ'tərəns], enunciation [inʌnsiei'shən]
enunciar *v* to state [tu steit], express [expres']; to pronounce clearly [tu pronauns' kliir'li]
envainar *v* to sheathe [tu shiith]
envalentonar *v* to encourage [tu enkər'-eidch]; to incite [tu insait']
envanecer *v* to puff up [tu pʌf ʌp]; **—se** to become vain [tu bikʌm' vein]
envasar *v* to bottle [tu ba'təl], can [kæn]
envase *m* bottling [ba'tliŋ], canning [kæ'niŋ]
envejecer *v* to make old [tu meik old]; **—se** to grow old [tu gro old]
envejecido *adj* aged [eidchd], old [old]
envenenar *v* to poison [tu pɔi'zən]
enviado *m* envoy [en'vɔi]
enviar *v* to send [tu send]
envidia *f* envy [en'vi]
envidiar *v* to envy [tu en'vi]; to covet [tu kʌ'vət]
envilecer *v* to debase [tu dibeis'], disgrace [disgreis']
envío *m* remittance [rimi'təns]; sending [sen'diŋ]; shipment [ship'mənt]
envoltura *f* wrapper [ræ'pər]
envolver *v* to wrap [tu ræp]
enyesar *v* to plaster [tu plæ'stər]
enyugar *v* to yoke [tu yok]
enzarzar *v* to entangle [tu entæŋ'guəl]; **—se** to become entangled [tu bikʌm' entæŋ'guəld]
épico *adj* epic [e'pik], heroic [jirɔ'ik]
epicúreo *adj* epicurean [epikiurii'ən]
epidemia *f* epidemic [epide'mik]
epidémico *adj* epidemical [epide'mikəl], epidemic [epide'mik]
epidérmico *adj* epidermic [epidər'mik]
epidermis *f* epidermis [epidər'mis]
Epifanía *f* Epiphany [epi'fəni]
epígrafe *m* epigraph [e'pigræf]
epigrama *m* epigram [e'pigræm]
epilogar *v* to recapitulate [tu rikəpi'-tchuleit], repeat [ripiit']
epílogo *m* epilogue [e'pilaguə]
episodio *m* episode [e'pisod]
epístola *f* letter [le'tər]; epistle [epi'-səl], missive [mi'siv]
epitafio *m* epitaph [e'pitæf]
epíteto *m* epithet [e'pithət]
epítome *m* epitome [ipi'təmi], abstract [æb'strækt], résumé [re'zumei']
época *f* epoch [e'pɔk]; era [e'rə]
equidad *f* equity [e'kuiti], fairness [feir'-nəs]
equilibrar *v* to balance [tu bæ'ləns]
equilibrio *m* balance [bæ'ləns], poise [pɔiz], equilibrium [ikuili'briʌm]
equinoccio *m* equinox [i'kuinax]
equipaje *m* luggage [lʌ'guədch], baggage [bæ'guədch]
equipar *v* to equip [tu ikuip']
equipo *m* team [tiim]; equipment [ikuip'-mənt]; **— de novia** trousseau [tru'so]
equitación *f* horsemanship [jɔrs'mən-ship]
equitativo *adj* equitable [e'kuitəbəl], just [dchʌst], fair [fer]
equivalente *adj* equivalent [ikui'vələnt]
equivaler *v* to be equal [tu bii i'kuəl], be equivalent [bii ikui'vələnt]; to amount to [tu əmaunt' tu]
equivocación *f* mistake [misteik'], error [e'rər]; blunder [blʌn'dər]
equivocarse *v* to be mistaken [tu bii mistei'kən]
equívoco *m* quibble [kui'bəl]; equivocation [ekuivokei'shən]
era *f* era [e'rə], epoch [e'pɔk]
erario *m* exchequer [exche'kər]
erguir *v* to raise [tu reiz], erect [irek't]; **—se** to stand erect [tu stænd ...]
erial *m* wasteland [ueist'lænd]
erigir *v* to erect [tu irek't], build [build]; to raise up [tu reiz ʌp]
erizo *m* hedgehog [jedch'jag]
ermita *f* hermitage [jer'mitədch]; chapel [chæ'pəl]
ermitaño *m* hermit [jər'mət]

erosión *f* erosion [iro'zhən]
errado *adj* mistaken [mistei'kən]; erroneous [əro'nəʌs]
errante *adj* wandering [uan'dəriŋ], errant [ə'rənt]
errar *v* to err [tu ər], wander [uan'dər]
errático *adj* erratic [əræ'tic], wandering [uan'dəriŋ]
erróneo *adj* erroneous [əro'niəs], false [fɔls]; mistaken [mistei'kən]
error *m* error [e'rər], mistake [misteik'], fault [fɔlt]
erudición *f* erudition [iriudi'shən]; learning [lərn'iŋ]
erudito *m* erudite [i'riudait]; learned [ler'nd]
erupción *f* eruption [iirʌ'pshən]; outbreak [aut'breik]
erutar *v* to belch [tu belch]
esbeltez *f* slenderness [slen'dərnəs]
esbelto *adj* tall [tɔl]; slim [slim]
esbozar *v* to sketch [tu skech]
esbozo *m* sketch [skech]; rough draft [rʌf dræft']; outline [aut'lain]
escabel *m* stool [stul]; footstool [fut'-stul]
escabroso *adj* rugged [rʌ'guəd], slippery [sli'pəri]
escabullirse *v* to slip away [tu slip əuei']
escala *f* ladder [læ'dər], scale [skeil]; **hacer —** to make a stopover [tu meik ə stap-o'vər]
escalera *f* staircase [ster'keis]; stairs [sterz]; ladder [læ'dər]; **— mecánica** escalator [es'kəleitər]
escalofrío *m* chill [chil], shivering [shi'-vəriŋ]
escalón *m* step [step]
escalpelo *m* surgeon's knife [sər'dchənz naif]
escama *f* scale [skeil], fishscale [fish'-skeil]
escamoso *adj* scaly [skei'li]
escamotear *v* to juggle [tu dchʌ'guəl]; to steal [tu stiil]; to trick [tu trik]
escampar *v* to cease raining [tu siis rei'niŋ], clear up [kliir ʌp]
escandalizar *v* to scandalize [tu skæn'-dəlaiz]
escándalo *m* scandal [skæn'dəl]
escandaloso *adj* scandalous [skæn'dələs]
escantillón *m* sample [sæm'pəl], pattern [pæ'tərn]
escaño *m* bench [bench]
escapar *v* to escape [tu eskeip']
escaparate *m* cupboard [kʌ'bərd]; show-window [sho-uin'do]
escape *m* flight [flait] escape [eskeip']
escarabajo *m* beetle [bii'təl]
escaramuza *f* skirmish [skər'mish]
escarapela *f* cockade [kakeid'], hat badge [jæt bædch]
escarbadientes *m* toothpick [tuth'pik]
escarbar *v* to scratch [tu skrætch], pick [pik]
escarcha *f* white frost [juait frɔst]
escarlata *adj, f* scarlet [skar'lət]
escarlatina *f* scarlatina [skarlətii'nə]; scarlet fever [skar'lət fii'vər]
escarmenar *v* to comb wool [tu kom uul]
escarmiento *m* punishment [pʌ'nish-mənt], warning [uɔr'niŋ]
escarnecer *v* to scoff [tu skɔf], mock [mak]
escarnio *m* mock [mak], gibe [dchaib], scoff [skɔf], jeer [dchiir']
escarola *f* escarole [e'skərol]
escarpado *adj* steep [stiip]
escasamente *adv* scarcely [sker'sli]
escasez *f* scarcity [sker'siti]; poverty [pa'vərti]
escaso *adj* scarce [skers], rare [rer]
escatimar *v* to haggle [tu jæ'guəl]; to lessen [tu les'ən]
escena *f* scene [siin], stage [steidch]; scenery [sii'nəri]
escenario *m* the stage [dhə steidch]
escéptico *adj* skeptic [skep'tik], skeptical [skep'tikəl]
esclarecer *v* to explain [tu əxplein'], make clear [meik kliir]; to ennoble [tu əno'bəl]
esclarecido *adj* illustrious [əlʌ'striəs]
esclavitud *f* slavery [slei'vəri]
esclavizar *v* to enslave [tu ənsleiv']
esclavo *m* slave [sleiv]
escoba *f* broom [brum]
escocer *v* to feel a sharp pain [tu fiil ə sharp pein]; to smart [tu smart]
escoger *v* to choose [tu chuz], select [silekt'], pick [pik]
escogido *adj* chosen [cho'zən]; **trozos —s** selections [silek'shənz]
escogimiento *m* selection [silek'shən]
escolar *adj* academic [ækəde'mik]; *m* student [stiu'dənt], pupil [piu'pəl]
escolástico *adj* scholastic [skolæ'stik]
escolta *f* (*milit*) escort [e'skɔrt], convoy [kan'vɔi]
escoltar *v* to escort [tu əskɔrt']
escollo *m* rock [rak], reef [riif], stumbling-block [stʌm'bliŋ blɔk]
escombro *m* rubbish [rʌ'bish], debris [dəbri']

esconder *v* to hide [tu jaid]
escondido *adj* hidden [ji'dən]
escondite *m* hiding place [jai'diŋ pleis]
escopeta *f* shotgun [shat'gʌn]
escoplo *m* chisel [chi'səl]
escorpión *m* scorpion [skɔr'piən]
escotar *v* to cut low [tu kʌt lo]; to contribute to an expense [tu kəntri'biut tu æn əxpe'ns]
escote *m* low neck cut [lo nek kʌt]; **ir a —** to go Dutch (treat) [tu go dʌtch, triit]
escotilla *f* hatchway [jætch'uei]
escozor *m* small pain [smɔl pein]
escribano *m* clerk of justice [klərk ʌv dchʌs'tis]; notary [no'təri]
escribidor *m* poor writer [pur rai'tər]
escribiente *m* clerk [klerk]
escribir *v* to write [tu rait]; **máquina de —** typewriter [taip'raitər]
escrito *adj* written [rə'tən]; *m* writing [rai'tiŋ], manuscript [mæ'niuskript]
escritor *m* author [a'thɔr], writer [rai'tər]
escritorio *m* desk [desk], office [ɔ'fis]; study [stʌ'di]
escritura *f* deed [diid], document [da'kiumənt], writing [rai'tiŋ]; **— de venta** deed of sale [diid ʌv seil]; Scripture [skrip'chər]
escrúpulo *m* scruple [skru'pəl], hesitation [jesitei'shən]
escrupuloso *adj* scrupulous [skru'piuləs]; careful [ker'fəl]
escrutar *v* to scrutinize [tu skru'tinaiz]
escrutinio *m* scrutiny [skru'tini]; ballot [bæ'lət]
escuadra *f* carpenter's square [kar'pentər's squer]; squad [squad]; (*mar*) fleet [fliit]
escuadrón *m* squadron [skua'drən]; airplane squadron [er'plein ...]
escuálido *adj* weak [uiik], languid [læn'guid]
escuchar *v* to listen to [tu li'sən tu]
escudero *m* squire [skuair]; footman [fuət'mən]
escudilla *f* bowl [bol]
escudo *m* shield [shiild]; protection [protek'shən]
escudriñar *v* to search [tu sərch], scrutinize [skru'tinaiz]
escuela *f* school [skul]; schoolhouse [skul'jaus]; **— primaria** elementary school [eləmen'təri ...]; **— media (o secundaria)** high school [jai ...]; **— superior, universitaria** college [ka'lədch]; university [iunivər'siti]
esculpir *v* to carve [tu karv]
escultura *f* sculpture [skʌl'pchər]
escupir *v* to spit [tu spit]
escurrir *v* to wring [tu riŋ]; to slip [tu slip]; **—se** to slip away [... əuei']
ese *adj* that [dhæt]; **ése** *pron* that one [dhæt uan]
esencia *f* essence [e'səns]; perfume [pərfium']
esencial *adj* essential [esen'shəl]
esfera *f* sphere [sfiir]; globe [glob]
esférico *adj* spherical [sfi'rikəl], globular [glo'biulər]
esfinge *f* sphinx [sfiŋx]
esforzado *adj* strong [strɔŋ], valiant [væ'liənt]
esforzarse *v* to endeavor [tu ende'vər]
esfuerzo *m* effort [e'fərt], exertion [exər'shən]
esfumarse *v* to vanish [tu væ'nish], "take a powder" [teik ə pau'dər]
esgrima *f* fencing [fen'siŋ]
esgrimar *v* to fence [tu fens]
eslabón *m* link of a chain [link ʌv ə chein]
eslabonar *v* to link [tu link], connect [kənekt']
esmaltar *v* to enamel [tu inæ'məl]
esmalte *m* enamel [inæ'məl]
esmeralda *f* emerald [em'ərəld]
esmerarse *v* to take great care [tu teik greit ker]
esmero *m* great care [greit ker]
espabiladeras *f* snuffers [snʌ'fərz]
espacial *adj* space [speis], spatial [spei'shəl]; **nave —** spacecraft [speiskræft], spaceship [speis-ship]
espaciar *v* to space [tu speis]
espacio *m* space [speis], room [rum]; **más allá del —** outer space [au'tər ...]; **hombre en el —** spaceman [speis'mən]; astronaut [æ'stronat]
espacioso *adj* roomy [ru'mi]; slow [slo]
espada *f* sword [sɔrd]
espalda *f* back [bæk], shoulders [shol'dərz]; **a —s** treacherously [tre'chərəsli]
espaldar *m* back of a seat [bæk ʌv ə siit]
espantable *adj* frightful [frait'fəl]
espantadizo *adj* shy [shai], timid [ti'mid]
espantajo *m* scarecrow [sker'kro]
espantar *v* to frighten [tu frai'tən]; **—se** to be frightened [tu bii frait'ənd]
espanto *m* fright [frait], fear [fiir]
espantoso *adj* frightful [frait'fəl]
español *m* Spaniard [spæ'niərd]; *adj* Spanish [spæ'nish]

esparadrapo *m* adhesive tape [ædhi'ziv teip]
esparcido *adj* scattered [skæ'tərd]
esparcimiento *m* spreading [spre'diŋ]
esparcir *v* to scatter [tu skæ'tər], spread [spred]
espárrago *m* asparagus [əspæ'rəgəs]
especería *f* grocery store [gro'səri stɔr]
especia *f* spice [spais]
especial *adj* special [spe'shəl]
especialidad *f* specialty [spe'shəlti]
especialmente *adv* specially [spe'shəli]
especie *f* kind [kaind], species [spi'-shiiz], class [klæs]; incident [in'si-dənt]; news [niuz]; idea [aidii'ə]
especiero *m* spice merchant [spais mer'-chənt]
especificación *f* specification [spesifi-kei'shən]
especificar *v* to specify [tu spe'sifai]
espécimen *m* specimen [spe'simən], sample [sæm'pəl]
especioso *adj* neat [niit]; specious [spii'-shəs]; clean-cut [kliin'kʌt]
espectáculo *m* spectacle [spek'təkəl]; performance [pərfɔr'məns], show [sho]
espectador *m* spectator [spek'teitər]
espectro *m* specter [spek'tər], ghost [gost], phantom [fæn'tʌm]
especulación *f* speculation [spekiulei'-shən], venture [ven'chər]
especular *v* to speculate [tu spe'kiuleit]
especulativo *adj* speculative [spe'kiu-lətiv]
espejo *m* mirror [mi'rər]
espera *f* expectation [expektei'shən]; expectancy [expek'tənsi]; **sala de —** waiting room [uei'tiŋ rum]
esperanza *f* hope [jop]
esperar *v* to hope [tu jop]; to await [tu əueit']; **espero que sí** I hope so [ai jop so]
espeso *adj* thick [thik], dense [dens]
espesor *m* thickness [thik'nəs]
espesura *f* closeness [klos'nəs]; thicket [thi'kət]
espía *m, f* spy [spai]
espiar *v* to spy [tu spai], watch [uatch]
espiga *f* ear of corn [iər ʌv kɔrn]; spike [spaik]
espina *f* thorn [thɔrn]; fishbone [fish-bon]; **— dorsal** backbone [bæk'bon]
espinaca *f* spinach [spi'nəch]
espinazo *m* backbone [bæk'bon]
espineta *f* (*mús*) spinet [spi'nət]
espino *m* hawthorn [jɔ'thɔrn]
espinoso *adj* thorny [thɔr'ni], arduous [ar'dchuəs]
espionaje *m* spying [spa'iŋ]
espiración *f* expiration [expirei'shən]
espiral *adj* spiral [spai'rəl]; *f* spiral [...]
espirar *v* to expire [tu expair']; to breathe out [tu briidh aut]
espíritu *m* ghost [gost], spirit [spi'rit], soul [sol]; alcohol [æl'kojol]
espiritual *adj* spiritual [spi'richuəl]
espita *f* faucet [fɔ'sət]; spigot [spi'guət]
esplendente *adj* splendent [splen'dənt]
esplendidez *f* generosity [dchenəra'-səti]
espléndido *adj* splendid [splen'did]
esplendor *m* splendor [splen'dər]
espliego *m* lavender [læ'vəndər]
espolear *v* to spur [tu spər]
espolón *m* spur [spər]; buttress [bʌt'-rəs]
espolvorear *v* to powder [tu pau'dər]
esponja *f* sponge [spʌndch]
esponjarse *v* to swell [tu suel]
esponjoso *adj* spongy [spʌn'dchi]
espontaneidad *f* spontaneity [spantənə'-iti]
espontáneo *adj* spontaneous [spantei'-niəs]
esposa *f* wife [uaif], spouse [spaus]; *pl* manacles [mæ'nəkəlz]
esposo *m* husband [jʌ'sbənd]
espuela *f* spur [spʌr]; incitement [in-sait'mənt]
espuma *f* foam [fom], lather [læ'thər]
espumar *v* to skim [tu skim]
espumoso *adj* frothy [frɔ'thi], foaming [fo'miŋ]
espurio *adj* spurious [spiu'riəs], false [fɔls]
esqueleto *m* skeleton [ske'lətən]
esquema *m* scheme [skiim]; sketch [skech]
esquilar *v* to shear [tu shiir], fleece [fliis]
esquina *f* (street) corner [striit, kɔr'-nər]; **doblar la —** to turn the corner [tu tərn dhə ...]
esquivar *v* to shun [tu shʌn], avoid [əvɔid']
esquivez *f* shyness [shai'nəs]; coldness [kold'nəs]
estabilidad *f* stability [stəbi'liti]; firm-ness [firm'nəs]
estable *adj* stable [stei'bəl], firm [fərm]; durable [du'rəbəl]

establecer *v* to establish [tu əstæ'blish], set up [set ʌp]; to settle [tu se'təl]
establecimiento *m* establishment [əstæ'blishmənt]; settlement [se'təlmənt]
establero *m* horsekeeper [jɔrskii'pər]
establo *m* stable [stei'bəl]
estaca *f* pole [pol], cudgel [kʌ'dchəl]
estación *f* station [stei'shən]; condition [kəndi'shən]; season [sii'zən]; **— de servicio** service station [sər'vis ...]
estacionar *v* (*auto*) to park [tu park]
estacionario *adj* stationary [stei'shəneri]
estadía *f* stay [stei]; (*Am*) sojourn [so'dchərn]
estadio *m* stadium [stei'diəm]
estadista *m* statesman [steitz'mən]
estado *m* state [steit]; condition [kəndi'shən]; place [pleis], rank [rænk]; **los Estados Unidos** the United States [dhə iunai'təd stei'tz]
estafa *f* swindle [suin'dəl], theft [theft]
estafeta *f* post office [post ɔ'fəs]; courier [kə'riər]
estallar *v* to explode [tu explod']; to burst [tu bərst]
estallido *m* burst [bərst], crashing [kræ'shiŋ]; explosion [explo'zhən]
estampa *f* print [print], engraving [engrei'viŋ]
estampado *adj* printed [prin'təd]
estampar *v* to print [tu print]; to stamp [tu stæmp]
estampilla *f* rubber stamp [rʌ'bər stæmp]; (*Am*) postage stamp [po'stədch stæmp]
estancar *v* to stem a current [tu stem ə kʌ'rənt]; be stagnant [bii stæg'nənt]
estancia *f* sojourn [so'dchərn], dwelling [due'liŋ], living room [li'viŋrum]; stanza [stæn'zə]; farm [farm]
estanciero *m* farmer [far'mər]
estanco *m* monopoly [məna'pəli]; store [stɔr]
estandarte *m* standard [stæn'dərd]; colors [kʌ'lərz]
estanque *m* pond [pand]; basin [bei'sən]
estante *m* bookshelf [buək'shelf]
estañar *v* to tin [tu tin]; to solder [tu sa'dər]
estaño *m* tin [tin]
estar *v* to be [tu bii]; to stay [tu stei]; **— bien** to feel well [tu fiil uel]; **— enfermo** to be sick [tu bii sik]; **estoy aquí** I am here [ai æm jiir]; **¿cómo está Ud.?** how are you? [jau ar iu]; **¿dónde está?** where is it? [juer iz it]; **estoy en ...** I am in, at [ai æm in, æt]; **estamos de acuerdo** we agree [uii əgrii']
estatua *f* statue [stæ'chu]
estatuir *v* to establish [tu əstæ'blish]; to arrange [tu ərei'ndch]; to enact [tu inækt']
estatuto *m* statute [stæ'chut], law [lɔ]
este *adj* this [dhis]; **éste** *pron* this one [dhis uan]
este *m* east [iist]
estenografía *f* stenography [stəna'grəfi], shorthand [shɔrt'jænd]
estera *f* mat [mæt]
estereotipia *f* stereotype [ster'iotaip]
estéril *adj* sterile [ste'rəl], barren [bæ'rən]; fruitless [frut'ləs]
estética *f* aesthetics [æsthe'tiks]
estético *adj* aesthetic [æsthe'tik]
estibador *m* stevedore [stii'vədɔr]
estiércol *m* excrement [ex'krəmənt]
estigma *m* stigma [stig'mə]; mark [mark]
estilo *m* style [stail]; use [ius], manner [mæ'nər]
estima *f* esteem [əstiim'], appreciation [əprishiei'shən]
estimación *f* esteem [əstiim'], regard [rigard'], respect [rispekt']
estimar *v* to esteem [tu əstiim'], respect [rispekt']; to appraise [tu əpreiz']
estimulante *adj* stimulating [sti'miuleitiŋ]
estimular *v* to encourage [tu enkə'rədch]
estímulo *m* encouragement [enkə'rədchmənt]
estío *m* summer [sʌ'mər]
estipendio *m* stipend [stai'pənd]
estipulación *f* stipulation [stipiulei'shən]
estipular *v* to stipulate [tu sti'piuleit]
estirar *v* to stretch [tu strech]
estirpe *f* race [reis], lineage [li'niədch]
estofa *f* stuff [stʌf], materials [məti'riəlz]
estofado *m* stew [stu]
estofar *v* to stew [tu stu]
estoico *m* stoic [stoik]; *adj* stoical [stoi'kəl]
estólido *adj* stolid [sta'ləd]
estómago *m* stomach [stʌ'mək]
estopa *f* tow [to], hemp [jemp], yarn [iarn]
estorbar *v* to obstruct [tu əbstrʌkt']
estorbo *m* encumbrance [encʌm'brəns]
estornudar *v* to sneeze [tu sniiz]
estornudo *m* sneeze [sniiz]

estrado *m* drawing room [drɔ'iŋ rum]; dais [dais]; *pl* courtrooms [kɔr't-rumz]
estrago *m* ravage [ræ'vədch]; havoc [jæ'vək]
estratagema *f* stratagem [stræ'tədchəm], trick [trik], deceit [disiit']
estrategia *f* strategy [stræ'tədchi]
estrechar *v* to compress [tu kəmpres']; to tighten [tu tai'tən]
estrechez *f* narrowness [næ'ronəs], closeness [klos'nəs]; intimacy [in'təməsi]; **estar en —** to be poor [tu bii pur]
estrecho *adj* narrow [næ'ro], tight [tait]; close [klos]; intimate [in'timət]
estregar *v* to rub [tu rʌb]; to scrape [tu skreip]; **—se los ojos** to rub one's eyes [tu ... uanz aiz]
estrella *f* star [star]; fate [feit], lot [lat]; movie star [mu'vi ...]
estrellar *v* to shatter [tu shæ'tər]; to dash against [tu dæsh əguenst']
estremecer(se) *v* to shake [tu sheik], tremble [trem'bəl], shiver [shi'vər]
estremecimiento *m* shaking [shei'kiŋ], shiver [shi'vər]; thrill [thril]
estrenar *v* to begin [tu biguin']; to play first [tu plei first], perform [pər-fɔrm']
estreno *m* first performance [first pər-fɔr'məns]
estreñir *v* to bind [tu baind], constipate [kan'stipeit]
estrépito *m* noise [nɔiz]
estribar *v* to prop [tu prap]
estribillo *m* refrain in a poem, song [ri-frein' in ə poəm, sɔŋ]
estribor *m* starboard [star'bɔrd]
estricto *adj* strict [strikt]; accurate [æ'kiurət]
estrofa *f* stanza [stæn'zə]
estropear *v* to spoil [tu spɔil], damage [dæ'mədch]
estructura *f* structure [strʌk'chər]
estruendo *m* loud noise [laud nɔiz], outcry [aut'krai]; confusion [kənfiu'-shən]
estrujar *v* to squeeze [tu skuiiz]
estuario *m* estuary [əs'chueri]
estuco *m* stucco [stʌ'ko]; plaster [plæ'-stər]
estuche *m* case [keis], sheath [shiith]; **— de afeites** compact [kam'pækt]
estudiante *m, f* student [stiu'dənt]
estudiar *v* to study [tu stʌ'di]; to contemplate [tu kan'templeit]
estudio *m* study [stʌ'di]; contemplation [kantemplei'shən]; studio [stu'dio]; reading room [rii'diŋ rum]
estudioso *adj* studious [stiu'diəs]
estufa *f* stove [stov]; heater [jii'ter]
estupefacto *adj* stupefied [stiu'pəfaid], astonished [əsta'nishəd]
estupendo *adj* stupendous [stiupen'dəs]
estupidez *f* stupidity [stiupi'dəti]
estúpido *adj* stupid [stiu'pid]
éter *m* ether [i'thər]
eternidad *f* eternity [iitər'niti]
eterno *adj* eternal [iitər'nəl]
ética *f* ethics [e'thiks]
etimología *f* etymology [etima'lədchi]
etiqueta *f* etiquette [e'tikət]; **de —** formal [fɔr'məl]
europeo *adj* European [iu'rəpii'ən]
evacuación *f* evacuation [ivækiuei'shən]
evacuar *v* to evacuate [tu iivæ'kiueit], leave [liiv]; to empty [tu emp'ti]; to clear [tu kliir]; to perform [tu pər-fɔrm']
evadir *v* to evade [tu iveid'], elude [iliud']; to escape [tu əskeip']
evangélico *adj* evangelical [ivændche'-likəl]
Evangelio *m* Gospel [ga'spəl]
evaporación *f* evaporation [ivæpɔrei'-shən]
evaporar *v* to evaporate [tu əvæ'pɔreit]; to vaporize [tu vei'pɔraiz]
evasión *f* evasion [ivei'shən], escape [əskeip']
evasivo *adj* evasive [ivei'siv], elusive [iliu'siv]
evento *m* event [ivent], issue [i'shu], happening [jæ'pəniŋ]
eventual *adj* eventual [iven'chuəl], contingent [kəntin'dchənt], uncertain [ʌn-sər'tən]
eventualidad *f* eventuality [ivenchuæ'-liti], contingency [kəntin'dchənsi]
evidencia *f* evidence [e'vədəns]; obviousness [ab'viəsnəs]
evidenciar *v* to show [tu sho]; to prove [tu pruv]
evidente *adj* evident [e'vidənt], clear [kliir], obvious [ab'viəs]
evitar *v* to avoid [tu əvɔid'], shun [shʌn], escape [əskeip']
evocar *v* to evoke [tu iivok']
evolución *f* evolution [evolu'shən], development [dive'ləpmənt]
exacerbar *v* to make sour [tu meik saur]; to exasperate [tu exæ'spireit]
exactitud *f* exactness [exæk'tnəs]
exacto *adj* exact [exækt']

exageración *f* exaggeration [exædchərei'shən]
exagerar *v* to exaggerate [tu exæ'dchəreit]
exaltar *v* to exalt [tu exɔlt'], extol [extol']
examen *m* examination [exæmənei'shən]
examinar *v* to examine [tu exæ'mən], inspect [inspekt']
exceder *v* to exceed [tu exiid'], surpass [sʌrpæs']
excelencia *f* excellence [ex'ələns]
excelente *adj* excellent [ex'ələnt]
excentricidad *f* eccentricity [exentri'səti]
excéntrico *adj* eccentric [exen'trik]
excepción *f* exception [exep'shən]
excepto *adv* except [exept'], excepting [exep'tiŋ]
exceptuar *v* to except [tu exept'], leave out [liiv aut]
excesivo *adj* excessive [exe'siv]
exceso *m* excess [ex'es], excessiveness [exe'sivnəs]; exuberance [exiu'bərəns]
excitación *f* excitement [exait'mənt]
excitar *v* to excite [tu exait'], urge [ərdch]
exclamación *f* exclamation [exkləmei'shən]
exclamar *v* to exclaim [tu exkleim'], cry out [krai aut]
excluir *v* to exclude [tu exklud'], keep out [kiip aut]
exclusión *f* exclusion [exklu'shən]; separation [sepərei'shən]
exclusive *adv* exclusively [exklu'sivəli]
exclusivo *adj* exclusive [exklu'siv]
excomulgar *v* to excommunicate [tu exkəmiu'nəkeit]
excomunión *f* excommunication [exkəmiunikei'shən]
excursión *f* excursion [exkər'shən], trip [trip], voyage [vɔ'iədch]
excusa *f* excuse [exkius'], apology [əpa'lədchi]
excusar *v* to excuse [tu exkiuz']; to avoid [tu əvɔid']; to apologize [tu əpa'lədchaiz]
execrable *adj* accursed [əkər'st], hateful [jeit'fəl]
execrar *v* to execrate [tu ex'əkreit]
exención *f* exemption [exemp'shən], franchise [fræn'chaiz]
exhalar *v* to exhale [tu exjeil']; to emit [tu imit']
exhausto *adj* exhausted [exɔ'stəd], empty [emp'ti]
exhortación *f* exhortation [exɔrtei'shən]
exhortar *v* to exhort [tu exɔrt'], warn [uɔrn]
exigencia *f* exigency [ex'idchənsi], demand [dimænd'], requirement [rikuair'mənt]
exigente *adj* particular [parti'kiulər]; exacting [exæk'tiŋ]
exigir *v* to demand [tu dimænd'], exact [exækt'], require [rikuair']
exiguo *adj* slender [slen'dər], scanty [skæn'ti], small [smɔl]
existencia *f* existence [exi'stəns]
existir *v* to exist [tu exist'], be [bii]
éxito *m* issue [i'shu]; success [sʌkses']; **tener —** to succeed [tu sʌksiid']
éxodo *m* exodus [ex'odəs]
exonerar *v* to free from [tu frii frʌm]
exorbitante *adj* exorbitant [exɔr'bitənt]
exótico *adj* exotic [exa'tik], foreign [fɔ'rin]
expansión *f* expansion [expæn'shən]
expatriar *v* to expatriate [tu expei'trieit], exile [ex'ail]
expectativa *f* expectation [expektei'shən]
expedición *f* expedition [expədi'shən]; dispatch [di'spæch]; haste [jeist]
expediente *m* expedient [expi'diənt], device [divais'], way [uei]; file [fail]
expedir *v* to dispatch [tu dispædch'], forward [fɔr'uərd], send [send]
expedito *adj* speedy [spii'di], expeditious [expədi'shəs], prompt [prampt]
expendedor *m* dealer [dii'lər]
expensas *f, pl* expenses [expen'səz], costs [kɔstz]; **a — de** at the expense of [æt dhə ... ʌv]
experiencia *f* experience [expi'riens], experiment [expe'rimənt]
experimentar *v* to experience [tu expi'riens], experiment [expe'rimənt]
experimento *m* experiment [expe'rimənt], trial [trail]
experto *adj* experienced [expi'riensəd]; *m* expert [ex'pərt]
expiación *f* atonement [əton'mənt]
expiar *v* to expiate [tu ex'pieit], atone for [əton' fɔr]
expirar *v* to die [tu dai], end [end]
explicación *f* explanation [explənei'shən]
explicar *v* to explain [tu explein']
explícito *adj* explicit [expli'sit]
explorador *m* explorer [explo'rər]
explorar *v* to explore [tu explɔr']
explosión *f* explosion [explo'zhən], outburst [aut'bərst]

explosivo *adj* explosive [explo'siv]
explotación *f* working [uər'kiŋ]; exploitation [explɔitei'shən]
explotar *v* to explode [tu explod']; to exploit [tu exploit']
exponer *v* to expose [tu expoz']; to state [tu steit]
exportación *f* exportation [expɔrtei'shən]
exportar *v* to export [tu ex'pɔrt]
exposición *f* exposition [expozi'shən]; statement [steit'mənt]; exhibition [exəbi'shən]
expresar *v* to express [tu expres']
expresión *f* expression [expre'shən]; utterance [ʌ'tərəns]
expreso *adj* express [expres'], clear [kliir]; *m* courier [kur'iər]; express train [... trein]
exprimir *v* to squeeze [tu skuiiz]
expropiar *v* to expropriate [tu expro'prieit]
expuesto *adj* liable [lai'əbəl]; exposed [expo'zd]
expulsar *v* to expel [tu expel']
expulsión *f* expulsion [expʌl'shən]; ejection [idchek'shən]
exquisito *adj* exquisite [ex'kuizit]
éxtasis *f* ecstasy [ek'stəsi]
extender *v* to extend [tu extend'], spread [spred], stretch [strech]
extensión *f* extension [exten'shən], extent [extent']
extenso *adj* spacious [spei'shəs]
exterior *adj* exterior [exti'riər], outer [au'tər]
exterminar *v* to exterminate [tu extər'mineit]
exterminio *m* extermination [extərminei'shən]
externo *adj* external [extər'nəl]
extinguir *v* to extinguish [tu extiŋ'guish], quench [kuench], put out [puət aut]
extorsión *f* extortion [extɔr'shən]
extracción *f* extraction [extræk'shən]
extracto *m* summary [sʌ'məri], abstract [æb'strækt]; (*artículo*) reprint [ri'print]
extraer *v* to extract [tu extrækt'], pull out [pul aut]
extranjero *adj* foreign [fɔ'rən]; **cambio** — foreign exchange [... exchein'dch]; **idioma** — foreign language [... læn'guədch]; *m* stranger [strein'dchər], foreigner [fɔ'rinər]
extrañar(se) *v* to banish [tu bæ'nish]; to wonder at [tu uʌn'dər æt]
extrañeza *f* surprise [sərpraiz']; oddity [a'diti]
extraño *adj* strange [strein'dch]; **es** — it is [it iz ...]
extraordinario *adj* extraordinary [extrɔr'dineri]
extravagancia *f* extravagance [extræ'vəguəns]
extraviar *v* to mislead [tu misliid']; to deviate [tu di'vieit]; **—se** to go astray [tu go əstrei']
extravío *m* deviation [diiviei'shən], misconduct [miskan'dʌkt]
extremidad *f* extremity [extre'məti]
extremo *adj* extreme [extriim'], utmost [ʌt'most], farthest [far'dhest]; *m* extreme
extrínseco *adj* extrinsic [extrin'sik]
exuberancia *f* exuberance [exu'bərəns]
exuberante *adj* exuberant [exu'bərənt]

F

fábrica *f* factory [fæk'təri]
fabricación *f* manufacture [mæniufæk'-chər]; make [meik]
fabricado *adj* manufactured [mæniu-fæk'chərd]
fabricante *m* manufacturer [mæniufæk'-chərər]; maker [meik'ər]
fabricar *v* to build [tu bild]
fábula *f* fable [fei'bəl]; untruth [ʌn-truth']; rumor [riu'mər]
fabuloso *adj* fabulous [fæ'biuləs]
fácil *adj* easy [ii'zi]
facilidad *f* ease [iiz], facility [fəsi'liti]; **con —** easily [ii'zili]
facilitar *v* to facilitate [tu fəsi'liteit]; to supply [tu səplai']
factor *m* factor [fæk'tər]; agent [ei'-dchənt]
factoría *f* factory [fæk'təri]
factura *f* invoice [in'vɔis]; brand [brænd]
facultativo *adj* optional [ap'shənəl]
fachada *f* front [frʌnt], frontage [frʌn'-tədch], frontispiece [frʌnt'ispiis]
faena *f* task [tæsk]; toil [tɔil]
faisán *m* pheasant [fez'ənt]
faja *f* band [bænd]; bandage [bæn'-dədch]; (*newspaper*) wrapper [nuz'-peipər, ræ'pər]; girdle [guər'dəl]
falacia *f* fallacy [fæ'ləsi]
falaz *adj* fallacious [fəlei'shəs], deceitful [disiit'fəl]
falda *f* skirt [skərt]; slope [slop]
faldero *adj* of skirts [ʌv skirz]
falibilidad *f* fallibility [fæləbi'ləti]
falible *adj* liable to err [lai'bəl tu ər]
falsario *m* forger [fɔr'dchər]
falsear *v* to falsify [tu fɔl'sifai], forge [fɔrdch]
falsedad *f* falsehood [fɔls'juəd]
falsificación *f* forgery [fɔr'dchəri]
falsificar *v* to counterfeit [tu kaun'tər-fit], falsify [fɔl'sifai], forge [fɔrdch]
falso *adj* false [fɔls], counterfeit [kaun'-tərfit]; deceitful [disiit'fəl]
falta *f* lack [læk], deficiency [difi'shən-si]; fault [fɔlt], mistake [misteik']
faltar *v* to miss [tu mis]; to lack [tu [læk]; **me hace falta dinero** I need money [ai niid mʌ'ni]; **faltan diez minutos para las dos** it is ten minutes to two [it iz ten mi'nətz tu tu]
falto *adj* wanting [uant'iŋ], deficient [difi'shənt]
falla *f* failure [fei'liər], fault [fɔlt]
fallar *v* to fail [tu feil]
fallecer *v* to die [tu dai]
fallecimiento *m* death [deth]
fallido *adj* bankrupt [bænk'rʌpt]
fallo *m* verdict [vər'dikt]
fama *f* fame [feim]
familia *f* family [fæ'mili]
familiar *adj* familiar [fəmil'iər], domes-tic [dome'stik], intimate [in'təmət]
familiaridad *f* familiarity [fəmiliæ'riti]
familiarizar *v* to familiarize [tu fəmil'-iəraiz]; **—se** to become intimately ac-quainted with [tu bikʌm' in'timetli əkuein'təd uith]
famoso *adj* famous [fei'məs]
fanal *m* lighthouse [lait'jaus]; lantern [læn'tərn]; headlight [jed'lait]
fanático *adj, m* fanatic [fənæ'tik]; fa-natical [fənæ'tikəl]
fanatismo *m* fanaticism [fənæ'tisizm]
fanega *f* (about a) bushel [əbaut' ə, bu'shəl]; land measure [lænd me'shər]
fanfarrón *adj* boasting [bo'stiŋ], bragg-ing [bræ'guiŋ]; *m* bully [bu'li]
fanfarronada *f* boast [bost], brag [bræ'-guə]
fanfarronear *v* to boast [tu bost], brag [bræ'guə]
fango *m* mire [mair], mud [mʌd]
fangoso *adj* muddy [mʌ'di], miry [mai'ri]
fantasía *f* fancy [fæn'si], fantasy [fæn'-təsi]; caprice [kəpriis']
fantasma *m* phantom [fæn'təm], ghost [gost], spirit [spə'rət]
fantasmagoría *f* phantasmagoria [fæn-tæzməgo'riə]
fantástico *adj* fantastic [fæntæ'stik], whimsical [juim'zikəl]
faquín *m* porter [pɔr'tər]
faramalla *f* treachery [tre'chəri]; deceit [disiit']; tricky person [tri'ki pər'sən]
faramallón *m* tattler [tæ'tler], deceiver [disii'vər]

faraón *m* Pharaoh [fə'ro]
farda *f* bundle (clothing) [bʌn'dəl, klo'-thiŋ]
fardel *m* bag [bæguə], knapsack [næp'-sæk]
fardo *m* bale of goods [beil ʌv guədz], parcel [par'səl], bundle [bʌn'dəl]
farfulla *f* stammering [stæ'məriŋ]; stammerer [stæ'mərər]
farfullar *v* to stammer [tu stæ'mər]; to do in a confusion [tu du in ə kənfiu'-zhən]
faringe *f* pharynx [fæ'rinx]
fariseo *m* Pharisee [fæ'risii]; hypocrite [ji'pokrit]
farmacéutico *m* pharmacist [far'məsist]
farmacia *f* pharmacy [far'məsi]
farmacología *f* pharmacology [farməka'-lədchi]
faro *m* lighthouse [lait'jaus]; (*Am*) headlights [jed'laitz]
farol *m* lantern [læn'tərn], light [lait]; **— delantero** headlight [jed'lait]; (*Am*) **darse —** to be "stuck up" [tu bii stʌk ʌp]
farolear *v* to boast [tu bost], brag [bræ-guə], be vain [bii vein]
farolero *adj* vain [vein], ostentatious [astəntei'shəs], "showy" [sho'ii]; *m* lantern maker [læn'tərn mei'kər]
farra *f* spree [sprii]; (*Am*) "wild party" [uaild par'ti]
fárrago *m* medley [me'dli]
farsa *f* farce [fars]; company of players [kʌm'pəni ʌv plei'ərs]; sham [shæm]
farsante *adj* boastful [bo'stfəl]; deceitful [disiit'fəl]
fascinación *f* fascination [fæsinei'shən]; deceit [disii't]
fascinador *adj* fascinating [fæ'sineitiŋ]
fascinar *v* to fascinate [tu fæ'sineit], charm [charm], enchant [enchænt']
fascismo *m* fascism [fæ'shizm]
fase *f* phase [feiz], aspect [æ'spekt]
fastidiar *v* to sicken [tu si'kən], bore [bɔr], annoy [ənɔ'i]
fastidio *m* squeamishness [skuii'mish-nəs]; annoyance [ənɔi'əns], boredom [bɔr'dəm], bother [ba'thər]
fastidioso *adj* tiresome [tair'sʌm]; annoying [ənɔ'iŋ], bothering [ba'thəriŋ]
fatal *adj* fatal [fei'təl]; mortal [mɔr'təl], unfortunate [ʌnfɔr'chiunət]
fatalidad *f* fatality [fətæ'liti], mischance [mischæns']; fate [feit], destiny [de'-stini]
fatalismo *m* fatalism [fei'təlizm]
fatalista *adj* fatalistic [feitəlis'tik]; *m, f* fatalist [fei'təlist]
fatiga *f* toil [tɔil]; fatigue [fətii'guə], weariness [uii'rinəs]
fatigado *adj* fatigued [fətii'guəd]; weary [uii'ri], tired [tai'rəd]
fatigar *v* to fatigue [tu fətii'guə]; to tire [tu tair]
fatigoso *adj* tiresome [tair'səm]; boresome [bɔr'səm]
fatuo *adj* fatuous [fæ'chuəs], stupid [stiu'pid], foolish [fu'lish], silly [si'-li]; **fuego —** will-o'-the-wisp [uil-o-dhə-uisp]
fauna *f* fauna [fau'nə]
fausto *adj* happy [jæ'pi], fortunate [fɔr'-chiunət]; *m* splendor [splen'dər], pomp [pamp], ceremony [se'rəmoni]
fautor *m* abetter [əbe'tər], accomplice [əkam'plis]
fautoría *f* aid [eid], help [jelp]
favor *m* favor [fei'vər], protection [pro-tək'shən]; **a — de** in favor of [in fei'-vər ʌv]; **por —** please [pliiz]
favorable *adj* favorable [fei'vərəbəl]
favorcillo *m* little favor [li'təl fei'vər]
favorecer *v* to favor [tu fei'vər]; to prefer [tu prifər']
favoritismo *m* favoritism [fei'vəritizm]
favorito *adj* favorite [fei'vərit], beloved [bilʌ'vəd], preferred [prife'rəd]
faz *f* face [feis]; front [frʌnt]
fe *f* faith [feith], belief [biliif']; **— de nacimiento** birth certificate [bərth sər-ti'fikət]; **tener —** to have faith [tu jæv ...]
fealdad *f* ugliness [ʌ'glinəs]; turpitude [tər'pitud], foulness [faul'nəs]
febrero *m* February [fe'brueri]
febril *adj* feverish [fii'vərish]
fecundar *v* to fertilize [tu fər'tilaiz]
fecundidad *f* fertility [fərti'liti]
fecundo *adj* fertile [fər'til], productive [prədʌk'tiv]
fecha *f* date [deit]; **hasta la —** to date [tu deit]
fechar *v* to date [tu deit]
fechoría *f* misdeed [misdiid']; bad action [bæd æk'shən]
federación *f* federation [fedərei'shən], union [iu'niən]
federal *adj* federal [fe'dərəl]
federalismo *m* federalism [fe'dərəlizm]
felicidad *f* happiness [jæ'pinəs]
felicitación *f* congratulation [kəngræ-tiulei'shən]
felicitar *v* to congratulate [tu kəngræ'-tiuleit]

feliz *adj* happy [jæ'pi], fortunate [fɔr'tiunət]; **— idea** clever idea [kle'vər aidii'ə]; **soy —** I am happy [ai æm ...]
felonía *f* treachery [tre'chəri]; felony [fe'ləni]
felpa *f* plush [plʌsh]; a good drubbing [ə guəd drʌ'biŋ]
felpudo *adj* plushy [plʌ'shi]
femenil *adj* feminine [fe'minin], womanly [uu'mənli]
femenino *adj* feminine [fə'minin], female [fii'meil]
feminismo *m* feminism [fe'minizm]
fendiente *m* gash [gæsh], deep cut [diip kʌt]; split [split]
fenecer *v* to finish [tu fi'nish]; to die [tu dai]; to come to an end [tu kʌm tu ən end]
fenecimiento *m* termination [tərminei'shən], end [end]
fenicio *m, adj* Phoenician [fəni'shən]
fénix *m* phoenix [fii'nix]
fenol *m* phenol [fii'nol]
fenomenal *adj* phenomenal [fəna'mənəl]
fenómeno *m* phenomenon [fəna'mənən]
feo *adj* ugly [ʌ'gli]
feracidad *f* fertility [fərti'liti], fruitfulness [fru'tfəlnəs]
feraz *adj* fertile [fər'təl], fruitful [frut'fəl], productive [prədʌk'tiv]
féretro *m* coffin [kɔ'fin]; hearse [jərs]
feria *f* weekday [uik'dei]; fair [fer], market [mar'kət]; (*C. Am*) present [pre'zənt], tip [tip]
feriado *adj* suspended [sʌspen'dəd]; **día —** holiday [ja'lidei]
feriar *v* to sell [tu sel]; to buy [tu bai]; to suspend work [tu sʌspend' uerk]
fermentación *f* fermentation [fərmentei'shən]
fermentar *v* to ferment [tu fər'ment]
fermento *m* ferment [fər'ment]; yeast [yiist]
ferocidad *f* ferocity [fəra'siti], wildness [uaild'nəs]; cruelty [kru'əlti]
feroz *adj* ferocious [fəro'shəs]
férreo *adj* like iron [laik ai'ərn]; **corona —a** iron crown [... kraun]; **vía —a** railroad [reil'rod]
ferretería *f* hardware store [jar'duer stor]
ferrocarril *m* railroad [reil'rod]; **— elevado** elevated railroad [ə'liveited reil'rod]; **— subterráneo** subway [sʌb'uei]; **por —** by rail [bai reil]
ferroviario *adj* railroad [reil'rod]; *m* rairoad man [... mæn]
ferruginoso *adj* like iron [laik ai'ərn]
fértil *adj* fertile [fər'təl]
fertilidad *f* fertility [fərti'liti], fecundity [fekʌn'diti]
fertilización *f* fertilization [fərtilizei'shən]
fertilizar *v* to fertilize [tu fər'tilaiz]
férvido *adj* fervid [fər'vid], ardent [ar'dənt], flaming [flei'miŋ]
ferviente *adj* fervent [fər'vənt], ardent [ar'dənt], flaming [flei'miŋ]
fervor *m* fervor [fər'vər], zeal [ziil]
festejar *v* to feast [tu fiist]; to celebrate [tu se'ləbreit]; to woo [tu uu]
festejo *m* feast [fiist], entertainment [əntərtein'mənt]; woo [uu]
festín *m* feast [fiist], banquet [bæn'kuət]
festividad *f* festivity [festi'viti]
festivo *adj* festive [fe'stiv]; gay [guei], merry [me'ri]; **día —** holiday [ja'lidei]
festón *m* festoon [fəstun']
fetiche *m* fetish [fe'tish]
fétido *adj* fetid [fe'tid], foul [faul]; (*col*) stinky [stiŋ'ki]
feudal *adj* feudal [fiu'dəl], enslaving [enslei'viŋ]
feudatario *m, adj* feudatory [fiu'dətori]
feudo *m* fief [fiif], tribute [tri'biut]
fiable *adj* responsible [rispan'sibəl]
fiado *adj* trusted [trʌ'stəd]; **al —** on credit [an kre'dit]; **en —** on bail [an beil]; **vender al —** to sell on credit [tu səl ...]
fiador *m* bondsman [ba'ndzmən]; surety [shu'riti]; backer [bæ'kər]
fiambre *adj* cold [kold]; **— *m*** cold lunch [kold lʌnch]
fianza *f* bond [band]; security [sikiu'riti]; **bajo —** under bail [ʌn'dər beil]
fiar *v* to bail [tu beil]; **—se de** to have confidence in [tu jæv kan'fidəns in]
fiasco *m* failure [fei'liər], "flop" [flap]
fibra *f* fiber [fai'bər]
ficción *f* fiction [fik'shən]
ficticio *adj* fictitious [fikti'shəs]
ficha *f* card [kard]; chip [chip]; **catálogo de —s** card catalogue [... kæ'təlaguə]; **— de referencia** cross reference card [krɔs re'fərəns ...]
fichero *m* card index [kard in'dex]; file cabinet [fail kæ'binət]
fidelidad *f* fidelity [fide'liti]; **alta —** high-fi [jai-fai]
fiduciario *adj* fiduciary [fidiu'shəri]

fiebre *f* fever [fii'vər]; **— amarilla** yellow fever [ie'lo ...]
fiel *adj, m* faithful [feith'fəl]
fiera *f* wild beast [uaild biist]
fiereza *f* fierceness [fiir'snəs]
fiero *adj* fierce [fiirs], cruel [kru'əl]
fiesta *f* fiesta [fie'stə]; feast [fiist]; party [par'ti]; **días de —** holidays [ja'-lideiz]
fiestero *adj* playful [plei'fəl]
figura *f* figure [fi'guiur], shape [sheip]
figurar *v* to depict [tu dipikt']; **—se** to fancy [tu fæn'si]; **me lo figuro** I can imagine it [ai kæn imæ'dchin it]
figurativo *adj* figurative [fi'guiərətiv]
figurilla *f* little figure [li'təl fi'guiər]; statuette [stæ'chiuet]
figurín *m* dandy [dæn'di]
fijacarteles *m* bill plasterer [bil plæ'-stərər]
fijación *f* fixing [fix'iŋ]; **— de carteles** bill posting [bil po'stiŋ]
fijar *v* to fix [tu fix]; to fasten [tu fæ'-sən]; **—se en** to pay attention [tu pei ətən'shən]; **fíjese usted en eso** pay attention to that [pei ... tu thæt]
fijeza *f* firmness [fərm'nəs]
fijo *adj* fixed [fixt]; firm [fərm]; **precios —s** fixed prices [fixt prai'səz]
fila *f* row [ro]
filamento *m* filament [fi'ləmənt]; wire [uair]
filantropía *f* philanthropy [filæn'thrəpi]
filantrópico *adj* philanthropic [filæn-thra'pik]
filarmónica *adj* philharmonic [filjarma'-nik]
filete *m* loin [lɔin]; fillet [filei']; hem [jem]; roasting spit [ro'stiŋ spit]; **— de vaca** beef tenderloin [biif ten'dər-lɔin]
filiación *f* affiliation [əfiliei'shən]
filial *adj* filial [fi'liəl]
filiarse *v* to enroll [tu enrol']
filigrana *f* filigree [fi'ligrii]
film *m* film [film]; **— en colores** color film (movie) [kʌ'lər ..., mu'vi]
filmar *v* to film [tu film], make a movie [meik ə mu'vi]
filo *m* edge [edch]; (*Am*) **hacerlo por —** to do it exactly [tu du it exæk'tli]
filología *f* philology [fila'lədchi]
filológico *adj* philological [filəla'dchi-kəl]
filólogo *m* philologist [fila'lədchist]
filón *m* seam [siim]
filosofar *v* to philosophize [tu fila'səfaiz]
filosofía *f* philosophy [fila'səfi]
filosófico *adj* philosophical [filəsa'fikəl]
filósofo *m* philosopher [fila'səfər]
filtración *f* filtration [filtrei'shən]
filtrar *v* to filter [tu fil'tər]; **—se** to leak out [tu liik aut]
filtro *m* filter [fil'tər]; **— de vacío** vacuum filter [væ'kiuəm ...]
filudo *adj* sharp [sharp]
fin *m* end [end]; **al —** at last [æt læst]; **por —** finally [fai'nəli]
finado *adj* dead [ded]; deceased [disii'-səd]; *m* dead person [... pər'sən]
final *adj* final [fai'nəl]; **examen —** final examination [... exæminei'shən]
finalizar *v* to finish [tu fi'nish], end [end]
finalmente *adv* finally [fai'nəli]
finamente *adj* delicately [de'likətli]
financiamiento *m* financing [fainæn'-siŋ]
financiar *v* to finance [tu fainæns']
finanza(s) *f* (*pl*) finances [fai'nænsəz]
finca *f* ranch [rænch]; farm [farm]
fineza *f* elegance [e'ləguəns]
fingido *adj* feigned [fei'nəd]
fingimiento *m* simulation [simiulei'-shən], pretense [prii'tens]
fingir *v* to feign [tu fein]; to make believe [tu meik biliiv']; to fake [tu feik]
finito *adj* finite [fai'nait], bounded [baun'dəd], limited [li'mitəd]
fino *adj* fine [fain], elegant [e'ləguənt]
finura *f* elegance [e'ləguəns]; good manners [guəd mæ'nərz]
firma *f* signature [sig'nəchər]; company [kʌm'pəni], firm [fərm]
firmamento *m* firmament [fər'məmənt], sky [skai]
firmar *v* to sign [tu sain]
firme *adj* firm [fərm], steadfast [sted'-fæst]; strong [strɔŋ]
firmeza *f* firmness [fərm'nəs], stability [stabi'liti]; fixation [fixei'shən]
fiscal *adj* fiscal [fi'skəl]; *m* attorney general [ətər'ni dche'nərəl]
fisgar *v* to mock [tu mak], scoff [skaf], jeer [dchiir]; to spy [tu spai]
fisgón *m* buffoon [bəfun']; snooper [snu'pər]
física *f* physics [fi'zəks]
físico *adj* physical [fi'zəkəl]; physicist [fi'zəsist]; physique [fiziik']
fisiógrafo *m* physiographer [fizia'grəfər]

fisiología *f* physiology [fizia'lɔdchi]
fisiólogo *m* physiologist [fizia'lɔdchist]
fisonomía *f* physiognomy [fiziag'nɔmi]; countenance [kaun'tənəns], features [fii'chərz]; face [feis]
fisioterapia *f* physiotherapy [fiziothe'-rəpi]
fístula *f* fistula [fi'stiulə]; water pipe [uɔ'tər paip]; reed [riid], pipe [paip]
flaco *adj* thin [thin], lean [liin]
flacura *f* thinness [thi'nəs], leanness [lii'nəs]
flagrante *adj* flagrant [flei'grənt]; **en —** in the very act [in dhə ve'ri ækt]
flagrar *v* to glow [tu glo]
flamante *adj* flaming [flei'miŋ]
flameante *adj* flashing [flæ'shiŋ]
flamear *v* to flutter [tu flʌ'tər]; to wave [tu ueiv]; to blaze [tu bleiz]
flamenco *adj, m* Flemish [fle'mish]; *m* flamingo [fləmiŋ'go]; **cante —** Andalusian singing [ændalu'shən siŋ'iŋ]
flan *m* custard [kʌ'stərd]
flanco *m* flank [flænk], side [said]
flanquear *v* to flank [tu flænk]; to outflank [tu aut'flænk]
flaquear *v* to flag [tu flæguə]; to weaken [tu uii'kən]; to slow down [tu slo daun]
flaqueza *m* leanness [lii'nəs], feebleness [fii'bəlnəs], weakness [uiik'nəs]
flautín *m* piccolo [pi'kolo]
flautista *m, f* flute player [fliut plei'ər]; piper [pai'pər]
fleco *m* fringe [friŋdch]; **(hair)** bangs [jer, bæŋz]
flecha *f* arrow [æ'ro], dart [dart]
flechar *v* to dart [tu dart]
flechero *m* archer [ar'chər], bowman [bo'mən]
flema *f* phlegm [flem]; poise [pɔiz]
flemático *adj* phlegmatic [flegmæ'tik]
flemudo *adj* dull [dʌl], sluggish [slʌ'-guish]; phlegmatic [flegmæ'tik]
fletador *m* charterer [char'tərər]
fletar *v* to freight [tu freit]; to charter a ship [tu char'tər ə ship]
flete *m* freight [freit]; load [lod]; (*Arg*) fine horse [fain jɔrs]
flexibilidad *f* flexibility [flexibi'liti]; mobility [mobi'liti]
flexible *adj* flexible [flex'ibəl]; docile [da'səl]
flojear *v* to be lazy [tu bii lei'zi]
flojedad *f* feebleness [fii'bəlnəs]; laziness [lei'zinəs]
flojo *adj* loose [lus]; lazy [lei'zi]; feeble [fii'bəl]; **pantalones —s** slacks [slækz]; (*Méx*) **pico —** big "trap" [biguə træp]
flor *f* flower [flau'ər]; **echar —es** to flatter [tu flæ'tər]; **— de la edad** prime of life [praim ʌv laif]; **— y nata** the cream of the crop [dhə kriim ʌv dhə krap]
flora *f* flora [flɔ'rə]
floreado *adj* flowered [flau'ərd]
florear *v* to flourish [tu flə'rish], bloom [blum]; to decorate [tu de'koreit]
florecer *v* to blossom [tu bla'səm], bloom [blum]; to thrive [tu thraiv]
floreciente *adj* in bloom [in blum], growing [gro'iŋ]
floreo *m* flourish [flə'rish]; talk [tɔk]
florera *f* flower girl [flau'ər guərl]
florero *m* flowerpot [flau'ər-pat]; florist [fla'rist]
floresta *f* forest [fa'rəst], thicket [thik'-ət], grove [grov], woods [uudz]
florete *m* fencing foil [fen'siŋ fɔil]
floretista *m* fencer [fen'sər]
florido *adj* flowery [flau'əri]; choice [chɔis], excellent [ex'sələnt]
florista *m, f* florist [fla'rist]
flota *f* fleet [fliit], **— aérea** air fleet [er ...]; **— naval** (ship) fleet [ship ...]
flotador *m* floater [flo'tər]; float [flot]
flotante *adj* floating [flo'tiŋ]; **jardines —s** floating gardens [... gar'dənz]
flotar *v* to float [tu flot]
flote *m* floating [flo'tiŋ]; **a —** afloat [əflot']
flotilla *f* small fleet [smɔl fliit]; flotilla [floti'lə]
fluctuación *f* fluctuation [flʌkchuei'-shən]
fluctuar *v* to fluctuate [tu flʌk'chueit]; to be changeable [tu bii chein'dchəbəl]
fluidez *f* fluidity [flui'diti]; fluency [flu'ənsi]
fluido *adj, m* fluid [flu'id]; liquid [li'-kuid]
fluir *v* to flow [tu flo], run [rʌn]
flujo *m* flux [flʌx]; flowing [flo'iŋ]; tide [taid]
flúor *m* fluorine [flurin']
fluorescencia *f* fluorescence [flure'səns]
fluorita *f* fluorite [flu'rait]
fluoroscopio *m* fluoroscope [flu'rəskop]
fluvial *adj* fluvial [flu'viəl]; **vías —es** river waterways [ri'vər uɔ'tərueiz]
fluxión *f* flowing [flo'iŋ], fluction [flʌk'-shən]

foca *f* seal [siil]; **piel de —** sealskin [siil'skin]
focal *adj* focal [fo'kəl]
foco *m* focus [fo'kəs], center [sən'tər]; (electric) bulb [ilek'trik, bʌlb]
fofo *adj* spongy [span'dchi], soft [sɔft]; fluffy [flʌ'fi]
fogata *f* blaze [bleiz]; bonfire [ban'-fair]
fogón *m* hearth [jarth], fireplace [fair'-pleis], stove [stov]; caboose [kabus']
fogonero *m* fireman [fair'mən]; stoker [sto'kər]
fogosidad *f* fieriness [fai'rinəs]
fogoso *adj* fiery [fai'ri], ardent [ar'dənt]
foliar *v* to page [tu peidch], leaf [liif]
foliatura *f* pagination [pædchənei'shən]
folio *m* folio [fo'lio]; leaf (of a book) [liif, ʌv ə buk]
folklore *m* folklore [fok'lɔr]
folklórico *adj* folkloric [foklɔ'rik]
follaje *m* foliage [fo'liədch]
folletín *m* pamphlet [pæm'flət]
folleto *m* pamphlet [pæm'flət], booklet [buk'lət]
fomentación *f* fomentation [foməntei'-shən]
fomentador *m* promoter [prəmo'tər]
fomentar *v* to foment [tu foment']; to promote [tu prəmot']; to encourage [tu ənkə'rədch]
fomento *m* fomentation [fomentei'shən]; promotion [prəmo'shən]; improvement [impruv'mənt]
fonda *f* inn [in], restaurant [re'stərənt]
fondear *v* to sound [tu saund]; to search a ship [tu sərch ə ship]; to cast anchor [tu kæst æn'kər]
fondista *m* innkeeper [in'kiipər]; caterer [kei'tərər]
fondo *m* bottom [ba'təm]; funds [fʌndz], capital [kæ'pitəl]; **— doble** false bottom [fɔls ba'təm]; **a —** perfectly [pər'fəktli], fully [fuə'li]
fonética *f* phonetics [fəne'tiks]
fonético *adj* phonetic [fəne'tik]
fonógrafo *m* phonograph [fo'nəgræf]
fonología *f* phonology [fəna'ləgi]; phonics [fa'niks]
forajido *m* outlaw [aut'lɔ], highwayman [jai'ueimən]
forastero *adj* strange [streindch], exotic [exa'tik]; *m* stranger [strei'ndchər]
forcejar *v* to struggle [tu strʌ'guəl], strive [straiv], oppose [əpo'z]
forcejudo *adj* strong [strɔŋ], robust [robʌst']
forense *adj* forensic [fəren'sik]
forja *f* forge [fɔrdch]
forjador *m* framer [frei'mər], forger [fɔr'dchər]
forjadura *f* forging [fɔr'dchiŋ]
forjar *v* to forge [tu fɔrdch]; to frame [tu freim]; to invent [tu invent']
forma *f* form [fɔrm], shape [sheip], fashion [fæ'shən]; way [uei]; **de — que** in such a manner that [in sʌch ə mæ'nər thæt]
formación *f* formation [fərmei'shən]; form [fɔrm], figure [fi'guiur]
formado *adj* featured [fii'churd]
formal *adj* formal [fɔr'məl], proper [pra'pər]; serious [si'riəs]
formalidad *f* formality [fɔrmæ'liti]; gravity [græ'viti]; punctuality [pʌnk-chuæ'liti]
formalizar *v* to legalize [tu li'guəlaiz], **—se** to become formal [tu bikʌm' fɔr'məl]
formar *v* to form [tu fɔrm], shape [sheip]; **— causa** to accuse [tu akiuz']; to bring suit [tu briŋ sut]
formativo *adj* formative [fɔr'mətiv]
formato *m* format [fɔr'mæt]
fórmico *m* formic acid [fɔr'mik æ'sid]
formidable *adj* formidable [fɔr'midəbəl]
formón *m* chisel [chə'səl]; punch [pʌnch]
fórmula *f* formula [fɔr'miulə]
formulación *f* formulation [fɔrmiulei'-shən]
formular *v* to formulate [tu fɔr'miuleit]; to draw up [tu drɔ ʌp]
fornicar *v* to fornicate [tu fɔr'nikeit]
foro *m* court [kɔrt]; bar [bar]; forum [fɔr'əm]; backstage [bæk'steidch]
forraje *m* forage [fo'rədch], fodder [fa'-dər], feed [fiid]
forrar *v* to line with [tu lain uith]; to cover with [tu kʌv'ər uith]
forro *m* lining [lai'niŋ], facing [fei'siŋ]; **— de papel** book jacket [buk dchæ'-kit]; **— de traje** liner [lai'nər]
fortalecer *v* to fortify [tu fɔr'tifai]; to strengthen [tu strəŋ'thən]
fortaleza *f* fortitude [fɔr'titiud], valor [væ'lɔr], courage [kə'rədch]; strength [strəŋ'th], fortress [fɔr'trəs]
fortificación *f* fortification [fɔrtifikei'-shən]
fortificar *v* to strengthen [tu strəŋ'-thən]; to fortify [tu fɔr'tifai]
fortitud *f* strength [strəŋ'th], fortitude [fɔr'titiud]
fortuito *adj* fortuitous [fɔrtu'itəs]

fortuna *f* fortune [fɔr'chun]; **por —** fortunately [fɔr'chunətli]
forzado *adj* forced [fɔr'st], compelled [kəmpeld']; *m* criminal [kri'minəl]
forzar *v* to force [tu fɔrs]; to ravish [tu ræ'vish]
forzosamente *adv* of necessity [ʌv nəse'-siti]
forzoso *adj* forced [fɔrst]
fosa *f* grave [greiv]; ditch [dich]
fosfato *m* phosphate [fas'feit]
fosforescencia *f* phosphorescence [fas-fəre'səns]
fosforescente *adj* phosphorescent [fas-fəre'sənt]
fosfórico *adj* phosphoric [fasfɔ'rik]
fósforo *m* phosphorus [fas'fərəs]; match [mætch]
fósil *adj, m* fossil [fa'səl]
foso *m* pit [pit]; ditch [dich]; **— séptico** septic tank [sep'tik tænk]
foto *f* snapshot [snæp'shat] **— en colores** color snapshot [kʌ'lər ...]
fotoeléctrico *adj* photoelectric [foto-elek'trik]
fotogénico *adj* photogenic [fotodche'-nik]
fotograbado *m* photogravure [fotogrə-viur']
fotografía *f* photograph [fo'togræf], picture [pik'chər], snapshot [snæp'-shat]; **— en colores** color picture [kʌ'lər ...]
fotografiar *v* to photograph [tu fo'to-græf]
fotógrafo *m* photographer [fəta'grəfər]
fotoquímico *adj* photochemical [foto-kem'ikəl]
fotosíntesis *f* photosynthesis [fotosin'-thəsis]
fotostático *adj* photostatic [fotostæ'tik], **copia —** photostatic copy [... ka'pi]
fotóstato *m* photostat [fo'tostæt]
frac *m* evening coat [iiv'niŋ kot], dress coat [dres kot]
fracasado *adj* failed [feild]
fracasar *v* to crumble [tu krʌm'bəl]; to break into pieces [tu breik in'tu pii'-sez]; (*escuela*) to fail [tu feil]; "flunk" [flʌnk]
fracaso *m* downfall [daun'fɔl], ruin [ru'in], destruction [destrʌk'shən], failure [fei'liur]; crash [kræsh]
fracción *f* fraction [fræk'shən]
fractura *f* fracture [fræk'chiər]
fracturar *v* to fracture [tu fræk'chiər]; to break [tu breik]
fragancia *f* fragrance [frei'grəns], per-fume [pər'fium]
fragante *adj* fragrant [frei'grənt]
fragata *f* frigate [fri'guət]
frágil *adj* fragile [fræ'dchil], weak [uiik]
fragilidad *f* fragility [frədchi'liti], weak-ness [uiik'nəs]
fragmentación *f* fragmentation [fræ-gmentei'shən]
fragmento *m* fragment [fræ'gmənt]
fragor *m* noise [nɔiz], clamor [klæ'mər]; crash [kræsh]
fragoso *adj* rough [rʌf], uneven [ʌnii'-ven]; noisy [nɔi'zi]
fragua *f* forge [fɔrdch]; blacksmith shop [blæk'smith shap]
fraguar *v* to forge [tu fɔrdch]; to con-trive [tu kəntraiv']
fraile *m* friar [frai'ər], monk [mʌnk]
frambuesa *f* raspberry [ræz'beri]
frambueso *m* raspberry bush [ræz'beri bʌsh]
francamente *adv* frankly [fræn'kli]
francés *adj* French [french]; *m* French language [french læn'guidch], French-man [french'mən]
Francia *f* France [fræns]
franco *adj* frank [frænk]; sincere [sin-siir']; **— a bordo** free on board [frii an bɔrd]; *m* franc [frænk]
francolín *m* partridge [par'tridch]
francote *adj* frank [frænk], sincere [sinsiir']; rather frank [ræ'thər ...]
franela *f* flannel [flæ'nəl]; **traje de —** flannel suit [... sut]
franja *f* fringe [frindch]; border [bor'-dər]; stripe [straip]
franquear *v* to exempt [tu exempt']; to prepare postage [tu preper' po'-stədch]; to stamp letters [tu stæmp le'tərz]
franqueo *m* postage [po'stədch]
franqueza *f* sincerity [sinse'riti], frank-ness [frænk'nəs]
franquicia *f* exemption [exemp'shən]; franchise [fræn'chaiz]; grant [grænt]
frasco *m* flask [flæsk], jar [dchar], small bottle [smɔl ba'təl]; **— de per-fume** perfume bottle [pər'fium ba'təl]
frase *f* phrase [freiz]; sentence [sen'-təns]
fraseología *f* phraseology [freizia'lədchi]
fraternal *adj* fraternal [fratər'nəl], brotherly [brʌ'dhərli]
fraternidad *f* fraternity [fratər'niti]; brotherhood [brə'dhərjuəd]
fratricidio *m* fratricide [fræ'trisaid]
fraude *m* fraud [frɔd], deceit [disiit']
fraudulento *adj* fraudulent [frɔ'dchə-lənt], deceitful [disii'tfəl]

fray *m* friar [frai'ər]
frecuencia *f* frequency [frii'kuensi]; **con —** frequently [frii'kuentli]
frecuentación *f* frequentation [friikuentei'shən], attendance [əten'dəns]
frecuentar *v* to frequent [tu frikuent']
frecuente *adj* frequent [frii'kuənt]
frecuentemente *adv* often [ɔ'fən], frequently [frii'kuəntli]
fregadero *m* sink [sink]
fregado *m* scrubbing [skrʌ'biŋ]; underhand work [ʌn'dərjænd uərk]
fregador *m* dishwasher [dish'uashər]
fregar *v* to rub [tu rʌb]; to cleanse [tu klenz]; to scour [tu skaur]; to wash dishes [tu uash di'shəz]; (*Am*) to bother [ba'dhər]
fregona *f* kitchen maid [kit'chən meid]
freidura *f* frying [frai'iŋ]
freír *v* to fry [tu frai]; to tease [tu tiiz]
fréjol *m* kidney bean [kid'ni biin]
frenar *v* to break [tu breik]; to hold back [tu jold bæk]
frenesí *m* frenzy [fren'zi], madness [mæd'nəs]; passion [pæ'shən]
frenético *adj* mad [mæd], insane [insein']
freno *m* brake [breik]; **— de aire** air brake [er breik]
frente *m & f* : *m* (*milit*) front line [frʌnt lain], **al —** to the front [tu thə ...]; *f* forehead [fɔr'jed]; **— a** in front of [in frʌnt ʌv] ; **— a —** face to face [feis tu feis]
fresa *f* strawberry [strɔ'beri]
fresado *m* millwork [mil'uərk]
fresal *m* strawberry plant [strɔ'beri plænt]
frescachón *adj* fresh looking [fresh luk'iŋ]
frescamente *adv* freshly [fresh'li]; (*Am*) bluntly [blʌn'tli]
fresco *adj* fresh [fresh], cool [kul]; new [niu]; recent [ri'sənt]; brisk [brisk]; bold [bold]; *m* refreshing air [rifre'shiŋ er]; **tomar el —** to enjoy the cool air [tu endchɔi' dhə kul er]
frescura *f* freshness [fresh'nəs], coolness [kul'nəs]; frankness [fræŋk'nəs]
fresno *m* ash tree [æsh trii]
fresquería *f* (*Am*) ice cream parlor [ais kriim par'lər]
frialdad *f* frigidity [fridchi'diti], coldness [kold'nəs]; indifference [indi'fərəns]
fricar *v* to rub together [tu rʌb tugue'dhər]
fricasé *m* fricassée [fri'kəsii']
fricción *f* friction [frik'shən]
friccionar *v* to rub [tu rʌb]
frígido *adj* cold [kold]; frigid [fri'dchid]
frigorífero *m* (*Am*) refrigerator [rifri'dchəreitər]
frigorífico *adj* freezing [frii'ziŋ]; *m* packing house [pæk'iŋ jaus], cold storage room [kold stɔr'ədch rum]
frijol *m* bean [biin]; **—es rojos** kidney beans [kid'ni biinz]
frío *adj* cold [kold]; indifferent [indi'fərənt]; **tener sangre fría** to have presence of mind [tu jæv pre'zens ʌv maind]; *m* cold [kold]; **hace —** it is cold [it iz ...]; **tener —** to be cold [tu bii ...]
friolento *adj* sensitive to cold [sen'sitiv tu kold]
friolera *f* trifle [trai'fəl]
frisar *v* to frizzle [tu fri'zəl]; to rub against the grain [tu rʌb əguenst' dhə grein]; to approach [tu əproch']
friso *m* frieze [friiz]
fritada *f* dish of fried food [dish ʌv fraid fud]; a fry [ə frai]
frito *adj* fried [fraid]
fritura *f* fry [frai], fritter [fri'tər]; **— de pescado** fish fry [fish frai]
frivolidad *f* frivolity [friva'liti]
frívolo *adj* frivolous [fri'vələs], trifling [trai'fliŋ]
fronda *f* leaf [liif]; foliage [fo'liədch]; leaves [liivz]
frondosidad *f* foliage [fo'liedch]
frondoso *adj* leafy [lii'fi]; pompous [pam'pəs]; ornate [ɔrneit']
frontera *f* frontier [frantiir']
fronterizo *adj* frontier [frʌntiir'], opposite [a'posit]
frontis *m* facade [fəsad']
frontispicio *m* frontispiece [frʌn'tispiis]
frontón *m* (wall of a) handball court [uɔl ʌv ə, jænd'bɔl kɔrt]
frotación *f* friction [frik'shən], rubbing [rʌ'biŋ]
frotar *v* to rub [tu rʌb]
fructífero *adj* fruitful [fruət'fəl]; fertile [fər'til]
fructuoso *adj* fruitful [fruət'fəl]; useful [ius'fəl], fertile [fər'til]
frugal *adj* frugal [fru'guəl], stingy [stin'dchi]; sparing [spe'riŋ]
frugalidad *f* frugality [frugæ'liti], stinginess [stin'dchinəs]
fruición *f* fruition [frui'shən]
fruncidor *adj* frowning [frau'niŋ]; *n* person who frowns [per'sən ju fraunz]

fruncimiento *m* wrinkling [rin'kliŋ], corrugation [kɔruguəi'shən]
fruncir *v* (*cost*) to gather [tu gæ'dhər]; **— las cejas** to frown [tu fraun]
fruslería *f* trifle [trai'fəl]; futility [fiuti'liti]; trinket [triŋ'kət]
frustración *f* frustration [frʌstrei'shən]; failure [fei'liur]; disappointment [disəpɔint'mənt]
frustrar *v* to frustrate [tu frʌ'streit]; to thwart [tu thuɔrt]; to foil [tu fɔil]; **—se** to miscarry [tu miskæ'ri]; to fall through [tu fɔl thru]
fruta *f* fruit [fruət]; **—azucarada** candied fruit [kæn'did ...]
frutal *adj* fruitbearing [fruət'beriŋ]; *m* fruit tree [fruət trii]
frutera *f* fruit vendor [fruət ven'dər]; fruit bowl [fruət bol]
frutería *f* fruit store [fruət stɔr]
frutero *m* fruit vendor [fruət ven'dər]; **plato —** fruit dish [... dish]
fruto *m* fruit [fruət]; benefit [be'nəfit]; result [risʌlt']; reward [riuɔrd']; outcome [aut'kəm]
fuego *m* fire [fair]; ardor [ar'dər]; **— fatuo** will-o'-the-wisp [uil-ə-dhə-uisp]; **—s artificiales** fireworks [fair'uərks]
fuelle *m* bellows [be'loz], blower [blo'ər]
fuente *f* fountain [faun'tən]; source [sɔrs]; **— de soda** soda fountain [so'də faun'tən]
fuera *adv* outside [autsaid']; **— de sí** beside oneself [bisaid' uʌnself'], mad [mæd]
fuero *m* law [lɔ]; statute [stæ'chut]; jurisdiction [dchurisdik'shən]; privilege granted to a province [pri'viləd ch grænt'əd tu ə pra'vins]
fuerte *adj* vigorous [vi'guərəs]; strong [strɔŋ]; loud [laud]; strongly [strɔŋ'li]; **¡más —!** louder! [lau'dər]; *m* fortification [fɔrtifikei'shən]; fort [fɔrt]
fuerza *f* force [fɔrs], strength [streŋth], power [pau'ər], vigor [vi'guər]; valor [væ'lər]; courage [kʌ'ridch]; violence [vai'ələns]; **a — de** by dint of [bai dint ʌv]; **por —** per force [pər fɔrs]; (*milit*) **—s** troops [trups]; **es — que** it is necessary that [it iz ne'səseri thæt]
fuete *m* whip [juip]
fuga *f* flight [flait], escape [əskeip']; leak [liik], leakage [lii'kidch]; **darse a la —** to take to flight [tu teik tu ...]
fugarse *v* to escape [tu əskeip']; to flee [tu flii]; to run away [tu rʌn əuei']
fugaz *adj* brief [briif]; volatile [va'lətəl], passing [pæ'siŋ], perishable [pə'rishəbəl]
fugitivo *adj*, *m* fugitive [fiu'dchitiv]
fulano *m* such a one [sʌch ə uan]
fulgente *adj* brilliant [bri'liənt]
fulgor *m* glow [glo], brilliancy [bri'liənsi]
fulgurante *adj* resplendent [risplen'dənt]
fulminación *f* flash [flæsh]; thundering [thʌn'dəriŋ]
fulminante *adj* fulminating [fʌl'mineitiŋ]; explosive [explo'siv]; thundering [thʌn'dəriŋ]; overwhelming [ovərjuel'miŋ]
fulminar *v* to fulminate [tu fʌl'mineit]; to explode [tu explod']
fullería *f* cheating [chii'tiŋ]
fullero *m* cheat [chiit]
fumada *f* whiff [juif]; puff [pʌf]; (*Arg*) joke [dchok]
fumadero *m* smoking room [smo'kiŋ rum]
fumador *m* smoker [smo'kər]
fumar *v* to smoke [tu smok]
fumigación *f* fumigation [fiumiguei'shən]
fumigador *m* fumigator [fiu'migueitər]
fumoso *adj* smoky [smo'ki]
función *f* function [fʌnk'shən]; show [sho], performance [pərfɔr'məns]
funcional *adj* functional [fʌnk'shənəl]
funcionamiento *m* working [uər'kiŋ], functioning [fʌnk'shəniŋ]; action [æk'shən]; performance [pərfɔr'məns]
funcionar *v* to function [tu fʌnk'shən]; to work [tu uərk], run [rʌn]
funcionario *m* official [əfi'shəl], functionary [fʌnk'shəneri]; **— público** public official [pʌ'blik əfi'shəl]
funda *f* case [keis]; sheath [shiith]; slip cover [slip kʌ'vər]; **— de almohada** pillowcase [pi'lokeis]
fundación *f* foundation [faundei'shən]
fundador *m* founder [faun'dər]
fundamental *adj* fundamental [fʌndemen'təl]
fundamentalismo *m* fundamentalism [fʌndəment'əlizm]
fundamento *m* foundation [faundei'shən], base [beis]
fundar *v* to found [tu faund], establish [estæb'lish]
fundible *adj* fusible [fiu'zibəl]
fundición *f* melting [mel'tiŋ]; foundry [faun'dri]
fundidor *m* founder [faun'dər]; melter [mel'tər]

fundir *v* to melt (metals) [tu melt, me'təlz]
fúnebre *adj* mournful [mɔrn'fəl], funereal [fiune'riəl]
funeral *adj* funeral [fiu'nərəl]; **—es** *m, pl* funeral obsequies [fiu'nərəl ab'sekuiiz]
funerario *adj* funeral [fiu'nərəl]
funesto *adj* mournful [mɔrn'fəl]; disastrous [dizæ'strəs], tragic [træ'dchik]
funicular *adj* funicular [fiuni'kiulər]
furgón *m* baggage car [bæ'guədch kar]; freight car [freit kar]
furgonero *m* carman [kar'mən]; vanman [væn'mən]
furia *f* fury [fiu'ri], rage [reidch]; **a toda —** recklessly [rek'lesli]
furibundo *adj* furious [fiu'riəs]
furor *m* fury [fiu'ri]
furtivamente *adv* stealthily [stel'thəli]
furtivo *adj* furtive [fər'tiv], sly [slai]
furúnculo *m* boil [bɔil]; pimple [pim'pəl]
fusco *adj* brownish [brau'nish]
fuselado *adj* streamlined [striim'laind]
fuselaje *m* fuselage [fiu'sələdch]
fusible *adj* fusible [fiu'zibəl]; *m* fuse [fiuz]; **caja de —s** fuse box [fiuz bax]
fusil *m* rifle [rai'fəl]; **— automático** automatic rifle [ɔtomæ'tik ...]
fusilar *v* to shoot [tu shut]
fusilería *f* rifle corps [rai'fəl kɔr]
fusilero *m* rifleman [rai'fəlmən]
fusión *f* fusion [fiu'zhən], melting [mel'tiŋ]; union [iu'niən]; **temperatura de —** melting point [... pɔint]
fuste *m* nerve [nərv], character [kæ'rəktər]; **hombre de —** man of character [mæn ʌv ...]
fustigar *v* to cudgel [tu kʌ'dchəl]
fútbol *m* football [fut'bɔl]; soccer [sa'kər]
futilidad *f* futility [fiuti'liti]
futurismo *m* futurism [fiu'chərizm]
futuro *adj, m* future [fiu'chər]; fiancé [fian'sé]

G

gabacho *adj* French [french]; *m* Frenchman [french'mən]
gabán *m* overcoat [o'vərkot]; **— de entretiempo** spring coat [spriŋ kot], all season coat [ɔl sii'zən ...]
gabardina *f* gabardine [gæ'bərdin]; gabardine suit, coat [... sut, kot]; gabardine fabric [... fæ'brik]
gabarra *f* barge [bardch]
gabela *f* tax [tæx]; duty [diu'ti]
gabinete *m* cabinet [kæ'binət]; study [stʌ'di]; laboratory [læ'bərətɔri]; **— de lectura** reading room [rii'diŋ rum]; office [ɔ'fis]
gacela *f* gazelle [guəzel']
gaceta *f* newspaper [niuz'peipər]
gacetero *m* newswriter [niuz'raitər]; newspaper seller [niuz'pei'pər se'lər]
gacetillero *m* newswriter [niuz'raitər]
gachas *f, pl* porridge [pa'ridch], mush [mʌsh]; caress [kəres']; **hacerse unas —** to be soft [tu bii sɔft]; **a —** on all fours [an ɔl fɔrz]
gacho *adj* curved [kər'vd], bent [bent]
gafa *f* hook [juək]; **—s** *pl* goggles [ga'guəlz]; **—s ahumadas** smoked glasses [smo'kd glæ'səz]; **— de sol** sun glasses [sʌn glæ'səz]
gaguear *v* to stutter [tu stʌ'tər], stammer [stæ'mər]
gaita *f* bagpipe [bæ'guəpaip]
gaitero *adj* gay [guei], gaudy [gɔ'di], showy [sho'i]; *m* bagpiper [bæ'guəpai'pər], bagpipe player [bæ'guəpaip plei'ər]
gaje *m* salary [sæ'ləri], wages [uei'dchəz]; **—s** *pl* fees [fiiz]
gala *f* best dress [best dres]; elegance [e'ləguəns]; ceremony [se'rəmoni]; **de —** full-dress [fʌl'dres]; **hacer —** to boast [tu bost]
galafate *m* artful thief [art'fəl thiif], rogue [roguə]
galán *m* gallant [gæ'lənt], courtier [kɔr'tiər]; lover [lʌ'vər]
galano *adj* elegant [e'ləguənt], well dressed [uel drest], tasteful [tei'stfəl]
galante *adj* gallant [gæ'lənt], courtly [kɔr'tli]
galanteador *m* wooer [uu'ər], lover [lʌ'vər]; flatterer [flæ'tərər]
galantear *v* to court [tu kɔrt], woo [uu]; to philander [tu filæn'dər]
galanteo *m* wooing [uu'iŋ]
galantería *f* gallantry [gæ'ləntri], elegance [e'ləguəns]; liberality [libəræ'liti]; chivalry [shi'vəlri]
galardón *m* reward [riuɔrd'], recompense [ri'kʌmpens]
galardonar *v* to reward [tu riuɔrd'], recompense [ri'kʌmpens]
galeote *m* galley slave [guæ'li sleiv]
galera *m* galley [guæ'li]; wagon [uæ'gən]
galerada *f* galley proof [gæ'li pruf]; carload [kar'lod]
galería *f* gallery [gælə'ri]; art museum [art miuzi'ʌm]; lobby [la'bi]; tunnel [tʌ'nəl]
Gales *m* Wales [ueilz]
galés (galesa) *adj, m, (f)* Welsh [uelsh], Gaelic [guei'lik]; Welshman [uelsh'mən]
galgo *m* greyhound [grei'jaund]
Galia *f* Gaul [gɔl]
gálico *m* syphilis [si'fəlis]
galicoso *adj* syphilitic [sifələ'tik]
galillo *m* uvula [iu'viulə]
galocha *f* clog [klaguə]; galosh [guəlash']
galón *m* galloon [gælun']; (*para líquidos*) gallon [gæ'lən]
galonear *v* to lace [tu leis]; to trim with galloons [tu trim uith gəlunz']
galope *m* gallop [gæ'lʌp]; **ir al —** to go fast [tu go fæst], gallop [...]
galopear *v* to gallop [tu gæ'lʌp]
galopín *m* swabber [sua'bər]; cabin boy [kæ'bin bɔi]; scullion [skʌ'liən]
galvánico *adj* galvanic [gælvæ'nik]
galvanismo *m* galvanism [gæ'lvənizm]
galladura *f* tread [tred]
gallardete *m* pennant [pe'nənt]; streamer [strii'mər]
gallardía *f* gallantry [gæ'ləntri], elegance [e'ləguəns]; bravery [brei'vəri]
gallardo *adj* gallant [gæ'lənt], elegant [e'ləguənt]; generous [dche'nərəs]; brave [breiv], bold [bold]

gallear *v* to tread [tu tred]; to assume an air of importance [tu əsium' ən er ʌv impɔr'təns]; to threaten [tu thre'tən]
gallego *adj, m* Galician [gali'shən]
galleta *f* hard tack [jard tæk]; biscuit [bis'kit], cookie [ku'ki]; cracker [kræ'-kər]; slap [slæp]
galletica *f* small cracker [smɔl kræ'kər]
gallina *f* hen [jen]; coward [ka'uərd]; **es —** he is "chicken" [jii iz chi'kən]
gallinazo *m* turkey buzzard [tər'ki bʌ'-zərd]
gallinero *adj* feeding on fowls [fii'diŋ an faulz]; *m* poulterer [pol'tərər]; hen roost [jen rust]; flock [flak]
gallineta *f* sandpiper [sænd'paipər]
gallipavo *m* turkey [tər'ki]; squeal [skuiil]
gallito *m* small cock [smɔl kak]; bully [bu'li]
gallo *m* cock [kak], rooster [ru'stər]; boss [bɔs]; **misa de —** midnight mass [mid'nait mæs]
gama *f* gamut [gæ'mʌt]; doe [do]
gamella *f* yoke [yok]; large trough [lardch trɔf]
gamo *m* buck (deer) [bʌk, diir]
gana *f* appetite [æ'pətait]; desire [di-zair']; mind [maind]; **de buena —** with pleasure [uith ple'zher]; **de mala —** with reluctance [uith rilʌk'təns]; **tengo —(s) de bailar** I feel like danc-ing [ai fiil laik dæn'siŋ]
ganadería *f* breeding cattle [brii'diŋ kæ'təl]
ganadero *m* cattle owner [kæ'təl o'nər]; dealer in cattle [dii'lɔr in kæ'təl]; sheepherder [shiip'jərdər]
ganado *m* cattle [kæ'təl]; **— de cerda** swine [suain]; **— en pie** livestock [laiv'stak]; **— menor** sheep [shiip]
ganador *adj* winning [ui'niŋ], gaining [guei'niŋ]; *m* winner [ui'nər]
ganancia *f* gain [guein], profit [pra'fit]; **— líquida** net profit [net pra'fit]; (*Am*) extra thing [ex'trə thiŋ]
ganancioso *adj* gainful [guein'fəl]
ganapán *m* porter [pɔr'tər], carrier [kæ'-riər]; rude man [rud mæn]
ganar *v* to gain [tu guein]; to win [tu uin]; to earn [tu ərn]; **ganamos el juego** we won the game [ui uan dhə gueim]
gancho *m* hook [juək]; pin [pin]; peg [peguə]; clip [klip]; **— de tendedero** clothespin [kloz'pin]; (*Am*) trick [trik], lure [liur]; **tener —** to be nice [tu bii nais]
gandujado *m* pleating [plii'tiŋ]
gandul *m* idler [aid'lər], bum [bʌm], tramp [træmp], loafer [lo'fər]
ganga *f* bargain [bar'guən]; bed of min-erals [bed ʌv min'ərəlz]; **es una —** it is a snap [it iz ə snæp], bargain [...]
gangoso *adj* snuffling [snʌ'fliŋ]; nasal [nei'zəl]
gangrena *f* gangrene [gæŋgriin']
gangrenoso *adj* gangrenous [gæŋ'grinʌs]
ganguear *v* to snuffle [tu snʌ'fəl]
gangueo *m* snuffling [snʌ'fliŋ]
ganso *m* gander [gæn'dər]; goose [gus]; slender person [slen'dər pər'sən]; stu-pid person [stiu'pid pər'sən]; **hacer el —** to try to be funny [tu trai tu bi fʌ'ni]
ganzúa *f* hook [juək]; *m* thief [thiif]
garabatear *v* to catch with a hook [tu kætch uith ə juək]; to scrawl [tu skrɔl]; to scribble [tu skri'bəl]
garabato *m* hook [juək]; **—s** *pl* scrawl-ing letters [skrɔ'liŋ le'tərz]
garage (garaje) *m* garage [gara'dch]
garante *m* guarantor [gæ'rəntər]
garantía *f* guaranty [gæ'rənti]; pledge [plədch]
garantir *v* to guarantee [tu gæ'rəntii]
garantizar *v* to guarantee [tu gæ'rəntii]; to warrant [tu ua'rənt]
garañón *m* jackass [dchæ'kæs]
garapiña *f* sugar coating [shu'guər ko'-tiŋ]; icing [ai'siŋ], frosting [frɔ'stiŋ]
garapiñado *adj* candied [kæn'did]
garapiñar *v* to freeze [tu friiz]; to candy [tu kæn'di]
garapiñera *f* ice-cream freezer [ais-kriim frii'zər]
garbanzo *m* chickpea [chik'pii]
garbear *v* to affect elegance [tu æfekt' e'ləgæns]
garbo *m* gracefulness [greis'fəlnəs], ele-gance [e'ləguəns]; generosity [dche-nəra'siti]
garboso *adj* sprightly [sprai'tli], grace-ful [greis'fəl]; generous [dche'nərəs]
gardenia *f* gardenia [gardi'niə]
gargajear *v* to spit [tu spit], expectorate [expek'təreit]
gargajo *m* phlegm [flem], spit [spit]
garganta *f* throat [throt]; mountain flood [maun'ten flʌd], torrent [tɔ'rənt]; gorge [gɔrdch]; **me duele la —** I have a sore throat [ai jæv ə sɔr ...]
gargantilla *f* necklace [nek'ləs]
gárgara *f* gargle [gar'guəl]; **hacer —s** to gargle [tu ...]

gárgola *f* gargoyle [gar'gɔil]
gargüero *m* windpipe [uind'paip]
garita *f* sentry box [sen'trii bax]
garito *m* gambling place [gæm'bliŋ pleis]
garla *f* talk [tɔk], prattle [præ'təl]
garlito *m* trap [træp]
garra *f* claw [klɔ], paw [pɔ]; clutch [klʌch]; **echar la —** to arrest [tu ərest']
garrafa *f* decanter [dikæn'tər]
garrafal *adj* vast [væst], huge [jiudch]
garrafón *m* (big) decanter [biguə, dikæn'tər]
garrapata *f* tick [tik]
garrapatear *v* to scribble [tu skri'bəl]
garrocha *f* goad [god]
garrotazo *m* blow with a cudgel [blo uith ə kʌ'dchəl]
garrote *m* cudgel [kʌ'dchəl], club [klʌb], stick [stik]
garrucha *f* pulley [pə'li]
gárrulo *adj* chirping [chər'piŋ]; prattling [præ'tliŋ], garrulous [gæ'rələs]
garza *f* heron [je'rən]
garzota *f* night heron [nait je'rən]; plumage [pliu'mɔdch]; crest (helmet) [krest, jel'mət]
gas *m* gas [gæs]; (*Am*) gasoline [gæ'səliin]; **— carbónico** carbonic acid gas [karba'nik æ'sid ...]; **— cloro** chlorine gas [klɔriin' ...]
gasa *f* gauze [gɔz]; chiffon [shifan']
gaseosa *f* soda water [sodə uɔ'tər], pop drink [pap drink]; **deme una —** give me a soda drink [guiv mii ə ...]
gaseoso *adj* gaseous [gæ'siəs]
gasolina *f* gasoline [gæ'səliin]; **estación (puesto) de —** (gas) filling station [gæs, fi'liŋ stei'shən]; **tanque de —** gas tank [... tænk]
gasolinera *f* (gas) filling station [gæs, fi'liŋ stei'shən]
gasómetro *m* gasometer [gæsa'mətər]
gastado *adj* worn-out [uɔrn'-aut], used [iuzd], spent [spent]
gastador *adj* lavish [læ'vish], extravagant [extræ'vəguənt]; *m* spendthrift [spend'thrift], prodigal [pra'diguəl]
gastar *v* to expend [tu expend']; to waste [tu ueist]; to spend [tu spend]; **—se** to become old [tu bikʌm' old], wear out [uer aut]
gasto *m* expense [expens'], cost [kɔst]
gastronomía *f* gastronomy [gæstra'nəmi]
gastrónomo *m* gourmet [gurmei'], epicure [e'pikiur]
gastrópodo *m* gastropod [gæ'stropad]
gástrula *f* gastrula [gæ'strulə]
gata *f* she-cat [shi-kæt]; **a —s** on all fours [an ɔl fɔrz]
gatada *f* clawing [klɔ'iŋ]; robbery [ra'bəri]; cunning [kʌ'niŋ], shrewd action [shrud æk'shən]
gatear *v* to creep [tu kriip]; to climb up [tu klaim ʌp]; to scratch [tu skræch]; to steal [tu stiil]
gatera *f* cat's hole [kætz jol]
gatesco *adj* feline [fi'lain], catlike [kæt'laik]
gatillo *m* tooth pincer [tuth pin'sər]; trigger [tri'guər]
gato *m* cat [kæt]; (*auto*) jack [dchæk]
gatuno *adj* catlike [kæt'laik], feline [fi'lain]
gaucho *m* (*Arg*) cowboy [kau'bɔi]
gaveta *f* drawer (of a desk) [drɔər, ʌv ə desk]; locker [lak'ər]
gavilán *m* sparrow hawk [spæ'ro jɔk]
gavilla *f* sheaf of grain [shiif ʌv grein]; gang [gæŋ]
gaviota *f* seagull [sii'gʌl]
gazapera *f* rabbit warren [ræ'bit ua'rən]
gazapo *m* young rabbit [iʌŋ ræ'bit]
gazmoñería *f* prudery [pru'dəri]; hypocrisy [jipa'krəsi], modesty [ma'dəsti]
gazmoño *adj* modest [ma'dəst]; hypocritical [jipəkri'tikəl]
gaznate *m* throttle [thra'təl]; windpipe [uind'paip]
gazpacho *m* cold vegetable soup [kold ve'dchtəbəl sup]
gelatina *f* gelatine [dche'lətin]; jelly [dche'li]
gemelo *m* twin [tuin]; **—s** *pl* opera glasses [a'pərə glæ'səz], binoculars [binak'iulərz]; cuff links [kuf liŋkz]
gemido *m* groan [gron], moan [mon], howl [jaul]; **dar —s** to groan [tu gron]
gemir *v* to groan [tu gron], moan [tu mon]
gendarme *m* policeman [polis'mən]
genealogía *f* genealogy [dchiinia'lədchi]
genealógico *adj* genealogical [dchiiniəla'dchikəl]
generación *f* generation [dchenərei'shən]; lineage [li'nəidch]
generador *m* generator [dche'nəreitər]
general *adj* general [dche'nərəl]; **en —** generally [dche'nərəli], in general [in ...]; **por lo —** as a rule [æz ə rul]; *m* general [dche'nərəl]
generalísimo *m* generalissimo [dchenərəli'simo]

generalizar *v* to generalize [tu dche'nər-əlaiz]; to spread [tu spred]
genérico *adj* generic [dchəne'rik]
género *m* kind [kaind], species [spii'-shiiz]; gender [dchən'dər]; — **humano** mankind [mænkaind']; **—s** *pl* goods [guədz], commodities [kʌma'-ditiiz]
generosidad *f* generosity [dchenəra'siti]
generoso *adj* generous [dche'nərəs]
Génesis *f* Genesis [dche'nəsis]
genética *f* genetics [dchəne'tiks]
genial *adj* genial [dchii'niəl], pleasant [ple'zənt], cheerful [chii'rfəl]
genio *m* genius [dchii'niəs]; temper [tem'pər], disposition [dispəzi'shən]
genital *adj* genital [dche'nitəl]
genitivo *m* genitive case [dche'nitiv keis]
gente *f* people [pii'pəl]; crowd [kraud]; army [ar'mi]; — **baja** rabble [ræ'bəl]; **mucha** — mob [mab]; (*Am*) **es** — he (she) is important [jii, shii iz impɔr'-tənt]
gentecilla *f* mob [mab], rabble [ræ'bəl]
gentil *adj* courteous [kər'tiəs]; graceful [greis'fəl]; elegant [e'ləguent]; *m* pagan [pei'guən], heathen [jii'thin]
gentileza *f* gentility [dchenti'liti]; politeness [pəlait'nəs]; grace [greis]
gentío *m* crowd [kraud], multitude [mʌl'-titiud], mob [mab]; **había un** — there was such a crowd [ther uaz sʌch ə ...]
gentuza *f* rabble[ræ'bəl]
genuflexión *f* genuflection [dcheniuflek'-shən]
genuino *adj* genuine [dche'niuin], pure [piur]
geocéntrico *adj* geocentric [dchiiosen'-trik]
geofísica *f* geophysics [dchiiofi'siks]
geografía *f* geoegraphy [dchiia'grifi]
geográfico *adj* geographical [dchiiogræ'-fikəl]
geógrafo *m* geoprapher [dchiia'grəfər]
geología *f* geology [dchiia'lədchi]
geómetra *m* geometrician [dchiiametri'-shən]
geometría *f* geometry [dchiia'mətri]; — **del espacio** solid geometry [sa'lid ...]; — **plana** plane geometry [plein ...]
geométrico *adj* geometrical [dchiiəme'-triikəl], geometric [dchiiəme'trik]
geopolítica *f* geopolitics [dchiiopa'li-tiks]
geotropismo *m* geotropism [dchiia'tro-pizm]
geranio *m* geranium [dchərei'niəm]
gerencia *f* management [mæ'nədchmənt], administration [ædministrei'shən]
gerente *m* manager [mæ'nədchər]; managing director [mæ'nədchiŋ dərek'tər]
germen *m* germ [dchərm], bud [bʌd]; source [sɔrs]
germicida *adj* germicidal [dchərmisai'-dəl]
germinación *f* germination [dchərminei'-shən]
germinar *v* to germinate [tu dchər'mi-neit]; to bloom [tu blum]
gerundio *m* gerund [dche'rənd], present participle [pre'sənt par'təsipəl]
gesticular *v* to gesticulate [tu dchesti'-kiuleit]
gestión *f* management [mæ'nədchmənt]; effort [e'fərt], work [uərk], action [æk'shən], step [step]; investigation [investiguei'shən]
gestionar *v* to manage [tu mæ'nədch]; to negotiate [tu nəgo'shieit]
gesto *m* visage [vi'sədch]; grimace [gri'-mis]; gesture [dche'schər]; aspect [æs'pekt]; resemblance [risem'bləns]; **hacer —s** to make faces [tu meik fei'səz]
gestor *adj* managing [mæ'nədchiŋ]; **socio** — active partner [æk'tiv part'nər]; *m* manager [mæ'nədchər]
giba *f* hump [jʌmp], hunch [jʌnch]
gigante *adj* gigantic [dchaigæn'tik]; *m* giant [dchai'ənt]
gigantesco *adj* gigantic [dchaigæn'tik]
gimnasia *f* gymnastics [dchimnæs'tiks]
gimnasio *m* gymnasium [dchimnei'-ziəm]; school [skul]; academy [a-kæ'dəmi]
gimnástica *f* gymnastics [dchimnæ'stiks]
gimnástico *adj* gymnastic [dchimnæ'-stik]
gimotear *v* to whine [tu juain]
gimoteo *m* whining [juai'niŋ]
ginebra *f* gin [dchin]; confusion [kɔn-fiu'zhən], bedlam [bed'ləm]
ginecología *f* gynecology [dchinika'-lədchi]
gineta *f* genet [dche'nət]
girador *m* drawer of a draft [drɔ'ər ʌv ə dræft]
girafa *f* giraffe [dchiræf']
giralda *f* weathercock [ue'thərkak]
girar *v* to rotate [tu ro'teit], revolve [rəvɔlv']; to remit by bill of exchange [tu rimit' bai bil ʌv excheindch']; — **contra** to draw on [tu drɔ on]
girasol *m* sunflower [sʌn'flauər]
giratorio *adj* rotating [ro'teitiŋ], revolving [rəval'viŋ]; **silla —a** swivel chair [sui'vəl chair]

giro *m* turn [tərn], bend [bend]; line of business [lain ʌv biz'nəs], specialty [spe'shəlti]; (money) draft [mʌ'ni, dræft]; money order [mʌ'ni ɔr'dər]
giroscopio *m* gyroscope [dchai'rəskop]
gitanada *f* flattery [flæ'təri]
gitanear *v* to flatter [tu flæ'tər]; to wheedle [tu juii'dəl]
gitanería *f* wheedling [juii'dliŋ], flattery [flæ'təri]
gitanesco *adj* gypsylike [dchip'silaik]
gitano *m* gypsy [dchiip'si]; sly person [slai pərsən]
glacial *adj* icy [ai'ci]
glaciar *m* glacier [glei'shər]
gladiador (gladiator) *m* gladiator [glæ'dieitər]
gladíolo *m* gladiolus [glædio'ləs]
glándula *f* gland [glænd]
glaucoma *m* glaucoma [glɔko'mə]
glicerina *f* glycerine [gli'sərin]
glicógeno *m* glycogen [glai'kədchen]
globo *m* globe [glob]; sphere [sfiir]; earth [ərth]
glóbulo *m* globule [gla'biul]
gloria *f* glory [glɔ'ri]
gloriarse *v* to glory [tu glɔ'ri]; to take pride in [tu teik praid in]
glorificación *f* glorification [glɔrifikei'-shən]; praise [preiz]
glorificador *adj* glorifying [glɔ'rifaiiŋ]; *m* glorifier [glɔ'rifaiər]
glorificar *v* to glorify [tu glɔ'rifai]; **—se** to boast [tu bost]
glorioso *adj* glorious [glɔ'riəs]
glosa *f* gloss [glɔs]; (literary) criticism [li'təreri, kri'tisizm]; commentary [ka'-mənteri]
glosador *m* critic [kri'tik]; commentator [ka'mənteitər]
glosar *v* to gloss [tu glɔs]; to criticize [tu kri'tisaiz], comment [ka'ment]
glosario *m* glossary [gla'səri]
glotón *adj, m* glutton [glʌ'tən]; gluttonous [glʌ'tənəs]
glotonería *f* gluttony [glʌ'təni]
glucosa *f* glucose [glukos']
glutinoso *adj* glutinous [glʌ'tinəs], viscous [vis'kəs], sticky [sti'ki]
gobernación *f* governing [gʌ'vərniŋ]
gobernador *m* governor [gʌ'vərnər]
gobernalle *m* rudder [rʌ'dər], helm [jelm]
gobernante *adj* ruling [ru'liŋ], governing [gʌ'vərniŋ]; *m* ruler [ru'lər], governor [gʌ'vərnər]
gobernar *v* to govern [tu gʌ'vərn]; to direct [tu dairekt']
gobierno *m* government [gʌ'vərnmənt]
goce *m* enjoyment [endchɔi'mənt]; possession [poze'shən]; fruition [fru'-ishən]
goleta *f* schooner [sku'nər]
golf *m* golf [galf]; **campo de — golf links** [... liŋks]
golfo *m* gulf [gʌlf], bay [bei]
golondrina *f* swallow [sua'lo]
golosina *f* dainty [dein'ti], tidbit [tid'-bit]; trifle [trai'fəl]
goloso *adj* gluttonous [glʌ'tənəs]
golpe *m* blow [blo], stroke [strok], bit [bit]; knock [nak]; unfortunate accident [ʌnfɔr'chunət æk'sidənt]; **de —** all at once [ɔl æt uans] **— de estado** coup d'état [ku deita']; **dar —s** to beat up [tu biit ʌp]; **¡qué —!** what a blow [juat ə ...]
golpear *v* to beat [tu biit]; to knock [tu nak]; to tap [tu tæp]
goma *f* gum [gʌm], rubber [rʌ'bər]; rubber tire [... tair]; **— de mascar** chewing gum [chu'iŋ ...]
gomoso *adj* gummy [gʌ'mi], viscous [vi'-skəs]
góndola *f* gondola [gan'dələ]
gondolero *m* gondolier [gandəliir']
gonorrea *f* gonorrhea [ganərii'ə]
gordo *adj* fat [fæt], plump [plʌmp]
gordura *f* fatness [fæt'nəs], corpulence [kɔr'piuləns], obesity [obi'siti]
gorgoritear *v* to warble [tu uar'bəl], to tremble with the voice [tu trem'bəl uidh dhə vɔis]
gorgoteo *m* gurgle [guər'guəl]
gorila *m* gorilla [guəri'lə]
gorjear *v* to warble [tu uar'bəl]; to trill [tu tril]
gorjeo *m* trilling [tri'liŋ]; quaver [kuei'-vər]; tremble [trem'bəl]
gorra *f* cap [kæp], bonnet [ba'nət]
gorrión *m* sparrow [spæ'ro]
gorrista *m, f* parasite [pæ'rəsait]
gorro *m* cap [kæp]
gota *f* drop [drap]; **— de agua** drop of water [... ʌv uɔ'tər]
gotear *v* to drip [tu drip]; to leak [tu liik]
goteo *m* drip [drip]; leak [liik]
gotera *f* leak [liik]; drip [drip]; leakage [lii'kədch]; gutter [gʌ'tər]
gótico *adj* Gothic [ga'thik]; **estilo —** Gothic style [... stail]
gozar *v* to enjoy [tu endchɔ'i]
gozne *m* hinge [jindch]

gozo *m* joy [dchɔi], enjoyment [endchɔ'imənt]
gozoso *adj* cheerful [chiir'fəl]
grabado *adj* engraved [ingrei'vəd]; recorded [rikɔr'dəd]; *m* engraving [ingrei'viŋ]
grabador *m* engraver [ingrei'vər]; recorder [rikɔr'dər]
grabadora *f* recorder [rikɔr'dər]; **— de cinta** tape recorder [teip ...]
grabar *v* to engrave [tu ingrei'v]; **— en cinta** to tape record [tu teip rikɔrd']; **— en disco** to make a record [tu meik ə re'kɔrd], record [rikɔrd']
gracejo *m* witticism [ui'təsizm]
gracia *f* grace [greis]; **muchas —s** many thanks [mæ'ni thænks]
gracioso *adj* graceful [greis'fəl], witty [ui'ti]; *m* comic actor [ka'mik æk'tər]
grada *f* step [step]
gradación *f* gradation [greidei'shən]
grado *m* grade [greid], rank [ræn'k]
graduación *f* graduation [græduei'shən]
gradual *adj* gradual [græ'duəl]
graduar *v* to graduate [tu græ'dueit]; **—se (de)** to graduate (from) [tu ... frʌm]
gráfico *adj* graphic [græ'fik]
grafito *m* graphite [græ'fait]
grafómetro *m* semicircle [se'misərkəl]
grajo *m* jackdaw [dchæk'dɔ]
grama *f* grama grass [gra'mə græs]
gramática *f* grammar [græ'mər]
gramatical *adj* grammatical [grəmæ'tikəl]
gramil *m* marking gauge [mar'kiŋ guei'dch]
gramo *m* gram [græm]
gran (grande) *adj* big [biguə], great [greit]; **gran poeta** great poet [... po'ət]; **hombre grande** big (fat) man [... fæt mæn]
grana *f* scarlet color [skar'lət kʌ'lər]
granada *f* pomegranate [pam'grænət]; (*milit*) shell [shel]
granado *adj* select [silekt'], notable [no'təbəl]; famous [fei'məs]
granar *v* to seed [tu siid], sow [so]
grande *adj* large [lar'dch], great [greit], **casa —** large (big) house [..., biguə, jaus]; **—s hombres** great men [... men]; **en —** on a big scale [an ə ... skeil]
grandeza *f* greatness [greit'nəs]
grandioso *adj* grand [grænd], magnificent [mægni'fisənt]
grandor *m* magnificence [mægni'fisəns]
granel *adv* **a —** in bulk [in bʌlk]
granero *m* granary [græ'nəri]
granito *m* granite [græ'nit]
granizada *f* hailstorm [jeil'stɔrm]
granizar *v* to hail [tu jeil]
granizo *m* hail [jeil]; **piedra de —** hailstone [jeil'ston]
granja *f* farmhouse [farm'jaus]
granjear *v* to earn [tu ərn], profit [pra'fit]; **—se** to obtain [tu əbtein']
granjería *f* profit [pra'fit], earning [er'niŋ]
grano *m* grain [grein]; **ir al —** to come to the point [tu kʌm tu dhə pɔint]
granuja *m* rogue [roguə], waif [ueif]
grapa *f* clamp [klæmp], clutch [klʌch]
grasa *f* fat [fæt], grease [griis]
grasiento *adj* greasy [grii'si], oily [ɔi'li]
gratificación *f* gratuity [grətu'iti]
gratificar *v* to reward [tu riuɔrd'], gratify [græ'tifai]
gratis *adv* gratis [græ'tis], free [frii]
gratitud *f* gratitude [græ'titiud], gratefulness [greit'fəlnəs]
grato *adj* agreeable [əgrii'əbəl], grateful [greit'fəl]
gratuito *adj* gratuitous [grətu'itəs], free [frii]
grava *f* gravel [græ'vəl]
gravamen *m* charge[chardch], tax[tæx]; mortgage [mɔr'guədch]
gravar *v* to tax [tu tæx], oppress [əpres']
grave *adj* grave [greiv], important [impɔr'tənt]; serious [si'riəs]
gravedad *f* gravity [græ'viti], seriousness [si'riəsnəs]
gravitación *f* gravitation [grævitei'shən]
gravitar *v* to gravitate [tu græ'viteit]
gravoso *adj* burdensome [bər'dənsəm]; **ser —** to be a burden [tu bii ə bər'dən]
graznar *v* to croak [tu krok]
graznido *m* croak [krok]
greda *f* clay [klei], chalk [chɔlk]
gregario *adj* gregarious [grəgæ'riəs]
gresca *f* quarrel [kua'rəl]
grey *f* herd [jərd], flock [flak]
griego *adj*, *m* Greek [griik]
grieta *f* crevice [kre'vis]
grifo *m* faucet [fɔ'sət]; (*Perú*) gas station [gæs stei'shən]
grillo *m* cricket [kri'kət]
grima *f* fright [frait]
gringo *adj* foreign [fa'rən]; *m* stranger [strein'dchər]; Yankee [iæŋ'kii]
gris *adj* gray [grei]

grita *f* shouting [shau'tiŋ], shout [shaut]
gritar *v* to shout [tu shaut], yell [iel]
gritería *f* uproar [ʌp'rɔr]
grito *m* cry [krai], shout [shaut]
grosería *f* rudeness [rud'nəs], coarseness [kors'nəs]
grosor *m* thickness [thik'nəs]
grotesco *adj* grotesque [grotesk']
grúa *f* crane [krein]; derrick [de'rik]
gruesa *f* gross [gros]
grueso *adj* thick [thik]; *m* thickness [thik'nəs]; **en —** wholesale [jol'seil]
grulla *f* crane [krein]
gruñido *m* grunt [grʌnt]
gruñir *v* to grunt [tu grʌnt]
gruñón *adj* grumbling [grʌm'bliŋ]; *m* grumbler [grʌm'blər]
grupa *f* croup [krup]
grupo *m* group [grup]; set [set]
gruta *f* grotto [gra'to], cavern [kæ'vərn]
guadaña *f* scythe [saidh]
guadúa *f* bamboo [bæmbu']
guagua *f* (*Cuba*) bus [bʌs]; trifle [trai'fəl]; (*S Am*) baby [bei'bi]; **de —** free [frii]
guajalote *m* (*Méx*) turkey [tər'ki]; (*Méx*) fool [ful]
guano *m* dung [dʌŋ], fertilizer [fər'təlaizər]; (*Cuba*) palm tree [pam trii]
guante *m* glove [glʌv]
guapo *adj* handsome [jæn'səm], neat [niit]; courageous [kərei'dchəs]
guarda *m, f* guard [gard], keeper [kii'pər]; *f* custody [kʌ'stədi], care [ker]
guardabarros *m* (*coche*) fender [fen'dər]
guardabosques *m* gamekeeper [guei'mkiipər], forest ranger [fa'rəst rein'dchər]
guardado *adj* cautious [kɔ'shəs]
guardar *v* to keep [tu kiip], guard [gard]
guardarropa *m* wardrobe [uɔrd'rob], cloakroom [klok'rum]
guardavía *m* signalman [sig'nəlmən]
guardia *f* guard [gard]; **estar de —** to be on guard [tu bii an gard]
guardián *m* guardian [gar'diən], watchman [uach'mən]
guardilla *f* garret [gæ'rət]
guarecer *v* to shelter [tu shel'tər], protect [protekt']
guarida *f* shelter [shel'tər], cave [keiv]
guarismo *m* figure [fi'guiər], number [nʌm'bər]
guarnecer *v* to garnish [tu gar'nish]; to protect [tu protekt']
guarnición *f* adornment [ədorn'mənt]; protection [protek'shən]
guaso *m* (*Chile*) cowboy [kau'bɔi]
guasón *m* wag [wægua]
gubernativo *adj* governmental [gʌvərmen'təl]
guedeja *f* lock of hair [lak ʌv jer]
guerra *f* war [uɔr]; **— fría** cold war [kold ...]; **— mundial** world war [uərld ...]
guerrear *v* to wage war [tu ueidch uɔr]
guerrero *adj* martial [mar'shəl]; *m* warrior [uɔ'riər]
guía *f* guide [gaid]; *m, f* leader [lii'dər]
guiar *v* to lead [tu liid], guide [gaid]; to drive (car) [tu draiv, kar]
guija *f* pebble [pe'bəl]
guillotina *f* guillotine [gui'liətiin]
guindar *v* to hang [tu jæŋ]
guiñada *f* wink [uiŋk]
guiñapo *m* rag [ræguə], urchin [ər'chin]
guiñar *v* to wink [tu uiŋk]
guiño *m* wink [uiŋk]
guión *m* hyphen [jai'fən]; cross [krɔs]
guirnalda *f* garland [gar'lənd], wreath [riith]
guisa *f* wise [uaiz]; manner [mæ'nər]; **a — de** in the manner of [in dhə mæ'nər ʌv]
guisado *m* stew [stu]
guisante *m* pea [pii]; **— de olor** sweetpea [suiit'pii]
guisar *v* to cook [tu kuək]; to arrange [tu ərein'dch]
guitarra *f* guitar [guitar']
guitarrero *m* guitarist [guita'rist]
guitón *m* tramp [træmp]
gula *f* gluttony [glʌ'təni]
gusano *m* worm [uərm]
gustar *v* to please [tu pliiz]; **(no) me gusta eso** I (don't) like that [ai, dont, laik dhæt]; **María gusta de la ópera** Mary is fond of opera [mæ'ri is fand ʌv a'pərə]
gusto *m* taste [teist]; **dar —** to please [tu pliiz]; **tengo — en conocerlo(le)** I am glad to know you [ai æm glæd tu no iu]
gustoso *adj* tasty [tei'sti], pleasant [ple'zənt], savory [sei'vəri]
gutural *adj* guttural [gʌ'tərəl]

H

haba *f* bean [biin]
habano *m* cigar [sigar']
haber *v* to have [tu jæv]; **habérselas con** to have it out with [tu jæv it aut uith]; **he hablado** I have spoken [ai jæv spo'-kən]; **— de: ha de ser él** it must be he [it mʌst bii jii]; **hay (había) aquí mucha agua** there is (was) a lot of water here [ther iz, uaz, ə lat ʌv uɔ'tər jiir]; **hay que estudiar** one has to study [uan jæz tu stʌ'di]; **no hay de qué** don't mention it [dont men'shən it]; **¿qué hay?** what is the matter [juat iz dhə mæ'tər]; *m, pl* **haberes** property [pra'pərti]
habichuela *f* bean [biin]; **— verde** string bean [striŋ ...]
hábil *adj* able [ei'bəl], skillful [skil'fəl]
habilidad *f* ability [əbi'liti]
habilidoso *adj* accomplished [əkam'-plisht]
habilitación *f* qualification [kualifikei'-shən]
habilitado *m* paymaster [pei'mæstər]
habilitar *v* to qualify [tu kua'lifai]; to enable [tu ənei'bəl]
hábilmente *adv* ably [ei'bli]
habitación *f* abode [əbod'], dwelling [due'liŋ]; room [rum]
habitante *m* inhabitant [injæ'bitənt]
habitar *v* to inhabit [tu injæ'bit]
hábito *m* habit [jæ'bit], garment [gar'-mənt]
habitual *adj* habitual [jəbi'dchiuəl], customary [kʌ'stəmeri]
habituar *v* to accustom [tu əkʌ'stəm]
habla *f* language [læn'guədch], speech [spiich], talk [tɔk]
hablador *m* gabbler [gæ'blər]
hablar *v* to speak [tu spiik], talk [tɔk]; **— entre dientes** to mutter [tu mʌ'tər]; **¿habla Ud. inglés?** do you speak English? [du iu spiik iŋ'glish]
haca *f* pony [po'ni]
hacedero *adj* feasible [fii'zəbəl]
Hacedor *m* God [gad], Maker [mei'kər]
hacendado *m* proprietor [proprai'ətər]
hacendista *m* economist [ika'nəmist], financier [finənsii'r]
hacendoso *adj* diligent [di'lidchənt], hard working [jard uər'kiŋ]
hacer *v* to make [tu meik], do [du]; **hace calor (frío)** it is warm (cold) [it iz uɔrm, kold]; **— la maleta** to pack a suitcase [tu pæk ə sut'keis]; **hace tiempo que** long ago [loŋ əgo']; **—se** to become [tu bikʌm']; **me hago a** I get used to [ai guet iuzd tu]
hacia *prep* toward [tɔrd]; **— adelante** forward [fɔr'uərd]; **— atrás** backward [bæk'uərd]
hacienda *f* estate [esteit'], farm [farm]; (*Am*) cattle [kæ'təl]
hacina *f* stack [stæk]
hacinar *v* to pile up [tu pail ʌp]
hacha *f* ax [æx]
hachero *m* woodcutter [uud'kʌtər]
hada *f* fairy [fe'ri]
hado *m* fate [feit]
halagar *v* to flatter [tu flæ'tər]
halago *m* flattery [flæ'təri], allurement [əlur'mənt]
halagüeño *adj* attractive [ətræk'tiv]
halcón *m* hawk [jɔk]
hálito *m* breath [breth]
hallado *adj* found [faund]; **bien —** welcome [uel'kʌm]; **mal —** uneasy [ʌnii'-zi]
hallar *v* to find [tu faind]; to happen [tu jæ'pən]
hallazgo *m* find [faind]; good luck [guəd lʌk]; thing found [thiŋ faund]
hamaca *f* hammock [jæ'mək]
hambre *f* hunger [jʌn'guər]; **tengo —** I am hungry [ai æm jʌŋ'gri]
hambrear *v* to starve [tu starv]
hambriento *adj* hungry [jʌŋ'gri]
haragán *adj* lazy [lei'zi]; *m* idler [ai'-dlər]
haraganear *v* to loiter [tu lɔi'tər]
harapo *m* rag [ræguə]
haraposo *adj* ragged [ræ'guəd]
harina *f* flour [flau'ər]; powder [pau'-dər]
harmonía *f* harmony [jar'məni]
harnero *m* sieve [siv]
hartar *v* to fill up [tu fil ʌp]

harto *adj* filled [fi'ld]; **estoy — de** I am fed up with [ai æm fed ʌp uith]
hartura *f* satiety [sei'shiti]
hasta *prep* till [til], up to [ʌp tu]; *conj* even [ii'vən]
hastiar *v* to bore [tu bɔr], cloy [klɔi]
hatillo *m* small bundle [smɔl bʌn'dəl]
hato *m* herd of cattle [jərd ʌv kæ'təl]
haya *f* beech tree [biich trii]
haz *m* bundle [bʌn'dəl]
hazaña *f* heroic feat [jəro'ik fiit], exploit [ex'plɔit], deed [diid]
he *interj* **he aquí·** here is [jiir iz]; **hele allí** there he is [dher jii iz]; **helo aquí** here it is [... it iz]
hebdomadario *adj* weekly [uii'kli]; *m* weekly magazine [... mæ'guəziin]
hebilla *f* buckle [bʌ'kəl], clasp [klæsp]
hebra *f* filament [fi'ləmənt], thread [thred]
hebreo *adj, m* Hebrew [jii'bru]
hechicería *f* witchcraft [uich'kræft]
hechicero *adj* charming [char'miŋ]; *m* bewitcher [bi-ui'chər], charmer [char'-mər]; magician [mədchi'shən]
hechizar *v* to bewitch [tu bi-uich']
hechizo *m* bewitchment [bi-uich'mənt], trance [træns], charm [charm]
hecho *adj* made [meid]; **de —** in fact [in fækt]; *m* fact [fækt], action [æk'-shən]
hechura *f* make [meik], form [fɔrm], shape [sheip]
heder *v* to stink [tu stiŋk]
hediondez *f* stench [stench], stink [stiŋk]
hediondo *adj* fetid [fe'təd], stinky [stiŋ'ki]; (*Am*) *m* skunk [skʌŋk]
hedor *m* stink [stiŋk]
hegemonía *f* hegemony [je'dchəmoni], supremacy [supre'məsi]
helada *f* frost [frɔst]
heladería *f* (*Am*) ice-cream parlor [ais-kriim par'lər]
helado *adj* frozen [fro'zən], frostbitten [frɔst'bitən]; *m* ice cream [ais kriim]
heladora *f* freezer [frii'zər]
helar *v* to freeze [tu friiz]; to discourage [tu diskə'ridch]
helecho *m* fern (tree) [fərn, trii]
hélice *f* screw [skru]; propeller [prəpe'-lər], helix [ji'lix]
helicóptero *m* helicopter [helikap'tər]
heliotropo *m* sunflower [sʌn'flauər]
hembra *f* female [fii'meil]; nut [nʌt]
hemisferio *m* hemisphere [je'misfir]
hemorragia *f* hemorrhage [je'məridch]
henchimiento *m* filling [fi'liŋ], repletion [ripli'shən]
henchir *v* to fill up [tu fil ʌp]; to stuff [tu stʌf]
hender *v* to split [tu split]; to cleave [tu kliiv]
hendidura *f* cleft [kleft], fissure [fi'-shər]
heno *m* hay [jei]
hepático *adj* hepatic [jepæ'tik]
heptágono *adj* heptagonal [jeptæ'gənəl]
heráldica *f* heraldry [je'rəldri]
heraldo *m* herald [je'rəld]
herbazal *m* grassfield [græs'fiild]
herboso *adj* grassy [græ'si]
hercúleo *adj* herculean [jərkiulii'ən], strong [strɔ'ŋ]
heredad *f* property [pra'pərti]
heredar *v* to inherit [tu inje'rit]
heredero *m* heir [er], inheritor [inje'-ritər]
hereditario *adj* hereditary [jəre'ditery]
hereje *m* heretic [je'rətik]
herejía *f* heresy [je'rəsi]
herencia *f* inheritance [inhe'ritənz]; heritage [je'ritədch]
herida *f* wound [uund]
herido *adj, m* wounded [uun'dəd]
herir *v* to wound [tu uund]; to strike [tu straik]
hermana *f* sister [si'stər]
hermandad *m* brotherhood [brʌ'dhər-juəd]
hermano *m* brother [brʌ'dhər]
hermético *adj* hermetic [jərme'tik]
hermosear *v* to beautify [tu biu'tifai]
hermoso *adj* handsome [jæn'səm], beautiful [biu'tifəl]
herradura *f* horseshoe [jɔrshu]
héroe *m* hero [jii'ro]
heroico *adj* heroic [jəro'ik]
heroísmo *m* heroism [ji'roizəm]
herradura *f* horseshoe [jɔrshu]
herramienta *f* tool [tul], instrument [in'strumənt]
herrar *v* to shoe horses [tu shu jɔr'səz]
herrería *f* blacksmith's shop [blæk'-smiths shap], forge [fɔrdch]
herrero *m* blacksmith [blæk'smith]
herrumbre *f* rust [rʌst]
hervidero *m* boiling spring [bɔi'liŋ spriŋ]
hervir *v* to boil [tu bɔil]; to effervesce [tu efərves']
hervor *m* effervescence [efərve'səns]
heterogéneo *adj* heterogeneous [jetəro-dchii'niəs]

hético *adj* hectic [jek'tik]
hexámetro *m* hexameter [jexæ'mətər]
hez *f* scum [skʌm], sediment [se'dimənt]
hidalgo *m* nobleman [no'bəlmən]
hidalguía *f* nobility [nobi'liti]; generosity [dchenəra'siti]
hidráulica *f* hydraulics [jaidra'liks]
hidráulico *adj* hydraulic [jaidra'lik]
hidrofobia *f* rabies [rei'biiz]
hidrógeno *m* hydrogen [jai'drədchən]
hidrólisis *f* hydrolysis [jaidra'lisis]
hidroplano *m* seaplane [sii'plein], hydroplane [jai'droplein]
hidrostática *f* hydrostatics [jaidrostæ'tiks]; pressure [pre'shər]
hiedra *f* ivy [ai'vi]
hiel *f* gall [gɔl], bile [bail]
hielo *m* ice [ais], frost [frɔst]
hiena *f* hyena [jai-i'nə]
hierba *f* grass [græs]
hierbabuena *f* peppermint [pe'pərmint]
hierro *m* iron [ai'ərn]; tool [tul]; **—s** handcuffs [jænd'kʌfs]; **— dulce** wrought iron [rɔt ...]; **— colado** cast-iron [kæst ...]; **— laminado** sheet iron [shiit ...]
hígado *m* liver [li'vər]
higiene *f* hygiene [jai'dchiin]
higo *m* fig [figuə]
higuera *f* fig tree [figuə trii]
hija *f* daughter [dɔ'tər]
hijastro *m* stepson [step'sʌn]
hijo *m* son [sʌn]; child [chaild]
hila *f* row [ro]
hiladillo *m* tape [teip]
hilandería *f* spinning mill [spi'niŋ mil]
hilandero *m* spinner [spi'nər]
hilar *v* to spin [tu spin]
hilaza *f* yarn [yarn], fiber [fai'bər]
hilera *f* line [lain], file [fail]
hilo *m* thread [thred]; wire [uaiər]; **a —** without stopping [uidhaut' sta'piŋ]; **por un —** by a hair [bai ə jer]
hilván *m* basting [bei'stiŋ]
himno *m* hymn [jim]
hincapié *m* stamping [stæm'piŋ]; **hacer —** to emphasize [tu em'phəsaiz]
hincar *v* to thrust [tu thrʌst]; **— la rodilla** to bend the knee [tu bend dhə nii]
hinchado *adj* inflated [inflei'təd]
hinchar *v* to swell [tu suel]
hipérbole *f* hyperbole [jaipər'bəli]
hipnotismo *m* hypnotism [jip'nətizm]
hipo *m* hiccup [ji'kəp]; sob [sab]
hipocondría *f* hypochondria [jaipokan'driə]
hipocresía *f* hypocrisy [jipa'krisi]
hipócrita *adj* hypocritical [jipəkri'tikəl] *m, f* hypocrite [ji'pəkrit]
hipoteca *f* mortgage [mɔr'guədch]
hipotecar *v* to mortgage [tu mɔr'guədch]
hipótesis *f* hypothesis [jaipa'thəsis], theory [thi'əri]
hipotético *adj* hypothetical [jaipəthe'tikəl]
hippie *m* "hippie" [ji'pi]
hirsuto *adj* bristly [bri'sli]
hisopo *m* water sprinkler [uɔ'tər sprink'lər]
hispano *adj* Spanish [spæ'nish], Hispanic [jispæ'nik]; *m* Spaniard [spæ'niərd]
histeria *f* hysteria [jiste'riə]
histérico *adj* hysterical [jiste'rikəl]
historia *f* history [ji'stəri]; story [stɔ'ri]
historiador *m* historian [jistɔ'riən]
histórico *adj* historical [jistɔ'rikəl]
hito *m* landmark [lænd'mark]
hocico *m* snout [snaut]
hogaño *adv* nowadays [nau'ədeiz]
hogar *m* hearth [jarth], home [jom]
hoguera *f* fire [fair]; bonfire [ban'fair]
hoja *f* leaf [liif], blade [bleid]; **— de papel** sheet of paper [shiit ʌv pei'pər]
hojalata *f* tin plate [tin pleit]
hojalatero *m* tinsmith [tin'smith]
¡hola! *interj* hello! [jelo']; hi! [jai]
holanda *f* fine linen [fain li'nən]
holandés *adj, m* Dutch [dʌch]
holgado *adj* loose [lus]; easy [ii'zi]; wide [uaid]
holganza *f* leisure [lii'zhər], recreation [rekriei'shən]
holgar *v* to be idle [tu bii ai'dəl]; to amuse oneself [tu əmiuz' uanself']
holgazán *adj* lazy [lei'zi]; *m* idler [ai'dlər]
holgazanería *f* laziness [lei'zinəs]
holgura *f* ease [iiz]; looseness [lus'nəs]
holocausto *m* holocaust [jo'ləkɔst]
hollar *v* to tread upon [tu tred ʌpan'], step on [step an]
hollín *m* soot [suət]
hombre *m* man [mæn]; **— de negocios** business man [biz'nəs mæn]; **¡—!** Man! [...]
hombro *m* shoulder [shol'dər]
homenaje *m* homage [ja'mədch]
homicida *m, f* murderer [mər'dərər], murderess [mər'dəres]
homicidio *m* manslaughter [mæn'slɔtər]
homogéneo *adj* homogeneous [jomədchii'ni-əs]

honda *f* sling [sliŋ], slingshot [sliŋ'shat]
hondo *adj* deep [diip], low [lo]; **río —** deep river [... ri'vər]
hondonada *f* glen [glen], ravine [rəviin']
hondura *f* depth [depth]
honestidad *f* purity [piu'riti], modesty [ma'disti], decency [di'sənsi]
honesto *adj* honest [a'nəst]; decent [di'sənt], pure [piur]
hongo *m* mushroom [mʌsh'rum]
honor *m* honor [a'nər]
honorable *adj* honorable [a'nərəbəl]
honra *f* honor [a'nər]; celebrity [səle'briti]; (*pl*) obsequies [ab'sikuiz]
honradez *f* honesty [a'nəsti]
honrado *adj* honest [a'nəst]; fine [fain]
honrar *v* to honor [tu a'nər]
honroso *adj* conferring honor [kənfə'riŋ a'nər], honorable [a'nərəbəl]
hora *f* hour [aur], time [taim]; **es la — de comer** it is time to eat [it iz ... tu iit]; **¿qué — es?** what time is it? [juat ... iz it]; **— de tropel (punta)** rush hour [rʌsh ...]
horadar *v* to perforate [tu pər'fəreit]
horario *m* timetable [taim'teibəl], schedule [ske'dchəl]
horca *f* gallows [gæ'loz]; pitchfork [pich'fɔrk]
horizontal *adj* horizontal [jɔrizan'təl]
horizonte *m* horizon [jɔrai'zən]
horma *f* mold [mold]
hormiga *f* ant [ænt]
hormigón *m* concrete [kan'kriit]
hormiguear *v* to itch [tu ich], swarm [suɔrm]
hormigueo *m* itching [i'chiŋ]
hormiguero *m* anthill [ænt'jil]
hornero *m* baker [bei'kər]
hornilla *f* burner [bər'nər]
hornillo *m* portable furnace [pɔr'təbəl fər'nəs]; grill [gril]; hot plate [jat pleit]
horno *m* oven [ə'vən]; **alto —** blast furnace [blæst fər'nəs]
horquilla *f* pitchfork [pi'chfɔrk]; hair pin [jer pin]
horrendo *adj* horrible [ja'ribəl]
hórrido *adj* horrid [ja'rid]
horro *adj* sterile [ste'rəl]
horror *m* horror [ja'rər]
horrorizar *v* to frighten [tu frai'tən], terrify [te'rifai]
horroroso *adj* horrible [ja'rəbəl]
hortaliza *f* vegetable [vedch'təbəl]
hortelano *m* gardener [gar'dənər]
hosco *adj* surly [sʌr'li]; dark-colored [dark-kʌ'lərəd]
hospedaje *m* lodging [la'dchiŋ]
hospedería *f* hostelry [ja'stəlri]
hospicio *m* orphan asylum [ɔr'fən əsai'ləm]
hospital *m* hospital [ja'spitəl]
hospitalario *adj* hospitable [ja'spitəbəl]
hospitalidad *f* hospitality [jaspitæ'liti]
hostelero *m* innkeeper [in'kiipər]
hostería *f* inn [in]
hostia *f* host [jost]; wafer [uei'fər]
hostigar *v* to harass [tu jəræs']
hostil *adj* hostile [ja'stəl]
hostilidad *f* hostility [jasti'liti]
hotel *m* hotel [jotel']
hoy *adv* today [tudei']; **— (en) día** nowadays [nau'ədeiz]; **de — en adelante** from now on [frʌm nau an]
hoya *f* cavity [kæ'viti]; bed of river [bed ʌv ri'vər]
hoyo *m* hole [jol]; (*Am*) pit [pit]
hoyuelo *m* dimple [dim'pəl]
hoz *f* sickle [si'kəl]
hozar *v* to root up [tu rut ʌp]
hueco *adj* hollow [ja'lo]; *m* hole [jol]
huelga *f* rest [rest]; (labor) strike [lei'bər, straik]
huelguista *m, f* striker [strai'kər]
huella *f* trace [treis]; track [træk]
huérfano *adj & m* fatherless [fa'dhərləs]; orphan [ɔr'fən]
huero *adj* empty [em'pti]; sterile [ste'ril]; rotten [ra'tən]
huerta *f* vegetable garden [ve'dchtəbəl gar'dən]
huerto *m* orchard [ɔr'chərd]
hueso *m* bone [bon]; **la sin —** (*col*) the tongue [dhə tʌŋ]
huésped *m* guest [guest], host [jost]
hueste *f* multitude [mʌl'titiud], host [jost]
huevo *m* egg [eguə]; **— pasado por agua** soft-boiled egg [sɔft-bɔild ...]; **— revuelto** scrambled egg [skræm'bəld ...], **— tibio** soft-boiled egg [...]
huida *f* flight [flait]
huir *v* to flee [tu flii]
hule *m* oilcloth [ɔil'klɔth]; (*Am*) rubber [rʌ'bər]
hulla *f* soft coal [sɔft kol]
humanidad *f* humanity [jiumæ'niti]
humanista *m, f* humanist [jiu'mənist]
humano *adj* human [jiu'mən]; humane [jiumein']
humareda *f* smoke [smok]; steam [stiim]

humeante *adj* smoky [smo'ki]; steaming [stii'miŋ]; puffing [pʌ'fiŋ]
humear *v* to emit smoke [tu imit' smok]; to steam [tu stiim]; to puff [tu pʌf]
humedad *f* humidity [jiumi'diti], dampness [dæmp'nəs], moisture [mɔis'chər]
humedecer *v* to wet [tu uet], dampen [dæm'pən]
húmedo *adj* damp [dæmp]
humildad *f* humility [jiumi'liti]
humilde *adj* humble [jʌm'bəl]
humillación *f* humiliation [jiumiliei'shən]
humillante *adj* humiliating [jumi'lieitiŋ]
humillar *v* to humiliate [tu jiumi'lieit]
humo *m* smoke [smok]; **—s** vanity [væ'niti]
humor *m* humor [jiu'mər]; **buen — jo**viality [dchoviæ'liti]
hundimiento *m* sinking [siŋ'kiŋ]
hundir *v* to sink [tu siŋk]
huracán *m* hurricane [jʌ'rəkein]
huraño *adj* sly [slai]
hurgar *v* to stir up [tu stər ʌp]
hurón *adj* shy [shai]; *m* ferret [fe'rət]
hurtadillas: a — by stealth [bai stelth]
hurtar *v* to steal [tu stiil], rob [rab]
hurto *m* theft [theft]
husmear *v* to scent [tu sent], sniff [snif]
husmeo *m* sniff [snif], smelling [sme'liŋ]
huso *m* spindle [spin'dəl]
huta *f* hut [jʌt]

I

ibérico *adj* Iberian [aibə'riən]
ibero *m* Iberian [aibə'riən]
ictericia *f* jaundice [dchɔn'dis]
ida *f* departure [dipar'chər]; **boleto (billete) de — y vuelta** round-trip ticket [raund-trip ti'kət]
idea *f* idea [aidii'ə], plan [plæn]
ideal *adj, m* ideal [aidii'əl]
idealismo *m* idealism [aidii'əlizm]
idealizar *v* to idealize [tu aidii'əlaiz]
idear *v* to imagine [tu imæ'dchən]; to plan [tu plæn]
idéntico *adj* identical [aiden'tikəl]
identidad *f* identity [aiden'titi]
identificación *f* identification [aiden'tifəkei'shən]
idioma *m* language [læn'güidch]
idiomático *adj* idiomatic [idiomæ'tik]
idiota *adj* idiotic [idia'tik]; *m, f* idiot [i'diət]
idólatra *adj* idolatrous [aida'lətrəs]; *m, f* idolater [aida'lətər]
idolatrar *v* to idolize [tu ai'dəlaiz]
idolatría *f* worship of idols [uər'ship ʌv ai'dəlz]
ídolo *m* idol [ai'dəl]
idoneidad *f* capacity [kəpæ'siti]; aptitude [æp'titiud], fitness [fit'nəs]
idóneo *adj* apt [æpt], fit [fit], capable [kei'pəbəl]
iglesia *f* church [chərch]
ignición *f* ignition [igni'shən]
ignominia *f* shame [sheim]
ignorancia *f* ignorance [ig'nərəns]
ignorante *adj* ignorant [ig'nərənt]
ignorar *v* to be ignorant of [tu bii ig'nərənt ʌv], not to know [nat tu no]
ignoto *adj* unknown [ʌn-non']
igual *adj* equal [i'kuəl]; **por —** equally [i'kuəli]; **sin —** matchless [mæch'ləs]; **me es —** it is all the same to me [it iz ɔl dhə seim tu mii]
igualar *v* to match [tu mæch]; to make equal [tu meik i'kuəl]
igualdad *f* equality [ikua'liti]
ilegal *adj* illegal [ili'guəl]
ilegible *adj* illegible [ile'dchəbəl]
ilegítimo *adj* illegitimate [ilədchi'təmət]
ileso *adj* unharmed [ʌnjar'məd]
ilícito *adj* illicit [ili'sit]
iliterato *adj* illiterate [ili'tərit]
ilógico *adj* illogical [ila'dchəkəl]
iluminación *f* illumination [iluminei'shən]
iluminar *v* to illuminate [tu ilu'mineit]; to adorn with engravings [tu ədɔrn' uith engrei'viŋz]
ilusión *f* illusion [ilu'zhən]
ilustración *f* illustration [ilʌstrei'shən]
ilustrar *v* to ilustrate [tu i'lʌstreit]; **—se** to acquire learning [tu əkuaiər' lər'niŋ]
ilustre *adj* illustrious [ilʌ'striʌs]
imagen *f* image [i'mədch]
imaginación *f* imagination [imædchinei'shən], fancy [fæn'si]
imaginar *v* to imagine [tu imæ'dchən]
imaginario *adj* imaginary [imæ'dchinəri]
imaginativo *adj* imaginative [imæ'dchinətiv]
imán *m* magnet [mæg'nit]; attraction [atræk'shən]
imbécil *adj* imbecile [im'bəsil]
imbuir *v* to imbue [tu imbiu']
imitación *f* imitation [imitei'shən]
imitar *v* to imitate [tu i'məteit]
impaciencia *f* impatience [impei'shəns]
impaciente *adj* impatient [impei'shənt]
impar *adj* odd [ad]
imparcial *adj* impartial [impar'shəl]
impartir *v* to impart [tu impart']
impasible *adj* calm [kam]
impavidez *f* intrepidity [intrəpi'diti]
impávido *adj* intrepid [intre'pid]; *(Am)* brazen [brei'zən]
impedimento *m* obstruction [əbstrʌk'shən]
impedir *v* to obstruct [tu əbstrʌ'kt]
impeler *v* to impel [tu impel'], urge on [ər'dch an]
impenetrable *adj* impervious [imper'viəs]
impensado *adj* unexpected [ʌnexpek'təd]
imperar *v* to rule [tu rul]
imperativo *adj* imperative [impe'rətiv]
imperceptible *adj* imperceptible [impərsep'tibəl]

imperecedero *adj* imperishable [impe'rishəbəl], eternal [itər'nəl]
imperfección *f* imperfection [impərfek'shən]
imperfecto *adj* imperfect [impər'fekt]
imperio *m* empire [em'pair]
imperioso *adj* arrogant [æ'rəguənt]
impermeable *adj* waterproof [ua'tərpruf]; *m* raincoat [rein'kot]
impertérrito *adj* intrepid [intre'pid]
impertinencia *f* impertinence [impər'tinəns]
impetrar *v* to entreat [tu intriit']
ímpetu *m* impetus [im'pətəs]; yearning [iər'niŋ]
impetuoso *adj* impetuous [impe'chiuəs]
impío *adj* impious [im'pii-əs]
implacable *adj* implacable [implei'kəbəl]
implantar *v* to establish [tu estæ'blish]
implicar *v* to implicate [tu im'plikeit]
implícito *adj* implicit [impli'sit]
implorar *v* to implore [tu implɔr'], beg [beguə]
imponer *v* to impose [tu impoz']; to levy [tu le'vi]; **— respeto** to command respect [tu kəmænd' rispekt']
importador *m* importer [impɔr'tər]
importancia *f* importance [impɔr'təns]
importante *adj* important [impɔr'tənt]
importar *v* to concern [tu kənsern']; to import [tu impɔrt']; **no importa** it does not matter [it dʌz nat mæ'tər]
importe *m* amount [əmaunt']; value [væ'liu]
importunar *v* to importune [tu impɔrtun']
importuno *adj* importunate [impɔr'chənit]
imposibilitar *v* to make impossible [tu meik impa'sibəl]
imposible *adj* impossible [impa'sibəl]
imposición *f* imposition [imposi'shən]
impostor *m* impostor [impa'stər]
impostura *f* fraud [frɔd]
impotable *adj* undrinkable [ʌndrin'kəbəl]
impotencia *f* impotence [im'pətəns]
impracticable *adj* impracticable [impræk'tikəbəl]
impregnar *v* to impregnate [tu impre'gneit]
imprenta *f* printing office [prin'tiŋ ɔ'fis]; press [pres]
impresión *f* impression [impre'shən]
impresionar *v* to impress [tu impres']
impreso(s) *m, pl* printed matter [prin'təd mæ'tər]
impresor *m* printer [prin'tər]
imprevisión *f* carelessness [ker'ləsnəs]
imprevisto *adj* unforeseen [ʌnfɔrsiin']; **los —s** unforeseen expenses [... expen'səz]
imprimir *v* to print [tu print]
improbable *adj* improbable [impra'bəbəl]
improbar *v* to disapprove [tu disəpruv']
ímprobo *adj* dishonest [disa'nəst], corrupt [kərʌpt']
improductivo *adj* unproductive [ʌnprodʌk'tiv], barren [bæ'rən]
improperio *m* insult [in'sʌlt], reproach [riproch']
impropio *adj* improper [impra'pər], unfit [ʌnfit']
improvisación *f* improvisation [imprəvizei'shən]
improvisar *v* to improvise [tu im'prəvaiz]
improviso *adj* unforeseen [ʌnfɔrsiin']; **de —** all of a sudden [al ʌv ə sʌ'dən]
imprudencia *f* imprudence [impru'dəns]
imprudente *adj* imprudent [impru'dənt]
impúdico *adj* immodest [ima'dəst], brazen [brei'zən], shameless [sheim'ləs]
impuesto *m* tax [tæx]; duty [diu'ti]
impugnar *v* to challenge [tu chæ'ləndch]
impulsar *v* to push [tu puəsh']; to impel [tu impel']; (*neol*) to skyrocket [tu skaira'kət]
impulso *m* impulsion [impʌl'shən]; impulse [im'pʌls]
impulsor *m* propeller [prope'lɔr]; (*neol*) jet-propeller [dchet-...]
impunidad *f* impunity [impiu'niti]
impureza *f* impurity [impiu'riti], unchastity [ʌnchæ'stiti]
impuro *adj* impure [impiur'], foul [faul]
imputación *f* imputation [impiutei'shən], accusation [ækiuzei'shən]
imputar *v* to impute [tu impiut']; to enter (in a book) [tu en'tər, in ə buək]
inaccesible *adj* unapproachable [ʌnəproch'əbəl]
inacción *f* inactivity [inækti'viti]
inaceptable *adj* unacceptable [ʌnæksep'təbəl]
inactivo *adj* inactive [inæk'tiv]
inadecuado *adj* inadequate [inæ'dəkuət]
inadvertencia *f* inadvertence [inædvər'təns], oversight [o'vərsait]
inadvertido *adj* inadvertent [inædvər'tənt], unnoticed [ʌno'tist]

inagotable *adj* inexhaustible [inexɔ'stibəl]
inanimado *adj* inanimate [inæ'nəmət], lifeless [laif'ləs]
inapreciable *adj* inestimable [ine'stiməbəl]
inarticulado *adj* inarticulate [inarti'kiulət]
inaudito *adj* unheard of [ʌnjərd' ʌv]
inauguración *f* inauguration [inɔguiurei'shən]; celebration [seləbrei'shən]
inaugurar *v* to inaugurate [tu inɔ'guiureit]
incandescente *adj* incandescent [inkænde'sənt]
incansable *adj* indefatigable [indifæ'tiguəbəl]
incapacidad *f* incapacity [inkəpæ'siti]
incapacitar *v* to disable [tu disei'bəl]
incapaz *adj* incapable [inkei'pəbəl]
incauto *adj* reckless [rek'ləs]
incendiar *v* to set fire to [tu set faiər tu]
incendio *m* fire [faiər'], arson [ar'sʌn]
incentivo *m* incentive [insen'tiv]
incertidumbre *f* uncertainty [ʌnsər'tənti]
incesante *adj* incessant [inse'sənt], uninterrupted [ʌnintərʌp'təd]
incesto *m* incest [in'sest]
incidental *adj* incidental [insiden'təl]; **—mente** incidentally [...li]; **gastos incidentales** incidentals [...z]
incidente *adj* casual [kæ'zhuəl]; *m* incident [in'sidənt]; event [ivent']
incienso *m* incense [in'sens]
incierto *adj* uncertain [ʌnsər'tən]
incineración *f* incineration [insinərei'shən]
incinerar *v* to cremate [tu krii'meit]
incipiente *adj* incipient [insi'piənt], inceptive [insep'tiv]
incisión *f* incision [insi'zhən], cut [kʌt]
incitación *f* incitement [insait'mənt]
incitamiento *m* incentive [insen'tiv]
incitar *v* to incite [tu insait'], spur [spər]
incivil *adj* impolite [impəlait']
inclemencia *f* inclemency [inkle'mənsi]
inclemente *adj* inclement [inkle'mənt]
inclinación *f* inclination [inklinei'shən], bent [bent]; slope [slop]
inclinar *v* to incline [tu inklain']; to lean [tu liin']
incluir *v* to include [tu inklud']; to enclose [tu enkloz']
inclusión *f* inclusion [inklu'zhən]
incluso *adj* included [inklu'dəd]
incógnito *adj* unknown [ʌn-non']; **de —** incognito [inka'gnito]
incoherente *adj* incoherent [inkoji'rənt]
incólume *adj* unharmed [ʌnjarməd']
incomodar *v* to disturb [tu distʌrb']; to annoy [tu ənɔi']
incomodidad *f* inconvenience [inkʌnvi'niəns]
incómodo *adj* uncomfortable [ʌnkʌm'fərtəbəl]; cumbersome [kʌm'bərsəm]
incomparable *adj* matchless [mæch'ləs]
incompetencia *f* incompetence [inkam'pətəns]
incompetente *adj* incompetent [inkam'pətənt]
incompleto *adj* incomplete [inkəmpliit']
incomprensible *adj* incomprehensible [inkamprijen'sibəl]
incomunicar *v* to isolate [tu ai'soleit], confine [kənfain']
incondicional *adj* unconditional [ʌnkəndi'shənəl]
inconexo *adj* disconnected [diskənek'təd]
incongruente *adj* incongruent [inkan'gruənt]
inconmensurable *adj* incommensurable [inkəmen'shərəbəl]
inconsciente *adj* unconscious [ʌnkan'shəs]
inconscientemente *adv* unconsciously [ʌnkan'shəsli]
inconsecuencia *f* inconsistency [inkənsi'stənsi]
inconsecuente *adj* inconsistent [inkənsi'stənt]
inconsiderado *adj* inconsiderate [inkənsi'dərət]
inconsistente *adj* changeable [chein'dchəbəl], unsteady [ʌnste'di]
inconstancia *f* inconstancy [inkan'stənsi]; unsteadiness [ʌnste'dinəs]
incontestable *adj* incontestable [inkənte'stəbəl]
inconveniencia *f* inconvenience [inkənvi'niəns], bother [ba'thər]
inconveniente *adj* inconvenient [inkənvi'niənt], bothersome [ba'thərsəm]
incorporar *v* to incorporate [tu inkor'pəreit]; to join [tu dchɔin]
incorrección *f* incorrection [inkərek'shən]; inaccuracy [inæ'kiurəsi]
incorrecto *adj* incorrect [inkərekt']; inaccurate [inæ'kiurət]
incredulidad *f* incredulity [inkrediu'liti]
incrédulo *adj* incredulous [inkre'dchiuləs]; *m* unbeliever [ʌnbilii'vər]

increíble *adj* incredible [inkre'dibəl]
incremento *m* increase [in'kriis]
incubar *v* to hatch [tu jætch]
incuestionable *adj* unquestionable [ʌnkues'chənəbəl]
inculcar *v* to instill [tu instil']
inculto *adj* uneducated [ʌne'dchiukeitəd]; coarse [kɔrs]
incurable *adj* incurable [inkiu'rəbəl]
incurrir *v* to incur [tu inkər']; **— en** to commit [tu kəmit']
incursión *f* raid [reid]; **— aérea** air raid [er reid]
indagar *v* to inquire [tu inkuair']
indebido *adj* undue [ʌndiu']
indecente *adj* indecent [indii'sənt]
indeciso *adj* irresolute [ire'zolut]
indefenso *adj* defenseless [difens'ləs]
indefinido *adj* indefinite [inde'fənit]
indeleble *adj* indelible [inde'libəl]
indemne *adj* unharmed [ʌnjarməd']
indemnizar *v* to indemnify [tu indem'nifai], compensate [kam'penseit]
independiente *adj* independent [indipen'dənt], free [frii]
indeterminado *adj* indeterminate [inditər'minit], indistinct [indistinkt']
indiano *adj, m* Indian [in'diən]; Spanish-American [spæ'nish-əme'rikən]
indicación *f* indication [indikei'shən]
indicar *v* to point out [tu point aut], indicate [in'dikeit]
indicativo *adj, m* indicative [indi'kətiv]
índice *m* index [in'dex]
indicio *m* sign [sain']
indiferente *adj* indifferent [indi'fərənt]
indígena *adj* indigenous [indi'dchənəs]; *m, f* native [nei'tiv]
indigencia *f* poverty [pa'vərti]
indigestión *f* indigestion [indidches'chən]
indignación *f* anger [æŋ'guər]
indignidad *f* indignity [indi'gniti]
indigno *adj* undeserving [ʌndisər'viŋ]
indio *adj, m* Indian [in'diən]
indirecto *adj* indirect [indərekt']
indiscreto *adj* indiscreet [indəskriit']
indispensable *adj* indispensable [indispen'səbəl]
indisposición *f* ailment [eil'mənt]
indistinto *adj* vague [veiguə]
individual *adj* individual [indivi'dchiuəl]
individuo *m* individual [indivi'dchiuəl]; person [pər'sən]
indiviso *adj* undivided [ʌndivai'dəd]
indócil *adj* unruly [ʌnru'li]
índole *f* inclination [inklinei'shən], character, [kær'əktər], nature [nei'chər]
indolencia *f* indolence [in'dələns]
indomable *adj* indomitable [inda'mitəbəl]
indómito *adj* rebellious [ribe'liəs]
inducción *f* induction [indʌk'shən]
inducir *v* to induce [tu indus']; to persuade [tu pərsueid']
indudable *adj* certain [sər'tin]
indulgencia *f* forbearance [fɔrbei'rəns]
indulgente *adj* indulgent [indʌl'dchənt]
indultar *v* to free [tu frii]; to pardon [tu par'dən], forgive [fərguiv']
industria *f* industry [in'dəstri]
industrial *adj* industrial [indʌ'striəl]
industrioso *adj* industrious [indʌ'striəs]
inefable *adj* inexpressible [inexpre'səbəl]
ineficaz *adj* inefficient [inifi'shənt]
ineludible *adj* unavoidable [ʌnəvɔi'dəbəl]
ineptitud *f* inability [inəbi'liti]
inepto *adj* inept [inept']
inequívoco *adj* unmistakable [ʌnmistei'kəbəl]; clear [kliir]
inercia *f* inertia [inər'shi-ə], inactivity [inækti'viti]
inerte *adj* inert [inərt'], lifeless [laif'ləs]; dull [dʌl]
inesperado *adj* unexpected [ʌnexpek'təd]
inexactitud *f* inaccuracy [inæ'kiurəsi]
infame *adj* infamous [in'fəməs]
infamia *f* dishonor [disa'nər]
infancia *f* infancy [in'fənsi]
infante *m* infant [in'fənt]
infantería *f* infantry [in'fəntri]
infatigable *adj* indefatigable [indifæ'tiguəbəl]
infausto *adj* unhappy [ʌnjæ'pi]
infección *f* infection [infek'shən]
infelicidad *f* unhappiness [ʌnjæ'pinəs]
infeliz *adj* unhappy [ʌnjæ'pi]
inferior *adj* inferior [infi'riər]
inferir *v* to infer [tu infər']; to inflict [tu inflikt']
infernal *adj* infernal [infər'nəl]
infestar *v* to infest [infest'], infect [infekt']
infidelidad *f* infidelity [infide'liti]
infierno *m* hell [jel]
infiltrar(se) *v* to infiltrate [tu in'filtreit]
infinidad *f* infinity [infi'niti]
infinito *adj* infinite [in'finit], endless [en'dləs]
inflamar *v* to inflame [tu infleim']

inflar *v* to inflate [tu infleit']
infligir *v* to inflict [tu inflikt']
influencia *f* influence [in'fluəns]
influir *v* to influence [tu in'fluəns]
influjo *m* influence [in'fluəns], influx [in'flʌx]
influyente *adj* influential [influen'shəl]
información *f* information [infərmei'shən], report [ripɔrt']
informante *m* informant [infɔr'mənt]
informar *v* to inform [tu infɔr'm], report [ripɔrt']
informe *adj* shapeless [sheip'ləs]; *m* report [ripɔrt'], advice [ədvais']
infortunio *m* misfortune [misfɔr'chən]
infrecuente *adj* infrequent [infri'kuənt]
infringir *v* to infringe [tu infrindch'], break [breik'], violate [vai'əleit]
infructuoso *adj* fruitless [frut'ləs]; futile [fiu'təl]
infundir *v* to infuse [tu infiuz']
ingeniar *v* to contrive [tu kəntraiv']
ingeniería *f* engineering [endchənii'riŋ]
ingeniero *m* engineer [endchəniir']; — **civil** civil engineer [si'vəl ...]
ingenio *m* talent [tæ'lənt]
ingenioso *adj* ingenious [indchi'niəs]
ingenuo *adj* candid [kæn'did], naive [na-iiv']
ingerir *v* to ingest [tu indchest']
inglés *adj, m* English [iŋ'glish]; **(no) hablo —** I do (not) speak English [ai du, nat, spiik ...]
ingratitud *f* ungratefulness [ʌngreit'fəlnəs]
ingrediente *m* ingredient [ingri'diənt]
ingreso *m* entrance [en'trəns]; entry [en'tri]; *pl* receipts [risiitz']
inhábil *adj* unable [ʌnei'bəl], incapable [inkei'pəbəl]
inhabitable *adj* uninhabitable [ʌninjæ'bitəbəl]
inherente *adj* inherent [injii'rənt]
inhospitalario *adj* inhospitable [inja'spitəbəl]
inhumano *adj* inhuman [injiu'mən]
inicial *adj* initial [ini'shəl]
iniciar *v* to begin [tu beguin']
inicuo *adj* wicked [ui'kəd]
injerto *m* graft [græft]
injuria *f* insult [ln'sʌlt]; injury [in'dchəri]
injuriar *v* to insult [tu insʌlt'], offend [əfend']
injurioso *adj* outrageous [autrei'dchəs], insulting [insʌl'tiŋ]
injusticia *f* injustice [indchʌ'stis]
injusto *adj* unjust [ʌndchʌst']
inmediato *adj* immediate [əmi'diət]
inmenso *adj* immense [imens']
inmigración *f* immigration [imigrei'shən]
inmigrante *m* immigrant [i'migrənt]
inmoderado *adj* immoderate [ima'dərət]
inmodesto *adj* immodest [ima'dəst]
inmolar *v* to immolate [tu i'məleit], sacrifice [sæ'krifais]
inmoral *adj* immoral [ima'rəl]
inmortal *adj* immortal [imɔr'təl]
inmortalizar *v* to immortalize [tu imɔr'təlaiz]
inmóvil *adj* fixed [fi'xt], motionless [mo'shənləs]
inmueble *adj* immovable [imu'vəbəl]; **bienes —s** property [pra'pərti]
inmundicia *f* dirt [dərt], filth [filth]
inmunidad *f* immunity [imiu'niti]
innecesario *adj* unnecessary [ʌne'səseri]
innoble *adj* ignoble [igno'bəl]
innocuo *adj* harmless [jarm'ləs]
innovación *f* innovation [inəvei'shən]
innovar *v* to innovate [tu i'nəveit]
inocencia *f* innocence [i'nəsəns]
inocente *adj* innocent [i'nəsənt]
inocular *v* to inoculate [tu ina'kiuleit]
inofensivo *adj* harmless [jarm'ləs], inoffensive [inəfen'siv]
inolvidable *adj* unforgettable [ʌnfɔrgue'təbəl]
inoportuno *adj* inopportune [inapɔr-tun']
inquieto *adj* restless [rest'ləs]
inquietud *f* restlessness [rest'ləsnəs]
inquilino *adj, m* tenant [te'nənt]
inquinar *v* to pollute [tu pəlut']
inquirir *v* to inquire [tu inkuair']
inquisición *f* inquisition [inkuizi'shən]
insalubre *adj* unhealthy [ʌnjel'thi]
inscribir *v* to inscribe [tu inskraib']
inscripción *f* inscription [inskrip'shən]
insecto *m* insect [in'sekt]
inseguridad *f* insecurity [insikiu'riti]
inseguro *adj* insecure [insikiur']
insensatez *f* nonsense [nan'sens]; foolishness [fu'lishnəs]
insensato *adj* senseless [sens'ləs]; foolish [fu'lish]
insensibilidad *f* insensibility [insensibi'liti]
insensible *adj* insensible [insen'sibəl]
insertar *v* to insert [tu insərt']
insidioso *adj* insidious [insi'diəs]
insignia *f* badge [bædch], insignia [insi'gniə]

insignificante *adj* insignificant [insigni'fikənt]
insinuar *v* to insinuate [tu insi'niueit]
insípido *adj* insipid [insi'pid]
insistencia *f* persistence [pərsi'stəns]
insistir *v* to insist [tu insist']
insolencia *f* insolence [in'sələns]
insolente *adj* insolent [in'sələnt]
insólito *adj* unusual [ʌniu'zhuəl]
insoluble *adj* insoluble [insa'liubəl]
insolvencia *f* insolvency [insal'vənsi]
insolvente *adj* insolvent [insal'vənt]
insoportable *adj* unbearable [ʌnbe'rəbəl]
inspección *f* inspection [inspek'shən]
inspeccionar *v* to inspect [tu inspekt']
inspector *m* inspector [inspek'tər]
inspiración *f* inspiration [inspirei'shən]
inspirar *v* to inspire [tu inspair'], suggest [səg-dchest']
instalar *v* to install [tu instɔl'], set [set]
instantánea *f* snapshot [snæp'shat], photo [fo'to], picture [pik'chər]
instantáneo *adj* instantaneous [instəntei'niəs], quick [kuik]
instante *adj* pressing [pre'siŋ]; **café al —** instant coffee [in'stənt ko'fii]; *m* instant [in'stənt]
instigar *v* to instigate [tu in'stigueit]
instinto *m* instinct [in'stinkt]
institución *f* institution [institiu'shən]
instituir *v* to institute [tu in'stitiut]
instituto *m* institute [in'stitiut]; precept [pri'sept]
instrucción *f* instruction [instrʌk'shən]
instructivo *adj* instructive [instrʌk'tiv]
instruir *v* to instruct [tu instrʌkt'], teach [tiich]
instrumento *m* instrument [in'strəmənt] tool [tul]
insubordinarse *v* to rebel [tu ribel']
insuficiencia *f* insufficiency [insʌfi'shənsi]
insuficiente *adj* insufficient [insʌfi'shənt]
insular *adj* insular [in'sələr]
insultar *v* to insult [tu insʌlt']
insulto *m* insult [in'sʌlt]
insuperable *adj* insuperable [insu'pərəbəl]
insurgente *m* insurgent [insər'dchənt]
insurrección *f* insurrection [insərek'shən]
intacto *adj* intact [intækt'], untouched [ʌntʌ'cht]
integridad *f* integrity [inte'griti], wholeness [jol'nəs]
íntegro *adj* entire [əntaiər'], integral [in'təgrəl]
intelecto *m* intellect [in'təlekt]
intelectual *adj* intellectual [intəlek'chuəl]
inteligencia *f* intelligence [inte'lidchəns]; **cociente de —** intelligence quotient [... kuo'shənt]
inteligente *adj* intelligent [inte'lidchənt]
intemperancia *f* intemperance [intem'pərəns]
intemperante *adj* intemperate [intem'pərət]
intemperie *f* bad weather [bæd ue'thər]; **a la —** outdoors [aut'dɔrz], unprotected [ʌnprotek'təd]
intempestivo *adj* inopportune [inapər-tun']; sudden [sʌ'dən]
intención *f* intention [inten'shən]
intencional *adj* intentional [inten'shənəl]
intenso *adj* intense [intens']
intentar *v* to attempt [tu əte'mpt], intend [intend']
intento *m* purpose [pər'pəs]; attempt [ətempt']; aim [eim]
interceder *v* to intercede [tu intərsiid']
intercesión *f* intercession [intərse'shən]
interés *m* interest [in'tərəst], profit [pro'fit]
interesante *adj* interesting [in'tərəstiŋ]
interesar *v* to interest [tu in'tərəst]
interior *adj* interior [inti'riər]; *m* inside [insaid']
intermediario *m* middleman [mi'dəlmæn]; mediator [mi'dieitər]
intermedio *adj* intermediate [intərmi'diət]; *m* interval [in'tərvəl]
intermitente *adj* intermittent [intərmi'tənt]
internacional *adj* international [intərnæ'shənəl]
internar *v* to intern [tu in'tərn]
interno *adj* internal [intər'nəl]
interpelar *v* to put questions [tu puət kue'stchəns]
interponer *v* to interpose [tu intərpoz']
interpretar *v* to interpret [tu intər'prət]
intérprete *m* interpreter [intər'prətər]
interrogación *f* question [kues'chən]; **punto (signo) de —** question mark [... mark]
interrogar *v* to interrogate [tu intə'rogueit]
interrogatorio *m* questioning [kues'chəniŋ]

interrumpir *v* to interrupt [tu intərʌp't]
interrupción *f* interruption [intərʌp'shən]
intersección *f* intersection [intərsek'shən]
intervalo *m* interval [in'tərvəl]
intervenir *v* to intervene [tu intərviin']
intestino *m* intestine [inte'stin]
intimar *v* to intimate [tu in'timeit]; to become intimate [tu bikʌm in'təmət]; to hint [tu jint]
intimidad *f* intimacy [in'timəsi]
íntimo *adj* innermost [i'nərmost], intimate [in'təmət], friendly [fren'dli]
intolerable *adj* intolerable [inta'lərəbəl]
intravenoso *adj* intravenous [intrəvii'nəs]
intrépido *adj* intrepid [intre'pid]
intriga *f* intrigue [intriguə']; plot [plat]
intrigante *m, f* plotter [pla'tər]
intrincado *adj* intricate [in'trikət]; complicated [kam'plikeitəd]
intrínseco *adj* intrinsic [intrin'zək]
introducción *f* introduction [intrədʌk'shən]
introducir *v* to introduce [tu intrədus']; **—se** to go in [tu go in]
intruso *adj* intrusive [intru'siv]; *m* intruder [intru'dər]
intuición *f* intuition [intui'shən]
inundación *f* flood [flʌd]
inundar *v* to flood [tu flʌd]
inusitado *adj* unusual [ʌniu'zhuəl]
inútil *adj* useless [ius'ləs]
inutilidad *f* uselessness [ius'ləsnəs]
inutilizar *v* to spoil [tu spɔil]; to make useless [tu meik ius'ləs]
invadir *v* to invade [tu inveid']
inválido *adj* invalid [invæ'lid]; *m* invalid [in'vəlid]
invariable *adj* invariable [inve'riəbəl]
invasión *f* invasion [invei'zhən]
invasor *m* invader [invei'dər]
invención *f* invention [inven'shən]
inventar *v* to invent [tu invent']
inventario *m* inventory [in'vəntori]
inventor *m* inventor [inven'tər]
inverosímil *adj* unlikely [ʌnlai'kli]
inversión *f* inversion [invər'zhən], investment [inve'stmənt]
invertir *v* to invert [tu invərt']; to invest [tu invest']
investigar *v* to investigate [tu inve'sti'gueit]
inveterado *adj* inveterate [inve'tərit]
invierno *m* winter [uin'tər]
invisible *adj* invisible [invi'zəbəl]
invitación *f* invitation [invitei'shən]
invitar *v* to invite [tu invait']
invocar *v* to invoke [tu invok']
involuntario *adj* involuntary [inva'lənteri]
inyección *f* injection [indchek'shən]
inyectar *v* to inject [tu indchekt']
iodo *m* iodine [ai'ədain]
ir *v* to go [tu go], walk [uɔk]; **vamos al cine** we are going to the movies [uii ar goiŋ tu dhə mu'viiz]; **voy a pie** I'm walking [aim uɔ'kiŋ]; **voy en coche** I'm riding [... rai'diŋ]; **¡que le vaya bien!** so long! [so lɔŋ]; **—se** to go away [... əuei']; **vámonos** let us leave [let ʌs liiv]
ira *f* anger [æŋ'guər]
ironía *f* irony [ai'rəni]
irónico *adj* ironical [aira'nəkəl]
irracional *adj* irrational [iræ'shənəl]
irreflexión *f* rashness [ræ'shnəs]
irregular *adj* irregular [ire'guiulər]
irresistible *adj* irresistible [iresi'stəbəl]
irresoluto *adj* irresolute [ire'zolut]
irrespetuoso *adj* disrespectful [disrəspek'tfəl]
irresponsable *adj* irresponsible [irəspan'səbəl]
irrevocable *adj* irrevocable [ire'vokəbəl]
irrigación *f* irrigation [irəguei'shən]
irrigar *v* to irrigate [tu i'rəgueit]
irritable *adj* irritable [i'ritəbəl]
irritar *v* to irritate [tu i'riteit]
irrupción *f* irruption [irʌp'shən]; raid [reid], attack [ətæk']
isla *f* island [ai'lənd]
islote *m* islet [ai'lət]
israelita *adj, m, f* Israelite [isræ'əlait]; Jewish [dchu'ish]; Jew [dchu], Jewess [dchu'əs]
istmo *m* isthmus [is'məs]
italiano *adj, m* Italian [itæ'liən]; **el canto —** Italian singing [... siŋ'iŋ]
itinerario *m* itinerary [aiti'nərəri]
izar *v* to hoist [tu jɔist]
izquierda *f* (to the) left [tu dhə, left], left hand [... jand]
izquierdista *m & f* (*polít*) leftist [lef'tist], left-winger [left-uiŋ'guər]
izquierdo *adj* left [left]; left-handed [left-jan'dəd]

J

jabalí *m* wild boar [uaild bɔr]
jabón *m* soap [sop]; **dar —** to flatter [tu flæ'tər]
jabonar *v* to soap [tu sop]; to beat up [tu biit ʌp]; to reprimand [tu re'prəmænd]
jabonero *m* soap maker [sop mei'kər]
jaca *f* pony [po'ni], small horse [smɔl jɔrs], nag [næguə]
jacal *m* shack [shæk], hut [jʌt]
jacinto *m* hyacinth [jai'əsinth]
jaco *m* nag [næguə]
jactancia *f* boastfulness [bost'fəlnəs]
jactancioso *adj* boastful [bost'fəl]
jactarse *v* to boast [tu bost]
jadeante *adj* panting [pæn'tiŋ]
jadear *v* to pant [tu pænt]
jadeo *m* panting [pæn'tiŋ]
jaez *m* harness [jar'nəs]
jalar *v* to haul [tu jɔl]; (*C Am*) to make love [tu meik lʌv]; to flunk [tu flʌnk]; **—se** (*Am*) to get drunk [tu guet drʌnk]
jalea *f* jelly [dche'li]
jamás *adv* never [ne'vər], ever [e'vər]
jamón *m* ham [jæm]; **panecillo con —** ham roll [... rol]
japonés *adj, m* Japanese [dchæpəniiz']
jaqueca *f* headache [jed'eik]; **tiene —** he has a headache [jii jæz ə ...]
jarabe *m* syrup [sə'rəp]; (*Méx*) dance [dæns], song [sɔŋ]
jaral *m* bramble [bræm'bəl]
jardín *m* garden [gar'dən]
jardinería *f* gardening [gar'dəniŋ]
jardinero *m* gardener [gar'dənər]
jarra *f* vase [veiz]; pitcher [pi'chər]; jar [dchar]
jarro *m* jug [dchʌguə], pitcher [pi'chər]
jaspe *m* jasper [dchæ'spər]
jaspear *v* to marble [tu mar'bəl]
jaula *f* cage [keidch]; cell [sel]
jauría *f* pack of hounds [pæk ʌv jaundz]
jazmín *m* jasmine [dchæ'smən]
jefe *m* chief [chiif], leader [lii'dər]
jengibre *m* ginger [dchin'dchər]
jerarquía *f* hierarchy [jai'ərarki]
jerárquico *adj* hierarchical [jaiərar'kəkəl]
jerga *f* jargon [dchar'guən]; **straw bed** [strɔ bed]
jerigonza *f* jargon [dchar'guən], slang [slæŋ]
jeringa *f* syringe [sərindch']
jeringar *v* to inject [tu indchəkt']
jeroglífico *m* hieroglyphic [jai-rəgli'fik]
jesuita *m* Jesuit [dche'suit]
jet *m* jet [dchet], jet plane [... plein]; **un vuelo en —** a jet flight [ə ... flait]; **tomar un —** to take a jet [tu teik ə ...]
jícara *f* cup [kʌp], bowl [bol]
jigote *m* minced meat [minst miit]
jinete *m* horseman [jɔrs'mən], rider [rai'dər]
jira *f* outing [au'tiŋ], picnic [pi'knik]; tour [tur]
jirafa *f* giraffe [dchiræf']
jocoso *adj* playful [plei'fəl]
jornada *f* journey [dchər'ni]; (*Am*) session [se'shən]; act [ækt]; **working day** [uər'kiŋ dei]
jornal *m* day's wages [deiz weidchəz]
jornalero *m* journeyman [dchər'nimən]
joroba *f* hump [jʌmp]; nuisance [nu'səns]
jorobado *adj, m* hunchback [jʌnch'bæk]
jota *f* Spanish music, dance [spæ'nish miu'zik, dæns]
joven *adj* young [iʌŋ]; *m* young man [... mæn]; young woman [iʌŋ uu'mən]
jovial *adj* jovial [dcho'viəl]
jovialidad *f* joviality [dchoviæ'ləti]
joya *f* jewel [dchiu'əl]; **—s** trousseau [tru'so]
joyería *f* jeweler's store [dchiu'ələrz stɔr]
joyero *m* jeweler [dchiu'ələr]
juanete *m* bunion [bʌ'niən]
jubilación *f* pension [pen'shən]
jubilar(se) *v* to pension [tu pen'shən]; to retire [tu retair']; (*Caribe*) to play hooky [tu plei ju'ki]
jubileo *m* jubilee [dchiu'bəlii]
júbilo *m* glee [glii], jubilation [dchiubəlei'shən]
jubón *m* jacket [dchæ'kət], bodice [ba'dəs]

judaísmo *m* Judaism [dchiu'dəizm]
judía *f* bean [biin]; Jewess [dchu'əs]
judicial *adj* judicial [dchiudi'shəl]
judío *adj* Jewish [dchu'ish]; *m* Jew [dchu]
juego *m* play [plei]; game [gueim]
juerga *f* spree [sprii]
jueves *m* Thursday [thər'zdei]
juez *m* judge [dchʌdch]
jugada *f* move [muv]; bad trick [bæd trik]
jugador *m* player [plei'ər]; gambler [gæm'blər]
jugar *v* to play [tu plei]; gamble [gæm'-bəl]
juglar *m* juggler [dchʌ'glər]
jugo *m* juice [dchius]; substance [sʌb'-stəns]; **— de naranja** orange juice [ar'əndch ...]
jugoso *adj* juicy [dchiu'si]
juguete *m* toy [tɔi], plaything [plei'-thiŋ]; trinket [triŋ'kət]
juguetear *v* to play around [tu plei əraund']; **Mario juguetea** Mario is "kidding" [... iz ki'diŋ]
juguetón *adj* playful [plei'fəl]
juicio *m* judgment [dchʌdch'mənt], sense [sens]; **perdió el —** he went crazy [jii uent krei'zi]
juicioso *adj* sensible [sen'səbəl], wise [uaiz]
julio *m* July [dchulai']
jumento *m* donkey [dan'ki], ass [æs]
junco *m* rush [rʌsh], reed [riid]
junio *m* June [dchun]
junta *f* meeting [mii'tiŋ]; (*milit*) council [kaun'səl]
juntar *v* to join [tu dchɔin]
junto *adj* united [iunai'təd]; **— a** next to [next tu]
juntura *f* joint [dchɔint]
jurado *m* jury [dchu'ri]
juramentar *v* to swear, put under oath [tu suer, puət ʌn'dər oth]; **—se** swear in [... in]
juramento *m* oath [oth]; curse [kərs]
jurar *v* to swear [tu suer], take an oath [teik' ən oth]
jurisconsulto *m* jurist [dchu'rist], lawyer [lɔ'iər]
jurisdicción *f* jurisdiction [dchurisdik'-shən]; power [pa'uər]
jurisprudencia *f* jurisprudence [dchuris-pru'dəns]
jurista *m* jurist [dchu'rist]
justamente *adv* justly [dchʌ'stli], exactly [exæk'tli]
justicia *f* justice [dchʌ'stis]
justiciero *adj* just [dchʌst]; stern [stərn]
justificación *f* justification [dchʌstifi-kei'shən]
justificar *v* to justify [tu dchʌ'stifai]
justo *adj* just [dchʌst], exact [exækt]
juvenil *adj* juvenile [dchu'vənail]
juventud *f* youth [iuth]
juzgado *adj* judged [dchʌ'dchəd], sentenced [sen'tənsd]; *m* court of justice [kɔrt ʌv dchʌ'stis]
juzgar *v* to judge [tu dchʌdch], pass judgment on [pæs dchʌ'dchəmənt an]

K

kilo *m* kilogram [ki'logræm]
kilogramo *m* kilogram [ki'logræm]
kilometraje *m* distance traveled [di'-stəns træ'vəld]; mileage [mai'lədch]
kilométrico *adj* kilometric [kilome'trik]
kilómetro *m* kilometer [kila'mətər]
kiosco *m* kiosk [kii'ask]; booth [buth]
kodak *f* kodak [ko'dæk]

L

la *art, f* the [dhə]; *pron* the one, (she) who [... uan, shii, ju]
lábaro *m* labarum [læ'bərʌm]
labe *f* stain [stein], spot [spat]
laberíntico *adj* intricate [in'trikət]
laberinto *m* labyrinth [læ'birinth], maze [meiz]; difficulty [di'fikʌlti]
labia *f* gabbing [gæ'biŋ]; **tener —** to talk a lot [tu tɔk ə lat]
labiado *adj* labiate [læ'bieit]
labial *adj* labial [læ'biəl]
labio *m* lip [lip]; **lápiz para los —s** lipstick [lip'stik]
labor *f* task [tæsk], work [uərk]
laboratorio *m* laboratory [læ'brətori]; **— de lenguas** language laboratory [læŋ'güədch ...]; **— espacial** skylab (-oratory) [skai'læb, -rəto'ri]
laborioso *adj* laborious [ləbo'riəs], diligent [di'lidchənt]
labrador *m* farm worker [farm uər'kər], tiller [ti'lər], farmer [far'mər]
labranza *f* farming [far'miŋ], tillage [ti'lədch]; plowing [plau'iŋ]
labrar *v* to farm [tu farm], till [til], labor [lei'bər]
labriego *m* farmer [far'mər]
laca *f* lacquer [læ'kər]; **— de cabellos** hair lacquer [jer ...]; **— de uñas** nail polish [neil pa'lish]
lacayo *m* footman [fuət'mən], lackey [læ'ki]
lacerar *v* to hurt [tu jʌrt], tear [ter]; to lacerate [tu læ'səreit]
lacónico *adj* laconic [ləka'nik], brief [briif], short [shɔrt]
lacre *m* sealing wax [sii'liŋ uæx]
lacrimoso *adj* tearful [tiir'fəl]
lácteo *adj* milky [mil'ki]; **Vía Láctea** Milky Way [... uei]
ladear *v* to tilt [tu tilt], incline [in-klain']; **—se** to sway [tu suei]
ladera *f* slope [slop]; fall [fɔl]
ladino *adj* cunning [kʌ'niŋ], sly [slai]; *m* linguist [lin'güist]; talker [tɔ'kər]
lado *m* side [said]; **al —** near [niir]; **está a mi —** he is next to me [jii iz next tu mii]; **de un —** in a way [in ə uei]
ladrar *v* to bark [tu bark]
ladrido *m* barking [bar'kiŋ]
ladrillo *m* brick [brik]
ladrón *m* thief [thiif], robber [ra'bər]
lagartija *f* small lizard [smɔl li'zərd]
lagarto *m* lizard [li'zərd]
lago *m* lake [leik]
lágrima *f* tear [tiir]
lagrimar *v* to weep [tu uiip], cry [krai]
laguna *f* pond [pand]; lagoon [ləgun']
laico *adj* lay [lei]; *m* layman [lei'mən]
laja *f* flagstone [flæguə'ston]
lama *f* slime [slaim]; seaweed [sii'uiid]
lamentable *adj* lamentable [ləmen'təbəl]
lamentación *f* wail [ueil], moan [mon]
lamentar *v* to deplore [tu diplɔr'], cry [krai], lament [ləment']
lamento *m* wail [ueil], moan [mon]
lamer *v* to lick [tu lik]
lámina *f* plate [pleit], engraving [en-greiv'iŋ]; book illustration [buək ilʌs-trei'shən]
laminador *m* rolling press [ro'liŋ pres]
lamoso *adj* slimy [slai'mi]
lámpara *f* lamp [læmp]
lampiño *adj* hairless [jer'ləs]; beardless [biird'ləs]
lana *f* wool [uul]; **de —** of wool [ʌv ...]
lanar *adj* woolly [uu'li]; wool-bearing [uul-be'riŋ]
lance *m* cast [kæst]; incident [in'sə-dənt]; quarrel [kuɔ'rəl]; **de —** second-hand [se'kənd-jænd]
lancero *m* lancer [læn'sər]
lancha *f* launch [lɔnch]
langosta *f* lobster [lab'stər]; locust [lo'kəst]
langostín *m* crawfish [krɔ'fish]
languidecer *v* to languish [tu læŋ'güish]
languidez *f* languor [læŋ'guər], weariness [uii'rinəs], weakness [uiik'nəs]
lánguido *adj* languid [laŋ'güid], feeble [fii'bəl]; pale [peil]
lanificio *m* factory of woolen goods [fæk'-təri ʌv uu'lən gudz]
lanilla *f* flannel [flæ'nəl]
lanudo *adj* woolly [uu'li]

lanza *f* lance [læns], spear [spiir]; (*Am*) cheat [chiit]
lanzada *f* stroke of a lance [strok ʌv ə læns]; thrust [thrʌst]
lanzamiento *m* throwing [thro'iŋ]; launching [lɔn'chiŋ], thrust [thrʌst]; **— a la luna** moon shot [mun shat]
lanzar *v* to throw [tu thro], dart [dart]
laña *f* clamp [klæmp]
lapicero *m* pencil holder [pen'sil jol'dər]
lápida *f* tombstone [tum'ston], slab [slæb]
lápiz *m* pencil [pen'sil]
lapso *m* lapse [læps], slip [slip]
largar *v* to let go [tu let go], set free [set frii]; **—se** to beat it [tu biit it]
largo *adj* long [lɔŋ]; *m* length [leŋth]; **a lo —** lengthwise [leŋth'uaiz]
largueza *f* liberality [libəræ'liti]; length [leŋth]
laringe *f* larynx [læ'riŋx]
larva *f* larva [lar'və]
lascivo *adj* lewd [liud]
lasitud *f* lassitude [læ'sitiud]
lástima *f* pity [pi'ti], sympathy [sim'pəthi]; **— que** it is a pity that [it iz ə ... thæt] **es una —** it is too bad [it iz tu bæd]
lastimar *v* to hurt [tu hərt], offend [əfend']; **—se** to get hurt [tu guet ...]
lastimero *adj* doleful [dol'fəl]
lastimoso *adj* pitiful [pi'tifəl]
lata *f* tin plate [tin pleit]; can [kæn]
latente *adj* latent [lei'tənt], hidden [ji'dən], dormant [dɔr'mənt]
lateral *adj* lateral [læ'tərəl]
latido *m* pulsation [pʌlsei'shən]
latigazo *m* lash [læsh], whipping [jui'piŋ]
látigo *m* whip [juip]
latín *m* Latin [læ'tin]
latino *adj* Latin [læ'tin]
latir *v* to palpitate [pæl'piteit]
latitud *f* width [uidth], latitude [læ'titiud]
lato *adj* extensive [exten'siv], diffuse [difius'], ample [æm'pəl], broad [brɔd]
latón *m* brass [bræs]
latonería *f* brass ware [bræs uer]
latonero *m* worker in brass [uər'kər in bræs]
laúd *m* lute [liut]
laudable *adj* praiseworthy [preiz'uərdhi]
laurel *m* laurel [lɔ'rəl]; **—es** honors [a'nərz], reward [riuɔrd']
lavabo *m* washstand [uash'stænd]; washroom [... rum]
lavadero *m* washing place [ua'shiŋ pleis]
lavado *m* washing [ua'shiŋ]; **— de cerebro** brainwashing [brein ...]
lavadora *f* washing machine [ua'shiŋ məshiin']
lavamanos *m* washstand [uash'stænd]
lavandera *f* laundress [lɔn'drəs], washerwoman [ua'shər-uu'mən]
lavandería *f* laundry [lɔn'dri]
lavar *v* to wash [tu uash]; **—se** to wash oneself [... uʌnself']
lavativa *f* enema [e'nəmə]; bore [bɔr]
lavatorio *m* lavatory [læ'vətɔri]
lavavajillas *m* dishwasher [dish-ua'shər]
lava y pon *v* wash and wear [uash ənd uer]; drip dry [drip drai]
laxante *m* laxative [læx'ətiv]
laxitud *f* laxity [læx'iti]
lazada *f* knot [nat], lasso [læ'so]
lazarillo *m* boy guide [bɔi guaid]
lazo *m* loop [lup], tie [tai]
leal *adj* loyal [lɔ'iəl]
lealtad *f* loyalty [lɔ'iəlti]
lebrel *m* greyhound [grei'jaund]
lección *f* lesson [le'sən], reading [rii'diŋ]; **dar —** to teach [tu tiich]
lector *m* reader [rii'dər]
lectura *f* reading [rii'diŋ]; **libro de —** reader [rii'dər]
leche *f* milk [milk]
lechera *f* milkmaid [milk'meid]
lechero *m* milkman [milk'mæn]
lechería *f* dairy store [dei'ri stɔr]
lecho *m* bed [bed]; layer [lei'ər]; river bed [ri'vər ...]
lechón *m* suckling pig [sʌ'kliŋ piguə]
lechoso *adj* milky [mil'ki]
lechuga *f* lettuce [le'təs]
lechuza *f* barn owl [barn aul]
leer *v* to read [tu riid]; **¡lea usted!** read!
legación *f* legation [ləguei'shən]
legado *m* legacy [le'guəsi]; official [əfi'shəl], legate [le'guət]
legal *adj* lawful [lɔ'fəl], legal [lii'guəl]
legalidad *f* legality [ləgæ'liti]
legalización *f* legalization [liiguələzei'shən]
legalizar *v* to legalize [tu lii'guəlaiz]
legalmente *adv* legally [lii'guəli]
legar *v* to bequeath [tu bikuiith'], transmit [træn'smit], pass on [pæs an]
legión *f* legion [lii'dchən]
legislación *f* legislation [ledchislei'shən]
legislar *v* to legislate [tu le'dchisleit]
legitimar *v* to legalize [tu lii'guəlaiz]
legítimo *adj* legitimate [lədchə'təmit], authentic [authen'tik], real [riil]

lego *adj* lay [lei]; *m* layman [lei'mən]
legua *f* league [liiguə]
legumbre *f* vegetable [ve'dchtəbəl]
leído *adj* well-read [uel-red]
lejano *adj* distant [di'stənt], far [far]
lejía *f* lye [lai]; reproach [riproch']
lejos *adv* far [far], far away [... əuei']
lema *m* motto [ma'to]
lencería *f* linen shop [li'nən shap]
lencero *m* linen merchant [li'nən mər'-chənt]
lengua *f* tongue [tʌŋ], language [læŋ'-güədch]; **— extranjera** foreign language [fa'rən ...]
lenguado *m* (fish) sole [fish, sol]
lenguaje *m* language [læŋ'güədch]; style [stail]; expression [expre'shən]
lenguaraz *adj* talkative [tɔ'kətiv]; *m, f* slanderer [slæn'dərər]
lengüeta *f* balance needle [bæ'ləns nii'-dəl]; small tongue [sməl tʌŋ]
lente *m* magnifying glass [mæg'nifa-iŋ glæs]; **—s** *m, pl* eyeglasses [ai-glæ'səz]
lenteja *f* lentil [len'təl]; **sopa de —s** lentil soup [... sup]
lentitud *f* slowness [slo'nəs]
lento *adj* slow [slo]
leña *f* firewood [fair'uud]
leñador *m* woodman [uud'mən]
leño *m* log [lag]
leonino *adj* leonine [li'ənain]
leopardo *m* leopard [le'pərd]
lepra *f* leprosy [le'prəsi]
leproso *m* leper [le'pər]
lerdo *adj* slow [slo], dull [dʌl]
lesión *f* damage [dæ'mədch], injury [in'-dchuri]
lesionar *v* to hurt [tu jərt]
lesivo *adj* damaging [dæ'mədchiŋ]
letal *adj* mortal [mɔr'təl]
letargo *m* lethargy [le'thərdchi]
letra *f* letter [le'tər], hand [jænd]; words in a song [uərdz in ə sɔŋ] **— de cambio** bill of exchange [bil ʌv ex-cheindch']; **a la —** literally [li'tərəli]; **—s** learning [lər'niŋ]
letrado *adj* learned [lər'nəd]; *m* man of letters [mæn ʌv le'tərz]
letrero *m* label [lei'bəl]; heading [je'-diŋ]; sign [sain]; notice [no'tis]
leva *f* levy [le'vi]; (*milit*) draft [dræft]; sailing [sei'liŋ]
levadura *f* yeast [yiist]
levantamiento *m* uprising [ʌp'raisiŋ]
levantar *v* to raise [tu reiz]; to erect [tu ərekt']; **— un plano** to draw a plan [tu drɔ ə plæn]; **— la mesa** to clear the table [tu kliir dhə tei'bəl]; **—se** to get up [tu guet ʌp]; to riot [tu rai'ət]
levante *m* east [iist]; east wind [... uind]
leve *adj* light [lait]
levita *f* coat [kot]
léxico *m* vocabulary [vokæ'biuləri]
ley *f* law [lɔ]
leyenda *f* legend [le'dchənd]
lezna *f* awl [ɔl]
liar *v* to tie [tu tai]; **—se** to bind oneself [tu baind uanself']
libar *v* to taste [tu teist]
libelo *m* libel [lai'bəl]
liberal *adj* liberal [li'bərəl]
liberalidad *f* liberality [libəræ'ləti]
libertad *f* freedom [frii'dəm], liberty [li'bərti]; **— de comercio** free trade [frii treid]; **— de palabra** freedom of speech [... ʌv spiich]
libertar *v* to free [tu frii]
libertino *adj, m* libertine [li'bərtiin]
libra *f* pound [paund]
librador *m* deliverer [dili'vərər]; drawer of a bill [drɔ'ər ʌv ə bil]
libramiento *m* order of payment [ɔr'dər ʌv pei'mənt]
libranza *f* bill of exchange [bil ʌv ex-cheindch'], draft [dræft]
librar *v* to set free [tu set frii]; to deliver [tu dili'vər]; to issue [tu i'shu]; **—se (de)** to get rid of [tu guet rid ʌv], free oneself from [... uanself' frʌm]
libre *adj* free [frii]; vacant [vei'kənt]
librería *f* bookstore [buək'stɔr]
librero *m* bookseller [buək'selər]; (*Am*) bookcase [...keis]
libreta *f* notebook [not'buək]; bankbook [bæŋk'...]
libro *m* book [buək]; **— diario** journal [dcher'nəl]; **— talonario** stub book [stʌb ...]
licencia *f* license [lai'səns], leave [liiv]; **tener —** to be on leave [tu bii an ...]
licenciado *m* lawyer [lɔ'iər]
licenciar *v* to license [tu lai'səns]; to give leave [tu guiv liiv]
licencioso *adj* licentious [laisen'shəs]
licitador *m* bidder [bi'dər]
licitar *v* to bid [tu bid]
lícito *adj* lawful [lɔ'fəl]; **es —** it is permissible [it iz pərmi'sibəl]
licor *m* liquid [li'kuid]; liquor [li'kər]
lid *f* contest [kan'test]; fight [fait]
lidia *f* fight [fait]; bullfight [bulfait]; struggle [strʌ'guəl]

lidiar *v* to contend [tu kəntend'], fight [fait]; to struggle [tu strʌ'guəl]
liebre *f* hare [jer]
lienzo *m* canvas [kæn'vəs]; linen cloth [li'nən klɔth]
liga *f* league [liiguə]; garter [gar'tər]
ligadura *f* binding [bain'diŋ]
ligamento *m* ligament [li'guəmənt]; bond [band]
ligar *v* to bind [tu baind], tie [tai]
ligereza *f* lightness [lait'nəs]; swiftness [suift'nəs]
ligero *adj* light [lait]; swift [suift]
lija *f* sandpaper [sænd'peipər]; dogfish [dɔg'fish]
lima *f* file [fail]; lime [laim]; polishing [pa'lishiŋ]
limar *v* to file [tu fail]; to polish [tu pa'lish]
limitación *f* limitation [limitei'shən]
limitar *v* to limit [tu li'mət]; to border on [tu bɔr'dər an]
límite *m* limit [li'mət]; boundary [baun'dəri]; end [end]
limón *m* lemon [le'mən]
limonero *m* lemon tree [le'mən trii]
limosna *f* alms [amz], charity [chæ'riti]
limosnero *adj* charitable [chæ'rətəbəl]
limpiabotas *m* bootblack [but'blæk]
limpiadientes *m* toothpick [tuth'pik]
limpiar *v* to clean [tu kliin]
limpieza *f* cleanliness [klen'linəs]
limpio *adj* clean [kliin], neat [niit]
linaje *m* lineage [li'niədch]; descent [disent']
linaza *f* linseed [lin'siid]
lindar *v* to border on [tu bɔr'dər an]
lindero *adj* bordering on [bɔr'dəriŋ an]; *m* boundary [baun'dəri]
lindeza *f* prettiness [pri'tinəs]; neatness [niit'nəs]
lindo *adj* pretty [pri'ti]
línea *f* line [lain]; boundary [baun'dəri]; shape [sheip]
lingüista *m, f* linguist [liŋ'güist]
linimento *m* liniment [li'nəmənt]
lino *m* linen [li'nən], flax [flæx]
linón *m* lawn [lɔn]
linterna *f* lantern [læn'tərn]; **— mágica** magic lantern [mæ'dchic ...]; **— sorda** dark lantern [dark ...]
lío *m* bundle [bʌn'dəl]; confusion [kən-fiu'zhən]; **¡qué —!** what a mess [juat ə mes]
liquidación *f* liquidation [likuidei'shən]
liquidar *v* to liquidate [tu li'kuideit]
líquido *adj* liquid [li'kuid]
lira *f* lyre [lair]; (*Ital*) lira [li'rə]
lirio *m* lily [li'li]
lisiado *adj* injured [in'dchərd]; crippled [kri'pəld]
lisiar *v* to injure [tu in'dchər]
liso *adj* smooth [smudh], flat [flæt]; (*Am*) brazen [brei'zən]
lisonja *f* flattery [flæ'təri]
lisonjear *v* to flatter [tu flæ'tər]
lisonjero *adj* flattering [flæ'təriŋ]
lista *f* list [list]; **pasar —** to take the roll call [tu teik dhə rol kɔl]
listo *adj* ready [re'di], clever [kle'vər]; **estoy —** I am ready [ai æm ...]; **es —** he is clever [jii iz ...]
listón *m* ribbon [ri'bən]
litera *f* litter [li'tər]
literal *adj* literal [li'tərəl]
literario *adj* literary [li'təreri]
literato *m* man of letters [mæn ʌv le'-tərz]; scholar [ska'lər], professor [pro-fe'sər]
literatura *f* literature [li'tərəchur]; **— comparada** comparative literature [kəm-pæ'rətiv ...]
litigar *v* to litigate [tu li'təgueit]
litigio *m* litigation [litəguei'shən]
litografía *f* lithography [litha'grəfi]
litoral *m* shore [shɔr], along the shore [əlɔŋ' dhə shɔr]
litro *m* liter [lii'tər]
liviano *adj* light [lait]; lewd [liud]
lívido *adj* livid [li'vid]; bluish [blu'ish]
loable *adj* laudable [lɔ'dəbəl]
loar *v* to praise [tu preiz], extol [extol']
lobo *m* wolf [uulf]
lóbrego *adj* dark [dark], murky [mər'ki]
locación *f* lease [liis]
local *adj* local [lo'kəl]; *m* premises [pre'-məsiz]
localidad *f* locality [lokæ'ləti]
localizar *v* to localize [tu lo'kəlaiz], place [pleis]
loco *adj* crazy [krei'zi]; **está —** he is insane [jii iz insein']; *m* madman [mæd'mən]; **volverse —** to go mad [tu go ...]
locomoción *f* locomotion [lokəmo'shən]
locomotora *f* locomotive [lokəmo'tiv]; engine [en'dchən]
locuaz *adj* talkative [tɔ'kətiv]
locución *f* locution [lokiu'shən]
locura *f* madness [mæd'nəs]
lodo *m* mud [mʌd]
logia *f* lodge [ladch], club [klʌb]
lógica *f* logic [la'dchik]
lógico *adj* logical [la'dchikəl]

lograr *v* to obtain [tu əbtein'], succeed [sʌksiid']
logro *m* profit [prafit]; success [sʌkses']
loma *f* hillock [ji'lək]; hill [jil]
lombriz *f* earthworm [ərth'uərm]; **— solitaria** tapeworm [teip'uərm]
lomo *m* loin [lɔin]; back [bæk]
lona *f* canvas [kæn'vəs]
lonche *m* (*Am*) lunch [lʌnch]
longitud *f* length [ləŋth]
lonja *f* exchange [exdcheindch']; slice [slais]; strap [stræp]
loro *m* parrot [pæ'rət]
lote *m* share [sher]; part [part]; lot [lat]
lotería *f* raffle [ræ'fəl]; lottery [la'təri]; game [gueim]
loza *f* porcelain [pɔr'sələn]
lozanía *f* vigor [vi'guər]; freshness [fresh'nəs]; lushness [lʌsh'nəs]
lozano *adj* vigorous [vi'guərəs], fresh [fresh]; lush [lʌsh]
lubricante *adj, m* lubricant [lu'brəkənt]
lubricar *v* to lubricate [tu lu'brəkeit], grease [griis], oil [ɔil]
lucero *m* star [star]
lucidez *f* brilliancy [bri'liənsi]
lúcido *adj* clear [kliir]
luciente *adj* shining [shai'niŋ], bright [brait]
lucimiento *m* splendor [splen'dər]; success [sʌkses']
lucir *v* to shine [tu shain]; to display [tu displei']
lucrarse *v* to profit by [tu pra'fit bai]
lucro *m* gain [guein], profit [pra'fit]
luctuoso *adj* sad [sæd]
lucha *f* wrestling [re'sliŋ]
luchar *v* to wrestle [tu re'səl], to fight [tu fait]
luego *adv* presently [pre'zəntli]; *conj* then [dhen]
lugar *m* place [pleis]; **tener —** to take place [tu teik ...]
lugareño *m* villager [vi'lədchər]
lúgubre *adj* gloomy [glu'mi]
lujo *m* luxury [lʌx'shəri]
lujoso *adj* showy [sho'i], luxurious [lʌxshiu'riəs]
lujuria *f* lust [lʌst]
lumbre *f* fire [fair]; brightness [brait'nəs], light [lait]
luminaria *f* illumination [ilu'mineishən]
luminoso *adj* luminous [lu'minəs]
luna *f* moon [mun]; **— de miel** honeymoon [jʌ'nimun]; **— llena** full moon [fuəl ...]; **descenso en la —** moon landing [... læn'diŋ]
lunar *adj* lunar [lu'nər]; **artefacto —** lunar module [... ma'dchul]; *m* spot [spat], mole [mol]; stain [stein]
lunático *adj* lunatic [lu'nətik]
lunes *m* Monday [mʌn'dei]
lustrar *v* to polish [tu pa'lish]
lustre *m* gloss [glɔs]; glory [glo'ri]; glaze [gleiz]
lustro *m* five-year period [faiv-yiir pi'riəd], lustrum [lʌ'strəm]
lustroso *adj* shining [shain'iŋ]
luto *m* mourning [mɔr'niŋ]
luz *f* light [lait]; knowledge [na'lədch]; **dar a —** to give birth [tu giv bərth]

LL

llaga *f* sore [sɔr]; ulcer [ʌl'sər]
llama *f* flame [fleim]
llamada *f* call [kɔl]; notice [no'tis]; **— de larga distancia** long distance call [lɔŋ di'stəns ...]
llamar *v* to call [tu kɔl]; to name [tu neim]; **—se** to be named [tu bii neimd]; **¿cómo se llama usted?** what is your name? [juat iz iɔr neim]
llamarada *f* blaze [bleiz]
llana *f* trowel [trauəl]
llanada *f* flat land [flæt lænd]
llaneza *f* plainness [plei'nəs]; simplicity [simpli'səti]
llano *adj* simple [sim'pəl]; evident [e'vi-dənt]; *m* plain [plein]
llanta *f* tire [tair]; rim [rim]
llanto *m* weeping [uui'piŋ]
llanura *f* prairie [prei'ri], flatness [flæt'-nəs], large plain [lardch plein]
llave *f* key [kii]; **— maestra** master key [mæ'stər ...]
llegada *f* arrival [ərai'vəl]
llegar *v* to arrive [tu əraiv']; **— a ser** to become [tu bikʌm'], succeed [sʌksiid']
llena *f* flood [flʌd]
llenar *v* to fill [tu fil]; to satisfy [tu sæ'tisfai]; **—se** to get filled [tu guet fild]
lleno *adj* full [fuəl]; **está —** it is full [it iz ...]
llevadero *adj* tolerable [ta'lərəbəl]
llevar *v* to carry [tu kæ'ri]; **— a cabo** to carry through [... thru]; **—se bien (con)** to get along well (with) [tu guet əlɔŋ' uel, uith]
llorar *v* to cry [tu krai]
lloro *m* weeping [uii'piŋ]
lloroso *adj* tearful [tiir'fəl]
llover *v* to rain [tu rein]; **llueve** it is raining [it iz rei'niŋ]
llovizna *f* drizzle [dri'zəl]
lluvia *f* rain [rein]
lluvioso *adj* rainy [rei'ni]; **hace tiempo —** it is rainy [it iz ...]

M

macana *f* stick [stik]; (*Arg*) nonsense [nan'senz]; lie [lai]; **son —s** it isn't true [it i'znt tru]
macanear *v* (*Arg, col*) to fool around [tu ful əra'und]
macarrón *m* macaroni [mækəro'ni]
macedonia *f* fruit salad [fruət sæ'ləd]
maceta *f* flowerpot [flau'ərpat]
macilento *adj* lean [liin], pale [peil]
macizo *adj* massive [mæ'siv], solid [sa'-lid]
machacar *v* to grind [tu graind]
machete *m* (large) knife [lardch, naif]
macho *m* male [meil]; sledge-hammer [sledch-jæ'mər]
madeja *f* skein [skein]
madera *f* wood [uud]; lumber [lʌm'bər]
madero *m* log [laguə]; **es un —** he is a blockhead [jii iz ə blak'jed]
madre *f* mother [mʌ'dhər]; **—perla** *f* mother-of-pearl [... ʌv pərl]
madreselva *f* honeysuckle [jʌ'nisʌ'kəl]
madriguera *f* burrow [bə'ro]
madrina *f* godmother [gad'-mʌ'dhər]
madrugar *v* to rise early [tu raiz ər'li]
madurar *v* to ripen [tu rai'pin]; to think over [tu thiŋk o'vər]
maduro *adj* mature [məchur']
maestra *f* schoolmistress [skul'mistrəs], teacher [tii'chər]
maestría *f* mastery [mæ'stəri]
maestro *adj* principal [prin'sipəl]; **obra —a** masterpiece [mæ'stərpiis]; *m* teacher [tii'chər]
magia *f* magic [mæ'dchik], charm [charm]
magistrado *m* magistrate [mæ'dchistreit]
magistral *adj* masterly [mæ'stərli]
magnanimidad *f* magnanimity [mægnəni'miti]
magnánimo *adj* magnanimous [mægnæ'nəməs]
magnate *m* magnate [mæ'gneit]
magnesia *f* magnesia [mægni'zhə]
magnético *adj* magnetic [mægne'tik]
magnetismo *m* magnetism [mæ'gnətizm]
magnetizar *v* to magnetize [tu mæ'gnətaiz]
magnífico *adj* magnificent [mægni'fəsənt]
magnitud *f* size [saiz]; magnitude [mæ'gnətiud], greatness [gret'nəs]
mago *m* magician [mədchi'shən]; **Reyes Magos** Wise Men [uaiz men]
magra *f* slice of ham [slais ʌv jæm]
magro *adj* thin [thin]; lean [liin]
maíz *m* corn [kɔrn]
maja *f* gaudy woman [gɔ'di uu'mən]; a belle [ə bel]
majadero *adj* silly [si'li], foolish [fu'-lish]; *m* silly person [... pər'sən]
majar *v* to hammer [tu jæ'mər]
majestad *f* majesty [mæ'dchəsti]
majestuoso *adj* majestic [mədchə'stik]
majo *adj* gaudy [gɔ'di]; *m* dandy [dæn'-di]
mal (malo) *adj* bad [bæd]; evil [ii'vil]; *adv* badly [bæ'dli], poorly [pur'li]
malacate *m* hoisting machine [joi'stiŋ məshiin']
malbaratar *v* to squander [tu squan'dər]
malcontento *adj* malcontent [mæl'kʌntent]
malcriado *adj* ill-bred [il-bred]
maldad *f* wickedness [ui'kədnəs]
maldecir *v* to damn [tu dæm]; to curse [tu kərs]
maldiciente *m* defamer [difei'mər]
maldición *f* curse [kərs]
maldispuesto *adj* indisposed [indispo'zd], reluctant [rilʌk'tənt]
maldito *adj* cursed [kərst], wicked [ui'-kəd]; tricky [tri'ki]
maleable *adj* malleable [mæ'liəbəl]
maleador *m* rogue [roguə], villain [vi'-lən]
maleante *adj* corrupting [kərʌ'ptiŋ]; *m* corrupter [kərʌ'ptər]
malear *v* to corrupt [tu kərʌpt']; to harm [tu jarm]
malecón *m* dyke [daik], embankment [embæŋk'mənt]
maledicencia *f* slander [slæn'dər] calumny [kæ'ləmni]
maleficencia *f* mischievousness [mis'-chivəsnəs], wrongdoing [rɔ'ŋduin]
maleficiador *m* corrupter [kərʌ'ptər]

maleficiar *v* to hurt [tu jərt], harm [jarm]; to corrupt [tu kərʌpt']
maleficio *m* spell [spel]; damage [dæ'-midch], injury [in'dchuri]
maléfico *adj* mischievous [mis'chivəs], malicious [məli'shəs]
malejo *adj* rather bad [ræ'dhər bæd]
malestar *m* uneasiness [ʌnii'zinəs]
maleta *f* valise [vəliis'], handbag [jænd'-bæguə]; **hacer la —** to pack [tu pæk]
maletero *m* saddler [sæ'dlər]
maletía *f* malice [mæ'lis]; harm to health [jarm tu jelth]
maletica *f* small handbag [smɔl jænd'-bæguə]
maletón *m* large satchel [lardch sæ'chəl]
malevolencia *f* malevolence [məle'və-ləns], ill-will [il-uil]
malévolo *adj* malevolent [məle'vələnt], mischievous [mis'chivəs]
maleza *f* weeds [uiidz], thicket [thi'kit]
malgastador *m* spendthrift [spend'-thrift]
malgastar *v* to misspend [tu mispend'], squander [skuan'dər], waste [ueist]
malgenioso *adj* (*Am*) wrathful [ræth'-fəl], enraged [enrei'dchəd]
malhablado *adj* foul mouthed [faul mautht']
malhadado *adj* unfortunate [ʌnfɔr'-chənət], wretched [re'chəd]
malhecho *adj* deformed [difɔr'md], ill-shaped [il-shei'pt]; *m* evil deed [ii'-vel diid], misdeed [misdiid']
malhechor *m* offender [əfen'dər], mis-doer [misdu'ər]
malherido *adj* badly wounded [bæ'dli uun'dəd]
malherir *v* to wound badly [tu uund bæ'dli]
malhojo *m* worthless remains [uərth'ləs rimein'z], rubbish [rʌ'bish]
malhumorado *adj* ill-humored [il-jiu'-mərd]
malicia *f* wickedness [ui'kidnəs], malice [mæ'lis], cunning [kʌ'niŋ]; suspicion [sʌspi'shən]
maliciar *v* to corrupt [tu kərʌpt'], injure [in'dchər], harm [jarm]
maliciosamente *adv* maliciously [məli'-shəsli]
malicioso *adj* malicious [məli'shəs], mis-chievous [mis'chivəs]
malignamente *adv* malignantly [məli'-gnəntli]; mischievously [mis'chivəsli]
malignante *m, f* maligner [məlai'nər]
malignar *v* to corrupt [tu kərʌpt'], de-prave [dipreiv']; **—se** to become sore [tu bikʌm' sɔr], grow worse [gro uərs]
malignidad *f* perverseness [pərvərs'nəs], hatred [jei'trəd]
maligno *adj* malignant [məlig'nənt]; hateful [jeit'fəl]; evil [ii'vəl]
malintencionado *adj* evil-disposed [ii'vəl-dispo'zd]
malmandado *adj* disobedient [disəbii'-diənt], obstinate [ab'stənət]
malmeter *v* to incline toward evil [tu inklain' tɔrd ii'vəl]
malmirado *adj* impolite [im'pəlait'], in-discreet [indiskriit']
malo *adj* bad [bæd], evil [ii'vəl]; **estar —** to be ill [tu bii il]; **ser —** to be wicked [tu bii ui'kəd]; (*Am*) **venir de malas** to threaten [tu thre'tən]
malogrado *adj* unfortunate [ʌnfɔr'chu-nət], lamented [ləmen'təd]
malogramiento *m* disappointment [dis-əpɔint'mənt]; failure [fei'liər]
malograr *v* to disappoint [tu disəpɔint']; to disconcert [tu diskənsərt']; **—se** to fail [tu feil]
malogro *m* disappointment [disəpɔint'-mənt]; failure [fei'liər]; loss [lɔs]
malordenado *adj* badly contrived [bæ'dli kəntraivd'], ill-arranged [il-ərein'-dchd]
malparado *adj* ill-conditioned [il-kəndi'-shənd], useless [ius'ləs]
malparar *v* to treat badly [tu triit bæd'-li], hurt [jərt], damage [dæ'midch]
malparir *v* to miscarry [tu miskæ'ri]
malparto *m* miscarriage [miskæ'riədch]
malquerencia *f* hatred [jei'trəd], grudge [grʌdch]
malquerer *v* to abhor [tu əbjɔr'], hate [jeit], dislike [dislaik']
malquistar *v* to cause quarrels [tu kɔz kua'rəlz]; to incur hatred [tu inkər' jei'trəd]
malquisto *adj* hated [jei'təd], detested [dite'stəd]
malrotador *f* squanderer [skuan'dərər], spendthrift [spend'thrift]
malrotar *v* to lavish [tu læ'vish], mis-spend [mispend'], squander [skuan'-dər]
malsano *adj* sickly [sik'li]; noxious [nak'shəs]
malsín *m* talebearer [teil'be'rər], mis-chief-maker [mis'chif-mei'kər]
malsindad *f* malicious information [mə-li'shəs infɔrmei'shən]; gossip [ga'-sip]

malsonante *adj* offensive (sound) [əfen'siv, saund]
malsufrido *adj* impatient [impei'shənt], unresigned [ʌnrisaind']
malta *f* malt [mɔlt]
maltrabaja *m, f* idler [ai'dlər]
maltraer *v* to treat badly [tu triit bæ'dli]
maltratamiento *m* bad treatment [bæd triit'mənt], abuse [əbius']
maltratar *v* to maltreat [tu mæl'triit]
maltrecho *adj* badly treated [bæ'dli trii'təd], misused [misiu'zd]
malucho *adj* sickly [sik'li], ailing [ei'liŋ]
malva *f* mallow [mæ'lo]; **como una —** good [guəd], obedient [obi'diənt]; **haber nacido en las —s** to be of humble birth [tu bii ʌv jʌm'bəl bərth]
malvadamente *adv* wickedly [ui'kidli]
malvado *adj* malicious [məli'shəs], wicked [ui'kəd]
malvar *v* to corrupt [tu kərʌpt']; to defile [tu difail']
malvasía *f* malmsey-grape [mam'zigreip]; wine [uain]
malvavisco *m* marsh mallow [marsh me'lo]
malvender *v* to sell at a loss [tu sel æt ə lɔs]; to sacrifice [tu sæ'krifais]
malversación *f* misapplication [misæplikei'shən]; embezzlement [embe'zəlmənt]
malversar *v* to mismanage [tu mismæ'nədch]; to embezzle [tu embe'zəl]
malla *f* mesh (of a net) [mesh, ʌv ə net]; tights [taits]; **hacer —** to knit [tu nit]
mallar *v* to knit [tu nit]
mallete *m* mallet [mæ'lit]; gavel [gæ'vəl]
mallo *m* mall [mɔl], mallet [mæ'lət]
mamacallos *m* simpleton [sim'pəltən]
mamada *f* sucking [sʌ'kiŋ]
mamador *f* sucker [sʌ'kər]
mamaluco *m* simpleton [sim'pəltən]
mamante *adj* sucking [sʌ'kiŋ]
mamar *v* to suck [tu sʌk], draw milk [drɔ milk]; **—se** to be drunk [tu bii drʌnk]
mamarrachada *f* foolish speech or action [fu'lish spiich ɔr æk'shən]; (*col*) bunk [bʌŋk]; junk [dchʌŋk]
mambla *f* rounded hillock [raun'dəd ji'lək]
mamífero *m* mammal [mæ'məl]
mamón *f* sucking animal [sʌ'kiŋ æ'nəməl]
mamoncillo *m* honey-berry [jʌ'ni-be'ri]
mamotreto *m* memorandum book [meməræn'dəm buək]
mampara *f* screen [skriin]
mamparar *v* to shelter [tu shel'tər], protect [protekt']; to screen [tu skriin]
mamporro *m* slight thump [slait thʌmp], tap [tæp]
mampostería *f* masonry [mei'sənri]
mampostero *m* mason [mei'sən]
mampuesta *f* row of bricks [ro ʌv briks]
mampuesto *m* parapet [pæ'rəpet]
mamullar *v* to mumble [tu mʌm'bəl], mutter [mʌ'tər]
mamut *m* mammoth [mæ'məth]
maná *m* manna [mæ'nə]
manada *f* flock [flak], crowd [kraud]; **— de** pack of [pæk ʌv]
manadero *m* source [sɔrs], spring [spriŋ]; springing [spriŋ'iŋ], issuing [i'shuiŋ]
manadilla *f* small flock [smɔl flak]
manante *adj* issuing [i'shuiŋ], proceeding [prosii'diŋ]
manantial *m* source [sɔrs], spring [spriŋ], origin [ɔr'idchin]
manar *v* to spring forth [tu spriŋ fɔrth], issue [i'shiu]
manaza *f* large hand [lardch jænd]
mancamiento *m* want [uant], lack [læk], deficiency [difi'shənsi]
mancar *v* render useless [ren'dər iu'sləs], cripple [kri'pəl]
manceba *f* mistress [mi'strəs]
mancebete *m* youth [iuth], young fellow [iʌŋ fe'lo]
mancebico *m* young man [iʌŋ mæn]
mancebo *f* shop assistant [shap əsi'stənt]; hired worker [jai'ərd uər'kər]; bachelor [bæ'chələr]
mancilla *f* wound [uund], sore [sɔr]
mancillar *v* to spot [tu spat], stain [stein]
mancipar *v* to enslave [tu ensleiv'], subject [sʌbdchekt']
manco *adj* handless [jænd'ləs], defective [difek'tiv]
mancomún *m* concurrence [kənkə'rəns]; **de —** jointly [dchɔin'tli]
mancomunar *v* to unite [tu iunait'], associate [əso'sieit]
mancomunidad *f* union [iu'niən], conjunction [kəndchʌŋk'shən]
mancha *f* spot [spat], blemish [ble'mish]
manchadizo *adj* easily stained [ii'zili stei'nd]
manchado *adj* spotted [spɔ'təd], stained [stei'nd]
manchar *v* to stain [tu stein], spot [spat]; to corrupt [tu kərʌpt']

manda *f* offer [ɔ'fər], proposal [prəpo'zəl]
mandadero *f* porter [pɔr'tər], messenger [me'səndchər]
mandado *m* message [me'sədch], notice [no'tis]
mandamiento *m* mandate [mæn'deit], order [ɔr'dər]
mandante *adj* commanding [kəmæn'diŋ]
mandar *v* to command [tu kəmænd'], order [ɔr'dər]; **— a coces** to order around [tu ... əra'und]
mandarín *m* mandarin [mæn'dərin]; petty officer [pe'ti ɔ'fisər]
mandarria *f* sledge hammer [sledch jæ'mər]
mandatario *m* attorney [ətər'ni]; agent [ei'dchənt]; (*Am*) chief [chiif]
mandato *m* mandate [mæn'deit]
mande *interj* at your service [æt iɔr sər'vis]
mandíbula *f* jawbone [dchɔ-bon]
mandil *m* leather [le'dhər], coarse cloth [kɔrs klɔth]; apron [ei'prən]
mandilar *v* to wipe [tu uaip]
mandilón *m* coward [kau'ərd], mean person [miin pər'sən]
mando *m* authority [ɔtha'riti], command [kəmænd']
mandolín *m* mandolin [mæn'dolin]
mandón *adj* domineering [dɔminii'riŋ]
manducar *v* to eat [tu iit], chew [chiu]
manea *f* shackles [shæ'kəlz], fetters [fe'tərz], chains [cheinz]
manear *v* to chain [tu chein], fetter [fe'tər]
manecilla *f* little hand [li'təl jænd]; hand of a watch [... ʌv ə uach]
manejable *adj* manageable [mæ'nedchəbəl], tractable [træk'təbəl]
manejar *v* to manage [tu mæ'nedch]; (*Am*) to drive (a car) [tu draiv, ə kar]
manejo *m* handling [jæn'dliŋ]; management [mæ'nedchmənt], administration [ædminəstrei'shən]; driving [drai'viŋ]
manera *f* manner [mæ'nər], form [fɔrm]; **a — de** in the style of [in dhə stail ʌv]; **de — que** in such a way [in sʌch ə uei]; **sobre —** extremely [extrii'məli]
manezuela *f* small hand [smɔl jænd]; buckle [bʌ'kəl]
manga *f* sleeve [sliiv]; cloak-bag [klokbæguə]; (*Am*) guide-rails [gaid-reilz]
mangana *f* lasso [læ'so], lariat [læ'riət]
manganeo *m* rodeo [ro'dio]
manganeso *m* manganese [mæŋ'guəniiz]
manganilla *f* trick [trik], stratagem [stræ'tədchəm]
mangle *m* mangrove [mæn'grov]
mango *m* handle [jæn'dəl]; (*Am*) mango (fruit) [mæŋ'go, fruət]; (*Méx*) pretty girl [pri'ti guərl]
mangonada *f* push with the arm [puəsh uith dhə arm]; push [...]
mangonear *v* to loaf [tu lof], loiter [lɔi'tər]
mangoneo *m* prying [prai'iŋ]
mangorrero *adj* wandering [uan'dəriŋ], roving [ro'viŋ]
mangote *m* wide sleeve [uaid sliiv], oversleeve [o'vərsliiv]
mangual morning star [mɔr'niŋ star]
manguera *f* hose [joz]; wind sail [uind seil]
manguilla *f* small sleeve [smɔl sliiv]
manguito *m* muff [mʌf], collar [ka'lər]
maní *m* peanut [pii'nʌt]
manía *f* mania [mei'niə], madness [mæd'nəs], frenzy [fren'zi]
maníaco *adj* mad [mæd], frantic [fræn'tik]; *m* maniac [mei'niæk]
maniatar *v* to manacle [tu mæ'nəkəl], handcuff [jænd'kʌf]
manicomio *m* asylum [əsai'ləm], madhouse [mæd'jaus]
manicorto *adj* illiberal [ili'bərəl]; parsimonious [parsəmo'niəs]
manicuro *m* manicure [mæ'nikiur]
manida *f* mansion [mæŋ'shən], abode [əbod']; shelter [shel'tər]
manido *adj* stale [steil]
manifacero *adj* intriguing [intrii'guiŋ]
manifactura *f* make [meik], manufacture [mæniufæk'chər]; brand [brænd]
manifestable *adj* manifestable [mænəfe'stəbəl]
manifestación *f* manifestation [mænəfestei'shən] declaration [deklərei'shən]; show [sho]
manifestar *v* to manifest [tu mæ'nifest]; to show [tu sho]
manifiestamente *adv* overtly [ovər'tli]
manifiesto *m* manifesto [mænife'sto]
manigua *f* thicket [thi'kət], jungle [dchʌŋ'guəl]
manigueta *f* shaft [shæft]; handle [jæn'dəl]; haft [jæft]
manija *f* shaft [shæft], clamp [klæmp]
manijero *m* manager [mæ'nədchər], foreman [fɔr'mən]
manilla *f* small handle [smɔl jæ'ndəl], bracelet [breis'lət]
maniobra *f* maneuver [mənu'vər]; trick [trik]

maniobrar *v* to maneuver [tu mənu'vər]
maniobrista *m* naval tactician [nei'vəl tækti'shən]
maniota *f* fetterlock [fe'tərlak]; manacles [mæ'nəkəlz]
manipulación *f* manipulation [mənipiulei'shən], working [uər'kiŋ]
manipular *v* to manipulate [tu məni'piuleit], work [uərk]
manípulo *m* maniple [mæ'nəpəl]; handful [jænd'fəl]
maniquete *m* black lace [blæk leis]
maniquí *m* manikin [mæ'nəkin]
manir *v* to mellow [tu me'lo]; to tenderize meat [tu ten'dəraiz miit]
manirroto *adj* extravagant [extræ'vəguənt], wasteful [ueist'fəl]
manivacío *adj* empty-handed [emp'tijæn'dəd], idle [ai'dəl]
manivela *f* crank [kræŋk], crankshaft [krænk'shæft]
manjar *m* food [fud], victuals [vit'əlz]; **—es** delicacies [de'likəsiz]
manjarejo *m* tid-bit [tid-bit]
manjelín *m* (gold) carat [gold, kæ'rət]
manjorrada *f* excessive eating [exse'siv iit'iŋ]; much food [mʌch fud]
manlieve *m* fraud [frɔd], trick [trik]
mano *f* hand [jænd], side [said], direction [dairək'shən]; **a —** at hand [æt jænd]; **a la —** near at hand [niir æt ...]; **estrechar la —** to shake hands [tu sheik ...z]; **venir a las —s** to come to blows [tu kʌm tu bloz]
manobra *f* raw material [rɔ mətiir'iəl]
manojico *m* small bundle [smɔl bʌn'dəl]
manojo *m* bunch [bʌnch], handful [jænd'fəl]
manómetro *m* manometer [məna'mətər]
manopla *f* gauntlet [gɔn'tlit]
manosear *v* to feel [tu fiil], handle [jæn'dəl], muss [mʌs], pet [pet]
manoseo *m* handling [jæn'dliŋ], mussing [mʌ'siŋ], petting [pe'tiŋ]
manotada *f* cuff [kʌf]; slap [slæp]
manotear *v* to cuff [tu kʌf], strike with the hand [straik uith dhə jænd]; (*Arg*) to rob [tu rab], embezzle [embe'zəl]
manoteo *m* slap [slæp]
manquedad *f* lameness [leim'nəs]
mansalva *adv* in a cowardly manner [in ə kau'ərdli mæ'nər]; without risk [uithaut' risk]
mansamente *adv* meekly [mii'kli], quietly [kuai'ətli]
mansedumbre *f* meekness [miik'nəs], mildness [maild'nəs]
mansejón *adj* very tame [ve'ri teim]
mansico *adj* very tame [ve'ri teim], meek [miik], mild [maild]
mansión *f* residence [re'zədəns]
manso *adj* meek [miik], tame [teim], mild [maild]
manta *f* blanket [blæn'kət]
manteca *f* grease [griis], fat [fæt]
mantecada *f* buttered toast [bʌ'tərd tost]; cake [keik]
mantecado *m* butter-cake [bʌ'tər keik]; ice cream [ais kriim]
mantecón *m* milksop [milk'sap]
mantecoso *adj* buttery [bʌ'təri]
mantel *m* tablecloth [tei'bəl-klɔth], covering [kʌ'vəriŋ]; **levantar los —es** to clear the table [tu kliir dhə tei'bəl]
mantelería *f* table linen [tei'bəl li'nən]
manteleta *f* shawl [shɔl], small scarf [smɔl skarf]
mantelo *m* big apron [biguə ei'prən]
mantenencia *f* maintenance [mein'tənəns], support [sʌpɔrt']
mantener *v* to maintain [tu meintein'], support [sʌpɔrt']
mantequera *f* dairymaid [de'rimeid], churn [chərn]
mantequero *m* butterman [bʌ'tərmən], butter seller [bʌ'tər se'lər]
mantequilla *f* butter [bʌ'tər]; butter cake [bʌ'tər keik]
mantera *f* mantle-maker [mæn'təl-mei'kər]
mantilla *f* mantilla [mænti'lə], veil [veil], head scarf [jed'scarf]
mantillón *adj* dirty [dər'ti], slovenly [slʌ'vənli]
manto *m* silken veil [sil'kən veil], cloak [klok], robe [rob]
mantón *m* large cloak [lardch klok], kind of shawl [kaind ʌv shɔl]
manuable *adj* tractable [træk'təbəl], manageable [mæ'nədchəbəl]
manual *adj* manual [mæ'niuəl], pliant [plai'ənt]
manualmente *adv* manually [mæ'niuəli]
manubrio *m* handle of an instrument [jæn'dəl ʌv ən in'strəmənt]
manucodiata *f* bird of paradise [bərd ʌv pær'ədais]
manuela *f* open hackney carriage [o'pən jæ'kni kæ'rədch]
manuella *f* handspike [jænd'spaik]
manufactura *f* manufacture [mæniufæk'chər]; mechanical work [məkæ'nikəl uərk]

manufacturar *v* to manufacture [tu mæniufæ'kchər]
manufacturero *adj* manufacturing [mæniufæk'chəriŋ]
manumiso *adj* emancipated [imæn'sipeitəd], free [frii]
manumisor *m* liberator [li'bəreitər]
manumitir *v* to emancipate [tu iimæn'sipeit]
manuscribir *v* to write by hand [tu rait bai jænd]
manuscrito *adj* manuscript [mæ'niuskript]; *m* manuscript [...]
manutención *f* maintenance [mein'tənəns], support [sʌpɔ'rt]
manutener *v* to support [tu sʌpɔ'rt], maintain [meintei'n]
manvacío *adj* empty-handed [em'ptijæn'dəd]
manzana *f* apple [æ'pəl]; city block [si'ti blak]; knob [nab]
manzanal *m* apple orchard [æ'pəl ɔr'chərd]; apple tree [... trii]
manzanil *adj* like an apple [laik ən æ'pəl]
manzanilla *f* camomile [kæ'məmail]; (*vino*) sherry [she'ri]; small apple [smɔl æ'pel]; knob [nab]
manzanita *f* little apple [li'təl æ'pəl]
manzano *m* apple tree [æ'pəl trii]
maña *f* handiness [jæn'dinəs], skill [skil], dexterity [dexte'riti]
mañana *f* morning [mɔ'rniŋ], morrow [ma'ro]; **de —** in the morning [in dhə mɔr'niŋ]; **por la —** in the morning [...]; *adv* tomorrow [təma'ro]
mañanear *v* to rise very early [tu raiz ve'ri ər'li]
mañanica *f* break of day [breik ʌv dei]
mañería *f* sterility [steri'liti]; cunning [kʌ'niŋ]
mañero *adj* clever [kle'vər], skillful [skil'fəl]
mañoso *adj* clever [kle'vər]
mañuela *f* (evil) trick [ii'vəl, trik]; cunning [kʌ'niŋ], astuteness [əstiut'nəs]; cleverness [kle'vərnəs]
mapa *m* map [mæp]; (road) map [rod, ...]
mapache *m* raccoon [rəkun']
mapalia *f* sheepfold [shiip'fold]
mapurite *m* skunk [skʌŋk]
maqui *m* maqui [mæ'kii]
maquillaje *m* make-up [meik-ʌp]
máquina *f* machine [məshiin']; engine [en'dchin]; **— de coser** sewing machine [so'iŋ ...]; **— de escribir** typewriter [tai'praitər]; **lo escribí a —** I typed it [ai taipt it]
maquinación *f* contrivance [kəntrai'vəns], artifice [ar'tifis]
maquinador *f* contriver [kəntrai'vər], schemer [skii'mər]
maquinal *adj* mechanical [məkæ'nikəl]
maquinalmente *adv* mechanically [məkæ'nikəli], automatically [ɔtomæ'tikəli]
maquinar *v* to plan [tu plæn]; to conspire [tu kənspai'r], plot [plat]
maquinaria *f* machinery [məshii'nəri]; engineering [endchini'iriŋ]
maquinete *m* chopping knife [cha'piŋ naif]
maquinista *m* machinist [məshii'nist], mechanic [məkæ'nik]; train engineer [trein endchiniir']
mar *m, f* sea [sii]; **alta —** high sea(s) [jai ..., z]; **baja —** low sea(s) [lo ...]; **hay un(a) — de** there is a lot of [dher iz ə lat ʌv]; **el Mar Mediterráneo** the Mediterranean Sea [dhə mediterei'niən sii]; **llueve a mares** it is raining a lot [it iz rei'niŋ ə lat]
maraña *f* jungle [dchʌŋ'guəl], tangle [tæŋ'guəl]
marañado *adj* entangled [entæŋ'guəld], perplexed [pərple'xt]
marañero *adj* entangling [entæŋ'gliŋ], perplexing [pərple'xiŋ]
maravilla *f* marvel [mar'vel], wonder [uan'dər]; **a —** excellently [ex'sələntli]; **¡qué —!** what a surprise! [juat ə sərpraiz']
maravillar *v* to admire [tu ædmair']; to marvel [tu mar'vəl]; **—se** to be amazed [tu bii əmeizd'], surprised [sərpraizd']
maravillosamente *adv* wonderfully [uan'derfəli], marvelously [mar'vələsli]
maravilloso *adj* wonderful [uan'dərfəl], marvelous [mar'vələs]
marbete *m* stamp [stæmp]; tag [tæguə], ticket [ti'ket], label [lei'bəl]
marca *f* mark [mark]; brand [brænd]; measure [me'zhər]
marcador *m* marker [mar'kər], index [in'dex]
marcar *v* to mark [tu mark], brand [brænd], stamp [stæmp]
marcear *v* to shear (animals) [tu shiir, æ'niməlz]
marcial *adj* warlike [uɔr'laik]; frank [fræŋk]

marcialidad *f* martial way [mar'shəl uei]; frankness [fræŋk'nəs]
marco *m* frame [freim]; model [ma'-dəl]; doorcase [dɔr'keis]
márcola *f* pruning hook [pru'niŋ-juək]
marconigrama *m* wireless telegram [uair'ləs te'ləgræm]
marcha *f* march [march]; course [kɔrs]; progress [pra'grəs]
marchamar *v* to mark goods (at the customhouse) [tu mark guədz, æt dhə kʌ'stəmjaus]
marchamero *m* custom-house marker [kʌ'stəm-jaus mar'kər]
marchante *m* merchant [mər'chənt]; shopkeeper [shap'kiipər], dealer [dii'-lər]
marchar *v* to march [tu march]; to go [tu go], depart [dipart']
marchitable *adj* perishable [pe'rishəbəl], withering [ui'dhəriŋ]
marchitamiento *m* fading [fei'diŋ], withering [ui'dhəriŋ]
marchitar *v* to wither [tu uidh'ər], shrivel [shri'vəl], to fade [tu feid]
marchitez *f* withering [ui'dhəriŋ], fading [fei'diŋ]
marea *f* tide [taid]; (*Am*) sea fog [sii faguə]; surf [sərf]
mareado *adj* seasick [sii'sik]; **está —** he is seasick [jii iz ...]
mareaje *m* seamanship [sii'mənship], ship course [ship kɔrs]
mareamiento *m* seasickness [sii'siknəs]
marear *v* to navigate [tu næ'vigueit]; to bother [tu ba'dhər]; **—se** to become seasick [tu bikʌm' ...]
marejada *f* swell [suel], surf [sərf]; excitement [exsait'mənt]
mareo *m* seasickness [sii'siknəs]; bother [ba'dhər]; molestation [maləstei'shən]
marero *adj, m* sea-breeze [sii'briiz]
maretazo *m* high surge [jai sərdch]
márfaga *f* coarse cloth [kɔrs klath]
marfil *m* ivory [ai'vri]; **torre de —** ivory tower [... tau'ər]
marfileño *adj* resembling ivory [rizem'-bliŋ ai'vri]
marga *f* burlap [bər'læp]
margarina *f* margarine [mar'dchərin]
margarita *f* daisy [dei'zi]; pearl [pərl]
margen *f* margin [mar'dchin]; border [bɔr'dər]; (river) bank [ri'vər, bæŋk]; **al —** at the side [æt dhə said]
margenar *v* to make marginal notes [tu meik mar'dchinəl notz]
marginado *adj* having a margin [jæ'viŋ ə mar'dchin]
María *f* Mary [me'ri]; **Ave —** Hail Mary [jeil ...]
mariano *adj* Marian [mæ'riən]; **el mes —** the month of Mary (May) [dhə mʌnth ʌv me'ri, mei]
marica *f* milksop [milk'sap]; magpie [mæguə'pai]
maricón *m* pansy [pæn'zi], sissy [si'si]; homosexual [jomose'xiuəl]
maridablemente *adv* conjugally [kan'-dchuguəli]
maridaje *m* marriage [mæ'ridch], conjugal union [kan'dchuguəl iu'niən]; accord [əkɔrd']
maridar *v* to unite [tu iunait'], join [dchɔin]
marido *m* husband [jʌ'sbənd]
marimanta *f* phantom [fæn'təm]
marimorena *f* dispute [dispiut'], quarrel [kuɔ'rəl]
marina *f* shore [shɔr], seacoast [sii'-kost], marine [məriin']; **— de guerra** navy [nei'vi]; **— mercante** merchant marine [mər'chənt ...]
marinaje *m* seamanship [sii'mənship]
marinar *v* to marinate [tu mæ'rineit]; to salt fish [tu sɔlt fish]
marinear *v* to be a sailor, mariner [tu bii ə sei'lər, mæ'rinər]
marinerado *adj* equipped [ikui'pt]
marinero *adj* sailing [sei'liŋ]; *m* mariner [mæ'rinər], sailor [sei'lər], seaman [sii'mən]
marinesco *adj* nautical [nɔ'tikəl]
marino *adj* marine [məriin']; *m* mariner [mæ'rinər], seaman [sii'mən]
marioneta *f* puppet [pʌ'pət]
mariposa *f* butterfly [bʌ'tərflai], rushlight [rʌsh'lait]; moth [mɔth]
mariquita *f* ladybird [lei'dibərd]
mariscal *m* marshal [mar'shəl]; blacksmith [blæk'smith]
mariscar *v* to gather shellfish [tu gæ'-dhər shel'fish]
marisco *m* shellfish [shel'fish]; **—s** seafood [sii'fud]
marisma *f* marsh [marsh], swamp [suamp]
marital *adj* marital [mæ'ritəl]
marítimo *adj* maritime [mæ'ritaim], marine [məriin']
marjal *m* marsh [marsh], moorland [mur'lənd]

marjoleto *m* white hawthorn [juait jɔ'-thɔrn]
marlota *f* moorish gown [mu'rish gaun]
marmita *f* stew-pot [stu-pat], saucepan [sɔs'pæn], kettle [ke'təl]
marmitón *m* dishwasher [dishua'shər]
mármol *m* marble [mar'bəl], (marble) sculpture [..., skʌlp'chər]
marmolejo *m* small pillar [smɔl pi'lər]; marble column [mar'bəl ka'ləm]
marmoleño *adj* like marble [laik mar'-bəl]
marmolería *f* marble-work [mar'bəl-uərk]
marmolista *m* sculptor [skʌl'ptər], marble worker [mar'bəl uer'kər]
marmoración *f* marbling [mar'bliŋ]
marmóreo *adj* marble [mar'bəl]
marmosete *m* vignette [viniet']
marmota *f* marmot [mar'mət], sleepy-head [slii'pi-jed]
marmotear *v* to jabber [tu dchæ'bər]
maroma *f* rope [rop], cord [kɔrd]
marqués *m* marquis [mar'kii]
marquesa *f* marquise [markiiz']
marquesina *f* marquee [markii']; awning [ɔ'niŋ]; canopy [kæ'nəpi]
marquesote *m* contemptible marquis [kəntemp'tibəl mar'kiis]
marquetería *f* cabinet manufacture [kæ'-binet mæniufæk'chər]; inlaid work [in'leid uərk]
marquida *f* prostitute [pra'stitiut]
marquista *m* wholesale dealer in sherry [jol'seil dii'lər in she'ri]
marra *f* want [uant], deficiency [difi'-shənsi]
marrajo *adj* sly [slai], cunning [kʌ'-niŋ]; *m* white shark [juait shark]
marrana *f* sow [sau]; dirty woman [dər'ti uu'mən]
marranada *f* hoggish action [ja'guish æk'shən], filthiness [fil'thinəs]
marranalla *f* rabble [ræ'bəl]
marrancho *m* pig [piguə]; dirty man [dər'ti mæn]
marraneta *f* young sow [iʌŋ sau]
marrano *adj* dirty [dər'ti]; cursed [kər'st]; soiled [sɔild]; *m* pig [piguə]; filthy man [fil'thi mæn]
marrar *v* to fail [tu feil], miss [mis]
marras *adv* long ago [lɔŋ əgo], long since [lɔŋ sins]
márrega *f* straw bed [strɔ bed]
marrillo *m* short, thick stick [shɔrt, thik stik]; club [klʌb]
marrón *adj* brown [braun]
marrotar *v* to waste [tu ueist]
Marruecos *m* Morocco [məra'ko]
marrullería *f* cajolery [kədcho'ləri], cunning [kʌ'niŋ]
marrullero *adj* crafty [kræf'ti], cunning [kʌ'niŋ], sly [slai]
martagón *m* cunning, artful person [kʌ'-niŋ, art'fəl pər'sən]; wild lily [uaild li'li]
Marte *m* Mars [marz]
martelo *m* jealousy [dche'ləsi], passion [pæ'shən]
martes *m* Tuesday [tiu'zdei]
martillada *f* hammer stroke [jæ'mər strok]
martillar *v* to hammer [tu jæ'mər]
martilleo *m* hammering [jæ'məriŋ], clatter [klæ'tər]
martillo *m* hammer [jæm'ər]
martinico *m* ghost [gost]
mártir *m* martyr [mar'tər]
martirio *m* torture [tɔr'chər], grief [griif]
martirizador *m* persecutor [pər'səkiu-tər]; torturer [tɔr'chərər]
martirizar *v* to torture [tɔr'chər]
marullo *m* swell of waves [suel ʌv ueivz]
marxismo *m* Marxism [mar'xizm]
marxista *m, f* Marxist [mar'xəst]
marzo *m* March [march]
mas *conj* but [bʌt], yet [yet]; **— que** although [ɔldho']
más *adv* more [mɔr], besides [bisaidz'], moreover [mɔro'vər]; **a lo — at most** [æt most]; **— bien** rather [ræ'dhər]; **sin — ni —** without more ado [uidhaut' mɔr ədu']; **quiero — de** I want more of [ai uant ... ʌv]
masa *f* dough [do], mortar [mɔr'tər]; mass [mæs]
masada *f* country house [kʌn'tri jaus], farmhouse [farm' ...]
masadero *m* farmer [far'mər]
masaje *m* massage [məsadch']
mascabado *adj* unrefined [ʌnrifai'nd]
mascada, *f* (*Méx*) silk handkerchief [silk jæŋ'kərchif]
mascador *m* chewer [chu'ər]
mascar *v* to masticate [tu mæ'stikeit], chew [chu]; to mumble [tu mʌm'bəl]; **— goma** to chew gum [... gʌm]
máscara *f* mask [mæsk]; disguise [dis-guaiz']
mascarada *f* masquerade [mæskəreid']
mascarero *m* mask dealer [mæsk dii'lər]
mascarilla *f* small mask [smɔl mæsk], death mask [deth mæsk]

mascarón *m* hideous form [ji'diəs fɔrm]
mascujar *v* to pronounce with difficulty [tu pronauns' uith di'fikʌlti]
masculinidad *f* masculinity [mæskiuli'niti]
masculino *adj* masculine [mæ'skiulin]
mascullar *v* to mumble [tu mʌm'bəl]
masera *f* kneading trough [nii'diŋ trɔf]
masería *f* farmhouse [farm'jaus]
masilla *f* little mass [li'təl mæs]; putty [pʌ'ti]
masón *m* freemason [frii'meisən]
masonería *f* masonry [mei'sənri]
masónico *adj* Masonic [məsa'nik]
mastelero *m* mast [mæst]; top-mast [tap ...]
masticación *f* mastication [mæstikei'shən]
masticar *v* to chew [tu chu], masticate [mæ'stikeit]
mástil *m* mast [mæst]
mastín *m* large dog [lardch dɔguə], mastiff [mæ'stif]
mastoides *adj & m* mastoid [mæ'stɔid]
mastuerzo *m* simpleton [sim'pəltən]
masturbación *f* masturbation [mæstərbei'shən]
mata *f* plant [plænt], bush [bush], shrub [skrʌb]; (*Am*) jungle [dchʌŋ'guəl]
matacía *f* havoc [jæ'vək]
matachín *m* butcher [buət'chər]; bully [buə'li]
matadero *m* slaughterhouse [slɔ'tərjaus]; drudgery [drʌ'dchəri]
matador *m* slayer [slei'ər], murderer [mər'dərər]; bullfighter [buəl'faitər]
matadura *f* gall [gɔl]
matafuego *m* fire engine [fair en'dchin]; fireman [fair'mən]
matalón *m* old horse [old jɔrs]
matanza *f* massacre [mæ'səkər]; slaughter [slɔ'tər]
mataperros *m* street urchin [striit ər'chin]
matapiojos *m* dragonfly [dræ'guənflai]
matapolvo *m* light rain [lait rein]
matar *v* to kill [tu kil], murder [mər'dər]; **—se** to kill oneself [tu kil uanself']; to overwork [tu ovəruərk']
matasanos *m* quack [kuæk], charlatan [shar'lətən]
matasiete *m* bully [buə'li]; boaster [bo'stər]
mate *adj* dull [dʌl], colorless [kʌ'lərləs]; *m* maté [ma'tei]; checkmate [chek'meit]
matear *v* to shoot up [tu shut ʌp], grow up [gro ʌp]; (*Am*) to drink maté-tea [tu drink ma'tei-tii]
matemáticamente *adv* mathematically [mæthəmæ'tikəli]
matemáticas *f, pl* mathematics [mæthəmæ'tiks]
matemático *adj* mathematical [mæthəmæ'tikəl]; *m* mathematician [...ti'shən]
materia *f* matter [mæ'tər]; materials [məti'riəlz]; subject matter [sʌb'dchekt mæ'tər]; **en — de** as regards to [æz rigardz' tu]; **— prima (primera)** raw material [rɔ məti'riəl]
material *adj* material [məti'riəl], coarse [kɔrs]; *m* material [...]
materialidad *f* materiality [mətiriæ'liti], coarseness [kɔrs'nəs]
materialismo *m* materialism [məti'riəlizm]
materialista *adj & m, f* materialist [mətir'iəlist]
materializar *v* to materialize [tu məti'riəlaiz]
materialmente *adv* materially [məti'riəli]
maternal *adj* maternal [mətər'nəl]
maternalmente *adv* maternally [mətər'nəli]
maternidad *f* maternity [mətər'niti]; **casa de —** maternity hospital [mətər'niti ja'spitəl]
materno *adj* maternal [mətər'nəl], motherly [mədhərli]
matinal *adj* morning [mɔr'niŋ]
matiné *m* (*Am*) matinée [mæ'tinei]
matiz *m* tint [tint], hue [jiu], shade [sheid]
matizado *adj* variegated [væ'riəgueitəd]
matizar *v* to embellish [tu embe'lish], adorn [ədɔrn']; to tint [tu tint]
matojo *m* bush [buəsh]
matón *m* bully [buə'li]
matorral *m* bush [buə'sh], thicket [thi'kət]
matoso *adj* bushy [buə'shi]
matraquear *v* to jest [tu dchest], mock [mak], ridicule [ri'dikiul]
matraquista *f* jester [dche'stər]
matrería *f* cunning [kʌ'niŋ]
matrero *adj* cunning [kʌ'niŋ], sly [slai]
matricidio *m* murder of a mother [mər'dər ʌv ə mʌ'dhər]
matrícula *f* register [re'dchistər]; registration [redchistrei'shən]; list [list]; plate number [pleit nʌm'bər]

matricular(se) *v* to matriculate [tu mə-tri'kiuleit], register [re'dchistər], enroll [enrol']
matrimonial *adj* matrimonial [mætri-mo'niəl]
matrimonio *m* marriage [mæ'ridch]; **contraer —** to get married [tu guet mæ'rid]
matriz *f* matrix [mei'trix]; womb [uum]; mold [mold]
matrona *f* matron [mei'trən]
máxima *f* maxim [mæ'xim], rule [rul]
máxime *adv* principally [prin'sipəli]
máximo *adj* maximum [mæ'ximəm]
mayo *m* May [mei]
mayonesa *f* mayonnaise [meyone'iz]
mayor *adj* greater [grei'tər], larger [lar'-dchər]; **estado —** military staff [mi'-ləteri stæf]; *m* major [mei'dchər]
mayordomo *m* steward [stu'ərd]
mayoreo *m* (*Am*) wholesale [jol'seil]
mayoría *f* majority [mədchɔ'riti]
mayúscula *f* capital letter [kæ'pitəl le'-tər]
mazorca *f* ear of corn [iir ʌv kɔrn]
me *pron* me [mii]; myself [maiself']
mecánicamente *adv* mechanically [mə-kæ'nikəli], automatically [ɔtomæ'ti-kəli]
mecánico *adj* mechanical [məkæ'nikəl]; *m* mechanic [məkæ'nik]
mecanismo *m* mechanism [me'kənizm]
mecanografía *f* typewriting [taip'raitiŋ]
mecanógrafo *m* typist [tai'pist]
mecedora *f* rocking chair [ra'kiŋ cher]
mecer *v* to rock [tu rak]
medalla *f* medal [me'dəl]
media *f* stocking [sta'kiŋ]; **— pantalón** panty hose [pæn'ti joz]
mediano *adj* moderate [ma'dərət], medium [mi'diʌm]
medianoche *f* midnight [mi'dnait]
mediante *adv* by means of [bai miinz ʌv]; **— usted** through you [thru iu]; **Dios —** God willing [gad ui'liŋ]
mediar *v* to mediate [tu mii'dieit], judge [dchʌ'dch]
medicina *f* medicine [me'disin]
médico *adj* medical [me'dikəl]; *m* physician [fəzi'shən]
medida *f* measure [me'zhər]
medidor *m* meter [mii'tər], gauge [gueidch]
medio *adj* half [jæf], average [æ'və-redch]; *m* way [uei], middle [mi'dəl]
mediocre *adj* mediocre [midio'kər]
mediodía *n* noon [nun], midday [mi'dei]
medir *v* to measure [tu me'zhər]; **—se** to be moderate [tu bii ma'dərit]
meditación *f* meditation [meditei'shən]
meditar *v* to meditate [tu me'diteit]
Mediterráneo *m* Mediterranean [medi-tərein'iən]
mej(x)icano *adj* Mexican [me'xikən]
mejilla *f* cheek [chiik]
mejor *adj, adv* better [be'tər]
mejorar *v* to improve [tu impruv']
mejoría *f* improvement [impru'vmənt]
melancólico *adj* melancholy [me'lənkali]
melindroso *adj* finicky [fi'niki]
melocotón *m* peach [piich]
melodía *f* melody [me'lodi]
melodioso *adj* melodious [məlo'diəs]
melodrama *m* melodrama [me'lodramə]
melón *m* melon [me'lən]
mella *f* gap [gæp]; **hacer —** to affect [tu əfekt']
mellizo *adj, m* twin [tuin]
membrana *f* membrane [mem'brein]
membrete *m* letterhead [le'tərjed]
memorable *adj* memorable [me'mərəbəl]
memorándum *m* memorandum [memə-ræn'dəm]
memoria *f* memory [me'məri]; report [ripɔrt']; **aprender de —** to learn by heart [tu lərn bai jart]
memorial *m* memorial [memɔr'iəl]
mena *f* ore [ɔr]
menaje *m* household furnishings [jaus'-jold fər'nashiŋz]; **— de cocina** kitchen appliances [kə'chən əpla'iənsəz]
mencionar *v* to mention [tu men'shən]
mendigo *m* beggar [be'guər]
menear *v* to stir [tu stər]; **—se** to wiggle [tu ui'guəl], shake [sheik]
menester *m* necessity [nəse'siti]; **es —** it is necessary [it iz ne'səseri]
mengua *f* decrease [dikriis'], want [uant]
menguante *adj* decreasing [dikrii'siŋ]; *f* ebb tide [eb taid]
menor *adj* minor [mai'nər]; younger [iʌŋ'guər]
menos *adj* less [les]; **al —** at least [æt-liist]; **a — que** unless [ʌnles']
mensaje *m* message [me'sədch], errand [e'rənd]
mensajero *n* messenger [me'səndchər]
menstruación *f* menstruation [men'-struei'shən]
menta *f* mint [mint]
mental *adj* mental [men'təl]
mentalidad *f* mentality [mentæl'iti]
mentar *v* to mention [tu men'shən]

mente *f* mind [maind]
mentir *v* to lie [tu lai]; to fib [tu fib]
mentira *f* lie [lai]; **parecer —** to seem impossible [tu siim impa'sibəl]
mentiroso *adj* lying [lai'iŋ], deceitful [disiit'fəl]
menú *m* menu [me'niu]
menudeo *adj* retail [rii'teil]
menudo *adj* small [smɔl], minute [mai-nut']
meñique *m* tiny [tai'ni]; little finger [li'təl fiŋ'guər]
mercadería *f* merchandise [mər'chən-dais]
mercado *m* market [mar'ket]; **— común** common market [ka'mən ...]; **— negro** black market [blæk ...]
mercancía *f* merchandise [mər'chəndais]
merced *f* favor [fei'vər], mercy [mər'si]
mercenario *adj* mercenary [mər'səneri]
mercurio *m* mercury [mər'kiuri]
merecer *v* to deserve [tu dizərv']
merendar *v* to have a snack [tu jæv ə snæk]
meridiano *m* meridian [məri'diən]
meridional *adj* southern [sʌ'dhərn]
merienda *f* afternoon snack [æftərnun' snæk]
mérito *m* merit [me'rit]
merma *f* decrease [dikriis'], waste [ueist]
mermelada *f* marmalade [marməleid']
mero *adj* mere [miir], only [on'li]
mes *m* month [mʌnth]
mesa *f* table [tei'bəl]
mesada *f* monthly allowance [mʌn'thli əlau'əns], pay [pei]
mesero *m* (*Am*) waiter [uei'tər]
meseta *f* landing (staircase) [læn'diŋ, ster'keis]; plateau [plæto']
Mesías *m* Messiah [məsai'ə]
mesón *m* inn [in]
mester *m* trade [treid]; poetical genre [poe'tikəl dchanr]
mestizo *adj* of mixed blood [ʌv mixt blʌd]; *m* half-breed [jæf-briid]
meta *f* aim [eim], goal [gol]
metáfora *f* metaphor [me'təfɔr]
metal *m* metal [me'təl]
metálico *adj* metallic [mətæ'lik]
meter *v* to place [tu pleis], put [puət]
meticuloso *adj* meticulous [məti'kiuləs]
metódico *adj* methodical [metha'dikəl]
método *m* method [me'thəd]
métrico *adj* metrical [me'trikəl]
metro *m* meter [mii'tər]; subway [sʌb'-uei]
metrópoli *f* metropolis [mətra'pəlis]
México *m* Mexico [me'xiko]
mezcla *f* mixture [mix'chər], medley [me'dli]
mezclar *v* to mix [tu mix]
mi *adj* my [mai]; *pron* me [mii]
microbio *m* microbe [mai'krob]
micrófono *m* microphone [mai'krəfon]
microscopio *m* microscope [mai'krəskop]
microsurco *m* microgroove [mai'kro-gruv]
miedo *m* fear [fiir]; **tener —** to be afraid [tu bii əfreid']
miel *f* honey [jʌ'ni]; **luna de — honey-moon** [jʌ'nimun]
miembro *m* member [mem'bər], limb [lim]
mientras *adv* while [juail]; **— tanto** meanwhile [miin'juail]
miércoles *m* Wednesday [uenz'dei]
mierda *f* excrement [ex'krəmənt]
miga *f* crumb [krʌm]
migaja *f* scrap [skræp]
mil *m* one thousand [uan thau'zənd]
milagro *m* miracle [mi'rəkəl], wonder [uʌn'dər]
milagroso *adj* miraculous [miræ'kiuləs]
milicia *f* militia [məli'shi-ə]
milímetro *m* millimeter [mi'ləmiitər]
militar *adj* military [mi'lətəri]
milla *f* mile [mail]
millar *m* thousand [thau'zənd]
millón *m* million [mi'liən]; **un — de** a million of [... ʌv]
millonario *m* millionaire [miliəner']
milpa *f* (*Am*) cornfield [kɔrn'fiild]
mimar *v* to flatter [tu flæ'tər]; to caress [tu kəres']; to spoil [tu spɔil]
mimbre *m* wicker [ui'kər]
mimeógrafo *m* mimeograph [mi'miə-græf]
mina *f* mine [main]
mineral *adj* mineral [mi'nərəl]
minero *m* miner [mai'nər]
miniatura *f* miniature [mi'niəchər]
mini-falda *f* mini skirt [mi'ni skərt]
mínimo *adj* least [liist]
mini-pollera *f* (*Arg*) mini skirt [mi'ni skərt]
ministerio *m* ministry [mi'nistri]; de-partment [dipart'mənt]
ministro *m* minister [mi'nistər]
minoría *f* minority [maina'riti]
minucioso *adj* meticulous [məti'kiuləs]
minúsculo *adj* small [smɔl]; *f* lower case [lo'ər keis]
minuta *f* first draft [fərst dræft]; mi-nutes [mi'nətz]

minuto *m* minute [mi'nət]
miope *adj, n* near-sighted [niir-sai'təd]
mirada *f* glance [glæns]; **echar una —** to glance [tu ...]
mirar *v* to look [tu luək]; **—se** to look at one another [... æt uan ənʌ'thər]
mirlo *m* blackbird [blæk'bərd]
misa *f* mass [mæs]; **— mayor** high mass [jai ...]; **— rezada** low mass [lo ...]
misceláneo *adj* miscellaneous [misəlei'niəs]
miserable *adj* miserable [mi'zərəbəl]
miseria *f* misery [mi'zəri]; pittance [pi'təns]
misericordia *f* mercy [mər'si]
misión *f* mission [mi'shən]
misionero *m* missionary [mi'shəneri]
mismo *adj* same [seim]; **ahora —** right now [rait nau]
misterio *m* mystery [mi'stəri]
misterioso *adj* mysterious [misti'riəs]
mitad *f* half [jæf], middle [mi'dəl]
mitigar *v* to mitigate [tu mi'tigueit]
mitin *m* meeting [mii'tiŋ]
mitología *f* mythology [mitha'lədchi]
mixto *adj* mixed [mixt]
mocedad *f* youth [iuth]
moción *f* motion [mo'shən]
mocoso *adj* sniveling [sni'vəliŋ]; *m* brat [bræt]
mochila *f* knapsack [næp'sæk]; kit [kit]
moda *f* fashion [fæ'shən], style [stail]
modelo *m* model [ma'dəl], pattern [pæ'tərn]; *f, m* (person) model [pər'sən, ...]; mannequin [mæ'nəkən]
moderación *f* moderation [madər'eishən]
moderado *adj* moderate [ma'dərit]
modernizar *v* to modernize [tu ma'dərnaiz]
moderno *adj* modern [ma'dərn]
modestia *f* modesty [ma'dəsti]
modesto *adj* modest [ma'dəst]
módico *adj* moderate [ma'dərət]
modificar *v* to modify [tu ma'dəfai]
modismo *m* idiomatic expression [idiomæ'tik expre'shən]
modista *f* dressmaker [dres'meikər]
modo *m* way [uei], manner [mæ'nər]
mofa *f* mockery [ma'kəri]
mohoso *adj* rusty [rʌ'sti]
mojado *adj* wet [uet]
mojar *v* to wet [tu uet]; **—se** to get wet [tu guet ...]
molde *m* mold [mold], pattern [pæ'tərn]
mole *m* (*Méx*) spicy sauce [spai'si sɔs]
moler *v* to grind [tu graind]
molestar *v* to bother [tu ba'dhər], molest [məlest']
molestia *f* bother [ba'dhər]
molino *m* mill [mil]; **— de viento** windmill [uind'mil]
momento *m* moment [mo'mənt]
momia *f* mummy [mʌ'mi]
monada *f* pretty little thing [pri'ti li'təl thiŋ]
monarca *m* monarch [ma'nərk]
monarquía *f* monarchy [ma'nərki]
moneda *f* money [mʌ'ni], coin [kɔin]
monje *m* monk [mʌŋk]
mono *adj* pretty [pri'ti], cute [kiut]; *m* monkey [mʌŋ'ki]
monograma *m* monogram [ma'nəgræm]
monólogo *m* monologue [ma'nəlaguə]
monopolio *m* monopoly [məna'pəli]
monotonía *f* monotony [məna'təni]
monótono *adj* monotonous [məna'tənəs]
monstruo *m* monster [man'stər]
montaña *f* mountain [maun'tən]
montañoso *adj* mountainous [maun'tənəs]
montar *v* to mount [tu maunt], climb [klaim]
monte *m* hill [jil]
montés *adj* wild [uaild]
montón *m* heap [jiip]; **a —es** abundantly [əbʌn'dəntli]
monumento *m* monument [ma'niumənt]
mora *f* blackberry [blæk'beri]
morada *f* abode [əbod'], home [jom]
moraleja *f* moral [ma'rəl]
moralidad *f* morality [mɔræ'ləti]
mórbido *adj* morbid [mɔr'bid]; soft [sɔft]
mordaz *adj* biting [bai'tiŋ]; sarcastic [sarkæ'stik]
morder *v* to bite [tu bait]
mordida *f* bite [bait]; graft [græft]
morena *f* brunette [brunet']; dark girl [dark guərl]
moreno *adj* brown [braun]; brunet [brunet']; (*Am*) Negro [nii'gro]
morfina *f* morphine [mɔr'fiin]
moribundo *adj* dying [da'iŋ]
morir(se) *v* to die [tu dai]
mortal *adj* mortal [mɔr'təl], deadly [de'dli]
mortalidad *f* mortality [mɔrtæ'ləti]
mortificar *v* to mortify [tu mɔr'təfai]
mosaico *m* tile [tail]; mosaic [mozei'ik]
mosca *f* fly [flai]

moscón *m* big fly [big flai]; (*Méx*) **ir de —** to be a chaperon [tu bii ə shæ'pəron]
mosquitero *m* mosquito net [məskii'to net]
mosquito *m* mosquito [məskii'to; gnat [næt]
mostaza *f* mustard [mʌ'stərd]
mostrador *m* counter [kaun'tər]
mostrar *v* to show [tu sho]; **—se** to appear [tu əpiir']
mota *f* powder puff [pau'dər pʌf]; speck [spek]
motín *m* mutiny [miu'təni], riot [rai'ət]
motivo *m* motive [mo'tiv]; **con — de** by reason of [bai rii'zən ʌv]
motocicleta *f* motorcycle [mo'tərsaikəl]
motor *m* motor [mo'tər]
mover *v* to move [tu muv]
móvil *m* motive [mo'tiv]
movilizar *v* to mobilize [tu mo'bəlaiz]
movimiento *m* movement [muv'mənt]
moza *f* girl [guərl], lass [læs]
mozo *m* youth [iuth], lad [læd]
muchacha *f* girl [guərl]; maid [meid]
muchacho *m* boy [bɔi]; helper [jel'pər]
muchedumbre *f* crowd [kraud]
mucho *adj, adv* much [mʌch]; **me gusta —** I like it very much [ai laik it ve'ri ...]
mudar *v* to change [tu cheindch]
mudo *adj* dumb [dʌm], silent [sai'lənt]
mueble(s) *m, pl* furniture [fər'nəchər]
mueca *f* grimace [gri'məs]
muela *f* molar tooth [mo'lər tuth]
muelle *adj* soft [soft]; *m* spring [spriŋ]
muerte *f* death [deth]
muerto *adj* dead [ded]; *m* corpse [kɔrps]
muestra *f* sample [sæm'pəl]
mugre *f* dirt [dərt]
mujer *f* woman [uu'mən]
mulato *adj* mulatto [mula'to]
muleta *f* crutch [krʌch]
mulo *m* mule [miul]
multa *f* fine [fain]
multar *v* to fine [tu fain]
multiplicación *f* multiplication [mʌlti-plikei'shən]
multiplicar *v* to multiply [tu mʌl'təplai]
multitud *f* crowd [kraud]
mundial *adj* world-wide [uərld-uaid]
mundo *m* world [uərld]
munición *f* ammunition [æmiuni'shən]; **—es** arms [armz]
municipal *adj* municipal [miuni'səpəl]
muñeca *f* wrist [rist]; doll [dal]
muralla *f* rampart [ræm'part]; long wall [lɔŋ uɔl]
murciélago *m* bat [bæt]
murmullo *m* murmur [mər'mər]
murmurar *v* to murmur [tu mər'mər]; to gossip [tu ga'səp]
muro *m* wall [uɔl]
murria *f* sadness [sæd'nəs]
musa f muse [miuz]
muscular *adj* muscular [mʌ'skiulər]
músculo *m* muscle [mʌ'səl]
museo *m* museum [miuzii'əm]
musgo *m* moss [mɔs]
música *f* music [miu'zik]
musical *adj* musical [miu'zikəl]
músico *m* musician [miuzi'shən], player [ple'iər]
muslo *m* thigh [thai]
mutilar *v* to mutilate [tu miu'tileit], **cut up** [kʌt ʌp]
mutismo *m* muteness [miu'tnəs]
mutuo *adj* mutual [miu'chuəl]
muy *adv* very [ve'ri]; **— bien** fine! [fain], very well [... uel]

N

nabo *m* turnip [tər'nəp]
nácar *m* mother-of-pearl [mʌdh'ər ʌv pərl]
nacer *v* to be born [tu bii bɔrn]
nacido *adj* born [bɔrn]
nacimiento *m* birth [bər'th]; Christmas Crib [kri'sməs crib]; **certificado (fe) de —** birth certificate [... sərti'fikət]
nación *f* nation [nei'shən]
nacional *adj* national [næ'shənəl]
nacionalidad *f* nationality [næshənæ'liti]
nada *f* nothing [nʌ'thiŋ]
nadar *v* to swim [tu suim]
nadie *pron* nobody [no'badi]
nafta *f* gasoline [gæ'səliin]
naipe(s) *m, pl* playing card(s) [ple'iŋ kard, z]
nalga *f* buttock [bʌ'tək]
naranja *f* orange [a'rəndch]
naranjada *f* orangeade [arəndcheid']
naranjo *m* orange tree [a'rəndch trii]
narcótico *adj, m* narcotic [narka'tik]
nariz *f* nose [noz]
narrar *v* to narrate [tu næ'reit]
nasal *adj* nasal [nei'zəl]
nata *f* cream [kriim]
natalidad *f* birth rate [bərth reit]
natillas *f* custard [kʌ'stərd]; **— heladas** frozen custard [fro'zən ...]
nativo *adj* native [nei'tiv]
natural *adj* natural [næ'chərəl]; **—mente** *adv* naturally [...li]
naturaleza *f* nature [nei'chər]
naufragio *m* shipwreck [ship'rek]
náusea *f* nausea [nɔ'shiə]
navaja *f* razor [rei'zər]
naval *adj* naval [nei'vəl]
nave *f* ship [ship], boat [bot]; **— espacial** spacecraft [speis'cræft]; spaceship [speis'ship]
navegable *adj* navigable [næ'vəguəbəl]
navegación *f* navigation [næ'vəguei-shən]
navegar *v* to navigate [tu næ'vəgueit]
navidad *f* nativity [nəti'vəti]; **Feliz N—** Merry Christmas [me'ri kris'məs]
neblina *f* fog [faguə]
nebuloso *adj* foggy [fa'gui]
necedad *f* nonsense [nan'sens]
necesario *adj* necessary [ne'səseri]
necesidad *f* necessity [nəse'siti]
necesitado *adj* needy [nii'di]
necesitar *v* to need [tu niid]; to have to [tu jæf tu]
necio *adj* ignorant [ig'nərənt]
néctar *m* nectar [nek'tər]
nefando *adj* evil [ii'vil]
negar *v* to deny [tu dinai']; to refuse [tu rifiuz']; **—se** to refuse [...]
negativa *f* refusal [rifiu'zəl]; (*fot*) negative [ne'guətiv]
negativo *adj* negative [ne'guətiv]
negligencia *f* negligence [ne'glidchəns]
negociante *m* dealer [dii'lər]
negocio *m* business [biz'nəs]
negro *adj* black [blæk]
nena *f* baby [bei'bi]
nene *m* baby [bei'bi]
neologismo *m* neologism [niia'lədchizm]
nervio *m* nerve [nərv]
nervioso *adj* nervous [nər'vəs]
neto *adj* net [net]; **peso —** net weight [... ueit]
neumático *m* tire [tair]; **— de repuesto** spare tire [sper ...]
neumonía *f* pneumonia [nuəmo'niə]
neutralidad *f* neutrality [nutræ'ləti]
neutro *adj* neutral [nu'trəl]
nevada *f* snowfall [sno'fɔl]
nevar *v* to snow [tu sno]; **nieva** it is snowing [it iz sno'iŋ]
nevera *f* icebox [ais'bax]; refrigerator [rifrid'chəreitər]
ni *conj* neither [nii'dhər], nor [nɔr]; **— yo tampoco** nor I [... ai]
nido *m* nest [nest]; refuge [re'fiudch]
niebla *f* fog [faguə], mist [mist]
nieta *f* granddaughter [græn'dɔtər]
nieto *m* grandson [græn'sʌn]
nieve *f* snow [sno]
nimio *adj* stingy [stin'dchi]
ninfa *f* nymph [nimf]; mermaid [mər'meid]
ningún *adj* no [no], not any [nat e'ni]; **ninguno** *pron* no one [no uʌn]
niña *f* little girl [li'təl guərl]; **— mía** my darling [mai dar'liŋ]
niñera *f* nursemaid [nərs'meid]; baby-sitter [bei'bi si'tər]
niñez *f* childhood [chaild'juəd]

niño *adj* childish [chail'dish]; *m* little boy [li'təl bɔil]
níquel *m* nickel [ni'kəl]
nítido *adj* clear [klir]; orderly [ɔr'dərli]
nitrato *m* nitrate [nai'treit]
nitrógeno *m* nitrogen [nai'trədchən]
nivel *m* level [le'vəl]; standard [stæn'dərd]; height [jait]
noble *adj* noble [no'bəl]
nobleza *f* nobleness [no'bəlnəs]
noción *f* notion [no'shən]
nocivo *adj* harmful [jarm'fəl]
nocturno *adj* (at) night [æt, nait]
noche *f* night [nait]; **buenas —s** good evening [guəd i'vəniŋ]
Nochebuena *f* Christmas Eve [kris'məs ivə]
nogal *m* walnut tree [uɔl'nʌt trii]
nombramiento *m* nomination [na'minei'shən]
nombrar *v* to name [tu neim], nominate [na'mineit]
nombre *m* name [neim]; **— de pila** first name (as Robert) [first ..., æz ra'bərt]
nono *adj* ninth [nainth]
norma *f* norm [nɔrm]; standard [stæn'dərd]; rule [rul]
normal *adj* normal [nɔr'məl]
norte *m* north [nɔrth]
Norteamérica *f* North America [nɔrth əme'rikə]
norteamericano *adj* North American [nɔrth əme'rikən]
nosotros *pron* we [uii], ourselves [aurselvz']
nostalgia *f* homesickness [jom'siknəs]
nostálgico *adj* nostalgic [nəstæl'dchik]
nota *f* note [not]; notice [no'tis]
notable *adj* remarkable [rimar'kəbəl]
notar *v* to note [tu not]; to notice [tu no'tis]
notario *m* notary [no'təri]
noticia *f* notice [no'tis], news [niuz]; **las últimas —s** the latest news [dhə lei'təst ...]; newscast [niuz'kæst]
noticiario *m* newscast [niuz'kæst]
notificar *v* to notify [tu no'təfai], inform [infɔrm']

notorio *adj* notorious [notɔ'riəs]
novecientos *adj, m* nine hundred [nain jʌn'drəd]
novedad *f* novelty [na'vəlti]; latest events [lei'təst iiventz']
novela *f* novel [na'vəl]
novelista *m, f* novelist [na'vəlist]
novena *f* (*relig*) Novena [novii'nə]
noveno *adj* ninth [nainth]
noventa *adj, m* ninety [nain'ti]
novia *f* bride [braid]; fiancée [fiansei'], sweetheart [suiit'jart]
noviembre *m* November [novem'bər]
novillero *m* apprentice bullfighter [əpren'təs buəl'faitər]
novillo *m* young bull [iʌŋ buəl]; **hacer —s** to cut classes [tu kʌt klæ'səz]
novio *m* bridegroom [braid'grum]; fiancé [fiansei'], sweetheart [suiit'jart]
nube *f* cloud [klaud]
nublado *adj* cloudy [klau'di]; **está —** it is cloudy [it iz ...]
nuca *f* nape [neip]; neck [nek]
nuclear *adj* nuclear [nu'kliər]; **detonación —** nuclear blast [... blæst]; **energía —** nuclear energy [... en'ərdchi]; **física —** nuclear physics [... fi'ziks]; **fisión —** nuclear fission [... fi'shən]
núcleo *m* nucleus [niu'kliəs]
nudo *m* knot [nat]
nuera *f* daughter-in-law [dɔ'tər-in-lɔ]
nuestro *adj, pron* our [aur], ours [aurz]
nueva *f* news [niuz]; **buenas —s** good news [guəd ...]
nueve *adj, m* nine [nain]
nuevo *adj* new [niu], modern [ma'dərn]
nuez *f* walnut [uɔl'nʌt]
numerar *v* to number [tu nʌm'bər]
número *m* number [nʌm'bər]
numeroso *adj* numerous [niu'mərəs]
nunca *adv* never [ne'vər]
nupcial *adj* nuptial [nʌp'chəl]
nupcias *f* wedding [ue'diŋ]
nutrición *f* feeding [fii'diŋ]
nutrir *v* to nourish [tu nʌ'rish], feed [fiid]
nutritivo *adj* nourishing [nʌ'rishiŋ]
nylon *m* nylon [nai'lan]; **medias de —** nylon stockings [... sta'kiŋs]

Ñ

ñame *m* yam [yæm]
ñandú *m* nandu [næn'du]
ñapa *f* (*Am*) something extra [sʌm'thiŋ ex'trə], bonus [bo'nəs]
ñaque *m* junk [dchʌŋk]
ñato *adj* (*Am*) pug-nosed [pʌguə-nozd']; ugly [ʌ'gli]
ñiquiñaque *m* (*col*) trash [træsh]
ñoclo *m* macaroon [mækərun']
ñoñería *m* inanity [inæ'niti]
ñoño *adj* timid [ti'mid]; insipid [insi'pid]

O

o *conj* or [ɔr], either [ii'dhər]
oasis *m* oasis [oei'səs]
obedecer *v* to obey [tu obei']
obediencia *f* obedience [obii'diəns]
obediente *adj* obedient [obii'diənt]
obertura *f* overture [o'vərchiur]
obesidad *f* obesity [obi'siti], fatness [fæt'nəs]
obispo *m* bishop [bi'shəp]
objeción *f* objection [abdchek'shən]
objetar *v* to oject [tu abdchekt']
objetivo *adj* objective [abdchek'tiv]
objeto *m* object [ab'dchekt]
oblicuo *adj* oblique [əbliik']
obligación *f* obligation [abliguei'shən]
obligado *adj* obligated [ab'ligueitəd]
obligar *v* to oblige [tu əbla'idch]; to compel [tu kəmpel']
óbolo *m* mite [mait]
obra *f* work [uərk], labor [lei'bər]
obrar *v* to work [tu uərk], operate [a'pəreit]; **obra milagros** it (he) performs miracles [it, jii, pərfɔrms mi'-rəkəlz]
obrero *m* day laborer [dei lei'bərər]
obsceno *adj* obscene [absiin']
obscurecer(se) *v* to darken [tu dar'kən]
obscuridad *f* darkness [dark'nəs]
obscuro *adj* dark [dark]; **a —as** in the dark [in dhə ...]
obsequio *m* gift [gift]; **en —** in honor [in a'nər]
observación *f* observation [absərvei'-shən]
observador *m* observer [absər'vər]
observar *v* to observe [tu absərv']; to watch keenly [tu uach kiin'li]
obsesión *f* obsession [abse'shən]
obstáculo *m* obstacle [ab'stəkəl]
obstante: no — notwithstanding [nat-uithstæn'diŋ]
obstar *v* to hinder [tu jin'dər], object [abdchekt']
obstetricia *f* obstetrics [abste'triks]
obstinación *f* obstinacy [ab'stinəsi]
obstinado *adj* obstinate [ab'stinət], stubborn [stʌ'bərn]
obstrucción *f* obstruction [abstrʌk'shən]
obstruir *v* to obstruct [tu abstrʌkt']
obtener *v* to obtain [tu əbtein']
obtenible *adj* obtainable [abtei'nəbəl]
obvio *adj* obvious [ab'viəs]
ocasión *f* occasion [okei'zhən]; chance [chæns]; risk [risk]; bargain [bar'-guən]
ocasionar *v* to cause [tu kɔz]
occidental *adj* western [ue'stərn]
occidente *m* occident [ak'sidənt], west [uest]
océano *m* ocean [o'shən]
ocio *m* leisure [lii'zhiər]
ocioso *adj* idle [ai'dəl]
octavo *adj* eighth [eith]
octubre *m* October [akto'bər]
ocular *adj* ocular [a'kiulər]
oculista *m* oculist [a'kiulist]
ocultar *v* to hide [tu jaid]
oculto *adj* hidden [ji'dən], concealed [kənsii'ld]
ocupación *f* occupation [akiupei'shən]
ocupado *adj* busy [bi'zi]
ocupar *v* to occupy [tu a'kiupai]
ocurrencia *f* occurrence [əkə'rəns], event [ivent']
ocurrir *v* to occur [tu əkər']; to happen [tu jæ'pən]
ochenta *adj, m* eighty [ei'ti]
ocho *adj, m* eight [eit]
oda *f* ode [od], poem [po'əm]
odiar *v* to hate [tu jeit]
odio *m* hatred [jei'trəd]
oeste *m* west [uest]
ofender *v* to offend [tu əfend']
ofensa *f* offense [əfen's]
ofensivo *adj* offensive [əfen'siv]
oferta *f* offer [ɔ'fər]
oficial *adj, m* official [əfi'shəl]
oficiar *v* to officiate [tu əfi'shieit]
oficina *f* office [ɔ'fis]
oficio *m* occupation [akiupei'shən]
ofrecer(se) *v* to offer [tu ɔ'fər]
ofrecimiento *m* offering [ɔ'fəriŋ]
ofrenda *f* gift [gift]
ofuscar *v* to darken [tu dar'kən]; to cloud [tu klaud]; to confuse [tu kən-fiuz']

ogro *m* ogre [o'guər]
oído *m* ear [iir]; hearing [jii'riŋ]
oír *v* to hear [tu jiir]
ojal *m* buttonhole [bʌ'tənjol]
¡ojalá! *interj* God grant [gad grænt]; **— que viniera** I wish he came [ai uish jii keim]
ojeada *f* glance [glæns]; **dio una —** he glanced [jii ...t]
ojear *v* to eye [tu ai]
ojera *f* dark circle under the eye [dark sər'kəl ʌn'dər dhi ai]
ojo *m* eye [ai]; keyhole [kii'jol]; **cuesta un — de la cara** it is extremely expensive [it iz extri'məli expen'siv]
ola *f* wave [ueiv]
oleaje *m* surge [sərdch]; waves [uei'vz]
oler *v* to smell [tu smel]; to stink [tu stiŋk]; **olérselas** to suspect [tu sʌs-pekt']
oliva *f* olive [a'liv]
olivo *m* olive tree [a'liv trii]
olmo *m* elm tree [elm trii]
olor *m* odor [o'dər]
oloroso *adj* fragrant [frei'grənt]
olvidadizo *adj* forgetful [fɔrguet'fəl]
olvidar(se) *v* to forget [tu fɔrguet']
olvido *m* forgetfulness [fɔrguet'fəlnəs]
olla *f* kettle [ke'təl]
ombligo *m* navel [nei'vəl]
omisión *f* omission [omi'shən]
omitir *v* to omit [tu omit']
ómnibus *m* omnibus [am'nibəs]
omnipotente *adj* omnipotent [amni'pə-tənt]
once *adj, m* eleven [əle'vən]
onda *f* wave [ueiv]
ondear *v* to undulate [tu ʌn'diuleit]
ondulación *f* undulation [ʌndiulei'shən]; **— permanente** permanent wave [pər'-mənənt ueiv]
ondulado *adj* wavy [uei'vi]
onza *f* ounce [auns]
opaco *adj* opaque [opeik']
opción *f* option [ɔp'shən], choice [chɔis]
ópera *f* opera [a'pərə]
operación *f* operation [apərei'shən]
operar *v* to operate [tu a'pəreit]; **—se** to have an operation [tu jæv ən apərei'-shən]
opereta *f* operetta [apəre'tə]
opinar *v* to give an opinion [tu guiv ən opi'niən]
opinión *f* opinion [əpi'niən]
opio *m* opium [o'piəm]
oponer(se) *v* to oppose [tu əpoz']
oportunidad *f* opportunity [apərtiu'niti]
oportuno *adj* opportune [apərtiun']
oposición *f* opposition [apəzi'shən]
oprimir *v* to oppress [tu əpres']
optar *v* to choose [tu chiuz]
óptico *adj* optic [ap'tik], optical [ap'ti-kəl]; *m* optician [apti'shən]
optimismo *m* optimism [ap'təmizm]
optimista *m, f* optimist [ap'təmist]
óptimo *adj* very good [ve'ri guəd]
opuesto *adj* opposite [a'pəsit]
opulencia *f* wealth [uelth]
oración *f* oration [ɔrei'shən]
orador *m* orator [ɔ'rətor]
oral *adj* oral [ɔ'rəl]
orar *v* to pray [tu prei]
oratoria *f* oratory [ɔ'rətori]
orbe *m* earth [ərth], world [uərld]
órbita *f* orbit [ɔr'bit]; **en —** in orbit [in ...]
orden *m* order [ɔr'dər]; **a sus órdenes** at your service [æt iur sər'vis]
ordenar *v* to arrange [tu əreindch']
ordeñar *v* to milk [tu milk]
ordinario *adj* ordinary [ɔr'dineri]; **de —** usually [iu'zhuəli]
oreja *f* ear [iir]
orejera *f* ear muff [iir mʌf]
orfebre *m* goldsmith [gold'smith]
organdí *m* organdy [ɔr'guəndi]
orgánico *adj* organic [ɔrgæ'nik]
organismo *m* organism [ɔr'guənizm]
organizar *v* to organize [tu ɔr'guənaiz]
órgano *m* organ [ɔr'guən]
orgullo *m* pride [praid]
orgulloso *adj* proud [praud], haughty [jɔ'ti]
orientación *f* orientation [ɔrientei'shən]
oriental *adj* oriental [ɔrien'təl], eastern [ii'stərn]
orientar *v* to orient [tu ɔriiənt']
oriente *m* east [iist]
origen *m* origin [a'ridchən], source [sɔrs]
original *adj* original [əri'dchinəl]; new [niu]
originalidad *f* originality [əridchinæ'-liti]
orilla *f* border [bɔr'dər]; shore [shɔr]; edge [edch]
orina *f* urine [iu'rin]
orinar *v* to urinate [tu iu'rineit]
orla *f* fringe [frindch]
ornamento *m* ornament [ɔr'nəmənt]
ornar *v* to trim [tu trim]

oro *m* gold [gold]; **es de —** it is gold [it iz ...]
orquesta *f* orchestra [ɔr'kəstrə]
orquídea *f* orchid [ɔr'kid]
ortografía *f* spelling [spe'liŋ]
ortopédico *adj* orthopedic [ɔrthəpii'dik]
osa *f* she-bear [shii-ber]
oscurecer *v* to darken [tu dar'kən]
oscurecimiento *m* black-out [blæk-aut]
oscuridad *f* darkness [dark'nəs]
oscuro *adj* obscure [abskiur'], dark [dark]
oso *m* bear [ber]
ostentar *v* to show [tu sho], display [displei']
ostión *m* large oyster [lardch ɔi'stər]
ostra *f* oyster [ɔi'stər]
otoño *m* autumn [ɔ'təm]
otro *adj* another [ənʌ'dhər]
ovación *f* ovation [ovei'shən]
oval(ado) *adj* oval shaped [o'vəl shei'-pt]
óvalo *m* oval [o'vəl]
ovario *m* ovary [o'vəri]
oveja *f* sheep [shiip]
ovejero *m* shepherd [she'pərd]
ovejuno *adj* of sheep [ʌv shiip]
overo *adj* spotted [spa'təd]; peach-like [piich-laik]
ovillar(se) *v* to curl up like a ball [tu kərl ʌp laik ə bɔl]
ovillo *m* ball of thread [bɔl ʌv thred]; confusion [kənfiu'zhən]
oxidar *v* to rust [tu rʌst]
óxido *m* oxide [ax'aid]
oxígeno *m* oxygen [ax'idchən]
oyente *m* listener [li'sənər]; (*escuela*) auditor [ɔ'ditər]

P

pabellón *m* flag [flæguə]; pavilion [pə·vi'liən]
paciencia *f* patience [pei'shəns]
paciente *adj, m* patient [pei'shənt]
pacífico *adj* pacific [pəsi'fik]
pacto *m* pact [pækt]; contract [kan'trækt]
padecer *v* to suffer [tu sʌ'fər]
padrastro *m* stepfather [step'fadhər]
padre *m* father [fa'dhər]; **—s** parents [pe'rəntz]
padrenuestro *m* Our Father [aur fa'dher]
padrino *m* godfather [gad'fadhər]
paga *f* pay [pei], salary [sæ'ləri]
pagadero *adj* payable [pei'əbəl]
pagano *m* heathen [jii'dhən]
pagar *v* to pay [tu pei]; to atone [tu əton']
pagaré *m* promissory note [pra'misɔri not]
página *f* page [peidch]
pago *m* pay [pei]; prize [praiz]
país *m* country [kʌn'tri]
paisaje *m* landscape [lænd'skeip]
paisano *m* countryman [kʌn'trimən]
paja *f* straw [strɔ]
pájaro *m* bird [bərd]
paje *m* page [peidch]
pala *f* shovel [shʌ'vəl]
palabra *f* word [uərd]; **tener la —** to have the floor [tu jæv dhə flɔr]
palacio *m* palace [pæ'ləs]
paladar *m* palate [pæ'lət]; taste [teist]
palanca *f* lever [le'vər], bar [bar]
palco *m* box in a theater [bax in ə thi'ətər]
paleta *f* trowel [tra'uəl]
palidez *f* paleness [peil'nəs]
pálido *adj* pale [peil]
palillo *m* toothpick [tuth'pik]
paliza *f* whipping [jui'piŋ], beating [bii'tiŋ]
palma *f* palm (of the hand) [pam, ʌv dhə jænd]
palmada *f* slap [slæp]; **dar —s** to slap [tu ...]
palmera *f* palm tree [pam trii]
palmotear *v* to applaud [tu əplɔd']
palo *m* stick [stik]; pole [pol]
paloma *f* dove [dʌv]
palomilla *f* moth [mɔth]
palomita *f* squab [skuab]
palomo *m* pigeon [pi'dchən]
palpar *v* to feel [tu fiil]
palpitante *adj* palpitating [pæl'piteitiŋ]
palpitar *v* to beat [tu biit], throb [thrab]
pampa *f* great plain [greit plein]
pan *m* bread [bred]
pana *f* corduroy [kɔr'dərɔi]
panadería *f* bakery [bei'kəri]
panadero *n* baker [bei'kər]
panamericano *adj* Pan-American [pænəme'rikən]
pandereta *f* tambourine [tæmbəriin']
pandilla *f* gang [gaŋ]
pando *adj* bulging [bʌl'dchiŋ]
panfleto *m* (*Am*) pamphlet [pæm'flət]
pánico *m* panic [pæ'nik], fright [frait]
panne *m* (*Chile*) car trouble [kar trʌ'bəl]
panorama *m* panorama [pænəræ'mə]
pantalones *m, pl* trousers [trau'zərz]
pantalla *f* screen [skriin]; shade [sheid]
pantano *m* swamp [suamp]
panteón *m* cemetery [se'məteri]
pantera *f* panther [pæn'thər]
pantomima *f* pantomime [pæn'təmaim]
pantorrilla *f* calf (of leg) [kæf, ʌv leguə]
pantufla *f* slipper [sli'pər]
panza *f* belly [be'li]
pañal *m* diaper [dai'pər]
paño *m* cloth [klɔth]; **— de mesa** tablecloth [tei'bəlklɔth]
pañuelo *m* handkerchief [jæŋ'kərchif]
papa *m* Pope [pop]
papada *f* double chin [dʌ'bəl chin]
papagayo *m* parrot [pæ'rət]
papel *m* paper [pei'pər]; role [rol]; **— de seda** tissue paper [ti'shu ...]; **— secante** blotter [bla'tər]; **hoja de —** sheet of paper [shiit ʌv ...]
papeleo *m* red tape [red teip]
papelería *f* stationery [stei'shəneri]; paper work [pei'pər uərk]

papeleta *f* card [kard], file card [fail ...]
papera *f* goiter [gɔi'tər]; **—s** mumps [mʌmpz]
paquete *m* package [pæ'kədch]
par *adj* equal [ii'kuəl], par [par]
para *prep* for [fɔr], to [tu], in order to [in ɔr'dər tu]; **¿— qué?** what for [juat fɔr]; **lo hice — verlo** I did it in order to see it [ai did it ... tu sii it]; **— mañana** for tomorrow [.. təma'ro]; **— mí** for myself [fɔr maiself']; **— ella** for her [... jər]; **— siempre** forever [fɔre'vər]
parabién *m* congratulation [kəngræchəlei'shən]
parabrisa *m* windshield [uind'shiild]
paracaídas *m* parachute [pæ'rəshut]
paracaidista *m, f* parachutist [pæ'rəshutist]
parada *f* halt [jalt]; stop [stap]; parade [pəreid']
paradero *m* whereabouts [juer'əbauts]; end [end]
parado *adj* stopped [sta'pt]; standing [stæn'diŋ]
paradoja *f* paradox [pæ'rədax]
parador *m* wayside inn [uei'said in]; motel [motel']; lodge [ladch]
paraguas *m* umbrella [ʌmbre'lə]
paraíso *m* paradise [pæ'rədais]
paralelo *adj, m* parallel [pæ'rələl]
parálisis *f* paralysis [pəræ'lisis]
paralizar *v* to paralyze [tu pæ'rəlaiz]
parar(se) *v* to stop [tu stap], halt [jɔlt]; **— mientes** to notice [tu no'tis]
pararrayos *m* lightning rod [lait'niŋ rad]
parásito *m* parasite [pæ'rəsait]
parasol *m* parasol [pæ'rəsɔl]
parche *m* patch [pæch]
parcial *adj* partial [par'shəl]
pardo *adj* brown [braun]
parecer *m* opinion [əpi'niən], advice [ædvais']; **en mi —** in my opinion [in mai ...]; *v* to seem [tu siim], appear [əpiir']
parecido *adj* similar [si'milər], alike [əlaik']; *m* resemblance [rizem'bləns]
pared *f* wall [uɔl]
pareja *f* pair [per], couple [kʌ'pəl]
parentela *f* relatives [re'lətivz]
parentesco *m* kinship [kin'ship]
paréntesis *m* parenthesis [pəren'thəsis]
paria *m, f* outcast [aut'kæst]
pariente *m, f* relative [re'lətiv]
parir *v* to give birth [tu guiv bərth]
parodia *f* parody [pæ'rədi]
parpadear *v* to blink [tu blink]
párpado *m* eyelid [ai'lid]
parque *m* park [park]
parra *f* grapevine [greip'vain]
párrafo *m* paragraph [pæ'rəgræf]
parranda *f* spree [sprii]
parrandear *v* to go on a spree [tu go an ə sprii]
parrilla *f* broiler [brɔi'lər], grill [gril]
párroco *m* parson [par'sən]; priest [priist]
parroquia *f* parish [pæ'rish]
parte *f* part [part], side [said]
partera *f* midwife [mid'uaif]
partición *f* partition [parti'shən]
participación *f* share [sher]
participar *v* to partake [tu parteik']
participio *m* participle [par'tisipəl]
partícula *f* particle [par'tikəl]
particular *adj* particular [parti'kiulər]
partida *f* departure [dipar'chər]; group [grup]; game [gueim]; certificate [sərti'fikət]
partidario *m* supporter [səpɔr'tər]
partido *m* party [par'ti]; game [gueim]; **sacarle — a** to take advantage of [tu teik ædvæn'tədch ʌv]; **tomar —** to decide [tu disaid']
partir *v* to depart [tu dipart']; to divide [tu divaid']; to leave [tu liiv]
parto *m* childbirth [chaild'bərth]
párvulo *m* child [chaild]
pasa *f* raisin [rei'zin]
pasadero *adj* passable [pæ'səbəl]
pasado *adj* past [pæst]
pasaje *m* passage [pæ'sədch]
pasajero *adj* transient [træn'ziənt]; *m* traveler [træ'vələr]
pasaporte *m* passport [pæs'pɔrt]
pasar *v* to pass [tu pæs]; to spend (time) [tu spend, taim]; **¿qué pasa?** what is new? [juat iz niu]
pasatiempo *m* pastime [pæ'staim]
Pascua *f* Christmas [kri'sməs]; Easter [ii'stər]; **Felices Pascuas** Merry Christmas [me'ri ...]; Happy Easter [jæ'pi ...]
pase *m* permit [pər'mit]
pasear(se) *v* to stroll [tu strol], walk [uɔk]
paseo *m* walk [uɔk]; ride [raid]; avenue [æ'vəniu]; **dar un —** to take a walk [tu teik ə ...]
pasillo *m* corridor [ka'ridər]; aisle [ail]
pasión *f* love [lʌv]; passion [pæ'shən]
pasivo *adj* passive [pæ'siv]
pasmar *v* to benumb [tu binʌm']
paso *m* pace [peis], step [step]

pasta *f* paste [peist]; dough [do]
pastel *m* pie [pai]; **— de manzana** apple pie [æ'pəl ...]
pastelero *n* pastry cook [pei'stri kuək]
pasterizar *v* to pasteurize [tu pæs'chəraiz]
pastilla *f* (*med*) tablet [tæ'blit]; cough drop [kɔf drap]
pasto *m* pasture [pæs'chər]
pastor *m* shepherd [she'pərd]
pata *f* female duck [fii'meil dʌk]; (*animal*) leg [leguə], paw [pɔ]
patada *f* kick [kik]
pataleta *f* fit [fit]
patán *adj* rude [rud]; *m* yokel [io'kəl]
patata *f* potato [pətei'to]
patear *v* to kick [tu kik]
patente *adj* patent [pæ'tənt], evident [e'vidənt]
paterno *adj* paternal [pətər'nəl]
patético *adj* pathetic [pəthe'tik]
patillas *f* side whiskers [said' juiskərz]
patín *m* skate [skeit]; **— de ruedas** roller skate [ro'lər ...]; **— de hielo** ice skate [ais skeit]
patinar *v* to skate [tu skeit]
patio *m* yard [iard]
pato *m* duck [dʌk]
patria *f* native country [nei'tiv kʌn'tri]
patriarca *m* patriarch [pei'triark]
patriota *m, f* patriot [pei'triət]
patriotismo *m* patriotism [pei'triətizm]
patrocinar *v* to favor [tu fei'vər], sponsor [span'sər]
patrón *m* patron [pei'trən]; boss [bɔs]
patrulla *f* patrol [pətrol']
pausar *v* to pause [tu pɔz]
pauta *f* rule [rul]; norm [nɔrm], model [ma'dəl]
pava *f* turkey hen [tər'ki jen]; (*Arg*) kettle [ke'təl]
pavesa *f* cinder [sin'dər]
pavimentar *v* to pave [tu peiv]
pavimento *m* pavement [peiv'mənt]
pavo *m* turkey [tər'ki]
pavor *m* fear [fiir], terror [te'rər]
payaso *m* clown [klaun]
paz *f* peace [piis]; **— mundial** world peace [uərld ...]
peatón *m* pedestrian [pəde'striən]
peca *f* freckle [fre'kəl]; spot [spat]
pecado *m* sin [sin]
pecador *m* sinner [si'nər]
pecar *v* to sin [tu sin]
peculiar *adj* peculiar [pikiu'liər]
pecuniario *adj* financial [fainæn'shəl]
pecho *m* breast [brest], chest [chest]
pechuga *f* breast of a fowl [brest ʌv ə faul]
pedagogía *f* pedagogy [pe'dəgodchi]
pedal *m* pedal [pe'dəl]
pedante *adj* pedantic [pədæn'tik]; *m* pedant [pe'dənt]
pedazo *m* piece [piis], bit [bit]
pedestal *m* pedestal [pe'distəl]
pedido *m* request [rikuest']; blank [blæŋk]; form [fɔrm]
pedir *v* to ask (for) [tu æsk, fɔr]; to beg [tu beguə]
pedrada *f* (stone) blow [ston,blo]
pegajoso *adj* sticky [sti'ki]
pegar *v* to cement [tu səment']; to paste [tu peist]
peinado *m* hairdressing [jer'dresiŋ]
peinadora *f* hairdresser [jer'dresər]
peinar *v* to comb [tu kom]
peine *m* comb [kom]
pelado *adj* peeled [piild]; bald [bɔld]; "broke" [brok]
pelar *v* to pluck [tu plʌk], peel [piil]; to fleece [tu fliis]
pelea *f* fight [fait], quarrel [kua'rəl]
pelear *v* to fight [tu fait]
peletería *f* fur store [fʌr stɔr]
película *f* film [film]; **— en colores** color film [kʌ'lər ...]
peligro *m* danger [dein'dchər]
peligroso *adj* dangerous [dein'dchərəs]
pelo *m* hair [jer]; **tomar el — a** to "kid" [tu kid]; to make fun of [tu meik fʌn ʌv]
pelota *f* ball [bɔl]
pelotera *f* quarrel [kua'rəl], brawl [brɔl]
pelotón *m* large ball [lardch bɔl]
peluca *f* wig [uiguə]
peludo *adj* hairy [je'ri]; (*Am, col*) drunkenness [drʌnk'ennəs]
peluquería *f* barbershop [bar'bərshap]
peluquero *m* barber [bar'bər]
pelusa *f* fuzz [fʌz], down [daun]
pellejo *m* skin [skin], hide [jaid]
pellizcar *v* to pinch [tu pinch]
pellizco *m* pinch [pinch]
pena *f* grief [griif]; embarrassment [imbæ'rəsmənt]; **no vale la —** it is not worth while [it iz nat uərth juail]
penal *adj* penal [pii'nəl]
penalidad *f* suffering [sʌ'fəriŋ], grief [griif]; difficulty [di'fikʌlti]
pendiente *adj* pending [pen'diŋ]; *m* earring [ii'riŋ]
péndulo *m* pendulum [pen'dchuləm]
penetrar *v* to penetrate [tu pe'nətreit]

penicilina *f* penicillin [penəsi'lin]
península *f* peninsula [pənin'siulə]
penitencia *f* penitence [pe'nətəns]
penoso *adj* distressing [distre'siŋ]
pensamiento *m* thought [thɔt]
pensar *v* to think [tu think]; **pienso en ella** I think of her [ai ... ʌv jər]
pensión *f* pension [pen'shən]
peña *f* rock [rak], crag [krægua]
peón *m* laborer [lei'bərər]; helper [jel'pər]
peor *adj, adv* worse [uərs]; **— que** worse than [... dhæn]; **tanto —** so much the worse [so mʌch dhə ...]
pepino *m* cucumber [kiu'kʌmbər]
pepita *f* kernel [kər'nəl]; seed [siid]
pequeño *adj* little [li'təl], small [smɔl]
pera *f* pear [per]
peral *m* pear tree [per trii]
percal *m* percale [pərkeil'], cloth [clɔth]
percance *m* misfortune [misfɔr'chən]; accident [æk'sidənt]
percepción *f* perception [pərsep'shən]
percibir *v* to perceive [tu pərsiiv']
percha *f* perch [pərch]; clothes hanger [kloz jæŋ'ər]
perder *v* to lose [tu luz]
pérdida *f* loss [lɔs]; damage [dæ'mədch]
perdido *adj* lost [lɔst]
perdiz *f* partridge [par'tridch]
perdón *m* pardon [par'dən]
perdonar *v* to pardon [tu par'dən]
perecer *v* to perish [tu pe'rish]
peregrino *m* pilgrim [pil'grim]
perejil *m* parsley [par'sli]
perenne *adj* eternal [iter'nəl]
pereza *f* laziness [lei'zinəs]
perezoso *adj* lazy [lei'zi], idle [ai'dəl]
perfección *f* perfection [pərfek'shən]
perfecto *adj* perfect [pər'fikt]
perfil *m* profile [pro'fail]
perforar *v* to perforate [tu pər'fəreit], pierce [piirs]
perfumar *v* to perfume [tu pərfium']
perfume *m* perfume [pər'fium]
pergamino *m* scroll [skrol], parchment [parch'mənt]
pericia *f* skill [skil]
perico *m* parakeet [pæ'rəkiit]
perilla *f* doorknob [dɔr'nab]
periódico *adj* periodical [piriad'ikəl]; *m* newspaper [niuz'peipər]
periodismo *m* journalism [dchər'nəlizm]
periodista *m* journalist [dchər'nəlist]
período *m* period [pi'riəd]; time [taim]
periscopio *m* periscope [pe'riskop]
perito *adj* skillful [skil'fəl]; *m* expert [ex'pərt]
perjudicar *v* to injure [tu in'dchər]
perjuicio *m* damage [dæ'mədch]
perla *f* pearl [pərl]
permanecer *v* to remain [tu rimein'], stay [stei]
permanente *adj* permanent [pər'mənənt]
permiso *m* permission [pərmi'shən]
permitir *v* to permit [tu pərmit'], allow [əlau']
perno *m* spike [spaik]; bolt [bolt]
pero *conj* but [bʌt], yet [iet]
perorar *v* to plea [tu plii]; appeal [əpiil']
peróxido *m* peroxide [pərax'aid]
perpendicular *adj* perpendicular [pərpendi'kiulər]
perpetuo *adj* perpetual [pərpe'chuəl]
perplejo *adj* perplexed [pərplext']
perro *m* dog [dɔguə]; **perra** *f* female dog [fii'meil dɔguə], bitch [bich]
perseguir *v* to pursue [tu pərsu']
perseverancia *f* perseverance [persəvii'rəns]
perseverar *v* to persevere [tu pərsəviir']
persiana *f* Venetian blind [vəni'shən blaind]
persignarse *v* to make the sign of the cross [tu meik dhə sain ʌv dhə krɔs]
persistente *adj* persistent [pərsi'stənt]
persistir *v* to persist [tu pərsist']
persona *f* person [pər'sən]
personaje *m* personage [pər'sənədch]; (*teat*) character [kæ'rəktər]
personal *adj* personal [pər'sənəl]
personalidad *f* personality [pərsənæ'liti]
perspectiva *f* perspective [pərspe'ktiv], outlook [aut'luək]
perspicaz *adj* perspicacious [pərspikei'shəs]; shrewd [shrud]
persuadir *v* to persuade [tu pərsueid']
persuasión *f* persuasion [pərsuei'zhən]
pertenecer *v* to belong to [tu bilɔŋ' tu]
perturbar *v* to perturb [tu pərtərb']; to disturb [tu distərb']
peruano *adj* Peruvian [pəru'viən]
perversidad *f* perversity [pərvər'siti]
perverso *adj* perverse [pərvərs']
pervertir *v* to pervert [tu pərvərt']
pesa *f* weight [ueit]
pesadez *f* heaviness [je'vinəs]
pesadilla *f* nightmare [nait'mer]
pesado *adj* heavy [je'vi], weighty [uei'ti]

pesadumbre *f* sorrow [sa'ro]; weight [ueit]
pésame *m* condolence [kəndo'ləns]
pesar *m* sorrow [sa'ro], grief [griif]; *v* to weigh [tu uei], consider [kənsi'dər]
pesca *f* fishing [fi'shiŋ]
pescado *m* fish [fish]
pescador *m* fisher [fi'shər]
pescar *v* to fish [tu fish]
pescuezo *m* neck [nek]
pesebre *m* manger [mein'dchər]
peseta *f* peseta [pəse'tə]
pesimista *m, f* pessimist [pe'simist]
pésimo *adj* very bad [ve'ri bæd]
peso *m* peso [pei'so]; weight [ueit]
pestaña *f* eyelash [ai'læsh]
pestañear *v* to wink [tu uiŋk]
peste *f* plague [pleiguə]
petaca *f* suitcase [sut'keis]; pouch [pauch]
pétalo *m* petal [pe'təl]
petate *m* (*Méx*) dunce [dʌns]; straw mat [strɔ mæt]; vile person [vail pər'sən]
petición *f* petition [pəti'shən], request [rikuest']
petirrojo *m* robin redbreast [ra'bin red'brest]
pétreo *adj* stone [ston], stony [sto'ni]
petróleo *m* petroleum [pətro'liəm]
petrolero *m* oil man [ɔil mæn]
petulancia *f* flippancy [fli'pənsi]
pez *m* fish [fish]; *f* pitch [pich], tar [tar]
pezón *m* nipple [ni'pəl]; stalk [stɔk]
pezuña *f* hoof [juəf]
piadoso *adj* pious [pa'iəs]; kind [kaind]
pialar *v* to lasso [tu læ'so], ensnare [ensner']
piano *m* piano [piæ'no]; **— de cola** grand piano [grænd ...]
piar *v* to peep [tu piip], chirp [chərp]
pica *f* lance [læns]; spear [spiir]; (*Am*) annoyance [ənɔ'iəns]; trail [treil]
picada *f* prick [prik]; bite [bait]; (*Am*) trail [treil], way [uei]
picadillo *m* meat hash [miit jæsh]
picador *m* picador [pi'kədɔr]
picadura *f* biting [bai'tiŋ], bite [bait]
picante *adj* biting [bai'tiŋ], spicy [spai'si]
picar *v* to prick [tu prik], pierce [piirs]; to sting [tu stiŋ]; to anger [tu æŋ'guər]
picardía *f* roguishness [ro'guishnəs]
picaresco *adj* roguish [ro'guish]
pícaro *adj* roguish [ro'guish]; *m* rogue [roguə], rascal [ræ'skəl]
picazón *f* itch [ich], itching [i'chiŋ]
pico *m* beak [biik], bill [bil]; point [pɔint]; some [sʌm]; mouth [mauth]; (*Mex*) **— flojo** big "trap" [biguə træp]; **tener mucho —** to talk very much [tu tɔk ve'ri mʌch]
picotado *f* peck [pek]
picotear *v* to peck [tu pek]; to chatter [tu chæ'tər]
pichel *m* pitcher [pichər], mug [mʌguə]
pichón *m* pigeon [pi'dchən]; (*Méx*) novice [na'vis]
pie *m* foot [fuət]; base [beis]; **(ir) a —** (to go) on foot [tu go, an ...]; **de —** standing [stæn'diŋ]
piedad *f* piety [pai'əti], mercy [mər'si]; **monte de —** pawnshop [pɔn'shap]
piedra *f* stone [ston]
piel *f* skin [skin], hide [jaid]
pierna *f* leg [leguə]
pieza *f* piece [piis]; room [rum]; play [plei]; **buena —** sly fox [slai fax]
pigmento *m* pigment [piguə'mənt]
pijama *m* pajamas [pədcha'məz]
pila *f* basin [bei'sin], trough [trɔf]; **nombre de —** first name, as Mary [first neim, æz me'ri]
pilar *m* pillar [pi'lər], column [ka'ləm]
píldora *f* pill [pil]; **—s para dormir** sleeping pills [slii'piŋ ...z]; **tragarse la —** to swallow the pill [tu sua'lo dhə ...]; **— anticonceptiva** contraceptive (birth control) pill [kantrəsep'tiv, bərth kəntrol' ...]
pilón *m* basin [bei'sin]
piloncillo *m* (*Méx*) sugar piece [shuə'guər piis]
pilotar *v* to pilot [tu pai'lət]
pilote *m* pile [pail]
piloto *m* pilot [pai'lət]
pillaje *m* pillage [pi'lədch], plunder [plʌn'dər]
pillar *v* to pillage [tu pi'lədch], plunder [plʌn'dər]
pillo *adj* roguish [ro'guish]; *m* (*col*) punk [pʌnk]
pimentero *m* pepper plant [pe'pər plænt]
pimienta *f* black pepper [blæk pe'pər]
pimiento *m* green pepper [griin pe'pər], red pepper [red ...]
pimpollo *m* rosebud [roz'bʌd]
pináculo *m* pinnacle [pi'nəkəl]
pinar *m* pine grove [pain grov]
pincel *m* brush [brʌsh]
pinchadura *m* flat tire [flæt tair]
pinchar *v* to pinch [tu pinch]; to puncture [tu pʌnk'chər]

pinchazo *m* prick [prik], pinch [pinch]; flat tire [flæt tair]
pingajo *m* tag [tæguə], rag [ræguə]
pingüe *adj* fat [fæt]; abundant [əbʌn'dənt], copious [ko'piəs]
pino *m* pine [pain]
pinta *f* spot [spat], mark [mark]
pintar *v* to paint [tu peint]
pintarrajear *v* to daub [tu dɔb]; to smear over [tu smiir o'vər]
pinto *adj* (*Am*) spotted [spa'təd], speckled [spe'kəld]
pintor *m* painter [pein'tər]; artist [ar'tist]
pintoresco *adj* picturesque [pikchəre'sk]
pintura *f* painting [pein'tiŋ], picture [pik'chər]
pinzas *f* pincers [pin'sərz], tweezers [tuii'zərz]
piña *f* pineapple [pai'næpəl], pine cone [pain kon]
piñata *f* (cooking) pot [kuə'kiŋ, pat]; blindfolded game [blaind'foldəd gueim]
piñón *m* pine nut [pain nʌt]
pío *adj* pious [pai'əs], devout [divaut']
piojo *m* louse [laus]
piojoso *adj* lousy [lau'zi]; mean [miin]
pipa *f* pipe [paip]; tobacco pipe [təbæ'ko ...]
pipiar *v* to peep [tu piip], chirp [chərp]
pipiolo *m* novice [na'vis]; (*Am*) youngster [iʌŋ'stər]
pique *m* resentment [rizent'mənt], (*Am*) small chili pepper [smɔl chi'li pe'pər]
piquete *m* bite [bait], sting [stiŋ]
pirámide *f* pyramid [pi'rəmid]
pirata *m* pirate [pai'rət]
piropo *m* flattery [flæ'təri]; **echar —s** to flatter [tu flæ'tər]
pirueta *f* whirl [juerl], somersault [sʌ'mərsɔlt]
pisada *f* footstep [fuət'step]; footprint [fuət'print]
pisar *v* to step on [tu step an]; to pound [tu paund]
piscina *f* swimming pool [sui'miŋ pul]
piso *m* floor [flɔr]; story [stɔ'ri]
pisón *m* heavy mallet [je'vi mæ'lət]
pisotear *v* to trample [tu træmpəl]
pisotón *m* hard step [jard step], stamp [stæmp]; **dar un —** to stamp hard on [tu ... an]
pista *f* track [træk], trace [treis]
pistola *f* pistol [pi'stəl]
pita *f* (*Am*) century plant [sen'chəri plænt]
pitar *v* to whistle [tu jui'səl]; (*Am*) to smoke [tu smok]
pitazo *m* whistle [jui'səl], blast [blæst]
pitillera *f* cigarette case [siguəret' keis]
pitillo *m* cigarette [siguəret']
pito *m* whistle [jui'səl]
pizarra *f* slate [sleit], blackboard [blæk'bɔrd]; **vaya a la —** go to the blackboard [go tu dhə ...]
pizca *f* pinch [pinch], bit [bit]
placa *f* badge [bædch], insignia [insiguə'niə]
placentero *adj* pleasant [plə'zənt]
placer *v* to please [tu pliiz]; *m* pleasure [ple'zhər]
placero *m* market vendor [mar'kət ven'dər]
plácido *adj* placid [plæ'sid], calm [kam]
plaga *f* plague [pleiguə]
plagar *v* to plague [tu pleiguə]
plagiar *v* to plagiarize [tu plei'dchəraiz]
plan *m* plan [plæn], design [dizain']
plana *f* page [peidch], plain [plein]
plancha *f* flatiron [flæt'aiərn]; gangplank [guæŋ'plæŋk]; blunder [blʌn'dər]
planchado *adj* (*Am*) "broke" [brok]; ironed [ai'ərnd]; *m* ironing [ai'ərniŋ]
planchar *v* to iron [tu ai'ərn]; to smooth out [tu smudh aut]; **no se plancha** no iron [no ai'ərn]; wash and wear [uahsh ænd uer]
planeador *m* glider airplane [glai'dər er'plein]
planear *v* to plan [tu plæn]; to glide [tu glaid]
planeo *m* planning [plæ'niŋ]; glide [glaid]
planeta *m* planet [plæ'nət]
plano *adj* plane [plein], flat [flæt]
planta *f* plant [plænt], plan [plæn]
plantación *f* plantation [plæntei'shən]
plantar *v* to plant [tu plænt]; **—se delante de** to stand before [tu stænd bifɔr']
plantear *v* to plan [tu plæn]; to establish [tu əstæ'blish]
plantío *m* plantation [plæntei'shən]
plasma *m* plasma [plæ'zmə]
plástico *adj* plastic [plæ'stik]; **de —** made of plastic [meid ʌv ...]
plata *f* silver [sil'vər]; money [mʌ'ni]
plataforma *f* platform [plæt'fɔrm]
platanal, platanar *m* banana plantation [bənæ'nə plæntei'shən]
plátano *m* banana [bənæ'nə]
platea *f* orchestra seats [ɔr'kəstrə siitz]

platear *v* to silver plate [tu sil'vər pleit]
platel *m* platter [plæ'tər], tray [trei]
platero *m* silversmith [sil'vərsmith], jeweler [dchu'ələr]
plática *f* conversation [kanvərsei'shən]
platicador *adj* talkative [tɔ'kətiv]; *m* talker [tɔ'kər]
platicar *v* to converse [tu kənvərs']
platillo *m* saucer [sɔ'sər], pan [pæn]; **— volante** flying saucer [fla'iŋ ...]
plato *m* plate [pleit]; dish [dish]
playa *f* beach [biich], shore [shɔr]
plaza *f* public square [pʌ'blik sküer]
plazo *m* term [tərm]; time [taim]; **a —s** on credit [an kre'dit], credit charge [... chardch]
plebe *f* rabble [ræ'bəl]
plebeyo *adj* plebeian [plibii'ən]
plebiscito *m* plebiscite [ple'bisait]
plegable *adj* folding [fol'diŋ]; **puerta —** folding door [... dɔr]
plegadizo *adj* folding [fol'diŋ]; pliable [plai'əbəl]
plegar *v* to fold [tu fold], crease [kriis]
plegaria *f* supplication [sʌplikei'shən], prayer [prei'ər]
pleito *m* litigation [litiguei'shən]
plenipotenciario *m* plenipotentiary [plenipoten'shiəri]
plenitud *f* fullness [fuəl'nəs]
pleno *adj* full [fuəl], complete [kəmpliit']
pliego *m* sheet of paper [shiit ʌv pei'pər]
pliegue *m* fold [fold], crease [kriis]
plomada *f* plumb [plʌm]
plomazo *m* shot [shat], bullet [buə'lət]
plomero *m* plumber [plʌ'mər]
plomizo *adj* leaden [le'dən]; lead-colored [led kʌ'lərd]
plomo *m* lead [led]
pluma *f* feather [fe'dhər], plume [plium]; pen [pen]; **— fuente** fountain pen [faun'tən ...]; **— esferográfica** ballpoint pen [bɔl-point pen]
plural *adj* plural [plu'rəl]
pluvial *adj* rain [rein], rainy [rei'ni]
población *f* population [papiulei'shən]
poblado *m* inhabited place [injæ'bitəd pleis]
poblador *m* settler [se'tlər]
poblar *v* to populate [tu pa'piuleit]; to settle [tu se'təl]
pobre *adj* poor [pur]
pobreza *f* poverty [pa'vərti]
pocillo *m* cup [kʌp]
poco *adj* little [li'təl]; small [smɔl]; *n* **un —** a little [ə ...]; **por — María lo hace** Mary almost did it [me'ri ɔl'most did it]; **me importa —** I don't care [ai dont ker]
podar *v* to trim [tu trim]
poder *m* power [pau'ər]; *v* to be able [tu bii ei'bəl], can [kæn]; **puedo comprender** I can understand [ai kæn ʌn'dərstæ'nd]; **no puedo menos de** I can't help [ai kænt jelp]
poderío *m* power [pau'ər]
poderoso *adj* powerful [pau'ərfəl]; wealthy [uel'thi]
podre *f* pus [pʌs], decayed matter [dikeid' mæ'tər]
podrido *adj* rotten [ra'tən]
poema *m* poem [po'əm]
poesía *f* poetry [po'ətri]; poem [po'əm]
poeta *m* poet [po'ət]
poetastro *m* bad poet [bæd po'ət]
poético *adj* poetic [poe'tik]
poetisa *f* poetess [po'ətəs]
polar *adj* polar [po'lər]
polea *f* pulley [puə'li]
polen *m* pollen [pa'lən]
policía *m* policeman [pəlii'smən]; *f* police [pəliis']
polilla *f* moth [mɔth]
política *f* politics [pa'litiks]
político *adj* political [pəli'tikəl]
póliza *f* policy [pa'lisi], draft [dræft]; **— de seguros** insurance policy [inhuə'rəns ...]
polizonte *m* policeman [pəlii'smən]; "flatfoot" [flæt'fuət]
polo *m* pole [pol]
poltrón *adj* lazy [lei'zi]
polvareda *f* cloud of dust [klaud ʌv dʌst]
polvera *f* powder box [pau'dər bax]; compact [kam'pækt]
polvo *m* dust [dʌst]; powder [pau'dər]
pólvora *f* gunpowder [gun'paudər]
polvorear *v* to powder [tu pau'dər]
polvoriento *adj* dusty [dʌ'sti]
polvorín *m* powder magazine [pau'dər mæguəziin']; bad-tempered person [bæd-tem'pərd pər'sən]
pollada *f* hatch [jæch], brood [brud]
pollo *m* chicken [chi'kən]
pompa *f* pomp [pamp]; pageant [pæ'dchənt]
pomposo *adj* pompous [pam'pəs]
pómulo *m* cheekbone [chiik'bon]
ponche *f* (*Am*) punch (*drink*) [pʌnch]
ponderación *f* pondering [pan'dəriŋ]; consideration [kʌnsidirei'shən]

ponderar *v* to ponder [tu pan'dər], consider [kənsi'dər]
ponderoso *adj* ponderous [pan'dərəs]; heavy [je'vi]
poner *v* to put [tu puət], place [pleis]
poniente *m* west [uest]; west wind [... uind]
ponzoña *f* poison [pɔi'zən]
ponzoñoso *adj* poisonous [pɔi'zenəs]
popa *f* stern [stərn]
popote *m* (*Méx*) straw [strɔ]; (drinking) straw [driŋ'kiŋ ...]
populacho *m* populace [pa'piuləs], rabble [ræ'bəl]
popular *adj* popular [pa'piulər]
popularidad *f* popularity [papiulæ'riti]
populoso *adj* populous [pa'piuləs], densely populated [den'sli pa'piuleitəd]
poquito *adj* very little [ve'ri li'təl]
por *prep* by [bai], for [fɔr]; **— ella** for her sake [fɔr jər seik]; **¿por qué?** why? [juai]; **— allá** around there [əraund' dher]; **— avión** air mail [er meil]; **— ciento** percent [pərsent']; **— eso** that's why [dhætz juai]
porcelana *f* porcelain [pɔr'sələn], china [chai'nə]; enamel [ənæ'məl]
porcentaje *m* percentage [pərsen'tədch]
porción *f* portion [pɔr'shən], share [sher]
porche *m* porch [pɔrch]
pordiosero *m* beggar [be'guər]
porfía *f* stubbornness [stʌ'bərnəs], obstinacy [ob'stinəsi]
porfiado *adj* stubborn [stʌ'bərn], persistent [pərsi'stənt]
porfiar *v* to persist [tu pərsist']
pormenor *m* detail [dii'teil]
poro *m* pore [pɔr]
poroso *adj* porous [pɔ'rəs]
porque *conj* because [bikɔz']
porqué *m* cause [kɔz], reason [rii'zən]
porquería *f* filth [filth], filthy deed [fil'thi diid]
porra *f* club [klʌb], stick [stik]
porta *f* porthole [pɔrt'jol]
portaaviones *m* airplane carrier [er'-plein kæ'riər]
portador *m* carrier [kæ'riər], bearer [be'rər]
portal *m* portal [pɔr'təl]; entrance [en'-trəns]
portamonedas *m* pocketbook [pa'kət-buək]
portapapeles *m* briefcase [briif'keis]
portaplumas *m* penholder [pen'joldər]
portar *v* (*Am*) to carry [tu kæ'ri], bring [briŋ], bear [ber]
portátil *adj* portable [pɔr'təbəl]; **radio —** portable radio [... rei'dio]
portavoz *m* megaphone [me'guəfon], mouthpiece [mauth'piis]
portazgo *m* toll [tol]
porte *m* portage [pɔr'tədch], freight [freit]
portento *m* wonder [uʌn'dər], marvel [mar'vəl]
portentoso *adj* marvelous [mar'vələs], amazing [əmei'ziŋ]
portero *m* doorkeeper [dɔr'kiipər], doorman [dɔr'mən]
pórtico *m* porch [pɔrch]
portilla *f* porthole [pɔrt'jol]
portón *m* gate [gueit]
portugués *adj* Portuguese [pɔr'chuguiiz]
porvenir *m* future [fiu'chər]
posada *f* lodging [la'dchiŋ]; inn [in]; Christmas-Crib feast [kris'məs-krib fiist]
posaderas *f, pl* posterior [pasti'riər]; buttocks [bʌ'təks]
posar *v* to lodge [tu ladch]; to sit down [tu sit daun]
posdata *f* postscript [post'skript]
poseedor *m* owner [o'nər], possessor [poze'sər]
poseer *v* to possess [tu pəzes'], own [on]
posesión *f* possession [pəze'shən]
posesor *m* owner [o'nər]
posibilidad *f* possibility [pasibi'liti]
posible *adj* possible [pa'sibəl]
posición *f* position [pəzi'shən]; posture [pas'chər]; job [dchab]; level [le'-vəl]
positivo *adj* positive [pa'zitiv], effective [efek'tiv]
posponer *v* to postpone [tu postpon'], put off [puət ɔf]
posta *f* small bullet [smɔl buə'lət], wager [uei'dchər]
postal *adj* postal [po'stəl]; **tarjeta —** postcard [post'kard]; **(número del) distrito —** zip code [zip kod]
postdata *f* postscript [post'skript]
poste *m* post [post], pillar [pi'lər]
posteridad *f* posterity [paste'riti]
posterior *adj* posterior [pasti'riər], back [bæk]
postizo *adj* false [fɔls], artificial [arti-fi'shəl]
postración *f* prostration [prastrei'shən], depression [dipre'shən]
postrar *v* to prostrate [tu pra'streit]; to humiliate [tu jiumi'lieit]

postre *m* dessert [dəzərt']
postrer(o) *adj* last [læst]
póstumo *adj* posthumous [pas'chuməs]
postura *f* posture [pas'chər]; bid [bid], agreement [əgrii'mənt]
potable *adj* drinkable [driŋ'kəbəl]
potaje *m* pottage [pa'tədch], porridge [pa'ridch]
pote *m* pot [pat]; (*Am*) flask [flæsk]
potencia *f* potency [po'tənsi]; power [pau'ər]
potente *adj* potent [po'tənt], strong [strɔŋ]
potestad *f* power [pau'ər], dominion [domi'niən]
potrero *m* herdsman of colts [jərdz'mən ʌv koltz]
potro *m* colt [kolt]
pozo *m* well [uel]; pit [pit]; mine shaft [main shæft]
práctica *f* practice [præk'tis], exercise [ex'ərsaiz]
practicar *v* to practice [tu præk'tis]
práctico *adj* practical [præk'tikəl], experienced [expi'rienst]
pradera *f* prairie [pre'ri], meadow [me'do]
prado *m* meadow [me'do]; lawn [lɔn]
preámbulo *m* preamble [prii'æmbəl], introduction [intrədʌk'shən]
precario *adj* precarious [prikæ'riəs]
precaución *f* precaution [prikɔ'shən]
precavido *adj* cautious [kɔ'shəs]
precedencia *f* precedence [pre'sidəns], priority [praiɔ'riti]
precedente *adj* preceding [prisii'diŋ], *m* precedent [pre'sidənt]
preceder *v* to precede [tu prisiid']
precepto *m* precept [pri'sept], rule [rul]; order [ɔr'dər]
preceptor *m* teacher [tii'chər], tutor [tiu'tər]
preciado *adj* prized [praizd], esteemed [əstiimd']
preciar *v* to appraise [tu apreiz'], value [væ'liu]
precio *m* price [prais], value [væ'liu]; **control de —** price control [... kəntrol']; **— tope** ceiling price [sii'liŋ prais]
precioso *adj* precious [pre'shəs], valuable [væ'liubəl]
precipicio *m* precipice [pre'sipis], ruin [ruin]
precipitación *f* precipitation [prisipitei'shən]
precipitado *adj* precipitate [prisi'piteit], hasty [jei'sti], rash [ræsh]
precipitar *v* to precipitate [tu prisi'piteit]
precipitoso *adj* steep [stiip], rash [ræsh]
precisar *v* to determine exactly [tu ditər'min exæk'tli]; to compel [tu kʌmpel']
precisión *f* precision [prisi'zhən], exactness [exækt'nəs]
preciso *adj* necessary [ne'səseri]; precise [prisais']
precoz *adj* precocious [priko'shəs]
predecir *v* to predict [tu pridikt'], foretell [fɔrtəl']
predestinar *v* to predestine [tu pride'stən]
predicación *f* preaching [prii'chiŋ]
predicado *adj* predicate [pre'dikeit]
predicador *m* preacher [prii'chər]
predicción *f* prediction [pridik'shən]
predilección *f* preference [pre'fərəns], liking [lai'kiŋ]
predilecto *adj* favorite [fei'vərit], preferred [prifərd']
predisponer *v* to predispose [tu pridispoz']; to prearrange [tu pri-əreindch']
predispuesto *adj* prearranged [priərein'dchd]; biased [bai'əst]
predominante *adj* predominant [prida'minənt], prevailing [privei'liŋ]
predominar *v* to predominate [tu prida'mineit]
predominio *m* predominance [prida'minəns], sway [suei], influence [in'fluəns]
prefacio *m* preface [pre'fəs]
prefecto *m* prefect [pri'fekt]
preferencia *f* preference [pre'fərəns]
preferente *adv* preferable [pre'fərəbəl]
preferir *v* to prefer [tu prifər'], like better [laik be'tər]
prefijar *v* to set beforehand [tu set bifɔr'jænd]
prefijo *m* prefix [pri'fix]
pregonar *v* to proclaim [tu prokleim']; to cry out [tu krai aut]
pregunta *f* question [kues'chən]; **hacer una —** to ask a question [tu æsk ə ...]
preguntar *v* to ask [tu æsk]; to inquire [tu inquair']
preguntón *adj* inquisitive [inqui'zitiv]
prejuicio *m* prejudice [pre'dchədis]
prelado *m* prelate [pre'lit]
preliminar *adj, m* preliminary [prili'mineri]
preludiar *v* to initiate [tu ini'shieit]; to begin [tu biguin']
preludio *m* prelude [pre'liud], introduction [intrədʌk'shən]
prematuro *adj* premature [priməchiur']

premeditado *adj* premeditated [prime'diteitəd]
premiar *v* to reward [tu ri-uɔrd']
premio *m* prize [praiz]; reward [ri-uɔrd']
premisa *f* premise [pre'mis]
premura *f* pressure [pre'shər]
prenda *f* pawn [pɔn], pledge [pledch]
prendar *v* to pawn [tu pɔn], pledge [pledch]
prendedor *m* clasp [klæsp], stickpin [stik'pin], tie pin [tai ...]
prender *v* to seize [tu siiz], fasten [fæ'sən]; **—se** to doll up [tu dal ʌp]
prendero *m* pawnbroker [pɔn'brokər]
prensa *f* press [pres], printing press [prin'tiŋ pres]
prensar *v* to press [tu pres]
preñado *adj* pregnant [preguə'nənt]; full [fuəl], filled [fild]
preñez *f* pregnancy [preguə'nənsi]
preocupación *f* preoccupation [priakiupei'shən], worry [uo'ri]
preocupar *v* to preoccupy [tu priia'kiupai]
preparación *f* preparation [prepərei'shən]
preparar *v* to prepare [tu priper']
preparativo *adj* preparatory [pripæ'rətɔri]; *m* preparation [prepərei'shən]
preparatorio *adj* preparatory [pripæ'rətɔri]
preposición *f* preposition [prepəzi'shən]
prerrogativa *f* prerogative [prəra'guətiv], right [rait]
presa *f* prey [prei]; claw [klɔ]; seizure si'zhər]; dike [daik]
presagiar *v* to foretell [tu fɔrtel']
presagio *m* presage [pre'sədch], omen [o'mən]
prescindir *v* to disregard [tu disrigard']; to set aside [tu set əsaid']
prescribir *v* to prescribe [tu prəskraib']
presencia *f* presence [pre'zəns]
presenciar *v* to see [tu sii]; to be present at [tu bii pre'zənt æt]
presentación *f* presentation [prizentei'shən]; (*Am*) petition [peti'shən]
presentar *v* to present [tu prizent'], to introduce [tu intrədu's]
presente *adj* present [pre'zənt]; *m* gift [guift]; **tener —** to bear in mind [tu ber in maind]
presentimiento *m* foreboding [fɔrbo'diŋ]
presentir *v* to have a hunch [tu jæv ə jʌnch], feel [fiil]
preservación *f* preservation [prezərvei'shən]
preservar *v* to preserve [tu prisərv'], guard [guard]
presidencia *f* presidency [pre'zidənsi]
presidencial *adj* presidential [preziden'shəl]
presidente *m* president [pre'zidənt]
presidiario *m* prisoner [pri'znər]
presidio *m* garrison [gæ'risən]; prison [pri'zən]
presidir *v* to preside [tu prizaid']; to direct [tu dairekt']
presilla *f* loop [lup], fastener [fæ'snər]
presión *f* pressure [pre'shər]
prestado *adj* loaned [lond], lent [lent]
prestamista *m, f* moneylender [mʌnilen'dər]
préstamo *m* loan [lon]
prestar *v* to loan [tu lon], lend [lend]
presteza *f* promptness [prampt'nəs], speed [spiid]
prestidigitador *m* juggler [dchʌ'glər]
prestigio *m* prestige [prestiidch'], influence [in'fluəns]
presto *adj* quick [kuik], nimble [nim'bəl]
presumido *adj* conceited [kənsii'təd]
presumir *v* to presume [tu prizium']; to boast [tu bost]
presunción *f* presumption [prizʌmp'shən], assumption [əsʌmp'shən]
presunto *adj* presumed [priziumd'], supposed [sʌpozd']
presuntuoso *adj* presumptuous [prizʌmp'chuəs], vain [vein]
presuponer *v* to presuppose [tu prisʌpoz']
presupuesto *m* budget [bʌ'dchət], estimate [e'stimət]
presuroso *adj* quick [kuik], prompt [prampt]
pretencioso *adj* presumptuous [prizʌmp'chuəs]
pretender *v* to pretend to [tu pritend' tu]; to claim [tu kleim]
pretendiente *m* pretender [priten'dər]; suitor [su'tər]
pretérito *adj, m* (*gram*) preterite [pre'tərit], past definite [pæst de'finit]
pretexto *m* pretext [pri'text]
pretina *f* belt [belt]; girdle [guər'dəl]
prevalecer *v* to prevail [tu priveil']
prevaleciente *adj* prevalent [pre'vələnt], current [kʌ'rənt]
prevención *f* prevention [priven'shən], foresight [fɔr'sait]
prevenido *adj* prepared [priperd'], ready [re'di]; forewarned [fɔruɔrnd']

prevenir *v* to warn [tu uɔrn]; to prevent [tu privent']; to avoid [tu əvɔid']
prever *v* to foresee [tu fɔrsii']
previo *adj* previous [pri'viəs], preliminary [prili'mineri]
previsión *f* foresight [fɔr'sait]; **las —es del tiempo** weather forecast [ue'dhər fɔr'kæst]
prieto *adj* dark [dark], black [blæk]; (*Am*) dark-complexioned [dark-kəmple'kshənd]
prima *f* (female) cousin [fi'meil, kʌ'zən]
primacía *f* priority [praia'riti], precedence [pre'sidəns], primacy [prai'məsi]
primario *adj* primary [prai'meri]
primavera *f* spring [spriŋ]
primaveral *adj* spring [spriŋ]
primer(o) *adj* first [fərst]; former [fɔr'mər]; **a —a vista** at first sight [æt fərst sait]
primicia *f* first fruit [fərst frut], first profit [fərst pra'fit]
primitivo *adj* primitive [pri'mətiv]
primo *m* cousin [kʌ'zin]; simpleton [sim'pəltən]; **— carnal** first cousin [fərst ...]
primogénito *adj, m* first-born [fərst-bɔrn]
primogenitura *f* birthright [bərth'rait]
primor *m* beauty [biu'ti]; excellence [ex'ələns], ability [əbi'liti]
primoroso *adj* excellent [ex'ələnt], fine [fain]
prímula *f* primrose [prim'roz]
princesa *f* princess [prin'səs]
principal *adj* principal [prin'sipəl], renowned [rinaund']
príncipe *m* prince [prins]
principiante *m* beginner [bigui'nər]
principiar *v* to begin [tu biguin']
principio *m* principle [prin'sipəl]; beginning [bigui'niŋ]; **a —s de** at the beginning of [æt dhə ... ʌv]
prioridad *f* priority [praia'riti]; first rating [fərst rei'tiŋ]
prisa *f* speed [spiid], haste [jeist]
prisión *f* prison [pri'zən], seizure [sii'-zhər]
prisionero *m* prisoner [pri'zənər]
prisma *f* prism [pri'zm]
prístino *adj* first [fərst], early [ər'li]
privación *f* privation [praivei'shən], want [uant], lack (of) [læk, ʌv]
privado *adj* private [prai'vət], personal [pər'sənəl]
privar *v* to deprive [tu dipraiv']
privativo *adj* exclusive [exclu'siv], particular [parti'kiulər]
privilegiado *adj* privileged [pri'vilədchd]
privilegiar *v* to favor [tu fei'vər]
privilegio *m* privilege [pri'vilədch]
proa *f* prow of a ship [prau ʌv ə ship]
probabilidad *f* probability [prabəbi'liti]
probable *adj* probable [pra'bəbəl]
probar *v* to prove [tu pruv]; to taste [tu teist]
probeta *f* test tube [test tiub]
probidad *f* integrity [inte'griti], honesty [a'nəsti]
problema *m* problem [pra'blem]
probo *adj* honest [a'nəst]
procedente *adj* proceeding [prosii'diŋ]
proceder *v* to proceed [tu prosiid']; to originate [tu ɔri'dchineit]
procedimiento *m* procedure [prosi'-dchər], method [me'thəd]
proceloso *adj* stormy [stɔr'mi]
prócer *adj* lofty [lɔ'fti]; *m* distinguished man [distiŋ'guishd mæn]; hero [jii'-ro]
procesar *v* to prosecute [tu pra'səkiut]; to sue [tu su]
procesión *f* procession [prose'shən], parade [pəreid']
proceso *m* process [pra'ses], lawsuit [lɔ'-sut']; **— verbal** minutes [mi'nətz]
proclama *f* proclamation [prakləmei'-shən], publication [pʌblikei'shən]; marriage banns [mæ'riədch bænz]
proclamación *f* proclamation [praklə-mei'shən]; ban [bæn]
proclamar *v* to proclaim [tu prokleim']
proclive *adj* inclined to [inklaind' tu]
procuración *f* proxy [pra'xi]
procurador *m* attorney [ətər'ni]
procurar *v* to obtain [tu əbtein'], procure [prokiur']
prodigar *v* to lavish [tu læ'vish]; to waste [tu ueist]
prodigio *m* prodigy [pra'didchi], miracle [mi'rəkəl]
prodigioso *adj* prodigious [prodi'dchəs], marvelous [mar'vələs]
pródigo *adj* prodigal [pra'diguəl], lavish [læ'vish]
producción *f* production [prodʌk'shən]; **— en serie** mass production [mæs ...]
producir *v* to produce [tu prədius']
productivo *adj* productive [prədʌk'tiv], bearing [be'riŋ]; fruitful [frut'fəl]
producto *m* product [pra'dʌkt], yield [yiild]

productor *adj* producing [prədiu'siŋ]; *m* producer [prɔdiu'sər]
proemio *m* preface [pre'fəs]
proeza *f* prowess [prau'əs]
profanación *f* profanation [prafənei'shən]
profanador *m* profaner [profei'nər]
profanar *v* to profane [tu profein'], desecrate [de'səkreit]
profano *adj* profane [profein']; vulgar [vʌl'guər]
profecía *f* prophecy [pra'fəsi], prediction [pridik'shən]
proferir *v* to utter [tu ʌ'tər]; to express [tu exspres']
profesar *v* to profess [tu prəfes']; to avow [tu əvau']
profesión *f* profession [prəfe'shən], avowal [əva'uəl], declaration [dekləreí'shən]
profesional *adj, m, f* professional [prəfe'shənəl]
profesor *m* professor [prəfe'sər], scholar [ska'lər]
profeta *m* prophet [pra'fət]; seer [siir]
profético *adj* prophetic [prəfe'tik]
profetizar *v* to prophesy [tu pra'fəsai]
proficiente *adj* proficient [prəfi'shənt], skilled [skild]
prófugo *adj, m* fugitive [fiu'dchətiv]
profundidad *f* profundity [prəfʌn'dəti], depth [dep'th]
profundizar *v* to deepen [tu diip'ən]; to go deep into [tu go diip in'tu]
profundo *adj* profound [prəfaund'], deep [diip]
profuso *adj* profuse [prəfius'], lavish [lav'ish]; rich [rich]
programa *m* program [pro'græm]; list [list]
progresar *v* to progress [tu prəgres']
progresión *f* progression [prəgre'shən]
progresivo *adj* progressive [prəgre'siv]
progreso *m* progress [pra'grəs]; **Alianza para el P—** Alliance for Progress [əlains' fɔr ...]
prohibición *f* prohibition [proəbi'shən]
prohibido *adj* forbidden [fɔrbi'dən]
prohibir *v* to prohibit [tu proji'bit]
prójimo *m* neighbor [nei'bər]; (*col*) ese — that fellow [dhæt fe'lo], that "guy" [dhæt gai]
prole *f* progeny [pra'dchəni], offspring [ɔf'spriŋ]
proletariado *m* proletariat [prolətæ'riət], working class [uər'kiŋ klæs]
proletario *adj, m* proletarian [proletæ'riən]
prolijo *adj* prolix [pro'lix], too long [tu lɔŋ]; boring [bɔ'riŋ]
prologar *v* to preface [tu pre'fəs]
prólogo *m* prologue [pro'laguə]
prolongación *f* extension [exten'shən], lengthening [leŋ'thəniŋ]
prolongar *v* to prolong [tu prəlɔŋ']
promediar *v* to average up [tu æ'vrədch ʌp]
promedio *m* middle [mi'dəl]; average [æ'vrədch]
promesa *f* promise [pra'mis]
prometedor *adj* promising [pra'misiŋ]
prometer *v* to promise [tu pra'mis]
prometido *adj* betrothed [bitro'dhəd]; *m* fiancé [fiansei']; **—a** *f* fiancée [...]
prominente *adj* prominent [pra'mənənt]
promiscuo *adj* promiscuous [promi'skiuəs]
promisorio *adj* promissory [pra'məsori]
promoción *f* promotion [prəmo'shən]; advancement [ədvæns'mənt]
promontorio *m* promontory [pra'məntori]
promovedor *m* promoter [prəmo'tər]; producer [produ'sər]
promover *v* to promote [tu prəmot']; to advance [tu ədvæns']
promulgación *f* promulgation [promʌlguei'shən]; proclamación [prakləmei'shən]
promulgar *v* to promulgate [tu promʌl'gueit]; to proclaim [tu prokleim']
pronombre *m* pronoun [pro'naun]
pronosticar *v* to prophesy [tu pra'fəsai], predict [pridikt'], foretell [fɔrtel']
pronóstico *m* forecast [fɔr'kæst], prediction [pridik'shən]
prontitud *f* promptness [prampt'nəs]; quickness [kuik'nəs]
pronto *adj* quick [kuik], speedy [spii'di]; **de —** suddenly [sʌ'dənli]
pronunciación *f* pronunciation [prənʌnsiei'shən]
pronunciar *v* to pronounce [tu prənauns']
propagación *f* propagation [prapəguei'shən], spreading [spre'diŋ]
propaganda *f* propaganda [prapəgæn'də]
propagar *v* to propagate [tu pra'pəgueit]; to reproduce [tu riprədus']
propensión *f* tendency [ten'dənsi], inclination [inklənei'shən]
propenso *adj* prone to [pron tu], susceptible to [səsep'təbəl tu]; leaning toward [lii'niŋ tɔrd]

propicio *adj* propitious [prəpi'shəs], favorable [fei'vərəbəl]
propiedad *f* property [pra'pərti], ownership [o'nərship]
propietario *m* proprietor [prəprai'ətər], owner [o'nər]
propina *f* (money) tip [mʌ'ni, tip]
propinar *v* to give a blow [tu guiv ə blo]
propio *adj* proper [pra'pər], suitable [su'təbəl]; own [on]
proponer *v* to propose [tu prəpoz']
proporción *f* proportion [prəpɔr'shən], dimension [dəmen'shən]
proporcionar *v* to proportion [tu prəpɔr'shən]; to adapt [tu ədæpt']; to supply [tu səplai']
proposición *f* proposition [prapɔzi'shən], proposal [prəpo'zəl]
propósito *m* purpose [pər'pəs], aim [eim]
propuesta *f* proposal [prəpo'zəl], offer [ɔf'ər]
propulsar *v* to propel [tu prəpel']
propulsor *adj* propelling [prəpe'liŋ]; *m* propeller [prəpe'lər]
prorratear *v* to prorate [tu proreit']; to average [tu æ'vredch]
prorrateo *m* apportionment [əpor'shənmənt]
prórroga *f* renewal [rinu'əl]; **— de tiempo** extension of time [exten'shən ʌv taim]
prorrogar *v* to put off [tu puət of]; to extend [tu extend'], postpone [postpon']
prorrumpir *v* to break forth [tu breik fɔrth]
prosa *f* prose [proz]
prosaico *adj* prosaic [prozeik']; common [ka'mən], banal [bei'nəl]
proscribir *v* to proscribe [tu proskraib'], banish [bæ'nish]
proscripción *f* banishment [bæ'nishmənt]
proscripto *m* exile [e'gzail]; outlaw [aut'lɔ]
proseguir *v* to continue [tu kənti'niu]; to follow [tu fa'lo]
prosperar *v* to prosper [tu pra'spər]
prosperidad *f* prosperity [praspe'riti]
próspero *adj* prosperous [pra'spərəs], successful [sʌkses'fəl]
prostituir *v* to prostitute [tu pra'stitiut]; to adulterate [tu ədʌl'təreit]
prostituta *f* prostitute [pra'stitiut]
protagonista *m, f* protagonist [protæ'guənist]
protección *f* protection [protek'shən]
protector *m* protector [protek'tər]
protectorado *m* (*polít*) protectorate [protek'tərət]
proteger *v* to protect [tu protekt']; to shelter [tu shel'ter], defend [difend']
proteína *f* protein [pro'tiin]
protesta *f* protest [pro'test]
protestación *f* protestation [pratistei'shən], protest [pro'test]
protestante *adj, m* Protestant [pra'təstənt]
protestar *v* to protest [tu prətest']
protoplasma *m* protoplasm [pro'toplæzm]
prototipo *m* prototype [pro'totaip]
protuberancia *f* protuberance [protu'bərəns]
protuberante *adj* protuberant [protu'bərənt], bulging [bʌl'dchiŋ]
provecho *m* profit [pra'fit], benefit [be'nəfit]; **de —** useful [ius'fəl]
provechoso *adj* profitable [pra'fitəbəl], advantageous [ædvəntei'dchəs]
proveedor *m* provider [prəvai'dər]
proveer *v* to provide [tu prəvai'd], supply [sʌplai']
provenir *v* to originate [tu əri'dchəneit], arise from [ərai'z frʌm]
proverbio *m* proverb [pra'vərb]
providencia *f* providence [pra'vidəns]; **la Divina P—** Divine Providence [divain' ...]
providencial *adj* providential [praviden'shəl]
provincia *f* province [pra'vins]
provincial *adj* provincial [prəvin'shəl]
provisión *f* provision [prəvi'zhən], supply [səplai']
provisorio *adj* provisional [prəvi'zhənəl], temporary [tem'pərəri]
provocación *f* provocation [pravəkei'shən]; challenge [chæ'lindch]
provocador *adj* provoking [prəvo'kiŋ]; *m* provoker [prəvo'kər]
provocar *v* to provoke [tu prəvok']; to irk [tu irk]
provocativo *adj* provocative [prəva'kətiv]
proximidad *f* proximity [praxi'miti], nearness [niir'nəs]
próximo *adj* next [next], neighboring [nei'bəriŋ], near [niir]
proyección *f* projection [prədche'kshən]
proyectar *v* to project [tu prədche'kt]; to plan [tu plæn]
proyectil *m* projectile [prədche'ktəl]

proyectista *m, f* designer [dəzai'nər], schemer [skii'mər]
proyecto *m* project [pra'dchekt], plan [plæn]
proyector *m* projector [prədche'ktər]
prudencia *f* prudence [pru'dəns]
prudente *adj* prudent [pru'dənt], wise [uaiz]; careful [ker'fəl]
prueba *f* proof [pruf], trial [trail], test [test]; **a — de bombas** bomb proof [bam pruf]; anti-raid [æn'ti-reid]
prurito *m* itch [ich]; desire [dizair']
pseudónimo *m* pseudonym [siu'dənim]
psicología *f* psychology [saika'lədchi]
psicológico *adj* psychological [saikəla'-dchikəl]
psicólogo *m* psychologist [saika'ləd-chist]
psiquiatra *m, f* psychiatrist [saikai'-ətrist]
psiquiatría *f* psychiatry [saikai'ətri]
púa *f* prick [prik]; prong [praŋ]
publicación *f* publication [pʌblikei'shən]
publicar *v* to publish [tu pʌ'blish]; to announce [tu ənauns']
publicidad *f* publicity [pəbli'siti]; advertisement [ædvər'taizmənt]
público *adj* public [pʌ'blik]; *m* public [...]; attendance [əten'dəns], audience [ɔ'diəns]
puchero *m* earthen pot [ər'thən pat]; meat stew [miit stu]; **hacer —s** to pout [tu paut]
púdico *adj* chaste [cheist], pure [piur]
pudiente *adj* rich [rich]; powerful [pau'ərfəl]; *m* rich man [... mæn]
pudín *m* pudding [puə'diŋ]
pudor *m* bashfulness [bæsh'fəlnəs], decorum [dikɔ'rəm]; pride [praid]
pudoroso *adj* modest [ma'dəst], shy [shai]
pudrimiento *m* rottenness [rat'nəs]
pudrir(se) *v* to make putrid [tu meik piu'trid]; to rot [tu rat]
pueblero *m* townsman [taunz'mən]
pueblo *m* town [taun]; village [vi'-lidch]; population [papiulei'shən]; populace [pa'piuləs]
puente *m* bridge [bridch]; **— colgante** suspension bridge [sʌspen'shən ...]; **— de barcas, — de pontones** pontoon bridge [pantun' ...]
puerca *f* sow [sau]
puerco *adj* filthy [fil'thi], dirty [dər'ti]; rude [rud]; *m* hog [jaguə], pig [piguə]; **carne de —** pork [pɔrk]; **— espín** porcupine [pɔr'kiupain]; **— montés** wild boar [uaild bɔr]
puericia *f* boyhood [bɔi'juəd]
pueril *adj* boyish [bɔiish], childish [chail'dish]
puerilidad *f* puerility [piuri'liti], boyishness [bɔi'ishnəss]
puerta *f* door [dɔr], doorway [dɔr'uei], gateway [gueit'uei]; **— de entrada** front door [frʌnt dɔr]; **— trasera** back door [bæk dɔr]; **—s vidrieras dobles** French doors [french dɔrz]
puertaventana *f* window shutter [uin'do shʌ'tər]
puerto *m* port [pɔrt], harbor [jar'bər], haven [jei'vən], narrow pass [næ'ro pæs]; **aero—** airport [er'pɔrt]; **— franco** free port [frii pɔrt]
pues *conj* as [æz], since [sins], because [bikɔ'z], for [fɔr]; *adv* then [dhen], therefore [dhər'fɔr]; **¡—!** *interj* well! [uel], then [dhen]
puesta *f* set [set], setting [set'iŋ]; bet [bet]; **— de sol** sunset [sʌn'set]
puestero *m* vendor [ven'dər]
puesto *adj* put [puət], set [set], placed [pleist]; **— que** assuming that [əsiu'-miŋ thæt], since [sins]; *m* place [pleis]; retail shop [rii'teil shap]; post [post]
púgil *m* prizefighter [praiz'faitər], boxer [bax'ər]
pugilato *m* pugilism [piu'dchəlizm], boxing [bax'iŋ]; prizefight [praiz'fait]
pugilista *m* prizefighter [praiz'faitər], boxer [bax'ər]
pugna *f* combat [kam'bæt], battle [bæ'-təl]
pugnar *v* to fight [tu fait], combat [kam-bæt']; to strive [tu straiv]
pujante *adj* powerful [pau'ərfəl], strong [strɔŋ], robust [robʌst'], stout [staut]
pujanza *f* power [pau'ər], strength [strəŋth]; push [puəsh]
pujar *v* to outbid [tu autbid']; to push ahead [tu puəsh əjed']; to grunt [tu grʌnt]
pujo *m* violent desire [vai'ələnt dizair'], impulse [im'pʌls]
pulcritud *f* neatness [niit'nəs], tidiness [tai'dinəs]; excellence [ex'ələns]
pulcro *adj* neat [niit], tidy [tai'di]; handsome [jæn'səm]
pulga *f* flea [flii]; **tener malas —s** to be ill-tempered [tu bii il-tem'pərd]
pulgada *f* inch [inch]
pulgar *m* thumb [thʌm]
pulidez *f* neatness [niit'nəs]
pulido *adj* neat [niit], nice [nais]; polished [pa'lisht]

pulidor *m* polisher [pa'lishər]
pulimento *m* polish [pa'lish], glossiness [glɔ'sinəs]
pulir *v* to polish [tu pa'lish]; **—se** to adorn oneself [tu ədɔrn' uanself'], dress up [dres ʌp]
pulmón *m* lung [lʌŋ]
pulmonía *f* pneumonia [niumo'niə]
pulpería *f* retail grocery [rii'teil gro'səri]
púlpito *m* pulpit [pʌl'pit]
pulpo *m* cuttlefish [kʌ'təlfish]; octopus [ak'təpəs]; polypus [pa'lipəs]
pulposo *adj* pulpous [pʌl'pəs]
pulque *m* strong liquor [strɔŋ li'kər]
pulsación *f* pulsation [pʌlsei'shən]
pulsador *m* push-button [puəsh-bʌ'tən]
pulsar *v* to throb [tu thrab]; to beat [tu biit]; to examine [tu exæ'min]
pulsera *f* bracelet [breis'lət]; **— de reloj** watch band [uach bænd]
pulso *m* pulse [pʌls]; attention [əten'-shən]
pulular *v* to swarm [tu suɔrm]
pulverización *f* pulverization [pʌlvərə-zei'shən], spraying [sprei'iŋ]
pulverizador *m* atomizer [æ'təmaizər], spray [sprei], sprayer [sprei'ər], pulverizer [pʌl'vəraizər]
pulverizar *v* to pulverize [tu pʌl'vəraiz], atomize [æ'təmaiz], spray [sprei]
pulla *f* foul word [faul uərd]; taunt [tɔnt]
puna *f* highland [jai'lənd]
puncha *f* sharp point [sharp pɔint]
pundonor *m* point of honor [pɔint ʌv a'nər]
pundonoroso *adj* punctilious [pʌnkti'-liəs]
punición *f* punishment [pʌ'nishmənt], chastisement [chæstai'zmənt]
punitivo *adj* punitive [piu'nitiv]
punta *f* point [pɔint], tip [tip]; cigarette butt [siguəret' bʌt]; **horas de —** rush (peak) hour [rʌsh, piik aur]
puntada *f* stitch [stich]; hint [jint]
puntal *m* prop [prap]; buttress [bʌ'-tres]; support [sʌpɔrt']
puntapié *m* kick [kik]
puntazo *m* stab [stæb], jab [dchaeb]
puntear *v* to play the guitar [tu plei dhə guitar'], pluck [plʌk]
puntería *f* aiming [ei'miŋ]
puntero *m* pointer [pɔin'tər]; (*Am*) leader [lii'dər], guide [guaid]
puntiagudo *adj* sharp-pointed [sharp-poin'təd]
puntilla *f* small point [smɔl pɔint]; lace edging [leis e'dchiŋ]; **de —s** on tiptoe [an tip'to]
punto *m* period [pi'riəd], point [pɔint], end [end]; dot [dat]; design [di-zain']; aim [eim]; mesh [mesh]; **al —** instantly [in'stəntli]; **estar a (en) — de** to be about to [tu bii əbaut' tu]; **— de partida** starting point [start'iŋ ...]; **— de vista** point of view [... ʌv viu]; **en —** exact(ly) [egzækt',li]
puntuación *f* punctuation [pʌnkchuei'-shən]
puntual *adj* punctual [pʌnk'chuəl], exact [egzækt'], on the dot [an dhə dat]
puntualidad *f* punctuality [pʌnkchuæ'-liti]; certainty [sər'tənti]
puntualizar *v* to fix in mind [tu fix in maind]; to accomplish [tu əkam'plish]
puntuar *v* to punctuate [tu pʌnk'chueit]
punzada *f* sting [stiŋ]; pain [pein]; compunction [kəmpʌnk'shən]
punzar *v* to punch [tu pʌnch], prick [prik], sting [stiŋ]; perforate [pər'-fəreit]
punzón *m* punch [pʌnch]; awl [ɔl]; pick [pik]
puñado *m* handful [jænd'fəl]
puñal *m* knife [naif], dagger [dæ'guər]
puñalada *f* stab [stæb]
puñetazo *m* punch [pʌnch], blow with the fist [blo uith dhə fist]
puño *m* fist [fist]; handful [jænd'fəl]; cuff [kʌf]
pupa *f* pimple [pim'pəl]
pupila *f* eyeball [ai'bɔl], pupil [piu'pil]
pupilaje *m* pupilage [piu'piledch]; boarding house [bɔr'diŋ jaus]
pupilo *m* pupil [piu'pil]; boarder [bɔr'-dər]
pupitre *m* desk [desk]
puré *m* purée [piurei']; thick soup [thik sup]
pureza *f* purity [piu'riti], chastity [chæ'-stiti]
purga *f* physic [fi'zik]
purgante *adj & m* purgative [pər'guə-tiv]
purgar *v* to purge [tu pərdch]; to purify [tu piu'rifai]; to atone [tu əton']
purgativo *adj* purgative [pər'guətiv], purging [pər'dchiŋ]
purgatorio *m* purgatory [pər'guətɔri]
purificación *f* purification [piurifikei'-shən]
purificador *m* purifier [piu'rifaiər]; purification [piu'rifikei'shən]; **— de agua** water purifier [uɔ'tər ...]
purificar *v* to purify [tu piu'rifai]; **—se** to be purified [tu bii piu'rifaid]

puritano *adj, m* puritan [piu'ritən]
puro *adj* pure [piur], unmingled [ʌn-miŋ'gld]; genuine [dchen'iuin]; chaste [cheist]; **a —** by dint of [bai dint ʌv]; **de —** extremely [extriim'li]; *m* cigar [sigar']
púrpura *f* purple [pər'pəl]; ecclesiastic dignity [əkliziæ'stik diguə'niti]; cardinal's cloth [kar'dnəlz klɔth]
purpurado *m* cardinal [kar'dnəl]
purpúreo *adj* purple [pər'pəl]
pus *m* pus [pʌs]; matter [mæ'tər]
pusilánime *adj* pusillanimous [piusilæ'-niməs]
pusilanimidad *f* pusillanimity [piusi-læni'miti]
pústula *f* pimple [pim'pəl]
puta *f* prostitute [pra'stitiut], whore [jɔr], harlot [jar'lət]
putrefacción *f* putrefaction [piutrifæk'-shən], decay [diikei']
putrefacto *adj* rotten [ra'tən]
pútrido *adj* putrid [piu'trid], rotten [ra'tən]
puya *f* goad [god], stick [stik]

Q

que *pron rel* that [dhæt], which [juich]; **el —** who [ju], whom [jum]; **quieras — no** whether you like it or not [juedhər iu laik it ɔr nat]; **por mucho —** no matter how much [no mæ'tər jau mʌch]

qué *pron int, adj* what [juat]; **¡— bueno!** how (good) nice! [jau guəd, nais]; **¡— importa!** who cares! [ju kerz]; **¿— tal?** hello! [je'lo]; **no hay de —** don't mention it [dont men'shən it]; **¿para —?** what for? [juat fɔr]

que *conj* that [dhæt]; than [dhæn]; whether [jue'dhər]; because [bikɔz']; **a menos —** unless [ʌnles']; **con tal —** provided that [provai'dəd dhæt]

quebrada *f* ravine [rəviin']; (*Am*) brook [bruək]

quebradero *m* breaker [brei'kər]

quebradizo *adj* brittle [bri'təl]

quebrado *adj* broken [bro'kən]; bankrupt [bæŋk'rʌpt]; *m* fraction [fræk'shən]

quebradura *f* fracture [fræk'chər]; rupture [rʌp'chər]; hernia [jər'niə]

quebrantadura *f* fracture [fræk'chər], rupture [rʌp'chər]

quebrantamiento *m* fracture [fræ'kchər], rupture [rʌp'chər]; weariness [uer'inəs]; fatigue [fətii'guə]; **— de ley** violation of law [vaiolei'shən ʌv lɔ]

quebrantar *v* to break [tu breik], crack [kræk], burst [bərst]; to grind [tu graind]; **—se** to fatigue [tu fətii'guə]; to weaken [tu uii'ken]

quebranto *m* weakness [uiik'nəs]; grief [griif]; severe damage [səviir' dæ'mədch]

quebrar *v* to break [tu breik]; to transgress a law [tu trænsgres' ə lɔ]; **—se** to break into pieces [tu breik in'tu pii'səz]; to be ruptured [tu bii rʌp'chərd]; to burst [tu bʌrst]

queda *f* curfew [kər'fiu]

quedamente *adv* softly [sɔ'ftli], in a low voice [in ə lo vɔis], quietly [kuai'ətli]

quedar *v* to stay [tu stei], remain [rimein']; to be left [[tu bii left]; **—se con** to keep [tu kiip]

quedito *adv* softly [sɔf'tli], gently [dchen'tli]

quedo *adj* quiet [kuai'ət], still [stil]; *adv* softly [sɔf'tli], gently [dchen'tli]

quehacer *m* occupation [akiupei'shən], business [biz'nəs]; task [tæsk]; daily routine [dei'li rutiin'], duty [diu'ti]; **—es de la casa** household duties [jaus'jold diu'tiiz]

queja *f* complaint [kəmpleint']

quejarse *v* to complain [tu kəmplein'], to moan [tu mon]

quejido *m* complain [kəmplein'], groan [gron]

quejoso *adj* querulous [kue'rələs]; complaining [kəmplein'iŋ]

quema *f* burning [bər'niŋ], fire [fair], combustion [kəmbʌs'chən]

quemador *m* incendiary [insen'dieri]; burner [bər'nər]

quemadura *f* trace of fire [treis ʌv fair], burn [bərn]

quemar *v* to burn [tu bərn], kindle [kin'dəl]; **—se** to be parched [tu bii parchd], burn oneself [bərn uanself']

quemazón *f* fire [fair], conflagration [kanfləgrei'shən]; smarting sensation [smart'iŋ sensei'shən]; big sale [biguə seil]

querella *f* complaint [kəmpleint'], quarrel [kua'rəl]

querellarse *v* to lament [tu ləment'], complain [kəmplein']

querer *v* to wish to [tu uish tu], desire [dizair']; to will [tu uil]; to like [tu laik], love [lʌv]; **— decir** to mean [tu miin]; **quisiera saber** I would like to know [ai uuld laik tu no]; **quisiera darme usted** please give me [pliiz guiv mii]; **sin —** unwillingly [ʌnui'liŋli]; **como quiera** anyhow [e'nijau], anyway [e'niuei]; **cuando quiera** at any time [æt e'ni taim]; **donde quiera** anywhere [e'nijuer]

querida *f* sweetheart [suiit'jart]; mistress [mi'strəs]

querido *adj* dear [dir], beloved [bilʌ'vəd]; *n* darling [dar'liŋ]; lover [lʌ'vər]; **— mío** my dear [mai diir]

querubín *m* cherub [che'rəb]
quesadilla *f* sweetmeat [suiit'miit]; cheesecake [chiiz'keik]
quesero *m* cheesemaker [chiiz'meikər]
queso *m* cheese [chiiz]
quicio *m* hook [juək], hinge [jindch]; **estar fuera de —** not to be in a normal state [nat tu bii in ə nɔr'məl steit]
quiebra *f* crack [kræk], fracture [fræk'chər]; bankruptcy [bæŋk'rʌpsi]
quien *pron* who [ju], which [juich]; **¿quién?** who? [ju]
quienquiera *pron* whosoever [ju'soe'vər], whomever [jume'vər]
quietud *f* quiet [kuai'ət], peace [piis]
quijada *f* jaw [dchɔ]; jawbone [dchɔ'bon]
quijo *m* ore [ɔr]
quijotada *f* quixotic action [kuixa'tik æk'shən]
quijotería *f* quixotism [kui'xətizm]
quijotesco *adj* quixotic [kuixa'tik]
quila *f* bamboo [bæmbu']
quilate *m* carat [kæ'rət]
quilla *f* keel [kiil]
química *f* chemistry [ke'mistri]
quimera *f* chimera [kaimi'rə]; dispute [dispiut'], quarrel [kua'rəl]
quimérico *adj* fantastic [fæntæ'stik]
químico *m* chemist [ke'mist]
quincalla *f* hardware [jard'uər]
quincena *f* fortnight [fɔrt'nait]
quinceno *adj* fifteenth [fiftiinth']
quinina *f* quinine [kuai'nain]
quinqué *m* lamp [læmp]
quinta *f* country seat [kʌn'tri siit]; country house [kʌn'tri jaus]; levy [le'vi]
quintacolumna *f* fifth column [fifth ka'ləm], treason [tri'zən]
quintacolumnista *m, f* fifth columnist [fifth ka'ləmnist], betrayer [bitre'iər]
quintaesencia *f* quintessence [kuinte'səns]
quintana *f* country mansion [kʌn'tri mæn'shən]
quintería *f* farm [farm]; grange [greindch']
quintero *m* farmer [far'mər]; caretaker [ker'teikər]
quinto *m* fifth [fifth]
quíntuplo *m* fivefold [faiv'fold]
quiosco *m* kiosk [kii'ask]; summer home [sʌ'mər jom], little [li'təl], pavilion [pəvil'iən], stand [stænd]; **— de música** bandstand [bænd'stænd]; **— de periódicos** newsstand [niuz'stænd]
quiropráctico *m* chiropractor [kai'ropræktər]
quirúrgico *adj* surgical [sər'dchikəl]
quisicosa *f* riddle [ri'dəl]
quisquilla *f* trifling dispute [traif'liŋ dispiut']; nonsense [nan'sens]
quisquilloso *adj* difficult [di'fikʌlt], "touchy" [tʌ'chi], irritable [ir'itəbəl], peevish [pii'vish]
quitación *f* pay [pei], income [in'kʌm]
quitamanchas *m* stain remover [stein rimu'vər]
quitanieve *m* snowplow [sno'plau]
quitapesares *m, f* comfort [kʌm'fɔrt], consolation [kansolei'shən]
quitar *v* to take away [tu teik əuei'], remove [rimuv']; **¡quita!** stop it [stap it]; **—se** to get rid of [tu guet rid ʌv]
quitasol *m* parasol [pæ'rəsɔl]
quite *m* obstacle [ab'stəkəl], impediment [impe'dimənt]; dodge [dadch]
quito *adj* free from an obligation [frii frʌm ən abliguei'shən], exempt [exempt']
quizá(s) *adv* perhaps [pərjæps'], maybe [mei'bi]

R

rabadán *m* head shepherd [jed she'pərd]
rabanero *m* radish seller [ræ'dish se'lər]
rábano *m* radish [ræ'dish]; **— picante** horse-radish [jɔrs-ræ'dish]
rabia *f* rage [reidch], fury [fiu'ri']
rabiar *v* to be furious [tu bii fiu'riəs], rage [reidch]
rabicorto *adj* short-tailed [shɔrt-teild]
rabieta *f* bad temper [bæd temp'ər], fit [fit], tantrum [tæn'trəm]
rabino *m* rabbi [ræ'bai]
rabioso *adj* rabid [ræ'bid], furious [fiu'-riəs]
rabo *m* tail [teil]; **de cabo a —** from head to foot [frʌm jed tu fuət]
rabón *adj* docked [dakd], short-tailed [shɔrt-teild]
rabosear *v* to crumple [tu krʌm'pəl]
racimo *m* bunch [bʌnch], cluster [klʌ'-stər]
racimoso *adj* with clusters [uith klʌ'-stərz]
raciocinar *v* to reason [tu rii'zən]
raciocinio *m* reasoning [rii'zəniŋ]
ración *f* ration [ræ'shən], portion [pɔr'-shən]
racional *adj* rational [ræ'shənəl], reasonable [rii'zənəbəl]
racionalidad *f* rationality [ræshənæ'liti]
racionalismo *m* rationalism [ræ'shənəl-izm]
racionamiento *m* rationing [ræ'shəniŋ]
racionar *v* to ration [tu ræ'shən]
racismo *m* racism [rei'sizm]
radar *m* radar [rei'dar]; **emisora de —** radar tracking station [... træk'iŋ stei'-shən]
radiación *f* radiation [reidiei'shən]
radiador *m* radiator [rei'dieitər]
radiante *adj* radiant [rei'diənt], beaming [bii'miŋ]
radiar *v* to radiate [tu rei'dieit], emit [imit']
radicación *f* taking root [teik'iŋ rut]; becoming rooted [bikʌ'miŋ ru'təd]
radical *adj* radical [ræ'dikəl], pertaining to the root [pərtein'iŋ tu dhə rut]; *m* radical [...]; (*polít*) extremist [extrii-' mist]
radicar *v* to take root [tu teik rut]; **—se** to settle [tu se'təl], reside [rizaid']
radio *f* radio [rei'dio]; **emisora de —** (radio) broadcasting station [rei'dio, brɔd'kæstiŋ stei'shən]
radio *m* radius [rei'diəs]; radium [rei'-diəm]
radioctividad *f* radioactivity [rei'dio-ækti'viti]
radioactivo *adj* radioactive [rei'dioæk'-tiv]
radioaficionado *m* radio amateur [rei'-dio æ'məchər]
radioamplificador *m* radio amplifier [rei'dio æm'plifaiər]
radiocomunicación *f* wireless [uair'ləs]
radiodifundir *v* to broadcast [tu brɔd'-kæst]; to radio [tu rei'dio]
radiodifusión *f* radio broadcasting [rei'-dio brɔd'kæstiŋ]
radiodifusora *f* broadcasting station [brɔd'kæstiŋ stei'shən]; broadcaster [brɔd'kæstər]
radioemisión *f* wireless transmission [uair'les trænsmi'shən]
radioemisora *f* broadcasting station [brɔd'kæstiŋ stei'shən]
radioescucha *m, f* radio listener [rei'dio lis'ənər]
radiofaro *m* radio beacon [rei'dio bii'-kən]
radiofónico *adj* (of) radio [ʌv' rei'dio]; **estación —a** radio station [... stei'-shən]
radiófono *m* radio telephone [rei'dio tel'əfon]
radiofrecuencia *f* radio frequency [rei'-dio frii'kuənsi]
radiografía *f* radiography [reidia'grəfi], x-ray picture [ex-rei pik'chər]
radiógrafo *m* radiographer [reidia'grə-fər], x-ray specialist [ex-rei spe'shə-list]
radiograma *m* radiogram [rei'diogræm]
radiorreceptor *m* radio receiving set [re'dio risii'viŋ set]
radioso *adj* radiant [rei'diənt]
radiotelefonía *f* wireless [uair'ləs]
radioteléfono *m* radio telephone [rei'dio tel'əfon]

radiotelegrafía *f* wireless [uair'ləs]
radiotelegrafista *m, f* wireless operator [uair'ləs a'pəreitər]
radiotelégrafo *m* radio telegraph [rei'dio te'ləgræf]
radiotelegrama *m* radio telegram [rei'dio te'ləgræm]
radioterapia *f* radiotherapy [rei'diothe-rəpi]
radiotermia *f* radiothermy [rei'diothər-mi]
radiotransmisor *m* radio transmitter [rei'dio trænsmi'tər]
raer *v* to scrape [tu skreip]
ráfaga *f* violent wind [vai'ələnt uind]; **— de viento** gust of wind [gʌst ʌv uind], squall [skuɔl]
raído *adj* scraped [skreipt]; worn out [uɔrn aut]; impudent [im'piudənt]
raíz *f* root [rut]; base [beis], basis [bei'-sis]; origin [ɔ'ridchin]
raja *f* splinter [splin'tər]; chip of wood [chip ʌv uud]; slice [slais]; fissure [fi'shər]
rajar *v* to split [tu split], chop [chap], cleave [kliiv]; to boast [tu bost]
ralea *f* race [reis], breed [briid]; species [spii'shiiz], kind [kaind]
raleza *f* thinness [thi'nəs]
ralo *adj* thin [thin]
rallo *m* grater [grei'tər]; ice scraper [ais skrei'pər]
rama *f* branch [brænch]
ramaje *m* foliage [fo'liədch]
ramal *m* branch [brænch], ramification [ræmifikei'shən]; halter [jɔl'tər]
rambla *f* sandy place [sæn'di pleis]; rock cavern [rak kæ'vərn]; boulevard [bulə'vard]
ramera *f* harlot [jar'lət], prostitute [pra'stitiut]
ramificación *f* ramification [ræmifikei'-shən]
ramificarse *v* to ramify [tu ræ'mifai], branch out [brænch aut]
ramillete *m* bouquet [bokei'], bunch of flowers [bʌnch ʌv flau'ərz]
ramo *m* branch [brænch]; **Domingo de R—s** Palm Sunday [pam sʌn'dei]
ramonear *v* to prune [tu prun]
rampa *f* slope [slop]; ramp [ræmp]
rampante *adj* rampant [ræm'pənt]
rampollo *m* shoot [shut], sprig [spri-guə]
rana *f* frog [frɔguə]
rancidez *f* rancidness [ræn'sidnəs], stale-ness [steil'nəs]
rancio *adj* rancid [ræn'sid]; stale [steil]
ranchería *f* huts [jʌtz]; inn [in]
ranchero *m* farmer [far'mər]; rancher [ræn'chər]
rancho *m* mess [mes]; messroom [mes'-rum]; farm [farm]; cattle ranch [kæ'-təl rænch]; hut [jʌt]
randa *f* lace trimming [leis tri'miŋ]
randado *adj* trimmed with lace [tri'md uith leis]
rango *m* rank [ræŋk]
ranúnculo *m* buttercup [bʌ'tərkʌp]
ranura *f* groove [gruv]
rapa *f* olive tree blossom [a'liv trii bla'-səm]
rapacería *f* puerility [piuri'liti], childish action [chail'dish æk'shən]
rapacidad *f* rapacity [rəpæ'siti]
rapadura *f* shaving [shei'viŋ]; baldness [bɔld'nəs]
rapar *v* to shave off [tu sheiv ɔf]; to plunder [tu plʌn'dər]
rapaz *adj* rapacious [rəpei'shəs]; *m* boy [bɔi], lad [læd]
rapé *m* snuff [snʌf]
rapidez *f* rapidity [rəpi'diti]; speed [spiid]
rápido *adj* rapid [ræ'pid], quick [kuik]
rapiña *f* theft [theft], robbery [ra'bəri]; plunder [plʌn'dər]
raposa *f* (female) fox [fi'meil, fax]
raposería *f* trick [trik]
rapto *m* kidnaping [kid'næpiŋ]; ecstasy [ek'stəsi]
raqueta *f* racket [ræ'kət]
raquítico *adj* rickety [ri'kəti]; sickly [sik'li]
raquitis *f* rickets [ri'kitz]
raramente *adv* rarely [re'rli]
rareza *f* rarity [re'riti]
raridad *f* rarity [re'riti]
raro *adj* rare [rer], scarce [skers]; strange [strein'dch]; extraordinary [extrɔr'dineri]; **—a vez** rarely [re'-rli]
ras: a — de flush with [flʌsh uith]
rascacielo *m* skyscraper [skai'skreipər]
rascador *m* scraper [skrei'pər]
rascadura *f* scratching [skræ'chiŋ], scraping [skrei'piŋ]
rascar *v* to scratch [tu skræch], scrape [skreip], scuff [skʌf]
rascazón *f* itching [i'chiŋ]
rasero *m* strickle [stri'kəl]
rasete *m* satinet [sæ'tinət]
rasgado *adj* torn open [tɔrn o'pən]; **boca —da** wide mouth [uaid mauth]; **ojos —dos** slanting eyes [slæn'tiŋ aiz]

rasgar *v* to tear [tu ter]; to sliver [tu sli'vər]

rasgo *m* stroke [strok]; feature [fii'chər], trait [treit], characteristic [kærəktəri'stik]

rasguñar *v* to scratch [tu skræch]

rasguño *m* scratch [skræch]

raso *adj* plain [plein], smooth [smudh]; **al —** in the open air [in dhə o'pən er]; *m* satin [sæ'tin]; glade [gleid]

raspadera *f* raker [rei'kər]

raspador *m* rasp [ræsp], scraper [skrei'pər]

raspadura *f* filing [fai'liŋ], scraping [skrei'piŋ]; erasure [iirei'shər]

raspar *v* to scrape [tu skreip], rasp [ræsp]; to steal [tu stiil]; to scold [tu skold]

raspear *v* to scratch with a pen [tu skræch uith ə pen]

rastra *f* sled [sled]; **andar a —s** to crawl [tu krɔl]; to drag oneself [tu dræ'guə uanself']

rastrallar *v* to crack (a whip) [tu kræk, ə juip]

rastrear *v* to trace [tu treis]; to rake [tu reik]; to skim along the ground [tu skim əlɔŋ' dhə graund]

rastrero *adj* creeping [krii'piŋ]; humble [jʌm'bəl], vile [vail]

rastrillador *m* hackler [jæ'klər], raker [rei'kər]

rastrillar *v* to hackle [tu jæ'kəl]; to rake [tu reik]

rastrillo *m* rake [reik];hackle [jæ'kəl]

rastro *m* track [træk]; slaughterhouse [slɔ'tərjaus]; trail [treil]

rasura *f* shave [sheiv]

rasurar *v* to shave [tu sheiv]

rata *f* rat [ræt]; pickpocket [pik'paket]

ratear *v* to filch [tu filch]; to creep [tu [kriip]

ratería *f* larceny [lar'səni], petty theft [pe'ti theft]

ratero *adj* creeping [krii'piŋ], mean [miin]; pickpocket [pik'pakət]

ratificación *f* ratification [ræ'təfəkei'shən]

ratificar *v* to ratify [tu ræ'təfai]

rato *m* while [juail], moment [mo'mənt]; **al poco —** shortly [shɔr'tli]; **a —s** occasionally [əkei'zhənli]; **buen — a** good time [ə guəd taim]; **pasar el —** to kill time [tu kil taim]

ratón *m* mouse [maus]

ratonar *v* to gnaw [tu nɔ]

ratonera *f* mousetrap [maus'træp]

raudal *m* torrent [tɔ'rənt]; flood [flʌd]

raudo *adj* quick [kuik]

raya *f* stroke [strok]; stripe [straip]; (*pelo*) part [part]; line [lain]; frontier [frʌntiir']; dash [dæsh]; **tener a —** to hold off [tu jold ɔf], keep away [kiip əuei']

rayado *adj* striped [strai'pd]

rayador *m* (*Méx*) paymaster [pei'mæstər]

rayano *adj* neighboring [nei'bəriŋ]; bordering on [bɔr'dəriŋ an]

rayar *v* to line [tu lain]; to stripe [tu straip]; to underline [tu ʌn'dərlain]; **— en** to border on [tu bɔr'dər an]

rayo *m* ray [rei], beam of light [biim ʌv lait]; lightning [lait'niŋ]; radius [rei'diəs]; **—s X** X-rays [ex-reiz]; **— visual** field of vision [fiild ʌv vi'zhən]; **— de sol** sun ray [sʌn ...]

rayón *m* rayon [rei'an]

raza *f* race [reis], lineage [li'niədch]

razón *f* reason [rii'zən], cause [kɔz], motive [mo'tiv]; ratio [rei'shio]; **— social** firm name [firm neim]; **a — de** at the rate of [æt dhə reit ʌv]; **dar —** to inform [tu infɔrm']; **dar la — a** to agree with [tu əgrii' uith]; **perder la —** to go insane [tu go insein']; **tener —** to be right [tu bii rait]; **no tiene —** he is not right [jii iz nat ...]

razonable *adj* reasonable [rii'zənəbəl]

razonado *adj* reasoned out [riizənd aut]

razonamiento *m* reasoning [rii'zəniŋ]

razonar *v* to reason [tu rii'zən]; to talk to, with [tu tɔk tu, uidh]

reacción *f* reaction [riæk'shən]

reaccionar *v* to react [tu riækt'], hit back [jit bæk]

reaccionario *adj* reactionary [riæk'shənəri]

reacio *adj* stubborn [stʌ'bərn]

real *adj* real [riil], actual [æk'chuəl]; royal [rɔi'əl]; *m* camp [kæmp]

realce *m* embossment [embɔs'mənt]; prestige [prestiidch']; luster [lʌ'stər]

realidad *f* reality [riæ'liti]; truth [truth]; **en —** in fact [in fækt]

realismo *m* realism [rii'əlizm]

realista *m, f* realist [rii'əlist]; royalist [roi'əlist]

realización *f* realization [riiəlizei'shən]; fulfillment [fuəlfil'mənt]; big sale [biguə seil], "special" [spe'shəl]

realizar *v* to realize [tu rii'əlaiz], fulfill [fuəlfil']; perform [pərfɔrm']; to sell out [tu sel aut]

realzar *v* to raise [tu reiz], elevate [e'ləveit]; to emboss [tu embɔs']

reanimar *v* to cheer [tu chiir], encourage [enkʌ'ridch], reanimate [riiæ'nimeit]
reanudar *v* to renew [tu riniu'], resume [rizium], start again [start əguen']
reasunción *f* resumption [rizʌm'pshən]
rebaja *f* deduction [didʌk'shən]; reduction [ridʌk'shən]
rebajar *v* to lower [tu lo'ər], lessen [le'sən], diminish [dimi'nish]; **—se** to humble oneself [tu jʌm'bəl uanself']
rebalsa *f* pool [pul], puddle [pʌ'dəl]
rebanada *f* slice [slais]; **una — de pan** a slice of bread [ə ... ʌv bred]
rebanador *adj* slicing [slai'siŋ]; *m* slicer [slai'sər]
rebanar *v* to slice [tu slais]; to plane off [tu plein ɔf]
rebaño *m* flock of sheep [flak ʌv shiip], herd [jərd]
rebasar *v* to go beyond [tu go bi-iand'], exceed [exsiid']
rebatir *v* to resist [tu rizist'], ward off [uɔrd ɔf]
rebato *m* alarm [əlarm']; unexpected attack [ənexpek'təd ətæk'], surprise [sərpraiz']
rebelarse *v* to revolt [tu rivolt'], rebel [ribel']
rebelde *adj* rebellious [ribe'liəs]; *m* rebel [re'bəl]
rebeldía *f* rebelliousness [ribe'liəsnəs]; disobedience [disobii'diəns]
rebelión *f* rebellion [ribe'liən], revolt [rivolt']
reblandecer *v* to soften [tu sɔ'fən]
rebolledo *m* underbrush [ʌnd'ərbrʌsh]
rebollo *m* tree trunk [trii trʌnk]
rebolludo *adj* thick-set [thik-set]
rebombar *v* to make a loud sound [tu meik ə laud saund], resound [rizaund']
reborde *m* ledge [ledch], border [bɔr'dər]
rebosadura *f* overflow [o'vərflo]
rebosante *adj* overflowing [o'vər-floiŋ]
rebosar *v* to run over [tu rʌn o'vər], overflow [o'vər-flo]; to abound with [tu əbaund' uidh]
rebotar *v* to bounce back [tu bauns bæk]; to repel [tu ripel']; to rebound [tu ribaund']
rebote *m* rebound [ri'baund]; **de —** indirectly [indairek'tli]
rebozo *m* shawl [shɔl]; pretext [prii'text]; **de —** secretly [sii'krətli]; **sin —** frankly [fræŋ'kli]
rebullir *v* to stir [tu stər]; to boil up [tu bɔil ʌp]
reburujar *v* to wrap up [tu ræp ʌp], bundle up [bʌn'dəl ʌp]
rebusca *f* research [ri'sərch]; gleaning [glii'niŋ]
rebuscador *m* gleaner [glii'nər]; researcher [risər'chər]
rebuscar *v* to glean [tu gliin]; to search for [tu sərch fɔr]
rebuznar *v* to bray [tu brei]
rebuzno *m* braying [brei'iŋ]
recadero *m* messenger boy [me'səndchər bɔi]
recado *m* message [me'sədch]; gift [guift]
recaer *v* to fall back again [tu fɔl bæk əguein']; to have a relapse [tu jæv ə rii'læps]; to behoove [tu biijuv']
recaída *f* relapse [rii'læps]
recalar *v* to soak [tu sok]; to sight land [tu sait lænd]
recalcar *v* to emphasize [tu em'fəsaiz]; to squeeze [tu skuiiz]
recalcitrar *v* to wince [tu uins]; to be recalcitrant [tu bii rikæl'sitrənt]
recalentamiento *m* reheating [rii-jii'tiŋ]
recalentar *v* to heat again [tu jiit əguen']
recalzar *v* to color a design [tu kʌ'lər ə dizain'] to repair cement [tu riper' siment']
recamado *adj* embroidered [embrɔ'idərd]
recamar *v* to embroider [tu embrɔi'dər]
recámara *f* dressing room [dre'siŋ rum]; bedroom [bed'rum]; (gun) chamber [gʌn, cheim'bər]
recapitular *v* to recapitulate [tu rikəpi'chəleit]
recargar *v* to recharge [tu riichardch']; to cram [tu kræm]; to renew an accusation [tu riniu' ən ækiuzei'shən]
recargo *m* accusation [ækiuzei'shən]; increase of a fever [in'kriis ʌv ə fii'vər]
recatado *adj* prudent [pru'dənt], circumspect [sər'kʌmspekt], modest [ma'dəst]
recatar *v* to conceal [tu kənsiil']
recato *m* prudence [pru'dəns], care [ker], modesty [ma'dəsti]
recaudador *m* tax collector [tæx kəlek'tər]
recaudar *v* to gather [tu gæ'dhər]; to collect taxes, money, rent [tu kəlekt' tæx'əz, mʌ'ni, rent]
recaudo *m* tax collection [tæx kəlek'shən]; bail [beil]; bond [band]; (*Méx*) spices [spai'səz]; **a buen —** under guard [ʌn'dər guard], safe [seif]

recelar *v* to fear [tu fiir], suspect [sʌspekt']
recelo *m* suspicion [sʌspi'shən], mistrust [mistrʌst']; fear [fiir]
receloso *adj* suspicious [sʌspi'shəs]; mistrustful [mistrʌst'fəl]; fearful of [fiir'fəl ʌv]
recepción *f* reception [risep'shən]; acceptance [æksep'təns]
receptáculo *m* receptacle [risep'təkəl]
receptivo *adj* receptive [risep'tiv]
receptor *m* receiver [risii'vər], treasurer [trə'zhərər]; (radio) receiver [rei'dio, ...]
receso *m* withdrawal [uithdrɔ'əl]; (*Am*) recess [rise's]
receta *f* recipe [re'sipi]; prescription [prəskrip'shən]; list [list]
recetar *v* to prescribe [tu prəskraib']
recibidor *m* receiver [risii'vər]; reception room [risep'shen rum]
recibimiento *m* reception [risep'shən]; welcome [uel'kəm]; living room [li'viŋ rum], parlor [par'lər]
recibir *v* to receive [tu risiiv'], welcome in [uel'kəm in]
recibo *m* receipt [risiit'], voucher [vau'chər]; **acusar —** to acknowledge receipt [tu ækna'lədch risiit']; **sala de —** reception room [risep'shən rum]
recién *adv* recently [ri'səntli], lately [lei'tli], just now [dchʌst nau]; **— casado** newly wed [niu'li ued]; **— llegado** newcomer [niu'kʌmər]
reciente *adj* recent [ri'sənt], new [niu]; contemporary [kəntem'pəreri]
recientemente *adv* recently [ri'səntli]
recinto *m* precinct [pri'sinkt], district [dis'trikt]; enclosure [enklo'zhər]
recio *adj* stout [staut], strong [strɔŋ], robust [robʌst']; rigid [ri'dchid]; thick [thik]; rude [rud]; arduous [ar'dchuəs]; *adv* strongly [strɔŋ'li], stoutly [stau'tli]
récipe *m* prescription of a physician [prəskrip'shən ʌv ə fizi'shən]; (*col*) offense [əfens'], scolding [skol'diŋ]
recipiente *m* recipient [risi'piənt]; container [kəntei'nər]
reciprocidad *f* reciprocity [resipra'siti]
recíproco *adj* reciprocal [risi'prəkəl]
recitación *f* recitation [resitei'shən]
recital *m* (*mús*) recital [risai'təl]
recitar *v* to recite [tu risait']
recitativo *adj, f, m* recitative [resititiiv']
reclamación *f* reclamation [rekləmei'shən]; complaint [kʌmpleint']
reclamante *m, f* claimant [klei'mənt]
reclamar *v* to claim [tu kleim]; to complain [tu kʌmplein']; (*caza*) to lure [tu luər]
reclamo *m* advertisement [æd'vərtaizmənt]; claim [kleim]; (*caza*) lure [luər]
reclinación *f* reclining [riklai'niŋ]
reclinar *v* to recline [tu riklain']
recluir(se) *v* to shut up [tu shʌt ʌp], seclude [siklud'], isolate [ai'soleit]
reclusión *f* reclusion [riklu'zhən], recess [rises']
recluta *m* (*milit*) recruit [rikrut']
reclutador *m* recruiting officer [rikru'tiŋ ɔ'fisər]
reclutamiento *m* recruiting [rikru'tiŋ]
reclutar *v* to recruit [tu rikrut']
recobrar *v* to recover [tu rikʌ'vər]; **—se** to recuperate [tu rikiu'pəreit]
recobro *m* recovery [rikʌ'vəri]
recocido *adj* skillful [skil'fəl]
recodo *m* corner [kɔr'nər]; turn [tərn]
recoger *v* to retake [tu riiteik'], gather [guæ'dhər]; to shelter [tu shel'tər]; **—se** to shelter [...]; to withdraw [tu uithdrɔ']
recogido *adj* retired [ritai'rd], secluded [siklu'dəd]
recogimiento *m* gathering [guæ'dhəriŋ], collection [kəlek'shən]; retreat [ritriit'], shelter [shel'tər]
recolección *f* summary [sʌ'məri]; crop [krap]
recomendación *f* recommendation [rekəmendei'shən]
recomendar *v* to recommend [tu rekəmend']
recompensa *f* compensation [kampensei'shən]; recompense [re'kəmpens], prize [praiz]
recompensar *v* to recompense [tu re'kəmpens], reward [ri-uɔrd']
recomponer *v* to recompose [tu rikəmpoz']; to put together [tu puət tugue'dhər]
reconcentrar *v* to bring together [tu briŋ tugue'dhər]; to concentrate [tu kan'səntreit]
reconciliación *f* reconciliation [rekənsiliei'shən]
reconciliar *v* to reconcile [tu re'kənsail]; **—se** to become reconciled [tu bikʌm' re'kənsaild]
recóndito *adj* recondite [re'kəndait]; hidden [ji'dən]
reconocedor *m* examiner [exæ'mənər]; adviser [ædvai'zər]

reconocer *v* to examine closely [tu exæ'mən klo'sli]; to admit [tu ædmit']; to recognize [tu re'kəgnaiz]

reconocido *adj* grateful [greit'fəl]

reconocimiento *m* recognition [rekəgni'shən]; acknowledgment [ækna'lədchmənt]; gratitude [græ'titiud]; exploring [explo'riŋ]

reconquista *f* reconquest [rikan'kuest]

reconquistar *v* to reconquer [tu rikan'kər]

reconstituyente *adj* reconstituent [rikənsti'tiuənt]; *m* tonic [ta'nik]

reconstruir *v* to reconstruct [tu rikənstrʌkt']

recontar *v* to recount [tu rikaunt']; relate [rileit']

recontento *adj* very pleased [və'ri plii'zd]; *m* contentment [kəntent'mənt]

reconvenir *v* to recriminate [tu rikri'mineit]

recopilación *f* summary [sʌ'məri], abridgment [əbridch'mənt]

recopilador *m* compiler [kəmpai'lər]

recopilar *v* to compile [tu kəmpail'], abridge [əbridch'], digest [daidchest']

recordar *v* to remind [tu rimaind'], remember [rimem'bər], call to mind [kɔl tu maind]

recordativo *adj* reminding [rimain'diŋ]; *m* refresher [rifre'shər]; memento [mimen'to]

recordatorio *m* reminder [rimain'dər]

recorrer *v* to run over [tu rʌn o'vər], peruse [pəruz']; to go over fast [tu go o'vər fæst]

recorrido *m* run [rʌn], line [lain]; trip [trip]; mileage run [mai'lədch ...]

recortar *v* to clip [tu klip], cut away [kʌt əuei'], pare [per], trim [trim]

recorte *m* outline [aut'lain]; (*Méx*) gossip [ga'sip]; — **de periódico** newspaper clipping [niuz'peipər kli'piŋ]

recostar *v* to lean against [tu liin əguenst']; **—se** to recline [tu riklain'], rest [rest]

recreación *f* recreation [rekriei'shən], amusement [əmiuz'mənt]

recrear *v* to amuse [tu əmiuz'], delight [dilait']; **—se** to enjoy oneself [tu endchɔi' uanself']

recreativo *adj* amusing [əmiu'ziŋ]

recrecimiento *m* increase [in'kriis], growth [groth]

recreo *m* recreation [rekriei'shən], pleasure [ple'zhər]; **patio de —** playground [plei'graund]

recriminación *f* recrimination [rikrimi-nei'shən]

recriminar *v* to recriminate [tu rikri'mineit]

rectamente *adj* justly [dchʌ'stli]

rectángulo *adj* rectangular [rektæŋ'guiulər]; *m* rectangle [rek'tæŋguəl]

rectificación *f* rectification [rektifikei'shən]

rectificador *m* rectifier [rek'tifaiər]

rectificar *v* to rectify [tu rek'tifai], correct [kərekt']

rectitud *f* straightness [streit'nəs]; rectitude [rek'titiud]; honesty [a'nəsti]

recto *adj* straight [streit]; direct [dərekt'], honest [a'nəst]; **ángulo —** right angle [rait æŋ'guəl]; **línea —a** straight line [... lain]

rector *m* rector [rek'tər]; university president [iunəvər'siti pre'zədənt]

rectoría *f* rectory [rek'təri]

recubrir *v* to recover [tu rikʌ'vər]

recuento *m* inventory [in'ventɔri]; recount [rikaunt']

recuerdo *m* remembrance [rimem'brəns]; souvenir [suvənir']; **—s** *pl* regards [riguardz']

recuesto *m* descent [disent']

recular *v* to recoil [tu rikɔil']; to fall back [tu fɔl bæk]

recuperable *adj* recoverable [rikʌ'vərəbəl]

recuperación *f* recovery [rikʌ'vəri]

recuperar *v* to recover [tu rikʌ'vər]; **—se** to recuperate [tu rikiu'pəreit]

recurrir *v* to recur [tu rikər']; to turn to [tu tərn tu]

recurso *m* recourse [ri'kɔrs]; **—s** means [miinz]; **no hay —** there is no remedy [dher iz no re'mədi]

recusar *v* to refuse [tu rifiuz']; to reject [tu ridchekt']

rechazamiento *m* repulsion [ripʌl'shən], rejection [ridchək'shən]

rechazar *v* to repel [tu ripel'], repulse [ripʌls']; to drive back [tu draiv bæk]

rechazo *m* rebound [riibaund']; rejection [ridchek'shən]; rebuff [ribʌf']

rechifla *f* mockery [ma'kəri], derision [dəri'zhən]

rechiflar *v* to mock [tu mak], deride [dəraid']

rechinamiento *m* creaking [krii'kiŋ]; gnashing [næ'shiŋ]

rechinar *v* to creak [tu kriik], gnash [næsh]

rechino *m* creaking [krii'kiŋ], gnashing [næ'shiŋ]

rechoncho *adj* chubby [chʌ'bi], plump [plʌmp]
rechuparse *v* to smack one's lips [tu smæk uʌnz lipz], lick [lik]
red *f* net [net]; web [ueb]; snare [sner]; **— de estaciones** station network [stei'shən net'uərk]
redacción *f* editorial staff [edəto'riəl stæf]; editing [e'dətiŋ]
redactar *v* to edit [tu e'dət]; to draft [tu dræft]
redactor *m* editor [e'dətər]
redecilla *f* hairnet [jer'net]
rededor *m* environs [envai'rənz]; **al — de** around [əraund'], more or less [mɔr ɔr les], about [əbaut']
redención *f* redemption [ridemp'shən]; support [səpɔrt'], assistance [əsi's-təns]
redentor *adj, m* redeemer [ridii'mər], redeeming [ridiim'iŋ]; **el R—** the Savior [dhə sei'viər]
redil *m* sheepfold [shiip'fold]
redimible *adj* redeemable [ridii'məbəl]
redimir *v* to redeem [tu ridiim']
rédito *m* interest [in'tərəst], yield [yiild]
redituar *v* to yield interest [tu yiild in'tərəst]
redoblado *adj* redoubled [ridʌ'bəld]
redoblar *v* to redouble [tu ridʌ'bəl]; to nail [tu neil]; to repeat [tu ripiit']
redoble *m* (drum) roll [drʌm, rol]; repetition [repiti'shən]
redoma *f* vial [vai'əl], flask [flæsk]
redonda *f* (*mús*) whole note [jol not]
redondear *v* to round off [tu raund ɔf]
redondel *m* bull ring [bʌl riŋ]; circle [sər'kəl], arena [ərii'nə]
redondez *f* roundness [raund'nəs]
redondo *adj* round [raund]; **en —** roundabout [...-əbaut'], all-around [ɔl-əraund']
reducción *f* reduction [ridʌk'shən]
reducido *adj* reduced [ridu'st]
reducir *v* to reduce [tu ridus']; to exchange [tu excheindch']; **—se** to economize [tu ika'nəmaiz]; to be forced to [tu bii fɔrst tu]
reductor *adj* reducing [ridu'siŋ]
redundancia *f* redundance [ridʌn'dəns], excess [exses']
redundante *adj* redundant [ridʌn'dənt], superfluous [supər'fluəs]
redundar *v* to be redundant [tu bii ridʌn'dənt]
reedificación *f* rebuilding [riibil'diŋ]
reedificar *v* to rebuild [tu riibild']
reelección *f* reelection [riiəlek'shən]
reelegir *v* to reelect [tu riiəlekt']
reembolsar *v* to recover money [tu rikə'-vər mʌ'ni]; to reimburse [tu rii-əm-bərs']
reembolso *m* reimbursement [rii-əmbər'-smənt], refund [rii'fʌnd]
reemitir *v* to rebroadcast [tu riibrɔd'-kæst]
reemplazar *v* to replace [tu ripleis'], restore [ristɔr']
reemplazo *m* replacement [ripleis'mənt]
reencarnación *f* reincarnation [rii-inkar-nei'shən]
reencuentro *m* battle clash [bæ'təl klæsh]; smash [smæsh]
reengendrar *v* to regenerate [tu ridche'-nəreit]; to reproduce [tu riiprədius']
refacción *f* refreshment [rifresh'mənt]; (*Méx*) loan [lon], aid [eid]
refajo *m* slip [slip], petticoat [pe'tikot]
refectorio *m* refectory [rifek'təri]
referencia *f* reference [re'fərəns]
referente *adj* referring [rife'riŋ]
referir *v* to refer [tu rifer'], report [ri-pɔrt']; **—se a** to refer to [tu ... tu]
refinado *adj* refined [rifaind']; subtle [sʌ'təl], artful [art'fəl]
refinador *m* refiner [rifai'nər]
refinadura *f* refining [rifai'niŋ]
refinamiento *m* refinement [rifain'mənt]
refinar *v* to refine [tu rifain']; to thin out [tu thin aut]
reflector *m* reflector [riflek'tər], searchlight [sərch'lait]
reflejar *v* to reflect [tu riflekt']
reflejo *m* reflex [rii'flex]; reflection [riflek'shən]
reflexionar *v* to reflect [tu riflekt'], meditate [me'diteit]
reflexivo *adj* reflexive [riiflex'iv]; pensive [pen'siv]; (*gram*) reflexive (verb) [..., vərb]
reflujo *m* reflux [rii'flʌx], ebb tide [eb taid]; **flujo y —** the tides [dhə taidz]
reforma *f* reform [rifɔrm']; correction [kərek'shən]
reformación *f* reformation [refɔrmei'-shən]
reformar *v* to reform [tu rifɔrm'], correct [kərekt']; **—se** to mend [tu mend], change [cheindch]
reformatorio *m* reformatory [rifɔr'mə-tori]
reforzado *adj* reinforced [rii-infɔrst']; *m* thin tape [thin teip]
reforzar *v* to strengthen [tu strəŋ'thən], fortify [fɔr'tifai]

refracción *f* refraction [rifræk'shən]
refractario *adj* refractory [rifræk'təri]; stubborn [stʌ'bərn]
refrán *m* proverb [pra'vərb], saying [sei-iŋ]
refregón *m* rubbing [rʌ'biŋ]
refrenamiento *m* curb [kərb], restraint [ristreint']
refrenar *v* to curb [tu kərb], refrain [rifrein'], restrain [ristrein']
refrendar *v* to countersign [tu kaun'tərsain]; **— el pasaporte** to put a visa on the passport [tu puət ə vi'zə an dhə pæs'pɔrt]
refrescante *adj* refreshing [rifre'shiŋ], cooling [ku'liŋ]
refrescar *v* to refresh [tu rifresh'], cool [kul]; **—se** to cool off [tu ... ɔf]
refresco *m* refreshment [rifresh'mənt]; cold drink [kold driŋk]
refresquería *f* (*Am*) refreshment stand [rifresh'mənt stænd]
refriega *f* fight [fait]
refrigeración *f* refrigeration [rifridchərei'shən]
refrigerador *m* (*Am*) refrigerator [rifri'dchəreitər]; freezer [frii'zer]
refrigerar *v* to freeze [tu friiz]; to refresh [tu rifresh']; to refrigerate [tu rifri'dchəreit]
refrigerio *m* refrigeration [rifridchərei'shən], refreshment [rifresh'mənt], relief [riliif'], comfort [kʌm'fərt]
refuerzo *m* reinforcement [rii-infɔrs'mənt]
refugiado *m* refugee [re'fiudchii]
refugiar *v* to shelter [tu shel'tər]; **—se** to take refuge [tu teik re'fiudch]
refugio *m* refuge [re'fiudch]; shelter [shel'tər]; **— anti-aéreo** fall-out shelter [fɔl'aut ...]; air raid shelter [er reid ...]; **— político** political asylum [pəli'tikəl əsai'ləm]
refulgente *adj* refulgent [rifuəl'dchənt], shining [shai'niŋ]
refundir *v* to remelt [tu rimelt']; to recast [tu riikæst'], rearrange [riiəreindch']; to rehash [tu rii-jæsh']
refunfuñar *v* to snarl [tu snarl], grumble [grʌm'bəl], mutter [mʌ'tər]
refunfuño *m* growling [graul'iŋ], grumbling [grʌm'bliŋ]
refutación *f* refutation [refiutei'shən]
refutar *v* to refute [tu rəfiut'], prove wrong [pruv rɔŋ]
regadera *f* sprinkler [spriŋ'klər]
regadío *adj* irrigated [irəguei'təd], watered [uɔ'tərd]; *m* irrigated terrain [... tərein']
regadura *f* irrigation [irəguei'shən], watering [uɔ'təriŋ]
regalado *adj* free [frii]; pleasant [ple'zənt]; very inexpensive [ve'ri inexpen'siv]
regalar *v* to regale [tu rigueil']; to make a present of [tu meik ə pre'zənt ʌv]; to give free [tu guiv frii]; **—se** to live well [tu liv uel]
regalía *f* regalia [riguei'liə]; royalty [rɔi'əlti]
regalo *m* present [pre'zənt], gift [guift]
regañar *v* to growl [tu graul], quarrel [kuɔ'rəl], scold [skold]
regañón *adj* snarling [snar'liŋ], grumbling [grʌm'bliŋ]; scolding [skol'diŋ]
regar *v* to irrigate [i'rəgueit]; to scatter [tu skæ'tər]
regate *m* dribbling [dri'bliŋ]
regatear *v* to haggle [tu jæ'guəl], bargain [bær'guən]
regateo *m* bargaining [bar'guəniŋ]
regazo *m* lap [læp]
regencia *m* regency [rii'dchənsi]
regeneración *f* regeneration [ridchenərei'shən]
regenerar *v* to regenerate [tu ridche'nəreit]
regente *adj* ruling [ru'liŋ]; *m* regent [rii'dchənt]; manager [mæ'nədchər]
regidor *m* alderman [ɔl'dərmən], prefect [pri'fekt]
régimen *m* regime [rədchiim']; management [mæ'nədchmənt]; food diet [fud daiət]
regimiento *m* administration [administrei'shən]; town council [taun kaun'sil], municipality [miunisipæ'liti]; (*milit*) regiment [re'dchimənt]
regio *adj* royal [rɔi'əl]
región *f* region [rii'dchən]
regionalismo *m* regionalism [rii'dchənəlizm], sectionalism [sek'shənəlizm]
regir *v* to rule [tu rul], govern [gʌ'vərn], direct [dairekt']
registrador *adj* registering [re'dchistəriŋ]; **caja —a** cash register [kæsh re'dchistər]; *m* registrar [re'dchəstrar]
registrar *v* to register [tu re'dchəstər]; to inspect [tu inspekt'], examine [exæ'min]; to record [tu rikɔrd']; **—se** to register oneself [tu re'dchistər uanself'], enroll [enrol']
registro *m* register [re'dchistər], registration [redchistrei'shən]; inspection [inspek'shən]

regla *f* rule [rul], law [lɔ], order [ɔr'-dər]; **— de cálculo** slide rule [slaid ...]; **— fija** standard rule [stæn'dərd ...]; **en —** in proper form [in pra'pər fɔrm]; **por — general** as a general rule [æz ə dche'nərəl ...]
reglado *adj* regulated [re'guiuleitəd]
reglamento *m* rule [rul]; set of rules [set ʌv rulz]; system [si'stəm]
reglar *v* to rule [tu rul], regulate [re'-guiuleit]
regocijado *adj* exultant [exʌl'tənt]
regocijar *v* to rejoice [tu ridchɔis']
regocijo *m* joy [dchɔi]
regoldar *v* to belch [tu belch]
regordete *adj* chubby [chʌ'bi], plump [plʌmp]
regresar *v* to go back [tu go bæk], re-turn [ritərn']
regreso *m* return [ritərn'], regression [rigre'shən]; **está de —** he is back [jii iz bæk]
reguera *f* watering canals [uɔ'təriŋ kə-nælz']; streams [striimz]
reguero *m* rivulet [ri'viulət]; irrigation ditch [iriguei'shən dich]
regulación *f* regulation [reguiulei'shən]
regulador *m* regulator [reguiulei'tər]; timer [tai'mər]
regular *adj* regular [re'guiulər]; **estar —** to be fair, so-so [tu bii fer, so-so]; *v* to regulate [tu re'guiuleit], adjust [ədchʌst']
regularidad *f* regularity [reguiulæ'riti]
regurgitar *v* to regurgitate [tu riguər'-dchiteit]
rehabilitación *f* rehabilitation [rii-jəbi-lətei'shən]
rehabilitar *v* to rehabilitate [tu rii-jəbi' liteit]
rehacer *v* to repair [tu riper'], remake [riimeik]; **—se** to regain strength [tu riguein' streŋth], rally [ræ'li]
rehecho *adj* remade [riimeid']
rehén *m* hostage [ja'stədch]
rehogar *v* to roast [tu rost], cook [kuək]
rehuir *v* to shun [tu shʌn], avoid [əvɔid']
rehumedecer *v* to dampen again [tu dæmp'ən əgucn']
rehundir *v* to sink [tu siŋk]
rehusar *v* to refuse [tu rifiuz'], decline [diklain']; **—se** to refuse [...]
reimpresión *f* reprint [rii'print]
reimprimir *v* to reissue [tu rii-i'shu]; to reprint [tu riiprint']
reina *f* queen [kuiin]
reinado *m* reign [rein]
reinar *v* to reign [tu rein], govern [gʌ'-vərn]
reincidir *v* to relapse [tu rilæps'], fall back [fɔl bæk]
reino *m* kingdom [kiŋ'dəm], reign [rein]
reintegración *f* reintegration [rii-inti-grei'shən], restoration [restərei'shən]
reintegrar *v* to reintegrate [tu rii'inti-greit], restore [ristɔr']; **—se** to be reinstated [tu bii rii-instei'təd], **re-stored** [ristɔrəd']
reintegro *m* refund [rii'fʌnd]; reim-bursement [riiəmbərs'mənt]
reír *v* to laugh [tu læf]; **—se de** to laugh at [tu læf æt]
reiteración *f* reiteration [rii-iterei'shən]
reiterar *v* to reiterate [tu rii-i'təreit]
reja *f* plowshare [plau'sher]; grate [greit], grating [grei'tiŋ]; railing [rei'liŋ]; **—s** bars [barz]; (*Am*) jail [dcheil]
rejilla *f* lattice [læ'tis]
rejón *m* dagger [dæ'guər]; bullfighter's spear [buəl'faitərz spiir]
rejuvenecer *v* to be rejuvenated [tu bii rədchu'vineitəd]
relación *f* relation [rəlei'shən]; report [ripɔrt']; account [əkaunt']; **—es** *pl* connections [kənek'shənz]; **tener — con** to be acquainted with [tu bii əkuein'təd uith]
relacionado *adj* related [rəlei'təd], con-nected [kənek'təd]
relacionar *v* to relate [tu rəleit'], connect [kənekt']; to make acquaintance of [tu meik əkuein'təns ʌv]
relajación *f* relaxation [rilæxei'shən]; laxity [læx'iti]
relajar *v* to relax [tu rilæx'], slacken [slæ'kən]; **—se** to be relaxed [tu bii rilæx't]
relamido *adj* affected [əfək'təd]; over-polished [o'vər-pa'lisht]
relámpago *m* flash [flæsh], lightning [lait'niŋ]
relampaguear *v* to flash [tu flæsh], lighten [lai'tən]
relapso *adj* relapsed [rilæ'pst]
relatar *v* to relate [tu rəleit'], tell [tel]
relatividad *f* relativity [reləti'vəti]
relativo *adj* relative [re'lətiv]
relato *m* story [stɔ'ri], account [əkaunt']
relator *m* narrator [nærei'tər]
relegar *v* to relegate [tu re'ləgueit]; to banish [tu bæ'nish]
relente *m* evening dew [ii'vniŋ diu]; (*Am*) night air [nait er]

relentecer *v* to become soft [tu biikʌm sɔft]
relevación *f* alleviation [əliviei'shən], relief [rəliif']; pardon [par'dən]
relevar *v* to relieve [tu riliiv']; to emboss [tu embɔs']; to pardon [tu par'dən]; to substitute [tu sʌb'stitiut]
relevo *m* relief of duty [rəliif' ʌv diu'ti]
relicario *m* locket [la'kət]; reliquary [re'likueri]
relieve *m* relief [rəliif']; **bajo —** bas-relief [ba-rəliif']
religión *f* religion [rəli'dchən]
religioso *adj* religious [rili'dchəs]; *m* monk [mʌnk]
relinchar *v* to neigh [tu nei]
relincho *m* neigh [nei]
relindo *adj* very beautiful [ve'ri biu'təfəl]
reliquias *f, pl* remains [rimeinz']; saintly relics [sein'tli re'ləkz]
reloj *m* clock [klak], watch [uach]; **— de pulsera** wrist watch [rist ...]
relojera *f* watchcase [uach'keis]
relojería *f* watchmaking [uach'meikiŋ]; watch shop [uach shap]
relojero *m* watchmaker [uach'meikər]
reluciente *adj* shining [shai'niŋ]
relucir *v* to shine [tu shain], glitter [gli'tər]
reluchar *v* to struggle [tu strʌ'guəl]
relumbrar *v* to sparkle [tu spar'kəl], shine [shain]
relumbre *m* luster [lʌ'stər], glitter [gli'tər]
rellenar *v* to refill [tu riifil']; to stuff [tu stʌf]; to pad [tu pæd]
relleno *m* refill [ri'fil], stuffing [stʌ'fiŋ]
remachado *adj* riveted [ri'vitəd]
remachar *v* to rivet [tu ri'vit]; (*col*) **—se** to be secretive [tu bii si'krətiv]
remache *m* rivet [ri'vit], fastening [fæ'səniŋ]
remanente *m* remnant [rem'nənt]; residue [re'zidiu]
remangar *v* to tuck up [tu tʌk ʌp]
remanso *m* pond [pand]
remar *v* to row [tu ro]
rematado *adj* utterly ruined [ʌ'tərli ru'ind]; **loco —** stark mad [stark mæd]
rematar *v* to terminate [tu tər'mineit], complete [kəmpliit']; **—se** to be utterly ruined [tu bii ʌ'tərli ru'ind]
remate *m* end [end], conclusion [kənklu'zhən]; auction sale [ɔk'shən seil]; **de —** without hope [uithout' jop]
remecer *v* to rock [tu rak], swing [suiŋ]
remedar *v* to copy [tu ka'pi], imitate [i'miteit], mimic [mi'mik]
remediable *adj* remediable [rimi'diəbəl]
remediar *v* to remedy [tu re'midi], help [jelp], repair [riper']
remedio *m* remedy [re'midi], reparation [repərei'shən]; help [jelp]; resource [ri'sɔrs]; correction [kərek'shən]; refuge [re'fiudch]; **no tener —** to be unavoidable [tu bii ʌnəvɔi'dəbəl]; **sin —** inevitable [ine'vitibəl]; **no hay —** it is hopeless [it iz jop'ləs]
remedo *m* imitation [imitei'shən]
remembranza *f* remembrance [rimem'brəns]
remendar *v* to patch [tu pæch], mend [mend]; to correct [tu kərekt']
remendón *m* patcher [pæch'ər]; cobbler [ka'blər]
remero *m* rower [ro'ər], oarsman [ɔrz'mən]
remesa *f* remittance [rimi'təns]; monetary remittance [ma'niteri ...]; shipment [ship'mənt]
remesar *v* to remit [tu rimit']
remiendo *m* patch [pæch], repair [riper']; **a —s** piecemeal [piis'miil]
remilgado *adj* affected [əfek'təd]
remilgo *m* affectation [æfektei'shən]
reminiscencia *f* reminiscence [remənisəns]
remisión *f* act of sending back [ækt ʌv send'iŋ bæk]; remission [rimi'shən]; forgiveness [fɔrgiv'nəs]; (money) remittance [mʌni, rəmi'təns]
remitente *m, f* remitter [rimi'tər], shipper [shi'pər], sender [sen'dər]
remitir *v* to remit [tu rimit']; to pardon [tu par'dən]; to slacken [tu slæ'kən]
remo *m* oar [ɔr]
remojar *v* to soak [tu sok], steep [stiip]; (*Am*) to bribe [tu braib]
remojo *m* steeping [stii'piŋ], soaking [so'kiŋ]; (*Am*) bribe [braib]
remolacha *f* beet [biit]
remolcador *m* tugboat [tʌguə'bot]; **lancha —a** tugboat [...]
remolcar *v* to tow [tu to], tug [tʌguə]
remolino *m* whirlwind [juərl'uind]
remolón *adj* lazy [lei'zi]
remolque *m* towing of a ship [to'iŋ ʌv ə ship]; trailer [trei'lər]
remontar *v* to raise [tu reiz]; to repair [tu riper']
rémora *f* hindrance [jin'drəns]; great difficulty [greit di'fikʌlti]

remorder *v* to have remorse [tu jæv rimɔrs']
remordimiento *m* remorse [rimɔrs']
remoto *adj* remote [rimot'], far [far]
remover *v* to remove [tu rimuv'], stir [stər]; to dismiss [tu dismis']
removimiento *m* removal [rimu'vəl], dismissal [dismi'səl]
remozar *v* to rejuvenate [tu ridchu'vineit]
rempujar *v* to push [tu puəsh]
rempujón *m* impulse [im'pʌls]; push [puəsh]
remudar *v* to replace [tu ripleis'], substitute [sʌb'stitut]
remuneración *f* remuneration [rimiunərei'shən], recompense [re'kəmpəns]
remunerar *v* to remunerate [tu rimiu'nəreit]
renacer *v* to be born again [tu bii bɔrn əguen']
renacimiento *m* regeneration [ridchenərei'shən], renascence [renæ'səns]; rebirth [ribərth]; **el R— italiano** Italian Renaissance [itæ'liən renəsans']
rencilloso *adj* quarrelsome [kuɔ'rəlsəm]
renco *adj* lame [leim]
rencor *m* rancor [ræŋ'kɔr], grudge [grʌdch]; **guardar —** to bear a grudge [tu ber ə ...]
rendición *f* surrender [səren'dər]; profit [pra'fit]
rendido *adj* worn out [uɔrn aut]; **estoy —** I am "all in" [ai æm ɔl in]
rendija *f* crevice [kre'vis], crack [kræk]
rendimiento *m* output [aut'puət]; weariness [uii'rinəs]; submission [sʌbmi'shən]; rent [rent], income [in'kʌm], efficiency [əfi'shənsi]
rendir *v* to subject [tu sʌbdchekt'], subdue [sʌbdu']; to yield [tu yiild]; **—se** to be tired [tu bii taird]; to surrender [tu sʌren'dər], give up [guiv ʌp]
renegado *m* traitor [trei'tər], renegade [rə'nəgueid]
renegar *v* to deny [tu dinai'], disown [dison']; detest [ditest']
renglón *m* written line [ri'tən lain]; **—es** writing [rai'tiŋ]
reniego *m* curse [kərs]; blasphemy [blæs'fəmi]
reno *m* reindeer [rein'diir]
renombrado *adj* renowned [rinaund']
renombre *m* fame [feim]
renovación *f* renovation [renovei'shən], renewal [rinu'əl]
renovador *m* renovator [re'noveitər]
renovar *v* to renew [tu riniu'], renovate [re'noveit]
renquear *v* to limp [tu limp]
renta *f* rent [rent]; income [in'kʌm]
rentero *m* renter [ren'tər]
rentista *m, f* financier [finænsiir']
renuencia *f* unwillingness [ʌnui'liŋnəs]
renuevo *m* shoot [shut]; restoration [restorei'shən]
renuncia *f* renunciation [rinʌnsiei'shən]; resignation [resignei'shən]
renunciar *v* to resign [tu rizain']; to refuse [tu rəfiuz']
reñir *v* to quarrel [tu kuɔ'rəl], fight [fait], argue [ar'guiu]
reo *m* offender [əfen'dər]; guilty person [guil'ti pər'sən]
reorganización *f* reorganization [riɔrguənizei'shən]
reparación *f* reparation [repərei'shən]
reparar *v* to repair [tu riper'], notice [no'tis], compensate [kam'pənseit]
reparo *m* objection [əbdchek'shən]
repartidor *m* distributor [distri'biutər]
repartir *v* to distribute [tu distri'biut]; to divide [tu divaid']
reparto *m* distribution [distribiu'shən]
repasar *v* to glance over [tu glæns o'vər], review [riviu']
repaso *m* inspection [inspek'shən]; review [riviu'], going over [gɔ'iŋ o'vər]
repecho *m* steepness [stiip'nəs]
repelente *adj* repellent [ripe'lənt]
repeler *v* to repel [tu ripel']
repente *m* sudden impulse [sʌ'dən im'pʌls]; **de —** suddenly [sʌ'dənli]
repercutir *v* to reflect [tu riflekt']; to rebound [tu ribaund']
repertorio *m* repertory [re'pərtɔri]
repetición *f* repetition [repəti'shən]
repetir *v* to repeat [tu ripiit']
repicar *v* to chime [tu chaim]
repique *m* chime [chaim]; pealing [pii'liŋ]
repisa *f* bracket [bræ'kət], shelf [shelf]
replegar *v* to fold [tu fold]
repleto *adj* full of [fuəl ʌv]
réplica *f* reply [riplai']; repetition [repəti'shən]
replicar *v* to reply [tu riplai']; to argue over [tu ar'guiu o'vər]
repliegue *m* doubling [dʌ'bliŋ]; fold [fold]; (*milit*) retreat [ritriit']
repollo *m* cabbage [kæ'bədch]
reponer *v* to replace [tu ripleis']; to answer [tu æn'sər]

reportar(se) *v* to report [tu ripɔrt']; to refrain [tu rifrein']
reporte *m* report [ripɔrt]; news [niuz]
reportero *m* (news) reporter [niuz, ripɔr'tər]
reposado *adj* quiet [kuai'ət], peaceful [piis'fəl]
reposar *v* to repose [tu ripoz'], rest [rest]
reposición *f* replacement [ripleis'mənt]; recovery [rikʌ'vəri]
reposo *m* repose [ripoz'], rest [rest]
repostero *m* pastry cook [pei'stri kuək]
repreguntar *v* to cross-examine [tu krɔs-egzæ'min]
reprender *v* to reprimand [tu re'primænd]
reprensible *adj* reprehensible [reprijen'-sibəl]
reprensión *f* reprimand [re'primænd]; reprehension [reprijen'shən]
representación *f* representation [reprezentei'shən]; performance [pərfɔr'-məns]
representar *v* to represent [tu reprə-zent']; to perform [tu pərfɔrm']
reprimir *v* to repress [tu ripres']
reprobable *adj* reprehensible [reprijen'-sibəl]
reprobar *v* to reprove [tu ripruv']
reprochar *v* to reproach [tu riproch']
reproducción *f* reproduction [riprodʌk'-shən]
reproducir *v* to reproduce [tu riprədus']
reptil *adj, m* reptile [rep'təl]
república *f* republic [ripʌ'blik]
republicano *adj* republican [ripʌ'blikən]
repudiar *v* to repudiate [tu ripiu'dieit]
repuesto *adj* recovered [rikʌ'vərd]; *m* storage [stɔ'rədch]; stock [stak]
repugnancia *f* repugnance [ripʌguə'-nəns]
repugnante *adj* repugnant [ripʌguə'-nənt]
repugnar *v* to disgust [tu disgʌst']; to to reluctant [tu bii rilʌk'tənt]
repulsa *f* repulse [ripʌls']; rebuff [ri-bʌf']
repulsivo *adj* repulsive [ripʌl'siv]
reputación *f* reputation [repiutei'shən]
reputar *v* to repute [tu ripiut']
requebrar *v* to court [tu kɔrt], woo [uu]
requerir *v* to request [tu rikuest']; to require [tu rikuai'ər]
requesón *m* creamed cottage cheese [krii'md ka'tədch chiiz]
requiebro *m* flattery [flæ'təri]
requisa *f* inspection [inspek'shən]
resaca *f* surge [sərdch], surf [sərf]
resaltar *v* to stand out [tu stænd aut]; to project [tu prədchekt']
resarcimiento *m* compensation [kam-pənsei'shən]
resarcir *v* to indemnify [tu indem'nifai]
resbalar *v* to glide [tu glaid]; to slip [tu slip]
resbalón *m* slip [slip]; mistake [mis-teik']
resbaloso *adj* slippery [sli'pəri]
rescatar *v* to ransom [tu ræn'səm]
rescoldo *m* embers [em'bərz]; hot ashes [jat æ'shəz]
reseco *adj* very dry [ve'ri drai]; parched [parcht]
resentimiento *m* resentment [rizent'-mənt]
resentirse *v* to resent [tu rizent']
reseña *f* summary [sʌ'məri]; book review [buk riviu']
reseñar *v* to review [tu riviu']
reserva *f* reservation [rezərvei'shən], reserve [rizərv']; **fondo de —** reserve fund [... fʌnd]
reservar *v* to reserve [tu rizərv']; to keep back [tu kiip bæk]
resfriado *m* cold [kold]; **tengo un —** I have a cold [ai jæv ə ...]
resfriarse *v* to catch cold [tu kæch kold]
resfrío *m* chill [chil], cold [kold]
resguardo *m* guard [gard]; security [si-kiu'riti]
residencia *f* residence [re'zidəns]
residente *m* resident [re'zidənt]
residir *v* to reside [tu rizaid']
residuo *m* remainder [rimein'dər]
resignación *f* resignation [rezignei'-shən]
resignarse *v* to resign oneself [tu rizain' uanself']
resina *f* resin [re'zin]
resistencia *f* resistance [rizi'stəns]
resistente *adj* resistant [rizi'stənt]
resistir *v* to resist [tu rizist']
resolución *f* resolution [rezolu'shən]; courage [kə'rədch]
resolver *v* to resolve [tu rizalv']; to solve [tu salv]; **—se** to decide [tu disaid']
resollar *v* to breathe hard [tu briidh jard]
resonancia *f* resonance [re'zənəns]; echo [e'ko]
resonar *v* to resound [tu rizaund'], echo [e'ko]
resoplar *v* to snort [tu snort]
resorte *m* spring [spriŋ]; elastic [ə-læ'stik]

respaldar *v* to back [tu bæk]; to guarantee [tu guærəntii']
respaldo *m* back (of things) [bæk, ʌv thiŋz]; protection [protek'shən]
respectivo *adj* respective [rispek'tiv]
respecto *m* respect [rispekt']; **con — a** with respect to [uith ... tu]
respetar *v* to respect [tu rispekt']
respeto *m* respect [rispekt']
respetuoso *adj* respectful [rispe'ktfəl]
respiración *f* breathing [brii'dhiŋ]
respirar *v* to breathe [tu briidh]
respiro *m* breath [breth]; pause [pɔz]
resplandecer *v* to glow [tu glo], shine [shain]
resplandeciente *adj* brilliant [bri'liənt], resplendent [risplen'dənt]
resplandor *m* brightness [brait'nəs]
responder *v* to answer [tu æn'sər]; to be responsible for [tu bii rispan'sibəl fɔr]
responsabilidad *f* responsibility [rispansibi'liti]
responsable *adj* responsible [rispan'sibəl]
respuesta *f* answer [æn'sər]
resta *f* subtraction [sʌbtræk'shən]
restablecer *v* to re-establish [tu riəstæ'blish], restore [ristɔr']; **—se** to recover [tu rikʌ'vər]
restañar *v* to stanch [tu stænch], stop blood [stap blʌd]
restar *v* to subtract [tu sʌbtrækt'], deduct [didʌkt']
restauración *f* restoration [restərei'shən]
restaurante *m* restaurant [re'stərənt]
restaurar *v* to restore [tu ristɔr']; renew [riniu']
restitución *f* restitution [restitu'shən]
restituir *v* to give back [tu guiv bæk]
resto *m* remainder [rimein'dər]; **—s** remains [rimeinz']
restorán *m* (*Am*) restaurant [re'stərənt]
restregar *v* to rub [tu rʌb]
restricción *f* restriction [ristrik'shən]
restrictivo *adj* restrictive [ristrik'tiv]
restringir *v* to restrict [tu ristrikt']
resuelto *adj* determined [ditər'mind]; resolute [re'zəlut]
resulta *f* result [rizʌlt']
resultado *m* result [rizʌlt'], effect [ifekt']
resultante *adj* resulting [rizʌl'tiŋ]
resultar *v* to result [tu rizʌlt']; **resulta que** it so happens that [it so jæ'pənz dhæt]
resumen *m* summary [sʌ'məri]
resumir *v* to sum up [tu sʌm ʌp]
resurgir *v* to resurrect [tu rəzərekt']
retal *m* remnant [rem'nənt]
retama *f* broom [brum]
retardar *v* to delay [tu dilei']
retazo *m* piece [piis]; remnant [rem'nənt]
retener *v* to retain [tu ritein']
reteñir *v* to die (clothes) [tu dai, kloz]
retina *f* retina [re'tinə]
retintín *m* tinkling [tiŋk'liŋ]
retirada *f* withdrawal [uithdrɔ'əl]; retreat [ritriit']
retirado *adj* isolated [ai'soleitəd], distant [di'stənt]; pensioned [pen'shənd]
retirar(se) *v* to withdraw [tu uithdrɔ']; to retire [tu ritair']; to retreat [tu ritriit']
retiro *m* retirement [ritair'mənt]; seclusion [siklu'zhən]; retreat [ritriit']
reto *m* challenge [chæ'ləndch]
retocar *v* to retouch [tu ritʌch']
retoñar *v* to sprout [tu spraut]
retorcer(se) *v* to twist [tu tuist]; to distort [tu distɔrt']
retorcimiento *m* twisting [tui'stiŋ]
retórica *f* rhetoric [re'tərik]
retornar *v* to return [tu ritərn'], give back [guiv bæk]
retorno *m* return [ritərn']; barter [bar'tər]
retozo *m* frolic [fra'lik]
retractar *v* to withdraw [tu uithdrɔ']; to retract [tu ritrækt']
retraer *v* to keep away from [tu kiip əuei' frʌm]
retraimiento *m* seclusion [siklu'zhən]; refuge [re'fiudch]; retirement [ritair'mənt]; aloofness [əluf'nəs]
retrasar *v* to defer [tu difər'], put off [puət ɔf]
retratar *v* to portray [tu pɔrtrei']
retrato *m* portrait [pɔr'trit], likeness [laik'nəs]
retrete *m* toilet [toi'lət]; retreat [ritriit']
retribución *f* reward [riuɔrd']
retribuir *v* to recompense [tu re'kəmpens]
retroceder *v* to fall back [tu fɔl bæk], retreat [ritriit']
retruécano *m* pun [pʌn]
retumbar *v* to resound [tu rizaund'], rumble [rʌm'bəl]
reumatismo *m* rheumatism [ru'mətizm]
reunión *f* reunion [rii-iu'niən]

reunir *v* to join [tu dchoin]
revalidar *v* to ratify [tu ræ'tifai]
revancha *f* revenge [rivendch']
revelado *m* (*film*) development [dive'ləpmənt]
revelar *v* to reveal [tu riviil']; to disclose [tu diskloz']; **— un rollo** to develop a roll of film [tu dive'lɔp ə rol ʌv film]
revendedor *m* retailer [ritei'lər]
revender *v* to retail [tu rii'teil]; to resell [tu risel']
reventar(se) to break [tu breik]; to explode [tu explod'], burst [bərst]
reventón *m* burst [bərst]; tire blowout [tair blo'aut]
rever *v* to review [tu riviu']; to revise [tu rivaiz']
reverberación *f* reverberation [rivərbərei'shən]
reverberar *v* to reverberate [tu rivər'bəreit]
reverencia *f* reverence [re'vərens]; bow [bau]
reverendo *adj* reverend [re'vərənd]
reverso *m* reverse [rivərs']
revés *m* back [bæk]; slap [slæp]; wrong side [rɔŋ said]; **al —** backwards [bæk'uərdz], askew [əskiu']
revestir *v* to clothe [tu klodh]; to cover [tu kʌ'vər]
revisar *v* to revise [tu rivaiz']; to review [tu riviu']
revista *f* magazine [mæ'guəziin]; review [riviu']; inspection [inspek'shən]
revivir *v* to revive [tu rivaiv']
revocación *f* abrogation [æbrəguei'shən], repeal [ripiil']
revocar *v* to abrogate [tu æ'brəgueit], repeal [ripiil']
revolcar *v* to knock down [tu nak daun]; **—se** to roll over [tu rol o'vər]
revolotear *v* to flutter [tu flʌ'tər]
revoltoso *adj* turbulent [tər'biulənt]
revolucionar *v* revolutionize [revolu'shənaiz]
revolver *v* to revolve [tu rivalv']; to stir [tu stər]; to turn around [tu tərn əraund']; **—se** to roll over [tu rol o'vər]
revólver *m* pistol [pi'stəl]
revuelta *f* revolt [rivolt']; turn [tərn]
revuelto *adj* restless [rest'ləs]; intricate [in'trikit]
revulsión *f* revulsion [rivʌl'zhən]
rey *m* king [kiŋ]
reyerta *f* dispute [dispiut']
rezagado *m* straggler [stræ'glər]
rezagar(se) *v* to leave behind [tu liiv bijaind']; to lag [tu læguə]
rezar *v* to pray [tu prei]
rezo *m* prayer [prei'ər]
rezongar *v* to grumble [tu grʌm'bəl]
rezumarse *v* to ooze [tu uz], leak [liik]
ribera *f* shore [shor], bank [bæŋk]
ribete *m* braid [breid]; addition [ædi'shən]; border [bɔr'dər]
ricino *m* castor oil plant [kæ'stər ɔil plænt]; **aceite de —** castor oil [...]
rico *adj* rich [rich], wealthy [uel'thi]
ridiculez *f* ridicule [ri'dikiul]
ridiculizar *v* to ridicule [tu ri'dikiul]
ridículo *adj* ridiculous [ridi'kiuləs], laughable [læ'fəbəl]; *m* fool [ful]
riego *m* irrigation [iriguei'shən]
riel *m* rail [reil]; **—es** railroad tracks [reil'rod træks]
rienda *f* rein [rein], bridle [brai'dəl]
riesgo *m* risk [risk]; danger [dein'dchər]
rifa *f* lottery [la'təri], raffle [ræ'fəl]; scuffle [skʌ'fəl]
rifar *v* to raffle [tu ræ'fəl]; to scuffle [tu skʌ'fəl]
rifle *m* rifle [rai'fəl]
rígido *adj* rigid [ri'dchid], stiff [stif]
rigor *m* severity [səve'riti]; stiffness [stif'nəs]
rigoroso *adj* severe [səviir']; rigorous [ri'guərəs]
rima *f* rhyme [raim]
rincón *m* corner [kɔr'nər], nook [nuək]
riña *f* quarrel [kua'rəl], fight [fait]
riñón *m* kidney [kid'ni]
río *m* river [ri'vər]
ripio *m* rubble [rʌ'bəl]; padding word [pæ'diŋ uərd]
riqueza *f* wealth [uelth]; riches [ri'chəz]; richness [rich'nəs]
risa *f* laughter [læf'tər]
risada *f* loud laughter [laud læf'tər]
risco *m* cliff [klif]
risotada *f* loud laughter [laud læf'tər]
risueño *adj* smiling [smai'liŋ]; delightful [dilait'fəl]
ritmo *m* rhythm [ri'dhm]
rito *m* rite [rait]
ritual *m* ritual [ri'chuəl]; ceremonial [serimo'niəl]
rival *m* rival [rai'vəl]; enemy [e'nəmi]
rivalidad *f* rivalry [rai'vəlri]
rivalizar *v* to rival [tu rai'vəl]; to compete [tu kəmpiit']
rizar *v* to curl [tu kərl]; to ruffle [tu rʌ'fəl]

rizo *m* curl [kərl]
robar *v* to rob [tu rab]; to steal [tu stiil]
roble *m* oak tree [ok trii]; oak wood [ok uud]
robo *m* robbery [ra'bəri]
robot *m* robot [ro'bət]
robusto *adj* robust [robʌst'], hale [jeil], vigorous [vi'guərəs]
roca *f* rock [rak], cliff [klif]
roce *m* friction [frik'shən]; attrition [ətri'shən]; contact [kan'tækt]
rociada *f* sprinkling [spriŋ'kliŋ]
rociar *v* to sprinkle [tu spriŋ'kəl]
rocío *m* dew [diu]
rodar *v* to revolve [tu rivalv']; to wheel [tu juiil]
rodear *v* to surround [tu səraund']
rodela *f* buckler [bʌk'lər]
rodeo *m* turn [tərn]; corral [kəral']; winding [uain'diŋ]; subterfuge [sʌb'-tər'fiudch]
rodilla *m* knee [nii]; **de —s** on one's knees [an uans ...z]; **hincarse de —s** to kneel [tu niil]
rodillo *m* roller [ro'lər]
rodo *m* roller [ro'lər]
roedor *m* rodent [ro'dənt]
roer *v* to gnaw [tu nɔ]
rogar *v* to pray [tu prei], beg [beguə]
rojizo *adj* reddish [re'dish]
rojo *adj* red [red]; (*polít*) "red", leftist [..., lef'tist]
rollizo *adj* plump [plʌmp]
rollo *m* roll [rol]; **— en colores** roll of color film [... ʌv kʌ'lər film]
romance *adj* romance [romæns']; **lenguas —s** Romance languages [... læŋ'-güədchəs]
romano *adj, m* Roman [ro'mən]
romántico *adj* romantic [romæn'tik]
romería *f* pilgrimage [pil'grimədch]; excursion [exkər'shən]; **de —** on a pilgrimage [an ə ...], outing [au'tiŋ]
romo *adj* blunt [blʌnt], obtuse [abtius']
rompecabezas *m* puzzle [pʌ'zəl], riddle [ri'dəl]
romper *v* to break [tu breik]; to tear [tu ter]; to smash [tu smæsh]
rompimiento *m* break [breik]; rupture [rʌp'chər]
roncar *v* to snore [tu snɔr]; roar [rɔr]; (*col*) to bully [tu buə'li]
ronco *adj* hoarse [jɔrs], harsh [jarsh]
ronda *f* beat [biit]; night patrol [nait pətrol']
rondar *v* to patrol [tu pətrol']
ropa *f* clothes [kloz]; costume [ka'-stium]; **— blanca** linen [li'nən]
ropaje *m* clothes [kloz]
ropero *m* wardrobe [uɔrd'rob]; dealer in clothes [dii'lər in kloz]
rosa *f* rose [roz]; rose-colored [roz-kʌ'lərd]
rosado *adj* rose [roz]
rosal *m* rosebush [roz'bush]
rosario *m* rosary [ro'zəri]
rosbif *m* roast beef [rost biif]
rosca *f* screw and nut [skru ænd nʌt]
rostro *m* face [feis]; **hacer — a** to face up to[tu ... ʌp tu]
rota *f* defeat [difiit']
rotación *f* rotation [rotei'shən]
roto *adj* broken [bro'kən], torn [tɔrn]
rotonda *f* rotunda [rotʌn'də]
rotular *v* to label [tu lei'bəl]; to stamp [tu stæmp]
rótulo *m* label [lei'bəl], sign [sain]
roturar *v* to break the ground [tu breik dhə graund]; to plow [tu plau]
rozar *v* to clear (the ground) [tu kliir dhə graund]; to scrape [tu skreip]; to rub against [tu rʌb əguenst']
rubí *m* ruby [ru'bi]
rubio *adj* blond [bland]
rubor *m* shame [sheim]; blush [blʌsh]
rúbrica *f* flourish (in signature) [flʌ'-rish, in siguə'nəchər]; scroll [skrol]; title [tai'təl]
rucio *adj* dapple [dæ'pəl], silver gray [sil'vər grei]
rudimental *adj* rudimental [rudimen'təl]
rudimento *m* rudiment [ru'dimənt]
rudo *adj* rough [rʌf]; coarse [kɔrs]
rueca *f* distaff [di'stæf]
rueda *f* wheel [juiil]; circle [sər'kəl]
ruedo *m* edge [edch]; border [bɔr'dər]
ruego *m* prayer [prei'ər]; request [ri-kuest']
rufián *m* ruffian [rʌ'fiən]
rugido *m* roar [rɔr]
rugir *v* to roar [tu rɔr]; to bellow [tu be'lo]
ruido *m* noise [nɔiz]; uproar [ʌp'rɔr]
ruidoso *adj* noisy [nɔi'zi]
ruin *adj* mean [miin], vile [vail]
ruina *f* ruin [ru'in]; fall [fɔl]
ruindad *f* meanness [miin'nəs]
ruinoso *adj* ruinous [ru'inəs]
ruiseñor *m* nightingale [nai'tingueil]
rumbo *m* course [kɔrs]; direction [dai-rek'shən]; route [rut]; **— a** toward [tɔrd]

rumboso *adj* splendid [splen'did]; generous [dche'nərəs]
rumor *m* rumor [ru'mər]; hearsay [jiir'-sei]; murmur [mər'mər]
runfla *f* (*col*) series [si'riiz]
ruptura *f* rupture [rʌp'chər]
rural *adj* rural [ru'rəl], rustic [rʌ'stik]
ruso *adj, m* Russian [rʌ'shən]
rústica : en — paperback [pei'pər-bæk]
rústico *adj* rustic [rʌ'stik], coarse [kɔrs]
ruta *f* route [rut]; way [uei]; **tome esta —** take this road [teik dhis rod]
rutina *f* routine [rutiin']

S

sábado *m* Saturday [sæ'tərdei]
sábana *f* sheet [shiit]
sabana *f* arid plain [æ'rid plein]
sabañón *m* chilblain [chil'blein]
saber *m* learning [ler'niŋ]; knowledge [na'lədch]; *v* to know [tu no], know how [... jau]; to taste [tu teist]; **¿sabe usted español?** do you know Spanish? [du iu no spæ'nish]; **sabe bien** it tastes good [it teistz guəd]; **a —** namely [nei'mli]; **¿quién sabe?** who knows? [ju noz]
sabiduría *f* wisdom [uiz'dəm], learning [lər'niŋ]
sabiendas : a — knowingly [no'iŋli]
sabio *adj* wise [uaiz], learned [lər'nəd]; *m* scholar [ska'ler]
sable *m* saber [sei'bər]
sabor *m* taste [teist]; flavor [flei'vər]
saborear *v* to relish [tu re'lish], flavor [flei'vər]
sabotaje *m* sabotage [sæ'bətadch]
sabotear *v* to sabotage [tu sæ'bətadch]
sabroso *adj* palatable [pæ'lətəbəl]
sabueso *m* foxhound [fax'jaund]
sacar *v* to take out [tu teik aut], draw out [drau aut]; make out [meik aut]; **— una foto** to take a picture [... ə pik'chər]; **— a luz** to publish [tu pʌ'blish]; **— en limpio** to conclude [tu kənklud']
sacarina *f* saccharine [sæ'kərin]
sacerdote *m* priest [priist]
saciar *v* to satiate [tu sei'shieit], satisfy [sæ'tisfai]
saco *m* sack [sæk]; pillage [pi'lədch]; **— de noche** overnight bag [o'vər-nait bæguə]
sacramento *m* sacrament [sæ'krəmənt]
sacrificio *m* sacrifice [sæ'krifais]
sacrilegio *m* sacrilege [sæ'krilədch]
sacristán *m* sexton [sex'tən], sacristan [sæ'kristən]
sacro *adj* holy [jo'li], sacred [sei'krəd]
sacudida *f* shake [sheik], jolt [dcholt]
sacudir *v* to shake [tu sheik]; to beat [tu biit]; shake off [sheik ɔf]; to jolt [tu dcholt]
saeta *f* arrow [æ'ro], dart [dart]
sagacidad *f* sagacity [səgæ'siti]; cleverness [kle'vərnəs]
sagaz *adj* sagacious [səguei'shəs]
sagrado *adj* sacred [sei'krəd], holy [jo'li]
sahumar *v* to fumigate [tu fiu'migueit]; to perfume [tu pərfium']
saín *m* grease [griis], fat [fæt]
sainete *m* (*lit*) short farce [shɔrt fars]; relish [re'lish]
sal *f* salt [sɔlt]
sala *f* parlor [par'lɔr], drawing room [drɔ'iŋ rum]
salado *adj* salty [sɔl'ti]
salar *v* to salt [tu sɔlt]; season [sii'zən]
salario *m* salary [sæ'ləri], pay [pei]
salazón *f* salted meat [sɔl'təd miit]
salchicha *f* sausage [sɔ'sidch]
saldado *adj* balanced [bæ'lənst]
saldar *v* to settle [tu se'təl]; to balance [tu bæ'ləns]
saldo *m* settlement [se'təlmənt]; balance [bæ'ləns]; **¡saldos!** big sale! [biguə seil], "special" [spe'shəl]
salero *m* salt-shaker [sɔlt-shei'kər]
salida *f* departure [dipar'chər]; outlet [aut'let]; issue [i'shu]
saliente *adj* salient [sei'liənt]; *m* projection [prodchek'shən]
salina *f* salt mine [sɔlt main]
salino *adj* saline [sei'lain]
salir *v* to go out [tu go aut]; to depart [tu dipart']; **¡salgo!** I'm leaving [aim lii'viŋ]
salitre *m* saltpeter [sɔlt-pii'tər]
saliva *f* saliva [səlai'və]
salmo *m* psalm [sam]
salmón *m* salmon [sæ'mən]
salmuera *f* brine [brain]
salobre *adj* salty [sɔl'ti], briny [brai'ni]
salón *m* salon [səlan']; hall [jɔl]
salpicar *v* to splash [tu splæsh], spatter [spæ'tər]
salpullido *m* skin rash [skin ræsh]
salsa *f* sauce [sɔs]
saltamontes *m* grasshopper [græs-ja'pər]

saltar *v* to jump [tu dchʌmp], spring [spriŋ], skip [skip]
salteador *m* bandit [bæn'dit], robber [ra'bər]
saltear *v* to rob [tu rab], attack [ətæk']
salto *m* spring [spriŋ], jump [dchʌmp]; **dar un —** to leap [tu liip]
salubre *adj* salubrious [səlu'briəs]
salud *f* health [jelth]; **¡a la —!** to your health [tu iɔr ...]
saludable *adj* wholesome [jol'səm]
saludar *v* to salute [tu səlut']; to greet [tu griit]
saludo *m* greeting [grii'tiŋ]; salute [səlut']; **—s cordiales** best wishes [best wi'shəz]
salvación *f* salvation [sælvei'shən]
salvado *m* bran [bræn]
salvaguardia *f* security [sikiu'riti]
salvaje *adj* savage [sæ'vədch]; wild [uaild]
salvamento *m* rescue [re'skiu], safety [sei'fti]
salvar *v* to save [tu seiv]; to jump over [tu dchʌmp o'vər]; **—se** to escape [tu əskeip']
salvavidas *m* life preserver [laif prezər'vər]
salve *interj* hail [jeil]
salvo *adj* safe [seif]; **sano y —** safe and sound [... ænd saund]
salvoconducto *m* safe-conduct [seifkan'dʌkt]; pass [pæs]
san (santo) *adj* saint [seint]
sanar *v* to heal [tu jiil]; to recover [tu rikʌ'vər]
sanatorio *m* sanitarium [sænitæ'rii-əm]
sanción *f* sanction [sæŋ'kshən]
sandalia *f* sandal [sæn'dəl]
sandez *f* simplicity [simpli'siti]; silly remark [si'li rimark']
sandía *f* watermelon [uɔ'tər me'lən]
sandío *adj* foolish [fu'lish]
saneamiento *m* sanitation [sænitei'shən], drainage [drei'nidch]
sanear *v* to drain [tu drein]
sangrar *v* to bleed [tu bliid]
sangre *f* blood [blʌd]
sangriento *adj* bloody [blʌ'di]
sanguijuela *f* leech [liich]
sanguinario *adj* bloody [blʌ'di], cruel [kru'əl]
sanguíneo *adj* sanguine [sæŋ'güin], ruddy (color) [rʌ'di, kʌ'lər]
sanidad *f* health [jelth], soundness [sound'nəs]
sanitario *adj* sanitary [sæ'niteri]
sano *adj* healthy [jel'thi]; sane [sein], wholesome [jol'səm]; **— y salvo** safe and sound [seif ænd saund]
santidad *f* sanctity [saŋk'titi]; godliness [gad'linəs]; holiness [jo'linəs]; **Su S— (el Papa)** His Holiness (the Pope) [jiz ..., dhə pop]
santificar *v* sanctify [saŋk'tifai]
santiguar *v* to bless [tu bles]; **—se** to cross oneself [tu krɔs uanself']
santo *adj* holy [jo'li], saint [seint]
santuario *m* sanctuary [saŋk'chuəri]
saña *f* passion [pæsh'ən]; rage [reidch]
sañudo *adj* furious [fiu'riəs]
sapo *m* toad [tod]
saquear *v* to plunder [tu plʌn'dər], ransack [ræn'sæk]
sarampión *m* measles [mii'zlz]
sarape *m* (*Méx*) shawl-blanket [shɔlblæŋ'kət]
sarcástico *adj* sarcastic [sarkæ'stik]
sardina *f* sardine [sardiin']
sardónico *adj* sardonic [sarda'nik]
sargento *m* sergeant [sar'dchənt]
sarmiento *m* vine branch [vain brænch]
sarnoso *adj* itchy [i'chi]
sartén *f* frying pan [frai'iŋ pæn]
sastre *m* tailor [tei'lər]
satélite *m* satellite [sæ'təlait]
satén *m* sateen [sætiin']
sátira *f* satire [sæ'tair]
satírico *adj* satirical [səti'rikəl]
satirizar *v* to satirize [tu sæ'tiraiz], ridicule [ri'dikiul]
sátiro *m* satyr [sæ'tər]
satisfacción *f* satisfaction [sætisfæk'shən]
satisfacer *v* to satisfy [tu sæ'tisfai]
satisfecho *adj* satisfied [sæ'tisfaid]; conceited [kənsii'təd]
saturar *v* to saturate [tu sæ'chureit]
sauce *m* willow [ui'lo]
saúco *m* alder (tree) [ɔl'dər, trii]
savia *f* sap [sæp]
saxófono *m* saxophone [sæ'xəfon]
saya *f* outer skirt [au'tər skərt], tunic [tu'nik]
sayo *m* loose garment [lus gar'mənt]; smock [smak]; house dress [jaus dres]
sazón *f* season [sii'zən]; flavor [flei'vər]; **a la —** at that time [æt dhæt taim]; **en —** in season [in ...], opportune [a'portiun]; **fuera de —** out of season [aut ʌv ...]
sazonar *v* to season [tu sii'zən]; ripen [rai'pən]

se *pron* himself [jimself'], herself [jərself'], itself [itself'], themselves [dhemselvz'], oneself [uanself']; him [jim], her [jər]; **— habla español** Spanish is spoken [spæ'nish iz spo'kən]; **así — dice** that's what they say [dhætz juat dhei sei]; **— lo di** I gave it to him (her, etc.) [ai gueiv it tu jim, jər, etc.]
sebo *m* tallow [tæ'lo]; fat [fæt]
seca *f* drought [draut]
secadora *f* dryer [drai'ər]; **— de cabello** hair dryer [jer' ...]; **— de ropa** clothes dryer [kloz' ...]
secante *adj* drying [dra'iŋ]; **papel —** blotter [bla'tər]
secar *v* to dry [tu drai]; to drain [tu drein]
sección *f* section [sek'shən]
secesión *f* secession [sise'shən]
seco *adj* dry [drai], arid [æ'rid]; plain [plein]; **lavado en —** dry cleaning [drai klii'niŋ]; **a secas** with only [uith on'li], just [dchʌst]; **parar en —** to stop suddenly, short [tu stap sʌ'dənli, shɔrt]
secretaria *f* secretary [se'krəteri]
secretario *m* secretary [se'krəteri]
secreto *adj, m* secret [si'krit]; **en —** secretly [sii'kritli]
secuaz *m* follower [fa'loər]
secuestrar *v* to sequestrate [tu sikue'-streit], confiscate [kan'fiskeit]
secuestro *m* sequestration [sikuestrei'-shən], confiscation [kanfiskei'shən]
secular *adj* secular [se'kiulər]; centenary [sen'tineri]
secundar *v* to second [tu se'kənd]
secundario *adj* secondary [se'kənderi]; unimportant [unimpɔr'tənt]
sed *f* thirst [thərst]; **tengo —** I am thirsty [ai æm thər'sti]
seda *f* silk [silk]; **medias de —** silk stockings [... sta'kiŋz]; **no es de —** it is not silk [it iz nat ...]
sedativo *adj* sedative [se'dətiv]
sede *f* see [sii]; **la Santa S—** the Holy See [dhə jo'li ...]
sedentario *adj* sedentary [se'dənteri]
sedería *f* silk shop [silk shap]
sedición *f* sedition [sidi'shən]
sedicioso *adj* seditious [sidi'shəs]
sediento *adj* thirsty [thər'sti]; anxious [æŋk'shəs]
sedimento *m* sediment [se'dimənt]
seducir *v* to seduce [tu sədus']; to entice [tu entais']
seductor *m* seducer [sidu'sər]
segador *m* reaper [rii'pər]
segadora *f* harvester [jar'vəstər]; mowing machine [mo'iŋ məshiin']
segar *v* to mow [tu mo]; to harvest [tu jar'vist]; reap [riip]
segmento *m* segment [se'gmənt]
seguida *f* continuation [kəntinuei'shən]; **de —** without interruption [uithaut' intərʌp'shən]; **en —** without delay [uithaut' dilei']
segregar *v* to segregate [tu se'grəgueit]
seguimiento *m* pursuit [pərsut'], chase [cheis]
seguir *v* to follow [tu fa'lo], proceed [prosiid'], continue [kənti'niu]; **¡siga usted!** go on! [go an]
según *prep* according to [əkor'diŋ tu], as [æz]; **— y conforme** it depends [it dipendz']
segundo *adj* second [se'kənd]
seguramente *adj* surely [shuər'li]
seguridad *f* security [sikiu'riti]
seguro *adj* sure [shuər]; secure [sikiur']; *m* assurance [əshuə'rəns], insurance [inshuə'rəns]; **— sobre la vida** life insurance [laif ...]; **póliza de —** insurance policy [... pa'lisi] **a buen —** certainly [ser'tənli]; **de —** assuredly [əshuə'ridli]; **en —** safe [seif]
selecto *adj* select [silekt'], choice [chois]
selva *f* woods [uudz], forest [fa'rəst]
sellar *v* to seal [tu siil]; to stamp [tu stæmp]
sello *m* seal [siil]; stamp [stæmp]
semáforo *m* traffic light [træ'fik lait]
semana *f* week [uiik]; **la — que viene** next week [next ...]
semanal *adj* weekly [uii'kli]
semanario *m* weekly magazine [uii'kli mæ'guəziin]
semblante *m* countenance [kaun'tənəns]
sembrado *m* sown ground [son graund]
sembrador *m* sower [so'ər]
sembrar *v* to sow [tu so], scatter [skæ'-tər]
semejante *adj* similar to [si'milər tu], resembling [rizem'bliŋ]
semejanza *f* similarity [similæ'riti], resemblance [rizem'bləns]
semejar(se) *v* to resemble [tu rizem'bəl]
semestre *m* semester [səme'stər]
semicírculo *m* semicircle [se'mi-sər'kəl]
semilla *f* seed [siid]
seminario *m* seminary [se'mineri]
senado *m* senate [se'nət]
senador *m* senator [se'nətər]

sencillez *f* simplicity [simpli'siti]
sencillo *adj* simple [sim'pəl]; unadorned [unədɔrnd']
senda *f* path [pæth], way [uei]
sendero *m* path [pæth]
seno *m* breast [brest]; bosom [bu'zəm]
sensación *f* sensation [sensei'shən]
sensacional *adj* sensational [sensei'shənəl]
sensatez *f* good sense [guəd sens]
sensato *adj* sensible [sen'sibəl]; wise [uaiz]; careful [ker'fəl]
sensible *adj* sensitive [sen'sitiv]
sensitivo *adj* sensitive [sen'sitiv]
sensual *adj* sensual [sen'shuəl]
sensualidad *f* sensuality [senshuæ'liti]
sentar *v* to suit [tu sut]; to fit well [tu fit uel]; **le sienta bien** it looks fine on you [it luəks fain an iu]; **—se** to sit down [tu sit daun]; **¡siéntese usted!** sit down! [sit daun]
sentencia *f* sentence [sen'təns], verdict [vər'dikt]
sentenciar *v* to sentence [tu sen'təns]
sentido *adj* felt [felt]; touchy [tʌ'chi]; **estar — con** to be offended [tu bii əfen'dəd]; *m* sense [sens], feeling [fii-liŋ]; meaning [mii'niŋ]
sentimental *adj* sentimental [sentimən'-təl]
sentimiento *m* sentiment [sen'timənt]; feeling [fii'liŋ]; regret [rigret']
sentir *m* feeling [fii'liŋ]; opinion [opi'-niən]; *v* to feel [tu fiil]; to perceive [tu pərsiv']; to regret [tu rigret']; **lo siento** I'm sorry [aim sa'ri]; **—se** to feel [...]; **no se siente bien** he is not feeling well [jii iz nat fii'liŋ uel]
seña *f* sign [sain]; signal [si'gnəl]; **—s** home address [jom ədres']
señal *f* sign [sain]; **— de la cruz** sign of the cross [... ʌv dhə krɔs]
señalar *v* to point out [tu pɔint aut]; to mark [tu mark]; **—se (en)** to distinguish oneself (in) [tu distiŋ'guish uanself, in]
señor *m* mister [mi'stər], sir [sər]; **el Señor** the Lord [dhə lɔrd]
señora *f* lady [lei'di]; wife [uaif]; Mrs. [mi'səz]
señoril *adj* lordly [lɔr'dli]; haughty [jɔ'-ti]; elegant [e'ləguənt]; noble [no'-bəl]
señorío *m* power [pau'ər]; dignity [di'-gniti]
señorita *f* miss (Miss) [mis], young lady [iʌŋ lei'di]
separación *f* separation [sepərei'shən]
separado *adj* separate [se'pərət]; **por — under** separate cover [ʌndər ... kʌ'-vər]
separar *v* to separate [tu se'pəreit], detach [ditæch']; **—se** to separate [...]; to divorce [tu divɔrs']
sepulcro *m* sepulcher [se'pəlkər], grave [greiv]
sepultar *v* to bury [tu be'ri]
sequedad *f* dryness [drai'nəs]
sequía *f* drought [draut]
ser *m* being [bii'iŋ], essence [e'səns]; *v* to be [tu bii], exist [exist']
serenar(se) *v* to clear up [tu kliir ʌp]; to calm down [tu kam daun]
serenata *f* serenade [serəneid']
serenidad *f* serenity [səre'niti]
sereno *adj* serene [səriin'], calm [kam], quiet [kuaiət]
serie *f* series [si'riiz]
seriedad *f* seriousness [si'riəsnəs]
serio *adj* serious [si'riəs], grave [greiv], earnest [ər'nist]
sermón *m* sermon [sər'mən]
serpentear *v* to zigzag [tu ziguə'zæguə], twist [tuist]
serpiente *f* serpent [sər'pənt], snake [sneik]
serranía *f* chain of mountains [chein ʌv maun'tənz]
serranilla *f* peasant girl [pe'zənt guərl]; rustic poem [rʌ'stik poəm]
serrano *adj, m* mountaineer [mauntəniir']
serrín *m* sawdust [sɔ'dʌst]
serrucho *m* handsaw [jænd'sɔ]
servible *adj* useful [iu'səfəl], serviceable [sər'visəbəl]
servicio *m* service [sər'vis]; **un — de a** set of [ə set ʌv]; **auto- —** self-service [self-ser'vəs]
servidor *m* servant [sər'vənt]; **seguro —** sincerely yours [sinsi'rəli iɔrz]
servidumbre *f* servitude [sər'vitud]; servants [sər'vəntz]
servil *adj* servile [sər'vil]; abject [ab-dchəkt']
servilleta *f* napkin [næp'kin]
servir(se) to serve [tu sərv], be useful [bii ius'fəld]; **no sirve para nada** it is good for nothing [it iz guəd fɔr nʌ'-thiŋ]; **sírvase Ud. venir** please come [pliiz kʌm]
sesgar *v* to slant [tu slænt]
sesgo *m* bias [bai'əs]; slant [slænt]
sesión *f* session [se'shən]; **levantar la —** to adjourn a meeting, session [tu ædchurn' ə mii'tiŋ, ...]
seso *m* brain [brein], talent [tæ'lənt]

sesudo *adj* sensible [sen'sibəl]
seta *f* mushroom [mʌ'shrum]
severidad *f* severity [səve'riti]
severo *adj* severe [səviir'], stern [stərn], strict [strikt]
sexo *m* sex [sex]; **bello —** fair sex [fer sex]
sexual *adj* sexual [sek'shuəl]
si *conj* if [if]; in case [in keis]
sí *adv* yes [ies]
sidra *f* cider [sai'dər]
siega *f* harvest [jar'vəst]; mowing [mo'iŋ]
siembra *f* sowing [so'iŋ]; seedtime [siid'-taim]
siempre *adv* always [ɔl'ueiz]; **— que** provided that [prəvai'dəd dhæt]; **para —** forever [fɔre'vər]
sien *f* temple [tem'pəl]
sierpe *f* snake [sneik]
sierra *f* saw [sɔ]; mountain range [maun'tən reindch]
siervo *m* serf [sərf]; slave [sleiv]
siesta *f* afternoon nap [æf'tərnun' næp]; **dormir la —** to take a nap [tu teik ə ...]
sigilo *m* secret [si'krət]
siglo *m* century [sen'chəri]; **el S— de Oro** the Golden Age [dhə gol'dən eidch]
signar *v* to sign [tu sain], seal [siil]; **—se** to cross oneself [tu krɔs uanself']
signatario *adj, m* signatory [si'gnətori]
significación *f* meaning [mii'niŋ]
significar *v* to signify [tu si'gnifai], mean [miin]; to matter [tu mæ'tər]
signo *m* sign [sain]; mark [mark]; **— de interrogación** question mark [kues'-chən ...]
siguiente *adj* following [fa'louiŋ]
sílaba *f* syllable [si'ləbəl]
silbar *v* to whistle [tu jui'səl]; hiss [jis]
silbido *m* whistling [jui'sliŋ]; hissing [ji'siŋ]
silenciador *m* muffler (of a car) [mʌ'-flər, ʌv ə kar]
silencio *m* silence [sai'ləns]
silencioso *adj* silent [sai'lənt]
silogismo *m* syllogism [si'lədchizm]
silvestre *adj* rustic [rʌ'stik]; uncultivated [ʌnkʌl'tiveitəd]
silla *f* chair [cher]; saddle [sæ'dəl]; **— mecedora** rocking chair [ra'kiŋ ...]; **— plegadiza** folding chair [fol'diŋ ...]
sillón *m* armchair [arm'cher], easy chair [ii'zi ...]
simbólico *adj* symbolical [simba'likəl]
símbolo *m* symbol [sim'bəl]
simetría *f* symmetry [si'mətri]; harmony [jar'məni]; proportion [prəpɔr'shən]
simétrico *adj* symmetrical [sime'trikəl]
simiente *f* seed [siid]
similar *adj* similar [si'mələr], like [laik]
similitud *f* similitude [səmi'lətud]
simpatía *f* sympathy [sim'pəthi], friendliness [frend'linəs], liking [lai'kiŋ]
simpático *adj* congenial [kəndchi'niəl], pleasant [ple'zənt]; **es —** he is nice [jii iz nais]
simpatizar *v* to be congenial [tu bii kəndchi'niəl], be nice [bii nais]
simple *adj* simple [sim'pəl], silly [si'li]
simpleza *f* silliness [si'linəs], foolishness [fu'lishnəs]
simplicidad *f* simplicity [simpli'siti]
simplificar *v* to simplify [tu sim'plifai]
simular *v* to simulate [tu si'miuleit], feign [fein]
simultáneo *adj* simultaneous [saiməltei'-niəs]
sin *prep* without [uithaut']; **— embargo** yet [iet], however [jaue'vər]
sinceridad *f* sincerity [sinse'riti]
sincero *adj* sincere [sinsiir'], true [tru]
síncope *f* fainting fit [fein'tiŋ fit]
sindicato *m* syndicate [sin'dikət]
síndico *m* trustee [trʌstii']
sinfonía *f* symphony [sim'fəni]
singular *adj* singular [siŋ'guiulər], single [siŋ'guəl]; extraordinary [extrɔr'-dineri]
singularizar *v* to single out [tu siŋ'guəl aut], detach [ditæch']
siniestro *adj* sinister [si'nistər]; left [left]; *m* loss [lɔs]
sino *conj* but [bʌt], only [on'li], except [exsept']; *m* destiny [de'stəni]; fate [feit]
sinónimo *adj* synonymous [sina'niməs]
sinrazón *f* wrong [rɔŋ]; injustice [in-dchʌ'stis]
sinsabor *m* displeasure [disple'zhər]; grief [griif]
sintaxis *f* syntax [sin'tæx]
síntesis *f* synthesis [sin'thəsis]
síntoma *m* symptom [simp'təm], sign [sain]
sintonizar *v* (*radio*) to tune in [tu tun in]
sinvergüenza *m, f* scoundrel [skaun'drəl]
siquiera *conj* although [ɔltho'], even [ii'vən]; *adv* even [ii'vən]
sirviente *m* servant [sər'vənt], waiter [uei'tər]

sistema *m* system [si'stəm]; **no hay —** there is no order [dher iz no ɔr'dər]
sistemático *adj* systematic [sistəmæ'tik]
sitiar *v* to besiege [tu bisiidch'], surround [səraund']
sitio *m* place [pleis], room [rum]
situación *f* situation [sichu-uei'shən]
situado *adj* situated [si'chu-ueitəd], placed [pleist]
situar *v* to place [tu pleis], locate [lo'-keit]
so *prep* under [ʌn'dər], below [bilo']; **— capa de** under the cloak of [ʌn'dər dhə klok ʌv]; **— pena** under penalty [ʌn'-dər pe'nəlti]
sobar *v* to knead [tu niid]; to fondle [tu fan'dəl]; to beat [tu biit]; to rub [tu rʌb]; to handle [tu jæn'dəl]; (*Am*) to flatter [tu flæ'tər]
soberanía *f* sovereignty [sa'vrənti]
soberano *adj, m* sovereign [sa'vrən]
soberbia *f* pride [praid]; anger [æŋ'-guər]
soberbio *adj* proud [praud]; superb [sə-pərb']
sobornar *v* to bribe [tu braib]
sobra *f* surplus [sər'plʌs], excess [ex-ses']; **—s** leftovers [left-o'vərz]; **de —** in excess [in ...]
sobrante *m* residue [re'zədiu]
sobrar *v* to be left over [tu bii left o'vər]
sobre *m* envelope [en'vəlop]; *prep* on [an], upon [ʌpan']; above [əbʌv']
sobrecargar *v* to surcharge [tu sər-chardch']; overload [ovərlod']
sobrecejo *m* frown [fraun]
sobrecoger *v* to overtake [tu ovər-teik']
sobrehumano *adj* superhuman [supər-jiu'mən]
sobrellevar *v* to bear [tu ber]; to carry [tu kæ'ri]
sobrenadar *v* to float [tu flot], swim [suim]
sobrenatural *adj* supernatural [su'pər-næ'chiurəl]
sobrenombre *m* surname [sər'neim]; nickname [nik'neim]
sobrentender *v* to take something for granted [tu teik sʌm'thiŋ fɔr græn'-təd]
sobrepasar *v* to surpass [tu sərpæs']
sobrepujar *v* to excel [tu exsel'], sur-pass [sərpæs']
sobresaliente *adj* outstanding [autstæn'-diŋ], excellent [e'xələnt]
sobresalir *v* to excel [tu exsel']
sobresaltar *v* to startle [tu star'təl]
sobresalto *m* scare [sker]; surprise [sər-praiz']; **de —** all of a sudden [ɔl ʌv ə sʌ'dən]
sobrescrito *m* address [ədres']
sobrestante *m* overseer [o'vərsiir]; boss [bɔs]
sobresueldo *m* overtime pay [o'vərtaim pei]
sobretodo *m* overcoat [o'vərkot]
sobrevenir *v* to happen [tu jæ'pən]
sobreviviente *adj* surviving [sərvai'viŋ]
sobriedad *f* sobriety [sobrai'əti]
sobrina *f* niece [niis]
sobrino *m* nephew [ne'fiu]
sobrio *adj* sober [so'bər], temperate [tem'pərət]
socarrón *adj* cunning [kʌ'niŋ]
socavón *m* tunnel [tʌ'nəl], cavern [kæ'-vərn]; grotto [gra'to]
sociable *adj* sociable [so'shəbəl]
social *adj* social [so'shəl], companionable [kəmpæ'niənəbəl]; **estudios sociales** social studies [... stʌ'diiz]
socialista *adj, m, f* socialist [so'shəlist]
sociedad *f* society [sosai'əti], company [kʌm'pəni], corporation [kɔrpərei'-shən]
socio *m* associate [əso'shiiət], shareholder [sherjol'dər]; partner [part'nər]; member [mem'bər]
sociología *f* sociology [sosia'lədchi]
socorrer *v* to aid [tu eid], help [jelp], assist [əsist']
socorro *m* aid [eid], assistance [əsi'stəns]
soda *f* soda [so'də]; **fuente de —** soda fountain (store) [... faun'tən, stɔr]
sodio *m* sodium [so'diəm]
soez *adj* vile [vail], mean [miin], coarse [kɔrs]
sofá *m* sofa [so'fə]
sofocar *v* to stifle [tu stai'fəl], smother [smʌ'dhər]
sofrenar(se) *v* to control (oneself) [tu kəntrol', uanself']
soga *f* rope [rop]
sojuzgar *v* to subdue [tu səbdiu']
sol *m* sun [sʌn]; **hace —** it is sunny [it iz sʌ'ni]
solana *f* sun porch, room [sʌn pɔrch, rum]
solar *v* to pave [tu peiv]; *m* ground plot [graund plat]; (*C Am*) back yard [bæk iard]; field [fiild]
solaz *m* enjoyment [endchɔi'mənt], com-fort [kʌm'fərt]
solazar *v* to comfort [tu kʌm'fərt]; to enjoy oneself [tu endchɔi' uanself']

soldado *m* soldier [sol'diər]; **— raso** "buck" private [bʌk prai'vət]
soldar *v* to solder [tu sa'dər], weld [ueld]
soledad *f* solitude [sa'litiud], loneliness [lon'linəs]
solemne *adj* solemn [sa'ləm]
solemnidad *f* solemnity [səlem'niti]
solemnizar *v* to solemnize [tu sa'ləmnaiz]
soler *v* to be wont to [tu bii uont tu]; **suele llover** it generally rains [it dche'nərəli reinz]
solicitación *f* solicitation [səlisitei'shən]
solicitar *v* to solicit [tu səli'sit]; to court [tu kɔrt]
solícito *adj* diligent [di'lədchənt]; careful [ker'fəl]
solicitud *f* solicitude [səli'situd]; concern [kənsərn']
solidaridad *f* solidarity [salidæ'riti]
solidario *adj* solidary [sa'lideri]
solidez *f* solidity [səli'diti], strength [streŋth]
sólido *adj* solid [sa'lid], strong [strɔŋ]; *m* solid [...]
solitario *adj* lonely [lon'li], alone [əlon']
solo *adj* alone [əlon'], only [on'li]; **a solas** alone [...]; *m* solo [so'lo]; *adv* only [...]
soltar *v* to let loose [tu let lus]; to unfasten [tu ʌnfæ'sən]
soltero *adj* unmarried [ʌnmæ'rid], single [siŋ'guəl]; *m* bachelor [bæ'chlər]
soltura *f* fluency [flu'ənsi]; easiness [ii'zinəs]
soluble *adj* soluble [sa'liubəl]
solución *f* solution [səlu'shən]
sollo *m* sturgeon [stər'dchən]
sollozar *v* to sob [tu sab]
sollozo *m* sob [sab]
sombra *f* shade [sheid]; shadow [shæ'do]; **en la —** in the shade [in dhə ...]
sombrerería *f* hat shop [jæt shap]
sombrero *m* hat [jæt]
sombrío *adj* gloomy [glu'mi]
somero *adj* shallow [shæ'lo], superficial [supərfi'shəl]
someter(se) *v* to submit [tu sʌbmit']
somnolencia *f* sleepiness [slii'pinəs]
son *m* sound [saund], report [ripɔrt']
sonaja *f* jingles [dchiŋ'guəlz]
sonante *adj* sounding [saun'diŋ]; **moneda —** cash [kæsh]
sonar *v* to sound [tu saund], ring [riŋ]; **—se** to blow one's nose [tu blo uanz noz]
sonda *f* lead [led], plumb [plʌm]
sondear *v* to sound [tu saund]; to fathom [tu fæ'dhəm]
soneto *m* sonnet [sa'nət]
sonido *m* sound [saund]; report [ripɔrt']
sonoro *adj* sonorous [sənɔ'rəs]
sonreír *v* to smile [tu smail]
sonriente *adj* smiling [smai'liŋ]
sonrisa *f* smile [smail]
sonrojo *m* blush [blʌsh]
sonsacar *v* to pilfer [tu pil'fər]; to entice [tu entais'], lure away [luər əuei']
soñador *m* dreamer [drii'mər]
soñar *v* to dream [tu driim]
soñoliento *adj* sleepy [slii'pi]
sopa *f* soup [sup]; **— del día** soup of the day [sup ʌv dhə dei]
soplar *v* to blow [tu blo]; to talk too much [tu tɔk tu mʌch]
soplete *m* blow-pipe [blo'paip]
soplo *m* blowing [blo'iŋ], gust of wind [gʌst ʌv uind]; "squeal" [skuiil]; **en un —** in the twinkling of an eye [in dhə tuin'kliŋ ʌv ən ai]
soplón *m* "squealer" [skuii'lər]
sopor *m* lethargic sleep [ləthar'dchik sliip]
soportar *v* to bear [tu ber], suffer [sʌ'fər]
soporte *m* support [səpɔrt']; bracket [bræ'kət]
soprano *m, f* (*Ital*) soprano [səpra'no]
sorber *v* to sip [tu sip], absorb [əbsɔrb']
sorbo *m* sip [sip]; gulp [gʌlp]
sórdido *adj* sordid [sɔr'did], indecent [indii'sənt]
sordo *adj* deaf [def]; **se hace el —** he plays dumb [jii pleiz dʌm]
sordomudo *adj, m* deaf and dumb [def ænd dʌm]
sorprender *v* to surprise [tu sərpraiz'], astonish [əsta'nish]
sorpresa *f* surprise [sərpraiz']
sortear *v* to draw lots [tu drɔ latz]
sorteo *m* drawing of lots [drɔ'iŋ ʌv latz]
sortija *f* finger ring [fiŋ'guər riŋ]
sosegar *v* to appease [tu əpiiz'], quiet down [kuai'ət daun]
sosiego *m* quiet [kuai'ət]; calmness [kam'nəs]
soslayo *m* slanting [slæn'tiŋ]; **de —** sideways [said'ueiz]
soso *adj* insipid [insi'pid], silly [si'li]
sospecha *f* suspicion [səspi'shən], mistrust [mistrʌst']
sospechar *v* to suspect [tu səspekt'], mistrust [mistrʌst']

sostén *m* support [səpɔrt']
sostener *v* to support [tu səpɔrt'], hold up [jold ʌp]
sotana *f* cassock [kæ'sək]
sótano *m* cellar [se'lər], basement [beis'mənt]
soterrar *v* to bury [tu be'ri]
soto *m* thicket [thi'kət], grove [grov]
soviético *adj* Soviet [so'viət]
su *adj, pos* his [jiz]; her [jer]; its [its]; their [dher]; your [iɔr]
suave *adj* smooth [smudh], soft [sɔft]
suavidad *f* smoothness [smudh'nəs]
suavizar *v* to soften [tu sɔ'fən]
subalterno *adj* subordinate [subɔr'dinət]; substitute [sʌb'stitiut]
subasta *f* auction sale [ɔk'shən seil]
súbdito *m* (*persona*) subject [sʌb'dchekt]
subdividir *v* to subdivide [tu sʌbdəvaid']
subida *f* ascension [əsen'shən]; rise [raiz]; price rise [prais ...]
subido *adj* raised [reizd]; high in price [jai in prais]
subir *v* to ascend [tu əsend'], go up [go ʌp]; to raise [tu reiz]
súbito *adj* sudden [sʌ'dən]; **de —** suddenly [sʌ'dənli]
sublevación *f* revolt [rivolt']
sublevar *v* to cause a revolt [tu kɔz ə rivolt']; **—se** to rebel [tu ribel']
sublime *adj* sublime [səblaim']
submarino *adj, m* submarine [sʌb'məriin]
subordinar *v* to subordinate [tu səbɔr'dineit]
subrayar *v* to underline [tu ʌn'dərlain]
subscribir *v* to subscribe [tu səbskraib']
subsecretario *m* under-secretary [ʌn'dərse'krəteri]
subsidiario *adj* subsidiary [səbsi'dieri]
subsidio *m* subsidy [sʌb'sidi]; aid [eid]
subsiguiente *adj* subsequent [sʌb'səkuənt]
subsistencia *f* subsistence [sʌbsi'stens], living [li'viŋ]
subsistir *v* to subsist [tu sʌbsist']; to last [tu læst]; to exist [tu egzist']
substancia *f* substance [sʌb'stəns]
substantivo *m* substantive [sʌb'stəntiv], noun [naun]
substituir *v* to replace [tu rəpleis'], substitute [sʌb'stitiut]
substraer *v* to subtract [tu sʌbtrækt']; **—se** to keep away [tu kiip əuei']
subterfugio *m* subterfuge [sʌb'tərfiudch]
subterráneo *adj* underground [ʌn'dərgraund]; *m* cave [keiv], tunnel [tʌ'nəl]
suburbano *adj* suburban [səbər'bən]
suburbio *m* suburb [sʌ'bərb], outskirt [aut'skərt]
subyugar *v* to subdue [tu səbdiu']
succión *f* suction [sʌk'shən]
suceder *v* to happen [tu jæ'pən]; **¿qué sucedió?** what happened? [juat jæ'pənd]
sucesión *f* series [si'riiz]; succession [sʌkses'shən]
sucesivo *adj* next [next], consecutive [kənse'kiutiv]
suceso *m* happening [jæ'pəniŋ], event [ivent']
suciedad *f* filthiness [fil'thinəs]; dirt [dərt]
sucinto *adj* brief [briif']
sucio *adj* dirty [dər'ti]; foul [faul]
sucumbir *v* to succumb [tu səkʌm']
sucursal *f* branch (office) [brænch ɔ'fis]
sud *m* south [sauth]
sudamericano *adj, m* South American [sauth əme'rəkən]
sudar *v* to sweat [tu suet]
sudor *m* sweat [suet], perspiration [pərspirei'shən]
suegra *f* mother-in-law [mʌ'dhər-in-lɔ]
suegro *m* father-in-law [fa'dhər-in-lɔ]
suela *f* sole [sol]
sueldo *m* salary [sæ'ləri], pay [pei]
suelo *m* ground [graund]; floor [flɔr]
suelto *adj* loose [lus]; easy [ii'zi]; *m* (money) change [mʌ'ni, cheindch]
sueño *m* dream [driim]; sleep [sliip]; **tener —** to be sleepy [tu bii slii'pi]
suerte *f* luck [lʌk], chance [chæns]; **de — que** so that [so dhæt]; **mala —** bad luck [bæd ...]; **no tengo —** I am not lucky [ai æm nat lʌ'ki]
suficiencia *f* abundance [əbʌn'dəns]
suficiente *adj* sufficient [səfi'shənt], enough [inʌf']
sufragio *m* suffrage [sʌ'frədch], vote [vot]
sufrimiento *m* suffering [sʌ'fəriŋ]
sufrir *v* to suffer [tu sʌ'fər], endure [endur'], tolerate [ta'ləreit]
sugerir *v* to suggest [tu səguədchest']
sugestión *f* suggestion [səguədches'chən]
suicidarse *v* to commit suicide [tu kʌmit' suə'isaid]

suicidio *m* suicide [su'isaid]
sujeción *f* subordination [səbɔr'dəneishən], subjection [sʌbdchek'shən]
sujetapapeles *m* (paper) clip [pei'pər, klip]
sujetar *v* to subdue [tu səbdu'], subject [sʌbdchekt']; **—se** to submit [tu sʌbmit'], bow [bau]
sujeto *adj* subject [sʌb'dchekt], liable [lai'əbəl]; *m* subject [...], topic [ta'pic]
sulfato *m* sulphate [sʌl'feit]
suma *f* amount [əmaunt']; sum [sʌm]; **en —** in short [in shɔrt]
sumador : máquina —a adding machine [æ'diŋ məshiin']
sumar *v* to add [tu æd]
sumario *adj* brief [briif], cursory [kər'səri]; *m* summary [sʌ'məri]
sumergir *v* to submerge [tu sʌbmərdch']
suministrar *v* to supply [tu səplai'], provide [provaid'], furnish [fər'nish]
sumir(se) *v* to sink [tu siŋk]
sumisión *f* submission [sʌbmi'shən]
sumo *adj* highest [jai'əst]; **a lo —** at the most [æt dhə most]
suntuoso *adj* sumptuous [sʌmp'chuəs]
superar *v* to overcome [tu ovərkʌm']
superficial *adj* superficial [supərfi'shəl]
superficie *f* surface [sər'fəs], area [æ'riə]
superfluo *adj* superfluous [suəpər'fluəs]
superintendente *m* superintendent [su'pərinten'dənt]
superior *adj* superior [səpi'riər]
superiora *f* Mother Superior [mʌ'dhər səpi'riər]
supersticioso *adj* superstitious [supərsti'shəs]
supervivencia *f* survival [sərvai'vəl]
suplantar *v* to supplant [tu səplænt']
suplementar *v* to supplement [tu sʌ'pləmənt]
suplemento *m* supplement [sʌ'pləmənt]
suplente *m, f* substitute [sʌb'stitiut]; alternate [al'tərnət]
súplica *f* supplication [sʌplikei'shən], request [rikuest']
suplicar *v* to beg [beguə], request [rikuest']
suplicio *m* torture [tɔr'chər]
suplir *v* to provide [tu prəvaid'], afford [əfɔrd']; substitute [sʌb'stətiut]
suponer *v* to suppose [tu səpoz']
suposición *f* supposition [sʌpəzi'shən]; authority [ətha'riti]
supremo *adj* supreme [səpriim']
supresión *f* suppression [səpre'shən]
suprimir *v* to suppress [tu səpres']
supuesto *adj* supposed [sɔpozd']; *m* supposition [sʌpəzi'shən]; **por —** of course [ʌv kɔrs]; **— que** supposing that [səpo'ziŋ dhæt]
sur *m* south [sauth]
surco *m* furrow [fə'ro]; (record) groove [re'kərd, gruv]
sureño *adj* southern [sʌ'thərn]
surgir *v* to come forth [tu kʌm fɔrth]
surtido *m* assortment [əsɔrt'mənt]
surtir *v* to supply [tu səplai'], furnish [fər'nish]; **— una tienda** to furnish a store [tu fər'nish ə stɔr]
susceptible *adj* susceptible [səsep'təbəl]
suspender *v* to suspend [tu səspend'], hang [jæŋ]
suspensión *f* suspension [səspen'shən]
suspicaz *adj* mistrustful [mistrʌst'fəl]
suspirar *v* to sigh [tu sai], heave [jiiv]
suspiro *m* sigh [sai]; relief [riliif'], pause [pɔz]; heave [jiiv]
sustancia *f* substance [sʌb'stəns]; (*Am*) broth [brɔth]
sustentar *v* to sustain [tu səstein'], bear up [ber ʌp]
sustento *m* food [fud]; maintenance [mein'tənəns]
susurrar *v* to whisper [tu jui'spər]
sutil *adj* subtle [sʌ'təl]; keen [kiin]
sutileza *f* subtlety [sʌ'təlti], keenness [kii'nəs]
suyo *pron, pos* his [jiz], hers [jərz], its [its], theirs [dherz], yours [iɔrz]

T

tabaco *m* tobacco [təbæ'ko]; **— en rama** leaf tobacco [liif ...]
tábano *m* gadfly [gæd'flai]; horse fly [jɔrs ...]
tabaquera *f* snuffbox [snʌf'bax]
taberna *f* tavern [tæ'vərn]; bar [bar]
tabernero *m* tavern-keeper [tæ'vərn-kii'-pər]
tabique *m* partition wall [parti'shən uɔl]
tabla *f* board [bɔrd]; table [tei'bəl]; strip [strip]; **hacer — rasa** to clear all away [tu kliir ɔl əuei']
tablado *m* stage [steidch]; scaffold [skæ'fəld]
tablero *m* board [bɔrd], panel [pæ'nəl]; checkerboard [che'kərbɔrd]
tableta *f* pad [pæd]; tablet [tæ'blət]
tablilla *f* tablet [tæ'blət]
tablón *m* plank [plæŋk]
tabular *adj* tabular [tæ'biulər]
taburete *m* stool [stul]; bench [bench]
tacaño *adj* stingy [stin'dchi]; mean [miin]
taciturno *adj* silent [sai'lənt]
taco *m* (*Méx*) roll [rol]; bite [bait]; stopper [sta'pər]; heel [jiil]; snack [snæk]
tacón *m* shoe heel [shu' jiil]
táctica *f* tactics [tæk'tiks]
tacha *f* blemish [ble'mish]; fault [fɔlt]
tachar *v* to censure [tu sen'shər], blame [bleim]
tachonar *v* to adorn [tu ədɔrn']
tafetán *m* taffeta [tæ'fətə]; thin silk [thin silk]; **— inglés** plaster [plæ'-stər]
tahona *f* bakery [bei'kəri]; mill [mil]
tahonero *m* baker [bei'kər]; miller [mi'-lər]
tahúr *m* gambler [gæm'blər]
taimado *adj* sly [slai]; sullen [sʌ'lən]
tajada *f* cut [kʌt], slice [slais]
tajar *v* to cut [tu kʌt], cleave [kliiv]
tajo *m* cut [kʌt]; edge [edch], gash [gæsh]
tal *adj, adv* such [sʌch]; such as [... æz]; **con — que** provided that [prəvai'dəd dhæt]; **¿qué —?** hello [jelo']
talabartero *m* saddler [sæ'dlər], belt-maker [belt-mei'kər]
taladrar *v* to bore [tu bɔr], drill [dril]
taladro *m* drill hole [dril jol]
tálamo *m* bridal bed [brai'dəl bed]
talante *m* manner [mæ'nər], mood [mud]; mien [miin]
talega *f* bag [bæguə], sack [sæk]
talento *m* talent [tæ'lənt]
talismán *m* talisman [tæ'lizmən], amulet [æ'miulət], charm [charm]
talón *m* heel [jiil]
talla *f* size [saiz]; cut [kʌt]; wood carving [uud kar'viŋ]; (*Arg*) chat [chæt]
tallar *v* to carve [tu karv], engrave [en-greiv']
tallarín(es) *m* (*pl*) noodle(s) [nu'dəl,z]
talle *m* figure [fi'guiur], waist [ueist]; fit [fit]; shape [sheip]
taller *m* workshop [uərk'shap]; studio [stu'dio]
tallo *m* stalk [stɔk], stem [stem]; shoot [shut]
tamaño *adj* so big [so biguə]; the size of [dhə saiz ʌv]; *m* size [saiz]
tambalearse *v* to stagger [tu stæ'guər]
también *adv* also [ɔl'so], too [tu]
tambor *m* drum [drʌm]
tamizar *v* to sift [tu sift]
tamo *m* chaff [chæf], dust [dʌst]
tampoco *conj* neither [nii'dhər]; **— yo** nor I [nɔr ai]
tangible *adj* tangible [tæn'dchibəl], manifest [mæ'nifəst]
tanque *m* (*milit*) tank [tæŋk], armored tank [ar'mərd ...]; pond [pand]
tantear *v* to try [tu trai]; to sound out [tu saund aut]; to gauge [tu gueidch]; (*Am*) to grope [tu grop]
tanteo *m* computation [kampiutei'shən]; test [test]; groping [gro'piŋ]
tanto *adj, adv* so much [so mʌch], as much [æz mʌch]
tañer *v* to play (a musical instrument) [tu plei, ə miu'zikəl in'strəmənt]
tapa *f* lid [lid], cover [kʌ'vər]; **—s** appetizers [æ'pətai'zərz]
tapadera *f* cover [kʌ'vər], defender [di-fen'dər]

tapar(se) *v* to cover (up) [tu kʌ'vər, ʌp]
tapete *m* small carpet [smɔl kar'pət]
tapia *f* wall [uɔl]; wall fence [... fens]
tapiar *v* to wall up [tu uɔl ʌp]
tapicería *f* upholstery [ʌpjol'stəri], tapestry [tæ'pəstri]
tapicero *m* upholsterer [ʌpjol'stərər]
tapiz *m* tapestry [tæ'pəstri]
tapón *m* stopper [sta'pər], cap [kæp], cork [kɔrk]
taquígrafo *m* stenographer [stəna'grəfər]
taquilla *f* ticket office [ti'kət ɔf'is]; letter file [le'tər fail]
tardanza *f* delay [dilei']
tardar *v* to delay [tu dilei'], be late [bii leit]
tarde *adv* late [leit]; *f* afternoon [æ'ftərnun']; **por la —** in the afternoon [in dhə ...]
tardío *adj* tardy [tar'di]; slow [slo]
tardo *adj* slow [slo], tardy [tar'di]
tarea *f* task [tæsk]; work [uərk]; lesson [le'sən], homework [jom'uərk]
tarifa *f* tariff [tæ'rif], fare [fer], rate [reit]
tarima *f* bench [bench]
tarjeta *f* card [kard]; visiting card [vi'zitiŋ ...]; **— postal** post card [post ...]; **— de crédito** credit card [kre'dit ...]
tartamudear *v* to stammer [tu stæ'mər]
tartamudo *m* stammerer [stæ'mərər]
tarugo *m* wooden pin [uud'in pin]; plug [plʌguə]
tasa *f* measure [me'zhər]; valuation [væliuei'shən]
tasajo *m* salt beef [sɔlt biif]
tasar *v* to value [tu væ'liu], appraise [əpreiz']
tata (taita) *m* (*Arg*) dad [dæd]; papa [pa'pə]
taza *f* cup [kʌp]; **quisiera una — de café** may I have a cup of coffee [mei ai jæv ə ... ʌv kɔ'fii]
tazón *m* basin [bei'sən]
té *m* tea [tii]
te *pron* thee [dhii]; you [iu]; to you [tu ...]
teatro *m* theater [thii'ətər]; stage [steidch]
tecla *f* (*piano*) key [kii]
teclado *m* (*piano*) keyboard [kii'bɔrd]
técnica *f* technique [tekniik']
técnico *adj* technical [tek'nikəl]
techo *m* roof [ruf]; ceiling [sii'liŋ]
techumbre *f* ceiling [sii'liŋ]
tedio *m* tediousness [tii'diəsnəs]
teja *f* roof tile [ruf tail]
tejado *m* tiled roof [tai'ld ruf]; shed [shed]
tejar *m* tile factory [tail fæk'təri]
tejedor *m* weaver [uii'vər]
tejer *v* to weave [tu uiiv], knit [nit]
tejido *m* tissue [ti'shiu], weave [uiiv]
tejón *m* badger [bæ'dchər]
tela *f* fabric [fæ'brik], stuff [stʌf]; **— adhesiva** adhesive tape [ædjii'siv teip]
telar *m* loom [lum]; loom frame [... freim]
telaraña *f* cobweb [kab'ueb], spider's web [spai'dərz ...]
telefonear *v* to telephone [tu te'ləfon], (*col*) phone [fon]
teléfono *m* telephone [te'ləfon], (*col*) phone [fon]; **colgar el —** to hang up (on the phone) [tu jæŋ ʌp, an dhə ...]; **llamar por —** to call up (on the phone) [tu kɔl ʌp ...]
telegrafía *f* telegraphy [təle'grəfi]
telegrafiar *v* to telegraph [tu te'ləgræf] to "wire" [tu uair]
telégrafo *m* telegraph [te'ləgræf]
telegrama *m* telegram [te'ləgræm]; "wire" [uair]
telescopio *m* telescope [te'ləskop]
televisión *f* television [te'ləvizhən]; TV [tii vii]; **— en colores** color television [kʌ'lər ...]
televisor *m* television set [te'ləvizhən set]; **— en colores** color TV set [kʌ'lər tii vii ...]
telón *m* curtain [kər'tən]
tema *m* theme [thiim], subject [sʌb'dchekt], topic [ta'pik]
temblar *v* to tremble [tu trem'bəl], shiver [shi'vər]
temblor *m* trembling [trem'bliŋ]; **— de tierra** earthquake [ərth'kueik]
tembloroso *adj* shaking [shei'kiŋ], shivering [shi'vəriŋ]
temer *v* to fear [tu fiir], be afraid [bii əfreid']
temerario *adj* rash [ræsh], bold [bold]
temeroso *adj* timid [ti'məd]
temible *adj* awful [ɔ'fəl], terrible [te'ribəl]
temor *m* dread [dred], fear [fiir], fright [frait]
témpano *m* big piece (of) [biguə piis, ʌv]; kettledrum [ke'təlddrʌm]
temperamento *m* temperament [tem'prəmənt]; climate [klai'mət]
temperatura *f* temperature [tem'prəchər]
tempestad *f* storm [stɔrm]
tempestuoso *adj* stormy [stɔr'mi]

templado *adj* tempered [tem'pərd]; moderate [ma'dərət]; (*Am*) "tipsy" [tip'-si]
templanza *f* temperance [tem'pərəns], moderation [madərei'shən]
templar *v* to temper [tu tem'pər]; to control [tu kəntrol']; **—se** to be moderate [tu bii ma'dərət]
temple *m* temper [tem'pər]; valor [væ'-lər]; disposition [dispəzi'shən]
templo *m* temple [tem'pəl], church [chərch]
temporada *f* season [sii'zən]; **— de ópera** opera season [a'prə ...]
temporal *adj* temporary [tem'pəreri]; **poder —** wordly power [uərl'dli pau'-ər]; *m* storm [stɔrm]; heavy rain [je'vi rein]
temprano *adj, adv* early [ər'li]; **es —** it is early [it iz ...]
tenacidad *f* tenacity [tənæ'siti]
tenaz *adj* tenacious [tənei'shəs], obstinate [ab'stinət]
tenaza *f* claw [klɔ]; **—s** pliers [plaiərz]
tendedero *m* clothesline [kloz'lain]
tendencia *f* tendency [ten'dənsi]
tender *v* to have a tendency to [tu jæv ə ten'dənsi tu]; to spread [tu spred]; to stretch out [tu strech aut]
tendero *m* shopkeeper [shap-kii'pər]
tenebroso *adj* dark [dark]
tenedor *m* fork [fɔrk]; holder [jol'dər]; **— de libros** bookkeeper [buəkii'pər]
teneduría *f* accounting [əkaun'tiŋ]; bookkeeper's office [buəkii'pərz ɔ'fis]; **— de libros** bookkeeping [buəkii'piŋ]
tenencia *f* possession [poze'shən]
tener *v* to have [tu jæv], hold [jold], own [on]; **¿cuántos años tiene usted?** how old are you? [jau old ar iu]; **tengo razón** I am right [ai æm rait]; **tiene ganas de (bailar)** he feels like dancing [jii filz laik dæn'siŋ]; **— frío, hambre, miedo, sueño** to be cold, hungry, afraid, sleepy [tu bii kold, jʌŋ'gri, əfreid', slii'pi]; **—se** to be firm [tu bii fərm]
teniente *m* holder [jol'dər]; deputy [de'-piuti]; (*milit*) lieutenant [lute'nənt]
tenis *m* tennis [te'nis]
tenor *m* tenor [te'nər]; tone [ton]; **— de ópera** opera tenor [a'prə ...]
tensión *f* tension [ten'shən]
tenso *adj* tense [tens]
tentación *f* temptation [temtei'shən]
tentalear *v* to feel [tu fiil]; to fumble [tu fʌm'bəl]
tentar *v* to tempt [tu tempt]; to try [tu trai], attempt [ətempt']; to grope [tu grop]
tentativa *f* attempt [ətempt'], trial [trail]
tentativo *adj* tentative [ten'tətiv]
tenue *adj* thin [thin]; light [lait]; slender [slen'dər]
teñir *v* to dye [tu dai]; to tinge [tu tindch]
teología *f* theology [thii-a'lədchi]
teorema *m* theorem [thii'ərəm]
teoría *f* theory [thii'əri]
teórico *adj* theoretical [thiiəre'tikəl]
terciado *adj* slanting [slæn'tiŋ]; **azúcar —** brown sugar [braun shuə'guər]
terciar *v* to divide into three parts [tu dəvaid' intu thrii partz]; to join in conversation [tu dchɔin in kanvərsei'-shən]; (*Am*) to mix (with water) [tu mix, uith uɔ'tər]
terciopelo *m* velvet [vel'vət]
terco *adj* stubborn [stʌ'bərn], obstinate [ab'stinət]
tergiversar *v* to distort [tu distɔrt']; to misrepresent [tu mis'reprizent]
terminación *f* end [end], ending [en'-diŋ]
terminal *adj* terminal [tər'minəl]
terminar *v* to end [tu end], complete [kʌmpliit']
término *m* end [end]; **en otros —s** in other words [in ʌ'dhər uərdz]; **en primer —** in the first place [in dhə fərst pleis]
termómetro *m* thermometer [thərma'-mətər]
ternera *f* veal [viil]
ternero *m* calf [kæf]
terno *m* suit of clothes [sut ʌv kloz]; triad [trai'æd]; (*Caribe*) set of jewels [set ʌv dchu'əlz]
ternura *f* tenderness [ten'dərnəs]
terraza *f* terrace [te'rəs]
terremoto *m* earthquake [ərth'kueik]
terrenal *adj* earthly [ər'thli]
terreno *adj* earthly [ər'thli]; *m* ground [graund]; land [lænd]
terrestre *adj* earthly [ər'thli]
terrible *adj* terrible [te'ribəl]
terrífico *adj* terrific [təri'fik]
territorial *adj* territorial [teritɔ'riəl]
territorio *m* territory [te'ritɔri], land [lænd]
terrón *m* lump [lʌmp]
terror *m* terror [te'rər]; dread [dred]
terso *adj* smooth [smudh]
tersura *f* smoothness [smudh'nəs]

tertulia *f* evening party [ii'viniŋ par'ti]; social club [so'shəl klʌb], gathering [gæ'dheriŋ]
tesis *f* thesis [thii'sis]
tesón *m* tenacity [tənæ'səti]; grit [grit]
tesorería *f* treasury [tre'zhəri]
tesorero *m* treasurer [tre'zhərər]
tesoro *m* treasure [tre'zhər]; treasury [tre'zhəri]
testa *f* head [jed]
testamento *m* will [uil]; testament [te'-stəmənt]
testar *v* to make a will [tu meik ə uil]
testarudo *adj* stubborn [stʌ'bərn]
testigo *m* witness [uit'nəs]; **— de vista** eyewitness [ai ...]
testimoniar *v* to be a witness [tu bii ə uit'nəs]
testimonio *m* testimony [te'stimoni]; proof [pruf]
teta *f* teat [tiit], nipple [ni'pəl]; breast [brest]
tetera *f* teapot [tii'pat]
tétrico *adj* gloomy [glu'mi]
textil *adj* textile [tex'tail]
texto *m* text [text]; textbook [...buək]
textura *f* texture [tex'chər]; weaving [uii'viŋ]
tez *f* skin complexion [skin kəmplex'-shən]
tía *f* aunt [ænt]
tibio *adj* tepid [te'pid]; indifferent [in-di'frənt]
tiburón *m* shark [shark]
tiempo *m* time [taim]; weather [ue'-dhər], season [sii'zən]; **a —** on time [an ...]; **hace buen —** it is good weather [it iz guəd ...]
tienda *f* shop [shap]; tent [tent]; **ir de —s** to go shopping [tu go sha'piŋ]
tienta *f* probe [prob]; **a —s** gropingly [gro'piŋli]
tiento *m* touch [tʌch]; tentacle [ten'tə-kəl]; **no tiene —** he lost his touch, skill [jii lɔst hiz ..., skil]
tierno *adj* tender [ten'dər], soft [sɔft]
tierra *f* earth [ər'th]; land [lænd], soil [sɔil]; world [uərld]
tieso *adj* taut [tɔt], stiff [stif]
tiesura *f* stiffness [stif'nəs]
tifo *m* typhus [tai'fəs]
tigre *m* tiger [tai'guər]
tijera(s) *f* (*pl*) scissors [si'zərz], shears [shiirz]; **silla de —** folding chair [fol'-diŋ cher]; **¡qué —!** what a gossiper! [juat ə ga'sipər]
tila *f* lime tree [laim trii]
tilde *f* tilde [tildə]; the mark ~ over ñ
tilo *m* linden tree [lin'dən trii]
timbrar *v* to seal [tu siil]; to mark [tu mark]
timbre *m* seal [siil]; stamp [stæmp]; tone (of) [ton, ʌv]; call bell [kɔl' bel]
timidez *f* timidity [timi'diti]; shyness [shai'nəs]
tímido *adj* timid [ti'mid]; shy [shai]
timo *m* cheat [chiit], swindle [suin'dəl]
timón *m* helm [jelm]
timonear *v* to steer (a ship) [tu stiir, ɔ ship]
tímpano *m* eardrum [iir'drʌm]; kettle-drum [ke'təl ...]
tina *f* earthen jar [ər'thən dchar]; vat [væt]; bathtub [bæth'tʌb]
tinaja *f* large earthen jar [lardch ər'thən dchar]
tiniebla(s) *f, pl* darkness [dark'nəs]; ignorance [ignə'rəns]
tino *m* tact [tækt]; prudence [pru'dəns]; acumen [əkiu'mən]
tinta *f* ink [iŋk]
tinte *m* dyeing [dai'iŋ]; paint [peint], dye [dai]
tintero *m* inkstand [iŋk'stænd]; inkwell [...uel]
tintinear *v* to tinkle [tu tiŋ'kəl]
tinto *adj* tinged [tin'dchd]; dark [dark]; **vino —** red wine [red uain]
tintorería *f* dry cleaner's shop [drai klii'nərz shap]
tintorero *m* cleaner [klii'nər]
tintura *f* tincture [tiŋk'chər], dye [dai]
tiñoso *m* scabby [skæ'bi]; stingy [stin'-dchi]
tío *m* uncle [ʌŋ'kəl]
típico *adj* typical [ti'pikəl]
tipo *m* type [taip]; kind [kaind]; "guy" [gai]
tipografía *f* typography [taipa'grəfi]
tira *f* strip [strip]
tirabuzón *m* corkscrew [kɔrk'skru]
tirando : **voy tirándola** I am getting along [ai æm gue'tiŋ əlɔŋ]
tiranía *f* tyranny [ti'rəni]
tirano *adj* tyrannical [tiræ'nikəl]; *m* tyrant [tai'rənt]
tirante *adj* pulling [puə'liŋ]; **—s** suspenders [sʌspen'dərz]
tirantez *f* tension [ten'shən], tenseness [tens'nəs], tightness [tait'nəs]
tirar *v* to draw [tu drɔ]; to dart [tu dart], **— al blanco** to shoot at a target [tu shut æt ə tar'guet]

tiritar *v* to shiver [tu shi'vər]
tiro *m* shot [shat], cast [kæst], throw [thro]; (*Am*) **al —** quickly [kui'kli]
tísico *adj* consumptive [kənsʌmp'tiv]
tisis *f* consumption [kənsʌmp'shən]
titilar *v* to twinkle [tu tuin'kəl]
titubear *v* to hesitate [tu je'ziteit]; to totter [tu ta'tər]
titubeo *m* hesitation [jezitei'shən]
titular *adj* titular [ti'tiulər], nominal [nam'inəl]; *v* to title [tu tai'təl]
título *m* title [tai'təl]; headline [jed-lain]; **a — de** by way, means of [bai uei, miinz ʌv]
tiza *f* chalk [chɔk]
tiznar *v* to smut [tu smʌt]; to smear [tu smiir]
tizne *m* soot [suət]
tizón *m* firebrand [fair'brænd]; stain [stein]
toalla *f* towel [tau'əl]
tobillo *m* ankle [æŋ'kəl]
tocadiscos *m* (*s & pl*) record player [re'-kɔrd ple'iər]
tocado *adj* touched [tʌ'cht]; "cracked" [krækt']; *m* toilette [toilet], hairset [jer'set]
tocador *m* dressing table [dres'iŋ tei'-bəl]; (*mús*) player [ple'iər]
tocar *v* to touch [tu tʌch]; feel with the hands [fiil uith dhə jændz]; (*mús*) to play [tu plei]
tocino *m* bacon [bei'kən]; salt pork [sɔlt pɔrk], lard [lard]
todo *adj* all [ɔl]; every [e'vri]; **— el mundo** everyone [...uan]; **—s los días** every day [... dei]; **ante —** first of all [fərst ʌv ...]; **con — esto** in spite of this [in spait ʌv dhis]; **no me gusta del —** I don't like it at all [ai dont laik it æt ...]; **sobre —** above all [əbʌv' ...], especially [espe'shəli]; **de —as maneras** at any rate [æt e'ni reit]
todopoderoso *adj* almighty [ɔlmai'ti]
toldo *m* awning [ɔ'niŋ]; pride [praid]; (*Am*) hut [jʌt]
tolerable *adj* tolerable [ta'lərəbəl]
tolerar *v* to tolerate [tu ta'ləreit], bear [ber], suffer [sʌ'fər]
toma *f* hold [jold]; dose [dos]; (*milit*) capture [kæp'chər]
tomar *v* to take [tu teik], seize [siiz]; to drink [tu drink]; to eat [tu iit]
tomate *m* tomato [tomei'to]
tomillo *m* thyme [taim]
tomo *m* volume [va'lium], tome [tom]
tonada *f* tune [tiun]; song [sɔŋ]
tonel *m* barrel [bæ'rəl], pipe [paip], cask [kæsk]
tonelada *f* ton [tʌn]
tonelaje *m* tonnage [tʌ'nədch]
tónico *adj, m* tonic [ta'nik]
tono *m* tone [ton], tune [tiun]
tontería *f* foolishness [fu'lishnəs]
tonto *adj* silly [si'li]; foolish [fu'lish]; *m* fool [ful]
topar *v* to collide [tu kəlaid']; to meet by chance [tu miit bai chæns]
tope *m* butt [bʌt]; collision [kəli'zhən]
tópico *m* subject [sʌb'dchekt], topic [ta'pik]
topo *m* mole [mol]; dunce [dʌns]
topografía *f* topography [təpa'grəfi]
toque *m* tap [tæp]; sound [saund]; ringing [riŋ'iŋ]
toquilla *f* headdress [je'dres]
torbellino *m* whirlwind [juirl'uind]; rush [rʌsh]; hustle and bustle [jʌ'səl ænd bʌ'səl]
torcedor *m* remorse [rimɔrs']
torcedura *f* twist [tuist]; sprain [sprein]
torcer *v* to twist [tu tuist]; to sprain [tu sprein]; **—se** to turn bad, sour [tu tərn bæd, saur]
torcido *adj* twisted [tui'stəd]
tordo *adj* dapple [dæ'pəl]; *m* thrush [thrʌsh]
torear *v* to fight a bull [tu fait ə buəl]
torero *m* bull-fighter [buəl-fai'tər]
tormenta *f* storm [stɔrm]
tormento *m* torture [tɔr'chər]
tormentoso *adj* stormy [stɔr'mi], turbulent [tər'biulənt]
tornapunta *f* wedge [uedch]
tornar *v* to turn [tu tərn]; to return [tu ritərn']
tornasol *m* sunflower [sʌn'flauər]; sheen [shiin]
torneo *m* tournament [turnə'mənt]
tornillo *m* screw [skru]; vise [vais]
torniquete *m* turnstile [tərn'stail]
torno *m* lathe [leidh]; **en —** around [əraund']
toro *m* bull [buəl]
toronja *f* grapefruit [greip'frut]
torpe *adj* dull [dʌl]
torpedear *v* to torpedo [tu tɔrpii'do]
torpedo *m* torpedo [tɔrpii'do]
torpeza *f* dullness [dʌl'nəs]
torre *f* tower [tau'ər]; **— de marfil** ivory tower [ai'vri ...]
torrente *m* torrent [ta'rənt]; flood [flʌd]
tórrido *adj* torrid [ta'rid], very hot [ve'-ri jat]

torta *f* pie [pai], shortcake [shɔrt'keik]
tortilla *f* omelet [a'mələt]; (*Méx*) cornmeal pancake [kɔrn'miil pæn'keik]
tortita *f* pancake [pæn'keik]
tórtola *f* turtle dove [tər'təl dʌv]
tortuga *f* turtle [tər'təl]
tortuoso *adj* winding [uain'diŋ]
tortura *f* torture [tɔr'chər], rack [ræk]; torsion [tɔr'shən]
torturar *v* to torture [tu tɔr'chər]
torvo *adj* grim [grim], "cross" [krɔs]
tos *f* cough [kɔf]; — **ferina** whooping cough [ju'piŋ kɔf]
tosco *adj* rough [rʌf], coarse [kɔrs]
toser *v* to cough [tu kɔf]
tostada *f* toast [tost]
tostador *m* toaster [to'stər]
tostar *v* to roast [tu rost], toast [tost]
tostón *m* toast (with butter or oil) [tost, uith bʌ'tər ɔr ɔil]; (*Méx*) coin [kɔin]
total *adj, m* total [to'təl]; *adv* **—mente** totally [to'təli]
totalitario *adj* totalitarian [totælitæ'riən]
traba *f* obstacle [ab'stəkəl]; tie [tai]; brace [breis]; fastener [fæs'nər]
trabajador *adj* industrious [indʌ'striəs]; *m* worker [uer'kər]
trabajar *v* to work [tu uərk]
trabajo *m* work [uerk]; task [tæsk]
trabar *v* to unite [tu iunai't]; to join [tu dchɔ'in]; **—se** (*Am*) to stutter [tu stʌ'tər]; to be confused [tu bii kənfiuzd']
tracción *f* traction [træk'shən]
tractor *m* tractor [træ'ktər]
tradición *f* tradition [trədi'shən]
tradicional *adj* traditional [trədi'shənəl]
traducción *f* translation [trænslei'shən]
traductor *m* translator [trænslei'tər]
traer *v* to carry [tu kæ'ri], bring [briŋ]; — **a mal** — to maltreat [tu mæltriit']
trafagar *v* to trade [tu treid]; to roam [tu rom]; to bustle [tu bʌ'səl]
tráfago *m* trade [treid]; bustle [bʌ'səl]
traficante *m* trader [trei'dər]
traficar *v* to traffic [tu træ'fik], trade [treid]
tráfico *m* traffic [træ'fik]; business [bi'znəs]; trade [treid]
tragador *m* gobbler [ga'blər]
tragaluz *f* skylight [skai'lait]
tragar *v* to swallow [tu sua'lo], gulp [gʌlp]; **tragársela** to swallow (an insult) [..., ən insʌlt']
tragedia *f* tragedy [træ'dchədi]
trágico *adj* tragic [træ'dchik]
trago *m* swallow [sua'lo]; **echar un —** to take a drink [tu teik ə driŋk]
traición *f* treason [trii'zən]; **a —** treacherously [tre'chərəsli]
traicionar *v* to betray [tu bitrei']
traicionero *adj* treacherous [tre'chərəs]
traído *adj* used [iuzd], old [old]
traidor *adj* treacherous [tre'chərəs]; *m* traitor [trei'tər]
traílla *f* leash [liish]
traje *m* dress [dres]; suit [sut]; **— hecho a mano** hand-made suit [jænd' meid ...]; **— de baño** bathing suit [bei'dhiŋ ...]; **— de etiqueta** formal suit [fɔr'məl ...]; **— de luces** bullfighter's costume [buəl'faitərz ka'stium]
trajeado *adj* dressed [drest]
trajín *m* commotion [kəmo'shən], bustle [bʌ'səl]
trajinar *v* to bustle [tu bʌ'səl]
trama *f* plot [plat], story [stɔ'ri]; cloth weave [klɔth uiiv]
tramar *v* to weave [tu uiiv]; to plot [tu plat]
tramitar *v* to transact [tu trænzækt']
trámite *m* transaction [trænzæ'kshən]; procedure [prosii'diur]
tramo *m* stretch [strech]; flight of stairs [flait ʌv sterz]
trampa *f* trap [træp]; plot [plat]; fraud [frɔd]
trampear *v* to cheat [tu chiit]; to trap [tu træp]
trampolín *m* springboard [spriŋ'bɔrd]
tramposo *adj* deceitful [disiit'fəl]
tranca *f* crossbar [krɔs'bar], club [klʌb]
trance *m* critical time [kri'təkəl taim]; danger [dein'dchər]; **a todo — at any** cost [æt e'ni kɔst]
tranco *m* stride [straid]; step [step]; **en dos —s** in a jiffy [in ə dchi'fi]; at a glance [æt ə glæns]
tranquear *v* to stride along [tu straid əlɔŋ]
tranquera *f* stockade [stakeid']; fence [fens]
tranquilidad *f* tranquility [træŋkui'liti]
tranquilizador *adj* tranquilizing [træŋkuilai'ziŋ]; **píldora —a** tranquilizer (pill) [træŋkuilai'zər, pil]
tranquilizante *m* tranquilizer [træŋkuilai'zər]
tranquilizar *v* to quiet [tu kuai'ət], calm down [kam daun]
tranquilo *adj* tranquil [træŋ'kuil]
transacción *f* transaction [trænzæ'kshən]

transatlántico *adj* transatlantic [trænsætlæn'tik]; *m* transatlantic ship [... ship]
transcendencia *f* consequence [kan'səkuens]
transcender *v* to transcend [tu trænsend']
transcurrir *v* to pass [tu pæs], elapse [ilæps']
transcurso *m* passing [pæ'siŋ]
transeúnte *adj* transient [træn'shənt]; *m* passer-by [pæ'sər-bai]
transferencia *f* transfer [trænsfər']
transferir *v* to transfer [tu trænsfər']
transformación *f* transformation [trænsfɔrmei'shən]
transformar *v* to transform [tu trænsfɔrm']
transfusión *f* transfusion [trænsfiu'zhən]
transgredir *v* to transgress [tu trænsgres']
transgresión *f* transgression [trænsgre'shən]
transgresor *m* transgressor [trænsgre'sər]
transición *f* transition [trænzi'shən]
transigente *adj* compromising [kampromai'ziŋ]
transigir *v* to compromise [tu kam'prəmaiz]
transistor *m* (*Am*) transistor (radio) [trænzi'stər, rei'dio]; **radio portátil (transistor)** transistor radio [trænzi'stər ...]
transitable *adj* passable [pæ'səbəl]
transitar *v* to pass through [tu pæs thru]
tránsito *m* transit [træn'sit]; **de —** in transit [in ...]; traffic [træ'fik]
transitorio *adj* fleeting [flii'tiŋ]; temporary [tem'pərerі]
transmisión *f* transmission [trænsmi'shən]
transmisor *m* transmitter [trænsmi'tər]
transmitir *v* to transmit [tu trænsmit']; to pass on [tu pæs an]
transparencia *f* transparency [trænspe'rənsi]; slide [slaid]
transparente *adj* transparent [trænspe'rənt]
transpirar *v* to transpire [tu trænspair']
transponer *v* to transpose [tu trænspoz'], change to [cheindch tu]
transportación *f* transportation [trænspɔrtei'shən]
transportar *v* to transport [tu trænspɔrt']; **—se** to be in ectasy [tu bii in ekstə'si]; to be overjoyed [tu bii ovərdchɔid']
transporte *m* transport [træn'spɔrt]; fit [fit]; **— de amor** love ecstasy [lʌv ek'stəsi]
transversal *adj* transversal [trænsvər'səl]; sectional [sek'shənəl]; **sección —** cross section [krɔs sek'shən]
transverso *adj* transverse [trænsvərs']
tranvía *m* streetcar [striit'kar]
trapacear *v* to swindle [tu suin'dəl]
trapacería *f* racket [ræ'kit]; swindle [suin'dəl]; fraud [frɔd]
trapacero *adj* cheating [chii'tiŋ]; *m* racketeer [ræketiir']; gangster [gæŋ'stər]
trapacista *m, f* racketeer [ræketiir']; gangster [gæŋ'stər]
trapear *m* (*Am*) to mop [tu map]; (*C Am*) to beat up [tu biit ʌp]; to give a beating [tu guiv ə bii'tiŋ]
trapiche *m* sugar mill [shuə'guər mil]; presser [pre'sər]
trapisonda *f* escapade [e'skəpeid]; brawl [brɔl]; prank [præŋk]
trapo *m* rag [ræguə]; tatter [tæ'tər]; **—s** (*Am*) clothes [kloz]
traposo *adj* (*Am*) ragged [ræ'guəd]
tráquea *f* windpipe [uind'paip]
traquetear *v* to rattle [tu ræ'təl], shake [sheik]; to crack [tu kræk]
traqueteo *m* rattling [ræ'tliŋ], shaking [shei'kiŋ]; cracking noise [kræ'kiŋ nɔiz]
tras *prep* after [æf'tər], behind [bihaind']; **— de** behind [...]; **¡y tras!** and there! [ænd dher]
trasbordar *v* to transfer [tu trænsfər']; to change trains [tu cheindch treinz]
trasbordo *m* transfer [trænsfər']
trascender *v* to transcend [tu trænsend']
trasegar *v* to upset [tu ʌpset]; to cause commotion [tu kɔz kəmo'shən]
trasero *adj* rear [riir], *m* rump [rʌmp]; back [bæk]
trasladar *v* to move [tu muv]; to transfer [tu trænsfər']; translate [trænsleit']; to copy [tu ka'pi]
traslado *m* transfer [trænsfər']; copy [ka'pi]; transcript [træn'skript]
traslucir(se) *v* to be translucent [tu bii trænslu'sənt]; to make clear [tu meik kliir]; to be clear [tu bii ...]
trasnochar *v* to sit up all night [tu sit ʌp ɔl nait]; to spend the night out [tu spend dhə nait aut]
traspalar *v* to shovel [tu shʌ'vəl]; to dig [tu diguə]

traspapelar *v* to mislay [tu mislei']; to lose [tu luz]; **—se** to become mislaid [tu bikʌm' misleid']
traspasar *v* to pass over [tu pæs o'vər]; to go beyond [tu go biyand']
traspaso *m* transfer [trænsfər'], trespass [tres'pæs]
traspié *m* stumble [stʌm'bəl], trip [trip]; **dar un —** to stumble [tu stʌm'bəl], fall over [fɔl o'vər]
trasplantar *v* to transplant [tu træns-plænt']
trasquilar *v* to shear off [tu shiir ɔf]; to trim [tu trim]
traste *m* fretting sound [fre'tiŋ saund]
trasto *m* utensil [iuten'səl]; junk [dchʌŋk]; trash [træsh]
trastornar *v* to overturn [tu ovərtərn'], upset [ʌpset']
trastorno *m* upset [ʌpset']; overthrow [o'vər-thro]
trastrocar *v* to invert [tu invərt']; to change [tu cheindch]
trasudar *v* to perspire [tu pərspair']
trasudor *m* slight sweat [slait suet]
tratable *adj* friendly [fren'dli], sociable [so'shəbəl]
tratado *m* treaty [trii'ti], treatise [trii'-tis]
tratamiento *m* treatment [triit'mənt]
tratante *m* trader [trei'dər], dealer [dii'-lər]; handler [jæn'dlər]
tratar *v* to treat [tu triit]; to handle [tu jæn'dəl]; **— con** to have dealings with [tu jæv dii'liŋz uith]; **— de** to try to [tu trai tu]; **—se de: ¿de qué se trata?** what is it all about? [juat iz it ɔl əbaut']; **se trata de** it deals with [it diilz uith]
trato *m* treatment [triit'mənt]; manner [mæ'nər]; deal [diil]; (*Arg*) **— pampa** bad deal [bæd diil]; **tener buen —** to be sociable [tu bii so'shəbəl]
través *m* traverse [trəvers']; crossbeam [krɔs'biim]; misfortune [misfɔr'-chən]; **a — de** across [əkrɔs']; **dar al — con** to ruin [tu ru'in]; wreck [rek]
travesaño *m* crosspiece [krɔs'piis]; (*Cuba*) railway tie [reil'uei tai]
travesía *f* crossing [krɔ'siŋ]; distance [di'stəns]; (*Arg*) wasteland [ueist'-lænd]
travestido *adj* disguised [disguaizd']
travesura *f* mischief [mis'chif]; prank [præŋk]
traviesa *f* railway tie [reil'uei tai]
travieso *adv* mischievous [mis'chivəs]; lively [lai'vli]
trayecto *m* run [rʌn], lap [læp], stretch [stre'ch]; path [pæth]
trayectoria *f* path (of bullet) [pæth, ʌv buələt]; course [kɔrs]
traza *f* plan [plæn]; outline [aut'lain]; **tiene —s de** he seems to [jii siimz tu]
trazado *m* draft [dræft]; drawing [drɔ'-iŋ]; traced [treist]; sketched [skecht]
trazar *v* to trace [tu treis]; to outline [tu aut'lain]; to draw [tu drɔ], design [dizain']
trébol *m* clover [klo'vər]
trecho *m* space [speis]; **de — en —** at certain points [æt sərtən pɔintz]
tregua *f* truce [trus]; rest [rest]; **sin —** without stopping [uithaut' sta'piŋ]
tremendo *adj* tremendous [trəmen'dəs]; terrible [te'ribəl]
trementina *f* turpentine [tər'pentain]
tremolar *v* to flutter [tu flʌ'tər], shimmer [shi'mər]
trémolo *m* (voice) tremolo [vɔis, tre'-molo]
trémulo *adj* tremulous [tre'miuləs], flickering [fli'kəriŋ]
tren *m* train [trein]; (*Cuba*) **— de lavado** laundry [lɔn'dri]; **— de recreo** excursion train [exkər'zhən ...]; **en —** by train [bai ...]
trencilla *f* lace [leis]; braid [breid]
trenza *f* tress [tres], braid [breid]
trenzar *v* to braid [tu breid]; **—se** to braid one's hair [tu breid uanz jer]; (*Am*) to fight hand to hand [tu fait jænd tu jænd]
trepador *adj* climbing [klai'miŋ]
trepar *v* to climb [tu klaim]; to ascend [tu əsend']; to crawl [tu krɔl]
trepidación *f* trembling [trem'bliŋ]; vibration [vaibrei'shən]
trepidar *v* to tremble [tu trem'bəl]; to vibrate [tu vai'breit]
treta *f* trick [trik]; **malas —s** bad tricks [bæd triks]; feint [feint]
triángulo *m* triangle [trai'æŋguəl]
tribu *f* tribe [traib]
tribulación *f* tribulation [tribiulei'shən]
tribuna *f* rostrum [ra'strəm]
tribunal *m* tribunal [traibiu'nəl], court [kɔrt]
tributar *v* to pay tribute [tu pei tri'biut], homage [ja'mədch]
tributario *adj, m* tributary [tri'biuteri]
tributo *m* tribute [tri'biut], homage [ja'mədch]; contribution [kantribiu'-shən]; tax [tæx]

tridente *m* trident [trai'dənt]
trifolio *m* shamrock [shæm'rak]
trifulca *f* fight [fait], quarrel [kua'rəl]
trigo *m* wheat [juiit]
trigonometría *f* trigonometry [triguəna'mətri]
trigueño *adj* brunette [brunet']
trillado *adj* beaten [bii'tən]; trite [trait]
trillador *adj* threshing [thre'shiŋ]; **máquina —a** threshing machine [... məshiin']
trilladura *f* threshing [thre'shiŋ]
trillar *v* to thresh [tu thresh]; to beat [tu biit]; (*Am*) to make a path [tu meik ə pæth]
trimestre *m* trimester [traime'stər]; quarter (period) [kuɔr'tər, pi'riiəd]
trinar *v* to trill [tu tril], warble [uar'bəl]
trinchante *m* carving fork [kar'viŋ fɔrk]
trinchar *v* to carve [tu karv]
trinche *m* (*Am*) fork [fɔrk]
trinchera *f* trench [trench]; (*Am*) stockade [stakeid']
trinchero *m* carving table [kar'viŋ tei'bəl]
trineo *m* sleigh [slei], sled [sled]
trinidad *f* trinity [tri'niti]; **la Santa T—** the Holy Trinity [dhə jo'li ...]
trino *m* trill [tril], strong feeling [strɔŋ fii'liŋ]
tripa *f* intestine [inte'stin], **—s** entrails [en'treilz]; tripe [traip]
triple *adj, m* triple [tri'pəl]
triplicar *v* to triplicate [tu tri'plikeit]
trípode *m, f* tripod [trai'pad]
tripular *v* to man a ship [tu mæn ə ship]
trique *m* crack [kræk]; (*Méx*) utensil [iuten'səl]
tris *m* instant [in'stənt]; **en un —** in a flash [in ə flæsh]
triscar *v* to romp [tu ramp]; (*col*) to tease [tu tiiz]
triste *adj* sad [sæd]; **estar —** to be sad [tu bii ...]
tristeza *f* sadness [sæd'nəs]
tristón *adj* wistful [uist'fəl], somewhat sad [sʌm'juat sæd]
triturar *v* to grind [tu graind]
triunfal *adj* triumphal [traiʌm'fəl]
triunfar *v* to triumph [tu trai'əmf]
triunfo *m* triumph [trai'əmf]
trivial *adj* trivial [tri'viiəl]
trivialidad *f* trifle [trai'fəl]
triza *f* shred [shred]; piece [piis]; cord [kɔrd], rope [rop]; **hacer —s** to tear into shreds [tu ter in'tu shredz]
trocar *v* to change [tu cheindch], barter [bar'tər]; **—se** to exchange [tu exchein'dch]
trocha *f* path [pæth]; (*Am*) gauge [gei'dch]
trofeo *m* trophy [tro'fi]
trole *m* trolley [tra'li]
tromba *f* waterspout [uɔ'tər-spaut]
trombón *m* trombone [trambon']
trompa *f* trumpet [trʌm'pət]; (*Am*) snout [snaut]
trompada *f* blow [blo]; cuff [kʌf]
trompeta *f* trumpet [trʌm'pət]; horn [jɔrn]; *m* trumpeter [trʌm'pətər]; (*Méx*) drunk [drʌnk]; bold person [bold pər'sən]
trompetear *v* to play the trumpet [tu plei dhə trʌm'pət]
trompetero *m* trumpeter [trʌm'pətər]
trompo *m* spinning top [spi'niŋ tap]; stupid person [stiu'pid pər'sən]
tronada *f* thunderstorm [thʌn'dərstɔrm]
tronar *v* to thunder [tu thʌn'dər]
tronco *m* tree trunk [trii trʌnk]; log [laguə]; team (of horses) [tiim, ʌv jɔr'səz]
tronchar *v* to bend [tu bend], break [breik]; **—se** to break off [tu breik ɔf]
troncho *m* stalk [stɔk], sprig [spriguə]
tronera *m* madcap [mæd'kæp]; *f* opening [o'peniŋ]; narrow window [næ'ro uin'do]
tronido *m* thunderclap [thʌn'dərklæp]; **— nuclear** nuclear blast [nu'kliər blæst]
trono *m* throne [thron]
tropa *f* troop [trup]; crowd [kraud]; (*Am*) cattle [kæ'təl]; **—s de asalto** storm troops [stɔrm ...s]
tropel *m* throng [thrɔŋ]; noise [nɔiz]; rush [rʌsh]
tropezar *v* to stumble [tu stʌm'bəl]; blunder [blʌn'dər]; **— con** to come across [tu kʌm əkrɔs'], bump against [bʌmp əguenst']
tropezón *m* stumbling [stʌm'bliŋ]; **a —es** falteringly [fɔl'təriŋli]; **dar un —** to stumble [tu stʌm'bəl]
tropical *adj* tropical [tra'pikəl]
trópico *m* tropic [tra'pik]
tropiezo *m* stumble [stʌm'bəl]; mistake [misteik]; dispute [dispiut']
tropilla *f* small troop [smɔl trup]
tropillero *m* (*Am*) horse wrangler [jɔrs ræŋ'glər]
trotador *adj* trotting [tra'tiŋ]; *m* trotter [tra'tər]

trotar *v* to trot [tu trat]; to hurry [tu jʌ'ri], hasten [jei'sən]
trote *m* trot [trat]; **al —** quickly [kui'kli]
trovador *m* troubadour [tru'bədɔr], minstrel [min'strəl]
trovar *v* to write verses [tu rait vər'sez]
troza *f* log [laguə]
trozar *v* to cut off [tu kʌt ɔf]
trozo *m* piece [piis]; **—s escogidos** chosen selections [cho'zən silek'shənz]
truco *m* trick [trik]; blow [blo]; (*Am*) game [gueim]
truculento *adj* cruel [kru'əl]
trucha *f* trout [traut]
trueco *m* exchange [excheindch'], money change [mʌ'ni cheindch]
trueno *m* thunder [thʌn'dər]; clap [klæp]; explosion [explo'zhən]; (*col*) **—s** firecrackers [fair'kræ'kərz]
trueque *m* exchange [excheindch'], barter [bar'tər]
truhán *m* scoundrel [skaun'drəl]; clown [klaun]
tu *adj pos* thine [dhain] (*arcaico*); your [iɔr]
tú *pron* thou [dhau] (*arcaico*); you [iu]
tuba *f* bass horn [beis jɔrn]
tuberculosis *f* tuberculosis [tubərkiulo'sis]
tuberculoso *adj* tuberculous [tubər'kiuləs]
tubería *f* tubing [tu'biŋ]
tubo *m* tube [tub]; **— de ensayo** test tube [test ...]
tuerca *f* screw [skru]
tuerto *adj* one-eyed [uʌn-aid]; *m* wrong [rɔŋ]; **a — o a derecho** by right or by might [bai rait ɔr bai mait]
tuétano *m* marrow [mæ'ro]; **mojado hasta los —s** soaked through [so'kt thru]
tufo *m* vapor [vei'pər]; smell [smel]
tulipán *m* tulip [tu'lip]
tullido *v* crippled [kri'pəld]
tullirse *v* to be crippled [tu bii kri'pəld]
tumba *f* tomb [tum]
tumbar *v* to knock down [tu nak daun]; (*Am*) to fell timber [tu fel tim'bər]
tumbo *m* tumble [tʌm'bəl]; **dar —s** to jump [tu dchʌ'mp]
tumor *m* tumor [tu'mər]
tumulto *m* tumult [tu'mʌlt]; uproar [ʌp-rɔr]; mob [mab]
tumultuoso *adj* tumultuous [tumʌl'chuəs]
tuna *f* prickly pear [pri'kli per]
tunante *adj* perverse [pərvərs']; sly [slai]; *m, f* rascal [ræ'skəl]; (*Am*) libertine [libərtiin']
tunda *f* whipping [jui'piŋ]; shearing [shii'riŋ]
tundir *v* to lash [tu læ'sh], flog [flaguə]; to shear [tu shiir]
túnel *m* tunnel [tʌ'nəl]
túnica *f* tunic [tu'nik]
tuno *m* truant [tru'ənt]
tupido *adj* dense [den's]; compact [kəmpæk't]; closed in [klozd in]
tupir *v* to pack closely [tu pæk klo'sli]; **—se** to be stuffed [tu bii stʌ'ft]
turba *f* throng [thrɔŋ], multitude [mʌl'titiud], crowd [kraud]
turbación *f* disturbance [distər'bəns]; worry [uə'ri]
turbamulta *f* throng [thrɔŋ]
turbar *v* to perturb [tu pərtərb'], worry [uə'ri]; **—se** to be disturbed [tu bii distər'bd]
turbio *adj* muddy [mʌ'di]; not clear [nat kliir]; confused [kənfiusd']
turbulento *adj* turbulent [tər'biulənt]; stormy [stɔr'mi]
turco *adj* Turkish [tər'kish]; *m* Turk [tərk]
turismo *m* tourist travel [tu'rist træ'vəl]; touring [tu'riŋ]; **agente de —** travel agent [... ei'dchənt]; **oficina de —** travel bureau [... biu'ro]; **autobús de —** tourist bus [... bʌs]; **coche de —** tourist car [... kar]
turista *m, f* tourist [tu'rist]; **guía de —s** tourist guide [... gaid]; **tarjeta para —s** tourist card [... kard]
turno *m* turn [tərn]
turquesa *f* turquoise [tər'kɔiz]
turrar *v* to roast [tu rost]
turrón *m* nougat candy [nu'guət kæn'di]
turumbón *m* mental confusion [men'təl kənfiu'zhən]; dizziness [di'zinəs]
tusa *f* (*Am*) corn [kɔrn], husk [jʌsk]
tusar *v* (*Am*) to shear [tu shiir], cut hair [kʌt jer]
tutear *v* to use *tú* [tu iuz tu]; to call by the first name [tu kɔl bai dhə fərst neim]
tutela *f* guardianship [gar'diənship]; guidance [gai'dəns]
tutelar *adj* guiding [gai'diŋ]; *v* to guide [tu gaid], watch over [uach o'vər]
tutor *m* tutor [tiu'tər]
tuyo *adj* your [iɔr]; *pron* yours [iɔrz]; **los —s** your people (relatives) [iɔr pii'pəl, re'lətivz]

U

u *conj* or [ɔr]
ubicación *f* location [lokei'shən]
ubicar *v* to locate [tu lo'keit]; **—se** to be located [tu bii lo'keitəd]
ubre *f* udder [ʌ'dər]; teat [tit]
ufanarse *v* to be proud [tu bii praud ʌv]; to boast [tu bost]
ufanía *f* haughtiness [jɔ'tinəs]
ufano *adj* proud [praud]; arrogant [æ'rə-guənt]; gay [guei]
ujier *m* usher [ʌ'shər], doorman [dɔr'-mən]
úlcera *f* ulcer [ʌl'sər], sore [sɔr]
ulterior *adj* ulterior [ʌlti'riər]; further [fər'thər]
últimamente *adv* lastly [læ'stli]
ultimar *v* to put an end to [tu puət ən end tu]; (*Am*) to kill [tu kil]
ultimátum *m* ultimatum [ʌl'timei'təm]
último *adj* last [læst]; latest [lei'təst]; **estar en las últimas** to be on one's last legs [tu bii an uanz læst legz]
ultrajar *v* to outrage [tu aut'reidch]; insult [insʌlt']
ultraje *m* outrage [aut'reidch]; insult [insʌlt']
ultramar *m* overseas [o'vər'siiz]; **de —** (from) overseas [frʌm, ...]
úlula *f* owl [aul]
ulular *v* to howl [tu jaul]; to shriek [tu shriik]
umbral *m* threshold [thresh'jold]
umbrío *adj* shady [shei'di]
umbroso *adj* shady [shei'di]
un(o) *art* a [ə, ei], an [ən, æn], **unos libros** some books [sʌm buəks]; **unos cuantos** a few [ə fiu]; *pron* one [uʌn]
unánime *adj* unanimous [iunæ'niməs]
unanimidad *f* unanimity [iunəni'miti]
unción *f* unction [ʌnk'shən]; (*ecles*) Grace [greis]; **Extremaunción** Extreme Unction [extriim' ...]
uncir *v* to yoke [tu iok]
ungir *v* to anoint [tu ənɔint']; to consecrate [tu kan'səkreit]
ungüento *m* ointment [ɔint'mənt]; salve [sæv]
único *adj* only [on'li]; unique [iuniik']
unidad *f* unity [iu'niti]; unit [iu'nit]
unificar *v* to unify [tu iu'nifai], unite [iunait']
uniformar *v* to make uniform [tu meik iu'nifɔrm]
uniforme *adj, m* uniform [iu'nifɔrm]
uniformidad *f* uniformity [iunifɔr'miti]
unilateral *adj* unilateral [iunilæ'tərəl]
unión *f* union [iu'niən]; fusion [fiu'-zhən]
unir *v* to unite [tu iunait']; **—se** to come together [tu kʌm tugue'dhər]
unísono *adj* unison [iu'nizən]
universal *adj* universal [iunivər'səl]
universidad *f* university [iunivər'siti]
universo *m* universe [iu'nivərs]
untar *v* to anoint [tu ənɔint']; to bribe [tu braib]
unto *m* animal fat [æ'niməl fæt]
untuoso *adj* greasy [grii'si], oily [ɔi'li]
uña *f* fingernail [fiŋ'guərneil]; toenail [to'neil]; claw [klɔ]; **son — y carne** they are very close friends [dhei ar ve'ri klos frenz]; **ser largo de —s** to steal [tu stiil]
uranio *m* uranium [iurei'niəm]
urbanidad *f* courtesy [kər'tisi]; refinement [rifain'mənt]
urbano *adj* urban [ər'bən]; polite [pə-lait']
urbe *f* metropolis [mətra'pəlis]
urdimbre *f* warp [uɔrp], thread [thred]; scheme [skiim]
urdir *v* to warp [tu uɔrp], weave [uiiv]; to plot [tu plat], contrive [kəntraiv']
urgencia *f* urgency [ər'dchənsi]
urgente *adj* urgent [ər'dchənt]; *adv* **—mente** urgently [...li]
urgir *v* to urge [tu ərdch]; to be urgent [tu bii ər'dchənt]
urinario *adj* urinary [iu'rineri]
urna *f* urn [ərn]; **— electoral** ballot box [bæ'lət bax]
urraca *f* magpie [mæguə'pai]
usanza *f* usage [iu'sədch], custom [kʌ'-stəm]; style [stail]
usado *adj* used [iuzd]

usar *v* to use [tu iuz]; to wear [tu uer]; **—se** to be in use [tu bii in ius]; **se usa así ahora** that is the style now [dhæt iz dhə stail nau]
uso *m* use [ius]; usage [iu'sədch]; **estar en buen —** to be in good condition [tu bii in guəd kəndi'shən]
usted *pron* you [iu]
usual *adj* usual [iu'zhuəl], common [ka'-mən]; ordinary [ɔr'dinəri]
usufructo *m* profit [pra'fit]; enjoyment [endchɔi'mənt]
usufructuar *v* to enjoy using [tu endchɔi'iu'ziŋ]; to make use of [tu meik ius ʌv]
usura *f* usury [iu'zhuəri]
usurero *m* usurer [iu'zhuərər]
usurpar *v* to usurp [tu iusərp']
utensilio *m* utensil [iuten'səl]
útero *m* uterus [iu'tərəs]; womb [uum]
útil *adj* useful [ius'fəl] profitable [pra'-fitəbəl]; **—es** tools [tulz]
utilidad *f* utility [iuti'liti]; profit [pra'-fit]
utilizar *v* to utilize [tu iu'tilaiz]; to make use of [tu meik ius ʌv]
uva *f* grape [greip]; **— pasa** raisin [rei'-zin]; **estar hecho una uva** to be very drunk [tu bii ve'ri drʌnk]

V

vaca *f* cow [kau]; **carne de —** beef [biif]; (*Perú*) **hacer —** play hooky [plei juə'ki]
vacación (vacaciones) *f* (*pl*) vacation [veikei'shən]
vacancia *f* vacancy [vei'kənsi]
vacante *adj* vacant [vei'kənt], unfilled [ʌnfild'], empty [em'pti]
vaciar *v* to empty [tu em'pti]; drain [drein]; hollow out [ja'lo aut]
vaciedad *f* emptiness [em'ptinəs]; nonsense [nan'sens], stupidity [stiupi'diti]
vacilación *f* hesitation [jezitei'shən]; wavering [uei'vəriŋ]
vacilante *adj* vacillating [væ'sileitiŋ]
vacilar *v* to vacillate [tu væ'sileit]
vacío *adj* empty [em'pti], vacant [vei'kənt]; *m* void [vɔid]; vacuum [væ'kiuəm]; gap [gæp]; blank space [blæŋk speis]
vacuna *f* vaccine [væksiin']
vacunación *f* vaccination [væksinei'shən]; **certificado de —** vaccination card [... kard]
vacunar *v* to vaccinate [tu væk'sineit]
vadear *v* to ford [tu fɔrd]; wade [ueid]
vado *m* ford [fɔrd]; **no hallar —** to find no way out [tu faind no uei aut]
vagabundear *v* to rove around [tu rov əraund'], wander [uan'dər]
vagabundo *adj* vagabond [væ'guəband]; *m* vagabond [...]; tramp [træmp]; hobo [jo'bo]
vagar *m* leisure [lii'zhər]; *v* to wander [tu uan'dər]; loiter [lɔi'tər]
vago *adj* vague [veiguə]; idle [ai'dəl]; vagrant [vei'grənt]
vagón *m* railway car [reil'uei kar]; *f* small railway car [smɔl ...]
vagonada *f* carload [kar'lod]
vahído *m* dizziness [di'zinəs]
vaho *m* vapor [vei'pər]; odor [o'dər]
vaina *f* sheath [shiith]; case [keis]
vainilla *f* vanilla [vəni'lə]
vaivén *m* undulation [ʌndiulei'shən]; fluctuation [flʌkchiuei'shən]; coming and going [kʌ'miŋ ænd gɔiŋ], traffic [træ'fik]
vajilla *f* tableware [tei'bəl-uer]; set of dishes [set ʌv di'shez]; **— de plata** silverware [sil'vər-uer]
vale *m* bond [band]; I.O.U. note [ai o iu not]; *m, f* (*Méx*) comrade [kam'ræd]
valedero *adj* valid [væ'lid]; binding [bain'diŋ]; good for [guəd fɔr]
valedor *m* defender [difen'dər]; (*Méx*) pal [pæl], chum [chʌm]
valentía *f* valor [væ'lər], courage [kər'edch]; boast [bost]
valentón *m* bully [buə'li]; braggart [bræ'guərt]
valer *v* to be of value [tu bii ʌv væ'liu]; to cost [tu kɔst]; to be worth [tu bii uərth]; **¿cuánto vale?** how much? [jau mʌch]; **más vale** it is better [it iz be'tər]; **no vale la pena** it is not worth the trouble [it iz nat uərth dhə trʌ'bəl]; **¡válgame Dios!** good heavens! [guəd je'vənz]; **—se de** to avail oneself of [tu əveil' uanself' ʌv]
valeroso *adj* valiant [væ'liənt]
valía *f* worth [uərth]; party [par'ti]; influence [in'fluəns]; favor [fei'vər]
validación *f* validity [vəli'diti]
validar *v* to make valid [tu meik væ'lid]
validez *f* validity [vəli'diti]; stability [stəbil'iti]
válido *adj* valid [væ'lid]
valiente *adj* valiant [væl'iənt], brave [breiv]; *m* brave man [breiv mæn]; bully [buə'li]
valija *f* valise [vəliis']; mailbag [meil'bæguə]
valijero *m* mailman [meil'mən]
valimiento *m* favor [fei'vər]; **gozar de —** to enjoy the protection of [tu endchɔi dhə protek'shən ʌv]
valioso *adj* valuable [væ'liuəbəl]; worthy [uər'dhi]
valor *m* value [væ'liu]; worth [uərth]; courage [kər'edch]; **—es** stocks [staks]
valoración *f* valuation [væliuei'shən]
valorar *v* to appraise [tu əpreiz']; to value [tu væ'liu]
valorizar *v* (*Am*) to value [tu væ'liu]; (*Am*) to realize [tu ri'əlaiz]
vals *m* waltz [uɔltz]

valsar *v* to waltz [tu uɔltz]
valuación *f* valuation [væliuei'shən]
valuar *v* to value [tu væl'iu], rate [reit]
válvula *f* valve [vælv]; **— de seguridad** safety valve [sei'fti ...]
valla *f* stockade [stakeid']; barrier [bæ'riər]; (*Am*) cockpit [kak'pit]
vallado *m* stockade [stakeid']; fence [fens]
valle *m* valley [væ'li], dale [deil]
vampiro *m* vampire [væm'pair]
vanagloria *f* vainglory [vein'glɔri]
vanagloriar(se) *v* to glory [tu glɔ'ri]; to boast (of) [tu bost, ʌv]
vanaglorioso *adj* conceited [kənsii'təd], boastful [bost'fəl]
vanguardia *f* vanguard [væn'gard]
vanidad *f* vanity [væ'niti], conceit [kənsiit']
vanidoso *adj* vain [vein]
vano *adj* vain [vein]; empty [emp'ti]; **en —** in vain [in ...]
vapor *m* vapor [vei'pər], steam [stiim]; steamer [stii'mər], ship [ship]
vaporizador *m* vaporizer [veipərai'zər]
vaporoso *adj* vaporous [vei'pərəs]
vapulear *f* to beat [tu biit], whip [juip]
vapuleo *m* beating [bii'tiŋ], whipping [jui'piŋ]
vaquería *f* herd of cows [jərd ʌv kauz]; dairy [de'ri]
vaquerizo *adj* pertaining to cows [pertei'niŋ tu kauz]; *m* herdsman [jərds'mən]
vaquero *m* cowboy [kau'bɔi]
vaqueta *f* sole leather [sol le'dhər]
vara *f* twig [tuiguə]; wand [uand]
varadero *m* shipyard [ship'iard]
varadura *f* launching [lɔn'chiŋ]
varar *v* to launch a ship [tu lɔnch ə ship]; to be grounded [tu bii graun'dəd]
varear *v* to beat [tu biit], lash [læsh]
varga *f* steep slope or hill [stiip slop ɔr jil]
variable *adj* variable [væ'riəbəl]; *f* variable [...]
variación *f* variation [væriei'shən]
variado *adj* varied [væ'riid]; variegated [væ'riəgueitəd]
variante *f* difference [di'frəns]
variar *v* to vary [tu ve'ri], change [cheindch]
varicela *f* chicken pox [chi'kən pax]
variedad *f* variety [vərai'iti]; variation [væriei'shən]; **—es** stage show [steidch sho]; short subjects [shɔrt sʌb'dchektz]
varilla *f* small rod [smɔl rad]; wand [uand]; fan rib [fæn rib]
varillero *m* (*Méx*) peddler [pe'dlər]
vario *adj* various [ve'riiəs]; different [dif.'ərənt]; **—s** several [se'vərəl], some [sʌm]
varón *m* male [meil], man [mæn]
varona *f* woman [uu'mən]; mannish woman [mæn'ish uu'mən]
varonil *adj* manly [mæn'li], strong [strɔŋ]
vasallaje *m* vassalage [væ'sələdch]
vasallo *adj, m* vassal [væ'səl]
vasco *adj, m* basque [bæsk]
vaselina *f* vaseline [væ'səliin]
vasija *f* container [kəntei'nər]
vaso *m* drinking glass [driŋ'kiŋ glæs]; vase [veiz]; jar [dchar] **déme un — de agua** give me a glass of water [guiv mii ə ... ʌv uɔ'tər]
vástago *m* shoot [shut]; twig [tuiguə]
vasto *adj* vast [væst], huge [jiudch]
vate *m* bard [bard], poet [po'ət]
vaticinar *v* to prophesy [tu pra'fəsai]
vaticinio *m* prophecy [pra'fəsi]
vecindad *f* vicinity [visi'niti]; **casa de —** tenement house [te'nəmənt jaus]
vecindario *m* neighborhood [nei'bərjuəd], vicinity [visi'niti]
vecino *m* neighbor [nei'bər]; neighboring [nei'bəriŋ]; **los buenos —s** the good neighbors [dhə guəd ...z]; **la doctrina de los buenos —s** the good neighbor policy [dhə guəd ... pa'lisi]
vedar *v* to prohibit [tu proji'bit]; to impede [tu impiid']
vega *f* plain [plein], fertile land [fer'til lænd]; (*Cuba*) tobacco plantation [təbæ'ko plæntei'shən]
vegetación *f* vegetation [vedchətei'shən]
vegetal *adj* vegetable [ve'dchtəbəl]; *m* vegetable [...]
vehemente *adj* vehement [vi'əmənt]
vehículo *f* vehicle [vi'jikəl]
veintena *f* score [skɔr]; **una —** about twenty [əbaut' tuen'ti]
vejar *v* to humiliate [tu jiumi'lieit]
vejete *m* little old man [li'təl old mæn]
vejez *f* old age [old eidch]
vejiga *f* bladder [blæ'dər]; blister [bli'stər]; **— de la bilis** gall bladder [gɔl ...]
vela *f* vigil [vi'dchil]; sail [seil]; night watch [nait uatch]; **en —** on watch [an ...]
velada *f* watch [uach]; soirée [suarei']; evening party [ii'vniŋ par'ti]

velador *m* night watchman [nait uatch'-mən]; lamp table [læmp tei'bəl]
velamen *m* set of sails [set ʌv seilz]
velar *v* to keep vigil [tu kiip vi'dchil]; to be awake (at night) [tu bii əueik, æt nait]
velatorio *m* wake [ueik]
veleidoso *adj* inconstant [inkan'stənt], fickle [fi'kəl]
velero *m* sailboat [seil'bot]
veleta *f* weathervane [ue'dhərvein]; *m, f* fickle person [fi'kəl pər'sən]
velís *m* (*Méx*) valise [vəliis']
velo *m* veil [veil]; curtain [kər'tən]
velocidad *f* velocity [vəla'siti], speed [spiid]; **a toda —** at full speed [æt fuəl ...]; **— máxima** speed limit [... li'-mit]; **— reducida** reduced speed limit [ridiust' ...]
velocímetro *m* speedometer [spiida'-mətər]; speed gauge [spiid gueidch]
velón *m* oil lamp [ɔil læmp]
velorio *m* (*Am*) wake [ueik]
veloz *adj* swift [suift], quick [kuik]; *adv* **—mente** swiftly [...li]
vello *m* hair (on the body) [jer, an dhə ba'di]; fuzz [fʌz]; down [daun]
vellocino *m* wool [uul]; **el — de oro** the golden fleece [dhə gol'dən fliis]
vellón *m* fleece [fliis]; wool [uul]
velloso *adj* hairy [je'ri]; downy [dau'ni]
velludo *adj* fuzzy [fʌ'zi], woolly [uu'li]
vena *f* vein [vein]; **estar en —** to be in the mood [tu bii in dhə mud]; **está de —** he is at his best [jii iz æt jiz best]
venal *adj* venal [vi'nəl], mercenary [mər'səneri]
venado *m* deer [diir]; venison [ve'nisən]
vencedor *adj* winning [ui'niŋ]; *m* conqueror [kan'kərər]
vencer *v* to win [tu uin], vanquish [væŋ'-kuish]; **—se** to control oneself [tu kəntrol' uanself'], refrain [rifrein']
vencido *adj* won [uan], conquered [kaŋ'-kərd]; **darse por —** to give up [tu guiv ʌp]
vencimiento *m* conquering [kaŋ'kəriŋ]; deadline (of a debt) [ded'lain, ʌv ə det], expiration [expirei'shən]
venda *f* bandage [bæn'dədch]
vendar *v* to bandage [tu bæn'dədch], blindfold [blaind'fɔld]
vendedor *m* vendor [vən'dər], seller [sə'lər]
vender *v* to sell [tu səl]
vendimia *f* vintage [vin'tədch]; profit [pra'fit]; grape harvest [greip jar'-vəst]
vendimiar *v* to harvest grapes [tu jar'-vəst greipz]
venduta *f* (*Am*) auction [ɔk'shən]; (*Cuba*) fruit stand [frut stænd]
veneno *m* poison [pɔi'zən]
venenoso *adj* poisonous [pɔi'zənəs]
venerable *adj* venerable [ve'nərəbəl]
veneración *f* veneration [venərei'shən], worship [uər'ship]
venerar *v* to venerate [tu ve'nəreit], worship [uər'ship]
venero *m* water spring [uɔ'tər spriŋ], source [sɔrs]
vengador *adj* avenging [əven'dchiŋ]; *m* avenger [əven'dchər]
venganza *f* vengeance [ven'dchəns]
vengar *v* to avenge [tu əvendch']; **—se** to avenge oneself [tu ... uanself']
vengativo *adj* vindictive [vəndi'ktiv]
venia *f* pardon [par'dən]; license [lai'-səns]; permission [pərmi'shən]; bow [bau]
venida *f* arrival [ərai'vəl]; river flood [ri'vər flʌd]
venidero *adj* coming [kʌ'miŋ]; following [fa'loiŋ]; **en lo —** in the future [in dhə fiu'chər]
venir *v* to come [tu kʌm], arrive [ərai'v]; **— a** + *inf* to come to + *inf* [...]; **— a menos** to weaken [tu uii'kən], decay [dikei']; **— al pelo** to come in the nick of time [tu ... in thə nik ʌv taim]; **¡venga usted!** come in [kʌm in]; **venga mañana** come back tomorrow [kʌm bæk tuma'ro]; **el mes que viene** next month [next mʌnth]
venta *f* sale [seil]; roadside inn [rod'said in]; (*Am*) store [stɔr]; **— pública** auction sale [ɔ'kshən seil]
ventada *f* blast [blæst], gust of wind [gʌst ʌv uind]
ventaja *f* advantage [ədvæn'tədch]; **llevar la —** to have an advantage [tu jæv ən ...]
ventajoso *adj* advantageous [ædvəntei'-dchəs]; beneficial [benəfi'shəl]
ventana *f* window [uin'do]; window shutter [... shʌ'tər]; (*S Am*) clearing [klii'riŋ]; **— de la nariz** nostril [na'-stril]
ventanilla *f* small window [smɔl uin'do]; car (bank, train) window [kar, bæŋk, trein ...]; nostril [na'stril]
ventarrón *m* gale [gueil], blast [blæst];
ventear *v* to scent [tu sent], sniff [snif], nose around [noz ə'raund], blow [blo]; (*Am*) to stay outdoors [tu stei aut'-dorz]

ventero *m* innkeeper [in'kiipər]
ventilación *f* ventilation [ventilei'shən]
ventilador *m* ventilator [ven'tileitər]; fan [fæn]
ventilar *v* to ventilate [tu ven'tileit], air [er], fan [fæn]
ventisca *f* blizzard [bli'zərd]; snowdrift [sno'drift]
ventisquero *m* blizzard [bli'zərd]; glacier [glei'shər]; snowdrift [sno'drift]
ventolera *f* gust of wind [gʌst ʌv uind]; pride [praid]; conceit [kənsiit']
ventoso *adj* windy [uin'di]
ventura *f* happiness [jæp'ines]; fortune [fɔr'chən]; **buena —** good luck [guəd lʌk]; **por —** by chance [bai chæns]
venturero *m* adventurer [ædven'chərər]
venturón *m* stroke of luck [strok ʌv lʌk]
venturoso *adj* fortunate [for'chənət], lucky [lʌ'ki]; happy [jæ'pi]
venusto *adj* graceful [grei'sfəl]
ver *v* to see [tu sii], look [luək]; **—de** to try to [tu trai tu]; **¡a más —!** so long! [so lɔŋ]; **lo vi venir** I saw him come [ai sɔ jim kʌm]; **no — la hora de** to be anxious to [tu bii aŋk'shəs tu]; **no tener nada que — con** to have nothing to do with [tu jæv nʌ'thiŋ tu du uith]; **—se** to be seen [tu bii siin], look at oneself [luk æt uanself']
vera *f* edge [edch], border [bɔr'dər]; **a la — de** near [niir]
veracidad *f* truthfulness [tru'thfəlnəs]
veraneante *m, f* vacationer [veikei'shənər]; tourist [tu'rist]
veranear *v* to spend the summer [tu spend dhə sʌ'mər]
veraneo *m* summering [sʌ'məriŋ]; **ir de —** to vacation [tu veikei'shən]
veraniego *adj* summer [sʌ'mər]
verano *m* summer [sʌ'mər]
veras *f, pl* reality [riæ'liti]; **de —** in truth [in truth]
veraz *adj* truthful [truth'fəl]
verbal *adj* verbal [vər'bəl], oral [orəl]
verbena *f* verbena plant [verbe'nə plænt]; night party [nait par'ti]; festival [fe'stivəl]; feast [fiist]
verbigracia *adv* for instance [for in'stəns]
verbo *m* verb [vərb]
verboso *adj* verbose [vərboz']
verdad *f* truth [truth]; **¿es —?** truly? [tru'li]; **¿—?** is that so? [iz dhæt so]; **de (en) —** in truth [in truth], truly so [tru'li so]
verdadero *adj* real [rii'əl]; true [tru]
verde *adj* green [griin]; **fruta —** unripe fruit [ʌnraip' frut]; *m* green [...]
verdear *v* to grow green [tu gro griin]
verdor *m* verdure [vər'dchər]; greenness [grii'nəs]
verdoso *adj* greenish [grii'nish]
verdugo *m* executioner [exəkiu'shənər]; tyrant [tai'rənt]
verdulera *f* woman vegetable vendor [uu'mən ve'dchətəbəl ven'dər]
verdulería *f* vegetable stand [ve'dchətəbəl stænd]
verdura *f* verdure [vər'dchər] greenness [grii'nəs]; vegetables [ve'dchətəbəlz]
vereda *f* path [pæth]; (*Am*) sidewalk [said'uɔlk]
veredicto *m* verdict [vər'dikt], sentence [sen'təns]
vergonzoso *adj* shameful [sheim'fəl]; shy [shai], bashful [bæsh'fəl]
vergüenza *f* shame [sheim]; **tiene —** (she) is bashful [shii, iz bæsh'fəl]
verídico *adj* true [tru]
verificar *v* to verify [tu ve'rifai], check [chek], confirm [kən'firm]
verja *f* grate [greit]
verosímil *adj* plausible [plɔ'zibəl]
verruga *f* wart [uɔrt], pimple [pim'pəl]; bother [ba'dhər]
versado *adj* versed [vərst], able [ei'bəl]
versar *v* to deal with [tu diil uith]; **—se en** to become versed in [tu biikʌm' vərst in]
versátil *adj* versatile [vər'sətil]
versión *f* version [ver'zhən]; translation [translei'shən]
verso *m* verse [vərs]; **— blanco** blank verse [blæŋk ...]; **— libre (suelto)** free verse [frii ...]
verter *v* to pour [tu pɔr]; to spill [tu spil]; to flow [tu flo]; to translate [tu trænsleit']
vertical *adj* vertical [vər'tikəl]
vértice *m* vertex [vər'tex], top [tap]
vertiente *adj* flowing [flo'iŋ], pouring [pɔ'riŋ]; *f* slope [slop]
vertiginoso *adj* dizzy [di'zi]
vértigo *m* dizziness [di'zinəs], whirl [juirl]
vestíbulo *m* vestibule [ve'stibiul], lobby [la'bi]
vestido *m* clothing [klo'dhiŋ]; dress [dres]
vestidura *f* vestment [vest'mənt]; attire [ətair']
vestigio *m* vestige [ve'stidch], remains [rimeinz'], sign [sain]

vestir *v* to dress [tu dres], clothe [klodh]; adorn [ədɔrn']; to dress up [tu ... ʌp]; get dressed [guet drest]
vestuario *m* wardrobe [uɔrd'rob]; cloakroom [klok'rum]
veterano *adj* experienced [expi'riənst]; *m* (*milit*) veteran [ve'tərən]
veterinario *m* veterinary [ve'tərineri]
veto *m* veto [vii'to]
vetusto *adj* ancient [ein'shənt]
vez *f* turn [tərn]; time [taim]; **a la —** at the same time [æt dhə seim ...]; **a veces** sometimes [sʌm'taimz]; **en — de** instead of [insted ʌv]; **otra —** again [əguen']; **tal —** perhaps [perjæps']; **una —** once [uʌns]
vía *f* way [uei], road [rod], route [rut], railway [reil'uei], railway line [reil'uei lain]; **— aérea** air mail [er meil]; **V— Láctea** Milky Way [mil'ki ...]; **una —** one way [uʌn uei]
viaducto *m* viaduct [vai'ədʌkt]; overpass [o'vərpæs]
viajante *m* traveling salesman [træ'vəliŋ seil'zmən]
viajar *v* to travel [tu træ'vəl]
viaje *m* journey [dchər'ni], voyage [vɔi'ədch]; **— sencillo** one-way trip [uan-uei trip]; **— redondo (de ida y vuelta)** round trip [raund trip]
viajero *m* traveler [træ'vələr]
viandante *m* wayfarer [ueife'rər]; passer-by [pæ'sər-bai]
víbora *f* viper [vai'pər]
vibración *f* vibration [vaibrei'shən]
vibrante *adj* vibrant [vai'brənt]; forceful [fɔrs'fəl]
vibrar *v* to vibrate [tu vai'breit]
vicecónsul *m* vice-consul [vais-kan'səl]
vicepresidente *m* vice-president [vais-pre'zədənt]
viceversa *adj* vice versa [vaisi-vər'sə]
viciar *v* to vitiate [tu vi'shieit]
vicio *m* vice [vais]; bad habit [bæd jæ'bit]
vicioso *adj* vicious [vi'shəs]; bad [bæd], corrupt [kərʌpt']
víctima *f* victim [vi'ktəm]; **—s** casualties [kæ'zhuəltiiz]
victoria *f* victory [vi'ktəri]
victorioso *adj* victorious [viktɔ'riəs]
vid *f* vine [vain]
vida *f* life [laif]
vidriera *f* glass case [glæs keis]; shop window [shap uin'do]
vidrio *m* glass [glæs]
viejo *m* old [old], ancient [ein'shənt]
viento *m* wind [uind]; **hace —** it is windy [it iz uin'di]
vientre *m* belly [be'li]
viernes *m* Friday [frai'dei]; **V— Santo** Good Friday [guəd ...]
viga *f* beam [biim]
vigente *adj* in force [in fɔrs]
vigía *f* lookout post [luəkaut' post]
vigilancia *f* vigilance [vi'dchiləns]; care [ker]
vigilar *v* to watch over [tu uatch o'vər], care [ker]
vigilia *f* watch [uach]; vigil [vi'dchil]
vigor *m* vigor [vi'guər], strength [strəŋ'th]; **en —** in force [in fɔrs]
vigoroso *adj* vigorous [vi'guərəs]
vil *adj* mean [miin], vile [vail], low [lo]
villa *f* village [vi'lədch]; villa [vi'lə]
villancico *m* Christmas carol, poem, song kris'məs kæ'rəl, poəm, sɔŋ]
villanía *f* villainy [vi'ləni]
villano *adj* rustic [rʌ'stik]; *m* villain [vi'lən]
vinagre *m* vinegar [vi'nəguər]
vincular *v* to link [tu liŋk]
vínculo *m* link [liŋk], bond [band]
vindicar *v* to vindicate [tu vin'dəkeit], avenge [əvendch']
vino *m* wine [uain]
viña *f* vineyard [vi'niərd]; grapevine [greip'vain]
violación *f* violation [vaiəlei'shən]
violar *v* to violate [tu vai'əleit]; **— (una mujer)** to ravish [tu ræ'vish], rape [reip]
violencia *f* violence [vai'ələns]
violentar *v* to force through [tu fɔrs thru], break in [breik in]
violento *adj* violent [vai'ələnt]
violeta *f* violet [vai'ələt]
violín *m* violin [vaiəlin'], fiddle [fi'dəl]
violinista *m, f* violinist [vaiəli'nist]
violón *m* bass viol [beis vai'əl]
violonchelo *m* (*Ital*) violoncello [vii-ə-lanche'lo]; cello [che'lo]
virar *v* to tack [tu tæk]; to turn around [tu tərn əraund']
virgin *adj, f* virgin [vər'dchin]; **V— María** Virgin Mary [... me'ri]
viril *adj* virile [vi'rəl], manly [mæn'li]
virtud *f* virtue [vər'chu]
virtuoso *adj* virtuoso [vərchu-uo'so]
viruela *f* smallpox [smɔl'pax]; **—s locas** chicken pox [chi'kən ...]
visa *f* visa [vii'zə]

visar *v* to give a visa [tu guiv ə vii'zə]; to approve [tu əpruv']
viscoso *adj* sticky [sti'ki]
visera *f* visor [vai'zər]; shade [sheid]
visible *adj* visible [vi'zibəl]
visión *f* sight [sait], vision [vi'zhən]; phantom [fæn'təm]
visita *f* visit [vi'zit], visitor [vi'zitər]
visitante *m, f* visitor [vi'zitər]
visitar *v* to visit [tu vi'zit]
víspera *f* evening before [ii'vniŋ bifɔr']; day before [dei ...]; **en —s de** about to [əbaut' tu]
vista *f* sight [sait], view [viu], vista [vi'stə]; seeing [sii'iŋ], vision [vi'zhən], eyesight [ai'sait]; glance [glæns]; **hasta la —** good-bye [guəd-bai']
vistazo *m* glance [glæns]; **dio un —** he glanced [jii ...t]
visto *adj* obvious [ab'viəs]; **— que** considering that [kənsi'dəriŋ dhæt]; **por lo —** apparently [əpæ'rəntli]; **— bueno** O. K. [o'kei], correct [kərekt']
vistoso *adj* beautiful [biu'tifəl]; showy [sho'ui]
vital *adj* vital [vai'təl], essential [isen'shəl]
vitalicio *adj* lifelong [laif'lɔŋ]; *m* life insurance [laif inshu'rəns]; pension [pen'shən]
vitalidad *f* vitality [vaitæ'liti]
vitamina *f* vitamin [vai'təmən]
vitorear *v* to cheer [tu chiir]
vitrina *f* showcase [sho'keis]
vituperio *m* infamy [in'fəmi]; insult [in'sʌlt]
viuda *f* widow [ui'do]
viudo *m* widower [ui'dəuər]
¡viva! *interj* long live! [lɔŋ liv], hail! [jeil]
vivacidad *f* vivacity [vivæ'siti]
vivaracho *adj* vivacious [vivei'shəs]
víveres *m, pl* provisions [provi'zhənz]
viveza *f* liveliness [laiv'linəs], perspicacity [perspikæ'siti]
vívido *adj* vivid [vi'vid]
vividor *m* sponger [spʌnd'cher]
vivienda *f* dwelling house [due'liŋ jaus]
viviente *adj* alive [əlaiv']; living [li'viŋ]
vivir *m* **(pobre) —** (poor) existence, life [puər, exi'stens, laif], living [li'viŋ]; *v* to live [tu liv]; **¿dónde vive usted?** where do you live? [juer du iu ...]; **vivo en ...** I live in ... [ai liv in...]; **¡viva!** long live! [lɔŋ ...]
vivo *adj* living [li'viŋ]; lively [lai'vli]; **al —** natural [næ'chərəl], vividly [vi'vidli]; **en viva voz** by word of mouth [bai uərd ʌv mauth]
vocablo *m* word [uərd]; term [tərm]
vocabulario *m* vocabulary [vokæ'biəleri]
vocación *f* vocation [vokei'shən]
vocal *adj* vocal [vo'kəl], oral [ɔ'rəl]; *f* vowel [vau'əl]; *m* member of a board of directors [mem'bər ʌv ə bɔrd ʌv dərek'tərz]
vocear *v* to shout [tu shaut]; to call out [tu kɔl aut]
vocería *f* shouting [shau'tiŋ]
vocerío *m* shouting [shau'tiŋ]
vocero *m* spokesman [spo'ks-mən]
vociferar *v* to shout [tu shaut]
vodevil *m* vaudeville [vɔ'dəvil]; "show" [sho]
volante *m* steering wheel [stii'riŋ juiil], flier [flai'ər], note [not], memorandum [meməræn'dəm]; ruffle [rʌ'fəl]
volar *v* to fly [tu flai]; *(Am)* to be hot-headed [tu bii jat-je'dəd]; to blow up [tu blo ʌp], explode [explod']
volcán *m* volcano [valkei'no]
volcar *v* to upset [tu ʌpset']
voltaje *m* voltage [vol'tədch]
voltear *v* to whirl [tu juirl]; to turn over [tu tərn ovər]
voluble *adj* fickle [fi'kəl]
volumen *m* volume [va'liuəm]
voluminoso *adj* voluminous [valiu'mənəs]
voluntad *f* will [uil], willingness [ui'liŋnəs]
voluntario *adj* voluntary [va'lənteri]; *m* volunteer [valəntiir']
voluntarioso *adj* willful [uil'fəl]
voluptuoso *adj* sensual [sen'shuəl]
voluta *f* scroll [skrol]; spiral [spai'rəl]
volver *v* to return [tu ritərn']; **— a (hablar)** to (speak) again [tu, spiik, əguen']; **— en sí** to recover one's senses [tu rikʌ'vər uanz sen'səz]; **—se loco** to go crazy [tu go krei'zi]
vomitar *v* to vomit [tu va'mit]
vómito *m* vomiting [va'mitiŋ]
vorágine *f* vortex [vɔr'tex]
voraz *adj* voracious [vɔrei'shəs], greedy [grii'di]
vórtice *m* whirlwind [juirl'uind]
vosotros (—tras) *pron, pl* you [iu]
votación *f* voting [vo'tiŋ]
votante *m, f* voter [vo'tər]
votar *v* to vote [tu vot]

voto *m* vow [vau]; vote [vot]; **— de confianza** vote of confidence [... ʌv kan'fidəns]; **hacer —s** to hope and pray [tu jop ænd prei]

voz *f* voice [vɔis]; rumor [ru'mər]; word [uərd]; entry [en'tri]; **en — alta (baja)** in a loud (low) tone [in ə laud, lo, ton]; **en viva —** by word of mouth [bai ... ʌv mauth]

vuelo *m* flight [flait]; **— sin escala** non-stop flight [nan-stap ...]; **— en jet** jet flight [dchet ...]

vuelta *f* turn [tərn]; circuit [si'rkət]; return [ritərn']; **dar la —** to go around [tu go əraund']; **estar de —** to be back [tu bii bæk]

vuelto *m* (*Am*) change [cheindch]; **aquí está el —** here is your change [jiir iz iɔr cheindch]

vuestro *pron* your [iɔr], yours [iɔrz]

vulgar *adj* vulgar [vʌl'guər], common [ka'mən]

vulgarismo *m* slang [slæŋ]

vulgo *m* populace [pa'piəlis], rabble [ræ'bəl]

W

wat *m* watt [wat]

water closet *m* toilet [toi'lit]

whisky *m* whisky [jui ski]

whist *m* whist [juist]

X

xenia *f* xenia [zii'niə]

xenofobia *f* xenophobia [zinəfo'biə]

xenófobo *adj* xenophobic [zinəfo'bic]; *m* xenophobe [zi'nəfob]

Xerox (=copia) *f* Xerox (copy) [zi'rax, ka'pi]

xilófono *m* xylophone [zai'ləfon]

xilografía *f* xylography [zaila'grəfi]

Y

y *conj* and [ænd]

ya *adv* already [ɔlre'di], presently [pre'zəntli], immediately [imi'diətli], **— no** no longer [no lɔn'guər]; **— que** since [sins]

yacer *v* to lie (down) [tu lai, daun]

yacimiento *m* ore deposit [or dipa'zit]; (river) bed [ri'vər, bed]; **— de uranio** uranium field [iuræ'niəm fiild]

yanqui *adj, m* Yankee [iæn'kii]

yarda *f* yard [iard]

yate *m* yacht [iat]

yedra *f* ivy [ai'vi]

yelmo *m* helmet [jel'mət]

yema *m* egg yolk [eguə iok]

yerba *f* herb [erb]; grass [græs]; **—buena** mint [mint]

yermo *adj, m* desert [de'zərt]

yerno *m* son-in-law [sʌn'-in-lɔ]

yerro *m* mistake [misteik']

yerto *adj* stiff [stif]

yesca *f* tinder [tin'dər]; (*Am*) anger [æŋ'guər], wrath [ræth]

yeso *m* gypsum [dchip'səm]; plaster [plæ'stər]; **— mate** plaster of Paris [... ʌv pæ'ris]

yo *pron* I [ai]; **— mismo** I myself [... mai-self']; **ni — ni él** neither I nor he [nii'dhər ai nɔr jii]

yodo *m* iodine [ai'ədain]

yugo *m* yoke [iok]; tie [tai]; **bajo el —** enslaved [ensleivd']; (*Cuba*) **—s cuff** links [kʌf liŋks]

yunque *m* anvil [æn'vil]

yunta *f* couple [kʌ'pəl]; yoke of oxen [iok ʌv ax'ən]

Z

zacate *m* (*Méx*) hay [jei], grass [græs]
zafado *adj* brazen [brei'zən]
zafar *v* to set free [tu set frii]
zafio *adj* rough [rʌf], rude [rud]
zafir(o) *m* sapphire [sæ'faiər]
zafra *f* sugar crop [shuə'guər krap]
zagal *m* young shepherd [iɔŋ she'pərd], lad [læd]
zagala *f* young shepherdess [iɔŋ she'pərdəs], lass [læs]
zalamería *f* flattery [flæ'təri]
zalamero *adj, m,* flatterer [flæ'tərər]
zambullirse *v* to plunge [tu plʌndch], dip in [dip in]
zambullón *m* quick dive [kuik daiv]
zanahoria *f* carrot [kæ'rət]
zancada *f* long stride, step [lɔŋ straid, step]
zanco *m* stilt [stilt]
zancudo *adj* long-shanked [lɔŋ'shæŋkt]; wading [uei'diŋ]; *m* (*Am*) mosquito [məskii'to]
zángano *m* drone [dron], idler [ai'dlər], sponger [spʌn'dchər]
zanja *f* ditch [dich], trench [trench]
zapallo *m* (*Am*) squash [skuash]
zapapico *m* pickax [pik'æx]
zapatear *v* to tap dance [tu tæp dæns]
zapatería *f* shoestore [shu'stɔr]
zapatero *m* shoemaker [shu'meikər], shoe salesman [shu seilz'mən]
zapatilla *f* pump [pʌmp]; slipper [sli'pər]
zapato *m* shoe [shu]
zar *m* czar [zar]
zarpa *f* claw [klɔ]
zarza *f* blackberry bush [blæk'beri buəsh]
zarzamora *f* blackberry [blæk'beri]
zarzuela *f* operetta [a'pəretə]; musical comedy [miu'zəkəl ka'mədi]
zigzag *m* zigzag [zigue-zæguə]; twist [tuist]
zinc (cinc) *m* zinc [ziŋk]
zócalo *m* footing [fuətiŋ]; (*Méx*) public square [pʌblik skuer]
zodíaco *m* zodiac [zo'diæk]
zona *f* zone [zon], district [dis'trikt]; **— postal** mail zone [meil ...]; zip code [zip kod]; **— templada, tórrida** temperate, torrid zone [tem'pərət, ta'rid ...]
zonzo *adj* stupid [stiu'pid]
zoología *f* zoology [zoa'lədchi]
zoológico *adj* zoological [zoəla'dchikəl]
zopilote *m* (*Am*) buzzard [bʌ'zərd]
zoquete *m* block [blak]; blockhead [blak'jed]; fat person [fæt pər'sən]
zorra *f* fox [fax]; prostitute [pra'stitiut]
zorrillo *m* skunk [skʌnk]
zorro *m* (male) fox [meil, fax]; cunning fellow [kʌ'niŋ fe'lo]
zozobra *f* anxiety [æŋzai'əti], worry [uə'ri]
zozobrar *v* to sink [tu siŋk]; to worry [tu uə'ri]
zumbar *v* to resound [tu rizaund']; to buzz [tu bʌz]; to hit [tu jit]; (*Caribe*) **—se** to skip it [tu skip it], slip out [slip aut]
zumbido *m* humming [jʌ'miŋ], buzzing sound [bʌ'ziŋ saund]; blow [blo]
zumbón *adj* playful [plei'fəl]; *m* jester [dche'stər]
zumo *m* sap [sæp], juice [dchus]; profit [pra'fit]
zurcir *v* to darn [tu darn]; to spread lies [tu spred laiz]
zurdo *adj* left [left], left-handed [left-jæn'dəd]
zuro *m* corncob [kɔrn'kab]
zurrapa *f* dregs [dreguəz]; trash [træsh]
zurrar *v* to beat [tu biit], flog [flague], whip [juip]; to tan leather [tu tæn le'dhər]
zurrón *m* bag [bæguə]; (*Am*) coward [kau'ərd]
zurrona *f* loose woman [lus uu'mən]
zutano *m* (*col*) so-and-so [so-ænd-so]

MONETARY UNITS OF THE AMERICAS AND THE IBERIAN PENINSULA

ARGENTINA	peso
BARBADOS	dollar
BOLIVIA	boliviano
BRAZIL	cruzeiro
CANADA	dollar
CHILE	escudo
COLOMBIA	peso
COSTA RICA	colon
CUBA	peso
DOMINICAN REPUBLIC	peso
ECUADOR	sucre
EL SALVADOR	colon
GUATEMALA	quetzal
GUYANA	dollar
HAITI	gourde
HONDURAS	lempira
JAMAICA	pound
MEXICO	peso
NICARAGUA	cordoba
PANAMA	balboa
PARAGUAY	guarani
PERU	sol
PORTUGAL	escudo
SPAIN	peseta
TRINIDAD & TOBAGO	dollar
UNITED STATES	dollar
URUGUAY	peso
VENEZUELA	bolivar

UNIDADES MONETARIAS DE LAS AMÉRICAS Y DE LA PENÍNSULA IBÉRICA

ARGENTINA	peso
BARBADOS	dólar
BOLIVIA	boliviano
BRASIL	cruzeiro
CANADÁ	dólar
CHILE	escudo
COLOMBIA	peso
COSTA RICA	colón
CUBA	peso
ECUADOR	sucre
EL SALVADOR	colón
ESPAÑA	peseta
ESTADOS UNIDOS DE AMÉRICA	dólar
GUATEMALA	quetzal
GUAYANA	dólar
HAITÍ	gourde
HONDURAS	lempira
JAMAICA	libra
MÉXICO	peso
NICARAGUA	córdoba
PANAMÁ	balboa
PARAGUAY	guaraní
PERÚ	sol
PORTUGAL	escudo
REPÚBLICA DOMINICANA	peso
TRINIDAD y TOBAGO	dólar
URUGUAY	peso
VENEZUELA	bolívar

Table of Weights and Measures – Tabla de Pesos y Medidas

Linear Measure

1 inch (in.) o 1″ = 2,54 centímetros (cm.)
1 foot (ft.) o 1′ = 30,48 centímetros (cm.)
1 yard (yd.) = 91,44 centímetros (cm.)
1 rod (rd.) = 5,0292 metros (m.)
1 pole (p.) = 5,0292 metros (m.)
1 perch (p.) = 5,0292 metros (m.)
1 furlong (fur.) = 201,16 metros (m.)
1 mile (m.) = 1,609 kilómetro (km.)

Square Measure

1 square inch (sq. in.) = 6,452 centímetros cuadrados ($cm.^2$)
1 square foot (sq. ft.) = 929 centímetros cuadrados ($cm.^2$)
1 square yard (sq. yd.) = 0,836 metro cuadrado ($m.^2$)
1 square rod (sq. rd.) = 25,293 metros cuadrados ($m.^2$)
1 acre (a.) = 0,405 hectáreas
1 square mile (sq. m.) = 2,590 kilómetros cuadrados ($km.^2$)

Liquid Measure

1 pint (pt.) = 0,473 litro (l.)
1 quart (qt.) = 0,946 litro (l.)
1 gallon (gal.) = 3,785 litros (l.)
1 barrel (b.) = 119,07 litros (l.)
1 hogshead (hhd.) = 238,14 litros (l.)

Avoirdupois Weight

1 grain (gr.) = 0,064 gramo (g.)
1 dram (dr.) = 1,77 gramo (g.)
1 ounce (oz.) = 28.35 gramos (g.)
1 pound (lb.) = 453,59 gramos (g.)
1 hundredweight (cwt.) = 50,8 kilogramos (kg.)
1 ton (t.) = 1.016,05 kilogramos (kg.)

Thermometer

0° centígrado (freezing point) = 32° Fahrenheit
100° centígrados (boiling point) = 212° Fahrenheit
N.B. To convert Centigrade degrees into Fahrenheit, multiply by 9, divide by 5 and add 32.

Medidas de longitud

1 milímetro (mm.) = 0.039 inch (in.)
1 centímetro (cm.) = 0.393 inch (in.)
1 decímetro (dm.) = 3.937 inches (in.)
1 metro (m.) = 39.37 inches (in.)
1 decámetro (Dm.) = 32.81 feet (ft.)
1 hectómetro (Hm.) = 109.3 yards (yd.)
1 kilómetro (Km.) = 1,093 yards (yd.) (approx. ⅝ of a mile)

Medidas de superficie

1 centímetro cuadrado ($cm.^2$) = 0.155 square inch (sq. in.)
1 decímetro cuadrado ($dm.^2$) = 15.5 square inches (sq. in.)
1 metro cuadrado ($m.^2$) = 10.764 square feet (sq. ft.)
1 decámetro cuadrado ($Dm.^2$) = 1,076.4 square feet (sq. ft.)
1 hectómetro cuadrado ($Hm.^2$) = 2.471 acres (a.)
1 kilómetro cuadrado ($Km.^2$) = 247.1 acres (a.)

Medidas de capacidad para líquidos

1 centilitro (cl.) = 0.338 fluid ounces (fl. oz.)
1 decilitro (dl.) = 0.21 pints (pt.)
1 litro (l.) = 1.0567 quarts (qt.)
1 decalitro (Dl.) = 2.64 gallons (gal.)

Unidades comunes de peso

1 miligramo (mg.) = 0.015 grains (gr.)
1 centigramo (cg.) = 0.154 grains (gr.)
1 decigramo (dg.) = 1.543 grains (gr.)
1 gramo (g.) = 0.035 ounces (oz.)
1 decagramo (Dg.) = 0.353 ounces (oz.)
1 hectogramo (Hg.) = 3.527 ounces (oz.)
1 kilogramo (Kg.) = 2.2046 pounds (lb.)
1 quintal (Q.) = 220.46 pounds (lb.)
1 tonelada (T.) = 1.1 tons (t.)

Termómetro

32° Fahrenheit (punto de congelación) = 0° centígrado
212° Fahrenheit (punto de ebullición) = 100° centígrados
N.B. Para convertir grados Fahrenheit a grados centígrados, dedúzcase 32, multiplíquese por 5 y divídase por 9.